華東師範大學出版社

榆枋齋學林

虞萬里 著

藝林

三家詩源流

史記儒林傳 myself 申公者魯人也高祖過魯申公以弟子從師入見高祖于魯南宮呂太后時申公游學長安與劉郢同師已而郢為楚王令申公傅其太子戊戊不好學疾申公及王郢卒戊立為楚王胥靡申公申公恥之歸魯退居家教終身不出門不復見諸侯客惟王命召之乃往弟子自遠方至受業者百餘人申公獨以詩經為訓以教無傳疑者則闕不傳蘭陵王臧既受詩以事孝景帝為太子少傅免去今上初即位臧迺上書宿衛上累遷一歲中為郎中令及代趙綰亦嘗受詩申公綰為御史大夫綰臧請天子欲立明堂以朝諸侯不能就其事乃言師申公於是天子使使束帛加璧安車駟馬迎申公弟子二人乘軺傳從之至見天子天子問治亂之事申公時已八十餘老對曰為治者不在多言顧力行何如耳是時天子方好文詞見申公對默然然已招致即以為太中大夫舍魯邸議明堂事

史記丞相匡衡中更能通之者
諫大夫江博士
受詩於孔安國
少傅雷雲卿氣
帝孝文如詩
雲卿力史轅勳
居鄒中為師授
群居名

史記儒林傳 輯其拾子正 賢言文以為之傳或采春秋 採雜說咸非其本義與不得已魯最為近之三家皆列於學官
申培公 諸齊田何伯筆
申培公 昭曰培申公名
培太傅 李隱曰培嬰之
為常正夫傳

齊魯韓三家詩釋第四

文林郎揀選知縣未科大挑等教諭補廣德州訓導事前充省覺宗學教習寶應朱士端箸

韓詩

蟏蛸 歲聿其暮辭君率句曰聿辭之莫晚之言君之年歲已

晚也(注云)

綢繆 見此邂逅不冊之貌 釋文陳橫生問詩蔓草邂逅

相遇毛傳訓邂逅不期而會如邂逅之貌然

辭詩綢繆見此邂逅傳訓解說之貌韓詩云解

說不固之貌盖為詩作音解說音悅解說與不固義俱

新晚考所以解之士諤董楛毛傳訓解說二字古本皆旦讀

討蜻蛸柂南傳柂南容南之箋柂南地解南殆其妨生時

也此解南喻居臣於夕夢易衣服疏南曰悅懌之言亦又討偉我

祇之箋祇安之女行反入見我則解說七據此則解南而解

說之好褌長言之而解南語言之為閣之綢繆倍解說言即悅

懌之讠我云素我云此而悅懌也討䚋懌女美正義祖喜學其成

女使之美足其證釋討云不固卅印古兩云不攻徹之討揚羽詩云

自　序

　　夫子所謂"述而不作,信而好古",是針對其刪《詩》《書》,定《禮》《樂》,贊《周易》,修《春秋》而言。前四者皆先王舊典,董理之而未有增補;爲《周易》作十翼,闡發《易》理,故稱贊;因《魯春秋》而筆削之,寓褒責,故稱修。綜斯數者,皆"傳述舊章"而非孤鳴獨發之創始著作,其稱"述",適與本義"因循"相合。後世學者,因夫子於六經稱"述",遂於已之所著不敢名"著"而稱"述",更有謙而自抑者,不敢稱"述"而稱"學"。縱觀歷代文獻,凡解釋經典之作即使所釋符合經典原意與歷史史實並有自己心得,也祇是"述"之而已。浩浩文獻,作者少而述者多,此固無可爭辯。至於困而知之、勉而行之者如我,所徵所證之是非曲直姑置不論,其皆學焉而後得,輯焉而後證,是誠困知強學力行之效,故名爲"學林",實近十年積學之寫照,不敢與先哲時賢之著、作、述、學相並。

　　四十篇文章,若以現代科目細分,涉及經學、語言、道教、石經、碑刻、辭典、姓氏、稱謂、避諱、黑城吐魯番文書、古書辨僞、簡牘、清代學術等等,內容涵蓋文史哲,細碎叢錯,交互糾結,難以分類編排。就我求知求真之願心言之,祇是以經史疑義、公案爲對象,取四部文獻爲材料,用文字、音韻、訓詁、版本、目錄、校勘、避諱,及其他各專科知識爲手段,探索求解。分爲"藝林"和"史林",僅就經史內容粗略區分類編,並無深意。

　　所有文章,多是《榆枋齋學術論集》之外於二〇〇一年以後所寫,唯有《商周稱謂與中國古代避諱起源》一文寫於一九九三年。當時爲參加香港大學主辦第三十四屆亞洲及北非研究國際研討會而作,之後因篇幅過長,無法一次刊出,曾切分章節、變換題目分載於《文史》《國學研究》和《中國文字研究》,無法反映我對先秦避諱起源的具體論證和完整觀點。後已刊者收入《榆枋齋學術論集》,未刊者則一直藏諸篋笥。二〇〇六年,上海社科院傳統中國研究中心編輯《集刊》,方始全文刊出,上距撰寫之時,已十有三年。《起源》是二十世紀唯一一篇全面探討先秦避諱起源的文章。會前曾自籌經費印刷二百本,攜七八十本與會,被頃刻取完。會後已有教授拿此文指導學生進行先秦典籍的避諱研究;也有學者來信,以爲我是避諱學專門研究者。我確曾有撰寫一部較爲詳細的中國古代避諱史之想法,祇是一直蹉跎而至今未成。一晃二十年,回首再看這篇文章,頗有寂寞之感。其中涉及的問題,很少有討論與超越。避諱起源姑且不論,就稱謂而言,從梁章鉅到馮漢驥,所蒐集解釋、分析者皆静態稱謂,後之繼者,雖不斷深入而無所拓展。我之所以關注先秦動態稱謂,是因爲它更能客觀反映社會現實。張光直先生《商王廟號新考》曾引起學界對殷商日干名字的熱烈討論,五十年來雖不時有舊題新作,却始終在前人成説間抉擇從違,缺乏新的視野。我認爲,日名既然出現在宗廟中、祭祀時,一定與廟制與禮制有關。提出祔廟説,既可以貼切解釋日干名字,還殷人一個與夏、周相同的名字,且亦與先秦禮制相合。遺憾的是這兩點皆未引起質疑或批評。或許因爲《集刊》流傳不廣,學人難見,所以收入本書,以期與學界共同析論。

　　我對《古文尚書》真僞之命題並不很感興趣,也不希望獲得一頂劉冠或吕弁。我不信閻若璩和惠棟等所説《古文尚書》是後人摭拾先秦文獻成句拼湊而成,是基於一個淺顯道理和普通常識,即要摭拾十數句甚至數十句文獻成語拼接連綴成一篇篇與史實吻合、首尾連貫、中心明確、脈絡清晰、文字流暢的文章,談何容易!古人不能,今人也不能。若説其變更經典文句連綴成文,則先秦文獻互相因襲或相同相近文句比比皆是,不獨《古文尚書》爲然,何不更指他書皆摘抄僞造。我堅持認爲:《古文尚書》之形成遠比後人猜測想象的要複雜得多,絕非簡單地判個"真僞"可以了得。故所關注者有兩點:一是想探索十六篇在怎樣的歷史前提下形成,如何形成,是憑空造作還是有本可依,若有本可依,所依之本爲何,有否來歷?二是三百年來《古文尚書》公案爭論中有多少思想、方法和正反論據可爲今天學術借鑒。對於前者,我利用清華簡《尹誥》作剖析,結合經學和兩漢學術史,提出《咸有一德》係西漢孔安國等經師爲先秦《尹誥》所作之傳,希望能在"真僞"之外,闢開新思路和新途徑,擺脱傳統思維束縛,跳出舊有框架,從多方位多角度來探索這一複雜問題。上世紀八十年代以來我一直置《清經解》於案頭,對清儒"實事求是"精神可謂頂禮膜拜,三十年後,敬仰之情未嘗稍退,認識則漸趨理性冷靜。人在實事求是主觀意識驅使下推理、求證,常態下固可接近客觀事實,但却並非是一種必然。一旦意氣遮蔽心智,便會執指爲月,以非爲是,主觀意識雖循邏輯而演進,結論却已南轅北轍。因此,對於後者,我取丁晏《尚書餘論》指實王肅偽造《古文尚書傳》一事,梳理其歷史,凸顯一樁在實事求是歷史環境下因意氣遮蔽心智而南轅北轍的事例,引發我們應該怎樣看待《古文尚書》公案,怎樣抱着謹慎態度審視、接受乾嘉學術成就(我是乾嘉學者的忠實追隨者,絕無以點帶面否定乾嘉學術成就之意),怎樣坦然面對反面證據,怎樣冷靜視聽現代學術中的吠影吠聲,怎樣破除現實門户和思想門户之陋見,怎樣在無法解釋和難以解釋的複雜問題面前保持沉默等種種思考。

我對敦煌、黑城和吐魯番文書中的刻本殘葉較感興趣。所撰文章與時賢不同之處是,不僅考釋其内容,更將其刊刻版式或書寫款式予以復原。殘葉定名是學界共同努力的方嚮,但學者很少去復原其版式和款式。我的旨意是,版式復原,若能與現存刻本參照,則可確認其定名,若無存世刻本可參稽,則等於復原一個已經湮没的版本,可爲版刻史增添一葉珍稀材料。至於唐寫本小學書,復原後也可觀察唐代鈔本字韻書款式。自《斯坦因黑城所獲單疏本〈春秋正義〉殘葉考釋與復原》寫成後,我一直想努力多考釋幾篇,集腋成裘,另編一書,惜無暇專注於此,故收入本書祇有寥寥數篇。在《黑城文書〈資治通鑑綱目〉殘葉考釋》一文刊出之際,已發現沙知先生《斯坦因第三次中亞考古所獲漢文文獻(非佛經部分)》中有六十多片《綱目》殘葉,本想在本書編集前一一復原,插入書中,格於時間,最終仍未能了此心願。

二〇〇二年在釋讀竹簡過程中,發現古人書寫不規範,及因簡牘殘泐、模糊而造成經師傳授時的誤讀、誤認、誤傳,是一種不容抹殺的客觀事實,曾以上博簡《詩傳》"常常者華"爲對象,分析常、嘗、堂、棠的字形糾葛,指出以往被認爲是常識的聲同聲近通假中有形誤的因子。爲求得文獻實證,花很大精力撰寫《三禮鄭注"字之誤"類徵》,文章先確定經義,後用出土簡帛字形與鄭玄意識中的字誤進行勘證,不僅證實簡帛中確有誤字,也部分探知產生誤字之原因,佐證了我提出的聲同聲近通假中有形誤因子的觀點。如果這一觀點被學界接受並有人從事研究,則相當一部分形誤字可從通假字中剥離出來,使通假字的聲同聲近趨於純粹。近來我正在研究剥離經典異文中異形、異聲之同義字,探究漢代經師在傳授過程中是死守文字原形,還是會偶用同義字替代問題。其旨意有二:一是希望揭示漢代經學傳承中傳授與記録、傳抄之真實形態,二即是要剥離異文通假中的非聲韻因素。通假字的聲韻關係不斷淨化,則古音系統、古韻分部也就相對純粹而漸趨正確。相反,若將部分誤字作爲通假而輾轉尋求本字,不僅歪曲文字運用事實,得到虛假結論,且使古音部居更加紛亂無緒,離實際語音系統越來越遠。對出土簡牘帛書中有無誤字,學界有兩種截然不同的意見。有學者認爲,承認誤字,等於爲各逞臆説找到了藉口。此固不無道理,但出土文獻中有誤字是一事,以誤字爲藉口而各逞臆説又是一事,前者是客觀事實,後者是不正確的主觀意識,不能因爲要杜絶不正確的主觀意識而抹殺客觀事實。

　　學術研究,有時發現問題相對容易,要真正嚴密而切實地論證,需要花很大的功夫和長時間的思考。經典的傳承離不開傳注,我自二〇〇七年起關注經典傳注體式問題,至今已有五六年,材料積了一大堆,在兩岸三地各大學和研究機構演講過十餘次,講稿也多分贈師友請教,但真正寫成文章祇有《〈孔子詩論〉應定名爲"孔門詩傳"論》和《〈夏小正〉傳文體式推論其作者》兩篇,而且都未從正面展開討論。篋中尚有《〈韓詩外傳〉中的傳文尋踪索隱》《〈説苑〉中的傳文尋踪索隱》等,因爲未能定稿,不克收入。對先秦兩漢傳記、章句、注三者之涵義及其興替過程的揭示,是對前數十年訓詁學籠統將這些術語都視爲"解釋"的深化與超越。我有意在深入分析先秦諸子、兩漢經解個案之後,寫一部較爲完整的經典傳記注解體式演變史,這不僅有助於深刻理解《七略》與《漢志》,深化和細化兩漢經學史,也可對早期訓詁學術語有一個梳理,作出較爲正確的定義,但此尚須有一定時間的涵泳、整理與思考。上世紀八十年代我在研究上古音時,深感人名、地名、姓氏的音讀有極强的時空限制,追踪其歷史方音,對歸納古音系統大有神益。從此密切關注姓氏、人名。不意三十年來,僅有一篇《廣韻姓氏來源與郡望音讀研究》,且還祇論證了文、吻、問、物四韻。倒是因爲對姓氏的長期關注思考,使我對姓與氏的起源形成了新的看法——"氏"爲遠古所傳,"姓"爲西周所重。這個觀點由於上千年習焉不察的慣性思維影響,在日用不知的社會中,未必會馬上被接受,但我以爲,這是歷史事實,終將會被承認。

自 序

　　《王國維之魏石經研究》和《羅振玉之熹平石經研究》兩文是繼《從熹平殘石和竹簡〈緇衣〉看清人四家〈詩〉研究》而作，後者又是緣課題《從石經〈魯詩〉異文看清人四家〈詩〉研究》而生。用石經《魯詩》和竹簡所引《詩經》文字來對勘《毛詩》，最能判別陳壽祺、陳喬樅、王先謙所分派的四家《詩》異文是非。石經這宗珍貴材料八十多年來竟無人利用，也從側面說明了預流的導嚮和在歷史長河中此起彼伏的學術走嚮。討論石經繞不過王國維、羅振玉的研究歷程，學術界探討、表彰羅王學術尤其是靜安成就的文章可謂汗牛充棟，而關於兩位研究漢魏石經的文章却祇寥寥數篇。我先將羅王書信中討論石經的文字如數摘出，排比分析出他們研究的發展脈絡，而後鑽研《魏石經考》《魏石經殘石考》和《漢熹平石經殘字集錄》，總結出他們的成就。縱觀晚清以至上世紀前三十年的石經研究史，羅王是從收藏鑑賞家或文字研究者手中接過石經而作全面、科學研究的不可忽略的關鍵人物。兩人的研究歷程，是王先羅後而又互相切磋互相補益的過程。漢魏石經從收藏、傳拓、發掘、研究進入到羅王時代，並經張國淦演示為碑圖，已上升為名副其實的石經學。繼之而起的祇有屈萬里和其學生呂振端、劉文獻，以及范邦瑾、周鳳五、邱德修等學者能立足於經學，循沿羅王之路而有所發展，其他多偏重於石經文字研究，雖然取得很大成就，也祇是石經學的一個支派。

　　有關《永樂大典》《正統道藏》《康熙字典》三篇文章，都有一段因緣。《大典》一直受到文獻學界關注，探討、研究者頗不乏人。然自楊家駱、顧力仁謂其依用七十六韻本《洪武正韻》排列，從而顯示出來的問題，始終無人作合理詮釋。甯忌浮先生研究《洪武正韻》，發現《正韻》有八十韻本。逮其《洪武正韻研究》一書出版，我即有意將此問題作一辨證，並由此附論成祖政治策略等問題。文章刊出後，忽而看到深藏故宮六百年的《明成祖集》殘本，懷著希冀發現成祖編纂《大典》的深層心理，我急速翻閱，竟意外發現了《道藏經序》。閱讀後，使積鬱心中二十多年的有關《正統道藏》編纂與刊刻問題有了解決的希望。於是博徵文獻，撰成《正統道藏編纂刊刻年代新考》。當時一意蒐尋古籍，忽略了今人文章，去年訪武當山新得舊材料，遂作又補記於文末。我於一九七二年以二元五角購得《康熙字典》一部。鄰居老人謂從前曾有人讀《康熙字典》，背一頁撕一頁（後來在徐珂《清稗類鈔》中撿得其故事原型），詫為神奇。此後攜至農村，置於枕邊不離者數年，瀏覽查閱，略知古籍書目與訓詁字義。然於反切，逢音和則切而自喜，遇類隔則含混茫然，尤其對書前《等韻切音指南》中黑白圓圈和三十六字母更是橫讀豎看不解其意。廣闊天地，無處問學，如此憤悱數年而不得啓發，於是暗誓，一旦有書籍和條件，必弄通此圖，此即我自學音韻學最原始最強大的動力。因緣際會，後來我竟然考入漢語大詞典編纂處編纂《漢大》，且一編就是十七年。日與字韻書交道，熟稔《康熙》之誤，然於其所以譌誤却未之深思。二〇〇七年訓詁學會在山西皇城相府召開《康熙字典》研討會，遂博徵一百多种文獻，逐一考證纂修官員履歷、學養及《字典》編纂始末，從歷史層面揭示其所以存留種種缺陷的深層原因。

　　《馬一浮集》學術部分是我一九八三年開始整理的，後或因遺稿不全，或因資金缺乏，中間作輟反覆，體例變更，直至一九九六年才出版。三十年前，參考書少，檢索不便，引文迄止無法確定，遺留一些問題。二〇〇九年修訂新版時改正了一百多處。説實話，著手整理馬集時，我真不知先生爲何許人，而閱讀整理之後，仰歎其學問之深奧廣博，曾不敢著一字，故《馬集》出版前後有幾次研討會，邀請函寄到，我仍裹足不敢前往。因爲《竺可楨全集》日記卷的出版，我覺得外界風傳很多但皆耳食之言的竺邀馬到浙大講學一段因緣有必要用史實作一次澄清，於是排比竺可楨日記，勘證馬一浮書信，撰成《馬一浮與竺可楨》。旋因赴中研院文哲所作講座，林慶彰和蔣秋華教授惠贈《近代詞人手札墨蹟》，因有《馬一浮與龍榆生》之作。儘管我經常閱讀《馬集》，而要發微抉隱，仍恐不符先生之高深旨意。決心再在六藝經典上多下功夫，時常涵泳體味先生思想，希望七十歲以後能談自己的讀後感想。

　　本書彙集的文章字數逾越百萬，科目兼跨十餘，是無學歷、無專業之我求學的真實印記。或許有人反認爲這是越女的沉吟，其實我既非自是，也不自卑。試想一個人能够不必恪守任何家法師説，渾不思鑽進圈內冒專家，絕無意疊椽架樑充專著，一任興趣，因心所疑，隨事理而長短，稱情體以語文，循己之思，寫吾所得，逍遙自在，夫復何求？

二〇一二年八月三十日於榆枋齋

總 目

自　序 1

上編：藝林

清華簡《尹誥》"隹尹既返湯咸又一悳"解讀 1
由清華簡《尹誥》論《古文尚書·咸有一德》之性質 11
《咸有一德》之"一德"新解 37
《孔子詩論》應定名爲"孔門詩傳"論 57
上博《詩論》簡"其歌紳而蕩"臆解 81
從《夏小正》傳文體式推論其作者 87
從熹平殘石和竹簡《緇衣》看清人四家《詩》研究 109
阿斯塔那三三二號墓文書《春秋經傳集解》殘片淺議 155
黑城文書《新編待問》殘葉考釋與復原 163
以丁晏《尚書餘論》爲中心看王肅僞造《古文尚書傳》説
　　——從肯定到否定後之思考 195
上海圖書館藏稿本《禮記訂譌》初探 215
上海圖書館藏稿本《齊魯韓三家詩釋》初探 237
王國維之魏石經研究 259

羅振玉之熹平石經研究 ………………………………………… 293
由《詩論》"常常者華"說到"常"字的隸定
　　——同聲符形聲字通假的字形分析 …………………… 321
三禮鄭注"字之誤"類徵 ……………………………………… 339
從儒典的"音義"說到佛典的《一切經音義》
　　——寫在《一切經音義三種校本合刊》出版之際 ……… 405
斯坦因三探所獲吐峪溝文書字書殘片考釋 ………………… 427
《倭名類聚鈔》引《方言》參證 ……………………………… 441
《廣韻》姓氏來源與郡望音讀研究 …………………………… 471
天理本《莊子音義》與碧虛子所錄景德本比較研究 ………… 493
王國維東西土文字異同理論之創立與影響 ………………… 519

下編：史林

商周稱謂與中國古代避諱起源 ……………………………… 555
郭店簡《緇衣》"人苟言之"之"人"旁點號解說
　　——兼論古代塗抹符號之演變 ………………………… 665
獻《古文尚書》者梅頤名氏地望辨證 ……………………… 679
宋太宗舊名匡乂、匡義辨證
　　——兼論簡化字"义"字的産生 ………………………… 685
《石彦辭墓誌》文句正讀和史事索隱 ………………………… 701
吕祖謙與《近思錄》 …………………………………………… 717
黑城文書《資治通鑑綱目》殘葉考釋 ………………………… 727
有關《永樂大典》幾個問題的辨證 …………………………… 761
《正統道藏》編纂刊刻年代新考 ……………………………… 797

《康熙字典》總閲官、纂修官行歷考實 ………………………… 843
孫詒讓石刻學成就初探 ……………………………………………… 883
孫詒讓《廣韻姓氏刊誤》推闡（卷上）……………………………… 913
姓氏起源新論 ………………………………………………………… 947
先秦至唐宋姓氏書之産生與發展 ………………………………… 991
明清以來之姓氏與姓氏書 ………………………………………… 1011
別集流變論 …………………………………………………………… 1031
馬一浮與竺可楨 ……………………………………………………… 1053
馬一浮與龍榆生 ……………………………………………………… 1079

跋 ……………………………………………………………………… 1105

細 目

上編：藝林

清華簡《尹誥》"隹尹既及湯咸又一惪"解讀 …………………………… 1
由清華簡《尹誥》論《古文尚書·咸有一德》之性質 …………………… 11
  一、引 言 ……………………………………………………………… 11
  二、清華簡《尹誥》字義句意與篇旨 ………………………………… 12
  三、《咸有一德》推衍闡發《尹誥》爲《尹誥》之"傳" ……………… 19
  四、《咸有一德》係孔安國所作《尹誥》之傳推證 ………………… 26
《咸有一德》之"一德"新解 ……………………………………………… 37
  一、歷代經師與理學家對"一德"之舊解 …………………………… 37
  二、先秦經典與諸子中"一"字之涵義 ……………………………… 42
  三、先秦經典與諸子中"德"字之涵義 ……………………………… 45
  四、由清華簡《尹誥》異文異序和《吕覽》所載史實論"一德"之涵義 …… 48
《孔子詩論》應定名爲"孔門詩傳"論 …………………………………… 57
  一、古代"論"體與以"論"命名之書 ………………………………… 58
  二、"孔子詩論"内容與形式之檢討 ………………………………… 64
  三、古代"傳"體與春秋戰國經"傳"尋蹤 …………………………… 69
  四、戰國《詩傳》、孔門《詩傳》與上博《詩》簡比較 ……………… 75

五、餘　論 …………………………………………………………… 79
上博《詩論》簡"其歌紳而蕩"臆解 ………………………………………… 81
從《夏小正》傳文體式推論其作者 ………………………………………… 87
　　一、小　引 …………………………………………………………… 87
　　二、前人對《夏小正》傳文作者之推測 …………………………… 89
　　三、《夏小正》傳文體式釋例 ……………………………………… 94
　　四、《夏小正》傳文作者及經傳合成時代 ………………………… 107
從熹平殘石和竹簡《緇衣》看清人四家《詩》研究 …………………… 109
　　一、熹平石經《魯詩》的鐫刻、毀棄、蒐集與研究 …………… 109
　　二、竹簡《緇衣》引《詩》與兩漢《詩經》之關係 …………… 117
　　三、清人三家《詩》勾稽與四家《詩》歸派 …………………… 119
　　四、由石經、竹簡異文驗證三家《詩》用字異同 ……………… 129
　　　　(一)熹平殘石《魯詩》與陳、王所指《魯詩》文字勘同 …… 129
　　　　(二)竹簡《緇衣》引《詩》與陳、王所指《齊詩》文句文字勘同 … 141
　　五、清人四家《詩》歸派之得失與由此引發之思考 …………… 149
阿斯塔那三三二號墓文書《春秋經傳集解》殘片淺議 ………………… 155
黑城文書《新編待問》殘葉考釋與復原 ………………………………… 163
　　一、前　言 …………………………………………………………… 163
　　二、袁氏生平行歷索隱 ……………………………………………… 164
　　三、殘葉復原 ………………………………………………………… 169
　　四、《四書疑節》之編定、刊刻及流傳 …………………………… 178
　　　　(一)殘葉與今見本及今見本目錄與正文之異同 …………… 181
　　　　(二)《四庫》本與吟雪山房鈔本及其他鈔本之關係 ……… 182
　　　　(三)關於"溪山家塾刻本" ……………………………………… 187
　　　　(四)殘葉與溪山家塾刻本之關係 ……………………………… 188
　　　　(五)《四書疑節》與《經史疑義》《四書經疑》之關係 … 188
　　五、《經史疑節》一書之勾稽 ……………………………………… 189
　　六、《四書疑節》出入亦集乃路之推測 …………………………… 191

七、結　論 …………………………………………………………… 192
以丁晏《尚書餘論》爲中心看王肅僞造《古文尚書傳》説
　　——從肯定到否定後之思考 ………………………………………… 195
　　一、王肅僞造《古文尚書傳》——從懷疑到肯定 …………………… 196
　　二、王肅僞造《古文尚書傳》——從肯定到否定 …………………… 204
　　三、由"王肅僞造説"所引起的思考 …………………………………… 212
上海圖書館藏稿本《禮記訂譌》初探 …………………………………… 215
　　一、沈大本生平與著作 ………………………………………………… 215
　　二、稿本《禮記訂譌》卷帙 …………………………………………… 216
　　三、《禮記訂譌》徵引書籍 …………………………………………… 217
　　四、《禮記訂譌》内容梳理 …………………………………………… 222
　　五、《禮記訂譌》所指錯簡分析 ……………………………………… 227
　　六、結　語 ……………………………………………………………… 236
上海圖書館藏稿本《齊魯韓三家詩釋》初探 …………………………… 237
　　一、朱士端之生平學術 ………………………………………………… 238
　　二、《齊魯韓三家詩釋》之成書與形式 ……………………………… 240
　　三、《詩釋》内容及所見作者之學術淵源 …………………………… 247
　　四、朱士端兩漢三家詩派觀 …………………………………………… 250
　　　　(一)《韓詩》派經師與著作 ……………………………………… 251
　　　　(二)《魯詩》派經師與著作 ……………………………………… 253
　　　　(三)《齊詩》派經師與著作 ……………………………………… 256
　　五、《詩釋》在清代三家《詩》研究史中之定位 …………………… 257
王國維之魏石經研究 ……………………………………………………… 259
　　一、引　言 ……………………………………………………………… 259
　　二、王國維與魏石經研究 ……………………………………………… 261
　　　　(一)王、羅往來書信所見王國維《魏石經考》研究過程 ……… 261
　　　　(二)王、羅、馬等往來書信所見王國維《魏石經殘字考》研究過程 … 269
　　三、《魏石經考》《魏石經殘字考》之内容與增删 ………………… 276

(一)《魏石經考》內容 … 276
  (二)《魏石經考》刪削原由 … 280
  (三)《魏石經殘石考》名稱與內容 … 281
 四、王國維石經研究之成就得失 … 285
  (一)基本排定熹平石經和正始石經之行款字數、碑數 … 286
  (二)確定魏石經古文為漢代古文經壁中本或其傳鈔本 … 287
  (三)重視《汗簡》《古文四聲韻》在文字學研究中之地位 … 289

羅振玉之熹平石經研究 … 293
 一、引 言 … 293
 二、王國維魏石經研究與羅、王書信所見之學術切磋 … 294
 三、羅振玉對熹平石經之蒐輯、整理與編集 … 297
  (一)羅振玉對熹平石經之蒐輯 … 298
  (二)羅振玉對熹平石經之整理與編集 … 301
 四、羅振玉對熹平石經之研究 … 304
  (一)以熹平殘石證所刊經本 … 305
  (二)以熹平殘石證經本篇什篇次異同 … 306
  (三)以熹平殘石證經文章次異同 … 309
  (四)以熹平殘石證經本章次多寡 … 311
  (五)以熹平殘石證傳本文字異同 … 312
  (六)探索石經書寫款式 … 314
  (七)從筆勢字體定熹平石經之補刻 … 314
 五、羅振玉熹平石經研究之成就與影響 … 317

由《詩論》"常常者華"說到"常"字的隸定
  ——同聲符形聲字通假的字形分析 … 321
 一、"常"字字形分析 … 322
  (一)"常"字的金文字形 … 322
  (二)簡帛、陶文中的"常"字 … 323
  (三)巾、帀、示、木偏旁演蛻混淆之旁證 … 328

二、文獻中"尚"聲字族通假的字形與聲韻詮釋 …………………… 330
　　　　（一）常（裳）——嘗 …………………………………………… 331
　　　　（二）常（裳）——裳 …………………………………………… 334
　　　　（三）常（裳）——棠（唐） …………………………………… 335

三禮鄭注"字之誤"類徵 …………………………………………… 339
　　一、引　論 …………………………………………………………… 339
　　二、"字之誤"類徵 …………………………………………………… 342
　　　　（一）關涉字形的"字之誤" ……………………………………… 342
　　　　　　1. 形近 ………………………………………………………… 342
　　　　　　2. 聲符形近 …………………………………………………… 355
　　　　　　3. 形聲俱近 …………………………………………………… 363
　　　　　　4. 壞字形近 …………………………………………………… 365
　　　　（二）關涉聲韻的"字之誤" ……………………………………… 375
　　　　　　1. 同聲符 ……………………………………………………… 375
　　　　　　2. 聲之誤 ……………………………………………………… 377
　　　　（三）關涉字義的"字之誤" ……………………………………… 381
　　　　　　1. 義近 ………………………………………………………… 382
　　　　　　2. 分別經義 …………………………………………………… 382
　　　　（四）其　他 ……………………………………………………… 387
　　　　　　1. 非誤 ………………………………………………………… 387
　　　　　　2. 術語有誤 …………………………………………………… 388
　　三、由字誤實例探討"字之誤"內涵 ………………………………… 392
　　四、三禮經文中誤字的時代與譌誤的進程 ………………………… 395
　　五、三禮《釋文》誤字音切對後世字韻書音切之影響 …………… 396
　　六、三禮鄭注字誤對後世字韻書義項之影響 ……………………… 399
　　七、結　語 …………………………………………………………… 402

從儒典的"音義"說到佛典的《一切經音義》
　　　　——寫在《一切經音義三種校本合刊》出版之際 ……………… 405

一、"音義"著作的起源與内涵 …………………… 405
二、三部《一切經音義》作者、成書年代與流傳 …………… 407
三、佛典《音義》的内容與價值 …………………… 416
　（一）立目 …………………………………………… 417
　（二）一般釋義 ……………………………………… 417
　（三）特殊釋文 ……………………………………… 418
　（四）意譯、音譯外來詞 ……………………………… 418
四、《一切經音義三種校本合刊》之得失 …………… 421

斯坦因三探所獲吐峪溝文書字書殘片考釋 …………… 427

《倭名類聚鈔》引《方言》參證 …………………………… 441
一、引　言 …………………………………………… 441
二、《倭名》引《方言》比勘、釋證 …………………… 443
三、思考與小結 ……………………………………… 467
　（一）《倭名》所引揚雄《方言》正文和郭璞注文頗有異同 …… 467
　（二）《倭名》所引《方言》與原本《玉篇》之關係 …………… 468
　（三）《倭名》與《楊氏漢語鈔》《辨色立成》之承襲關係 …… 468
　（四）《倭名》與《兼名苑》之承襲關係 ……………………… 469
　（五）所引非揚雄《方言》之文 ……………………………… 469

《廣韻》姓氏來源與郡望音讀研究 ……………………… 471
一、引　言 …………………………………………… 471
二、由《切韻》到《廣韻》的姓氏收錄 ………………… 472
三、宋初姓氏書之知見與存佚 ……………………… 475
四、《廣韻》姓氏來源與郡望音讀 ………………… 479
　平聲二十文韻 ……………………………………… 480
　去聲二十三問韻 …………………………………… 484
　入聲八物韻 ………………………………………… 487

天理本《莊子音義》與碧虛子所錄景德本比較研究 …… 493
一、天理本《莊子音義》 ……………………………… 493

(一)天理本《莊子音義》研究現狀 …………………………… 494
　　(二)魏峴行歷索隱與刊刻時地推測 …………………………… 496
　　(三)天理本與北圖本的異同補證 ……………………………… 500
　二、北宋景德本《莊子音義》 ……………………………………… 502
　　(一)碧虛子與《南華真經章句音義》 ………………………… 502
　　(二)景德本《莊子音義》刊刻始末 …………………………… 506
　　(三)碧虛子所錄景德本《莊子音義》截取形式發覆 ………… 507
　三、《莊子音義》天理本與景德本比較研究 ……………………… 511
　　(一)天理本 ……………………………………………………… 511
　　(二)碧虛子所錄景德本 ………………………………………… 514
　　(三)其他 ………………………………………………………… 515

王國維東西土文字異同理論之創立與影響 ……………………… 519
　一、引言 …………………………………………………………… 519
　二、戰國東西土文字異同理論之創立 …………………………… 520
　　(一)王國維創立東西土文字異同理論之背景 ………………… 520
　　(二)王國維對籀文之研究——東西土文字異同理論形成期 … 525
　　(三)王國維對古文之研究——東西土文字異同理論實證期 … 528
　　(四)王國維對漢代文獻中"古文"之研究——東西土文字異同理論完成期 … 530
　三、錢玄同的駁斥和王國維的反訐 ……………………………… 533
　四、王國維東西土文字異同理論之影響和修正 ………………… 541
　　(一)《史籀篇》書名、人名、文字與時代問題 ……………… 541
　　(二)東西土文字異同之時代與分野 …………………………… 544
　五、王國維戰國文字異同理論的啓示 …………………………… 552

清華簡《尹誥》"隹尹既及湯咸又一惪"解讀

清華簡《尹誥》僅有四簡，一百十二字，末字"邑"後有"＜"符，表示結束，可見是一篇短小完整的文章。李學勤先生爲該篇作了釋讀、注解。簡文文字規矩而不草率，在一定程度上可説是比較真實、準確地傳遞了先秦文本的信息。《清華簡》出版後，網絡不斷有有關字形或字義之商榷性意見。筆者因要專論《尹誥》與《古文尚書·咸有一德》之關係，故先對簡文"隹尹既及湯咸又一惪"一語提出個人看法，對時賢語焉不詳的字詞作進一步申論。

"隹尹既及湯咸又一惪"爲《尹誥》首句，《古文尚書·咸有一德》篇則在伊尹諫太甲語中，傳本《禮記·緇衣》和郭店簡、上博簡《緇衣》均引之，句式同而文字略異。此句在文字字形層面上似無須多費筆墨，然在經義和今古文經學層面上却枝節糾葛，攪擾不清。兹先從《尚書》文字切入，繼而引述宋元以還學者之爭議，最後用簡文文字來校正文義，還歸句意。

《咸有一德》"惟尹躬暨湯，咸有一德"，孔傳無注，蓋以爲文字明白暢曉，無須詮釋。《緇衣》"《尹吉》曰'惟尹躬及湯，咸有壹德'"，鄭玄注："吉當爲告。告，古文誥，字之誤也。《尹告》，伊尹之誥也。《書序》以爲《咸有壹德》，今亡。咸，皆也。君臣皆有壹德不貳，則無疑惑也。"康成注文分三層意思，第一釋誤字，第二指出《尹誥》即《咸有一德》，此皆爲清華簡所證實。惟第三層鎖定"咸"爲"皆"義，是將伊尹與成湯並立，故孔穎達疏云："言惟尹躬身與成湯皆有純壹之德。引者，證上君臣不相疑惑。"證君臣不相疑惑，即是指證《緇衣》"君不疑於其臣，而臣不惑於其君矣"之文。先秦引《詩》《書》文句爲證，往往"斷章取義"，自我作解，此姑不論，而鄭説却對後世產生了深遠影響。

宋吕大臨説：“《尹吉》曰：‘惟尹躬及湯，咸有一德。’言君臣之德皆一也。”陳祥道亦以爲“伊尹之與湯皆有一德而無異情，君臣有一德，此君所以不疑於其臣，而臣不惑於其君也”。① 《古文尚書》之《咸有一德》此句作爲伊尹對太甲的諫言，文云：

> 夏王弗克庸德，慢神虐民。皇天弗保，監于萬方，啓迪有命，眷求一德，俾作神主。惟尹躬暨湯咸有一德，克享天心，受天明命。

孔傳無注，孔疏亦不解，至後世多就鄭注“咸，皆也”而發揮。宋葉時和蔡沈皆云湯與伊尹皆有一德，上當天心，所以克享也。但這種叙述方式帶來一個疑問，即“人臣言及君也，必先君而後己；其論成功也，必推美以歸于君。今曰‘惟尹躬暨湯’，則先己而後君；曰‘咸有一德’，則彼此均敵。豈伊尹憒于爲臣之禮哉”。② 宋人講義理而重君統，首發此疑。但經典舊文如此，而伊尹又是數千年來人臣楷模，不至憒於君臣之禮，故衹能曲求其解。宋史浩曾解釋説：

> 先言尹躬者，以明湯之相得也。夫人臣事君，貴在不欺。若使尹不自白此志，太甲何從而知，亦何從而信。自言“咸有一德”者，以見尹之不欺也。③

説先言己是明與君相得，是不欺，未免牽强。夏巽曾引吴藴古之説爲之彌縫云：

> 伊尹自任天下之重。夫相湯伐桀，救民于水火，未足以見其自任；相太甲繼湯，既立不明，則放之桐，克終厥德，則奉之復辟。今告老去位，陳戒于德，則曰我與先王同是一德，上當天心，以受天下，則其事皆

---

① 衛湜《禮記集説》卷一百四十一，《通志堂經解》本，江蘇廣陵古籍刻印社1996年版，第13册，第456頁中。
② 夏巽《尚書詳解》卷十二引吴藴古説，《叢書集成初編》本，第3608號，第278頁。
③ 史浩《尚書講義》卷九，《文淵閣四庫全書》本，第56册，第253頁上。

在我也。太甲其得忽而不聽乎？推此則足以見其自任之實也。①

胡士行則反從伊尹獨斷的角度詮解：

> "尹躬暨湯"之語，先己後君，尹豈昧於君臣之義哉？孟子知其心，曰伊尹自任以天下之重，其相湯伐桀，放太甲而又反之，任之至也。②

"自任以天下之重"，是否就可以居功傲君？此説顯然未能得其情理，但確有立足於"功"而發揮者，黄度云："不以君及臣而以臣及君，伊尹於湯誠有敎迪之功。伊尹言之不嫌，以爲天下後世法。"③居功以臨君上，欲爲後世法，後世人臣豈敢法，人君豈能容？錢時則云："殊不知湯之于伊尹，學焉而後臣之，與他人事體不同。"④伊尹授湯以德，故己可在君前？此亦不免自我作古，代聖賢立言。至元代陳櫟更作巧解云：

> 愚謂臣當先君後己，善則稱君。今曰"尹躬暨湯"，臣先君；曰"咸有一德"，則臣儕於君，何也？蓋元聖之任湯，學焉而後臣。天生齊聖之湯，又生元聖之尹，君臣同德，聖聖相逢，非泛然君臣比也，又何區區形迹之嫌哉？⑤

雖用後世理學家歌頌聖人之態度，表之爲齊聖、元聖，不同於泛然君臣，但三千多年前之成湯與伊尹果真如此相處？這却是一個無法求解的謎。

稱述先己後君之外，還有一個君前臣名問題。宋羅璧曾云："其言曰'惟尹躬克左右厥辟'，曰'惟尹躬先見于西邑夏'，曰'惟尹躬暨湯咸有一德'，皆指尹，爲自稱之名。君前臣名，以號與字表可乎？"⑥清初雍乾之際，素習宋明理學的閻若璩固熟知宋以來學者之話題，爲證明《古文尚書》之

---

① 夏巽《尚書詳解》卷十二，第3608號，第278頁。
② 胡士行《胡氏尚書詳解》卷四，《通志堂經解》本，第6册，第252頁下。
③ 黄度《尚書説》卷三，《通志堂經解》本，第6册，第12頁下。
④ 錢時《融堂書解》卷六，《叢書集成初編》本，第3582號，第72頁。
⑤ 陳櫟《書集傳纂疏》卷三，《通志堂經解》本，第7册，第60頁上。
⑥ 羅璧《識遺》卷一《書史訛名》，《芋園叢書》本，第十二葉B。

僞，亦以《咸有一德》爲論據，衡以先秦而下稱名之禮，謂君前臣名，雖周公以親則叔父，尊爲師保，在成王前自稱名旦，絕未敢自稱其字，從而質疑《咸有一德》云：

> 何晚出書所載太甲既稽首於伊尹矣，伊尹又屢自稱其字于太甲，豈不君臣交相失乎？君之失緣誤倣《洛誥》，臣之失則緣誤倣《緇衣》……或曰：然則伊尹宜曷稱？曰：稱朕。《孟子》"朕載自亳"是也。稱予，"予不狎于不順"是也。稱臣，若召公"予小臣"是也。稱摯，若周公"予旦"是也。至於稱字，烏乎敢？①

"惟尹躬曁湯"在篇中出現於伊尹諫言中，"尹"是否伊尹之字，甲骨卜辭和殷商史研究至今，仍然難有定論，②故無法對閻氏此説進行評判。

《古文尚書》置《咸有一德》於《太甲》後，司馬遷《史記·殷本紀》則置於《湯誥》後，次於《湯誥》後則爲伊尹告湯，次於《太甲》後則爲伊尹告太甲，此爲今古文《尚書》爭論焦點之一，也是關係到《咸有一德》真僞基點之一。閻若璩對"尹"字之推考，引出毛奇齡對"湯"字之辨證。毛奇齡云：

> 《史·殷本紀》以伊尹作《咸有一德》，與咎單作《明居》叙法相似，誤列之湯崩之前。而杜林漆書遂以《咸有一德》接《湯誥》後，謂伊尹告湯之文，致闢古文者謂告《太甲》即是僞書。不知湯本名履，廟號天乙，其稱成湯者，謚也。馬融所云稱謚近之是也。故《史記·謚法》則儼有"除虐去殘曰湯"，見舊註中。假曰告湯，則湯尚未崩，焉得有"尹躬曁湯"預稱其謚之理？若謂湯不是謚，則面呼君名，尤爲無狀，此皆不學人所言者。③

---

① 閻若璩《尚書古文疏證》卷四第六十一，上海古籍出版社影印乾隆十年眷西堂刻本，第341—343頁。
② 各家意見可參看虞萬里《上博館藏楚竹書〈緇衣〉綜合研究》，武漢大學出版社2009年版，第366頁。
③ 毛奇齡《古文尚書冤詞》卷五"咸有一德是告成湯文非告太甲文也"條，《文淵閣四庫全書》，第66册，第593頁下。

毛氏考定"湯"是謚,並推證伊尹不可能面對成湯稱名。言下之意是:既然湯爲謚且伊尹不會當面稱君名,則《咸有一德》必不是與湯對話而是與太甲對話。

"惟尹躬暨湯咸有一德"一句九字,却引出君臣並列、先己後君、君前稱名稱字稱謚以及本篇到底應在《湯誥》後還是《太甲》後等諸多問題。而所有這些疑問,在傳世文本的舊史料中,無論如何排比條理,都難以得出一個圓融周至的結論性意見。

郭店簡和上博簡相繼出土,其中《緇衣》篇引有此句,文字略有異同,爲解答上述問題帶來了契機。郭店簡《緇衣》作"《尹誥》員:隹尹🈳及湯,咸又一㥃",上博簡《緇衣》作"《尹𠃌》員:隹尹🈳及康,咸又一㥃"。簡文之"隹"、"及"、"咸"、"一"、"㥃",與傳本之"惟"、"暨"、"咸"、"壹"、"德"之異,均無須費詞解釋。"康"與"湯"皆指成湯,亦可釋然。唯傳本《咸有一德》和《緇衣》之"躬",簡本作"🈳",裘錫圭先生《郭店簡》按語云:"'尹'下一字可能是'允'之繁文。長沙楚帛書有此字,舊釋'夋','夋'從'允'聲。'惟尹允及湯咸有一德',於義可通,似不必讀'惟'下二字爲'伊尹'。僞古文《尚書》'尹'下一字作'躬'也可能是訛字。"①疑"躬"爲訛字,以"允"爲是。然"允"字在"惟尹允及湯咸有一德"一語中具何種意義,裘先生未明確表示。廖名春先生認"允"爲本字,視作介詞,義猶"以",並以《墨子·明鬼下》引《商書》"百獸貞蟲,允及飛鳥"及孫詒讓閒詁"王引之云:允猶以也,言百獸貞蟲以及飛鳥也"爲證。②認爲其"允及"一詞適與本句相同,"允及"即"以及"。將"允及"釋爲"以及",語詞上絕無問題,然整句句意仍不脫鄭玄之理解,即仍將伊尹與成湯並立。

清華簡的公布,使學界驚悉《尹誥》與《咸有一德》完全不同,但"隹尹既返湯咸又一㥃"九字却赫然在《尹誥》第一句,爲我們重新思考前哲疑而不決、論而未果之問題提供了契機,確實意義非凡。茲錄原簡釋文及注釋於下:

簡一"隹(惟)尹既返(及)湯咸又(有)一㥃(德)"句,注釋:

---

① 荆門市博物館編《郭店楚墓竹簡》,文物出版社1998年版,第132頁。
② 廖名春《清華簡〈尹誥〉篇補釋》,http://www.jianbo.org/admin3/2011/liaomingchun002.htm。

> 既,訓爲"已"。《禮記·緇衣》:"《尹吉》曰:'惟尹躬及湯咸有壹德。'"鄭玄注:"吉當爲告。告,古文誥(引按,依鄭注術語,此處當斷)字之誤也。尹告,伊尹之誥也。《書序》以爲《咸有壹德》,今亡。"郭店簡《緇衣》作"《尹㝅(誥)》員(云):'隹(惟)尹允及湯咸又(有)一惪(德)。'"上博簡同,惟"湯"作"康",乃通假字。咸有一德,《禮記·緇衣》鄭注:"咸,皆也。君臣皆有壹德不貳,則無疑惑也。"《書·咸有一德》孔傳:"言君臣皆有純一之德。"解釋略有不同。①

這則較爲詳細的注釋除却校勘了傳本、郭店簡、上博簡之異同外,有兩點值得注意,一是將"既"訓爲"已",二是同意康成將"咸"訓爲"皆"。如此則可解釋爲:惟伊尹已及湯皆有一德。廖名春先生則將"既"讀爲"暨",用作連詞,意義與"及"同,謂"惟尹既及湯",即"惟尹暨及湯",也就是"惟尹與湯"。②他將"暨"、"及"認作複詞同義,這在詞彙上可通,但衆所周知,時代越早,同義複詞越少。廖氏釋竹簡《緇衣》之"允及"爲"以及",解清華簡《尹誥》之"既及"爲"與",雖詞異而義近,但《緇衣》所引畢竟就是《尹誥》文句,諸本之間的歧異何以會産生也當有一交代。

以上兩種解釋看似文從字順,無甚滯礙,但仍未解答宋元明清學者揭示出來的君臣並列、先已後君、君前稱名稱字稱謚等問題。故筆者對個別文字在句中之意義作進一步推闡。

既 聲音通假上讀"已"讀"暨"均可,但此處讀"已"更確。所可申論者,"已"在此句中有"業已"之義,是時間副詞,表過去。如《書·堯典》"以親九族,九族既睦",《史記·蘇秦張儀列傳》"張儀既相秦,爲文檄以告楚相",又《樊酈滕灌列傳》"噲既飲酒,拔劍切肉食,盡之",皆表示"和睦"、"相秦"和"飲酒"在時間上已成爲過去。

及 自康成以下都作視作連詞,訓爲"與",之所以歷二千年而無異詞,是因爲後文訓"咸"爲"皆"的牽制。其實"及"有"以"義,《太平御覽》卷一百四十六引《尚書大傳》:"高宗有親喪,居廬三年,然未嘗言國事,而天下無背叛之心者,何也?及其爲太子之時,盡以知天下人民之所好惡,是以雖不言

---

① 李學勤主編《清華大學藏戰國竹簡》(壹),上海文藝出版集團中西書局2010年版,下册,第133頁。
② 廖名春《清華簡〈尹誥〉篇補釋》。

國事也,知天下無背叛之心。"此"及其"即"以其"之意。如作爲時間介詞,則不能解釋高宗已經登基居廬,做太子是以前之事。吳昌瑩云:"及,猶'以'也。"以"訓"及""則"及"自訓"以"。此義《釋詞》不載。《書》:'朕及篤敬恭承民命。'言朕以敬恭治民也。《集傳》訓"及"爲"與",謂與篤敬之卿大夫同治。失之。"①吳氏所引《書》例在《盤庚下》,其實《孔傳》云"言我當與厚敬之臣奉承民命",已將"及"釋爲"與",蔡沈衹是承用《孔傳》而已。《盤庚》文"及"當訓"以",則與之時代相同的《尹誥》自可等視而訓"以"。伏生《大傳》用"及其"表述"以其",應該説也是秦漢《書》學博士熟稔《尚書》文體語言的反映。

咸　鄭玄釋"皆"。文獻中"咸"字大多可訓"皆",乃不爭之事實。然並非所有"咸"字衹能訓"皆"。《魯頌·閟宫》:"敦商之旅,克咸厥功。"鄭箋訓"咸"爲"同",馬瑞辰云:"咸與備可互訓。《説文》……訓皆、訓悉,正與備義相同。""'克咸厥功',猶云克備厥功,亦即克成厥功也。"②又《禮記·樂記》:"咸池,備矣。"陳澔云:"言德皆施被於天下,無不周徧,是爲備具矣。"③是可測知"咸池"命名本與備義相通。"咸"之訓"備"信而有徵。《方言》第十二:"備、該,咸也。"備爲齊備,有"具"義,《儀禮·特牲饋食禮》"宗人舉獸尾告備"鄭玄注:"備,具也。"《莊子·徐无鬼》"夫大備矣"成玄英疏:"備,具足也。"故後世有同義複詞"具備"。該,即"晐",亦有"備"義。《國語·吳語》:"一介嫡女,執箕帚以晐姓於王宫。"韋昭注:"晐,備也。"晐姓於王宫即備百姓於王之意。韋注蓋本《説文》"晐,兼晐也"之説。備、晐有"咸"義,則"咸"亦當有備、晐之義。《説文·口部》:"咸,皆也,悉也。从口,从戌。戌,悉也。"從"戌"有"悉"義,透露出"咸"有"備"義之信息。段玉裁云:"'戌'爲'悉'者,同音假借之理。"④而郝懿行則承之云:"'悉'訓'盡','盡'爲'賅備'之義,故《方言》云:'備、該,咸也。'該與賅同。"⑤備、晐訓咸,當然咸亦可訓備、晐(賅),此理之至顯而無可疑者。

知關鍵詞"咸"可訓具備、賅備之義,然後可以正確解釋《尹誥》首句。"隹尹既及湯咸又一悳",應該解讀爲:惟伊尹既(已)以(爲)成湯具備一德。

---

① 吳昌瑩《經詞衍釋》卷五,中華書局1956年版,第82頁。
② 馬瑞辰《毛詩傳箋通釋》卷三十一,中華書局1989年版,下册,第1141—1142頁。
③ 陳澔《禮記集説》卷七,銅版《四書五經》,世界書局1936年印行,第210頁。
④ 段玉裁著、許維賢點校《説文解字注》,鳳凰出版社2007年版,第102頁下。
⑤ 郝懿行《爾雅義疏》卷上又一,上海古籍出版社1983年影印郝氏家刻本,第297頁。

九字一句，"湯"字後絶不能逗開。這樣理解，並非完全新解獨創。清趙佑《惟尹躬暨湯咸有一德解》云："咸有一德，'咸有'非君臣之詞，乃言湯德之有常，無時無事而不協于克一也。'惟尹躬暨湯'，猶之'惟尹躬先見于西邑夏'，句法語意俱同。暨之言及也，逮也，'躬暨'猶云親逮事之。見湯之無時無事而不然也，所謂見而知之也。"①趙氏當然清楚宋儒之質疑，也感覺到句意和現實的君臣對話之間有扞格抵牾處，故作別解。其"言湯德之有常，無時無事而不協于克一"，雖屬發揮義理，却是將伊尹和成湯分開，以爲"咸有"非君臣皆有之意。祇因他所見仍是傳世文本，無法突破文字字義的界劃，祇能將"暨"或"及"解釋爲"逮及"，"躬暨"猶云"親逮事之"。這已經是一種卓識。清華簡《尹誥》"佳尹既返湯"之"既"，寫得端正清晰，不容讀者另作他想，致使筆者在作出文通字順之解釋後，再進一步考慮"既"字在文句中之意義。

從"佳尹既返湯咸又一悳"一語分析，抽去"既"字，寫成"佳尹返湯咸又一悳"，並不改變伊尹以爲成湯具備一德的文意，然則何以加上一"既"字？此尚須從《孟子》一書對成湯和伊尹的記述中追尋其原因。《萬章上》載：

  萬章問曰："人有言伊尹以割烹要湯，有諸？"孟子曰："否，不然。伊尹耕於有莘之野，而樂堯、舜之道焉。非其義也，非其道也，禄之以天下，弗顧也；繫馬千駟，弗視也。非其義也，非其道也，一介不以與人，一介不以取諸人。湯使人以幣聘之，囂囂然曰：'我何以湯之聘幣爲哉？我豈若處畎畝之中，由是以樂堯、舜之道哉？'湯三使往聘之，既而幡然改曰：'與我處畎畝之中，由是以樂堯、舜之道，吾豈若使是君爲堯舜之君哉？吾豈若使是民爲堯舜之民哉？吾豈若於吾身親見之哉？天之生此民也，使先知覺後知，使先覺覺後覺也。予，天民之先覺者也，予將以斯道覺斯民也，非予覺之而誰也……'故就湯而説之，以伐夏救民。"

如果孟子此則記載是真實的傳説，則伊尹對湯之認識有一個量變到質變過程。當湯第一次幣聘伊尹時，伊尹是一副自得無欲之神態。及至"湯三使

---

① 趙佑《尚書質疑》卷上，清乾隆五十二年刻《清獻堂全編》本，第六十一葉。

往聘",使他幡然改悟,逐漸體認到成湯禮賢求治之心。《孟子·告子下》又云:"五就湯,五就桀者,伊尹也。"趙岐注:"伊尹爲湯見貢於桀,桀不用而歸湯,湯復貢之,如此者五,思濟民,冀得施行其道也。"伊尹五就湯、桀,學者雖有不同看法,①但其事則或許有。伊尹在湯與桀之間往復事奉,無疑已熟稔二君之德性,從而也更進一步理解了湯之心、湯之誠和湯之德。由就聘到貢桀,並往來於湯、桀之間,再由佐湯伐桀,滅夏治國,必當多歷年所。成湯與伊尹君臣歷經運籌之協,戰爭之艱,相知相和,既是君臣兩心相照不宣,亦早已成爲群臣僚屬之美談。所以史臣記錄君臣對話,在敘述鋪墊時用一"既"字,可謂極形象生動地勾勒出伊尹對湯亦即臣對君之瞭解和相知。

將《尹誥》首句作如此解,已可冰釋宋儒提出的君臣並列、先己後君疑問。再體味"隹尹既返湯咸又一惪"在清華簡《尹誥》首句,後面緊接"尹念天之敗西邑夏,曰……"云云,而不在《咸有一德》篇的伊尹諫言之中。從文句文勢上考慮,"尹念"之"尹"可蒙前省略,今重出主語,昭示出第一句很可能是後世史臣紀録、纂輯時或整理歸檔時所加。②唯其爲後世史臣所加,故第二句仍用"尹"作主語領起下文;唯其爲後世史臣所加,故通篇數言"湯"謚,也不避"摯"名。這也就將閻若璩和毛奇齡等人爭論的君前臣名、稱字稱謚等問題渙然消解而歸於無謂。

經學和經義層面似已得到合理解釋,反歸文字,清華簡之"尹㡭",何以郭店簡和上博簡都作"尹允"?兩字筆劃多少和形體都不類。就文義而言,應是"既"而非"允"。如是"允"或傳本之"躬",必如孔疏解作"惟尹躬身與成湯",是則"躬身"之累贅和文句之不辭實在不言而喻。簡文"允"既與"既"古文字形體絕不相近,祇能轉從傳本之"躬"予以考察。躬,亦作"躳",望 M1—75 作"躬",左"身"右"吕",包山 226 作"躳",結構同。但郭店簡《成之聞之》一四之"窮"作"躳",左"吕"右"身",結構適相反。推想先秦之"躳"亦必有左"吕"右"身"結構之形體。"既"字旁鼎作"既",其左邊之"皀"

---

① 明代胡應麟謂此蓋屢言之以明聖人去就不常,非定以爲五也。清焦循引《鬼谷子·忤合篇》所載與《孟子》同,知戰國時傳聞如此。參見焦循《孟子正義》卷二十四,中華書局 1987 年版,第 830 頁。
② 林之奇《尚書全解》卷十六謂《伊訓》《肆命》《徂后》《太甲》三篇,《咸有一德》皆是太甲末年商史所録。今清華簡《尹誥》出,《咸有一德》固非太甲時文獻,然其"商史所録"一語頗得其實。

寫作"㠯",與"吕"字輪廓近似。右邊之"⿱",甲骨文像一人踞坐之形,其形作"⿱"、"⿱","躬"字之"身"作"⿱"、"⿱",同屬人形,故有類化與誤認之可能。兩字結構雖不同,但字形相近,加之簡牘殘泐、漫漶、磨滅等因素,就不免有誤鈔、誤認、誤讀等現象發生。金文之"⿱",與郭店簡之"⿱"下部就有相似之處。推想《尹誥》此字,必先是"既"簡率草寫,或經久而漫漶、殘泐,模糊不清,被誤認作"䚺","吕"與"㠯"形近,"㠯"與"㠯"亦形近,皆易混譌,而後再與"身(⿺)"結合被寫成上下結構之"⿱"。但既然郭店簡和上博簡都已作"⿱",可知"既"譌作"躳"之年代較早;既然傳本已作"躬(躳)",則漢初孔安國等古文家所見壁中古文簡本或已作"躬(躳)",或是"既"字草率、殘泐模糊以致被他們誤認作"躬(躳)"。但參證戰國簡《緇衣》已作"⿱",則以漢初古文《尹誥》簡本作"躬(躳)"之可能性爲大。① "躬(躳、躳)"若確係"既"之誤字,則今傳《太甲上》"惟尹躬克左右厥辟宅師"中之"躬(躳)"也可能是"既"之誤字,因爲若作"惟尹既克左右厥辟宅師",文義上更爲通順。而《緇衣》所引亦即《太甲上》所有的"惟尹躬先見于西邑夏"一句,今清華簡作"尹念天之敗西邑夏",如何衍變成譌,頭緒紛繁,無法質指。以上祇是在豐富史實湮没前提下據有限的字形所作之可能性推測,先秦文獻在傳鈔過程中發生的情況遠比我們想象的複雜,祇能企盼新的出土資料並有待高明來解决。至於清華簡《尹誥》文字何以與《咸有一德》全然不同?筆者有《由清華簡〈尹誥〉論〈古文尚書·咸有一德〉之性質》一文詳論之,此不贅。

二〇一一年二月二十七日至三月一日初稿
三月五日至七日修訂二稿

---

① 筆者將傳世《咸有一德》篇視作源自西漢文獻的理由,詳見《由清華簡〈尹誥〉論〈古文尚書·咸有一德〉之性質》一文。已收入本書。

由清華簡《尹誥》論《古文尚書·咸有一德》之性質

一、引　言

　　清華簡《尹誥》公布,除却有《禮記·緇衣》所引《尹吉》"惟尹躬及湯咸有壹德"和"惟尹躬天見于西邑夏"二句外,其他文字皆與傳世《古文尚書》不同。此一事實除證實《古文尚書·咸有一德》非先秦原本之外,還招致清華簡《尹誥》真僞之質疑。竊以爲清華簡《尹誥》之真僞與整批簡牘聯繫在一起,就《尹誥》與《緇衣》所引同而與《咸有一德》他文不同一點,誠不足以質疑《尹誥》。然仔細研讀《尹誥》與《咸有一德》二文,發現其義頗相關聯,此於兩漢今古文《尚書》和經傳流衍諸問題,大有申論餘地。兹先分析《尹誥》文句、篇旨,而後比較兩篇異同,最後討論《咸有一德》之性質與來源。

　　《尹誥》竹簡四支,簡長四十五釐米,三道編綫,滿簡書寫三十一至三十四字,總計一百十二字。原無篇題,今篇題係整理者據《緇衣》所引確定。《尹誥》與《咸有一德》異同,首見於李學勤先生之《清華簡九篇綜述》一文,李先生比較兩篇,認爲"東晉時立於學官的《孔傳》本《尚書》的《咸有一德》是後人僞作,自宋代以來歷經學者討論,已成定讞"。[①] 在《清華大學藏戰國竹簡》(壹)中,李先生復謂"簡文與《孔傳》本《咸有一德》全然不同,東晉梅賾所獻的《孔傳》本確如宋以來學者所考,係後世僞作"。[②]《清華簡》發行

---

① 李學勤《清華簡九篇綜述》,《文物》2010年第5期,第51—57頁。
② 李學勤主編《清華大學藏戰國竹簡》(壹),上海文藝出版集團中西書局2010年版,下册,第132頁。

後，廖名春撰《清華簡〈尹誥〉篇補釋》，討論七則句讀與釋義問題。① 復旦大學出土文獻與古文字研究中心讀書會首發《清華簡〈尹至〉〈尹誥〉研讀札記（附：《尹至》《尹誥》《程寤》釋文）》，②王寧撰《清華簡〈尹至〉〈尹誥〉中的"衆"和"民"》，③以及網上各篇後之跟帖，都對此篇有發蘊燭幽之功。其中有些是獨得之見，有些則是研讀者之共識。爲省筆墨，對獨得之見略予提及，共識則從略。蓋以諸文皆在網上，讀者不難參閱按覆。

二、清華簡《尹誥》字義句意與篇旨

清華簡《尹誥》首兩句曾爲《禮記·緇衣》所引，第一句亦爲郭店簡、上博簡《緇衣》所引，充分證明戰國中晚期確有其文存在。《尹誥》簡背有"一"、"二"、"三"、"四"次序編號，故其文句次序不容懷疑。下面先詮釋首兩句：

隹（惟）尹既及（及）湯咸又（有）一悳（德） 簡文文字與《咸有一德》有關意義祇差一字，然此在首句，彼則在伊尹誥語中。傳本《咸有一德》云："〔伊尹〕曰：嗚呼！天難諶，命靡常。常厥德，保厥位；厥德匪常，九有以亡。夏王弗克庸德，慢神虐民。皇天弗保，監于萬方，啓迪有命，眷求一德，俾作神主。惟尹躬暨湯，咸有一德，克享天心，受天明命。""尹躬暨湯"在伊尹對湯之誥語中。"躬"是否伊尹之名？"湯"是否成湯之謚？由此引出君臣並列、先己後君、君前稱名稱字及稱君謚等疑問。今《尹誥》此句在篇首，且"躬"作"既"，雖僅一字之異，却意義非凡。筆者釋"既"爲"既然"，"及"爲"以"，"咸"爲"具備"，解此句爲：惟伊尹既（已）以（爲）成湯具備一德。如此理解，既消解了君臣並列及先己後君等問題，也更符合史臣叙述之口吻。兩者雖僅句位之不同、一字之差異，却使宋儒種種所疑所惑迎刃而解。關

---

① 廖名春《清華簡〈尹誥〉篇補釋》，http://www.jianbo.org/admin3/2011/liaomingchun002.htm。
② 復旦大學出土文獻與古文字研究中心讀書會《清華簡〈尹至〉〈尹誥〉研讀札記（附：《尹至》《尹誥》《程寤》釋文）》，www.gwz.fudan.edu.cn/srcshow.asp? Src_ID＝1352。
③ 王寧《清華簡〈尹至〉〈尹誥〉中的"衆"和"民"》，www.gwz.fudan.edu.cn/srcshow.asp? Src_ID＝1396。

於此句之解讀和宋儒之疑惑，筆者已有專論，①此不贅。

尹念天之啟（敗）西邑頭（夏） 《緇衣》引此句作"《尹吉》曰：'惟尹躬天見于西邑夏，自周有終，相亦惟終。'"鄭玄注："'尹吉'，亦《尹誥》也。'天'當爲'先'，字之誤。忠信爲周。相，助也，謂臣也。伊尹言尹之先祖見夏之先君臣皆忠信以自終，今天絕桀者，以其自作孽。伊尹始仕於夏，此時就湯矣。夏之邑在亳西。'見'或爲'敗'，'邑'或爲'予'。"②依鄭注，《禮記》別本有作"惟尹躬天敗于西予夏"者。"天敗"不辭，既有作"見"之本，故康成以"天"爲"先"之誤，讀爲"先見"。予、邑字形相近而譌誤，康成不取。今簡本作"尹念天之敗"，語義顯豁。唯"念"之字義，有釋爲"考慮"，有解爲"回想"。③"念"有"思"義有"慮"義，思慮過深，則含"憂慮"之義。《後漢書·孔融傳》"故龜錯念國，遭禍於袁益"，此非泛泛思念，而確有憂慮之意在。觀後文伊尹所陳述者，見其所慮甚深，故此"念"亦"憂慮"義。《孔傳》有"憂念齊敬，奉其祭祀"語，④齊、敬同義，是知憂、念亦同義。《史記·酈生陸賈列傳》亦有"然有憂念"語。此皆其證。殆憂慮殷商重蹈有夏棄捐黎民、自取滅亡之覆轍。《緇衣》之"尹躬"之"躬"，或係"惟尹躬暨湯咸有一德"一語類化所加。或因"念"字殘泐磨滅或模糊不清，整理、傳授者見"尹躬暨湯"之文，補一"躬"字，導致康成捨棄《禮記》"天敗"本而擇取"天見"本，並將"天"誤解爲"先"。

以上兩句導引出下文伊尹與成湯之對話，筆者以爲此乃殷商史臣記錄或整理歸檔時鋪墊之語。古代"史"之產生，相傳始自黃帝。⑤而卜辭所見之"史"，多有屬武官者。⑥即便如此，《周禮》所載各種"史"及其執掌，應有殷商中晚期官僚系統因子。《呂氏春秋·先識》敘"殷內史向摯見紂之愈亂迷惑也，於是載其圖法，出亡之周"，得之傳聞，非出杜撰，要亦是西周之史

---

① 虞萬里《清華簡〈尹誥〉"隹尹既迓湯咸又一慐"解讀》，《史林》2011年第2期。已收入本書。
② 關於"先"與"天"之字誤，參見拙文《三禮鄭注"字之誤"類徵》，刊《國學研究》第十六卷，已收入本書。
③ 如沈培在孫飛燕《試論〈尹至〉的"至在湯"與〈尹誥〉的"及湯"》一文之評論下云"於是伊尹回想起夏之滅亡"，釋爲"回想"。
④ 見《尚書·多士》"自成湯至于帝乙，罔不明德恤祀"下孔傳。
⑤ 《世本·作篇》："沮誦、蒼頡，並黃帝時史官。"宋衷注："黃帝之世，始立史官，至於夏商，乃分左右。"
⑥ 參見胡厚宣、胡振宇《殷商史》第六章《殷商史官》，上海人民出版社2003年版，第107—114頁。

官追叙殷商之情事。《周禮·春官》有內外史,"內史掌書王命,遂貳之";"外史掌三皇五帝之書,掌達書名于四方"。鄭玄於"掌達書名于四方"下注:"謂若《堯典》《禹貢》,達此名使知之。"孫詒讓正義:"謂此書名即指古書之篇名……古書篇名,亦學者所宜知,故外史通達布告之四方,若後世目錄之學是也。"① 典司檔案,條別文件,必須有篇名或叙錄之類。余嘉錫以爲"目謂篇目","錄當兼包叙目",亦即篇目與旨意二者。② 班固云"劉向司籍,辨章舊聞",略錄之學雖仿自劉向,然"辨章舊聞"則固史官之天職。欲使舊聞有條不紊,必須有所簽記分類,故史官在檔案上識記,是一道必不可少的檔案整理程序。伊尹與成湯對話,史官(或後世所謂"左史記言"之左史)理當記之。篇首"惟伊尹已經以爲成湯具備一德"、"伊尹憂慮上天之敗覆西邑夏"二句,或即史官爲使下文所記伊尹與成湯對話有一明確主題所作之鋪墊,但二語內涵却是當時朝廷王室所共知之事實。

以下文分數層:第一層是伊尹總述夏亡之原因。第二層是伊尹告成湯殷所以成功之緣由。第三層爲成湯問伊尹如何可以作福於民,使群臣民衆擁戴自己。第四層是伊尹告成湯聚衆福民之政策。最後成湯施行伊尹所告誡之言。

第一層:〔伊尹〕曰:"顕(夏)自慈(絕)亓(其)又(有)民,亦隹(惟)丮(厥)衆,非民亡與戰(守)邑。丮(厥)辟复(作)息(怨)于民=(民,民)㠱(復)之甬(用)麗(離)心,我戠(捷)泆(滅)顕(夏)。今句(后)害(曷)不藍(監)?"

"慈"字,李學勤先生注釋謂"即'絕'字,當即'蕝'字異體"。此字各家認識不同,有人將中間字形釋讀爲"弦",故蘇建洲讀爲"虔",張新俊讀爲"捐"。而王寧則以爲在本句中當讀爲同音之"賢"。③ 其最直接之證據是《呂氏春秋·慎大》所謂"桀愈自賢,矜過善非,主道重塞,國人大崩"一語,謂《呂覽》所説即此事。其實古代之"民",乃指庶民,是社會底層者,所謂民,冥也。以夏桀之尊,"自賢其有民",實不足自多。自賢之君往往對鄰

---

① 孫詒讓《周禮正義》卷五十二,中華書局 1987 年版,第八册,第 2139 頁。
② 參見余嘉錫《目錄學發微》卷一《目錄釋名》,巴蜀書社 1991 年版,第 15—17 頁。
③ 王寧《清華簡〈尹至〉〈尹誥〉中的"衆"和"民"》。

國、群臣而言,與下民實無與。如《書·大禹謨》禹會群后誓師云:"濟濟有衆,咸聽朕命。蠢茲有苗,昏迷不恭,侮慢自賢,反道敗德。"此指有苗妄自尊大。晁錯謂秦王"矜奮自賢,群臣恐諛",此對群臣。"有民"一詞屢見於《尚書》,皆指庶民。故此文"自慈"仍當作"自絶"爲妥,意爲自絶其民,似無必要移易。

《尹誥》中二次"民"和"衆"對言,此爲第一次,指夏桀統治下之民與衆。後文"吾可(何)(祚)于民,卑(俾)我衆勿章(違)朕言"爲第二次,指商湯新朝統治下之民與衆。不管指夏桀之民衆或商湯之民衆,皆是殷商時之語言,故當於卜辭中求其義。"民"之涵義無須詳論,"衆"之所指則衆說紛紜。①楊升南全面梳理卜辭,折衷諸家之説,認爲卜辭之"衆"由亡國之民轉化而來,隸屬於新朝的各級貴族,是農業、手工業生產主要承擔者,在對外戰爭中以師旅編外之身份參加部分戰爭。② 筆者以爲衆之此種身份較爲切合卜辭中民與衆之區別,唯其非新朝族類,故其在生產與戰爭中經常會逃亡;唯其在生產與戰爭中有不可忽視之作用,故貴族爲穩定其力量,必須既安撫又管制甚至鎮壓。將卜辭"衆"之身份移解《尹誥》之"衆",亦很貼切。此一層之民與衆指夏桀統治下夏王朝之平民與其所獲其他亡國之"衆"。"亦惟"一詞,《尚書》頻見,而其義則各異。此處"亦"可訓"以","亦"與"以"一聲之轉。《易·未濟》初六象傳:"濡其尾,亦不知極也。"上九象傳:"飲酒濡首,亦不知節也。"兩句謂"以不知極"與"以不知節"也。又《戰國策·齊策一》:"卜者出,因令人捕爲人卜者,亦驗其辭於王前。"此謂以驗其辭於王前也。"惟"與"維"同,有"與"義和"及"義。《書·禹貢》"瑶、琨、篠、蕩、齒、革、羽毛惟木",謂數物與木(櫄、梓、豫章之屬)也。《酒誥》"越在内服,百僚、庶尹、惟亞、惟服、宗工。"屈萬里注:"惟猶與也。"③惟亞惟服猶與亞與服,亞,副官;服,群吏。此孔傳所以釋爲"於在内服,治事百官衆正及次大

---

① 趙錫元《試論殷代的主要生產者"衆"和"衆人"的社會身份》,《東北人民大學人文科學學報》1956年第4期;朱鳳瀚《殷墟卜辭中的"衆"的身份問題》,《南開學報(哲社版)》,1981年第2期;張政烺《卜辭裒田及其相關問題》,《考古學報》,1973年第1期。裘錫圭《關於商代的宗族組織與貴族和平民兩個階級的初步研究》,《文史》第十七輯。
② 楊升南《殷墟卜辭中衆的身份考》,王宇信主編《甲骨文與殷商史》第三輯,上海古籍出版社1991年,第303—352頁。
③ 屈萬里《尚書釋義》,中國文化大學出版部1980年,第127頁。

夫服事尊官亦不自逸",釋爲"及",亦與"與"同義。下文又有"又惟殷之迪諸臣惟工,乃湎于酒,勿庸殺之",楊筠如覈詁:"惟猶暨也。謂殷之諸臣暨諸工也。"①《多方》:前文有"告爾四國多方,惟爾殷侯尹民",後文又有"告爾有方多士,暨殷多士",孔傳:"告汝衆方與衆多士。"《多方》"惟"與"暨"互用同義,故楊氏謂"惟猶暨也",傳更以"與"釋"暨"。據此可證,《尹誥》之"亦隹"即"以與"之義。則此句意謂夏桀自絶其民與衆也。

結合文獻以觀有夏當時形勢,確實已不堪。《書・湯誓》:成湯云"夏王率遏衆力,率割夏邑。有衆率怠弗協"。孔傳:"言桀君臣相率爲勞役之事,以絶衆力,謂廢農功。相率割剥夏之邑居,謂征賦重。"民、衆已同受其殃,其結果致使人民和衆人怨望滿腹,迸發出"時日曷喪?予及汝皆亡"的怨聲。《吕氏春秋・慎大》云:"干辛任威,淩轢諸侯,以及兆民,賢良鬱怨。殺彼龍逄,以服群凶,衆庶泯泯,皆有遠志。"又云伊尹奔夏,三年反報于亳,曰:"桀迷惑於末嬉,好彼琬琰,不恤其衆。衆志不堪,上下相疾,民心積怨,皆曰'上天弗恤,夏命其卒'。"②《吕覽》乃後世文字,其所云"衆"、"民"不管有無區别,其意確實指出有夏已上下積怨,衆叛親離。太史公亦云"夏桀不務德而武傷百姓,百姓弗堪"。凡此皆可與簡文所説"厥辟作怨于民,民復之用離心"相印證。夏桀之失國,主要是作怨於民,失去民、衆之心,成湯因而得乘勢殲滅之。伊尹分析夏亡之原因是依仗武力而失去民心,希望成湯有所鑒戒,是即前文伊尹所念兹在兹深堪憂慮者。所以他總結出一個值得深思的教訓進諫商湯:民、衆可以與你共守城邑,民、衆離心則城邑失守,城邑失守則國家社稷顛覆滅亡。

第二層:埶(摯)告湯曰:"我克叶(協)我喜(友)。今隹(惟)民,遠邦逷(歸)志。"

友指《泰誓》《牧誓》中的"友邦冢君"。孔氏於《牧誓》下注云:"同志爲友,言志同滅紂。"在《大誥》中注爲"友國諸侯"。推而上之,此處應指協同成湯和伊尹殲滅夏桀的諸侯國。我之所以能協和友邦侯國,共同殲滅夏桀,衹是因爲民心向著大商邑之緣故。因得民心而克勝西夏,從而使得遠

---

① 楊筠如《尚書覈詁》,陝西人民出版社2005年版,第292頁。
② 陳奇猷《吕氏春秋校釋》卷十五,學林出版社1984年版,上册,第844頁。

方諸侯皆來歸順。申言殷商之"克協",正反襯《湯誓》所言夏氏"有衆率怠弗協"。克協則遠邦歸志,弗協則親叛國亡。

第三層:湯曰:"於虖=(呼!吾)可(何)复(祚)于民,卑(俾)我衆勿韋(違)朕言?"

"可"讀爲"何",何以,副詞,怎麼能夠,怎樣才能。复,簡牘文字多從"亻"作"[字形]"郭店《老子》甲17簡,"[字形]"包山文書212。此"复"所以讀爲"祚",蓋"祚"字簡牘亦有從"又"者,如包山文書129號簡作[字形],141號簡作[字形],包山卜筮祭禱209號簡作[字形]。此字若省去"示"旁即成"复"形。《晉書·樂志上》引《天郊饗神歌》"作京邑",《宋書·樂志二》作"祚京邑",時代雖後,可以意會。祚,《説文新附》釋爲"賜福",《左傳》有"福祚",鄭玄箋《詩》亦屢言"福祚"。所謂"天祚",亦即天賜之福也。此一層前半句稱"民",後半句稱"衆",乃變文省略,須互文足義,統指民與衆也。句意謂成湯問伊尹怎樣才能賜福本國人民與亡國之衆,怎樣才能使本國人民與亡國之衆聽從我的話,與我協力共濟?成湯聽伊尹分析夏亡殷興最爲至關重要的是,本國人民與亡國之衆同樣重要,故直接提出如何解決率民聚衆、遠邦歸志等重大問題,以避免重蹈夏亡之覆轍。所當申述者,是鼎革之際的"亡國之衆"包涵甚廣,既有下層民衆,也有亡國王族、貴族,如宜侯夨簋中宜王人十又七生(姓),《左傳》之殷民六族、七族,甚至還有亡國之附庸諸侯、小邦王族等。理解其涵義,方可體會下句"乃至(致)衆于白(亳)审(中)邑"之確切文意。

第四層:埶(摯)曰:"句(后)亓(其)㸋(賚)之,亓(其)又(有)顕(夏)之金玉日(疑爲"田"字)邑,舍之吉言(焉)。"乃至(致)衆于白(亳)申(中)邑。

"㸋"即賞賜,無容他解。"日"字諸家多設法以通假字釋之。細讀前後文句,恐以陳劍所説"田"字爲妥。原文中間一畫有折角,即使仍是"日"字,也不無輾轉鈔錯之可能性。因爲"金玉"和"田邑"相對,都是民生之必須。湯伐桀,確有俘獲。《書序》:"夏師敗績,湯遂從之。遂伐三朡,俘厥寶玉。"實際所獲,當遠不止此。將得之於勝國的金玉田邑散給人民,此乃新政者之高招。《書·武成》:"乃反商政,政由舊。釋箕子囚,封比干墓,式商容閭。散鹿臺之財,發鉅橋之粟,大賚於四海,而萬姓悦服。"若以《武成》爲不可信,則《帝王世紀》所載更爲詳細,如"命南宫适散鹿臺之財,發巨橋之粟,以賑貧民",①有主持者,有措施,有目的,殆本於同一史源。"散鹿臺之財,發鉅橋之粟,大賚於四海"可以使"萬姓悅服"。此雖武王所爲而伊尹之政可推想而得。

再從史實證之。湯將征伐有夏,亳邑衆庶曾有"我后不恤我衆,舍我穡事,而割正夏"之怨望。當時成湯有"爾尚輔予一人,致天之罰。予其大賚汝!爾無不信,朕不食言"之許諾。②蓋出征之前,亳邑衆庶安於湯之德政,不知桀之虐焰,故憚於征伐之勞。湯歷數桀之暴虐,而許諾於其衆庶,皆事理所必有。《尹誥》中伊尹勸湯"舍之",自有勸其信守諾言之意在。唯其"不食言",故能"吉焉"。成湯采納伊尹建議,即"至(致)衆于白(亳)宷(中)邑"。是將諸侯、群臣遷至亳邑。

以上是《尹誥》大致内容,欲進一步説明其歷史與政治涵義,尚須引證史料作深入推闡。《尹誥》即《咸有一德》,屬《古文尚書》十六篇之一,孔安國以今文讀之,司馬遷亦曾見之。孔氏與太史公所見之古文,後漢經師多不之見,然《史記》中猶存其史迹之一二。《殷本紀》載:

> 既絀夏命,還亳,作《湯誥》:"維三月,王自至於東郊。告諸侯群后:'毋不有功於民,勤力迺事。予乃大罰殛女,毋予怨。'曰:'古禹、皋陶久勞于外,其有功乎民,民乃有安。東爲江,北爲濟,西爲河,南爲淮,四瀆已修,萬民乃有居。后稷降播,農殖百穀。三公咸有功于民,故后有立。昔蚩尤與其大夫作亂百姓,帝乃弗予,有狀。先王言不可不勉。'曰:'不道,毋之在國,女毋我怨。'以令諸侯。伊尹作《咸有一德》,咎單作《明居》。"

《史記》所録《湯誥》與《古文尚書》所載不同。據太史公所記,《湯誥》是伐夏歸亳之作。文有"告諸侯群后",則當時諸侯或率職來朝。誥文明言古禹、皋陶、后稷三公有功於民,故上天立之,此以三后自況,謂能得天相。而蚩尤作亂,帝乃弗予立,此以戒諸侯群后,謂不得帝助。最嚴厲的是後文"不道,毋之在國,女毋我怨"一語,以此令諸侯,不免使人膽顫。然太史公接叙

---

① 《藝文類聚》卷十二引。見徐宗元《帝王世紀輯存》,中華書局1964年版,第87頁。
② 以上皆《湯誓》中語,孔穎達《尚書注疏》卷八,上海古籍出版社2007年版,第283—289頁。

"伊尹作《咸有一德》,咎單作《明居》",《尹誥》內容已知如上,《明居》據裴駰集解引馬融曰:"咎單,湯司空也。明居民之法。"① 將《湯誥》《尹誥》《明居》聯繫起來看,湯在滅夏歸亳後,曾一度嚴飭諸侯群臣,以此體味伊尹誥語"我協我友"、"遠邦歸志"云云,似暗藏機鋒,不無規勸之意。

三、《咸有一德》推衍闡發《尹誥》爲《尹誥》之"傳"

《書序》云:"伊尹作《咸有一德》。"僅叙作者,不言作意,致使太史公、馬融、鄭玄置之《湯誥》後,而《古文尚書》列於《太甲》三篇後。即此次序之異,引發歷代《尚書》學者無休止爭論,浪費無限筆墨,② 引出真僞之辯。梅鷟率先將《尚書》文句一一比勘先秦《詩》《書》等文獻中相同詞彙與句式,於《咸有一德》亦爾,③ 此固梅書"考異"之主旨所在。至閻若璩《疏證》則提出質疑云:"至引《尹吉》曰不知爲何書,緣康成所受十六篇有《咸有一德》,知此'惟尹躬及湯咸有壹德'出其中,故註曰'吉當爲告……'其確指如此。果爾,'惟尹躬及湯咸有壹德'既竄入《咸有一德》中,何'惟尹躬天見於西邑夏,自周有終,相亦惟終'均爲《尹吉》曰而竄入《太甲》上篇中耶?"④ 之後學者心存先後,相繼抉摘其語句係承襲先秦各種典籍。崔述在《讀僞古文尚書黏簽標記》中指出:"'天難諶,命靡常',上句《詩·大明》篇語,下句《詩·文王》篇語。'天難諶',《書·君奭》篇語。"⑤ 惠棟更是全面揭示篇中有十八處摭拾先秦經典文句,並於某些句下略加評論。如於"嗚呼,七世之廟,可以觀德,萬夫之長,可以觀政"下云:

> 《呂氏春秋》:"《商書》曰:'五世之廟,可以觀怪,萬夫之長,可以生謀。'"棟謂王肅主七廟以駁鄭氏,故嘗疑僞《尚書》王肅僎也。

---

① 《史記·殷本紀》裴駰集解引,中華書局1959年版,第98頁。
② 詳細參見《尚書正義》、宋人《尚書》學著作及程元敏《書序通考》一書,臺灣學生書局1999年版。
③ 明梅鷟《尚書考異》,《北京圖書館古籍珍本叢刊·經部》第一冊,書目文獻出版社1988年影印本,第372—373頁。
④ 閻若璩《尚書古文疏證》卷一,上海古籍出版社1988年影印乾隆十年眷西堂刻本,第122頁。
⑤ 崔述《古文尚書辨僞》卷二,《崔東壁遺書》,上海古籍出版社1983年版,第605頁上。

又"后非民罔使,民非后罔事"下云:

> 《國語》引《夏書》:衆非元后何戴?后非衆無與守邦。《大禹謨》既襲用其語,此又竊其意而變其詞。①

皆不僅指出所本,且指責其僞。朱駿聲於《尚書古注便讀》中亦表揭其詞彙與語句出處來源,②至屈萬里則本朱書而"刪其繁蕪,隱括其注語"釐訂成編。③

諸家剔摘之文,分四種情況:一、原句襲用,如"九有以亡",惠棟以爲即《墨子·非樂》之"九有以亡";二、原句襲用而有異文,如"七世之廟,可以觀德,萬夫之長,可以觀政"一句,《吕覽》"七"作"五","德"作"怪","觀政"作"生謀";三、襲用其意而變其詞,如"后非民罔使,民非后罔事"一句,《國語》作"衆非元后何戴?后非衆無與守邦",文辭已有變更;四、化用其辭者,如"俾作神主",惠棟謂即《大雅》"百神爾主"。其實,先秦經典和諸子百家,本多互相引用、化用、變用,或贊同申論,或駁斥指責。若捐棄先見,應當等量齊觀。既可説《咸有一德》因襲先秦群籍,也可説先秦群籍鈔襲《咸有一德》;既可説《咸有一德》襲用先秦群籍文句而變其辭,也可説先秦群籍鈔襲《咸有一德》而變其辭;既可説《咸有一德》化用先秦群籍之語,也可説先秦群籍化用《咸有一德》之語。然一旦先有預設之觀點傾向,便一偏而成爲《咸有一德》鈔襲摘取先秦群籍語句連綴成篇。及至先秦真正的《尹誥》出土,此觀點已成爲當然而無庸置疑。然似可進一步追問:魏晉間撰作或編纂《咸有一德》者何以要襲取這些典籍的文句?他襲取這些文句要表達何種思想和内容?循此疑問,筆者將清華簡《尹誥》與《古文尚書·咸有一德》反覆對讀,仔細比勘,發現《咸有一德》之旨意和《尹誥》大致吻合,現將兩篇文句依《尹誥》順序對照排列,以便觀其旨意:

---

① 惠棟《古文尚書考》卷二,《清經解》卷三百五十二,上海書店1988年影印道光九年本,第二册,第709頁上。
② 朱駿聲《尚書古注便讀》卷三,《四庫未收書輯刊》第陸輯,北京出版社2000年版,第貳册,第25頁上。
③ 屈萬里《尚書釋義》附録三,第238頁。

佳尹既及湯咸有一德。尹念天之敗西邑夏。(《尹誥》)

惟尹躬暨湯,咸有一德,克享天心,受天明命。以有九有之師,爰革夏正。(《咸有一德》)

嗚呼! 天難諶,命靡常。常厥德,保厥位;厥德匪常,九有以亡。(《咸有一德》)

《咸有一德》針對成湯具備仁德,將克勝有夏歸結爲天心、天命,此與《湯誓》"非台小子,敢行稱亂,有夏多罪,天命殛之"、"予畏上帝,不敢不正"相吻合。由此感歎天命無常,天心所在,唯德是祐,以此突出成湯之仁德。引出惟具備此一德,方能"克享天心,受天明命",最後能以"九有之師,爰革夏正"。

曰"夏自絕其有民,亦惟厥衆,非民亡與守邑,厥辟作怨于民,民復之用離心,我捷滅夏。今后曷不監?"(《尹誥》)

夏王弗克庸德,慢神虐民。皇天弗保,監于萬方,啓迪有命,眷求一德,俾作神主。(《咸有一德》)

后非民罔使,民非后罔事。(《咸有一德》)

非天私我有商,惟天佑于一德。非商求于下民,惟民歸于一德。德惟一,動罔不吉;德二三,動罔不凶。惟吉凶不僭在人,惟天降災祥在德。(《咸有一德》)

《咸有一德》言"夏王弗克庸德,慢神虐民",即針對《尹誥》"夏自絕其有民"而發,蓋以夏王之"弗克庸德"以襯托成湯之"咸有一德"。皇天弗保虐民之君,而唯"眷求一德"之人,"俾作神主"。唯此一德即仁德,①上得天相,下得民心,故云:"非天私我有商,惟天佑于一德。非商求于下民,惟民歸于一德。"人德符天則生,人德違天則亡。此乃從有夏"厥辟作怨于民,民復之用離心"以致敗亡之歷史教訓中,攝取一個最爲根本性的"德"所作之闡發,再證殷商克夏,是成湯具備仁德,"受天明命"之結果。夏桀敗亡是不德,成

---

① "一德"與"仁德"之關係,可參閱拙文《〈咸有一德〉之"一德"新解》,刊《中國經學》第十輯,已收入本書。

湯克勝緣仁德,一正一反,故援用《易》義:"德惟一,動罔不吉;德二三,動罔不凶。惟吉凶不僭在人,惟天降災祥在德"。天命觀籠罩下之人的意識是:天唯佑德而災不德,德爲人所秉持,故吉凶在德亦在人。直抉興亡異途之根本,全是爲"今后曷不監"一句。

"后非民罔使,民非后罔事"一句正是對"非民亡與守邑"更直接之演繹,它與《太甲中》"民非后,罔克胥匡以生;后非民,罔以辟四方"一語同意。亦是對夏桀自絕於民導致民復離心叛桀之高度概括。古之傳記文字往往頗爲警策,即此類也。唯此十字前後無所附麗,是否有闕文,今未可知矣。

摯告湯曰:"我克協我友,今惟民,遠邦歸志。"(《尹誥》)

德無常師,主善爲師;善無常主,協于克一。(《咸有一德》)

若能備德主善,即能克協友邦。師,長也,亦爲諸侯之長。此立足於成湯率諸侯克勝夏桀之後,人民擁戴,遠邦來歸之形勢,進一步闡説仁德之重要。若能主善備德,並協於克仁,便能爲"師"作"主"。

湯曰:"於呼!吾何祚于民,俾我衆勿違朕言?"(《尹誥》)

今嗣王新服厥命,惟新厥德。終始惟一,時乃日新。任官惟賢材,左右惟其人。臣爲上爲德,爲下爲民。其難其慎,惟和惟一。(《咸有一德》)

俾萬姓咸曰:"大哉王言。"又曰:"一哉王心。"克綏先王之禄,永厎烝民之生。(《咸有一德》)

"今嗣王"應指成湯,"今"即後世所爲"今上"之"今"。"嗣王"指紹繼前朝之王。服即《説命》"説乃言惟服"之"服",意爲"行"。《逸周書·武穆》"明義倡爾衆教之以服",義同。"厥命"指王命。此句意謂成湯建立新朝,新行王命應"新厥德",始終保持"仁德",方可日新日日新。前言《尹誥》之"衆"包涵亡國之王族、貴族,其國雖亡,其人或賢或才,故《咸有一德》云"任官惟賢材,左右惟其人。臣爲上爲德,爲下爲民。其難其慎,惟和惟一"實乃發揮《尹誥》"於呼!吾何祚于民,俾我衆勿違朕言"二句,是代伊尹立言的具體措施,即在任官惟賢,親君子而遠小人。人臣務德,理事爲民,雖難必慎,唯一則和。任官對"衆"而言,唯賢唯德;爲民對與"民"而言,其和其慎。

成湯出言所詢,竟是如何能賜福於民、衆,如何能使本國臣民和亡國之衆聽從其言。兩語皆從安國治民考慮,絕無個人享樂、婬逸之意。故云"大哉王言"、"一哉王心",此殆表揭成湯所詢之王心,以謂即此已足以"克綏先王之禄,永底烝民之生"。"萬姓"一詞,兼包民、衆。

摯曰:"后其賚之,其有夏之金玉田邑,舍之吉焉。"乃致衆于亳中邑。(《尹誥》)

嗚呼!七世之廟,可以觀德。萬夫之長,可以觀政。

無自廣以狹人,匹夫匹婦,不獲自盡,民主罔與成厥功。(《咸有一德》)

"無自廣以狹人"正呼應"后其賚之"一句,若成湯不將夏之金玉田邑賚人,是即自廣以狹人。成湯之成功,是靠廣大盟軍與亳邑之"衆庶"亦即群臣族氏與庶民。若匹夫匹婦不自盡其力於君上,則成湯亦不能成克夏之功。夏桀無道,夏民受殃,而湯所轄之民無與其害。故當成湯誓師伐桀之初,亳邑之衆安於湯之德政,不知夏桀之罪而憚於伐桀之勞,皆謂"我后不恤我衆,舍我穡事,而割正夏"。成湯針對此種厭戰情緒,倡言"夏氏有罪,予畏上帝,不敢不正",並對衆而誓云:"爾尚輔予一人,致天之罰,予其大賚汝!爾無不信,朕不食言。爾不從誓言,予則孥戮汝,罔有攸赦。"① 戰前之許諾,若在戰後食言,則亳邑臣民和遠邦諸侯必生異心。故伊尹"后其賚之"、"舍之吉焉"之誥語,誠有從正面奉勸成湯踐先前諸言之意。而《咸有一德》"匹夫匹婦,不獲自盡,民主罔與成厥功"一語,則是從反面言若亳邑臣民和遠邦諸侯不同心協力,成湯亦不能成其功,並用"無自廣以狹人"來正面發揮"后其賚之"之旨。

既已踐征伐前之諸言,散財於民,不自廣以狹人,則君臣政策性對話已結束,何以綴"乃致衆于亳中邑"一句?此亦與征伐有夏時成湯之政策、作爲有關。《書序》有"湯既勝夏,欲遷其社,不可,作《夏社》"之文,知成湯伐桀之後,曾欲遷其社稷。《孔傳》云:"湯承堯、舜禪代之後,順天應人,逆取

---

① 以上所引見《尚書·湯誓》文。孔穎達《尚書正義》卷八,第285頁。

順守,而有慚德,故革命創制,改正易服,變置社稷,而後世無及句龍者,故不可而止。"①古者社稷多與宗廟連言,如《易·震》"出可以守宗廟社稷",《禮記·曲禮下》"長曰能從宗廟社稷之事矣",《書·多士》孔傳"言能保宗廟社稷",此徵之秦蕙田《五禮通考》所引所述益可知矣。殷商以下,宗廟與社稷同爲國家之象徵。《月令》:"令民無不咸出其力,以共皇天上帝、名山大川、四方之神,以祠宗廟社稷之靈,以爲民祈福。"是宗廟社稷同爲百姓祈福之神礻。《戰國策·秦策》載張儀説秦王云:

> 然則是一舉而伯王之名可成也,四鄰諸侯可朝也。而謀臣不爲,引軍而退,與荆人和,令荆人收亡國,聚散民,立社主,置宗廟,令帥天下西面以與秦爲難,此固已無伯王之道一矣。②

後文論失霸王之道而亦云"收亡國,聚散民,立社主,置宗廟",此雖言戰國形勢,而"收亡國,聚散民,立社主,置宗廟"確是新朝所當措意之頭等大事。夏有社,《史記·封禪書》:"自禹興而修社祀,后稷稼穡,故有稷祠,郊社所從來尚矣。"是其證。然有夏是否有宗廟,莫能確指。《淮南子·氾論訓》云:"禹勞天下,故死而爲社。"若此説有據,則有夏之社即廟矣。成湯欲"變置社稷",殆欲遷其宗廟也。夏群臣庶民雖痛恨桀之無道,願與之偕亡,然湯欲遷社移廟,必遭夏民反對,其終"不可",故無待孔傳"無及句龍"之説。再從武王滅紂之後看,周猶在魯、鄭等國爲之立亳社。《禮記·祭法》:"王爲群姓立社曰大社,王自爲立社曰王社;諸侯爲百姓立社曰國社,諸侯自爲立社曰侯社;大夫以下成群立社曰置社。"此是否曾實際施行固可置而不論,由此可知古人之重宗廟社稷也,絕不可輕率移易。返觀成湯之遷夏社,確實失策。伊尹雖知成湯某些舉措未必得宜,然其品行實具備仁德,故陳言告誡,勸其散財聚衆甚至建社立廟,自在情理之中。湯納其言,遂有"乃致衆于亳中邑"之舉,遂有咎單部署居民之法。《明居》雖佚,今據《尹誥》聚衆於亳邑而推論,就中或亦含有立社建廟之規劃。

疏通背景後,可以了然"七世之廟,可以觀德,萬夫之長,可以觀政"四

---

① 孔穎達《尚書正義》卷八,第288頁。
② 劉向集録、范祥雍箋證、范邦瑾協校《戰國策箋證》卷三,上海古籍出版社2006年版,第173頁。

句,正緣"致衆于亳中邑"而發。《書序》云:"湯歸自夏,至于大坰,仲虺作誥。""湯既黜夏命,復歸于亳,作《湯誥》。"《史記》記叙《尹誥》既在《湯誥》後,則是時湯在亳,故致衆於亳邑。亳爲殷之都,其宗廟及神主在焉。致衆於亳邑,是否如《祭法》所説爲群姓立社,爲勝國立社,史闕無載。然成湯既知夏社之不可遷,則或亦有如周在魯、鄭立亳社之舉。上天既眷求一德,俾作神主,今成湯能牢記盟軍及百姓伐夏之功,分散金玉田邑,不自廣以狹人,甚至爲亡國貴族立社,是乃保全仁德,堪作民主。保全仁德,則宗廟不絶;永爲萬夫之長,則其施政可知。此以"觀德""觀政"來闡發成湯散財聚衆甚至爲亡國立社之作爲。

　　以上逐層綰合《尹誥》和《咸有一德》文句,互相印證,雖不免自我作古,替古人作解,然即使捨棄牽强部分,也有相當程度之對應和重合。況且,秦漢經師傳授經典之文字和旨意,往往與後世注、疏不同,當時所見所知之先秦史料遠非今人所能想象,其所要表達之篇意宗旨,亦與今人不一定吻合。如今傳伏生之《大傳》殘文,其關於《湯誓》者有夏人飲酒而歌,伊尹入告於桀,"桀俋然歎、啞然笑曰:'天之有日,猶吾之有民也。日有亡哉!日亡吾乃亡矣'"。以此詮釋"時日曷喪,予及汝皆亡"一語,①絶非史料散絶後之人所能措手。又:"湯放桀而歸於亳,三千諸侯大會。湯取天子之璽置之於天子之坐,左復而再拜,從諸侯之位。湯曰:'此天子之位,有道者可以處之矣。夫天下非一家之有也,唯有道者之有也,唯有道者宜處之。'湯以此三讓,三千諸侯莫敢即位,然後湯即天子之位。"②天子有玉璽始於秦始皇,此亦顯非殷初史實而漢人以此傳之。觀伏生所傳,側重於借史料、傳説等以發揮大義,不斤斤於一字一句之詮解。立足於此以觀,《咸有一德》確實在發揮《尹誥》旨意。不能設想,魏晉間一位未曾看見真古文《尹誥》者憑著"惟尹躬暨湯咸有一德"九字,摭拾群籍文句,加之個人臆想,竟能敷衍演出一篇與先秦流傳的《尹誥》内容有互相關聯,可互相印證的文字。故筆者認爲,《古文尚書·咸有一德》是真古文《尹誥》之"傳"。《古文尚書序》説孔安國曾承詔爲《尚書》五十九篇作傳,人多莫之信。今再從《咸有一德》之語言、辭氣,兩漢《尚書》之傳授和漢魏石經之刊刻及相關歷史予以推證。

---

① 陳壽祺《尚書大傳》卷二,《四部叢刊》本,第十二至十三葉。
② 陳壽祺《尚書大傳》卷二,第十三葉。

四、《咸有一德》係孔安國所作《尹誥》之傳推證

　　從明梅鷟到清閻若璩、崔述、惠棟、朱駿聲直至當代屈萬里，四百多年間《尚書》學者勾稽《古文尚書》文句之來源，可謂不遺餘力。就惠棟溯源《咸有一德》文句所涉及之文獻依次有：《尚書·洛誥》《戰國策》《尚書·君奭》《詩·大雅·蕩》《易》《墨子·非樂》《禮記·中庸》《大雅·皇矣》《大雅·卷阿》《禮記·緇衣》《商頌·玄鳥》《周書·多士》《詩·白華（或《泯》）》《書·召誥》《論語》孔注、《荀子·議兵》《論語·子張》《呂氏春秋·慎大》《國語·周語上》等。然仔細校覈，除《禮記·緇衣》所引及"九有以亡"與《墨子·非樂》相同外，絕大部分是化用，甚至就是一般的語詞運用。中如"厥德匪常"謂即《易》"不恒其德"，"皇天弗保，監于萬方"謂即《大雅·皇矣》"上帝監觀四方"，"德無常師"謂襲用《論語·子張》"夫子無所不從學，而亦何常師之有"，不說其風馬牛不相及，至少也是捕風捉影。而且，此種用詞風格習慣，適乃西漢初期經師所慣用。《古文尚書序》於孔安國"承詔爲五十九篇作傳"後又云："於是遂研精覃思，博考經籍，採摭群言，以立訓傳。約文申義，敷暢厥旨。"① 以此一語，三覆《咸有一德》，真可謂"博考經籍，採摭群言"，且於"敷暢厥旨"亦庶幾近之。將《咸有一德》視作西漢經師乃至孔安國敷演《尹誥》大義之傳文，首先須剖析《咸有一德》與西漢傳體之一致性和辨證孔安國訓傳逸篇之可能性，其次亦應交待魏晉間何以會刺取西漢傳文作古文逸篇。

　　孔門傳記一體，本爲聞之於夫子，授之於弟子，多爲概述經典大義。其後師弟子口口相傳，或續有增益，呈現出一定的層次性，如上博簡《孔子詩論》實即孔門師弟子口口相傳、不斷增益之文字。② 純粹口授之傳記形態，基本不見後世所謂訓詁式注解，此從百三十一篇古記中最可見其體式。其所以如此，是因爲口相傳授之學問，字詞訓詁在領略之後，無須記錄，所須

---

① 《尚書序》，《尚書正義》卷一，第 20 頁。
② 參見虞萬里《〈孔子詩論〉應定名爲"孔門詩傳"論》，《中國經學》第五輯，廣西師範大學出版社 2009 年版，第 119－138 頁。已收入本書。

記錄者祇是大義而已。唯有著述式傳記,方始有訓解字詞之必要,然亦涇渭分明。如秦漢間所傳之《毛詩詁訓傳》,即訓詁在前,傳文在後,釐然不混。傳體與訓詁體名稱、形式之混淆,已是西漢中葉以後之事。又西漢經師闡發經典之傳或說,或自著,或弟子記之,均與經文分行;將經師傳、注之文逐條插入經文的經、傳合一形式西漢中期偶爾出現,而著爲定式要遲至注體興起後之東漢時代。① 《咸有一德》整體上是一篇闡述經典大義之文,內容與《尹誥》相同且可互相印證,形式是不與經文相混的獨立傳體,篇名亦與《書序》《史記》及鄭玄所稱相一致,故最有資格被視爲西漢經師所作的一篇《古文尚書·尹誥》之傳。

秦漢間傳《書》者爲伏生。伏生所傳乃今文二十九篇,無古文《尹誥》。《史記·儒林列傳》云"孔氏有《古文尚書》,而安國以今文讀之,因以起其家,逸書得十餘篇,蓋《尚書》滋多於是矣"。《尹誥》即在此十餘篇中。《漢書·孔光傳》云:"〔孔〕安國、延年皆以治《尚書》爲武帝博士。安國至臨淮太守。霸亦治《尚書》,事太傅夏侯勝。昭帝末年爲博士,宣帝時爲大中大夫。"又《儒林傳》載:"安國爲諫大夫,授都尉朝,而司馬遷亦從安國問故。遷書載《堯典》《禹貢》《洪範》《微子》《金縢》諸篇多古文說。都尉朝授膠東庸生,庸生授清河胡常少子。"據此知孔門傳《書》可分兩系:孔霸後事夏侯勝,似已與伏生之今文《尚書》合流;安國授都尉朝下至庸生等,仍是古文一系。傳古文,情理上會將逸十六篇同時傳授。既師弟子相授受,則應有其說或傳。安國是否傳逸篇,亦即圍繞"以今文讀之,因以起其家"一語,《尚書》學者紛爭不息。就"讀"字之訓解而言,當以段玉裁所論最精。段氏云:

> 壁中《書》皆古文,故謂之《古文尚書》,今文者,漢所習隸書也。以今文讀之者,猶言以今字讀之也……凡古云"讀"者,其義不一:諷誦其文曰讀,定其難識之字曰讀,得其假借之字曰讀,抽繹其義而推演之曰讀。子國於壁中書兼此四者……皆子國㓜爲之,並口說各篇大義,遞

---

① 孔穎達謂馬融作《周官注》,乃云:"欲省學者兩讀,故具載本文。"是以孔氏謂經、注合一形式始於馬融,其實西漢中葉已偶爾出現。筆者二〇〇七年以來在各大學演講先秦兩漢傳注章句體式之興替演變,對此有明確之界定。具體可參見虞萬里《從〈夏小正〉傳文體式推論其作者》,二〇一一年臺灣大學文學院第四屆中國經學國際學術研討會論文,《中國經學》第九輯,已收入本書。

傳至都尉朝、庸生、胡常、徐敖、王璜、塗惲、桑欽者。①

段氏謂"讀"兼具諷誦、定難識字、假借字和引申意義四者，並謂安國口說各篇大義。此與《古文尚書序》云安國"承詔爲五十九篇作傳"、《家語後序》云子國撰"《尚書傳》五十八篇"意已相近。然辨僞者於此二序多不之信。二序文辭固有後人寄詞寄意在，若尋究其所以疑而不信者，殆爲將後世眼光中之"注"與"傳"等視，將今存完整之《古文尚書》孔傳與安國當時部分之口説口授並論，將上獻秘府之副本與孔氏後裔和朝野經師傳授的增益之本混同，故須於此略作分疏：

（一）有傳授必須有訓解、傳說，西漢未立學官之經，其經師口説口授可以是簡單、局部或片段之傳解，不一定通貫全經。《家語後序》載安國之孫孔衍上書云"安國爲之今文，讀而訓傳其義"，不言其"承詔爲五十九篇作傳"，似較近於實際。西漢之傳如《尚書大傳》亦多傳其義，前亦略舉之。安國"訓傳其義"，於伏生所傳之二十九篇，經文大義不會相去很遠，字詞雖有異文，"訓"之可也。唯於今文外之逸十六篇，似尤亟需爲之訓傳，此亦人之常情，《咸有一德》或即其一。安國是否親自爲十六篇作訓傳，抑或係其口授而由嫡傳弟子稟承師意筆之於簡牘，今無法質指或臆測，或兼而有之，或僅訓傳部分篇章，其他爲後人所續，此皆有待後證。

（二）今存《古文尚書傳》不等於西漢經師所謂"傳其大義"之"傳"，亦即不同本文所稱《尹誥傳》之"傳"，兩者有因襲聯繫却不能相提並論。今本《古文尚書》之傳文已接近後世所謂"注"，其來歷多端而內容豐富蕪雜，尚須做艱難的離析工作。而《尹誥》之傳則可能是孔安國或其弟子稟承師説相繼"讀而訓傳其義"之"傳"，是逸十六篇之"大義"，也可說是古文十六篇之"説"，它與《尚書大傳》相近。

（三）安國或其家屬將隸古定《尚書》（包括十六篇）和已作之訓傳及"其餘錯亂摩滅弗可復知，悉上送官，藏之書府"，其意圖固想將古文立於學官。適值巫蠱禍起，其事無果，然皇家秘府確已留有安國隸古定《尚書》及逸十六篇"訓傳"之簡牘副本。② 安國既想立古文於學官而非一般獻書，爲便於

---

① 段玉裁《古文尚書撰異》卷一，《清經解》卷五百六十七，第四册，第5頁中。
② 《書大序》云安國"以所聞伏生之書考論文義，定其可知者爲隸古定，更以竹簡寫之，（轉下頁注）

教授,必自留底本。其後孔氏後裔及其弟子持安國隸定和訓傳文本在民間傳授,續有增飾附益,亦不無可能。其與現今《古文尚書》之"傳"有何關係,尚待研究,然今之孔傳與當時所上秘府之原始文本已絕對有差異。

東漢熹平年間刊刻石經,皆今文經,《尚書》用歐陽本,校以大、小夏侯本。降及曹魏,古文經相繼立於學官,故熹平之後七十餘年齊王曹芳詔刊正始三體石經,即依古文經刊刻,補救熹平石經之不足以適應古文經教授、傳播之需要。今所見殘石唯《尚書》與《春秋》《左傳》,而《尚書》據王國維研究用馬鄭古文本。① 馬鄭本雖屬古文系統,亦僅三十三篇,不包括逸十六篇。在設置古文經學官、刊立古文石經之影響下,自然而然會產生尋覓、整理逸十六篇之動議。此種動議是否以及何時付諸實施,史無記載。史籍缺乏記載,既不能妄測其有,亦不能認定必無。然因梅賾所上孔傳本《古文尚書》中已有逸出馬鄭本篇什,則魏晉間必已有人從事此項工作。逸十六篇從逸或亡到形諸文字編入《古文尚書》,可以有多種途徑。其中一條即閻若璩以來證偽者指控爲摭拾群籍所引經句,加以臆說,拼湊成篇;另一種途徑是整理蘭臺秘藏舊簡,增加新篇。秘藏舊簡中,有民間所上各種簡牘,亦有河間獻王所獻、孔安國所上孔壁《書》《禮》《論語》等殘簡及其所作之傳。故筆者傾向於重新整理舊簡一途。魏晉間作爲官方蒐尋古文,整理天禄石渠舊簡,冀以恢復《古文尚書》原貌,其所採取方式可有多種,然在鄭玄注《禮記》明言《尹誥》已亡背景下,其所據以整理者最有可能就是孔安國將孔壁《尚書》隸定後的詮釋、訓傳文本,或經宣元之際秘府校勘官整理、轉寫之文本。② 魏晉人日常接觸者多爲經注合鈔的經典體式,對三百多年前漢初經、傳分行之體式已模糊或不甚了然。若其在整理舊簡時碰到《尹誥》孔安國傳文散簡,很可能會誤認爲是孔安國隸定的古文《尹誥》,根據自己的理解連綴成文。當然也可能認識到是孔氏傳文,祇是在原簡散佚前提下無奈地整理出傳文以符《古文尚書》之數。總之,以整理舊簡的形式工作,即使誤讀誤解誤拼誤錄,也不致遭到指斥而引起波瀾。

(接上頁注)增多伏生二十五篇",是安國整理後確以竹簡書寫《尚書》。
① 王國維《魏石經考》,《觀堂集林》卷十六,《王國維全集》第八卷,浙江教育出版社、廣東教育出版社 2010 年版,第 486-489 頁。
② 王國維云:"漢時古文經、傳蓋已有傳寫本。雖無確證,然可得而懸度也。"遂舉五證以實其説。見《漢時古文諸經有轉寫本説》,《觀堂集林》卷七,《王國維全集》第八卷,第 212-214 頁。

從整理秘府舊簡或散亂簡牘角度切入，假定《咸有一德》是西漢的一篇傳文，還可以解釋以下三個事實：

（一）文體

《尹誥》主體上是伊尹與成湯對話，而《咸有一德》則通篇是伊尹誥語。因爲《咸有一德》是闡發大義的傳文，故不太可能出現"摯曰"、"湯曰"之對話，而整理者知其異名爲《尹誥》，係一篇"誥辭"，所以除却篇首史臣説明文句外，將全篇都作爲伊尹的誥辭，一誥到底，全無分別，實亦出於無奈。

（二）篇第

假定《咸有一德》係孔安國爲《尹誥》所作之傳文，則其次序應在《湯誥》後，何以《古文尚書》整理者會置於《太甲》之後？此須知西漢簡牘經數百年之藏弄，韋絲早已斷爛，重新整理，必須靠整理者自己的綜合判斷能力。考《殷本紀》"既絀夏命，還亳，作《湯誥》"，接之云"伊尹作《咸有一德》，咎單作《明居》"，知司馬遷問學於孔安國時，《尹誥》確在《湯誥》後，《明居》前，與清華簡《尹誥》伊尹與成湯對話合。魏晉間整理本所以移置於《太甲》之後，或以一關鍵詞所導致。《尹誥》有"今后"一詞，《咸有一德》譯解爲"今嗣王"。"嗣"有"繼"義，有"續"義。《書·舜典序》"將使嗣位"孔傳："嗣，繼也。"《詩·鄭風·子衿》"子寧不嗣音"鄭箋："嗣，續也。""嗣王"，嗣世之王，從殷承繼夏而言，本可指繼夏桀之後而王的成湯。唯其詞屢見於《伊訓》《太甲》及《酒誥》《多士》《無逸》等篇，其中《伊訓》《太甲》屬古文，皆作"嗣王"，指太甲，①《酒誥》《多士》《無逸》係今文，前兩篇作"今後嗣王"，皆指紂王；《無逸》作"今嗣王"，②泛指文王以後之王者。是"今嗣王"、"今後嗣王"義同"嗣王"，皆泛指繼承前王之後的新王。魏晉整理者不從兩朝興替之"嗣"著眼而從本朝王世承繼角度理解，成湯之後爲太甲，適《太甲》篇亦有"嗣王"一

---

① 《太甲》上篇有"其後嗣王罔克有終"乃係《咸有一德》之錯簡，見後文所論。
② 王國維據魏三體石經《無逸》作"繼自今後嗣王"，《酒誥》《多士》亦作"今後嗣王"，遂謂今文《無逸》脱"後"字，説見《魏石經考》二《經文異同》。（《王國維全集》第十一卷，第 29 頁）洪國樑校正其文字，以爲不可從。説見《王國維之詩書學》，台灣大學文史叢刊第六十六號，第 100 頁。

詞,遂誤以爲誥太甲而置於《太甲》之後。《左傳·昭公七年》"今又不禮於衛之嗣"杜預注:"嗣,新君也。"又《襄公三年》"晉侯問嗣焉"杜預注:"續其職者。"杜注"新君"、"續職者"很可能是魏晉間學者對"嗣"義之共識,與整理者將"嗣王"理解爲本朝繼位新君從而落實到太甲相一致。

(三)錯簡

既然《尹誥》之傳《咸有一德》係因"今嗣王"三字而誤置《太甲》之後,何以《緇衣》所引《尹誥》"惟尹躬天見于西邑夏"一句不同時編入《咸有一德》而入《太甲》篇？此閻若璩最早提出質疑:"'惟尹躬及湯咸有壹德'既竄入《咸有一德》中,何'惟尹躬天見於西邑夏,自周有終,相亦惟終'均爲《尹吉》曰而竄入《太甲》上篇中耶？不又與前所論《孟子》同一破綻耶？"①此固直搗其虛。然從反面思之,僞撰者既然如此精心結撰,怎會將《緇衣》所引同一篇《尹吉》分入二篇？若拋棄正反兩種主觀設想,轉從客觀事理上求解,答案或許更切近實際。《緇衣》所引爲十七字,康成注云:"忠信爲周。相,助也,謂臣也。伊尹言尹之先祖見夏之先君臣皆忠信以自終,今天絶桀者,以其自作孽。"《太甲上》之完整句作"惟尹躬先見于西邑夏,自周有終,相亦惟終;其後嗣王,罔克有終,相亦罔終。嗣王戒哉！祇爾厥辟,辟不辟,忝厥祖。"孔傳云:"周,忠信也。言身先見夏君臣用忠信有終。夏都在亳西,其後嗣王罔克有終,相亦罔終。"鄭箋讀"天"爲"先",解爲"先祖",孔傳則以"先"爲"先見",其他理解近似。今簡文《尹誥》既作"尹念天之敗西邑夏",則後文似當別解。"周"有親近、親密之義,《左傳·哀公十六年》"周仁之謂信"杜注:"周,親也。"又《文公十八年》"是與比周"孔疏:"周是親密也。"由此引申爲親近之朋黨親屬。仲尼弟子申黨字周,王引之以爲黨與周皆朋輩相親密之義。② 相,助也。《書·吕刑》"今天相民"陸德明釋文引馬融注:"相,助也。"此即"吉人天相"之"相"。後文旨意似爲:夏王與親屬臣僚能够互相協助,君仁臣敬,有始有終,則天亦相助而使其長保宗廟社稷;唯嗣王

---

① 閻若璩《尚書古文疏證》卷一,第123頁。
② 王引之《經義述聞》卷二十二《春秋名字解詁上·申黨字周》,江蘇古籍出版社1985年影印本,第531頁上。

夏桀，不能若先王之親愛臣僚下民，則天亦不相助，遂致其潰敗。今嗣王（成湯）應引以爲戒啊！如此理解，緊扣經文，使文義相承，亦與《尹誥》下文"今后曷不監"相呼應。此可確信後文四十三字爲解《尹誥》"尹念天之敗西邑夏"一句。後以文字訛誤，變成"惟尹躬先見于"云云，導致鄭《箋》、孔《傳》之別解。

《太甲》既非今文，亦非孔壁逸十六篇之一，僅是百篇《書序》中次於《伊訓》《肆命》《徂后》後之一篇，證僞者亦以爲是摭拾群籍散句拼湊而成。然若《太甲》和《咸有一德》皆係造作，僞撰者在纂輯時何以不將鄭玄明言是《尹吉》的"惟尹躬先見于西邑夏，自周有終，相亦惟終"一句編入《咸有一德》而要置於《太甲上》？筆者認爲其之所以竄入《太甲》，很可能是此四十三字兩簡因韋絲散絕，散入《太甲》篇，整理者無法參照《尹誥》原文，雖有《緇衣》所引，仍不敢貿然將此一句編入《咸有一德》。再進一步思考，"尹先見"一句散入到《太甲》而不散入到他篇，則知《咸有一德》和《太甲》簡支之存放位置臨近，甚至就前後相次，故導致錯亂。轉就魏晉間經學與史學之現狀思考：太史公書和馬鄭之《古文尚書》均學者所熟稔，《殷本紀》和康成《書序注》皆置《咸有一德》於《湯誥》後，整理者豈會不知？知之而置若罔聞，復又別出新裁，移易篇第，豈非貽人口實，自找麻煩。康成《禮記注》亦廣爲學者所習，①《緇衣》引"惟尹躬天見于西邑夏"作"尹吉"，整理者亦豈不知？知之而仍編入《太甲》，豈非自露破綻，授人以柄。或以上所云簡牘位置錯亂，整理者忠實於原簡位置，即使明知此句《緇衣》引作"尹吉"，也沒有取而編入《咸有一德》。此適見其整理時態度之謹嚴不苟。至於古文《太甲》三篇，是經、是傳？抑是經、傳混淆之簡牘？今尚無法質指。是孔壁殘簡，還是河間獻王所獻篇章，抑或民間所上零簡，皆有待新資料佐證。

將《咸有一德》視作西漢孔安國所作或其口授而嫡傳弟子記録的《尹誥》之傳，還可以結合劉向所說之中古文從內容排簡次序和簡支字數上去考察。先論說中古文。《漢志》云：

《古文尚書》者，出孔子壁中。武帝末，魯共王壞孔子宅，欲以廣其

---

① 王肅於魏齊王嘉平間作《家語後序》云："鄭氏學行五十載矣。自肅成童，始志于學，而學鄭氏學矣。"蓋康成雖物故而其學則大行於世，故童稚啓蒙，無不習之。

官,而得《古文尚書》及《禮記》《論語》《孝經》凡數十篇,皆古字也。共王往入其宅,聞鼓琴瑟鐘磬之音,於是懼,乃止不壞。孔安國者,孔子後也,悉得其書。以考二十九篇,得多十六篇。安國獻之,遭巫蠱事未列于學官。劉向以中古文校歐陽、大小夏侯三家經文,《酒誥》脱簡一,《召誥》脱簡二,率簡二十五字者,脱亦二十五字;簡二十二字者,脱亦二十二字。文字異者七百有餘,脱字數十。

按班固所記,所謂中古文,應該就是中秘所藏古文。上述所引指《古文尚書》。唯龔自珍不信中古文,設十二證以難之。① 民國時楊易霖則著文駁之。楊文云:"《尚書》有中古文之稱,蓋昉於安國獻書之後,當指壁書而言。""武帝時,孔安國家獻書,遭巫蠱之亂,未及施行,藏於秘府,故謂之中古文。可見晁錯之往受伏生廿九篇,即因中秘無《尚書》之故。至安國獻書,始知較博士所傳多十有六篇,尤爲當然之事。"②安國獻書事有無及獻書時間,三百年來筆仗不斷,蔣善國總結頗爲近實,兹不引證。③ 今從班固叙安國獻書未行之後,接叙劉向以中古文校三家經文,可見班氏亦以中古文爲孔壁古文,楊説自有理據。緣此而知,劉向所謂中秘《古文尚書》一簡有二十五字與二十二字之不同,此亦即孔安國所上以今文讀之的《尚書》經文簡支字數。由此可窺安國當時書寫時每簡字數並不齊一,而大致在一簡二十餘字範圍内。以此推之,其書寫敷演經文之傳、記每簡字數亦或相近。根據筆者前文將《咸有一德》敷演《尹誥》相應内容的前後序列,比照劉向所見孔安國《尚書》一簡所書大致字數,可以推測安國之《咸有一德》可能是如下一種簡式:

簡一　　惟尹躬暨湯咸有一德克享天心受天明命以有九有之師爰革夏正

簡二　　嗚呼天難諶命靡常常厥德保厥位厥德匪常九有以亡夏王弗克

簡三　　庸德慢神虐民皇天弗保監于萬方啓迪有命眷求一德俾作神主

簡四　　后非民罔使民非后罔事

---

① 龔自珍《説中古文》,《龔自珍全集》,上海人民出版社1975年版,第125頁。
② 楊易霖《駁龔自珍尚書中古文説》,《學術世界》一卷八期,第17頁。
③ 參見蔣善國《尚書綜述》第三章《古文尚書的發現》壹《孔壁所發現的古文尚書》,上海古籍出版社1988年版,第38—49頁。

簡五	非天私我有商惟天佑于一德非商求于下民惟民歸于一德德惟
簡六	一動罔不吉德二三動罔不凶惟吉凶不僭在人惟天降災祥在德
簡七	德無常師主善爲師善無常主協于克一
簡八	今嗣王新服厥命惟新厥德終始惟一時乃日新任官惟賢
簡九	材左右惟其人臣爲上爲德爲下爲民其難其慎惟和惟一
簡十	俾萬姓咸曰大哉王言又曰一哉王心克綏先王之禄永厎
簡十一	烝民之生嗚呼七世之廟可以觀德萬夫之長可以觀政
簡十二	無自廣以狹人匹夫匹婦不獲自盡民主罔與成厥功

第一簡有二十七字，因對《尹誥》第一句，似祇能在簡一。若下文要對應《尹誥》第二句，則須將《太甲上》一句移入，可分兩簡：

| 《太甲》簡一 | 惟尹躬先見于西邑夏自周有終相亦惟終其後嗣王罔 |
| 《太甲》簡二 | 克有終相亦罔終嗣王戒哉祇爾厥辟辟不辟忝厥祖 |

兩簡四十三字，平均一簡字數仍在中古文字數範圍內。簡二、簡三各二十六字，較中古文《酒誥》多一字。簡四僅十字，以內容對應"非民亡與守邑"，應在"夏王弗克庸德"後，今《咸有一德》置於篇末"可以觀政"後，適足以證明其前後或有闕文，整理者一時無所措置，故移至篇末"無自廣以狹人"前，使其文義與前後稍顯脫節。簡五、簡六各二十六字，論夏亡殷勝在德，以戒成湯。簡七僅十六字，今以對"我克協我友"一句，未必最貼切，其間是否有闕文，還是他篇錯簡於此，無法證實。亦有可能"我克協"一語本無對應之文字，或有對應文字而已散佚，均未可知。簡八、簡九各二十三字；簡十、簡十一共四十五字，以二十三字和二十二字分簡；簡十二爲二十一字。流入《太甲》的兩簡亦爲二十二和二十一字。因簡之寬窄和漢字字形上下左右結構等因素，每簡字數可能會有上下，但確實皆在劉向校勘所據中古文《尚書》的簡支字數範圍內。

以上簡支與字數之所以如此排列，並非有意要與中古文一致，而是由簡一、簡四、簡七之字數及其內容前後錯亂所決定。首先是簡一之二十七字，《咸有一德》原在簡三後，現依《尹誥》次序調至第一簡，其必是整簡滿寫方可。若分爲二簡簡十三或十四字，則與簡四之十字和簡七之十六字不平衡，且若每簡在十三字許，簡二、簡三亦須分爲三簡，簡五、簡六亦須分爲三簡，每簡有十七或十八字，差距更大。從書寫字數之掌控角度言之，每簡字數少則各簡之間字數容易平衡，每簡字數多則各簡之間字數不易一致。郭店簡《語叢四》每簡八字，少有出入，而武威漢簡《儀禮》每簡可有六十餘字至百餘字不等，即是明證。簡一字數作爲基調確定，則簡二簡三、簡五簡六各二十六字甚爲穩妥，而此簡支字數與中古文適相接近，故依此排定。

　　從《咸有一德》與《尹誥》内容對應的次序，比照劉向校勘孔安國所上中古文《尚書》簡支字數，除簡四、簡七可能有殘缺或錯簡外，其他竟然數位一體，若合符節，此決非可輕率指爲二千年歷史中因緣際會的巧合。儘管前後的解釋、排比不免帶有筆者主觀安排的意圖，然即使排斥主觀因素，仍掩飾不住其在歷史塵埃封存下的脈絡與關聯。

　　自梅鷟抉摘《古文尚書》疑點到閻若璩撰《尚書古文疏證》定《古文尚書》案至今已近三百年，《咸有一德》早已被指爲魏晉間人摭拾群籍，附以己意之僞作。今清華簡《尹誥》重現於世，雖無可辯駁地證實了《咸有一德》非先秦原本，然因其内容與《尹誥》有關聯並可互相印證，却又顯示出憑空編造、僞撰之不可能。經比勘兩篇文字，聯繫、檢視漢初孔安國隸定孔壁古文和爲部分《尚書》作訓傳，漢末魏晉間《古文尚書》傳授並立學官及三體石經刊刻過程等歷史作綜合思考，筆者認爲，《咸有一德》很可能是西漢孔安國所作或其口授而爲嫡傳弟子記録的《尹誥》之"傳"。魏晉間因立《古文尚書》博士及刊刻魏石經，轉向對逸書的追踪、蒐索與復原，因而取秘府舊簡，重新整理孔氏所上經、傳及殘簡。或因《咸有一德》孔傳韋絲散絶，難以連綴，整理者根據自己理解拼接，故整篇次序與《尹誥》文字略有顛倒錯亂，個别簡支文字如"惟尹躬天見于西邑夏"等錯落到其他篇章之中，亦因無真本爲基準而難以聯綴，然大致内容尚稱完整。唯其所整理的是與孔安國有關的中古文《尚書》舊簡，故直接稱之爲"孔傳"而天下韙之無有質疑。唯其所整理屬於孔安國曾爲隸定、轉寫、訓讀過的舊簡，故其文字在某種程度上較佶屈聱牙之今文爲通順。[①] 唯其屬於整理舊簡，故簡牘不免有誤拼誤接，文字不免有誤讀誤解，篇次不免有錯亂移易，所恢復的逸書也與原十六篇不

---

① 此亦僅從《尹誥》和《咸有一德》比較而言，古文十六篇及孔傳來源多端，情況不一，問題極爲複雜，絶非三言二語、尺幅短紙所能論定，下文所述均當作如是觀。筆者將隨清華簡《説命》及其他相關簡牘不斷公布，結合傳世文獻，努力不懈地去縝密思考、深入研究，以期有所發現，有所揭示。

相重合。若此推測成立,則無疑爲筆者所持《古文尚書》二次整理説增添一個極具典型性的實例,從而也爲探索《古文尚書》來源和形成開鑿出一綫曙光。

二〇一一年三月六日至十三日初稿

三月二十九日至三十日二稿

四月七日至十日三稿

六月十四日至十六日四稿

十一月二十九日至十二月三日五稿

《咸有一德》之"一德"新解

一、歷代經師與理學家對"一德"之舊解

《咸有一德》是《古文尚書》之一篇,據鄭玄《禮記·緇衣》注,知先秦時原名"尹誥",因其中有"惟尹躬暨湯咸有一德"語,《書序》云:"伊尹作《咸有一德》。"故《古文尚書》遂取"咸有一德"爲篇名。《咸有一德》是誥體,通篇爲伊尹告誡之語。其文有云:

> 夏王弗克庸德,慢神虐民。皇天弗保,監于萬方,啓迪有命,眷求一德,俾作神主。惟尹躬暨湯,咸有一德,克享天心,受天明命,以有九有之師,爰革夏正。

先叙夏桀之慢神虐民,故皇天弗保,另求有德之人以主宰天下。孔傳於《書序》"咸有一德"下注云:"言君臣皆有純一之德。"將"一德"解爲"純一之德"。純一有純樸、單一之義,亦含不雜之意。德之純樸固亦美善,然似未能表揭其特性。孔傳又在"咸有一德"題下注云:"即政之後,恐其不一,故以戒之。"恐王德之"不一"而誥,則此"一德"似有"專一"之意。自孔傳以下,歷代《尚書》學者各有其解,且多紛亂難理。要而論之,一從"天道"、"天德"、"天理"角度解,一則從孔傳"純一"義而申發出"不變"、"不雜"、"有常"、"至當無二"、"常德"、"至德"等義。

(一)初唐孔疏沿襲傳注,無所發明。宋代張九成熟玩此篇,作《咸有一

德論》，將"一德"之義，結合修治，予以闡發："蓋德者，得也。一德者，其所得終不可亂也。儻非真有所得，其能不亂乎？"以一德爲"真有所得"。所得何在？"夫一德之所在，天之所在，民心之所在也。有此一德，天必祐之，民必歸之，猶影之隨形，響之逐聲也"。① 一德所在，即民心所在，亦即天心所在，則所謂得者，即得天心、得民心。一德能够順天應人，合三爲一，則無事不克，無所不能。張氏將一德落實到天心民心，是即已將"一德"視爲"天道"，與南宋楊簡"天道即人心"之説近似。然後又結合夏亡殷興史實大加發揮云：

  吾有一德，天在此，命亦在此，誰謂不可保乎？吾德不一，是墮於人欲矣。嗚呼！人欲何所不至乎，適爲亡國之資而已。夏桀不識此德，故不知幽有鬼神，又不能知明有民人，墮於人欲，爲慢爲虐，使皇天弗保，而鑒觀四方，開導有命可以當歷數者。當歷數者，其惟一德乎，有一德則可以爲天地神明之主，惟伊尹與成湯，君臣之間皆超然真有所得，上當天心，可以受歷數而君九有、革夏正。②

  對照夏桀與成湯之作爲，將天下之存亡興替歸結爲一德之有無，亦即是否得天心與民心，此從民心向背角度確實揭示了夏殷興替之事實。然其又牽合《易》理和理學來解釋"一德"之"一"：

  一者，天理；二三者，人欲。天理無往而不吉，則以其體即吉也；人欲無往而不凶，則以其體即凶也。所得在天理，舉天下不得以亂，故一；所得在人欲，注於東則已奔于西，注於此則已分於彼。非一之外別有吉，非二三之外別有凶，一則吉，二三則凶也。在人謂之吉凶，在天謂之災祥。夫一即吉即祥，二三即凶即災，是吉凶不僭，在人如何耳；

---

① 黄倫《尚書精義》卷十八引。《叢書集成初編》本，第3600號，第228頁。按，王樵謂"德者，得也，内得於心，行得其理。既得其理，執之必固，不爲邪見更致差貳，是之謂一德也"（《尚書日記》卷七），殆即演繹張説。
② 張九成《橫浦集》卷七，《文淵閣四庫全書》本，臺灣商務印書館1983年版，第1138册，第337頁上。

天降災祥,在德如何耳。①

就解釋本篇角度言,首尾相貫,極其周至。然天理、人欲從程頤"存天理滅人欲"説化出,故曰人欲"其體即凶"且"無往而不凶"。以"二三"與"一"對言,已是將《周易》之概念融入殷商之歷史,其理可通,其事則非也。以"一"爲天理,以得"天理"爲"無往而不吉",是即以一德爲與天理合。就此一點,陳經發揮得更徹底:

> 夫德之一者何也?其理則根諸心,其用則與天地萬物無間,至一而無二,至誠而無僞,至精而不雜者是也。苟有一毫之僞與雜,則是二而非一矣。所謂天地一元,古今一時,人物一氣,遠近一貫之一也。惟尹、湯君臣有此一德,則感而遂通,天人爲一,而遂能克享天心,受天明命;君民爲一,而遂能有九有之師,以革夏正。蓋天下只有一理,初無兩樣。②

一德本諸心,與天地萬物無間,而天下祇此一理,亦即天理,則一德即在天地萬物之中,亦即天理。天之理亦天之德,故黄度説:"一德,天德也。"③

(二)相對張氏之天道、天德、天理,朱熹則緊扣孔傳之"純一"進行闡説:

> 咸有一德,竊謂一者,其純一而不雜。德至於純一不雜,所謂至德也。所謂純一不雜者,蓋歸於至當無二之地,無纖毫私意人欲間雜之。猶《易》之常,《中庸》之誠也。④

晦菴將"純一不雜"歸結爲"至德",乃是德性升華到一種"無纖毫私意人欲

---

① 黄倫《尚書精義》卷十八引,第232頁。
② 陳經《陳氏尚書詳解》卷十五,《叢書集成初編》本,第3586號,第183頁。
③ 黄度《尚書説》卷三,《通志堂經解》本,江蘇廣陵古籍刻印社1996年影印本,第6册,第12頁下。
④ 朱熹《晦菴先生朱文公集》卷五十一,《朱子全書》,上海古籍出版社、安徽教育出版社2002年版,第貳拾貳册,第2359頁。

間雜"的"至當無二"之境界。其後陳大猷對朱熹之説又有發揮：

> 或問一德之爲純一何也？曰：凡天下之物，純則一，雜則二三。故一念慮之，純亦一也；一事爲之，純亦一也。苟念此而雜之以彼，則其所念不一矣；爲此而雜之以彼，則其所爲不一矣。凡事之小大雖不同，然其義之所歸皆在於純而不雜也。①

這是對孔傳、朱説的進一步申述，較爲周至，但不離"純一"之義。從"德二三，動罔不凶"而言，則"一"有"不變"之義，故有從"不變"角度進行詮釋者，宋史浩云：

> 德者，固治天下之大要也。一德者，德之有常而不變者也。夫水不變，故謂之天一；火可變，故謂之地二。則一德者，常德也。②

史氏從"單一"、"專一"引申出不變，並以水火之變與不變來喻況一德，認爲一德就是不變之常德。不變有常即無間斷，故明馬明衡順著時間綫而作解云：

> 一德，純一無間斷之謂。純一自然無間斷，纔有間斷，便不純一矣。③

將一德解釋爲恒常不變。古代認爲恒常不變者唯天足以當之，所謂"天不變其常，地不易其則，春秋冬夏不更其節，古今一也"。④

無論解釋爲"天道"、"天德"、"天理"，還是"至德"、"常德"、"無間斷之德"，乃至"得理"之德，就其有形之體而言，均無法落實到某一種美善的德目上去；作爲明君之聖而言，無法體現在治國施政親民之善行上去。即使如史浩謂堯、舜、禹、湯之聖君，皋、夔、益稷、伊尹之賢臣皆具此常德，可以

---

① 陳大猷《書集傳或問》卷上，《通志堂經解》本，第 6 册，第 183 頁中。
② 史浩《尚書講義》卷九，《文淵閣四庫全書》本，第 56 册，第 251 頁下。
③ 馬明衡《尚書疑義》卷三，《文淵閣四庫全書》本，第 64 册，第 148 頁下。
④ 黎翔鳳《管子校注·形勢》，中華書局 2004 年版，第 21 頁。

成至治之世,仍不能明其具體之德目善行。宋儒於此自然明了,故儘量將此形而上之詮釋落實到具體之善行上。陳大猷云:

> 天得一以清,以人言之,惟聖人之德爲至一。蓋聖人氣質清純,渾然天理,初無一毫人欲之間。以言其仁,則一於仁,而無一毫之不仁以雜之;以言其義,則一於義,而無一毫之不義以雜之。其爲德也,固舉天下之善,而無纖毫之或遺;而所以爲善,又極天下之至純,而無纖毫之或雜。故曰"文王之德之純",又曰:聖人之德一以爲天下正。常人莫不有是一德,然未免爲私欲所雜,是以其德常不一。故仁或雜之以忮害,則非一於仁;義或雜之以貪得,則非一於義;禮或雜之以驕惰,知或雜之以昏蔽,則非一於禮、知矣。內外隱顯之間,常不免於二致,甚至於不常其德,而爲小人之歸,則以其二者雜之也。①

此解從"一"出發,推其極致,謂爲"至一"。而後散化爲仁、義、禮、知及善,並比較聖人與常人絶然相反之德性。雖説落實到具體之德目,但明顯是作者一己之理解與引申,非"一德"一詞所包涵之義藴。因爲聖人雖允可具有仁、義、禮、知之性德,然仁、義、禮、知之性德却是後世所形成之理念,絶非夏商之際所已有。

"咸有一德"一語更爲《禮記》所引述。《緇衣》在"子曰:爲上可望而知也,爲下可述而志也,則君不疑於其臣,而臣不惑於其君矣"後引《尹吉》曰:"惟尹躬及湯咸有壹德。"鄭玄注云:"'吉'當爲'告'。告,古文'誥',字之誤也。《尹告》,伊尹之誥也。《書序》以爲《咸有壹德》,今亡。咸,皆也。君臣皆有壹德不貳,則無疑惑也。"康成已將《尹誥》和《咸有一德》辨識清楚,無可懷疑。其所謂"壹德"意指無貳心,所以如此作解,是基於記文"君不疑於其臣,而臣不惑於其君"而言。宋代吕大臨曾予發揮云:

> 可望而知,可述而志,皆謂德歸於一而無二三也。所謂一者,理義而已,人心之所同然者也。爲君則仁,爲臣則忠,爲子則孝,爲父則慈,與人交則信,乃所謂一。是故君臣之所爲雖不同,同歸於是理。

---

① 陳大猷《書集傳或問》卷上,《通志堂經解》本,第 6 册,第 183 頁下。

德歸於一而非二三其德,與康成同,而其又將此一德散化爲仁、忠、孝、慈、信各種德目,似已非《咸有一德》初意,而爲南宋初陳大猷所承襲推衍。馬睎孟云:

> 君臣之間有同而無異,故君不疑於其臣,臣不惑於其君,而其德一也。①

此强調同而無異。後胡廣等亦云"君臣之間有同而無異",乃襲馬説,而亦上承南宋初年陳經《尚書詳解》之説。② 其實朱熹早就批評釋"一"爲"同",謂"説者多以'咸有一德'爲君臣同德。咸有一德固有同德意,而一非同也。言君臣皆有此一德而已"。③ 果若君臣同德,則"純一"之義失去依托;若君臣皆有"純一"之德,則又陷入先己後君、君臣並列共有之窘境而不能自圓其説。總之,宋儒在闡釋《尚書》和《禮記》所引之"一德"時,更多的是在君統制下義理與哲學的發揮,而少訓詁字義之依據。因無訓詁字義之依據,故其義理與哲學之詮釋亦人各一説,含混不清,甚且前後不一。"咸有一德"之"一德"如是成湯時實録,則距今已有三千五六百年,若爲春秋戰國人用當時語言改寫,也已有二千五六百年。故欲正確探究其詞義,應從漢字字義之引申發展和歷史記載中去尋求,以後世社會制度和意識形態自我作古地來解釋,徒然淆亂詞義,擾亂思想,甚無可取。

二、先秦經典與諸子中"一"字之涵義

"一"字之涵義,如欲從訓詁、哲理上詳盡梳理、描述,將是一本專著。漢唐以來之學者對先秦文獻中"一"之解釋亦人各異説,紛亂無緒,然其作

---

① 以上兩條見衛湜《禮記集説》卷一百四十一引,《通志堂經解》本,第13册,第456頁上。
② 陳經《尚書詳解》卷十五云:"然必謂之咸有一德者,以君臣之際皆有此一德也。有堯舜爲之君,必有禹、皋爲之臣;若有一德之君而無一德之臣,皆不足以共治。然一德之臣,亦在乎有是君足以知之任之而已。"第181頁。
③ 朱熹《晦菴先生朱文公集》卷五十一,《朱子全書》第貳拾貳册,第2359頁。

爲自然數、序數與非自然數、序數之界劃尚清晰可辨，故下面僅撮取先秦經典和諸子用例與傳記、注疏稍作歸納，以有助於對"一德"之"一"的認識，至於異説、歧見，暫不作分疏。

《説文·一部》："一，惟初太極，道立於一；造分天地，化成萬物。""太極"一詞本之《繫辭》"是故易有太極，是生兩儀"。許慎此解，乃以"一"爲天地萬物之根本，故云"造分天地，化成萬物"。用《易》義釋"一"，乃哲學化之解釋。其實即使在《易》裏，所謂"一陰一陽"、"一闔一闢謂之變"等皆數字之"一"。故段玉裁注引《漢書》曰："元元本本，數始於一。"是將其回歸爲純粹自然數之解釋。

《尚書》用"一"一百零八次，其中除《咸有一德》十次外（見下文詳解），《大禹謨》有宋儒所謂十六字訓的"惟精惟一"句，語涉玄虛，且爲《古文尚書》篇章，非三代文字。又《泰誓》兩用"一德一心"一詞，此實從"予有臣三千惟一心"而來，意乃同德同心之謂，且《泰誓》亦古文篇章。其他多爲數字或序數之"一"。《逸周書·命訓》："六方三述，其極一也。"孔晁注："一者，善之謂也。"《詩經》用"一"三十九次，全爲數字。《儀禮》《周禮》雖成書不早，其所述尚有西周、春秋之内容，今《儀禮》用"一"三百二十四次，《周禮》亦有三百五十次，皆數字用法，絶無玄理寓於其中。

《論語》"一"字用過三十二次，多爲數字與序數，唯《論語·里仁》"吾道一以貫之"之"一"，漢人無注，皇疏、孔疏皆理解爲"一道"。宋儒有以"一"爲忠恕、爲仁者，朱熹則云"聖人之心，渾然一理，而泛應曲當，用各不同"。[①]弟子胡泳理解此句云："此恐是聖人之心昭明融液，無絲毫間斷，隨事逐物，泛應曲酬，祇是自然流出來。曾子謂之忠恕，雖是借此以曉學者，然既能忠，則心無欺曲，無叉路，即此推將去便是一。已而至於自然而然，則即聖人之所謂'一'矣。"[②]雖純從理學角度解釋，却不涉玄虛。又《衛靈公》"予一以貫之"之"一"，義亦同上。

孔子之後，《孟子》用"一"有一百二十餘次，絶大多亦爲數字，偶爾用作副詞如"文王一怒而安天下之民"、"武王亦一怒而安天下之民，今王亦一怒而安天下之民"（《梁惠王下》）、"湯一征自葛始"（《梁惠王下》）等。七十子

---

① 朱熹《論語集注》卷二，中華書局1983年版，第72頁。
② 《朱子語類》卷二十七，中華書局1986年版，第二册，第684頁。

後學所記之《禮記》,時代已在戰國,如《樂記》:"禮樂刑政其極一也。"又《禮器》:"故經禮三百,曲禮三千,其致一也。"鄭玄注:"一謂誠也。"又:"三代之禮一也。"鄭注:"一也,俱趨誠也。"孔穎達疏據前文鄭注而云:"一亦至誠也。"其實"一"仍是一致之義,"誠"乃是經禮、曲禮和三代之禮之本質,歸本爲誠,此即鄭玄所謂"俱趨"之義。《禮記》中大多數還是常規用法,然與其同時或相先後之先秦文獻,已開始用作較爲玄虛之字義。

《管子·內業》:"一物能化謂之神,一事能變謂之智。"尹知章注:"一,謂無也。"《兵法》:"明一者皇。"尹知章注:"一者,氣質未分,至一者也。"以"一"爲"無",爲"氣質未分"之時,已非自然數之用法。《老子》第十章:"載營魄抱一,能無離乎。"河上公注:"一者,道始所生,太和之精氣也。"王弼注:"一,人之真也。"又第二十二章:"是以聖人抱一爲天下式。"王弼注:"一,少之極也。"以"一"爲"道",影響諸子及後世思想史甚鉅。《莊子·天地》:"通於一萬事畢。"又《天下》:"皆原於一。"《韓非子·揚權》:"道無雙,故曰一。"《天地》又云"一之所起",郭象注:"一者,有之初,至妙者也。"此從"道"之義延伸出更爲玄虛之概念。《易·恒·象傳》:"一者,元也。"《繫辭下》:"天下之動,貞夫一者也。"李鼎祚集解引虞翻曰:"一謂乾元。"所謂"乾元",表示"貞"下起"元",往復循環而不間斷,此與"不見其形,不聞其聲,而序其成"的"道"固有發生學上之聯繫。下逮戰國末年,《呂氏春秋·論人》"知神之謂得一",《君守》"夫一能應萬",高誘皆以爲"道也"。至《荀子·禮論》云"古今之所一也",楊注"一,謂不變",《列子·天瑞》"一者,形變之始也",皆是對既是永恒不變也是生發一切之"道"一正一反的描述。

"一"之涵義,玄虛複雜,尺幅短紙,無法條分縷析,展示無遺。然就上述所論,有一至爲明顯之界限,即《論語》以前之文獻,"一"多用爲自然數與序數,幾無例外;春秋諸子爭鳴以後,隨著"道"之概念複雜化,"一"之內涵也日漸豐富。即就春秋前後這一意義之變化,可以確知,在殷商史官記錄伊尹誥成湯之時,"一"祇能是一個自然數,決不可能有"天"、"道"、"純"、"至"、"常"、"不變"等概念。

三、先秦經典與諸子中"德"字之涵義

"德"指德行,原指一種行爲、操守,更確切地説是指一種善行,一種高尚的人品和行爲。人的善行、品行有多種,故德亦散化爲多種品目。各歷史階段因側重、崇尚不同,其基於美與善之德行、品行亦表現爲多方面。《尚書·皋陶謨》:"皋陶曰:都,亦行有九德。亦言其人有德,乃言曰:載采采。"蔡沈云:"總言其人有德,必言其行某事某事爲可信驗也。"即所有美德其實質必有一種具體的行事爲其特徵。下面檢視經典所舉德目,略作分析。

上舉《尚書·皋陶謨》以"寬而栗、柔而立、愿而恭、亂而敬、擾而毅、直而温、簡而廉、剛而塞、彊而義"爲九德之目。又《洪範》云:"三德,一曰正直,二曰剛克,三曰柔克。"孔傳:"能正人之曲直,剛能立事,和柔能治,三者皆德。"[1]《皋陶謨》和《洪範》皆今文所有,其時代相對較早。但《詩·鄭風·羔裘》:"羔裘晏兮,三英粲兮。"傳:"三英,三德也。"鄭箋云:"三德:剛克、柔克、正直也。"康成所注若確是《洪範》三德,則揭示出兩周道德崇尚的一面。若將《逸周書》亦視爲先秦《書》之一類,則《常訓》"九德:忠、信、敬、剛、柔、和、固、貞、順",[2]與《皋陶謨》相較,有同有不同,顯示出不同時代之不同崇尚。

《詩·大雅·皇矣》:"維此王季,帝度其心,貊其德音。其德克明,克明克類,克長克君。王此大邦,克順克比。比于文王,其德靡悔。"毛傳和鄭箋分别注出其德目爲:心能制義曰度,德正應和曰貊,照臨四方曰明,勤施無私曰類,教誨不倦曰長,賞慶刑威曰君,慈和徧服曰順,擇善而從曰比,經緯天地曰文。《左傳·昭公二十八年》魏子引之而云:"九德不愆,作事無悔。"蓋以此爲文王之九德。不管是毛傳、鄭箋鈔録《左傳》,抑或别有所本,至遲在公元前五一四年已有此德目,而它很可能是承沿西周之説法。

春秋時期,社會紛亂動蕩,故認識、品定人所具有之品德亦相應繁複。

---

[1] 孔穎達《尚書正義》卷四、卷十一,上海古籍出版社 2007 年版,第 146—147 頁,第 465 頁。
[2] 黃懷信等《逸周書彙校集注》卷一,上海古籍出版社 2007 年版,第 53 頁。

《左傳·宣公十二年》:"夫武,禁暴、戢兵、保大、定功、安民、和衆、豐財者也,故使子孫無忘其章……武有七德,我無一焉,何以示子孫?"[1]德之品目原多指文德,此時已衍生指武德。《國語·晉語四》:"晉公子善人也,而衛親也,君不禮焉,棄三德矣。"不言其目。韋昭注:"三德,謂禮賓、親親、善善也。"韋昭所注若有所本,則春秋時禮賓、親親、善善三德目是人所共知者。《國語·魯語下》:"《皇皇者華》,君教使臣曰'每懷靡及',諏、謀、度、詢,必咨於周。敢不拜教。臣聞之曰:'懷和爲每懷,咨才爲諏,咨事爲謀,咨義爲度,咨親爲詢,忠信爲周。'君貺使臣以大禮,重之以六德,敢不重拜。"叔孫豹所言前後有異,故韋昭總結云:"六德,謂諏也、謀也、度也、詢也、咨也、周也。"此可謂臨機處事的六種品德。《國語·周語中》富辰諫襄王云:"章怨外利,不義;棄親即翟,不祥;以怨報德,不仁。夫義所以生利也,祥所以事神也,仁所以保民也。不義則利不阜,不祥則福不降,不仁則民不至。古之明王不失此三德者,故能光有天下,而龢寧百姓,令聞不忘。"韋昭注:"三德,仁、義、祥也。"富辰將仁、義、祥三德目之義蘊揭示得非常具體。下文載富辰又諫王云:"尊貴、明賢、庸勳、長老、愛親、禮新、親舊。然則民莫不審固其心力以役上令,官不易方,而財不匱竭,求無不至,動無不濟。百姓兆民,夫人奉利而歸諸上,是利之内也。若七德離判,民乃攜貳,各以利退,上求不暨,是其利外也。"[2]是爲文治之七種德行,亦各有具體之措施。

雖成書於戰國,然其所記述之内容或許也有西周、春秋政治、文化意識之《周禮》,亦有德目内容。如《地官·大司徒》:"以鄉三物教萬民而賓興之。一曰六德:知、仁、聖、義、忠、和。"又《師氏》:"以三德教國子,一曰至德,以爲道本;二曰敏德,以爲行本;三曰孝德,以知逆惡。教三行:一曰孝行,以親父母;二曰友行,以尊賢良;三曰順行,以事師長。"鄭玄注:"德、行,内外之稱,在心爲德,施之爲行。"分析德與行之别,極爲到位。《大司樂》有"以樂德教國子,中、和、祇、庸、孝、友。"鄭注:"中猶忠也;和,剛柔適也;祇,敬;庸,有常也;善父母曰孝;善兄弟曰友。"賈疏:"此必使有道有德者教之,此是樂中之六德,與教萬民者少别。"不僅大司徒和師氏、樂師有責任以"德"管教萬民和太子、王子、國子,即九嬪亦承擔教導宫中女官之責。《天

---

[1] 楊伯峻《春秋左傳注》,中華書局1990年版,第二册,第746頁。
[2] 韋昭注《國語》,上海古籍出版社1978年版,下册,第345頁,第186頁,第45頁,第50頁。

官·九嬪》:"掌婦學之法,以教九御,婦德、婦言、婦容、婦功。"鄭玄注:"婦德謂貞順,婦言謂辭令,婦容謂婉娩,婦功謂絲枲。"以上四德,爲歷代規教、品定婦女之科條。

就春秋以前的《尚書》《逸周書》《左傳》《國語》,包括可能記載西周内容之《周禮》而論,所記德目已眼花繚亂。至孔子出,追隨周禮,特重品德。孔門弟子所彙集的《論語》中涉及之德目極多。有學者將孔子所提到的美善德行列出,計有:仁、禮、道、學、信、孝、恥、智、直、儉、恭、勇、義、忠、敬、敏、剛、惠、恕等十九種。① 如將孔子所述或弟子所記之《孝經》計之,又可增加"悌"與"理(治)"。② 若將七十子後學所記之言計之,又可增天、地、人三德目。③ 其中言及較多的是"仁"、"禮"、"道"、"學"、"信"、"孝"等,約略可知孔子對德行的評騭和描述亦有差異。將之與《尚書》《詩經》《左傳》《國語》等所涉德目參較,一則可見德目相同而内涵不同,内涵相同而所標德目有異;二則可見各歷史時期或各種場景下所強調、側重之德目亦不相同。如一"敬"字,《詩》二十一見,《今文尚書》四十九見,《古文尚書》十七見,至《論語》爲二十一見,《孟子》爲四十三見。以篇幅比例計之,《詩》《書》比例甚高。其所以然之故,蓋爲上古敬天、敬帝、敬祖宗之意特爲人類所重。又如"學"字,《詩》一見,《今文尚書》無,《古文尚書》七見,至《論語》則六十五見,《孟子》三十三見,是知孔門尤注重學行也。更須揭示引起關注的是:仁德一目,由富辰提出,而在孔子思想體系中升華爲人品的一種最高境界。④

考察、分析《尚書》以下所有德目,有專指君王之德,有專指君子之德,

---

① 參見胡志奎《孔子之"道""德"思想體系探源》,《論語辨證》乙編,聯經出版事業公司1968年版,第218頁。
② 《孝經·廣揚名章第十四》:"子曰:君子之事親孝,故忠可移於君;事兄悌,故順可移於長;居家理,故治可移於官。是以行成於内而名立於後世矣。"唐玄宗注:"修上三德於内,名自傳於後代。"
③ 《大戴禮記·四代》:"子曰:有天德,有地德,有人德,此謂三德。三德率行,乃有陰陽。"此看似無實質性内涵,而上博簡《三德》篇云:"天共昔,地共材,民共力,明王無思,是胃參惎。"則無疑可作爲孔説之注脚。馬承源主編《上海博物館藏戰國楚竹書(五)》,上海古籍出版社2005年版,第288頁。
④ 除此之外,先秦經典中還有許多德目,如相傳爲孔子所作之《易傳》,《乾文言》就有名言:"元者,善之長也;亨者,嘉之會也;利者,義之和也;貞者,事之幹也。君子體仁足以長人,嘉會足以合禮,利物足以和義,貞固足以幹事。君子行此四德者,故曰乾元亨利貞。"七十子後學將君子比德於玉,遂有"温潤而澤,仁也;縝密以栗,知也;廉而不劌,義也;垂之如隊,禮也;叩之(轉下頁注)

有專指孔子之德,亦有大司徒、師氏、樂師等負責教育萬民、太子、王子、國子之德。其對象不同,爲人要求不同,故德目亦異,其中基本的爲人品德却是所有人共同努力修養之目標。所當揭櫫者,先秦文獻中言德,多數是有其德目而不明標"德"字,凡稱集合名詞"三德"、"六德"、"九德"等,總有相應的具體德目。既然品德、品行因時因人因地而異,故對古文獻中德目之認識和詮解也應考慮其時代性,而不能用後世之理解去詮釋上古之德目。

四、由清華簡《尹誥》異文異序和《吕覽》所載史實論"一德"之涵義

"咸有一德"出現在《尹誥》文中,必是較早之文本。如果相信《書序》所謂"伊尹作《咸有一德》",此文本或是本之於殷商史官,或是周初史官整理殷人典册之實録,則其"一德"之詞必甚早。據上文所證,春秋尤其是西周以前,"一"字多用作數目詞和序數,絶無玄虛之義。其集合稱謂之"德",亦多有其具體之目。"一德"既無所指,且其作爲齊聖成湯,僅具備一德,相對文王備有九德,孔子具有五德,即大司徒、師氏、大司樂教萬民、太子、王子、國子都有三德、六德,未免歉然不足,有失其實。故"一德"應該置於夏末殷初之歷史下重新考察審視。

《古文尚書·咸有一德》原文作:

> 夏王弗克庸德,慢神虐民。皇天弗保,監于萬方,啓迪有命,眷求一德,俾作神主。惟尹躬暨湯咸有一德,克享天心,受天明命,以有九

(接上頁注)其聲清越以長,其終詘然,樂也;瑕不掩瑜,瑜不掩瑕,忠也;孚尹旁達,信也;氣如白虹,天也;精神見於山川,地也;圭璋特達,德也;天下莫不貴者,道也"《禮記·聘義》之説。《中庸》有:"唯天下至聖爲能。聰明睿知,足以有臨也;寬裕温柔,足以有容也;發强剛毅,足以有執也;齊莊中正,足以有敬也;文理密察,足以有别也。"此五德目,鄭注謂是"傷孔子有其德而無其命"。又云:"知、仁、勇,三者天下之達德也。"《荀子·富國》亦有三德(忠信、調和、均辨)之目。其後《莊子·齊物論》有"有左,有右,有倫,有義,有分,有辯,有競,有争"之八德,《司馬法·仁本》有戰争之六德,似皆沿襲、仿造之名目,與儒家之德目已有别。至於漢魏注家在詮釋經典時總括地標注爲三德、四德者則更多,兹皆略而不計。

有之師,爰革夏正。非天私我有商,惟天佑于一德;非商求于下民,惟民歸于一德。

仔細體味前後文,皇天既"監于萬方"、"眷求一德",且最後"天佑于一德"、"民歸于一德",則"咸有一德"之"一德"亦當就成湯或殷商王朝而言。唯鄭玄於《緇衣》"惟尹躬及湯咸有壹德"引文下云:"咸,皆也。君臣皆有壹德不貳,則無疑惑也。"將一德歸爲成湯與伊尹兩人共有之德,不僅與前後文矛盾,且此德爲伊尹與成湯所共具,衹能虛化爲"純一"云云,從而使後人產生許多疑問,如宋儒所提出的君臣並列、先己後君、君前稱名稱字或稱謚等。①因爲無先秦真本文獻印證,故此諸多問題爭論數百年而無有確解。自清華簡《尹誥》公布,其文字與《古文尚書·咸有一德》所同者唯"咸有一德"一句,簡文作"隹尹既及湯咸又一悳",與傳本小異,其關涉文義之異文是,傳本作"躬",簡文作"既"。即此二字之異,筆者遂有不同與鄭玄之解釋,即:惟伊尹既(已)以(爲)成湯具備一德。九字一句,"湯"字後絕不能逗開。唯其如此解,將"一德"歸還給成湯,方與其前後文之"一德"相一致。

將"一德"歸還給成湯,與伊尹分開,伊尹衹是知道成湯具備一德,故而輔佐成湯伐桀,才有可能探求"一德"之確切涵義。要正確探求"一德"之涵義,須追溯殷商前史和成湯行跡。《呂氏春秋·異用》載:

  湯見祝網者,置四面,其祝曰:"從天墜者,從地出者,從四方來者,皆離吾網。"湯曰:"嘻!盡之矣。非桀其孰爲此也?"湯收其三面,置其一面,更教祝曰:"昔蛛蝥作網罟,今之人學紓。欲左者左,欲右者右,欲高者高,欲下者下,吾取其犯命者。"漢南之國聞之曰:"湯之德及禽獸矣。"四十國歸之。人置四面,未必得鳥;湯去其三面,置其一面,以網其四十國,非徒網鳥也。②

"湯去其三面,置其一面",充分體現成湯"德及禽獸",仁愛之至。漢南四十

---

① 宋儒之疑問與爭論,見筆者《清華簡〈尹誥〉"隹尹既及湯咸又一悳"解讀》一文所引錄,《史林》2011年第2期,第35—40頁。已收入本書。
② 陳奇猷《呂氏春秋校釋》卷十,學林出版社1984年版,上冊,第560頁。

國聞其風而歸,是即歸於仁德也。故"一"之德,即是成湯網去三面獨留一面之德,亦即仁愛之德。

將《咸有一德》中成湯之"一德"解爲其田獵時網開三面,僅留一面的仁愛之德,並非筆者突發之奇想,蓋秦漢間人普遍有此認識。《吕覽》所記,又見於《史記·殷本紀》、劉向《新序·雜事五》、賈誼《新書·諭誠》等,① 其文字略異而内容則同。唯《新書·禮》亦載其事,盧文弨以爲重而删削之,僅留數句。其實賈誼此處另有文字,頗可見秦漢間人對成湯網留一面德及禽獸導致四十國歸順一事之認識,故不憚意重引録於下:

> 禮,聖王之於禽獸也,見其生不忍見其死,聞其聲不嘗其肉,隱弗忍也。故遠庖厨,仁之至也。不合圍,不掩羣,不射宿,不涸澤。豺不祭獸,不田獵;獺不祭魚,不設網罟;鷹隼不鷙,睢而不逮,不出植羅;草木不零落,斧斤不入山林;昆蟲不蟄,不以火田。不麛,不卵,不刳胎,不殀夭,魚肉不入廟門,鳥獸不成毫毛不登庖厨。取之有時,用之有節,則物蕃多。湯曰:昔蛛蝥作罟,不高順、不用命者,寧丁我網。其憚害物也如是。②《詩》曰:"王在靈囿,麀鹿攸伏,麀鹿濯濯,白鳥皜皜。王在靈沼,於仞魚躍。"言德至也。聖主所在,魚鼈禽獸猶得其所,況於人民乎?③

賈誼用"禮"字提起,蓋以下文所説多出《周禮》《禮記》等,或其所本爲同類禮書。若賈誼所記連同成湯收網事係轉述先秦之舊史料,則可推知先秦已將成湯此事與理想中聖王之仁慈所爲聯繫在一起。賈誼後文又云:"故仁人行其禮,則天下安而萬理得矣。逮至德渥澤洽,調和大暢,則天清徹,地富熅……鑠乎大仁之化也。"④

將"一德"解爲網罟僅留一面的仁愛之德,亟需回答一個嚴峻的問題,

---

① 石光瑛《新序校釋》卷五,中華書局2001年版,上册,第661—664頁。顔振益、鍾夏《新書校注》,中華書局2000年版,第279頁。
② 按"湯曰"以下至"如是",《百子全書》本《新書》作"湯見祝網者,置四面……四十國歸之",共一百十三字,盧抱經删存二十五字。浙江人民出版社1984年影印本,第一册,第一葉B。
③ 顔振益、鍾夏《新書校注》卷六,第216頁。
④ 顔振益、鍾夏《新書校注》卷六,第217頁。

即《尹誥》爲何不作"隹尹既及湯咸又仁恴",而要作"隹尹既及湯咸又一恴"? 此當從文字發生發展角度予以解説。

甲骨出土至今百年,著録片數達十五萬,著作數百種,唯商承祚一九二三年於《殷墟文字類編》卷八著録過一"仁"字,① 却引起長達半個多世紀的爭論。一九三三年葉玉森對此字人旁不完整,提出疑義。② 一九三四年孫海波《甲骨文編》仍據商書收入。一九四七年于省吾《釋人尸仁尼夷》謂此字乃商氏"誤摹"。③ 五十年代,董作賓、屈萬里亦相繼著文論此字之非。④ 六十年代,考古所增補修訂之《甲骨文編》仍收録。⑤ 一九八〇年容谷又著文指出此字非"仁"。⑥ 商書之後八九十年,被著録之甲骨日益增多,仍未發現一例"仁"字。當日董作賓、屈萬里檢視容庚《金文編》一九三九年修訂版,亦無仁字。唯在《金文續編》中檢得宛仁鐵一例,乃漢代之物。今知《金文編》第四版收一"仁"字,係戰國中山王譽器上字。時至今日,出土春秋以前之實物上尚未見有"仁"字。是知夏末殷初,即使意識中有類似於"仁"或"仁慈"、"仁愛"之抽象概念,也未用相應的文字來表達。

就傳世文獻而言,《周易》之卦爻辭中不見"仁"字(《易傳》成書時代在春秋以後)。《尚書》用"仁"五次,《仲虺之誥》《太甲》《泰誓》《武成》各一次,皆古文篇章。唯《金縢》"予仁若考能"一語,可作爲西周用例,傅斯年曾認爲是魯國人追記周公之傳説。⑦ 今清華簡《金縢》此句原文作"是年(佞)若丂能"。⑧ 整理者以"年"通"佞",蓋以"年"古音爲泥紐真部,"佞"古音爲泥

---

① 商承祚編、羅振玉考釋《殷墟文字類編》卷八,決定不移軒1923年刻本,第一葉。後孫海波《甲骨文編》收入。
② 葉玉森《殷虚書契前編集釋》卷二,上海大東書局1933年影印本,第三十四葉。
③ 于省吾《釋人尸仁尼夷》,《大公報·文史週刊》(天津)14期,1947年1月15日。
④ 見董作賓《古文字中之仁》,《學術季刊》二卷一期,1953年9月。收入《平廬文存》卷四,臺灣藝文印書館1963年版,下册,第91—96頁。屈萬里《仁字涵義之史的觀察》,《民主評論》第五卷第二十三期,1954年12月。收入《書傭論學集》,臺灣開明書店1969年版,第255—267頁。
⑤ 中國社會科學院考古研究所編《甲骨文編》,中華書局1965年版,第339頁。
⑥ 容谷《卜辭中"仁"字質疑》,《復旦大學學報》,1980年第4期。
⑦ 傅斯年在《中國古代文學史講義·論伏生所傳二十八篇之成分》中將《金縢》與《費誓》二篇歸爲"魯書",以其"全是一篇故事,篇中周公祝辭尚近於《周誥》,其'武王既喪'以下竟像東周文辭","當是後人根據相傳的故事及話言拼湊成的"。《傅斯年全集》,湖南教育出版社2003年版,第二卷,第59頁。
⑧ 李學勤主編《清華大學藏戰國竹簡》(壹),上海中西書局2010年版,下册,第158頁。

紐耕部,聲同而韻有前後鼻音之別,音理可通。從後文"能事鬼神"一語思之,"佞"字當是曲順人情之義,絕無"仁慈"之意。故即有作"佞"之本,今本"仁"也是"佞"之壞字。① 若無作"佞"之本,則"仁"古音日紐真部,娘、日兩紐歸泥,是年、仁古音相近而後世假借用之。由此知西周《金縢》原文不作"仁"字。阮元據之推測"似周初有此言而尚無此字",②較爲近實。《詩經》時代下限延及春秋,其"仁"字亦僅二見。一爲《鄭風·叔于田》之"洵美且仁",一爲《齊風·盧令》之"其人美且仁"。二詩皆有關田獵之詩。《叔于田序》云:"刺莊公也。叔處于京,繕甲治兵,以出于田,國人説而歸之。"《盧令序》云:"刺荒也。襄公好田獵畢弋而不脩民事,百姓苦之,故陳古以風焉。"所謂"陳古以風",依程頤所説是"陳古之賢君畋狩以時,百姓見則善而美之"。③ 田獵之詩而言"仁",人不免懷疑此仁安在？故異説紛起。俞樾依鄭注謂"古所謂仁者,乃以人意相存問之意……此章以仁稱叔,見有叔則能以人意相存問,故巷有人；無叔則莫能以人意相存問,故巷無人也"。④ 于省吾則謂應讀作"夷",解爲夷悦。⑤ 屈萬里對不同國家之風俗皆用"仁"字來贊揚田獵者,感到困惑,因而懷疑《毛傳》"仁愛"之解。⑥ 諸家所以有異説與懷疑,皆是不能深切體察古代狩獵所應遵守之規則和應具有之德性。如前賈誼所説,見之與先秦文獻者極夥,《逸周書·文傳》記述文王語太子姬發保國守成之法,其中有：

  山林非時不升斤斧,以成草木之長；川澤非時不入網罟,以成魚鼈之長；不麛不卵,以成鳥獸之長。畋漁以時,童不夭胎,馬不馳騖,土不失宜……故凡土地之間者,聖人栽之,並爲民利,是魚鼈歸其泉,鳥歸

---

① "仁"與"年"雖亦可輾轉通假,然筆者對時下泛用通假、通轉現象頗持保留意見。在一對異文既可用聲轉通假詮釋,又有形譌之嫌前提下,寧可傾向指爲形譌之誤字,而慎用聲韻通轉來解釋。相關論述可參見筆者《上博館藏楚竹書〈緇衣〉綜合研究·前言》(武漢大學出版社 2010 年版)、《〈三禮〉鄭注"字之誤"類徵》(《國學研究》第十六卷,已收入本書)。
② 阮元《〈論語〉論仁論》,《揅經室集》卷八,中華書局 1993 年版,上册,第 179 頁。
③ 程頤《伊川經説》卷三,《二程集》,中華書局 1981 年版,第四册,第 1059 頁。
④ 俞樾《群經平議》卷八,《清經解續編》卷一千三百六十八,上海書店 1988 年影印本,第五册,第 1071 頁中。
⑤ 于省吾《澤螺居詩經新證》卷中,中華書局 1982 年版,第 105 頁。
⑥ 屈萬里《仁字涵義之史的觀察》,《書傭論學集》,台灣開明書店 1969 年版,第 258 頁。

其林,孤寡辛苦,咸賴其生。①

作爲君主,應維持領土内之生態,故何時田獵,何時網罟,均應以民利爲重,並澤及鳥獸魚鼈。《禮記·王制》則云"天子不合圍,諸侯不掩羣",鄭注謂合圍、掩羣是"盡物"之舉措。其他與《文傳》所説近似。《毛傳》云:"太平而後,微物衆多,取之有時,用之有道,則物莫不多矣。古者……豺祭獸然後殺,獺祭魚然後漁,鷹隼擊然後罻羅設,是以天子不合圍,諸侯不掩羣,大夫不麛不卵,士不隱塞,庶人不數罟,罟必四寸,然後入澤梁。故山不童,澤不竭,鳥獸魚鼈皆得其所然。"②類似之記述,亦見《商君書》《雒書靈準聽》《説苑·修文》等,是先秦時期普遍意識如此。以此保持生態、利生利民、澤及禽獸之意識閲讀、理解描述古代聖王、諸侯田獵的"洵美且仁"和"其人美且仁"詩句,便可深切體悟"仁"字之確切涵義。

張網設罟,以取禽獸魚鼈,就自然界物我一體而言,原非仁慈,然人類之生存,即依賴禽獸魚鼈爲生。故如何在維持人類生存之前提下,最大限度地給予飛禽走獸游鱗之生存空間和其蕃衍之必要條件,以期求得人類與動植物同生共存之和諧環境,是衡量君主聖明和仁慈之道德玉尺。成湯網開三面以羅飛禽走獸,導致四十國歸順,當時必傳爲美談。伊尹及群臣雖明知成湯有此美德,却無法在有限文字中恰如其分地表述,因而祇能形象而具體地稱之爲"備有一德"。然此"一德"既深藴"仁慈",實即"仁德"。及至西周中後期乃至春秋時思想豐富、文字孳乳而產生"仁"字,便有人用"仁"來謳歌贊美狩獵者"不合圍"、"不掩羣"、"不射宿"、"不刳胎"、"不麛不卵"等推恩澤、布慈愛及於禽獸之舉措。以"仁"之"慈愛"義檢視文獻中出現之"仁"字,如《國語·晉語一》驪姬曰:"爲仁者,愛親之謂仁;爲國者,利國之謂仁。"《楚語上》叔時曰:"明等級以道之禮,明恭儉以道之孝……明慈愛以道之仁。"《周語下》晉悼公告單襄公子頃公曰:"夫敬,文之恭也;忠,文之實也;信,文之孚也;仁,文之愛也。"三語時代在孔子之前,應在"仁"字剛產生不久之際,而皆以"愛親"、"慈愛"、"愛"屬之"仁"。《論語》中"仁"字已

---

① 黄懷信等《逸周書彙校集注》卷三,第239-241頁。
② 參見《毛詩·小雅·魚麗》毛傳。

升華爲道德之最高標準,然其最實在之義即是"愛人"。① 孟子亦云:"仁者愛人。"(《離婁下》)又云:"無惻隱之心,非人也……惻隱之心,仁之端也。"(《公孫丑下》)《禮記·表記》:"中心憯怛,愛人之仁也。"凡此,皆極爲樸實地點明"仁"之最基本涵義。尤其是作爲"仁之端"的"惻隱之心"和"愛人之仁"的"中心憯怛",最足以使人聯想什麽是澤及禽獸。《梁惠王上》載胡齕說齊宣王不忍見觳觫之釁鐘而易以羊,孟子明言此乃君子之於禽獸,"見其生不忍見其死"之"仁術"。熟玩此事,而後對商湯網開三面獨取犯命之獸的"一德"及《詩經》謳歌田獵者爲"仁"才能融會其意並深切於心。

或因殷商史官在記錄《尹誥》簡册時已用"隹尹既及湯咸又一悳"爲誥文之鋪墊文字,西周史官在轉録過程中即使明知其爲澤及禽獸之仁德,亦相沿不改其字。降及戰國,"一"與"仁"都已各自藴含豐富之内涵,難以使人聯想到一起。嬴秦焚書之後,《尹誥》復出孔壁,以其無師傳,西漢經師很難透徹理解"一德"之涵義,於是在演繹經旨時,照直敷演爲"眷求一德"、"惟天佑于一德"、"惟民歸于一德"。孔傳昧於其義,亦祇能以"純一"解之,由此導致宋儒秉承君統理念所生發出形形色色之遐想。儘管諸此遐想甚至理想有助於修齊治平,却仍是郢書燕説,絶非"舉燭"之初意。如若認識到"一"與"仁"雖不能互相訓釋但確有其特定歷史下之原始關聯,理解"一德"即"仁德"之義,而將"皇天……眷求一德"作"皇天……眷求仁德","惟天佑于一德"作"惟天佑于仁德","惟民歸于一德"作"惟民歸于仁德",則整篇文義更切合《尹誥》經旨。② 若從"一德"即"仁德"之角度來詮解《咸有一德》,則其"德惟一"即"德惟仁","終始惟一"猶"終始惟仁","惟和惟一"即"惟和惟仁","協于克一"猶"協于克仁","一哉王心"無疑是"仁哉王心",而後可知《咸有一德》與《尹誥》經旨密合。

人類思惟豐富且多維擴散、迅速發展,豐富的思惟促使語言發達,發達的語言又促使文字日繁。有限的文字永遠無法表達豐富的語言,豐富的語

---

① 《論語》中子弟問仁有七處,三次爲樊遲所問。而以《顏淵》篇"樊遲問仁,子曰'愛人'"最爲樸實而近於其原始意義。近讀廖名春《"仁"字探源》,從字形上分析"仁"從人從心,本義是愛人,與本文從原始田獵意識生發出來的涵義可謂殊途同歸。《中國學術史新證》,四川大學出版社2005年版,第51—72頁。

② 關於《咸有一德》敷演《尹誥》經旨問題,參見筆者《由清華簡〈尹誥〉論〈古文尚書·咸有一德〉之性質》一文,已收入本書。

言亦永遠無法準確描述"思接千載"、"精騖八極"的思惟。前代用拙劣的語言、有限的文字所記録的豐富情態與思想,傳至語言與文字均有發展的後世,人們受現實世界意識的限制,惑於已發展和變遷的語言和字義,已很難準確理解前代所記録的思想(文字代碼)。此種在邏輯理念上至爲淺顯而求證探索却至爲深奧複雜的現象,足以引起研治中國哲學和語言學及語言哲學者之關注與深思。

二〇一一年四月十一日至二十三日初稿
八月十五日至十六日二稿

《孔子詩論》應定名爲"孔門詩傳"論

中國古代文體體式繁多,早已形成專門之學。古代注疏體式亦極爲複雜,學者已有所探究。古人既有恪守體式,尊重傳統的一面,也有創新、含混以致模糊界限之事例。先秦時期,文體與注釋體雖已形成規模,尚處在初始階段,各種體式之界限也有脈絡可尋。西漢末向、歆父子敘次典籍,皆循秦漢間文體、注釋體而條分類列。

上海博物館所藏一千多支戰國竹簡中有二十九支關於《詩經》的文字,前輩馬承源先生整理後定名爲"孔子詩論",刊布於《上海博物館藏戰國楚竹書》(一),於二〇〇一年出版。自後研究文章目不暇接,據不完全統計,論文和專著乃至涉及此篇之文不下五百篇,幾皆承襲馬先生所定之名,稱爲"孔子詩論"或"詩論",唯個別學者曾提出可以改稱"古詩序"或"詩說",[①]或認爲可比附《詩大小序》,[②]但應者寥寥。儘管如此,對出土文獻的正確定名,仍然是一個很嚴肅的事情,它不能從衆從俗,而應該還它一個内容與形式統一的歷史面目。筆者細讀竹簡内容,聯繫先秦文體之形式及其發展,認爲此類文字應稱"孔門詩傳"或"詩傳",方使其内容與形式名實相符。將《詩》簡稱爲"詩傳"者,最早有林志鵬,但林氏信從張构之說,分傳爲"訓詁之傳"和"載記之傳",以《詩》簡不記事,遂判爲"訓詁之傳",復因《詩》簡無訓詁,乃又謂"所謂'訓詁之傳'主於釋經,非謂(或不僅是)字析句解,而是

[①] 參見姜廣輝《〈孔子詩論〉宜稱"古〈詩序〉"》,2001.12.26,http://www.bamboosilk.org/wssf/jiang4.htm。江林昌《由上博簡〈詩説〉的體例論其定名與作者》,《新出土文獻與古代文明研究》,上海大學出版社2004年版。

[②] 黄人二《孔子詩論第一簡之含義與本篇性質概論》,《上海博物館藏戰國楚竹書(一)研究》第二章,高文出版社2002年版,第71—72頁。

就其文字義理作適當的申述與闡發,即所謂旁推曲證、闡微揚奧"。① 緣此認識,林氏將《孔子詩論》《魯邦大旱》《子羔》三篇"視爲同卷之《詩傳》,《孔子詩論》屬於'訓詁之傳'(發揮《詩》旨);《魯邦大旱》《子羔》屬於'載記之傳'(記録故事)"。② 此殆未能深明傳體與訓詁體式之旨意,遂滋游移恍惚之説。故不憚繁辭,展示先秦"論""傳"兩種文體和注釋體之形式,分析《詩》簡内容,校覈異同,以證余説。

一、古代"論"體與以"論"命名之書

在先秦典經典中,《書》以典、謨、誥、誓分體,《詩》以風、雅、頌分類,《禮》以内容分篇,皆無"論"之一名,早期諸子中如《管子》《墨子》《老子》等也没有一篇以"論"名篇的。這一方面可以説是内容決定形式,形式確定篇名。另一方面也説明西周時期學在官府,教學之意義,在於使子弟學生仿效與學習;教學之形式,呈從上至下的單向性,祇需接受,少有論辯。③ 諸子興起之初,也是步趨、闡述、傳授師説而已。至《莊子》有"齊物論"一篇,公孫龍子所著六篇皆以"論"名,《荀子》有《天論》《正論》《禮論》《樂論》四篇,《吕氏春秋》有"論威"、"行論"二節,由此可知,"論"體到戰國中晚期方始出現。在分析諸家論體之前,先簡析"論"字的訓詁意義。

《説文·言部》:"論,議也。从言,侖聲。"徐鍇在《繫傳·通論下》説:"應和難詰首尾以終其事曰論。論,倫也。同歸而殊塗,一致而百慮。語各有倫,而同歸於理也。倫,理也。"承培元校勘記謂"應知難詰,當作'應詰難揭'。"④段玉裁注云:"論以侖會意。《亼部》曰:'侖,思也。'《侖部》曰:'侖,理也。'此非兩義……凡言語循其理得其宜謂之論,故孔門師弟子之言謂之'論語'。皇侃依俗分去聲平聲,異其解,不知古無異義,亦無平去之别也。

---

① 林志鵬《戰國楚竹書〈子羔〉篇復原芻議》,《上博館藏戰國楚竹書研究續編》,上海書店出版社2004年版,第63頁。
② 林志鵬《戰國楚竹書〈子羔〉篇復原芻議》,《上博館藏戰國楚竹書研究續編》,第68頁。
③ 商周之學校和教育制度,可參見王貴民《商周制度考信》五《商周學校教育》,台灣明文書局1989年版,第264—300頁。
④ 參見丁福保《説文解字詁林》,中華書局1988年版,第四册,第979頁(2931)。

《王制》'凡制五刑,必即天論',《周易》'君子以經論',《中庸》'經論天下之大經',皆謂之有侖有脊者。許云論者議也,議者語也,似未盡。"段氏以"論"爲會意兼形聲,故又云:"當云從言、侖,侖亦聲。"

从字形分析,侖字從亼,從册,無思義。王國維云:"案,册下云:笧古文册。此從之。然金文册字或作 䀨 師虎敦,或作 䀨 刺鼎,乃象簡之或刊其本,非从竹也。"① 戴家祥亦云:"从亼从册不當有思義。《集韻》訓'叙也。亼册而卷之侖如也',較接近侖之初義。"② 侖爲編集之簡册,似是本義。加"言"爲"論",有匯集簡册言語之意,故許氏解爲"議"。許解"議"爲"語",解"語"爲"論",三字互訓,其義近同。《詩·大雅·公劉》:"于時言言,于時語語。"毛傳:"直言曰言,論難曰語。"孔疏:"直言曰言,謂一人自言;答難曰語,謂二人相對。"不管《公劉》詩原意如何,至少在戰國秦漢之際,《毛傳》之理解與《説文》議、語、論三字之義相一致,即有二人相對,或兩種以上意見匯集在一起,其觀點並不一致,有爭議或須選擇。這種字義在文獻中處處可見。

《吕氏春秋·應言》:"不可不熟論。"高誘注:"論,辯也。"《荀子·解蔽》:"道盡論矣。"楊倞注:"論,辨説也。"《文選·司馬相如〈上林賦〉》:"且二君之論,不務明君臣之義。"吕延濟注:"論,辯論也。"辯論、辨説,必須有兩種意見以上方可與辯。《吕氏春秋·尊師》"説義必稱師以論道",又《適音》"以論其教"高誘注:"論,明。"經過辯論,才能明白,故引申爲明。《淮南子·説山》:"以近論遠。"高誘注:"論,知也。"《經義述聞·周易下》"彌論天地之道"條:"《易》與天地準,故能彌綸天地之道。京房注曰:彌,徧也。綸,知也。引之謹案:綸讀曰論。《大戴禮·保傅篇》'不論先聖王之德,不知君國畜民之道',論亦知也。"③《吕氏春秋·直諫》:"所以不可不論也。"高誘注:"論猶知也。"即不可不知。有兩種或兩種以上正反、異同的觀點、意見,經辨别選擇,而後才能明了、知曉,故引申爲知。將這種形式的言語轉化爲文章,就是論體。陸機《文賦》云:"論精微而朗暢。"李善《文選》注:"論以評議臧否,以當爲宗。"有當與不當,則必須有兩種以上觀點可供選擇,所以説是"評議臧否"。評與議也都是有兩種以上觀點、意見方可產生。④ 劉知幾

---

① 王國維《史籀篇疏證》,《王國維遺書》,上海書店1983年影印本,第六册,第十八葉A。
② 轉引自《古文字詁林》,第五册,上海教育出版社2002年版,第387頁。
③ 王引之《經義述聞·周易下》,江蘇古籍出版社1985年版,第55頁上。
④ 《論語·憲問》:"世叔討論之。"皇侃疏:"論者,評也。"是知評與議、論義近。

將這種文體特點描述得更明白。《史通·論讚》云:"夫論者,所以辯疑惑,釋凝滯。"有疑惑、凝滯而進行辨別,才稱之爲"論"。劉勰《文心雕龍·論説》云:

> 聖哲彝訓曰經,述經敘理曰論。論者,倫也。倫理無爽,則聖意不墜。昔仲尼微言,門人追記,故抑其經目,稱爲《論語》。蓋羣論立名,始於兹矣。自《論語》已前,經無論字。《六韜》二論,後人追題乎。詳觀論體,條流多品,陳政則與議説合契,釋經則與傳注參體,辨史則與贊評齊行,銓文則與叙引共紀。

彦和以《論語》爲"論"名之始,這是他自己的理解。《論語》一名之涵義,歷來解説紛繁,莫衷一是。而筆者認爲班固之解釋仍有不可搖撼的權威性。《藝文志》曰:"《論語》者,孔子應答弟子、時人及弟子相與言而接聞於夫子之語也。當時弟子各有所記,夫子既卒,門人相與輯而論篹,故謂之《論語》。"上句釋"語"字,下句釋"論"字爲"輯而論篹"。師古注:"輯與集同,篹與撰同。"論篹即編輯,將夫子各種對答之語篹輯在一起。篹輯必須有一定的量,這與"侖"的本義集衆多的簡册相關;篹輯又必須有所選擇,這與"論"的選擇、辨別本義相關。章太炎曰:"論者,古但作侖。比竹成册,各就次第,是之謂侖。簫亦比竹爲之,故龠字從侖……《論語》爲師弟問答,乃亦略記舊聞,散爲各條,編次成帙,斯曰'論語'。是故繩綫聯貫謂之經,簿書記事謂之專,比竹成册謂之侖,各從其質以爲之名。亦猶古言方策,漢言尺牘,今言札記矣。"[①]這是班固説的詳細注脚。《論語》即從篹輯簡册之語而得名,則與論説、辯論之義異轍。篹輯簡册爲侖,是一種過程,是動詞。但比竹成册之後,條理帙然不紊,故"侖"有"理"義。加"言"爲"論",故有辯論、辨別之義,其目的就是爲一"理",要使條理帙然。劉勰説:"論也者,彌綸羣言而研精一理者也。"經辯論、辨別而一旦達到條理帙然,則主客皆明白曉然,故引申爲明白、知曉之義。略辨"論"的本義和引申義之後,再反觀先秦"論"體單篇。

《莊子·齊物論》一篇,開篇就是南郭子綦與弟子顔成子游關於"自我"

---

① 章太炎《國故論衡·文學總略》,龐俊疏證,中華書局 2008 年版,第 267—268 頁。

與"喪我"一段非一般的對話。這段問答中包含著正反、是非的論辯與抉擇。接著幾段也都是從正反、是非、可否的概念中作出自己的取捨、抉擇。最後兩段又設堯與舜、齧缺與王倪、瞿鵲子與長梧子、罔兩與景的問答,所對答的命題大多是正反而須抉擇者。其中可引起關注者,如"以指喻指之非指,不若以非指喻指之非指也;以馬喻馬之非馬,不若以非馬喻馬之非馬也。天地一指也,萬物一馬也"一段,已經涉及"白馬非馬"的命題。可知在莊子後成書的《公孫龍子》中的著名命題,在莊周之前已經流行。①

《公孫龍子》一書,《漢志》著録爲十四篇,今存僅六篇。其卷首《跡府》一篇,非其手筆。關於它的年代,論者頗多異説,筆者也認爲係公孫龍及門弟子輯録其生平事蹟如戰國諸子成書的程式性文字。其他五篇名《白馬論》《指物論》《通變論》《堅白論》《名實論》,一律以"論"名篇,前所未有。此"論"是後人所加,抑或当时所有?按《跡府》云:"龍曰:'先生之言悖。龍之所以爲名者,乃以白馬之論爾!'"②是其與孔穿等論辯時已以"論"名。《初學記》卷七引劉向《別録》:"公孫龍持白馬之論以度關。"至少劉向校書以前就以"論"馳名學界。今觀"白馬"等四論,皆設主客對話以論。《白馬論》曰:

"白馬非馬",可乎?

曰:可。

曰:何哉?

曰:馬者,所以命形也;白者,所以命色也。命色者非名形也。故曰"白馬非馬"。

曰:有白馬不可謂無馬也。不可謂無馬者,非馬也?有白馬,爲有白馬之非馬,何也?

曰:求馬,黄、黑馬皆可致;求白馬,黄、黑馬不可致。使白馬乃馬也,是所求一也。所求一者,白者不異馬也,所求不異,如黄、黑馬有可

---

① 《莊子》一書中涉及《公孫龍子》的内容甚多。《齊物論》之外,如《胠篋篇》"上誠好知而無道,則天下大亂矣"一節,《天地篇》"辯者有言曰:離堅白若懸寓"一節,《秋水篇》"公孫龍子問于魏牟曰"一節,《天下篇》"惠施多方,其書五車"一節都有《公孫龍子》辯説的影子。雖然《莊子》中某些篇章成書於《公孫龍子》之後,但《齊物論》之文字應在其前。

② 王琯《公孫龍子懸解》,中華書局1992年版,第34頁。

> 有不可,何也? 可與不可,其相非明。故黃、黑馬一也,而可以應有馬,而不可以應有白馬,是白馬之非馬,審矣!

《堅白論》《通變論》《指物論》形式與《白馬論》相同。《名實論》非對話形式,但短短二百五十字,正反推理,極具論辯性。

《公孫龍子》之後,《荀子》中有四篇"論"——《天論》《正論》《禮論》《樂論》。觀其所以稱"論",在一定形式上説,與《公孫龍子》設對問答有相似性。梁啓超評《天論》云:"本篇批駁先天前定之説,主張以人力征服天行。"其行文形式,也是正反比較,引據論證,最後亮出自己的主張。如:

> 治亂天耶? 曰:日月星辰瑞曆,是禹桀之所同也。禹以治,桀以亂,治亂非天也。時耶? 曰:繁啓蕃長於春夏,畜積收藏於秋冬,是又禹桀之所同也,禹以治,桀以亂,治亂非時也。地耶? 曰:得地則生,失地則死,是又禹桀之所同也,禹以治,桀以亂,治亂非地也。

以上自設問自作答。後文"星隊木鳴"、"雩而雨何也"等節,皆是如此。楊倞評《正論》云:"此一篇皆論世俗之乖謬,荀卿以正論辨之。"物雙松云:"此篇皆正世之謬論,故名。"其篇章結構是先直接提出"世俗之爲説者曰'主道利周'"、"世俗之爲説者曰'桀、紂有天下,湯、武篡而奪之'"、"世俗之爲説者曰'湯、武不能禁令,是何也',曰'楚、越不受制'",隨即否定説"是不然",然後提出自己見解,展開論證。最後幾段先亮出子宋子之觀點,而後用"應之曰"來駁斥。整篇文章論辯特點極爲明顯。《禮論》與《大戴禮記·禮三本》《禮記·三年問》等篇頗多吻合,其名爲"論"之原由,暫且不論。《樂論》文雖多與《禮記·樂記》相重,但其開篇幾段先引一則論樂文字,結句以"而墨子非之,奈何",其後始暢論其説。中間也有小變其形式者,如先引"且樂者"云云,而後曰:"而墨子非之。故曰:墨子之於道也,猶瞽之於白黑也,猶聾之於清濁也,猶欲之楚而北求之也。"最後再陳述自己的觀點看法。或引述墨子之説,隨即否定,而後闡述君子其實也就是自己的看法。如:

> 墨子曰:"樂者,聖王之所非也,而儒者爲之,過矣。"君子以爲不然。樂者,聖人之所樂也。而可以善民心,其感人深,其移風易俗,故

先王導之以禮樂而民和睦。夫民有好惡之情,而無喜怒之應則亂。先王惡其亂也,故脩其行,正其樂,而天下順焉。故齊衰之服,哭泣之聲,使人之心悲;帶甲嬰軸,歌於行伍,使人之心傷;姚冶之容,鄭衛之音,使人之心淫;紳端章甫,舞《韶》歌《武》,使人之心莊。故君子耳不聽淫聲,目不視女色,口不出惡言。此三者,君子慎之。

就所引證,駁論意味亦極爲濃重。《荀子》四篇論體文字中即使無明顯的對話形式,也充滿著邏輯之推理和廣博的引證。

與荀卿相先後的有《呂氏春秋》六論,即《開春論》《慎行論》《貴直論》《不苟論》《似順論》《士容論》。每篇又細分六節,如《貴直論》分《貴直》《直諫》《知化》《過理》《壅塞》《原亂》等。其行文形式,都是開篇先總述觀點主意,而後用一至四個不等的歷史故事作爲論據,以證實前面觀點。如《貴直論·直諫》一節云:

二曰:言極則怒,怒則說者危,非賢者孰肯犯危?而非賢者也,將以要利矣。要利之人,犯危何益?故不肖主無賢者。無賢則不聞極言,不聞極言則姦人比周、百邪悉起,若此則無以存矣。凡國之存也,主之安也,必有以也。不知所以,雖存必亡,雖安必危,所以不可不論也。

齊桓公、管仲、鮑叔、甯戚相與飲。酒酣,桓公謂鮑叔曰:"何不起爲壽?"鮑叔奉杯而進曰:"使公毋忘出奔在於莒也,使管仲毋忘束縛而在於魯也,使甯戚毋忘其飯牛而居於車下。"桓公避席再拜曰:"寡人與大夫能皆毋忘夫子之言,則齊國之社稷幸於不殆矣。"當此時也,桓公可與言極言矣,可與言極言,故可與爲霸。

下又引"荊文王得茹黃之狗"一則,茲略。儘管《呂覽》其他八紀十二覽中亦不乏如此行文形式,然此先論點,後論據之叙述方式,也是先秦論體之一種。

論體文章從觀點相對的對話形式,發展而爲一人筆下有對話有傾向、主義,且旁引博證、夾叙夾議、亦論亦駁之邏輯推理論文,是在戰國諸子爭鳴的特定形勢下迅速催化、成熟起來的。劉勰說:"論也者,彌綸羣言而研精一理者也。"①所謂"彌論羣言",必須纂輯多種傾向、主義不同之言論,所謂"研精一理",則必須折衷於自己認爲正確的道理。劉説確是對論體文字一個很恰當的總括。以上一些大宗的論體之外,《漢志》所載而今已佚的《黄帝諸子論陰陽》二十五卷、《諸王子論陰陽》二十五卷,此類論體,從書名的"諸子"、"諸王子"上已可看出並非一人所論,而是幾人共論,亦即後世所謂討論,以漢代學術論著比附之,就是諸賢良、文學討論鹽鐵事而由桓寬記録之《鹽鐵論》。事涉漢代,姑皆從略。

二、"孔子詩論"内容與形式之檢討

正確之定名,應有完整内容作爲前提。上博簡此篇共二十九支簡,計一〇〇六字。完簡或接近完簡者僅五支,其他皆殘損,使人莫能合理地連綴,從而使文句閲讀和文義理解都受到一定影響。即便如此,還是有個别斷續的文字提供了信息,可供探討。如殘簡文字六次提到"孔子曰",原文如下:

孔子曰:"詩亡隱志,樂亡隱情,文亡隱言。"(簡一)

孔子曰:"唯能夫……"(簡三)

孔子曰:"此命也夫!文王雖裕也,得乎?此命也。"(簡七)

孔子曰:"吾以《葛覃》得氏初之詩。民性固然……"(簡十六)

孔子曰:"《宛丘》吾善之,《猗嗟》吾憙之,《鳲鳩》吾信之,《文王》吾美之,《清〔廟〕》□□之……"(簡二十一)

孔子曰:"《蟋蟀》知難,《仲氏》君子,《北風》不絶人之怨,《子立》……"(簡二十七)

祖述孔子評詩文字,其爲孔子後學固無可議,這是確定《詩》簡爲孔門《詩傳》性質之準星。不僅如此,經衆多學者對《詩》簡多方拼合、重新排列,有些分章連綴已有一定共識,從中可以進一步看出其中之奥藴。下面迻録相關章節進行討論。

(一)簡十、十四、十二、十三、十五、十一、十六(上半段)連綴,李學勤、

---

① 劉勰《文心雕龍·論説》,見詹鍈《文心雕龍義證》,上海古籍出版社1989年版,中册,第674頁。

廖名春、姜廣輝、李鋭、曹峰等皆同。文字如下：

"《關雎》之改，《樛木》之時，《漢廣》之智，《鵲巢》之歸，《甘棠》之報，《綠衣》之思，《燕燕》之情"曷？曰：童而皆賢於其初者也。《關雎》以色喻於禮……10兩矣，其四章則喻矣。以琴瑟之悦，擬好色之願；以鐘鼓之樂14……好，反內於禮，不亦能改乎？《樛木》福斯在君子，不……12……可得，不攻不可能，不亦知恒乎？《鵲巢》出以百兩，不亦有離乎？《甘〔棠〕》13……及其人，敬愛其樹，其報厚矣。《甘棠》之愛，以召公……15……情愛也。《關雎》之改，則其思益矣；《樛木》之時，則以其禄也；《漢廣》之智，則智不可得也；《鵲巢》之歸，則離者11……召公也；《綠衣》之憂，思古人也；《燕燕》之情，以其獨也。16上半

以上七簡文字，首先要解釋的是一個"曷"字。此字諸家多獨立作爲問句。"曷"即"何"，疑問詞，此漢魏經師異口同聲，無須置疑。如《書·五子之歌》"嗚呼曷歸"、《盤庚》"汝曷弗告朕"，孔傳皆曰"何也"。鄭箋《毛詩》，亦屢云"何也"、"曷之言何也"。不煩縷舉。"曷（何）"作爲疑問詞用在句末，將前面整句變成疑問句，或用在句首，將後面文字變爲疑問句，此在《公羊傳》中表現得最爲集中。《春秋·隱公元年》"元年春王正月"傳：

元年者何？君之始年也。春者何？歲之始也……曷爲先言王而後言正月？王正月也。何言乎王正月？大一統也。公何以不言即位？成公意也。何成乎公之意？公將平國而反之桓。曷爲反之桓？桓幼而貴，隱長而卑。

又《桓公元年》"鄭伯以璧假許田"傳云：

其言以璧假之何？易之也。易之，則其言假之何？爲恭也。曷爲爲恭？有天子存，則諸侯不得專地也。許田者何？魯朝宿之邑也。諸侯時朝乎天子。天子之郊，諸侯皆有朝宿之邑焉。此魯朝宿之邑也。則曷爲謂之許田？諱取周田也。諱取周田，則曷爲謂之許田？繫之許也。曷爲繫之許？近許也。此邑也，其稱田何？田多邑少稱田，邑多

田少稱邑。

就徵引可知：《公羊傳》"曷"多用在句首，"何"則句首句末皆用之。經文一句，而傳文則一而再，再而三，不厭其煩地申述、推闡。就中可以推見師弟子在傳授過程中的問答情形。

依《公羊傳》句式推論簡牘文字，前面"《關雎》之改"七句，一定不是作者的言語，而是轉述前人原語。李學勤認爲這很可能是孔子之言，筆者頗爲讚同。如此則"曷"字應緊接"之情"，將前七句總括一起作爲問句，然後提起下文的回答。"童而皆賢於其初者也"一句，用一"皆"字包容之。然後分説："《關雎》以色喻於禮"、"《梂木》福斯在君子"、"《鵲巢》出以百兩，不亦有離乎"等，其中雖有殘缺，文勢不斷，可以推知。所可注意者，後文又出現"《關雎》之改，則其思益矣；《梂木》之時，則以其祿也；《漢廣》之智，則智不可得也；《鵲巢》之歸，則離者11……召公也；《綠衣》之憂，思古人也；《燕燕》之情，以其獨也"一段。馬承源將簡十一接第十簡，使文義形成"《關雎》之改……""《關雎》之改，則其思益也"的句式。也是一種讀法。但兩種不管是哪一種連綴，都無法抹殺整段文義有三層意思，即：

第一層：《關雎》之改……（孔子語）

第二層：《關雎》以色喻於禮……兩矣，其四章則喻矣。以琴瑟之悦，擬好色之願；以鐘鼓之樂（弟子語）

第三層：《關雎》之改，則其思益也……（弟子語或再傳弟子語）

仔細體味七篇第二、第三層言語，角度有所不同，無法拼合在一起，絶非同一時間所完成。如果將第二、第三層互換，語者身份可以變換，整段文勢與層次則不會改變，亦即評説之人仍然不同，或者説同一人在不同時候所説（此種可能性很小，見下文）。這顯示出一個重要信息，就是對《關雎》七篇的評説，是七十子後學引述夫子之言，予以推闡、引申，而後又是這位弟子後學的弟子或後學在老師基礎上又對七篇發揮己見，予以補充。此種師弟子輾轉傳授，層累增益、逐漸完善一家學説之形式，是標準的先秦諸子特別是儒家的著書方式。它明白地顯示出這篇文字是孔門關於《詩經》的傳。

（二）簡二十一（下半段）、二十二、六連綴，李學勤、李零、姜廣輝等皆同。

孔子曰：《宛丘》吾善之，《猗嗟》吾憙之，《鳲鳩》吾信之，《文王》吾美之，《清 21〔廟〕吾敬之，《烈文》吾悦之，《昊天有成命》吾□之。《宛丘》曰"洵有情"，"而亡望"，吾善之；《猗嗟》曰"四矢反"，"以御亂"，吾憙之；《鳲鳩》曰"其儀一兮"，"心如結也"，吾信之；"文王在上，於昭于天"，吾美之；22〔《清廟》曰："肅雍顯相，濟濟〕多士，秉文之德"，吾敬之；《烈文》曰"乍競維人"，"丕顯維德"，"於乎前王不忘"，吾悦之。"昊天有成命，二后受之"，貴且顯矣，訟……6（所補文字參考李學勤文）

先引夫子評語，而後摘出原詩詩句以證實夫子之説。摘引夫子之評語和詩句者當是同一人，他是弟子抑或再傳弟子，並不重要。弟子固然可以闡發老師觀點、學説，但從另一角度看，這位弟子也在回答弟子之問。弟子問老師孔子之語的涵義，於是老師揭出詩句，以證孔子讀該詩有感而發之言。由此又可以看出師弟子之間傳授的活生生的形態。

（三）簡十六、二十四、二十連綴，李學勤、李鋭等同。

　　孔子曰：吾以《葛覃》得氏初之詩。民性固然，見其美必欲反其本。夫《葛》之見歌也，則 16 以荏（？）菽（？）之故也。后稷之見貴也，則以文武之德也。吾以《甘棠》得宗廟之敬。民性固然，甚貴其人，必敬其位；悦其人，必好其所爲，惡其人者亦然。〔吾以〕24□□〔得〕幣帛之不可去也。民性固然，其隱志必有以抒也。其言有所載而後內，或前之而後交，人不可觸也。吾以《杕杜》得服 20

從三個"民性固然"，可知十六、二十四、二十三支簡一定前後相連綴，將它們分之各處皆有可議處。如此排列，又重復出現一句闡發《甘棠》詩旨語句。同理，簡五文字有：

　　《清廟》，王德也，至矣！敬宗廟之禮，以爲其本；"秉文之德"，以爲其業；"肅雍〔顯相〕"……

此簡亦重復出現一句闡發《清廟》詩旨語句。《清廟》一詩在整篇文字中提及三次分在二處（補出一次依文義推之是可以肯定的），《甘棠》提及四次分在兩處。從文勢考慮，這兩處無論如何不可能合併在一起。試想在書於竹帛極爲不易之年代裏，作者撰著一篇論說，似無必要將闡發同一詩篇詩旨的文字分置前後不同之處。

（四）簡七、二連綴，李學勤、李零、廖名春、姜廣輝、范毓周、李鋭、曹峰等皆同。

……〔"帝謂文王，予〕懷尔明德"曷？誠謂之也；"有命自天，命此文王"，誠命之也，信矣。孔子曰：此命也夫！文王雖裕也，得乎？此命也……7……寺也，文王受命矣2。

"予懷明德"兩句，《皇矣》文。竹簡多一"尔"字。考《墨子·天志下》引作"帝謂文王，予懷而明德"，與簡文同，唯"尔"作"而"。"有命"兩句，《大明》文。兩句皆美文王，故並舉之。後引孔子語，亦評述文王之詞。先闡述自己觀點，後引孔子語以證實己説，亦孔門弟子常用手法。細讀孔子之語，似應與《大明》一詩有關。但《皇矣》《大明》皆有美周文王之内容，是否這位弟子深得兩詩詩旨，於是一並舉引，今莫可確證，但此段至少可以説明七十子後學在不斷闡發詩旨，推衍師説。

筆者籀讀再三，《詩》簡一千餘字從措詞行文到詩旨闡發，沒有提出正反論點、兩種見解而後擇取一種以排斥或駁斥另一種的語句與傾向，即沒有論體所具備的内涵，與先秦論體文字異轍，所以它決不能稱之爲"論"。相反，從上述第一段三個層次，第二段兩個層次中，復沓環迴，層層遞進式地闡發詩旨，可以悟出這是孔門弟子或二傳三傳後學在不斷傳授過程中對《詩》旨不斷增益的"傳"體文字。第三段，既可以否定其是一篇論説，同時也有理由懷疑它不是同時同人所撰。第四段引孔子説爲佐證，是春秋戰國以後儒家乃至諸子百家的慣用手法。由前三段，都表明整篇文字有一個層累的過程，而非一氣呵成的文章，即使它有殘缺乃至脱簡，也改變不了這個事實。

筆者認爲這是一篇孔門師弟子之間傳授《詩》旨之"傳"。下面約略引證先秦傳體文字實例來與之印證，並闡述其來龍去脈。

三、古代"傳"體與春秋戰國經"傳"尋蹤

《説文》："傳,遽也。从人,專聲。"又："遽,傳也。"二字互訓,爲郵傳之義。李孝定曰："傳、轉亦以專得義,匪唯以之爲聲也。專爲紡專爲陶鈞,皆運轉不息者,乘傳者亦類之也。"①唐蘭曰："余謂此器爲乘傳及宿止傳舍者所用,當即名爲傳。傳者,專也。《説文》：'專,六寸簿也。'嚴可均《説文校議》云：'《後漢書·方技傳》序有挺專之術,《離騷經》作筳篿,即筭籌。《竹部》筭,長六寸,計歷數者是也。'此器正與筭籌相近,可爲嚴説佐證。然則傳車之所以稱傳,正緣使者之持專或傳也。"②由六寸之專爲郵傳止宿所用,轉而比喻書籍經典之世世代代轉讀相傳,其思維關聯的兩重性是：一、六寸之簿亦可以用於書寫,因爲郵傳之專上本亦應有文字符號,以爲契驗；二、書寫在專上之文字可以像郵傳之專一樣輾轉相傳。《管子·宙合》："是故聖人著之簡筴,傳以告後進曰：奮盛苓落也,盛而不落者,未之有也。"又云："故著之簡筴,傳以告後世人曰：其爲怨也深,是以威盡焉。"簡册有長短,短者如專,書之於上,可傳告後人。春秋前中期,齊桓公在堂上讀聖人之言時,輪扁指爲"古人之糟粕"。③《老子》説"六經,先王之陳迹也",異詞同義。桓公所讀可能即相傳先王之經典。《宙合》所引二句是出於經典還是出於解釋經典的"傳",頗難質指。先秦作爲注釋性的"傳"體起源於什麽時候,也無確切材料可以徵實。《論語》"傳不習乎",雖可説是指老師所傳授之知識,也不能排斥是溫習傳聖賢之書的注解。真正可以確定爲注釋性傳體文字者,出於《墨子》。《尚賢中》有云：

且以尚賢爲政之本者,亦豈獨子墨子之言哉,此聖王之道,先王之

---

① 李孝定《甲骨文字集釋》卷八,台灣中研院歷史語言研究所專刊之五十,1970年版,第五册,第2655頁。
② 唐蘭《王命傳考》,《唐蘭先生金文論集》,紫禁城出版社1995年版,第57頁。
③ 《莊子·天道》："桓公讀書於堂上,輪扁斲輪於堂下,釋椎鑿而上問桓公曰：'敢問公之所讀爲何言邪？'公曰：'聖人之言也。'曰：'聖人在乎？'公曰：'已死矣。'曰：'然則君之所讀者,古人之糟粕已。'"

書《豎年》之言也。傳曰："求聖君哲人，以裨輔而身。"《湯誓》曰："聿求元聖，與之戮力同心，以治天下。"則此言聖之不失以尚賢使能爲政也。

《豎年》是否爲古書書篇名可討論。① "求聖"十字已標明是傳體文字。《伊訓》："敷求哲人，俾輔于爾後嗣。"孔傳："布求賢智，使師輔於爾嗣王，言仁及後世。"以《孔傳》推之，《尚賢》所引也應是一種已佚的注釋性傳文。又《兼愛中》曰：

> 昔者武王將事泰山隧。傳曰："泰山有道，曾孫周王有事，大事既獲，仁人尚作，以祇商夏，蠻夷醜貉。雖有周親，不若仁人。萬方有罪，維予一人。"此言武王之事，吾今行兼矣。

《書·武成》云："予小子既獲仁人，敢祇承上帝，以遏亂略，華夏蠻貊，罔不率俾。"《泰誓中》："雖有周親，不如仁人……百姓有過，在予一人。"雖然《武成》《泰誓中》列在古文，但此亦必前有所承。《墨子》所引二條應與此有關，或是先秦《尚書》一種已佚失的傳文。《孟子·滕文公下》："周霄問曰：'古之君子仕乎？'孟子曰：'仕。傳曰：孔子三月無君，則皇皇如也。出疆必載質。'"傳孔子之事，必七十子後學所爲，則此非先王之經典可知。《荀子·修身》："傳曰：君子役物，小人役於物。此之謂也。"楊倞注："言傳曰，皆舊所傳聞之言也。"安積信則認爲："傳，去聲，謂古書也。"②《荀子》一書徵引"傳"文達二十處，很足以說明"傳"體之性質，羅列於下：

> 《不苟》："傳曰：君子兩進，小人兩廢。此之謂也。"
> 《非相》："傳曰：唯君子爲能貴其所貴。此之謂也。"
> 《王制》："傳曰：治生乎君子，亂生乎小人。此之謂也。"（《致士》篇引同。）又："傳曰：君者，舟也。庶人者，水也。水則載舟，水則覆舟。此之謂也。"

---

① 按《尚賢下》亦有"則以尚賢及之於先王之書《豎年》之言然，曰：'晞夫聖武知人，以屏輔而身。'此言先王之治天下也，必選擇賢者，以爲其羣屬輔佐"，兩處同時出現"豎年"，似當爲書篇名。前後所引，文字雖有異，語意一致。
② 轉引自王天海《荀子校釋》卷一，上海古籍出版社 2005 年版，第 59 頁。

《王霸》:"傳曰:農分田而耕,賈分貨而販,百工分事而勸,士大夫分職而聽,建國諸侯之君分土而守,三公摠方而議,則天子共已而已矣。"

《臣道》:"傳曰:從道不從君。此之謂也。"又:"傳曰:斬而齊,枉而順,不同而壹。《詩》曰:'受小球大球,爲下國綴旒。'此之謂也。"

《議兵》:"傳曰:威厲而不試,刑措而不用。此之謂也。"

《天論》:"傳曰:萬物之怪書不說,無用之辯、不急之察棄而不治,若夫君臣之義、父子之親、夫婦之別,則日切磋而不舍也。"

《正論》:"傳曰:惡之者衆則危。《書》曰:克明明德。《詩》曰:明明在下。故先王明之,豈特玄之耳哉。"又:"傳曰:危人而自安,害人而自利。此之謂也。"

《解蔽》:"傳曰:知賢之謂明,輔賢之謂疆。勉之疆之,其福必長。此之謂也。此不蔽之福也。"又:"傳曰:天下有二,非察是,是察非,謂合王制與不合王制也。"又:"傳曰:析辭而爲察,言物以爲辯,君子賤之。博聞疆志,不合王制,君子賤之。此之謂也。"

《性惡》:"傳曰:不知其子視其友,不知其君視其左右。靡而已矣,靡而已矣。"

《君子》:"傳曰:一人有慶,兆民賴之。此之謂也。"

《大略》:"傳曰:盈其欲而不愆其止,其誠可比於金石,其聲可內於宗廟。"

《子道》:"傳曰:從道不從君,從義不從父。此之謂也。"同篇前引不出"傳曰"。

《荀子》集儒家之大成,其書所引之"傳"有幾點值得注意:一、《荀子》一書引《詩》七十餘條,引《書》十多條,後面皆綴以"此之謂也",形成一種將《詩》《書》作爲故訓以證實自己觀點、説法的程式。其引"傳曰"二十條,有十三條也綴以"此之謂也",可見他將"傳"之功用視同《詩》《書》。二、《王制》"君者舟也"條,《哀公問》篇重見,作"丘聞之",又見《家語·五儀》哀公、孔子問對,可見確是夫子之語。《議兵》"威厲而不試"一條,見《禮記·緇衣》篇子曰之文,亦當是夫子之語。《君子》"一人有慶"一條,見《尚書·吕刑》,這種故訓,孔子完全可能復述過多次。三、傳曰之語大多凝練精闢,類同格言。

四、《臣道》"從道不從君"一條,《子道》篇引多"從義不從父"半句,而且重復出現,一曰"傳曰",一直接用同行文。由此推知,全書用"傳"語而未標明"傳曰"者當還有不少。

以上四條可引出如下思考:《荀子》之"傳"大多爲七十子後學接聞於夫子,退而識之的傳記文字。其中有些是夫子原語,有些是弟子記錄時經過整飭的言語,故一般都精簡扼要。由於儒家和孔子地位不斷升高,這些格言式的"傳"語也逐漸接近於《詩》《書》的地位。其數量遠比《漢志》所載二百多篇要多,其中部分已被戰國、秦漢諸子抹其名而運用到自己著作中去,或者換用了另一種名稱。

作爲六經之首的《易》,有所謂十翼,亦稱《易傳》,即《彖》上下篇、《象》上下篇、《文言》、《繫辭》上下篇、《說卦》《序卦》《雜卦》。《易傳》作者,《史記》《漢書》都認爲是孔子,金景芳讚同此說。高亨考定前七篇作於戰國,且非出於一人之手,進而猜測《彖傳》是楚人馯臂子弓所作,《象傳》則矯疵所作。[①] 金德建則謂《文言》《繫辭》也都是馯臂子弓所作,且在子思子以前就已形成。[②] 確切的作者可暫且不論,他們是孔門弟子則確然無疑。今觀《易傳》中多引孔子之語,如:《乾·文言》:

> 初九曰"潛龍勿用",何謂也?子曰:"龍,德而隱者也。不易乎世,不成乎名,遯世无悶,不見是而无悶,樂則行之,憂則違之,確乎其不可拔,潛龍也。"

《乾》卦六爻下皆引孔子之語,内容都是發掘卦爻之幽隱,表彰君子之德、位、言、行。《繫辭》兩篇,上篇引孔子語十四次,下篇引十一次,如上篇引:

> 子曰:"君子之道,或出或處,或默或語。二人同心,其利斷金。同心之言,其臭如蘭。"

又"不出户庭,无咎"下引:

---

① 高亨《周易大傳今注》卷首《周易大傳通說》,齊魯書社1979年版,第6頁。
② 金德建《先秦諸子雜考》二十五《中庸思想和易理關係》,齊魯書社1982年版,第174頁。

> 子曰："亂之所生也，則言語以爲階。君不密則失臣，臣不密則失身，幾事不密則害成。是以君子慎密而不出也。"

下篇於"《易》曰'憧憧往來，朋從爾思'"下引：

> 子曰："天下何思何慮？天下同歸而殊途，一致而百慮。天下何思何慮？"

在不長的篇幅中二十多次引述孔子之語，其中既有對整個《易》之奧義的闡發，也有對各個卦爻的詮釋，且其言辭都非常精煉，許多已成爲後世之成語典故。參稽馬王堆數篇《易傳》中某些内容，更可以清楚領悟到《十翼》之稱爲"易傳"的含義，"易傳"既有引述孔子對《易》的精闢見解，也有孔門弟子及後學在遞相傳授中，發揮孔子見解和另行詮釋《易》義等各種增益的文字。

次論《書傳》。《孔叢子·論書第二》記子夏問《書》大義。子曰：

> 吾于《帝典》見堯、舜之聖焉。于《大禹》《皋陶謨》《益稷》見禹、稷、皋陶之忠勤功勳焉。于《洛誥》見周公之德焉。故《帝典》可以觀美，《大禹謨》《禹貢》可以觀事，《皋陶謨》《益稷》可以觀政，《洪範》可以觀度，《泰誓》可以觀義，五《誥》可以觀仁，《甫刑》可以觀誠。通斯七者，則《書》之大義舉矣。

此乃是孔子對九篇典謨誥誓篇旨的高度概括。《太平御覽》卷四百十九引《尚書大傳》云："六《誓》可以觀義，五《誥》可以觀仁，《甫刑》可以觀誠，《洪範》可以觀度。"①伏勝援孔子之語入《大傳》，亦足以窺覘戰國中晚期儒家傳記形式之一斑。《論書》又云：

> 孔子曰："《書》之于事也，遠而不闊，近而不迫，志盡而不怨，辭順

---

① 宋本《太平御覽》及《四庫》本《御覽》皆無"六"字，劉恕《通鑑外紀》卷九引有"六"字。陳壽祺《尚書大傳》定本有輯校案語，可參閲。

而不諂。吾于《高宗肜日》見德有報之疾也，苟由其道，致其仁，則遠方歸志而致其敬焉。吾于《洪範》見君子之不忍言人之惡，而質人之美也。發乎中而見乎外，以成文者，其唯《洪範》乎。"

吾於某篇見某義，這是孔子闡述經典義旨常用的句式，下文還要提及。在約略展示儒門"傳體"形式之後，再將漢唐經師對"傳體"之定義引證、歸納，以與實際傳體印證。

如前所說，傳本來是一種符契，其用途是用來傳送信息。劉熙《釋名·釋書契》云："傳，轉也，轉移所在執以爲信也。"因傳送需要車馬，故亦轉指傳車驛馬。《爾雅·釋言》："馹、遽，傳也。"郭璞注："皆傳車驛馬之名。"因爲師弟子傳授知識學問形式猶如書契、驛馬之輾轉遞傳，故借以爲名。《釋名·釋典藝》："傳，傳也，以傳示後人也。"劉知幾《史通·六家》云："盖傳者，轉也，轉受經旨，以授後人。或曰：傳者，傳也，所以傳示來世。"① 孔穎達在《禮記·曲禮上》題下疏云："傳謂傳述爲義。或親承聖旨，或師儒相傳，故云傳。"親承聖旨，畢竟少數，師儒相傳，乃是常態。因爲親承與遠傳的區別，所以又有"聖人制作曰經，賢者著述曰傳"之説。② 以聖賢分稱經傳，就有作者爲聖爲賢的分別。古文經學以周公爲聖人，制作六經，所以有將孔子所作的《春秋》、《十翼》乃至《論語》《孝經》等都稱爲"傳"。今文經學尊孔子爲聖人，作《春秋》，三傳解《春秋》，所以又有"仲尼所修謂之經，穀梁所修謂之傳"之説。③ 但不管聖賢經傳述作之別，傳的命意、形態、內容已經很清楚，它是以闡發經義、揭櫫旨意爲目的一種注釋體，由於先秦時期經、傳各自分行，故也可稱爲一種文體。

---

① 劉知幾著、浦起龍通釋《史通通釋》卷一，上海古籍出版社1978年版，第10頁。
② 張華《博物志》"文籍考"。范寧《博物志校證》卷六，中華書局1980年版，第72頁。按，《論衡·書解》云："聖人作其經，賢者造其傳。述作者之意，採聖人之志，故經須傳也。"又《正説》云："聖人作經，賢者作書。義窮理竟，文辭備足，則爲篇矣。"聖賢經傳之異稱，肇端與漢代。張華從語言上予以定格。
③ 楊士勛《春秋穀梁傳·隱公第一》疏云："仲尼所修謂之經。經者，常也。聖人大典可常遵用，故謂之經。穀梁所修謂之傳，不敢與聖人同稱，直取傳示於人而已，故謂之傳。"

四、戰國《詩傳》、孔門《詩傳》與上博《詩》簡比較

　　西周之時，學在官府，《詩》《書》之教，職在師氏。時學校施行樂德、樂語、樂舞之教，其中樂語以興、道、諷、誦、言、語爲內容。在六語的施教過程中，大司樂、樂師、師氏、保氏等教師對整部《詩》必有詳細之解釋。此類"教科書"雖無法流傳下來，但教學的某些內容會通過各種途徑留存一二。《左傳》《國語》等對《詩》字詞的訓詁和詩旨的詮釋，尚使後人約略可窺當時解詩的遠影。春秋以還，諸子興起，"孔子閔王路廢而邪道興，於是論次《詩》《書》，修起《禮》樂。適齊聞《韶》，三月不知肉味；自衛返魯，然後樂正，《雅》《頌》各得其所"，孔子以周文化道統自居，毅然肩負起《詩》《書》禮樂教學重任。以《詩》《書》禮樂教，則必有許多相關之闡述。禮的教學，多體現在人事實踐中，《禮記》一書記載較多。七十子後學論次輯纂《論語》，有關於《詩》《書》內容、旨意的文字不多，很可能這些專書有專門的傳授輯纂，因爲傳鈔艱難，年久時遠，加之水火書厄，散失殆盡。先秦諸子所引"傳"語，或出於對《詩》《書》的詮釋，或出於日常有關修治齊平的問答，現亦無法確指何者爲《詩》傳之語。唯《説苑》中尚保留幾則《詩》傳資料。如《貴德》第一章云：

　　　　……《詩》曰：蔽芾甘棠，勿翦勿伐，召伯所茇。《傳》曰：自陝以東者，周公主之；自陝以西者，召公主之……夫詩，思然後積，積然後滿，滿然後發，發由其道而致其位焉，百姓歎其美而致其敬，甘棠之不伐也，政教惡乎不行。孔子曰：吾於《甘棠》見宗廟之敬也甚，尊其人必敬其位，順安萬物，古聖之道幾哉！①

文中之《傳》，見於《公羊傳·隱公五年》，兩"以"字並作"而"，《史記·燕召公世家》作"以"。以此，此《傳》當然可以說是指《公羊傳》。但《説苑》一書是劉向根據《説苑雜事》及臣向書、民間書參校而成。劉向之工作是"除去

---

① 劉向纂、左松超集證《説苑集證·貴德》，臺灣"國立"編譯館2001年版，上册，第239頁。

與《新序》復重者",“以類相從,一一條其篇目",其中雖然增入一些"造新事",①似乎没有説到爲每篇文字作增删、修飾、補充。如果這樣,本章所引之《傳》是先秦時原文。《公羊傳》到漢代才書於簡牘,先秦雖然可以據傳聞之辭引入,但更有可能是一種已佚的《詩傳》,也同時爲《公羊傳》所取。

《修文》第三章云:

……《詩》曰:左之左之,君子宜之;右之右之,君子有之。《傳》曰:君子者,無所不宜也。是故韠冕屬戒,立于廟堂之上,有司執事無不敬者;斬衰裳,苴絰杖,立于喪次,賓客弔唁,無不哀者;被甲纓胄,立于枹鼓之間,士卒莫不勇者。故仁足以懷百姓,勇足以安危國,信足以結諸侯,强足以拒患難,威足以率三軍。故曰:爲左亦宜,爲右亦宜,爲君子無不宜者,此之謂也。②

此章"是故"下一段文字,都是爲結尾"爲君子無不宜者,此之謂也"一語作鋪墊,也都是爲證實前文"傳曰"之理。由此知"傳"文並非劉向所加,當然也確證了它是先秦的一種《詩傳》。

《反質》第三章云:

……《詩》云:尸鳩在桑,其子七兮,淑人君子,其儀一兮。《傳》曰:尸鳩之所以養七子者,一心也;君子之所以理萬物者,一儀也。以一儀理物,天心也。五者不離,合而爲一,謂之天心。在我能因自深結其意於一,故一心可以事百君,百心不可以事一君。是故誠不遠也。夫誠者一也,一者質也。君子雖有外文,必不離内質矣。③

《鳲鳩》一詩引者衆多,但本章之傳文則爲秦漢其他文獻所無,且傳文緊扣《曹風·鳲鳩》本詩,亦非《鳲鳩》以外之傳文可以移置於此。所以,由本章之《傳》,更可以推知《貴德》《修文》二章所引《詩傳》之存在。如果擴而

---

① 左松超《説苑集證前言》舉出《説苑》有秦始皇事四章,漢代事十二章。關於該書其他一些問題,前言中也有考證説明,可參考。《説苑集證》,臺灣"國立"編譯館2001年版。
② 左松超《説苑集證》,第1204頁。
③ 左松超《説苑集證》,第1289頁。

大之，從孔子談《詩》文字上去追尋，更可找到一些鱗爪。《孔叢子·記義第三》載：

> 孔子讀《詩》及《小雅》，喟然而嘆曰：吾于《周南》《召南》見周道之所以盛也；于《柏舟》見匹夫執志之不可易也，于《淇奧》見學之可以爲君子也，于《考槃》見遁世之士而不悶也，于《木瓜》見包且之禮行也，于《緇衣》見好賢之心至也，于《雞鳴》見古之君子不忘其敬也，于《伐檀》見賢者之先事後食也，于《蟋蟀》見陶唐儉德之大也，于《下泉》見亂世之思明君也，于《七月》見豳公之所造周也，于《東山》見周公之先公而後私也，于《狼跋》見周公之遠志所以爲聖也，于《鹿鳴》見君臣之有禮也，于《彤弓》見有功之必報也，于《羔羊》見善政之有應也，于《節南山》見忠臣之憂世也，于《蓼莪》見孝子之思養也，于《四月》見孝子之思祭也，于《裳裳者華》見古之賢者世保其祿也，于《采菽》見古之明王所以敬諸侯也。

整段文字涉及《周南》《召南》及《鄘風》以下二十篇詩。從《柏舟》至《采菽》，次序按《毛詩》排列而下，唯《羔羊》在《召南》而置於《彤弓》下，楊朝明、李存山皆懷疑《羔羊》爲《無羊》之誤。① 按，《欽定詩經傳説彙纂》卷首下《綱領》載范處義《詩補傳》引《孔叢子》作"無羊"，而《詩補傳》卷三十《篇目》仍作"羔羊"。又何楷《詩經世本古義》卷十七引《孔叢子》亦作"無羊"。"羔"、"無"形近，容有譌誤，何楷及詞臣所改，良有以也。加之"善政之有應"一語，正與《無羊》詩旨相合，是知《孔叢子》所叙，與秦漢流傳之《詩》文本序次一致。"吾于"某某篇"見"某義，爲一恒定句式。此與前引《孔叢子》子夏問《書》大義，孔子曰"吾于《帝典》見堯、舜之聖焉"出自一轍，他如《説苑·貴德》："孔子曰：吾于《甘棠》見宗廟之敬也。甚尊其人，必敬其位，順安萬物，古聖之道幾哉。"《鹽鐵論·執務》："孔子曰：吾于《河廣》，知德之至也。"從不同的文獻鈔録出同一種句式，都明標爲孔子之語，似不應對《孔叢子》的記載有所懷疑，而可以認爲都是從同一系脈的先秦文獻中轉録下來的孔子

---

① 楊朝明《〈孔叢子〉"孔子詩論"與上博〈詩論〉》，《儒家文獻與早期儒學研究》，齊魯書社2002年版。李存山《〈孔叢子〉中的〈孔子詩論〉》，《孔子研究》，2003年第3期。

傳授《詩》《書》之常用語。此種句式和内容在先秦《詩》簡中又一次得到了確證。

從形式而言,上博《詩》簡十六、二十四、二十有:"孔子曰:吾以《葛覃》得氏初之詩。民性固然,見其美必欲反其本。夫《葛》之見歌也,則16以荏(?)菽(?)之古也。后稷之見貴也,則以文武之德也。吾以《甘棠》得宗廟之敬。民性固然,甚貴其人,必敬其位;悦其人,必好其所爲,惡其人者亦然。〔吾以〕24□□〔得〕幣帛之不可去也。民性固然,其有隱志必有以抒也。其言有所載而後内,或前之而後交,人不可觸也。吾以《杕杜》得服20……"三個"吾以","以"猶"于",句式與《孔叢子》《説苑》《鹽鐵論》全同。

就内容而言,有數條也可互相印證。一、《家語·好生》:"孔子曰:吾於《甘棠》見宗廟之敬也甚矣,思其人必愛其樹,①尊其人必敬其位,道也。"《説苑·貴德》:"吾于《甘棠》見宗廟之敬也甚。尊其人必敬其位,順安萬物,古聖之道幾哉。"上博簡:"吾以《甘棠》得宗廟之敬。民性固然,甚貴其人,必敬其位;悦其人,必好其所爲,惡其人者亦然。"前半句内涵相同。《貴德》"順安萬物,古聖之道幾哉"十字是否爲《説苑雜事》作者之語,抑或弟子傳授中改寫,可置一疑。簡文"导"字清晰無誤,而《家語》《説苑》等傳世文獻皆作"見",義雖兩通,因字形相近,或有一誤。二、《孔叢子·記義》"于《木瓜》見苞且之禮行焉",《木瓜》毛傳引孔子説同。上博《詩》簡也有對《木瓜》詩旨的闡發。曹峰將簡二十、十九、十八三支前後銜接,結合三禮經籍所載禮義來解釋,最爲合理。② 簡文"幣帛之不可去",與"苞且之禮行焉"正是從正反兩方面説同一個道理。唯《詩》簡後文的闡發比《毛傳》《孔叢子》所引更爲深刻透徹。這三支連接,又見一段像《關雎》七篇一樣對《詩》旨作復沓環迴的闡發,③從而也增加一重師弟子輾轉傳授的"傳"體形式。三、簡文"蟋蟀之難",《記義》則云:"于《蟋蟀》見陶唐儉德之大也。"兩者無涉。《毛序》云:"《蟋蟀》,刺晉僖公也。儉不中禮,故作是詩以閔之,欲其及時以禮自虞樂也。此晉也而謂之唐,本其風俗憂深思遠,儉而用禮,乃有堯之遺風

---

① 此處標點據《家語》"甚矣"二字而點于此,以爲此處可能脱一"矣"字。如果不計,連下讀作"甚尊其人",於文義亦通。
② 曹峰《試析上博楚簡〈孔子詩論〉中有關"木苽"的幾支簡》,《新出土文獻與古代文明研究》,上海大學出版社2004年版,第56—62頁。
③ 依曹峰説將簡二十、十九、十八三支連接,則簡十九之前必有脱簡,筆者另有説。

焉。"不儉不侈，樂而中禮，是僖公之難，而"堯之遺風"正"陶唐儉德之大"之謂。四、《記義》謂"《蓼莪》見孝子之思養也"，簡文則云"《蓼莪》有孝志"，旨亦相合。從不同角度可以縮合《記義》和《詩》簡之《詩》旨者不止以上四條，從略不贅。①

從《貴德》引"吾于《甘棠》見宗廟之敬"稱"傳"，知《好生》所引及《詩》簡亦皆可歸爲"傳"體。輾轉連類，《記義》所輯錄也可能是孔子傳《詩》之殘文斷篇。《詩傳》中引孔子語，不僅《貴德》和《詩》簡，《毛傳》也引。上文所舉《木瓜》之外，《小弁》毛傳引孔子曰"舜其至孝矣，五十而慕"，《巷伯》毛傳引孔子曰"欲學柳下惠者，未有似於是也"。前者又見《孟子·告子章句下》，後者又見《家語·好生》。就前者而言，可以認爲毛傳從《孟子》轉引，而《家語》清儒指爲王肅僞撰固非事實，從其形式觀之，其輯集時間當在《毛傳》之後。戰國秦漢之際，儒門支裔傳孔子言行者何止八派，合理而最爲可能的解釋是，《毛傳》承襲孔門支裔《詩傳》一類文獻採擷孔子之言，至少"吾于《甘棠》見宗廟之敬"一語必是取之於《詩》簡一類的孔門《詩傳》。

上博二十九支《詩傳》簡並非對三百十一篇《詩》一一評述闡發，而僅是或詳或略地涉及、評述了五十八篇詩旨。從其不依《詩》之序次，前後重復而言，它不是"詩序"一類的體式；從其僅評述五分之一《詩》的篇幅而言，也不是一種完整的孔門詩傳。比勘《家語》《孔叢子》等文獻所保存殘缺的孔子詩傳資料，推知七十子後學在纂輯《論語》同時，可能並沒有完整的有關孔子傳《詩》文本，而是各本"聞之於"夫子的言論予以記錄，故多少隨所記，長短亦不一，旨意相同而語言亦有異。隨後輾轉相傳，不斷發揮增益，漸滋傳聞異說，傳鈔譌謬，故異態紛呈。

五、餘　論

通過論體、傳體以及文獻中《詩傳》的展示、比較與論證，《詩》簡的文體性質基本清晰。在總結本文之前，還有必要對稱《詩》簡爲"詩序"和"詩説"的觀點略作辨正。"詩序"之説首先由姜廣輝提出，儘管他擬稱爲"詩序"，

---

① 李存山《〈孔叢子〉中的"孔子詩論"》將《孔叢子》與《孔子詩論》二者做過詳細比較，可參閲。

仍然説不出與《毛詩序》有什么傳承關係。① 江林昌曾亦"建議將竹簡《詩論》改稱爲'竹簡子夏《詩》序'"。② 彭林對此觀點作了有力的辨正,他認爲《詩論》"主旨是論述《詩》義","而《詩》序是題解類的文字。因此,斷斷不能將《孔子詩論》名之爲'《詩》序'或者'古《詩》序'"。③ 彭氏的批駁完全符合古代文體。朱淵清在《從孔子論〈甘棠〉看孔門〈詩〉傳》一文中數次提及《詩》簡"反映孔子《詩》説之體","《孔子詩論》不涉字詞訓詁而通説《詩》旨,當即是孔子《詩》説","《孔子詩論》確是孔子《詩》説無疑",並特作一長注説明理由,兼駁姜廣輝稱爲"古《詩》序"之非。④ 江林昌後來采納裘錫圭、朱淵清觀點,改變看法,著文強調"《孔子詩論》宜更名爲《詩》説"。⑤ 朱、江兩文對古代傳、説、論也有討論,但多昧於時代,含混不清。就江文所舉《韓非子·内儲説》《外儲説》包括經、説二部分,經概括指出所要説的事理,説則一般都是歷史故事,即用故事來佐證理論,與《詩》簡專事闡發《詩》旨不同。筆者近年從事於古代注疏學之研究,對先秦之傳、説、解、喻以及兩漢由傳體經章句而過渡到注體,都有微觀的論述,無法在此展開。祇能簡捷地指出稱爲《詩説》之不當。

　　上博《詩》簡引孔子評《詩》言語闡發詩旨,進而補充、發揮孔子言説和思想,展示出先秦儒家在傳授《詩》之過程中的一種實録形態,契合師弟子輾轉相傳、逐漸增益的傳體形式,應正名爲"孔門詩傳"或"詩傳"。若比式於先秦諸子題開宗者之名,亦可稱爲"孔子詩傳"。因《詩》簡文字不涉及論辯,故不宜稱"孔子詩論"或"詩論"。《詩傳》極可寶貴,但它畢竟祇是孔門《詩》傳體系下的一個片斷。

二〇〇九年二月八日至十九日

---

① 姜廣輝《關於古〈詩序〉的編連、釋讀與定位諸問題研究》,《中國哲學》第二十四輯,遼寧教育出版社 2002 年版,第 143—171 頁。附《古〈詩序〉復原方案》,同上,第 172—182 頁。姜氏又有數篇論《詩》簡者皆稱"詩序",不俱列。
② 江林昌《上博竹簡〈詩論〉的作者及其與今傳本〈毛詩〉序的關係》,http://www.bamboosilk.org/zzwk/2002/j/jianglinchang01.htm。
③ 彭林《"詩序""詩論"辨》,《上博館藏戰國楚竹書研究》,上海書店出版社 2002 年版,第 97 頁。
④ 朱淵清《從孔子論〈甘棠〉看孔門〈詩〉傳》,《上博館藏戰國楚竹書研究》,第 118—139 頁。
⑤ 江林昌《由上博簡〈詩説〉的體例論其定名與作者》,《新出土文獻與古代文明研究》,第 37 頁。

上博《詩論》簡"其歌紳而蕩"臆解

上博所藏《詩論》第二簡云(採用寬式隸定):①

《頌》,坪德也,多言後,其樂安而遲,其歌紳而蕩,其思深而遠,至矣。

其中"其歌紳而蕩"之"蕩"字,竹簡原文作"芒",馬承源先生隸定爲"芗",並將"紳"與"芗"釋爲"壎"與"篪",爲陶製與竹製的兩種樂器,將簡文解釋爲"訟之樂曲乃以壎、篪相和"。② 因兩字之聲韻關係無佐證,且文意亦不通順,故時賢多認爲不妥,遂各自作解。

李學勤先生隸定爲"葛",讀爲"遬"。③ 廖名春先生隸定相同,因《周禮·地官·封人》有"置其絼"文而《釋文》説"本作絼"故讀作"引",復據《爾雅·釋詁上》"引,長也"而謂是長義。④ 何琳儀先生亦隸定爲"葛"而讀爲"易"。所據爲《禮記·樂記》"大樂必易,大禮必簡",以爲易、簡對文見義,爲"葛"之確解。簡文意爲"舒緩而簡易"。⑤ 王志平先生隸定同,但却讀爲"惕",釋爲"敬"。⑥ 周鳳五先生隸定爲"尋",謂申、尋二字皆訓爲"長",與

---

① 上博簡《詩論》當作《詩傳》,見虞萬里《〈孔子詩論〉應定爲"孔門詩傳"論》,已收入本書。
② 馬承源主編《上海博物館藏戰國楚竹書(一)》,上海古籍出版社2001年版,第128頁。
③ 李學勤《〈詩論〉簡的編聯與復原》,《中國哲學史》2002年第1期。
④ 廖名春《上海博物館藏〈詩論〉簡校釋札記》,《上博館藏戰國楚竹書研究》,上海書店出版社2002年版,第260—276頁。
⑤ 何琳儀《滬簡〈詩論〉選釋》,《上博館藏戰國楚竹書研究》,第245頁。
⑥ 王志平《〈詩論〉箋疏》,《上博館藏戰國楚竹書研究》,第210頁。

"安而遲"、"深而遠"相應。① 劉釗先生分析字形結構解爲從艸從尋，而讀爲"延"。② 黄德寬、徐在國先生解形同，但認爲"在簡文中讀爲覃"，而覃亦有長義。③

以上諸先生之結論雖各有理據，但論證過程或不明所以，或語焉不詳，而且於形於義，仍有未安。④

范毓周先生直接釋爲"蕩"，謂"詠唱其歌舒暢而寬廣深遠也"，⑤也没有展開他的論證過程。筆者認爲此字是"蔒"，係"蕩"的誤字，而應讀爲"蕩"，兹申述理由如下：其字上部從"艸"，下部從"昜"，從"昜"實即從"易"，早期金文中兩字雖分別甚明，後則稍顯趨同傾向。如包山楚簡"湯邑"之"湯"，左邊即作"易"，祇是上部"日"字省中畫虛化。⑥ 漢以還兩字多相混不分。銀雀山竹簡《孫臏兵法》"險易必知生地死地"，馬王堆漢墓竹簡《戰國縱横家書》"弗易攻也"、《十問》"險易相取"之"易"均作"昜"。⑦ 漢碑《石門頌》《張遷碑》中之"易"亦作"昜"。⑧ 反之，"蕩"字右下之"昜"，《駘蕩宫壺》《駘蕩宫高燈》均作"易"，《漢石門頌》亦作"易"。⑨ 直至唐代，《湯陰縣主王府君墓誌》"蕩"字右下仍作"易"。足利本《尚書·堯典》"蕩蕩懷山襄陵"，足利本、上圖八行本《盤庚下》"蕩析離居"等，"蕩"下亦寫作"易"。⑩ 易、昜二字韻母雖遠，而字形極近似，故歷代相承均有混而不分字例。《古璽彙編》五六七九之"周易信鉩"中的"易"寫得既像"易"又像"昜"，⑪這是二字互混的典型字形。

---

① 周鳳五《〈孔子詩論〉新釋文及注解》，http://www.jianbo.org/shouarticle.asp? articleid=5。
② 劉釗《讀〈上海博物館藏戰國竹書〉（一）札記》，《上海博物館藏戰國楚竹書研究》，第290頁。
③ 黄德寬、徐在國《〈上海博物館藏戰國楚竹書（一）·孔子詩論〉釋文補正》，《安徽大學學報》，2002年第2期。
④ 其他尚有各種解説，恕不一一羅列。也有筆者未見者，如季旭昇《讀郭店、上博簡五題：舜、河滸、紳而易、牆有茨、宛丘》，臺灣《中國文字》新廿七期。
⑤ 范毓周《上海博物館藏楚簡〈詩論〉第二簡的釋讀問題》，《東南文化》2002年第7期。
⑥ 湖北省荆沙鐵路考古隊《包山楚簡》，圖版二，文物出版社1991年版。
⑦ 參見駢宇騫編《銀雀山漢簡文字編》卷九，文物出版社2001年版，第315頁。陳松長等編《馬王堆簡帛文字編》卷九，文物出版社2001年版，第388頁。
⑧ 漢語大字典字形組編《秦漢魏晉篆隸字形表》，四川辭書出版社1985年版，第674頁。
⑨ 漢語大字典字形組編《秦漢魏晉篆隸字形表》，第779頁。
⑩ 顧頡剛、顧廷龍主編《尚書文字合編》相關篇章，上海古籍出版社1996年版。
⑪ 羅福頤《古璽彙編》，文物出版社1981年版，第516頁。

《說文・水部》："蕩，水出河內蕩陰，東入黃澤。从水，募聲。"《艸部》："募，艸。枝枝相值，葉葉相當。从艸，易聲。"葉葉相當，桂馥、王筠均以吳普《本草》之烏頭當之。烏頭一名茛，其葉四四相當。李時珍《本草綱目・草六・茛菪》："茛菪，一作蕳薚，其子服之，令人狂狼放宕，故名。"《史記・扁鵲倉公列傳》："臣意往，飲以蕳薚藥一撮。"張守節正義："浪宕二音。""蕩"本爲水名，故宋元明以來所謂浪蕩、浪宕之形義，均從此蛻演而來。清錢坫或有見於此，遂在《說文斠詮》"募"字下云："《玉篇》有蕳薚⋯⋯惟蕳蕩之形如是，則此字即蕩字矣。"①其實此說於古有徵。《漢書・史丹傳》："丹爲人知足，愷弟愛人，貌若儻蕩不備，然心甚謹密。"顏師古注："儻蕩，疏誕無檢也。"而《漢書・陳湯傳贊》卻云："陳湯儻募，不自收斂，卒用窮困。"顏師古注："儻募，無行檢也。募音蕩。"是儻募即儻蕩。② 班固好用古字，可知東漢以前，蕩字已有省去水旁之形者。至《新唐書・藩鎮傳・劉玄佐》謂其"少倜募，不自業"，此即倜儻異體，知唐宋間猶有承用此字者。

　　蕩字的省略也可作旁證。《尚書・禹貢》"篠蕩既敷"，陸氏釋文："徒黨反。或作'簜'，他莽反。"薛氏《書古文訓》即作"簜"，《汗簡》上之二引《尚書》亦作"簜"。《古文四聲韻》卷三同，謂出"古《尚書》"。③ 其上字爲"蕩"，注云："缺古文。"④據其下字之古文省水旁，以及前引班固用字之省水旁，推測此處所缺很可能即"募"之字形。"簜"徒朗反，《說文》釋爲"大竹筩"，《玉篇》《集韻》皆謂可以盛酒，與"篠蕩"義異，此處爲省略"氵"旁無疑。他如內野本《尚書》中之"岳陽"作"嶽昜"等，亦省"阜"旁，例多不具引。⑤ 郭店簡《太一生水》中"陰陽"皆作"陰昜"，《窮達以時》中"後名揚"之"揚"亦作"昜"。⑥ 從字形上證成此字爲"募"讀爲"蕩"之後，進而求其在《詩論》中之意義與背景。

---

① 參見丁福保編《說文解字詁林》，中華書局 1988 年影印本，第二册，第 303 頁。
② 按，募、蕩二字均非此詞本義。《說文・心部》："愓，放也。"是其義，則班固所用皆假義也。後世承用之。
③ 參《汗簡》，中華書局 1983 年影印本，第 11 頁上。《古文四聲韻》卷三，中華書局 1983 年影印本，第 46 頁下。
④ 薛氏《書古文訓》中所有"蕩"字均作"蕩"而無其他字形，倘因宋時缺此古文，則可由此推測薛氏書之所據。
⑤ 顧頡剛、顧廷龍編《尚書文字合編》，相應頁碼。
⑥ 荊門市博物館《郭店楚墓竹簡》，文物出版社 1998 年，《太一生水》圖版簡五，《窮達以時》簡九。

蕩,《詩·齊風·南山》"魯道有蕩"毛傳:"蕩,平易也。"後《載驅》"魯道有蕩"鄭箋亦以"道路平易"解之。蕩猶蕩蕩。《離騷》"怨靈修之浩蕩兮"王注:"蕩猶蕩蕩。"或單或複,字義相同。《廣雅·釋訓》:"坦坦、漫漫、蕩蕩,平也。"《吕氏春秋·貴公》"王道蕩蕩"高注:"平易也。"平則廣。《詩·大雅·蕩》"蕩蕩上帝"孔穎達疏:"蕩蕩是廣平之名,非善惡之稱。若《論語》云'蕩蕩乎民無能名焉'。"廣則遠,何晏集解引包咸曰:"蕩蕩,廣遠之稱。"廣、大義同。《史記·五帝本紀》"蕩蕩洪水滔天"張守節正義:"蕩蕩,廣大貌。"又因《論語》《孟子》均以"蕩蕩"形容唐堯之爲君,故《白虎通·號》云:"唐,蕩蕩也。蕩蕩者,道德至大之貌也。"古人崇德,有德者有天下,諡法所謂"德合天地曰帝"者是。簡文"其樂安而遲,其歌紳而蕩,其思深而遠"。"安"有"徐"義,故與"遲"義近;"深"與"遠"義亦近。由此可知,"紳"與"蕩"義亦當相近。紳似應從廖名春先生讀作"伸",《廣雅·釋詁三》:"伸,直也","伸,展也"。平直而舒展之,必至於廣平,至於廣大。是"伸"與"蕩"義亦相輔相成。頌是廟堂之樂章,與一般民歌從樂曲、歌詞到寄意都須有所不同。《詩論》此三句語意是:

〔廟堂頌歌的〕樂曲節奏從容穩重而遲緩,其歌詞所表達的内容平直而廣大,其懷想與寄意遥深而悠遠。

其中之"平直",可與《小雅·大東》"周道如砥,其直如矢"相參悟。王先謙釋云:"詩言昔者邦國殷富,王道平直,君子率履,小人遵守。"[1]而"廣大"則可與《論語·泰伯》"大哉堯之爲君也!巍巍乎!唯天爲大,唯堯則之。蕩蕩乎,民無能名焉。巍巍乎其有成功也,焕乎其有文章"一章相參悟。其歌詞所表達的内容若以一言蔽之,即是:王道蕩蕩,德象天地。

《詩論》評頌而用"蕩",於文獻亦有徵。《左傳·襄公二十九年》:"吳公子季札來聘……請觀于周樂……爲之歌豳,曰:'美哉,蕩乎!樂而不淫,其周公之東乎!'"《史記·吳太伯世家》作"蕩蕩"。集解引賈逵云:"蕩然無憂。"李貽德輯述引《論語》"君子坦蕩蕩,小人長戚戚"鄭注"坦蕩蕩,寬廣

---

[1] 王先謙《詩三家義集疏》卷十八,中華書局1987年版,第728頁。

貌；長戚戚，多憂懼"而云："蕩蕩與戚戚相對，則蕩蕩是無憂之貌。"①李述不破賈注，其實人坦蕩蕩即心地寬廣，故而無憂，此無礙"蕩"爲廣大、廣平之義。懷仁抱德者心地和平，故無憂，因而"蕩"亦包含著道德之盛大（此義爲經學家們所附加）。

論者可以設問：頌與風既然不同内容，不同樂曲，《詩論》作者何以取季札評《豳風》之"蕩"字以概括《頌》義？請從兩方面申論：

一、從季札評《詩》到《詩論》評《詩》，用字（詞）多相同相近。兹先録相關評語於下：

美哉！渢渢乎！大而婉，險而易，行以德輔，此則明主也。（評《魏風》）

思深哉！其有陶唐氏之遺民乎！不然，何其憂之遠也？（評《唐風》）

美哉！思而不貳，怨而不言，其周德之衰乎？猶有先王之遺民焉。（評《小雅》）

廣哉！熙熙乎！曲而有直體，其文王之德乎！（評《大雅》）

至矣哉！直而不倨，曲而不屈，遠而不攜，遷而不淫，復而不厭，哀而不愁，樂而不荒，用而不匱，廣而不宣，施而不費，取而不貪，處而不底，行而不流。五聲和，八風平。節有度，守有序，盛德之所同也。（評《頌》）

畢萬之後能大，故予之以"大"，而輔之以"德"。"思深"可與"思深而遠"相比照，追溯陶唐之風，與追溯公劉、古公，乃至商湯（《商頌》）等同。遭周德之衰，猶追懷先王（從公劉、古公到文、武、成、康）之德，以揭示國之興衰，猶德之興衰。文王之德，固然緝熙而廣大。至於頌，因盛德之所同，必盡樂曲與歌詞之極致，故皆云"至矣"。孔穎達疏云："《頌》之大體，皆述其大平祭祀告神之事。"告神則必追祖懷宗，則"遷而不淫"、"用而不匱"、"取而不貪"云云，可以想見下文所引述之公劉、古公以及後來文、武等人的功烈大德。

---

① 李貽德《左傳賈服注輯述》卷十三，《清經解續編》卷七百六十九，上海書店 1988 年影印本，第三册，1007 頁下。

由此來理解"其歌紳而蕩,其思深而遠",庶幾得之。

二、《豳》雖厠於十五國風之列,溯其歷史,卻有獨特之意義。《史記·周本紀》:"公劉雖在戎狄之間,復修后稷之業,務耕種,行地宜,自漆、沮度渭,取材用,行者有資,居者有積蓄,民賴其慶。百姓懷之,多徙而保歸焉,周道之興自此始,故詩人歌樂思其德。公劉卒,子慶節立,國於豳。"其後"古公亶父復修后稷、公劉之業,積德行義,國人皆戴之……乃與私屬遂去豳……止於岐下。豳人舉國扶老攜弱,盡復歸古公於岐下。及他旁國聞古公仁,亦多歸之……民皆歌樂之,頌其德。"司馬貞索隱謂"頌其德""即《詩·頌》云'后稷之孫,實維太王,居岐之陽,實始翦商'是也"。《七月》一篇,正與"修后稷之業,務耕種"相應。故《小序》云:"陳王業也。"朱熹云:"周公以成王未知稼穡之艱難,故陳后稷、公劉風化之所由,使瞽矇朝夕諷誦以教之。"由此可知,《豳》雖列於風中,意義直與《周頌》並,若從其周道之所以興角度視之,並不亞于追懷文、武之頌。《周禮·春官·籥章》"掌土鼓豳籥","中春晝擊土鼓,龡《豳詩》以逆暑","凡國祈年于田祖,龡《豳雅》,擊土鼓,以樂田畯","國祭蜡,則龡《豳頌》,擊土鼓,以息老物"。無論後代經師對《豳詩》《豳雅》《豳頌》之爭論如何,[1]至遲在《周禮》製作時代,《豳詩》確曾被提到頌的地位。[2] 因此,《詩論》取季札評《豳風》之"蕩"來論"頌"之義並無不妥。

二〇〇二年二月稿

---

[1] 參見孫詒讓《周禮正義·春官·籥章》下所引宋翔鳳、胡承珙、徐養原、劉台拱、金鶚諸人之説及孫氏按語。《周禮正義》卷四十六,中華書局1987年版,第1905—1918頁。
[2] 《七月》詩製作年代頗多爭論,不宜於此鋪陳論證,容另文詳之。

從《夏小正》傳文體式推論其作者

一、小　引

　　《夏小正》一篇因戴德編入《大戴禮記》，故論者頗有疑其年代者。實則其書內容所反映之時代是一事，其書口傳直至筆之於竹帛之時又是一事。《禮運》："孔子曰：我欲觀夏道，是故之杞，而不足徵也，吾得夏時焉。"鄭玄注："得夏四時之書也。其書存者有《小正》。"杞本夏之後，其國用夏正，故顧炎武亦主之。① 若康成所說不誤，則孔子時似已有其書。而據清以及今人從文獻、天文、物候、語詞語法等多方面考證，其內容所反映者多與殷商以前相吻，則其書產生之早似已無可懷疑。

　　今存之《夏小正》在《大戴禮記》第四十七，經文與傳文已混雜難辨。《隋書·經籍志一》著錄"《夏小正》一卷，戴德撰"，是當時猶有別行。其別行之原委，宋傅崧卿認爲是徼賞而離析《戴記》，其說云："漢、唐《志》既錄戴氏禮矣，此書宜不別見。抑不知取戴禮爲此書自何代始。意者隋重賞以求逸書，進書者務多以徼賞，故離析篇目而爲此乎？有司受之，既不加辨，而作《志》者亦不復考。"② 清孔繼涵是其說。③ 但四庫館臣却別有一種推測：

---

① 顧炎武《日知錄》卷四《三正》云："《微子之命》曰：'統承先王，修其禮物。'則杞用夏正，宋用殷正，若朝覲會同，則用周之正朔，其於本國，自用其先王之正朔也。"上海古籍出版社 2006 年版，上册，第 184 頁。
② 傅崧卿《夏小正戴氏傳》，《叢書集成初編》本，第 1335 號，第 1 頁。
③ 參見孔繼涵《紅榈書屋雜體文稿》卷一《夏小正考異序》，《續修四庫全書》本，第 1460（轉下頁注）

考吴陆璣《詩草木鳥獸蟲魚疏》曰：《大戴禮·夏小正傳》云"繁，由胡。由胡，旁勃也"，則三國時已有傳名。疑《大戴禮記》舊本但有《夏小正》之文而無其傳，戴德爲之作傳別行，遂自爲一卷，故《隋志》分著於錄。後盧辯作《大戴禮記注》，始採其傳編入書中，故《唐志》遂不著錄耳。①

今《古經解彙函》本陸璣書作"《大戴禮記·夏小正傳》"，考宋唐慎微《證類本草》卷六引亦作"《大戴禮記·夏小正傳》"，溯而上之，《左傳·隱公三年》孔疏引亦同，則至遲在唐初之陸書鈔本即將《大戴禮記》與《夏小正傳》連在一起。若唐鈔本並未妄自增改而是本吳陸璣原書，則可推知三國時附傳文之《夏小正》即在《大戴禮記》中。蔡邕《明堂月令論》有"《戴禮·夏小正傳》曰：陰陽生物之後，王事之次，則夏之月令也"之語，②以此與陸璣所引互證，則館臣所謂盧辯採入之説就很難成立。退而論之，盧辯作注，時在魏徵撰《志》之前，若以館臣之意，盧既採入《戴記》，《隋志》亦可不錄。夷考古書之傳鈔，別本單行者比比皆是，③史志、目錄據書錄名，自在情理之中，亦不必強爲之説。至於傳説所謂徽賞，此屬個別之事理心情，已無法徵實。《唐志》不錄，殆或因初唐間中秘之本散佚，殷踐猷、毋煚等未見，故未能著錄於《群書四部錄》和《古今書錄》，然民間固仍有舊本流傳。

宋傅崧卿從外兄關澮處得舊本，而關本亦以"《夏小正》文錯諸傳中"，傅乃"倣《左氏春秋》列正文其前，而附以傳，月爲一篇，凡十有二篇，釐爲四卷"，自此《小正》廣爲學者關注。宋元以下，爲其作疏解補正者無慮有數十家之多，④而僅校正文字、與論是非者更遠在其數之外。

（接上頁注）冊，第425頁下。又沈秉成《夏小正傳箋序》謂"舊在《大戴禮》中，六朝來，始別出之"，亦緣傳説。民國丁卯刊本，第一葉。
① 永瑢等《四庫全書總目》，中華書局1965年影印本，第175頁下。
② 鄧安生《蔡邕集校注》卷二，河北教育出版社2002年版，第522頁。
③ 此可參見筆者《經典釋文單行單刊考略》，《榆枋齋學術論集》，江蘇古籍出版社2001年版，第732—759頁。
④ 姚燮《夏小正求是》列採擇姓氏已有三十七家，而其未見者正復不少。程鴻詔《夏小正集説序》云："我朝治《小正》者四十餘家。"

二、前人對《夏小正》傳文作者之推測

　　《小正》經傳混淆已有千年，宋以後諸家所正，多在離析、校正經傳文字，而校正之經文、傳文亦言人人殊。① 於傳文作者，雖亦每有論及，唯各自憑藉感覺，少所實證，故前後千餘年，迄今未有定論。

　　《隋志》謂"夏小正一卷，戴德撰"，四庫館臣謂"疑《夏小正》下當有'傳'字，或'戴德撰'字當作'戴德傳'，今本譌脱一字，亦未可定"。② 館臣之意，乃謂或作"《夏小正傳》一卷，戴德撰"，或作"《夏小正》一卷，戴德傳"，是館臣意其傳乃戴德所撰，而《隋志》脱字或譌字。至王樹枬更進而云："今謂《隋志》所載，乃《小正》經文，若傳則載入《戴禮》，與《隋志》顯爲二書，但云戴德撰，則大誤耳。此篇《夏小正》下本有'傳'字，而今本脱之。"③ 按古書之題某子某氏，皆推本其學之所自出言之，非謂其書乃某子某氏自撰，故《漢志》於各書之下題某子某氏，却無"撰""著""作"等字。至《隋志》則於各書人名之下幾一律題"撰"，已失漢魏著録之體式。④ 緣此，"戴德撰"之"撰"非誤字，乃《隋志》誤解《漢志》之體式有以致之。若謂"夏小正"下脱一"傳"字，事固屬可能，然《小正》一篇既經傳相混已久，古人多不辯白，則其不題

---

① 莊雅州《夏小正析論》壹《夏小正之經傳》一章總結前人離析之異同，分爲六條，其中就有"經傳的爭議"和"次序的不同"等，並云："由此可以看出各家對經傳真面目的看法是何等分歧，他們的説法往往會涉及經傳分合的問題，幾乎沒有兩家是從頭到尾完全相同的。"臺灣文史哲出版社1985年版，第6頁。
② 永瑢等《四庫全書總目》，第175頁下。
③ 王樹枬《校正孔氏大戴禮記補注・叙録》，第1頁。
④ 此論余嘉錫《古書通例・案著録第一》所發甚爲透徹，正可却館臣之疑。其説云："自《隋志》不明此義，於《晏子春秋》則曰齊大夫晏嬰撰，《孫卿子》則曰楚蘭陵令荀況撰，《管子》則曰齊相管夷吾撰，其他古書，莫不求其人以實之。古人既不自題姓名，劉向、劉歆、班固又未言爲何人所撰，不知作《隋志》者何以知之？然因此後人遂謂'管子自序其事泛濫而不切'（《漢書藝文志考證》卷六引葉適説）、'晏子已亡，後人採嬰行事爲之，（按今《晏子》實即《漢志》著録之本，説詳孫星衍《晏子春秋序》。）以爲嬰撰則非也'（《通考》卷二百十二引《崇文總目》），可謂辯乎其所不必辯者矣。（按《漢志考證》引《傅子》曰"《管子》書過半是後之好事者所加"，則傅玄已不解此。《隋志》之誤，亦有所自來也。"上海古籍出版社1985年版，第24頁。

"傳"字亦在情理中。故館臣及王氏亦疑所不當疑也。①

《夏小正》傳文是否漢信都王太傅戴德所撰，抑先秦舊傳，宋以來學者各有所見。歸而論之，約有以下數説：

（一）七十子後學所撰

太史公於《史記·夏本紀》云："孔子正夏時，學者多傳《夏小正》。"史公此説乃是引導學者認定傳文為七十子後學作之基點。孫星衍云："大戴之記，述而不作，傳文古質，疑有所受之，亦出于先秦孔子之徒，而不可考。"②《小正》傳文固然古質，然既不可考而以為出於孔子之徒，顯是受太史公説影響。王聘珍則明確標舉太史公説並分析云："案：《古文記》皆七十子後學者所為，而《夏小正》亦二百四篇中之一，太史公所云'學者'，即班氏所云七十子後學者也。太史公所云'傳《夏小正》'，即是就《小正》元書而為之傳者也。"③七十子後學所撰，猶不知誰何，故有學者進而確認其作者。

（二）子夏、子游或高、赤之徒所撰

亦有一派學者，以"七十子後學"漫無所指，遂悉心體味其文體而坐實其人。王筠云："黄氏曰：'《夏小正》，舊傳子夏所作，謬也。'筠未見此説所出，竊以為子夏作傳耳。《大戴禮》他篇注皆雙行，本傳獨單行，是傳在戴氏之前。"④莊述祖認為《夏小正》於《别録》當屬明堂陰陽，因禮家録之，遂為《禮記》，實非戴氏所作。他據《史記·夏本紀》所説，以為孔子所得夏四時之書，是謂《夏時》，而《夏小正》乃《夏時》之傳。⑤並論其作者云："《夏時》亦孔子所正。《夏時》之取夏四時之書，猶《春秋》之取《魯史》也，聖人之旨於

---

① 余嘉錫《四庫提要辨證》卷一"《夏小正戴氏傳》四卷"下亦有長篇辯駁文字，可參閱。中華書局1980年版，第54—55頁。
② 孫星衍《夏小正傳序》，《叢書集成初編》本，第1335號，第1頁。
③ 王聘珍《大戴禮記解詁·大戴禮記解詁目録》，中華書局1983年版，第2頁。
④ 王筠《夏小正正義·凡例》，《叢書集成初編》本，第1336號，第1頁。
⑤ 此意參見莊述祖《夏小正經傳考釋序一》，《珍蓺宧文鈔》卷五，《續修四庫全書》本，第1475册，第83頁下。臧庸《拜經堂文集》卷二《題夏小正全書目録》亦揭櫫莊氏觀點，可參閱。《續修四庫全書》本，第1491册，第514頁上。

是乎在。其以大正、小正、王事科爲三等，蓋出於游、夏之徒，高、赤之等，兩漢時猶有能言之者。"① 朱駿聲所持與莊述祖略同，其説云："然斯傳之作疑出公羊、穀梁二子手筆，思表纖旨與《春秋傳》異曲同工，實非延君饌箸也。知者，《大戴》所存三十九篇，皆述而不作，不應獨釋《小正》。"② 近代張壽鏞重申此説。③ 亦有不指明誰何而實則歸爲游、夏之徒者，陳壽祺云："案鄭君《六藝論》云'戴德傳《禮》八十五篇'，言傳則述而不作。《夏小正》有傳，殆如《喪服》有子夏傳，由來久矣。"④

（三）西漢戴德所撰

此説殆緣於《夏小正》爲戴德編入《大戴禮記》，且《隋志》於《夏小正》一卷下云"戴德撰"，故傅崧卿首先云："《小正》，夏書，德所撰傳爾。"⑤ 同時金履祥亦云："《夏小正》，夏時之書，見《大戴禮》。戴德作傳，與正文合爲一篇，朱子《儀禮》別出之。"⑥ 清代黄叔琳、盧文弨、畢沅、王寶仁、王貞皆從此説。⑦ 至王謨別白與《書傳》《毛傳》之訓詁異同云："戴氏雖傳《禮記》八十一篇，惟於《夏小正》爲之傳，與孔氏《書傳》、毛氏《詩傳》專家訓詁不同。至於草木蟲魚之學，亦在諸家之先……"⑧ 王樹枏雖亦認同此説，但却別出新論云："高誘《吕紀》注引爵入於海爲蛤，雉入於淮爲蜃，並稱'傳曰'；郭璞《爾雅》注'蝘蜩蟪蜩'，兩引《夏小正傳》；《蔡中郎集·明堂月令論》引《戴禮·夏小正傳》曰：陰陽生物之候，王事之次，則夏之月令也。今傳無此，乃是脱簡。鄭康成亦引《夏小正》説，説即傳也。漢晉時經傳別行，《大戴》所載，乃

---

① 莊述祖《夏小正經傳考釋序三》，《珍蓺宧文鈔》卷五，第85頁下。
② 朱駿聲《夏小正補傳序》，《傳經室文集》卷四，《續修四庫全書》本，第1514册，第605頁下。
③ 張壽鏞《夏小正求是序》，姚燮《夏小正求是》，《四明叢書》本，第1頁。
④ 陳壽祺《左海經辨》卷上，《續修四庫全書》本，第175册，第421頁上。
⑤ 傅崧卿《夏小正戴氏傳》，第1頁。
⑥ 金履祥《資治通鑑前編》卷三，《文淵閣四庫全書》本，第332册，第55頁下。
⑦ 黄説見張爾岐輯定、黄叔琳增訂《夏小正注》，《四庫存目叢書》，經部第103册，第466頁下。盧説見《抱經堂文集》卷八《夏小正補注書後》，《續修四庫全書》本，第1432册，第624頁下。畢説見《夏小正考注》，《續修四庫全書》本，第108册，第175頁上。王寶仁説見《夏小正訓解自序》，道光乙未六安學署刻本，第一葉。王貞説見《夏小正小箋自叙》，同治壬申百本齋刻本，第一葉。
⑧ 王謨《夏小正傳箋》，《四庫未收書輯刊》第叁輯，北京出版社2000年版，第捌册，第462頁上下。

戴德所撰之傳，非經也。朱彝尊《經義攷》一百四十七自標目曰'夏小正傳'，下言戴德撰，得之。凡傳中所述經文，皆戴氏複舉。觀傳本傳下重出經語，可知非先經而後傳者也。今增'傳'字，以復戴氏之舊。"①王氏之意謂漢晉時經傳別行，今所見《大戴禮記》中之《夏小正》乃戴德之傳，其中之經文，爲戴德作傳文時之複舉。

（四）七十子所傳而戴德所述

此説參酌前二説而調停之，顧鳳藻云："《小正》，夏時古書，漢信都王太傅戴德作傳，蓋受之先秦孔子之徒。《大戴》之書，漢以後不立學官，學者遂失其傳。"②魏本唐表述得更爲明白："《夏小正》乃羲和遺迹，《詩·豳風》《禮·月令》《易緯通卦驗》《逸周書·時訓解》《淮南子·時則訓》皆權輿于此。其傳則七十子後學所譔，而漢信都王太傅戴德述之，故入《大戴禮》也。"③又云："此傳首尾畢具，傳大古質，髣髴《穀梁》，蓋亦出于孔門七十子之後學所譔著，而大戴必有所受而識之。"④鄭曉如等亦從此説。⑤日人石原增島固謂"其言辭簡嚴，不類漢以後文，其作恐在戴氏之前矣。戴氏但並經傳，傳之而已矣"。⑥日人安井朝康謂"傳文與《公》《穀》類，疑戰國漢初人所作"，⑦意亦與此近同。

以上均欲直探其作者。亦有僅以時代來劃定者。

（五）春秋、戰國之際所撰

近代學者知先秦古籍難以坐實其作者，遂有泛指爲春秋、戰國之際者。張汝舟云："傳大率能達經旨，且屬辭古奧，有清人不能通者，非漢人所能

---

① 王樹枏《校正孔氏大戴禮記補注·叙錄》，《叢書集成初編》本，第1031號，第1頁。
② 顧鳳藻《夏小正經傳集解後序》，《夏小正經傳集解》，《叢書集成初編》本，第1337號，第27頁。
③ 魏本唐《夏小正校注序》，《四庫未收書輯刊》第玖輯第壹册，第636頁上。
④ 魏本唐《夏小正校注序》，《四庫未收書輯刊》第玖輯，第壹册，第638頁下。
⑤ 鄭曉如《夏時考訓蒙自序》，同治乙巳廣州西湖街文華堂刻本，第一葉。
⑥ 日人石原增島固《夏小正校注叙錄》，日本《崇文叢書》第一輯之四十九，第一頁。
⑦ 安井朝康《夏小正校注跋》，日本崇文叢書第一輯之四十九。轉引自張堯倫《業餘讀經記·夏小正》，《關聲》第四卷第10期，1936年，第71頁。

爲。但已誤認'小正'爲夏正,必在三正論流行之後,却絕無四分之迹,未見《殷曆》,則傳當出春秋、戰國之際,與《月令》先後不甚相遠也。"①春秋、戰國之際,其下限爲戰國前期,夏緯瑛云:"《夏小正傳》中不見有陰陽家的思想,當是還没有受陰陽家的影響,所以可以認爲它是戰國早期的作品。"②認識與張氏相同。

(六)戰國末年以前所撰

莊雅州蒐輯所能見到的有關《夏小正》注釋著作,融會各家學説,提出自己見解,認爲程鴻詔從語言上著眼,謂《夏小正》傳文殆爲先秦子夏、公羊、穀梁一派學者所爲,此雖頗有見地,然"若實指子夏或公羊、穀梁所作,恐亦難逃刻舟求劍之譏"。又以爲夏緯英所説戰國早期亦未免過早,於是提出"如果視爲戰國末年之作,應該是説得通的","至於其作者是誰,那就無可稽考了"。③

(七)西漢儒者所撰

于省吾曰:"《小正》經文的撰述時期,要比《逸周書‧時訓》《禮記‧月令》早得多,至於《小正》之傳,舊説多以爲戴德所作,雖無確據,而其爲西漢人的撰述則是無疑的。《小正》經文僅四百六十三字(清諸錦統計爲四百七十三字),典切樸實,有敘無論,文詞極爲簡奧。通觀全文所記,係以農田、園藝、畜牧、蠶桑、狩獵等各種生産事業爲主,而與生産有關的許許多多的客觀事物,如星象、風雨、冰雪、水潦、旱災的發生節候,草木鳥獸蟲魚的蕃殖月令,都是世代經驗的積累,用來爲實際生産服務。它是先秦遺留下來的寶貴篇籍。"④不言具體姓氏。

---

① 張汝舟《(夏)小正校釋》,《貴州文史叢刊》,1983年第1期,第106頁。
② 夏緯瑛《夏小正經文校釋》,農業出版社1981年版,第79頁。
③ 莊雅州《夏小正析論》,第165頁、14頁。按,莊所引程鴻詔説見程氏《有恒心齋全集》中《夏小正集説》題解,程實羅列前賢之説而未有論斷。沈雲龍編《近代中國史料叢刊》第一輯,臺灣文海出版社1973年版,第0355册,第1299頁。
④ 于省吾《夏小正五事質疑》,《文史》第四輯,中華書局,1965年,第145頁。

（八）東漢儒者所撰

宋熊朋來《月令小正》云："正月則啓蟄……雞桴粥。其正文想見僅有此。凡句下添文解説者，皆漢儒爲之。餘月皆然。蓋古有此記時之書，其正文無幾。曰夏者，言夏時也。'二月丁亥，萬用入學'，下文乃曰'謂今時大舍采也'。'今時'云者，辭旨殊不古，殆東漢以後儒者所爲，亦不似西漢人語也……大戴諸篇如《公符》記孝昭帝冠辭，《保傅》録賈策語，若《小正傳》辭，定非盛漢之書，故《小正》不如《月令》之傳於小戴也。朱文公《儀禮集傳》於《夏小正》削去傳文，別附於後，而止存逐月經文可見者，蓋以傳文不足深信。"①欲指爲漢儒所爲，而復借朱子刊落傳文爲説，實亦未明朱子本意。

諸家考訂、推論《小正》傳文年代，僅緣於各自之著眼點予以審辨而定，未有就其傳文作系統之研究，故雖有新説，仍難以跳出古人思維之定式。下面深入傳文體式，分析其語法結構及語詞用法和意義，來探討其作者與時代。

三、《夏小正》傳文體式釋例

先秦與兩漢之注釋性傳文有其獨特之體式與演變之軌迹，如《公羊傳》《穀梁傳》是專解《春秋》之"傳"，其傳文體式多用問答式，且用詞極具特色，與《毛詩故訓傳》之"傳"撮篇章旨意者頗不相同。將《夏小正》傳與《公》《穀》《毛傳》比勘，並佐以先秦秦漢經子典籍中之傳解形式，參以後儒對先秦經典之詮釋，似可約略框定其年代。兹將《夏小正》傳文中較具特色之句型、用詞引録於下，援引先秦及秦漢經典之傳記句式，相互比勘，以此來推測其年代。

《小正》傳文可大致區爲兩種句型：問答式和陳述式。前者用問句提起，然後作答；後者提出所須解釋之詞句，直接詮釋。

---

① 熊朋來《經説》卷六，《文淵閣四庫全書》本，第184册，第320頁下。

(一) 先言……後言

《夏小正》傳文特色之一，是多以"先言某……後言某"提問，而後予以回答。共有八次，羅列於下：

  1. 雁北鄉——先言"雁"而後言"鄉"者何也？見雁而後數其鄉也。
  2. 九月遰鴻雁——先言"遰"而後言"鴻雁"何也？見遰而後數之，則鴻雁也。
  3. 緹縞——先言"緹"而後言"縞"何也？緹先見者也。
  4. 昆小蟲——其先言"動"而後言"蟲"者何也？萬物至是，動而後著。
  5. 妾子始蠶——先"妾"而後"子"何也？曰事有漸也。（此條省"言"字。）
  6. 鳴鳩——先"鳴"而後"鳩"何也？鳩者鳴而後知其鳩也。（此條省"言"字）
  7. 陟玄鳥蟄——先言"陟"而後言"蟄"何也？陟而後蟄也。
  8. 鳴弋——先言"鳴"而後言"弋"者何也？鳴而後知其弋也。

此種"先言"、"後言"問答式，《公羊傳》獨多，計有七次。如《公羊傳·隱公元年》："曷為先言王而後言正月？王正月也。"又《襄公二十三年》："八月。叔孫豹帥師救晉。次於雍渝。曷為先言救而後言次？先通君命也。"較為典型者如下例：

  十有六年春，王正月，戊申，朔。霣石于宋五。是月，六鷁退飛，過宋都。曷為先言霣而後言石？霣石記聞，聞其磌然，視之則石，察之則五……曷為先言六而後言鷁？六鷁退飛，記見也。視之則六，察之則鷁，徐而察之則退飛。

此兩條解釋所以"先言"、"後言"之原因甚明，與《小正》諸條正可互參。由此可以想見在一定之歷史時段，師弟子之傳授問答，漸次形成一種固定的語言程式，最後被記録成文。

（二）者何也

《夏小正》傳文特色之二，是多以"者何也"作爲問句，而後作答，共有十次。

      1. 雁北鄉——先言"雁"而後言"鄉"者何也？見雁而後數其鄉也。
      2. 雁北鄉——鄉者何也？鄉其居也。
      3. 鞠則見——鞠者何也？星名也。
      4. 昆小蟲——其先言"動"而後言"蟲"者何也？萬物至是動，動而後著。
      5. 來降燕乃睇——言來者何也？莫能見其始出也，故曰"來降"。
      6. 王始裘——王始裘者何也？衣裘之時也。
      7. 黑鳥浴——黑鳥者何也？烏也。
      8. 鳴弋——先言"鳴"而後言"弋"者何也？鳴而後知其弋也。
      9. 元駒賁——賁者何也？走於地中也。
      10. 納卵蒜——納者何也？納之君也。

"者何也"一詞，係"者"加"何"並綴一語氣詞"也"而成。"者"之語法功能爲用於名詞、動詞、形容詞之後，組成"者字結構"，用以指代人、事、物等。"何"爲疑問詞。兩者結合成"者何"，將前面之人、事、物提出待解。再加一語氣詞"也"，似乎書面語之意更濃。"者何"不見於《易》與《書》，記録春秋時言語之《左傳》亦僅《襄公十三年》"辱在寡君者何"等寥寥數例。至《管子》《墨子》中已常見，而《老子》《孟子》《荀子》《韓非子》更多。就形式而言，有二人之對話，如《吕氏春秋·適威》："魏武侯之居中山也，問于李克曰：'吴之所以亡者何也？'李克對曰：'驟戰而驟勝。'"《韓詩外傳》卷七"宋燕相齊"章："宋燕曰：'夫失諸己而責諸人者何？'陳饒曰：'三斗之稷，不足於士，而君雁鶩有餘粟，是君之一過也。'"韓嬰所據，未必晚於《吕覽》。有一人自設問自答者，如《禮記·仲尼燕居》："子曰：禮者何也。即事之治也。君子有其事。必有其治。"有假設問答者，如《禮記·問喪》："或問曰：'杖者何也?'曰:'竹、桐,一也。故爲父苴杖,苴杖,竹也;爲母削杖,削杖,桐也。'"亦有以之爲行文者,如《禮記·雜記下》:"冒者何也?所以掩形也。自襲以至小斂,不設冒則形,是以襲而後設冒也。"雖形式各異,而問答之實質則一。然最可引人矚目者,乃是《公羊傳》和《喪服傳》將此問答之辭用之於傳記注解。《公羊傳》一書,大量運用"者何"來設問作答,總計有二百九十二次,猶以前三篇爲多,如《隱公》四十一次,《桓公》三十次,《莊公》五十三次,《僖公》亦有三十八次。例隱公元年:

  三月,公及邾婁儀父盟于眛。及者何?與也。會、及、暨,皆與也。曷爲或言會,或言及,或言暨?會猶最也,及猶汲汲也,暨猶暨暨也。及,我欲之。暨,不得已也。儀父者何?邾婁之君也。何以名?字也。曷爲稱字?褒之也。曷爲褒之?爲其與公盟也。與公盟者衆矣,曷爲獨褒乎此?因其可褒而褒之。此其爲可褒奈何?漸進也。眛者何?地期也。

  秋,七月,天王使宰咺來歸惠公仲子之賵。宰者何?官也。咺者何?名也。曷爲以官氏?宰,士也。惠公者何?隱之考也。仲子者何?桓之母也。何以不稱夫人?桓未君也。賵者何?喪事有賵,賵者蓋以馬。以乘馬束帛。車馬曰賵,貨財曰賻,衣被曰襚。

觀其傳解用"者何",可謂連篇累牘,實在是一種戰國時代傳記體詮釋之標志性用辭。與此相同者有無名氏之《儀禮·喪服傳》,一篇之中用"者何"者有十一次,如"傳曰:斬者何?不緝也"、"杖者何?爵也。無爵而杖者何?擔主也。非主而杖者何?輔病也"、"傳曰:寄公者何也?失地之君也"、"傳曰:姪者何也?謂吾姑者。吾謂之姪",等等。《穀梁傳》一書亦屢屢用此。《公羊傳》《喪服傳》及《穀梁傳》均皆儒家著作,聯繫前所引《禮記》之例而思之,雖説語詞之應用不得爲一人一派所專有,然至少可以認爲七十子後學在闡述夫子學説或經典大義過程中,確實多曾用"者何"或"者何也"。關於"者何"之内涵及其問答形式,經師、學者多有研討,《公羊傳·隱公元年》"元年者何"之下,何休注云:"諸據疑,問所不知,故曰'者何'。"針對何解,六朝諸儒之舊解有云:

《春秋》上下但言"曷爲"與"何",皆有所据,故何氏云"諸据疑"者,皆無所据,故云"問所不知,故曰者何"也者。①

此以言"曷爲"、"何"係有所據,而"者何"爲無所據。清陳立駁之云:

按注明云"諸据疑",則明有所據矣,特疑而未知,故有待於問也。舊解非。②

其實兩者皆有所據而疑,第所據各有不同。徐彦疏云:

謂諸据有疑理,而問所不知者曰者何。即僖五年秋"鄭伯逃歸不盟"之下,傳云"不盟者何",注云"据上言諸侯,鄭伯在其中,弟子疑,故執不知問",成十五年"仲嬰齊卒"之下,傳云"仲嬰齊者何",注云"疑仲遂後,故問之"是也。若据彼難此,即或言"曷爲",或言"何以",或單言"何",即下傳云"曷爲先言王而後言正月",注云"据下秋七月天王,先言月而後言王","公何以不言即位",注云"据文公言即位也","何成乎公之意",注云"据刺欲救紀,而後不能"是也。

徐云"弟子疑,故執不知問",將師弟子傳授間之問答情形揭示出來。孔廣森云:

按《春秋》本公羊子口受説于子夏,以傳其子平,平傳地,地傳敢,敢傳壽,凡五世。至漢景帝時,乃與齊人胡毋子都著於竹帛。以先師口相授受,解釋其義,故傳皆爲弟子疑問之辭。諸疑或直問所不知,即曰"者何",曰"孰謂";或据彼難此,則如"曷爲"、"何以"。其言"某何"、"此何以書"之等,何氏各於當文目其所据。③

---

① 按,此文見徐彦疏中所引,蓋即六朝經師之説。《春秋公羊傳注疏》,北京大學出版社 2000 年點校本,第 7 頁。
② 陳立《公羊義疏》卷一,《萬有文庫》本,第一册,第 6 頁。
③ 孔廣森《公羊通義》卷一,《清經解》卷六百七十九,上海書店 1988 年影印本,第四册,第 702 頁下。

孔氏從《公羊傳》之傳授著眼，將此類疑問之詞均歸爲師弟子之問答。然從前引文獻觀察，儒家經師爲闡發經義，自設或假設問答亦非没有可能。如加一"也"字組成"者何也"，書面意味就較"者何"爲濃。《夏小正》之"者何也"，亦當屬於此類。

（三）何也

疑問詞，即"何"。"也"爲句末語氣詞。《夏小正》有十六句，其中五句係與"先言、後言"連用，見前引。爲説明問題，仍將其餘引録如下：

1. 記鴻雁之遯也，如不記其鄉何也？曰：鴻不必當《小正》之遯者也。
2. 獺祭魚——其必與之獻何也？曰：非其類也。
3. "獺祭魚"謂之"獻"何也？豺祭其類，獺祭非其類，故謂之"獻"，大之也。
4. 祭不必記，記鮪何也？鮪之至有時，美物也。
5. 言"乃睇"何也？睇者，眄也。眄者，視可爲室者也。
6. 百鳥皆曰巢，穴穴取與之室何也？操泥而就家，入人内也。
7. 浮游有殷——稱"有"何也？有見也。
8. 其不言"生"而稱"興"，何也？不知其生之時，故曰"興"。
9. 莪靡以在經中，又言之時，何也？是食矩關而記之。
10. 始摯而言之，何也？諱殺之辭也，故言"摯"云。
11. 其謂之鳥何也？重其養者也。

先秦行文中以"何也"爲問句，可謂無乎不在，無法援據比勘時間定點。唯《公羊傳》用"何也"僅二句，與"者何"、"何以"之數量多寡懸殊。分析所用二句，皆趙盾之言，《宣公六年》：

趙盾曰："彼何也？夫畚曷爲出乎閨？"呼之不至。曰："子，大夫也。欲視之，則就而視之。"趙盾就而視之，則赫然死人也。趙盾曰："是何也？"曰："膳宰也。熊蹯不熟，公怒，以斗摯而殺之，支解將使我棄之。"

　　二句皆趙盾對答之問,非詮釋性傳文之形式。此至少可側面證明,《公羊傳》在解經時用"者何"而不用"何也"作爲疑問辭。揆諸《喪服傳》,用"者何"十一次,其中"者何也"六次,亦無單用"何也"二字者。若進而分析《夏小正》例句,並將"者"字插入"何"字之前,使之成爲"者何也",其意義並未改變,而形式則與本傳前例"者何也"及《喪服傳》之"者何也"一致。

　　《公羊傳》用"者何"而不用"何也",《喪服傳》"者何"、"者何也"並用,而不用"何也";《夏小正》"者何也"、"何也"並用。三者之間,似乎是"也"字逐漸增多的過程。

(四)何以

　　亦疑問之詞,猶今言爲什麽。《小正》以此疑問詞提起,然後作答。共三次,引錄如下:

　　　　1. 何以謂之居?生且長焉爾。(解釋傳文"鄉其居也"。)
　　　　2. 何以謂之?雷則雉震呴,相識以雷。(解釋傳文"正月必雷,雷不必聞,惟雉爲必聞"。)
　　　　3. 緹縞——先言緹而後言縞何也?緹先見者也。何以謂之?《小正》以著名也。

　　"何以"一詞,首見於《詩》,《大雅·瞻卬》"天何以刺",孔穎達疏:"何以者,問之辭。"先秦"何以"雖爲常用詞彙,然《公羊傳》《喪服傳》援之以爲詮釋之問詞,如《公羊傳》共用三百三十九次,其中最多者爲莊公六十四次,僖公四十五次,隱公四十四次,《喪服傳》共用七十九次,皆足以見其已成爲先秦傳注中之專門問詞。《喪服傳》"童子何以不杖"孔穎達疏:"稱何以者,皆據彼決此,即下云'父爲長子何以三年',據期章爲衆子期,適庶皆子,長子獨三年,是據彼決此也。此即《公羊傳》云'何以不言即位',何休云'據文公言即位',隱不稱即位是也。"又直接解釋童子不杖云:"言'何以'者,據當室童子及成人皆杖,唯此庶童子不杖,故云'何以',決之也。"據此可見,《公羊傳》

《喪服傳》云"何以",皆有所據與當下經文不一致者,弟子不能無疑,故用"何以"設問。

《小正》例一"何以謂之居",係傳文釋經文"雁北鄉"云"鄉其居也"之解;例二"何以謂之",係傳文釋經文"雉震呴"云"正月必雷,雷不必聞,惟雉爲必聞"之解。即二條皆爲傳文作解,有異於例三。徵諸《公羊傳》和《喪服傳》,皆有類似之解。《公羊傳·莊公元年》:"秋,築王姬之館于外。何以書?譏。何譏爾?築之,禮也;于外,非禮也。于外何以非禮?築於外,非禮也。""于外何以非禮"即爲釋傳文"于外非禮也"之文字。諸如此類,與《夏小正》相同。

以上探討問句形式,下面展示、推究《夏小正》傳文之陳述形式。

(五)某也者,某也

以"也者"提起被解釋詞,然後訓釋作解,此亦先秦傳記中訓解之一大特色。《小正》用此種形式訓解者有五十餘例,限於篇幅,選錄數例:

1. 雉震呴——震也者,鳴也。呴也者,鼓其翼也。
2. 寒日滌,凍塗——滌也者,變也,變而暖也。凍塗也者,凍下而澤上多也。
3. 昆小蟲——昆者,衆也,由魂魂也。由魂魂也者,動也,小蟲動也。
4. 頒冰——頒冰也者,分冰以授大夫也。
5. 良蜩鳴——良蜩也者,五采具。
6. 煮桃——桃也者,杝桃也。杝桃也者,山桃也。
7. 内火——内火也者,大火。大火也者,心也。
8. 陟玄鳥蟄——玄鳥也者,燕也。
9. 黑鳥浴——浴也者,飛乍高乍下也。

例一是此種訓解形式之常式;例二先以"變也"訓之,而後又補充云"變而暖也",也是一種較爲常見之形式;例三、例六、例七均屬一種遞進式詮解,即後一組所釋者爲前一組之解釋詞。其他則有綜此三種形式而混用者。徵諸經部文獻,較爲典型者是《易傳》,如《繫辭傳上》:"辭也者,各指其所之。"《繫辭傳下》:"爻也者,效此者也;象也者,像此者也。"《說卦》:"齊也者,言萬物之絜齊也。離也者,明也,萬物皆相見,南方之卦也。聖人南面而聽天下,向明而治,蓋取諸此也。坤也者,地也,萬物皆致養焉。"其次是《考工記》,計有此式十七次,如:"幹也者,以爲遠也;角也者,以爲疾也;筋也者,以爲深也;膠也者,以爲和也;絲也者,以爲固也;漆也者,以爲受霜露也。"再次是《禮記》,有六十多次,其中如《樂記》十次,《禮器》六次,《郊特牲》六次。至於《大戴禮記》除《夏小正》之外其他篇章,亦多用此類訓解方式。求之子部文獻:《管子》有五十次,《列子》有三次,《荀子》四十五次,《吕氏春秋》四十九次,其他《莊子》《尹文子》等各有數例。《墨子》雖祇有二十一次,然多集中於《經說上、下》二篇,有十三次。如:"知材,知也者,所以知也,而必知,若明。""慮,慮也者,以其知有求也,而不必得之,若睨。"《韓非子》雖僅二十五次,然多集中於《解老》一篇,有十二次,如:"德也者,人之所以建生也;禄也者,人之所以持生也。"。

若從先秦文獻之文體上分析,《繫辭》《說卦》爲十翼之篇章,屬《易傳》;《禮記》和《大戴禮記》皆七十子後學所記,在一定程度上亦是老師詮釋經典或學生申述、詮釋老師思想、學術之記録;《墨子·經說上、下》係墨子學派對《墨經》之解釋,而《韓非·解老》一篇則亦是韓非對《老子》之訓解。凡此與《夏小正傳》之訓解方式一致,皆用"某也者,某也"體式進行訓解,故有特別之比勘意義。《易傳》、大小《戴記》、《墨子·經說上、下》和《韓非子·解老》篇皆戰國時期之作品,由此推知《夏小正》之傳文中此類詮解體式亦當是與之年代相先後之人所爲。雖秦漢子家著作亦有用此式入文者,仍不可與此詮釋性體式相混。

(六)某者,某也

此式與前式之差别在於被釋詞後少一"也"字。《夏小正傳》中此式數量亦不少,計有三十五例,選録數例於下:

1. 初歲祭耒——初者,始也。
2. 時有俊風——俊者,大也。大風,南風也。

3. 農率均田——率者，循也。均田者，始除田也。言農夫急除田也。

4. 采蘩——蘩，由胡。由胡者，蘩母也。蘩母者，旁勃也。（遞進式）

5. 來降燕乃睇——燕，乙也。降者，下也。睇者，眄也。眄者，視可爲室者也。（後半爲遞進式）

6. 祈麥實——麥實者，五穀之先見者，故急祈而記之也。

7. 南門正——南門者，星也。

8. 王狩——狩者，言王之時田也，冬獵爲狩。

9. 虞人入梁——梁者，主設罔罟者也。

例一爲常式；例二進一步解釋，爲常式之變；例三、例六釋詞之後，有一總括或說明之語；例四、例五爲遞進解釋之例；例八用"言"字領格，且又用"冬獵爲狩"一句補足釋義，較爲特殊；例九釋文"主設罔罟者"，著一"者"字，轉成名詞，亦不常見。又例五後三解皆用"者"字停頓，唯"燕"下無"者"，如非後人竄亂，則爲當時不同經師本各自語言習慣所留之痕跡。

用"某者，某也"之形式作解，可看作"某者何，某也"之形式省去"何"字，由問句變成陳述句。《公羊傳》用"者何"問句極多，諸如："春者何？歲之始也。"（《隱公元年》）"覿者何？見也。用者何？用者不宜用也。"（《莊公二十四年》，《僖公八年》同）"晦者何？冥也。"（《僖公十五年》）"賵者何？喪事有賵，賵者蓋以馬，以乘馬束帛。車馬曰賵，貨財曰賻。"（《隱公元年》）不僅語詞解釋如此，即人物、地名解釋亦莫不如此。如："赤者何？戎曼子之名也。"（《哀公四年》）"宛者何？鄭之微者也。邴者何？鄭湯沐之邑也。"（《隱公八年》）《公羊傳》有大量如此形式的詮釋句型，其相問多用"何"結句，偶亦有"某者，某也"句式。如："秦者，夷也。"（《昭公五年》）"叔術者，賢大夫也。"（《昭公三十一年》）"社者，封也。"（《哀公四年》）"麟者，仁獸也。"（《哀公十四年》）相比《穀梁傳》，雖亦有"某者何，某也"之句式，如"楚丘者何？衛邑也"（《僖公二年》），"輒者何也，曰兩足不能相過。齊謂之綦，楚謂之踂，衛謂之輒"（《昭公二十年》），但更多的是"某者，某也"之句式，亦一般詞彙和名物名詞皆有，如："考者何也？考者，成之也。"（《隱公五年》）"輸者，墮也。"（《隱公六年》）"殲者，盡也。"（《莊公十七年》）"宋人者，宋公也。"

（《桓公十一年》）"鄭忽者，世子忽也。"（同上）幾不勝枚舉。比較兩種句式，以有"何"者論，前者爲問句，若係弟子之問，則後者爲答句，是老師之答。若略去"何"字，則更像著述者之闡述、詮釋。從儒家師弟子口授與問答形式分析，有"何"之問句係口授答問之記録，而無"何"之陳述句或係感到每句必問之累贅而省去"何"疑問詞，或係弟子、經師著述時補充之解釋和説明。比較問句與陳述句在《公羊》《穀梁》中之多少，亦可佐助認識二傳時代之先後。

《公羊傳》雖名義上是從齊人公羊高一系相傳而下，到漢景帝時公羊壽與弟子齊人胡毋子都共著於竹帛。今觀《公羊傳》中有子沈子、子司馬子、子女子、子北宫子及高子、魯子等，可見都是師弟子口口相傳，各有貢獻。而《穀梁傳》之作者，相傳爲魯人穀梁赤，其寫定亦在漢代。二傳皆是師弟父子相傳，故其中不免夾有各傳人之解釋。至於公羊高和穀梁赤年代之先後，歷來頗多異説。鄭玄之意似是穀梁赤近於孔子，而公羊高正當六國之亡，①是《穀梁》在前而《公羊》在後。宋劉敞分析二傳傳文，認爲《公羊》在先而《穀梁》在後。② 清陳澧益二證，③趙伯雄又益二證，④應可論定無疑。《公羊傳》在前，傳中有子沈子、子司馬子、子女子、子北宫子及高子、魯子等經師之説，傳中亦以問答式"某者何，某也"爲最多，偶有陳述式"某者，某也"句式。《穀梁傳》在後，傳中問答式"某者何（也），某也"偶見不多，而大多數是"某者，某也"句式。將二傳之年代和詮釋句式對勘互比，可以作一推測：公羊高口傳弟子時代，多用"某者何，某也"爲標誌，似更接近於師弟子問答時代；口傳到後世，省去疑問詞"何"，簡省爲"某者，某也"。穀梁赤口傳弟子時代，已在公羊高之後，故用"某者何"句式少而用"某者"句式多。可見傳體句式之時代與二傳之先後亦基本一致。《夏小正》用"某者何，某也"問句式十次，而省"何"之陳述式"某者，某也"句式三十五次，其年代既有與公

---

① 孔穎達《禮記·王制》"則歲三田"正義引鄭玄《起廢疾》文。
② 劉敞《春秋權衡》卷十四"無駭帥師入極"下云："明穀梁私見公羊之書而竊附益之云爾。"《通志堂經解》，江蘇廣陵古籍刻印社 1996 年影印本，第八册，第 435 頁中。
③ 陳澧《東塾讀書記》卷十舉二證，並比較二傳，謂"定公三年、哀十年、十一年《公羊》無傳；《穀梁》亦無傳；定五年、六年、七年、九年，《公羊》每年祇有傳一條，《穀梁》亦然。此尤可見《穀梁》之因於《公羊》也"。《陳澧集》，上海古籍出版社 2008 年版，第二册，第 194 頁。
④ 趙伯雄《春秋學史》第一章，山東教育出版社 2004 年版，第 57—58 頁。

羊高相近者,亦有稍晚或更晚時代之痕迹。

(七)某,某也

此種詮解句式可認爲是"某者,某也"句式省去表停頓的助詞"者",其形式基本不變。此類句式共有三十二例,選錄數例於下:

1. 魚陟負冰——陟,升也。
2. 農緯厥耒——緯,束也。
3. 梅、杏、杝桃則華——杝桃,山桃也。
4. 榮菫、采蘩——菫,菜也。蘩,由胡。
5. 昆小蟲抵蚳——蚳,螘卵也,爲祭醢也。
6. 執養宫事——執,操也。養,大也。
7. 狸子肇肆——肇,始也。肆,遂也。
8. 湟潦生蘋——湟,下處也。
9. 丹鳥羞白鳥——白鳥,謂閩蚋也。
10. 織女正北鄉則旦——織女,星名也。
11. 虞人入梁——虞人,官也。

此類詮釋句式,《公羊》《穀梁》以及《毛傳》皆極常見。其一字訓一字,末用"也"字作結,其一字連一字者,各用"也"字作結,如:"肇,始也。肆,遂也。"或前用而後不用,如:"菫,菜也。蘩,由胡。"此或後世舛亂之。陳澧嘗云:"《毛傳》連以一字訓一字者,惟於最後一訓用'也'字。其上雖累至數十字,皆不用'也'字,此傳例也。然有不盡然者。今考'也'字不合傳例之處,其下皆有鄭箋。此由昔人因箋綴傳下,傳無'也'字,則文勢不斷,故增'也'字以隔絶之。此已不當增而增矣。段氏《定本》又於舊所未增者而亦增之,如'淑,善;逑,匹也','寤,覺;寐,寢也','善'字、'覺'字下,皆增'也'字,則段氏亦未知傳例矣。"①世俗於經傳訓釋下增"也",顔之推已言之,可見六朝時已然。今見敦煌伯二五二九《毛詩・秦風・車鄰》"四驖孔阜"下鈔傳文:

---

① 陳澧《東塾讀書記》卷六,《陳澧集》第二册,第105頁。

"騋,驪也;阜,大也。""奉時辰牡,辰牡孔碩"下鈔毛傳文:"時,是也;辰,時也。"傳本"驪"、"是"下無"也"字。又《小戎》"小戎俴收"下鈔傳文:"俴,淺也;收,軫也。"傳本"淺"下無"也"字。類此頗多,皆足證顏說。故張舜徽撮其例云:"單字易明者,以單字釋之,層累而下,其辭已盡,則用'也'字以別之;辭未盡,不須用'也'字。"①返觀《夏小正》傳文"菫,菜也。繁,由胡"、"䕸,操也。養,大也","菜"、"操"下有"也"而"胡"下無"也",是先秦無此例,抑或後世傳鈔舛亂,今實難徵。然《夏小正》之經、傳忽分忽合,其間之增竄衍奪,恐皆不免。即便如此,此種詮釋句式係"某者某也"之簡省,且在秦漢之際已在傳文中應用,則可推知《夏小正》傳文語詞之時代亦相一致。

(八)或曰

"或曰"者,《夏小正》有八例,其中一例作"其或曰"。引錄如下:

1. 初歲祭耒——或曰:祭韭也。
2. 雞桴粥——或曰:桴,嫗伏也。粥,養也。
3. 初俊羔助厥母粥——或曰:夏有煮祭,祭者用羔。
4. 𦫵羊——或曰:𦫵,牴也。
5. 拂桐芭——或曰:言桐芭始生貌拂拂然也。
6. 鳴蜮——或曰:屈造之屬也。
7. 狸子肇肆——其或曰:肆,殺也。
8. 鹿人從——或曰:人從也者,大者於外,小者於內率之也。

"或曰"一詞,《公羊》《穀梁》各有十餘例,《毛傳》亦有數例。《公羊傳·莊公二十五年》"或曰脅之"何休注:"或曰者,或人辭,其義各異也。"陳立義疏:"'或'有'又'義,'或曰'猶言'又曰'也。"②此引錄經師別解,以備經義之異說。亦先秦經傳之常語。從常理而言,"或曰"既屬於經師別解,則在經文傳授過程中,年代越後"或曰"越多。《夏小正》篇幅不大,而"或曰"竟有

---

① 張舜徽《毛詩故訓傳釋例》,《廣校讎略》附錄,中華書局1963年版,第174頁。
② 陳立《公羊義疏》卷二十四,臺灣商務印書館影印《國學基本叢書》本,第二冊,第607頁。

八例,則其總體顯示出傳授作解經師之多和時代之晚。

以上爲《夏小正》傳文詮釋用語,再揭櫫一例與七十子後學傳記用語有關者,如《夏小正》有傳"雁北鄉"云:"生且長焉爾。"傳"隕麋角"云:"記時焉爾。""焉爾"一詞,《公羊》《穀梁》屢屢用之,何休注云:"焉爾,猶於是也。"曾子用之,子思子用之,《易》《書》《詩》皆不用,《周禮》《儀禮》亦不用,而《禮記》則用七八次。諸子中《管子》《老子》《墨子》等皆不用,唯《莊子》用三次。二《傳》傳孔子《春秋》,《禮記》亦七十字後學所記,與曾子、子思子所著同出一轍,其他文獻多用"焉耳"。此亦從側面説明《夏小正》傳文與儒門後學有關。

四、《夏小正》傳文作者及經傳合成時代

《夏小正》傳自三代,文辭古奧,三正曆法分至之殊,南北節令物候之異,其需作解,必先秦時已然。孔子既云"吾得夏時",鄭玄亦云其得《小正》之書,或當時已有口授筆錄之舉。歷代學者推測傳文作者各有側重:泛而論之,謂七十子後學所撰;指而懸測,謂是游、夏之徒或高、赤之儔;以其編入《大戴禮記》,則指爲戴德;以其爲兩漢之書,則指爲東西漢經師;復有欲統括其範圍者,則云乃七十子所傳而戴德所述。尋究各家之説,率皆主觀之意多而實證之例少。

將《夏小正》傳文離析分類,一一與先秦及秦漢之儒家傳記校覈比勘,約略可得其大概之年代。先就文句形式論之:"先言……後言"之句式,與《公羊傳》相同。"某者何也"之句式,在先秦諸子如《管子》《墨子》、七十子傳記中之《禮記》《喪服傳》等皆有,而《公羊傳》用此竟達近三百例,《穀梁傳》亦多用之。然以問答式著稱的《公羊傳》則基本不綴"也"字。"何也"句式,《夏小正》有十多句,其實就是省去"者"字。《公羊傳》用"某者何"有數百句,無句尾語氣詞"也",而無"者"之"何也"僅二句,且皆爲趙盾之言。《喪服傳》則"者何"、"者何也"並用,而亦不用"何也"。"者"之省略意味著"者字結構"的解體,"也"字增多,預示著其訓釋由口頭記錄轉向書面著述,此可懸測《夏小正傳》時代約略晚於《公羊傳》。

再就陳述句式而論:《夏小正》"某也者,某也",與《易傳》《考工記》《禮

記》下及秦漢之際的《吕覽》《韓非子》中相關篇章等相類,應是先秦一般陳述句,所涉時代跨度頗大。其"某者,某也"三十五例,"某,某也"三十二例,先省"也"字,復省"者"字,句例多於完整的"某也者,某也"式,已經下與《毛傳》接近,可以看出《夏小正》傳文中戰國末年、秦漢之際的因子逐漸增加。此與其"或曰"比例之多所顯示的年代亦相一致。

縱觀《夏小正》傳文形式,其上限年代應與《公羊傳》相先後,或有夫子口授之語在焉。及七十子後學本夫子之意,遞相傳授,復各本私意推闡其說,附益增飾,積句成文,纂簡成篇,漸成規模。逮及戴德整理七十子後學篇什,乃爲排比整飭,以傳次經,其文固多戰國以還經師層纍而積之傳與記,間有多少係戴德之增刪整比,今已無可考矣。

二〇〇九年十一月至十二月初稿
二〇一一年一月修訂稿

從熹平殘石和竹簡《緇衣》看清人四家《詩》研究

一、熹平石經《魯詩》的鐫刻、毀棄、蒐集與研究

西漢已有羅布泊紙之發現,①東漢章帝時亦有與賈逵簡紙經傳事,然終兩漢之世,經傳仍以書於簡牘爲常,至鄭玄注《三禮》,所據猶爲簡本。② 簡牘雖較紙質文本堅固耐久,猶可刮削改竄。靈帝熹平四年,發生一起刮削改竄蘭臺漆書經字案,觸發了石經之刊刻。《後漢書·宦者傳·吕强》載:

> 巡(宦者李巡,注《爾雅》者)以爲諸博士試甲乙科,爭第高下,更相告言,至有行賂定蘭臺漆書經字以合其私文者。乃白帝,與諸儒共刻五經文於石。

漆書簡牘,本不易塗抹,而爲争甲乙高下,竟有行賄刮削改字之舉,致使中秘藏本,皇家標準,均可爲不法者丹鉛雌黄。六經文本,傳自仲尼,若定於一尊,則豈敢行賄妄改,自取其罪?唯經典文字,早已紕繆歧出,誠如荀悦所言:"仲尼作經,本一而已,古今文不同,而皆自謂真本經。古今先師,義一而已,異家别説不同,而皆自謂真本説。仲尼邈而靡質,昔先師没而無

---

① 參見黄文弼《羅布淖爾攷古記》,《中國西北科學攷察團叢刊》之一,北京大學出版部1948年版,第168頁。
② 筆者有《鄭玄所見三禮傳本殘闕錯簡衍奪考》所論甚詳,未刊稿。

聞,將誰使折之者?秦之滅學也,書藏於屋壁,義絶於朝野。逮至漢興,收摭散滯,固已無全學矣。文有磨滅,言有楚夏,出有先後。或學者先意有所借定,後進相放,彌以滋蔓。故一源十流,天水違行,而訟者紛如也。"①"一源十流","彌以滋蔓",乃當時文本之實情。如若稍行改竄以合私文而非人贓俱獲,難以判别是非。李巡上奏,原擬就如何防範肆行改易邪風之建言,石經之刻,即是其爲防止不法者再次行賄改字之措施。蓋唯鑴之於石,立之於學,定於一尊,昭示四海,庶可免竄改之行,紛争之端。巡疏一上,靈帝深然其言,遂於熹平四年三月,詔諸儒正定五經,由蔡邕領銜。《蔡邕傳》曰:

> 邕以經籍去聖久遠,文字多謬,俗儒穿鑿,疑誤後學。熹平四年,乃與五官中郎將堂谿典,光禄大夫楊賜,諫議大夫馬日磾,議郎張馴、韓説,太史令單颺等奏求正定六經文字。靈帝許之。邕乃自書册於碑,使工鑴刻立於太學門外。於是後儒晚學,咸取正焉。及碑始立,其觀視及摹寫者,車乘日千餘兩,填塞街陌。

邕傳云邕與堂谿典等奏求正定六經文字,靈帝許之。此必范氏據《蔡邕别傳》立論。其創議作俑者,自是李巡。其事自熹平四年(175)籌措,隨即校正、書丹、刻石,至光和六年(183)告竣,前後凡九年。石立洛陽城南開陽門外太學講堂前之東側,依西南東行排列。當時群儒後學,輻輳洛陽,摹寫取正,絡繹不絶。自此之後,賄改之風絶而紛争之訟息,刻經於石之效果顯然,功德無量。

熹平石經一律以漢隸書寫,書寫者有蔡邕、堂谿典、楊賜、馬日磾、張馴等一二十人。② 所立計七經:《易》《書》《詩》《儀禮》《春秋》《公羊傳》《論語》。東漢各經所立博士非止一家,若《易》有施、孟、梁丘、京氏四家,《書》有歐

---

① 據《四部叢刊》本《申鑒》卷二,其中"而皆自謂古今"一語,文義未了,故黄省曾謂"此處有誤",《玉海》卷四十三引此句作"皆自謂真古今",亦不能使文義了然。楊慎《丹鉛餘録》卷十一作"真本説",與前"真本經"對,今據改。

② 馬衡《校理人名表》開列二十四人,但有些人可能祇是參與其中工作,並非均是書寫者。相反,刻工僅陳興一人,其實鑴刻者應遠遠多於書寫者,唯因年代邈遠,經碑殘損過甚,無法一一考見而已。

陽、大、小夏侯三家，《禮》有戴德、戴聖二家，《公羊》有嚴、顔二家，《論語》亦有齊論、魯論、古論三家。經宋洪适至近代張國淦、馬衡等依據不斷出土之實物相繼考證，①確認《易》用梁丘氏，②而參校施、孟、京三家；《書》用歐陽氏，③而參校大小夏侯二家；《詩》用《魯詩》，而參校齊、韓二家；《儀禮》用大戴，校以小戴；《春秋》用《公羊》；《公羊傳》用嚴氏，參校顔氏本；《論語》用《魯論》，亦參校盍、毛、包、周諸家之本。綴校記於正經之後。七經共四十餘碑，④經碑高一丈許，廣四尺，正反書寫。每經所占碑數多少不同，皆自爲起訖。其書寫行款各經亦略有不同，少者如《春秋》每行七十字，多者如《易》《論語》七十三字。考校《魯詩》殘石正反面之文字，《小雅·采菽》以上七十二字，《角弓》以下七十字，反映出正面七十二字，反面七十字之不同行款。

石經立於太學，擬爲經典之永式。不意未及一紀，董卓焚毁洛陽宫，殃及石經。陸機《洛陽記》："〔太學〕堂前石經四部，本碑凡四十六枚。西行《尚書》《周易》《公羊傳》十六碑存，十二碑毁。南行《禮記》十五碑，悉崩壞。東行《論語》三碑，二碑毁。"⑤據魚豢《魏略·儒宗序》所記："從初平之元至建安之末，天下分崩，人懷苟且，綱紀既衰，儒道尤甚。至黄初元年（220）之後，新主乃復始掃除太學之灰炭，補舊石碑之缺壞，備博學之員録。"⑥魚氏説"補舊石碑之缺壞"，想見董卓焚燒，僅是斷裂、倒塌，個別缺損，而非毁棄不存。永嘉喪亂之後，又輾轉遷徙於鄴都、洛陽、長安之間，寶之者施列學館，賤之者廢爲柱礎。至唐貞觀初，魏徵蒐集石經，已十不存一。後毁棄沉

---

① 參見張國淦《歷代石經考》，燕京大學國學研究所1930年印行。馬衡《從實驗上窺見漢石經之一斑》，《凡將齋金石論叢》，中華書局1977年版，第199—210頁。
② 馬衡以爲用京氏，屈萬里考定爲梁丘氏本，今從屈氏。見屈萬里《漢石經周易殘字集證》，中研院歷史語言研究所專刊之四十六。
③ 屈萬里以爲用小夏侯本，因顧頡剛、顧廷龍所藏《尚書》校記殘石有"大小夏侯"字，今從馬説。然程元敏以爲校記殘石係僞刻，見《六二七八號〈漢熹平石經·尚書〉殘石甄僞》，《宋代經學國際研討會論文集》，中研院中國文哲研究所《中國文哲論集》之十四，2006年。
④ 熹平石經碑數，《洛陽記》云四十六碑，《洛陽伽藍記》云四十八碑，《御覽》卷五百八十九引《西征記》云四十碑。據馬衡所記，經碑之外，尚有一碑，專爲叙述刊立石經之事，在以上碑數之外。黄彰健《論漢石經》謂《西征》諸記所記碑數恐皆不足據，《經今古文學問題新論》，台灣中研院歷史語言研究所專刊之七十九，1982年版，第269頁。
⑤ 《後漢書·蔡邕傳》"邕乃自書册於碑，使工鐫刻，立於太學門外"李賢注引。
⑥ 《三國志·魏志·王肅傳》"明帝時大司農弘農董遇等亦歷注經傳，頗傳於世"裴松之注引。

埋，又數百年。六朝曾有石經拓本傳世，《隋志》載有《一字石經魯詩》六卷，亦不知佚於何時。

唐末李綽《尚書故實》云："東都頃千卅造防秋館，穿掘多得蔡邕鴻都學所書石經。後洛中人家往往有之。"①是五代之際復有出土，爲有識者藏弄，視爲文物，然具體經別與字數不明。宋嘉祐末（1062—1063）以還，又續有《論語》《尚書》《公羊》《儀禮》殘石出土，始有人專事蒐集。黄伯思（1079—1118）《東觀餘論》卷上曾著錄收藏者姓名。洪适（1117—1184）《隸釋》卷十四載有石經《魯詩》殘碑魏、唐國風一百七十三字，婁機（1133—1212）《漢隸字源》卷一則云"石經《魯詩》殘碑"存一百四十字，二者互有異同。自後七百年間，未聞有新得。

清末民初，洛陽邙山地區出土大量唐代墓誌，自後刨地盜掘之風熾盛，一九二一年，洛陽出土魏正始石經殘石，引起羅振玉關注。嗣後徐森玉、馬衡等前往洛陽，前後得二百由，頗有《魯詩》。② 自此學者、商賈争相藏弄，影拓傳世。一九八〇年四月，中國社科院考古所洛陽工作隊在河南省偃師縣佃莊公社東大郊大隊太學村，即漢魏洛陽故城開陽門外御道東太學舊址發掘，共得石經殘石六百餘塊。其中有字者九十六塊，涉及《儀禮》《春秋》《魯詩》《論語》及《儀禮》《魯詩》之校記，報告詳細開列出土層位、編號、經別及殘石文字，惜未公布全部拓片。③ 嗣後續有所得，有人已作初步考釋。④

---

① 李綽《尚書故實》，《叢書集成初編》本，第 2739 號，第 11 頁。
② 馬衡《集拓新出漢魏石經殘字》云："中華民國十二年（1923）夏，余與徐森玉鴻寶君相約遊洛，始知所出二石之外，尚有碎石甚夥。辨其殘字，不盡三體，亦有漢石經焉。乃屬洛中友人郭玉堂君代覓碎石，約得二百由，與徐君分購之。"而羅振玉《漢熹平石經殘字集錄序》云："歲辛酉（1921），中州既出魏正始石經。明年壬戌（1922），與吴興徐君鴻寶、四明馬君衡約偕至洛陽觀漢太學遺址。已而予以事不果，乃語徐君：正始石經與魏文帝《典論》並列，石經既出，《典論》或有出土者，此行幸留意。徐君諾之。及抵洛，郵小石墨本，詢爲《典論》否。閲之，則漢石經《論語·堯曰》篇殘字也。亟遂書徐君，請更搜尋。遂得殘石十餘。此漢石經傳世之始。嗣乃歲有出土者，率歸徐、馬兩君。他人所得，不及少半也。"羅、馬二人記述，前後相差一年，而漢石經之出土，當在此前數年陸續爲人所掘得。
③ 中國社科院考古所洛陽工作隊《漢魏洛陽故城太學遺址新出土的漢石經殘石》，《考古》1982 年第 4 期，第 381—389 頁。校按，此文刊出後不久，中國社會科學院考古研究所編著的《漢魏洛陽故城南郊禮制建築遺址——1962—1992 年考古發掘報告》由文物出版社出版（2010 年 7 月），書中已刊出六十餘塊殘石照片。
④ 王竹林、許景元《洛陽近年出土的漢石經》，《中原文物》1988 年第 2 期，第 14—18 頁。

宋初著録石經，多從古物角度予以記載，如歐陽棐《集古録目》卷二《石經遺字》、董逌（約1079－約1140）《廣川書跋》卷五《蔡邕石經》等數篇。即使趙明誠《金石録》卷十六《漢石經遺字》提及《詩》《儀禮》等，亦僅是記述其事，未加考證。唯黃伯思《東觀餘論》卷上有《記石經與今文不同》一篇，比勘石經與唐宋傳世經典之異同，可謂開研究之先例，惜其所見無《魯詩》殘石。迨及洪适《隸釋》卷十四著録《魯詩》殘石一百七十三字，一一與《毛詩》對勘，用小字注於下，文末著跋一篇，據殘石"齊韓"字，第一次正確推測熹平刻石用《魯詩》。① 此爲最早研究石經《魯詩》之著。洪氏之後，如沈承澤《庚子消夏記》卷五、顧炎武《金石文字記》卷一、朱彝尊《金石文字跋尾》卷二等題跋均是泛論石經。葉奕苞於《金石録補》中仿洪适之式，對其所見熹平《詩》殘石予以勘同。② 乾隆間，惠棟之《毛詩古義》，已援據石經《魯詩》字形，結合秦漢文獻，進行文字考辨。③ 嘉慶間，翁方綱著《漢石經殘字攷》，對二段《魯詩》形制，即章與章之間空格，篇末總計章句之文給出描述，並結合今本字數，計算出石經每行爲七十二字。④ 其後馮登府著《石經補攷》，卷二專論《隸釋》所載石經《魯詩》，⑤徵引字韻書、古本及清人考證，對石經異文予以疏通。王昶據《吕氏家塾讀詩記》董氏之説記《説文》所引，以爲"多半吻合，疑亦據東漢石刻而言"。⑥ 道光初年，瞿中溶又在惠棟基礎上進一步開拓材料範圍，進行較爲詳盡之考釋。⑦

　　一九二一年洛陽發現漢石經之後，《魯詩》殘石先後出土一百七十四塊，可拼合爲一百十五塊，計一千三百字。另有《魯詩校記》四十塊，可拼合爲三十八塊，計一百三十字。⑧ 文字數量是洪适所見之八倍強，於是研究之

---

① 洪适《隸釋　隸續》，中華書局1985年影印洪氏晦木齋本，第151－152頁。
② 葉奕苞《金石録補》卷二十五《漢石經》，《叢書集成初編》本，第1521號，第245－246頁。
③ 惠棟《九經古義》卷五《毛詩上》，《清經解》卷三百六十三，上海書店1988年影印本，第2册，第754頁。
④ 翁方綱《漢石經殘字攷》，清光緒十六年四川尊經書局刻《石經彙函》本，第三葉。
⑤ 馮登府《石經補攷》卷二"魯詩"下小注云，《隸釋》之外，附《釋文》《詩攷》二條，至於《吕氏讀詩記》引董氏之説，皆見於《説文》，亦本於三家，於石經無所依據，故不敢坿會。
⑥ 王昶《金石萃編》卷十六，陝西人民美術出版社1990年影印民國十年石印本，第一册，第十二葉B。
⑦ 瞿中溶《漢石經攷異補正》卷二，民國三年刻本，《歷代石經研究資料輯刊》，北京圖書館出版社2005年版，第5册，第151－167頁。
⑧ 此據羅福頤《熹平石經概説》所統計，《文博》1987年第5期。

風亦隨之升溫。一九二七年，吳維孝出版《新出漢魏石經考》，於卷一著錄石經《魯詩》殘字凡四石，雖未有考釋，然詳細標注殘石尺寸，顯示出現代式研究之範式。① 同年，馬衡從孫莊之議，將自己與徐森玉等八家蒐集所藏之漢魏石經殘石集拓印行。兩年後，羅振玉接連印行數種有關熹平石經著錄與考釋著作，收錄大量《魯詩》殘石。《漢熹平石經殘字集錄》一卷《補遺》一卷：《集錄》收《魯詩》七石五十二字，校記六石廿九字；《補遺》收《魯詩》二石七十二字，校記一石廿六字。《漢熹平石經殘字集錄續編》一卷《補遺》一卷：《續編》收《魯詩》廿九石二百五十字，校記七石卅字；《補遺》收《魯詩》六石廿七字，校記一石七字。《漢石經殘字集錄三編》一卷《補遺》一卷：《三編》收《魯詩》六石卅五字，《補遺》收四石十二字。一九三〇年印行《漢熹平石經殘字集錄四編》一卷《補遺》一卷《又補》一卷：《四編》收《魯詩》四十一石三百七字，校記六石卅三字；《補遺》收六石一百五字；《又補》收六石七十字，校記三石十九字。一九三四年又出版《漢熹平石經集錄又續編》一卷《續拾》一卷：《又續編》收《魯詩》十九石一百九字，校記六石二十九字；《續拾》收《魯詩》四石四十七字。之後又有《漢熹平石經集錄續補》一卷，收《魯詩》七石七十一字。② 六編共著錄《魯詩》殘石一百三十七塊，千一百五十七字；校記三十石一百七十三字。羅氏繼承、綜合洪适、葉奕苞、惠棟、翁方綱、瞿中溶等考釋方法，對殘石文句、殘字不僅比勘之後標明所出篇章，計算出該行該篇字數，並旁引博證，利用字韻書、碑刻等文獻對石經文字結構及與《毛詩》之異文進行疏證考釋。羅氏對石經《魯詩》研究之最大功績，是經過縝密排比，揭示出《毛詩》與《魯詩》個別篇章編次不同，某些詩篇章次有異。如："《魯》《毛》篇次之異，則《小雅》之《湛露》上接《瞻洛》，《彤弓》下接《賓筵》。《菀柳》之後雖不知何篇，而非《都人士》，《大雅》之《韓奕》《公劉》相比次。"③ 此項成果爲全面復原石經《魯詩》之碑版行款奠定了基礎，意義重大。其次是對各經書寫行款格式，即篇章之間如何空格，如何加點示別等都有探討。各編之後附以殘石文字雙勾摹本，以便按覆。用羅氏之言

---

① 吳維孝《新出漢魏石經考》四卷，民國十六年上海文瑞樓書局影印《愁齋叢書》本，第五葉至六葉。
② 所錄諸書原係羅氏隨編隨刊之石印本，今由北京圖書出版社輯錄於《歷代石經研究資料輯刊》第5冊中。其中《四編》以下未標明石數及字數，文中數字係重新統計，每石字數或有與羅氏自己統計不同者。
③ 《漢石經殘字集錄續編序》，《歷代石經研究資料輯刊》第5冊，第350頁。

云:"予此書集録外並附句本,蓋恐予之考證有疏失,後人得據句本以補正之,是區區之微意也。"① 熹平《魯詩》殘石,從唐末掘得作爲隨意藏物,宋人視作古董,經書法家、金石家著録並略加考釋,到羅振玉之關注、研究,才使整個研究從性質上起了變化。

與羅氏相先後,一九三〇年,張國淦出版《歷代石經考》一書,對漢、魏、唐、蜀、北宋、南宋、清七朝石經作細緻考證與描述。在漢石經一章中從研究史角度梳理歷代對熹平石經之論述,可謂將熹平石經各種論説作了一次總清理。最後論及漢石經拓本時,將馬衡《集拓新出漢魏石經殘字目》録存於後,其中《魯詩》七石四十二字,校記五石二十七字。② 又將羅振玉於張書出版之前印行之《集録》三編之殘石文字附之,《魯詩》石數字數見前。一年後,又出版《漢石經碑圖》一書,③沿王國維之思路方法,復原熹平石經。將《魯詩碑圖》列之於首,以《毛詩》文本爲底本,參照《魯詩》篇章特點,摹擬展示熹平《魯詩》之面貌。

一九三三年方若刊其《舊雨樓漢石經殘石記》,中有記述《魯詩》二石,一《國風·邶風·旄丘》等八篇一百三十七字,一《大雅·文王》等三篇七十字,加之循筆道而字蹟可揣摩者八字,共計二百十五字。④ 間有文字考釋,未若羅氏之謹嚴。同年,馬衡發表《從實驗上窺見漢石經之一斑》一文,⑤分字體、經數、經本、行款、石數、人名六項,總結當時研究成果,結合自己心得,對漢石經作詳細的描述,分辨魯、毛異同也更清晰。一九三四年,王獻唐主持山東省立圖書館期間,爲該館收得漢魏石經殘石都一百二十五枚,囑屈萬里考釋,成《校録》一卷。屈氏體例一仿羅氏《集録》,唯以熹平石經爲今文經,故其排列改從《詩》《書》《易》《禮》《春秋》爲序,聖門弟子所記之《論語》附後。《魯詩》計三十石一百八十二字,校記三石十六字。其中凡羅書已著録者均予標明。

---

① 羅振玉《漢熹平石經殘字集録後序》,《歷代石經研究資料輯刊》第 5 册,第 347—348 頁。
② 其中所録最後一石"一/四/一"三字者,爲《集拓新出漢魏石經殘字》所未收。
③ 張國淦《漢石經碑圖》,民國二十年關東印書館排印本。
④ 對舊雨樓所藏二大塊殘石,屈萬里曾有《舊雨樓藏漢石經殘字辨僞》一文予以辨證。載《書目季刊》二卷二期,1967 年,第 53—57 頁。
⑤ 馬衡《從實驗上窺見漢石經之一斑》,《凡將齋金石論叢》,第 199—210 頁。

一九五七年，由陳夢家等整理的馬衡遺著《漢石經集存》出版，①收錄《魯詩》經文一百三十六塊，校記五十七塊，不知篇名者九塊。《集存》在拼合方面用力甚深，厥功甚偉。每石均參照《漢石經碑圖》標明在碑圖第幾面第幾行。殘石文字後徵引文獻，略附考釋，亦多引述羅氏之説。書後附殘石拓片，便與按覆對照。從石經蒐集、綴合、復原及與《毛詩》文字異同考釋等層面而言，《集存》確是一項集大成的成果。它爲以後魯毛異文在聲韻、字形、假借關係等方面的深入研究奠定了基礎。

二〇〇一年，陸錫興之《〈詩經〉異文研究》出版，②該書之第三章《三家〈詩〉經文》列《〈石經魯詩〉考證》一節，比勘石經《魯詩》與《毛詩》之異文，著重在字形上進行分析、考訂。陸氏熟稔漢簡魏碑別字字形，故徵引漢碑較多，時而通過考證來證明何爲正字，何爲假字。二〇〇四年，于茀《金石簡帛詩經研究》一書出版。書分上下二篇：上篇《金石簡帛與四家詩異文彙考》，下篇《上海博物館藏戰國楚簡詩論考釋》。上篇依風雅頌三百零五篇排列，逢有金石簡帛之《詩經》異文者，即羅列而疏證之。③ 該書僅取熹平殘石《魯詩》與《毛詩》之異文。作者涉獵聲韻，故時能從聲韻結構去分析異文之關係。

漢石經從沉埋數百年到零星面世，祇是古董藏櫃中的玩賞珍寶。自洪适著錄後七百年中，也僅作爲歷史考證對象與書法學者談資。清儒將之納入四家詩研究範圍，取得一定成績。二十世紀二十年代大量發掘出漢石經殘石，隨之掀起一個研究高潮。經衆多學者十多年不斷傳拓、切磋、研究，使熹平石經之刊刻起因、碑石形制、書刻行款一直到魯毛篇次、章次、文字異同，都有一個較爲清晰的輪廓。這個階段在三十年代就漸趨消息，到五十年代以馬衡《漢石經集存》出版爲標誌而暫告終結。陸、于二書注重所有的《詩經》異文，熹平《魯詩》僅是其中一個方面，故於魯毛相同之文字，陸書存而云"同"，不予討論，于書則一律捨去不錄，遂未能充分發揮熹平殘石《魯詩》文字之應有效用。回顧近百年的熹平殘石《魯詩》研究，其最令人遺憾者，是未能循清儒援石經《魯詩》入四家《詩》研究之路嚮，使大量新出土

---

① 馬衡遺著《漢石經集存》，中國科學院考古研究所編輯，考古學專刊乙種第二號。
② 陸錫興《〈詩經〉異文研究》，中國社會科學出版社2001年版。
③ 于茀《金石簡帛詩經研究》，北京大學出版社2004年版。

之殘石發揮其更大效用。

魯毛文異,固可探尋兩漢今古文經《詩》派不同之用字與《詩》説;而不管魯毛文同文異,均可檢驗清儒在四家《詩》研究中之得失。關於前者,前有古人,後有來者,代不乏人;而於後者,却闃焉無聞。本文立足於前者,結合秦漢簡牘、六朝碑刻、敦煌寫卷之文獻疏證其異同;亦注重於後者,援引唐宋以前異文,追蹤其流傳演蜕與鈔刻譌誤,剖析清儒研究之原則,檢驗其歸派四家《詩》之得失。

二 、竹簡《緇衣》引《詩》與兩漢《詩經》之關係

《緇衣》係《小戴記》中一篇,雖曾被黃道周認爲在儒家政治中極爲重要而抽出著成《緇衣集傳》,然在整體的經學研究中,仍未引起足够之重視。迨及郭店簡和上博簡之單篇《緇衣》出土,其原來之歸屬及其作者等問題重新被審議。《緇衣》引《詩》二十三次,在整部《禮記》中居首位。欲認識其所引《詩》句與兩漢《詩經》之關係,須先分疏簡本《緇衣》與傳本《緇衣》之異同及時代、作者問題。

郭店簡與上博簡《緇衣》在引《詩》引《書》上雖有文字之異同,然其順序一致,皆先《詩》而後《書》。凡一引皆泛稱"寺"員",兩引則用專稱,先"大雅"後"小雅"。傳本《緇衣》之常態爲先《詩》後《書》,偶有先《書》後《詩》,且或"《詩》曰"或"《大雅》曰"或篇名,錯亂不一。此乃漢代經師在整理散佚簡牘過程中所發生之舛亂。其"員""曰"之異,乃《緇衣》在傳授或簡牘傳鈔中所發生之混用現象。至於先《詩》後《書》,有學者用漢代今古文經對儒家六經之排列次序來解釋,而筆者曾詳細考證後認爲,簡本先"《寺》"後"《書》"與西周國學及孔門設教課程一致,而傳本之先"《書》"後"《詩》"二例亦是整理散佚簡牘過程中之失誤,而絕非今文學禮家之蓄意改竄。①

《緇衣》是《禮記》中之一篇,而傳統認爲小《戴記》係整合、選取《漢志》所謂一百三十一篇記文而成。《漢志》記一百三十一篇,劉向校録時皆曾歸

---

① 參見虞萬里《〈緇衣〉引〈詩〉考》,臺灣政治大學中文系編《中國經學國際學術研討會 5th 論文集》,2009 年 5 月。

類。從鄭玄《三禮目録》中可窺探劉向區分爲制度、通論、明堂陰陽、喪服、世子法、祭祀、子法、樂記、吉禮、吉事等，其中屬於通論者有《檀弓》《禮運》《玉藻》《大傳》《學記》《經解》《哀公問》《仲尼燕居》《孔子閒居》《坊記》《中庸》《表記》《緇衣》《儒行》《大學》等十五篇。所可注意者，《經解》至《緇衣》八篇相連，《經解》記六藝政教之得失，次三篇記孔子與哀公和弟子之問答，復次四篇即沈約所謂取自《子思子》的篇章。從排列上思考，西漢禮家將子思學派的著作次於孔子之後，也有理可循。但因《緇衣》是否取自《子思子》，其作者究竟如沈約所言子思子還是劉瓛所説公孫尼子抑或其他誰何，學界迄無定論。據筆者研究，《緇衣》確是子思學派之著作。其先由子思根據記憶和聞之於七十子後學的孔子言論予以整理記録，復據戰國之政治形勢略予推論發揮，不時引述《詩》《書》格言作爲理論依據。子思後學在師弟子傳授過程中，不斷有引申補充，至孟子後荀子前之戰國中後期基本定型。①

從《詩》之形成、結集、傳播而論，西周之時，政府教育機構將之與樂曲、樂舞相配，賦有特定的含義，令國學學子諷誦、肄習。學成之後，授官襲爵，出使四方，在朝聘、會盟等各種場合藉助《詩》的語言和《詩》的樂、舞等進行外交活動。在這種隨機應變、即興發揮的場景下，引《詩》、賦《詩》往往"斷章取義"，與詩篇原旨不符甚至相去甚遠。進入戰國，策士游説，以利益、利害爲第一要義，徹底擺脱了溫文爾雅、"微言相感"的引《詩》喻志式交談，導致口頭賦《詩》、引《詩》之衰落，而轉向一種以《詩》爲經典格言，作爲諸子争鳴立説時加強自己論據佐證之新形式，於是變口頭稱引爲書面稱引。書面引《詩》，經歷了一個由少到多，由稀到密的過程；先秦引《詩》，也經歷了一個重《雅》輕《風》到風、雅幾近平等的過程。②《緇衣》在孟子到荀子的一百年中定型，而此時適爲《詩》由引《詩》、賦《詩》之口頭稱引衰落而轉向文獻引《詩》時期，亦即將言語之《詩》轉爲文字之《詩》的初始階段。此時各本方言（包括方音）記録詩句，其歧出不一可以想見。即在《緇衣》定型後之傳鈔中，仍然産生如郭店簡與上博簡引《詩》之文字差異，則《緇衣》所引與以文

---

① 參見虞萬里《儒家經典〈緇衣〉的形成》，臺灣中研院中國文哲研究所"儒家經典的形成"講座稿，2006年。
② 參見虞萬里《從〈詩經〉授受、運用歷史看〈緇衣〉引〈詩〉》，《傳統中國研究集刊》第二輯，上海人民出版社2006年版，第277—292頁。

本或諷誦所傳《詩》之差異更可想見。

從竹簡《緇衣》到傳本《緇衣》，是一個由不斷傳鈔、走樣，復又韋編散絕，最後爲戴聖選編成書的過程。西漢三家《詩》在文景之際先後立爲博士，溯其淵源，皆先秦荀卿及浮丘伯等所傳，雖經秦火之劫，以口誦得以流傳，其文字雖有異同，虛詞或有多少，而内容大體一致。

三、清人三家《詩》勾稽與四家《詩》歸派

陸德明《釋文·注解傳述人》曰："《齊詩》久亡，《魯詩》不過江東，《韓詩》雖在，人無傳者。"《釋文》多載《韓詩》，李善《文選注》亦頗存《韓詩》文字與《詩》説。宋朱熹嘗欲將《文選注》之《韓詩》寫出而未果。王應麟受朱熹啓發而作《詩攷》。《詩攷》分"韓詩"、"魯詩"、"齊詩"、"逸詩"、"詩異字異義"、"補遺"六部分，延伸文公原初之設想，兼輯齊、魯《詩》，因亦名《韓齊魯三家詩考》。唯齊、魯《詩》亡佚較早，所輯僅寥寥數條，自謂"《詩》四家異同，唯《韓詩》略見於《釋文》，而齊魯無所考"。雖然，伯厚已經注意漢代學者與所傳習之四家《詩》問題。如對劉向《列女傳》所引《詩》，謂"楚元王受《詩》于浮丘伯，向乃元王之孫，所述蓋《魯詩》也"。康成注《禮記》引《詩》，王謂"康成從張恭祖受《韓詩》，注《禮》之時未得《毛傳》，所述蓋《韓詩》也"。又云："許叔重《説文》謂其稱《詩》毛氏皆古文也，而字多與今《詩》異，豈《詩》之文亦如《書》之有古今歟？"[①]由作者《詩》派推論其引《詩》歸屬，爲清儒四家《詩》研究開闢出廣闊途徑。

清人對三家《詩》之研究引證更爲豐贍，思路更爲廣闊，解析更爲透徹，然無不是在王應麟《詩攷》基礎上展開。故首先是以《詩攷》爲基點的增補著作。如胡文英《詩攷補》二卷，丁晏《詩攷補注》二卷《補遺》一卷。胡著不若丁作嚴謹。丁作於王書"復者刪之，譌者正之，失次者移之，未詳者申之"，洵王氏之功臣。清初嚴虞惇著《讀詩質疑》三十一卷，另附録十五卷，附録中有"三家遺説"（卷十二）、"經文攷異"（卷十五）皆補《詩攷》之作。特

---

① 以上所引皆見王應麟《詩攷後序》，《玉海》第六册附，江蘇古籍出版社、上海書店1987年影印本，第29頁下—30頁上。

別是後者,屢引《詩攷》作某,知爲補苴之作。其後嚴曾孫嚴蔚增廣虞惇之未備,成《詩攷異補》二卷,其採摭範圍不僅限於三家。然一旦突破齊魯韓三家,便成爲名副其實之"異文"著作。從異文角度觀之,自有所不足,然亦即此開啓乾嘉以還接踵而至之《詩經》異文蒐輯之風。乾隆間,范家相著《三家詩拾遺》十卷,"因王氏之書重加裒輯,增入者十之六七",已過王書二倍,范書改變《詩攷》三家各自爲篇,而一以三百篇爲序,凡三家遺説、異文一並附見,較爲易檢。范氏於《拾遺》之外,另著《三家詩源流》一卷,分別齊魯韓三家傳授,其於未明傳授譜系者,作"漢魏説《詩》不著傳授者"一節,將伏勝以下至王肅、崔靈恩一一作出歸派,兹爲列表如下:

人名、書名	三家《詩》派	依據
伏生《尚書大傳》	魯	伏本魯人,與申公先後同時。伏湛治《魯詩》,見本傳。
《淮南子鴻烈解》	魯	集衆手成書,其説詩不一。然家世《魯詩》也,亦爲《魯詩》。
賈誼《新書》	魯	説詩與《魯詩》合。
董仲舒《春秋繁露》	三家《詩》	説《棫樸》《雲漢》及"白牡騂剛"諸詩與《毛詩》不同。
司馬遷	魯	向孔安國問故。孔安國,魯申公弟子。
劉向《説苑》《新序》	魯	向家世《魯詩》也。《説苑》《新序》亦然。向子歆好《春秋左傳》及《毛詩》,其與毛異者皆《魯詩》。
班固《白虎通》《漢書》	三家《詩》	多引《韓詩内傳》,亦時述《魯詩》,蓋三家《詩》俱有之。
揚雄《法言》	三家《詩》	《魯頌·閟宫》之説乖異。
蔡邕	魯	書《魯詩》石經,其《琴操》亦多魯説。
鄭玄	三家《詩》	未箋《毛傳》時,其注《三禮》,多用《魯詩》,兼出齊、韓。
王肅、崔靈恩	毛、三家《詩》	皆《毛詩》家,其注亦時出三家説。

范氏對不明傳授者之著作、詩説之劃分，是其擴大蒐輯範圍所繞不開的必要措施，爲後人三家《詩》歸派起了導夫先路作用。

　　阮元於范氏之後，亦著有《三家詩補遺》一書，分魯、齊、韓三類。① 所謂"補遺"，乃補王應麟《詩攷》之遺，故書中屢言"詩攷""異字異義"等。而對兩漢著作《詩》派之歸類與范氏頗近。如太史公、賈誼、劉向、蔡邕及《白虎通》《鹽鐵論》等歸入《魯詩》，《漢書》則兼入魯、齊，殆以細分班固、匡衡所説。

　　與阮氏相先後有馮登府《三家詩異文疏證》六卷《補遺》三卷和《三家詩遺説》八卷《補》一卷二書。前書仿《詩攷》分輯三家佚文，後者依《拾遺》例以三百篇爲序。馮氏博聞强記，熟悉典籍。《疏證》一書，先列佚文，次加案語解説、疏證，個別條目極爲詳盡，甚者字踰三四百。有對《詩攷》之申發、辨證，亦有引毛奇齡、錢大昕、段玉裁、王念孫諸大家之説爲佐證者。恣肆博辯，下開陳喬樅、王先謙著作之先河。馮氏對於漢代經師之歸派，亦有自己見解。如他認爲康成多用《韓詩》，亦兼用魯齊。説云："鄭得見古文，其箋《詩》先通三家《詩》，而《韓詩》受于張恭祖，故見于箋者尤多。""他如《唐風》'素衣朱綃'，《十月之交》爲厲王時作，《皇矣》阮、徂、共三國名，皆從魯作。《六藝論》引《孔演圖》五際六情本《齊詩》。"（"可以療饑"條下）又云："鄭先通三家《詩》，故注《禮》並改繡爲綃，從魯説也。"（"素衣朱綃"條下）馮氏精研石經，著作頗豐，故其疏證三家異文，亦時時引漢碑爲證，如"馥芬孝祀"下引《漢帝堯碑》《張表碑》等文字，"帥時農夫"下引《魏石經》《唐石經》文字，不僅與同里李富孫《詩經異文釋》有啓助之緣，② 亦足以啓導皮錫瑞《漢碑引經考》著作之產生。《疏證》篇幅以《韓詩》最多，魯齊甚少，此乃馮氏未從范氏將司馬遷、賈誼、劉安等著作劃分歸類而將其所引分隸到魯、齊

---

① 書當成於嘉慶二十五年之後，因書中所引之《列女傳》頗異於他本，而與文選樓《繪圖本列女傳》同。文達跋此書云：嘉慶庚辰（二十五年，1820）轉入吾家，則書當定稿於此年之後。

② 嘉興李富孫著《七經異文釋》，有《詩經異文釋》十六卷，李書徵引範圍極廣，亦多用漢碑證經。唯李書不分三家，非有意用佚文異字來探究兩漢四家之著作，故不作介紹，附識於此。前范家相之後有翁方綱之學生、王聘珍同窗周邵蓮著《詩攷異字箋餘》，用功甚深，因亦非專門爲區別三家而作，亦略不論。關於《詩經》異文研究及著作之發展趨勢，陳致《清代〈詩經〉異文考釋研究》一文有詳細之分析、介紹，該文將清代《詩經》異文研究分爲四期，其第一節"清以前之四家詩及其異文研究"對六朝隋唐之異文情況亦有涉及。載《東方文化》第41卷第2期，2008年8月。並可參閱。

之下緣故，顯得甚爲謹慎。

《三家詩遺説攷》十五卷與《詩經四家異文攷》五卷，係陳壽祺、陳喬樅父子兩代人用功之結晶，也是清代四家《詩》研究之代表作。嘉慶二十四年（1819），陳壽祺於《三家詩遺説攷自序》中云："兩漢《毛詩》未列於學，凡馬、班、范三史所載及漢百家著作所引皆魯、齊、韓《詩》。異者見異，同者見同，緒論所存，悉宜補綴，不宜取此而棄彼也。今稍增緝，以備瀏覽，猶有未能具載者，他日當別成一篇，使學者有所考焉。"此時僅綴輯資料，未成全編。壽祺於道光十四年（1834）逝世。十八年（1838），陳喬樅撰《魯詩遺説考自序》云："喬樅敬承先志，次第補緝成《魯詩遺説考》六卷，其齊韓二家，采綴粗就，尚當細加稽覈，別爲篇帙。"兩年後（道光二十年）《韓詩遺説考》四卷成。又二年（道光二十二年），《齊詩遺説考》五卷成。① 魯韓齊《三家詩遺説攷》成，喬樅乃"增緝毛、魯、齊、韓四家《詩》異文"，薈爲《詩經四家異文攷》五卷，"凡近儒所討論有資校勘者，靡不參互稽覈，附案於後"。故《異文攷》雖成於《遺説攷》之後，然前者綜合四家，後者分論三家，兩書誠可參覈互觀。

陳壽祺"兩漢《毛詩》未列於學，凡馬、班、范三史所載及漢百家著作所引皆魯、齊、韓《詩》"之思想，乃是繼承王應麟關於劉子政、鄭康成、許叔重《詩》派歸屬之學術觀，在具體方法上，將范家相區分漢魏經師《詩》派之措施推向極致。在具體施行過程中，他們參考總結過許多乾嘉學者之成果，兹舉一例，如《爾雅》一書，其產生年代和作者等問題歷來衆説紛紜，陳氏遵從臧鏞堂之意見。臧氏於"《大戴禮》有《爾雅》"條云：

《公羊·宣十二年》注："禮，天子造舟，諸侯維舟，卿大夫方舟，士特舟。"疏云："《釋水》文也。"案，何邵公引《爾雅·釋水》而偶"禮"者，魏張揖《上廣雅表》言。《爾雅》秦叔孫通撰，置《禮記》。此蓋漢初之事，《大戴記》中當有《爾雅》數篇，爲叔孫氏取入，故班孟堅《白虎通》引《爾雅·釋親》文偶爲《禮·親屬記》。應仲瑗《風俗通·聲音》篇引《釋樂》"大者謂之産，其中者謂之仲，小者謂之糸勺"爲《禮·樂記》。則《禮

---

① 此卷數據《左海續集》本及陳喬樅序所稱。《清經解續編》作《魯詩遺説攷》二十卷，《齊詩遺説攷》十一卷，《韓詩遺説攷》十八卷《補逸》一卷，另魯齊韓叙録各一卷。

記》中之有《爾雅》信矣。

又"《爾雅》注多《魯詩》"條云：

> 唐人義疏引某氏注《爾雅》，即樊光也。其引《詩》多與毛、韓不同，蓋本《魯詩》。今彙錄之而證以《毛詩》，不特樊之異於毛者可見，即毛之不與樊同而俗本誤同之者亦見矣。《釋詁》篇"墳，大也"注引《詩》云："有賁其首。"而《毛詩·魚藻》作"有頒其首"。"妃，媲也"注引《詩》云："天立厥妃。"而《毛詩·皇矣》"天立厥配"。"亶，厚也"注引《詩》云："俾爾亶厚。"而《毛詩·天保》作"俾爾單厚"。（下引證十餘條略）①

陳喬樅據之而云：

> 《爾雅》亦《魯詩》之學。漢儒謂《爾雅》爲叔孫通所傳。叔孫通，魯人也。臧鏞堂《拜經日記》以《爾雅》所釋《詩》字訓義皆爲《魯詩》，允而有徵。郭璞不見《魯詩》，其注《爾雅》多襲漢人舊義。若犍爲舍人、劉歆、樊光、李巡諸家注解徵引《詩經》，皆魯家今文，往往與毛殊。郭璞沿用其語，如《釋故》"陽，予也"注引《魯詩》"陽如之何"，《釋草》"蘆，莖"注引《詩·山有蘆》文，與石經《魯詩》同，尤其確證。②

由此確認《爾雅》所釋及注所引皆爲《魯詩》，確實有一定之可信度。反之，亦有對前賢觀點之不認可者，如上引王應麟《詩攷後序》列述《列女傳》之引《詩》，復因向爲元王之孫而定其所習所引乃《魯詩》，王引之駁之云：

> 《列女傳·貞順傳》蔡人妻傷夫有惡疾，而作《芣苢》，與《文選·辯命論》注所引《韓詩》合。《賢明傳》周南大夫妻言仕於亂世者爲父母在故也，乃作詩曰"魴魚頳尾"云云，與《後漢書·周磐傳》注所引《韓詩章句》合。《貞順傳》召南申女以夫家一物不具，一禮不備，守節持義，必

---

① 臧庸《拜經日記》卷二，《清經解》卷一千一百七十一，第六册，第712頁上，717頁上。
② 陳喬樅《魯詩遺說攷序》，《左海續編》本，第二葉B至第三葉A。

死不往，而作詩曰"雖速我獄"云云，與《韓詩外傳》合。《母儀傳》衛姑定姜賦《燕燕》之詩，與《坊記》鄭注合。鄭爲《記注》時多取《韓詩》也。又上《災異封事》引《詩》"密勿從事"，與《文選·爲宋公求加贈劉前軍表》注所引《韓詩》"密勿同心"皆以"密勿"爲"黽勉"。然則向所述者乃《韓詩》也。①

從正面思考而求其同，劉向所引確與《韓詩》合。然從反面思之，四家《詩》畢竟相同者多，故相合未必所習相同。故陳喬樅反詰云：

> 劉向父子世習《魯詩》。高郵王氏《經義述聞》以向爲治《韓詩》，未足徵信。攷《楚元王傳》，言元王好《詩》，諸子皆讀《詩》，王子郢客與申公俱卒學。申公爲《詩傳》，元王亦次之《詩傳》，號"元王詩"。向爲元王子休侯富曾孫。漢人傳經最重家學，知向世修其業，著《説苑》《新序》《列女傳》諸書，其所稱述，必出於《魯詩》無疑矣。

王説重在引《詩》之密合與否，而陳説則著重於家學之傳授紹續。陳氏父子之所以注重漢代經師之師法家法，是基於他們試圖將整個兩漢經師、學者進行全面歸派之思想。若以經義之合否爲基點，則現存很多殘篇斷章無從檢驗，不能一以貫之。而根據《史記》和兩《漢書》之《儒林傳》，基本可將大部分經師從師法家法上進行歸派。陳壽祺曾爲此定下一條原則：

> 漢儒治經，最重家法，學官所立，經生遞傳，專門命氏，咸自名家。三百餘年，顯於儒林，雖《詩》分爲四，《春秋》分爲五，文字或異，訓義固殊，要皆各守師法，持之弗失，寧固而不肯少變，斯亦古人之質厚，賢於季俗之逐波而靡也。②

循師法、家法去觀察兩漢經學流變，應該説已經把握了當時學術之主動脈。

---

① 王引之《經義述聞》卷七"劉向述《韓詩》"，江蘇古籍出版社1985年版，第182頁下。
② 陳喬樅《齊詩遺説攷自序》引"先大夫嘗言"云云，《三家詩遺説攷》，《清經解續編》卷一千一百三十七，上海書店1988年影印本，第四册，第1280頁上。

然將其運用到何種程度,則是一個非常難以掌握且無以驗證的問題。由陳氏定理出發,則所有經師子弟均以師法、家法分,師法、家法不變,則文字不變,義訓不變。喬樅恪守家法,循此定理充類至盡地進行推衍,將兩漢《詩經》學者歸派成四家,本文多涉及魯、齊二家,故將陳氏對魯、齊二家《詩》派人物、著作推衍、歸派後之系統開示於下。①

《魯詩》學派經師與著作

申公:申公受《詩》於浮丘伯,伯者,荀卿門人也。劉向校錄《孫卿書》,亦云浮丘伯受業於荀卿,爲名儒。是申公之學出自荀子。凡《荀子》書中說《詩》者,大都爲魯訓所本,今故綴之列於《魯詩》,原其所始也。

孔安國、司馬遷:孔安國從申公受《詩》爲博士,至臨淮太守,見《史記·儒林傳》。太史公嘗從孔安國問業,所習當爲《魯詩》,觀其傳儒林,首列申公,叙申公弟子,首數孔安國,此太史公尊其師傳,故特先之。

劉向、劉歆:見前引證。

《白虎通》:後漢建初四年,下太常,將大夫、博士、議郎、郎中及諸生、諸儒會白虎觀,講議五經同異。使五官中郎將魏應承制問,侍中淳于恭奏帝親制臨決,如孝宣石渠故事,作《白虎議奏》,今於《白虎通》引《詩》,皆定爲《魯詩》,以當時會議諸儒如魯恭、魏應皆習《魯詩》,而承制專掌問難,又出魏應也。

《爾雅》:見前引證。

《淮南子》:據王充《論衡》引詩家曰"周衰而《詩》作",則知《淮南子·氾論訓》"王道缺而《詩》作,周室廢禮義壞而《春秋》作"及《詮言訓》"《詩》之失僻"之語皆本諸《魯詩》也。《魯詩遺說攷一》

《穀梁傳》:穀梁氏爲魯學,治《穀梁春秋》者,其於《詩》亦傅魯也。

張衡、王逸:張衡《東京賦》"改奢即儉,制美《斯干》"之語,與《劉向傳》說《詩》義合。王逸《楚詞注》"繁鳥萃棘,負子肆情"之解,與《列女傳》歌《詩》事同。

蔡邕與《熹平石經》:熹平石經以《魯詩》爲主,間有齊韓字,蓋叙二家異

---

① 陳喬樅推衍、歸派都有一定之史實爲依據,並非隨便區分。若爲省篇幅,可以列表,但必會失去陳氏歸派之原意,故將原文刪節後直錄。

同之説，此蔡邕、楊賜所奉詔同定者也。

趙岐：邠卿注《孟子》多用《魯詩》，如以《小弁》爲伯奇作是主魯説之證。《魯詩遺説攷一》

服虔、皇甫謐：服虔、皇甫謐均用《魯詩》、魯説。《魯詩遺説攷八》

晉灼：晉灼注《文三王傳》引《魯詩》説，則此按，指《狼跋》。亦據《魯詩》之文。《魯詩遺説攷七》

又云："至如佩玉晏鳴，《關雎》歎之，臣瓚謂事見《魯詩》，而王充《論衡》、揚雄《法言》，亦並以《關雎》爲康王之時，仁義陵遲，《鹿鳴》刺焉。史遷蓋語本《魯説》，而王符《潛夫論》、高誘《淮南注》，亦均以《鹿鳴》爲刺上之作。互證而參觀之，夫固可以攷見家法矣。"顯然將王充、揚雄、王符、高誘等人亦歸入《魯詩》派。

《齊詩》學派經師與著作

轅固生及其弟子：轅固生以治《詩》爲博士，諸齊以《詩》顯貴者，皆固之弟子，而昌邑太傅夏侯始昌最明。始昌通五經，后蒼事始昌，亦通《詩》《禮》，爲博士。

《儀禮》《禮記》：迄孝宣世，禮學后蒼最明，戴德、戴聖、慶普皆其弟子。三家立於學官，《詩》《禮》師傳既同出自后氏，則《儀禮》及二戴《禮記》中所引佚詩，皆當爲《齊詩》之文矣。

董仲舒：董仲舒通五經，治《公羊春秋》，與齊人胡毋生同業，則習齊可知。

班固：《齊詩》有翼、匡、師、伏之學，班固之從祖伯少受《詩》於師丹，誦説有法，故叔皮父子世傳家學。《漢書·地理志》引"子之營兮"及"自杜徂漆"並據《齊詩》之文。又云"陳俗巫鬼，晉俗儉陋"，其語亦與匡衡説《詩》合，是其驗已。

桓寬：桓寬《鹽鐵論》以《周南》之《兔罝》爲刺，義與魯、韓、毛迥異，以《邶風》之"鳴雁"爲"雅"，文與魯、韓、毛並殊，故其傳爲《齊詩》。

鄭玄：鄭君本治《小戴禮》，注《禮》在箋《詩》之前，未得《毛傳》；禮家師説均用《齊詩》，鄭君據以爲解，知其所述多本《齊詩》之義。故《鄭志》答炅模云："《坊記》注以《燕燕》爲夫人定姜之詩，先師亦然。""先師"者，謂禮家師説也。《齊詩遺説攷一》

荀悦：荀悦叔父爽師事陳寔，寔子紀傳《齊詩》，見陸德明《經典釋文》。《後漢書》言荀爽嘗著《詩傳》，爽之《詩》學，太邱所授，其爲齊學明矣。轅固生作《詩内外傳》，荀悦特著於《漢紀》，尤足證荀氏家學皆治《齊詩》，故言之獨詳耳。

《公羊傳》：公羊氏本齊學，治《公羊春秋》者，其於《詩》皆偶齊，猶之穀梁氏爲魯學，治《穀梁春秋》者，其於《詩》亦偶魯也。

孟喜、焦延壽：孟喜從田王孫受《易》，得《易》家候陰陽災變書，喜即東海孟卿子、焦延壽所從問《易》者，是亦齊學也。故焦氏《易林》皆主《齊詩》説。①

陳氏在齊魯二家《詩攷》序言中對漢魏兼及晉代之人物、著作皆作出劃定，在具體之疏考時亦時有揭示。就積極意義而論，陳氏父子積二十多年之功，將漢代所有經師和著作都儘可能作出合理判斷和歸派，然後將所有三家佚文異字在合理判斷和歸派之基礎上作出合理解釋。用功不可謂不深，觀察不可謂不細，成就不可謂不大。從王應麟《詩攷》到清代乾嘉時之三家《詩》研究，大多停留在輯佚層面，大規模有系統地分類輯佚，並在輯佚基礎上進行四家《詩》文字與《詩》派之討論，陳氏父子功居第一。儘管王先謙《詩三家義集疏》被認爲是清代三家《詩》研究集大成之著作，然無可否認，没有陳氏《三家詩遺説攷》，就不可能有《詩三家義集疏》。

王先謙《詩三家義集疏》二十八卷，初名《三家詩義通釋》，屬稿於中年，至晚年始成書，《叙例》作於一九一三年，牌記謂刊成已在民國四年（乙卯，1915 年），陳致據王先謙、繆荃孫往來書劄，定其刊成在民國五年（丙辰，1916 年）。②《集疏》雖説遍採王應麟以來三家《詩》學已有成果，然其主要還是陳氏父子之《三家詩遺説攷》一書。王氏《叙例》云："窮經之士討論三家遺説者，不一其人，而侯官陳氏最爲詳洽。"③遍檢王氏所引録之三家佚文，很少逸出《遺説攷》所輯範圍；於《詩》説義理，則多從陳啟源、馬瑞辰、胡承珙、陳奂、魏源等人之説；於文字聲韻、典制名物之詮釋，則多引據惠棟、戴震、錢大昕、王念孫、段玉裁、郝懿行、王引之等人之考釋成果。所當注意

---

① 以上除文末注明者，均出自陳喬樅《魯説遺説攷自序》和《齊詩遺説攷自序》。
② 陳致《商略古今，折衷漢宋：論王先謙的今文〈詩〉學》，《湖南大學學報》，2006 年第 1 期，第 36 頁。
③ 王先謙《詩三家義集疏》卷三上，中華書局 1987 年版，第 5 頁。

者：陳氏在《遺說攷》中對某些異文僅作一種羅列分疏，而王氏在《集疏》中則更進一步予以歸派；陳氏分隸於三家下之異文，王予以綜合後，以文字直接表達，間或另出己見。如《秦風》有《車鄰》一篇，《毛詩釋文》出"車鄰"曰："本亦作隣。又作轔。"①元朗所見《毛詩》有轔、隣、鄰三異文而其選擇"鄰"字，唐石經因之。陳喬樅見《漢書·地理志》引《詩》作"轔"，《文選·潘安仁〈藉田賦〉》注、《王元長〈曲水詩序〉》注引《詩》並作"有車轔轔"，以爲"轔"是三家今文，而《廣雅》"轔轔，聲也"，正釋此詩之義。在三家用"轔"之意識下，陳氏認爲："師古所引《車轔》及《四載》《小戎》諸詩，皆襲舊注《齊詩》之説，故字多與毛不同。《毛詩·車鄰》釋文'鄰，本又作轔'，鄰蓋轔之假借。三家今文皆用轔字。"②王先謙復因《楚辭·九辯》"軒車先導，聲轔轔也"及王逸《楚辭·九歌·大司命》注引《詩》亦作"有車轔轔"，認爲"魯齊'鄰'作'轔'"，但仍不讚同陳説云："據《釋文》'鄰，本又作轔'及《文選·藉田》《曲水詩序》注所引，是毛亦有作'轔'之本，非獨三家，不能執爲同異之證也。"今石經《魯詩》出土作"車轔"，知三家作"轔"有所據，然《毛詩》固亦有作"轔"之本，不能執一膠柱。

　　清人繼承王應麟《詩攷》而興起四家《詩》研究，逮及陳喬樅、王先謙，至少在蒐輯佚文異字方面已達到難以爲繼之高度。與之相先後，江瀚就陳喬樅《詩經四家異文考》而作《詩經四家異文考補》一卷，主要取材於唐石經及回傳本土之原本《玉篇》和《一切經音義》等，雖不足二百條，而拾遺訂譌，頗可參資。張慎儀《詩經異文補釋》十六卷，雖亦極詳慎，時有出於王氏輯引之外，然皆偏重異文，略於《詩》派。自後八九十年來少有重論清代四家《詩》研究者。二〇〇六年出版之趙茂林《兩漢三家〈詩〉研究》，二〇〇七年出版之劉立志《漢代詩經學史論》二書，各有專章討論清人四家《詩》研究之得失。專著具在，不煩引述。所指清人之失雖多中肯綮，唯微覺理論推導甚力，而設身體恤之意殊少。

---

① 馬衡《漢石經集存》，科學出版社1957年版，第七頁B。
② 陳喬樅《三家詩遺說攷·齊詩遺說攷四》，《清經解續編》卷一千一百四十一，第四册，第1298頁中、下。

四、由石經、竹簡異文驗證三家《詩》用字異同

清人范家相、李富孫、阮元、陳喬樅、王先謙，直至江瀚、張慎儀等所見熹平《魯詩》殘石僅洪适所載一百七十三字，故超出《隸釋》外所歸派、判定之《魯詩》文字，皆係著者主觀意圖之所指。自一九二一年之後，所出《魯詩》字數達一千三百餘字。這對檢驗清人尤其是陳、王著作中判定爲《魯詩》文字之正確與否，是一宗不可多得之寶貴文獻。《緇衣》被小戴編入《禮記》，《禮記》被陳喬樅、王先謙歸入《齊詩》派。郭店簡、上博簡《緇衣》之先後面世，對於檢驗清人尤其是陳、王著作中判定《齊詩》文字之正確與否，也是一宗希珍文獻。利用新出土文獻檢驗前賢《詩經》研究成果，是天賜之機緣，也是歷史賦予今人不可推諉之職責。

（一）熹平殘石《魯詩》與陳、王所指《魯詩》文字勘同

《隸釋》所載一百七十三字，與《毛詩》之異同寥寥無幾，前賢因認識到熹平刻石以《魯詩》爲底本，校以齊韓，當然會立足於《魯詩》而校其異同。如《隸釋》著錄石經《魯詩》有《伐檀》"欿欿伐輪兮"，《毛詩》作"坎坎伐輪兮"，唐石經、敦煌伯二五二九同。《廣雅·釋訓》："欿欿，聲也。"陳喬樅云："此即釋《詩》'欿欿'之義。聲謂伐檀之聲。稚讓《廣雅》兼採三家，此則魯訓也。《說文》'坎，陷也'，《玉篇》云'坎，同埳'。作'欿'者假借字也。《易釋文》云：'坎，本作埳。劉本作欿。'"① 不僅引證，更有推衍。《隸釋》著錄石經《魯詩》有《揚之水》："既見君子，云胡其憂。"《毛詩》作"既見君子，云何其憂"，唐石經同。石經《魯詩》作"胡"，《毛詩》作"何"。王先謙云："石經殘碑如此，足證上下及全經'何'皆作'胡'。"

當二十世紀洛陽出土大批熹平石經之時（一九二一年），正值張慎儀逝

---

① 陳喬樅《三家詩遺說攷·魯詩遺說攷五》，《清經解續編》卷一千一百二十二，第四册，第 1210 頁下。

世之年,距王先謙之卒亦已五年,江瀚雖卒於三十年代,其著作則成於宣統間。故晚清三家《詩》及《詩經》異文研究無法反映新出土之《魯詩》殘石文字。將新出石經《魯詩》一千餘字與《毛詩》校覈,並參合陳喬樅、王先謙及其他學者成果。① 凡與《毛詩》文字相同而陳、王等著作亦無說者,皆無可論證而略之。凡陳、王等著作有歸派、有指向者,無論石經《魯詩》與《毛詩》之同異,皆能衍生出兩種結果,緣此而形成四種情況:1. 與《毛詩》文字相同,與陳、王等所推證相合;2. 與《毛詩》文字相同,與陳、王等所推證不合;3. 與《毛詩》文字不同,與陳、王等所推證相合;4. 與《毛詩》文字不同,與陳、王等所推證不合。筆者先此曾著《石經〈魯詩〉異文發覆》十餘萬字,論證詳盡,涉及面廣,無法在此充分展開。茲就以上四點加以歸納,各選數例,予以證明。

1. 與《毛詩》文字相同,與陳、王等所推證相合

例一:石經《魯詩》一〇八:蕘②

《毛詩・大雅・板》:"詢于芻蕘。"唐石經同。《釋文》"芻蕘"二字無異文。《說苑・尊賢》引《詩》:"先民有言,詢于芻蕘。"《列女傳・齊管妾倩》《潛夫論・明闇》引同。又《禮記・坊記》《鹽鐵論・刺議》引同,《韓詩外傳》卷五引亦同。王先謙遂謂"三家與毛文義並同"。

例二:石經《魯詩》一一八:厲之階亂匪

《毛詩・大雅・瞻卬》:"維厲之階,亂匪降自天。"唐石經同。《魯詩》"厲"作"盧",說另見。《列女傳・魯桓文姜傳》:"亂匪降自天,生自婦人。"與魯、毛文合。《漢書・谷永傳》載永疏文引《詩》"匪降自天,生自婦人",王應麟以來將谷永歸入《魯詩》派,並將此詩句隸於"詩異字異義"下。陳喬樅、王先謙、張慎儀皆謂此疏文所引奪"亂"字,陳更引顏注"禍亂非從天降"以證,謂非《魯詩》異文。校覈石經《魯詩》,陳、王、張說是。

例三:石經《魯詩》十一:夭母氏劬勞 其一 凱風自南

《毛詩・邶風・凱風》:"棘心夭夭,母氏劬勞。凱風自南。"唐石經同。

---

① 依研究原則,則清初以來之所有三家《詩》輯佚、論說著作皆在參校、勘同之列,唯恐論證時引據過多而顯得龐雜,而陳、王二氏著作基本可以涵蓋其他著作之大部分,故暫以此爲必勘之主要對象。其他如段玉裁、王氏父子、馬瑞辰、陳奐等亦時有徵引比較。

② 此處標法依據馬衡《漢石經集存》序數,下同。

敦煌伯二五二九作"棘心夭夭,母氏劬勞。飄風自南",斯七八九"飄"作"凱",同石經,殆亦《毛詩》異文。《爾雅·釋天》"南風謂之凱風",郭注引《詩》:"凱風自南。"《吕覽·有始篇》高注、《楚辭·遠遊》王注引《詩》皆作"凱風自南",王先謙以爲皆《魯詩》,是魯作"凱"。今得證石經《魯詩》,王説是。

例四:石經《魯詩》九:曀曀其陰虺虺其靁寤言不

《毛詩·邶風·終風》:"曀曀其陰,虺虺其靁。寤言不寐,願言則懷。"唐石經同。敦煌伯二五二九、斯七八九"靁"作"雷"。王先謙謂《韓詩》"曀"作"壇",其據有二:一、《説文·土部》:"壇,天陰塵也。《詩》曰:'壇壇其陰。'"二、吕祖謙《讀詩記》引《韓詩章句》曰:"壇壇其陰,天陰塵也。"《詩攷》引董逌《詩跋》云:"《韓詩章句》曰:天陰塵也。"故云:"是《説文》'壇'字注正用《韓詩》。"馬宗霍謂《説文》"壇"下所引爲三家詩,①欠妥。蔡邕《述行賦》"陰曀曀而不陽",王先謙謂蔡用《魯詩》,與石經合。

凡石經《魯詩》與《毛詩》文字相同,而清人利用唐宋以前文獻考定爲《魯詩》文字者有七條之多。檢其所據,乃是劉向《列女傳》、王符《潛夫論》、王逸《楚辭注》、高誘《吕覽注》、蔡邕著作、郭璞《爾雅注》引舊注等。

2.與《毛詩》文字相同,與陳、王等所推證不合

例一:石經《魯詩》二:桃之夭

《毛詩·周南·桃夭》作"桃之夭夭"。敦煌斯一七二二、②唐石經同。《説文·木部》:"枖,木少盛貌。從木,夭聲。《詩》曰:'桃之枖枖。'"《艸部》:"媄,巧也。《詩》曰:'桃之媄媄。'女子笑皃。"段注以爲"蓋三家詩也"。李富孫亦謂"《女部》所偁當爲三家詩"。陳喬樅云:"《毛詩》作夭,許所據枖、媄皆三家之異文。"③此相對《毛詩》之三家異文,抑或三家互作之異文,頗爲含混。張慎儀云:"夭爲《毛詩》古文,枖、媄三家詩今文。"④王先謙復據《大學》引《詩》"桃之夭夭",《易林》云"桃夭少華",遂進而謂"齊、毛同作

---

① 馬宗霍《説文引詩考》卷四,科學出版社1958年版,第三十八葉。
② 斯一七二二原作"桃之之夭夭",衍一"之"字,校者删之。《敦煌經部文獻合集·群經類詩經之屬·毛詩一》,中華書局2008年版,第二册,第475頁。
③ 陳喬樅《四家詩異文攷》卷一,《清經解續編》卷一千一百七十一,第五册,第15頁下。
④ 張慎儀《詩經異文補釋》卷一,《籑園叢書》本,第七葉B。

夭,則作枖、䠡者,魯、韓本也"。① 今石經《魯詩》作"夭"而不作"枖""䠡",推知許書所録,乃漢時諸家之異文有如此作,亦非必《韓詩》也。陳啓源云:"考其義當以枖爲正。枖,《説文》訓木少盛貌,《毛詩》以'夭夭'爲桃之少壯,義本合,故《釋文》獨引焉。② 夭本於兆切,屈也。今詩借用耳。"③然則毛、魯皆用借字也。

例二:石經《魯詩》七:壹發五

《毛詩·召南·騶虞》:"壹發五豝。"敦煌伯二五二九、唐石經同。南宋本《釋文》出"壹發",亦同。《説文·豕部》"豝"下引《詩》作"一發五豝"。《爾雅·釋獸》"豕,牝豝"郭注:"《詩》云:'一發五豝。'"《御覽》卷八百三十一、八百九十、九百零三引同。陳喬樅云:"《毛詩》作壹,三家皆作一。"④《北堂書鈔》卷十四作"一",爲《御覽》所承,虞世南時固已難見齊魯《詩》。孔穎達疏毛傳鄭箋,而於《毛詩譜》《禮記·樂記》下三引此詩作"一發五豝"。《毛詩正義》通行之後,《後漢書·馬融傳》李賢注引《毛詩》作"一發五豝",《通典》卷七十七、《六帖》卷八十五亦皆引作"一"。是隋唐人"壹""一"互作之證。賈誼《新書·禮》"故《詩》云:'一發五豝,吁嗟乎騶虞。'"亦作"一"。王先謙謂"賈時惟有《魯詩》,所引魯訓也",以爲今文《魯詩》作"一"。⑤ 適與石經《魯詩》相反。考鄭玄注於《儀禮·士相見禮》《鄉飲酒禮》《聘禮》《公食大夫禮》皆云"古文壹作一",於《士冠禮》《鄉射禮》《公食大夫禮》皆云"古文壹皆作一",而於《有司徹》則云"今文壹爲一"。足見兩漢之際,今古文壹、一已多混作。必欲論其多少,是古文多作"一"而偶作"壹",今文多作"壹"而偶作"一"。漢初賈誼作"一",正承先秦古文。此詩毛、魯皆作"壹",又石經後記有"壹勞而永逸"語,皆可證東漢時至少熹平石經已多從時行之字形。⑥

例三:石經《魯詩》十二:匍匐救之

---

① 王先謙《詩三家義集疏》卷一,第 41 頁。
② 此謂《釋文》"桃夭"下云:"《説文》作枖,云木盛貌。"以爲本義之證也。
③ 陳啓源《毛詩稽古編》卷二,《清經解》卷六十,第一册,第 348 頁下。
④ 陳喬樅《四家詩異文考》一,《清經解續編》卷一千零七十一,第五册,第 18 頁下。
⑤ 王先謙《詩三家義集疏》卷二,第 121 頁。
⑥ 黄彰健謂熹平石經所據爲桓帝時邊韶所校之五經定本,參見黄彰健《經今古文學問題新論·論漢石經》,第 284—287 頁。

《毛詩·邶風·谷風》："凡民有喪,匍匐救之。"唐石經、敦煌二五二九、斯七八九同。元朗《釋文》亦未表揭異文,似《毛詩》此句與《魯詩》相同。唯王先謙謂"魯、齊'匍匐'亦作'扶服',魯'救'亦作'捄'"。其所據者,《漢書·谷永傳》疏引《詩》曰:"凡民有喪,扶服捄之。"王云:"谷用《魯詩》,明魯作'扶服'。揚雄《長楊賦》:'扶服蛾伏。'雄習《魯詩》,與谷引合。"又因《漢書·元紀》五年詔及《説苑·至公篇》引《詩》作"匍匐",①《禮·檀弓》引《詩》作"扶服",《孔子閒居》篇又作"匍匐",同書歧出,乃又不得不謂《魯詩》《齊詩》既作"匍匐"又作"扶服"。今石經《魯詩》作"匍匐",雖不能排斥漢時或有異文,然總以後人隨意改竄之可能性爲大。陳喬樅謂"班固之從祖伯,少受《詩》於師丹,誦説有法,故彪、固世傳家學",以班氏爲《齊詩》。今《漢書》引述西漢文獻,是否有所改易?今一書兩作,似仍舊貫,然又難保六朝隋唐鈔胥措手其間,釐然確指,今之所難。

例四:石經《魯詩》十三:殄

《毛詩·邶風·新臺》："籧篨不殄。"唐石經同。敦煌伯二五二九同,斯七八九"籧篨"從艸頭,不從竹頭。唐代寫本"竹""艸"多不分。王先謙以爲"三家'殄'作'腆'",其所據是鄭箋與孔疏。鄭箋:"殄當作腆。腆,善也。"孔疏:"讀此殄爲腆,腆與殄古今字之異。故《儀禮》注云'腆,古文字作殄'是也。"因云:"據此,三家今文皆作'腆',故箋依以改毛。不腆,猶不鮮也。"②今石經《魯詩》作"殄",則不作"腆"可知。鄭箋蓋以本字讀之,而後訓其義,誠非以今文字形訓之也。

例五、石經《魯詩》五三:零雨

《毛詩·豳風·東山》："零雨其濛。"唐石經殘缺。敦煌斯一三四同。《説文·雨部》:"霝,雨零也。从雨、䨩。《詩》曰:'霝雨其濛。'"《爾雅·釋詁》"藚,落也"郭璞注:"藚,見《詩》。"或景純所見之《詩》亦作"藚"。《楚辭·七諫》王逸注、《爾雅·釋天》邢疏引《詩》作"零雨其蒙",《文選·王粲〈從軍詩〉》李注引《毛詩》同。他若《尚書·洪範》正義、《文選》李注等引又同傳本,蓋或有改竄,不贅。陳喬樅云:"許所偁《詩》蓋毛氏也。今《毛詩》作'零雨',非舊文矣。'藚'字即'霝'之叚借。《魯詩》文當爲'藚雨'。王逸

---

① 王先謙謂"元帝受《魯詩》,見《儒林傳》及陸璣疏。劉向亦用《魯詩》"。
② 王先謙《詩三家義集疏》卷三上,第212頁。

《楚詞》注引《詩》作'零',此後人所改,亦如《毛詩》之改'霝'爲'零'也。"①陳以爲毛原作"霝",魯作"薵"。王先謙駁之云:"《説文》引《詩》,三家爲多,偶引古文,特崇時尚,陳説非也。《爾雅》'薵'是魯文,《説文》之'霝',蓋齊、韓所載矣。"②馬宗霍《引詩考》謂《説文》所引"蓋本三家。霝、零同音,故通用"。③ 今石經《魯詩》作"零",陳、王指《魯詩》爲"薵"固非,馬説亦未必正確,而王逸《楚辭注》引作"零"則可能即據《魯詩》。《魯詩》既作"零",則"霝""薵"兩字或毛、齊、韓三家之文。今齊、韓二家此句不可徵,漢至六朝《毛詩》或有作"霝""薵"者,而與"零"互爲異文。

例六:上博館藏石經《魯詩》殘石乙石正:節南山十章六章

《毛詩·小雅》作"節南山"。按,上博館藏石經《魯詩》殘石乙石正有"節南山十章六章"數字,當爲《節南山》尾題。殘文"節"字僅存左下一角,因"南山十章"而可推知。若上接此詩末句"萬邦"之"邦",左下部應是一撇,與此不類。且"萬邦"一石已經馬衡著録,不應重復。將此定爲"節南山十章六章章八句四章章四句"尾題之殘文,涉及對"節南山之什"標目之認識。"節南山"異説由宋吕祖謙發之。《讀詩記》云:"按《左傳》韓宣子來聘,季武子賦《節》之卒章。杜氏謂取'式訛爾心,以畜萬邦'之義。然則此詩在古止名'節'也。"④清初陸奎勛拈出《孔叢子》"於《節南山》見忠臣之憂世也"一條,反以爲"其編輯已在毛公之後"。⑤ 陸氏顯是爲東萊之説下注脚。武億謂此詩"古以'節'字標目,不與毛鄭篇題同"。⑥ 陳奂《傳疏》補入《十月之交》箋"《節》,刺師尹不平"一條,直叙古文獻數處"節"下皆無"南山"二字。武、陳二氏僅列其異同,所謂存而不論。胡承珙就吕、陸二氏之説而駁之云:"《孔叢》此章所載孔子讀詩之言,已先於《毛傳》,並《説苑》之書亦多引之,其言必有所自。大抵古詩篇名亦有異同,不必疑《序》稱'節南山'爲與左氏不合。《十月之交》箋云:'《節》,刺師尹不平。'亦單稱'節',祇是便文,

---

① 陳喬樅《三家詩遺説攷·魯詩遺説攷七》,《清經解續編》卷一千一百二十二,第四册,第1220頁中。
② 王先謙《詩三家義集疏》卷十三,第533頁。
③ 馬宗霍《説文引詩考》卷四,第十四葉B。
④ 吕祖謙《吕氏家塾讀詩記》卷二十,《叢書集成初編》本,第1716號,第374頁。
⑤ 陸説見《陸堂詩學》,此從胡承珙《毛詩後箋》卷十九轉引,《清經解續編》卷四百六十六,第二册,第989頁上。
⑥ 武億《群經義證》卷二,《清經解續編》卷二百十八,第一册,第1019頁下。

無關義例也。"① 胡氏之説頗爲通達。及陳喬樅勾稽三家《詩》説,云:"三家皆止以'節'標目。《大戴禮》引'式夷式已'二語,盧辯注云:'此《小雅·節》之四章。'盧蓋據三家文也。《左傳·昭二年》季武子賦《節》之卒章,亦止稱'節'。惟《毛詩》連'南山'爲文耳。"② 其後王先謙轉録因襲,並將《節南山》《正月》等十篇定爲"節之什",並作爲三家《詩》與《毛詩》之一大差異。③ 石經作"節南山",確證官方所刻之《魯詩》與《毛詩》一致。盧辯於北魏正始初(504—507)舉秀才,當南朝梁武帝天監年間,時齊、魯二家《詩》已不傳,盧辯不可能見而據之。《左傳》簡稱爲"節",是權宜便文。上博簡《孔子詩論》簡八有"《雨亡政》《即南山》,皆言上之衰也,王公恥之"一語,戰國時嫡系相傳之孔門詩傳猶稱"節南山",與《左傳》繁簡互見,可覘戰國稱《詩》篇名之一斑。

凡石經《魯詩》與《毛詩》文字相同,而與清人利用唐宋以前文獻考定爲《魯詩》文字不同者有三十四條之多。以上僅選列六分之一。其中例一是古今文問題,例四是以鄭箋改字誤爲三家異文,例五則《爾雅》所録未必爲《魯詩》而王逸《楚辭注》或有可能據《魯詩》,例六關涉"節南山"之篇題,歷來爲三家《詩》研究者作爲《毛詩》與三家差異之標誌而舉稱。其實吕、陸、陳、王等人思路有所偏差。因《孔叢子》本爲先秦流傳之史料,雖有後人參雜,仍可寶貴,不能否定。《左傳》本古文,其與《毛詩》不一,亦不能將之作爲三家《詩》文字之依據。

3. 與《毛詩》文字不同,與陳、王等所推證相合

例一:石經《魯詩》十一:濟有深涉深則砅淺則

《毛詩·邶風·匏有苦葉》:"濟有深涉。深則厲,淺則揭。"唐石經、斯七八九、伯二五二九同。徵諸《毛傳》"以衣涉水爲厲",似《毛詩》作"厲"無異文。《爾雅·釋水》:"深則厲。"《釋文》:"厲本或作濿。""濿"楷書,"濿"隸書,字本同。陳喬樅云:"考劉向《楚詞·九歎·離世》云:'櫂舟杭以橫濿兮。'王逸章句曰:'濿,渡也。由帶以上爲濿。'又《遠逝》云:'橫汨羅而下

---

① 胡承珙《毛詩後箋》卷十九,《清經解續編》卷四百六十六,第二册,第989頁上。
② 陳喬樅《三家詩遺説攷·魯詩遺説攷十一》,《清經解續編》卷一千一百二十八,第四册,第1233頁上。
③ 王先謙《詩三家義集疏》卷十七,第657頁。

瀀。'子政、叔師並用《魯詩》,字同作瀀,則《爾疋》'厲'字亦當從或本作'瀀'爲正。"①劉、王作"瀀"與石經《魯詩》同,陳說甚是。《毛詩釋文》:"《韓詩》云:至心曰厲。"《説文》"砅"下引作"深則砅"。陳喬樅、王先謙謂魯作"瀀",毛、韓作"厲","則'砅'爲《齊詩》無疑",馬宗霍從之,然無確證。今知四家詩各有異文,而四家之外亦有異文,則尚待新證也。

例二:石經《魯詩》一一〇:爾民人謹□□□□戒

《毛詩·大雅·抑》:"質爾人民,謹爾侯度,用戒不虞。"唐石經"民"字缺末筆,避太宗諱,餘同。《毛詩》"人民",《魯詩》作"民人"。考孔疏:"此又戒鄉邑大夫及邦國之君言,汝等當平治汝民人之政事……詩之時,萬民失職,故令質爾民人也。"兩作"民人"。《爾雅·釋詁》:"質,成也。"郭注引《詩》曰:"質爾民人。"《説苑·脩文》引作"告爾民人,謹爾侯度"。《鹽鐵論·世務》引作"誥爾民人,謹爾侯度"。雖"誥""告""質"有異,而"民人"則同。王先謙據之謂三家作"民人",是以爲與毛異也。阮元校勘記謂"當是唐石經誤倒",則以爲四家所同。按,《詩》原文無有作"人民"者,《桑柔》"維此惠君,民人所瞻",《召旻》"人有民人,女覆奪之",皆作"民人",阮説可從。

例三:上博館藏石經《魯詩》殘石乙反:三憂心隱

《毛詩·大雅·桑柔》:"憂心慇慇。"唐石經同。王先謙旁徵博引,申述"魯'慇'作'隱'"。②《釋文》:"慇慇,於巾反。樊光於謹反。《爾雅》云:憂也。"《爾雅·釋訓釋文》:"慇慇,於斤反。樊光於謹反。本今作殷殷。"此見元朗《毛詩釋文》據樊光之音也。於謹反上聲,正"隱隱"之音,故郝懿行《義疏》云:"此即'隱'字之音。《詩釋文》亦從樊光讀也。"臧鏞堂云:"《爾雅》是《魯詩》之學,樊光本必作'隱隱,憂也'。而引《詩》云'憂心隱隱'。"徵諸《楚辭》,《九歎·遠逝》:"志隱隱而鬱怫兮"王注:"隱隱,憂也。《詩》云:'憂心殷殷。'"所引《詩》有舊校云:"一作隱隱。"與臧説合。石經《魯詩》作"隱",雖可證臧説之是,然其以爲《爾雅》爲《魯詩》之學,何以今本《爾雅》有作"慇慇"或"殷殷"者?當是魏晉之際,各本所學,臆改《爾雅》原文,遂成異本,則其固非《魯詩》一家矣。《文選·顏延年〈還至梁城作〉》李注引《毛詩》"憂心殷殷"。《説文繫傳》"慇"下:"臣鍇按:《詩》曰:'憂心殷殷。'本作此字。意

---

① 陳喬樅《三家詩遺説攷·魯詩遺説攷二》,《清經解續編》卷一千一百十九,第四冊,第1193頁上。
② 王先謙《詩三家義集疏》卷二十三,第945頁。

斤反。"徐鍇所見與李善同,則隋唐間《毛詩》有作"殷殷"之本。《爾雅釋文》云"本今作殷殷",是亦可與李、徐所見互證,《爾雅》確非《魯詩》一家之學。

例四:石經《魯詩》一二九:齯齒

《毛詩·魯頌·閟宮》:"黃髮兒齒。"唐石經同。《釋文》出"兒齒"曰:"《字書》作'齯',音同。一音如字。"《爾雅·釋詁》:"黃髮齯齒,壽也。"郭注:"黃髮,髮落更生黃者。齯齒,齒墮更生細者。皆壽考之通稱。"《釋文》:"兒,本今皆作齯,五兮反。一音如字。"盧文弨云:"邢本作'齯'。凡本今云云,皆後人所增入。何以明之,即如此條若出,陸氏亦當先云'古兮反。一音如字,本或作齯',不應於齯字下方云'一音如字'。"①陳喬樅信從《釋文》云:"'本今皆作齯'者,謂舍人及樊、孫諸本今皆作'齯'字,惟陸氏所據郭本作'兒',故云然。然則'兒'字後人順毛所改也。"陳以《爾雅》爲魯說,故以爲作"齯"是舍人、樊光、孫炎諸本,作"兒"爲郭璞注本。石經《魯詩》作"齯",與《爾雅》作"齯"本合。唯舍人作注時尚無古文,樊光之注容有與毛韓不同,然孫炎爲康成再傳,康成此注云:"兒齒,亦壽徵。"字作"兒",叔然當與鄭同而不作"齯"。及景純參合衆家,正以襲孫爲多,故元朗所見郭本作"兒",非必後人所改也。王先謙以《說文》:"齯,老人齒也。"《釋名》:"九十曰黃耇,鬢髮變黃也。或曰齯齒,大齒落盡更生細者,如小兒齒也。"皆承今文魯說。"兒"爲"齯"之假借。可從。

凡石經《魯詩》與《毛詩》文字不同,而清人利用唐宋以前文獻考定爲《魯詩》文字與石經相同者有二十三條之多。例一據劉向、王逸之引文而定爲《魯詩》,例二據《爾雅》郭注和劉向《說苑》引《詩》以定《魯詩》,例三、例四皆據《爾雅》定《魯詩》,但有異文。

4. 與《毛詩》文字不同,與陳、王等所推證不合

例一:石經《魯詩》二九:騫裳涉

《毛詩·鄭風·褰裳》:"褰裳涉溱。"唐石經、敦煌伯二五二九同。《釋文》:"褰,本或作騫。"元朗所見有異文。《白虎通·衣裳》引《詩》曰"褰裳涉溱",王先謙據而謂魯毛文同。此以承制專掌白虎觀會議之魯恭、魏應皆習

---

① 盧文弨《經典釋文考證·爾雅音義上》,《叢書集成初編》本,第1204號,第338—339頁。

《魯詩》而定。今所見《魯詩》作"騫",若《白虎通》傳鈔、刊刻中無改竄,①則魯毛固不同;若漢代《毛詩》如元朗所見作"騫",則魯毛又同一於"騫"而非同於"褰"也。《文選·謝瞻〈游西池詩〉》《李康〈運命論〉》李注皆引《毛詩》作"褰裳涉溱"。《説文繫傳·手部》引作"攓裳涉溱",《心部》引作"寋裳涉溱"。《説文·手部》:"攓,摳衣也。从手,寋聲。"褰爲攓之省。復以音、形相近而通作攓、寋、騫。又《漢費鳳碑》引本篇下章作"寋裳涉洧"。詩爲一句,字涉五形,即四家《詩》各占一字,亦尚有餘,況乃後世所引,多爲《毛詩》。家法別字,誠爲不易。

例二:石經《魯詩》五九:彼四牡四牡驛

《毛詩·小雅·車攻》:"駕彼四牡,四牡奕奕。"唐石經同。敦煌伯二五〇六"奕奕"作"弈弈",漢碑從"大"從"廾"通用。《劉寬碑》"弈弈其容",奕皆作弈。蓋前有所承。《集韻·平魚》:"驛,《説文》:馬行徐而疾。引《詩》曰:駟牡驛驛。"《類篇·馬部》同。段玉裁、馬瑞辰皆謂"驛"與"奕"古聲相近,奕古音讀弋魚切,與"驛"同在魚部,故即此詩'奕奕'之異文。"②王先謙據《文選·謝惠連〈秋懷詩〉》李注引《薛君韓詩章句》曰"奕奕,盛貌",蔡邕《胡廣黃瓊頌》"奕奕四牡"文,以爲蔡邕用《魯詩》文,皆與毛同,乃謂"韓、魯、毛作'奕奕',則作'驛驛'者齊文也"。今石經《魯詩》作"驛驛"而不作"奕奕"甚明,蔡邕乃傳寫《魯詩》者,《頌》文亦確是化用《車攻》詩句,歷代傳刻又不見異文,③存疑待考。

例三:石經《魯詩》六五:如擣監寐

《毛詩·小雅·小弁》:"怒焉如擣。假寐永歎,"唐石經"怒"字缺首二筆,"永"字缺末二筆,"歎"作"嘆",餘同。《釋文》出"如擣"曰:"丁老反。心疾也。本或作疛,同。《韓詩》作㿒。除又反,義同。"《毛傳》:"擣,心疾。"《漢書·中山靖王勝傳》:"《詩》云:'我心憂傷,怒焉如擣。假寐永歎,唯憂用老。心之憂矣,疢如疾首。'"師古曰:"《小雅·小弁》之詩也。怒,思也。擣,築也。言我心中憂思如被擣築。"訓"擣"爲"築",與《毛傳》異,而實乃本之孔疏。孔疏云:"擣,心疾。所思在心。復云'如擣',則似物擣心,故云心

---

① 陳立《白虎通疏證》未列出其有異文。中華書局1994年版,第433頁。
② 馬瑞辰《毛詩傳箋通釋》卷十八,中華書局1989年版,中册,第553頁。
③ 見許瀚《楊刻蔡中郎集校勘記》,齊魯書社1985年版。

疾也。《說文》云：'擣，手椎。一曰築也。'"而陳喬樅以爲"擣築之訓，蓋舊注據《魯詩》爲説，而小顏襲用之耳"。① 今石經《魯詩》如《韓詩》作"疛"，則陳説失據。疛，《説文・疒部》釋爲"小腹病"，段注："小當作'心'，字之誤也。隸書心或作忄，因譌爲小耳。"段説精警，《玉篇・疒部》正作"心腹疾也"。《廣韻・上宥》《集韻・上宥》皆承之，並云"或從壽"。《集韻・入屋》又曰"心腹之疾曰疛"，義相應。段又云："按疛其正字，瘍其或體，擣其譌字也。"韓、魯作"疛"爲正字，固無疑。元朗"本或作瘍"，則六朝寫本有作"瘍"之異文，《釋文》雖定"擣"字，而猶知其爲"心疾"。沖遠疏不破注，既釋"擣"爲"心疾"，復又解作擣築，一字而兩用，所謂首鼠兩端矣。疛、瘍異體。張慎儀謂擣乃疛及瘍之假借。然揆諸篆文"疒"旁在左邊如畫戟，與"扌"旁易混譌，雖"擣"與"瘍"皆從"壽"聲，音得相借，按覆寫本形體，仍當如段説爲確。

例四：石經《魯詩》八一：□□載譊亂我

《毛詩・小雅・賓之初筵》："載號載呶，亂我籩豆。"唐石經"號"字缺末筆，避唐高祖之祖李虎諱，餘同。《後漢書・孔融傳》李注："《韓詩》曰：'《賓之初筵》，衛武公飲酒悔過也。言賓客初就筵之時，賓主秩秩然俱謹敬也。賓既醉止，載號載呶，不知其爲惡也。'"王先謙引此未言韓毛文同。陳喬樅於《魯詩遺説攷》下引揚雄《光祿勳箴》"載號載呶"，王先謙遂云"魯毛文同"。今石經《魯詩》作"譊"，魯毛有異。馬宗霍云："〔陳喬樅〕以爲揚用《魯詩》。今案新出熹平石經殘字《魯詩》此文作'譊'，則知子雲所本實《毛詩》，非《魯詩》也。"②若更以陳、王之原則推之：《爾雅・釋言》"號，譁也"邢疏："謂叫譁也。《小雅・賓之初筵》云：'載號載呶。'郭云：今江東皆言譁。"王謂邢疏用舊注多爲《魯詩》，若宋以還無人改竄其文，亦非魯文矣。《説文・言部》："譊，恚呼也。""呶，讙聲也。"音同義異。然則魯用借字，毛用正字矣。

例五：石經《魯詩》九三：灌

《毛詩・大雅・文王》："祼將于京。"唐石經、伯二六六九Ａ同。《釋文》

---

① 陳喬樅《三家詩遺説攷・魯詩遺説攷十一》，《清經解續編》卷一千一百二十八，第四册，第1239頁中。
② 馬宗霍《説文引詩考》卷一，《説文引經考》第三種，第二十四葉。

出"祼將",亦同於唐石經。《漢書·劉向傳》載向上疏:"孔子論《詩》至於'殷士膚敏,祼將于京',喟然歎曰:'大哉天命,善不可不傳於子孫,是以富貴無常。不如是則王公其何以戒慎,民萌何以勸勉?'蓋傷微子之事周,而痛殷之亡也。"《白虎通·三正篇》:"《詩》曰:'厥作祼將,常服黼冔。'言微子服殷之冠,助祭于周也。"趙岐《孟子章句》七:"殷之美士,執祼鬯之禮,將事于京師若微子者。膚,大也。敏,達也。"陳喬樅云:"此詩'殷士',《毛傳》泛言殷侯,而劉向、趙岐等並以爲微子,皆據《魯詩》爲説。"① 《毛傳》釋爲"殷侯",固與劉、趙及魯恭、魏應之説異,然則三書皆作"祼",與石經《魯詩》作"灌"不同,此"祼"字係後人所改,抑或《魯詩》有"祼""灌"異文,今已難知。《説文·示部》:"祼,灌祭也。"《水部》"灌,灌水,出廬江雩婁,北入淮",與祭祀無關,先秦亦無以"灌"爲"祼祭"之例。《周禮·春官·大宗伯》:"以肆獻祼享先王。"鄭注:"祼之言灌。"《秋官·大行人》:"王禮再祼而酢。"鄭注引鄭司農云:"祼讀爲灌。"又《考工記·玉人》:"祼圭尺有二寸。"鄭注:"祼之言灌也。"據此,祼爲祭名,灌乃祼祭之動作形式。《周禮》古文,凡祼祭皆作"祼",無作"灌"者。兩漢經師解經,始以"灌"代"祼"。《禮記·郊特牲》"灌用鬱鬯"《釋文》:"灌,本又作祼。"蓋可隅反。以此推知《毛詩》用"祼"爲古文,石經《魯詩》用"灌"爲今文。②

凡石經《魯詩》與《毛詩》文字不同,而與清人利用唐宋以前文獻考定爲《魯詩》文字不同者有二十二條。例一之石經殘石用字與陳、王認爲是《魯詩》派之《白虎通》相異;例二之石經殘石用字與當時書寫的蔡邕文章相異;例三陳喬樅認爲師古之注本《魯詩》,所據不明,故其説亦與石經文字相左;例四,陳、王以揚雄文用《魯詩》與石經殘石文字不同;例五,被陳、王指爲用《魯詩》之劉向、魏應、魯恭、趙岐用詩均與《毛詩》同而異於石經殘石。

熹平殘石《魯詩》文字與《毛詩》異同及清人之推證除以上四種情形之

---

① 陳喬樅《三家詩遺説攷·魯詩遺説攷十五》,《清經解續編》卷一千一百三十二,第四册,第1249頁中。
② 石經《魯詩》一二一:及簷其餉伊黍其笠伊
《毛詩·周頌·良耜》:"載筐及筥,其饟伊黍,其笠伊糾。"《説文·竹部》:"簷,飲牛筐也。从竹,詹聲。方曰筐,圜曰簷。"《玉篇·竹部》:"簷,養蠶器也。"飯牛養蠶,各有用途,南北不同,漢晉異用,不可爲典要。《吕氏春秋·季春紀》"具栚曲籧筐",《月令》作"籧筐",《淮南子·時則訓》作"筥筐"。若以《吕覽》《月令》爲先秦文獻,《淮南子》爲漢代文獻,《方言》第十三"筕、簦、簹、筥,籧也"郭注"古筥字",則"簷"爲古文,"筥"爲漢通行之字。此毛用今字,魯用古字。

外,尚有其他各種形式,因與清代四家《詩》研究關係不大,略去不贅。

(二)竹簡《緇衣》引《詩》與陳、王所指《齊詩》文句文字勘同

《緇衣》乃小戴《禮記》中之篇章,爲今存四十九篇中引《詩》最多最整齊之篇。竹簡《緇衣》雖與傳本《禮記·緇衣》在章次、文句、字詞上存在差異,但爲同一系統流傳之先秦篇章却無疑義。《禮記》之纂輯與戴聖有關,戴聖之禮學傳自后蒼。《漢書·儒林傳》:"后蒼字近君,東海郯人也。事夏侯始昌。始昌通五經,蒼亦通《詩》《禮》,爲博士,至少府。授翼奉、蕭望之、匡衡。"始昌本傳云:"夏侯始昌,魯人也。通五經,以《齊詩》《尚書》教授。自董仲舒、韓嬰死後,武帝得始昌,甚重之。"《儒林傳》亦云《齊詩》以"昌邑太傅夏侯始昌最明"。后蒼既從始昌學而兼通《詩》《禮》,開一派之學,故陳喬樅謂"《詩》《禮》師傳既同出自后氏,則《儀禮》及二戴《禮記》中所引佚詩,皆當爲《齊詩》之文矣"。從師承系統論之,固自成理。然《禮記》之纂,乃甄選先秦七十子後學之説禮篇章而彙編之。據前哲時賢及筆者研究,《緇衣》乃是取自《子思子》二十三篇。當然,《緇衣》出自何書並不重要,所需關注者,《緇衣》乃至《禮記》四十九篇無疑皆漢初壁中所出及民間所獻之先秦單篇文獻。既是先秦所傳七十子後學之所記所録,其所引自是先秦流傳《詩》之面貌,此已從竹簡《緇衣》及其他出土《五行》《六德》等大量簡牘文獻中反覆確證。先秦之《詩》,尚無漢初文景之際所謂魯、齊、韓三家,及孝宣時之戴聖纂輯先秦文獻,是否會依據自己所習之《齊詩》加以篡改?依常理推之,出於對孔子和儒家以及前代典籍之尊重,一般不可能有意改竄,更何況引《詩》文字亦未必會對自己學説或從政求達有何佐助。然以戰國文字書寫之先秦文獻,漢代經師時有不能暢讀之可能,在依稀彷彿不能確定之情形下,也會以自己習得觀念去理解、閲讀;在斷簡殘闕無從判斷之情形下,也會以主觀認識和既有知識去補充、連綴:從而個別或局部改變其文字。

郭店和上博楚簡《緇衣》的出土,對檢驗傳本《緇衣》引《詩》是否曾受《齊詩》派經師改竄頗有裨益。筆者曾在《〈緇衣〉引〈詩〉考》一文中對二十一條《緇衣》引《詩》作過較爲詳盡之疏證,可參閲。① 本文擬對照傳本《緇

---

① 虞萬里《〈緇衣〉引〈詩〉考》,臺灣政治大學中文系編《中國經學國際學術研討會 5th(轉下頁注)

衣》、簡本《緇衣》及《毛詩》、文獻引《詩》，轉從衍奪和文字異同等方面綜論其是非。

1. 衍奪

由於不同地點兩種簡本先後出土之《緇衣》文句高度一致性，故簡本有而傳本無之文字可謂之傳本奪文，反之，傳本有而簡本無者則可謂傳本衍文。比勘傳本和簡本《緇衣》，各有一例。另有一例爲傳鈔中增補變異之例。

例一：上博簡《緇衣》第十三、十四簡有"《寺》員：虘夫＝龏虘酓，㦱人不歓。"郭店簡作"虘夫＝共啟鹸，㦱人不歓"，文句相同。相應之傳本第三章及《毛詩》皆無此詩句。陳喬樅、王先謙未見簡本，固不會論及后蒼等《齊詩》學禮家因《齊詩》無此句而刪。筆者考論簡本《緇衣》向傳本過渡期間，曾有一種簡長約一尺許，每簡文字在十二字上下之《緇衣》文本在流傳。①試將此章所涉八簡逐録於下：

49 |事子曰倀民者誊之以悳齊之|
50 |以豐則民又懽心誊之以正齊|
51 |之以型則民又孚心古學以惡|
52 |之則民又新信以結之則民|
53 |不怀共以位之則民又懇心|
54 |寺員虘夫＝共啟鹸㦱人不歓| 12字（傳本脫去此簡，或散落到其他篇章中。）
55 |吕型員【苗民】非甬巠折以|
56 |型隹乍五瘧之型曰法|

因爲照此簡式排列，此章所引之《詩》適鈔滿第54簡，與前後簡之文字無涉。假設此章文本被徵入皇家中秘，深藏一百多年後韋絲斷絶，簡牘散亂，戴聖等禮家在選編過程中，因散落無著或無法連綴等原因而失去此句，事

（接上頁注）論文集》，2009年5月。

① 之所以用此種簡式排列之文獻依據，參見虞萬里《〈緇衣〉簡本與傳本章次文字錯簡異同考徵》，載《中國經學》第一輯，廣西師範大學出版社2005年版，第132—171頁。校按，參見《上博館藏楚竹書〈緇衣〉綜合研究》第六章，武漢大學出版社2010年版，第226—271頁。

在情理之中。

例二：上博簡第五、六簡引《詩》"佳秉或□，□□□正，卒裦百眚"，郭店簡作"佳秉寏成，不自爲貞，卒裦百眚"，而傳本作："昔吾有先正，其言明且清，國家以寧，都邑以成，庶民以生。誰能秉國成？不自爲正，卒勞百姓。"差異有二，傳本前五句爲簡本所無，後三句簡本無"能"字。前五句孔疏以爲"此逸詩也"，其後宋呂大臨直至清朱彬皆承其說。陳喬樅、王先謙等不置一詞，顯然讚同孔疏以爲逸詩，故亦不論其屬齊屬毛。筆者依照上述簡式排列，此章"詩云"兩字適在簡末，迻錄如下：

18 | 忩之古心以體法君以民芒寺員 |

                | 昔吾有先正其言明且清國 |（疑爲它篇散亂簡册混入此處，

                | 家以寧都邑以成庶民以生 |原因是押韻相同。簡本5章無。）

19 | 佳秉寏成不自爲貞卒裦百眚 |

從以上排列可看出傳本前五句是散亂之簡文被移花接木，編入本章。至於傳本"誰能秉國成"之"能"字有無，歷來爭訟不息。歐陽修首先謂爲孔子所刪，說"夫子以'能'之一字爲意之害，故勾删其字也"。① 陳喬樅則據鄭箋用《周官》八成說，遂謂"齊家以是詩爲刺大夫緩義急利，爭田成訟，故傷今之無人，莫能秉國成而治之也"。② 言下之意是《齊詩》有"能"字。王先謙承之而云"齊'誰'下有'能'字，'政'作'正'"。③ 至張慎儀謂"以鄭箋、《正義》考之，經文當有'能'字"。④ 似是《毛詩》亦當有"能"字而脱略。説夫子刪"能"，《齊詩》有"能"，《毛詩》脱"能"，皆在無法證明之前提下各逞臆説。郭店簡作"佳秉寏成"，上博簡作"佳秉或□"，兩種簡本皆無"能"，與《毛詩》密合，即使五傳禮家所據本有"能"，也可以懷疑它是傳鈔衍文。根據前後文意，因爲傷今無人，所以"誰秉國成"就是急切尋求能够秉國成的人。傳本

---

① 見朱彝尊《經義考》卷九八引歐陽修説。臺灣中研院《中國文哲研究所古籍整理叢書》之3，1999年版，第3册，第682頁。
② 陳喬樅《三家詩遺説攷·齊詩遺説攷六》，《清經解續編》卷一千一百四十三，第五册，第1308頁下。
③ 王先謙《詩三家義集疏》卷十七，第662頁。
④ 張慎儀《詩異文補釋》卷八，第十五葉B。

之所以有"能",或是禮家傳授講解時用之,弟子記入正文;或是鄭注兩云"誰能"之故,後人因之以改正文。雖不能質指,却實在與齊、魯、韓《詩》之文字與《詩》說無關。

　　例三：上博簡第九簡下端殘缺,殘簡今藏香港中文大學中國文化研究所,殘簡接續上博第十簡有"《告》員：丌容不改,出言□□,□□所信"一句,郭店簡作"《寺》員：其頌不改,出言又⺊,利民所信",而傳本《緇衣》作"《詩》云：彼都人士,狐裘黃黃。其容不改,出言有章,行歸于周,萬民所望",與今本《毛詩》及賈誼《新書·等齊》所引全同。《毛詩》此文在《都人士》篇之首章,與下二三四五章意不相屬。王先謙云："細味全詩,二、三、四、五章'士'、'女'對文,此章單言'士',並不及'女',其詞不類。且首章言'出言有章',言'行歸於周,萬民所望',後四章無一語照應,其義亦不類。是明明逸詩孤章,毛以首二句相類,強裝篇首。"①緣孔疏《毛詩》引服虔說定此章爲"逸詩也",鄭注《緇衣》亦云"《毛詩》有之,三家則亡",可知兩漢所立三家博士所傳確無此章。簡本與傳本之所以差異甚大,仍爲原簡殘闕所致。依上述簡式排列,從頭鈔至此章簡式如下：

35 |棠則民憙弋以齊其民寺員|
36 |其頌不改出言又⺊利民所信|(傳本作：|彼都人士狐裘黃黃其容不改|
　　　　　　　　　　　　　　　　　|出言有章行歸于周萬民所望| 24字,2簡)

設若簡36散佚,傳授者無法判斷原文之多少,遂取逸詩《彼都人士》之整章迻録,致使《緇衣》有異於古本(如郭店、上博簡本)而過渡到傳本《緇衣》面貌,此一過程在漢文帝時代賈誼著《新書》之前已經完成。② 迨及此本進呈皇宫,藏之中秘,而後爲戴聖等禮家編入《禮記》。

　　以上三條差異可引起思考者是,當戴聖等禮家纂輯《禮記》之時,三家《詩》皆已立於學官。禮家選編整理時當知後二條(第一條散佚,禮家固無緣得見)不見於《齊詩》甚至《魯詩》《韓詩》。不見於學官傳授之《詩》即所謂

---

① 王先謙《詩三家義集疏》卷二十三,第801頁。
② 此一問題之詳細論證請參見虞萬里《從簡本〈緇衣〉論〈都人士〉詩的綴合》,《文學遺產》2007年第6期。

逸詩，當然無法改易。然其不因不見官方所立之《詩》而删汰，亦從側面反映出禮家在整理經典時並不輕易改動先秦流傳之文本。

2. 文字異同

簡本《緇衣》與傳本《緇衣》文字差異甚大。兹選取陳喬樅、王先謙等作過判别之例擇要考論於下，以見清人劃分《齊詩》學派之得失。

例一：郭店簡引"悡型文王，萬邦作孚"，上博簡作"𡉉型文王，𡉉邦复艮"。

傳本《緇衣》二章引"儀刑文王，萬國作孚"，《毛詩·大雅·文王》作"儀刑文王，萬邦作孚"。《漢書·刑法志》引同《毛詩》。陳喬樅曰："《禮記》引作'萬國'，是《齊詩》之文。《毛詩》'國'作'邦'，《漢書·刑法志》引《詩》當本作'國'，師古注'言萬國皆信順'，是其明證，邦字乃後人順毛所改耳。"①郭店、上博簡本均作"邦"，則先秦本《文王》原文如此，陳説非是。《小戴記》宣元之際立於學官，故需避劉邦諱改爲"國"；《毛詩》後出，且以古文著稱，其一度立爲博士亦在平帝時，王莽當權，不避高祖之諱可以理解。陳將班固歸入《齊詩》，故謂其本當同《緇衣》作"國"。《漢書》是據古本還是"後人順毛所改"，不可知，且亦有可能爲後人回改。顔注固然可以"國"釋"邦"，未必是《漢書》作"國"之證。《潛夫論·德化》引作"邦"，王符習《魯詩》，此係《魯詩》到東漢不避而改從原文，還是後人回改，亦難質知。《風俗通》作"國"，應氏習《詩》不知何派，此必據避諱本轉録。

例二：郭店簡引"又𡈼惪行，四方忑之"，上博簡作"又𡈼惪行，四或川之"。

傳本《緇衣》六章引"有梏德行，四國順之"，《毛詩·大雅·抑》作"有覺德行，四國順之"。王先謙以《新序·雜事五》《列女傳·魯義姑姊》引《詩》同毛，遂謂"魯毛文同"；以《韓詩外傳》卷五、卷六引《詩》同毛，遂謂"韓毛文同"。但《春秋繁露·郊祭》篇曰："《詩》曰：'有覺德行，四國順之。'覺者，著也。王者有明著之德行於世，則四方莫不響應風化，善於彼矣。"董仲舒既云"覺者，著也"，可見引《詩》作"覺"絶對無誤。陳、王都認爲董氏是《齊詩》

---

① 陳喬樅《三家詩遺説攷·齊詩遺説攷八》，《清經解續編》卷一千一百四十五，第四册，第1318頁中。王先謙從陳説，見《詩三家義集疏》卷二十一，第827頁。

派,所引不與《緇衣》同作"桔"而竟與毛同,故王先謙衹能説齊"覺"亦作"桔"。又因爲《爾雅·釋詁》有"桔、較,直也"一條,不爲"覺"作訓,而"桔"有直義在經典中唯《緇衣》"有桔德行"一例,可見《釋詁》即專爲此作釋,故王先謙又引黄山説曰:"知魯、齊本皆以'桔'爲正字,'覺'爲假字。"①魯齊本同毛作"覺",因《緇衣》與《釋詁》而生"桔"之異文,此乃因認定《緇衣》和《爾雅》爲《齊詩》《魯詩》派而產生。《爾雅》既爲經典作解,雖有側重,自可包容。郭店簡、上博簡此字均作"🔲",形與傳本《緇衣》"桔"相通,自是有一脈相承之關係,不必與《齊詩》牽合。漢代四家《詩》作"覺",先秦《詩》有異文,簡本《緇衣》引作"🔲",西漢禮家相承作"桔",《爾雅》爲經典作解故釋"桔"爲"直",凡此於文字發展與運用之勢皆順理成章,强生分别,反而滋生枝節,捉襟見肘。

例三:郭店簡引"㫋誓尔止,不侃于義",上博簡作"㫋斳尔止,不侃□□"。

傳本《緇衣》七章引"淑慎爾止,不愆于儀"。《毛詩·大雅·抑》作"淑慎爾止,不愆于儀"。《列女傳·宋恭伯姬》君子曰引《詩》同毛,依陳、王説爲毛、魯同而與齊異。陳喬樅曰:"愆,《毛詩》作愆。《氓》詩'匪我愆期',《釋文》'愆,字又作諐'。《蕩》詩'既愆爾止',《釋文》'愆,本又作諐'。攷《説文》:'愆,過也。从心,衍聲。或从寒省作寒,籀作諐。'釋玄應《衆經音義》云:愆,古文寒、諐二形,籀文作諐,今作愆,同。"②郭店簡、上博簡愆作"侃"。侃義剛直,愆爲過失,二字皆見於先秦出土文獻。依文字之應用而言,同聲互代,增減義符均可。侃爲愆之省文,愆爲《抑》詩本義。簡本作"侃"即以聲符代其本字,傳本作"愆"乃用本字本義,可見傳本《緇衣》字形作"愆"有所從來。若禮家確實整合過《齊詩》和傳記文字,則《齊詩》很有可能作"愆",然依《釋文》,《毛詩·氓》《蕩》二詩亦有"愆""愆"異文,則漢代毛、魯與毛、齊之異同又未可以今日所見之字形區分也。

例四:郭店簡引"𢍏人君子,其義弌也",上博簡作"□人君子,丌義一也"。

---

① 王先謙《詩三家義集疏》卷二十三,第 930 頁。
② 陳喬樅《三家詩遺説攷·齊詩遺説攷九》,《清經解續編》卷一千一百四十六,第四册,第 1327 頁上。

傳本十九章引"淑人君子,其儀一也",《毛詩·曹風·鳲鳩》作"淑人君子,其儀一兮。其儀一兮,心如結兮","也"皆作"兮",爲齊、毛不同處。此詩句文獻引證極多。《荀子·勸學》《列女傳·魏芒慈母》《説苑·反質》《潛夫論·交際》引皆同《毛詩》,王先謙以爲魯家説。《韓詩外傳》卷二引同《毛詩》,王以爲韓家説;《大戴禮記·勸學》引同《毛詩》;王以爲齊家説。唯《淮南子·詮言訓》引作"淑人君子,其儀一也,其儀一也,心如結也",《淮南子》雜採衆書,不知其屬何家,但此前後四用"也"字,似絶非筆誤。① 王先謙認爲《淮南》與《緇衣》是"諸家有别本作'也'之證"。别本爲何? 清以前僅能推測而已。今出土之郭店簡、上博簡皆作"也",所引雖僅兩句,不能知後二字是否作"也",但從修辭之頂針上考慮,傳本和簡本《緇衣》所據本之下句應該同上句一樣作"其儀(義)一(弌)也",然其最後一句是否作"也"則難以確定。因上博簡《孔子詩論》引"丌義一氏,心女結也",前後兩虚詞就不同。《詩論》"氏"字,與馬王堆帛書《五行》"尸咎在桑,其子七氏。叔人君子,其宜一氏"適同。氏,古音禪紐支部,兮則匣紐支部,韻同通用。同一章詩句之虚詞,簡本、傳本《緇衣》作"也",上博簡《詩論》作"氏",《毛詩》與後世文獻作"兮",充分説明先秦流傳中詩句之虚詞運用極爲自由。衆多文獻引用均同《毛詩》作"兮",使王先謙亦不得不認爲齊魯毛韓四家一致,而傳本《緇衣》承襲簡本作"也",未改爲"兮",更證明戴聖等禮家在整理《緇衣》過程中並未根據《荀子》或《大戴禮記》改字。

例五：郭店簡引"備之亡懌",上博簡作"備之亡臭"。

傳本二十三章引"服之無射",《毛詩·周南·葛覃》作"服之無斁"。陳喬樅曰:"射,《毛詩》作斁,三家今文皆作射。"② 《説文·攴部》:"斁,解也……《詩》曰:服之無斁。斁,猒也。"與《毛詩》合,可證《毛詩》確作"斁"。陳氏所謂三家,其實《韓詩》無徵,王先謙錄《緇衣》"服之無射"爲《齊詩》,錄王逸《楚辭·招魂》注"射,厭也"引《詩》作"射"和《爾雅·釋詁》"射,厭也"郭璞引《詩》亦作"射"二例爲《魯詩》。③ 從傳世文獻上看,似《齊詩》《魯詩》作

---

① 黄生《字詁》謂"《淮南子》引《詩》……以'兮'作'也',則也字當音猗"。中華書局1984年版,第34頁。其音讀可以商榷,其形體則已變異。
② 陳喬樅《三家詩遺説攷·齊詩遺説攷一》,《清經解續編》卷一千一百三十八,第四册,第1285頁上。
③ 按,宋本《爾雅·釋詁》"豫、射,厭也"下郭璞引《詩》作"服之五斁",王氏誤引,然不(轉下頁注)

"射",而《魯詩》尚有異本。郭店簡作"備之亡懌",上博簡作"備之亡臭",郭店簡從"心",上博簡字形有變並形符亦省略。①一句四字,有三字異文。從郭店簡和上博簡四字之中唯第四字省形符來推測,西漢禮家所見《緇衣》即使與郭店簡、上博簡不同,亦不至於一句四字除一虛詞外全部相異。尤其是《魯頌·泮水》"徒御無斁",陸德明《釋文》出"無繹"曰:"繹,本又作射,又作斁,或作懌,皆音亦,厭也",②同一"無斁",異文衆多,其中的"懌"正與郭店簡相同,料想先秦流傳的《詩經》中"無斁"一詞必有作"無懌"之本,故簡本《緇衣》會引作"懌"、"臭"。郝懿行曰:"射者,斁之叚音也。射古音序,又音捨,轉音石,又音亦,故射、斁二字經典叚借通用。"③今本《緇衣》之作"服之無射","射"字是前有所承,抑或禮家在整理、轉寫、傳授時據《齊詩》改易,不能確指。即使齊魯作"射",而以六朝時《毛詩·泮水》亦有作繹、射、斁、懌之異本衡之,則漢代四家《詩》亦未必可以"斁"爲《毛詩》"射"爲三家《詩》而分。

例一因避諱改字而陳喬樅指爲《齊詩》。例二四家《詩》作"覺"而《緇衣》自承先秦簡本作"梏",因主觀認定《緇衣》《爾雅》分別爲齊魯《詩》派而滋生二家有異文"梏"字。例三因《傳》本《緇衣》之字形與簡本有承襲關聯,而《毛詩》又有異文,故齊魯之異同未可以今日所見之字形來區分。例四傳本《緇衣》與簡本同作"也",《毛詩》及後世文獻同作"兮",禮家整理《緇衣》時未從被劃歸《齊詩》之《大戴禮記》作"兮",或可推知當時並未有意改竄文字。例五傳本《緇衣》之字形雖與簡本和《毛詩》均不同,然六朝《毛詩》之異文幾乎包容各種異文字形,故絕不能將《毛詩》固定在一種字形上以與三家《詩》對立。

(接上頁注)礙其指《爾雅》爲《魯詩》文。但進而思之,郭璞既作"斁",可見郭本作"豫、斁,厭也",證之《釋文》作"射,羊石反,字又作斁,同",是陸德明所見確有作"斁"之本,則是否《魯詩》作"射",亦大可疑問。

① 上博簡整理者注:"'臭'字金文從白從矢,或從日從矢,與"斁"同爲一字,牆盤銘文'亡臭'即'無斁'。"《上海博物館藏戰國楚竹書》(一),上海古籍出版社2001年版,第196頁。
② 宋本《經典釋文》卷七,上海古籍出版社1985年版,第一册,第410頁。
③ 郝懿行《爾雅義疏》上之一,上海古籍出版社影印1983年郝氏家刻本,第216頁。

五、清人四家《詩》歸派之得失與由此引發之思考

通過對現存一百三十餘塊一千數百字的石經《魯詩》與敦煌寫卷、唐石經、《毛詩》《釋文》校覈，並與清人主要是陳喬樅、王先謙等著作中據兩漢六朝唐宋文獻所引而歸派的《魯詩》比勘、疏證，結果爲：凡石經《魯詩》與《毛詩》文字相同，而清人利用唐宋以前文獻考定爲《魯詩》文字與石經相合者七條，石經《魯詩》與《毛詩》文字不同，而清人利用唐宋以前文獻考定爲《魯詩》文字與石經相合者二十三條，共計三十條。凡石經《魯詩》與《毛詩》文字相同，而清人利用唐宋以前文獻考定爲《魯詩》文字與石經不合者三十四條，石經《魯詩》與《毛詩》文字不同，而清人利用唐宋以前文獻考定爲《魯詩》文字與石經不合者二十二條，共計五十六條。亦即：相吻合者三十條，不相吻合者五十六條，吻合者佔總數百分之三十四點九，不吻合者佔總數百分之六十五點一。郭店簡與上博簡《緇衣》引《詩》文字，與陳喬樅、王先謙劃歸爲《齊詩》文字之差異更大。以方程解代入法檢驗，不相吻合之數量如此之大，說明其預設之條例需要修正。即此而論，清人歸派三家《詩》之條例、原則尚有討論空間。

自《詩三家義集疏》刊行至今已一百年，近二十年間時有評論清人三家《詩》研究之文章與論著。[①] 簡單推崇者譽之爲：貫徹師法、家法宗旨，推求遺說；考訂精深，內容豐富。[②] 褒貶各半者在肯定其優點後指出其執論偏頗、過分強調三家之同一性。[③] 較爲全面評述並指出其缺失者爲劉立志，其在《三家〈詩〉輯佚學派論定之批判》中先對清代三家詩輯佚諸家之思路亦即方法、條例予以總結陳述，再結合其個人研究漢代《詩經》學史之心得進

---

① 陳致《商略古今，折衷漢宋：論王先謙的今文〈詩〉學》一文對王先謙今文《詩》學作了較爲全面的評價，在肯定其成就之基礎上，指出王氏缺失在於少用金石文字以證；採集之功甚鉅而聲音訓詁非其所長；尊今抑古之立場妨礙其客觀判斷。所論至爲允當。其他亦有專論王先謙《詩三家義集疏》之文，不具論。
② 房瑞麗《陳壽祺、陳喬樅父子〈三家詩遺說考〉考論》，《廣西社會科學》2008 年第 5 期。
③ 俞艷庭《清代三家〈詩〉輯佚的得與失》，《圖書館雜誌》2007 年第 5 期。又《清儒三家〈詩〉輯佚成就述略》，《唐都學刊》，2006 年 3 月號（22 卷第 2 期）。

行逐條批駁。兹稍予引録以見一斑。

從上列引述陳喬樅歸派條例中得知，清人歸派原則主要從其人師從之學、家學淵源、所從事之《詩》學活動及所撰著作中的相關論説等方面來論定。劉立志則認爲：由其人師從之學單綫條地確定其《詩》派，有時不免失於簡單化；由家學淵源論定學者《詩》學派別，立論不够堅實，因爲世守經業而未必子孫相傳，祖孫、父子之學難免有異；依據其人參加過相關《詩》派的活動即認定其人《詩》學必屬此家，殊爲牽强；《詩》三百爲漢世通習之經典，時人經世致用，引《詩》申義以喻時事或據以立論，引用説解或脱離《詩》之文本，從中不能看出其人《詩》學之派别，且漢代學者引述《詩》句、闡發《詩》説多有轉録古書和沿襲前人之説者，未必能察見作者之《詩》學派别。[①]

趙茂林著《兩漢三家〈詩〉研究》一書，亦指出清代學者三家詩研究中之失誤，主要是强分今古，膠固師法、家法和三家同體論之偏頗。[②] 趙、劉二位各舉大量實例來證實清人之失誤，言之鑿鑿，即陳、王復生，亦難以辯駁。金前文指出清人將趙岐、高誘劃歸爲《魯詩》派，證據不足，考定趙、高二人爲習《韓詩》者，[③]亦有理據。清人三家《詩》研究理論上既有諸多偏頗與失誤，而實際文字印證亦有諸多之不合，是否可由此否定其整個研究思路，改弦易轍，另闢蹊徑。此爲筆者近年常爲縈回思索之問題。區分四家《詩》，最顯著者爲《詩》説和文字，《詩》説可比較者少而易於區别，文字異同者多而難於分隸。清代四家《詩》學之成就，主要還是在窮盡式地蒐輯異文並予以區分。在二千年之後要釐清四家《詩》異文之歸屬，又不得不省思戰國至隋唐文字之劇變而給《詩》文本帶來之種種影響。

思考、審視《詩》文本自先秦至隋唐在劇變之文字激蕩下的歷史，筆者以爲，它至少遭受過先秦、兩漢、六朝三次衝擊與擾亂：即先秦亂於各國構形略異之文字形體，兩漢亂於篆隸和戰國古文之互相對應，六朝亂於崇古與趨時心理支配下手寫與碑刻之别體。

（一）《詩》，西周、春秋時統一由國學教習，出使四方别國則賦詩喻志，

---

① 劉立志《三家〈詩〉輯佚學派論定之批判》，載《漢代〈詩經〉學史研究》第四章末，中華書局 2007 年版，第 147—161 頁。
② 趙茂林《兩漢三家〈詩〉研究》，巴蜀書社 2006 年版，第 87—102 頁。
③ 金前文《趙岐、高誘〈詩經〉學淵源再考》，《天中學刊》2007 年 8 月號（22 卷第 4 期），第 75—77 頁。

進入戰國,發生了極大的裂變。就教習形式而論,由於王官失守,太學中教學制度漸趨衰落,私學興起,諸子在民間各自傳播《詩》《書》。① 就運用與傳播方式論,策士游説,徹底擺脱了温文爾雅、微言相感的引《詩》喻志式交談,導致口頭賦詩、引詩之衰落,而轉向一種以《詩》爲經典格言,作爲諸子爭鳴立説時加強自己論據佐證之新形式,亦即變口頭稱引爲書面稱引。② 就傳播之地域論,《詩》先後在三晉之西河、齊國之稷下及燕國和楚國之蘭陵廣泛傳播,從而形成漢代的毛、齊、韓、魯四家《詩》。③ 其傳播由朝廷降至民間,由民間擴散到晉、齊、燕、楚及其他地區,範圍漸趨擴大。戰國之時,言語異聲,文字異形。言語異聲,則各國誦《詩》吟句,不免同句異聲;文字異形,則晉系、齊系、燕系、楚系之文字構形各有面目。④ 時適逢口頭賦詩衰落,書面稱引興起,用略有差異之文字形體記録或引述已呈同句異聲之詩句,《詩》文本之差異在實際流傳過程中已牢固地鑄成。嬴秦焚書同時又書同文推行小篆,使六國文字頃刻間變成一種古文字,在一定程度上隔斷了漢人對先秦《詩》《書》的認知,抽離了他們繼承先秦文獻的基礎。數十年之後,挾書之律除而民間之書出,辨識認讀其文字内容變成經師、學問家專門之業。《詩》作爲諷誦而得以流傳,爲漢人用隸書寫出,其與先秦經籍及諸子百家引《詩》文字歧出不一自在情理之中,與相傳淵源有自之《毛詩》不同也無須詫異。

（二）漢代經師辨認閲讀先秦《詩》文本有兩條途徑:一是由字形到《詩》義,字詞認錯導致《詩》義理解之不同;二是由《詩》義到字詞,由於相承師説不同,而導致對文字通假確認之不同。此兩條途徑錯綜甚至重疊,使《詩》義、文字及其關係更趨複雜。漢代四家《詩》傳授過程中,有其恪守師説之一面,亦有背離師説之一面。恪守師説,故歷三百多年而相承不衰;背離師説,故一派復衍爲數家之學。相對而言,四家《詩》以師説異同爲重,文字出入爲輕。各家師弟子傳授之際,弟子記録時有方音方言,俗體别字,復又傳鈔率爾,錯譌橫生。且兩漢之際,篆隸變化甚大,六國古文隨獻書或破壁顯

---

① 參見馬銀琴《戰國時代〈詩〉的傳播特點》,《文學遺産》2006 年第 3 期。
② 參見虞萬里《從〈詩經〉授受、運用歷史看〈緇衣〉引〈詩〉》,《傳統中國研究集刊》第二輯,上海人民出版社 2006 年版,第 277—292 頁。
③ 參見劉毓慶、郭萬金《戰國〈詩〉學傳播中心的轉移與漢四家詩的形成》,《文史哲》2005 年第 1 期。
④ 參見趙學清《戰國東方五國文字構形系統研究》,上海教育出版社 2005 年版。

世之後,三者之間之對應也更趨複雜。體味"行賂定蘭臺漆書經字以合其私文"之行徑,若就《詩》而論,不管是魯是齊是韓,即任何一家之《詩》,其文字已歧出不同。

（三）魏晉以後,《齊詩》《魯詩》相繼淪亡。《韓詩》雖存,少有傳者。《毛詩》獨行,復分南北,異本共行達二三百年。是時隸楷轉變,碑刻興起,降及六朝,行書盛行,字形結構,另有一番錯綜對應。而別體異構,俗寫草書,又興起新一輪異化與融合。由於紙張逐漸替代簡牘,學子經師,人自手鈔經書成爲可能並迅速普及,於是隸楷之異體別構侵入《毛詩》文本,使《詩》又蒙受一次文本異形之折騰。今從陸德明《毛詩釋文》及六朝隋唐《毛詩》寫卷所反映之別字歧出、俗寫並見中,可以清晰感悟到三百年中文字對經典之侵蝕和淆亂。

先秦而下,《詩》之文本在經典派系爭論攻戰和文字形體演蛻劇變之中,顛顛巍巍走過八百餘年,至唐《五經正義》及開成石經而始告定型。而散見於《詩經》以外之經典與諸子百家文獻所引之逸詩散句,則同其文獻一起蛻演變化而與《詩經》文本或趨同或異轍。即此而論,現存先秦兩漢諸子及六朝文獻所引詩句與《毛詩》或三家《詩》相同,並不能證明原始文本亦相同,其中包含後人鈔寫時趨同之例;所引如若不同,亦不能認爲其原始文本即不同,而完全可能由於傳鈔者個人喜好或趨俗從時而改易《詩》句之文字或字形。

面對如此複雜之《詩》文本,要想據以區分甚至恢復漢代四家詩面貌之一個側面,都會感到很難措手。難以措手並不能作爲放棄研究之藉口,而要想研究,則必須有切實可行之條例、原則。要製訂條例、原則,則無疑須重新審視、估量清人研究之思路。清人施行之條例有如當今學者所説之偏差,清人臆指之三家文字亦有如筆者所證之失誤。如此,即有一個如何對待清人之研究思路問題。

筆者以爲:要指責前人學説之缺失較易,要提出一個相對完善之學説則不易;破壞一個舊體系不難,要建立一個新體系則很難。人往往樂於指責而艱於完善,不善於易地設想,換位思考。在既無簡牘引《詩》和僅有少量熹平殘石文字參稽,不知戰國文字有晉、齊、燕、楚結構差異,且少材料,空依傍之前提下,清儒能夠從師法、家法及傳習《詩》派等理路上去離析、歸派四家《詩》，並獲有百分之三十五之正確率。① 如若從蘭臺行賂改字和隋唐《毛詩》之異文出發，設想三家《詩》在兩漢也有數量不等之異文，如此則正確率還會有所攀升。有如此之正確率而指責其推證原則和條例一無是處，顯然未爲公允亦不符事實。揭示其中之合理條例予以修正完善，是今後深入研究之基礎。

兩漢既以師法、家法分立《詩》派，如果捨棄師法、家法而別謀離析四家《詩》之途徑，譬猶出不由户，無法想象。强分今古不免膠固，以石經《魯詩》較之，《毛詩》有用今文，《魯詩》亦用古文。然《毛詩》淵源有自，三家流行漢初，文字之今古仍是三家與《毛詩》大較之别。過分强調三家同體失於簡單，當多方參稽，以求其别。就大體而言，清人研究四家《詩》幾大原則，或經稍作修正，或應用時參稽史實正確把握，仍當爲今後深入研究之綱維。至於陳、王著作中所涉個别人物及先秦兩漢文獻歸屬，確有失之粗疏之處，應作爲個案予以深入研究而後修正。

先秦兩漢文獻在流傳過程中所遭受之文字譌變和改竄，既有共性又有特性。兹以《爾雅》爲例，略作分析，以示一斑。《爾雅》之年代與作者，眾説紛紜，歷數之約近十説，②此可略而不論。《爾雅》與《毛傳》不管是互相因襲抑或各有所承，兩者釋義相同者有四百八十餘條，近同者二百餘條，③關係之密切無可否認。自漢武時犍爲舍人以下，劉歆、李巡、樊光、孫炎之注，陸德明尚能見之，故於《釋文》多所徵引。犍爲舍人時《毛詩》未顯；劉歆已見《毛詩》；李巡倡議並參與熹平石經刊刻，或與《魯詩》關係密切；樊光之注被認爲與《魯詩》多合；孫炎則是鄭玄門人或再傳，④當與《毛詩》有關，據研究，孫炎《爾雅注》佚文今存九十餘條，中與鄭康成説相合者三十八條，⑤師承關係甚爲明確。據此，《爾雅》至少有《魯詩》傳人和《毛詩》傳人不同之本。

---

① 筆者疏證石經《魯詩》可證明清儒之正誤者共有八十六條，其中相合者三十條，不合者五十六條。百分比以此而計算。詳見前文。
② 參見駱鴻凱《爾雅論略》（嶽麓書社1985年版）、竇秀艷《中國雅學史》（齊魯書社2004年版）等書所作之總結論述。
③ 參見向熹《毛詩傳説》，《語言學論叢》第八輯，商務印書館1981年版，第203頁。按，胡繼明《〈詩經〉〈爾雅〉比較研究》一書有更爲細緻的統計，亦可閲。重慶大學出版社1995年版。
④ 胡元儀《北海三考》卷六《師承考下》以孫炎爲康成再傳弟子，《叢書集成續編》本，第259册，第630頁。鄭珍《鄭學録·弟子目》則以爲康成弟子。
⑤ 參見姜濤《從〈爾雅〉注看孫炎對鄭學的繼承》，《貴州文史叢刊》1989年第2期，第80頁。

《爾雅》既爲釋《詩》而作,其截取《詩》之原文必涉及到四家《詩》之異同。郭璞注《爾雅》,"錯綜樊、孫",意下已糅合《魯詩》本與《毛詩》本。然其所謂"錯綜樊、孫",僅是就注文而言,正文則無法錯綜而祇能擇從。迨及元朗著《爾雅釋文》,雖以"郭本爲正",然亦參覈舍人、劉、樊、李、孫及沈旋之《集注》諸本,著其異同。今《爾雅釋文》中所注"字亦作"、"字本作"、"字又作"、"本又作"、"本或作"等大量異文,反映各家文本之不同,其中雖有傳鈔中產生之異文譌字,溯而上之,當亦不無毛、魯甚至齊、韓四家異文存焉。茲簡略圖示各家關係如下:

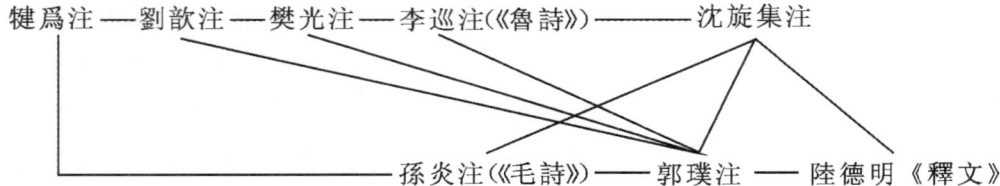

各家在注釋方面可以因襲轉錄,然正文則祇能擇取一種,故導致邢昺疏中經常出現正文與注文、引文不一。其中至少有部分是不同《詩》派異文之真實反映。前文所舉之《毛詩・大雅・桑柔》"憂心慇慇",《爾雅・釋訓釋文》作"慇慇,於斤反。樊光於謹反。本今作殷殷",即是典型一例。

　　秦漢六朝文獻之流傳未必都有如此複雜,但傳授方式各異,其錯綜糾葛亦各呈形態,如能梳理其流傳脈絡,正確呈現其引《詩》來源與演蛻,將對四家《詩》異文確認有很大幫助。

　　由石經《魯詩》異文驗證,清人在研究四家《詩》過程中將文獻中所引《詩經》異文分隸四家,僅百分之三十五相合,另百分之六十五則未必相合。若加上竹簡《緇衣》引《詩》以證,不合之比率更會上升;若考慮各家亦有異文,則相合之比率亦會適量增升。檢覈他們原則和條例,確有不盡完善而可商榷之處,且在施行過程中也不免有隨意性或雙重標準。今人對清儒四家《詩》研究原則之批評雖深中肯綮,但如捐棄師法、家法等大原則,面對漢代四家《詩》將是一片茫然。清儒在未見如此衆多出土文獻情況下,能夠建立四家《詩》研究構架,其用力之勤,用功之深,已足使後人驚歎敬仰。其種種缺陷與不足,正有待我們用新出土資料,新研究思路來彌補與修正。

二〇〇八年十二月二十七日至二〇〇九年二月二日

阿斯塔那三三二號墓文書《春秋經傳集解》殘片淺議

　　李索《敦煌寫卷〈春秋經傳集解〉校證》一書，①彙集《英藏敦煌文獻》《法藏敦煌西域文獻》《俄藏敦煌文獻》《敦煌寶藏》《吐魯番出土文書》《上海圖書館藏敦煌吐魯番文獻》等十三種大型文獻中有關《左傳》殘片進行考校。共收録八十六片殘卷，全係斯坦因、伯希和及俄聖彼得堡所藏，雖列有《吐魯番出土文書》《上海圖書館藏敦煌吐魯番文獻》等書，或許因爲未獲，故書中闕如。王素認爲吐魯番文書中有杜預《春秋經傳集解》四件，分别爲昭公二十二年（ch. 一〇四四、二四三二號）、二十五年（静嘉堂文庫藏品）、三十一至三十二年（ch. 一二九八 v 號）。② 筆者近閲《吐魯番出土文書》，亦發現一件杜預《春秋左傳集解》殘片一角。

　　文物出版社一九九六年出版《吐魯番出土文書》，其第三册阿斯塔那三三二號墓中出土一殘片，編號爲 60TAM332：9/5，整理者定名爲"古籍殘片"，③原件如下：

---

①　李索《敦煌寫卷〈春秋經傳集解〉校證》，中國社會科學出版社 2005 年版。
②　王素《敦煌吐魯番文獻》，文物出版社 2002 年版，第 204 頁。
③　中國文物研究所、新疆維吾爾自治區博物館、武漢大學歷史系編《吐魯番出土文書》（三），文物出版社 1996 年版，第 152 頁。

原書録文作：

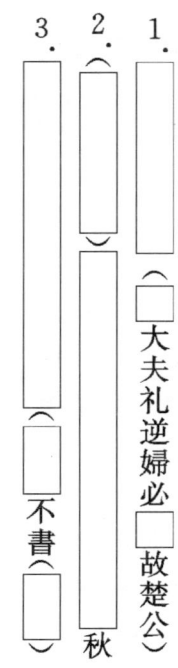

經考證辨認，此殘片當爲杜預《春秋左傳集解·隱公八年》傳文與注文。兹先引録原文，並將殘片中文字用粗體標識：

傳文：四月甲辰，鄭公子忽如陳逆婦嬀。辛亥，以嬀氏歸。甲寅，入于鄭，陳鍼子送女，先配而後祖。鍼子曰：是不爲夫婦，誣其祖矣，非禮也，何以能育。

杜預注：鍼子，陳**大夫**。**礼，逆婦必**先告祖廟而後行，**故楚公**子圍稱告莊共之廟。鄭忽先逆婦而後告廟，故曰先配而後祖。

傳文：齊人卒平宋衛于鄭，**秋**，會于溫，盟于瓦屋。以釋東門之役，禮也。

杜預注：會溫**不書**，不以告也。定國息民，故曰禮也。平宋衛二國，忿鄭之謀，鄭不與盟，故不書。

阿斯塔那三三二號墓文書《春秋經傳集解》殘片淺議

　　殘葉文字,涉及傳文二句、注文二句。有原文勘同,可以意會"秋"前之半字是"鄭"之下半。另"礼""迣"二字略需説明。"迣"即"逆",《魏大宋飛丞元斌墓誌》即作"迣"。① "礼"作爲簡體,始見於《魏高貞碑》,字作"祀",《隋宫人司計劉氏墓誌》作"礼",北魏及隋代墓誌中偶見,唐代墓誌中難見,②但敦煌寫本中却常見。顔元孫《干禄字書》"禮、礼"云:"並正,多行上字。"然斯三八八《正名要録》"禮、礼"下則云:"右字形雖别,音義是同。古而典者居上,今而要者居下。"與顔氏所云適相反,可知唐代兩字皆常用。第三行"不書"二字係注文"會溫不書"後兩字,按注文應是雙行,今殘片"不書"右邊無字。據經傳原文排比,此上應是傳文十五字,前兩行一般在十八至二十字許,此行不應衹有十七字。推知此處注文小字單行書寫,連傳文共十九字。現復原如下:

60TAM332:9/5 復原圖

① 參見秦公、劉大新《新編碑别字》,國際文化出版公司1996年版,第226頁。
② 參見秦公、劉大新《新編碑别字》,第683—684頁。

榆枋齋學林

　　此爲上引王素所説四件吐魯番《左傳》之外的又一殘片。字體工整，"大夫礼迋婦必"旁明顯有界欄。王素所説静嘉堂一件，係榮新江一九九〇年走訪静嘉堂時所著録。據榮新江記述：静嘉堂所藏吐魯番寫本乃一九三五年前後由岩崎小彌太氏在日本購自某位中國書商，原爲新疆監理財政官梁素文（字玉書）所藏。此"寫本有界欄，楷體書寫，字極工整，似爲唐鈔本"。① 既同爲吐魯番寫本，且亦有界欄，字體亦皆工整，則需進一步辨別是否係同一寫本的前後殘片？静嘉堂《左傳》殘片在其八册藏品中的第四册第三頁，與六片佛典裝在一起。此本前題"古高昌出土殘經"，下有小字書"辛亥七月，素文題"，係一九一一年裝幀。殘片四行，傳文大字，注文雙行，與阿斯塔那殘片同。榮新江摹録如下：

1. ☐（服不成）☐
2. 竊其寶龜僂句（☐出地☐）
3. 與僣僣吉（僣不信也）臧氏老☐
4. ☐會請往（代家☐行）昭伯☐

據傳文大字單行，杜注小字雙行復原，體式如下：

静嘉堂文庫所藏《左傳集解》殘片復原圖

---

① 參見榮新江《海外敦煌吐魯番文獻知見録》，江西人民出版社1996年版，第183—193頁。原書係簡體，小字加括號，因未見原件，兹轉寫成繁體。

復原後可知,此片雖亦是正文單行大字,注文雙行小字,但此寫本每行在十四字左右,較阿斯塔那寫本每行少五六個字。所以形式雖似,仍非同一次一人所鈔。

王素所説昭公二十二年和三十一至三十二年共三件,亦榮新江在柏林首先發現。榮氏《柏林書簡》記述其在德國國家圖書館的吐魯番文書殘片中比對出《春秋經傳集解・昭公二十二年》寫本兩件(ch. 一〇四四,ch. 二四三二)因背面同爲占卜書,故推爲同一寫本;另有昭公三十一年至三十二年寫本一片(ch. 一二九八),①未注明是否爲同一寫本。因爲未録有文字及行款,亦無法推定是與吐魯番文書同還是與静嘉堂文庫所藏寫本同。

《北周書・異域傳下・高昌》:"文字亦同華夏,兼用胡書,有《毛詩》《論語》《孝經》,置學官弟子以相教授。雖習讀之,而皆爲胡語。"是否用胡語讀經,尚可討論,其時有《毛詩》《論語》《孝經》三經,應無問題。吐魯番出土文書中《毛詩》《論語》《孝經》殘紙皆常見,與《高昌傳》合,有《左傳》,於傳無徵。《左傳》字數近二十萬,居儒家經典之首,北朝雖有人傳習,相對《論語》《孝經》,自是繁重。史書不言,或係當時實情。

三三二號墓同出文書有紀年者有"唐龍朔元年(661)秋左慈隆等種禾畝數帳"、"龍朔二年(662)遞納名籍""唐麟德二年(665)里正趙某殘牒"等,故 60TAM332:9/5 殘片當爲唐代西州時期文書。據整理者研究,這些文書除少量完整的是以衣物疏、地券、功德疏、告身等契約隨葬外,大多數殘片都是當作廢紙被用來製成死者的服飾或紙俑的材料,因而殘損嚴重,甚至僅存數字,本殘片所存十二字,尚非存字最少者。

追溯 60TAM332:9/5 殘片的來歷,有兩種可能。一是外地傳來,二是本地書寫。

王素説:"吐魯番地區出土的文書,並不意味著這些文書當初都是在這裏書寫的,在這批文書裏,就有來自敦煌、庭州、伊州乃至洛州等地的文書,還有來自唐代京師長安的帳曆,那是被用作一批舞樂俑的構件從長安運來的。"②由於殘片太小,無法確定其原來是什麼用途而作廢的。如果是從敦

---

① 榮新江《柏林書簡》,《學術集林》卷十,上海遠東出版社 1997 年版,第 395—396 頁。
② 中國文物研究所、新疆維吾爾自治區博物館、武漢大學歷史系編《吐魯番出土文書・前言》,文物出版社 1992 年版,第 2 頁。

煌、庭州、伊州、洛州或長安等地運來，則其書寫年代可能在西州建置之前。如果是本地書寫物，其年代允可稍晚於外地運來之廢紙。

　　審視殘片字體，楷法嫻熟，很可能爲唐代士子鈔寫之物。唐代國子學、太學、四門學之教育對象雖因家庭出身地位等級而各不相同，但都必須習經，其中"《禮記》《左氏春秋》各三年"。① 大成生考試時，《禮記》《左傳》《毛詩》《周禮》皆作爲加經測試。所以，《左傳》在唐代是士子普遍研習的經籍。唐代明經課始於武德四年。②《唐六典》卷二"尚書吏部"云："其明經各試所習業，文、注精熟，辨明義理，然後爲通。正經有九：《禮記》《左傳》爲大經，《毛詩》《周禮》《儀禮》爲中經，《周易》《尚書》《公羊》《穀梁》爲小經。通二經者，一大一小，若兩中經；通三經者，大小中各一；通五經者，大經並通，其《孝經》《論語》並須兼習。"明經考試，都有帖經和試墨策二項。《唐六典》注云："諸明經試兩經，進士一經，每經十帖。《孝經》二帖，《論語》八帖。每帖三言。通六已上，然後試策；《周禮》《左氏》《禮記》各四條，餘經各三條，《孝經》《論語》共三條。"③因爲要通經，要帖經，故肄習必須熟玩經文、注文，於是鈔寫經、注也就成爲士子日常功課。貞觀十四年，高昌政權結束，唐置西州，政治一統，率土之濱，莫非唐土，其軍政建置與鄉里制度均與內地漸趨一致，④故科舉文化也隨之影響高昌。其地出現《左傳》殘片，亦與當地科舉研習有關，無足怪異。

　　還有一種可能的情況，即殘片原作爲廢紙而從敦煌、庭州、伊州、洛州等地運來，其年代又遠在李唐甚至隋朝以前，是則關涉到北朝的《左傳》傳習問題。《隋書‧儒林傳序》云："南北所治章句，好尚互有不同。江左：《周易》則王輔嗣，《尚書》則孔安國，《左傳》則杜元凱。河洛：《左傳》則服子慎，

---

① 李林甫等《唐六典》卷二十一："國子博士掌教文武官三品已上及國公子孫、從二品已上曾孫之爲生者，五分其經以爲之業，習《周禮》《儀禮》《禮記》《毛詩》《春秋左氏傳》，每經各六十人，餘經亦兼習之。習《孝經》《論語》限一年業成……《禮記》《左氏春秋》各三年。"中華書局 1992 年版，第 559 頁。
② 王定保《唐摭言》卷一"統序科第"條曰："始自武德辛巳歲四月一日，敕諸州學士及早有明經及秀才、俊士、進士，明於理體，爲鄉里所稱者，委本縣考試，州長重覆，取其合格，每年十月隨物入貢。斯我唐貢士之始也。"上海古籍出版社 1979 年版，第 1 頁。
③ 李林甫等《唐六典》卷二，第 45 頁。
④ 參見張廣達《唐滅高昌後的西州形勢》，《西域史地叢稿初編》，上海古籍出版社 1995 年版，第 113—173 頁。

《尚書》《周易》則鄭康成。"《北齊書·儒林傳序》:"河北諸儒能通《春秋》者,並服子慎所注。"儘管像"先習《左傳》服解"的北方大儒崔靈恩南來,因爲"不爲江東所行"而"改説杜義",但"文句常申服以難杜"。而會稽餘姚人虞僧誕因精研杜學,故作《申杜難服》以答靈恩。① 據《南史·儒林傳》載:"自梁代諸儒相傳爲《左傳》學者,皆以賈逵、服虔之義難駁杜預。"似南朝杜學漸漸被打破。相對於北朝,在"虔《左氏春秋》,休《公羊傳》大行於河北"的風氣下,仍有杜預玄孫杜坦、杜驥等在青州傳其家業。北魏張吾貴"兼讀杜、服,隱括兩家,異同悉舉",②賈思伯、賈思同兄弟爲北魏孝明帝(肅宗)、東魏孝静帝講授《杜氏春秋》。③ 當時南北《左傳》杜、服之學,雖互相争勝駁難,④但都限於東部和京師。高昌附近的西北地區未聞有此情況。且如前引《周書》所述,該地未聞有傳習《左傳》者。殘片爲《左傳》杜注鈔本,即使從敦煌、庭州、伊州、洛州等地運來,似也應是唐代《五經正義》頒布後士子爲應試而肄習的寫本。考慮到《五經正義》的頒行時間和傳習範圍,遠在邊陲的敦煌、庭州、伊州似不太可能,不得已一定要指實的話,離京師不遠的洛州最有可能。

二〇〇八年十月十五日初稿
二〇〇九年四月九日修訂稿

---

① 事見《梁書·儒林傳·崔靈恩》,中華書局1973年版,第677頁。
② 事見《魏書·儒林傳·張吾貴》,中華書局1974年版,第1851頁。
③ 事見《魏書·賈思伯傳》,第1612—1615頁。
④ 如《魏書·賈思伯傳》附弟思同傳載"遼西衛冀隆習服氏之學,上書難《杜氏春秋》六十三事。思同復駁冀隆乖錯者十一條,互相是非,積成十卷"。又《北史·儒林傳·李興業》載姚文安難《左傳》服虔解七十七條,名曰《駁妄》,李興業子崇祖即申明服氏,名曰《釋謬》。

黑城文書《新編待問》殘葉考釋與復原

一、前　言

　　李逸友編著《黑城出土文書（漢文文書卷）》，係從内蒙古文物考古研究所和阿拉善盟文物工作站一九八三至一九八四年聯合對額濟納旗黑城兩次發掘所獲二千二百餘件漢文文書中選取七百六十件彙編而成。① 依該書編著體例，對每件文書之内容定名、紙質形狀、尺寸、字體、行款等均有説明。由於某些文書殘損過甚，致使編著者對文書之定名有誤。筆者曾對該書F64：W1殘葉予以考釋，指出其乃是遼希麟《續一切經音義》卷六《無量壽如來念誦修觀行儀軌一卷》之上半段。② 兹就該書F43：W1、F90：W1—3共五片殘葉作一考釋。

　　李先生對此五片殘葉作描述云：

　　　　《新編待問》殘頁，竹紙，邊粗欄，内細欄，行寬8毫米，正文楷體，徑6毫米，卷末刻書名卷次，占兩行，楷體，徑12毫米，其中F43：W1爲右面上半部，191×97毫米，殘存文字9行；F90：W1，爲左面上半部，71×140毫米，殘存文字14行，邊沿上塗畫有字迹；F90：W2爲右面下

---

① 李逸友編著《黑城出土文書（漢文文書卷）》，科學出版社1991年版。
② 虞萬里《黑城文書遼希麟〈音義〉殘葉考釋與復原》，《慶祝吳其昱先生八秩華誕敦煌學特刊》，臺灣文津出版社2000年版，第179—191頁；收入拙著《榆枋齋學術論集》，江蘇古籍出版社2001年版，第660—671頁。

半部，151×135毫米，殘存文字14行，背面右下角邊沿塗畫有字迹；F90：W3爲右面的上下兩段，當中被裁掉，上段和下段各爲75×140毫米，殘存文字13行，上段背面塗寫有字迹。圖版肆伍（1—5）①

李先生於本書上篇柒《亦集乃路的儒學和文化》第五節《經史與文學》中云："另有一種爲《新編待問》，爲解釋儒家仁義思想的著述，作爲傳授儒學經典的輔助書籍。"②即指此五片殘葉。殘葉之名殆據F90：W3—1、2左端"新編待問之五"六字而定，於其作者、内容一無交待。F90：W3—1、2兩殘葉中間斷佚缺字，故"新編待問"非完整之書名。考明楊士奇《文淵閣書目》卷四有"《四書疑節》一部，二册，闕"，③黄虞稷《千頃堂書目》卷三有"袁俊翁《新編待問集四書疑節》十二卷"，④而倪燦、盧文弨《補遼金元藝文志》，《欽定續文獻通考·經籍考》，錢大昕《補元史藝文志》均作"袁俊翁《四書疑節》十二卷"。⑤《四庫全書·經部·四書類》收入此書，亦作"元袁俊翁撰《四書疑節》十二卷"。經取證，殘葉確係袁氏《四書疑節》一書中文字。然袁氏此書元代初刻本今已不見著録，所存唯數種鈔本及據鈔本而鈔、刊之《四庫全書》本和《豫章叢書》本，行款與殘葉均不同。殘葉出土於亦集乃路，可見當時該地曾有此書。欲知此書何時傳入亦集乃路，必先考定此書之刊刻年代；欲定其刊刻年代，則須對此不列史傳之作者生平作一番儘可能詳細之稽考。此種考證，表面雖僅是對一部著作、刻本及其作者之定時定位，其實對認識亦集乃路文化之形成及發展有不可忽視之作用。

二、袁氏生平行歷索隱

袁俊翁，《四庫提要》謂其字敏齋，袁州人，仕履無可考。朱彝尊《經義

---

① 李逸友編著《黑城出土文書（漢文文書卷）》，第202頁。
② 李逸友編著《黑城出土文書（漢文文書卷）》，第57頁。
③ 楊士奇等《文淵閣書目》卷四，《國學基本叢書》，商務印書館1936年版，第42頁。
④ 黄虞稷《千頃堂書目》卷三，上海古籍出版社1990年版，第93頁。
⑤ 倪燦、黄虞稷等《遼金元藝文志》，商務印書館1958年版，第102頁、182頁、231頁。

考》二百五十五卷僅錄"袁氏俊翁《四書疑節》十二卷",而云"未見",[①]殆據書目逐錄,非目驗其書,故亦不知其履歷。《宋元學案補遺》卷四十九將其隸於"朱學之餘"下,王梓材案語謂"先生號敏齋",[②]與《提要》不同。正德九年(1514)嚴嵩等纂修之《正德袁州府志》及陳喬樅纂修之《咸豐袁州府志》人物、仕宦類中均不著其名,[③]似非顯者。其年代、仕履祇能從書前序文中徵得一二。

書前首有黎立武之序。立武字以常,號寄翁,又號元中子,新喻人。宋咸淳四年(1268)進士,曾官軍器少監、國子司業。鼎革之後,隱居不仕垂三十年。元大德七年(1303)卒,年六十一。序作於大德庚子(四年,1300),時立武已五十八歲。序云:

> 結屋蒙巔,山静日長,每於陰陽造化之機,性命道德之蘊,經史義理之會,有未合,共同志商之。投卷所得,縷析脈分,如老吏斷案,輒手之不釋。而袁之袁氏為多。一則雋(俊)翁,二則雋(俊)翁,餘亦弟昆子姪。其文溫膩,其語詳縝,其引類曲而暢,其立論超而詣,余甚愛之。雋(俊)翁曾不是足,錄前後所得為若干帙,袖以見過,若將猶有所是正者。余曰:子亦疑吾言乎?凡吾所以藉子文重吾榜者,為其道之合也,義之明也。非其義也,非其道也,求一幸吾選,不可得也。凡吾所以嘉子文者,千言非多,一言非寡。為書帙端以歸。吾《易》東矣。

初讀其序,知立武儼然以前朝遺老自居,在鄉與諸同志晚輩商辨義理,就中對俊翁屢有嘉勉,而俊翁猶錄舊稿請正於立武。味其行文口氣及三稱俊翁為子,似自以前輩居之。若就"吾《易》東矣"一語思之,直以師長自居矣。大德庚子(四年)沔水李應星序云:

> 里之袁兄俊翁,家學淵源,讀書多而知理明,闡微糾誤,辨是非如數黑白,非胸中洞洞屬屬、見地明而理路熟者不能也。其亦識時之俊

---

① 朱彝尊《經義考》卷二百五十五,《四部備要》本,中華書局1936年版,第十九冊。
② 王梓材《宋元學案補遺》卷四十九,《四明叢書》第五集,第六十三冊,第二百二十四葉A。
③ 嚴嵩等纂修《正德袁州府志》,正德九年刻本。陳喬樅纂修《咸豐袁州府志》,咸豐十年刻本。

杰欤？蓋時之所尚在是，故於山學郡邑庠序間，凡有問未嘗倦於對，而有司每每表而出之，以爲斯文重，燁燁魁文，如大羹玄酒，孰不知爲美味。王公大人蓋有手之不釋而藉以重吾榜，豈特價增三倍而已。同宗秋潤欲廣其傳，相與義率勉之繡于梓。一日，緘示所作。予固讀其文，愛其才，重爲鄉邦有人賀，而亦感乎時之未遇也。嗟夫！士有皓首窮經，抱膝山林，不求利達於當世者，志也。兹諸公勉俊翁以所長見於世，非徼名也，實欲後學得所傳也。

李應星與俊翁爲同里，其所謂"王公大人"、"諸公"，殆指立武輩，而稱俊翁以兄，則即使年長於俊翁，亦在同輩師友間。由此推俊翁年齡，不過四十左右。上推生年，似在宋理宗景定元年(1260)前後。彭元龍前序云：

一日，族人野舟視以敏齋袁兄俊翁刊稿一編。兄蓋野舟之李漢也。慨慕已久，盥露壯（《四庫》本作"莊"，是）誦（《四庫》本作"諷"），正論森嚴，寔見超卓，如老醫治衆（《四庫》本此處衍"病"字）治不治之疾，人皆服其（《四庫》本此處有"有"字）識；如老吏斷屢斷不斷之獄，人自以爲不冤。質前聖，證後學，於是乎在，豈但爲寄翁重山學之榜而已。時野舟方哭子，余拱曰，不知車之爲金根，何必昌黎之有子；知文爲貫道之器，深羨昌黎之有壻。敬書卷末，以志斯文之未喪。至大辛亥(1311)閏①中元日友生虛寮彭元龍謹書。

彭野舟爲元龍族人，俊翁之岳翁。至大四年，俊翁有妻舅之喪。其岳翁以白髮送黑髮，情慟於衷，故元龍藉野舟出示刊稿之際書此相慰。倘"不知車之爲金根"係寫實，則野舟之子或非讀書種子。無論如何，元龍敢著此筆，其子決非俊翁所比。此時俊翁或已五十開外。

《四庫提要》據立武序"以重吾榜"及應星序"奕奕魁文"語，而謂俊翁嘗"首舉於鄉"。按應星序之"燁燁魁文"，乃指"凡有問未嘗倦於對，而有司每每表而出之"之"斯文"即其稿而云，非謂鄉魁試卷，此館臣粗心所至。至立武所謂"以重吾榜"，尚須考論。

---

① 《豫章叢書》本作"閩"。至大辛亥正是閏七月，故其書閏中元日，作"閩"誤。

宋咸淳四年(1268),立武以二十六歲擢進士第三人。① 姑不論俊翁之年齡不及,倘與其同年及第,立武豈敢數稱其爲"子"? 此一事也。元代延祐二年以前,雖有耶律楚材、王鶚、許衡先後獻計、立法,進士之科遲遲因事未果。② 會試、殿試不舉,何來鄉試?③ 既無鄉試,云何"首舉於鄉"? 此二事也。立武以前朝遺老之身份,"元廷屢召不仕"之性格,④豈肯表彰新朝之鄉榜? 即或因人事常情而序新朝鄉榜舉人之書,亦斷不至如此感情深摯。此三事也。若俊翁果爲鄉榜舉人,此於應試者言,亦爲榮耀之事,則應星序當揭櫫之云"重爲'鄉榜'有人賀",而不當云"重爲鄉邦有人賀"矣。此四事也。得此四事,知俊翁絕非鄉榜舉人。所謂"首舉於鄉",乃館臣未之深考而望文生義耳。然則所謂"吾榜"者,實即彭元龍序"豈但爲寄翁重山學之榜而已"一語之"山學之榜"。"山學"爲何? 立武《謝臨江李總管建狀元坊啓》云:

> 進不得陳箕子之《洪範》,退而發揮郭氏之《中庸》。辟山學仿嘉眉之規,借時文明孔孟之意。松間喝道,豈無考德問業之人;花外小車,亦有事親從兄之樂。⑤

趙秉文爲黎立武作《中庸指歸序》亦云:

> 先生既開山學,以來四方學問之士;又建鳳洲精舍,仿佛河汾。⑥

---

① 參見吳澄《元中子碑》,《吳文正公集》卷六十五;《全元文》卷五百一十二吳澄四十,第十五冊,江蘇古籍出版社1999年版,第400頁。又文天祥《文山先生全集》卷五有《與興隆節判立武探花》一文。
② 參宋濂等《元史·選舉志一》,中華書局1980年版,第七冊,第2015頁。
③ 皇慶二年十月准中書省奏,行科舉,始頒行鄉試月日,參見《通制條格》卷五,浙江古籍出版社1986年版,第69—70頁。
④ 李才棟《江西古代書院研究》,江西教育出版社1993年版,第215頁。
⑤ 乾隆《分宜縣志》卷十,乾隆丁酉重修本,第十三葉。同治《新喻縣志》卷十"儒林"引同。《中國地方志集成·江西府縣志輯》,江蘇古籍出版社1996年版,第42冊,第354頁下—355頁上。
⑥ 見朱彝尊《經義考》卷一百五十三黎氏立武《中庸指歸》一卷下所載,《四部備要》本,中華書局1936年版,第十九冊,第3頁。按,金閑閑老人趙秉文卒於一二三二年,不可能序黎書,故《滏水集》不載此序,此或爲託名,或當別是一人,不知朱氏錄自何書。然此無礙本文對"山學"一詞之理解。

知此即李序所謂"山學郡邑庠序間,凡有問未嘗倦於對"之"山學"。同治《新喻縣志》卷十謂立武宋亡後"自是潛心聖學,敬事二親猶二十年",下有雙行小注云:

> 縣志云:建蒙峰書院,以淑後學,從遊者衆,至不能容。①

宋末元初,有相當部分南宋儒官、前朝遺老不願出仕,或自設書院,或受聘私塾,隱居講學。朝廷爲緩和關係氣氛,亦多選授宋遺民爲山長。立武之山學是否官化,史無明文。觀其"狀元及第,今爲隔世之虛名;刺史表閭,又作他時之故事。未嘗忘我,何以報公"②之對昔日榮耀之感懷,以及"潛心聖學,敬事二親"之意識,其書院似自行開設而未官化。立武《謝啓》、李彭序文及閑閑老人皆不云開"書院"而云"開山學",或深有寄意。明乎此而讀其"結屋蒙巔,山静日長,每於陰陽造化之機,性命道德之蘊,經史義理之會,有未合,共同志商之"之序,怡然而仿佛其當時講學授徒情景。考蒙峰書院亦名蒙山書院,在江西新喻。鳳洲精舍或即金鳳書院,在臨江路之清江。③二書院皆於元初一二七五年由立武建置,至一二九四年停辦。④ 以地理度之,袁州地近新喻,俊翁或即來蒙山書院"考德問業"之學生。立武序作於一三〇〇年,時蒙山書院已停辦六年,諸生自已各自散歸。從序文"俊翁曾不是足,録前後所得爲若干帙,袖以見過,若將猶有所是正者"思之,似當時俊翁懷稿東謁其師求序。明乎此,而後知其三稱俊翁爲"子"而云"吾《易》東矣",乃各與其身份相稱。應星序云"重爲鄉邦有人賀,而亦感乎時之未遇也",蓋謂俊翁雖爲鄉邦人才,奈其科舉不行,故慨其"時之未遇",正是大德四年口吻。又云:"嗟夫!士有皓首窮經,抱膝山林,不求利達於當世者,志也。"俊翁爲袁州鄉邦之人才,黎氏山學之翹楚,雖云抱膝窮經,不求聞達,實亦時勢使然,宜正史、方志一無記載。

俊翁自序云"公試私課,時與門生兒子相講肄,積而之久,稿帙滋繁",

---

① 同治《新喻縣志》卷十"儒林"本傳,《中國地方志集成・江西府縣志輯》,第42册,第354頁。
② 參見黎立武《謝臨江李總管建狀元坊啓》,見同治《新喻縣志》卷十"儒林"。
③ 同治《臨江府志》卷七"書院"下云:"金鳳書院,在金鳳洲,宋國子司業黎立武建,久廢。"同治十年刻本,第二十七葉A。
④ 參見李才棟《江西古代書院研究》,第217頁。

是作序時已授徒講業。而落款云"至治改元中和日鈐北晚學袁俊翁書",鈐山在江西分宜南二里,袁江南岸,亦名鈐岡。山岡延袤數十里而至城南。新澤水出其右,長壽水出於左,夾於山末,故名曰鈐。① 鈐山之北,適屬分宜所治。考分宜有鈐陽書院,《乾隆分宜縣志》卷八《學校》附"書院"載云:

  義學即鈐岡書院,舊在縣治東。宋淳熙初縣令王杭改建書院於西部,祀宋五子,仍舊名。崇正末毀於兵。(俱舊志,參《通志》)②

鈐岡書院即鈐陽書院。或袁氏晚年講授於該書院。然至治改元(1321),俊翁已六十上下,黎立武卒已十八年,何以仍自稱"晚學"?細審袁氏此書發揮朱學,闡釋奥蘊,故《宋元學案補遺》列入"朱學之餘";熹輯《近思錄》,推重濂溪、橫渠、二程,鈐岡書院又曾祀宋五子:可以想見,執教於如此之書院,作爲一位瓣香朱熹之後學而言,能不自稱"晚學"?綜上所述,略得其行歷如下:

  袁俊翁,字(或號)敏齋,袁州人。約生於宋理宗景定元年(1260)前後。少際易代之變,以家學淵源,蟄居於鄉。入黎立武所辦山學,以讀書明理爲務。娶彭氏女,爲岳翁彭野舟所倚重。每與鄉里宿學、昆仲、同學商討經學義理,投卷發蘊,冠冕儕輩,輒爲耆宿嘉奬。元初科舉之制不舉,遂抱膝山林,兀兀窮經,不顯當世。晚年講授經史,步趨發揮朱熹之學,或曾執教於分宜之鈐陽書院。至治改元,科舉初行,四方趨鶩,遂董理舊稿,付梓刊行,以爲學子讀書、進身之取資。

三、殘葉復原

  殘葉五片,據其自身殘缺邊框延伸及用《四庫》本、吟雪山房鈔本之文字校覈,可復原爲四半葉。上下單欄,左右雙欄,書口因殘缺,無法知其爲

---

① 參影印本《大清一統志》卷三百二十六袁州府"山川",中華書局 1986 年版,第 20 册,第 16280 頁。按,同治《分宜縣志》卷一地理沿革云:"鈐岡在縣南里許。"所計里程與《一統志》異。
② 乾隆《分宜縣志》卷八,第 52 葉正面,乾隆丁酉重修本。咸豐《袁州府志》卷十二書院載同,並謂五子爲濂溪、橫渠、二程、朱子。《中國地方志集成·江西府縣志輯》,第 34 册,第 99 頁上。

黑口、白口以及單雙魚尾，抑或如某些元刻本之無書口及魚尾。每半葉十四行，行二十六字，與《四庫》本、鈔本行款均不同。其中 F90：W3—1、2 拼合成一半葉，並與 F90：W2 殘葉復原後連成一整葉，爲前後正反之兩面。F90：W1 復原後，即爲 W3、W2 所拼合整葉之前半葉。以上内容在卷五。F43：W1 另爲一半葉，内容在卷七。唯具體文字、段落尚有異同，其異同足以影響復原時行款，故下面逐葉校勘復原。

F90：W3—1、2 殘葉原件如下：

F90：W3—1　　　　　　　　　　　F90：W3—2

經與《四庫》本、鈔本校覈，殘葉有下列文字與之不同：

三行：有德而后言有財，《四庫》本同。鈔本"后"作"後"。

　　　□□□財而後言有道者，鈔本同。《四庫》本"後"作"后"。第一行兩"後"字，《四庫》本作"后"，鈔本作"後"，殘葉殘缺。鑒於殘葉上兩字之"後"的繁簡不同，無法判定第一行"後"字之字形。

七行：又以結上文，鈔本同。《四庫》本無"以"字。

九行：□叠以義利互論，《四庫》本"叠"前有"又"字，鈔本無。以每行二十六字計之，殘葉當有"又"字。

十行：□□□□□以利爲利，《四庫》本作"章末兩言不以利爲利"，鈔本作"章末兩謂國不以利爲利"。以每行二十六字計之，殘葉應同鈔本。

十行：以義爲利，此句《四庫》本作"以義爲利也"，句末有"也"字。鈔本與殘葉均無"也"。

十一行：可以觀大□，"大"後一字爲"學"，《四庫》本、鈔本同。殘葉此字殘損，然依稀可辨其字作"斈"，即"學"之異體。

據上所勘異同，將 F90：W3—1、2 殘葉復原如下，並列鈔本相應內容於後：

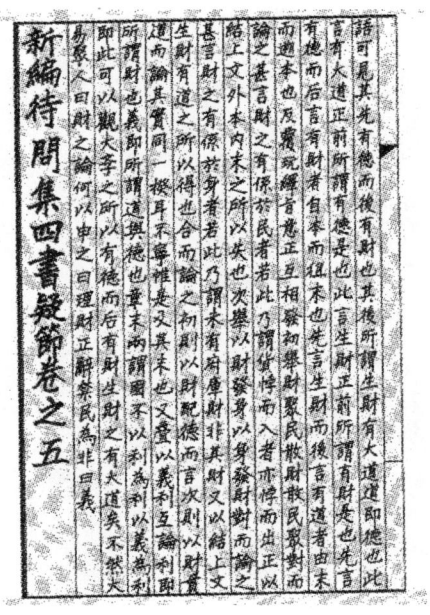

F90：W3—1、2 殘葉復原圖

鈔本卷五之末葉

F90：W2 殘葉原件如下：

F90：W2

此殘葉從段落上可分兩節。前九行接上葉一段，第十行起爲題目，另是一問一答。

  十行：此段題目據《四庫》本爲"既曰德者本也財者末也又曰生財有大道何邪"，鈔本"邪"作"歟"，殘葉"既曰德者"四字殘，"本"字上半殘，"邪"作"欤"。

  十一行：大季之書，《四庫》本、鈔本均作"大學"。可證 F90：W3—1 中之"大學"亦作俗字。

  十二行：□□緩急之倫，《四庫》本同。鈔本"倫"作"論"。

  殆無餘蘊，此後殘葉、鈔本均有"○"，以與後文"德財本末之論"相隔開，《四庫》本提行另起。此種格式，全書甚多。《四庫》本多提行，鈔本則或提行，或隔以○，兩種形式均有。

  十三行：切詳此章大旨，切，《四庫》本、鈔本均作"竊"。

一至九行之文字，與 F90：W1 之文字相接，爲《四庫》本、鈔本所無。詳下。兹將此殘葉復原如下：

F90:W2 殘葉復原圖

鈔本此葉前後段落之銜接

F90：W1 殘葉原件如下：

F90：W1

此殘葉從段落上亦分爲兩節。前六行爲一段，第七行起爲題目，另爲一節。

第七行：所藏乎身……，"身"字下半殘。據鈔本書前之目録，卷五"既曰德者本也財者末也又曰生財有大道何邪"前一節題爲"所藏乎身不恕何不言忠"，故題目復原應無問題。可注意者，《四庫》本與鈔本"既曰德者本也財者末也又曰生財有大道何邪"前却是如下一段文字：

傳之九章釋齊家治國而章内所言似有及於修身平天下之事何邪以行之爲問，故夫子止從用上説恕，而不及忠，與此《大學》專論治人之道，止言恕而不言忠者一耳，論者復何疑哉！

以四十四字答一問題，爲全書所未有。《豫章叢書》魏元曠校勘記已察其非，謂"十四頁第五行前當有脱文"。① 細審文義，問以修齊治平之事，而答以忠恕，可謂答非所問。將此四十四字答語與殘葉相校，正是殘葉 F90：W2 第七行至第八行之文字，以字數推知，第九行當有"復何疑哉"四字。此所謂"忠""恕"云云，正與"所藏乎身不恕何不言忠"之問相應。由此可知 F90：W1 第八行至十四行以及 F90：W2 第一行至第九行，以每行二十六字計，共三百九十四字，即係答"所藏乎身不恕何不言忠"一問之文字。

---

① 魏元曠《四書疑節》校勘記，《豫章叢書》本《四書疑節》末附。

反觀殘葉第七行以前文字。一行殘缺,二行爲"之所爿",三行爲"好而民不從",四行爲"前引後而言之",五行爲"於平天下語意",六行爲"觀之哉"。此數行文字均不見《四庫》本及鈔本。細味文意,三行"好而民不從"與治國有關,五行"於平天下語意"與"平天下之事何邪"有關,因而很可能係"傳之九章釋齊家治國而章內所言似有及於修身平天下之事何邪"一問之答語。倘此推測不誤,則知《四庫》本、鈔本漏脱"傳之九章釋齊家治國而章內所言似有及於修身平天下之事何邪"一問之全部答語,以及"所藏乎身不恕何不言忠"之題目和自"忠者恕之体"至"蓋子貢專"之答語三百五十字。所不解者,鈔本之目錄竟亦缺"傳之九章釋齊家治國而章內所言似有及於修身平天下之事何邪"一題,而有正文所無之"所藏乎身不恕何不言忠"一題,自相矛盾。兹將殘葉可復原之部分復原如下:

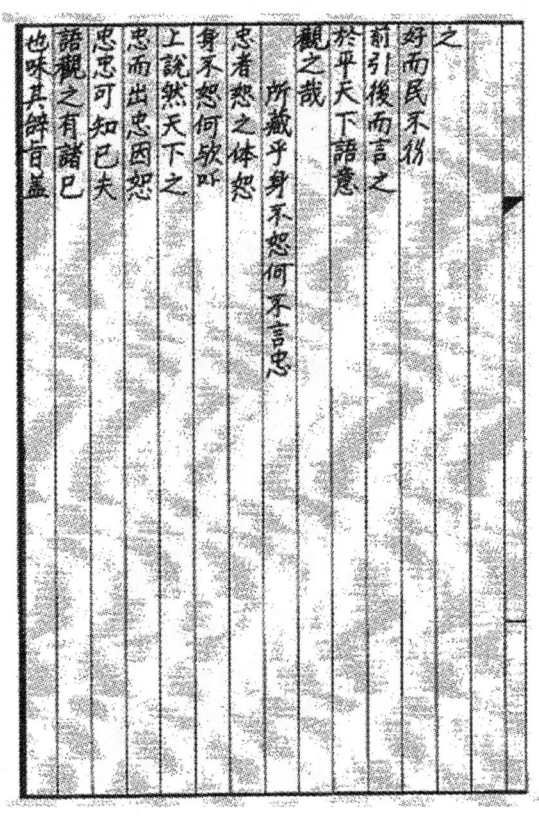

F90:W1 殘葉復原圖

卷之五

大學

知止定靜安何以又曰能慮而后能得

本末終始先後果何指

物有本末與格物之物同異

經傳四本末同異

經何以不曰平天下而曰明德於天下

傳釋明明德引書曰明德又曰明命何歟

八條目何其致知格物格知至二語獨異

致知格物無傳不知其所謂物與知者何邪

傳釋格物無傳不知其所謂物與知者何邪

誠意章論小人陽善陰惡而言以誠於中目之何歟

傳文皆象先後六章乃特舉誠意何邪

經傳先字在字同與經言明明德於天下傳言平天下何歟

七章八章皆校衆病不及其方

八章釋脩齊何皆言正心之事

九章言孝弟慈乃止引書釋慈不及孝弟何歟

所藏乎身不恕何不言恕

既曰德者本也財者末也又曰生財有大道何

鈔本卷五目錄

F43:W1 殘葉原件如下：

F43:W1

此殘葉僅存右上九行,第九行大部分殘損。內容係第七卷"孟子一""答公都子問性而以情與才言之性情才三者有異無異"文字,經與《四庫》本、鈔本校覈,殘葉有下列文字與之不同:

第三行:且如□□□□□也,《四庫》本作"且如仁義禮知性也",鈔本"知"作"智"。

第六行:也〇下文……,鈔本同。《四庫》本"下文"兩字提行。

　　　　明其為仁□□□□,《四庫》本作"明其為仁義禮知之性",鈔本"知"作"智"。以上兩"知"字殘葉均缺。

第八行:亦係於吾心之思耳,《四庫》本同。鈔本"於"作"于"。

茲將殘葉復原如下:

F43:W1 殘葉復原圖

鈔本卷七相應葉

復原圖書口依仿吟雪山房鈔本，作白口，單魚尾。

四、《四書疑節》之編定、刊刻及流傳

　　黎、李二序作於大德四年，李序且云："同宗秋澗欲廣其傳，相與義率勉之繡於梓。"秋澗不知何許人，當時是否已梓版行世，亦無記載。據彭元龍至大辛亥（1311）之序云"族人野舟視以敏齋袁兄俊翁刊稿一編"，此"刊稿"係已刊之稿，抑即將付刊之稿，雖難徵實，然就其"刊稿一編"、"豈但爲寄翁重山學之榜而已"及"敬書卷末"數語觀之，至少已全部編定。但其內容之爲何，未曾點明。四年以後，彭元龍爲作第二序，序云：

　　朱子曰：看文字不是於那疑處看，政須於那無疑處看。又曰：無疑者須教有疑，有疑者却要無疑。今之從事經疑者，必如此用力。能如此者，目中惟敏齋袁兄俊翁。其於四書，直欲從一聖三賢腹中過，盡見

一聖三賢肺肝。故見一題便如庖丁見牛之無全牛，奏刀鏗然，動中宮商。觀其文者當觀其學，文學如此，言行、政事四科一以貫之矣，豈但稱雄科場而已。延祐乙卯（二年，1315）夏五虛寮彭元龍書。

此序有可致思者：用朱熹語懸鵠以警示讀者，明確提出該書內容爲"四書"，並揭示俊翁此書若庖丁解牛，其論直從聖賢腹中流出，予袁書以極高之評價。序中未提及其他內容，然可認定，彭氏此序與至大辛亥序不同，前序係因野舟出示"刊稿一編"，安慰野舟之意爲多，此則純然爲《四書經疑》而作（詳下文）。倘與此序之作年作深一層聯繫，更可見此書刊刻之因緣。茲錄《元史·選舉志一》中有關當時頒布推行科舉制之實況如下：

> 至仁宗皇慶二年十月，中書省臣奏："科舉事，世祖、裕宗累嘗命行，成宗、武宗尋亦有旨，今不以聞，恐或有沮其事者。夫取士之法，經學實修已治人之道，詞賦乃摘章繪句之學，自隋唐以來，取人專尚詞賦，故士習浮華。今臣等所擬將律賦省題詩小義皆不用，專立德行明經科，以此取士，庶可得人。"
> 帝然之，十一月下詔曰："……舉人宜以德行爲首，試藝則以經術爲先，詞章次之。浮華過實，朕所不取……其以皇慶三年八月，天下郡縣，興其賢者能者，充賦有司，次年二月會試京師，中選者朕將親策焉……考試程式：蒙古、色目人，第一場經問五條，《大學》《論語》《孟子》《中庸》內設問，用朱氏《章句集注》。其義理精明、文辭典雅者爲中選……漢人、南人，第一場明經，經疑二問，《大學》《論語》《孟子》《中庸》內出題，並用朱氏《章句集注》，復以己意結之，限三百字以上；經義一道……限五百字以上，不拘格律……第三場策一道，經史時務內出題，不矜浮藻，惟務直述，限一千字以上成。"

中書省所定條目，鄉試、會試、御試各有定例。鄉試規定之十一省中有江西省。又：

> 延祐二年春三月，廷試進士，賜護都答兒、張起巖等五十有六人及第、出身有差。五年春三月，廷試……

就時間論，皇慶二年（1313）十一月頒詔，旋即改元延祐，故鄉試在延祐元年（1314）八月，二年（1315）三月廷試。彭元龍第二序即作於廷試後二月，故文中云"豈但稱雄科場而已"，正所謂應時而發。就內容論，科舉考試程式規定，無論蒙古、色目、漢人、南人，其經問、經疑一律在《大學》《論語》《孟子》《中庸》內設問，並用朱氏《章句集注》爲準式。易代之後，停止數十年之科舉一旦恢復，必然亟須一批適應新時期科舉的輔導讀物。且看俊翁如何表述：

> 強學待問，儒者分內事也。頃科場文興，文臺以經史疑爲課集。愚生平癖嗜研究之學，庠序書考，有問必對。科目行首以四書設疑，次以經史發策。公試私課，時與門生兒子相講肄，積而之久，藁帙滋繁。暇日因取新舊藁合而爲一。四書經史，門分而類析之。問舉其綱，答提其要，往往首尾有未完，脈絡有未貫，姑存大略耳。編成，總題曰《待問集》。

序作於至治改元（1321），上距延祐二年進士榜已六年有餘。此時科場程式已深入人心。四書答疑，經史策論，爲士子必習之課。俊翁自進黎氏山學以來二三十年之積稿，此時獨抽取《四書經疑》之稿（詳下文）欲付梓者，實欲與朝廷所頒科舉考試程式相呼應。蓋以生不逢辰，自傷老大，猶欲以四書義理勸天下士子明理、修身、出仕以整治天下也。就"因取新舊藁合而爲一"一語看，聯繫自序，可作兩種理解：一、舊稿係二十餘年前在黎氏門下所作，即"愚生平癖嗜研究之學，庠序書考，有問必對"，且或已由"同宗秋潤欲廣其傳，相與義率勉之繡於梓"之刊稿，新稿則係"公試私課，時與門生兒子相講肄，積而之久，藁帙滋繁"者，此則舊稿爲已刊稿，新稿爲手稿。二、舊稿雖係二十年前"庠序書考，有問必對"之課業，大德四年同宗秋潤欲"繡於梓"，編定之後又請彭氏先後作序，却一直因故未刻，若此則舊稿爲編定之清稿，與新稿皆係未刊稿。無論如何，今所見之《四書疑節》，其內容已有俊翁入黎氏山學時課業之舊稿暨老來後與門生、兒子講肄之新稿糅合而成，孰新孰舊，已難以分清。欲探究此中層次與關係，牽涉到殘葉是否係初刻本，殘葉與今見本之關係，今見本與所據本之關係及其流傳脈絡等，下面分條申論。

(一)殘葉與今見本及今見本目錄與正文之異同

殘葉可復原者雖祇四半葉,即就 F90:W2、F90:W1 看,已顯出鈔本卷五漏脱五百字以上(見前)。檢覈《四庫》本及鈔本,漏脱尚不止此。鈔本卷七目録有以下數條:

> 仁義之實曰事親從兄禮樂之實豈二者之所能盡以辭讓恭敬言禮何以不同
> 既曰仁安宅義正路又曰仁人心義人路何歟
> 前後言仁何以不同

檢正文,相應之題目作"仁義之實曰事親從兄禮樂之實豈二者之所能盡歟",以下用五百五十七字詮答此問,内容皆關於事親從兄及禮樂等,與"辭讓恭敬"等無涉。可見"以辭讓恭敬言禮何以不同"是後一問題竄入前題者。① 正文緊接前條者爲"前後言仁何以不同"之問及答。以此推之,此處正文脱漏"以辭讓恭敬言禮何以不同"及"既曰仁安宅義正路又曰仁人心義人路何歟"二條。鈔本卷十目録有以下數條:

> 回得一善服膺弗失又曰三月不違仁何歟
> 夫子答顔淵兼四代禮樂中庸則曰吾從周何歟
> 二書皆有吾從周之説其旨同否

檢正文,缺"夫子答顔淵"云云一條。將此與《四庫》本對校,其卷七與

---

① 相同情況如卷六目録有"道之不行不明謂愚不肖之不及何又謂愚不肖與知能行親親尊賢先後同異",粗讀不知所云。檢正文,"道之不行不明謂愚不肖之不及費隱章又謂愚不肖可以與知能行何也"爲一條,下面"哀公問政章曰親親尊賢先後同異"爲一條。卷十一目録有"子曰不知命無以爲君子孟子曰君子不謂命何耶子曰予欲無言孟子乃好辨何邪",檢正文,"子曰不知命無以爲君子孟子又曰君子不謂命何歟"爲一條,"子曰予欲無言而孟子乃好辨何邪"爲一條。此皆知目録合二爲一,可證卷七理同此。

《四庫》本全同,缺兩條。卷十"回得一善"條答語,鈔本盡於"遂疑小者亦有所未及耶"一語,《四庫》本此語後另起一行有"《中庸》論顔子得善而弗失,此其入道之始條理也,《魯論》論顔子三月不違仁闕"二十九字,後空四十六行,表明有缺文。緊接"《魯論》載夫子所言皆有'吾從周'之説……",此在鈔本即"二書皆有吾從周之説其旨同否"一問之答語。《四庫》本注"闕",表明其所據本已闕。就殘葉與《四庫》本、鈔本之多寡不同,以及《四庫》本、鈔本目錄與正文異同作一種版本學上之思考,似乎可以假設袁氏先刻成《四書經疑》,之後由其自己或後人(包括坊間)據《四書經疑》删節而成《四書疑節》。此種推測雖存在可能性,然在版刻、目錄上找不到證據,且兩種不同之鈔本脱漏相同,則從側面減弱了删節重刻之可能。此一假設有待實物來證實,故不輕易斷定。

(二)《四庫》本與吟雪山房鈔本及其他鈔本之關係

《四庫》本據《提要》著錄係根據"浙江汪啓淑家藏本"。啓淑字慎儀,號秀峰。建開萬樓於杭州,有"藏書百廚"。乾隆三十七年四庫館開時,汪氏進呈書達六百餘種之多,此當即其中之一。《浙江採輯遺書總錄》丙集著錄此書云:

> 四書疑節十二卷　寫本
> 右元袁俊翁撰。此書署溪山家塾刊行。元行科舉,首以四書設疑,經史發策,故所錄皆公試私課,蓋爲場屋而作也。俊翁有至治改元自爲小引,並大德庚子黎立武暨至大辛亥彭元龍二序。然又載有李應星《經史疑義序》,元龍《四書經疑序》,與書名不合。今本或係重定,亦未可知也。按,《經義考》云未見。①

著錄中已提出序文與書名不合。至《四庫提要》更明確此點而云:

> 立武、應星序及元龍前一序並側註"經史疑義"字,元龍後一序又

---

① 沈初《浙江採輯遺書總錄》卷十一閏集卷一,乾隆三十九年刊本,丙集,第七葉。

側註"四書經疑"字。而卷首標題則作"待問集四書疑節",互相參錯。考俊翁題詞,稱科目以四書設疑,以經史發策,因取四書、經史門分而類析之。蓋《待問集》者其總名,《經史疑義》《四書經疑》其中之子部。今《經史疑義》已佚,故序與書兩不相應也。惟"疑節"之名不甚可解。卷首有"溪山家塾刊行"字,或重刻時有所刪節,故改題曰"節"歟?①

今《四庫》本各序連鈔,不標某某序,亦無《浙錄》《提要》所言"經史疑義"、"四書經疑"之側注,知爲《四庫全書》之統一格式,已非鈔本之舊。然《浙錄》《提要》所揭櫫之書名,足可爲探尋此書刊刻流傳提供綫索。汪氏藏本從何而來?《藏園訂補郘亭知見書目》卷三"經部八,四書類"傅氏補云:"清吳氏繡谷亭寫本,題'新編待問集四書疑節',十行二十二字,墨格,左闌外下有'繡谷亭續藏'五字。目錄次行題'溪山家塾刊行',次有至治改元袁俊翁自書九行,當是從元本出。"②是吳焯所藏寫本亦有"溪山家塾刊行"字。考焯之瓶花齋位於杭州薦橋街,藏書既富且精。焯卒於雍正十一年(1733),三十餘年後,其次子吳玉墀輯錄《繡谷亭薰習錄》是否載有此書,因所存《薰習錄》非全本,不得而知。但據今本目錄後吳昌綬案語,似無四書類。③ 是否在此三十年間散入汪氏開萬樓,亦不見記載。另,駱兆平編著《天一閣明鈔本見聞錄·經部·四書類》有"《新編待問集四書疑節》十二卷,元至治鈐北袁俊翁撰。朱絲欄鈔本。見《阮目》"。蓋此鈔本於嘉慶八、九年(1803、1804)至十三年(1808)阮元命范邦甸編目時猶在。④ 至光緒十年(1884)薛福成命人重編《天一閣見存書目》中已無此書。⑤ 一九三五年馮貞群登閣所編《鄞范氏天一閣書目內編》亦不著錄此書,⑥可見此鈔本很可能在一八四〇年鴉片戰爭中英軍闖入天一閣時散失,或在一八六一年太平天國軍隊進駐寧波前爲當地歹徒趁亂偷書時散佚或毀失。徐氏《傳是樓書

---

① 永瑢等《四庫全書總目》,中華書局1965年版,第300頁上。
② 傅增湘《藏園訂補郘亭知見書目》卷三"經部八,四書類",中華書局1993年版,第34頁。
③ 吳焯、吳玉墀《繡谷薰習錄》經部補目,中華書局1995年版,第525頁。
④ 見駱兆平《新編天一閣書目》第四部分,中華書局1996年版,第274頁。
⑤ 薛福成《天一閣見存書目》卷四,光緒己丑仲夏無錫薛氏新刊本。
⑥ 馮貞群《鄞范氏天一閣書目內編》,重修天一閣委員會1940年活字版。

目》卷一有"《四書疑節》十二卷,元袁俊翁,二本,鈔本",①是亦鈔本,具體行款等不明。徐氏書散出,多爲怡親王所得。臺灣故宮博物院藏有"《新編待問集四書疑節》十二卷,六册,元袁俊翁撰,藍格舊鈔本",②據蔣復璁序,該院之善本,係嘉慶二年十月乾清宮災而延及昭仁殿,善本秘册盡付一炬之後,由清廷及遜清之後續收之書,③則似非傳是樓本,故册數亦不同。天一閣、傳是樓、故宮博物院三種鈔本之行款、收藏之印雖不明,然究其行跡,似皆與汪藏鈔本無涉。

中山大學圖書館藏有《四書疑節》清鈔本一種,六册,十二卷。半葉八行,無格,行二十一字。書口上端書"四書疑節",中書"卷×",下標頁碼。首錄《四庫提要》一首,次黎、李、彭三人序言四篇,次袁氏前言、十二卷目錄,次正文。所鈐之印文:《提要》首葉有"澹逋辛亥後得"陽文方印;卷首有"濠堂藏本之一"陽文之印;卷一首有"濠堂藏書"、"晉陵華氏"陰文方印,"叔廉"陽文方印;第二至第六册首葉鈐印同卷一而多"中山大學圖書館收藏金石書籍之印記"陽文一印。兹引錄卷一書影一葉如下:④

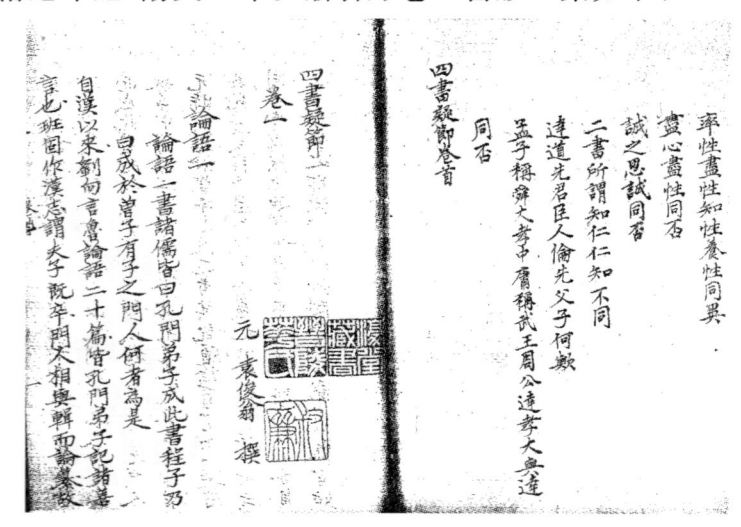

中山大學圖書館藏清鈔本卷一書影

① 徐學乾《傳是樓書目》卷一,《續修四庫全書》本,第920册,第671頁上。
② 臺灣故宮博物院編印《故宮博物院善本書目》下編"經部四書類",1968年,第306頁。
③ 臺灣故宮博物院編印《故宮博物院善本書目》,第306頁。
④ 本節所述均承中山大學中文系張振林教授親自前往圖書館,代爲詳細摘錄後見告。書影亦承張先生與該館接洽,蒙該館同意複印,並惠允發表。筆者在此向中大圖書館和張先生表示誠摯之謝意。

後五册字體與此不同,均用工整歐體,知非一人所鈔。澹連姓盛,清末民初人,居廣州市濠畔街,因以名堂。其云"辛亥後得",則當在一九一一年以後。據書前鈔録《四庫提要》一首,是知此乃《四庫全書》以後之鈔本。宜其與繡谷亭、天一閣諸鈔本之行款均有所不同。

南京圖書館所藏係所謂"吟雪山房"鈔本。吟雪山房主人不知何許人,國家圖書館藏有清長洲吴邦達《小草廬叢談》一種,亦爲"吟雪山房"鈔本,當與汪氏同時人。鈔本前"所寄先生序"頁上有印六方。① 天頭有"十萬卷樓藏書"陰文方印,右下依次有"小穀"陽文方印,"端履圖書"陰文方印二方,此乃清王端履藏書印。端履字福將,號小穀,浙江蕭山人,嘉慶十九年(1814)進士。室名"十萬卷樓"、"重論文齋",著有《重論文齋筆録》。"所寄先生序"上端有"嘉惠藝林"陽文長方花邊印,下有"漢晉唐齋"陰文長方印,此錢塘丁丙之藏書印。足見此鈔本由王氏庫藏流入丁氏八千卷樓。光緒三十三年(1907),丁氏藏書歸江南圖書館,故天頭又有"江蘇第一圖書館善本書之印記"陽文方印一方。扉頁有丁丙跋文一首,原件見後頁:②
民國六年(丁巳)仲秋,胡思敬輯刻《豫章叢書》,即據江南圖書館所藏丁氏藏書吟雪山房鈔本原款式付梓。書前增入《四庫全書提要·四書疑節》一首,後有魏元曠校勘記及跋和胡思敬校勘續記及跋。胡跋謂:

> 卷一有自序一則,編在目録之後,魏氏削去,但於跋尾中見之,非

---

① 所寄先生即黎立武。同治《臨江府志》卷二十五"儒林"黎立武傳下有云"號寄翁,學者稱'所寄先生'"。同治十年刻本,第四葉 B。
② 丁跋原稿頗有誤字,今據《善本書室藏書志》卷四,《清人書目題跋叢刊》之二,中華書局 1990 年版,第 446 頁校正迻録於下:
新編待問集四書疑節十二卷吟雪山房十萬卷樓黄(《善本書志》作"王",此誤)氏藏書
此書为元袁俊翁撰。俊翁字敏齋,袁州人。前有大德庚子黎立武序,謂吾所以藉子文重吾榜者,爲其道之合也。次有同時李應星序,稱其奕奕魁文,是嘗舉於鄉矣。又有至大辛亥、延祐乙卯彭元龍兩序及至治改元俊翁自序。卷前署有"溪山家塾刊行"六字,蓋猶元槧舊式也。惟黎、李、彭序中並稱"經史疑義",又曰"四書經疑",似當時所著不止《疑節》一書。首標《新編待問集》,或其總名。所稱"疑義"及"經疑"俱已佚失,僅存此帙(《善本書志》此下有"或《四書疑》原書甚富,此爲節本"十二字)歟? 其例以四書之文互對爲題,或同而異,或異而同,或闡義理,或用攷證,設問設答,循當時科舉之學。有"十萬卷樓藏書"、"漢晉唐齋"、"瑞展(按,當是"端履",此記誤録,《善本書志》不誤)圖書"、"小穀"諸圖記。
虞按,"漢晉唐齋",歷來均認爲是丁丙藏書印而無異辭,今此却寫入自題跋文中,亦屬奇異,《善本書志》無此四字。

是。黎、李、彭三先生之文傳於今者蓋寡，今並補入，用存溪山家塾之舊。①

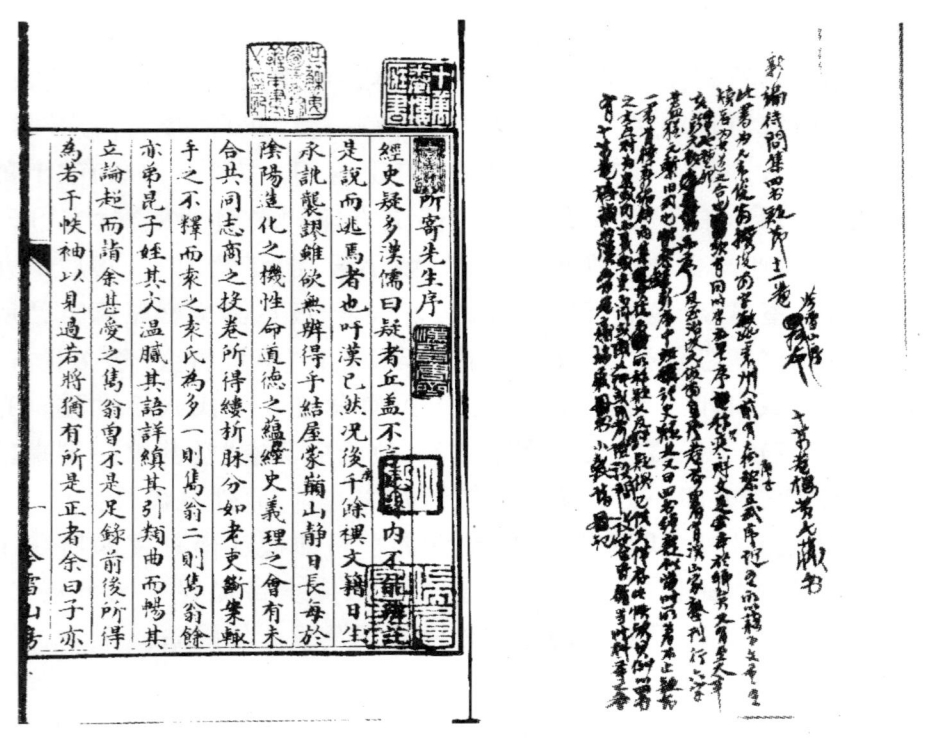

南京圖書館藏吟雪山房鈔本書影

今書前三先生之序已補入，唯目錄後俊翁自序仍無，不知何故。鈔本白口，單魚尾，四周雙邊，書口下有"吟雪山房"四字。《豫章叢書》本黑口，書口中書"四書疑節卷×"，兩本均半葉十行，行二十字。繡谷亭鈔本與吟雪山房鈔本行款不同，顯非同一之本。《四庫》本據汪藏本寫錄，《浙錄》未標明其行款，故汪藏鈔本係繡谷亭散出者，抑別有來歷，無法推知。

返觀《四庫》本與吟雪鈔本，字形異同及個別字詞多寡，隨處可見，不殫繁舉。卷七"答公都子問性而以情與才言之"一問之答語末，鈔本作"意各有在也"，《四庫》本多"論者不可不辨"六字；前述卷十中《四庫》本與鈔本均

---

① 胡思敬《四書疑節》校勘續記，《豫章叢書》本《四書疑節》末附。

闕"夫子答顔淵"云云一條,《四庫》本比鈔本多出二十九字;《四庫》本無目錄,鈔本有目錄,此雖係《四庫全書》體例問題,然綜合而觀之,可知吟雪鈔本與《四庫》本即汪藏本各有所本。又《四庫》本各序如《浙錄》《提要》所説有"經史疑義""四書疑義"等側注,鈔本僅作"所寄先生序"、"沔水先生序"、"虛寮先生序",亦可證其原本之不同。然雖説其各有所本,兩本均言源自"溪山家塾",故當一溯其名。

(三)關於"溪山家塾刻本"

繡谷亭寫本目錄次行題"溪山家塾刊行",汪藏本書首有"溪山家塾刊行"字,吟雪山房鈔本卷首亦署"溪山家塾刊行",諸家又多有"存元本之舊"、"存溪山家塾之舊"云云。此係何方人氏?葉德輝《書林清話》卷四云:

> 溪山道人田紫芝英淑。至元癸巳(卅年)刻《山海經》十卷,見《楊錄》。至治改元刻《四書疑節》十二卷,見《浙錄》,云卷中有"至治改元""溪山家塾"字。①

《楹書偶錄初編》卷三《明鈔本山海經》下引錄該書卷首至元癸巳溪山道人田紫芝英淑題語一則,云:"近求到士大夫家藏郭璞《山海經》,命高手工匠刻梓印行。"②至元癸巳爲一二九三年,是田氏爲元時人應無疑義。《浙錄》著錄《四書疑節》云"此書署溪山家塾刊行",又云"俊翁有至治改元自爲小引"。然溪山道人既刻《山海經》,《四書疑節》又有"溪山家塾刊行"字樣,其爲田氏所刊似無庸置疑。從俊翁作序年代看,其書上距刻《山海經》時,至少相去已二十八年。溪山家塾屬何州縣,版刻史上無記載。《大清一統志》卷三百十二"饒州府"二"古跡"有"溪山風雨亭",注云:"在餘干縣西一里。懸崖處多古梅,曰梅巖。有宋理宗御書'梅巖'二字刻於石。有溪山風雨亭,是趙忠定公讀書處。"③此溪山地近分宜,是否即刻書之溪山家塾,尚無

---

① 葉德輝《書林清話》卷四,中華書局 1959 年版,第 101 頁。
② 楊紹和《楹書偶錄初編》卷三,《清人書目題跋叢刊》之三,中華書局 1990 年版,第 496 頁上。
③ 《大清一統志》卷三百一十二,中華書局 1986 年影印本,第 19 册,第 15644 頁。

更直接證據,然俊翁晚年或曾執教於分宜之鈐陽書院,與書院相近之溪山家塾刊刻其書,亦有因緣可尋,故録此備考。

(四)殘葉與溪山家塾刻本之關係

殘葉出土於黑城,該城於北元天元間始廢棄,則殘葉必爲元刻本。殘葉 F90:W1 左有"新編待問"四字,正與俊翁至治改元序文"總題曰待問集"相應,則此必溪山家塾至治改元刻本或此以後之刻本。科舉既行,此類書籍需求日殷,其後重刷重刻如(一)所假設者,都在情理之中。但因版刻史上一無著録,似不便妄加懸測。倘考慮從江西到亦集乃路遥遥數千里之流傳途徑,則殘葉爲至治改元刻本之可能性無疑更大。

(五)《四書疑節》與《經史疑義》《四書經疑》之關係

依照《浙録》《提要》所述,黎立武、李應星序提到《經史疑義》,元龍後序提到《四書經疑》。《提要》云:"蓋'待問集'者其總名,'經史疑義'、'四書經疑'其中之子部。今'經史疑義'已佚,故序與書兩不相應也。"館臣拘於書名異同,故疑其亡佚。同宗秋澗倘於大德四年刊其著作,依黎、李序意,應名《經史疑義》,然袁氏重編新舊稿並作自序,竟衹字不提此書。遍考元以還公私書目,絶無袁氏著此兩書之記載。無記載,雖不可絶對排斥未曾刊梓其書,然若轉從其他角度思之,黎、李序作於大德四年,元龍前序作於至大四年,相距十一年。元龍後序作於延祐二年,相距前序四年。俊翁自序作於至治改元,距元龍後序六年。一書五序,非同一時所作,前後相距長達二十一年。就作者積稿而言,從數量到内容都會大不相同。就時勢背景、個人地位而言,前十多年中,"科舉廢,學校存,疑義有問,斯文之鈞髪繫焉",作爲學生,所撰係課業對稿;後六七年中,科舉盛行,作爲老師,所撰多爲講肆之稿。鑒此種種不同,作爲書名,前後不同,亦在情理之中。《浙録》所謂"今本或係重定",是較爲合理之推測。至於各序中所存原書名,或因序存人違(袁之師立武已亡十八年),不便改易,遂仍其舊。

上述所論,雖各有多種可能或疑而未能決者,但綜合考慮,可以做出一種較爲合乎情理之推想:俊翁年輕時在黎氏山學肄業,才冠儕輩,所作課業答卷每被立武所嘉賞。日久積稿漸多,適同宗秋潤有廣其傳而梓行於世之想,因課業答卷經史均有,遂名其書爲《經史疑義》,並請序於立武和應星,後或因事未果。及科舉初行,積稿增多,便欲選取有關"四書"書稿梓行,以裨科舉之用,名之曰《四書經疑》,復請序於彭元龍,而事又或中輟。六年後,重編新舊書稿,選取精彩章段,刊落平平而無所發明者,取《禮記·儒行》"儒有席上之珍以待聘,夙夜強學以待問"之意,總題曰《待問集》,復據内容析經史與四書爲兩類,分別題曰"經史疑節"、"四書疑節"。由鈐陽書院附近之溪山家塾刊梓行世。《四書疑節》曾被人攜往亦集乃城。此書傳本甚希,至明末清初,祇有鈔本行世。范氏天一閣、徐氏傳是樓、吴氏繡谷亭、汪氏開萬樓、王氏十萬卷樓、丁氏八千卷樓等均輾轉藏過該書鈔本。審辨前人記載,鈔本至少有兩種,且似鈔自同一系統祖本之不同鈔本,因而略有異同。四庫開館,取汪氏開萬樓鈔本爲底本,編入《四庫全書》。民國初年,江西胡思敬取丁氏八千卷樓所藏鈔本刻入《豫章叢書》。一九八三至一九八四年間,溪山家塾刻本《四書疑節》殘葉在亦集乃城被發現。

五、《經史疑節》一書之勾稽

袁氏自序云:"暇日因取新舊稿合而爲一。四書、經史,門分而類析之……編成,總題曰《待問集》。""待問集"固其總名,《千頃堂書目》卷三即標"新編待問集四書疑節",殘葉 F90:W3—1 亦有"新編待問"字樣。但據袁序,既然"四書、經史,門分而類析之",則有"四書疑節",亦當有"經史疑節"。今善本書目已無此書之名,即一般公私書目亦多不載,唯《文淵閣書目》卷三"諸經總類"下載"袁俊翁《經史疑節》一部,一册,闕"。[①] 嗣後傅維鱗《明書經籍志》承之,於"諸經總録"中著録"袁俊翁《經史疑節》,一册,闕"。[②] 楊氏等據原書實録,是該書確曾刊刻行世,可與袁氏自序印證。目存書亡,無法睹其體例内容,但元以來相關之書,或可得其鱗爪,以覘一斑。元黄鎮成《尚書通考》卷二"歲差法"下引諸家之說,其中有云:

---

① 楊士奇等《文淵閣書目》卷三,《國學基本叢書》本,商務印書館 1936 年版,第 39 頁。
② 傅維鱗《明書經籍志》,《明史藝文志附補編》,商務印書館 1959 年版,第 162 頁。

袁俊翁曰：《堯典》中星常在後，《月令》中星常在前者，歲差使然耳。歲差之法，惟近代紀元曆以七十八年日差一度爲得之。自慶曆甲申冬至日在斗五度推而上之，則堯之甲子積三千三百二十一年，日差凡四十三度，冬至日當在虛一度，日没而昴中。即此而推，則知日行漸遠，中星亦從而轉移。堯之甲子去秦莊襄王元年凡二千二十八年，日差二十六度，《堯典》《月令》中星所以不同也。①

同卷"期三百有六旬有六日以閏月定四時成歲"條下引諸家之説亦有云：

袁俊翁曰：按一歲閏率餘十日八百二十七分，十九年共餘一百九十日一萬五千七百一十三分，得全日二百六日六百七十三分。前後通置七閏，四小三大，則二百六日盡矣，尚餘六百七十三分。又一章七閏，三小四大，計二百七日，通前餘分，尚餘四百丹六分。又一章七閏，三小四大，計二百七日，通前餘分，尚餘一百三十九分。自此以下，每章七閏，通前餘分，不滿全日。則四小三大，通前餘分，已過全日，則三小四大，餘分又待下章通而積焉。所謂十九年七閏而氣朔分齊者，不過取其全日得齊，而餘分竟不能齊焉。若使朔日子初初刻冬至，則氣朔之餘分齊矣。才差一二刻，則尚有未盡之餘分者矣。②

此二段必係解釋《尚書・堯典》之文字。俊翁無專門之《尚書》著作，唯有《經史疑義》或《經史疑節》允有此説。今《經史疑義》刊刻與否不可得知，且絶不見公私書目著録，而《經史疑節》既見於俊翁自序，又見於《文淵閣書目》，故可將此二段視爲《經史疑節》中之文字。《尚書通考》作者黄鎮成字元鎮，號存齋，邵武人，隱居著書，未嘗出仕，卒年七十五。黄氏《通考叙意》云："余方授兒輩以《書》，間或有問，不容立答，則取關涉考究者會萃鈔撮……歲月積累，遂成卷帙。兒輩乃請次其顛末，以便考尋，名曰《尚書通考》。"落款作"天曆三年歲名上章敦牂月旅太蔟日得壬子邵武黄鎮成謹

---

① 黄鎮成《尚書通考》卷二，《通志堂經解》本，江蘇廣陵古籍刻印社 1996 年影印本，第 7 册，第 109 頁下。
② 黄鎮成《尚書通考》卷二，《通志堂經解》本，110 頁中。

識",上章敦牂即庚午,正是元文宗天曆三年(1330)。黄氏既隱居邵武不仕,似可推知至治改元,即公元一三二一年,溪山家塾在袁氏作序前後即刊成《經史疑節》和《四書疑節》二書。梓行之後,隨即南傳至邵武,爲黄鎮成《通考》一書所取資。

六、《四書疑節》出入亦集乃路之推測

《四書疑節》刊行之後,以何種途徑、何種方式傳入亦集乃路黑城地區,亦爲一饒有趣味之問題。元代各路置學校,肄習五經、四書。延祐行科舉以來,有關《四書》之輔導讀物必大受青睞。袁書解四書如"庖丁解牛,恢乎餘刃",觸類引證,首尾相貫,其不脛而走自在情理之中。自江西袁州路至亦集乃路,遥遥二千里,路司轉撥,書商販運,友朋贈送,流人攜帶,種種途徑,雖皆可能。然筆者拈出一途,以爲元代教授、學正等人負籍上任,最有可能。

元代路府州等均設教授之職。《元史·選舉志一》:"凡師儒之命於朝廷者,曰教授,路府上中州置之。命於禮部及行省及宣慰司者,曰學正、山長、教諭,路州縣及書院置之。"亦集乃路屬下路,應設教授。今出土文書中所見儒學教授有多人,適可互證。文書所見教授之名及任職年月有:F39:W1之李某,任職時間不詳;Y1:W99之楊景仁,至正四年(1344)二月到任;F77:W1李時敏,至正十五年(1355)十二月到任代史允滿缺等。元代教授均受朝廷敕牒,李時敏之呈狀即可見其受敕上任:

  儒學教授李時敏
  謹呈至正十五年二月內祗受
敕牒除充亦集乃路儒學教授代史允滿缺時敏
  於至正十五年十二月初七日到任
  勾當合行具呈
  亦集乃路總管府伏乞
  照驗施行須至呈者[①]

[①] 李逸友編《黑城出土文書(漢文文書卷)》,第195頁。

"敕牒"二字提行跳出,乃呈狀程式。時敏史志無傳,行歷無考。《山西通志》卷七十七有"李時敏至正中知忻州"一條,不知是否亦集乃路教授之李時敏。從時間上考察,轉官正在允可之內。以官階、品帙論,《廟學典禮》卷六《山長改教授及正錄教諭格例》云:

> 各路教授擬從八品,以前進士及學問該洽、士行修潔、爲衆推服,提刑按察司體覆、申臺呈省到部相應人充,三年爲一任,滿日再歷別路一任,依例於從八品司、縣官內選用。①

《元史・選舉志一》亦云:"至元十九年,定擬路府州設教授……府州教授一任,准從八品,再歷路教授一任,准正八品,任回本等遷轉。"然《地理志一》"冀甯路"屬下有"忻州",領秀容、定襄二縣,屬下州。《百官志七》:"下州:達魯花赤、知州並從五品,同知正七品,判官正八品。"是時間雖允可而官階、品秩差異較大,轉官似無可能,且同姓同名不乏其例,故無從確指。然元代教授依如此格例遷轉,各地行政官員與教授之流動必異常頻繁。就此可想見,在科舉盛行之後,作爲上任教授,如要盡心盡職,則沒有再比攜帶一批能輔導學子進身科舉之書籍爲更重要。儘管此種思路與擬測僅是《四書疑節》傳入亦集乃路諸多途徑中之一條,但却有其較符史實之一面。

七、結 論

綜上所證,知原定名爲《新編待問》之黑城文書五片殘葉,即收入《四庫全書》之元袁俊翁《四書疑節》一書之部分內容,其書之全名當是《新編待問集四書疑節》。作者袁俊翁生活於宋末元初,湛深經史,承繼朱學,於《四書》尤有心得。因元初科舉廢置不行,局居鄉里,遂無科名。晚年裒集積稿,於至治改元前後刊爲《四書疑節》《經史疑節》二書。《經史疑節》至明代已殘,旋即不傳。《四書疑節》曾爲延祐以後科場士子所取資,流傳頗廣,故曾爲人攜往亦集乃路。然時過境遷,原刊早已不存。世所流傳者皆係鈔本

---

① 《廟學典禮》卷六,《元代史料叢刊》本,浙江古籍出版社1992年版,第138頁。

及據鈔本鈔刊之本。黑城出土之殘葉，則爲元至治原刊。經校覈、考證、復原，原刊本半葉十四行，行二十六字，與今存鈔、刊本皆不同。殘葉之發現，不僅對《四書疑節》一書之刊刻年代、行款版式提供了實物，進而爲探討元代科舉制施行情況，亦集乃路文化形成、發展及其與內地之文化交流提供了堅實證據。

　　　　　二〇〇二年五月三日至二十一日草
　　　　　二〇〇二年六月九日修訂

以丁晏《尚書餘論》爲中心看王肅僞造《古文尚書傳》説 ——從肯定到否定後之思考

《尚書》中古文二十五篇之僞，從吳棫、朱熹發疑，經吳澄、梅鷟辨異，至閻若璩、惠棟考證而被人普遍接受。段玉裁曾云："僞《古文》自有宋朱子剏議於前，迄我朝閻氏百詩、惠氏定宇辭而闢之，其説大備。"①然亦由此引起毛奇齡、王劼、張崇蘭等先後不斷地進行控辯，形成三百年來最大之學術公案，至今綿延不息。

由今日返觀、審思《尚書》公案，在解決《尚書》古文二十五篇之真、僞之前，不僅對"真僞"概念之定義、外延等需要有一個明確的界定，同時對三百年來正反控辯雙方學者所涉及之種種政治鼎革、人事矛盾、師承糾葛、學風變遷、文獻流傳、文本變異以及篆隸交替中字形和聲韻、訓詁之作用等複雜原因，亦須直面關注、研究。故《尚書》公案，既包涵《尚書》古文本身之真僞，也包括近三百年來之《尚書》辨僞史。將來最終研究所得之真解，應能普遍解釋上述大部分之因果緣由。

在三百年《尚書》辨僞史中，有一個值得關注的戲劇性個案，即王肅僞造《古文尚書》及《孔傳》問題。此案從懷疑起訟，到立案鞫獄，最後控辯撤案，前後亦經歷二百多年。重新審視、綜理此案之過程，是《尚書》公案學術史中必要的一環，而分析其證詞與辯詞，抽離其邏輯推證之思維，有助於認識學術研究中的認識論與方法論。

---

① 段玉裁《古文尚書撰異序》，《清經解》卷五百六十七，上海書店1988年影印本，第四册，第1頁上。

一、王肅僞造《古文尚書傳》——從懷疑到肯定

閻若璩撰《疏證》八卷一百二十八條，其最重要亦即"根柢"之學是卷一前四條和卷二第十七條、第二十條及卷八之第一百二十條。以上七條從兩漢《古文尚書》篇目入手，結合孔安國古文學之源流，已有足够證據將古文二十五篇排斥在兩漢傳授的《尚書》之外。其餘篇幅則分別從文句、内容、《孔傳》、《大序》、篇目分合上作詳細之疏考，以證成二十五篇之僞。因考證工作之繁重，使其無精力去悉心探究誰是作僞者。以《古文尚書》爲梅賾所獻，自然認爲"梅賾上僞書，冒以安國之名，則是梅賾始僞。"①遂云"《孔傳》出於魏晉之間，後於王肅。傳註相同者，乃孔竊王，非王竊孔也。"②於是見孔疏及《釋文》猜疑王肅可能私見《孔傳》而匿之，以爲"大可笑也"。同時惠棟亦疑《古文尚書》非西漢壁中之書，及乾隆八年(1743)見閻書，引爲同調。所不同者，惠定宇對於《古文尚書》之作者，猶疑不定。先曰："今世所謂古文者，乃梅賾之書，非壁中之文也。賾采摭傳記，作爲古文，以紿後世。"③此指爲梅賾造作。而《辨〈正義〉四條》下云："迄乎永嘉，師資道喪，二京逸典，咸就滅亡。于是梅賾之徒，奮其私智，造爲古文，傳記逸書，掎摭殆盡。"而於"梅賾之徒"下注曰："僞書當作俑于王肅。肅好造僞書，以詆康成。《家語》其一也。"④是雖指梅賾，復疑王肅。其於《五子之歌》"惟彼陶唐"下以王肅注《家語》與古文同，復據陸德明、孔穎達之説云："據此二説，故棟當疑後出古文肅所撰也。"⑤此直指王肅僞撰。又於《辨梅氏增多古文之謬十五條》下云："王肅又從其説以駁鄭，于是造僞古文者，改《吕氏春秋》引《商書》五世之廟爲七世。孔晁、虞喜、干寶又皆在僞古文已出之後，故亦宗七廟之説

---

① 閻若璩《古文尚書疏證》卷八，上海古籍出版社 1987 年影印眷西堂刻本，下册，第 1119 頁。
② 閻若璩《古文尚書疏證》卷二，上册，第 158 頁。
③ 惠棟《古文尚書考》卷上，《清經解》卷三百五十一，上海書店 1988 年影印本，第二册，第 701 頁下。
④ 惠棟《古文尚書考》卷上，《清經解》卷三百五十一，第二册，第 702 頁下。
⑤ 惠棟《古文尚書考》卷下，《清經解》卷三百五十二，第二册，第 707 頁下。

而不知其畔經而離道也。"①此"造偽古文者"未明指是誰。定宇自謂此書創自雍正末,至閻書出而摘録其文於書中,知其前後經歷多年,故於偽書之作者閃爍猶疑,莫有定指。

戴震(1724—1777)在乾隆年間儼然學壇領袖,爲士林所欽仰。方其入都之時,適閻書已廣爲流傳,故其《經考》中大量引述閻説。"贋孔安國書傳"條云:

> 孔沖遠引《晉書》言,梅賾所上孔氏《古文》出於鄭沖。必當時賾進書飾辭,而史録之,非實能考得其源流也。至以爲王肅似私見古文,而閻百詩證之爲作偽者竊王肅,是固然矣。錢編修曉徵嘗與予論及此,疑《古文尚書》乃肅私爲之,故東晉始出。肅未見《逸書》十六篇,乃博採傳記所引《書》辭,爲偽書二十五篇,假託於孔氏而爲之《傳》,其意欲以證己之言而難鄭。蓋即偽作《孔子家語》之故智耳。非王肅無此淹博,亦不能如此善摹古也。肅既自爲今文作解,又爲偽《古文書傳》,使後人得之,驚服其解之精確,與古人合。《家語》《古文尚書》,皆肅偽本。其近理處,摹古處,及有時背道處俱相類。斯言似得其實。②

東原謂古文爲王肅博採傳記所造,乃聞之於錢大昕,並以爲"斯言似得其實"。《經考》雖無具體著成年月,據考在乾隆癸酉(1753)至丁丑(1757)間。錢大昕《竹汀居士年譜》乾隆十九年甲戌(1754)下云:"是歲移寓橫街……無錫秦文恭公邀予商訂《五禮通考》。休寧戴東原初入都,造居士寓,談竟日,歎其學精博。"是錢、戴相識在乾隆十九年,故戴引錢説至早不過於此時。而戴震《與王内翰鳳喈書》有云:"丁丑中秋,錢太史曉徵爲余舉一證曰,《後漢書》有'横被四表,昭假上下'語。"③則乾隆二十二年(1757)錢、戴兩人討論過《尚書》。若由此而論及古文爲王肅偽造話題,意在情理之中。及至晚年著《尚書義考》,雖未成完書,但對古今文問題亦未改其認識。《尚書義考義例》中有一條論梅本《尚書》,引述陸德明、孔穎達之説而云:"如陸

---

① 惠棟《古文尚書考》卷上,《清經解》卷三百五十一,第二册,第704頁中。
② 戴震《經考附録》卷二,《戴震全集》,黄山書社1994年版,第二册,第466頁。
③ 戴震《東原文集》卷三,《戴震全集》,第六册,第278頁。

氏、孔氏所言，今之《古文尚書》及《孔傳》殆出於王肅，猶之《孔子家語》出於王肅私定也。肅欲奪鄭氏而冀行其學，故往往假託以爲佐證。"①緣上所引，知錢、戴兩人皆認爲古文二十五篇及《書傳》均係王肅所僞造。

稍後之劉端臨和李惇於《尚書孔傳》有過對話。李惇（1734—1784）在《群經識小》中引述劉台拱意見並申述自己觀點：

> 今所傳《孔傳》莫不知其僞，而究不知其出於何人之手。予友劉端臨曰：蓋王肅所托。今案，是書既非漢以前人所作，漢以後非子雍之明敏博洽，亦不能作，則其説是也。《釋文》曰："相承云梅賾上孔氏傳《古文尚書》，亡《舜典》一篇，時以王肅注類孔氏故取王氏'慎徽五典'以下爲《舜典》，以續《孔傳》。"不知其本出一手也。子雍曠代之才，使其平心静氣，研精覃思，何難與康成並駕？惜其克伐之心太甚，以康成壓其前，專欲爲異説以勝之。作《聖證論》未已也，又出孔氏《家語》。出《家語》未已也，又爲《孔傳》。是書雖成而未遽出，又數十年後乃出於梅賾。其所爭者在後世之名，固不必及其身而出之也。後人妄意古人，雖曰出於逆億，要亦十得八九矣。②

所謂"今所傳《孔傳》莫不知其僞，而究不知其出於何人之手"，可推見閻若璩《疏證》傳遍學林之後，學者多進而欲探知其作者。劉台拱深於經術，然其所説"蓋王肅所托"，著一"蓋"字，乃推測之辭。至李惇則引申闡發，其理路是"書既非漢以前人所作"，而漢以後東晉以前唯王肅"明敏博洽"，故非其莫屬。其證據僅是《舜典》"慎徽五典"下取王肅注及王肅曾僞造《家語》並作《聖證論》譏短康成。儘管李惇認爲此乃"妄意古人"，但"要亦十得八九矣"。劉、李二人所揣臆者，僅在《孔傳》，不關古文二十五篇經文。

王鳴盛於《古文尚書》作者之認定上亦頗猶疑。其在乾隆十年（1745）至四十四年（1779）所作《尚書後案》中云："僞傳疑即肅撰，或皇甫謐依放肅注爲之……王肅又以爲苟有此罪，則必誅之，戒其將來。亦以降命爲誅其

---

① 戴震《尚書義考》卷首，《戴震全集》，第一册，第10頁。
② 李惇《群經識小》卷二"孔傳"，《清經解》卷七百二十，第四册，第861頁下。

以丁晏《尚書餘論》爲中心看王肅僞造《古文尚書傳》説——從肯定到否定後之思考

君。是足徵僞傳之出于肅也。"①而於《辨孔穎達序》中云:"僞書自漢至晉四五百年,未有人見。謐首先引之,蓋謐撰此書,即自引以實其事耳。"②復又云:"僞書非王肅作,即皇甫謐作,大約不外二人手。彼見秘府所存衰微,遂别撰一書。"③同一書中恍惚其辭,是未有定見。更有甚者,其於王肅注與《孔傳》異解處云:"王肅説是,《傳》非也。《傳》多出王肅,偶或立異,欲以掩其迹也。"④讀之使人左右不是,啼笑皆非。至晚年結撰《蛾術編》,於"南北學尚不同"條云:

  僞孔出皇甫謐,北人也,蓋本于王肅。予前言北人中南人之蠱毒是也。僞孔但能行于南,不能行于北。南人立學置博士,歷四百餘年,始能流傳到北。予前言北人或有亂道,亦必須南人附和方能行也。

南北之言本費解,故连鶴壽案語解之云:"先生謂僞孔出自士安,嫌是北人,故又言本于子雍。"然鶴壽本人認爲"其實僞古文、僞《孔傳》皆出自子雍之手,直至梅賾始獻之耳"。⑤又於"《尚書》古今文"條解釋皇甫所以僞撰之原由云:"孔壁真書,兩漢班班具在,而不立博士。馬、鄭諸儒但注古今文同有之三十四篇,而增多二十四篇未及爲注。是以延至魏晉之際,其學又微。皇甫謐名重晉初,見此學之將絶也,遂别爲改作,且代安國爲《傳》,即今本也。其意以有安國《傳》,則馬、鄭必爲所壓伏耳。"⑥西莊晚年認定皇甫謐先改作《古文尚書》,復撰《傳》以冒安國之名,由此來壓服馬、鄭書説。是則"書"與"傳"皆謐所僞作,似改變中年時"蓋本于王肅"之想法。

  與王氏同時之江聲,其所據不出前人所説,却仍認定爲王肅所僞,其説云:

---

① 王鳴盛《尚書後案》卷二十三《多方》,《清經解》卷四百二十六,第三册,第161頁上。
② 王鳴盛《尚書後案》附《尚書後辨·辨孔穎達序》,《清經解》卷四百三十四,第三册,第218頁中。
③ 王鳴盛《尚書後案》附《尚書後辨·辨孔穎達序》,《清經解》卷四百三十四,第三册,第220頁上。
④ 王鳴盛《尚書後案·立政》,《清經解》卷四百二十七,第三册,第164頁上。
⑤ 王鳴盛《蛾術編》卷二《説録二》,商務印書館1958年版,上册,第31頁。
⑥ 王鳴盛《蛾術編》卷四,上册,第68頁。此條下连鶴壽案:"僞孔書乃王肅所造,與元晏無涉。"蓋连氏仍堅持信從丁説。

>　　蓋肅既與鄭韋異，恐後人不已從也，因私造僞《書》及《傳》而祕之，使遲久而後出，出則己之說無不與先儒合，可因以見鄭氏之非矣。此其狡獪之計，即造《家語》《孔叢》之意也。且《家語》《孔叢》悉與僞《孔傳》合，則皆肅之所爲可知矣。①

其代王肅設計思考，亦可謂煞費苦心矣。稍後之崔述以長於思辨著稱，其《古文尚書辨僞》二卷，在未嘗見梅、閻之書前提下，獨發古文之僞。然其於古文之作者，却咬定爲"宗肅學者之所僞撰"。其説云：

>　　適值永嘉之亂，今文失傳，江左學者目不之見，耳不之聞，又其時俊桀之材，非務清談，即殫心於詩賦筆札，經術之士絶少，但見馬、鄭所傳與今文篇數同，遂誤以爲今文。由是宗肅學者得以僞撰此書以攻鄭氏。書既撰於晉宋之間，故至齊梁之際始行於當世也。孔氏但見僞《書》、僞《傳》之説多與肅同，不知其由，遂疑肅私見孔氏而祕之。夫肅專攻鄭氏，如果此書在前，肅嘗見之，其攻鄭氏之失，必引此書爲證，云《尚書》某篇云云，某傳云云，世人誰敢謂其説之不然，何謂但若出之於己然者？然則是僞《書》之采於肅説，非肅説之本於僞《書》明矣。②

從閻若璩判定古文二十五篇爲僞以來，學者多方尋求作僞之人。閻氏以爲作僞者爲晉人，惠棟懷疑梅賾，又覺得王肅好造僞書，故謂可能作俑於王肅。錢大昕亦以爲王肅好造僞書，故古文二十五篇及傳文皆其所僞，戴震深表贊同。王鳴盛在乾隆中與錢、戴都有學術交往，必與聞其説，故早年傾向於皇甫謐，但亦不排斥王肅，至晚年似覺《書》《傳》皆謐所僞。而迮鶴壽始終堅信僞《書》爲王肅所撰，崔述則認爲是"宗肅學者"所僞。諸家認識雖有差別，然多停留在師友談論與一般推測之層面上，其根據無非是肅有僞撰之前科，恒與康成爭勝，而才足以造僞，未有其他堅實之證據。

咸豐元年(1851)，丁晏著《尚書餘論》一卷，專就王肅僞造《古文尚書》及《孔傳》展開實質性論證，蒐輯有關文獻中一切可以證明王肅僞造之證

---

① 江聲《尚書集注音疏》附《尚書續補義》，《清經解》卷四百零二，第二册，第950頁上。
② 崔述《古文尚書辨僞》卷一，《崔東壁遺書》，上海古籍出版社1983年版，第592頁下。

據,分爲二十三條,兹將其條目迻錄於下:

(一)《古文尚書》《孔傳》見王肅《家語後序》,爲一手僞書。

(二)《古文尚書》《孔傳》又見於《孔叢子》,皆一手僞作。

(三)《古文尚書》西晉已立博士,非東晉梅氏僞作。

(四)《古文尚書》行於西晉,由王肅爲晉武帝外祖,故盛行於時。

(五)王肅私造《古文書》,魏末晉初已行於時,皇甫謐親見古文,載入《世紀》。

(六)王肅私造《古文書》西晉時已盛行,杜預仕晉武帝時親見古文。

(七)王肅注《書》多同《孔傳》,始見於唐陸氏《釋文》。

(八)王肅注《書》多同《孔傳》,再見於唐孔氏《正義》。

(九)王肅注《書》多同《孔傳》,三見於唐劉氏《史通》。

(十)王肅注《書》多同《孔傳》,四見於宋董氏《廣川書跋》。

(十一)《隋書·經籍志》、孔氏《正義》於東晉古文多微辭,是唐人已疑之,不始於吴才老、朱子。

(十二)王肅私造古文以難鄭君,并《論語》孔注皆肅一手僞書。

(十三)《古文尚書》傳與王肅注多同,唐孔穎達實親見之,備載於疏,足徵《書傳》爲肅私造。

(十四)古《堯典》《舜典》合爲一篇,别有《舜典》已亡,古文割分《堯典》爲堯、舜《典》實自王肅始,并及朱氏《經義考》增改《舜典》之失。

(十五)《古尚書·皋陶謨》、《益稷》本爲一篇,逸書别有《弃稷》,今亡,僞《古文》分《皋陶謨》爲《益稷》實自王肅始。

(十六)《古文書》皆綴集而成,非王肅不能作;肅注自《釋文》《正義》外,見於他書所引者多與《孔傳》同,明爲一手綴輯。

(十七)王肅注《尚書》皆今文無古文,然肅注實有涉及古文者,竝詳其説。

(十八)孔壁古文之存於今者,《史記》《漢書》《説文》尚有真古文説,可證《孔傳》之僞。

(十九)《唐志》有孔安國問答,亦依託漢孔氏《書》之證。

(二十)僞《書》作俑於王肅,近世惠松崖、王西莊、李孝臣諸先生皆有此疑,未暢其説。

(二十一)馬融《忠經》引《古文尚書》非漢之馬季長。

(二十二)閻徵君《尚書古文疏證》辨正。

(二十三)《尚書古文疏證》録朱子《古文書》,疑《蔡傳》承朱子之學,亦疑古文坊刻删削,特表出之。①

以上二十三條論證,其先後之排列有丁氏自己之考慮。第一、二兩條論《家語》和《孔叢子》係王肅一手製造之僞書,是乃揭示王肅有前科,作僞成性,以此作爲其僞造《古文尚書》和《孔傳》之前提。第四條從姻戚關係上揭示王肅之地位,試圖説明其學術上之造作,有政治上之保障,故有盛行之可能。第三、五、六三條從西晉立博士之時間,古文魏末晉初之盛行,皇甫謐、杜預之親見等因素,從年代上證明王肅僞造之時間。第七至第十條,援據陸德明、孔穎達、劉知幾、董逌四人所見王肅《書注》與《孔傳》多同,是從直接之文獻證明其僞造之事實。其中董逌《廣川書跋》卷五論《石經尚書》,僅是漫論"王肅解《書》悉是《孔傳》",非若陸、孔諸人親見,丁氏也僅言"或猶及見其書",故衹能是一條旁證而已。猶當揭櫫者,朱彝尊於《經義考》中曾指出:"考陸氏《尚書釋文》所引王注不一,並無及於增多篇内隻字,則子邕亦未見孔氏古文也。"②朱書丁氏不會不見,③見而無視其説,是亦援其同而没其異之心理所致。第十一條分析《隋志》敘《書》流傳之矛盾和孔疏與《新唐書·孔穎達傳》之矛盾,證明懷疑《孔傳》,始於唐人,不始於吴才老和朱子。

第十二條以下始開列具體異同。第十二條主旨在於揭示王肅駁難康成,故摘録經傳、孔疏及諸子中王肅《書注》與鄭注相異者若干條,證成其説。其中涉及《孔傳》與《論語》孔注相同者,因丁氏有《論語孔注證僞》四卷,故謂"並《論語》孔注皆肅一手僞書"。④ 第十三條摘録經傳、孔疏中《書孔傳》與王肅《書注》相同者若干條,以證《書孔傳》爲王肅僞造。第十四、十五兩條,專論《堯典》與《舜典》、《皋陶謨》與《益稷》之分合,皆自王肅始。第十六條更進而徵及群書如《史記》裴駰《集解》、劉恕《通鑑外紀》、《禮記》正義、《毛詩》孔疏等所引王肅注與《孔傳》相同者,謂"晚出古文皆綴集逸書而

---

① 丁晏《尚書餘論》,《清經解續編》卷一百九十四,第三册,第1361—1370頁。
② 朱彝尊《經義考》卷七十六,中研院中國文哲研究所《古籍整理叢書》3,1997年版,第三册,第211頁。
③ 下文第十四條即論及朱氏《經義考》增改《舜典》之失。
④ 丁晏《尚書餘論》,《清經解續編》卷一百九十四,第三册,第1364頁下。

成,其文雅密,非梅氏所能爲也。微肅之學非而博,未易構此"。以上五條乃丁氏證成"王肅僞造論"最堅實之基礎。

因史志著録王肅《書注》僅今文,無古文,何以見古文《書》《傳》並爲王肅所撰?故丁氏蒐輯經傳史注中凡涉及古文之經文、注文與王肅《書注》及《家語》等相同者,匯爲第十七條,以證王肅之注確有涉及古文者。

第十八條轉從另一角度切入。即從《史記》《漢書》《説文》中所引之真古文,與現存古文及《孔傳》相較,勘其經文與傳意不同者,以見其後出非真。又以《新唐志》"書類"有《王肅孔安國答問》三卷,因加考證,指爲王肅"僞託漢孔氏語也",是爲第十九條。第二十條羅列惠棟、王鳴盛、李惇之説,此條多爲後世舉證者勦襲,唯所舉有不盡如惠、王、李諸人原意者,前引已明,不復舉。二十一條用避諱字甄別《忠經》之馬融乃唐人。二十二條專辨證閻若璩謂《孔傳》出於魏晉,後於王肅之説,文云:

晏謂《傳》爲王肅僞造,孔、王係一手所爲。徵君未發此秘,故疑爲彼此相竊,又謂後於王肅,皆非也。竊以考證之學久而愈明,推而愈密。余爲此論,以補徵君之所不及,則後學之事也。①

其後又指正《疏證》誤引者二條,失考者一條。最後第二十三條乃是將書坊所刊落而存於元鄒季友《書傳音釋》中之蔡沈《書集傳》前"説書綱領"一段文字表揭之,以證明晦庵師弟子皆已疑古文。

丁氏此論之出,學者從之者多。如今文學家皮錫瑞深信之,云:"至丁晏《尚書餘論》據《家語後序》定爲王肅僞作……可謂搜得真贓實證矣……孔書經傳一手所作,僞則俱僞。"②又於評判焦循稱善《孔傳》條下云:

近儒江段孫王,皆尊鄭而黜孔,焦氏獨稱《孔傳》之善,可謂特見。惟未知《孔傳》實王肅僞作,故所説有得有失。③

---

① 丁晏《尚書餘論》,《清經解續編》卷一百九十四,第三册,第1370頁上。
② 皮錫瑞《經學通論》卷一"書經·論僞孔經傳前人辨之已明閻若璩毛奇齡兩家互有得失當分別觀之",中華書局1954年版,第83頁。
③ 皮錫瑞《經學通論》卷一"書經·論焦循稱孔傳之善亦當分別觀之",第85頁。

是其立論皆以丁晏《餘論》爲準的。至王仁俊著《正學堂尚書説》，即步丁氏後塵，發揮《餘論》之説。同時之胡玉縉，亦本丁説作《東晉枚賾所上僞古文尚書與群經王肅逸注義同發覆》，謂校覈《孔傳》與王肅逸注，有"小變其説者，有見於前省於後者"，"而義恉實同者也"。甚至於《五子之歌》"維彼陶唐"五句王注異《傳》與《禹貢》"三百里蠻"、《洪範》"農用八政"兩條王注同鄭異孔者，皆指爲故爲異同，"以揜其作僞之迹"，①一如王氏、丁氏口吻。暨王先謙著《孔傳參正》，仍謂"近儒推勘，皆謂傳出肅手，尤莫詳於丁晏《尚書餘論》。今取《傳》義與王注合者，條繫經下，以資證明"。② 此則不啻爲丁説下注脚。上世紀古史辨思潮興起，證僞之風甚囂塵上，乃有鄭澤作《僞〈古文尚書〉之〈論語〉化》一文，謂："僞《古文尚書》之爲王肅僞作，至今日已成爲不可磨滅之事實。"他認爲毛奇齡、張諧之、萬斯同等"雖極力爲之辯護，無如事理昭彰，終非強詞所能遁飾也"，因謂僞書爲王肅所作，故肅將曹魏以前之儒家主義與言論鈔襲入書，而剽竊《論語》者尤多。該文將僞古文與《論語》中相同相近的有關具仁義道德之聖人、君子形象、言論鈔撮比較，以爲是王肅"使《論語》之理想實現於古史中"。③ 降及當世，孫欽善著文獻學史，猶引述丁晏、崔述之觀點，而以爲"可能出自王肅之手"。④ 凡此皆足見《後案》《餘論》之影響。

二、王肅僞造《古文尚書傳》——從肯定到否定

世事多物極必反。當丁氏《尚書餘論》"王肅僞造説"廣爲傳播並爲學界接受之時，相反之意見亦隨之而來。首先是陳澧，其於《東塾讀書記》中云"近儒疑僞《孔傳》爲王肅作"，於是舉《禹貢》"三百里蠻"、《洪範》"農用八

---

① 胡玉縉《許廎學林》卷一，中華書局 1958 年版，第 26—27 頁。
② 王先謙《尚書孔傳參正》，《續修四庫全書》影印光緒三十年虛受堂刊本，上海古籍出版社 2002 年版，卷首序例，第 7 頁。
③ 鄭澤《僞〈古文尚書〉之〈論語〉化》，《國立第一中山大學語言歷史學研究所週刊》第 40 期，1928 年 8 月，第 13 頁。
④ 孫欽善《中國古文獻學史》第三章，中華書局 1994 年版，上册，第 220—223 頁。

政"兩條孔疏引王肅注皆與《孔傳》異而與鄭義同,遂云"則似非王肅作也"。① 稍後起而持異見者爲劉師培。《劉申叔遺書》首列《尚書源流考》一卷,作年難考。觀其前後重復,且無結尾,蓋未完之著,則至遲作於申叔逝世(一九一九年)之前。

是考率先提出《孔傳》有兩種僞本之命題,文曰:

《尚書傳》者,蓋亦有兩僞本:東晉梅賾所獻《孔傳》,非即《家語後序》所稱之《孔傳》也。近儒治《尚書》,或以僞孔經傳始於東晉,或以梅賾所獻,即魏人作僞之本。二説均非。知者,魏晉之間實有《尚書》孔傳。據《書疏》《釋文》及劉氏《史通》,均以梅賾獻《孔傳》缺《舜典》"慎徽五典"以下,補以王肅、范寧注。今《舜典》經傳別出姚方興所獻。②

其下引《史記·五帝本紀》"教稺子"裴駰集解:"案《尚書》作'胄子',孔安國曰:稺胄聲相近。"又引《續漢書·祭祀志》"六宗"條劉昭注引孔安國云云,以爲二説均與現今所行《尚書》姚本、《孔傳》、王肅注異,因謂"足證東晉以前本有《孔傳》,其文散見他書,爲裴、劉二家所逡録"。以下復設四證:一、《論語》"敢用玄牡"和"朕躬有罪"諸語在今《尚書》中,考《論語·堯曰》篇集解於以上諸條均引孔安國説,然皆不云見《尚書》,且所釋亦與《傳》異。二、杜預生當魏晉之際,所引《書傳》與梅本《孔傳》同旨異文。三、梅本《孔傳》注"伊洛瀍間"云"出河南北山",據《博物記》云"至晉省穀城入河南縣",則知非漢魏人所作。四、梅本《盤庚》"將治亳殷",束皙校《汲冢古文》引孔子壁中書作"將始宅殷",與梅本不同。據此四證,推"知梅本經傳實出東晉之初,非即魏代所行《孔傳》"。③ 申叔既認爲有二僞本,梅本經傳非魏代所行《孔傳》,則必滋生一個王肅注與梅本《傳》誰先誰後,若《傳》《注》相同則誰因襲誰之問題,故其例舉數條文獻,以駁正陸德明、孔穎達、劉知幾懷疑王肅見古文匿而不言之説:

(一)《書疏》及《左傳疏》均以王肅注《左傳》以所引《夏書》滅亡爲太康

---

① 陳澧《東塾讀書記》卷五,《陳澧集》,上海古籍出版社2008年版,第二册,第97頁。
② 劉師培《尚書源流考》,《劉申叔遺書》,江蘇古籍出版社1997年影印本,上册,第35頁下。
③ 劉師培《尚書源流考》,《劉申叔遺書》,上册,第36頁上—37頁上。

時,今《左傳》蕭《注》雖亡,其《家語·正論》篇文亦同《傳》,唯易"其行"爲"厥道"。蕭《注》亦云太康時,與孔所引《傳》《注》合。然《左傳》此下復引《書》文"允出兹在兹",《家語·正論》同。又《左傳·襄公二十三年》孔子論臧武仲事,引《夏書》"念兹在兹",《家語·顏回》篇亦同。蕭《注》亦不云二文之時代。今梅本將此二文並入《大禹謨》。

(二)《家語·辨物》篇"昔武王克商,通道于九夷百蠻",文本《魯語》,梅本竄入僞《旅獒》。《辨樂》篇"封王子比干之墓,釋箕子之囚,使人行商容之舊以復其位,既濟河西,馬散之華山之陽而弗復乘,牛散之桃林之野而弗復服",文本《樂記》,梅本竄入僞《武成》。王蕭《注》以上二事亦無一語涉及《書》。

(三)《家語·廟制》篇"是故天子七廟",梅本《咸有一德》篇亦云"七世之廟",蕭《注》此篇未稱引《咸有一德》文。《家語》爲蕭私定,所作《聖證論》於祀帝昏期、廟制諸說不惜明引其文,若梅本僞經亦出於蕭,何以諸家所引《聖證論》辨論廟制文從未引及僞《書》?故《咸有一德》孔疏亦曰:"劉歆、馬融、王蕭雖則不見古文,皆以七廟爲天子常禮。"

由上所證,知前人所云王蕭得見古文,誠未能作爲定論。申叔甚至以爲"凡梅本《孔傳》與王同說者,均梅襲王,非王同孔。其與王注互異,則係轉襲他書。近儒所疑,說均未當"。①

檢校申叔之論證,是在判今本《家語》爲王蕭所私定之認識上,以之與《尚書》經、傳、注、疏比勘而得。今因簡牘之出土,《家語》之真僞案亦須重新認定,故劉說不能因此而成爲的論。《聖證論》辨論廟制不引僞《書》,可以致疑,亦非充足理由。唯其徵引孔疏"劉歆、馬融、王蕭雖則不見古文,皆以七廟爲天子常禮"一語,②以爲"前疏所云蕭見古文,本非定論",③則足以破丁晏"王蕭僞造說"中四條(董逌一條當附在陸、孔、劉三條之後)重要證據。其最後總結出"凡梅本《孔傳》與王同說者,均梅襲王,非王同孔。其與王《注》互異,則係轉襲他書"之結論,適與丁晏相反而與閻若璩相同。

申叔逝世六年,章門弟子吴承仕發表《〈尚書〉傳王孔異同考》一文,吴

---

① 劉師培《尚書源流考》,《劉申叔遺書》,上冊,第39頁上、下。
② 劉師培《尚書源流考》,《劉申叔遺書》,上冊,第39頁下。
③ 劉師培《尚書源流考》,《劉申叔遺書》,上冊,第39頁下。

氏是否見過《源流考》，今已無考。其蒐輯諸書中王《注》、《孔傳》之文，一一比勘，校其異同。吳氏於此文頗爲自信，後作《經典釋文序錄疏證》曾云："愚嘗審覈馬、鄭、王、孔、杜預、皇甫謐諸家《書》説，著爲《異同考》四卷，疏證僞《書》非出王肅，而丁氏所立遂一時摧破矣。"① 兹引述一條，以見一斑：

> 三十二、分北三苗。僞《傳》：三苗幽闇，君臣善否，分北流之，不令相從，善惡明。王曰：三苗之民，有赦宥者，復不從化，不令相從，分北流之。（《正義》）
>
> 鄭云：流四凶者，卿爲伯子，大夫爲男，降其位耳。猶爲國君，故以三苗爲西裔諸侯。猶爲惡，乃復分北流之，謂分西北裔之三苗也。《正義》曰：王肅意彼赦宥者，復繼爲國君，至不復從化，故分北流之。禹繼鯀爲崇伯，三苗未必絶後。《傳》意或如肅言。案鄭、王説義大同。王云赦宥即鄭之猶爲國君。王云復不從化，即鄭之猶爲惡。蓋謂三苗既竄，猶不悛革，懼其思逞，故復分北流之，使之散居各方，則凶人不得構會，斯乃離間同惡，非分別善惡之謂也。②

先比較鄭、王之説，以爲基本相同。後又引《論衡·率性》篇"三苗之民，或賢或不肖，堯、舜齊之，恩教加也"語，義與《傳》相近，以是證《論衡》爲《孔傳》所本，而"與鄭、王所述大相逕庭"。最後指出孔穎達因有王、孔相同之主觀意識，故於《傳》義缺略處，率意以王説補之。吳氏徵引廣博，分析細緻，思慮周密，斷語中肯。雖其仍信《孔傳》爲僞，③而研究過程中則儘量客觀。就中文同旨異，字異義同等等，非可形取貌比，依稀仿佛而論。總計其共得王、孔相異者一百二十五條，相同者一百零八條，孔無明文者二十三事，王説不可審知者十八事。④ 復就其異同，紬其條例，匯爲十二條，質疑以丁氏爲代表之"王肅僞造説"，文曰：

---

① 吳承仕《經典釋文序錄疏證·注解傳述人》"或肅私見孔《傳》而秘之乎"下疏，中華書局1984年版，第68頁。
② 吳承仕《〈尚書〉傳王孔異同考續》，《華國月刊》第2期第10册，1925年10月，第4—5頁。
③ 吳承仕《經籍舊音叙錄》"孔安國"下云："承仕又案：孔《傳》本僞書，安國亦不解反語。"見吳承仕著，龔弛之點校《經籍舊音序錄　經籍舊音辨證》，中華書局1986年版，第18頁。
④ 按，此據吳承仕《〈尚書〉傳王孔異同考》所載《《華國月刊》第二期第七册，1925年7（轉下頁注）

清儒惠棟、王鳴盛、孫星衍、李惇、劉端臨頗疑《孔傳》之出于肅，亦未敢輒定也。至丁晏撰《尚書餘論》，始質言之，後儒遂奉爲不刊之論。由今觀之，丁說雖辨，猶未足任也。

《尚書正義》稱肅私見古文，固也。而《益稷》篇題下，則謂王肅不見古文，而妄爲說；《毛詩正義》亦屢言王肅不見古文。則穎達本爲存疑之詞，而丁氏執爲誠證。其蔽一也。

王氏注本，蓋與馬、鄭大同，義多從馬，而亦有同鄭者。《孔傳》義多從王，而亦有舍王而用鄭者。而丁氏于王、孔異義，則棄置不道，偏執一邊，據爲僞作之證。使其失而不舉，則近于龘疏；苟爲知而不言，則鄰于蔽亂。二者之咎，將尸其一。其蔽二也。

克之爲能，欽之爲敬，諸此事類，本《爾雅》之故言，亦經籍之常訓。雖伏生、馬遷、歐陽、夏侯、衛、賈、馬、鄭諸儒，宜莫與易也。以此爲同，又非其實。其蔽三也。

王義多本賈、馬，《孔傳》同王，或即上同賈、馬也。今舍賈、馬而獨責王肅，則失其本矣。其蔽四也。

王義有同鄭而異孔者，說者乃謂故爲參錯，以掩其作僞之跡。以此蔽獄，懼非惟明克允之義。其蔽五也。

《孔傳》文有省略，說義不可審知者，《正義》妄意王義同孔，遂取王注以彌縫《孔傳》之闕。說者翻據《正義》，以證王、孔之同，實則不爾。其蔽六也。

《孔傳》有採用王注，而誤會王意者，《正義》未能明析也，其文句似同，而訓說少異。以此爲證，又不足據。其蔽七也。

王、孔二義，其初跡似同，而詞例有別，昧者不察，併爲一談。其蔽八也。

王、孔義異，文意分了，而王注中有一語，適與孔會，或竟舍彼全文，截取數字，以證二家之同，此舞文周内之術耳。其蔽九也。

（接上頁注）月，第 4 頁）。吳承仕《經典釋文序録疏證·注解傳述人》"王肅《注》十卷"下云："愚嘗爲《異同考》，録得王義二百三十五事；說義同孔者百有七事，異孔者百二十八事。"中華書局 1984 年版，第 72 頁。或其後認識、統計有所變更。

以丁晏《尚書餘論》爲中心看王肅僞造《古文尚書傳》説——從肯定到否定後之思考

王有二説，互相違伐，孰爲定論，雖不可知，要宜兼收，不容偏廢也。彼則取其同孔者，而棄其異孔者。其蔽十也。

有王義自通，而馬説近誤，孫星衍等寧曲説以從馬。其蔽十一也。

有馬、鄭無文，僅存王、孔二説者，清儒雖王鳴盛、劉逢禄等間有擷拾，其餘則諱言王、孔，乃乾没其義，而據爲已有。其蔽十二也。①

吴氏第一條揭櫫《益稷》《毛詩正義》屢言不見古文，適與申叔所説相同，更見丁晏引陸、孔、劉説之不可憑信。第二條取同捨異，最爲研究所忌。故云"使其失而不舉，則近于鹵疏；苟爲知而不言，則鄰于蔽亂"，此足以爲學者之戒。"王肅僞造説"者遇王義同鄭異孔者，指爲故爲參錯，以掩作僞之迹。上引王鳴盛、皮錫瑞説即是，此最爲荒唐。如此綜理文獻，則古書無不可指爲僞。《正義》取王注彌縫《孔傳》之闕失，在孔穎達或僅爲注疏之周至，而清儒以此證王、孔之同，亦偏逞私意，不顧實情。至於其他文字異同之間，取捨獨憑胸臆者，更非客觀研究者所宜有。吴氏十二條非唯切中惠、王、錢、戴、劉、李、丁諸儒鼓吹"王肅僞造説"者之病竈，亦足可引起考證《古文尚書》者之深思。

同門黄侃對"王肅僞造説"亦有獨特見解。其説云："《孔傳》僞託之人，或云王肅；假使真出於肅，肅善賈、馬之學，其説必本於賈、馬者多。且作僞必有據。無所據而作僞者，其書定僞……有所傍而作僞者，其僞中勢必雜真；以非此不足以欺世故也。今謂僞《書》自不可據，而僞《傳》則過半可從；與其信後人肊説，何如僞《傳》尚爲近古乎？"②黄氏於是否王肅所僞問題不置可否，却以爲即使出於王肅，亦有來源根據，因爲僞書近古，猶愈於後世臆説。至吕思勉則認爲"斷言其爲王肅所造，並無確據，然其爲肅一派之學説則無疑"，③是與崔述之説近似。

經吴承仕詳細疏證之後，丁晏之觀點始不爲人信從。劉咸炘論及《孔叢子》真僞時曾云：該書被丁晏《尚書餘論》"定爲與《古文尚書》《家語》同爲王肅所造，此則未免肊斷"，"然王肅造《書》之説本無顯證，特近儒以其反鄭

---

① 吴承仕《〈尚書〉傳王孔異同考》，《華國月刊》第二期第七册，第1—3頁。
② 黄侃《講尚書條例》，《黄侃論學雜著》，上海古籍出版社1980年版，第442頁。
③ 吕思勉《中國史籍讀法》七"治古史的特殊方法"注釋，收入《史學四種》，上海人民出版社1981年版，第92頁。

而肥之,實則肅欲反鄭,增竄古書以爲已證可也,若因反鄭而造古書則太費事,非人情"。①"特近儒以其反鄭而肥之"一語,道出清儒攻訐王肅之普遍心態。江瀚在《尚書餘論提要》中評述云:"其實王氏注本,蓋與馬、鄭大同,而義多同馬,且亦有同鄭。《孔傳》義多從王,而亦有舍王用鄭者。晏乃於王、孔異義諱而不言,偏執一邊,據爲肅僞作之證。況王義多本賈、馬,《孔傳》之同於王者,安知非即上同賈、馬,而獨責之肅。以此決獄,詎非文致周內,故入人罪乎?"②然其於丁氏篇末所揭示之蔡《傳》疑古文《舜典》今文合於《堯典》而無篇首二十八字云云,許爲"誠不愧所云細心讀書者矣"。持論亦中肯平實。張蔭麟亦云:"肅誠僞造或傳授其書,正可舉爲利器?何爲反秘匿之,而無一言及之乎?"③

　　陳夢家主張《古文尚書》是東晉孔安國所集,④故對丁晏觀點加以駁斥。其所列證據分爲六條:一、據《堯典》正義,馬、鄭、王三家分《尚書》爲虞夏書、商書、周書,《孔傳》本則分爲虞書、夏書、商書、周書,兩者分法不同。二、據《堯典》正義云:"鄭、王皆以《舜典》合於此篇。"而《孔傳》本却分爲《堯典》《舜典》兩篇。三、據《康王之誥》正義云:"馬、鄭、王本此篇自'高祖寡命'已上內于《顧命》之篇,'王若曰'已下始爲《康王之誥》。"而《孔傳》本"王若曰"以前一百三十四字不內於《顧命》而置於《康王之誥》。四、據《益稷》正義云"馬、鄭、王所據《書序》此篇名爲《棄稷》……又合此篇於《皋陶謨》,謂其別有《棄稷》之篇",今《孔傳》本《益稷》《皋陶謨》分爲兩篇。以上是王肅與《孔傳》分書與分篇之不同。五是馬、鄭、王本文字異於《孔傳》本者,六則是鄭、王本文字異於《孔傳》本者,兩者主旨皆是王、孔本文字不同,共計舉出十例。因此而云:"王肅僞造孔傳《尚書》,是一定不能成立了。況王注《尚書》,隋與唐初尚存,隋、唐二書《經籍志》皆著錄,王、孔並行,如何能混爲一書。"⑤

---

① 劉咸炘《舊書別錄·孔叢子》,黃曙輝編校《劉咸炘學術論集(子學編)》,廣西師範大學出版社2007年版,下冊,第432頁。
② 江瀚《尚書餘論提要》,《續修四庫全書總目提要》,中華書局1993年版,上冊,第251頁上。
③ 張蔭麟《僞古文尚書案之反控與再鞫》,《燕京學報》第五期,第810頁。
④ 陳夢家《古文尚書作者考》一文作於1942年9月16日以前,見《尚書通論》此章後附錄所署年月,中華書局1985年新一版,第135頁。1958年羅錦堂作《尚書僞孔傳辨》,亦謂孔安國另有其人,載《大陸雜誌》17卷12期,第5—9頁。
⑤ 陳夢家《尚書通論》,第120—122頁。

以丁晏《尚書餘論》爲中心看王肅僞造《古文尚書傳》説——從肯定到否定後之思考

李振興著《王肅之經學》,既列《馬、鄭、王三家〈尚書〉注異同表》,復又專設"從今傳僞古文尚書傳文證梅本非王肅僞託"一節,列舉四十六條王注與《孔傳》相異者,證明非王肅僞託。更進而申述,若以王肅注與《孔傳》同而指爲王肅僞造,則馬融、鄭玄注亦有與《孔傳》同者,豈能指爲馬、鄭所僞託?故李振興認爲:"梅本僞《傳》,乃雜取衆家之言,以自爲説,乃無疑也。"①李氏未見吳承仕之文,其所舉證,乃遍蒐馬、鄭、王三家注比較而得,可謂與吳説殊途同歸。

蔣善國主張古文《尚書》是孔晁所集,故也對王肅僞造説進行辯駁。關於王肅注與《孔傳》文字異同,其引述吳承仕結論,已足以駁正丁晏觀點;而於王肅注與鄭玄注之異同,舉陳澧所舉之例,認爲如果僞《孔傳》出於王肅,不應同鄭説而異王説,"再説王肅注經,專與鄭玄爲難,他豈能采鄭説僞造僞《孔傳》,來助鄭説、駁已説"。至於《家語》問題,他引述崔述的觀點,認爲是"王肅之徒"所僞託而非王肅僞作。但他對《家語》之真僞仍未跳出一時代之認識,所以猶疑其辭,謂"至於《家語》本身本無羽翼孔安國作《古文尚書傳》事,所以即使王肅僞造《家語》,也不能證明他僞造僞《孔安國古文尚書傳》"。②

劉起釪雖信從《家語》爲王肅僞造,然在羅列前人觀點之後認爲,從邏輯和情理來看,王肅之《尚書》學在當時已成顯學,且以外戚之地位,足以世世延續王學,"怎麽會自己預料到自己的《古文尚書》學將來會消失,特預先另外編撰一部'孔安國傳'《古文尚書》放在一邊準備著,等待著自己的書消失後,會有人獻出自己編造的這部孔氏《古文尚書》來取代王氏《古文尚書》呢!真會荒謬得像李惇所説的'其所爭者在後世之名固不必及其身而出之'嗎?那他僞冒孔安國名義,祇是替孔安國爭後世之名,而不是替王肅爭後世之名了"。③ 前人對王肅之懷疑與辯護,到劉起釪撰寫《尚書學史》可謂是一個總結,故他最終對懷疑者的質問也顯得最有摧毁力。

---

① 李振興《王肅之經學》,政治大學中國文學研究所博士論文,嘉新水泥公司文化基金會研究論文第三三六種,1980年版,第307—313頁。
② 蔣善國《尚書綜述》,上海古籍出版社1988年版,第345—349頁。
③ 劉起釪《尚書學史》第六章,中華書局1989年版,第191頁。按,劉起釪《尚書研究要論》第二篇《東晉出現僞〈古文尚書〉》中專闢"僞孔傳此時始立學官——辟王肅撰僞孔傳至西晉已立學官説之非"一節,重申《尚書學史》之觀點而證據又有加強。齊魯書社2007年版,第24—29頁。

三、由"王肅僞造説"所引起的思考

從惠棟《古文尚書考》懷疑王肅僞造至今,已有二百五六十年歷史,幾與閻若璩《疏證》判古文《尚書》爲僞之歷史相仿佛。時至今日,《古文尚書》真僞之爭仍在繼續,隨著清華簡先秦《尚書》殘篇之逐漸公布,似有越發激烈之勢,而要真正將魏晉時期《古文尚書》流傳之脈絡梳理定案,尚須時日。"王肅僞造説"僅是《古文尚書》案中一個小的枝節,從懷疑、肯定到否定,雖然最後仍回歸到無罪原點,但却能從中引出研究中思維的單向性、獨斷性、取捨原則之隨意性等問題,值得後人思考。

(一)考證先秦、秦漢的文獻,必須對先秦、秦漢文獻之形成、流傳有一個清醒、正確的認識。將僅是被懷疑爲僞的文獻作爲自己的正反證據,必然導致結論的似是而非,故必須謹慎。如丁晏將《家語》和《孔叢子》視爲王肅所僞,並作爲證明古文《尚書》亦爲王肅所僞之證據,即爲顯著一例。《家語》和《孔叢子》之僞,僅是清儒崇鄭玄鄙王肅風氣下之集體觀念,原未經科學方法證明,且今因出土文獻之啓示,《家語》《孔叢子》真僞又被重新審視,並非一定僞書,則丁晏之重要證據已無著落。退而論之,即使《家語》《孔叢子》爲王肅僞造,也不能就此推定《古文尚書》亦爲王肅僞造,兩者之間無必然聯繫。

(二)丁晏舉陸德明、孔穎達云王肅私見古文匿而不言,吴承仕、劉起釪等又舉孔穎達謂王肅不見古文,正反事實皆見於《正義》。從唐代《正義》匯集、組纂六朝義疏而言,正反例證同見於一書,適足以顯出《正義》因襲六朝多種義疏著作之痕跡,且其在分工組纂之後,匯集到主編手中,未能做前後嚴密的統一工作。故馬嘉運當時之駁正,並非無的放矢。[1] 就研究取證角度而言,控辯雙方如果對正反事實搜羅未遍,則失之偏狹;若有意隱匿掩飾不利證據,則有虧學德。

---

[1] 按《新唐書・儒學傳・孔穎達》云:"穎達與顔師古、司馬才章、王恭、王琰受詔讚《五經義訓》凡百餘篇,號'義贊',詔改爲'正義'云。雖包貫異家爲詳博,然其中不能無謬冗。博士馬嘉運駁正其失,至相譏詆。有詔更令裁定,功未就。"中華書局1975年版,第十八册,第5644頁。

（三）分辨今古文及其家法師法，最傳統也運用最多的方法是：經文，甄別文字異同；傳文，區別注釋旨意。而兩漢以還經學傳授的實際情況是：文字異同雖是分辨師法、家法之主要途徑，但並非一無例外。同一師法、家法中亦可以有文字異同。筆者曾從整理漢魏至六朝《毛詩》流傳文本中得知，漢魏以後，《釋文》以前，《毛詩》仍在不斷產生異文。反之，從追溯同源同字方面思考，《尚書》孔壁古文"將始宅殷"和梅本"將治亳殷"，若以當今出土竹簡文字來審視衡量，"始"與"治"，完全可能是先秦至兩漢流傳中的誤書與誤認；"宅"與"亳"，也有可能是省文或壞字。歷史地看問題，這種誤書、誤認、省文、壞字，定點在什麼時代，異文就從什麼時代開始。儘管其多半形成於整理原始文檔之時，但整理形成文本之後並非一成不變。過分執持文字異同，會使我們墜入到狹窄的思維怪圈而看不清全局。

（四）馬融所謂十六篇"絕無師說"，一般理解為古文十六篇沒有傳注文字，實乃絕對之誤解。所謂兩漢師說，殆指被立為博士而傳授之師法經解，未立為博士，雖可在野傳授，却不能稱為"師法"或"師說"。《古文尚書》在朝廷博士制度之外傳授不絕，有傳授，必有解說，亦即有傳注文字。所以古文十六篇之傳注並非無源之水。筆者近數年來專注於秦漢經典傳記注疏體式之研究，比較《孔傳》與其他傳注，發現《孔傳》既有西漢傳記體式因子，而更多的是東漢以後注體之範式。此在某種程度上亦可認為是十六篇的"師說"。不瞭解西漢傳授方式，盲目因襲舊說，便無法正確揭示歷史。

（五）無論證偽之丁晏一方，抑或辯護之吳承仕一方，在比較王、孔同時，皆以鄭、王異同為參照。因王肅好與康成立異，故鄭注、王注相異則以為正常，相同反被認為非常，至於王義同鄭而異孔者，被指為王肅故為參錯，以掩作偽之跡。此實為有罪推定思維所驅使而產生之錯覺。博士制度下之漢、魏經師大多皆循師法、重證據，不可能處處自創新說。一部《尚書》，各家之解釋，應在"大同"下之"小異"才屬正常，且"小異"中之部分亦是各自對前人觀點取捨之異，如鄭玄、王肅對賈逵、馬融等師說之取捨，真正孤鳴獨發者畢竟少數。若是鄭、王、孔三家解釋全部相異，不敢想象一部《尚書》會被解釋為三種怎樣的史實與思想？

（六）複雜的學術問題或歷史史實，有時不宜用簡單概念來表述。複雜事物一旦抽象化或概念化，往往會使事實僵化乃至變形。《古文尚書》和《孔傳》之來源，不僅要從文本上去研討，更須聯繫政治史、經學史、學術史、簡牘與紙張交替史多方面做綜合考慮、研究，絕不能用簡單的"真"、"僞"概念來一言以蔽之。如若必須用此概念，亦須先對"真"、"僞"兩字作一種哲學和語義學之定義。

（七）懷疑是研究之起點，没有懷疑便無從深入研究。然亦並非任何可懷疑之對象、事物都可以研究、證實。懷疑偏於感性，儘管藴含理性成分；研究偏於理性，却無法擺脱感性成分。研究中對治情感因素的最有效良方是平心靜氣。乾嘉學風總體上是"實事求是"，但確實也表現出很多意氣之争。理性地清理、區辨清人學術遺産中之是與非，需要樹立一種"實事求是"之精神，持有一種非主觀認同斥異之態度。

（八）一種理論或觀點風行之後，往往會形成吠影吠聲之勢態。因爲人生短暫，知識結構有限，不可能對各種問題都親自驗證。置身於某一歷史階段中，其認識很難跳脱歷史之局限。對"成見"與"定論"作儘量客觀的審視和時時對歷史局限的自覺，是避免隨聲附影而使自己保持學術獨立性的基本保證。

二〇一〇年六月三日至十日初稿
二〇一〇年七月二十日修訂稿

上海圖書館藏稿本《禮記訂譌》初探

《禮記訂譌》稿本六卷,清沈大本撰。紅格鈔本,四周雙欄,單魚尾。半葉九行,滿行二十字左右,行楷。總計六十八葉,另有附簽六條。封面書"禮記偶考","偶考"旁小字書"訂譌"。下有陽文"禮堂手書"印一方。右書"計分六卷當錄正作定本付梓"一行,是係寫定之本。

一、沈大本生平與著作

大本生平行歷少見記載,唯費善慶《垂虹識小錄》卷五略記其生平云:

> 沈大本,字啓文,號禮堂。震澤增生。具夙慧,讀書過目不忘。九歲作《石猴賦》,多驚人句。爲人篤於孝行,重然諾。生平詩爲餘事,以經學爲務。所著有《禮堂詩鈔》《儀禮詳義》《中庸口義》《讀書蠡説襍錄》及古文若干卷。[1]

《識小錄》隸籍震澤,同治《蘇州府志》云其爲"吳江人"。按雍正二年析吳江縣置震澤縣,是沈氏必震澤人,《志》言其爲吳江人,亦不爲誤。費氏不記其生卒年,而《訂譌自序》署"嘉慶二十年(1815)歲在乙亥重陽前五日且看叟書於蕉泉左塾,時年六十有九",以虛歲推之,是生於乾隆十二年(1747)丁

---

[1] 《中國地方志集成・江蘇府縣志輯》江蘇古籍出版社1991年版,第23册,第458頁上。末附其子之生平云:"子山元,縣諸生,英才積學,遊幕浙省,坦直不爲利動。著有《左塾吟草》。"

卯。大本爲震澤之增廣生員,雖未中舉及第,却是一位飽學之士。序書於"蕉泉左塾",則左塾很可能是其在鄉間教授學子之私塾。平生勤於著述,著作除費氏所記外,見之於同治《蘇州府志》者尚有《周易述義》《服制考異》《禮記訂譌》《讀經日鈔》《藝苑時賢小志》《讀書囈説》等。① 《江蘇藝文志·蘇州卷》以爲皆已佚。② 《讀經日鈔》疑即《禮記日鈔》,上海圖書館藏有稿本三十六卷,未曾佚。《讀書囈説》無疑是《讀書囈説襍録》。另有《城南夜話》一卷《續話》一卷,收入《吴氏囊書囊甲編》。以"經學爲務"而自號"禮堂",其蘄向可知,故著作多與禮學有關。《訂譌》稿本封面鈐"禮堂手書"印,則此稿乃大本手定自書無疑。

二、稿本《禮記訂譌》卷帙

本書書名、卷次均皆後來釐定,此不僅於封面改字可見,稿本文字亦顯示其信息。就書名而言,嘉慶二十年所寫序言云:"……故義解之精者,予既有《日鈔》一書,而此之録爲一編者,名以《禮記偶考》。"而後用紅筆在"偶考"上描改爲"訂譌",後加"凡六卷"三字。"禮記偶考卷一",紅筆改"偶考"爲"訂譌";《曾子問篇》前"禮記偶考卷二",下用紅筆改作"禮記訂譌卷三":可見在全稿鈔成、序言寫成之嘉慶二十年,尚名"禮記偶考",紅筆描改更在此後。

此書原分爲三卷,第一卷《曲禮》《檀弓》《王制》《月令》計六篇,第二卷自《曾子問》至《樂記》計十三篇,第三卷自《雜記上》至末《喪服四制》二十八篇。後在《王制》篇下書"以下當另爲一卷,首行書'禮記訂譌卷二'",原"禮記偶考卷二"下云"應改爲'禮記訂譌卷三'",《郊特牲》篇題下書"此下當另作一卷,首行'禮記訂譌卷四'",原《雜記上》前"禮記偶考卷三",改"偶考"爲"訂譌",改"三"爲"五",《孔子閒居》篇天頭書"以下另爲一卷'禮記訂譌卷六'",所書、所改皆紅筆。後有兩張簽條,一書云:

---

① 同治《蘇州府志》卷一百三十八,《中國地方志集成·江蘇府縣志輯》,第10册,第565頁上。按,《江蘇藝文志·蘇州卷》摘録作"禮記訂",蓋漏脱一"譌"字。
② 《江蘇藝文志·蘇州卷》,江蘇人民出版社1996年版,第四册,第2570頁。

《曲禮》《檀弓》作一卷
　　《王制》《月令》作一卷
　　《曾子問》至《禮器》作一卷
　　《郊特牲》至《樂記》一卷
　　《雜記》至《仲尼燕居》一卷
　　《孔子閒居》至末作一卷
　　計共六卷

此浮簽所書與正文所改相應。另一簽條書云：

　　首行
　　禮記訂譌卷一　　　　　　以下每卷起皆準此
　　次行
　　震澤沈大本輯　去下二格
　　三行
　　曲禮去上二格　　　　　　以下篇名俱準此

此浮簽直接寫"禮記訂譌"而不作"偶考"，是亦正文改定後所書。二張浮簽皆用墨書，聯繫封面所書"計分六卷當錄正作定本付梓"一語，應是定稿付梓前，爲清鈔或寫刻工匠作式所書。若此推測不誤，則沈氏六十九歲以後，曾有將此書付梓之舉措，其最終仍以稿本傳世而未能以刻本流布之切實原因今雖未可知，然年屆七十或七十以後之高齡變故是一個可能性很大的因由。

三、《禮記訂譌》徵引書籍

　　在科舉制盛行之年代，《禮記》作爲舉業必讀必考之經典，導致許多禮學著作都從"帖括"角度予以箋注、解說，如彭頤之《禮記審度》、曹士瑋之《禮記體注》等即是。《訂譌》一書之作意，源自沈氏對《禮記》層層推進的認識。作者認爲：

古之禮經典册，藏在官府。其條教則播在民間，共聞共睹。自秦火後，典册不可復得，后倉所傳，僅有士禮一十七篇。漢儒掇拾其殘，凡孔子及諸門人講説之義與諸子之有問於禮者，綴緝爲篇，大戴、小戴其最著也。①

謂《禮記》是漢儒掇拾孔門諸子聞之於夫子或相與切磋禮義之記而"綴輯爲篇"，此本班固《漢志》以還最爲學者接受之看法。其間援古禮經以入《記》者，若《投壺》《深衣》《奔喪》等；"至采其成書者，則吕不韋之《月令》，公孫尼子之《緇衣》"：此亦前人之成見。但作者由此推闡之，發覺其他諸篇，"類皆本之《荀子》《家語》諸書"。進而將這些篇章與相關諸書仔細校覈，問題的複雜性便隨之顯現。沈氏揭示説：

〔整部《禮記》〕殘編斷簡，拾之者不一人，於是篇帙錯亂，文字謬誤，不可指數。後儒未見本書，沿譌附會，致有不可通而强爲傳説者，去而益遠。

此種於經義"有不可通而强爲傳説"的舊注成説，在"惟事帖括，不求通經"氣氛下，當然祇能"循誦習傳而已"。作者於此"久有所疑，因讀他書，知其傳寫失真"，於是博觀諸家考訂之説，隨時劄記，正其字句，志其錯簡。《禮記訂譌》一書便由此逐漸形成。

《訂譌》一書六卷共計六百零八條，涉及四十六篇戴記。《中庸》《服問》《大學》三篇未有條記。《服問》一篇有篇目而無條記，故定稿時用紅筆圈去篇目。《中庸》《大學》連篇名都未出現，當是遵循朱子將此兩篇抉出與《論》《孟》合爲四書之成例，故捨之勿訂。自陳澔《禮記集説》、吳澄《禮記纂言》、②胡廣《禮記大全》等皆捨此兩篇，但《訂譌》中數數引述的《欽定禮記義疏》却兼疏《中庸》《大學》，故就篇目而論，沈氏雖身處乾嘉漢學考據學興盛

---

① 沈大本《禮記訂譌自序》，稿本第一葉。按，此文之作，復旦大學出版社《上海圖書館未刊古籍稿本》尚未出版，故所據爲原稿頁碼。
② 吳澄云"若其篇第，則《大學》《中庸》，程子、朱子既表章之，《論語》《孟子》並而爲四書，固不容復厠之禮篇"(《禮記纂言原序》)。

之際，尚未能跳出科舉帖經之藩籬，或許其長期任教私塾，所據即爲無《中庸》《大學》之通行本。各篇所有之劄記條數多寡懸殊，最多者爲《月令》，有一百零七條（刪去四十條不計在内）；次爲《禮運》，有六十四條；次爲《哀公問》，有四十八條；次爲《檀弓》，有四十四條；其少者則僅一條（如《學記》《坊記》《問喪》《深衣》等）、兩條（如《大傳》《少儀》《經解》等）。

沈氏自序言"知其傳寫失真，又觀諸考訂家之説，隨時正定其字句"，是該書以引述他書成説，考訂經文衍奪是非爲主要職志。從形式上分，有引書和引前賢説兩種，有些前賢之説即從其著作中摘録，猶若引書。

具體而論，《訂譌》引《欽定禮記義疏》約有四十條之多。因係"欽定"，稿本原作"御案"，但大多數"御案"二字後都用紅筆改作"義疏"，或考慮到所謂"欽定"非乾隆親自案語，故改。唯《文王世子》"至於賵賻承含"、《喪服小記》"親親尊尊十七字"等條下之"御案"未改盡，當係漏略；而《文王世子》"侍坐於大司成者"係用《欽定禮記義疏》正文校勘，謂"'侍坐'上有'凡'字"，因作"義疏"。然《玉藻》"立容辨卑毋諂"條下云："《義疏》辨如字……《義疏》休如字，御案（有用紅筆改作"又曰"）……"可以推測，沈氏初稿引此書大多標作"御案"，偶亦用"義疏"。稿成之後，始覺用"義疏"爲妥，遂改之，但未能改盡。

其次是多用《孔子家語》來校勘印證《戴記》文字，計約七八十條。《小戴記》與《家語》關係極深。乾嘉年間，已有學者信從顔師古所謂《漢志》"《家語》""非今所有《家語》"之説，指爲王肅僞造，於是"宗漢學者，遂置不道"。[①] 但具體研探《家語》者，仍各有主張。陳士珂疏證《家語》，將《家語》與《荀子》《吕覽》《小戴記》《韓詩外傳》《説苑》等書相同文字一一標揭，俾明來源。范家相撰《家語證僞》十一卷，孫志祖撰《家語疏證》六卷，皆竭力責斥王肅之僞跡。雖然陳書刊於嘉慶二十三年，[②]范書刊於光緒十五年，孫書刊於嘉慶間，沈氏皆未必能得見閲讀，但在王肅僞造説普遍流行之時，作者能夠獨立思考，援《家語》以證《小戴記》，不能不説是一種卓識。

《訂譌》六卷六百餘條，援引諸家之説爲其大宗，依次有萬斯大、惠棟、胡銓、張氏、徐師曾、劉敞、吴澄、黄震、吕大臨、謝枋得（《義疏》引）、董應暘、

---

① 陳詩《孔子家語疏證序》，上海書店1987年影印商務印書館1940年排印本，第1頁。
② 嘉慶二十三年刊刻後，光緒十七年被收入《湖北叢書》，而後爲商務印書館編入《叢書集成初編》。

熊朋來、朱鬱儀、方慤、陳可大（澔）、朱子（熹）、應氏等。萬斯大有《禮記偶箋》三卷，乾隆二十四年萬福刻本；惠棟之說，出於其《九經古義》中之《禮記古義》，此書刻本甚多。① 二書當係沈氏直接參引。朱子著作及陳澔《禮記集說》，流行極廣，隨處可見。其他諸說之來源略需分疏：

胡銓有《禮記解》十四卷傳於世，② 本書卷一"祭食祭所先進"一條引胡說，見於《義疏》，而《義疏》本之衛湜《集說》，本難定沈氏所參為何書，然其下曰"《義疏》曰：胡氏得之"，是知所參乃《義疏》。

張氏"率食客自前跪"一條云"此錯簡，當在前章'客不虛口'之下"，此語見於《義疏》。然《義疏》作"張子"，乃指張載。"受弓劍者以袂"一條張氏曰"弓疑刀字之誤"，不見於《義疏》與《集說》，亦不見於張沐《禮記疏略》一書。卷五《喪大記》"君裹棺用朱、綠"條云："張氏曰：'按鐕字《說文》云"綴著物者"，則綠字疑皆綴字之誤。綴者，綴繒於棺也。'"張氏此文，《五禮通考》卷九十五亦引之，題曰"張幼倫"，張幼倫注唐成伯璵之《禮記外傳》，此書已佚。馬國翰《玉函山房輯佚書》輯錄此書而無此文，秦氏當是從他處轉引。考徐師曾《禮記集注》同條下正引張氏此文。沈氏大量參考徐書，當從徐書轉引。故本書大量"張氏曰"，多為幼倫之說。

徐師曾有《禮記集注》三十卷，有萬曆刻本，《義疏》屢引之。本書所引徐氏說，多不見於《義疏》，當是沈氏直接引自徐氏原書。

劉敞有《七經小傳》三卷，《訂譌》卷一"有宰食力"條引惠棟說後又引"劉敞曰：無國征者，不征於國也"云云，所引文字不見於《義疏》，有可能從《七經小傳》出。但惠棟《九經古義》文末正作"劉敞以為無國征者，不征於國"，故更可能是引自惠書。

吴澄有《禮記纂言》三十六卷，《義疏》屢引之。《訂譌》引吴氏說僅一次，即卷一"國中以策彗"條所引，該文字正自《義疏》轉引，似作者未翻檢《纂言》。

黄震有《黄氏日鈔》九十四卷，《訂譌》共引三次。卷一"季武子成寢節"下原引黄震說云："不仁不孝之事，何取於經？削之可也。"下文"子上之母

---

① 乾隆間潮陽縣署刻本較早，其後《四庫全書》收入，乾隆五十四年周永年所輯《貸園叢書》、道光九年阮元所輯《清經解》皆收入，《經解》流傳極廣，當為沈氏所最易見者。
② 書見《胡忠簡公經解》本，清乾隆五十二年餘杭官署刊本。

死節"引黄震説"此章斷出漢儒附會之文無疑。意當時斷明不喪出母之禮而無其事，故借聖人之家以明之"云云，"曾子之喪浴於爨室"條下云："黄震曰：此不經之語，不辨自明，削之可也。"三條皆錄後又用紅筆刪去。今復覈《黄氏日鈔》而無其文，不知沈氏原從何處鈔來，或及其寫定校覈，非出黄氏，乃刪去。

朱鬱儀名謀㙔，博雅好古，著書甚豐，今有《詩故》及《騈雅》等傳世。《訂譌》卷一"喪事欲其縱縱爾"條引其説曰："縱縱當是匆匆爾，譌勿爲匆，譌匆爲忽"云云，不見於《騈雅》，而方以智《通雅·釋詁》引之，《義疏》亦不引，知沈氏或引自朱氏原書，或轉引自《通雅》。

熊朋來著有《經説》七卷，沈氏所引之文在《經説》卷六"采齊肆夏趨行文誤"條，《義疏》不引，《日講禮記解義》所引亦改變熊氏原文，知沈氏據《經説》原文。

吕大臨論《禮記》經義爲衛湜《禮記集説》所載，《義疏》轉錄之。卷一"馬驚敗績"條下引吕説，兼見《集説》和《義疏》。然《集説》之"但當時止是馬驚敗耳"，《義疏》無"但"字，沈氏引同《義疏》，自是從《義疏》來，而又脱"魯勝"之"魯"字。

應鏞之説見載於《集説》，《義疏》往往轉錄。卷四《樂記》"四海之内"條下引應氏説"此四字當在'合父子之親'句上，下'以敬天子'爲句"，《集説》作"四海之内四字恐在合字上"，《義疏》同，此沈氏引述改變語序。

其他謝枋得、董應暘諸人之説皆從《義疏》轉引，承跡明白。

以上分析，可以大致得出沈氏"博觀諸家考訂之説"所涉及之書籍範圍。沈氏手邊最主要也是經常翻閲的是《義疏》，徐師曾《禮記集注》也是引錄較多的一種。清人禮學著作僅萬斯大《禮記偶箋》和惠棟《九經古義》。沈氏生當乾嘉之際，孫希旦之《禮記集解》應已成書，祇是《集解》遲至咸豐十年（1860）方由瑞安孫氏盤谷草堂刊行，未及獲睹其書。然刊於雍正十年的姜兆錫《禮記章義》和刊於乾隆年間的任啓運《禮記章句》，沈氏應能得見，或許因爲《訂譌》注重文字校訂和文句錯簡，而姜、任二書重在義理之詮釋，雖流覽參考而未及引述。

四、《禮記訂譌》內容梳理

《禮記訂譌》六卷六百餘條，內容關涉到《禮記》之讀音、誤字、衍文、脱字、句讀以及字義等。其中有些觀點、意見很值得重視，有些則否。下面分類引證評述。

(一)音讀

漢字(詞)是形音義三者互相配合的，把握正確的字、詞音讀方能正確理解該字(詞)含義，從而可以真正理解經文文義。鄭玄注《禮記》，雖已爲某些字注上讀若、讀爲之音，但數量太少。且後世文字音義繁毓分化，當時不必注釋之字亦因負擔的音義增加而變得必需注釋。陸德明《釋文》擴大了音注範圍，却仍有遺漏。宋代朱熹等學者雖有對《禮記》經文的音讀意見，然分散在各處，需要整理彙集。本書在一定程度上做了彙集之工作。

卷一"百年曰期頤"條下云："《義疏》曰：期，舊如字，今從朱子音朞。"①《曲禮》"百年曰期頤"一語，鄭玄釋"期"爲要，不注音，陸德明不僅在《曲禮》和《射義》下引鄭説而未注音，即在《尚書·大禹謨》"期頤"也釋"期"爲"要"。朱熹所音首見於衛湜所引，《集説》卷二："新安朱氏曰：期當音居宜反。《論語》'期可已矣'，與朞字同，周匝之義也。期謂百年已周，頤謂當養而已。"朱熹以"期"爲"朞"，訓爲周匝之義，與鄭玄不同。《書·堯典》作"朞，三百有六旬有六日"。孔傳："匝四時曰朞。"孔穎達疏："朞，即匝也。"人生百歲爲周匝，故借"朞"爲"期"。方愨曰："人生以百年爲期"，"故必百年以期名之"。可見宋人皆以百年爲人生之期，與漢唐學者認識不同。元明以來學者從朱子之解釋，但少有爲"期"注音者，《義疏》音之，故沈氏引録。

卷二《王制》"西方曰棘"條引惠棟曰："注云'棘當爲僰，僰之言偪'，高誘《吕覽》注云：'僰讀如匍匐之匐。'"偪古音幫紐職部，匐古音並紐職部，聲

---

① "義疏"兩字原作"御案"，後用紅筆改爲"義疏"，前文已有叙述，下逢此不再説明。

近韻同。然沈氏此條下用紅筆注云"音如白"。按,"白"古音並紐鐸部,與職部雖近而不同,沈氏震澤人,白音讀爲[bəʔ]或[bàʔ],音近相似,故援以相注。

卷二《月令》"昏參中"條云:"參讀驂。"按,《月令》釋文:"參,所林反。"吴澄從《釋文》所音。陳澔《集説》曰:"參如字,俗讀森,過。平聲。"以讀所林切爲非。《義疏》遂作騎牆之見云:"參,所林反,或讀驂。"沈氏所持以《義疏》爲主,故選擇"驂"音。考《王三·覃韻》"參,倉含反",無釋義。《王二·覃韻》:"倉含反,又色今反。"亦無釋義。但《侵韻》下所今反下云:"參,參辰。"①色今反即所今反。參校陸德明《釋文》,可知隋唐時期作爲星辰之參星讀作"森"音。其後《廣韻》《玉篇》《集韻》均將參辰之音歸在"所今切"而無異議。陳澔之以讀森爲非,所據不足。《義疏》並列二音,乃無主見之表現,沈氏又取"驂"音,實爲鹵莽滅裂。

卷三《禮器》"詔侑武方"條云:"武當作無,聲相近而誤也。"此條鄭玄已指爲"聲之誤",陸德明即謂"武音無",其下諸家皆從之,似不必再揭櫫於此。

就以上幾條音注,可見沈氏於音並無獨特主見,祇是選擇、引録前賢之説,標注、引録較爲隨意,缺乏一定標準,因而亦偶有以方音爲經文作注。

(二)誤字

戰國簡牘經秦漢篆隸真楷之轉寫,誤認誤讀轉而爲誤寫誤解,所在皆有。漢儒解經,雖有考訂指正,仍頗多遺疑,致使後世學者不斷有新説别解。《訂譌》於此,亦時有援引諸家之説以揭櫫者。

卷五《喪大記》"君裹棺用朱、緑,用雜金鐕。大夫裹棺用玄、緑,用牛骨鐕,士不緑"條云:張氏曰:"按鐕字《説文》云'綴著物者',則緑字疑皆綴字之誤。綴者,綴繒於棺也。"沈氏引張説,顯然同意張説認"緑"爲"綴"之誤字。按,鄭玄注云:"鐕所以琢著裏。"孔疏云:"定本經中緑字皆作琢,琢謂鐕琢朱繒貼著於棺也。"定本之字與鄭注合。吴澄以爲定本作

---

① 參見周祖謨《唐五代韻書集存》,中華書局1983年版,上册,第559頁。其他亦見相應頁碼。

"琢"是，①胡廣《大全》、《義疏》等多從之。清段玉裁《説文注》"裷，棺中縑裏也"下引《喪大記》文分析之，以爲三"緑"字皆爲"裷"字之誤，②頗有理據。沈氏信從張氏以爲"綴"字之誤，恐非。③

卷六《表記》"子曰：情欲信，辭欲巧"條下曰："陳氏曰：巧當作考。《義疏》曰：考古文作丂，此字誤耳。"按，孔子謂"巧言令色鮮矣仁"，似不可能説出"辭欲巧"之語。古文丂字衍化作"考"作"巧"，故先秦文獻考、巧有互借者。④ 此從文字孳乳角度審視，並非誤字，而從經義角度著眼，當解爲"考"較妥。

同篇"節以壹惠"引張氏曰："惠當作惪，因古德字而誤也。"⑤按，"子曰：先王謚以尊名，節以壹惠，恥名之浮於行也。"鄭玄釋"惠"爲善，於義本通。但先王謚以尊名，議謚以德，取一德而爲謚，於經義、事理均較"惠"爲貼切。古"惪"字與"惠"形極近，故此條頗可致思。

字之誤與不誤，與讀者對經文的理解有關。沈氏采挹前賢勝義，緣於自己的理解，有極具參考價值者，也有未必貼切者。

（三）衍奪

經文之衍奪，亦往往而有。經師於簡牘旁注，後人不知，鈔入正文；簡牘斷折、爛脱或文字磨滅，皆足以使經文脱漏；何況鈔寫漏略，更所難免。

卷一《曲禮》"夫爲人子者節"條引萬斯大曰："此必其平日有孝慈仁弟信五者之實，然後有是稱。若止是三賜不及車馬，未可即爲純孝之人，亦未必遂稱之。故愚謂五句之首當有闕文。蓋此篇集他書要語成篇，朱子謂大

---

① 吳澄曰："定本近是。蓋裏棺兼用緑色無義，疏説分二色貼四面、貼四隅，亦無義。且未詳何據。若依定本以緑爲琢，則朱、玄句絶，琢字屬下句。士用玄裏棺與大夫同，但不用釘琢之爲異爾。"
② 段玉裁《説文解字注》卷八上，上海古籍出版社1981年版，第397頁下。
③ 段玉裁《説文解字注》刊於嘉慶十三年，此時沈氏《訂譌》尚未成書，估計他未必能看到段注《説文》，故亦不及采納。
④ 參閲王引之《經義述聞・尚書上》"予仁若考"及《國語下》"上帝不考"諸條下所説。江蘇古籍出版社1985年影印本，第88頁下、第523頁上。又，參見何琳儀《戰國古文字典》"丂"字下説，中華書局1998年版，第175頁上。
⑤ 此説見徐師曾《禮記集注》卷二十六引，《四庫存目叢書》經部第88冊，齊魯書社1997年影印本，第845頁上。

意相似而文多不屬是也。"①欲明萬氏之意,須將原文録出:

> 夫爲人子者,三賜不及車馬。故州閭鄉黨稱其孝也,兄弟親戚稱其慈也,僚友稱其弟也,執友稱其仁也,交遊稱其信也。

"州閭"以下五句正對合"孝慈仁弟信"五德。萬氏謂若僅是"三賜不及車馬"一條,尚未能稱爲純孝,更無論慈、仁、弟、信四德。《曲禮》係集各種語録而成,朱子已指出其大意相似而文多不相屬,故萬氏以爲"州閭"五句之上必有闕文。意萬氏所謂闕文,即指還有與作爲人如何展示其內在慈、仁、弟、信四德的具體行爲描述。朱子、萬斯大讀書心細如髮,其意見很可致思。

卷三《曾子問》"以名徧告及社稷宗廟山川"條引徐師曾曰:"'及'字衍文,山川上闕'五祀'二字。"②《曾子問》首章"君薨而世子生"末有"大宰命祝、史以名徧告于五祀、山川"一語,此爲徐云衍文、闕文所據。于、及作爲介詞義相近,恐係旁注替换。"五祀"二字是否確係奪文,難徵。

卷四《郊特牲》"其義一也"條引《義疏》曰:"'而食嘗無樂'五字衍。"按,《義疏》卷三十六此文爲"或云",是亦前有所承。③ 本章原文:"饗、禘有樂,而食、嘗無樂,陰陽之義也。凡飲,養陽氣也;凡食,養陰氣也。故春禘而秋嘗,春饗孤子,秋食耆老,其義一也。而食、嘗無樂。飲,養陽氣也,故有樂;食,養陰氣也,故無聲。凡聲,陽也。"細繹其義,"而食嘗無樂"五字與前面重複,確係多餘。

卷五《雜記下》"非爲人喪"條下引陳澔曰:"此上有闕文。"按,原文作:"非爲人喪問與賜與。"鄭玄注曰:"此上滅脱,未聞其首云何。"是鄭玄已認爲簡端斷折、爛脱致使文闕不全,後世多從鄭説,④故陳澔謂"此上有闕文"。

---

① 萬氏原文見《禮記偶箋》卷一,《清經解續編》卷二十五,上海書店 1988 年影印本,第 100 頁上。
② 此引文見徐氏《禮記集注》卷七,原文作"'及'字衍文,山川上下疑闕'五祀'二字","下"字恐係衍文。《四庫存目叢書》本,第 571 頁下。
③ 按,《義疏》此處蓋本衛湜《禮記集説》卷六十三所引方愨之説。衛書載嚴陵方氏曰:"重言'而食嘗無樂'五字,蓋衍文。"《通志堂經解》,江蘇廣陵書籍刻印社 1996 年影印本,第 13 册,第 53 頁上。
④ 也有別出新解者,如宋陸佃謂當在"遺人可也"之下,脱爛在是。見衛湜《禮記集説》卷一百零三,《通志堂經解》本,第 13 册,第 254 頁中。

上闕內容爲何？缺字多少？皆難質指。

闕文與脫文近似。必欲深切體味而略加區分，則脫文一般指可依據上下文義或別他章節文字推測可能脫略的詞語，而闕文往往指一些沒有上下文且亦無從推測其內容的殘缺章節、句子。沈氏書中引錄此類衍奪、闕文之説甚多，有助於對《戴記》文句、章節的深入探討。

（四）句讀

經師句讀有異，經義隨之而異。《戴記》經文，歷代經師異讀者不在少數，《訂譌》於此亦有揭櫫，舉例如下。

卷三《文王世子》"遠之於成均"條下曰："舊以'遠之'句，'於成均'句，《義疏》五字爲句。"此章叙郊學選拔人才，原文作："凡語於郊者，必取賢斂才焉。或以德進，或以事舉，或以言揚。曲藝皆誓之，以待又語。三而一有焉，乃進其等，以其序，謂之郊人，遠之。於成均，以及取爵於上尊也。"鄭玄注"遠之"曰："遠之者，不曰俊選，曰郊人，賤技藝。"是鄭讀"遠之"句絶。後陳澔、胡廣等多承襲之。而吳澄句讀與此不同，他説："鄉學之秀士已升於司徒爲選士者，於天子視學飲酒之時得取爵於堂上之尊以相酬。又升於太學爲俊士者，則謂之成均之士。曲藝雖已進等，然猶在郊學，未得與國學者齒，是遠之於成均，並未及與升於司徒者得取爵於上尊也。"《義疏》從吳説，故五字爲句。

卷四《玉藻》"讀書食則齊豆去席尺"條曰："徐氏：讀書食句，則齊豆句。御案（引按，此處未改成"義疏"）：讀書食則齊，依疏爲句；豆去席尺，舉食席以例書席，省文也。"孔疏曰："讀書食則齊者，讀書聲則當聞尊者，食爲其汙席，坐則近前，與席畔齊。豆去席尺者，解席所以近前之意，以設豆去席一尺，不得不前坐就豆。"吳澄《纂言》將孔疏闡發得更爲明白。但徐師曾之句讀，亦前有所承。孔疏引"或云"者曰："讀書聲當聞尊者，故人頭臨前一尺；食爲汙席，人頭臨豆與豆齊：故云'齊豆'。其豆徑一尺，與'去席尺'亦一也。"徐説當緣此而讀。沈氏在引徐説後，復引《義疏》，則顯然同意孔疏句讀。《義疏》"舉食席以例書席，省文也"一語，頗能解釋經文祇曰"豆去席尺"而不云"書席去尺"之意，故引之。此見沈氏在取捨引錄之際，亦有自己理解傾向。

(五)字義

字義之於經文經義，關涉最爲緊要，而歷代經師之異説歧解亦最爲繁多，《訂譌》於此亦略事蒐輯，然有時不免隨手摘録而已。如《内則》"豕望視而交睫腥"條，僅摘録鄭玄之注文以釋"腥"字，意義不大。兹録取一則頗可參資者。

《郊特牲》"有由辟焉"條引張氏曰："辟，除也。舊讀爲弭者非。"按，辟讀爲"弭"係鄭説。鄭玄注云："辟讀爲弭，謂弭災兵，遠罪疾也。"其後陸德明《釋文》、吴澄《纂言》、陳澔《集説》等均從之。張氏以讀"弭"爲非而主張釋爲"除"，於經義而言極爲正確。但張氏亦有所本。宋方愨曰："慮彼之有來也，故有辟以去之，若《月令》之磔攘開冰而用桃弧棘矢以辟去不祥之類是也。"①方氏即已用爲除却之義。

五、《禮記訂譌》所指錯簡分析

文字之衍奪遍布先秦古籍。但如果甲處之衍文適是乙處之奪文，或甲處之奪文適是乙處之衍文，此即所謂錯簡。董理《戴記》錯簡，是《訂譌》之一大特色。書中較多地采納了前賢對《禮記》經文嚼咀體味後作出的調整意見，特别是徐師曾等關於《禮記》經文錯舛的論述，復别取秦漢經子著作與《禮記》互勘，推尋前後文義，揭示出更多的經文、章節間之錯簡。《戴記》本爲七十子後學聞之於夫子而先後記録的禮義。戰國至秦漢在不同地區流行，及漢初除挾書之令，各地之《禮記》篇章相繼進獻朝廷，存諸天禄。至劉向校書，中經一百餘年，其韋絲朽爛，編簡錯亂，自在情理之中，此漢魏經師、史家言之詳矣。② 第以經文神聖，家法深嚴，經師少有懷疑。加之年代邈遠，文獻散佚，即有懷疑表揭，今亦難睹。漢末鄭玄注《禮記》，已屢屢涉

---

① 見衛湜《禮記集説》卷六十八，《通志堂經解》本，第 13 册，第 79 頁上。
② 參見虞萬里《〈緇衣〉簡本與傳本章次文字錯簡異同考徵》中所引述論證，《中國經學》第一輯，廣西師範大學出版社 2005 年版，第 132—171 頁。

及簡牘錯亂與斷爛等問題,但六朝學者響應者頗少。宋元以來,疑經之風熾盛,然諸家之説,散在各書,未能比勘合觀,以集中展現此一問題。沈氏雖跼居一地,見聞有限,却能密切關注經文之錯簡,並能予以探討,爲後世專門研究經文錯簡提供了丰富材料。下面擇其所記録者數條略作分析。

(一)卷三《禮運》篇有一條曰:"'言偃復問曰夫子之極言禮也'至'禮之大成也'一章,《家語》在《問禮》篇。漢儒因其篇上文有'今之君子莫能爲禮也'句,誤作'言偃曰今之在位莫知由禮'二語,故删去二語,遂接此章,此大誤也。今此章不可廢,則後文'嗚呼哀哉'上當補言偃一問爲是。"欲明沈氏之意,須將本章及其前後章節部分文字列出,方能理解。

《禮記·禮運》篇:

(前章)言偃復問曰如此乎禮之急也孔子曰夫禮先王以承天之道以治人之情故失之者死得之者生詩曰相鼠有體人而無禮人而無禮胡不遄死是故夫禮必本於天殽於地列於鬼神,達於喪祭射御冠昏朝聘故聖人以禮示之故天下國家可得而正也

(本章)言偃復問曰夫子之極言禮也可得而聞與孔子曰我欲觀夏道是故之杞而不足徵也吾得夏時焉我欲觀殷道是故之宋而不足徵也吾得坤乾焉坤乾之義夏時之等吾以是觀之……以正君臣以篤父子以睦兄弟以齊上下夫婦有所是謂承天之祐作其祝號玄酒以祭薦其血毛腥其俎孰其殽與其越席疏布以冪衣其澣帛醴醆以獻薦其燔炙君與夫人交獻以嘉魂魄是謂合莫然後退而合亨體其犬豕牛羊實其簠簋籩豆鉶羹祝以孝告嘏以慈告是謂大祥此禮之大成也

(下章)孔子曰嗚呼哀哉我觀周道幽厲傷之吾舍魯何適矣……

《家語·禮運》篇:

(前章)言偃復問曰如此乎禮其急也孔子曰夫禮先王所以承天之道以治人之情列其鬼神達於喪祭鄉射冠婚朝聘故聖人以禮示之則天下國家可得以禮正矣

(下章)言偃曰今之在位莫知由禮何也孔子曰嗚呼哀哉我觀周道幽厲傷也……

本章（言偃復問曰夫子之極言禮也）四百十六字不在《家語·禮運》篇，而在《家語·問禮》篇，《問禮》此章之前，即"哀公問於孔子曰"章，其末句接此章文字是：

哀公問於孔子曰……是即今之君子莫能爲禮也
言偃復問曰夫子之極言禮也可得而聞與……

"哀公問於孔子曰"一章，《小戴記》在《哀公問》篇，其末句作"今之君子莫爲禮也"。

細析《禮記·禮運》篇，本章中有"孔子曰"，下章又有"孔子曰"，語似重復。且下章與本章所言内容略有關聯而不緊密。對照《家語·禮運》篇，知"孔子曰：嗚呼哀哉"前有言偃"今之在位莫知由禮何也"一問，故孔子感歎之後，答以幽厲道喪亦即不知禮，是知《禮記·禮運》中奪"言偃曰今之在位莫知由禮何也"十三字。然沈氏謂"漢儒因其篇上文有'今之君子莫能爲禮也'句，誤作'言偃曰今之在位莫知由禮'二語，故刪去二語，遂接此章"，此固然文意相近，然一在《問禮》(《禮記》在《哀公問》)，一在《禮運》下章，既不可能"誤作"，更遑論"刪去"。沈氏雖然未能探得其銜接之奧蘊，但確實揭示出《禮記》與《家語》共有此章之關係。《漢志》"《家語》二十七篇"，姑不論與今《家語》是否相同，至少説明劉向以前已有此書。是劉向以前書，即使不將孔衍指責戴聖取資於《家語》之説作爲憑信，[①]至少時代上容爲戴聖所采輯。戴聖采輯時以意取去，編輯篇章，自在情理之中。退而論之，即使戴聖並非取自《家語》而是綴輯一百多篇古記而成，亦足以見"言偃復問曰夫子之極言禮也"一段四百多字在先秦古記中很可能是獨立的一章，[②]戴聖以之入《禮運》，《家語》以之入《問禮》。果是獨立一章，則下章"言偃曰今之在位莫知由禮何也"十三字或適當一簡，因爲章首佚失，戴聖等經師見孔子所説"我觀周道幽厲傷也……"云云亦關乎"禮"，故接於此章之後。不知下章

[①] 《文獻通考》卷一百八十四引孔衍奏疏曰："又戴聖皆近世小儒，以《曲禮》不足，而乃取《孔子家語》雜亂者及子思、孟軻、荀卿之書以裨益之，總名曰《禮記》。今見其已在《禮記》者。"

[②] 以郭店簡和上博簡來衡量，四百多字足以自成一個篇章。

"是謂幽國"、"是謂僭君"、"是謂亂國"、"是謂君與臣同國"等等皆指在位者不知禮之事,與前章已非同一話題。

(二)卷一《檀弓》"孔子曰拜而後稽顙節"條曰:"按《家語》'孔子'上有'子張有父之喪公明儀相焉問稽顙於孔子'十七字。"《家語·曲禮子貢問》原文:

> 子張有父之喪公明儀相焉問稽顙於孔子孔子曰拜而後稽顙頹乎其順也稽顙而後拜頎乎其至也三年之喪吾從其至者

單就此節而言,衹是少字而已,先姑置勿論,以待認識下文後再作分析。

(三)"子路有姊之喪章"條下云:"按《家語》行道之人上無'先王制禮'四字,'皆弗忍也'下有'先王制禮過之者俯而就之不至者企而望之'十八字。"《檀弓上》原文如下:

> 子路有姊之喪可以除之矣而弗除也孔子曰何弗除也子路曰吾寡兄弟而弗忍也孔子曰先王制禮行道之人皆弗忍也子路聞之遂除之

《孔子家語》卷十《曲禮子貢問》原文爲:

> 子路有姊之喪可以除之矣而弗除孔子曰何不除也子路曰吾寡兄弟而弗忍也孔子曰行道之人皆弗忍先王制禮過之者俯而就之不至者企而望之子路聞之遂除之

兩相對照,《檀弓》"弗除也",《家語》少"也"字;下一"弗除",《家語》作"不除";"皆弗忍也",《家語》少"也"字。從文義考慮,《檀弓上》孔子説"先王制禮,行道之人皆弗忍也",意思確實有所缺失。再從參互校讎角度思考,《毛詩·檜風·素冠》"聊與子如一兮"毛傳:"子夏三年之喪畢,見於夫子,援琴而絃,衎衎而樂,作而曰:'先王制禮,不敢不及。'夫子曰:'君子也。'閔子騫三年之喪畢,見於夫子,援琴而絃,切切而哀,作而曰:'先王制禮,不敢過也。'夫子曰:'君子也。'子路曰:'敢問何謂也?'夫子曰:'子夏哀已盡,能引而致之於禮,故曰君子也;閔子騫哀未盡,能自割以禮,故曰君子也。'"事在子夏與閔子騫，而問對則子路與孔子。① 由此也可以證明《家語·子貢問》"過之者俯而就之，不至者企而望之"亦即"不敢不及"和"不敢過"之文字並非《家語》之增竄。以此爲基點來推測簡序的排簡，《檀弓》孔子曰先接"先王制禮"，《家語》先接"行道之人皆弗忍"，祇有當"行道之人皆弗忍"爲一簡時，才有可能被置前置後。《禮記》此句既有"也"字，可假設原爲八字一簡。以八字或九字爲一簡，可以將原文及漏略之文排列如下：

| 子路有姊之喪可以除 |
| 之矣而弗除也孔子曰何 |
| 弗除也子路曰吾寡兄 |
| 弟而弗忍也孔子曰行道 |
| 之人皆弗忍先王制禮 |

←| 過之者俯而就之不 |
←| 至者企而望之子路 |

| 聞之遂除之 |

前五簡雖一簡九或十字，但若考慮先秦文本虛字之有無和"孔子"合文等情況，每簡不過八九字許，皆在允可範圍之內。如戴聖整理此篇時遺失兩簡，下一簡"聞之"之前補出"子路"理所應當。前面"先王制禮"後無文字相應接，遂或依據同篇後文"先王制禮而弗敢過也"、"先王制禮不敢不至焉"等相近句式，將此四字移至"行道之人皆弗忍"句前，遂成今貌。這種推測來自前（二）所引章節脫簡字數的支持。"孔子曰拜而後稽顙"節若依八字一簡排列，示下：

←| 子張有父之喪公明 |
←| 儀相焉問稽顙於孔子 |②

---

① 此段文字《禮記》《家語·六本》均載之，文字略有異同。孔穎達《禮記正義》以爲當以《詩傳》和《家語》爲準，遂引《毛傳》文字爲據。
② 如果"孔子"兩字作合文，則佚失八字一簡者二或十六字一簡者一。

> 孔子曰拜而後稽顙
> 顙乎其順也稽顙而
> 後拜順乎其至也三
> 年之喪吾從其至者

此段也可用十六字左右一簡律之,示如下:

> ←子張有父之喪公明儀相焉問稽顙於孔子
> 孔子曰拜而後稽顙顙乎其順也稽顙而
> 後拜順乎其至也三年之喪吾從其至者

然如考慮兩段文字同時出現於《檀弓上》和《曲禮子貢問》,其簡式當同,故以八字可能爲大。

（四）後文"五十無車者不越疆而弔人"條下曰:"張氏曰:此下脫'婦人不越疆而弔人'一簡。"張説當從徐師曾《禮記集注》卷四轉引。①《檀弓下》此節前後多關涉弔唁事,兹將相關章節羅列如下:

> 君於大夫將葬弔於宮及出命引之三步則止如是者三君退朝亦如之哀
> 次亦如之
> 五十無車者不越疆而弔人
> 季武子寢疾蟜固不説齊衰而入見……曾點倚其門而歌
> 大夫弔當事而至則辭焉弔於人是日不樂婦人不越疆而弔人行弔之日
> 不飲酒食肉焉弔於葬者必執引若從柩及壙皆執紼喪公弔之必有拜者
> 雖朋友州里舍人可也弔曰寡君承事主人曰臨君遇柩於路必使人弔之
> 大夫之喪庶子不受弔

前後皆論弔唁事,獨中間插入季武子寢疾一事,故張氏以"不越疆"三字爲中心,以爲脫"婦人不越疆而弔人"一簡。從叙事情理上觀察,張説自有理據。再進而分析内容,季武子一章似當移置他處,則前後均爲弔唁之事。"大夫弔當事而至則辭焉"、"弔於人是日不樂"二事與後文"行弔之日不飲酒食肉焉"以下,所説都是行弔時種種須知,與前面"君於大夫將葬弔於宮"

---

① 徐師曾《禮記集注》卷四,《四庫存目叢書》本,第492頁上。

一節內容相近,中間插入"婦人不越疆而弔人"一句亦文意不順。"婦人"一句八字,何以會插入於此,最可能乃是適當一簡,因韋絲散亂,編連時誤編入此。

(五)後文"穆伯之喪節"條云:"'知禮矣'下,《家語》有'愛而無私,上下有章'八字。"《檀弓》原文如下:

穆伯之喪敬姜晝哭文伯之喪晝夜哭孔子曰知禮矣

《家语·曲禮子貢問》原文为:

公父穆伯之喪敬姜晝哭文伯之喪晝夜哭孔子曰季氏之婦可謂知禮矣愛而無私上下有章

《國語·魯語下》亦載此事:

公父文伯之母朝哭穆伯而莫哭文伯仲尼聞之曰季氏之婦可謂知禮矣愛而無私上下有章

由《魯語》之文,知《家語》所傳非憑空虛造。《檀弓》和《家語》之文寫於竹簡上是否前有所承,抑或自行起訖,今難探知。就本章而論,《檀弓》缺"愛而無私上下有章"八字,恐非不同之來源,因而很可能是缺失一簡。

(六)後文"陽門之介夫死"條曰:"《家語》上有'晉將伐宋使人覘之'八字。"①《家語·曲禮子貢問》文作:

　　晉將伐宋使人覘之宋陽門之介夫死司城子罕哭之哀覘者反言於晉侯曰陽門之介夫死而子罕哭之哀民咸悅宋殆未可伐也孔子聞之曰善哉覘國乎詩云凡民有喪匍匐救之子罕有焉雖非晉國其天下孰能當之

---

① 按,此條寫於第二十五頁天頭,下接"'晉人之覘宋者',《家語》作'覘者'二字"一語。

對勘《檀弓》與《家語》，後面詞語、文字尚有差異，其章首相差八字，或許偶然，不足深究，然聯繫前面四條作一整體性思考，在同一篇相隔不遠的五個章節中，同時出現脫漏八字或與八字相近、成倍字數的奇特狀況，這對推測這幾章甚至整篇的簡式有很大的參考價值。

《檀弓》之簡式可從以上之分析略窺一斑。《禮記》其他篇章之簡式如何，也可從沈氏的校勘中得其一二。

（七）《禮運》"飯腥而苴孰"條下曰："有'形體則降，魂氣則上，是謂天望而地藏也'。體、魄則降八字無。"沈氏謂"形體則降，魂氣則上"《家語》有而《禮運》無。其實《禮運》原文作"然後飯腥而苴孰，故天望而地藏也，體魄則降，知氣在上。故死者北首，生者南鄉，皆從其初也"。《家語》文作"然後飯腥苴熟，形體則降，魂氣則上，是謂天望而地藏也。故生者南嚮，死者北首，皆從其初也"。兩相對勘，知"體魄則降，知氣在上"八字與《家語》文有異且上下位置不同，並非《禮運》所奪。依文氣，《家語》是而《禮運》非。追究錯舛原由，很可能是八字一簡的前後錯置。

（八）《儒行》"孔子至舍哀公館之"條下曰："八字本在篇首。"按《儒行》係孔子答哀公之問，篇首即是"魯哀公問於孔子曰：'夫子之服其儒服與？'"而此八字在篇末，文作"孔子至舍，哀公館之。聞此言也，言加信，行加義，終没吾世不敢以儒爲戲。"其實前面大段對答，都表明孔子已在魯國，篇末猶著此八字，不倫不類。沈氏意見，當從《家語》來，《家語·儒行》篇載孔子、哀公對答之前後因果甚備：

孔子在衛冉求言於季孫曰國有聖人而不能用欲以求治是猶卻步而欲求及前人不可得已今孔子在衛衛將用之已有才而以資鄰國難以言智也請以重幣求之季孫以告哀公公從之孔子既至舍哀公館焉公自阼階孔子賓階升堂立侍公曰夫子之服其儒服與哀公既得聞此言也言加信行加敬曰終没吾世弗敢復以儒爲戲矣

細繹《家語》文意，很可能戴聖所見《儒行》篇首之文字已散佚，僅存"孔子至舍哀公館之"八字，[①]而篇末"哀公既得聞此言也"亦斷佚數字，遂相拼

[①] 此八字與《家語》之文稍有不同，故句讀亦須有異，古文獻此類甚多。

接，以成今貌。由此推之，"孔子至舍哀公館之"八字很可能即是一簡。

上述例子係取《訂譌》中關涉《禮記》文字之殘缺且均爲脱漏或錯置八字者推闡論證之。沈氏全書中有關錯簡的揭櫫和論説還有很多，字數或多或少，但確實以八字爲語句段的脱漏、錯置爲最多，極爲引人注目。經分析推闡，漢初孔壁所出、民間所上七十子後學所寫之一百多篇古記中，必有部分是用一種較爲短小的簡牘書寫，此類短小簡牘每簡所書一般以八字爲度，於是造成衍奪、錯簡多以八字爲字段的現象。

以八字爲一簡的簡牘形制，可以在文獻中得到證實。杜預《春秋左傳序》"大事書之於策，小事簡牘而已"孔疏引鄭玄《論語序》："以《鈎命決》云：《春秋》二尺四寸書之，《孝經》一尺二寸書之。故知六經之策，皆稱長二尺四寸。"二尺四寸專門書寫大經，而七十子後學所記乃短記之什，其書寫材料也不能與大經相提並論。《儀禮·聘禮》"百名以上書於策"賈疏引鄭玄《論語序》："《易》《詩》《書》《禮》《樂》《春秋》策皆尺二寸，《孝經》謙半之，《論語》八寸策者，三分居一，又謙焉。"①《論語》係七十子及其門人相與輯録夫子之言，性質與一百多篇短記相近。《論語》用八寸之短簡，與之近似的古記所用簡牘應與這種短簡尺寸相去不遠。

短簡尺寸較短，其所容字數自然相應要少。《漢書·藝文志》載劉向以中古文校歐陽、大小夏侯三家經文，其《酒誥》《召誥》之脱簡每簡在二十二、二十五字許。《尚書》是大經，用簡尺寸長，容字也多。《聘禮》賈公彥疏又云："鄭注《尚書》三十字一簡之文，服虔注《左氏》云：古文篆書一簡八字。是一簡容字多少者。"②《左傳》係傳《春秋》之書，性質亦屬傳記之類，與古記近似。以篆書《左傳》爲座標，古記用短簡，每簡書寫八字左右也在情理之中。對照出土的郭店竹簡，其《語叢》四篇，前三篇即爲八字一簡之簡式，即使重文，也占一字之地位，當然其中偶爾雜有七字、九字，甚至十字的簡。古文獻的記載和出土文獻實物的簡式都能佐證上述《禮記》與《家語》之間文字差異之所以多在八字，與一簡八字的簡牘佚失與否有莫大關係。

其他如《月令》用《呂覽》《淮南子》校勘，《樂記》用《漢志》《呂覽》、荀子

---

① 鄭玄《論語序》"《易》《詩》《書》《禮》《樂》《春秋》策皆尺二寸"一語"尺二寸"三字有舛誤，應是"二尺四寸"，説見拙文《鄭玄所見三禮傳本殘闕錯簡衍奪考》，待刊。
② 從"左氏"後有"云"字，推想"鄭注《尚書》"後亦當有"云"字，否則文義不通。

《樂論》校勘，雖皆理所必然，而其揭示的現象皆可啓迪新思。限於篇幅，不予鋪展論證。

六、結　語

沈大本身處科舉時代，局居於家鄉，以私塾教書爲終身事業，少與達官顯貴、碩學弘博往來，却也受到乾嘉考據風氣的薰染。《訂譌》一書係從其《日鈔》三十六卷中鈔出經修飾整飭而成，非嚴格意義上的有凡例、有體系的學術著作。但作者能從經義、字詞、文句、章節入手，不停留於科舉應試的一般理解，而是更深入地去揭示文字的譌誤正僞，經文錯舛是非，這對一位塾師來説，極其難能可貴。因爲不是嚴格而有體系的學術專著，故摘録、引述隨讀而録，稱心而至，略無一定標準，且所録亦不無可商者。也正因爲作者能够存志於經文衍奪以及錯簡問題，故不僅能集録大量前賢有關錯簡論説，並自行校勘，更相表揭，使漢儒在整理、綴輯《禮記》過程中種種内在矛盾與缺失暴露得越來越清晰。在當今整理、研究出土竹簡中編連錯簡、斷簡缺字等問題日益顯現其不可避免的無奈情況下，沈氏對《禮記》經文錯簡的揭示就顯得更富有啓發意義。我們結合竹簡研究和文獻記載，對沈氏所揭示的實例予以推闡、比勘，可以或多或少地探測到漢儒在編連、綴輯中存在的問題，指出甚至修正他們的錯誤。作者自謙地説《訂譌》是"兔園册子，不足直當世之一笑"，祇能"聊庋之篋中，以爲訓蒙之私資云爾"。其實"訓蒙"不必那麽專門的學問，"兔園册子"也非此種形式的著作。《訂譌》在當今竹簡研究蔚爲專門之學時所呈現之特別啓示，恐非二百年前之作者所能預料、想象。

二〇〇七年八月五日初稿
二〇〇七年十二月二十四日修訂

上海圖書館藏稿本《齊魯韓三家詩釋》初探

乾嘉輯佚考證之學興起後，紹繼王應麟《詩攷》而旁徵博引、疏通證明之，已成爲一種必然趨勢。乾隆間，范家相"因王氏之書重加裒輯，增入者十之六七"，成《三家詩拾遺》，已過王書二倍。嘉道以還，輯佚三家《詩》學者若春笋齊出，最夥者爲繼王書而加以考異、校補，如嚴蔚《詩攷異補》、胡文英《詩攷補》、汪遠孫《詩攷補遺》；其次是三家《詩》（或連同《毛詩》而成四家《詩》）異文考訂，如馮登府《三家詩異文疏證》《三家詩異文釋》《三家詩異字詁》、李富孫《詩經異文釋》、周邵蓮《詩攷異字箋餘》、黃位清《詩異文録》、陳喬樅《詩經四家異文攷》等；再次是在王書基礎上更進一層，企圖恢復或部分恢復漢代三家《詩》之文字與《詩》説舊觀，阮元《三家詩補遺》著之於前，陳壽祺、陳喬樅父子《三家詩遺説攷》後來居上，洵"最爲詳洽"，誠冠絶一時。降及清季，王先謙《詩三家義集疏》承流匯集衆書，並抒己見，廣爲學林稱道。唯朱士端《齊魯韓三家詩釋》（下簡稱《詩釋》）雖被著録，却未曾刊刻，一直以手稿、鈔稿本扃之芸閣，學者多知其目而罕睹其書。二〇〇八年復旦大學出版社纂輯上海圖書館未刊古籍四十六種，三百四十六卷，分裝六十册影印出版，《詩釋》即其一種，由此始爲人知。筆者研讀《詩釋》，隨手疏記，匯總排比，發其隱藴，俾求得此書在清代三家《詩》研究史中之一席之地。

一、朱士端之生平學術

朱士端,原名效端,字銓甫,江蘇寶應人,生於乾隆五十一年(1786)。父朱毓楷,字幼則,九歲喪父,事母盡孝,著有《讀書解義》一卷和《師文堂集》若干卷。① 伯朱彬,字武曹,號郁甫,乾嘉間著名學者,所著以《禮記訓纂》《經傳考證》最爲學林稱道。彬與毓楷之外兄爲劉台拱,台拱之堂兄弟劉履恂,堂侄劉寶楠,皆一時翹楚。朱家本寶應士族,②同宗名流多士,各有著述。士端姑母嫁汪中爲繼配,生汪喜孫,是其與喜孫爲同輩中表。士端在家世書香、交友碩儒之環境下讀書成長,學養豐厚,今觀其手稿之書法娟秀飄逸,行草皆中法度,隱隱透出幼年之教養。然其仕途却並非亨通,道光元年(1821)中舉;九年(1829)入都會試,因格於回避之例,已丑、壬辰二科均未與試,故補右翼宗學教習主講席,③至十五年(1835)乙未科以大挑得二等,銓補教諭;十九年(1839)選授安徽廣德縣訓導,旋引疾歸里,自此"栖息林泉,縱橫書史"。④ 其卒年,諸家記載各異,據《春雨樓叢書》所收《棗花書屋詩集》,係士端同治四年(1865)所刻,則其享年已臻耄耋。⑤

《清儒學案》據成孺《寶應儒林傳》,謂士端父毓楷於《曾子》十篇及許、鄭、朱子之學研究甚力。士端幼承父學,復又授業於朱武曹,於經學小學已有根柢。⑥ 朱彬與王念孫、王引之父子交厚,故士端道光九年入都,王引之即招致家中,日夕與王氏祖孫三代昕夕相處,飫聞二王"因聲求義"之緒論。是時劉寶楠假館於汪喜孫家,士端假館於二王之家,時相過從,又與友人陳

---

① 《江蘇藝文志·揚州卷》,江蘇人民出版社 1995 年版,下册,第 1011 頁。
② 見姚瑩撰《汪喜孫壽母小記序》,《北京圖書館藏珍本年譜叢刊》,北京圖書出版社 1995 年版,第 139 册,第 69 頁。
③ 參見朱士端《說文諧聲舉要跋》所述,《四庫未收書輯刊》第貳輯,北京出版社 2000 年版,第拾肆册,第 724 頁上。
④ 朱士端《說文校定本叙》,《續修四庫全書》,第 214 册,第 197 頁上。
⑤ 其卒年可參見姜鵬爲《齊魯韓三家詩釋》所作解題。《上海圖書館未刊古籍稿本》第三册,復旦大學出版社 2008 年影印本。
⑥ 徐世昌等編纂《清儒學案》卷一百零一,中華書局 2007 年版,第四册,第 4077 頁。

宗彝、俞正燮等"月必聚首數次,旅邸挑燈,講論竟夕",①與"表弟江都汪孟慈講求許、鄭之學,有裨益焉"。士端對這段學術生涯念念不忘,在《彊識編序》《説文校定本叙》《劉念樓〈論語正義〉序》中屢屢提及。可見在京歲月中聆教請益、讀書切磋對他一生之影響。成孺謂其"親炙於高郵王石臞,故小學最精",②蓋紀其實。

　　士端歸里後,專心著述,除《齊魯韓三家詩釋》十六卷外,有《爾雅考略》一卷(稿本)、《説文諧聲舉要》十四卷(稿本,中國科學院圖書館藏)、《説文形聲疏證》十四卷(原稿本,南京圖書館藏)、《説文校定本》十五卷(手稿本,上海圖書館藏,其他有《春雨樓叢書》本、《咫進齋叢書》本、《叢書集成初編》本)、《説文注》若干卷(稿本,上海圖書館藏)、《宜祿堂收藏金石記》六十卷(底稿本,又有《宜祿堂收藏金石記》六卷《補編》一卷,《春雨樓叢書》本,《宜祿堂收藏金石記》六卷,一九二一年西泠印社排印本、《遯盦金石叢書》本)、《彊識編》(稿本有八卷本、四卷本和一卷本,八卷本國家圖書館和南京圖書館有藏,四卷本、一卷本藏上海圖書館,《春雨樓叢書》爲四卷本續一卷)、《吉金樂石山房文集》一卷《續編》一卷《詩集》二卷(《春雨樓叢書》本,國家圖書館藏有稿本),其他尚有《檢身錄》二卷和《知退齋筆記》不分卷,見道光《寶應縣志》卷二十二,未見有刻本稿本。③

　　綜觀士端一生學問旨趣,端在小學。其《爾雅考略》一稿,蓋早年未完習作。④道光九年入都假館王家,得親炙於懷祖,深明文字聲韻之旨,故有《説文諧聲舉要》之作。《舉要序》云:"六書之體,《説文》解特造之字,經典用叚借之文。借字行而本字賴以不墜,唯《説文》之功居多。凡其引用經典與今本異文,皆其本字,叚借字即用本字之音而異其文。解經家往往就叚借字望文生訓,而本字不詳。"⑤此一認識,與二王"因聲求義"理論如出一轍。此序作於道光十二年十二月,而跋文又云"時時晉接當代大人先生、通

---

① 朱士端《劉念樓〈論語正義〉序》,《吉金樂石山房文集續編》,《春雨樓叢書》本。
② 徐世昌等編纂《清儒學案》卷一百零一,第四册,第4077頁。
③ 朱氏著作參見《江蘇藝文志·揚州卷》,下册,第1023—1024頁。按劉錦藻《清朝續文獻通考》卷二百七十一亦云其有《知退齋筆記》未刊。
④ 朱士端《説文諧聲舉要跋》云:"擬欲撰《爾雅本音》而未竟其業。"或即此書。《四庫未收書輯刊》第貳輯,第拾肆册,第724頁上。
⑤ 朱士端《説文諧聲舉要序》,《四庫未收書輯刊》第貳輯,第拾肆册,第632頁上。

儒達士,於學問稍知門徑焉",①或可視爲"游王石臞先生之門,得其緒論"之直接演繹性成果,其中或有石臞先生講論口授之旨亦未可知。晚年有《說文校定本》,自序謂有三十卷,因"力難鏤版,爰撮要領,聊具大略次弟",故僅刻成"不足十分之一"的寥寥數十葉。②《說文》之學,本石臞先生所究心,後聞段懋堂從事注解,遂與所心得。後見《段注》,頗不洽意,此已爲學界所共知。士端於《彊識編》卷三轉述王寬夫言云:"其家大人石臞先生曾注《說文》,因段氏書成,未卒業,並以藁付之。後先生見段注妄改許書,不覺甚悔。"士端接云:"余從父郁甫先生手錄《說文》古🉑,凡標注'王云'者,即先生也。"後又云:"石臞先生藁本不可得,端臨、郁甫兩先生遺書亦未稡,謹錄目示後學。"③據此而返觀其《定本》之作,折衷大小二徐成果,標明其異同,蓋由段氏妄改所引出之警示,故亦與王氏有一定關係。

　　士端道光年間與陳宗彝切磋交游。宗彝嗜金石,著有《漢蜀石經殘字考》《鐘鼎古器錄》《古磚文錄》《續古篆》《重編金石文跋》《重編訪碑錄》等。聲氣相投,故士端亦有《宜禄堂收藏金石記》之作,雖吝於資而僅刻十之一,仍可見其好於此道,其文集名"吉金樂石山房",亦可覘其所嚮。《彊識編》書名,係取《禮記·曲禮上》"博聞強識"之意,乃士端之學術筆記類著作。今所刻爲四卷續一卷本,卷一皆有關經義,尤於家法流別、經傳文字多所措意,卷二多論《爾雅》《方言》,卷三皆有關《說文》,卷四則關涉聲韻及史傳注文正誤,續編又爲經義及古今文異文異義。即此五卷,亦可賅見士端一生爲學宗趣:以小學爲基礎,由解字而解經,兼及史傳文獻、金石碑刻。與其家學師傳、時代交游俱相吻合。

二、《齊魯韓三家詩釋》之成書與形式

　　《齊魯韓三家詩釋》十六卷,上海圖書館藏士端手稿本,國家圖書館藏鈔本一種,有鄭振鐸跋。正文十四卷,卷一至卷十爲《韓詩》,卷十一至卷十

---

① 朱士端《說文諧聲墾要跋》,第724頁上。
② 朱士端《說文校定本叙》,《續修四庫全書》,第214册,第197頁下。
③ 朱士端《彊識編》卷三,《續修四庫全書》,第1160册,第489頁上。

三爲《魯詩》，卷十四爲《齊詩》，後附《三家詩疑》和《三家詩源流》未標卷次，故總標十六卷。又湖北省圖書館藏有士端《齊魯韓三家詩注》三卷並《三家詩疑》一卷稿本。論者以《清史列傳》著録士端著作有《三家詩輯》而無《齊魯韓三家詩釋》，推測二書爲同書異名。按《清續文獻通考》卷二百七十一云："其所未刊者尚有《齊魯韓三家詩輯》。"①當即《清史列傳》所録者。筆者比勘三種鈔、稿本，以湖北省圖藏本爲最初稿，上圖藏本爲再易稿，國圖藏本則爲後出鈔本。兹以上圖稿本爲主略敍於下。

上圖藏手稿本裝成二册，分標"上"、"下"。封面有"再易稿"三字。各卷正文第一行書"齊魯韓三家詩釋弟×"，第二行署"文林郎揀選知縣乙未科大挑二等教諭銜管廣德州訓導事前充右翼宗學教習寶應朱士端箸"，是當撰成於道光十九年退居里閒之後。據卷四"六月食鬱及薁"條下引丁晏《詩攷補遺》，②丁書著成於道光四年（1824），而最早刊於咸豐二年（1852），

卷一第一頁（總第 10 頁）

---

① 劉錦藻《清朝續文獻通考》卷二百七十一，浙江古籍出版社 1988 年影印本，第三册，第 10155 頁下。
② 按丁晏書名《詩攷補注》二卷《補遺》二卷，兹所引即在《補注》卷一"韓詩"下（《叢書集成續編》收録《花雨樓叢書》本，第一〇八册，第 424 頁），當係隨手鈔録所誤。

若士端據刻本,則成稿當在此後。然士端與丁晏交誼甚深,手稿共析疑義,亦屬情理中事。《彊識編》卷三《班固鄭康成皆習魯詩解與荀子義合》有"詳拙著《齊魯韓三家詩釋》"一語,其作於咸豐十一年(1861)之《彊識編序》云:"〔道光〕癸巳(十三年,1833)正月湯相國夫子辱問拙箸,因繕錄《彊識編》就正。蒙贈數言,親題簡耑。"① 蓋繕錄雖在道光十三年,而刊刻却已在咸豐十一年,期間當有整飭增補。《詩釋》之名有《詩注》《詩輯》之不同,此言《詩釋》,似係接近完稿之名,故此書未必會早於道光十三年。

卷五末頁(總第 94 頁)

書名"齊魯韓三家詩釋",而實際排列爲韓、魯、齊,此殆循王應麟《詩攷》之順序列次。其書名所以依"齊魯韓"爲序者,或係《齊詩》先亡於魏,

---

① 朱士端《彊識編》,《續修四庫全書》,第 1160 册,第 431 頁下。

《魯詩》繼亡於東晉,《韓詩》至唐猶存,因以爲序。稍前之阮元撰《三家詩補遺》,依魯、齊、韓爲序;陳壽祺、陳喬樅父子繼作《三家詩遺説攷》,序次因襲阮元。此乃以《魯詩》爲兩漢最受重視之官學故,與王、朱序次之意不同。

正文以傳世《毛詩》爲次,先列《詩》句,下雙行小注注其所出,而後引證分析,繼以"士端按"直抒己意,分判三家。《韓詩》十卷,《魯詩》三卷,《齊詩》一卷,各爲起訖。《詩釋》因係草稿,塗改頗多,往往用蠅頭小楷書於天頭或行間。須加入較多文字,甚或新增一條一段,則寫於浮籤之上,夾於相應之方位,有時在浮籤右下用小字標明插入位置,如第一六五頁粘籤之一云"此條列《雖》後",第二三七頁粘籤之一云"此條列《靈臺》'白鳥皜皜'之下,'矇瞍'之上"。雖貌似紛亂,而大致整飭。

湖北省圖藏稿本裝訂成一册,封面題"齊魯韓三家詩釋稿本",先將"釋"字圈去,旁注"注"字,復將"注"字點去,識三角於"釋"上,意爲仍作"釋"字。右上有"初稿"二字,表明此爲初稿本。第一頁題"齊魯韓三家詩釋注",將"釋"圈去,故著録爲"齊魯韓三家詩注"。題下鈐印長方朱文"湖北省圖書館藏書",下端又有正方朱文從右至左"朱士崐"三字,[①]蓋朱氏手稿本無疑。稿依韓、魯、齊順序。魯詩、齊詩題下無不署官銜。篇幅僅爲上圖稿本五分之一,是乃初稿之徵。

(第三四頁粘籤)　(第七九頁粘籤)

---

① 此印章後面又鈐過多次,亦示其自珍寶愛之意。

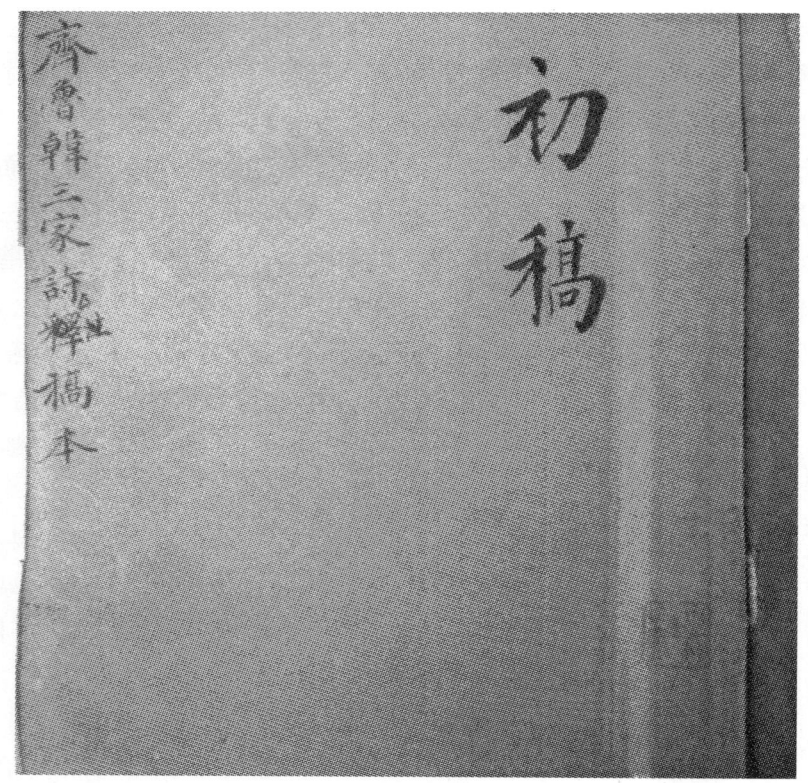

湖北省圖書館藏初稿封面

初稿本亦多浮籤,如第一條粘籤"昔太王王季居岐山之陽",上圖稿本已寫入正文。又"天保絜蠲爲饎《周禮疏》《大戴禮注》按《毛詩》……"一條,上圖稿本録入卷十二正文,疏釋之文作"士端按",加"士端"兩字。是皆足證上圖藏稿本鈔於此稿之後,爲修訂稿,與其自題"再易稿"相吻。稿本於《三家詩疑》下多祇寫詩句、出處而無疏證文字,如《齊詩·巷伯》下:

棲兮斐兮棲曰文貌 《説文》
箅箅幡幡 《説文》

下接《蓼莪》:

蓼儀 蓼蓼者儀 《隸釋》漢碑
瓶之窒矣 《説文》

皥天罔極　《漢書》

以上每條之後皆空一定位置，揣其意，是爲疏證留有餘地。於此可窺探朱氏此書之撰著，乃先摘錄異文異句，而後從容疏證，其有空位不夠，遂用浮籤加補粘貼於相應位置，逮及鈔清重加補苴，不夠復加浮籤（如圖所示）。如此反復，漸以成書。

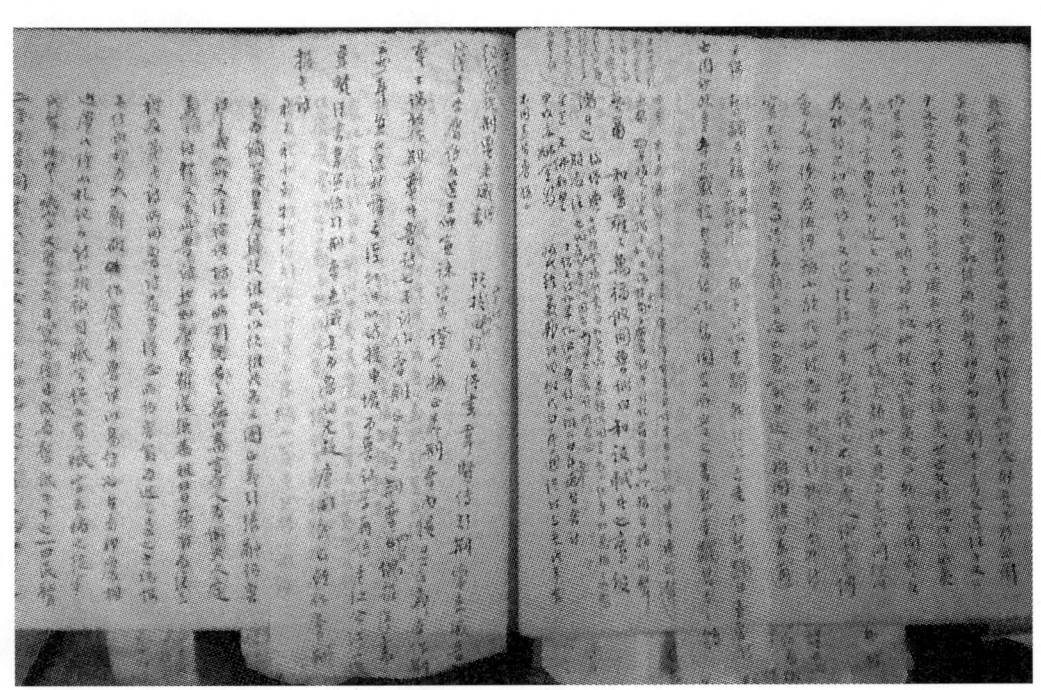

湖北省圖書館藏初稿本

國圖所藏爲藍格鈔本，係鄭振鐸舊藏。鄭氏在封面第一頁有題記云：

此是朱士端未刊稿本。我購自北京琉琍廠通學齋，價六十元。劫中曾見朱氏《宜祿堂收藏金石記》稿本數十册，與印行之六卷本大異。惜已付之劫火。此吉金樂石山房，朱氏齋名。藍格本子，更宜珍惜之。一九五六年六月十七日西諦。

卷一下有陽文方印"北京圖書館藏"一方、陽文寫體方印"長樂鄭振鐸西諦藏書"一方。全書裝成四册，筆迹與二種稿本絶然不類，是非士端手迹，且前後字體異迹，蓋亦非一人所鈔。卷一署名同上圖藏稿本，卷三始則署"寶應朱士端箸"。卷十五作"三家詩疑弟十五寶應朱士端編輯"，卷十六作"三家詩源流寶應朱士端編輯"。此較上圖藏稿本規整，似在其後所鈔。謂其所鈔在上圖藏稿本之後，還可從下列浮籤文字被鈔入正文得到證明：

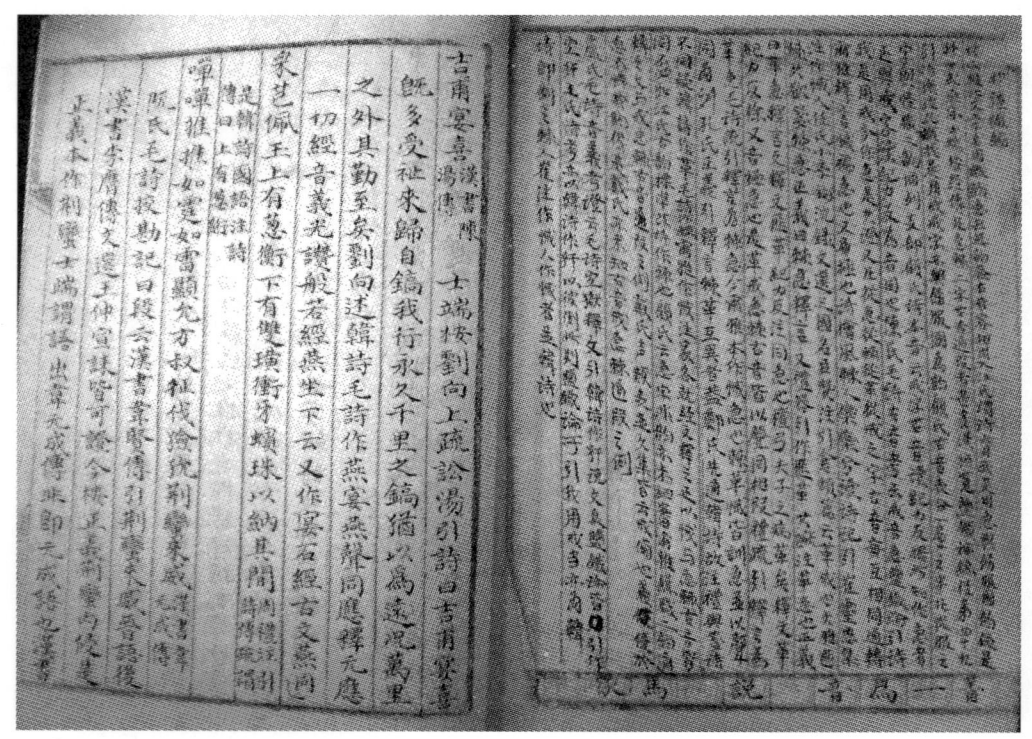

國家圖書館藏藍格鈔本

上圖藏稿本卷三第五十六頁有"伐檀《漢書·王吉傳》師古曰"一條粘籤，第六十頁有"役車其休，古者必有命"一條粘籤，卷四第六十九頁有"墓門陳辨女者，陳國採桑之女也"一條粘籤，第七十三頁有"彼己之子，三百赤紱"一條粘籤，卷五第八十三頁有"鹿鳴實我周行"一條粘籤，凡此皆爲國圖藏鈔本鈔入正文。且其鈔録時又有增益，如卷五第九十二頁有"吉甫宴喜《漢書·陳湯傳》"一條粘籤，國圖藏鈔本鈔録時於末句"燕、宴聲同"下增

"應（引按，此字疑衍）釋元應《一切經音義·光讚般若經》'燕坐'下云：'又作宴，石經古文燕同'"一句。由上圖藏稿本粘籤文字被鈔錄爲國圖鈔本之正文，可以認爲國圖藏鈔本係從上圖藏稿本錄出，而事實竟有不然者。上圖藏稿本卷一第二十頁有"召南申女者，申令之女也"一條粘籤，第二十四頁有"《列女傳》衛宣夫人者，齊侯之女也"一條粘籤，國圖藏鈔本皆未鈔錄。若勉強説成是鈔本漏鈔稿本粘籤，未似不可。然卷三《載驅》"齊子發夕"下，上圖藏稿本云"發，旦也。《釋文》"，無其他疏釋文字。國圖藏鈔本云："士端按，惠氏《毛詩古義》云：《小宛》詩云'明發不寐'，薛夫子、王叔師皆訓發爲旦。"若非鈔胥擅自增益，則所鈔必爲上圖藏稿本之後的本子。

　　以上事實表明，湖北省圖所藏爲士端最初之手稿本，上圖所藏爲士端手寫再易稿本，國圖所藏鈔本係鈔自再易稿之後的一種本子，此種本子曾多"齊子夕發"條一類的文字。之後士端又在再易稿上增益粘籤，致使兩種鈔、稿本互有多寡異同。又國圖藏鈔本個別條目上仍有粘籤。如上圖藏稿本卷五《六月》"獫狁孔熾，我是用戒，《鹽鐵論》"一條下有"士端按：《鹽鐵論》述《韓詩》，説並詳《彊識編》"云云，國圖藏鈔本在此上有粘籤，將《彊識編》一大段文字鈔錄。卷十《清廟》"駿奔在廟"條下亦云"説並詳《彊識編》"，國圖藏鈔本亦將《彊識編》文字鈔錄粘貼於上。又卷二《終風》"曀曀其陰"條下云"詳《説文形聲疏證》"，而國圖藏鈔本亦將士端《説文形聲疏證》一段文字鈔錄粘貼於上。揣其意圖，似皆欲補入正文，字迹雖非士端之筆，要亦由其授受而錄。緣此推知，上圖藏稿本和國圖藏鈔本皆非最後之定稿本，宜各家著錄時書稿未有定名，而其書亦終未能付梓也。

三、《詩釋》內容及所見作者之學術淵源

　　《詩釋》屬輯佚與考訂性質之著。所謂輯佚，殆輯集已佚兩漢三家《詩》之詩句與詩説；因詩句需要文字聲韻訓詁之比勘，別其異同，定其歸屬，詩説需要以家法、師法辨別，俾符其詩派旨意，故須逐條有所考訂。緣此性質，可覘作者之學養與學術淵源。

　　士端生長於揚州學派之學術氛圍中，自幼受經術與小學之薰陶。道光八年進京，得飫聞高郵二王緒論，與諸同好講論許、鄭之學，搜集金石碑版，

關注金石古文字。及其退居林下，潛心著述，遂鎔鑄成自己獨特之學術面貌。

《詩釋》既是推衍補充王應麟《詩攷》之作，故其除序次依王書排列外，更重要的是修正、補充王書。補充王書，就《詩釋》之篇幅已展示無遺。修正王書，主要是對王書原來編入"異字異義"的詩句，經士端對家法、師法的甄別，編入相應詩派中。如卷二"玉之瑱兮，邦之媛兮"條云：

> 《説文》所引是《韓詩》。《韓詩》之例多以"也"字作"兮"，如《毛詩》"乃如之人也"，《外傳》"也"字作"兮"。《詩攷》編列"異字異義篇"，今改訂入《韓詩》。（37頁）

對師法、家法之認識不同，導致他對《詩攷》中個別詩句之改動。卷十二引《白虎通》"瞻彼洛矣"、"鞗革有鶬"，先引臧琳《經義雜記》謂班固習《魯詩》，而後云：

> 士端按，《詩考》引《内傳》《白虎通》，以"諸侯世子三年喪畢，上受爵命於天子"，編列《韓詩》後，今改訂入《魯詩》。（219頁）

凡王氏《詩攷》有遺漏失引者，《詩釋》則增補收錄於士端認定之詩派下。如卷五"莘莘征夫"條云：

> 又《列女傳》載晉文齊姜傳："《周詩》曰：'莘莘征夫，每懷靡及。'"劉向述《韓詩》，且與《外傳》同，故知作"莘"者皆《韓詩》也。《詩攷》失引，今補入。（86頁）

至於士端一時未能判別其爲何家之詩者，則錄之以備考，如卷十四"《關雎》周衰所作 李樗黄櫄《集解》云《齊詩》"和"康王政衰之詩鄭樵 《六經奧論》云《齊詩》"二條云：

> 此二條皆余氏《古經解鈎沉》所引，並以爲《齊詩》。豈《齊詩》亦與韓、魯同旨邪，存此以備參考。（255頁）

《詩釋》一書，於《詩攷》補苴變動頗多，且不厭其煩地標出。據此，忖度士端纂輯《詩釋》初意主要是出於對《詩攷》之補充，故雖不以"詩攷補"、"詩攷補注"字樣標目，其性質仍屬對王書之增補。以《詩攷》爲增補糾謬對象，凡有他書誤派三家者，亦隨文指出。如卷十二"其麀孔有"條，謂《爾雅》樊氏注及蔡邕、鄭玄皆讀作"麀"，爲《魯詩》無疑，故指出"王氏（王謨）《漢魏遺書鈔》引此文列《韓詩》，誤"。①

士端因重視文字訓詁，故對金石頗有嗜好，其《宜祿堂收藏金石記》所輯範圍上下二千年，蒐錄極夥，摹錄題跋，堪稱偉觀。② 就中可見其對熹平石經及唐宋石經皆有題記，《金石記》卷一對熹平石經之題記雖寥寥數字，③而關注石經文字之旨趣已可概見，故《詩釋》中屢有用石經文字爲論說論證之據者。如卷十一《葛屨》《園有桃》《陟岵》《伐檀》《碩鼠》《山有蓲》即據石經魯詩殘碑而疏證《魯詩》字形。④ 此較之范家相列石經字形而不釋、阮元偶作字形異同之比勘而未予分析疏證者，誠略勝一籌。抑不僅此，士端於金石文字有興趣，故其對《汗簡》《古文四聲韻》等書能予重視，並援引以釋字形。卷一"施于中逵"條下，即援據《汗簡》所載李商隱《集字》和王存乂《切韻》中古文字形"㥯"、"𢓡"來詮釋，卷十浮籤（頁一七四後）"奄有九域"條亦引《汗簡》古文"或"形證惠棟之説，皆較范、阮之書爲優。

《詩釋》反映出作者閲讀範圍頗廣，舉凡臧琳（1650－1713）、惠棟（1697－1758）、盧文弨（1717－1796）、錢大昕（1728－1804）、王鳴盛（1722－1797）、王謨（約 1731—1817）、余蕭客（1732－1778）、王念孫（1744－1832）、阮元（1764－1849）、臧庸（1767－1811）、王引之（1769－1834）、丁晏（1794－1875）等著作，皆有徵引。其中臧琳《經義雜記》、盧文弨《羣書拾補》、王念孫《讀書雜誌》、臧庸《拜經日記》等數數徵引，尤以《經義述聞》爲多，且常云"謹從《經義述聞》"。由此可窺探道光九年在京期間王引之對士端之影

---

① 朱士端《齊魯韓三家詩釋》卷十二，第 212 頁。
② 士端《宜祿堂收藏金石記》六十卷之原稿藏臺灣"國家"圖書館，未曾出版。新文豐出版公司借歷史語言研究所藏西泠印社聚珍版六卷本影印，收入《石刻史料新編》第二輯中。
③ 此可參見西泠印社聚珍版《遯盦金石叢書》本《宜祿堂金石記》卷一，《石刻史料新編》第二輯第六册，臺灣新文豐出版公司印行，第 4211 頁下。
④ 朱士端《齊魯韓三家詩釋》卷十一，第 191－195 頁。

響和士端對這位學術前輩之服膺。王引之《述聞》將劉向詩學歸爲《韓詩》，由此連類而及，士端將《列女傳》《説苑》等書所引詩句皆列爲《韓詩》，造成《韓詩》多達十卷。

士端從學、交往之學者中，唯二王父子深通古韻之學。道光八年在京親炙之寶貴時間裏，士端對古韻之學頗有長進，以致在《詩釋》書中屢屢用古音之學來解釋經傳異文。如卷一："君子好仇"條下引《正義》云"詩本作逑，《爾雅》多作仇，字異而義同也"後總結曰："據此，知逑、仇音同。大凡經師傳授異文，皆不外音同音近。"①也有論聲紐者，如"疊"條下先引《韓詩》説云："一升曰爵，爵，盡也，足也；二升曰觚，觚，寡也，飲當寡少；三升曰觶，觶，適也，飲當自適也；四升曰角，角，觸也，不能自適觸罪過也；五升曰散，散，訕也，飲不自節爲人謗訕。總名曰爵，其實曰觴，觴者，餉也。觥亦五升，所以罰不敬。觥，廓也，所以著明之貌。君子有過，廓然著明，非所以餉不得名觴。"而後云："爵、足；觚、寡；觶、適；角、觸；散、訕；觴、餉；觥、廓：皆以聲同聲近爲訓。"②是亦於古聲、韻皆領悟有得並可用之於考訂者也。然全書不見其分析古韻部、聲紐之具體通轉情況，則於二王之古韻學，似又未達一間。

四、朱士端兩漢三家詩派觀

自王應麟之後，輯録三家《詩》者最重要也是最容易産生分歧的是對兩漢經師和專書詩派歸屬之認定，對某書某經師之歸屬不同，其輯録之詩句、詩説就會有齊、魯、韓之不同。士端在書中雖有詳略各異之表述，而在其所著《彊識編》中有九篇闡述經師與著作詩派歸屬之專論。以下結合《詩釋》分析士端對兩漢三家《詩》部分經師和著作之認識。

---

① 朱士端《齊魯韓三家詩釋》卷一，第14頁。
② 朱士端《齊魯韓三家詩釋》卷一，第14頁。

（一）《韓詩》派經師與著作

卷一《王肅詩注用韓詩》一篇，舉《車舝》云："以慰我心。"傳云："慰，安也。"箋云："我得見女之新昏如是，則以慰除我心之憂也。"釋文："慰，怨也。於願反。王申爲怨恨之義。《韓詩》作'以㥑我心'，㥑，恚也。本或作'慰，安也'，是馬融義。馬昭、張融論之詳矣。"

　　士端董桉：《毛傳》訓慰爲安，康成申毛，亦訓爲安，本繫馬融師說如此。《韓詩》云：'以㥑我心。'㥑，恚也。疏引孫毓、王肅皆訓慰爲怨，其意似主《韓詩》。王氏此條不獨難鄭而兼難毛矣。然義出《韓詩》，究非鑿空無據。

怨、安所以歧出，陳喬樅從文字上有合理解釋，即人不識"訵"字而誤認作"怨"。訵，即婉之或體，婉訓順，與慰同義，故《玉篇》"訵，慰也"。① 然産生《韓詩》之"以㥑我心"，則戰國時已有舛亂。王肅訓怨，與《韓詩》同。又，《皇矣》"維此王季"正義云："此傳、箋及下傳九言曰者，皆昭二十八年《左傳》文。彼引一章，然後爲此九言以釋之，故傳依用焉。毛引不盡，箋又取以足之。此云'維此王季'，彼言'維此文王'者，經涉亂離，師有異讀，後人因即存之，不敢追改。今王肅注及《韓詩》亦作'文王'，是異讀之驗。"

　　士端謂王肅亦用《韓詩》，觀《皇矣》正義，益見《左氏·昭二十八年傳》正義與《皇矣》正義同。《詩考》引《周禮疏》王肅論云："古者霜降逆女，冰泮殺止。"謂本《韓詩傳》，是亦一證也。②

士端以此三例爲證，遂判王肅用《韓詩》。其卷七《車舝》"以㥑我心"載入《韓詩》下，卷六"不自爲政，卒勞百姓"條下云"此疑亦王肅本《韓詩》說，以

---

① 陳喬樅《三家詩遺說攷·韓詩遺說攷》卷九，《清經解續編》卷一千一百五十八，上海書店1988年影印本，第四册，第1391頁中。
② 朱士端《彊識編》卷一，《續修四庫全書》，第1160册，第441頁上。

有意與鄭異也"。①《新序述韓詩》以《新序·雜事篇》引《詩》曰"逝將去汝，適彼樂土，適彼樂土，爰得我所"，《節士篇》引《詩》曰"逝將去汝，適彼樂郊，適彼樂郊，誰之永號"，與《韓詩外傳》卷二引《詩》"適彼樂土，適彼樂土，爰得我所"和"逝將去汝，適彼樂國，適彼樂國，爰得我直"同，《說苑·君道篇》引《詩》"岐有夷之行，子孫其保之"與《韓詩外傳》卷三引《詩》"岐有夷之行，子孫保之"同，遂云"據此，則《經義述聞》謂劉向述《韓詩》信矣"。② 卷三《說文用韓詩》舉《白華》"視我邁邁"釋文："邁，如字。《韓詩》及《說文》竝作怖怖，孚吠反，又孚葛反，又匹代反。《韓詩》云：意不說好也。許云：很怒也。"士端云：

> 此可作許書亦用《韓詩》之證。怖爲本字，邁爲叚楷字。《毛詩》多用叚楷字。③

從上所論，知士端之《韓詩》觀，有自己的看法，亦有接受前賢的觀點，如對劉向之詩派歸屬，即接受王引之之說。王氏於《經義述聞》卷七"劉向述韓詩"條下對王應麟以向爲元王之孫故述《魯詩》表示異見。列舉《列女傳·貞順傳·蔡人妻》傷夫有惡疾而作《芣苢》，與《文選·辯命論》注所引《韓詩》合；《賢明傳·周南大夫妻》言仕於亂世者爲父母在故也，乃作詩曰"魴魚頳尾"云云，與《後漢書·周磐傳》注所引《韓詩章句》合等五條，乃云"然則向所述者乃《韓詩》也"。④ 士端親炙於王氏，信從王說，故補苴其說，並運用於《詩釋》中，如卷六"褒姒滅之"條云："劉向述《韓詩》，《列女傳》所引正《韓詩》也。是《韓詩》作'滅'。"卷七"棄我如遺"條出《新序》，未有任何證據，僅據《新序述韓詩》之例謂"劉向述《韓詩》"。⑤ 此外，桓寬《鹽鐵論》引《詩》，阮元歸爲《魯詩》，⑥而士端亦歸爲《韓詩》。卷七"不可暴虎，不敢憑河"條云："《鹽鐵論》多述《韓詩》。"下條"宜犴宜獄"，因《毛詩》作"宜岸"，釋

---

① 朱士端《齊魯韓三家詩釋》卷六，第98頁。
② 朱士端《彊識編》卷一，《續修四庫全書》，第1160冊，第447頁下。
③ 朱士端《彊識編》卷三，《續修四庫全書》，第1160冊，第483頁上。
④ 王引之《經義述聞》卷七，江蘇古籍出版社1988年版，第182頁下。
⑤ 朱士端《齊魯韓三家詩釋》卷六、卷七，第98頁、107頁。
⑥ 阮元《三家詩補遺》卷一，《叢書集成續編》，臺灣新文豐出版公司印行，第一百十冊，第6頁。

文云"《韓詩》作'犴'",而《鹽鐵論》亦作"犴",故亦云"是《鹽鐵論》亦本《韓詩》"。① 董仲舒詩學,唐晏歸爲《齊詩》派,士端以《漢書》載韓嬰嘗與董仲舒論於武帝之前,遂歸董爲《韓詩》派。②

(二)《魯詩》派經師與著作

王應麟以《白虎通》所引爲《韓詩》,范家相則游移於魯、韓之間。臧琳《白虎通詩考》云:"班氏《白虎通》説《詩》與毛氏多有不同,蓋皆魯説也。"③後引多例以證其説。其後阮元、陳喬樅、馮登府和王先謙等均歸爲《魯詩》。《詩釋》卷一《白虎通述魯詩》以《白虎通·嫁娶篇》引《詩》"不惟舊因",而《毛詩》作"不思舊姻",《白虎通》他處引《詩》皆標明"韓詩内傳"云云,故從臧説,因定《白虎通》所引爲《魯詩》。然亦有不能圓其説者,後文所引《周頌》之"酌",士端證《魯詩》作"汋",而《白虎通》却作"酌",與《毛詩》同而與《魯詩》異,適爲反證。士端既以《白虎通》爲《魯詩》,故連類而及將班固亦定爲《魯詩》派,如此則《漢書》所引自然編入《魯詩》卷。陳喬樅云:"班固《漢書》多用《齊詩》……固之從祖班伯受《齊詩》於師丹,蓋傳其家學也。"④士端於班伯師承師丹並非不知,而卷十四列《漢書·叙傳》"式號式謼"條下云:"《毛詩》作'呼',呼、謼聲同。《叙傳》言班伯受《詩》於師丹,師丹習《齊詩》。上以伯新起,數目禮之。伯對曰:'式號式謼,大雅所以流連也。'蓋本師丹之學爲《齊詩》。伯爲班固從祖,唯固而又習《魯詩》也,故《白虎通》及《漢書》亦多《魯詩》説。"⑤卷十三"文王有聲"粘籤引《後漢書·班彪傳》後云:"班伯初學《齊詩》,彪、固學《魯詩》。"⑥是於班氏家學,士端有自己認識。

康成《三禮注》引詩,學者亦多歧見。王應麟、魏源、馮登府定爲韓或魯,范家相定爲韓,阮元定爲魯或齊,陳喬樅、王先謙定爲齊。臧庸在論《爾雅》注多《魯詩》條下曾云:"康成雖從張恭祖習《韓詩》,而注《三禮》及箋《毛

---

① 朱士端《齊魯韓三家詩釋》卷七,第 105 頁。
② 參見《詩釋》卷六,第 97 頁。
③ 臧琳《經義雜記》卷二,《清經解》卷一百九十六,第一册,第 790 頁上中。
④ 陳喬樅《齊詩遺説攷》卷一,《清經解續編》卷一千零三十八,第四册,第 1283 頁中。
⑤ 朱士端《齊魯韓三家詩釋》卷十四,第 275 頁。
⑥ 朱士端《齊魯韓三家詩釋》卷十三,第 235 頁。

诗》用《鲁诗》爲多,《漢志》所謂'魯最爲近之'是也。"①士端信從臧説,並作補充:

> 士端以《盧令》章證之,"其人美且鬈",傳:"鬈,好貌。"箋云:"鬈讀當爲攑,攑,勇壯也。"阮氏云:"《五經文字》'權'字注云:'從手作攑,古拳握字。'"可知鄭箋從手不從木,與《説文》引《國語》'捲勇'、《小雅》'拳勇'字同。今字書佚此字,僅存于張參之書。《吳都賦》'覽將帥之權勇',善曰:'《毛詩》無拳無勇,拳與攑同。'俗刻《文選》譌誤不可讀。"士端按,此鄭箋易《傳》讀"鬈"爲"攑",當本《鲁詩》。以凡從卷之字訓好,皆《韓詩》例也。《説文》:"鬈,髮好也。《詩》曰:其人美且鬈。"是《説文》作"鬈"本韓、毛兩家。何以知其然也?《齊風》"揖我謂我儇兮",《韓詩》作"婘",云:"好貌。"是《韓詩》例凡從卷之字皆訓爲好,故知韓與毛同作"鬈"。鄭讀作"攑"者,意以魯説爲優,故不從韓與毛也。据此知鄭氏箋《詩》易《傳》以及讀當爲之例,皆本三家舊説。如"可以療飢"、"古之人無斁",本《韓詩》;"黶妻爓方處"、"阮徂共"爲三國名、"素衣朱繡"爲"朱綃",本《鲁詩》。俗儒輒以爲康成好改字,不亦謬乎?②

按,康成習《韓詩》而用《鲁詩》之説,早於臧庸之惠棟在《九經古義》卷六中已發其藴。③ 士端所證"可以療飢"以下數例,係惠棟《古義》所揭櫫,故僅提及而已。唯所舉《盧令》之"鬈"康成作"攑"爲用《鲁詩》一例,論證周密,已可爲康成兼用三家之證,而士端於《班固鄭康成皆習魯詩解與荀子義合》篇中再證其説。其舉《荀子・大略篇》"諸侯召其臣,臣不俟駕,顛倒衣裳而走,禮也"而云:

> 《後漢書・班固傳》固奏記曰:"四方之士,顛倒衣裳。"注:"《詩》曰:'東方未明,顛倒衣裳。'言士争歸之急遽也。"《毛詩序》刺無節,此

---

① 臧庸《拜經日記》卷二,《清經解》卷一千一百七十一,第六册,第717頁上。
② 朱士端《彊識編》卷一,《續修四庫全書》,第1160册,第445頁上。
③ 惠棟《九經古義》卷六,《清經解》卷三百六十四,第二册,第759頁下-760頁上。

云士争歸之急遽,與毛不同。固習《魯詩》,蓋《魯詩》舊説如此。又荀子云:"天子召諸侯,諸侯輦輿就馬,禮也。《詩》曰:我出我輿,于彼牧矣。自天子所,謂我來矣。"楊倞注:"鄭云謂以王命召己。"今正義本列箋云:"王命召己,已即召御夫,使裝載物而往。王之事多難,其召我必急,欲疾趨之。"亦本荀義。《毛詩》作"我出我車",此作"輿",蓋亦《魯詩》。車、輿聲同。《史記》云"出輿彭彭",爲周襄王時詩,其文亦作輿。攷鄭君雖從張恭祖習《韓詩》,而注《禮》及箋《詩》用《魯詩》爲多,《漢志》所謂魯最爲近之是也,故解與《荀子》不背。説並詳拙箸《齊魯韓三家詩釋》。①

按,《詩釋》卷十二"出輿"條下相對簡單,僅云"經師傳授,《魯詩》本出于《荀子》。《毛詩》作'車',《魯詩》作'輿'……"幾句,②《彊識編》爲專論,故引證周詳。此篇後又引其姑父汪中《述學》之説,以爲韓、魯詩皆淵源於荀子,由此合證,亦見其説所本。③ 因認定《魯詩》傳自荀卿,故其又有《春秋繁露爲魯詩説》一篇。此篇舉《繁露·三代改制質文第二十三》"周公輔成王,受命作宫於洛陽,成文武之制,作《汋樂》"一句,《汋樂》即《毛詩·周頌》之《酌》篇,《經典釋文》:"酌,音灼,字亦作汋。"此字《禮記·内則》《漢書·禮樂志》作"勺"。《釋文》所謂"亦作汋",殆指《繁露》一系字形。《荀子·禮論》:"故鐘鼓管磬,琴瑟竽笙,《韶》《夏》《護》《武》《汋》《桓》《箾》《簡》《象》,是君子之所以爲惲詭其所喜樂之文也。"楊倞注:"《武》《汋》《桓》,皆《周頌》篇名。"④ 士端據此,因謂:

    《魯詩》淵源於荀卿,作"汋"者,《魯詩》也。《繁露》作"汋",亦爲《魯詩》無疑。蓋《毛詩》古文作"酌",三家今文作"汋"。⑤

---

① 朱士端《彊識編續》,《續修四庫全書》,第 1160 册,第 514 頁下。
② 朱士端《齊魯韓三家詩釋》卷十二,第 209 頁。
③ 朱士端《詩釋》卷十一引《漢書·楚元王傳》以號《魯詩》之申公受《詩》於浮邱伯,浮邱伯爲荀卿門人,故云:"今揆以《荀子》所引,凡與《毛詩》異者列《魯詩》。"(第 177 頁)蓋亦接受汪中觀點而付諸實施者。
④ 王天海《荀子校釋》卷十三,上海古籍出版社 2005 年版,下册,第 802 頁。
⑤ 朱士端《彊識編續》,《續修四庫全書》,第 1160 册,第 516 頁下。

因《繁露》作"汋"與《荀子》同,《荀子》爲《魯詩》之淵源所出,故《繁露》所引亦爲《魯詩》。緣此原則,卷十二"物其指矣,維其偕矣"、"噊噊呰呰"出於《荀子》諸條,士端皆指爲《魯詩》。然其卷十三"不騫不忘"條下云:"《繁露》多引《韓詩》。"①似又游移不定。

　　士端對賈誼之認識,見於《賈誼新書引詩》一篇,以爲"《新書》所據,其時三家之《詩》未立,蓋亦秦時老師大儒所授也。"②雖則如此,然其《詩釋》中却屢屢置於《魯詩》卷中,如卷十三出於《新書》的"弗識弗知"、"白鳥皜皜"條下云:"賈誼本爲《魯詩》學。"③則直歸爲《魯詩》。抑不僅此,卷十一"騶虞"條下云:"《新書》所云與《魯詩》無異,賈誼爲逵之九世祖,蓋亦世爲《魯詩》學者。"又"下報上"條下云:"賈誼以爲下之報上。逵爲誼之九世孫。逵爲齊魯韓詩與毛異同,蓋世傳家學。"④前者言賈家爲《魯詩》學,後者所謂"世傳家學",又不知爲何家矣。其游移數家而欠明確者,實以史料缺乏之故。

(三)《齊詩》派經師與著作

　　《詩釋》中《齊詩》僅一卷,所引有匡衡、蕭望之、翼奉及《詩緯》等。唯引《後漢書·郎顗傳》"敬天之怒,不敢戲豫"條下云:"顗習《齊詩》……顗婁引《齊詩》,則《齊詩》作'不敢戲豫'也。《韓詩外傳》引五際文者,則齊韓之詩亦有同矣。"又《楊秉傳》"敬天之怒,不敢驅馳"條下云:"顗述齊韓之説爲多……楊氏父子傳中婁引三家舊説,揆厥所原,則此言'敬天之威,不敢驅馳',當亦齊韓同旨。"⑤儘管士端將班固列爲《魯詩》派,然其於《漢書·地理志》"子之營兮,遭我虖巇之間兮"條下引王引之《經義述聞》等説後云:"士端按:《韓詩》作'嬛'爲本字,《毛詩》作'還'、《齊詩》作'營'爲借字。則作'營'者顯與毛、韓詩異,爲《齊詩》無疑。"此不云爲《魯詩》,蓋格於王説也。

---

① 朱士端《齊魯韓三家詩釋》卷十三,第236頁。
② 朱士端《彊識編》卷一,《續修四庫全書》,第1160册,第448頁上。
③ 朱士端《齊魯韓三家詩釋》卷十三,第236頁。
④ 朱士端《齊魯韓三家詩釋》卷十一,第185、189頁。
⑤ 朱士端《齊魯韓三家詩釋》卷十四,第274頁。

五、《詩釋》在清代三家《詩》研究史中之定位

　　《詩釋》是士端的一部重要著作，由於一百多年來一直以稿本形式流傳，給人一種撲朔迷離的感覺。初經研讀可知，《詩釋》初意是以《詩攷》爲對象而加以訂補之著，其後參校余蕭客、王謨等輯佚成果逐漸擴充，並利用乾嘉以還之校勘、考訂成果，參以心得，不斷訂補而成。三家《詩》研究中最難界定者爲經師和著作之歸派，對經師和著作歸派之劃定將直接導致該書篇幅格局。《詩釋》在詩家、詩派歸屬上認同臧琳和王引之等學者之觀點，將劉向《列女傳》《新序》等著作劃爲《韓詩》，造成《韓詩》篇幅最多之格局；而將班彪班固父子等著作劃歸《魯詩》，導致《齊詩》更少的結果。此種認識和觀點至今尚未能作出謹嚴的是非判別，故可作爲一家之言與其他三家《詩》著作並存。就士端之學養而言，其於經史、小學均有根柢，傾注在《詩釋》中，使之成爲一部切實有用之輯佚考訂著作，並在異文字形之詮解、聲韻之疏通上，較之前此僅列異文不加疏釋之三家《詩》著作，無疑更進一層。然由於此書尚未最終定稿，書中存在各種矛盾與不足，加之士端初意僅是訂補《詩攷》，並未像陳壽祺、陳喬樅父子那樣設定一個宏大框架、制訂一套細密條例，積兩代人之精力窮年累月地蠍術專研，故《詩釋》不能像《三家詩遺説攷》那樣恢宏謹嚴，也未能像王先謙《集疏》一樣網羅無遺，它祇是清代三家《詩》研究中較爲詳贍而重要的一部專著。

二〇一一年六月四日至十一日初稿
二〇一一年七月十四日修訂二稿

王國維之魏石經研究

一、引言

　　熹平、正始石經之刊刻均由朝廷組閣實施，名正言順，故成事速而功勳卓，及至輾轉遷徙，斷裂損毀，北魏崔光雖欲補刻而未果，終至沉埋不顯。逮及李唐，除十三紙拓本外，闃焉無聞。以致范曄混淆熹平一字石經與正始三體石經之謬，①竟少有人能察失糾正。有宋經郭忠恕、洪文惠蒐輯叙録，幸留鴻爪。洪氏不僅著録熹平一字石經《尚書》殘碑五百四十七字、《魯詩》殘碑百七十三字、《儀禮》殘碑四十五字、《公羊》殘碑三百七十五字、《論語》殘碑九百七十一字，亦輯録三體石經《左傳》遺字古文三百七字、篆文二百十七字、隸書二百九十五字。復參據文獻，指責《隋志》"既以七經爲蔡邕書矣，又云魏立一字石經，乃其誤也"，並云"范蔚宗時，三體石經與熹平所鐫並列於學官，故史筆誤書其事，後人襲其譌錯，或不見石刻，無以考正"，②誠有廓清之功。

　　清代考據之學興起，石經之學分史實與文字兩類。繼顧炎武《金石文字記》之後，萬斯同撰《漢魏石經考》，僅彙集、輯録諸家論説於一編，略加案語。他如徐嵩《石經備考》、李兆洛《石經考》、桂馥《歷代石經略》、馮世瀛

---

① 范曄《後漢書·儒林傳上》云："熹平四年，靈帝乃詔諸儒正定五經，刊於石碑，爲古文、篆、隸三體書法，以相參檢，樹之學門。"蓋以熹平一字石經誤爲三體石經。
② 洪适《隸續》卷四，中華書局 1985 年版，第 311 頁下。

《石經考辨》等，莫不如此。唯劉傳瑩《漢魏石經考》於徵引文獻下，加案考證，頗有獨見。杭世駿《石經考異》欲補亭林之不足，小變體例，分"延熹五經"、"書碑姓氏"、"書丹不止蔡邕"、"三字一字"、"正始石經非邯鄲淳書"等篇予以辨正，爲有功石經之學。① 文字考證一途，有孫星衍《魏三體石經遺字考》、馮登府《石經補考》《魏石經考》，於熹平石經與三體石經文字形體之詮解各有貢獻。

宋代洪适等人意在著録，清代李、桂、劉、杭專注於史實與文字之探索，皆少能從石經之行款上深入思考。洪氏曾於《石經儀禮殘碑》下云"知此碑每行七十三字"，②不云何以推算。唯翁方綱獨具意識，將殘石各行文字作總體之觀照。乾隆四十二年八月，翁氏揣摹《隸釋》所收石經文字，寫下一段跋文：

《隸釋》云：石經《尚書》殘碑，較孔安國《尚書》多十字，少二十一字，不同者五十五字，借用者八字。方綱案：此所謂多少幾字者，僅指洪氏所得見者言之。今若以孔本度其全碑之字，合存與闕計之，《尚書·盤庚》篇之五行，第一行七十一字，第二行七十四字，第三行七十九字，第四行七十六字。《論語·爲政》篇之八行，第一行連空格凡七十六字，第二行七十四字，第三行七十三字，第四行七十五字，第五行七十四字，第六行七十二字，第七行七十一字。《堯曰》篇之四行，第一行七十四字，第二行七十九字，第三行七十四字，其各末一行，則難計也。蓋《隸釋》《廣川書跋》皆言碑高一丈，廣四尺，以漢尺度之，每字高廣一寸，以諸書所記碑石之數，核之諸經字數，則所謂表裏隸書者，當得其實。其每行之數不同者，則或經文有增損，較今板本不同者，不可以臆知矣。③

翁氏此跋已對其研究石經碑版行款之思路有所表見，十年後在著《漢石經殘字考》時，思想又有深化，其就洪氏所推測《儀禮》字數進而闡述云：

---

① 杭世駿《石經考異》二卷，《歷代石經研究資料輯刊》第 1 册，北京圖書館出版社 2005 年版。
② 洪适《隸續》卷十五，第 421 頁下。
③ 翁方綱《蘇齋題跋》卷上，《叢書集成初編》本，第 1613 號，第 27－28 頁。

>　　洪氏録熹平石經，於它經未嘗計其每行字數也。惟於《儀禮》云，在諸經中最爲難辨，而云以板本尋繹，知此碑每行七十三字。豈洪氏因它經文熟，未嘗深繹板本，故獨計此字數耶？不然，則它經每行字數視今板本揹拄者，頗非一條，借使一二字間相去不遠，恐亦未可執一以定之矣。愚第於諸經所見殘本下各記其每行字數，而不敢執某經某行以斷定之尔。①

他經過計算，基於對各經每行字數不同之認識，故既對以前之推算有進一步細化，如上跋言《盤庚》五行，僅計出前四行字數，《殘字考》則云有六行，其第五行七十四字，而第六行不可知；也對新出或以前未曾計算之各經殘石一一計算出其每行字數，如《魯詩》行款云："且此魏、唐風二段，以今板合此殘字計之，皆每行七十二字，唯《園有棘》章一行七十三字。其爲某字有異，未可臆知。"不僅計每行字數，且對殘碑文字以外之行款格式亦加推測，認爲《魯詩》"凡隔章皆空格，及篇末揔計章句之文亦如之"。在諸家群相關注史實、文字之清代，翁氏之眼光可謂獨特，其成就亦頗能啓迪後人。

二、王國維與魏石經研究

（一）王、羅往來書信所見王國維《魏石經考》研究過程

　　王國維之所以從事魏石經研究，有其思想認識發展過程。其受到段玉裁、吳大澂、羅振玉等關於甲金文，《說文》籀文、古文等論說之影響和啓迪，於一九一六年初取《說文》籀文，以甲金字形予以疏證，②知其字形與秦篆近似。因流沙墜簡"倉頡作"之啓發，認爲《史籀篇》首句是"太史籀書"，而非西周宣王時太史籀所篆，認《史籀篇》產生年代在戰國，經嬴秦李斯等"省

---

① 翁方綱《漢石經殘字考》，清光緒十六年（1890）四川尊經書局刊《石經彙函》本，第五葉。
② 參見王國維《丙辰日記》，《王國維全集》第十五卷，浙江教育出版社、廣東教育出版社 2010 年版，第 916－924 頁。

改"而成篆文。有了西秦籀篆之意識，進而思考許慎《説文叙》所謂古文皆東方齊魯之國文字，許云籀文與古文或異，昭示東西土文字或有差别。然《説文》之古文疊經六朝唐宋人傳鈔，或失本真，其能存真者，唯魏石經中之古文。遂於完成《史籀篇疏證》及《叙録》之後，乃就黄縣丁氏所得之三體石經《尚書·君奭》拓本研究古文形體。一九一六年四月二十日，王國維致羅振玉函，暢談自己之發現：

> 一昨忽得一快事，此日本擬考黄縣丁氏所藏三字石經殘字，取楊星老所印拓本觀之，乃排列其行款，始知每行經文二十字，並三體計之，則六十字。又據此行款以求《隸續》所録殘字，《隸釋》尚未借到，先據馮柳東書推之。亦皆每行六十字，凡《隸續》所存字亦可圖其殘石形狀，惟所存殘石在碑之上或下則不可定耳……擬作《魏石經考》一篇，並附以圖，惟《春秋》尚有若干字不能知其在何處耳。魏石經之立，本意在補漢石經。①

静安所取楊守敬拓本，實即楊氏《寰宇貞石圖》中影本。② 因爲排列而得魏石經之行款，故萌發撰作之想。原爲考察魏石經古文，以與籀文比勘而探索東西土文字異同，所謂"古文上承《説文》中古文，下啓《隸古定尚書》，考證此事亦極有趣味也"，何以忽而注意其行款？此函末有云：

> 漢石經每行字數，《公羊》八十四字，《儀禮》《詩》七十餘字。此諸種均未排比。公去歲所得者，《論語》有出劉本外者，並憶有出南昌刻本外者。此本將來必須印行，能將劉本所無者，以今隸寫一行款見示尤感。③

---

① 王國維《書信日記·書信》，《王國維全集》第十五卷，第 120 頁。
② 按，據羅振玉云：丁氏得《尚書·君奭》三體殘石，世多不之信，丁乃不輕易示人，拓本流傳甚少。光緒甲午(1894)，羅振玉曾得一紙。庚子(1900)客滬，山左范估又贈三紙。羅分贈章碩卿、繆筱珊和楊惺吾。見《石交録》卷一《魏正始石經出土經過》，《雪堂類稿》甲《筆記匯刊》，遼寧教育出版社 2003 年版，第 179 頁。楊守敬得此拓本，補入其 1909 年重新輯印的《寰宇貞石圖》中。楊氏此書係用當時先進的攝影技術，清晰逼真，爲人稱道，故王國維取觀研究，甚爲便利。
③ 王國維《書信日記·書信》，《王國維全集》第十五卷，第 120—121 頁。

《公羊》八十四字,係錢梅溪所藏拓本行款(詳下),《儀禮》七十餘字,乃洪适所言,二者皆是啟發靜安探索魏石經行款之誘因。然靜安自言《隸釋》尚未借到,則其當時所見唯錢梅溪拓本之《公羊》字數。"南昌刻本"若指阮刻十三經本,則靜安處必有而不必"憶有",則其若非翁方綱在南昌府學所刻黃易等漢石經殘字,必是黃易所刻《小蓬萊閣金石文字》等。① 不管是翁刻抑或黃刻,都有翁氏對熹平石經行款之推算文字,緣此知翁氏之行款意識對靜安探索有啟迪引導作用。

當其初有全面探討之想時,對魏石經中諸多問題尚多疑惑,如《隸續》所載有《左傳》廿二字連文者,若併所缺三體字計之,當有三十九字,一行三十九字之殘石,狹長已甚,他猜測可能是六朝、唐時經剪裁拼接過的拓本,而爲蘇望寫刻。又古書記載魏石經僅有《春秋》《尚書》,《隸續》何以有《左傳》殘字?凡此皆"不得其解,尚待細考耳"。經過一月之思索,對魏石經之行款及整碑大小、每字尺寸都有進一步認識。五月廿二日致羅函云:

> 近考得三字石經每行六十字,以此行款排比《隸續》所存殘字,得《尚書·大誥》殘石一段,《呂刑》及《文侯之命》殘石一段,《春秋·桓公經》》,《宣公經》《襄公經》各三段,而《宣公經》一段最長,得三十行。中間空三行。疑魏石經每碑三十行,行六十字。又據《西征記》,《御覽·碑門》所引。三字石經高八尺。今以丁氏殘石量之,大率八字得建初尺一尺有奇,則六十字正得八尺許。其闊則《雒陽記》謂廣四尺,此事指漢石,魏石不明。則每碑三十行亦頗近之。考之古書,魏石經唯有《尚書》《春秋》及《左傳》三種,欲以二十五碑之數與碑之行數、字數,可得碑字總數,再與三經字數相比,便可知其果有幾經。唯《尚書》究用何種,梁有三字石經

---

① 乾隆五十三年九月,翁方綱在南昌任上將摹於錢塘黃氏、如皋姜氏、金匱華氏三家之熹平石經十二段六百七十五字,勒於南昌學官,共四石,並作跋記之。見沈津《翁方綱年譜》,中研院《文哲研究所專刊》24,第258頁。又,翁方綱《兩漢金石記》卷二即迻錄《漢石經殘字考》,中有行款之記錄,而《金石記》即是翁氏乾隆五十四年刻於南昌使院者。又,黃易《小蓬萊閣金石文字》中亦迻錄翁氏之說。據六月二十三日王致羅函中有"孫、黃二本石經,先生處有石印本,欲請君楚兄以楷書照寫行款見示,將來求先生臨一通也"一語,又六月二十日王致羅函談及錢梅溪藏石謂錢本"比孫、黃二本自覺不及",則靜安曾在雪堂處曾睹孫、黃拓本,故此函云"憶有"也。按王國維編於1913年之《羅振玉藏書目錄·金石類》有黃小松所刊《漢石經殘字》一卷、《小蓬萊閣金石文字》之原刊本和楊氏刊本二部,是王國維1913年在日本時曾翻閱過此書。

《尚書》十三卷，則與僞孔卷數同。殊難斷定，不知先生何以教之？①

此一月之成績，一是離析《隸續》所載殘字，分出《尚書》二段，《春秋》七段；二是推測魏石經全碑三十行，行六十字；三是得出八字約等於漢尺一尺許的觀想。在此基礎上，他推想將《尚書》《春秋》《左傳》三經總字數與二十五碑可容納之字數較覈，即可知魏石經究竟有幾經，第不知《尚書》究用今文本抑古文本，故無法最終確定。他以此請教雪堂。羅覆函盛贊，謂"三字石經竟將字數、行數與石數計算相合，此大快事"，②然羅對《隋志》所載阮孝緒《七錄》所著之三字石經，仍不能確定到底用何種師傅本子。羅此覆函在五月廿七日，不意時隔一日，靜安於廿八日已解決此一問題，其致羅函云：

> 今就殘字觀之，雖不能確定其爲何種，然其中《呂刑》《文侯之命》殘字行數、字數相接，中間無容《書序》之餘地，知此本《書序》與馬、鄭同，仍是別行，可決其非僞《孔傳》本也。③

從前後相連之《呂刑》與《文侯之命》兩篇間字位，無法容《書序》之字，由此推知三體石經之《書序》仍同馬、鄭本別行，從而斷定其非今見《孔傳》本，這確實是智者之慧眼獨見。同書他還糾正了前函離析《隸續》中之殘字分段，云："就《隸釋》所載魏石經又發明一事，即《隸續》之石經共十三段。當時歐、洪祇見蘇望翻刻本，蘇氏亦祇言得摹本於故相王文康家，不能追溯其來歷。今觀郭忠恕《汗簡叙略》，略載唐開元五年得三字《春秋》，臣儀縫。當是"押縫"，奪一字。石經面題云'臣鍾紹京一十三紙'……今《隸釋》所存《尚書》六段，《春秋》六段，《左氏傳》一段，適與郭忠恕十三紙之説合。是蘇本即由唐內府本出，而唐開元時得此十三紙已押縫押尾，珍重如此。"將《隸續》殘石之分十三段與開元十三紙聯繫，而斷定蘇本即從唐內府本傳出，也是一種卓識。

半個月之後，靜安對先前之認識又有修正和新的看法。六月十五日致

---

① 王國維《書信日記·書信》，《王國維全集》第十五卷，第 138 頁。
② 《羅振玉王國維往來書信》，東方出版社 2000 年版，第 88 頁。
③ 王國維《書信日記·書信》，《王國維全集》第十五卷，第 140 頁。

羅函云：

> 魏石經殘字每行六十字，每八字當建初尺一尺弱，則六十字適得七尺有半，又上下必稍留餘地，則《水經注》及《西征〔記〕》所云高八尺者，甚爲可信。《水經注》並云"廣四尺"，則每碑當得三十五六行，以碑皆相接，旁不必留餘地故。以此法計算字數，則《西征記》三十五碑之說最合。《洛陽伽藍記》云二十五碑，則不能容《尚書》《春秋》二經字數，均以表裏刻字計。決無此理。其種數除《尚書》《春秋》二經外，《左傳》僅刻至莊公，又知《尚書》無孔壁逸篇，亦無僞孔二十五篇。①

五月下旬推測魏石經全碑三十行，行六十字，並以《洛陽記》二十五碑爲基準論事，此殆因無法逆料《尚書》用今文抑或古文本之字數。及至確定《尚書》用馬鄭本，則《尚書》與《春秋》之字數可計而定，故謂《洛陽記》二十五碑決不能容二經字數，而以《西征記》三十五碑說最合，從而得出每碑三十五六行，每行六十字之款式。因爲《西征記》所記多《洛陽記》十碑，推算二經之外，又可容《左傳》隱、桓、莊（部分）三公之文。同函又有兩個有關字體和《古文尚書》流傳之新見。其一，靜安觀摩魏石經字體，得出"兩頭纖纖之古文實自三字石經始"，因爲史載衛恒謂正始中立三字石經，轉失淳法；因科斗之名，遂效其形，故推測"邯鄲淳之古文不如是也。許書古籀文字體本當與篆體不甚相遠，今所傳字形亦銳其末者，蓋雍熙刊本篆書或出徐鼎臣，古籀當出句中正、王惟恭二人之手，二人夙以古文名，無怪其作漢簡體也"。其二，《尚書》既無孔壁逸篇，則僅二十八篇之文。靜安取"天寶未改字本《尚書》較三體古文，同者固多，異者亦不少"，遂推"知僞孔本當出東晉之初，其人當及見魏石經而竊取其字後，故作異同，以貌爲孔壁真本者也"。此兩種新見雖須更切實之材料來證實，卻頗可啟人新智。

靜安對魏石經行款經如此三番五次之排列，已形成一階段性認識。然於石經是否確爲兩面刻字，尚有疑慮。六月廿三日夏至致羅函有云："魏石經事，亦尚有種種問題未易解決，如古書皆言漢魏石經表裏刻字，今丁氏殘石止一面，不知是一薄片，或他面字已磨滅，皆非目驗無由知之。"三日後，

---

① 王國維《書信日記·書信》，《王國維全集》第十五卷，第145頁。

羅隨即覆函云："魏石經乃東估老范（山東濰縣古董商范維卿）即弟所從詢殷墟遺址者。得之洛陽某村路旁小茶肆，面已遭撲擊，范估見其似有字迹，然已僅存筆畫，手撲石背，則確有字迹，乃反轉觀之，即石經也，遂以二千錢購得之。此弟親聞之老范者，則石確是兩面刻也。此可採入大著序跋中者。"①此事静安採入《考》中，可謂疑慮冰釋。

自四月以還兩個月中，静安已基本弄清《魏石經考》諸種問題，至六月二十日，上卷清稿寫畢，尚須加碑圖，下卷腹稿雖具而未著手。② 此時思路從魏石經之行款轉向熹平石經之行款。蓋當初所云"《公羊》八十四字，《儀禮》《詩》七十餘字"，前者是錢氏實際行款，後者源自洪适《隸續》，皆非親自驗證。且《公羊》《儀禮》每行字數相差十字以上，亦足可致思。於是揣摹錢泳藏拓，乃漸次發現其有問題。六月二十日致羅函云：

> 錢梅溪所藏石經，段懋堂先生直斥爲依《隸釋》僞造固屬不確，然比孫、黃二本自覺不及。今日見其中《禮經·聘禮》一段與《公羊》一段皆《隸釋》所無，則非洪本可知。妄意即胡宗愈所刊錦官西樓本，而孫、黃二本則爲洪本，故字不如孫、黃本之精采。洪刻甚精，吾道士已言之，恐世未必有原石拓本也。③

此函云段玉裁斥梅溪藏石爲依《隸釋》僞造固屬不確，殆因静安猶信其爲胡宗愈錦官西樓本。然則是胡宗愈刊刻時移易行款抑或漢石經原有差異？仍可置疑。不二三日又致羅函云：

> 頃得一事甚快，錢梅溪所藏石經，今日將其中《公羊》殘字與《隸釋》所錄殘字，將傳文排比之，則錢本《公羊》每行八十五字，而《隸釋》

---

① 《羅振玉王國維往來書信》，第105頁。
② 其六月二十日致羅函云："今日寫《魏石經考》上卷畢，得十八紙，尚須加碑圖六紙。圖草稿已成，然須四十行、行六十字之紙乃能容之，恐不得寫手，雖不成字，仍須自寫也。下卷專考文字，雖未寫出，已具腹藁，不知此月內能成否。"王國維《書信日記·書信》，《王國維全集》第十五卷，第148頁。
③ 王國維《書信日記·書信》，《王國維全集》第十五卷，第147－148頁。案，此函"胡宗愈"之"宗"作"柔"，誤，據《羅振玉王國維往來書信》改。

本《公羊》則每行字數不可確斷，然排比十行左右，知每行不過七十三四字，他經皆同，確知出梅溪偽造。蓋此《公羊》一段不見《隸釋》，故出此破綻。其《公羊》一段為隱公四年事，《隸釋》亦起隱公四年而文不同，同一碑上字尤不應行款不同。然則公之所藏亦錢石拓本，段懋堂先生"無錫人倣《隸釋》偽造"之言，今日乃得確證。曩睹錢本已覺其不如孫、黃二本，後又見公所得十三紙，此疑更甚，亦至今始得證明也。公聞之當為大快。

前函之"妄意"、"恐世未必"云云皆猶疑不決之辭，故隨即轉入深層研究。静安從《隸釋》本《公羊》殘字入手，經排比得知每行亦七十三四字，與洪适《隸續》謂《儀禮》之行款相近，而與錢氏每行八十五字差距甚大；且錢氏藏石為《公羊·隱公四年》事，與《隸釋》之《公羊》同年而文不同，一經一碑之行款不應相差如此之大：故定錢石為偽造。錢梅溪藏石，據其自記，乃得之於舊本《管子》書中，錢據書中所夾拓片摹勒上石，一時金石家皆競相摹錄傳拓，① 連精於石刻鑒賞之翁方綱不僅有詩為贊，亦刊入其《漢石經殘字考》中，並跋云："《公羊》殘碑洪氏所錄自隱四年傳起，而無此文，則予所見此殘本數段者，皆非洪氏刻本可知矣。洪所錄之文即在此文上下，而彼此所得不同耳。若以板本計，全石之每行字數則就此三行內之可計者，弟一行八十七字，弟二行八十五字，較它經每行多出十許字，而字之大小却無異，不知何也？"② 是翁氏已察見其異而不疑，宜段玉裁指為偽造而錢石聲價不跌。至静安以同碑同年經文之行款表其罅漏，偽跡乃顯而無隱。

静安所以要發露錢氏藏石之真偽，亦是為確切計算熹平石經之行款。

---

① 錢泳《履園叢話·碑帖·漢熹平石經》記："余於乾隆五十年七月偶於書肆中購得舊本《管子》一部，中夾雙鈎五六紙，率皆殘缺不全，細心尋繹，得《尚書·洪範》篇七十八字，《君奭》篇十三字，《魯詩·魏風》七十三字，《唐風》三十一字，《儀禮·大射儀》三十七字，《聘禮》廿八字，《公羊·隱公四年傳》十八字，《論語·微子》篇百七十字，《堯曰》篇三十九字，又盡、毛、包、周有無不同之説及博士左立姓名十八字，合五百餘字，不詳何人所摹。惟視《管子》第一本上有國初徐樹丕印記，則知為牆東老人所鉤無疑矣。故翁覃溪閣學有詩云：'熹平石經紙摹十，錢子得自徐牆東。'蓋紀實也。自余模勒之後，南昌學宫有重模本，紹興學宫有重模本，如皋姜氏有重模本，而王司寇《金石萃編》亦載之。五十七年，余北行過濟寧，錢塘黄小松時為運河司馬，又藏有舊搨《尚書·盤庚》五行，《論語·為政》八行，《堯曰》四行。小松囑余并刻之，均為藝林罕見之寶。"從錢氏之記述中，可見當時流傳之廣。中華書局1979年版，第235頁。
② 翁方綱《漢石經殘字考》，第五葉B。

其自云六月二十日寫《魏石經考》畢,而七月六日至八日,仍在排比計算漢石經行款字數,致羅函云:"端忠敏之石經殘字影本已購得……漢石經每行字數,今以端本計算,則每行大抵七十三四字。因古今本字數不同,不能確定每行若干字。而錢本《公羊》獨每行八十四字,益見其偽矣。"①《魏石經考》第一《漢石經經數石數考》取每行七十五字計,緣此知靜安此篇必經修改。兹將靜安致羅函言及清寫、修改《魏石經考》之月日、內容排列於下,對照前文所述,以呈現其修改軌迹:

六月二十日:今日寫《魏石經考》畢,得十八紙。

七月一日:厪中有戚串來,八日不作一事,故《三字石經文字考》稿雖已就,尚未寫出也。

七月六日:《魏石經考》二卷已寫就清稿,但此稿石印底子恐仍須自書。

七月十一日:《魏石經考》由維自寫之,三日得七紙。

七月十五日:連日寫《魏石經考》,甚沉悶,且多注處,每日僅得二紙。第一卷刻寫畢。

七月十七日:《魏石經考》上卷寫成,得十九頁,雖甚粗漏,然前人實罕用此方法,故所解決之問題實頗不少也。下卷考文字,則却無甚精采,亦題目使然也。

七月二十四日:《魏石經考》二卷今日寫畢,得三十九頁,外加碑圖六圖。尚須覆校並手鈔一次,然後可令人寫也。

八月二日:近日寫《毛公鼎考釋》,後又修改《魏石經考》,尚須重寫一次。其中《魏石經經本考》一篇幾全行改易,其子目爲:漢石經經數石數考、魏石經經數石數考、魏石經經本考、魏石經拓本考、魏石經經文考、魏石經篇題考、魏石經古文考、魏石經書法考,共八篇,分爲二卷,附以碑圖七。此次殆可爲定稿矣。然再寫石印底本尚須半月有餘乃可成,碑圖恐尚須自寫,恃人全不成也。

九月九日:此次《魏石經考》又加增改,惟《經文考》與《古文考》二篇尚多罅漏,因憚於改寫,故悉仍之,然已改寫十餘頁矣。

九月十四日:自四月下旬起作《魏石經考》,直至今日始將全稿及碑圖寫定。此次改寫二十紙左右,憚於全寫,故《經文考》及《古文考》中尚多罅漏。

---

① 王國維《書信日記·書信》,《王國維全集》第十五卷,第 156 頁。

《魏石經考》從著手起草至定稿前後近五月，即從六月二十日上卷寫畢，七月下旬二卷寫畢之後，八月又修改重寫，至九月又一次增改，且改幅非小，真可謂不斷發現，不斷修正，不斷完善。此《考》告成，是王國維研究魏石經第一個里程碑。七年以後，即一九二三年上半年，因洛陽新出土魏石經殘石，於是有《魏石經殘石考》之作。

（二）王、羅、馬等往來書信所見王國維《魏石經殘字考》研究過程

　　魏石經殘石，一九二一年以來，已陸續在洛陽出土，其最大者《無逸》《君奭》巨石出土於一九二二年十二月二日。靜安聞其事，已在一九二三年春季。是年三月七日靜安致羅函云：①

　　　　新出三體石經及《顏勤禮碑》昨已聞馬叔平言之，叔平至滬，一日即行。叔平謂周季木尚藏有魏石經《尚書·益稷》篇二字，見過拓本。不知新出之石六七百字者已抵京否？②

當時巨石出土曾轟動一時。雪堂得函時尚未見，十九日見部分拓片，即刻覆函云：

　　　　承詢魏三體石經。今日始見墨本二葉，一爲《尚書·無逸》，二爲《春秋·文公》，藏石者索萬元。且此石出洛東廿五里，乃石之上半，以巨石不便私運，乃中割而爲二，兩面共損去百餘字。弟之所見乃半石之表裏，其他半石，即拓本亦不示人，俟此石售出，乃能示以他半。其拓本立時索回，弟乃令小兒陪之閒談，而陰至照像館照之，大約一星期可見照片矣。《無逸》篇中且甲之"甲"字尚作"甲"，中從"十"不作"丁"，急以奉告，想所樂聞也。③

---

① 王國維《魏石經殘石考序》云："癸亥春，乃聞洛陽復出魏石經殘石一……三月中，始得拓本。"
② 王國維《書信日記·書信》，《王國維全集》第十五卷，第541頁。
③ 《羅振玉王國維往來書信》，第559頁。

其索價之高和拓片守護之嚴，足以想見賈客居奇之貪心。然以雪堂之老練，猶能從其手中獲得照片。四月十二日，羅致函靜安云："息侯將南歸，魏石經照片攜京，當托渠轉奉左右。"及至照片洗出，因郵寄不便，雪堂遂將錄文鈔示靜安，並附己所作跋文寄靜安，書中盛贊靜安《魏石經考》之精密。① 五月二日，雪堂得見魏三字石經兩卷，亟告靜安云："魏三字石經兩卷，均得寓目，《書》每□卅四行，《春秋》卅二行，首尾兩行無字。都中洛下同人乃無一人得見者，懸高價以餌之，未得如願以償，乃知金錢果萬能也。拓本在敝齋，俟公來，當並几共賞也。"② 靜安得知羅已見拓本並承示錄文，檢視自己前時所考，頗多密合，甚為欣喜，連覆兩函。五月七日覆函云："魏石經竟得見二石，甚快。前拓本收到，其價當交敬公。其中古文祖甲字作'龛'，此與《說文》枾之古文字'龛'正同，即殷墟文字中'田'字之變形也。"③ 五月九日又函羅云："三字石經竟得全拓，快甚……維所最快者，三體古文'甲'作'龛'，篆隸'迪'作'徝'，皆足證維說。又每石三十四行，正與維前考密合也。惜未得黃縣丁氏一石拓本，想至京後易覓也。"④ 又五月下旬致王文燾函云："昨奉手教並摩示正始石經，正在發熱，不能作覆，至以為歉。敝藏二紙，其異同略能記者，《君奭》'其終出于不祥'，'終'作'崇'；'我道惟寧王德延'，'道'作'迪'，均與《釋文》所引馬融本同。而尊摩《多士》篇'猷'字作'繇'，憶《大誥》'猷'字，馬亦作'繇'，然則魏石《尚書》實用馬本也。"⑤ 以上數函，語言輕快，皆是對新獲魏石經可證成己說那種喜悅真情之表露。然此時似未見有續撰之主意。其欲撰作《魏石經續考》之意圖，原於六月上旬對《多士》篇之排列。

六月六日，靜安將《多士》殘石照《尚書》字數排列，可說是**繼續**了七年前之工作。七日致羅函云：

> 昨日將《多士》篇殘石照《尚書》字數一排，知是《無佚》篇殘碑。前一碑自第一行起至第十一行止，下所缺字正得二十三行，正得三十四

---

① 《羅振玉王國維往來書信》，第560頁。
② 《羅振玉王國維往來書信》，第563頁。
③ 王國維《書信日記·書信》，《王國維全集》第十五卷，第544頁。
④ 王國維《書信日記·書信》，《王國維全集》第十五卷，第544—545頁。
⑤ 王國維《書信日記·書信》，《王國維全集》第十五卷，第600頁。

行,其上自《多士》篇首起缺一百八十四字,則在"今"以上缺四字也。《春秋》亦排出,乃自第二十五行至第三十四行止,其"趙"、"敖"、"宋"三字,則在第二十一、二十二、二十三三行也。所排之稿爲叔平持去鈔録矣。叔平處之拓本似漢石經,乃"邱"、"來"二字。直列。又一石,有"後"、"醢"二字可識。橫列。明日當見叔平,即行索之。①

靜安對《多士》《無逸》和《春秋》兩碑排列非常重要,此兩碑排出行數,不僅確定了魏石經整碑行款之基準,同時也修正了《魏石經考》以三十五行爲基準之推想。唯當時靜安亦不自秘,排出之草稿即爲馬衡持去。而雪堂接到信函,立即致函云:"尊寫定《多士》及《春秋》□石圖,請屬叔平寫一紙見寄。"可見對此兩石排定所得行數之重視。《魏石經殘石考》分碑圖、經文異同、古文字三部分及附録《隸釋所録魏石經碑圖》,故應該認爲《魏石經殘石考》始撰於六月上旬。

當其撰著此考之前後,除雪堂時時惠寄拓片外,陳乃乾惠贈《魏正始石經殘字》二卷,王文燾惠寄漢石經和魏石經拓片,②皆有利於靜安之研究。七月十一日,雪堂致函靜安有"尊著《魏石經考》稿能否惠示一傳録,能交伯深攜來尤感"一語,③可認爲其已有初稿。然靜安並未録示,而是繼續深入研究。七月二十三日,靜安致馬衡函,對幾片碎石之排列又有突破:

　　昨晚晤教甚快。燈下研求尊藏正始石經殘石,"祇王殷"一石乃《君奭》末、《多方》首之文,足證中間無《蔡仲之命》一篇;又"庶文王"一石,乃《立政》篇"庶常吉士"、"文王惟克厥宅心"、"文王罔攸兼於庶言、庶獄、庶慎"三句之字。前一殘石乃《無逸》《君奭》一碑之次碑,第二殘

---

① 王國維《書信日記·書信》,《王國維全集》第十五卷,第547頁。
② 陳乃乾於一九二三年影印出版《魏正始石經尚書》一卷,《春秋》一卷。《陳乃乾文集》附《陳乃乾先生年譜簡編》著録,國家圖書館出版社2009年版,第1009頁。陳之惠贈見王國維《致陳乃乾函》,一九二三年六月十一日、二十三日。王國維《書信日記·書信》,《王國維全集》第十五卷,第699頁、700頁。據王函,陳之影拓本印行在六月。王惠贈拓片見王國維《致王文燾函》,一九二三年七月一日。王國維《書信日記·書信》,《王國維全集》第十五卷,第601頁。
③ 此非指七年前之《魏石經考》。《魏石經考》刊於《廣倉學宭叢書》,雪堂必早擁有,不必再問,此事之顯然無疑者也。

石乃其後第三碑。①

"祗王殷"一石顯示《君奭》《多方》相聯,中間無《蔡仲之命》逸篇,又一次證實魏石經不用《孔傳》本古文。七月二十六日,静安致馬衡,謂雪堂有周季木所藏《皋陶謨》殘石拓本二紙要轉交衡及森玉,是静安先馬衡而見此拓片。八月十四日,静安在端摹《皋陶謨》拓片後發現魏石經非一人所書。其致馬衡函云:

> 昨談甚快。頃閱魏石經《皋陶謨》殘石拓本,知《皋陶謨》與以後諸石決非一人所書。其所據《尚書》亦似非一本,如"予"字,《周書》古文並作"㞢",而《皋陶謨》作"弓",“攴”字偏旁《書》與《春秋》並作"攵",而《皋陶謨》作"彡",非所據之本不同,則必書人不同,各以其所謂古者書之也。昨在尊處所見"木暨"二字,"暨"字古、篆二體似均從自下水,請摹示爲感。②

静安從同一書之同字古文而前後不同,遂有同一書非同一人所書寫之推想。此雖僅可備一説,然其觀察之細緻、思慮之細密則令人欽佩。静安自來京之後,與馬衡頗多往來,故往復商討漢魏石經事甚頻。馬衡得函,即摹示"木泉"兩字,並贈魏石經大幅拓片。静安於十五、十六連覆兩函云:

> 魏石經未剖前拓本二幅收到,題識不難於長而難於短,恐污裝軸,如何如何。弟之魏石經仍擬稍緩付裝,如兄便過富華時請言及,則弟隨時可交付也。
> "木泉"一石摹示,至感。又"介"字一石兄處如有拓本或摹本,亦乞摹示。此可以爲決品字式之碑果若干石之關鍵,前函忘之,故再陳,費神至謝。③

---

① 王國維《書信日記·書信》,《王國維全集》第十五卷,第812頁。
② 王國維《書信日記·書信》,《王國維全集》第十五卷,第814頁。
③ 王國維《書信日記·書信》,《王國維全集》第十五卷,第814、815頁。

魏石經未剖前拓本極爲珍貴，馬衡贈二幅，殆一贈靜安，一請題識也。故靜安有"不難於長而難於短，恐污裝軸，如何如何"云云。而以"介"字一石決品字式之碑，又是一個突破。就其不斷有新發現、新突破而言，儘管八月十五日靜安致雪堂函云"近作《魏石經續考》昨日始成，尚未寫清本"，①謂稿成而未寫清本，實則其後相當一段時間內仍時有修正，定稿尚早。如十九、二十兩日，雪堂接連三函，謂爲靜安索得周季木正始石經拓片四紙，季木欲請靜安考證，是知乃靜安先前所未見者。②直至一九二四年，此稿仍續有修訂。一月十九日雪堂曾致函問靜安："大著《石經考》稿本是否寫定？弟處有寫官，乞郵寄傳錄，如何？"③此當時未寫定之證。而二月二十九日雪堂致函云："魏石經《皋陶謨》殘字收到否？"④三月四日又致函云："洛中又寄正始石經《皋陶謨》殘字來，雖拓本粗惡，然尚可辨，茲奉寄。"⑤是皆續有新見之魏石經拓片不斷集中到靜安處。逮及五月二十二日，雪堂致靜安函云："檢點石經殘字拓本，作一完善之考訂，甚善甚善。此稿若成，可以直稱石經，由津廠上石印行。至拓本則別爲一書可也。"觀言辭語氣，此函係雪堂覆靜安函，今靜安致函雖未見，仍可由雪堂函辭中得知，靜安欲檢點近一年多來所得之三體石經拓片，作一完整之考訂。故五月二十六日靜安致馬衡函，仍在排比魏石經：

又排比魏石經行款，知尊藏"介退"一石竟是《皋陶謨》"以五介彰施于五色"及"退有後言"之文，"介"字右旁一筆乃是"予"字末筆，此三字皆在行末，以行款定之，別無可疑。而"五采"作"五介"，乃與鄭、孔二本均殊，直是聞所未聞。鄭君以未用、已用分解"采"、"色"二字，說似可通，然究未免支離。魏石作"五介"，蓋謂采色次序，如《考工記》所載"繢次"、"繡次"，是則"彰施"二字始有著落。⑥

---

① 王國維《書信日記·書信》，《王國維全集》第十五卷，第549頁。
② 《羅振玉王國維往來書信》，第582、583頁。
③ 《羅振玉王國維往來書信》，第605頁。
④ 《羅振玉王國維往來書信》，第610頁。
⑤ 《羅振玉王國維往來書信》，第610頁。
⑥ 王國維《書信日記·書信》，《王國維全集》第十五卷，第817頁。

"介"、"退"函所説"予"字,碑圖有標示,可見《殘石考》之成稿在其後。五月三十一日,雪堂致函,云"前索三體石經,是否'弼'字一石?前大索不得,今無意得之。若不是此紙,即請擲還",静安索石殆欲補充其文。同樣情形,一直延續至一九二五年乃至一九二六年。一九二五年九月,静安與馬衡仍在討論魏石經。静安於十四日致函云:

> 魏石經此次拓本。足補《無逸》及《僖公》大石者,以弟所已知者,僅得八由,而"逸先"及"不雨"兩石乃與大石相先後,合之僅得十耳。不知兄所數,除此二石,抑并計之也?乞示。

透過此函,可知馬衡在向静安覈對可拼接於兩塊大石上之碎石數量。二十二日,静安又致馬函云:"前日接手教并石經《尚書》《春秋》殘石十種,至謝至謝。弟前所未數者,即'公復''取如'二石也。"讀此函,知馬衡將自己可拼接之十塊殘石拓片寄静安,静安校覈,得知馬衡所計之"公復"、"取如"兩塊,自己未計。然已所計亦十塊,是則兩人所計有錯轉,故隔日(二十四日)致馬函剖析情況:

> 昨復一書,想達左右。今日復將尊賜石經拓本細將檢覈,知可補大石之十片,弟與兄所計各異:弟所計者,《尚書》尚有二片,一爲《君奭》第五、六兩行之"惟家"惟人、在家不知。二字,一爲第末二行"若若卜筮。殷嗣"有殷嗣天滅畏。三字,此三字正在大石與丁氏小石之間。而《春秋》中兄重寄之"㠱晉"二字,弟不能發見其所在,㠱字兄意係何字之半?請示爲感。①

静安將馬衡所寄碎石十篇與自己所藏校覈,發覺《君奭》"惟家"和"若殷嗣"二石爲馬衡所未計,而馬衡所寄《春秋》"㠱晉"一石,應爲静安所未計。静安不知此石應置何處,故請示於馬。馬是否有覆,今未可知。《殘石考》中未標示此石,或仍未考出。然静安未標示,不能説《殘石考》至此時未完成。就下面兩函之内容,可知静安尚不時在修改。一九二六年八月二十二日,静安致馬衡云:

---

① 王國維《書信日記·書信》,《王國維全集》第十五卷,第 824 頁。

今日偶翻三字石經拓本，見有"饗或作其"四字，乃《無逸》"肆中宗之享國"及"作其即位"之文；有見"逸""厥"二字，乃"生則逸"及"自是厥後"之文，此二石不知兄已查出否，敬以奉聞。①

"今日偶翻"云云，似其前時未曾察見排比，故亦問馬衡是否查出。覈《殘石考》，兩石皆已依此函所説標示，知必此日後所修正。又九月十一日致馬函討論"不我郵"一石歸屬云：

"不我郵"一石，其末一字如可確定爲"光"字，則爲《君奭》之文無疑，因《春秋》無"郵"字，而《尚書》"尤"字，亦惟《君奭》《吕刑》兩見故也。

"不我郵□"，第四字是否"光"字，請細審之，若是"光"字，則此石爲《君奭》無疑。細思此石或係《君奭》，"尤"之爲"郵"，固無不可；然"棐"之爲"不"，實爲巨異。自王懷祖、孫仲頌以前，絶無以"棐"訓"匪"者，若古文原作"不"，則馬、鄭、僞孔必已如王、孫二氏訓"棐"爲"匪"矣。此甚不可解也。②

"不我郵□"一石係馬衡所得而請靜安審定者。九月九日致馬函云："'不我郵□'一石尚未檢得，'不我'二字絶非《春秋》，而《尚書》又無'郵'字，而'尤'字亦不多，容再思之。"③此函開首云"頃接手書，敬悉一切"，則此石拓片亦剛送至靜安。靜安乍思不得其解，二日後，致函詢問第四字是否"光"字，如是，則確定其爲《君奭》文。今《殘石考》已定此石在《君奭》下，可見此稿在九月十一日仍在增補。

靜安對於出土魏石經殘石之研究，雖亦時時與雪堂往復商討，因時已遷居北平，與馬衡鄰近，且馬衡時將新得殘石供靜安研討定奪，相與商榷，故往來甚密。靜安歸道山，馬衡鈔録《三字石經考》稿並跋云："憶自十二年

---

① 王國維《書信日記·書信》，《王國維全集》第十五卷，第 829 頁。
② 王國維《書信日記·書信》，《王國維全集》第十五卷，第 831–832 頁。
③ 王國維《書信日記·書信》，《王國維全集》第十五卷，第 830 頁。

秋衡得石經殘石，先生亦於是時來北京，乃相與摩挲、審辨，有所發明則彼此奔走相告，四年以來未嘗或輟，而今已矣，無復質疑問難之人矣。讀此遺編，倍增悵惘。"①而羅振玉亦云："正始石經出洛陽，後吾友王忠愨公乃蒐集諸家所藏以爲此考，至爲精密。但未及手校付印，遽完大節。"②由此可窺靜安撰寫魏石經過程之一斑，亦可知此考未經其最後手定。

三、《魏石經考》《魏石經殘字考》之內容與增删

（一）《魏石經考》内容

《魏石經考》一九一六年九月著成，隨即刊於由姬佛陀挂名、靜安實際主持編輯的上海倉聖明智大學出版之《學術叢編》中。其細目分爲：
上卷：
漢石經經數石數考
魏石經經數石數考
漢魏石經經本考
魏石經古拓本考
魏石經經文考——一、丁氏殘石，二、《隸續》遺字
魏石經篇題考
下卷：
魏石經古文考
魏石經書法考
附：《隸續·魏石經圖》六幅
上卷六篇，下卷二篇，共八篇。内容如下：
《漢石經經數石數考》，文獻所載漢石經、魏石經經數、石數互相糾結，

---

① 馬衡《三字石經考跋》，《馬衡詩鈔·佚文卷》，紫禁城出版社 2005 年版，第 162 頁。
② 羅振玉《正始石經殘石考跋》，收入《居遼乙稿》，《羅振玉學術論著集》第十集，上海古籍出版社 2010 年版，第 362 頁。

故欲考魏石經經數、石數，得先探考漢石經。漢石經之經數，史載有五經、四經、七經之異，①其石數則有四十枚、四十六枚、四十八枚、五十二枚之殊。② 靜安研究之方法甚爲簡單，其手續則頗爲繁複，其抉擇則極具慧識。其方法即是計算出每碑可容字數和四十碑、四十六碑、四十八碑、五十二碑所容總字數，以此來容納四經、五經、七經之字數。每碑之行款，即據傳世宋拓《尚書》《論語》之每行七十三四字爲基點，以石經高丈許，廣四尺，框定一碑三十五行，行七十五字。各經字數依《開成石經》，但須考訂排斥《尚書》不用五十八篇之《古文尚書》，《洛陽記》《伽藍記》之"禮記"應爲"儀禮"。據《洛陽記》所記洛城南開陽門太學講堂前石經之排列：西行，《尚書》《周易》《公羊》十六碑；南行，《禮記》十五碑；東行，《論語》三碑。靜安以此得到總碑數字數和三面分碑分經字數之二種參數，故最後得出：西行二十八碑爲《易》《書》《公羊》《詩》《春秋》五經，南行十五碑爲《儀禮》及校記、題名，東行三碑爲《論語》，總七經四十六碑。

《魏石經經數石數考》，魏石經石數據文獻所記有三十五碑、二十五碑、四十八碑之異，③因其一字有古文、篆文、隸書三體，字量多經文三倍，故即使碑數有四十八，所刊經數亦少於漢石經。據《西征記》《伽藍記》所記僅《尚書》《春秋》二部，與《隋志》所載《三字石經尚書》《三字石經春秋》相合。然《舊唐志》更有《三字石經左傳古篆書》十三卷，且《隸續》錄魏石經遺字亦有《左傳·桓公七年》九字、《桓公十七年》二十六字，是則有三經。靜安依《開成石經》算出《尚書》《春秋》《左傳》三體總字數有六十四萬七千九百六十四字，而其據黃縣丁氏所藏魏石經殘石並參考《水經注》所云"長八尺，廣四尺"排比計算，每碑得三十五行，行六十字。如此則須一百五十五碑方能容納三經。此不僅與文獻所載碑數不合，亦非正始數年間所能置辦。最後，靜安以三字石經《左傳·桓公》殘石爲基點，計算隱、桓二公傳文得九千

---

① 《後漢書·蔡邕傳》注引陸機《洛陽記》舉《尚書》《周易》《公羊傳》《禮記》《論語》五經，楊衒之《洛陽伽藍記》舉《周易》《尚書》《公羊》《禮記》四經，《隋志》則舉《周易》《尚書》《魯詩》《儀禮》《春秋》《公羊傳》《論語》七經，互有異同。
② 《西征記》謂四十枚，《洛陽記》謂四十六枚，《伽藍記》謂四十八枚，《北齊書·文宣帝紀》謂五十二枚。
③ 《御覽》卷五百八十九因《西征記》記爲三十五碑，《伽藍記》記爲二十五碑，唯《水經注·穀水》記爲四十八碑。

三百三十九字，合《尚書》《春秋》共四萬四千五百六十一字，每字三體得十三萬三千六百八十三字，而《西征記》三十五碑可容十四萬七千字，故考定魏石經已刊《尚書》《春秋》二經及《左傳》隱、桓二公及莊公中葉前之傳文。

《漢魏石經經本考》，漢石經因《隸釋》所錄《魯詩》殘石有"齊""韓"字，《公羊》殘石有"顔氏"有無語，《論語》殘石有"盍、毛、包、周"字，是乃各經校記。蓋石經以一本爲主，復著諸本異同於後，以此反映當時官學所立諸家經本。靜安以此推定漢博士《易》有施、孟、梁丘、京氏四家，《書》有歐陽、大小夏侯三家，《禮》有大小戴二家，石經本亦必以一家爲主，而於後著諸家之異同，如《魯詩》《公羊》之例，是今文諸家異同盡萃於漢石經矣。曹魏正始間所以立古文石經，殆因"魏學官所立諸經，乃與後漢絶異"，其時《書》已爲賈、馬、鄭、王之本，而博士之可考者，亦多古文家。是則學官所立爲古文，而太學舊立石經爲今文，故刊古文經傳以補之。刊《春秋》並刻《左傳》，理亦同此。其所以不見逸《禮》、逸《書》及魏時已立學官之他經者，靜安推測：逸《書》、逸《禮》學官所不立，固在不刊之列，至《禮記》《穀梁傳》均爲今學，《費易》《毛詩》雖爲古學，或已無古文之本，或欲刊而未果，與《左傳》之未畢功者同。至於魏石經之古文，他考證曹魏時古文傳授和字學之興盛，認爲其"出於壁中本，或其三寫、四寫之本，當無大誤。即謂出於當時字指學家之手，然雖非壁中之本，猶當用壁中之字，固不能以杜撰譏之矣"。①

《魏石經古拓本考》專考《隸續》以前魏石經流傳之跡。靜安謂《隋志》注謂梁有一字石經和三字石經，爲拓本抑寫本，蓋無可考。而《隋志》著錄之二種石經，因《封氏聞見記》明言爲拓本，則確鑿無疑。然此拓本，唐初修《隋志》時尚完，至中、睿以後頗已散佚，其鱗爪所存者，有郭忠恕所叙之開元十三紙及寶蒙所見四紙。下逮北宋，丞相王文康家有三字石，經拓本。皇祐癸巳，洛陽蘇望得王氏拓本，刊以行世，後爲《隸續》所錄。靜安離析《隸續》殘石，適爲"《尚書》六段，《春秋》七段，《左傳》一段，共十四段，與開元之十三紙止差一紙"，推測其即開元十三紙，而"其中當有兩段在一紙上者"。② 靜安又將魏石經古文與郭忠恕《汗簡》和夏竦《古文四聲韻》比對，郭

---

① 《魏石經考》三，《觀堂集林》卷十六，《王國維全集》第八卷，第488頁。
② 前引一九一六年五月二十八日致羅振玉書云"《尚書》六段，《春秋》六段，《左氏傳》一段，適與郭忠恕十三紙之説合"，此時靜安研究深入，又有新得。

引魏石經一百二十二字，其見於蘇刻者七十四字；夏引魏石經一百十四字，其見於蘇刻者六十三字，餘皆出《汗簡》，其在蘇刻及《汗簡》之外者僅十二字。此對探尋《汗簡》《四聲韻》之取材，無疑是揭示了一項大宗資料。

《魏石經經文考》是對黃縣丁氏所藏殘石和《隸續》所錄遺字之經文回溯。《隸續》錄魏石經遺字，僅題"魏石經左傳遺字"，清臧琳《經義雜記》始分出《尚書》殘字，孫星衍《魏三體石經遺字考》又分出《春秋》殘字。靜安將之與丁氏所藏殘石依孫氏形式一併作釋，且時有糾正孫說。唯孫刊《隸續》三體文字用陰文拓本形式，靜安則用手寫體，稍遜觀賞。最後根據其所擬定之經文及行款將《隸續》各段分繫於相應之五碑：第一、第五、第八爲一碑，係《春秋·襄公》經文；第二、第十一爲一碑，係《尚書·大誥》；第三、第六、第十爲一碑，係《春秋·宣公》經文；第四、第七、第九、第十三爲一碑，係《尚書·吕刑》《文侯之命》文；第十四自爲一碑，係《左傳·桓公》文。① 因魏石經亦表裏刻字，故靜安推測此五碑必有互爲表裏者，因不得其排列，故無從考定。

《魏石經篇題考》，此篇因《尚書》殘字有《吕刑》《文侯之命》相接，《春秋》殘字有《桓》《莊》二公相接，故由其相接處闕字地位探討《尚書》和《春秋》之篇題行款。靜安以爲，魏石經篇題"文侯之命"上應有"古文尚書"四字，以此別於漢石經之非古文；"文侯之命"下所闕十四字當是"弟ムム　周書文侯之命"，"ム"、"書"、"命"下各空一個，計十二字，其中或有空三字或別增二字者，雖無法徵考，但中間絶不能容"書序"之十五字，則灼然可知。其《春秋》篇題亦由此思路探求。結論爲：《尚書》篇題是"古文尚書　文侯之命　弟ムム　周書"，《春秋》篇題是"古文春秋經莊公弟三"。其篇題結論固未必符合原始樣式，然《尚書》兩篇之間無法容納"書序"，由此推定其用馬鄭本而非《孔傳》本之説則顛撲不破。

《魏石經古文考》專考魏石經古文字形。古文本是靜安探考魏石經之主要目的，及至研究一旦展開，涉及到石經之方方面面，而此僅成爲其中之一端。是考計丁氏殘石古文三十六字，除重復得三十一字；《隸續》古文二百五十一字，除復出和與丁氏殘石相重者得一百四十字：共計一百七十一

---

① 靜安云，"以上十四段共爲五碑"，實謹計十三段之內容，其中《春秋》祇六段，漏第十二段《春秋·桓公》經文。如加《桓公經》，正得《春秋》七段之數。

字,其中重文三十二字。每字之下,參照《説文》及殷周古文、敦煌故寫本、《汗簡》和《古文四聲韻》之字形予以解説,以見其異同。經徵考,知"魏石經古文上多同許氏古文,下多同未改字《尚書》",亦即"與殷周古文相去頗遠,而去戰國文字較近,亦與《説文》古文同"。①

《魏石經書法考》則專論古文形體之來源。靜安謂唐以前,古文與篆體無別,至宋雍熙刊版,則古、篆形體迥異。宋代古文字形,出於句中正、王惟恭二人之手,而爲郭忠恕、夏竦、吕大臨、王楚、王俅、薛尚功輩所承襲。其時此種形體與新出甲、金三代文字形體頗殊。據衛恒《四體書勢》所言,當是立三體石經時,書者摹寫,轉失淳(邯鄲淳)法,效蝌蚪之名,遂成豐中鋭末或豐上鋭下之形。由此知郭忠恕輩所集,決非自創,當爲六朝以還相傳之舊體。至於書者,其徵引舊説,而仍無法確指。《廣倉學宭叢書》本《魏石經考》後附有六幅直下式碑圖,依據《隸續》所載殘字,凡《隸續》之三體全者,古文、篆文照描,隸書用楷體表示;三體中僅存二體或一體者,空其位;《隸續》所無文字,亦闕而不補。審其圖,知其煞費苦心,然畢竟未見原石,難以契符。

(二)《魏石經考》刪削原由

一九二一年蔣汝藻爲靜安刊《觀堂集林》,靜安刊落《魏石經經文考》《魏石經篇題考》《魏石經古文考》三篇及附圖六幅,增删個別正文、注文,②收入《觀堂集林》卷十六,略去題目而分別標一、二、三、四、五,於一九二三年刊成。《魏石經考》八篇從不同角度考證、闡述魏石經之方方面面,是一個有機整體。靜安删削之由,弟子趙萬里以爲是其"去取至嚴"。③ 理雖如

---

① 王國維《魏石經古文考》,《魏石經考》卷下,《歷代石經研究資料輯刊》第 6 册,第 187 頁。
② 如《魏石經書法考》删去最後"魏石經書人今無可考"一段一百四十一字,《漢石經經數石數考》"此南行十五碑之《禮記》實爲《儀禮》之證也"下增雙行小注"又案,《儀禮》經文僅需十一碑,加以校記,亦不過十二碑,而有十五碑者,疑他三碑乃表奏之屬。《後漢書》注引陸機《洛陽記》云:'《禮記》碑上有馬日磾、蔡邕名。'今洛陽所出殘石有一石有劉寬、堂谿典諸人名,其裏面又有諸經博士郎中姓名,其文甚長,或非一碑所能容,當在十五碑中也"一百八字,《魏石經經數石數考》末删去雙行小注"説詳下魏石經拓本考,此不贅"十二字,等等,其他文字更動不多。
③ 趙萬里《王靜安先生年譜》辛酉年四十五歲叙《觀堂集林》下云:"案先生之輯《集林》也,去取至嚴,凡一切酬應之作,及少作之無關弘旨者,悉淘去不存。舊作如《魏石經考》《漢魏博(轉下頁注)

此,然其實與當時新出魏石經殘石有莫大關係。《魏石經殘字考》前有序文一篇,謂"余於丁巳作《魏石經考》",丁巳(1917)當爲"丙辰"之誤記。云"歲在辛酉(1921),復删《經文考》《古文考》諸篇,而掇取其首五篇編入《觀堂集林》。癸亥(1923)春,乃聞洛陽復出魏石經殘石一,兩面分刻《尚書·無逸》《君奭》二篇、《春秋·僖、文二公》,字數至千餘字。三月中,始得拓本,則已剖而爲二矣"。①其編輯《集林》確在辛酉,但至歲終僅印成《藝林》三卷,②而全部刊成之時間却甚晚。静安一九二三年五月九日致羅函云:"惟文集約月底排竣,如未必如約,則令寄京校之。"③時蓋未完成。而此時已得聞巨石正反面刻《尚書》和《春秋》事。《魏石經經文考》乃是對《隸續》和丁氏藏石經文位置之考訂,静安云:"余既以丁氏殘石考定魏石經每行字數,即以其行款排比蘇刻殘字,則殘石形狀悉可得而圖其字,所當繫之經文亦可得而定。既爲圖六附於卷末,復從《隸續》次弟錄之,而分注經文於下。"④然既知巨石已出土,恐其圖未必相符。《魏石經篇題考》亦是探求魏石經篇題之行款,雖静安多方設想,細心計算,仍有未能盡如人意之處。《魏石經古文考》係考證其古文字形,既然已有新出殘石,原所統計當有更動。故其編輯《集林》時皆删削不收。設若當時未删,至一九二三年聞見新出魏石經殘石,詳其行款後,亦必會抽出删削。

(三)《魏石經殘石考》名稱與内容

《魏石經殘石考》之篇名頗爲歧出,據静安致羅函曾題"魏石經續考";趙萬里編《王静安先生著述目錄》,合前所撰題"魏石經考一卷附錄一卷";⑤羅振玉編輯《王忠慤公遺書》内編,題"魏正始石經殘石考",趙萬里編《海寧王静安先生遺書》題爲"魏石經殘石考"。他如馬衡題作"三字石經",而新近出版《全集》之《殘石考》整理者謂"本書草稿撰成於一九二三年八月,因

(接上頁注)士考"《爾雅草木蟲魚鳥獸例》,亦祇存其一部分而已。"《王國維全集》第二十卷,第 462 頁。
① 王國維《魏石經殘石考序》,《王國維全集》第十一卷,第 3 頁。
② 趙萬里《王静安先生年譜》辛酉年下,《王國維全集》第二十卷,第 462 頁。
③ 王國維《書信日記·書信》,《王國維全集》第十五卷,第 545 頁。
④ 王國維《魏石經經文考》,《魏石經考》卷上,《歷代石經研究資料輯刊》,第 6 册,第 133—134 頁。
⑤ 趙萬里《王静安先生著述目錄》,《王國維全集》第二十卷,第 150 頁。

石經殘石陸續出土而未能寫定。容庚鈔録時暫定名《魏石經續考》"。① 其所以紛歧不一，與此文未經静安最後定稿有關。兹援據文獻，略爲分疏如下：

　　静安一九二六年九月十一日致馬衡函有云："文光閣彙印新出石經至佳，弟之釋文如不急需用，擬交希白帶奉。燕京尚未開學，恐希白未必即來此也。"②據此推測容庚開學至静安處取釋文，或即鈔録此稿，則此考容鈔清稿時間約在一九二六年九十月間。容庚在静安卒後所寫紀念文章中說："《續魏石經考》一卷，未定稿，且無標題。其名乃余録手稿時所假定……蓋數年來，殘石陸續出土，故未能寫定。"③是其鈔本原題"續魏石經考"，後改題"魏石經續考"，或因循静安一九二三年八月十五日致羅函所云"近作《魏石經續考》昨日始成"之初意。容鈔清稿據容說"此稿今寄羅振玉先生，甚冀其能爲補正而刊之也"，則羅刊題作"魏正始石經殘石考"係雪堂之旨意。静安甫歿，弟子趙萬里整理遺著，於一九二七年六月廿二日致陳乃乾函開列"王静安先生著作目録"，分"已刊"、"已寫定未刊者"、"未寫定者"和"補遺"四類，《石經續考》列於"未寫定者"類。④ 趙氏蓋見原稿題"魏石經續考"且未清稿，故闌入"未寫定"類。至一九二八年編《著述目録》，題"魏石經考一卷附録一卷"而注明爲"稿本"，並云："歲在壬戌，洛陽新出魏石經《尚書》《春秋》數石，先生遘得墨本，繼又得見私家所藏零星小塊，乃草《石經續考》，念他日或有續出之資料，故終未寫定。今以《續考》爲主，而以原《考》下卷附之，亦共得二卷。"⑤其同時撰《王静安先生年譜》，於甲子(1924)十二月下繫以"撰《魏石經續考》，草稿略具"，⑥並綴以静安之序文。馬衡於一九二七年十一月廿七日寫下《三字石經跋》，亦謂是"未竟之稿"，⑦是則馬衡題"三字石經"係叔平自擬。唯當時師友門人所見此考皆未寫定，至一九四〇

---

① 見《王國維全集》第十一卷《魏石經殘石考》扉頁。
② 王國維《書信日記·書信》，《王國維全集》第十五卷，第831頁。
③ 容庚《王國維先生考古學上之貢獻》，《燕京學報》第二期，第331頁。
④ 參見《陳乃乾文集·海上書林》中《關於王静安先生逝世的史料》一文所載趙萬里致陳函。國家圖書館出版社2009年版，上册，第77頁。
⑤ 趙萬里《王静安先生著述目録》，《王國維全集》第二十卷，第150頁。按，此《目録》最先刊於《國學論叢》第一卷第三號，時爲一九二八年。
⑥ 趙萬里《王静安先生年譜》，《王國維全集》第二十卷，第471頁。
⑦ 馬衡《三字石經跋》云："《三字石經考》爲亡友王静安先生遺著，一碑圖，二經文異同，(轉下頁注)

年印行《遺書》，乃據靜安序文末有"乃復爲魏石經殘石考，以補前考之未備焉"語，①遂題以今名。緣此亦可推知序文或作於容庚借鈔之後，亦即一九二六年十月以後。

《殘石考》分碑圖、經文異同、古文及作爲附錄之《隸釋》所錄魏石經碑圖四部分。

碑圖 碑圖以新出殘石之文字爲基點，將經文依碑石之高廣排列。其中圖一是品字式《堯典》和《皋陶謨》。因品字式難以表述，僅列經文，凡殘石文字用稍粗大字體書寫，以區別復原文字。另一類圖爲三字直下式，有《金縢》《康誥》《梓材》《多士》《無逸》《君奭》《多方》《立政》《顧命》《春秋·莊公》《春秋·僖公、文公》等，直下式因一字三體，故依碑石僅排二十字一行。靜安在《魏石經考》中參考《水經注》所云"長八尺，廣四尺"排比計算其行款，以每碑三十五行，行六十字計算其刊刻之經數。魏石經殘石之出土，不僅行款有差異，更出乎意料者乃是魏石經同時存在品字式和直下式兩種款式，使其不得不重新考慮原碑款式。經周密思考與排列，並對各經殘石字體仔細辨認與考證，靜安於"碑圖"後作有總結性之論述：

> 此次所出魏石經中最可注目者，則《尚書·皋陶謨》十七石中與《高宗肜日》以下諸石行款不同是也。"帝言"以下諸石，皆一格之中上列古文，而以篆、隸二體並列於下，成品字形。《高宗肜日》諸石，則古文、篆、隸三體直下，與《隸釋》所錄者同。其三字直下者，每行六十字，每碑三十四行，或三十二行。而品字式者，每行七十四字。七十四字者，漢石經每行之字數也。此二種款式雖異，石之高廣必同。品字式者，每行中篆、隸二體並列，故橫處較寬，以比例計之，每碑當得二十六七行。此二種非一人所書。品字式者，古文、篆、隸三體似出一手；直下式者，則三體似由三人分別書之。而書品字式古文與書直下式古文者，亦非一手。②

（接上頁注）三古文，四附錄《隸釋》所錄魏石經圖，乃未竟之稿。先生歸道山後，衡錄副藏之，暇當爲之整理增訂授之梓人。"《馬衡詩鈔·佚文卷》，紫禁城出版社2005年版，第162頁。

① 按，趙萬里《王靜安先生年譜》所載靜安序文末作"乃復爲此《考》，以補前《考》之未備焉"（《王國維全集》第二十卷，第472頁），文字與此稍異。恐趙氏當時鈔纂疏忽所致，其後編纂《遺書》，乃照錄原文。

② 王國維《魏石經殘石考》，《王國維全集》第十一卷，第25頁。

此段論述意味著對《魏石經考》之修正，其主旨有三：一、魏石經分品字式和直下式兩種款式，非如先前據《隸續》殘字所定爲一種行款。二、古、篆、隸三體款式不同，其行款亦異，三字直下式每行六十字，每碑有三十四與三十二行之異；品字式每行七十四字，與漢石經同，唯篆、隸二字並列，占位較寬，故每碑僅得二十六七行不等。總之，每碑行數、每行字數均與先前所計每碑三十五行，行六十字者不同。三、比較兩種款式之《尚書》與《春秋》古文和篆體，可知書手非一。

  經文異同 此專就依既定行款排列魏石經殘石時與今本文字多寡以及魏石經殘石文字與經文文字異同之考證與說明。如云："'言都帝予'一石之'言'字，與'禹四'一石之'禹'字，中間應闕三十二字。而今本除《益稷》篇題外，經文有三十三字，是今本羨一字。"此爲今本多字。又云："《康誥》'惟曰'二字間，石經當有十九字，而今本僅十八字，則石經多一字。"此爲今本少字。以靜安排列之碑圖校之，石經與今本互有一至三五字差異者甚多。又云："第二十九行'佫于上帝'，今本'佫'作'格'。"此文字之異同。魏石經《無逸》有"仲宗及高宗及祖甲"文，與《孔傳》本同。《隸釋》所載熹平石經殘文"肆高宗之饗國百年"下直接"自是厥後"四字。洪适云："孔氏叙商三宗以年多少爲先後，此碑獨闕祖甲，計其字蓋在中宗之上，以傳序爲次也。"①此段顯示出古今文之不同，段玉裁論之甚詳。② 靜安就魏石經殘文而云："案漢石經《無逸》篇每行所闕，率五六十字，獨'中宗'上所闕僅二十一字，加以'祖甲'一節，始得與他行字數相等。洪說是也。魏石經叙三宗事在前碑，其次序雖不可考，而此以仲宗、高宗、祖甲爲次，則異於漢石經而同於今本，可知馬、鄭古文本亦無不然。"③此叙事段落之異同。魏石經第十八行篇題"君奭"下整行空缺，無"第幾"字樣。靜安於《魏石經考》中曾從多種角度推測魏石經古文有"古文尚書"、"第厶厶"、"厶書"等款式，及見此殘石，因改變看法，引而伸之云："蓋《古文尚書》原本如是。今本每篇之首'厶厶第幾厶書'，與以《書序》分冠篇首，皆僞孔所爲。至《序》後復出篇題，除僞書二十四篇外，皆原本也。馬、鄭本篇題蓋亦如是。其云虞夏二十篇、商

---

① 洪适《隸釋》卷十四，第151頁上。
② 段玉裁《古文尚書撰異》卷二十二，《清經解》卷五百八十九，上海書店1988年影印本，第四冊，第96頁下。
③ 王國維《魏石經殘石考》二《經文異同》，《王國維全集》第十一卷，第30頁。

書四十篇、周書四十篇者，乃鄭君注《書序》之説，未必每篇之下題某書某篇。《正義》所云鄭本《湯誓》第二十九、《棐誓》第九十七，亦以《序》中百篇之次言，未必署第幾也。"①此辨別篇題款式之異。魏石經之復原工作極爲繁複，静安此節所考，雖未必即得其環中，要亦足以啓人心智。

  古文 此與《魏石經古文考》同，專就魏石經殘石中出現之古文字形，先列魏石經古文，次列楷書，而後徵引甲金文、《説文》《汗簡》《古文四聲韻》等相印證，指明其同異、假借、舛譌等。釋《尚書》古文九十七字，《春秋》古文五十二字，計一百四十九字。

  附録《隸釋》所録魏石經碑圖 其"隸釋"當作"隸續"。② 是就《隸續》卷四所録"魏三體石經左傳遺字"經分離爲《尚書》《春秋》之後，再就其殘字用静安認爲的原碑款式予以復原，計《尚書》二塊，《春秋》三塊。按理考證新出魏石經殘石，不必排列《隸續》殘字，推其旨意，是要糾正《魏石經考》中之觀點與設想。兹將之與《魏石經考》附圖對照，可見《魏石經考》附圖有誤排之處，如《文侯之命》"王若曰"一石與"家純"一石之地位當上面齊平，而附圖展示出來有上下二字之差。其最重要之分別是此圖已經不提《左傳》殘字，此是否意味著静安不再認爲此段是魏石經，若然則静安似已放棄先前魏石經刻《左傳》至桓公之推想。

四、王國維石經研究之成就得失

  静安對魏石經之研究，主要集中在兩個階段，前一階段是一九一六年四月至九月，此五個月時間是對洪适傳鈔之魏石經文字離析與考訂，對碑圖之形制、行款作推測。後一階段是一九二三年四月即魏石經《尚書》《春秋》殘石出土數月之後，進一步對碑制行款、字體、書法等予以深入研究，修正前説。由於魏石經殘石出土後分散於各藏家之手，傳拓有遲速，故静安得見亦有先後。其每有新得，必沉思研摹，凡有新見，輒削改修訂，故若斷

---

① 王國維《魏石經殘石考》二《經文異同》，《王國維全集》第十一卷，第 30 頁。
② 按，容庚《王國維先生考古學上之貢獻》一文記述時云"附《隸續》魏石經圖，可正《魏石經考》所附之失"（《燕京學報》第二期，第 331 頁），可知静安原稿作"隸續"，後不知何時誤作"隸釋"。

若續，直至一九二六年秋季猶未寫定。縱觀並審察静安在研究魏石經前後兩個階段中之思維歷程，既可察見其超人的直觀想象力，亦可感悟到其非凡的理性判斷力。上一世紀二十年代初是近一千年中石經出土最多的瞬間，静安之《魏石經考》和《魏石經殘石考》二篇適當其前後，因而兩篇考證在二十世紀石經和戰國秦漢文字研究史中有相當重要的地位，其對石經研究乃至戰國秦漢文字研究之貢獻至少有下列三點。[①]

（一）基本排定熹平石經和正始石經之行款字數、碑數

對經碑行款、字數之探索，看似小道，却關係整個石經之研究，故當最初静安依《隸續》所載殘石排定魏石經爲每碑三十行，行六十字時，儘管未盡符原碑行款，羅振玉聞之，仍興奮地稱謂"此大快事"。[②] 静安對魏石經字數、行數、碑數之推定，經歷前後兩個階段。當其依《隸續》文字研究其行款時，設想成分較多，但也更能顯示其智慧。其後三字石經殘石頻頻出土，遂排定魏石經三字直下式爲每行六十字，每碑三十四或三十二行；品字式每行七十四字，因篆、隸二字並列，占位較寬，故每碑僅得二十六七行不等；石數爲三十五。其首二碑爲品字式，下接直下式。此乃其據當時殘石所作出之推論，已基本接近原石款式。静安殁後，又陸續有直下式《堯典》《禹貢》殘石及古篆二體、一體之拓本集中到專家案頭，[③]乃知三字直下式之經自爲一列，而品字式不與焉，且行款字數亦有參差，然大體在其估算之範圍内。静安研究思維之統攝性極强，當其最初探究魏石經行款時，已認識到其與漢石經行款之聯繫，故據傳世宋拓《尚書》《論語》行約七十三四字，遂假定熹平諸經每碑三十五行，行七十五字。六七年之後，數百塊熹平殘石出土，静安欲作一總括性研究而未果，經羅振玉等排比，知各經各碑各行之字數

---

① 關於王國維研究魏石經古文之方法及其貢獻，有程克雅《王國維魏三體石經古文參斠合證方法研究》一文有較詳細之論述，可參閱。文刊於上海社科院傳統中國研究中心編輯《傳統中國研究中心集刊》第六輯，上海人民出版社 2009 年版，第 358－378 頁。
② 羅振玉一九一六年五月二十七日致王國維函，《羅振玉王國維往來書信》，第 88 頁。
③ 另有僅古、篆二體無隸書者，僅出古文而無篆隸二體者（參見王獻唐《漢魏石經殘字叙》，《漢魏石經殘字》二卷之首），又有篆書一體或隸書一體者（參見孫海波《三字石經集録·源流》，考古學社專刊之十七），此或別有成因。

自六十八至七十八不等,而大率在七十三四之間。古今經本不同,行字往往參差,所以確實難以一種數據衡量論定。字數、行數雖有參差,而靜安對碑式之推算與原石基本相同,尤其是對七經之書寫格式符號、空格接書等亦加關注,思維超前。總之,靜安在文字之外對魏石經和漢石經行款之排比推定,爲當時多視角研究漢魏石經奠定了基礎。

(二)確定魏石經古文爲漢代古文經壁中本或其傳鈔本

"古文"之含義及其行用範圍和古文獻中不同指義,既是靜安四十以後研究中的重點,也是二十世紀戰國文字研究中具有突破性的亮點。學界的亮點繞不開靜安的重點,靜安之重點則以研究魏石經古文爲基點。靜安從關注《說文》中古文與《史籀篇》籀文入手,進而考證魏石經,又因魏石經古文與傳鈔古文之關係,進而思考《說文》古文性質、《史》《漢》古文指義及科斗文形體等問題。

一九一六年初,靜安以研究《史籀篇》而關注《說文》中古文,因《說文叙》云"宣王太史籀著大篆十五篇,與古文或異,至孔子書六經、左丘明述《春秋傳》,皆以古文,厥意可得而說",又云"古文,孔子壁中書也","壁中書者,魯恭王壞孔子宅而得《禮》《記》《尚書》《春秋》《論語》《孝經》,又北平侯張倉獻《春秋左氏傳》",遂產生一種東西土文字不同之觀想。因壁中書之時代明確,故考證《史籀篇》之時代,或許孔子及七十子後學所著書多在戰國之意識,致使其將《史籀篇》亦定爲戰國,[①]於是形成"《史籀篇》文字,秦之文字,即周秦西土之文字也","壁中古文者,周秦間東土之文字也"之觀念,隨即著成《〈史籀篇〉疏證序》。[②] 二十世紀初葉,出土文字頗少,要驗證《說文》古文與東土文字異同,魏石經古文是最好的材料,故同年四月即取丁氏

---

① 王國維定《史籀篇》及史籀爲戰國之説,已爲厲宣時代銅器趞鼎之"史留"所否定。具體可參見陳佩芬《繁卣、趞鼎及梁其鐘銘文詮釋》(《上海博物館集刊》第二輯,1982年版,第17—20頁)、劉啓益《再談西周金文中的月相與西周銅器斷代》(《古文字研究》第十三輯,第413—414頁)、林素清《說文古籀文重探——兼論王國維"戰國時秦用籀文六國用古文說"》(《中研院歷史語言研究所集刊》第五十八本第一分,第228—234頁)等文。諸家之說,筆者《王國維東西土文字異同理論之創立與影響》一文有詳細論述,已收入本書。

② 王國維《〈史籀篇〉疏證序》,《王國維全集》第八卷《觀堂集林五》,第163—164頁。

所藏殘石和《隸續》所載魏石經古文對勘，由此進入其石經與文字雙軌並研時期。

《説文》古文有明確界定，魏石經古文應用兩漢古文經本，由此涉及到《史》《漢》所説之古文涵義，漢代古文經傳之流傳及其轉寫本等問題。經思考審辨，於是有《戰國時秦用籀文六國用古文説》《史記所謂古文説》《漢書所謂古文説》《説文所謂古文説》《説文今叙篆文合以古籀説》《漢時古文本諸經傳考》《漢時古文諸經有轉寫本説》《兩漢古文學家多小學家説》《科斗文字説》諸文，①形成一個漢代古文考之專題論著。諸篇中之"古文"及最後一篇之"科斗文字"，皆緣追踪魏石經古文形體問題所引發之思考並蒐輯考索綜合排比後所得之看法。其中《漢時古文諸經有轉寫本説》即闡述其考證魏石經古文而謂其"出於壁中本，或其三寫、四寫之本"的思想；②《科斗文字説》即發揮其《魏石經書法考》之説，亦即一九一六年六月十五日致羅函之中心思想。可以這樣認爲，《戰國時秦用籀文六國用古文説》等篇是静安從研究《史籀篇》古文到魏石經古文過程中所產生的思想，而後又各自成文，形成其獨特而有開創性的戰國、秦漢文字觀。近一百年來，戰國秦漢簡牘層出不窮，静安秦用籀文之觀點或須適當修正，而六國用古文之看法仍符合史實。③ 因此，《魏石經考》《魏石經殘字考》不僅在静安整個學術生命中有著不容忽視之價值，即在二十世紀戰國秦漢文字研究中亦有不可動搖之地位。

---

① 静安以上諸篇皆刊於《學術叢編》第八、九、十三册。據王國維致羅振玉信函所透露，諸文多在一九一六年十一月前後所作，皆緣深入研究魏石經後所引起之思考。
② 關於魏石經古文出於壁中本或其三寫、四寫本之觀點，當時學者亦有異見。如王獻唐、孫海波皆認爲出自孔子壁中本古文（王獻唐《漢魏石經殘字跋》，山東省立圖書館編，1934 年版。孫海波《三字石經集錄》，1937 年考古學社石印本），孫次舟認爲"並非根據當時流傳之古文寫經以摹刻者，係就當時流傳零星古字加以收集，連綴成書，而古文大半出於許氏《説文》"（《論魏三體石經古文之來源並及兩漢古文經寫本的問題》，《齊大國學季刊》1939 年第一卷），邱德修、曾憲通皆謂除孔壁古文外，又有秘府所存及民間所獻之古書古文字（邱德修《魏石經初譚》，臺北學海出版社 1978 年版，第 36 頁。曾憲通《三體石經古文與〈説文〉古文合證》，《古文字研究》第七輯，中華書局 1982 年版，第 273—287 頁）。筆者認爲，諸家所説有中秘本與民間本字體夾雜其中固有可能，然静安謂壁中本或其三寫、四寫本，其轉寫之際未必不夾雜中秘或民間寫本之字體，故涵義差別不大。且此中各説，在今日仍祗能停留在假設階段。
③ 參見陳昭容《秦系文字研究——從漢字史的角度考察》第二章，中研院歷史語言研究所專刊之一〇三，第 15—46 頁。並詳參筆者《王國維東西土文字異同理論之創立與影響》一文，已收入本書。

(三)重視《汗簡》《古文四聲韻》在文字學研究中之地位

郭、夏二書著成之後,宋代影響不很大,唯吕大臨認爲於古器銘識之考釋有可參考者,①此可謂最恰當之評價。但元明之間,字學不受重視。清初朱彝尊、王士禛稍稍重視,刊刻流布。馮舒以隸楷形體懷疑《汗簡》歸部,四庫館臣曾予指正。然乾嘉大家錢大昕執守《説文》字學,對二書頗有微辭,曾云《汗簡》之"灼然可信者,多出于《説文》,或取《説文》通用字,而郭氏不推其本,反引它書以實之,其他偏旁詭異不合《説文》者,愚固未敢深信也",②又云夏竦"博覽好古而未通六書之原,不能别擇去取",故《四聲韻》"踳訛複沓,較之《汗簡》爲甚"。③ 其後鄭珍篆正《汗簡》,其目的在於捍衛《説文》之地位而甄别其字形、鑒訂其釋文和考證其出處,故書中時有不恰當之批評指責。④ 至潘祖蔭、吴大澂輩,或批評《汗簡》"點畫不真,詮釋不當",與《四聲韻》"相爲表裏,其謬則同";⑤或指責二書"援據雖博,蕪雜滋疑"。⑥ 有清學者之鄙視二書,多因重視許書所致。其間雖有吴式芬、孫詒讓等間用其字形考釋甲金文,亦尚未全面認識二書價值。逮静安考釋魏石經,大量用《汗簡》《四聲韻》中字形來印證魏石經文字,如《魏石經古文考》共考釋丁氏殘石三十一字,《隸續》殘字一百四十字,計一百七十一字,其中印證《汗簡》《四聲韻》者達八十一字。《魏石經殘字考·古文》共考釋新出殘石古文一百四十九字,而印證二書者僅十七字,其中如魏石經古文"春"、"京"字形見《汗簡》,"聞"、"怒"字形見《古文四聲韻》,皆可互相印證,然此稿皆語焉不詳,當引而未引,足證此《考》實未最後定稿。⑦ 儘管如此,其對

---

① 吕大臨《考古圖釋文序》云:"孔安國以伏生口傳之書訓釋壁中書,以隸古定文,然後古文稍能訓讀,其傳於今者,有《古尚書》《孝經》、陳倉石鼓及郭氏《汗簡》、夏氏《集韻》等書尚可參考。"中華書局 1987 年版,第 271 頁下。
② 《跋汗簡》,《嘉定錢大昕全集》第玖册,江蘇古籍出版社 1997 年版,第 449 頁。
③ 《跋古文四聲韻》,《嘉定錢大昕全集》第玖册,第 450 頁。
④ 《鄭珍集·小學》,貴州人民出版社 2001 年版,第 443—1062 頁。
⑤ 潘祖蔭《説文古籀補序》,《説文古籀補》,商務印書館《萬有文庫》本,第 2 頁。
⑥ 吴大澂《説文古籀補自序》,《説文古籀補》,第 7 頁。
⑦ 上世紀八十年代黄錫全撰《〈汗簡〉〈古文四聲韻〉中之石經、〈説文〉古文的研究》一文,統計郭書中注出石經者一百四十一字,夏書多出郭書十七字,二書共録石經古文一百五十八(轉下頁注)

二書之價值有深刻之認識，云"郭忠恕輩之所集，決非其所自創，而當爲六朝以來相傳之舊體也"，①殆可視爲靜安將之與魏石經古文對勘後之結論性意見。後胡樸安謂"三體石經之出土，大足以增長《汗簡》之價值"，②批評錢大昕"不明六藝文字與鍾鼎文字之分"，應受靜安印證二書實例之影響。而同時之文字學大家唐蘭雖受知於靜安，仍謂《汗簡》和《四聲韻》是"杜撰的古字"，"大抵不能用"，③此受吾丘衍之說的影響；而著名訓詁學家沈兼士謂二書"取材皆蕪濫，不足據爲典要"，④則是受《四庫提要》和吳大澂等人影響。及至近數十年戰國竹簡不斷出土，其字形與魏石經、《汗簡》構形和豐上銳下之形體多可印證，從而使《汗簡》和《四聲韻》二書之價值才眞正爲學界所認識。⑤然若站在今日之學術前沿，回顧八九十年前之甲骨、金文、石經研究剛起步之時代，靜安在考釋魏石經古文時雖不無疏漏紕繆，而其能發現《汗簡》《四聲韻》之價值，自覺運用於魏石經古文之考證，並由此揭示出其文字與歷史內涵，不能不說是一種卓識。

此外，靜安將《隸續》殘字區分爲《尚書·大誥》《呂刑》《文侯之命》六段，《春秋·桓公》《莊公》《宣公》《襄公》七段及《左傳·桓公》一段，並用碑圖形式展示，是在臧琳、孫星衍分析基礎上進行復原工作，是超越平面文字的立體研究，將石經研究引入一個新的階段。其中《左傳》一段後來未在

（接上頁注）字，其中有五十八字不見於出土石經和《隸續》錄文，是則所見者有一百字。見《古文字研究》第十九輯，中華書局1992年版，第511頁。此係據後出所有魏石經文字所作之統計數，較爲全面。靜安當時所證，尚未著重於二書與魏石經古文之全面比勘，且新出魏石經亦未全面集中，故小有出入。

① 王國維《魏石經考五》，《觀堂集林》卷十六，《王國維全集》第八卷，第493頁。
② 胡樸安《與于右任論三體石經書》，《國學彙編》第一集，轉引自《中國文字學》第二編，《中國文化史叢書》，商務印書館1937年版，第166頁。
③ 唐蘭《古文字學導論》上編丁《古文字材料的發現和蒐集》云："從漢到宋初，除了篆籀和竹簡古文外，祇有杜撰的古字了。郭忠恕做《汗簡》，是這一個時期的結束。"齊魯書社1981年版，第39—40頁。又云："夏竦本意是集錄這些材料以備研究鐘鼎文字，但結果這些材料大抵不能用。"《古文字學導論》，第360頁。
④ 沈兼士《從古器款識上推尋六書以前之文字畫》，《沈兼士學術論文集》，中華書局1986年版，第67頁。
⑤ 近數十年來對《汗簡》《古文四聲韻》肯定或有研究的學者如李學勤（說見《失落的文明》，上海文藝出版社1997年版）、何琳儀（說見《戰國古文字通論》第二章第五節《〈汗簡〉〈古文四聲韻〉古文》中華書局1989年版）、黃錫全（說見《汗簡注釋》，武漢大學出版社1990年版）等，文多不俱列。

"《隸續》所録魏石經碑圖"中圖示,似表明他已放棄此段爲魏石經之説,① 是則魏石經無《左傳》,而《隸續》十三段適與開元十三紙相吻。從新出土殘石《尚書·文侯之命》《吕刑》之行距字數中探明魏石經用馬本《尚書》;從"祇王殷"一石所顯示之《君奭》《多方》相聯,中間無逸篇《蔡仲之命》,再次證明魏石經不用《孔傳》本;從《無逸》篇文句順序同於今《孔傳》本而異於熹平石經歐陽本,推測馬鄭本古文《尚書》與歐陽本有異。凡此不僅有功於石經研究,抑亦有功於兩漢今古文經學研究,尤其對《古文尚書》之追根尋源有啓迪作用。至於魏石經經碑數及行款,静安曾化大量精力計算推敲,最終仍未有一個完善之定式。這是因爲馬鄭本古文經與《孔傳》本文字有出入,刻工計數石與大型《無逸》《君奭》殘碑行款有矛盾,② 前者是現代學者至今無法逾越的天塹,後者計數石之發現已在静安身後。因此,雖然魏石經實際碑數與行款尚有待新資料新發現來進行新一輪的研究,然在静安所處之時代,其《魏石經考》和《魏石經殘字考》能取得如此豐碩成果,不得不推爲石經研究史上里程碑式的著作。

　　　　　　　二〇一〇年九月十六日至十月十四日草
　　　　　　　二〇一〇年十月三十一日修訂
　　　　　　　二〇一一年一月三十日三稿

---

① 馬衡《魏石經概述》一文謂静安疑此爲《左傳》一段甚爲牽强,他提出四點以證明此石爲刻工試刻之石,頗有理據。《凡將齋金石論叢》,中華書局 1977 年版,第 222—223 頁。但此文僅提《魏石經考》而不參觀《魏石經殘字考》之附圖,似乎未能全面反映静安思想之發展。
② 魏石經計數石據孫海波云是其於一九三六年春所獲,殘石拓本二紙,適爲一石表裏所刊之字,一面爲書《君奭》經文,刊號曰"第廿一",另面爲《春秋·宣公》經文,刊號曰"第八",孫氏遂據此排其碑圖爲二十八碑。見《魏三字石經集録·源流》,葉四。此事已在静安殁後七年。然據馬衡研究,計數石與《尚書》《春秋》二經字數仍有矛盾,最終之碑數及行款尚有待深入研究。見《魏石經概述》,《凡將齋金石論叢》,第 222 頁。

羅振玉之熹平石經研究

一、引　言

羅振玉(1866～1940)是二十世紀保存國粹之第一人。今論其成就,除傳統經史、小學外,多在甲骨、金文、竹簡、敦煌卷子、大內檔案等方面。然其自少酷嗜金石碑版,於碑刻之學夙有探究,晚年則致力於熹平石經之蒐輯與研究,貢獻甚鉅,而學界尠有論者。

羅振玉自謂"夙嗜金石之學,每循覽碑版,遇一名一義有裨考證者,輒隨筆疏記"。[①] 是其丱角之後已喜好此道,並有考訂文字。十五六歲時,校《金石萃編》,蓋以王昶此書成於晚年,迫於授梓,校讎頗疏。自敘"玉以光緒壬午(1882)廣購碑板,校刊是書",[②]歷五月而校讎七百餘碑。《萃編》一書之卷十六有《石經殘字》,雖無實物可校,其瀏覽翻閱,知有熹平石經,當在情理之中。兩年後,將平時校記外之心得匯成《讀碑小箋》。光緒十二年(1886)校《寰宇訪碑錄》,匡正三百餘處,於石刻已深有涵養。至一八九一年自輯《面城精舍雜文甲編》,中有《漢石經〈牧誓〉"任父母弟"解》一篇。《牧誓》石經文字即見於《隸釋》,可探知其在校刊碑刻時非唯關注石經,且已有頗見功力之見解。《隸釋》卷十四載漢石經《牧誓》有"任父母弟不迪"一句,而《尚書·牧誓》作"昏棄厥遺王父母弟弗迪"。清代著名石經學者馮

---

① 羅振玉《讀碑小箋序》,《羅振玉學術論著集》第三集,上海古籍出版社2010年版,第33頁。
② 羅振玉《金石萃編校字記》,《羅振玉學術論著集》第五集上,第3頁。

登府在《漢石經考異》中僅云"任"即"壬"字。羅氏不以爲然,作考云:

> 考《爾雅·釋親》"父之考爲王父,父之妣爲王母",《廣雅·釋詁》"王,大也"。王訓大,故今王父、王母亦稱大父、大母。又《爾雅·釋詁》及《詩·賓之初筵》"有壬有林"傳均云:"壬,大也。"任與壬通。《詩·燕燕》"仲氏任只"傳:"任,大也。"任父母即壬父母,猶言大父母,亦猶言王父母,初無二義也。邇來治《書》家於此咸無論議。馮説辯而未當,姑補釋以質之方家。①

以《爾雅》《毛傳》訓釋解石經《尚書》與今文《尚書》異文,信而有徵。後於光緒二十年(1894)在淮安以高價得山東碑估劉金科正始石經《尚書·君奭》殘字拓本一紙,驚爲奇寶。明年(1895),在會典館得見福山王懿榮所示《君奭》拓本並《漢石存目》二卷。② 二十六年(1900)又從山左范估得知《君奭》來路。自此,熹平石經和三體石經之概念已深印於腦際。然其於熹平石經予深入全面研究,並作出杰出之成就,則遲在王國維開創石經研究新範式,著成《魏石經考》和《魏石經殘石考》之後。

二、王國維魏石經研究與羅、王書信所見之學術切磋

一九一六年初,王國維應哈同之聘,由日本乘船來滬,爲其主編《學術叢編》,並自作學術研究。四月,靜安由探究《史籀篇》文字而悟徹戰國東西土文字不同,從而對魏石經之古文發生興趣,取而加以研究。由於靜安頗具嚴密之邏輯推理和宏觀思維能力,在研究魏石經古文同時,對魏石經之行款、碑式、碑數及書寫體式等皆有思考和涉及。雪堂當時猶在東瀛,靜安每有所思所獲,必馳函與之疑義共析,成果分享。而雪堂亦出其資料所有,貢其智慧所得,魚雁往返,成就了羅、王學術研究史上一段佳話。

---

① 羅振玉《面城精舍雜文甲編》,《羅振玉學術論著集》第九集,第8頁。
② 羅將《漢石存目》藏諸篋中,時加訂正,垂二十年而成《增訂漢石存目》,其中即有《熹平殘碑》《三體石經尚書殘石》等目。按,《三體石經尚書殘石》目見尹君年《魏晉石存目校補》,蓋附於王懿榮《漢石存目》後,且此即是洛陽出土而歸於黃縣丁氏者。《羅振玉學術論著集》第五集,第160頁。

一九一六年四月中旬,静安取楊守敬所藏三體石經殘字拓本觀玩,"排列其行款,始知每行經文二十字,並三體計之,則六十字",此種思維已突破常規文字研究進而涉及形制探求。① 他由此取《隸續》所錄之魏石經殘字予以復原:

> 據此行款以求《隸續》所錄殘字,《隸釋》尚未借到,先據馮柳東書推之。亦皆每行六十字,凡《隸續》所存字亦可圖其殘石形狀,惟所存殘石在碑之上或下則不可定耳。《隸續》所載本據蘇望民摹刻之本,字頗有顛倒錯亂,前人皆謂是《左傳》殘字,國朝臧玉林始從其中分出《尚書》,孫淵如復作《考》二卷,此君粗淺,必不佳。今借此書尚未到。擬作《魏石經考》一篇,並附以圖,惟《春秋》尚有若干字不能知其在何處耳。②

静安認爲"考證此事亦極有趣味",緣此産生撰作《魏石經考》之想法,並將此設想致函遠在東瀛之雪堂。一個月後,静安又致函羅云:"近考得三字石經每行六十字,以此行款排比《隸續》所存殘字,得《尚書·大誥》殘石一段,《吕刑》及《文侯之命》殘石一段,《春秋·桓公經》,《宣公經》《襄公經》各三段,而《宣公經》一段最長,得三十行。中間空三行。疑魏石經每碑三十行,行六十字。"而於三體石經《古文尚書》用何家傳本,頗有疑問,乃一並致函請教云:"唯《尚書》究用何種,梁有三字石經《尚書》十三卷,則與僞孔卷數同。殊難斷定,不知先生何以教之。"③雪堂得其函,甚爲驚喜,覆函云:

> 三字石經竟將字數、行數與石數計算相合,此大快事。與"雁"字從"□"同一可快。梁之三字石經《尚書》難定,想石經及《隋志》稱"梁有"者,乃據阮孝緒《七錄》,恐未必梁時於魏石經之外,尚有它種三字《尚書》也。④

---

① 王國維此舉很可能受到宋洪适和清翁方綱之啓發,詳筆者《王國維之魏石經研究》一文所述,已收入本書。
② 王國維《書信日記·書信》,《王國維全集》第十五卷,浙江教育出版社、廣東教育出版社2010年版,第120頁。
③ 王國維《書信日記·書信》,《王國維全集》第十五卷,第138頁。
④ 《永豐鄉人書札·致觀堂》第六冊,《羅雪堂全集》,杭州華寶齋2005年版,第六十四葉A。

静安、雪堂之致覆問答,開啓兩人在漢魏石經研究上之序幕。前後數月,主要以静安不時報告研究進展與成果爲主,雪堂時則參與討論、提供資料,並亦應時解答某些疑問。下面條述其主要之成果。

一九一六年五月廿八日,静安致函報告離析《隸續》石經爲十三段,適與郭忠恕十三紙相合,可見其價值。又前曾對《尚書》所用爲何本不明,此時雖云不能明其爲何本,然發現《吕刑》和《文侯之命》殘字之行數、字數相接,中間無容《書序》之餘地,遂知三體石經所用仍同馬、鄭《書序》别行之本,與今傳《孔傳》本異。同時求借夏竦《古文四聲韻》一書。

六月四日,雪堂覆函云:"奉示,悉一切。承告研究三體石經成績,可快可快。《古文四聲均》寄檢,古寫本《尚書》一册,即奉贈左右,以補鄴架之缺。"①

六月五日又覆云:"《吕刑》及《文侯之命》間空字,弟於此事夙未究心,故思之不得其解。至隸古定《書》,曾略究心,薛氏《古文訓》全非郭、夏所見之舊,而英公之於郭忠恕書中所徵引,亦不甚同。夏詳而郭略。前人謂英公因襲郭書,其言甚誤也。總之真未改字本,誠如陸德明所謂古文無幾,薛書則否矣。薛書刻入《通志堂》,然書多難檢,劉聚卿叢書匯總有吾鄉李慶百先生《書古文訓考釋》,並刻薛書,公可取閱之,此書各坊多有之也。"②雪堂對静安排比《吕刑》和《文侯之命》間字數而推測其間無法容《書序》一點,初不能理解,蓋自言其未曾究心。其實静安此一眼光極爲犀利,對漢魏石經之復原有極爲重要之意義。兩公往返書缺有間,或静安曾致函解釋,或雪堂思而後得。從雪堂後來對熹平石經殘石之復原看,已完全理解静安之想法,並推而廣之,應用到熹平石經研究中。覆函又將自己對薛書之理解與心得告訴静安,俾其利用。

六月十五日,静安致函雪堂,告以魏石經以每行六十字,每八字當建初尺一尺弱度之,全碑高當八尺,廣四尺,每碑三十五六行,共三十五碑。"其種數除《尚書》《春秋》二經外,《左傳》僅刻至莊公。又知《尚書》無孔壁逸篇,亦無僞孔二十五篇。又以天寶未改字本《尚書》較三體古文,同者固多,異者亦不少,知僞孔本當出東晉之初,其人當及見魏石經而竊取其字後,故

---

① 《永豐鄉人書札·致觀堂》第六册,《羅雪堂全集》,第六十六葉 B。
② 《永豐鄉人書札·致觀堂》第六册,《羅雪堂全集》,第六十七葉 B。

作異同,以貌爲孔壁真本者也。"①二十日,静安又致函雪堂,談論錢梅谿所藏石經之真僞,並詢問雪堂所見魏石經是否表裏刻字。

六月二十七日,雪堂覆静安云:"揭發梅谿之伏,誠爲至快。"於魏石經是否雙面刻字一事作覆云:"魏石經乃東估老范(即弟所從詢殷墟遺址者)得之洛陽某村路旁小茶肆,面已遭椎擊,范估見其似有字迹,然已僅存筆畫,手撲石背,則確有字迹,乃反轉觀之,即石經也,遂以二千錢購得之。此弟親聞之老范者,則石確是兩面刻也。"②

静安收到羅函,於七月四日作覆致謝。因購得端方《石經殘字》影本,校覈錢梅谿本,更證其僞,於七月六日又致函云:"漢石經每行字數,今以端本計算,則每行大抵七十三四字。因古今本字數不同,不能確定每行者干字。而錢本《公羊》獨每行八十四字,益見其僞矣。"③復又牽涉熹平石經之行款字數。

雪堂得函理當有覆,今不存。以上圍繞静安撰寫《魏石經考》前後數月中兩人鴻雁來去,討論涉及漢魏石經之字體、行款、碑制大小、正反鐫刻、碑數多少等問題。静安每一心得或新發現,雪堂均是第一位聞者和證成者。《魏石經考》撰成之後,立即刊於静安所主持編輯之《學術叢編》中。是《考》分爲八篇,第一《漢石經經數石數考》、第三《漢魏石經經本考》兩篇對漢熹平石經之碑數、形制、行款、字數、所取經本都有論證與推測。尤爲重要者即前文所述利用兩篇之間所容字數,來推測魏石經《尚書》是否有小序,對以後復原熹平石經《魯詩》《尚書》乃至整個碑圖都有指導意義。

三、羅振玉對熹平石經之蒐輯、整理與編集

静安撰《魏石經考》,雪堂雖僅作爲與聞者和證成者,然其對漢魏石經大至經本取法,小到字形點畫,都已瞭然於胸。一九二二年年底,河南洛陽出土大塊三體石經,一時轟動上下,盜發者蜂至。一九二三年五月,雪堂擬與馬衡、徐森玉二人由津浦綫往洛陽訪太學遺址及石經,後因事未能同行。

---

① 王國維《書信日記·書信》,《王國維全集》第十五卷,第145頁。
② 《永豐鄉人書札·致觀堂》第六册,《羅雪堂全集》,第七十八葉A。
③ 王國維《書信日記·書信》,《王國維全集》第十五卷,第156頁。

雪堂於《石交録》記其事云：

> 吴興徐君森玉鴻寶與其友往，瀕行，予告以魏文《典論》與石經同列，石經既出，《典論》或有殘石，幸留意。徐君諾之。既抵洛，郵寄小石墨本數字，詢是否爲《典論》。予閲之，乃漢石經《論語·堯曰》篇殘字也，爲之狂喜。亟移書請更搜訪，遂更得殘石十餘。此漢石經殘石發見之始。①

徐、馬臨行，雪堂所以勸以留意《典論》者，蓋因前此出土，皆三體石經，而文帝《典論》，明帝時已刻立於大學旁，與石經並立。而徐氏所得殘石，既非三體字形，故郵寄之詢爲《典論》否。雪堂於漢石經曾經考證，素有涵養，在静安考證魏石經時附論熹平石經行款、碑式後，對漢石經有更深認識。當其頃接墨本，見如下數字：

即能辨識爲漢石經《論語·堯曰》篇文。第一行存"繼絶世"之"絶"，第二行存"惠而不費勞而不怨"之"費勞而"三字，第三行存"斯不亦泰而不驕乎"之"亦泰而"三字。亟速移書令二人關注，於是在洛陽太學村地區掀起新一輪之石經挖掘蒐尋工作。

（一）羅振玉對熹平石經之蒐輯

自洛陽太學村發現熹平石經後，最初所得約二百塊多爲馬衡、徐森玉

---

① 羅振玉《石交録》卷一，《羅振玉學術論著集》第三集，第 206 頁。

所有。雪堂除先睹《堯曰》篇殘石及少數幾塊外，並未獲睹全部。此後數年中續有發現，皆爲賈客掠取，輾轉兜售於學者與收藏家之手。雪堂雖爲辨識熹平石經之第一人，然三五年中所見皆零星拓本，雖竭力蒐羅影拓，隨時考釋，無奈所獲有限。下面從羅、王書函中勾稽其前後所得之拓本。

一九二三年六月五日雪堂致靜安云："今日得周季木所得三字石經殘字，乃《益稷》篇之文，其文錄後。與徐森翁贈弟之拓本即洛陽寄來者正銜接，但中缺二字耳。乞轉告森玉兄，並乞爲弟索熹平石經及'趙'、'敖'二字殘石各數紙，因前見贈者已爲人索取也。叔平兄處新寄來之拓本，能見示乎？"①此知鴻寶曾有拓本贈羅。

六月七日靜安致雪堂函云："叔平處之拓本似漢石經，乃'邱'、'來'二字（直列）。又一石，有'后'、'醢'二字可識（橫列）。明日當見叔平，即行索之。"②此見叔平曾有拓本贈王。

七月二日雪堂致靜安函云："洛陽石經二紙奉贈，祈惠存。又初拓四張，請轉寶宮保。"③此亦不知從何而得。寶宮保即寶熙，後爲雪堂題寫《集錄》書名。

七月三十一日雪堂致靜安函云："周季木處亦藏漢石經碎石，另紙拓奉，暇請定爲何經之文爲荷。"④周進爲周學海四子，金石收藏家，其所以奉贈雪堂，蓋欲其或靜安爲之考訂。

八月十九日又函云："周季木之石經三分索得，以一奉贈，其二，一贈叔平，一贈森玉，贈森玉者請交叔平轉交可也。"⑤

八月二十日雪堂再致函云："季木處漢石經殘石四紙，爲公索得，又'女說'一紙，均祈檢入。季木要求公有考證，請示彼爲荷。"⑥

十二月十七日雪堂致靜安函云："季木處'君'字、'人'字殘石拓本索得，奉寄，祈檢入。"⑦

---

① 《永豐鄉人書札·致觀堂》第十册，《羅雪堂全集》，第三百六十九葉B。
② 王國維《書信日記·書信》，《王國維全集》第十五卷，第547頁。按靜安所言乃指《春秋經·莊公三十二年》"梁丘"、"子來"二行殘字。
③ 《永豐鄉人書札·致觀堂》第十册，《羅雪堂全集》，第三百七十三葉A。
④ 《永豐鄉人書札·致觀堂》第十册，《羅雪堂全集》，第三百七十九葉B。
⑤ 《永豐鄉人書札·致觀堂》第十册，《羅雪堂全集》，第三百八十九葉B。
⑥ 《永豐鄉人書札·致觀堂》第十册，《羅雪堂全集》，第三百八十五葉B。
⑦ 《永豐鄉人書札·致觀堂》第十册，《羅雪堂全集》，第四百零三葉A。

二十八日雪堂致静安函云："今日淮生出示石經殘字，今有弟所無者，不知公有新得者否？"①淮生乃陳承修字，著名金石學家。

一九二四年二月十一日雪堂致静安函云："漢石經《公羊春秋》，弟作一跋，爲式之取去，其每行實得七十字。"②

一九二六年四月二十一日雪堂致静安函云："昨于皖人孔氏處見漢石經《公羊傳》僖、成二公殘字近百名，乃得拓本于關中，殆近年關中亦有新出之石，已雙勾一本矣。"③

五月十日雪堂致静安函云："森玉藏漢魏石經拓本，已得一分。"④

以上書函所云，皆雪堂所得之拓本。其或亦曾購得殘石。一九二四年二月六日雪堂致静安函："元旦得郭玉堂書，附寄漢石經殘字，凡三石，二石可連合。"⑤郭玉堂乃洛陽賈客，嘗有《洛陽出土石刻時地記》。此或即以殘石售雪堂。雪堂前後蒐得殘石多少，今無可考。據其一九二四年七月二十一日致静安函云："叔平兄問石經事，自應隨時可以回贖。弟所購共四十九字，計正價五百廿元，又中費廿元，共五百四十元，有收據，請轉交叔平兄。但回購前十日，乞預示，尚擬拓數紙也。"此固指殘石，乃因馬衡欲蒐羅殘石集中於大學，遂由静安中介回贖與馬。⑥ 知羅亦曾購買、傳拓、考釋、轉售，然經手殘石，確實不多。

從以上羅、王往返信函得知，馬、徐兩人所得熹平石經，一時尚未集中傳拓，乃因情因事、或多或少輾轉流傳於友朋之間。其後洛陽、陝西各有出土，賈客、藏家互相交易，藏家、學者復又傳拓、考辨，甚至作爲壽慶禮物。雪堂在與静安往復討論、考釋的同時竭力蒐集，然所得仍然有限。

一九二八年，陳承修欲合諸家所藏會拓以傳，因事南下，乃囑其友孫壯代編，馬衡序次，此即《集拓新出漢魏石經殘字初集》。此集收漢魏石經二百十四石，一千零九十八字。當時印製僅三十本，雪堂得一本，與前此所見所藏互有出入，爲日後纂輯《集錄》之基本資料。

---

① 《永豐鄉人書札·致觀堂》第十册，《羅雪堂全集》，第四百零六葉 B。
② 《永豐鄉人書札·致觀堂》第十册，《羅雪堂全集》，第四百十葉 B。
③ 《永豐鄉人書札·致觀堂》第十一册，《羅雪堂全集》，第四百五十三葉 B。
④ 《永豐鄉人書札·致觀堂》第十一册，《羅雪堂全集》，第四百五十四葉 A。
⑤ 《永豐鄉人書札·致觀堂》第十册，《羅雪堂全集》，第四百十葉 A。
⑥ 《永豐鄉人書札·致觀堂》第十册，《羅雪堂全集》，第四百二十八葉 A。

(二)羅振玉對熹平石經之整理與編集

　　静安作《魏石經考》,對熹平石經形制有較爲合理之推測。其研究方法與推導理念對雪堂頗有影響。洛陽新出三體石經後,静安覓取新拓進一步研究,撰《魏石經殘石考初集》,同時對熹平石經亦有更深之認識與見解。如其一九二三年七月二十三日與馬衡函云:"又'具瘁以'一石確是《小雅·四月》之詩,因漢石經《論語》每章之首空一格,則《魯詩》每章亦當爾也。謹以奉聞。"①此已進而涉及各經書寫格式。一九二四年五月二十二日雪堂致函静安云:"檢點石經殘字拓本,作一完善之考訂,甚善甚善。此稿若成,可以直稱石經,由津廠上石印行。至拓本則別爲一書可也。"②時静安《魏石經殘石考》初稿已成,故此處所論當指熹平石經。雪堂深知静安有宏觀邏輯思維能力,故於熹平石經,亦嘗屬意於静安,望其能寫出《魏石經考》一類專著,由其在津爲之印行。然當時各家所藏尚未鳩集,難以蒐羅比觀,故"諸經書寫格式不能明晰,致行字無由確定,遂不果作",③此誠限於時勢而無法畢功者也。一九二七年静安自沉,熹平石經研究遂成夢幻泡影,致雪堂有"近世言石經者莫精於海寧王忠愨公之《魏石經考》。其考魏石經,並及漢刻之經數、經本、行字、石數,顧於漢石經未及爲專書,遽完大節"之歎,④於是"乃爲是編,以彌公之憾"。⑤

　　斯人已去,雪堂衹能循静安思路,躬任熹平石經之研究工作。一九二九年七月,雪堂先取孫壯編輯、馬衡序次《集拓新出漢魏石經殘字初集》中之熹平石經七十二石,將僅存一字無可附麗者删去,原爲一石而離析者拼合,得五十二石,復益以己所藏二十七石,共七十九石編爲《漢熹平石經殘字集錄》。剛寫付石印,陶祖光寄新得《周易》殘字拓本二、《春秋經》拓本三、《論語》及校記各一,趙萬里予北海圖書館所藏序記二紙,計九紙,亟增

---

① 王國維《書信日記·書信》,《王國維全集》第十五卷,第 812 頁。
② 《永豐鄉人書札·致觀堂》第十一册,《羅雪堂全集》,第四百二十二葉 A。
③ 羅振玉《熹平石經殘字集錄序》(合編本),《羅振玉學術論著集》第十集,第 346 頁。
④ 羅振玉《漢熹平石經殘字集錄序》,《歷代石經研究資料輯刊》第 5 册,北京圖書館出版社 2005 年影印本,第 194 頁。
⑤ 羅振玉《漢熹平石經殘字集錄序》,《歷代石經研究資料輯刊》第 5 册,第 196 頁。

入之，是爲《集録》一卷。及已印成，陶又寄贈《魯詩》拓本二紙、校記一紙、《禮經》二紙、《公羊傳》二紙，無法補入，遂別寫爲《補遺》一卷。兩卷總計殘石九十，經文及校記八百三十九字，《序記》三百零五字，合一千一百四十四字。

《集録》付梓，雪堂曾致函友朋，求一九二八年新出熹平殘石之分藏於各家者，一時未能得。而洛陽賈客所拓新出殘石墨本百餘紙，爲趙萬里得之。趙本静安弟子，故將拓本郵呈雪堂。雪堂選取其中字迹明晰者五十六石，得字四百二十六，編爲《集録續編》。此編新獲《尚書》經文殘石與校記各一，爲前所未見。《續編》既付印，趙又寄北海圖書館所藏拓本至，中有《尚書》三石，《魯詩》六石，《校記》一石，《春秋》二石，《公羊傳》一石，《論語》一石，總計十四石，經文六十一字，校記七字。遂編而附於《續編》之後爲《續編補遺》。時在十月十日。

雪堂編輯《續編》時，洛陽又出土大塊熹平石經《周易》，此石出土時斷爲兩塊，上段歸文廷式之子文素松收藏，下段歸于右任收藏。故雪堂移書南北知好，遍求此拓，却不可得。及《續編》上石印行，陳承修從滬上寄上段拓本至遼，雪堂乃有《三編》之役。《三編》所收除《周易·家人》至《歸妹》十八卦外，又有《魯詩》六石，《春秋經》一石，《公羊傳》四石，總計十三石，得字五百廿五。《三編》編定，雪堂又選《續編》所餘拓本（趙寄洛賈拓本）中稍可辨識者，擇《尚書》一石，《魯詩》四石，《春秋經》三石，《公羊傳》五石，計十三石四十三字，附於《三編》之後爲《三編補遺》一卷。時在十一月五日。

《三編》印行逾月，趙氏復又寄洛中新出殘石拓本，故雪堂著手編輯《四編》，初選計七十六石（中有一石離析爲二三小石者），得字四百六十八。雖石碎字少，而七經具備。尤其是《儀禮》校記，亦前所未見。方始寫定，趙氏又郵寄新出殘石拓本數十紙，乃復選其三十一石，經文百九十一字，校記一石十二字，合前所寫定，爲《四編》一卷。時在一九三○年三月。《四編》寫定數月，雪堂門生關百益寄新出《魯詩》六石八十三字，《公羊》經、傳各一石二十二字，附於《四編》之末爲《補遺》。時在六月八日。逾年，雪堂又見新出數石，乃寫定《四編又補》，計收《魯詩》六石，校記三石，《儀禮》二石，《春秋經》一石，《論語》一石。明年，洛中友人寄贈《易》《詩》《春秋》《禮經》《論語》計十三石百三十六字，編爲《續補》一卷。至一九三四年，又有新得殘石，再編爲《集録又續編》一卷，甫印竣，乃山左友人續有相贈，得《尚書》二石,《魯詩》四石,《論語》一石,集爲《續拾》一卷。時已在十月。

當其編至《四編又補》之時,曾將前此九卷合併,依經爲次,重新集爲一編。不意此後仍有續得殘石,故有續合編之《漢熹平石經殘字集錄補遺》一卷,而此卷所收内容與分編之《四編續補》《又續編》《續拾》三種不相重復。《補遺》印行之後,復加校理,發現失考和譌誤者五事,乃又作《補正》。至一九三八年秋季,作者又"始取諸編,益以新得,重加編訂,成書二卷","以前考訂,間有疏誤,亦爲之訂正"。

一九二九年至一九三八年,雪堂不斷蒐輯熹平殘石,先後十六次編集、修訂《集錄》,可分爲分編和合編兩種系統。分編系統,即《集錄》《集錄補遺》《集錄續編》《集錄續編補遺》《集錄三編》《集錄三編補遺》《集錄四編》《集錄四編補遺》《集錄四編又補》和《集錄續補》《集錄又續編》《集錄續拾》。合編系統,即將《集錄四編又補》以前九卷合編,書名仍舊,其後又有《補遺》和《補正》,最後滙輯成《增訂漢熹平石經殘字集錄》二卷。其所著錄殘石數和字數,因前後有拼接和辨識差異,亦微有不同。據其合編本《集錄》《補遺》統計,由三百五十一石,併爲二百六十石,總四千四百二十九字。如若加上最後三種内容不同之分編七十六石,六百字,是則共著錄四百二十七石,五千零二十九字。至《增訂集錄》所收"總得五千五百九十三言,諸經校記一百八十言,合以序記殘石,總得六千一百六十三言"。①

熹平石經之發現與尋覓,最初多是古董商聯手平民甚至盜掘者所爲。爲獲利發財,原石和拓本輾轉於古董商與學者之間,間或有一二有識之士收集而歸存公益機構。由此帶來之問題是:真贋相雜,難以分辨;傳拓惡劣,模糊不清;分藏南北,難以聚集。以一人或一機構之力匯聚而畢陳之,勢所難能。幸有陶祖光、趙萬里、陳承修、關百益等爲雪堂四處搜羅彙集,使其能在幾年中串聯散珠,裒成鉅觀。尤可筆書者,是他當年以六十多甚至七十多歲之高齡,不畏其艱、不厭其煩地蒐集、整理,直至逝世前兩年,猶在重新修訂,體現出一位學者爲保存國粹,追求一種"春蠶到死絲方盡"之精神境界。當然更值得稱道者仍是他研究熹平石經之豐碩成果。

---

① 《羅振玉學術論著集》第十集,第614頁。

四、羅振玉對熹平石經之研究

自雪堂辨識《堯曰》篇文字後，馬衡率先在北京大學《國學季刊》一卷三期上發表《漢熹平石經論語堯曰篇殘字跋》，其後各家雖有考釋辨證，皆一字一石之識小而已。羅、王二公在蒐輯傳拓同時，亦兼加考釋。一九二三年十二月十日雪堂致靜安函云："承詢漢石經二章，石上第一行乃'優'字，非'傷'也。"①十一日又函云："承示漢石經'黍父'石，恐是校記。弟意此石乃《毛詩·唐風》殘石，第一行乃'之杜'，而第二行雖損泐，當是'不飲'二字，第三行乃'不能蓺稷黍，父母何怙'之'黍、父'二字。又'常其鴇羽'一石，乃'曷其有常'，殆奪'其'字，而注于'常'字之下，'鴇羽'則是篇題'鴇羽三章章七句'也。《詩》字與他經不同，可見諸經乃數人書之也。"②此討論《鴇羽》一詩殘石，進而論及其書手。然此亦逞臆而談，非專門研究。一九二七年吳維孝著《新出漢魏石經考》出版，其所謂"考"亦僅描寫殘石形制尺寸和文字殘損程度等，③於異文、行款、章次、篇次、碑制、家法等少所涉及。真正對熹平石經進行深入研究者，當自雪堂《集錄》始。

嚴謹的科學研究，與良好完美之設計相關。靜安研究魏石經，在復原碑圖設計上，用粗體大字標示殘石文字，細體小字表示補出經文，此頗能客觀反映研究對象。然因係手書、書寫者不易明晰，而讀者亦易忽略。雪堂研究漢石經，改進此種標示法。其圖示文字分為兩欄，上欄轉寫殘石文字，大字照錄，凡一字僅存數筆而可確知爲某字者，用小字側書；下欄則錄出相應經文，凡殘石所有之字則用"—"綫表示。至一九三〇年纂合編時，廢棄"—"代字法，直接寫出經文，而在右邊將殘石所有之文字加點標識。若存字較多一望而知其爲何經者，則不復錄出經文。一石之後標明殘石文字爲何經何篇，俾讀者一目瞭然。雪堂纂輯《集錄》，原擬附上拓本，因拓本效果不理想，故由其子羅福頤等影寫雙鈎殘石文字，附於書末。雪堂云："予此

---

① 《永豐鄉人書札·致觀堂》第十冊，《羅雪堂全集》，第四百零一葉 B。
② 《永豐鄉人書札·致觀堂》第十冊，《羅雪堂全集》，第四百零二葉 A。
③ 吳維孝《新出漢魏石經考》四卷，民國十六年（1927）上海文瑞樓書局影印《愁齋叢書》本。

書集録外,並附句本,蓋恐予之考證有疏失,後人得據句本以補正之,是區區之微意也。"①此區區微意,卻表達出嚴謹的學術態度。

雪堂研究之方法極爲簡單而篤實,亦即以殘石文字爲基點,逐字逐句校覈經文,説明每行字數。然運用此種方法必須有廣博之經史小學涵養,方能在字數、行數差異下發現各種經典文本之異同。

(一)以熹平殘石證所刊經本

後漢立五經十四博士,《詩》有齊、魯、韓三家,《書》有歐陽、大小夏侯三家,《易》有施、孟、梁丘、京四家,《禮》有大小戴兩家,《春秋》有嚴、顔兩家。熹平年間所刊係取何家經本?洪适《隸釋》收入五種殘石,唯《詩》云"石經《魯詩》殘碑",以其文字有異於毛而又有"齊韓"字。又云:"猶《公羊》碑所云顔氏,《論語》碑所云盍、毛、包、周之比也。"②静安據之而云"漢石經《公羊》用嚴氏本,而兼存顔氏異字也","《論語》亦用某本"。③雪堂初編《集録》時無殘字可新證經本,唯於合編之際得見《書序》和《鄉飲酒第十》殘石。其在《鄉飲酒第十》殘石下云:"右《鄉飲酒》,首行爲篇題。此篇《小戴》及《別録》皆第四,此作第十,知石經篇次用《大戴》也。"④鄭玄《三禮目録》所引大戴次序,《鄉飲酒》爲第十,故雪堂謂"篇次用大戴"。其校讀《書序》僅云"此《序》當在經文之末,《校記》之前","石經有《書序》,亦前人之所未知,至可喜也",⑤未直指其屬何家經本。然其《記小夏侯〈尚書〉》一文,從殘石《序記》陰面"易施氏郎中孫進……尚書小夏侯郎中"等字,確定"石經《尚書》乃用小夏侯本"。並云:"前人治《尚書》者,采石經異字,知爲大小夏侯、歐陽遺説,而不能確知爲小夏侯,則又于今日所見序記知之。"⑥又在《記梁丘氏〈易〉》一文中,謂"予近得漢熹平石經《周易·雜卦》殘石,其末行後題存'易

---

① 羅振玉《漢熹平石經集録後序》,《歷代石經研究資料輯刊》第5册,第348頁。
② 洪适《隸釋》卷十四,中華書局1985年影印晦木齋刻本,第152頁上。
③ 王國維《魏石經考三》,《觀堂集林》卷十六,《王國維全集》第八卷,第485頁。
④ 羅振玉《漢熹平石經殘字集録補遺》,《羅振玉學術論著集》第二集,第475頁。
⑤ 羅振玉《漢熹平石經殘字集録補遺》,《羅振玉學術論著集》第二集,第472—473頁。
⑥ 羅振玉《記小夏侯〈尚書〉》,《松翁未焚稿》,《羅振玉學術論著集》第十集,第445—447頁。按,《尚書》究用何家之本,至今尚有異説。蓋後又有刻有"大小夏侯"校記之殘石出土,是當用歐陽本。然亦有人指其爲僞刻。

經梁'三字,知《易》用梁丘氏本。觀往歲所出《序記》殘石,亦有'易梁'字,又有'施氏'、'郎中孫進'……益知《易》用梁丘氏本,而參以施氏諸家者也"。① 對數種經本儘可能作了推測。

(二)以熹平殘石證經本篇什篇次異同

《詩》四家之篇第章次異同,因三家篇章湮埋,無從談起。自宋趙明誠親睹殘石,曾云:"以世所傳經書本校此遺字,其不同者已類百言,又篇第亦時有小異。使完本具存,則其異同可勝數邪?然則豈不可惜也哉!"②八百年來,仍未有論者。即靜安著《魏石經考》而論及熹平石經石數經數,猶未敢置喙。雪堂在系統整理熹平殘石時,終於屢屢發現魯、毛篇第章次之異。如熹平石經五七殘石:③

圖一

此爲《小雅》殘文。《毛詩》序次是《采芑》《車攻》《吉日》《鴻雁》《庭燎》《沔水》《鶴鳴》《祈父》《白駒》。此石第一行"其車三千"爲《采芑》第三章文,第二行"顯允方叔征伐玁狁"爲第四章文,第三行"駕彼四牡四牡奕奕"爲《車攻》第四章文,第四行"有聞無聲允也君子"爲第八章文,第五行"其麇孔

---

① 羅振玉《記梁丘氏〈易〉》,《松翁未焚稿》,《羅振玉學術論著集》第十集,第443頁。
② 趙明誠《金石錄》卷十六,《四部叢刊》本,第十一頁A。
③ 羅振玉《集錄》所列殘石無標識,不易檢尋,以下所舉一律用馬衡《漢石經集存》一書之標號,以便按覆。

有"爲《吉日》第三章文,皆與《毛詩》同,唯第六行"所爲伊人於焉逍遥"爲《白駒》第一章文,中間隔《鴻雁》《庭燎》《沔水》《鶴鳴》《祈父》五詩。《吉日》爲《毛詩·南有嘉魚之什》最後一篇,而《白駒》是《毛詩·鴻雁之什》第六篇,故雪堂云:"此又魯、毛篇次之異矣。"①又熹平石經一〇〇殘石:

圖二

此爲《大雅·旱麓》《靈臺》《思齊》《皇矣》殘石。雪堂云:"今《毛詩》次第爲《旱麓》《思齊》《皇矣》《靈臺》,《魯詩》則《旱麓》之次即爲《靈臺》也。"又熹平石經一〇三、一〇六兩截殘石:

圖三

以上兩塊爲《大雅·既醉》至《蕩》殘文。雪堂合《毛詩》校讀後云:"此石前五行爲《既醉》《鳧鷖》,後數行則爲《民勞》《板》。案今《毛詩》之次《鳧鷖》之後爲《假樂》《公劉》《泂酌》《卷阿》,以後乃爲《民勞》《板》,魯、毛篇次不同。今以《鳧鷖》下接《民勞》,每行均七十字。"《假樂》《公劉》《泂酌》《卷

---

① 羅振玉《漢熹平石經殘字集録·魯詩》,《羅振玉學術論著集》第二集,第129頁。

阿》不接《鳧鷖》,已顯示魯、毛篇次之不同。然其安置何處?是當尋究。雪堂據熹平一一五殘石《韓奕》《公劉》相接,則將其置《韓奕》後,復據一一八殘石《桑柔》《瞻卬》《假樂》相接,知《假樂》在《瞻卬》後。抑不止此,他還因此殘石最後一行爲"□□句·生"四字,進行反復推算,其結論云:"今《毛詩·板》爲《生民》之卒章,《板》八章章八句,後有'生民之什十篇六十五章四百三十三句'十六字,以後爲《蕩之什》。今以《蕩》接《板》,刪去'生民之什'十六字,直以《蕩》接《板》,則下行'興是'二字正與前行殘字相齊,是《魯詩》無《蕩之什》耳。《假樂》殘石'六句'二字下空一字,有'生'字,乃《生民之什》後題,疑《毛詩·蕩之什》爲《魯詩》所無,《魯詩》但有《生民之什》矣。"①辨別仔細縝密,考證精詳確鑿。

當然,因石經殘缺過甚,亦有至今難以排列妥切者。如熹平石經二七殘石:

圖四

此爲《鄭風》殘文。《毛詩》序次是《大叔于田》《清人》《羔裘》《遵大路》《女曰雞鳴》《有女同車》《山有扶蘇》《蘀兮》《狡童》《褰裳》《丰》《東門之墠》。雪堂認第一行"有"上一字爲"山",乃"有女同車"殘文,第二行"兮"下爲"其三"二字,因懷疑《魯詩》之《有女同車》在《羔裘》前。張國淦《魯詩碑圖》參考雪堂意見,將《遵大路》《女曰雞鳴》《有女同車》《羔裘》《清人》《山有扶蘇》

---

① 羅振玉《漢熹平石經殘字集錄·魯詩》,《羅振玉學術論著集》第二集,第141頁。按,"蕩之什"三字原作"板之什"。《詩》原無"板之什"而有"蕩之什",今《魯詩》以《蕩》接《板》,則不可能錄再有"蕩之什"之名,因據改。此係雪堂筆誤,觀其後文可證。

相次接《大叔于田》後,則《有女同車》和《羔裘》一行僅得五十六字,遠不足一行七十二之數。① 馬衡辨識第一行"有"上一字爲《羔裘》"孔武有力"之"武",第二行"兮"據《釋文》或本指爲《遵大路》"不寁好兮"之"兮",故認爲《魯詩》順序應爲:《羔裘》《遵大路》《有女同車》《山有扶蘇》《蘀兮》《狡童》《褰裳》《丰》《東門之墠》九篇相接。② 按馬説九篇之内字數妥帖,然《清人》《女曰雞鳴》若接《大叔于田》後,必有一行祇有六十字左右。唯有去《清人》一詩,方始妥帖,然此事關重大而不敢臆説者也。

(三)以熹平殘石證經文章次異同

兩漢《禮》有大小戴及慶普,《詩》則有魯、齊、韓、毛,各家篇第有異,章次亦有不同。雪堂校讀殘石,所得章次不同者數事。魯、毛章次不同者,如熹平殘石九:

圖五

---

① 張國淦《漢石經碑圖》第三面,1931 年排印本,第 17 頁。
② 馬衡《漢石經集存》,科學出版社 1957 年版,第五葉 B 下。

此爲《邶風·日月》至《式微》八篇。其最後一行爲"微式微胡不歸微君之故胡爲乎中路其二式微□章□四句",是爲《式微》文。雪堂由此探索《式微》章次問題,云:"末行'微君之故',數其行字之數,由前行'生'字起迄'胡不'之不得七十三字,則末行乃《式微》之次章,知《毛詩》以'中露'爲首章,《魯詩》則以'泥中'爲首章,是毛、魯二家章次有不同矣。"① 又熹平石經四二:

圖六

此爲《秦風·終南》至《晨風》殘文。第一行殘文爲《終南》第一章"其君施(《毛詩》作"也")哉",第二行爲《黃鳥》第一章"殲我良人",《黃鳥》每章四十六字,第三行爲"仲行惟"三字,則衹能屬於《黃鳥》第三章文。故雪堂云:"《魯詩》則'鍼虎'爲次章,'仲行'爲三章,此又魯、毛章次之異矣。"② 至《禮經》章次不同者,如熹平石經四二○:

圖七

---

① 羅振玉《漢熹平石經殘字集錄·魯詩》,《羅振玉學術論著集》第二集,第118頁。按,此石係十二塊小石拼成。羅氏作《集錄》時,尚未見"中路其二式微"小石,故其推測如上説。至一九三○年匯總時,已得"中路"小石,完全可知"胡爲乎中路"爲第二章,然其考證文字未及修改,或亦欲彰其當時之卓見也。

② 羅振玉《漢熹平石經殘字集錄·魯詩》,《羅振玉學術論著集》第二集,第126頁。

此爲《儀禮·鄉飲酒禮》殘文。《儀禮》十七篇,有十一篇經文末皆有記文。殘石末行"北面鼓"乃《鄉飲酒禮》之記文,依胡培翬之分段,記文從"鄉朝服而謀賓介"始,分爲"記鄉服及解不宿戒"、"記器具牲羞之屬"、"記禮樂儀節隆殺面位次序"三章。殘文"北面鼓之"在第三章,上距記文開始有二百多字。雪堂校讀排比之後云:"末行之'北面鼓'三字乃記文'磬階間縮霤,北面鼓之'之殘字。由第十行首數至此,得二百餘言,不應行次相連。知《儀禮》章次古今文亦有異同,前此治《禮經》諸儒所未知也。"[1]凡此皆以前單憑經學傳本所無法探知者,因殘石之重現,經悉心之排比,掀開古今經文章節異同之一角。

(四)以熹平殘石證經本章次多寡

先秦經典之流傳,多以簡牘爲媒介。簡牘一旦散亂,章節難以連綴,或移甲冠乙,或甲乙顛倒,所在多有。及至各承師法、家法傳授,恪守不敢輕改,是以舛亂狀況,遺留千年。經本章次之多寡,詩章中最易發生。四家《詩》章節互有異同多寡,雖有鄭玄、孔穎達等人道及,而無從證實。熹平殘石出土,雪堂即據以論證。如熹平石經八四殘石:

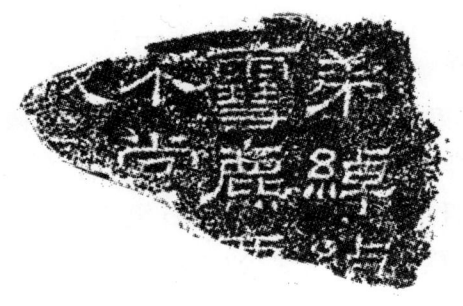

圖八

此爲《小雅》之《角弓》《菀柳》《都人士》殘文。雪堂以之與《毛詩》校讀,謂"首二行均七十字,依行七十字計之,弟四行與前行'不'字並列者,當爲《都人士》首章'行歸于周'之'歸',今此石與'不'字齊列之字僅存'戈'旁殘畫,絕非'歸'字。若刪弟一章,則與'不'字並列者正值次章'我不見兮'之

---

[1] 羅振玉《漢熹平石經殘字集錄·儀禮》,《羅振玉學術論著集》第二集,第158頁。

'我'。'我'字殘畫下似存'不'字首一畫"。他引述四明馬裕藻之言云："《毛詩正義》謂《韓詩》無首章,石經殆始次章。"以爲馬説是,並引鄭玄《緇衣》注"此詩毛氏有之,三家則亡"和孔穎達《毛詩·都人士》正義"今《韓詩》實無此首章"而辨證之："據《禮記》注,似三家無《都人士》全詩;據《詩正義》,則《韓詩》但無首章。今以此殘字證之,則《魯詩》亦但無首章耳,非全詩俱亡也。"① 此一經學公案至郭店簡、上博簡《緇衣》出土,方始有一個結論。②

(五)以熹平殘石證傳本文字異同

十四博士各以師法家法教授,其經文文字互有異同。熹平石經《詩》取魯,《書》取歐陽,《易》取梁丘氏,《禮》取大戴,《春秋》取《公羊》,故石經與各家之間頗多異文。雪堂《集録》中每逢異文,取校傳本,稽覈《釋文》,參考漢注唐疏及清儒新疏,並引據漢魏六朝碑刻、敦煌殘卷、東瀛藏本予以釋證。前後所見,不勝枚舉,僅選擇數條,以示一斑。

1. 以殘石證今本文字形誤

熹平殘石二九七(《春秋·成公二至十二年》)有"鄭伯緊卒"一句,今本《春秋·成公四年》作"鄭伯堅卒"。雪堂先用宋紹熙余仲仁本校勘,余本作"臤",注云："伯臤,苦刃反,本或作'堅'。"此本《公羊傳釋文》。徐彥疏本作"堅",與《開成石經》合。雪堂云："此作'緊',見原本《玉篇》:'古賢、古兩二反。《公羊傳·成公四年》鄭伯緊卒。'與石經正符。今本《玉篇》則誤'緊'爲'絚',注:'古千、古兩二切。《成公四年》鄭伯絚卒。'既譌其文,又删其注,于此知古寫本之可貴矣。"③原本《玉篇》係雪堂從東瀛影寫攜歸,適可印證殘石文字,故以爲可貴。熹平殘石九《匏有苦葉》殘文"濟盈不濡軌",亦以殘石文字證《釋文》和《開成石經》及今本《毛詩》之誤。

---

① 羅振玉《漢熹平石經殘字集録·魯詩》,《羅振玉學術論著集》第二集,第137頁。
② 參見虞萬里《從簡本〈緇衣〉論〈都人士〉詩的綴合》,《文學遺産》2007年第5期。
③ 羅振玉《漢熹平石經殘字集録·公羊春秋經》,《羅振玉學術論著集》第二集,第172頁。

2. 以殘石印證古今文

熹平殘石四二〇(《儀禮·鄉飲酒禮》)第七行有"僎者降席"殘文,今本《儀禮·鄉飲酒禮》作"遵者降席",鄭注:"今文'遵'爲'僎',或爲'全'。"雪堂又舉《禮記·冠義》"介僎,象陰陽也"鄭注:"古文禮'僎'皆作'遵'。"《少儀》"僎爵"鄭注:"古文禮'僎'作'遵'。遵謂鄉人爲卿大夫來觀禮者。'僎'或爲'驕'。"以此證石經作"僎"爲今文,與康成注合。又熹平殘石四〇四(《士虞禮》)第三行有"明日以其胖祔"一句,今本《士虞禮》作"明日以其班祔",鄭注:"班,今文爲'胖'。"雪堂云:"又《既夕》注亦云'今文班爲胖',此正作胖。"①石經文字多是鄭注所謂今文,可證當時所鐫確係今文,非鄭玄雜糅古今之本。

3. 分別四家《詩》異文與《毛詩》異文

清人每見《詩》有異文,則必試圖分隸四家。雪堂則有獨特見解。如熹平殘石一《周南·關雎》"仇"字,今《毛詩》作"逑",王先謙等謂魯、毛異文。雪堂引舉《禮記》《漢書》《後漢書注》及《文選注》引《毛詩》皆作"仇",遂謂"非魯、毛異文也"。② 此種認識,對進一步整理《詩經》異文有積極意義。

4. 指出殘石文字多譌別字形

熹平石經用漢隸書寫,漢隸乃當時通行文字,就中很多字形以今日標準衡量,屬譌別字形。雪堂在具體校讀中,一一指出分析,並於序中總結舉例云:"唐李陽冰譏中郎以'豊'爲'豐',今諸經殘字間有俗作。如禾入水爲㮮,隸書省作'㮮',而《魯詩》'㮮苗'作'㮮',從禾下木。《鳧鷺》之'鳧'作'鳥',從鳥下力。《儀禮·鄉射》'卻手'字當从卩,乃誤从阝,並爲譌別。"③

5. 以新材料證經本異文

清儒疏釋經典異文,廣泛參稽隋唐以前之文獻,已幾無餘蘊可發。雪

---

① 羅振玉《漢熹平石經殘字集錄·儀禮》,《羅振玉學術論著集》第二集,第164頁。
② 羅振玉《漢熹平石經殘字集錄跋》,《羅振玉學術論著集》第二集,第202頁。
③ 羅振玉《漢熹平石經殘字集錄序》,《羅振玉學術論著集》第二集,第100頁。

堂身丁二十世紀殷墟甲骨、敦煌卷子、居延簡牘重現天日之際，加之親自收集整理研究，又東渡日本，廣收彼邦漢籍古寫本，故凡所舉證，雖以文獻如《釋文》等爲主，亦時援古文字、新出土碑刻墓誌、敦煌《詩經》殘卷及前所舉日本所藏唐寫本《玉篇》殘卷等。例多不錄。

（六）探索石經書寫款式

雪堂於校讀過程中，不僅關注篇次、章節、文字異同，其於石經書寫款式亦多所留意。如殘石二四一《文言傳》後空二行，推測其一爲《文言》末行，一爲《説卦傳》題，遂云"觀此知傳題佔一行也"。此種題目空行形式爲殘石六、七兩塊上下同方位之一綫上皆有空行而證實無疑。又《説卦》次行"故易六畫二成章也"，"也"下空格加點，推測其"每章空一格"。《魯詩》殘石二第二行有小字"其一"，兩字當一格，推測《魯詩》每章末注章次，因批評洪适《隸釋》不錄其厶字，乃校錄之疏。殘石十七末行有"□國第六"字樣，雪堂推測云："《毛詩·王風》前篇題爲'王黍離詁訓傳第六'，後題爲'王國十篇二十八章百六十二句'，據此知《魯詩》篇題前題亦稱'王國'，與後題同，不作'王黍離'也。"①經雪堂對每行字數、章與章之間空格、篇與篇之間空行和篇題、尾題等推測解釋，其他學者相繼補充，使整個碑圖之恢復有了可能。

（七）從筆勢字體定熹平石經之補刻

鴻都石經刊成後，未盈一紀，旋有董卓兵火之災，略有損毁，又經永嘉之亂，復有毀壞，雖經補刻，先後難辨。一九二三年曾出土"黍父"，乃有四塊碎石拼接。當時静安疑爲校記，以詢雪堂。雪堂爲之連綴疏通。後又出土"黍父"二字一石，與之重復，遂有真僞先後之判。

一九三一年，雪堂專就二石作研究，謂"以前曾見《杕杜》《鴇羽》殘字四行，曰'之杜'，曰'不'，曰'黍父'，曰'常其□鴇羽'，與此殘字重復，故曩疑此非《鴇羽》文，今詳校二石，知此爲漢石原刻（引按，指右圖），彼乃後刻也（引

---

① 羅振玉《漢熹平石經殘字集錄·魯詩》，《羅振玉學術論著集》第二集，第121－122頁。

按,指左圖)。此刻書法寬博,與他殘字同;彼則書勢局促方峭。且此刻'秫'字,彼刻作'黍',考洪氏著錄《魏風》殘字《碩鼠》'毋食我黍',字正作'秫',與此爲一石,在此前十一行。又近出《魯詩》殘字……並書作'秫',從禾下木,雖爲別搆,然足證其不作'黍'。此彼爲後刻,此爲原刻之確證矣"。① 並據史書所記,書跡特點,推測補刻在"典午之世"。由此比觀熹平殘石,可以認定有個別殘石文字皆係後刻。雪堂自云"以書勢定原石及補刻"後,其子羅福頤謂《集錄》所收《大雅·抑》之"萬民"、"爲則"四字,《春秋·莊公二十九年》至《閔公二年》之"許"、"戎"、"于"三字,筆勢皆局促方峭,與此殘字尤酷肖,故亦必爲後刻。

圖九

以上七點爲雪堂校讀熹平殘石所體現之研究方法和所得之學術成果。由於當時經本之複雜和出土殘石之有限,有些問題靠簡單之校讀難以解決。而其在校讀中隨文作解,前後也不免相左。雪堂於殘石絶大多數標出每行之字數,其在最先之《周易》殘石下曾云:"凡每行字數有多寡不等者,皆古今經本有異同也。"②此一凡例,似乎絕對。及其校讀到《儀禮》殘石時發現,"諸經行字皆横直相當,此二行則横列頗參差,'皆'字下半當'卒'字上半,'拜'字在'卒爵'二字間,'送'字當'爵'字下半及下一字上半,知諸經

---

① 羅振玉《漢石經〈魯詩唐風〉殘字跋》,《松翁未焚稿》,《羅振玉學術論著集》第十集,第 463 頁。
② 羅振玉《漢熹平石經殘字集錄·周易》,《羅振玉學術論著集》第二集,第 103 頁。

中間有行列參差者也"。① 若有個別行間有橫列參差,則每行字數必不一律,而字位多寡就未必顯示古今本異同。當然,像殘石三四四《公羊傳》:

圖十

其第七行"天下諸侯"與第八行"河上之邑也"之間,對校今本,相差六十餘字,則定係經本大有異同無疑。

《集録》爲校讀劄記體式,短小之考證文字往往語焉不詳,須參考雪堂其他題跋,融會其意,然讀者每多失於稽覈。如同石"矣"下"里"上之點,《集録》僅言其"以畫斷前後文字之首尾而不空格",而在《漢熹平石經〈公羊春秋傳〉僖公成公殘石跋》中有詳細考證。② 故合編本序言云:"《公羊傳》每歲冠以某年,其上空一格加點,至每事,則於首末兩字間加點而不空格。"③ 蓋即撮取跋文主意。《集録》在《周易》《尚書》下皆未論及其經本,故讀者多

---

① 羅振玉《漢熹平石經殘字集録・儀禮》,《羅振玉學術論著集》第二集,第 165 頁。
② 羅振玉《漢熹平石經〈公羊春秋傳〉僖公成公殘石跋》,《丙寅稿》,《羅振玉學術論著集》第十集,第 127—128 頁。
③ 羅振玉《漢熹平石經殘字集録序》,《羅振玉學術論著集》第二集,第 98 頁。

無視其觀點。如馬衡一九二九年著文推測石經《周易》用京氏《易》，①一九四五年屈萬里撰《漢石經〈周易〉爲梁丘氏本考》，後馬衡又作《漢石經〈易〉用梁丘本證》，②皆不提雪堂意見。其實前舉雪堂《記梁丘氏〈易〉》一文作於一九三三年前。又屈萬里著《漢石經〈尚書〉殘字集證》，詳證石經《尚書》爲小夏侯本，復溯其說始於吳維孝而不提雪堂。③ 而雪堂《記小夏侯〈尚書〉》不僅定殘石用小夏侯本，亦勘其文字異同以證之，作年與《記梁丘氏〈易〉》同。凡此，皆另有專文而於《集錄》略之，因而爲世人所忽。④

五、羅振玉熹平石經研究之成就與影響

　　雪堂自幼嗜好石刻，長遊四方，廣事蒐集輯刻。及與靜安相與研討漢魏石經，於鴻都殘石更增感情。因靜安之慧眼獨具，於考魏石經同時，對漢石經之行款、碑制多有述及，故當時雪堂曾有意囑其畢功於一役。不意靜安英年自沉，即《魏石經殘石考》尚未定稿，遑論熹平石經。雪堂哀悼歎惜之餘，毅然承擔起集錄整理熹平殘石之工作。自一九二九年至一九三八年間，分輯編集、刊印乃至合編、修訂，先後凡一十六次，至垂歿始定稿，其堅韌不拔之精神由此可見一斑。

　　雪堂整理熹平石經時間長達十年，故其對石經之認識亦隨研究深入而臻於完善。方其初編《集錄》，揭櫫五點：其一經數確爲《周易》《尚書》《魯詩》《儀禮》《春秋經》《公羊傳》《論語》七經，其二經本確爲今文，以爲此可證成靜安所考定者。其三爲每行字數各經不同，各石行字亦不同，其四爲各經書寫格式亦不同，以爲此可告慰於靜安知而未詳者。其五爲《魯詩》篇次不同，此則爲靜安所不及知者。至其編輯整理到十次，蒐集漸多，認識加

---

① 見馬衡《漢熹平石經〈周易〉殘字跋》，《北大圖書館部月刊》一卷二期，1929年12月。
② 屈氏自謂此文作於1945年3月。刊於1947年《國立中央圖書館館刊》復刊第一號。收入《書傭論學集》，臺灣開明書店1969年，第1—6頁。馬衡《漢石經〈易〉用梁丘本證》糾正自己前說，見《凡將齋金石論叢》，中華書局1977年版，第227—230頁。
③ 屈萬里《漢石經〈尚書〉殘字集證》，《屈萬里全集》第二輯，臺灣聯經出版事業公司1984年，第四十一葉A。
④ 臺灣臺北文華出版公司和大通書局影印之《羅雪堂先生全集》輯印於1968—1977年，遲在屈萬里著漢石經二書之後，宜其爲屈氏所未見。

深，乃重新梳理其研究所得，茲擇其犖犖大端者條述於下：

（一）推明各經書寫款式。凡篇題佔一行。《易》上、下經中諸卦文蟬聯書之；每卦首畫卦象，當一字之位而不空格；《文言》《說卦》每章首空一格，復加點識之。《魯詩》每章末注章次；每篇末章句下空一格加點；每什後題亦加點而不空格。《春秋經》每易一年，空格加點。《公羊傳》每歲冠以某年，上空一格加點；每事則於首末兩字間加點而不空格。《論語》每章首空一格加點。

（二）推明各經每行字數時有參差，並非一律，然一經大致有一定字數。

（三）揭示七經所取今文經本，其經文字數與今所見傳本皆有多少之差異。

（四）揭示經今古文之篇次、章節有差異。《魯詩》和《毛詩》之間，篇次、章次都有不同，由篇次之不同還導致二《雅》中分"什"（如"生民之什"）之不同。《儀禮》中亦有章節之錯舛異同。

由以上四點，加之其他如推測諸經皆有校記和校理諸臣姓名，各經並非一人所書等，已可使千百年後之人對熹平石經有一整體之認識。一九三一年，張國淦即據雪堂之研究成果，融會理解，益以自己研究心得，製作成《漢石經碑圖》，將數百塊碎石，復原出一千八百年前一套石經碑式，雖多可商榷而有待修正，卻已展示其大概。然若無《集錄》，《碑圖》不可能在短期內速成。[①] 一九三三年，馬衡發表《從實驗上窺見漢石經之一斑》，亦爲得見《集錄》以後之作。[②] 一九五五年陳夢家、陳公柔等整理馬衡遺著《漢石經集存》，雖在《集錄》基礎上增益二千餘字，若除去《隸釋》所錄文字，所益無幾，此可見二書遞增之迹。馬書注解，多引用羅說。且羅福頤贈其所藏殘字拓本全部與整理者，亦多有馬衡所欲尋訪而不得者。[③] 上世紀六十年代起，臺灣屈萬里撰著《漢石經〈周易〉殘字集證》和《漢石經〈尚書〉殘字集證》，雖已可用馬衡《集存》，然亦參考雪堂《集錄》。及其弟子劉文獻撰《漢石經〈儀

---

① 張國淦《漢石經碑圖敘例》述羅氏所收殘石字數，與雪堂一九三〇年合編本《集錄》相合，蓋所據爲合編本。又謂"羅氏說又視洪氏加密焉。就其殘字以考證之，昔日所致疑於漢石經者，今已瞭然什之七八矣"。故謂非羅書，則張圖一時難以速成。
② 馬氏文末注云，此文乃一九三一年二月爲北京大學研究所國學門之講稿，然文中自謂見於《集錄》者三千餘字，是亦參考過羅書。
③ 參見《漢石經集存》陳夢家後記，第五八葉A。

禮〉殘字集證》、吕振端撰《漢石經〈論語〉殘字集證》、《漢石經〈春秋〉殘字集證》和《漢石經〈公羊傳〉殘字集證》等，亦無不以《集録》爲主要參考書。

《集録》撰著於熹平石經出土七八年之後，又在不斷新發現中蒐集增益，使其殘石字數增至六千餘字，約佔當時所出漢石經總字數之九成。雪堂又在各枚殘石之下附有考證，詳其碑制、書寫款式、經本家法、篇次章次異同，文字正假等，若將《集録》譽爲二十世紀上半葉熹平石經研究里程碑式著作，誠可無愧。唯欲理解雪堂對熹平殘石整體性研究與看法，猶須結合《集録》外之殘石序跋和其他著作，方能有一全面概觀。

二〇一一年八月六日至十四日

由《詩論》"常常者華"說到"常"字的隸定
——同聲符形聲字通假的字形分析

上博《詩論》第九簡簡末有五字：

> 棠＝者芋，則……

"則"下殘斷。上博釋文云："'棠'下有重文符，爲'棠棠'二字。'棠棠者芋'即今本《詩·小雅·甫田之什·裳裳者華》原篇名。裳、棠通假。"[①]將此判釋爲《小雅·裳裳者華》篇名，確鑿無疑。

《廣雅·釋訓》："常常，盛也。"王念孫疏證："《說文》常或作'裳'。《小雅·裳裳者華》傳云：'裳裳猶堂堂也。'"[②]張慎儀云："董氏云：古本作'常常'。明豐坊《詩傳》《詩說》作'常常'。"[③]豐坊本固可指爲據《廣雅》改，陶宗儀《說郛》卷一載申培《詩說》、梅鼎祚《皇霸文紀》卷七亦均作"常常"，[④]此亦或可指爲元明人在崇古心理、意識驅使下的據古造作。然《廣雅》既作"常常"，則或如董氏所云有古本作"常常"者。王先謙以爲魯、韓詩作"常"，蓋以《廣雅》所引係魯、韓《詩》爲說。[⑤] 常、裳於《說文》爲一字異體，文獻中又多有互替之例，《詩經》篇名"裳裳者華"或有三家《詩》及三家以外之《詩》家古本作"常常者華"，不必拘於魯、韓《詩》。據此，竹簡此字如作"常常"，則適與字形、文獻相合，今隸定爲"棠"，其字不見於《說文》，雖古文字多有不

---

① 馬承源主編《上海博物館藏戰國楚竹書》(一)，上海古籍出版社 2001 年版。
② 王念孫《廣雅疏證》卷六上，江蘇古籍出版社 1984 年版，第 185 頁下。
③ 張慎儀《詩經異文補釋》卷十一，《籑園叢書》本，第一葉。
④ 宛委山堂本《說郛》卷一，上海古籍出版社 1988 年影印本，第 64 頁上。《皇霸文紀》卷七，《文淵閣四庫全書》本，臺灣商務印書館 1983 年影印本，1396 册，第 106 頁上。
⑤ 王先謙《詩三家義集疏》卷十九，中華書局 1987 年版，第 770 頁。

見於《説文》者,亦足以引起注意。因棠字之隸定牽涉到很多銘文、竹簡中相同、相近字形,故有必要作詳細剖析討論。

一、"常"字字形分析

(一)"常"字的金文字形

"常"字在銘文中爲數不少,首先將此字隸定爲"棠"的是郭沫若。

郭沫若於楚王酓忎鼎中考釋云:"棠即秋祭之嘗的本字。"① 又在《壽縣所出楚器之年代》中云:"棠從示尚聲,當即祭名蒸嘗字之專字。《爾雅·釋天》秋祭曰嘗,冬祭曰蒸。嘗乃假借字。"② 以𣑽爲棠,釋爲"嘗",其釋義固與銘文合,而字形之隸定仍有不同説法。胡光煒《壽縣所出楚王鼎考釋》釋爲"常",讀作"嘗"。③ 劉節《壽縣所出楚器考釋》云:"常字鼎銘作𣑽,其非從示可知。古文從用之字每作𣑽(《汗簡》卷中之一),而用字從巾,故𣑽字所從之"介"蓋巾字之别構也。由是推證他器之常字從爪者,非示字,乃巾字也。常即蒸嘗。"④ 劉氏將此字下部"介"視作用,以《説文》所釋從巾,遂以爲乃"巾"之别構。其實此形體與用字無涉。釋常雖是而途徑迂曲,故後之學者未予採納。張日昇云:"按,字從尚從示,《説文》所無。劉節釋常字從巾,非從示,郭沫若謂棠乃蒸嘗之專字,郭説近是。劉氏所據𣑽乃從示之變異,釋常非是。"⑤ 李孝定云:"棠字,郭氏讀爲經傳'蒸嘗'之'嘗',極確。劉氏釋常,謂下乃從'巾',説非。唐氏讀爲'盛',未安。"⑥

以上諸家均從個别器物出發對此字予以隸定,不免有一葉蔽泰山之

---

① 郭沫若《兩周金文辭大系圖録考釋》,上海書店出版社 1999 年影印本,下册,第 169 頁。
② 郭沫若《金文叢考》,人民出版社 1954 年版,第 413 頁。
③ 胡光煒《壽縣所出楚王鼎考釋·楚王酓忎鼎》,《國風半月刊》,第四卷三期,轉引自崔恒昇《安徽出土金文訂補》,黄山書社 1998 年版,第 44 頁。
④ 劉節《古史考存》,人民出版社 1958 年版,第 115 頁。
⑤ 周法高主編《金文詁林》,香港中文大學出版社 1974 年版,第一册第 165 頁。
⑥ 李孝定《金文詁林讀後記》,中研院歷史語言研究所專刊之八十,第 6 頁。

憾,現將金文中有關字形作一全面考察。金文中的嘗,據張亞初《殷周金文集成引得》羅列二十餘例。① 其實此數係張氏將嘗、棠兩字合併之結果。檢覈拓片,細審字形,並以時間與地域將其框定,事實如下:

西周時多作"嘗",下從"旨",如姬鼎"用烝用嘗",六年琱生簋"用作朕剌祖召公嘗簋",效卣、效尊"王觀于嘗公東宮"等。"用嘗"顯係秋嘗之義,"嘗簋"亦可以解作嘗祭召公之簋,"觀于嘗"蓋係地名。東周始有棠字形出現,但有其地域之限制。齊國十四年陳侯午敦、十年陳侯午敦、陳侯因咨敦作"以烝以嘗",蔡侯尊、蔡侯盤作"祇盟嘗啻",嘗祭之義均作"嘗"。② 唯有楚國之器,如:楚王酓肯鉈鼎、楚王酓肯鼎、楚王酓忎鼎、楚王酓肯簠、楚王酓肯盤之"以共歲棠",字形多作"棠"。然亦有幾例可商討者,楚王酓忎鼎蓋銘之"棠",示字上畫中間高兩面低,作"棠";器銘之"棠",示字中豎上穿象"木",作"棠"。楚王酓肯盤"棠"下三豎較粗,似係圓寫美術體。江蘇無錫出土的鄂陵君王子申豆(二),銘文"攸立歲常",字作"常",下部之巾甚明,且有一畫,與後來楚系文字中的"巾"字寫法一致。鄂陵君王子申豆(一)之"攸立歲常",字形作"常",尚可辨是"常"字,唯不像王子申豆(二)下有短畫。鄂陵君王子申鑑之"攸立歲常",字形作"常",與王子申豆(一)近,而與楚系簡牘文字之字形亦已接近。所不同者:鑑文巾字豎與橫折勾兩筆相連,簡牘字形兩筆多不連(詳下文)。

同爲秋嘗之祭的"烝嘗"、"嘗啻"、"歲嘗",齊國陳侯組器、蔡侯組器均作"嘗",似用本字;鄂陵君組器作"常",用一後世常見的同聲符借字;唯獨楚王組器字形被隸定爲"棠",爲一不徑見的古文字。其中尚可致疑者,雖隸定爲"棠",實際却無"示"上之一畫,且亦有不像"示"或像"木"的字形結構。

(二)簡帛、陶文中的"常"字

常,《說文》云從巾、尚聲。而春秋末戰國以還之竹簡中有些字形在

---

① 張亞初《殷周金文集成引得》,中華書局 2001 年版,第 596 頁。
② 安徽省文物管理委員會、安徽省博物館:《壽縣蔡侯墓出土遺物》,科學出版社 1956 年版,圖版三柒。

"巾"字下加一短畫,如:

信陽二·一三	信陽二·一五	包山二〇三

巾下加短畫,楚系文字常見。如:包山、信陽簡之"帶",信陽簡之"帮",信陽、仰天湖簡之"布",信陽簡之"帛"等。若上溯鄂陵君王子申豆(二)之字形,也可算作楚系文字的一個特點。另有一批字形作"棠",如:

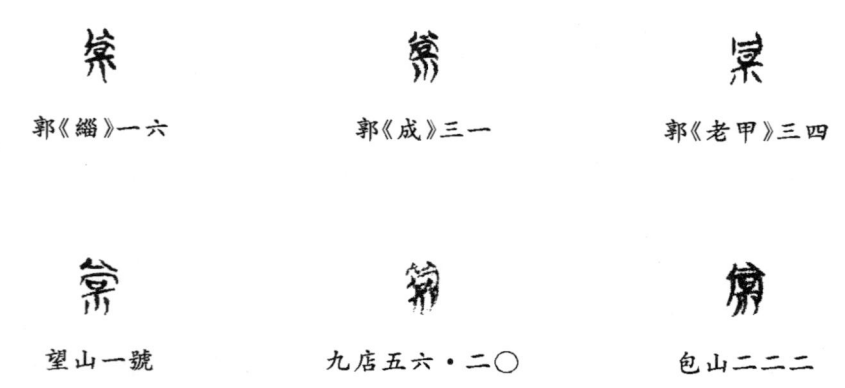

郭《緇》一六	郭《成》三一	郭《老甲》三四
望山一號	九店五六·二〇	包山二二二

"尚"下從"示"而少一畫。由於楚系文字"示"字上部多有作一畫者,如"祭"、"禱"、"祖"等字,[①]且其義又多用作烝嘗之祭祀,故學界信從郭説而不疑。然普查"常"字各種寫法,尚有以下數種,一種下部從"市",如:

曾五三	曾六九	曾一二二	曾六

---

① 僅據《楚系簡帛文字編》統計,"祭"字十五例,作一畫者三例;"禱"字九十二例,作一畫者十二例。"祖"字五例,作一畫者三例。

由《詩論》"常常者華"說到"常"字的隸定——同聲符形聲字通假的字形分析

四字均出《曾侯乙墓》。① 裘錫圭、李家浩《曾侯乙墓竹簡釋文與考釋》隸定爲常。並作考釋云："'常'字所從'巾'旁原文作'市'。一二二號、一三七號、一三八號等簡'幝'字所從'巾'亦寫作'市'，與此同。"② 市爲韍之古字。《說文·市部》："市，韠也。上古衣蔽前而已，市以象之。天子朱市，諸侯赤市，大夫蔥衡。從巾，象連帶之形。"市乃上古天子、諸侯及有命服者常用之物，唯以顏色別之，故兩周金文多見以市賜，且多作"芇"。市字從巾，殆與巾同物，用途亦近，故銘文偶亦有省作"巾"者，如：元年師兌簋"賜女乃祖巾、五黃、赤舄"，曶壺蓋"賜女秬鬯一卣、玄衮衣、赤巾、幽黄、赤舄、攸勒、鑾旗"。祖巾即祖市，赤巾即赤市。由於銘文已市、巾互用，故簡牘中出現市、巾偏旁互替。常字及裘、李兩先生所揭櫫的幝字而外，如曾侯墓之"布"，望山、信陽簡之"帕"，③皆從"市"旁；郭店簡之"幣"，也有從"市"旁者。若上溯銘文，毛公鼎、晉公盞之"帥"亦從"市"。常字從"巾"又從"市"，可知巾、市亦是一對可以互換的義符，是銘文、簡牘文字中不容抹煞之史實。緣此觀之，有些看似像帀，其實亦是"市"字之變體，如：

棠 棠 棠 棠	帍	榮
天星觀遣策四字	包山二·二一四	陶彙三·四二五

天星觀遣策等字形，下部巾字雖分成兩筆，但尚相連。證諸其他字形，馬王堆《相馬經》《老子》乙前簡一四〇之"飾"，左下從"帀"；《五十二病方》簡二四七、武威《士相見》簡十三以及《夏承碑》之"席"，下部亦從"帀"，實皆"市"字。婁機《漢隸字源·入勿》芇字下部之市作帀，上面不出頭。④ 此不僅可知從巾、從市意義之相同，更可明瞭從"市"快寫作從"帀"，亦爲簡牘、碑刻中不容抹煞之史實。陶彙三·四二五之字形，下部兩筆雖連，但已接近於

---

① 湖北省博物館：《曾侯乙墓》，文物出版社1989年版，簡53見圖版一八七，簡69見圖版一九三。
② 見《曾侯乙墓》上冊第493至494頁，考釋文字見第510頁。
③ 此字右邊之"首"，高明《古文字類編》隸定爲"面"，以其《說文》雖無，而《玉篇》有此字，中華書局1980年版，第259頁。
④ 宋婁機《漢隸字源》卷六，《文淵閣四庫全書》本，臺灣商務印書館1983年影印本，第225冊，第19頁。

撤捺。一旦分開，即成上所列從示缺上畫之"棠"。然若中畫上穿，即成：

｜ 棠　　　棠　　　棠　　　棠 ｜

陶彙三·四二四　陶彙三·四二六　陶彙三·四二九　陶彙三·四三〇

以上四字見高明、葛英會編《古陶文字徵》。[1] 因爲他們將此字認作"棠"，故將其依次釋爲孟棠匋里□三·四二四、孟棠匋里賞三·四二五、孟棠匋里人□三·四二六、孟棠匋里可三·四二九、孟棠陶里□三·四三〇。其所以隸定爲"棠"，或以其形似"棠"，且亦前有所承。[2] 然何琳儀《戰國古文字典》釋"孟棠匋里賞"之"棠"爲"常"，讀作"嘗"，以爲即齊地名"孟嘗"。[3] 茲將四二五不出頭之"帀"與其他出頭近似"市"之字相比較，仍以歸入"常"字一系之別體爲妥。簡牘、陶文中個別"常"字還有不同程度之簡化，其中有省形旁者，如：

尚

帛乙二·一

原文爲"卉木亡尚"，"亡尚"即"無常"。上溯銘文，陳公子甗之"常"亦省"巾"字。當然此種情況亦可認作用"尚"通"常"，因文獻中有常儀作"尚儀"等實例。另一種是省去部分構件，如：

帝　　　帝

陶彙三·一二七六　　　陶彙三·一二七八

此兩字形，雖説可認爲從巾而省去以上部分，但若聯繫常字各種形體

---

[1] 高明、葛英會編《古陶文字徵》，中華書局1991年版，第130頁。
[2] 袁仲一所編《秦代陶文》中四〇一、四〇三有兩"棠"字，刻劃較細。細審之，下部從"禾"。且與"孟棠"字形有距離。袁氏將四〇三隸定爲"棠"，而將四〇一歸入附錄。三秦出版社1987年版，圖版見213頁，字頭分別見451頁、471頁。徐谷甫、王延林《古陶字彙》均歸入"棠"字下。上海書店出版社1994年版，第218頁。
[3] 何琳儀《戰國古文字典》，中華書局1998年版，上冊，第682頁。

及其上畫較平直一點考慮，似看作從"帀（市）"更妥。

以上所列除陶文外，均爲楚系文字。如大致以其墓葬年代排列，則依次是戰國早期的曾侯乙墓、[1]信陽楚墓，[2]戰國中期的江陵楚墓、[3]望山楚墓，[4]戰國中期偏晚的郭店墓，[5]戰國中晚期至晚期早段的江陵九店墓，[6]以及戰國中晚期的包山墓。[7] 由《曾侯乙墓》規整的"常"字從"市"，知戰國早期就有將"市"替換"巾"之字形流傳。與其先後或同時的楚惠王銘文中的從"示"字形，很可能係由銅器刻劃不便或鑄器刻字者苟簡趨省等因素所造成。從"市"稍簡而爲"帀"，進而爲"示"，轉而爲"木"，行迹脈絡尚可按覆。兹依其時代先後、形體繁簡，並考慮書寫者苟簡趨省之心理，稍作排列如下：

	戰國早期	戰國中期	戰國晚期
常	信陽二·一三		包山二〇三

曾六九　天星觀遣策　望山一號　郭《老甲》三四　包山二·二一四　包山二二二

如此排列，僅是有助於認識其演蜕之迹。在實際書寫過程中，必然更加紛繁複雜。比如，包山楚簡三個"常"字，年代雖晚，却體現出三種字形。而一旦到了漢代的馬王堆、銀雀山、居延竹簡中，"常"字基本都從"巾"，已不再出現其他各種字形。

---

[1] 參《曾侯乙墓》上册，文物出版社1989年版。
[2] 河南省文物研究所《信陽楚墓》，社科院考古所編、文物出版社出版1986年版。
[3] 陳振裕《望山一號墓年代與墓主》，《中國考古學第一次年會論文》，文物出版社1979年版。
[4] 湖北省文物考古研究所、北京大學中文系編《望山楚簡》，中華書局1995年版。
[5] 《荆門郭店一號楚墓》，《文物》1997年，第7期。
[6] 《江陵九店東周墓》，科學出版社1995年版。
[7] 湖北荆沙鐵路考古隊《包山楚簡》，文物出版社1991年版，第1頁。

(三)巾、巿、示、木偏旁演蜕混淆之旁證

《汗簡》中之一"巿部"收禹、殺、綌、幡四字。

禹從巿構形不明，審其字下部確似從巾，①黃錫全謂當由禹鼎、秦公簋等"禹"之字形隸變而來。② 綌字左下也從巾(出《義雲章》)，幡字左邊亦從巾(出《天臺碑》)。"殺"字甲骨文字形作"朮"，金文作"𣪘"，《說文》古文作"𣪘"，三體下部之形相近。金文用爲"蔡"字，三體石經亦以爲"蔡"之古文。《說文》"殺"字左下之巿後已演變成"木"，其第三體古文𣪘與甲、金文字體近，第一體古文作"𣪘"，其中間下部構件猶可看出與甲、金文下部像"巾"之形、"蔡"字下部之"示"、楷體"殺"字左下之"木"三者之關係。

楚系文字中"殺"字形體特多，其左下之形大約可分成五類：

像金文、《說文》古文下部之形而小變：

　　　　　𣪘 磚三七〇·一　　　𣪘 磚三七〇·三

像巿字之形：

　　　　　𣪘 包二·一三七　　　𣪘 包二·一三五

像示之形：

　　　　　𣪘 包二·一三六　　　𣪘 包二·一三六

像巾(巿)字加短畫之形：

　　　　𣪘 包二·一二〇　　𣪘 包二·一二一　　𣪘 望·卜

像木字之形：

　　　　　𣪘 包二·九五　　　𣪘 帛丙·三

---

① 《汗簡》下之二肉部同。中華書局1983年影印本，第21頁上。《古文四聲韻》卷三"禹"古文收入《古尚書》《雲台碑》《古孝經》四形體，下皆從巾。中華書局1983年版，第39頁上。

② 黃錫全《汗簡注釋》，武漢大學出版社1990年版，第286頁。

市、示、木,上部之一畫或二畫,僅是從視覺上形似著眼,正是這種視覺上的形似,乃是引起後來傳鈔走樣、變形的直接原因。沈兼士曾作《希殺祭古語同原考》,將三字之關係已表述清楚,茲迻錄其文末表格以助思考。①

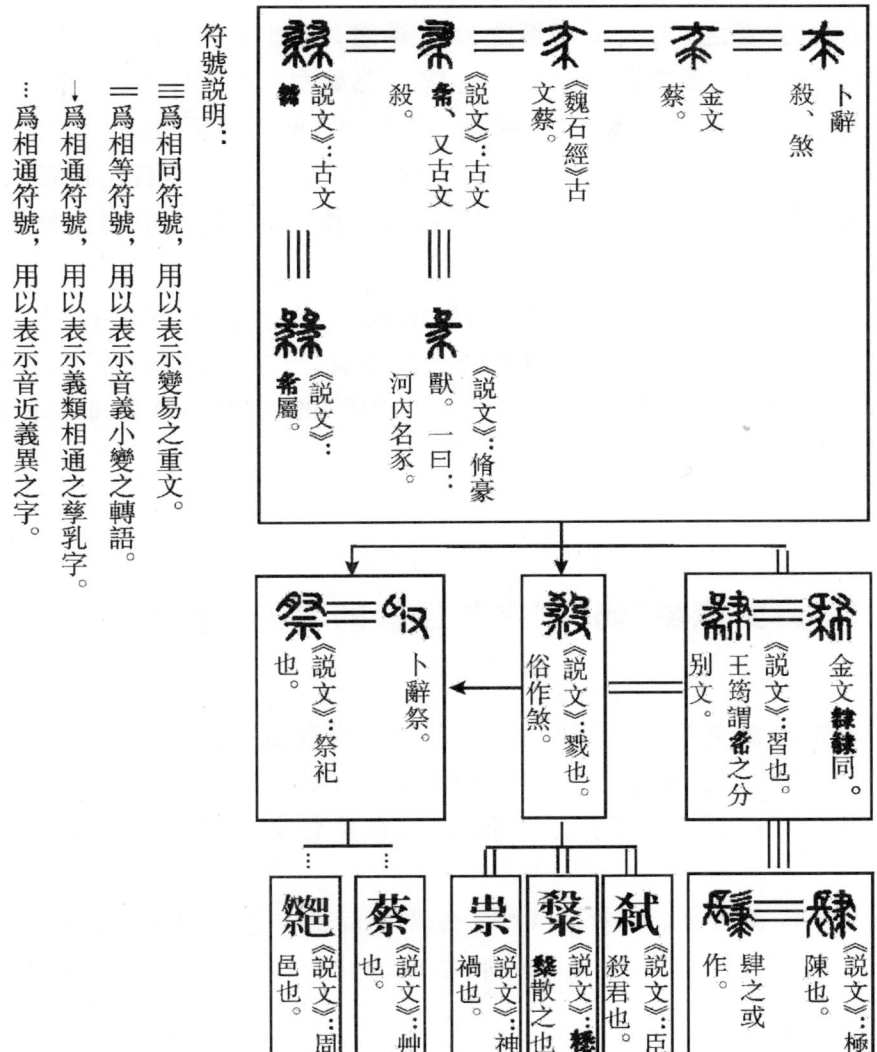

---

① 沈兼士《希殺祭古語同原考》,《沈兼士學術論文集》,中華書局 1986 年版,第 212—225 頁。另,沈培曾撰《從郭店楚簡"肆""隸""殺"說到甲骨文的"希"》,似應談到這個字形問題,因該文僅發表前一部分,題爲《說郭店楚簡中的"肆"》,故未能知其有關此字字形的意見。文見《語言》第二卷,首都師範大學語言研究中心編,首都師範大學出版社 2001 年版,第 302—319 頁。

由此可看出甲、金文及《説文》古文字形演蜕爲巾、示、市、木、个等字形之痕迹。

師,金文有省作"帀"者,楚王酓忎鼎作"祘",郭沫若云:"祘即帀字,師之省文,叔夷鍾師字作辥,省之則爲祘矣。"①楊樹達早年亦將此字釋爲師字之省,曾舉師衰簋之'不'、工師甗之'祘'爲證,見郭説與己暗合,復舉蔡大師鼎之師字作"示"爲證,以爲"此字之釋益無疑矣"。② 按,帀(祘)下部像巾字,楚王酓忎鼎下部多一畫,且巾字變成"个"形,此乃楚系文字"帀"之常見字形,與常字下部之"巾"作"个"形或增加一畫者相同。鄂君啓舟節、鄂君啓車節"師"字下部像作"个"形。撇捺稍分則像"示",此皆巾字之變形,而爲"常"下從"示"作一佐證。

"殺"與"師"等字偏旁的俗寫、訛變過程,可以看出市、巾、示、木、个諸字形互相糾葛,似是而非、似非而是的紛亂事實,有助於認識"常"之各種字形間的聯繫,並可進而證明從"示"之"祟"是"常"的異體字,而絶非如郭説是烝嘗之"嘗"的本字。

二、文獻中"尚"聲字族通假的字形與聲韻詮釋

典籍異文,紛繁複雜。粗略而言,文字由形音義組成,其任何一方面都有產生異文之可能。同義換字,可以歸之於用字措辭不同,兹略不論。同音異字,古人早已關注並予揭示。陸德明《經典釋文·叙録》引漢鄭玄云:

> 其始書之也,倉卒無其字,或以音類比方假借爲之,趣於近之而已。受之者非一邦之人,人用其鄉,同言異字,同字異言,於兹遂生矣。③

---

① 郭沫若《兩周金文辭大系圖録考釋》,下册,第170頁。
② 楊樹達《積微居金文説》卷五,中華書局1997年版,第128頁。
③ 陸德明《經典釋文·叙録》,上海古籍出版社1985年影印宋刻本,第6頁。

鄭氏所言僅是同音通假的一個主要方面。至於因字形之異同而產生的異文，古今多將之歸入形訛之例。但同音通假之中是否還有因字形之訛變而產生的異文，文字、訓詁、音韻學家多未置一辭。

戰國秦漢之際，因簡牘笨重，攜帶、安放不便，乃至一般翻閱，亦容易散落（所謂韋編三絶）、磨損而致使辭句錯舛、文字漫漶，從而引起誤讀、誤寫以至誤傳。兩漢經師、學者、官吏由於時代邇近、學有師承或熟諳文牘，於音近異文都能心知其義。他們或認爲這是"以音類比方假借爲之"的"同言異字，同字異言"，或者得其義而忽略其形，不再追究其所以然。然傳寫文字者並非都是經師、文士或者能"諷誦九千字"的官吏，還有許多四方弟子、鄉村小吏，笘筆兒童，由他們去認識、傳鈔本來就已"異聲"的語言和"異形"的文字，勢必產生可以預料的和意想不到的錯譌。倘若這種錯譌發生在形聲字的形符而非聲符中間，延及後世，訓詁學家對某一組同聲符異形符的形聲字互相借用，因其有聲韻上之關係，往往目爲同音通假，但這絶不是戰國秦漢間文字的實際應用狀況。漢字的發展，從社會歷史視角看，有民族、地理、方言等在支配、制約、推動；從語言、文字內部結構分析，有字形、聲韻及本義、引申義等在支配、制約、推動：而兩者又時時交互作用。因此，考證出土文字，分析文獻異文，必須充分考慮這些因素。"常"字之有從"巾"從"市"等不同字形，並且又有增筆、簡筆以及快寫、草寫，於是生出許多不同變體。此種變體爲深入探討戰國、秦漢出土與傳世文獻中大量與"尚"聲相關字形與互替異文因形訛而引起的淆亂與混用提供了絶佳的例證。下面將從"尚"得聲的形聲字就聲韻、意義、形體三方面各舉例説明。

（一）常（裳）——嘗

裳字《説文》未收，僅見於銘文與簡牘。它是當今古文字學者根據"常"的異體字即"𧝎"的一簡再簡的字形"𧚩"所隸定的，而不是戰國秦漢時實際存在的獨立文字。具體字形的排列與論證已見前。這個隸定的字形之所以被學界接受並承用數十年，主要是它的字形結構多爲從"示"、"尚"聲，表示的意義恰好是用於祭祀的蒸嘗之"嘗"。音義的偶爾吻合，加之楚系文字中與祭祀有關的"示"旁有省作一畫者，遂使"常"之異體"裳"替代了祭祀嘗穀的本字而成爲嘗祭的專字。但用作祭祀的蒸嘗之"嘗"的客觀歷史是：銘文中首先用的是"嘗"。作爲四時之祭,《公羊傳·桓公八年》有云:"烝者何?冬祭也。春曰祠,夏曰礿,秋曰嘗,冬曰烝。"何休注:"薦尚黍肫。嘗者,先辭也。秋穀成者非一,黍先熟,可得薦,故曰嘗。"陳立義疏云:

> 《爾雅·釋天》云:"秋祭曰嘗。"《周禮·大宗伯》云:"以秋嘗享先王。"《繁露·深察名號》《四祭》篇並云:"秋曰嘗。"……《爾雅》郭注云:"嘗新穀。"《詩》疏引孫炎云:"嘗,嘗新穀。"《禮》疏引《白虎通》云:"嘗者,嘗新穀。熟而嘗之。"《繁露·祭義》云:"先成故曰嘗,嘗言甘也。"此何"先辭"所本也。《一切經音義》引《廣雅》云:"嘗,暫也。"《禮·檀弓》注云:"嘗猶試也。"事未全行,先暫試之,故曰嘗。亦如飲食未能大歠,先口嘗之,亦曰嘗也。《禮記·少儀》云:"未嘗不食新。"鄭注:"嘗謂薦新物於寢廟。"若《月令》"凡食新者皆曰嘗",蓋散文通也。是以《說文·旨部》:"嘗,口味之也。"亦謂先以口試之。《廣雅·釋詁》亦云:"嘗,試也。"皆有先義。惟《月令》以雛嘗黍,非食新,故鄭注云:"此嘗雛也。而云嘗黍不以牲,主穀也。"云黍先熟者,《管子·輕重篇》以夏日至始數四十六日,夏盡而秋始,而黍熟,天子祀於太祖,其盛以黍。黍者,穀之美者也。黍之下種在稷粱之後,其收也在稷粱之先,故黍之播種也在小滿、芒種,《夏小正》"五月種黍"。其收也在立秋、白露,《月令》孟秋之月,"農乃登穀(引者按,當是"黍"),天子嘗新,先薦寢廟",所薦黍也。①

陳氏羅列經傳文獻中有關資料,將"嘗"之字義及所以用於秋祭祭名之關聯意義均剖析明白。嘗,《說文》在"旨"部。旨字從甘,本義爲"美",故從"旨"、"尚"聲之"嘗"本義爲"口味之"。甘甜之味爲美,故有"嘗甘""嘗新"之辭。七月新穀熟,人得嘗而食之。然在畏天敬祖心理支配下,不敢先嘗,必欲讓先王烈祖先嘗之,以祈鴻福太平,故薦之於宗廟。是知嘗祭之嘗乃由嘗甘之本義引申而來。《爾雅·釋詁》:"祠、烝、嘗、禴,祭也。"而《釋天》所載却與《公羊傳》同。郝懿行《義疏》引先儒之說解釋其爲夏

---

① 陳立《公羊義疏》卷十四,《清經解續編》卷一千二百零二,上海書店1988年影印本,第五册,第225頁下。

殷之祭名不同，①但對嘗祭之"嘗"本爲嘗新穀之義却無異辭。且秦漢之際，經師口授，弟子別記，文字頗多異同，倘若"崇"爲嘗祭本字，這在一個崇尚祭祀的社會中絕對不會了無痕迹。即使不在經文中留存，也會在經師所見的別本中留下痕迹。相反，文獻中有許多嘗新本義之字而用"常"相代。如：《列子·周穆王》"嘗甘以爲苦"，殷敬順釋文："嘗，字又作常。"是別本確有作"常甘以爲苦"者。

崇固有作嘗祭之嘗用者，如望山一號墓竹簡一四〇："崇祭□。"但亦未必都是，望山一號墓竹簡一一三："□之日，月饋東厇公。崇巫甲戌祭□。"②《管子·小稱》："臣願君之遠易牙、豎刁、堂巫、公子開方。"《史記·齊太公世家》司馬貞索隱作"棠巫"，③《吕氏春秋·知接》作"願君之遠易牙、豎刀、常之巫、衛公子啓方"。據下文桓公云"常之巫審於死生，能去苛病"之語，是亦巫醫之流，演而爲巫者之專名。故望山簡之"崇巫"疑即"常巫"，爲巫師之稱，而非祭巫之事，④由《小稱》《知接》之"堂巫"與"常之巫"，可知望山簡之"崇祭"、"崇巫"似應隸定爲"常祭"、"常巫"爲宜。

作爲本義之"嘗"，與"常"多通用，作爲引申義之"嘗"，與"常"的關係更爲密切。

《詩·魯頌·閟宮》"魯邦是嘗"，張慎儀云："唐石經、小字本、相臺本嘗作常，閩本、明監本、毛本同。按，阮文達云：嘗字誤也。"⑤于省吾云："按，常、尚古通。陳侯因齊敦'永爲典尚'，即永爲典常……《抑》'肆皇天弗尚'，王引之引《爾雅》訓尚爲右。《殷武》'曰商是常'，俞樾訓爲惟商是助，是也。然則魯邦是尚者，魯邦是右也。"⑥詩句既用尚之"右"義，參考經籍用字，自以常字爲是。然嘗、常雖皆從尚得聲，而嘗從旨，其形體與常之各種形體均有差異，顯與字形無涉，今本所以作"嘗"，必因兩字同屬禪紐陽部，遂相通假。《禮記·少儀》"馬不常秣"，《釋文》："常，如字，恒也。本亦作嘗。"義既

---

① 郝懿行《爾雅義疏》中之四，上海古籍出版社 1983 年版，第 782 頁。
② 湖北省文物考古研究所、北京大學中文系編《望山楚簡》，中華書局 1995 年版，第 38 頁、第 44 頁。
③ 司馬貞以爲《史記》所云"雍巫"即《管子》之棠巫。見《史記》中華書局標點本，第 1494 頁。
④ 湖北省文物考古研究所、北京大學中文系編《望山楚簡》，第 101 頁。
⑤ 張慎儀《詩經異文補釋》卷十六，《籑園叢書》本，第七葉 B。
⑥ 于省吾《澤螺居詩經新證》卷下，中華書局 1982 年版，第 91 頁。

爲恒，則常爲正字而作嘗爲假字。《史記·李將軍列傳》"嘗自射之"、《吳王濞列傳》"嘗患見疑無以自白"，《漢書·李廣傳》《吳王濞傳》嘗皆作"常"。是班固用正字而司馬遷用假字。

《公羊傳·僖公十七年》"桓嘗有繼絶存亡之功"，《漢書·陳湯傳》顏注引作"常"。《荀子·天論》"是無世而不常有之"，王先謙集解："《群書治要》常作'嘗'，是也。"① 按，《韓詩外傳》卷二亦引作"嘗"。此謂曾經、不曾，故作"嘗"是而"常"爲假字。《韓非子·難三》"孟常芒卯率強韓魏，猶無奈寡人何也"，《戰國策·秦策》《説苑·敬慎》作"孟嘗"。孟嘗君固當作"嘗"。《史記·外戚世家》"又常與其姊采桑墮"、《留侯世家》"項伯常殺人從良匿"、《屈原賈生列傳》"而常學事焉"、《魏其武安侯列傳》"魏其常受遺詔"、《平津侯主父列傳》"秦時常發三十萬衆築河北"，《漢書·外戚傳》《張良傳》《賈誼傳》《竇嬰田蚡灌夫傳》《主父偃傳》常皆作"嘗"。是班固用本字而司馬遷用假字。

以上不管用正字抑用假字，皆因兩字聲韻相同故代用之。

（二）常（裳）——裳

《説文·巾部》："常，下裙也。從巾，尚聲。裳，常或從衣。"② 諸家多從許説，唯朱駿聲《通訓定聲》云："常、裳二字經傳截然分用，並不通借。疑常訓旗，裳訓下裙，宜各出爲正篆也。或曰旗虛懸搖曳如裙，故爲裙之轉注。"按，朱氏疑常訓旗之説亦自有理。徐灝箋謂"八尺曰尋，倍尋曰常。常丈有六尺，蓋即太常之旗制，而用爲度數之名。"③ 甚得字義引申之理。至於常、裳二字，出土簡牘、經傳文獻多混用不分。《睡虎地秦簡日書乙種》簡二三壹："利以裂衣常、説孟詐。"又簡二四二："壬辰生，必善醫，衣常……"④ 信陽楚簡二·一三"屯有常"⑤ 諸常字即裳。《易·坤·六五》"黄裳，元吉"，漢馬

---

① 王先謙《荀子集解》卷十一，中華書局1988年版，第313頁。
② 《玉篇·巾部》："常，下裙也。今作裳。"小徐《説文繫傳》作"俗常從衣"。
③ 丁福保編《説文解字詁林》，中華書局1988年影印本，第八册，第3410頁B。
④ 睡虎地秦墓竹簡整理小組《睡虎地秦墓竹簡》，文物出版社1990年版，第232、252頁。
⑤ 河南省文物研究所《信陽楚墓》，文物出版社1986年版，圖版一二三。劉雨隸定爲"常"，括注"裳"。同書第129頁。

王堆漢墓帛書本《川卦》作"□常"。張家山漢墓竹簡《二年律令·賜律》簡二八三"賜衣襦、棺及官衣常"、簡二八四"賜衣、棺及官常"、簡二八五"常一，用縵二丈"，三"常"字亦是"裳"之義。①《九店楚簡》五六號墓出土竹簡二〇下"利以折卒棠"，②句式文字與《睡虎地》簡二三壹同，其義亦爲"衣裳"。此見之於出土簡牘者。《論衡·恢國篇》"越常獻雉"、"越常重譯白雉一、黑雉二"，《講瑞篇》"越常獻白雉"，《宣漢篇》"周家越常獻白雉"，均作"常"，然其《儒增篇》作"越裳獻白雉"。《呂氏春秋·去尤》"爲甲裳以帛"，《初學記》卷二十二、《太平御覽》卷八百十九引作"常"。陳奇猷校釋引楊樹達説據《説文》及《左傳》、《漢書·刑法志》、《史記·蘇秦列傳》索隱等謂甲裳即甲常。③ 此見之於傳世文獻者。今姑不追究常、裳兩字之本義究爲何物，僅就春秋、戰國以還所流行之字形而論，因衣裳必以布帛爲之，常又爲下裙，故兩字已多混用。常既從巾，與從衣本可通用。猶帬字從巾，亦從衣作裳；幝字從巾，亦從衣作襌；帙字從巾，亦從衣作袠：理正相同。

（三）常（裳）——棠（唐）

《詩·小雅·常棣》："常棣之華。"常字之作棠作唐，已成爲經學史上一樁文字公案。現將有關異文擇要羅列：《魯詩》作"棠"，《漢書·杜業傳》引作"棠"，蔡邕《姜伯淮碑》："有棠棣之華，萼韡之度。"邕習《魯詩》，則《杜業傳》亦用《魯詩》。《文選·謝瞻〈於安城答靈運詩〉》《謝莊〈宋孝武宣貴妃誄〉》李善注引《毛詩》作"棠棣之華"，《初學記》卷十七《友悌》"事對"、《藝文類聚》卷二十一《友悌》引《毛詩》作"棠棣之華"，論者以蔡邕習《魯詩》，遂謂《魯詩》作"棠"，然若李善注及《初學記》《藝文類聚》文字乃唐人原貌，則李善、徐堅、歐陽詢等人所見《毛詩》亦作"棠"。

《召南·何彼穠矣》："何彼穠矣，唐棣之華。"毛傳："唐棣，栘也。"而《太平御覽》一百五十二、卷七百七十二引此詩作"棠棣之華"。

《論語》："唐棣之華，偏其反而，豈不爾思？室是遠而。"何晏集解："唐

---

① 張家山二四七號漢墓竹簡整理小組《張家山漢墓竹簡》，文物出版社 2001 年版，圖版第 30 頁。
② 湖北省文物考古研究所、北京大學中文系編《九店楚簡》，中華書局 2000 年版，第 5 頁。
③ 陳奇猷《呂氏春秋校釋》，學林出版社 1984 年版，第 691 頁。劉文淇《春秋左氏傳舊注疏證》，科學出版社 1959 年版，第 707 頁。

棣,栘也。"孔安國云:"唐棣,棣也。"孔、何異説。《春秋繁露·竹林篇》引《論語》此四句作"棠棣之華",《文選·廣絶交論》李注引同。

又有一旁證,漢石經《魯詩·葛藟》"縣"字下從"木",馬衡云:"縣字下從木,與《隸釋》所録縣竹令王君闕'縣'字同,漢時俗書也。"①是漢代"巾"與"木"確有相混者。

以上三詩之異文涉及常、棠、唐三字,而常棣、唐棣又爲兩種植物。陸文郁《詩草木今釋》云:

> 唐棣,又名:郁李……棣、棠棣、郁、雀李、奥李、車下李……棠棣……赤棣……薔薇科。
> 常棣,又名:小葉楊、青楊、栘楊、常、栘、夫栘、扶栘。楊柳科。②

其字形於經傳文獻中所以混同糾葛,除古人於此兩種植物性質不明外,乃因據誤本《爾雅》擅改所致。今本《爾雅·釋木》:"唐棣,栘;常棣,棣。"王引之《經義述聞》卷二十八正之云:

> 引之謹案:《召南》"何彼穠矣"傳:"唐棣,栘也。"《正義》引舍人注曰:"唐棣,一名栘。"《小雅·常棣》傳:"常棣,棣也。"《正義》引舍人曰:"常棣,一名棣。"並與郭本合。然《常棣》釋文云:"常棣,棣。本或作常棣,栘。"《秦風·晨風》傳:"棣,唐棣也。"《論語·子罕篇》注:"唐棣,棣也。"今本作"唐棣,栘也",此後人據郭本《爾雅》改之。皇侃疏云"唐棣,棣樹也",《釋文》不出"栘"字之音,則舊本作"唐棣,棣也"可知。則與郭本殊。蓋所見《爾雅》舊本作"常棣,栘;唐棣,棣也。"今案,《小雅》"常棣之華",《藝文類聚·木部下》引三家詩作"夫栘之華",唐時《韓詩》尚在,所引蓋《韓詩》也。則名栘者乃常棣而非唐棣甚明……以三家詩及毛傳、陸疏、本草考之,似作"常棣,栘;唐棣,棣"爲長。蓋因常、唐聲相近,遂致相亂耳。③

---

① 馬衡《漢石經集存》,科學出版社1958年版,第五頁。
② 陸文郁《詩草木今釋》,天津人民出版社1957年版,第13頁、第94頁。
③ 王引之《經義述聞》卷二十八,江蘇古籍出版社1985年影印本,第669頁。此一問(轉下頁注)

《詩·魯頌·閟宮》"居常與許",鄭箋:"常或作嘗。"張慎儀曰:"箋謂常即戰國孟嘗之嘗,在薛旁。字通堂、棠、唐。"①按,常之或作"嘗",證見前。《國語·齊語》之"棠潛",《管子·小匡篇》作"常潛"。郭沫若集校云:"古本'常潛'作'堂潛'。劉本、朱本、趙本以下各本均作'常潛',同宋本……戴望云:'《齊語》常作棠'。(沫若案:明刻《國語》作堂,宋刻作棠。)"②《左傳·隱公二年》:"秋八月庚辰,公及戎盟于唐。"杜注:"高平方與縣北有武唐亭。"《春秋·隱公五年》:"春,公矢魚於棠。"杜注:"今高平方與縣北有武唐亭,魯侯觀魚台。"杜注固已將唐、棠視為一地。阮元校勘記云:"《史記》正義引杜注唐作棠,魚作漁。《釋例》亦云唐即棠,本宋地。"③

《淮南子·墜形訓》:"雒棠、武人在西北陬。"《晉書·四夷傳·肅慎氏》引同,雒棠,注家多以為此乃《山海經·海外西經》"肅慎之國有樹曰雄常"之"雄常";又《墜形訓》"沙棠、琅玕在其東",注家多以為即《山海經·海內西經》之"服常樹"。④結合上面所提及的堂巫、棠巫和常巫,猶可知戰國秦漢之際,常、棠、堂因字形相近而混淆,其例不在少數。

常,禪紐陽部;唐,定紐陽部。韻同而聲近。但據筆者對戰國竹簡中"常"字形體的分析,此種"遂致相亂"的直接原因,恐怕還有"棠"這一字形在中間起橋梁作用。上面已展示出:常字有從"巿"作"常",省而作"常",小變作"常"等各種字形,其下部中畫上穿即成"常",此形體已與"棠"字無別。馬王堆漢墓帛書《合陰陽》一〇三"上常山"之常作"常",下部巾字亦作撇豎。⑤此在漢代已屬偶爾一見,而古人書寫"巾"字之筆法正由此可窺一斑。六國時文字異形,篆隸交替,漢承秦弊,廢挾書之律,於是古書復出。傳鈔者於各國字形非有異體字典可依憑,於是識此字原為"常"之異體者,鈔作常;不識者以為此字像"棠",遂以"棠"相傳。此間固可有《毛詩》《魯詩》以及《齊詩》《韓詩》異文之別,亦可有同為一家之學,而用字各異者。唐代李

(接上頁注)題古人早有論辯。筆記則宋祁《宋景文筆記·考古》、王應麟《困學紀聞》卷七《論語》、劉獻廷《廣陽雜記》卷五等均有考訂,專著則陳奐《詩毛詩傳疏》、胡承珙《毛詩後箋》、王先謙《詩三家義集疏》、程樹德《論語集釋》等皆有辯說,文繁不錄。

① 張慎儀《詩經異文補釋》卷十六,《籑園叢書》本,第九葉。
② 郭沫若《管子集校》,《郭沫若全集·歷史編》第5冊,人民出版社1984年版,第552頁。
③ 阮刻《十三經注疏》,中華書局1980年影印本,第1730頁中。
④ 張雙棣《淮南子校釋》,北京大學出版社1997年版,第435、486頁。
⑤ 見陳松長等編《馬王堆簡帛文字編》,文物出版社2001年版,第324頁。

善、徐堅、歐陽詢所引《毛詩》，若非後人鈔訛，即係一家之別本。檢視其他文獻如《禮記》鄭注所記別本，足見此非孤例。

棠字亦定紐陽部，與唐同音。常、棠因字形相近而淆亂，棠、唐因聲韻相同而通用，遂使文獻中呈現出常、棠、唐互用之複雜情況。

以上羅列三種異文而論之，雖義各有側重，所涉字形則聯屬而未能斷取，然此正足以説明古人用字情況之複雜與糾葛。

"常"本是一個極常用之字，由於使用頻率過高，在苟簡趨省心理支配下，不免快寫、草寫，產生各種異體，在倉促記錄之時，又不免取音同音近之字代替，產生各種通假。本文排比所有出土文獻中的"常"字字形，類別而形分之，又結合大量傳世文獻中與"常"有關的語詞、文句，從形音義三方面作綜合研討，揭示出：常字在楚系文字中有從"市"作"▨"，省筆作"▨"，再簡作"▨"的種種異體，其間脈絡甚爲清晰。自郭沫若以來將"▨"隸定爲裳，釋爲烝嘗本字，雖爲學界接受，但證諸文獻，實屬子虛烏有，甚不足取。常之與嘗通假混用，係於兩字之聲韻相同；常之與裳通假混用，基於兩字所從之巾與衣同爲布帛之物，古人多有以義符相近相通而互代之例；常之與棠通假混用，則是因爲常字的異體"▨"下部像"木"，與棠字形似。至於常與"堂""唐"等字混用，則很可能以"棠"爲橋梁而輾轉通假。當然，在地域廣袤、時間久遠的前提下，在"言語異聲，文字異形"的特定語言環境中，由文化層次不同的人來同時使用同一種文字，其情形之紛亂遠比我們想象的要複雜。本文所揭示的同聲符形聲字通假混用有基於字形訛變的規律，雖祇是紛繁複雜的漢字應用發展史中極其隱微而細小的客觀事實，但對當今研究戰國秦漢文獻中的異文與通假有著不可忽視的作用。

二〇〇二年七月二十二日

三禮鄭注"字之誤"類徵

一、引 論

儒家典籍,即在春秋之季,七十子同接聞於夫子,而各自疏記傳授,字異義乖,已紛繁莫一。及秦焚絶滅之火,漢開獻書之路,經籍異同,彌勝於昔。經師固守,異派蜂起。荀悦對此曾有精闢論説,其《申鑒》卷二云:

> 仲尼作經,本一而已,古今文不同,而皆自謂真本經。古今先師,義一而已,異家别説不同,而皆自謂古今(按,黄省曾謂"此處有誤")。[①]仲尼邈而靡質,昔先師没而無聞,將誰使折之者?秦之滅學也,書藏於屋壁,義絶於朝野。逮至漢興,收摭散滯,固已無全學矣。文有磨滅,言有楚夏,出有先後。或學者先意有所借定,後進相放,彌以滋蔓。故一源十流,天水違行,而訟者紛如也。執不俱是,比而論之,必有可參者焉。"

其後陸德明彙集十四經、二百數十家音義訓釋,亦深感經籍異文譌字之繁雜:

---

① 據《四部叢刊》本《申鑒》卷二,其中"而皆自謂古今"一語,文義未了,故黄省曾謂"此處有誤",《玉海》卷四十三此句作"皆自謂真古今",亦不能使文義了然。

戰國交爭，儒術用息，秦皇滅學，加以坑焚，先聖之風，埽地盡矣。漢興，改秦之弊，廣收篇籍，孝武之後，經術大隆。然承秦焚書，口相傳授，一經之學，數家競爽，章句既異，踳駮非一。①

楚夏之聲，由於方言歧異對應；磨滅之字，關乎簡牘散亂殘泐。加之山巖屋壁，古經迭出，古文異形，每每怪異難識。惠棟《九經古義述首》云：

漢人通經有家法，故有五經師。訓詁之學，皆師所口授，其後乃著竹帛。所以漢經師之說立於學官，與經並行。五經出於屋壁，多古字古言，非經師不能辨。經之義存乎訓，識字審音，乃知其義，是故古訓不可改也，經師不可廢也。②

經之義存乎訓，得其訓須正確辨其形與音。古字古言，雖非經師不能辨，然亦非經師皆能辨，能辨者未必皆能得字之正形，義之確詁，經之諦義。唯漢代經學守家法，重師說，一旦形成師法、家法，往往不敢輕改古訓，妄易經字，故某經師、某家法之說雖亡佚，而其異文別義往往有存焉者。此種傳統，在漢末一代宗師鄭玄之著作中體現得尤爲充分。

東漢之季，鄭玄遍注《三禮》，爲後世禮學所宗。鄭氏注《禮》，先羅陳衆本，詳加校勘。校勘之際，凡前賢有說，多予注明，以彰其功，於是可窺杜子春及二鄭之說；③凡別本及古今文之異文，亦多所羅列，擇善而從，於是知故書、今書、古文、今文之異；凡所取捨，儘量說明理據，於是有當爲、當作、聲之誤、字之誤之語。關於鄭注《三禮》文獻學、語言學之梳理，清儒已有專著，④今

---

① 陸德明撰、吳承仕疏證《經典釋文序錄疏證》，中華書局1984年版，第7頁。
② 惠棟《九經古義述首》，《清經解》卷三百五十九，上海書店1988年影印本，第二冊，第743頁中。
③ 賈公彥《序周禮廢興》引鄭玄《周禮注序》云："竊觀二三君子之文章，顧省竹帛之浮辭，其所變易，灼然如晦之見明；其所彌縫，奄然如合符復析：斯可謂雅達廣攬者也。然猶有參錯，同事相違，則就其原文字之聲類，考訓詁，捃秘逸。謂二鄭者，同宗之大儒，明理於典籍，愧識皇祖大經《周官》之義，存古字，發疑正讀，亦信多善。徒寡且約，用不顯傳於世，今贊而辨之，庶成此家世所訓也。"此可探知鄭玄注《周禮》之宗旨。
④ 《周禮》則有段玉裁《周禮漢讀考》，徐養原《周官故書考》；《儀禮》有段玉裁《儀禮漢讀考》（不全），徐養原《儀禮古今文異同疏證》，胡承珙《儀禮古今文義疏》，陳光熙《儀禮漢讀考》（續段氏書）；《禮記》有陳壽祺、陳喬樅《禮記鄭讀考》，俞樾《禮記鄭讀考》《禮記異文箋》等。

人亦從新視角別開生面予以研究。① 然就"字之誤"一類而言,由於材料所限,前人祇能取殘存石經和碑别字予以疏證,時有文獻闕如之歎和不盡貼切之處。二十世紀以來戰國秦漢簡帛不斷出土,其年代與秦漢經學典籍之年代正相切合,且時有武威《儀禮》簡,郭店、上博《緇衣》簡等禮學實物面世,於今重新疏證鄭注"字之誤"異文,有條件用最真切之字形直接比較,不僅可得較前人爲深刻、可靠之結論,更可爲當今研究、考釋簡帛文獻提供一種啓發與借鑒。

　　鄭注《三禮》,年代有先後,各經傳本、異文情況亦略有不同,故其用"字之誤"術語亦多寡不一。據爬梳統計,《周禮》有二十一條,《儀禮》僅四條,《禮記》則有三十條,②共得五十五條。其中有一條中涉及二字者,有二條所釋爲同一字形者,亦有一條中牽涉經文數字者。鄭注"字之誤"術語有時與"讀爲""當爲"等連用,表明這類字並非純粹"形譌"意義上之誤字,其中含有因聲韻而誤,因傳鈔而譌之例。又《周禮》有"某字磨滅之餘"一條,《禮記》有"壞字也"一條,一字之損壞與磨滅,其結果均會造成"字之誤",故也一並予以疏證。今存鄭玄完整注本《三禮》而外,尚有《毛詩》,《詩箋》有"字之誤"三條,一條與《禮記》注重複,爲使鄭注"字之誤"有一整體之體現,故另兩條亦附論於同類之後。

　　下面以字之音義爲主,參考前人研究成果,辨證其得失,引證簡帛、碑刻字形,並結合經文文義與其他文獻例證,分類考釋。所以先辨證經文文義者,因異文牽涉到對經文之理解,經師依文立義,各有理據,所謂義可以兩通,字不妨並存者;即有圓通與滯礙之異,不辨亦不足以知其必爲字之誤。其所以不憚引證其他文獻者,旨在説明致誤之普遍性,以便緣類以推,引起當前研究、考釋新出簡牘者之深思。一時尚無佳證者,闕如以待。

　　《周禮》簡稱"周",《儀禮》簡稱"禮",《禮記》簡稱"記",各以篇次先後,冠以序號,便於按覆。

---

① 臺灣李雲光《三禮鄭氏學發凡》(嘉新水泥公司文化基金會研究論文第二種),李國英《周禮異文考》(《師大國文研究所集刊》第十一卷上),虞萬里《三禮漢讀異文及其古音系統》《語言研究》1997年第2期,收入《榆枋齋學術論集》)。
② 李雲光《三禮鄭氏學發凡》統計《周禮》十九條,《儀禮》四條,《禮記》二十八條。

二、"字之誤"類徵

(一)關涉字形的"字之誤"

許慎云:"依類象形,故謂之文,其後形聲相益,即謂之字。"是以有"獨體爲文,合體爲字"之說。然此祇能是析言之,文獻中渾言獨體、合體,類多稱"字"。鄭玄《三禮注》及《詩箋》中稱爲"字之誤"者,兼包獨體與合體,其主要是立足於字形分析。因字形相似而誤者,細審之又可分以下幾類:

1. 形近

指一組字之形體相近。

周7、匪與筐

《春官·肆師》:"共設匪甕之禮。"注:"設於賓客之館。《公食大夫禮》曰:'若不親食,使大夫以侑幣致之。豆實實於甕,簋實實於筐。'匪,其筐字之誤與?禮不親饗,則以酬幣致之,或者匪以致饗。"

此引《公食禮》之"簋實實於筐",明其指爲"筐"誤之據。段玉裁云:"《說文》:匡,飯筥也。匪器似竹篋。筐,黍稷方器也。以黍稷實於飯器,猶爲相近。匪則《禹貢》以盛玄纁織文織貝,《周書》以實玄黃者,故鄭君辨證之。"孫詒讓云:"筐,匡之或體。匪匡、筐筐並形近易譌。"考其字形,《說文》筐爲匡之或體,故實際用例中亦有無竹頭者。如:匡望二簡48,而漢印中則多從竹。如"筐當之印"作"筐"、"筐定"作"𥰠"、"筐光私印"作"𥰠"(艸、竹不分)。匪,中山王方壺"夙夜匪解",字却從竹作𥰠,可見彼時從竹與否之隨便,而匡、匪字形似有差異。及漢,武威簡之匪作匪,上畫幾乎相連,明顯與中山王壺"筐"下部不同,而與馬王堆帛書字形接近,如匡《繆和》〇四〇,匡《十六經》一一九,是漢隸書寫體匡、匪已較戰國時相近。陳祥道分別筐之用途,以爲鄭康成誤字之説"不必然也",①俞樾舉《詩·鹿鳴》毛傳"筐,筥屬",《士虞禮》"苴實於筐"鄭玄《周禮·司巫》注引作"筐",乃謂"筐、筥同類之物,對文雖別,散文或亦可通",因謂"此經匪字,《儀禮》作筐,安知不猶彼注筥字,《儀禮》作筐乎"。② 又《書·禹貢》"厥篚織文"孔傳"盛之筐篚而貢焉",增"筐"字以解,明同屬一類也。樾雖駁正鄭説,不知康成後文云"或者匪以致饗",其意饗禮雖亡,而禮文容有變易,或致饗時以筥實實於匪,與食禮異,則可不破字,是無煩俞駁。③ 總之,筐、匪、筥皆以竹爲之,方圓形制各異,其用途初或有別,沿用既久,容有通稱。漢代隸寫兩字相近,康成所閲讀注釋之本即隸寫字形,故其認爲可能致誤,乃是實情。至於經義殘缺,無法實證,祇能付之闕如。

周11、九磬與大韶

《春官·大司樂》:"九磬之舞,於宗廟之中奏之。若樂九變,則人鬼可得而禮矣。"注:"九磬讀當爲大韶,字之誤也。"

康成之所以謂"九"爲"大"之誤,以《大司樂》前文有"以樂舞教國子舞《雲門》《大卷》《大咸》《大磬》《大夏》《大濩》《大武》"之文。段玉裁、孫詒讓皆謂"大"與"九"形近而誤。按,大、九兩字,今見之戰國秦漢之簡帛字形皆不相近,唯《古文四聲韻·去聲》所收籀文之"大"字作"大",望山遣策"九"字作"九",馬王堆帛書作:九《天下至道談》·○一二,形稍近似。"磬",《説文》以爲"韶"之籀文,字形當爲從殸、召聲。孫詒讓云:"磬、韶古今字,經例作磬,注例用今字作韶。"字皆從"召"聲。其他文獻兩字並用。以韶作籀文"磬"論之,"大"字亦作籀文之形亦近情理,因而九爲大形誤之可能性仍然存在。

---

① 陳祥道《禮書》卷五十九,《文淵閣四庫全書》本,臺灣商務印書館1983年影印本,第130册,第375頁上。
② 俞樾《鄭康成駁正三禮考》,《清經解續編》卷一千三百五十八,上海書店1988年影印本,第五册,第1007頁下。
③ 賈疏已云:"'或者匪以致饗'者,鄭君向引《公食大夫》須破匪從筥,又言饗禮者,饗禮亡,無妨致饗時用匪不用筥,但無正文,故云或以疑之也。"是善會鄭君之意者。

周 16、盧維與雷雍

《夏官·職方氏》："其山鎮曰岱山……盧維其利。"[①]注："盧維當爲雷雍，字之誤也。《禹貢》曰：'雷夏既澤，雍沮會同。'雷夏在城陽。"

鄭以《禹貢》兗州之域無盧、維二水，因引《禹貢》文，破讀爲"雷雍"。鄭説曾爲顔師古《漢志注》所非，杜佑《通典》等從之。其後《周禮》學者遞相考證。孫詒讓總結云："惟入濰之久台水，於兗爲近……其水今出山東青州府諸城縣東北三十里之盧山，北流經縣東北二十五里，入於濰水。以水道校之，盧本入濰，經或二水並舉，於義可通。"關鍵在於"濰淄在《禹貢》屬青州，而周之兗州實侵夏青州之地，故山鎮曰岱山"，而康成以地理差異，故破讀。然地理之南北爲一事，文字之譌誤又爲一事。當康成之時，其指兩字之異同，必有其當時審視字形之眼光。今所見戰國時之"雷"，下皆從四"田"（包山簡、信陽簡），偶有從兩"田"而下加"土"字者。"盧"上從之"虍"頭與"雨"頭亦差異甚大。降及漢代，銀雀山簡雷作🅐 863、🅑 31，盧作🅒 357，馬王堆竹簡中雷作🅓《病方》·○四八，盧作🅔《遣策一》·二二〇，流沙墜簡《急就篇》"雷"下從三"田"。[②] "虍""雨"頗相近，"雷"下作二"田"或三"田"，且有重疊省略之意味。[③] 至漢碑則"虍"與"雨"多混同。如《漢韓敕碑》"彪"作"🅕"，《禮器碑側》形近，而《史晨後碑》作"🅖"，可見"虍""雨"兩者混寫之脈絡。維，馬王堆帛書作🅗《陰陽五行》乙，銀雀山簡作🅘 686，雍，戰國文字多作上下結構，偶有作左右結構者，如🅙《秦律十八種》·四，漢馬王堆竹簡作🅚三號墓遣策，與後世字形已無異。儘管經文"盧維"未必爲"雷雍"之誤，而出土簡帛字形已昭示，其在漢代有相混以致造成形譌之可能。如《水經注·沂水》："亂流逕成陽之盧縣，故蓋縣之盧上里也。漢武帝元朔二年，封成陽共王子劉豨爲侯國。"[④]而《漢書·王子侯表上》作"雷侯豨"。盧縣之地，可上溯《左傳》，其字

---

① 盧，《四部叢刊》本作此形，《四庫》本同。阮刻本作"盧"，阮元校勘記云："閩、監、毛本同，誤也。唐石經、宋本、余本、嘉靖本盧作盧，當據正……閻若璩失於校勘，謂《周禮》作盧，此從《漢·地理志》，誤甚。"
② 羅振玉、王國維《流沙墜簡》，中華書局 1993 年版，圖版第 15 頁。
③ 《漢書·地理志上》"濟陰郡成陽"下引《禹貢》作"雷澤"，而《地理志下》"舜漁靁澤"，字則作"靁"，與簡牘文字合觀，可見漢代雷字從一"田"二"田"三"田"之自由。
④ 楊守敬、熊會貞《水經注疏》卷二十五，江蘇古籍出版社 1989 年版，第 2164 頁。

自當以"盧"爲正,①《漢書》之"雷",係班固鈔錄史料時誤摹,抑或鈔胥傳鈔《漢書》時誤寫,已難質指。但漢簡字形之相近,與鄭玄"字之誤"的揭示,啓迪後人不必從聲轉角度作無謂之思考。

周 17、十一與七

《夏官·職方氏》:"凡邦國千里,封公以方五百里則四公,方四百里則六侯,方三百里則七伯。"注:"以方三百里之積,以九約之,得十一有奇。云七伯者,字之誤也。"

此假設以邦國千里,則爲一百萬平方公里,其中可容二十五萬平方公里(方五百里)之公國者四國,若容擁有十六萬平方公里(方四百里)之侯國者六國(略有餘)。以此推知,若容擁有九萬平方公里(方三百里)之伯國者當爲十一國(略有餘),故云"七伯"者爲"字之誤"。致誤之由,賈疏已説明,謂"以'十一'似七字,故云字之誤也"。戰國、秦漢文字"七"有似"十"者,若包山、郭店、信陽、望山等簡牘字形類皆如此,然曾侯乙漆箱文字則作"七",貨幣、陶文亦有作"七"形者,②與後世字形無異。陶文中"十一"豎寫,形若"士"字,③若下畫"一"之左邊稍殘缺或書寫不正,即成今之"七"字。

禮 3、三與四

《覲禮》:"四享,皆束帛加璧,庭實唯國所有。"注:"四當爲三,古書作三、四或皆積畫,此篇又多四字,字相似,由此誤也。《大行人》職曰:諸侯廟中將幣皆三享,其禮差又無取於四也。初享或用馬,或用虎豹之皮,其次享三牲、魚腊、籩豆之實。龜也,金也,丹漆、絲纊、竹箭也,其餘無常貨。此地物非一國所能有,唯所有分爲三享,皆以璧帛致之。"

---

① 盧地歷代之沿革,參見吳卓信《漢書地理志補注》卷三十一,《廿五史補編》本,中華書局 1955 年版,第一册,第 726 頁下。
② 參見李守奎《楚文字編》(華東師範大學出版社 2003 年版,第 834 頁)、何琳儀《戰國古文字典》(中華書局 1998 年版,第 1098 頁)。
③ 參見高明、葛英會編《古陶文字徵》,中華書局 1991 年版,第 279 頁。

此康成不僅引《大行人》職以證諸侯廟中三享及其三享所致幣帛、犧牲、土產,並詮解四誤爲三之理由。古者"四"由積畫而成,可上溯至甲骨殷商時代,東西兩周,相沿不改。與此同時,春秋時"四"字形(包括增筆、飾筆之形)已出現,戰國時更有變形字形。《説文》謂"亖"爲籀文,殆以所見者筆之於書,而不知其淵源有自。出土望山簡、包山簡皆有作積畫之"亖"形者,漢之居延、敦煌、武威簡亦"四"、"亖"並存。此注"古書作三四皆積畫",不用"古文"、"今文"術語,則爲純粹解釋古代書寫體則。然是否與古今文有關?考《大戴禮·公冠》"公冠四加玄冕"盧辯注:"四當爲三,玄當爲衮,字之誤。"至少兩戴傳授《禮記》時猶作"三",以此推測后倉、戴德、戴聖之今文禮十七篇亦可能作"三"或"四"、"三"混用,與武威簡相應,而康成所見作"四"之本或爲西漢末、東漢以還之事。鄭氏於"四"字所涉經義雖三致意焉,①而漢末及魏晉以還,經籍作"三"仍有相承未改者,如賈疏引《堯典》"咨亖岳",是唐時猶有作"亖"者。② 然其所作之字形詮釋,不僅於《儀禮》,對其他經籍亦有借鑒。《穀梁傳·昭公十二年》"滕子來會葬"楊疏引范甯云:"會葬四,案經有三……四當爲三,古者四、三皆積畫,字有誤耳。"蓋或本鄭説。

記1、臺與壺

《檀弓上》:"魯婦人之髽而弔也,自敗於臺鮐始也。"注:"敗於臺鮐,魯襄四年秋也。臺當爲壺,字之誤也。《春秋傳》作狐鮐。時家家有喪,髽而相弔。去纚而紒曰髽。"

《左傳·襄公四年》:"冬十月,莒人伐鄫,臧紇救鄫,侵邾,敗於狐駘。國人逆喪者皆髽,魯於是乎始髽。國人誦之曰:'臧之狐裘,敗我於狐駘……'"此《檀弓》所言本事。狐駘,邾國地名。《嘉慶一統志·兗州府一》:"狐駘山,在滕縣東南二十里。《左傳·襄公四年》臧紇救鄫侵邾敗於狐駘。注:狐駘,邾地。魯國蕃縣東南有目臺亭。《縣志》:狐駘山,一名目臺。俗

---

① 其在答趙商問"天子巡守禮制"時亦云"古三四積畫,是以三誤爲四也。"見《周禮·內宰》《儀禮·聘禮》賈疏及鄭小同《鄭志》等所載。
② 今見上圖藏影印天正本《堯典》作"亖",他本作"四",敦煌本《堯典釋文》出"亖岳"條,宋本無,是陸氏所見六朝本猶然,及衛包改字之後,宋人遂刊落此條。

省字訛爲胡山、壺山,皆非。"縣志以後世眼光謂作"壺"爲非,不知壺、狐音同,古多通用。如《呂氏春秋·下賢》之"壺丘子林",《漢書人表》作"狐丘子林";《史記·仲尼弟子列傳》之"壺黶",《漢書人表》作"狐黶"等,此既足證鄭注謂《春秋傳》作狐鮐之狐"當作壺"乃秦漢間常見異文,亦見方志所説之狹隘。壺之誤爲臺,據鄭意當以形相近故。戰國時壺作 [字形]古陶徵3·836,[字形]曾姬無恤壺,[字形]大父壺,臺作[字形]古陶徵5·38。漢代壺作[字形]馬王堆帛書·周易,臺作[字形]馬王堆帛書·戰國縱橫家書。出土文字有限,雖儘量選擇相似字形,稍加審辨,仍有差異。武威《儀禮·燕禮》簡三十一引《詩》篇名"南山有壺",今《毛詩》作"南山有臺",三家詩無異文。"壺"與"壺"形本近,此亦壺、臺相混一例。由此可見,古人傳鈔時壺、臺確有可能因形近而譌。

記 3、原與京

《檀弓下》:"從先大夫於九京也。"注:"晉卿大夫之墓地在九原,京蓋字之誤,當爲原。"

陳喬樅《禮記漢讀考》引陳壽祺云:"《檀弓》下文晉趙文子與叔譽觀乎九原,此鄭所據。孔氏《正義》引《韓詩外傳》云:晉趙武與叔向觀於九原。又引《爾雅》云:絶高曰京,廣平曰原。京非葬之處,原是墳墓之所,故爲原。《新序》卷四晉平公過九原而歎,即此地也。"此誠的論,然喬樅釋致誤之因云:"古原字作邍,源字作厵。《説文》……重文原下云:篆文從泉,是原即源字。後人借用爲邍隰之邍……京或作𮧶……原古亦借用泉字……泉、𮧶字形相似,故致誤歟?"①取途迂遠。李雲光謂京、原隸書形似而誤,甚是。按,原雖從泉,而金文字形與京不近,戰國文字中尋兩字相近者亦有距離。脱胎於金文的京字上邊亠仍多作房頂式,如:[字形]《陶彙》五·四三八。直至漢代,亠的構形才確定,如:[字形]《漢禮器碑陰》,[字形]《熹平石經·易經》。而邍字,銘文、石鼓文之外,衹有《周禮·夏官》之"邍師",其他傳世與出土文獻多以"原"爲之,字形作[字形]睡虎地·《法律答問》一九六,[字形]馬王堆帛書·《九主》三七七,[字形]馬王堆竹簡《遣策三》,而居延簡中有一字形作[字形],左撇極短,幾與"京"同。依目前之字形資料分析,"原"之誤"京"似應以漢代隸變以後之可能性爲大。鄭玄此處不云別本

---

① 陳喬樅《禮記鄭讀考》卷一,《清經解續編》卷一千一百八十,第五册,第126頁中、下。

作"原",或因作"京"之本非一,須直指其誤。鄭説爲孔疏申説,爲多數人接受,然《國語·晉語八》有"京"、"原"異文,清代學者持異見者頗多,可參見石光瑛《新序校釋》。晉大夫墓地名九原抑或九京,可有不同意見,與京、原兩字形譌無涉。及阜陽漢簡《春秋事語》出土,字作"九原",或可證實鄭、孔之説。

記7、養與義

《禮運》:"其居人也曰養。"注:"養當作義,字之誤也。下之則爲教令,居人身爲義。《孝經》説曰:義由人出。"

康成所以謂養當作"義"者,不僅以《孝經》之説,更以上文有"義之修而禮之藏也",下文有"聖人陳義以種之"、"義者藝之分,仁之節"等語。然《家語·禮運》作"其居於人也曰養"王肅注:"言禮之於人身,所以養成人也。"王氏遂據《家語》文於《聖證論》中難鄭説云:"下云'獲而弗食'、'食而弗肥',字宜曰養。"馬昭據《説卦傳》"立人之道曰仁與義"及本篇"故禮義也者人之大端也"等申鄭駁王,張融評判曰:"'下之則爲教令居人身爲義'者,鄭爲此注欲明改養爲義之意。言法天地山川下教於民者則爲教令,本天地山川居在人身之中者則爲義事,是不得爲養也。引《孝經》'義由人出'者,證義從人身而出也。"①是張亦祖鄭説。由於鄭、王兩説皆有理據,故後儒各憑己意以從之。平心論之,從《禮運》本篇之論據看,鄭强於王,但《家語》亦淵源有自,非如清人所説爲王肅僞造。② 故原本經義有待新出土文獻。審察之所以會産生鄭、王分歧,除經義本身之外,仍在於"義"、"養"兩字之形似。馬王堆帛書義作🈯《五行》一〇二,養作🈯《十問》五一;銀雀山簡義作🈯 571,養作🈯 17。養下之"食"一草率,與"我"字更接近。上溯秦簡,睡虎地簡中義作🈯《秦律雜鈔》二七,養作🈯《爲吏之道》二七,仍然相近。因而兩字致誤年代尚不能確定。尤其《家語》與《禮記》分行已久,其義、養之異分途於秦漢乃至戰國時期,亦並非不可能。

---

① 阮刻《禮記·禮運》孔疏、馬輯《聖證論》及四庫本《禮記》孔疏文字各有不同,兹參酌諸本,擇善而從。
② 上博館所藏楚簡有《民之父母》篇,與《禮記·孔子閒居》與《家語·論禮》文字大體相同,可證清人輯證王肅僞造實爲徒勞,此將另文專論。

記 9、奧與爨

《禮器》："燔柴於奧。夫奧者,老婦之祭也。"注："奧當爲爨,字之誤也。或作竈。《禮》尸卒食而祭饎爨、饔爨也。時人以爲祭火神乃燔柴。"

俞樾謂"此鄭以意讀之,無他證"。① 按,《爾雅·釋宮》："西南隅謂之奧。"郭注："室中隱奧之處。"禮無於室中隱奧處祭者。老婦之祭乃竈祭,故或本作竈。②《覲禮》"祭天,燔柴",燔柴乃祭天或祭火神之祭,今祭之於老婦所祭之處(爨或竈),顯違常理。此經文之本義,亦鄭注改字之依據。鄭注於《儀禮·特牲饋食禮》"尸卒食而祭饎爨"引《禮器》作"燔燎於爨"。奧與爨筆畫差異甚大。奧字未見於出土簡帛,《説文》作"𡩋",漢碑作"奧"《禮器碑》、"奧"《范式碑》,與《説文》中"爨"之篆文、籀文相去甚遠,故清儒不言其致誤之由。至五十年代武威漢簡《儀禮》出土,其《特牲饋食禮》中屢屢出現"爨"字,其字形羅列如下:爨、爨、爨、爨、爨,又馬王堆帛書作爨《五十二病方》〇〇四,其下"火"字類似"大"形,中間大爲簡化,使整個形體接近"奧"字。若中間"宀"左右磨損,字形與"奧"更形似。"爨"又見睡虎地簡,字作爨《法律答問》一九二、爨《日書甲》一一二,若僅就此兩種時地簡牘字形判斷,其與"奧"之相混似當在漢代。

記 10、五與七

《郊特牲》："大路繁纓一就,先路三就,次路五就。"注："此因小說,以少爲貴者,《禮器》言次路七就,與此乖,字之誤也。"

《禮器》云："有以少爲貴者。天子無介,祭天特牲……大路繁纓一就,次路繁纓七就。"鄭彼注"大路"爲"殷祭天之車也"。殷郊天尚質,以少爲貴,《禮器》所云與《郊特牲》同,故謂彼"次路七就"爲誤。後儒欲調停經文

---

① 俞樾《禮記鄭讀考》,《清經解續編》卷一千三百五十六,第五冊,第 999 頁中。
② 許慎《五經異義》引《大戴·禮器》篇、應劭《風俗通義·祀典》篇引《禮器》解作"竈",此鄭注或本所據。見陳喬樅《禮記鄭讀考》卷二所揭示。

五、七之差異，遂謂殷尚質，周尚多；或謂七乃次路之次路，皆無鄭注簡捷了當。五、七之誤，非特康成一家一經之説，解經處處欲與康成立異之王肅於《詩·豳風·七月》"七月鳴鵙"下亦曾云："蟬及鵙皆以五月始鳴，今云七月，其義不通也。古五字如七。"①儘管孔疏尚猶豫"不知經文實誤不"，確也不得不認爲"肅之此説，理亦可通"，並於《左傳·昭公十七年》"伯趙氏司至者也"下疏曰："王肅云：七當爲五，古文五字似七，故誤。"加"故誤"二字，無疑承認王肅此説在文字構形上有理據。又《書·咸有一德》"七世之廟，可以觀德"，《吕氏春秋·喻大》引《商書》作"五世之廟"，論者牽合典籍，頗多異説，唯惠棟引據王説，謂"《吕氏》在焚書之前，必得其實"。② 鄭王之説，不僅解决《毛詩》《禮記》之誤，更可隅反，評判、梳理其他典籍之是非。兹以簡牘字形證之，七，包山楚簡作 ᚒ 二·一○八，曾侯乙簡作 ᚒ 五八，望山簡作 ᚒ 《遣策》。五，雖大多作 ᚒ 包山 15、ᚒ 馬王堆帛書《五星占》○三四，但仍有作 ᚒ 《古陶字彙》14·573、③ᚒ 高 3·663 者，其他貨幣文字亦同。《汗簡》下之二有"五"部，字亦作"ᚒ"，連從"五"之"吾"字亦作"ᚒ" 出《義雲章》。竹簡書法，往往比較傾斜，想象七或五稍稍斜寫，便會互相混淆。

記 17、美與儀

《少儀》："言語之美，穆穆皇皇；朝廷之美，濟濟翔翔；祭祀之美，齊齊皇皇；車馬之美，匪匪翼翼；鸞和之美，肅肅雍雍。"注："美皆當爲儀，字之誤也。"

致誤之由，即鄭注下引《周禮》教國子六儀，"一曰祭祀之容，二曰賓客之容，三曰朝廷之容，四曰喪紀之容，五曰軍旅之容，六曰車馬之容"，鄭彼注又援此《少儀》文爲注，蓋以兩者是一，容猶儀也，故指"美"爲誤字。陳喬樅云："美字訓善，儀亦訓善，義得相通……《廣雅·釋訓》曰：儀，儀容也。《釋名·釋典藝》曰：儀，宜也，得事宜也。此穆穆皇皇五者，言威儀容止之

---

① 見《毛詩·豳風·七月》孔穎達疏引。
② 惠棟《九經古義》卷三《尚書上》，《清經解》卷三百六十一，第二册，第 750 頁下。
③ 徐谷甫、王延林《古陶字彙》，上海書店出版社 1994 年版，第 573 頁。下列高明《古陶文彙編》字形同見此書所引録。

得宜,而美善之義已該矣。"[1]此以字義訓詁作解,義亦得通,然鄭注謂爲字誤,恐與字形有關。義、儀二字,古籍中互用難以羅列。僅就鄭注《三禮》而言,《周禮·地官·大司徒》"五曰以儀辨等"鄭注:"故書儀爲義,杜子春讀爲儀。"《春官·小宗伯》"肆儀"同。《春官·肆師》"治其禮儀"鄭注:"故書儀爲義,鄭司農云:義讀爲儀。"《典命》"五儀"同。《禮記·緇衣》"臣儀行"鄭注:"儀當爲義,聲之誤也。"《祭法》"以義終",《周禮·春官·大司樂》鄭玄注引作"儀"。即此已足知《三禮》中二字應用之一斑。義,馬王堆帛書作 㦯《易》〇〇一,銀雀山簡作 㦯 249。美,馬王堆帛書中作 美 遣策三,銀雀山簡作 美 681。二字上部相同,下部綫條則"我"字繁複而"大"字簡單,若"我"字稍殘損、磨滅,即可能認作"大",遂將"義"誤作"美"。《少儀》六"美"字,不可能六字全誤,必先有一字或二字形似致誤,經師或傳鈔者從"美"訓"善"角度理解,遂將六字一律改作"美"。

記 20、反與及

《樂記》:"武王克殷反商。"注:"反商當爲及,字之誤也。及商謂至紂都也。"

王引之《經義述聞·禮記下》"忿言不反於身"條下云:"惡言不出於口,忿言不反於身……《正義》曰:'定本反作及。'引之謹案:唐魏徵《群書治要》及《白帖》二十五引此並作'及'。《大戴禮·曾子本孝篇》曰……煩言不及於己,《曾子大孝篇》曰……忿言不及於己。則當以作'及'爲是……及、反形相似,故及譌爲反。"又云《繫辭傳》"原始反終",釋文:"鄭玄、虞翻作及。"[2]經王氏引述,足見文獻中反、及形誤並非少見。對照出土簡牘字形,睡虎地秦簡及作 㐌《效律》一,反作 㐌《爲吏之道》二二,馬王堆帛書及作 㐌《天下至道談》〇四七,反作 㐌《易》〇二二,銀雀山簡及作 㐌 898,反作 㐌 766,居延簡之及作 㐌 82·18B,流沙簡之反作 㐌 遺文 21。比較兩字,在秦在漢,均皆形近,尤其草書居延簡與流沙簡更爲形似。鄭注"反商"之"商"爲衍字,惠棟、陳喬樅等已言之。

---

[1] 陳喬樅《禮記鄭讀考》卷四,《清經解續篇》卷一千一百八十三,第五册,第144頁中。
[2] 王引之《經義述聞》卷十六,江蘇古籍出版社1985年版,第381頁上。

記 28、吉與告、誥

《緇衣》:"尹吉曰。"注:"吉當爲告,告,古文誥,字之誤也。《尹告》,伊尹之誥也。《書序》以爲'咸有壹德',今亡。咸,皆也。君臣皆有壹德不貳,則無疑惑也。"下文"尹吉曰,惟尹躬"云云,鄭注:"尹吉,亦尹誥也。"[1]

吉、告之誤,不唯《禮記》,《周禮·大宗伯》"以吉禮事邦國之鬼神示"鄭注:"事謂祀之祭之享之。故書吉或爲告,杜子春云:書爲告禮者非是,當爲吉禮,書亦多爲吉禮。吉禮之別十有二。"故書既爲"告",則"吉"爲"今書"矣,此與《緇衣》告誤爲吉字適相反而理正同。郭店簡《緇衣》出土,《尹誥》之誥作𢍆,《康誥》(《成之聞之》同)之誥作𧦝,上博簡《緇衣》之"誥"與之形近,《古文四聲韻》所載《王庶子碑》作𧦝,皆從言,與康成所説"古文誥"相合。然其字形與"告"似有距離,更不可能誤爲"吉"。考《汗簡》"誥"有𧦝、𧦝二形,從収,告聲。《古文四聲韻》以爲前者出於《古尚書》,後者出於王存乂《切韻》,可知《古尚書》有作𧦝者。𧦝字或下部磨滅、殘損,或省其形符而書其聲符,則成"告"。告與吉戰國與漢代字形皆近。戰國告字如:𠮷包二·一五五。𠮷包二·一五。吉字如:𠮷包二·二四五。𠮷天星觀《卜筮》。漢代告字如:𠮷《戰國縱橫家書》一六。𠮷武威《儀禮·有司》。𠮷《熹平石經·儀禮·特牲》。吉字如:𠮷《天文雜占末·中》。𠮷馬王堆帛書《老子乙》二四七。𠮷《熹平石經·易·家人》。戰國時告、吉雖有可能相混,然若其時誥字從"言"作𧦝,似與"吉"有距離。必須在誥作𧦝並省作"告"時,方始可與"吉"相混。如《天文雜占》、《老子》乙之"吉"左邊突起,與武威《儀禮》簡之"告"極爲形似。再衡之以《周禮》故書"告"誤爲"吉"及其流傳年代,《禮記》"尹吉"之字誤年代似在戴記以後最爲可能。此不僅字形相近,還因西漢末、東漢以還,《尚書·尹誥》篇遺佚,無從校核,遂將錯就錯所致。

記 29、天與先

---

[1] 《禮記》兩引《尹告》文,一在《咸有一德》,一在《太甲》,多啓後儒對《古文尚書》之疑惑,郭店簡、上博簡之面世,頗可重新討論此一問題,説詳虞萬里《上博館藏楚竹書〈緇衣〉綜合研究》(武漢大學出版社 2009 年版)及本書有關清華簡《尹誥》的三篇論文。

《緇衣》:"尹吉曰:惟尹躬天見於西邑。"注:"尹吉亦尹誥也。天當爲先,字之誤。"

所引《尹誥》文不見於《咸有一德》而見於《太甲上》,此爲清儒指古文《尚書》爲僞證據之一,兹姑不論。天、先之誤,陳喬樅引《易·說卦》"參天兩地"釋文"天或作夫"、《論語·陽貨》"天何言哉"釋文"魯讀天爲夫"、《莊子·大宗師》"天而生"釋文"向、崔本作'失而生'"爲據,以爲皆形似而誤。天,信陽楚簡作禾〇四〇,包山楚簡作禾二一五,天星觀簡作禾卜筮,長沙子彈庫帛書作禾甲六三。先,包山楚簡作 一四〇、 二三七,信陽楚簡作 〇七,天星觀簡作 卜筮。兩者相比,知戰國時形體尚有差異。郭店簡天字雖有作禾《語叢一形》者,而先字作 緇衣一一,仍不相近。銀雀山簡兩字字形明顯脫胎於戰國字形,亦不很接近。馬王堆帛書中"天"字雖有接近於戰國字形者如天《陰陽五行甲》〇一三,亦有如後世字形者如天《春秋事語》〇八一;而其"先"字則與戰國字形差異較大,作 《陰陽五行甲》一二九、 《老子甲》〇九六、 《二三子問》〇〇二。居延簡中有些"天"字中間略出頭,作 、 ,與"先"字極爲近似。此爲兩字相近相混途徑之一。

《大廣益會玉篇·一部》有兲、兂兩形,云爲天之"古文",原本《玉篇》殘卷缺"一部",無法證實其爲顧野王原本所收。但《龍龕手鏡》卷四雜部亦有此兩形,在指爲古文之同時,又定前者爲"俗"字,後者爲"正"字。敦煌鈔本《古文尚書》亦多此形體,是六朝時已如此作,則顧氏原本或已有據收。《汗簡》卷上之一兂形近,黃錫全注釋謂兂出《無極山碑》。① 對照信陽簡、天星觀簡字形,猶可看出其中的筆畫聯繫。而兲則可能是從長沙子彈庫帛書禾形蛻演而來。如果漢代有此字形,一畫之差,完全有可能誤先爲天。此爲兩字相近相混途徑之二。綜此字形演變發展時代,天、先之誤,仍以發生在漢代可能性爲大。

記 30、正與匹

《緇衣》:"子曰唯君子能好其正,小人毒其正。"注:"正當爲匹,字之誤也。匹謂知識朋友。"

---

① 黃錫全《汗簡注釋》,武漢大學出版社 1990 年版,第 64 頁。

後文引《詩》"君子好仇"注:"仇,匹也。"知上兩"正"字爲"匹"。今見郭店簡作"駜",上博簡作兀,兀即匹字,足證鄭注之確。《禮記·禮器》"匹士大牢而祭謂之攘"釋文:"匹士,本或作正士。"據孔疏"盧、王禮本並作匹字,今定本及諸本並作正字,熊氏依此本而爲正字,恐誤也",知六朝時猶多有誤作"正"者。俞樾云:"《周易·姤·象傳》注'正乃功成也'釋文云:'正亦作匹。'據王氏此注本解説天地相遇,品物咸章,則當以作匹爲是,正亦匹字之誤,與此一例。"①王弼年代稍後於鄭玄半個世紀,可見正、匹之淆亂至魏晉六朝猶在滋生。則正、匹之譌誤絶非偶然。分析其字形,上博簡之"兀",與郭店簡《唐虞之道》簡十八"不以仄夫爲至"之"仄"同,裘錫圭按云:"據文義,'仄夫'似應讀爲'匹夫'之誤寫。"今以上博簡兩兀字參證,楚系文字"匹"或即書作兀。正字,大量楚系文字如包山簡、郭店簡等均作𣥂《包山二·九〇》、𣥂《唐虞之道》二六,偶有作正《語叢二》·四〇、正《語叢三》·五五,以開後世"正"字之形,然"匹"作ア《曾侯乙》一七九,字形差異較大。睡虎地簡正作正《日甲》一三八背、正《日乙》八九,匹作兀《秦律雜鈔》二八,兩字約略相近,已具備致誤之可能。至馬王堆帛書、銀雀山漢簡以及居延、流沙簡中兩字字形更趨接近。如銀雀山簡正字作正524、正868,匹字作正822、正821;馬王堆簡帛正字作正《五星占》〇〇七、匹《陰陽五行》乙〇一〇,匹字作匹《遣策三》;流沙簡正字作正烽燧25;居延簡匹字作匹502·6。觀察兩字字形結構流變,雖秦代亦有混譌之可能,然結合《禮記》傳授、傳鈔之年代,似仍以漢代,尤其是西漢以還之可能性爲大。②

詩1、哀與衷

《毛詩·周南·關雎序》:"是以《關雎》,樂得淑女以配君子,憂在進賢,不淫其色,哀窈窕,思賢才,而無傷善之心焉,是《關雎》之義也。"鄭箋:"哀蓋字之誤也。當爲衷,衷謂中心恕之。無傷善之心,謂好逑也。"③

---

① 俞樾《禮記鄭讀考》,《清經解續編》卷一千三百五十六,第五册,第1004頁中。
② 此節可參見虞萬里《上博簡、郭店簡〈緇衣〉與傳本合校補證(下)》一文,《史林》2004年第1期。
③ 李善《文選》卷四十五《毛詩序》注純襲鄭注文而不加變更。

孔疏："鄭以哀爲衷,言后妃衷心念恕,在窈窕幽閒之善女,思使此女有賢才之行,欲令宮内和協而無傷害善人之心。餘與毛同。"疏雖不破注,却已顯出毛、鄭之異同。宋嚴粲《詩緝》卷一云:"此序'樂得淑女'以下,經師因孔子之言而增益之耳,所謂'不淫其色'、'哀窈窕'皆非詩之旨也。"①所謂孔子之言,即《論語·八佾》"《關雎》樂而不淫,哀而不傷"一語。清陳奂《傳疏》引之而云:"此孔子論《詩》釋《關雎》之義,而子夏作序之所本也。毛公之學,出自子夏,故傳與序無不合。"②《論語》"哀而不傷",孔疏引鄭玄注云"哀世夫婦不得此人",是仍作"哀"解,與箋《詩》不同。孔穎達又引《鄭志》云:"鄭答劉琰云:《論語注》人間行久,義或宜然,故不復定,以遺後説。是鄭以爲疑,故兩解之也。"錢坫《論語後録》更謂"鄭先注《論語》爲哀,繼箋《毛詩》改衷"。③ 其實先注後箋本可不論,"哀傷"一詞,康成《詩箋》數數用之,則"哀而不傷"允可爲一短語,推之《關雎序》"哀……無傷"固亦成句,且鄭答劉琰既以《論語》與《關雎序》詞理一致,則"哀"字未必誤。鄭箋謂爲"衷"字之誤,别解如孔氏所疏,原其意,蓋以"哀"、"衷"二字字形相近故。哀,睡虎地秦簡作㝱《日甲》二九背,郭店簡作㝱《五行》·十七、㝱《語叢三》·五九,上博簡《民之父母》"哀"下皆從"心",而三種戰國簡皆無"衷"字可資比較。馬王堆漢墓簡帛哀作㝱《五行》·一八六、㝱《天下至道談》·一二,銀雀山簡作㝱618、㝱702。馬王堆漢墓簡帛衷作㝱《五十二病方》·二六、㝱《遣策》·二五一,其字形已有與"哀"相混之可能。就今見漢簡與戰國簡字形比較,雖然戰國簡無"衷",其"哀"字形體與漢簡已略有區别,故淆亂之時代很可能在西漢以還。

2.聲符形近

指一組形聲字的聲符形近。

周 3、褖與緣、緑

《天官·内司服》:"内司服掌王后之六服,褘衣、揄狄、闕狄、鞠衣、展衣、緣衣,素沙。"注:"又《喪大記》曰:'士妻以褖衣。'言褖者甚衆,字

---

① 嚴粲《詩緝》卷一,文淵閣四庫全書,第七五册,第7頁下。
② 陳奂《詩毛氏傳疏》卷一,《國學基本叢書》本,上册,第2頁。
③ 參見程樹德《論語集釋》卷六《八佾下》引,中華書局1990年版,第199頁。

或作裞。此緣衣者,實作褖衣也。褖衣,御於王之服,亦以燕居。男子之褖衣黑,則是亦黑也。六服備於此矣。襌、褕、狄、展聲相近。緣,字之誤也。"

以今本褖、緣觀之,僅可謂衤、糹糸偏旁義同互換,聲符音同相假,非字之誤。然賈疏云:"云緣字之誤也者,緣與褖不得爲聲相近,但字相似,故爲字之誤也。"阮元《校勘記》引盧文弨云:"二緣字皆當作綠。"盧説有所據。《詩·邶風·綠衣序》鄭箋:"綠當爲褖,故作褖,轉作綠,字之誤也。"孔疏:"必知綠誤而褖是者,此《綠衣》與《内司服》綠衣字同。"證明孔氏於唐代所見《内司服》文作"綠",此一證也;《儀禮·士喪禮》"褖衣"鄭注"褖之言緣也……古文褖爲緣。"彼處乃古今文之異,若《内司服》作"緣",則不必言字之誤,此二證也。先秦服飾無"綠衣",文獻中亦無其詞;《詩》"綠衣"於詩義無當,唯有以褖衣解之,方可使詩義明暢。① 鄭玄兼注《詩》《禮》,明曉詩義、禮文,且多以禮箋《詩》,此即一例。其於《詩》《禮》兩注"字之誤",當是經文本當作"緣(緣、褖古今文)"而《内司服》作"綠",《綠衣》本當作"褖"而《毛詩》作"綠"之故。及上博簡《詩論》公布,其第十簡、十六簡兩作"綠衣",似可因之而言鄭玄之非。然進而思之,《詩論》與《毛詩》作"綠",僅是增強原詩作"綠"之可能性,並不能完全排除戰國時代及以前的字形之誤;退而論之,《内司服》緣、綠之誤乃是一種無可爭辯之事實。故此,《詩經·綠衣》原作某是一事,緣綠兩字形近而誤又是一事,不能牽合而互證,以指責鄭玄《詩》《禮》之注皆誤。緣、綠二字,徵之戰國字形,緣作[字]信陽二·○二,其不從糸旁者作[字]同上二·○二六;綠作[字]信陽二·○二、[字]上博簡《詩論》簡十六、[字]上博簡《詩論》簡十,其不從糸旁者作[字]《曾侯乙》二九。細審之,雖尚有別,然從另一種字形考察,睡虎地秦簡緣字已作[字]《封診式》二二、[字]同上八二,而其"祿"字(無"綠"字)亦作[字]《日甲》七五背。偏旁固近似,誤寫並非不可能。徵之漢簡字形,緣字作[字]馬王堆漢墓竹簡《遣策一》、[字]銀雀山簡474,綠字作[字]馬王堆漢墓竹簡《遣策三》,右下尚有小異。綠字簡帛不多見,徵之同聲符之"祿"字作[字]馬王堆漢墓帛書·《繆和》、[字]銀

---

① 《毛詩》之《綠衣》,歷代注家多從毛説而非鄭箋,是不知用《詩》《禮》相參也。林維民作《綠衣考》,參校《内司服》文,並引述文獻,證其當作"褖",可參閱。《文史》第四十輯,中華書局1994年版,第255—257頁。

雀山簡533、禒同上565,其右邊之"録"已與"緣"右邊之"彖"近似。據此,《詩經·緑衣》若誤,似當在先秦;《内司服》之誤,則以漢代之可能性爲大。

周 4、緌與綏(並涉及禭)

《天官·夏采》:"夏采掌大喪,以冕服復於大祖,以乘車建綏,復於四郊。"注:"故書綏爲禭,杜子春云:'當爲綏,禭非是也。'玄謂《明堂位》曰:'凡四代之服器,魯兼用之。''有虞氏之旂,夏后氏之綏',則旌旂有是綏者當作緌,字之誤也。緌以氂牛尾爲之,綴於橦上,所謂注旄於干首者。王祀四郊。乘玉路,建大常,今以之復,去其旒,異之於生,亦因先王有徒緌者。《士冠禮》及《玉藻》冠緌之字,故書亦多作緌者,今禮家定作蕤。"

先就鄭注緌、綏之字誤校覈,綏字天星觀、仰天湖、曾侯乙簡頻見,曾侯乙作絑曾八,緌字不見戰國簡,無法以資比較,武威漢簡《儀禮·特牲》簡十七有之,作緌,形有別。綏,漢簡作綏居延簡,碑刻作綏《景君碑》、綏《孔宙碑》,熹平石經作綏《詩·有狐·校記》,武威簡時代在居延簡後,碑刻及石經前,整體可謂相似而亦有小别,字之誤與不誤均有可能。然深究字形與經義,遠非如此簡單。杜子春否定禭字而從綏,鄭玄則謂綏爲緌字之誤。清儒對此有精湛考證。段玉裁云:"故書作禭,《説文》無此字。《釋文》曰:'音維,徐音遂。'據徐音,疑本作旞,或作斾。《説文·㫃部》斾即旞字。"金榜就《司常》七旗形制、用途分析入手,認爲"禭當爲旞……譌而爲禭。杜子春改綏,鄭又讀從緌,皆非",金又以《雜記》"以其綏復"之"綏"皆爲"旞"之譌。① 王引之列舉故書通用之例,云:"從衣作禭者,假借字耳。鄭當依故書作禭而讀爲旞,不當沿子春之誤,徑改爲綏也。旞得借用禭字者,旞、禭俱音遂故也。禭爲襚之或體者,古音遺與遂同。"② 王氏之説甚爲通達。再從經義校覈,鄭玄既云"緌以氂牛尾爲之,綴於橦上,所謂注旄於干首者",乃據《司常》文,《司常》"全羽爲旞,析羽爲旌"鄭注云:"全羽、析羽皆五采,繫之於旞、旌之上,所謂注旄於干首也。"《司常》道車謂象路,而鄭注此猶謂玉路,

---

① 金榜《禮箋》卷一《九旗》,《清經解》卷五百五十四,第三册,第825頁中。
② 王引之《經義述聞》卷八,第197頁上。

故金榜非之。返觀異文之形音義，綏、緌同音，緌、繻異體，繻、禭同聲符，可推知故書輾轉作繻作禭，乃至今書作綏，皆有其實際存在之必然性與合理性。綏、緌形似而有別，綏爲車中把，緌爲繫冠纓，然曾侯乙簡中出現之"綏"多組綏連用，似實用"緌"之義。又鄭玄謂《士冠禮》《玉藻》之故書多作"綏"，而漢代禮家多以"蕤"解之。蕤、緌古音皆日紐微部，其義又近，是綏、緌之形、義糾葛亦由來已久，今恐難以理清。

周8、祼與埋

《春官·鬯人》："廟用修，凡山川四方用蜃，凡祼事用概，凡䘮事用散。"注："祼當爲埋，字之誤也。"

《春官·鬱人》云"凡祭祀賓客之祼事，和鬱鬯以實彝而陳之"，周制，祼用上尊彝；《大宗伯》"以貍沈祭山林川澤，以疈辜祭四方百物"，此經文謂祭山川四方而用概，故知"祼"爲"埋"字之誤。[①] 埋即貍。《說文》無"埋"字，《艸部》："薶，瘞也。"孫詒讓《鬯人》疏："凡此經薶藏字皆用貍爲之，注或作埋，則薶之俗字也。"簡帛文字無"埋"有"貍"，曾侯乙簡之"貍"均從"鼠"旁，字形不類。其他簡帛字義爲掩埋者如："貍席下"_{馬王堆漢墓帛書《五十二病方》}，"貍竈中"_{馬王堆漢墓帛書《養生方》}，"刑必夭貍"_{馬王堆漢墓帛書《十問》}，"貍其具"_{睡虎地秦簡《法律答問》}，等等。字形則作：貍_{睡虎地簡·《日甲》三八背}，貍_{馬王堆漢墓帛書《五十二病方簡》一〇〇}。祼字亦不見簡帛，依鄭氏之說，當爲二字右邊"果"、"里"相似，而《五十二病方》簡"貍"字左邊"豸"旁若上部殘缺，便與"礻"旁略近，故有可能相涉而誤。

周20、觚與觶、觝、斛、斢；豆與斗

《考工記·梓人》："梓人爲飲器，勺一升，爵一升，觚三升。獻以爵而酬以觚，一獻而三酬，則一豆矣。"注："觚、豆字，聲之誤，觚當爲觶，豆當爲斗。"

鄭所以謂觚爲觶字之誤，所據有三。一、由器具容量而言，鄭從《韓詩》

---

① 《四部叢刊》景宋本、阮刻本均作"埋"，《文淵閣四庫全書》本作"貍"。

説謂爵一升,觚二升,觶三升,經文言三升,故當爲觶。二、從經義而言,鄭於《儀禮·燕禮》注云:"酬之禮皆用觶。"凌廷堪更參酌《儀禮》各篇而云:"《鄉飲酒記》獻用爵,其他用觶,《鄉射記》同。此爲《鄉飲酒》、《鄉射》而言也。若《燕禮》、《大射》,雖獻亦用觚,宰夫爲主人,避君也。至于酬、旅酬、無算爵,則同用觶矣。"①孫詒讓遂云:"觚當依鄭作'觶',凡酬皆用觶。"三、從字形而言,鄭於《儀禮·燕禮》"升媵觚於公"下注云:"言觚者字之誤也。古者觶字或作角旁氏,由此誤爾。"賈公彦《梓人》疏、《燕禮》疏、孔氏《禮器》疏均引鄭玄《駁五經異義》云:"《周禮》'獻以爵而酬以觶',觚,寡也。觶字角旁支,汝潁之間師讀所作。今《禮》角旁單,古書或作角旁氏。角旁氏則與觚字相近。學者多聞觚,寡聞觗,寫此書亂之而作觚耳。"②蓋康成親見當時俗書有觗、觚相混者,酬酢之器又當用觶,故直指其誤。即此觚爲觶誤已極明白,唯鄭所駁之許慎於《説文》所釋引起鄭氏《駁義》中"角旁支"之歧解,而武威漢簡《儀禮》之出土,不僅可解決此一懸案,且於二禮之古文、今文亦可探究,故申論於下。

《駁義》"角旁支"一語,支,監本誤作ㄆ,毛本誤作友,惠棟《九經古義》引作氏,四庫本《駁義》誤作反。臧琳《經義雜記·觚二升觶三升》改作"支",③此或因《韻會》"觶"下引作"支"故。④《説文·角部》:"觶,禮飲酒觶也。從角、單聲。禮曰:一人洗舉觶,觶受四升。觶或從辰。觗,《禮經》觶。"⑤段玉裁因見《説文》有角旁辰、角旁氏而無角旁支之字,且《玉篇》《集韻》《類篇》等均無角旁支之字,遂謂《韻會》所引不可信。段説之後,因無實物,無法證其是非,孫詒讓亦因字書無從"支"之字而從段説。武威漢簡出土,其《泰射》簡四〇"少立坐取觖",傳本作"觶",可見從"支"之有據。整理《儀禮》簡異文,可深切認識鄭注之背景,兹將異文列爲下表:

---

① 凌廷堪著、彭林點校《禮經釋例》卷十一,中研院文哲所古籍整理叢刊六,2002年版,第556頁。
② 諸本疏文所引文字略有出入,此據皮錫瑞《駁五經異義疏證》卷三,古鑒齋刻本,第4葉A。
③ 臧琳《經義雜記》卷四,《清經解》卷一百九十八,第一册,第803頁下。
④ 黄公紹、熊忠《古今韻會舉要》卷十七,中華書局2000年影印明刊本,第304頁下。
⑤ "禮飲酒觶"原作"鄉飲酒角",段玉裁云:"禮經十七篇用觶多矣,非獨《鄉飲酒》也。因下文'一人洗舉觶'之文見《鄉飲酒》,淺人乃改鄉字。觶,鉉本作角,非,當同觚,下作爵。"段説至確,今從之。

篇名	經文	武威簡文	鄭注	説明
燕禮	坐取觚洗賓少進醮洗主人坐奠觚於篚	柧簡7	古文觚皆爲觶。	古文作觶,今文作觚,鄭據本爲今文。
燕禮	士長升拜受觶主人拜送觶	柧簡36	獻士用觶,士賤也。今文觶作觚。	古文作觶,今文作觚,鄭據本爲古文。
燕禮	升媵觚於公	柧簡38	此當言媵觶。酬之禮皆用觶,言觚者,字之誤也。古者觶字或作角旁氏,由此誤爾。	鄭指觚爲觶之誤字。
燕禮	賓降洗象觶	柧簡38	今文曰洗象觚。	古文作觶,今文作觚,鄭據本爲古文。
燕禮	公坐取賓所媵觶	柧簡39	今文觶又爲觚。	古文作觶,今文作觚,鄭據本爲古文。
大射儀	士長升拜受觶	殘缺	獻士用觶,士賤也。今文觶作觚。	古文作觶,今文作觚,鄭據本爲古文。
大射儀	媵觶於公	柧簡105	今文觶爲觚。	古文作觶,今文作觚,鄭據本爲古文。
大射儀	賓降洗象觚	柧簡83	此觚當爲觶。	以他例論之,此亦古文作觶,今文作觚,鄭以爲當從古文。

　　由表可確證,觶爲古文,觚爲今文。簡文"柧",《説文》謂"棱也",似爲同音假字,今文之異文。又據沈文倬先生統計,"簡本《燕禮》第17簡、《有司》第40、41簡作'觶'各一見,《泰射》第40簡作'觤'一見外,餘均作

'觗'。"①觗、䚳與觶之聲韻關係，臧琳、陳壽祺均已有説，②無煩引述，然於此數字何爲古文，何爲今文，却費猜想。陳壽祺認爲："許君於觶下引禮者，《儀禮》今文也，又謂觝字出禮經者，《儀禮》古文也。鄭言古書角旁氏，今禮角旁單，則觝爲古文，觶爲今文信矣。"至沈氏先謂"作'觶'爲今文，作'觝'爲古文"，忽而又謂"作'觚'皆用今文，作'觶'皆用古文"，③使人莫知所從。竊謂陳云《説文》"觶下引禮爲今文"，與上表所列七例古今文不符。鄭注《儀禮》既有七例古、今分明，無一例外之異文，且鄭又云"觶字角旁支，汝潁之間師讀所作"，汝潁之間，正杜子春、鄭興、鄭衆所居，皆傳古文《周禮》者，故"䚳"必爲古文。許氏《説文叙》明言"其偁《易》孟氏……《禮》《周官》……皆古文也"，則"觶"亦必爲古文，與鄭注所據一致。如此則觗、觝、䚳似爲觶之假字，皆古文之異文，亦所謂古文別本也。

觚爲今文，其所以與古文觝混淆，殆以兩字右邊"瓜"與"氏"相似故。觚，武威簡皆作𣝣《泰射》八三，流沙簡有觚作𣝣《小學一》五，《漢禮器碑》作角爪，簡帛雖未見觝之原字，其偏旁"氏"作氏馬王堆漢墓帛書《春秋事語》〇一五，氏居延18·5，此康成所謂二字相混譌。今據武威簡之"觝"字，其右邊之"辰"，流沙簡作辰術數，居延簡作辰 504·9，與瓜字亦近，故經文"觚三升"亦有可能爲"觝三升"之誤。

豆古音侯部定紐，斗侯部端紐，聲同類而韻同部，此鄭注"字聲之誤"中"聲之誤"者。康成據馬融説破豆爲斗，④主要因爲豆乃盛肉之器。⑤後儒以爲一斗十升，與一獻三酬爲四升亦即一豆不相應，於是曲爲之解，至孫詒讓認爲鄭注"以一獻三酬，一、三並爲獻酬之數，一獻得一升，三酬得九升，則一斗也"，從而指爲"於禮無據"。審鄭意，並無以"一"、"三"作數字解者，欲釋此疑，先當明其字義及容量。

《説文》："豆，古食肉器也。"此食器。然《小爾雅·廣量》："一手之盛謂

---

① 沈文倬《禮漢簡異文釋》，《宗周禮樂文明考論》，杭州大學出版社1999年版，第319頁。
② 臧琳《經義雜記·觚二升觶三升》，《清經解》卷一百九十八，第一册，第804頁上。陳壽祺《五經異義疏證》卷上，《清經解》卷一千二百四十八，第七册，第150頁下。
③ 沈文倬《禮漢簡異文釋》，《宗周禮樂文明考論》，第319、395頁。
④ 鄭氏《駁五經異義》云："又南郡太守馬季長説，一獻而三酬則一豆，觚當爲觶，豆當爲斗，與一爵三觝相應。"
⑤ 《梓人》後文"食一豆肉，飲一豆酒"鄭注："一豆酒，又聲之誤。"理同。

之溢，兩手謂之掬，掬四謂之豆，豆四謂之區。"《左傳·昭公三年》："齊舊四量：豆、區、釜、鍾。四升爲豆。"據許說，知豆爲食肉器乃古時之用，明後世已有轉義。由《左傳》，知春秋後期齊國已有以豆爲量器者。《廣量》所載，殆是搜采文獻以備廣聞而已。

斗，量器，有柄，容十升。爲豆之二點五倍。《詩·大雅·行葦》"酌以大斗"，陸氏釋文"斗字又作枓"。枓本義爲勺，《史記·趙世家》："使廚人操銅枓以食代王及從者，行斟。陰令宰人各以枓擊殺代王及從者。"（《六國年表》作"以金枓殺代王"。）是枓亦爲飲食之器。① 飲食之器不可能很大，以銅爲之，制或如酒器，故《行葦》有"酌如大斗"之句。明何楷《詩經世本古義》云："石經作䀇。"石經用《魯詩》，今殘不可見，而明人遞相轉述，② 至方以智乃謂"一作豆，古作䀇"，而云"古豆與斗通"。③ 清李廣芸謂《行葦》正字當作"䀇"，爲象形字，而"斗"爲借字。④

䀇，《說文·金部》以爲"鋘或體"。王筠釋例謂"䀇象形，必古文，其形似壺之下半。壺有蓋、有頸、有腹，䀇則無蓋也。《考工記》一獻而三酬……筠意'豆'當爲'䀇'，形之誤也……然因此知䀇之容正一斗矣。《周禮》傳自劉歆，多用古字。《詩》'酌以大斗'，則聲借也。蓋斗爲量名，䀇爲酒器，各有專義，而聲同可借，䀇遂不見於經"，王氏又引述《集韻》侯、候、厚三韻中從人、從目、從刀、從卩、從言、從女、從金之豆聲、䀇聲之字，以爲'䀇'變爲'豆'之確證。⑤ 李家浩用出土酒器及古文字證成、修正王說，精確不移。⑥

豆爲盛肉器，其用作酒器，殆爲同音字"䀇"所借。以康成之弘博，豈不知"斗"容十升？其讀爲"斗"，當即"斜"字之省。傳世有成山宮銅渠斜，銘文作"成山宮銅渠斜重二斤神爵四年"。馬衡先生考定成山宮爲漢宣帝於成山祠日之宮，並云："斗從金作斜，字書所無（引者按，字書有，見下）當即斗字。《詩·行葦》'酌以大斗'，《釋文》'字又作枓'。蓋以木制者作枓，以

---

① 徐灝以爲："生斗與斗勺，古無二字。別作枓者，相承增之……此實漢時俗體耳。"見《說文解字詁林》引錄。
② 張慎儀《詩經異文補釋》卷十三引明楊慎《轉注古音》云："漢石經作䀇。"《薆園叢書》本，第九葉。
③ 方以智《通雅·算數一》，上海古籍出版社1988年版，第1221頁、1014頁。
④ 李廣芸《炳燭篇》卷三，《叢書集成初編》本，第335號，第72頁。又卷二亦有相同之說。第36頁。
⑤ 王筠《說文釋例》，參見《說文解字詁林》引錄，中華書局1988年影印本，第十五冊，第6268頁。
⑥ 李家浩《談古代的酒器䀇》，《古文字研究》第二十四輯，中華書局2002年版，第454—458頁。

銅鑄者作斛也。斗爲酌酒之器，亦謂之勺。渠，大也，渠斛，猶言大斗也。"①又湖北雲夢大墳頭一號西漢墓木牘記隨葬物有"一斗斛一"，容二〇八〇毫升，其字可與成山宮銅斛相印證。《周禮》多古字，其之出與銅斛木牘年代相前後，馬融所以讀爲"斗"，是省其形旁，抑或竹簡殘泐偏旁，今莫能質指。然《毛詩》多用假字，《行葦》之作"斗"，顯屬假字，實即"斛"。《康熙字典·金部》"斛"引《六書溯原》云："俗鏂字。"②鏂即銗，乃受四升之酒器。省作豆，乃使"豆"有容四升之義。

禮 2、觶與觚

《燕禮》："賓降洗，升媵觚於公。"注："此當言媵觶，酬之禮皆用觶，言觚者，字之誤也。古者觶字或作角旁氏，由此誤爾。"

此條見周 20 所徵。

記 22、緌與綏、蕤

《雜記上》："以其緌復。"注："緌當爲綏，讀如蕤賓之蕤，字之誤也。綏謂旌旗之旄也，去其旒而用之，異於生也。"

此條見周 4 所徵。

詩 2、綠與褖

《詩·邶風·綠衣序》"綠衣，衛莊姜傷己也"鄭箋："綠當爲褖，故作褖，轉作綠，字之誤也。"

此條見"聲符形近"下周 3 所徵。

3. 形聲俱近

指一組形聲字之聲符和形符形體皆相近。

---

① 馬衡《金石雜記》一，見《凡將齋金石叢稿》，中華書局 1977 年版，第 319 頁。
② 《六書溯原》，元楊桓著，元明遞修本作《六書統溯原》十三卷，未見，《漢語大字典》亦引錄。

周9、昨與酢

《春官·司尊彝》："諸臣之所昨也。"注："昨讀爲酢，字之誤也。"

《酒正》《鬯人》賈疏、《詩·周南·卷耳》《小雅·信南山》孔疏引此作"酢"。言"讀爲"，明二字音近音同。《司几筵》"昨席亦如之"注："玄謂昨讀曰酢，謂祭祀及王受酢之席。"又"昨席莞筵紛純"注："昨讀亦曰酢。"二處讀曰與讀爲同，皆擬其音。昨、酢皆從乍聲，古音在從紐鐸部。故此例直可云"聲之誤"。鄭所以云"字之誤"者，以兩字形亦相近故。昨、酢二字武威簡《儀禮》皆有，正可資比較。昨，簡作昨、昨、昨，酢，簡作酢、酢、酢，酢第三形左邊"酉"旁形似"目"字，與昨字之"日"旁易混。追溯戰國字形，睡虎地秦簡作酢《秦律雜鈔》三二，酢《日書乙》一八五，昨字未見，其作字作作《秦律十八種》四九，右邊"乍"微帶篆意，與漢簡字形不同。包山簡作字作乍二·二一六，乍二·二二一，"乍"下從"又"，其酢、昨雖不見，已透露出與漢簡構件、形體之差異。以現有出土簡帛字形判別，昨、酢之誤似發生在漢代。①

記19、磬與罄

《樂記》："石聲磬，磬以立辨。"注："石聲磬，磬當爲罄，字之誤也。"

磬爲打擊樂器，多用玉、石或金屬製成。罄則爲聲音罄然堅致。但二字同從殸聲，又據《釋名·釋樂器》所云，知磬之取名，得之於其聲罄罄然堅致，此可見二字形音義三者關係，互爲糾葛，故古多互用。《左傳·僖公二十六年》"室如懸罄"，《國語·魯語上》、《易林·乾之賁》作"磬"。他如《大戴禮記·禮三本》"縣一磬而尚拊搏"，《春秋繁露·五行相生》"立而磬折"（本《曲禮下》"立則磬折垂佩"語），《孔廟禮器碑》"鐘磬瑟鼓"，並皆借罄爲磬。《淮南子·覽冥訓》"磬龜無腹"，《張孟龍碑》"磬力"，則皆借磬爲罄。今若從守本字角度論，磬、罄畢竟異字異義，允可如康成指爲字誤（亦可指爲聲誤）；然鑒於磬、罄二字形音義之糾葛以及秦漢文獻互用情況，字誤之説似嫌苛求。陳喬樅原康成之意云："鄭必改讀磬爲罄者，以上下文鐘聲

---

① 至於段玉裁據鄭司農注，謂司農所據本作"阼"，丁晏引證文獻，證唐石經作"胙"之有據。以今觀之，作"阼"無版本之據，作"胙"亦唐時證據，雖"阝"、"月"之形旁與"日"有相似性，暫不疏證。

鏗、絲聲哀、竹聲濫、鼓鼙之聲讙，皆以聲言之，今經云'石聲磬'，恐人誤仞爲樂器，故讀從罄也。"①康成不可復起，録此僅備一説。

4. 壞字形近

指簡牘、縑帛因斷折、磨滅、損壞而造成字形殘闕不全，致使與原來並不相涉的另一文字形體近似。

周 10、希與絺、黹

《春官·司服》："祭社稷、五祀則希冕，祭群小祀則玄冕。"注："希讀爲絺，或作黹，字之誤也。"

段玉裁改鄭注爲"希讀爲黹，或作絺"，並釋之云："此鄭君易希爲黹而辨之，曰書或作絺者，乃字之誤，不可從也。《尚書》僞孔傳作絺，云'細葛上爲繡'，是鄭君所謂誤者而已矣。既易其字爲黹，則下文皆作黹。《説文》黹下云'箴縷所紩衣'，正與鄭合。今本《周禮》注黹、絺互易，遂不可通。賈氏作疏時已誤，而其約舉《尚書》鄭注云：'鄭君讀絺爲黹，黹，紩也。'固未嘗誤。《尚書》《周禮》二注同也。"孫詒讓是段説，並補充云："鄭破絺爲黹，故《廣韻·五旨》引此經云'祭社稷、五祀則（按，引脱"用"字）黹冕'，即依鄭讀也。今本黹、絺誤易，故《釋文》'或本作絺'，蓋其誤在陸氏以前矣。"按，《吕氏春秋·仲秋紀》"冠帶有常"高注："祭社稷五岳則絺冕。"若非後人竄改，則高誘所見本如此，適可與鄭讀相印證。由於大徐本《説文》不收"希"，而有從"希"之字十，清代説文學家紛紛嚷嚷，爭論不休。王筠引據《尚書》《周禮》經注，乃謂："作絺者，正鄭君之原本也。《周禮》與《尚書》同作絺，故鄭君引《書》以證，而後正其誤曰：'絺讀爲希，或作黹，字之誤也。'仍謂當作希、黹，而以絺爲誤也。習鄭學者，直改《周禮》經文爲希，乃倒注文曰'希讀爲絺'，並引《尚書》亦改爲希，於是不可通矣。"②王、段二説結論相同而改鄭玄注文則相異，因"希"之義不明，遂致二三百年來無法定其是非。今按，

---

① 陳喬樅《禮記鄭讀考》卷四，《清經解續編》卷一千一百八十三，第五册，第 146 頁下。
② 王筠《説文釋例》，參丁福保《説文解字詁林》引録，第十六册，第 6820 頁正面下。其他有關"希"字解説亦見《詁林》引録。

《文選・鮑照〈詠史詩〉》李注："《説文》希，疏也。"似《説文》有"希"。然《玉篇》殘卷"爻部""希"下云："虚衣反……《字書》希，疏也。野王案，《説文》以疏罕之希爲稀字，在禾部，希望爲睎字，在目部。以此或爲絺綌之絺字，音丑梨切，在糸部。《尚書》亦或爲希字。"①慧琳《一切經音義》卷九《摩訶般若波羅蜜經第一卷》（引録玄應）"希望"下云："《説文》作睎，同。虚依反。睎，望也。"②由顧野王、玄應之説，可證李注所引爲《字書》，非《説文》；希字《説文》作爲"絺"之或體，且是因爲《尚書》有絺、希異文。體察顧氏行文之意，似乎"希"應爲"疏"義而許慎别置糸部。下面審察、比較其字形。希，睡虎地簡作㦿日甲七一背，馬王堆帛書作㫺《老子》甲一一六、㫺《合》一一九、㫺《要》一一八。審其文義，雖有引申，而絕非"絺"義。黹字未見於現今簡帛，天星觀簡四六〇七有黼，形作黼，其下部從"巾"。經比較可想見，假若"黹"字上部磨滅或殘缺，則"黹"便成爲"希"字。又，"絺"本義細葛，在《周禮》"絺冕"、《尚書》"黼黻絺繡"中既非經義，何以會出現在經文中，此本是足以引起思考之問題。由希、黹之形譌，聯想到絺或爲繡字形譌。繡字雖祗見於《康熙字典》，謂即襮字，然其在古璽中屢屢出現，如：㗊璽彙一八三四、㗊璽彙二八七一，後一字黹下部與睡虎地簡"希"字下部極形似。璽印文字不苟，手寫當更草略。《説文・衣部》："襮，紩衣也。"段玉裁注："《糸部》曰：紩者，縫也。縫者，以針紩衣也。"從糸、從衣，其義相同，故繡、襮一字。其見之於文獻者，如《隋書・禮儀志七》："襮冕，三品七旒，四品六旒，五品五旒。"又："襮冕，案《禮圖》：王者祭社稷五祀之服，天子五旒，用玉百二十。"《隋書・儀禮志》中多用"襮冕"字。其所據《禮圖》，即始自後漢侍中阮諶所撰，雖"引漢事與鄭君之文違錯"，因其時"儒風淳實，尚不以鑿空臆斷相高"，或正可知"希冕"之外別有作"襮冕"者。

  知"希"爲"黹"之壞字，而後可推測"絺"或爲"繡"之壞字。知繡、襮一字，而後可知"襮冕"或有作"繡冕"者。由鄭玄"希讀爲絺，或作黹，字之誤也"（《周禮》注）及"絺讀爲黹，黹，紩也"（《尚書》孔疏引），可悟出《周禮》原作"黹"，《尚書》原作"繡"，因磨泐、殘損而成爲"希""絺"，從可知鄭玄所謂"繡字之誤"當指"希"字。因其所見古文《尚書》作"絺"，鄭不謂誤字，義皆

---

① 黎庶昌影鈔本顧野王《玉篇》殘卷，中華書局1985年版，第324頁。
② 慧琳《一切經音義》卷九，上海古籍出版社1986年版，第335頁。

爲"黹",則指"希"誤無疑。然鄭知"希"爲"黹"誤,不知"絺"亦爲"繡"誤。遙想古文《尚書》竹簡出於孔壁以來,字跡必多漫渙、爛脱,其"繡"字右上磨滅,爲孔安國隸定成"絺",①本在情理之中。阮諶身爲朝廷之官,得之自叔孫通以來秦漢朝儀相沿之名詞,必非信手所寫。理清經義、字形之來龍去脈,以及鄭注之確切含義,然後知段、王改字,皆無必要。

周 12、巫與筮

《春官·筮人》:"筮人掌三《易》以辨九筮之名:一曰《連山》,二曰《歸藏》,三曰《周易》。九筮之名:一曰巫更,二曰巫咸,三曰巫式,四曰巫目,五曰巫易,六曰巫比,七曰巫祠,八曰巫參,九曰巫環。以辨吉凶。"注:"此九巫讀皆當爲筮,字之誤也。"

段玉裁云:"筮之古文作𥶰,巫之古文作𠮎,蓋故書脱竹頭,今書又改爲小篆之巫矣。"孫詒讓先云"此亦注用今字作'筮'也",後又從段説云"鄭意巫皆筮之壞字"。徵諸簡帛字形:侯馬盟書有象《説文》之形而省二"口"者如:𠮎,亦有如楷書字形而從"口"作𠮎𠮎(巫覡)者,②郭店《緇衣》簡筮作𥶰、𧵩,馬王堆帛書"筮"、"巫"均不從口,與今無別。侯馬盟書、郭店簡下皆有口,與《説文》所説小異。筮筭之質爲竹,其用爲卜,故郭店簡一字從"竹",一字從"卜",義則無殊。盟書之"巫覡"義爲禱祝之男女,故不從竹、卜。以形觀之,筮、巫界劃分明,簡帛未見有脱竹頭相假之例。從巫咸等人名觀之,後世禮學群籍雖有從鄭注作"筮咸"者,然先秦古籍如《書》《楚辭》《吕覽》等仍作"巫咸"、"巫陽",尤其正始三體石經《書·君奭》篆隸作"巫",古文作𠮎,皆不從"竹"。③ 就字義而言,筮、巫之職責,後世多混而不分,是否如孫氏前説爲古今字?此猶當研考本經。《周禮》一書,用字多古,但其"巫"字二十三見,除此九例外,全爲巫祝義;筮字十一見(不計此九例),皆爲卜筮義,釐然不相混。康成參酌本經,指此九"巫"爲"筮"之誤字,頗有

---

① 今存正始三體詩經有"黼黻絺繡"殘石,篆隸二體右邊"希"字尚能辨認,正如簡帛之形。參顧頡剛、顧廷龍《尚書文字合編》,上海古籍出版社1996年版,第一册,第283頁。
② 字形見《侯馬盟書》"委質類"一五六·一九,其亦有不從口如後世同字形者,如"委質類"一五六·二二,文物出版社1976年版,第289、266、268頁。
③ 顧頡剛、顧廷龍《尚書文字合編》,第3册,第2247頁。

理據。對照《緇衣》"人而無恒,不可以爲卜、筮",郭店簡作"簪、𥭗",是先秦舊本作"筮"之證,然《論語·子路》作"巫醫"。鄭注《論語》云"言巫醫不能治無常之人也",而於《緇衣》則曰"不可爲卜筮,見其情,定其吉凶也"。自來解者雖知《緇衣》《子路》所説爲一,且前後皆説卜筮,而仍著眼於巫醫,轉多迂曲。不知《論語》後文孔子曰"不占而已矣",渾與"巫醫"無涉。唯毛奇齡《論語稽求篇》引其兄先仲氏説云:"凡前後所引,皆卜筮之事,故曰'不占而已',不占者,正言不可爲卜筮,則似巫醫爲卜筮之誤。"①《古論》出孔壁,或先秦省寫,或簡牘爛脱,字跡殘泐,安國隸定之,康成乃或不作別解。今參酌郭店《緇衣》與《論語》之異文及康成"九巫"之注,"巫"爲"筮"誤確有可能,故段氏"故書脱竹頭"之説不失爲一種合理解釋。

周 15、八與六

《夏官·校人》:"駕馬三良馬之數,麗馬一圉,八麗一師,八師一趣馬,八趣馬一馭夫。"注:"校有左右,則良馬一種者,四百三十二匹,五種合二千一百六十匹。駕馬三之,則爲千二百九十六匹。五良一駕,凡三千四百五十六匹,然後王馬大備……駕馬自圉至馭夫,凡馬千二十四匹,與三良馬之數不相應。八皆宜爲六,字之誤也。"

前引鄭注所計馬匹皆以六爲乘數,與經文合。良馬一種爲四百三十二匹,駕馬三之當爲千二百九十六匹。今經文"麗馬一圉"以八乘之,八趣馬得千零二十四匹,與前文不一。唯以"六"計之,方始相合,故以"八"爲"六"之字誤。六,甲骨文作 ∧ 前七·三九·一,象有屋脊之棚舍正視形,借爲數目詞"六",亦作 ∧ 粹二三六。戰國文字承之,雖有作 ∧ 形者,亦時見省簡之形。如貨幣文字中"六"多作 ∧ 貨系二五,曾侯乙墓磬匣同;②陶文亦有作 ∧ 高6·206 者。其字若中間稍斷裂,便與陶文中八 恒2·7相似,③有可能被誤認爲"八",此致誤途徑之一。漢簡中,銀雀山簡"六"字作 ∧ 270、∧ 246,"八"字作 ∧ 338、∧ 332,馬王堆帛書字形類似。如若"六"字之"丶"殘泐或漫漶,亦可能

---

① 毛奇齡《論語稽求篇》卷六,《清經解》卷一百八十二,第一册,第752頁上。近人崔適《論語足徵記》亦與毛氏説同,見程樹德《論語集釋》引錄,中華書局1990年版,第934頁。
② 同形者甚多,參見何琳儀《戰國古文字典》,中華書局1998年版,第224頁。
③ 字形見徐谷甫、王延林《古陶字彙》,上海書店1994年版,第38頁。

誤作"八"字,此致誤途徑之二。途徑之二有可能誤於戰國,亦可能誤於漢代,然必須解設其有殘泐。《漢書·藝文志》:"漢興,蕭何草律,亦著其法,曰:'太史試學童,能諷書九千字以上,乃得爲史。又以六體試之,課最者,以爲尚書、御史、史書令史。'"王先謙補注引李廣芸據《説文叙》云"此'六'乃'八'字之誤"。又《漢志》前文"八體六技",錢大昭《漢書辨疑》引李説亦云"六技當是'八篇'之訛"。① 姑不論"六技"是否"八篇"之誤,今《張家山竹簡·史律》明著"有(又)以八體試之,郡移其八體課大史,大史誦課,取最一人以爲其縣令史,殿者勿以爲史",② 則"六體"無疑是"八體"之譌。班固以好寫古字著稱,後人或循此而認其"八"字爲"ハ",鈔寫爲"六"。由此推論,《校人》之"八"、"六"之誤,仍可能發生在漢代。

周 18、暴與恭

《秋官·大司寇》:"五曰國刑上願糾暴。"注:"暴當爲恭,字之誤也。"

孫詒讓云:"經例用古字當作'虣',此職作'暴',鄭破爲'恭',則漢時經本已如是,《訝士》《小行人》《禁暴氏》並同,皆與例不合。"檢叢刊本《周禮》,用"虣"字五例,用"暴"之暴虐義者七例,暴曬義者四例。必欲以經用本字律之,則鄭所見已非原本。虣字見於石鼓文,《説文新附》:"虐也,急也。從虎,從武。見《周禮》。"《周禮》之外,經典所見用者唯《左傳》有用例二。檢尋異文,則《尚書·仲虺之誥》《左傳·成公二年》有之。《易·繫辭》"以待暴客"釋文:"暴,白報反。鄭作虣。"鄭習費氏《易》,屬古文。以《費氏易》《尚書》《周禮》《左傳》觀之,作"虣"確係古文。出土《睡虎地簡》《馬王堆帛書》《銀雀山簡》《居延漢簡》《張家山簡》皆未見"虣"字,其義皆由"暴"字兼,推知至遲在西漢,已很少用"虣"字,③原經籍中"虣"字亦已逐漸改作"暴"。

---

① 所引見王先謙《漢書補注》卷三十,中華書局 1983 年影印本,第 876、877 頁。李廣芸著《炳燭編》四卷,錢、王引之。今《涪喜齋叢書》本無所引之文。
② 《張家山漢墓竹簡[二四七號墓]》,文物出版社 2001 年版,簡 475、476。釋文第 203 頁。又《魏書·江式傳》:"漢興,有尉律學,復教以籀書,又習八體,試之課最,以爲尚書史。吏民上書,省字不正,輒舉劾焉。"江疏似參考《漢志》《説文叙》而行文,其所見班固文是否作"八",尚待深考。
③ 光和二年(179)樊毅修《華岳廟碑》用"誅強虣",乃屬碑用古字例。

《周禮》出於漢武之世，傳於成帝之後。康成於此處不言有"故書""今書"之異文，則其所見杜氏及二鄭之簡文已作"暴"。康成以"暴"爲"恭"之誤，後儒駁之甚力，此自是經義。就字形論，賈疏云："恭又似暴字，故云字之誤也。"今按，暴必殘泐上部"日"，方始能與"恭"相似而誤。戰國楚帛書中"恭"下"心"與睡虎地簡"暴"下"米"絶不相似，漢代馬王堆帛書、銀雀山簡中"暴"字之"共"構件亦繁複不與"恭"相同，且西漢武威簡中"恭"下仍作"心"。及至東漢已降，碑刻中字形方始相近，如：暴《曹全碑》、暴《袁博殘碑》、恭《張遷碑》、恭《白石神君碑》、恭《袁博殘碑》。據此，康成所認爲誤，是以其相應時代之字形爲視點，此說有漢碑可證，却與《周禮》始出流傳時代之字形有距離，因而未必得經義。

記6、興與釁

《文王世子》："始立學者，既興器用幣。"注："興當爲釁，字之誤也。禮樂之器成則釁之，又用幣告先聖先師以器成。"

鄭注所據爲《雜記下》"凡宗廟之器，其名者成則釁之以豭豚"文，彼注云："宗廟名器謂尊彝之屬。"興與釁雖聲紐相同，其韻則一在蒸部，一在文部。分析其字形，兩字戰國文獻未見，馬王堆帛書中釁作釁《養生方》一四九，興作興《稱》一五四、興《十問》〇一二，銀雀山簡興作興一四〇，興適爲釁字上半部。據鄭注，則原作釁，或因簡字殘毀、磨滅而脫去下部，遂鈔成"興"。孫希旦謂"釁器事小，何必告及先聖哉"，[①]恐非諦義。

記8、琢與篆

《禮器》："大圭不琢，大羹不和。"注："琢當爲篆，字之誤也。"

陸德明釋文："琢，字又作瑑。丈轉反。徐又依字，竹角反。"依釋文，似乎有别本作"大圭不瑑"者，然鄭注既云"琢當爲篆"爲"字之誤"，且於《郊特牲》"大圭不琢"下注與此同，恐陸氏所見别本之"瑑"係後人依鄭注而改。俞樾云："按，琢乃瑑字之誤。《周禮·典瑞》'瑑圭璋璧琮'司農注曰：'瑑有

---

① 孫希旦《禮記集解》卷二十，中華書局1989年版，中册，第563頁。

所圻鄂璪起。'《漢書·董仲舒傳》:'良玉不瑑。'注曰:'瑑謂雕刻爲文也。'璪與瑑形近,所以致誤。《列子·黄帝篇》:'雕瑑復樸。'釋文曰:'瑑本作琢。'即其例也。鄭讀爲篆,則非其本字矣。"①俞説分析字形至確,其指責鄭讀爲篆爲非其本字,似可申論。依《説文》,篆爲引書,瑑爲圭璧上起兆璪。許引《周禮》"瑑圭璧",即《典瑞》文,然《周禮·春官·巾車》有"孤乘夏篆"文,《輪人》也作"陳篆必正",則古文之《周禮》有篆、瑑異文。鄭注《巾車》云:"或曰篆讀爲圭瑑之瑑。"是其固知其義爲"瑑"也。以形、音、義分析,正字當作瑑,篆、瑑係聲韻之誤,琢、瑑有可能爲形(字)之誤。鄭注《禮記》在前,《周官》在後,未入馬門之前,從張恭祖學《戴記》,云當爲"篆",是否承其師説,猶待深考。簡帛中尚未有琢、瑑二形,以義衡之,琢磨義與瑑義相近,《漢書·王吉傳》《東方朔傳》之"琱瑑"、《揚雄傳下》《司馬遷傳》之"雕瑑",此即後世之"雕琢";②以形推之,當是瑑字右上殘泐、漫滅,遂誤作"琢"字。鄭云字誤,意恐在此。

記12、旦與神

《郊特牲》:"所以交於旦明之義也。"注:"旦當爲神,篆字之誤也。"

康成指"旦"爲"神"之誤者,有經義及篆字字形之據。經義之據,以下文有"所以交於神明之義也"及"所以交於神明者,不可以同於所安樂之義也"、"所以交於神明者,不可同於所安褻之甚也"諸語,故知此必"神明"之誤。其所據字形,不見於《説文》。王引之引《汗簡》所載《古尚書》神作"𥛠",《古文四聲韻》所載崔希裕《纂古》神作"🈳",《集韻》古文同,乃謂其字"脱去上半而爲旦矣"。③《纂古》字下從"旦",當爲"旦"字形誤。唐李邕篆額《北岳神廟碑》"神"字即作此形,知秦漢間"神"字篆文有作此形者。顧炎武云:"神字作🈳,下從旦。《禮記·郊特牲》……《莊子》'有旦宅而無情死',亦讀爲神。昔之傳書者遺其上半,因誤爲旦耳。"④薛氏《書古文訓·大禹謨》"乃神乃武"之神亦作"🈳",雖旦誤作旦,蓋亦前有所承。旦與神之混

---

① 俞樾《禮記鄭讀考》,《清經解續編》卷一千三百五十五,第五册,第999頁。
② 《王吉傳》《東方朔傳》《揚雄傳下》諸例,陳喬樅《禮記鄭讀考》已有引證。
③ 王引之《經義述聞》卷十五,第355頁上。
④ 顧炎武《金石文字記》卷五,《文淵閣四庫全書》本,第683册,第806頁上。

渻,除顧氏所舉《莊子》外,尚有《詩·大雅·板》"昊天曰旦",陳喬樅云:"汪中《述學》謂……旦乃神字之誤。與此記'交於旦明',神字作旦,其誤正同。"①緣此知秦漢間神之作"榃"而誤爲"旦",亦非僅見。

記13、琢與篆

《郊特牲》:"大圭不琢,美其質也。"注:"琢當爲篆,字之誤也。"

參見上記8條所徵。

記21、建與鍵、鞬

《樂記》:"使爲諸侯,名之曰建櫜,然後天下知武王之不復用兵也。"注:"建讀爲鍵,字之誤也。兵甲之衣曰櫜,鍵櫜言閉藏兵甲也。"

經義主旨在於言武王克殷之後收藏兵甲。此處涉及到,一、經文原字作何?二、鄭注以爲鍵字之誤之是非。

今鄭玄所見本作"建",而鄭以爲是"鍵"之誤字;然《孔子家語·辨樂》作"鞬"。王肅注云:"言所以櫜弓矢而不用者,將率之士力也,故建以爲諸侯,爲之鞬櫜也。"②是王肅所見本爲"鞬"。《家語》材料淵源有自,與《戴記》分行已久,作"鞬"當有所本。

鄭玄以爲是鍵字之誤,是以鍵爲管籥閉藏之名,與櫜相應。但鄭玄之師馬融《廣成頌》云:"臣聞昔命師於鞬櫜,偃伯於靈臺,或人嘉而稱焉。"此即用《樂記》文。李賢注:"鞬以藏箭,櫜以藏弓……《禮記》孔子曰……鄭注云:建讀爲鍵……此馬、鄭異議。"康成固可不從師説,然此處馬融作"鞬",竟與王肅本《家語》相同,此並非偶合。從經義論,王引之剖析極爲透徹,其説云:"鍵所以持門户,與櫜不倫,無由並舉。且凡府庫之藏皆有鍵閉,無以見其爲藏兵革也……今案:建當讀爲鞬,《方言》曰:所以藏弓謂之鞬。《説

---

① 陳喬樅《禮記鄭讀考》卷三,《清經解續編》卷一千一百八十二,第五册,第135頁下。《莊子》之"旦宅",《大雅·板》"昊天曰旦"之"旦"當作"神",方以智《通雅·釋詁五》引京山説已揭明,唯彼謂旦爲晨之省文,似非。上海古籍出版社1988年版,第305頁。
② 《孔子家語》卷八《辨樂》,此據《文淵閣四庫全書》本,《國學基本叢書》本無王注。《史記·樂書》裴駰集解引王肅注同。

文》曰：所以戢弓矢也……僖二十三年《左傳》'左執鞭弭，右屬櫜鞬'，杜注曰：'櫜以受箭，鞬以受弓。'是鞬櫜皆所以戢弓矢也。名之曰鞬櫜者，即《詩》'載櫜弓矢'之義。言藏弓矢，而干戈之戢可知矣。"①王説與李注亦相應。馬、王所見本作"鞬"，而鄭所見本却作"建"，此可致思者一。鄭讀建爲鍵，依其注例推之，完全屬於"聲之誤"，而竟謂爲"字之誤"，此可致思者二。一種合理之推測是：康成所見之竹簡"建"字左半已磨損殘泐，鄭氏知其字已殘，然辨不清其偏旁，依據經義，鍵有管鑰閉藏之義，與櫜義近，遂讀爲鍵。而字確爲殘字，故云"字之誤也"。

記 24、宗與禜

《祭法》："幽宗，祭星也；雩宗，祭水旱也。"注："宗皆當爲禜，字之誤也。幽禜亦謂星壇也，星以昏始見。禜之言營也，雩禜亦謂水旱壇也。雩之言籲嗟也。《春秋傳》曰：日月星辰之神則雪霜風雨之不時，於是乎禜之；山川之神則水旱癘疫之不時，於是乎禜之。"

禜乃古代一種祭祀。據鄭注，幽禜、雩禜，乃分別爲日月星辰與山川之祭。陸德明釋文云："幽宗、雩宗並依注讀爲禜，禜敬反。王如字。"是謂王肅讀如"宗"。王讀如宗，是解"幽禜""雩禜"爲六宗之二。六宗之説，諸家所説各不相同。鄭玄以星、辰、司中、司命、風師、雨師爲六宗，而《藝文類聚》卷三十八、《初學記》卷十三引王肅《尚書注》云："六宗者，所宗者皆絜祀之。埋少牢於泰昭，祭時也；相近於坎壇，祭寒暑也；王宫，祭日也；夜明，祭月也；幽禜，祭星也；雩禜，祭水旱也。"②王注純本《孔叢子·論書》宰我問孔子六宗孔子所答之文。王氏《禮記音》與《尚書注》之不同，體現出與鄭立異之心理，然其據《孔叢子》之文，適又證明鄭氏《禮記注》注破宗爲"禜"之正確。禜誤爲宗，必是簡文"禜"字上半兩"火"字磨滅所致。

記 26、見、見閒與覵

---

① 王引之《經義述聞》卷十五，第 371 頁上。
② 《藝文類聚》卷三十八，汪紹楹據宋本點校本，上海古籍出版社 1982 年版，第 677 頁。《初學記》卷十三，中華書局 1980 年版，第 318 頁。按，《文淵閣四庫全書》本兩"禜"字仍作"宗"。

《祭義》："建設朝事，燔燎羶薌，見以蕭光，以報氣也，此教衆反始也。薦黍稷，羞肝、肺、首、心，見間以俠甒，加以鬱鬯，以報魄也。"注："見及見間皆當爲覵，字之誤也……覵以蕭光，取牲祭脂也。光猶氣也。有虞氏祭首，夏后氏祭心，殷祭肝，周祭肺。覵以俠甒，謂雜之兩甒醴酒也。"

康成謂"見"與"見間"皆當爲"覵"字，須有一條件，即"覵"字作上下結構豎寫，前一"覵"字因"間"字磨滅、殘泐而成"見"，後一"覵"字又須"見"在上、"間"在下而誤鈔（或誤讀）爲"見間"二字。此類情況於先秦、秦漢文獻中時有其例。顧炎武舉《孟子》"必有事焉而勿正心"條引倪文節云"勿正心"當作"勿忘"，又從而引申之曰："《史記·蔡澤傳》'吾持梁刺齒肥'，《索隱》曰：'刺齒肥，當爲齧肥。'《論語》'五十以學易'，朱子以爲'五十'當作'卒'。此皆古書一字誤爲二字之證。"①惠棟《九經古義》卷十二説同。② 然俞樾亦另有解釋，其説云："見以蕭光，即間以蕭光也。見、間聲近，因而致誤耳。下文'見間以俠甒'，當亦作'見以俠甒'。經師相傳以此經兩'見'字皆當讀爲間，故於下'見'字旁注'間'字，以明'見'之爲'間'，而傳寫誤入正文，遂成'見間'矣。鄭又合'見間'爲覵。夫間字自有間雜之義，何必作覵乎。覵字不見於《説文》，鄭讀恐未足據。"③覵字不見於《説文》，亦不見於現今出土簡牘文字，審鄭、俞二説，各有理據，難以遽斷。

記31、衣與齋

《檀弓下》："叔仲皮死，其妻，魯人也，衣衰而繆絰。"注："衣當爲齋，壞字也……士妻爲舅姑之服也，言雖魯鈍，其於禮勝學。"

經文論子柳失禮之事。子柳爲叔仲皮子，叔仲皮死，子柳之妻爲舅父

---

① 顧炎武《日知録》卷七，上海古籍出版社2006年版，上册，第424頁。
② 惠棟《九經古義》卷十二，《清經解》卷三百七十，第二册，第771頁下。按，惠説《史記》《孟子》例是，其又以《緇衣》"孫心"爲一字，而今郭店簡、上博簡皆作兩字，則非。
③ 俞樾《群經平議》卷二十二，《清經解續編》卷一千三百八十三，第五册，第1150頁下。又俞樾在《古書疑義舉例·一字誤爲兩字例》中引襲惠棟之説，與此矛盾。見《古書疑義舉例五種》，中華書局1956年版，第102頁。

服喪服。按喪服制度,婦爲舅姑服喪,當齊衰不杖期義服,衣衰不辭。孔疏云:"衣當爲齋者,《喪服》:婦爲舅姑齊衰,無衣衰之文,故知衣是齋字。但齋字壞滅,而有衣在。"《説文繫傳·衣部》:"齋,緶。從衣、齊聲。臣鍇曰:禮齋縗字,謂鍬衣下也。子思反。"齋衰之禮次於下裳不縫緝之斬衰。《廣雅·釋詁一》:"襬,緁也。"王念孫疏證:"襬,一作齋,通作齊。"今所見經傳多作齊,據鄭注,古必有作"齋"者,其字不見於出土簡牘,據銅器、簡帛所見戰國、秦漢從貝、從皿、從示(即齋)、從酉、從鼎,齊聲之字,多聲符在上,形符在下。如:齍馬王堆漢墓帛書·《老子甲》一四七、齋敦煌馬圈灣簡,等等,如若上部爛脱或殘泐,則蜕然遺一形符,"衣衰"之"衣",當即緣此。

(二)關涉聲韻的"字之誤"

《禮注》、《詩箋》中"字之誤"雖然立足於字形,但亦有與字形無關,而與文字之聲韻相涉者。細分之可區爲二類。

1. 同聲符

指一組形聲字之聲符相同,形符不同亦不相形似,其相混完全可能是聲符相同的同音相借。

周 19、搏與膊

《秋官·掌戮》:"掌戮掌斬殺賊諜而搏之。"注:"搏當爲'膊諸城上'之膊,字之誤也。膊謂去衣磔之。"

鄭注所取證者爲《左傳·成公二年》"殺而膊諸城上"文。段玉裁《漢讀考》云:"案《説文·肉部》曰:'膊,薄膊,膊(當爲暴)諸屋上也。'此膊本義。《方言》:'膊,暴也。東齊及秦之西鄙言相暴(去聲)僇爲膊,燕之外郊、朝鮮洌水之間凡暴肉、發人之私、披牛羊之五藏謂之膊。'下文'辜之'注云'謂磔之',此云謂'去衣磔之',去衣者,暴露也,於膊義爲近。"①《釋名·釋飲食》:"膊,迫也。薄椓肉迫著物使燥也。"此即常語所謂暴屍。馬王堆帛書《病

---

① 段玉裁《周禮漢讀考》卷五,《清經解》卷六百三十八,第四册,第214頁中。

方》〇五三:"磔薄(脯)若市。"《合陰陽》一三二:"成死爲薄。"《天下至道談》〇六〇:"成死有薄。"《稱》一六一:"是胃(謂)身薄。"帛書之"薄",與《說文》《釋名》義同。徵諸文獻,《晏子·外篇上十一》"袒肉暴骸",《漢書·翟方進傳》:"義母練、兄宣、親屬二十四人皆磔暴於長安都市四通之衢。"此"暴"字猶東齊、秦西鄙之"暴",皆去衣斬殺,陳屍曝曬之義,爲古代懲屍刑罰之一種。以與人有關,故從"肉"不從"手"。秦漢間"手"旁與"肉"旁形不相近,搏、膊一般情況下不可能混同,因其同從"尃"聲,有可能爲同聲假用。

記 4、軫與袗

《月令》:"天子居玄堂左个,乘玄路。"注:"今《月令》曰:'乘軫路。'似當爲袗,字之誤也。"

《月令》有今、古本之不同,古本入《禮記》,今本流傳者即爲蔡邕所注。此古本作"玄",與今本異。然鄭所見今本《月令》爲"軫",軫爲車後橫木,有車必有此橫木,無須繁言。而"袗"《說文》訓"玄服",① 與《古月令》異字而同義,故指爲"袗"字之誤。然袗、軫兩字所從之"衤"與"車"旁絕不相似,如袗,詛楚文作𧙥,與《說文》相近;軫,睡虎地簡作𨊥《日乙》九五,敦煌漢簡字形相同。至漢代,兩字均無大變,雖說仍有形譌之可能,但因皆從"㐱"聲,古音相同,且"㐱"聲之字互相通用極多,故袗、軫兩字很可能是同音通用,非形似而譌。

記 18、兌與說

《學記》:"《兌命》曰:念終始典於學,其此之謂乎。"注:"兌當爲說,字之誤也。高宗夢傅說,求而得之,作《說命》三篇,在《尚書》,今亡。"又《文王世子》引《兌命》文,鄭注:"兌當爲說,《說命》,書篇名。殷高宗之臣傅說之所作。"

---

① 袗字鄭玄《儀禮注》訓"同",與許氏異。惠棟《九經古義》卷九有推證,頗切古義,引錄於下:"袗玄即漢之袀袨。司馬彪《輿服志》云:郊祀之服皆以袀玄。《淮南子》云'尸祝袀袨'高誘曰:'袀,純服;袨,墨齋衣也。'篆書袗與袀相似,古文作均,故《左氏僖五年傳》云'均服振振',祭服上下皆玄,故謂之袀玄。戎事上下同服,故謂之均服。"

鄭以字當作"説",故鄭注《周禮·地官·師氏》"以三德教國子"引《説命》文作"説"。《墨子·所染》《尚賢中》、《説苑·雜言》述傅説事作"説",《古文尚書·説命》三篇皆作"説",是作"説"有所本。然《禮記》凡引《説命》皆作"兑"。《書·説命》釋文:"説,本又作兑。"薛氏《書古文訓》即作"兑",則作"兑"亦前有所承。惠棟云:"案《周易》以兑爲説,《吕覽·四月紀》曰:凡説者,兑之也。是兑與説通。"①陳喬樅則認爲省借,其説云:"《易·象下傳》、《説卦傳》並云兑,説也;《序卦傳》兑者,説也:是兑、説義通,故説字古即渻借作兑。"②睡虎地秦簡《日書》甲簡"兑不羊",整理者以爲即"説",並引《國語·魯語下》韋注"説猶除也"解之。③《淮南子·泰族訓》"雩兑而請雨"注:"兑,説也。"④此亦省作"兑"。是秦漢間多已省借。康成守本字,可認爲字誤,若從文字同音或同聲符通用論之,則亦當時文字應用之通則。

2. 聲之誤

指一組形聲字之聲符亦不相同,兩字相混,僅是緣其音同,與形體無關。

周5、膏與蘽

《地官·大司徒》:"宜膏物其民。"注:"鄭司農云:'膏物謂楊柳之屬,理致且白如膏。'玄謂膏當爲蘽,字之誤也。蓮芡之實有蘽韜。"

賈疏:"謂膏當爲蘽者,經云膏是脂膏之膏,於植物義無所取,直是字誤,故破從蘽也。"蘽字不見與出土文獻。膏,居延簡、《五十二病方》《戰國縱横家書》等字形與隸楷近,唯武威簡字形稍特殊,作:𦤀武威《醫簡》八八甲,然亦與今見"蘽"字形不相近。段玉裁云:"案此鄭君謂爲聲之誤也。膏,高聲,在古音二部。蘽,咎聲,在古音三部。二字雙聲。"膏與蘽聲皆見紐,韻則有宵、幽之别。然陸氏《釋文》注"蘽,古毛反,劉古到反。"毛、到即在宵

---

① 惠棟《九經古義》卷三,《清經解》卷三百六十一,第二册,第751頁上。
② 陳喬樅《禮記鄭讀考》卷二,《清經解續編》卷一千一百八十一,第五册,第132頁中。
③ 《睡虎地秦墓竹簡》,文物出版社1990年版,第181、182頁。
④ 此兩"説"疑即《周禮·春官·大祝》"掌六祈以同鬼神示,一曰類,二曰造……六曰説"之"説",爲祭名。祭祀以祈得被除不祥,求得吉祥。

部,知劉昌宗、陸德明均未從鄭説爲字之誤。《後漢書·馬融傳》"昔命師於鞬橐"李賢注:"橐音高。"凡此,皆證膏、橐形不近而音近,鄭注應如段説爲"聲之誤"。

周 13、弭與敉

《春官·男巫》:"春招弭以除疾病。"注:"杜子春讀弭如彌兵之彌。玄謂弭讀爲敉,字之誤也。敉,安也。安凶禍也。招、敉皆有祈衍之禮。"

弭與敉形不相近。陸德明釋文云:"弭與彌同,及敉皆亡氏反。"弭,古音明紐支部,敉、彌古音明紐脂部。以鄭注《三禮》例,當曰"聲之誤",何以言"字之誤"? 俞樾云:"經文弭字當作彌,注文彌字當作弭。蓋經文作彌而杜子春讀爲弭兵之弭。《左傳》'弭兵'字作弭不作彌也。因經文誤作弭,遂改注文作彌兵,而義不可通矣。後鄭不從杜讀,而改(原作"敉",據孫詒讓《正義》改)讀爲敉。《小祝》職云'彌烖兵',注曰'彌讀曰敉,敉,安也',正與此同。彼經作彌,知此經亦作彌也。《儀禮·士喪禮》注曰'巫掌招彌以除疾病',即用此經之文,可據以訂正。"①孫詒讓是俞説,謂"以《大祝》《小祝》經注校之,疑經用古字作'彌',注當用今字作'弭',今本此經正文及注互譌"。但孫氏因"《士喪禮》注宋本實作'弭',與《釋文》、賈疏不同",故懷疑"未知彼注元文果作彌否也"。按,明徐氏仿宋本作"弭",宋刊單疏本正缺《士喪禮》,然《四庫》本作"彌",宋本《釋文》出"招彌"云"亡婢反。又作弭",通志堂本同。《白孔六帖》卷三十二、魏氏《儀禮要義》卷三十七均作"招彌",可知唐宋流行及陸氏所見本作"彌",②從而證俞説之確。今彌(弭)災之義,《周禮》唯《小祝》《男巫》。③《小祝》作"彌",《説文》無,學者以《長部》訓久長之"𢎞"當之,義亦無涉,故鄭注《小祝》曰:"彌讀曰敉,敉,安也。"以音同而讀其本字解之。《男巫》作"弭"。《説文》"弭"訓"弓無緣,可以解轡

---

① 俞樾《群經平議·周官二》,《清經解續編》卷一千三百七十四,第五册,第1100頁下。
② 沈彤《儀禮小疏》卷三反以爲當從《周禮·小祝》作"弭",失之於未考。參見四庫本,《清經解》本刊脱此條。
③ 賈疏以《大祝》之"彌祀社稷"之"彌"與此對舉,孫詒讓等多以"彌災"之義有三見。其實《大祝》之"彌"應是"敉"之假字,義訓遍、廣,與此無涉。

紛者";"敉"訓"撫也……《周書》曰:亦未克敉公功。讀若弭。"《説文》讀若多兼義,且"解譬紛"與"撫"義近,故作"弭"音義均不誤。必如俞説經文作"彌",故鄭注曰"彌讀爲敉,字之誤也"。前者解以本義,後者指以形誤,旨意相通。

禮 1、嚌與祭

《士冠禮》:"三醮,攝酒如再醮,加俎,嚌之,皆如初。嚌肺。"注:"攝酒如再醮,則再醮亦攝之矣。加俎嚌之,嚌當爲祭,字之誤也。祭俎如初,如祭脯醢。"

據鄭意,乃讀前一"嚌"字爲"祭"。嚌爲微嘗之義。武威簡《有司》字形作 ▢嚌 十一、嚌 十一、嚌 十六,與"祭"字形不類。嚌古音從紐脂部,祭則精紐月部,聲韻相近,此聲之誤爲其可能之一。《儀禮》十七篇中,每每"祭嚌"連文,恐鈔胥因書"祭"而聯想誤書作"嚌",則手誤爲其可能性之二。然就經義論之,破嚌爲祭,後儒尚有異説,如陸德明、朱熹等。今姑推測其可能致誤之由,實未敢必也。

記 2、衡與橫

《檀弓上》:"鹿裘衡長袪。"注:"衡當爲橫,字之誤也。"

衡、橫形不相近,而謂字誤,頗難索解。讀《檀弓》上文"棺束縮二衡三"鄭注:"衡亦當爲橫。"則不言字誤,又《雜記上》"甕甒筲衡"注云:"衡當爲桁,所以庪甕甒之屬,聲之誤也。"此雖云庋明器,其本義則爲屋桁,即梁、門、窗框上之橫木。與衡、橫同義同音,故云"聲之誤"。此亦字誤之中含有聲韻相同而誤者之例。《考工記·玉人》"衡四寸"鄭注:"衡,古文橫,假借字也。衡謂勺徑也。"衡爲古文,則橫爲今文,此鄭玄當時以其知域所及而下之定義。然僅限於經文,抑或普遍如此?似應深考。

橫字不見甲金文,《睡虎地秦簡》無"橫"字,其"橫"義亦以"衡"代,上博簡"橫於天下"作"皇於天下",似戰國時猶少見。居延、敦煌簡皆有"橫"字。《荀子·臣道》:"不官而衡至者,君子慎之。"楊倞注:"衡讀爲橫,橫至,橫逆而至也。"《詩·齊風·南山》"衡從其畝",《齊詩》作"橫從",《韓詩》作"橫由",《釋文》並引《韓詩》説云"東西耕曰橫"。毛古文,齊、韓皆今文,以今文傳授,不免以當時通行文記録之。《禮記·祭義》"橫乎四海",《大戴禮記·曾子大孝》作"衡",盧注:"衡猶橫也。"《大戴禮記·衛將軍文子》"無道橫命",《孔子家語·弟子行》作"衡",王肅注:"衡,橫也,謂不受其命之隱居者也。"王肅刊布《家語》,猶多先秦舊文。兩戴傳今文禮,整合之際,或有改易,於此可見兩戴《禮記》文字之參差不一。《左傳》多作"衡"(橫僅個別),而杜預皆以"橫"注之,或亦以其爲古文故。《戰國策·趙策二》《魏策一》"橫人"、《韓策三》"一從一橫"、《楚策一》"橫成則帝秦"、《齊策六》"橫秦之勢",《史記》相應之文均作"衡"。此原不可評判,及馬王堆帛書出,《戰國縱橫家書·蘇秦獻書趙王章》云:"且五國之主嘗合衡謀伐趙。"①《趙策一》作"五國之主嘗合橫而謀伐趙"。據此,則太史公所據《戰國策》或爲先秦古本,與簡帛合,而今本《戰國策》爲後人改易。《戰國縱橫家書》一二〇雖亦有"從橫"一詞,統觀前列所證,恐西漢鈔胥所改。

以鄭注"字誤"、"古文"爲基點,比勘傳世與出土文獻衡、橫用例,約略可參悟出兩字運用之時代先後。

記 27、唯與雖

《表記》:"子曰:唯天子受命於天,士受命於君。"注:"言皆有所受,不敢專也。唯當爲雖,字之誤也。"又《雜記下》"雖三年之喪可也"鄭注:"雖或爲唯。"又《少儀》"雖有君賜肅拜"鄭注:"雖或爲唯。"

鄭注《禮記》術語,"或爲"多爲其所據之別本,"當爲"則據經義或字之形音義改字。《雜記》《少儀》下云"或爲",則別本有作"唯"者。《表記》用"當爲",無別本,遂據經義直改其字。《説文》雖從唯聲,是其音亦相近,故唯、雖相混,文獻中極多,王引之《經傳釋詞》、陳喬樅《禮記漢讀考》皆曾羅列之。馬王堆帛書出,與《周易》《戰國策》校核,凡《周易》《戰國策》作"雖"者,帛書多作"唯"。此見西漢時所傳鈔經籍多有作"唯"者。《戴記》傳自宣、元之際,作"唯"之本適可與帛書相印證。鄭指爲誤字,殆直從經義立論。

---

① 《馬王堆漢墓帛書(三)》,文物出版社1983年版,第68頁。

詩3、廣與光；固與故

《詩·大雅·昊天有成命》"於緝熙，單厥心，肆其靖之"毛傳："緝，明。熙，廣。單，厚。肆，固。靖，和也。"箋云："廣當爲光，固當爲故，字之誤也。於美乎此成王之德也。既光明矣，又能厚其心矣，爲之不解倦，故於其功終能安和之。"

《國語·周語下》叔向釋此詩云："緝，明也。熙，廣也。亶，厚也。肆，固也。靖，龢也。"是知毛傳全本叔向所釋。《爾雅·釋詁》："緝熙、烈、顯、昭、皓、熲，光也。"《爾雅》依類而釋，六詞皆光明義。光、廣文獻中多混而不別，如《尚書·堯典》"光被四表"，《樊毅碑》《成陽令唐扶頌》《成陽靈臺碑》《禮緯含文嘉》《五經通義》及《潛夫論·邊議》、兩《漢書》、《三國志》注引《先帝傳》、《華陽國志》、《山海經圖贊》等明引、化用均作"廣"，①其他文例更多。鄭玄釋《詩》、虞翻釋《國語》，皆以爲"廣當爲光"，②云"當爲"，是破其字釋以本義。廣、光皆見紐陽部，聲韻均同。

叔向釋"肆"爲"固"，並云"其終也，廣厚其心，以固龢之"，又云"終於固龢"。鄭破"固"爲"故"，云"故於其功終能和安之"，作連詞解。馬瑞辰謂"肆可訓爲語詞之故，即可訓爲堅固之固，非誤字也"。③黃焯推原鄭玄破字是因《詩》"肆其"連文，故而釋爲"是故"之"故"，但因其增"功"字而爲釋，"殊不若據《國語》之訓爲安也"。④故、固古音皆見紐魚部，聲韻亦同。

姑不論鄭箋破字於詩義安允與否，就廣、光，故、固之聲韻而論，誠如孔疏所說屬"是聲相涉而字因誤"之例。

（三）關涉字義的"字之誤"

五十多條"字之誤"中，又有數條與文字形體、聲韻無關，而純涉字義

---

① 參見皮錫瑞《漢碑引經考》卷二所引錄，光緒甲辰（三十年）刊本，第四葉。
② 《國語·周語下》韋昭注云："鄭後司農云：廣當爲光。虞亦如之。"是虞翻注《國語》亦同鄭玄。上海古籍出版社1978年版，第117頁。
③ 馬瑞辰《毛詩傳箋通釋》卷二十八，中華書局1989年版，第1052頁。
④ 黃焯《毛詩鄭箋平議》卷十，上海古籍出版社1985年版，第391頁。

者,分爲二類箋釋如下。

1. 義近

一字一義有本字假字,有古字今字。在一組相混的字之間,一字因本、假或古今關係而具有與另一字相同或相近的意義,於是發生混用,造成"字之誤"。

周1、氣與穀

《天官·瘍醫》:"凡療瘍,以五毒攻之,以五氣養之,以五藥療之,以五味節之。"注:"既刮殺而攻盡其宿肉,乃養之也。五氣當爲五穀,字之誤也。"

《疾醫》云:"以五味、五穀、五藥養其病。"此鄭説所本。氣、穀字不相類,無法以形譌解之。惠棟云:"《説文》饋客芻米曰氣,氣本餼字。經傳無五氣之文,《内經》云:五穀爲養,五果爲助,五菜爲充。故鄭據此五氣當爲五穀。"①氣、餼互爲異文,於本經有徵,《考工記·玉人》"以致稍餼"鄭注:"餼或作氣,杜子春云:當爲餼。"《説文·米部》:"氣,饋客芻米也……《春秋傳》曰:'齊人來氣諸侯。'……餼,氣或從食。"《左傳·桓公十年》作"齊人來餼諸侯"。段注謂左丘明述《春秋》以古文,依段説,設若原本作"穀",有故書本以近義之"餼"替換,形成穀、餼異本,又因氣、餼異體,遂成作"氣"之本;或因簡牘原因,餼字損毁、磨滅而成"氣"。然"餼"字尚未見出土簡帛,而"氣"本爲"饋客芻米"之義,遂與"穀"互爲異文。

2. 分別經義

一組字之間,形、音、義均不相關,鄭玄通過對前後經文、本句經義之研究,判定某字爲非,應作某字。這一類被判爲"誤字"之字中,其致誤之由有的尚可揣摩而得,有的已無從揭示。

周2、良與苦

---

① 惠棟《九經古義》卷七,《清經解》卷三百六十五,第二册,第760頁中。

《天官·典絲》："及獻功，則受良功而藏之。"注："良當爲苦，字之誤。受其麤麤之功，以給有司之公用。其良功者，典婦功受之，以共王及后之用。鄭司農云：良功，絲功縑帛。"

"良"與"苦"聲韻、字形均不相及，指爲字之誤者，鄭蓋以絲功有良苦，其良者由典婦功收藏之，粗麤者由典絲收藏之，故經文良當作苦。然《典婦功》云"凡受典婦功，及秋獻功，辨其苦良，比其小大而賈之"，則明彼亦有良苦。《典絲》後文云"凡祭祀，共黼畫組就之物；喪祭，共其絲纊組文之物；凡飾邦器者，受文織絲組焉"，是可知非苦者也。鄭鍔云："典絲之職以絲爲主，則獻功之時受絲功之縑帛，故曰受良功。蓋物之美者曰良，絲視麻爲至美……對苦而言，則良爲精，苦爲粗，故有良苦之義；對縷而言，則絲功謂之良功，麻功謂之苦功。良功絲之縑帛，典絲受之；苦功麻之布縷，典枲受之，與典婦功之所受者不相干。"①得經義。據此而知鄭玄此條"字之誤"乃從其所理解之經文經義而定。

周14、侯與公

《夏官·弁師》："諸侯之繅斿九就，瑉玉三采，其餘如王之事繅斿皆就玉瑱玉笄。"注："侯當爲公，字之誤也……公之冕用玉百六十二。"

侯與公形、音、義均不相涉，鄭氏以爲誤者，以經文上言"掌王之五冕"，下云"諸侯及孤卿大夫之冕"，從王、公、侯遞降考慮，故謂此句"諸侯"爲"諸公"之誤。賈疏不破鄭注，釋云："以下別見諸侯，又此經云九就，當上公以九爲節，故知是公也。"然《禮器》云："天子之冕朱綠藻十有二旒，諸侯九。"故金鶚云《夏弁》"諸侯之繅斿九就"，"九就即九旒，此與《禮器》適合。而鄭注謂'侯當爲公，字之誤也'，失之矣"。② 而金榜觀照前後，謂"考經凡言諸公，皆與侯伯子男對文，此經上下兩見諸侯，知非誤文也"。③ 此例純屬經義，無關字形。

---

① 參見宋王與之《周禮訂義》卷十三引，《文淵閣四庫全書》本，第93冊，第215頁上。
② 金鶚《求古錄禮說·冕服考》，《清經解續編》卷六百七十，第三冊，第297頁上。
③ 金榜《禮箋》卷一《冕旒》，《清經解》卷五百五十四，第三冊，第825頁下。

383

禮 4、中與下

《喪服》:"庶孫之中殤。"注:"庶孫者,成人大功,其殤中從上。此當爲下殤,言中殤者,字之誤爾。又諸言中者,皆連上下也。"

胡培翬云:"《殤小功章》傳曰:中殤何以不見也?大功之殤中從上,謂成人本服大功者,其殤服當中從上。是以爲庶孫之長殤,已見《殤小功章》,明中殤從上亦在彼章,此不得復言中殤也,故云此當爲下殤,言中殤者字之誤爾。"①此純涉經義,無關字形。

記 5、牲與制

《曾子問》:"凡告用牲幣,反亦如之。"注:"牲當爲制,字之誤也。制幣一丈八尺。"

牲、制二字,戰國及秦漢字形絕不相近,其聲韻亦不相涉。告用牲幣或不用牲,乃與禮制相關。熊安生本鄭說,以天子、諸侯禮異,此爲諸侯禮,不應用牲,故牲當爲制。其天子所以用牲,以《校人》"王所過山川則飾黄駒",是用牲之證;諸侯所以不用牲,以本篇下文"以幣帛皮圭告於祖禰",是無牲之證。然後儒亦不以爲然。陳祥道云:告有特用幣,有兼牲幣,非一端也。謂鄭氏於《周禮·大祝》注引此文而不改字,注《禮記》則改字,"是自惑也"。《大祝》文云"大會同造於廟,宜於社,過大山川則用事焉,反行舍奠",會同乃天子與諸侯之事,恐亦用牲。唯鄭注前後不一,當與注《禮》先後有關。康成先注《禮記》,後注《周官》,似亦以不改字爲是。

記 11、禘與禴

《郊特牲》:"饗禘有樂,而食嘗無樂。陰陽之義也。"注:"此禘當爲禴,字之誤也。"又:"故春禘而秋嘗。"注:"禘當爲禴,字之誤也。《王制》曰:春禴夏禘。"

---

① 胡培翬《儀禮正義》卷二十四,江蘇古籍出版社 1993 年版,中册,第 1557 頁。程瑶田《儀禮喪服足徵記·殤服經傳中從上下異名同實述》謂此出乃經始發中從下之例,故特著中殤以明之,並謂"鄭氏誤會傳意"。《清經解》卷五百三十,第三册,第 672 頁下。

四時祭名，夏殷與周不同。《禮記·王制》"春曰礿，夏曰禘，秋曰嘗，冬曰烝"，此記夏殷之祭名；《爾雅·祭名》"春祭曰祠，夏祭曰礿，秋祭曰嘗，冬祭曰烝"，此記周時之祭名。康成於《王制》下注云："此蓋夏殷之祭名。周則改之，春曰祠，夏曰礿；以禘爲殷祭（引者按，此五年一大祭之殷）。《詩·小雅》曰：'礿祠烝嘗，於公先王。'此周四時祭宗廟之名。"《郊特牲》記夏殷之祭禮，此文言春秋陰陽之義，故知當爲"春礿"。礿同"禴"，故鄭注引《王制》作"春禴夏禘"。禴、禘二字雖偏旁相同，而聲符帝、龠之形仍有差異，當是記者嘗於祭名更改而誤書，非字形相涉而誤。

記14、端與冕

《玉藻》："玄端而朝日於東門之外，聽朔於南門之外。"注："端當爲冕，字之誤也。"

孔疏以爲，古之衣服，以皮弁爲尊，朝服次之，玄端又次之。聽朔事大，視朝事小。下文有"皮弁以日視朝"，則是大事衣最下之玄端，小事衣最尊之皮弁，事與義錯舛，故知玄端當爲玄冕。金鶚云："王者父事天而兄事日，郊之祭，大報天而主日，則朝日之服當與祭天同。故別龍卷而言玄冕，此玄冕蓋即大裘之冕也。"① 服大裘之冕，與聽朔事相應。而玄端爲自天子至大夫、士通用之齋服，亦天子燕居時所服。下文"卒食，玄端而居"鄭注"天子服玄端燕居也"可證。此鄭注所以改端爲冕。至清郭嵩燾、劉履恂等皆不以鄭説爲是。郭嵩燾云："'皮弁以視朝'，朝日、聽朔用玄冕可知"，然引《樂記》"魏文侯端冕而聽古樂"而謂"玄端加冕亦可以端言之，不必讀端爲冕。"② 劉履恂云："郊之祭日禮大，故服大裘而冕，春分祭日禮小，故服元端。以天神尚質，大裘之下，至質惟元端。所以不用元冕者，恐鄰於群小；所以不用袞冕者，恐類於覲也。"③ 端、冕形體不類，無由致誤，此康成對經義理解不同而易字，蓋段玉裁所謂"定爲字之誤、聲之誤而改其字也"，非傳本異文。

---

① 金鶚《求古錄禮説·諸侯祭服考》，《清經解續編》卷六百七十二，第三冊，第312頁上。
② 郭嵩燾《禮記質疑》卷十三，嶽麓書社1992年版，第354頁。
③ 劉履恂《秋槎雜記》，《清經解》卷一千三百二十二，第七冊，第526頁。

記 15、端與冕

《玉藻》:"諸侯玄端以祭,裨冕以朝,皮弁以聽朔於太廟,朝服以日視朝於内朝。"注:"祭先君也。端亦當爲冕,字之誤也。"

説見上記 14 所徵。

記 16、襑與鞠

《玉藻》:"再命襑衣,一命襢衣,士褖衣。"注:"襑當爲鞠,字之誤也。"

鄭玄補充其指襑爲鞠字誤之經義理由是:"禮,天子諸侯命其臣,后夫人亦命其妻以衣服,所謂夫尊於朝,妻榮於室也。子男之卿再命,而妻鞠衣。則鞠衣、襢衣、褖衣者,諸侯之臣皆分爲三等,其妻以次受此服也。"《周禮·内司服》:"内司服掌王后之六服,襑衣、揄狄、闕狄、鞠衣、展衣、緣衣。"襑衣最尊,乃王后之服,不當爲子男之妻所服,故當爲鞠衣。襑、鞠形體不近,無由致誤,恐亦禮家傳授之誤或弟子傳鈔之譌。

記 23、胥與祝

《喪大記》:"君之喪,大胥是斂,衆胥佐之。大夫之喪,大胥侍之,衆胥是斂。士之喪,胥爲侍,士是斂。"注:"胥,樂官也,不掌喪事。胥當爲祝,字之誤也。侍猶臨也。大祝之職,大喪贊斂,喪祝,鄉大夫之喪掌斂。《士喪禮》商祝主斂。"

《儀禮·士喪禮》有夏祝、商祝、周祝,分別是研習夏禮、商禮、周禮之祝官。《周禮·春官》有大祝、小祝、喪祝,下屬各有若干人,乃專門從事喪殮之事。胥、祝二字形不相近。祝字形爲左右結構,戰國秦漢文字均同,胥字居延、武威、銀雀山簡、馬王堆帛書、漢碑等皆爲上下結構,似無法解釋字誤之由。唯璽印有作左右結構者如 ⿰兴 《璽彙》2177、⿰胀 《璽彙》3587,其形體與"祝"雖仍有差異,設若字有漫滅、殘損,傳鈔者有可能以意誤爲"胥",但這僅是一種推測。俞樾認爲:此例屬於聲之誤,係"祝聲轉而爲詛,義亦相通。《後漢書‧賈逵傳》注：'祝，詶也。'詶與胥則聲近而易混矣"。① 此雖可備一説，仍未能詮解康成所以指爲"字誤"之本意。

記 25、顯與皇

《祭法》："適士二廟一壇，曰考廟，曰王考廟，享嘗乃止。顯考無廟，有禱焉。爲壇祭之，去壇爲鬼。"注："適士鬼其顯考而已。大夫祖考，謂別子也。凡鬼者，薦而不祭……適士，上士也……此適士云'顯考無廟'，非也，當爲皇考，字之誤。"

此無關聲韻、字形，純據天子、諸侯以至士之廟制而斷誤字。上文云："大夫立三廟二壇，曰考廟，曰王考廟，曰皇考廟，享嘗乃止。顯考、祖考無廟，有禱焉，爲壇祭之，去壇爲鬼。"下文云："官師一廟，曰考廟。王考無廟，而祭之，去王考爲鬼。"士介於大夫、官師之間，故唯立考（父）及王考（祖）廟。其皇考（曾祖）即無廟。顯考指高祖，無需論及，故知"顯"爲"皇"字之誤。其致誤之由，是否因先秦皇考又統稱父、祖，乃兼及顯考，已無法質指。

（四）其 他

在鄭注"字之誤"中，尚有個別與形音義均無關係者，類列如下。

1. 非誤

一組字無形音義關係，且換一字與文義、文法亦可通。

周 21、引與譬

《考工記‧弓人》："恒角而達，辟如終絲，非弓之利也……恒角而達，引如終絲，非弓之利也。"注："重明達角之不利，變辟言引，字之誤。"

鄭氏謂"引"爲"辟（譬）"字之誤，陸氏《釋文》遂謂"引依注音譬"。後世

---

① 俞樾《禮記鄭讀考》，《清經解續編》卷一千三百五十六，第五册，第 1003 頁上。

注家多襲之，甚不可取。林希逸《考工記解》卷下引艾軒云："如'賢哉回也'，上下兩言之。兼此一段，言角短者衹四句，角長者却如此紬繹，正作文之妙也。注家看不出，乃以'引如終絿'引字爲誤，合作譬字，未盡古文法也。"①孫詒讓云："鄭意重述上文，不宜易辟爲引，故疑爲字誤。然變文見義，於例可通，殆非誤也，鄭説未然。"

2. 術語有誤

鄭注術語絶大多數作"字之誤"，偶有個別作"字聲之誤"，係指字形之誤抑字音之誤，莫明所指。恐係後世鈔胥手誤。

周 6、思與司

《春官·司市》："莫賈上旌於思次以令市。"注："玄謂思當爲司，字聲之誤也。"

賈疏云："後鄭以爲思則司字聲之誤也者，下云介次不爲辭，明思不得爲辭，直是思司聲同，故誤爲思也。此思、司聲同，不得爲字誤。今有本云'字聲之誤'，兼有'字'者，讀當云'思當爲司字'，字絶讀之，乃合義也。"段玉裁因推知賈疏本無"字"字，並據鄭注"當爲"下從無贅"字"之例，謂"字"乃"淺人增之"。"字聲之誤"爲鄭注《三禮》之特例，思、司形不相涉，古音皆心紐之部，故誤在音同。"字"字恐漢唐間傳鈔之誤。

以上分四大類、十小類，分別將鄭玄《禮注》《詩箋》中所有"字之誤"之異文字組疏釋辨別，爲清眉目，特彙列成表，以利清晰認識鄭玄"字之誤"之内涵。

---

① 林希逸《考工記解》卷下，《文淵閣四庫全書》本，第 95 冊，第 93 頁上。

三禮鄭注"字之誤"分類表

例字	篇名	字形				聲韻		字義		其他		鄭注相配術語
		形近	聲符形近	形聲俱近	壞字形近	同聲符	聲之誤	義近	分別經義	非誤	術語有誤	
氣、穀	瘍醫							周1				當爲
良、苦	典絲								周2			當爲
祿、緣、綠	內司服	周3				周3						實作
綏、緌	夏采	周4										當作
膏、稾	大司徒					周5						當爲
思、司	司市					周6					周6	當爲
匪、筐	肆師	周7										…歟
祼、狸	鬯人		周8									當爲
昨、酢	司尊彝			周9								讀爲
希與絺、黹	司服				周10	周10						讀爲、或作
九、大；磬、韶	大司樂	周11				周11						讀當爲
巫、筮	簭人					周12	周12					讀當爲
弭、敉	男巫						周13					讀爲
侯、公	弁師								周14			當爲
八、六	校人	周15				周15						宜爲
盧、雷、維、雍	職方氏	周16									云	當爲
十一、七	職方氏	周17									…	
暴、恭	大司寇					周18					者	當爲
搏、膊	掌戮						周19					當爲
觚與觶、觗、觛、觝	梓人	周20					周20					當爲
引、瞥	弓人									周21		變…言

例字\篇名\形音義類別	篇名	字形				聲韻		字義		其他		鄭注相配術語
		形近	聲符形近	形聲俱近	壞字形近	同聲符	聲之誤	義近	分別經義	非誤	術語有誤	
嚌、祭	士冠禮						禮1					當爲
釋、舭	燕禮		禮2									當言
三、四	覲禮	禮3			禮3							當爲
中、下	喪服								禮4			當爲
臺、壼	檀弓上	記1										當爲
衡、橫	檀弓上						記2					當爲
原、京	檀弓下	記3										當爲
軫、袗	月令					記4						似當爲
牲、制	曾子問								記5			當爲
輿、釁	文王世子			記6								當爲
養、義	禮運	記7										當作
琢、篆	禮器					記8	記8					當爲
奧、爨	禮器	記9										當爲
五、七	郊特牲	記10										與此乖
禘、祫	郊特牲								記11			當爲
旦、神	郊特牲				記12							當爲
琢、篆	郊特牲					記13	記13					當爲
端、冕	玉藻								記14			當爲
端、冕	玉藻								記15			當爲
襌、鞠	玉藻								記16			當爲
美、儀	少儀	記17										當爲
兌、說	學記						記18					當爲
磬、罄	樂記				記19							當爲

例字	篇名	字形			聲韻		字義		其他		鄭注相配術語
		形近	聲符形近	形聲俱近	壞字形近	同聲符	聲之誤	義近	分別經義	非誤	術語有誤
反、及	樂記	記20										當爲
建奥鍵、犍	樂記					記21	記21					讀爲
綏、緌奥蕤	雜記上		記22				記22					當爲
脣、祝	喪大記								記23			當爲
宗、榮	祭法				記24							當爲
顯、皇	祭法								記25			當爲
見、見間、覸	祭義				記26							當爲
唯、雖	表記						記27					當爲
吉奥告、誥	緇衣	記28										當爲
天、先	緇衣	記29										當爲
正、匹	緇衣	記30										當爲
衣、齊	檀弓下				記31							當爲
哀、衷	關雎序	詩1										當爲
緑、褖	緑衣序		詩2									當爲
廣、光；固、故	昊天有成命							詩3				當爲

　　表中所列有四組字誤異文兼入兩類，表明該組異文致誤之途徑非一；有五組異文爲三字錯牾，因而形成兩種途徑；一組異文結合《禮注》《詩箋》，因而也形成三字錯牾的兩種途徑；但疏證均隸於主要途徑一類。周6思、司兩字純屬聲之誤，因其傳本術語爲"字聲之誤"，應係後人鈔錯，故兼入"術語有誤"類。

三、由字誤實例探討"字之誤"内涵

自鄭玄創爲"字之誤"經注術語,其後魏晉六朝隋唐經史、總集注家如郭璞、盧辯、劉炫、孔穎達、賈公彦、司馬貞、李善等相繼沿用;宋元以還,經史子集注釋幾無人不用。但真正對此術語作描述界定者,當推清代段玉裁。段氏在《周禮漢讀考序》中云:

> 漢人作注,於字發疑正讀,其例有三:一曰讀如、讀若,二曰讀爲、讀曰,三曰當爲……當爲者,定爲字之誤、聲之誤而改其字也,爲救正之詞,形近而譌謂之字之誤,聲近而譌謂之聲之誤,字誤、聲誤而正之,皆謂之當爲。凡言讀爲者,不以爲誤;凡言當爲者,直斥其誤。三者分而漢注可讀,而經可讀。三者皆以音爲用,六書之形聲、假借、轉注於是焉在。①

段氏總結漢注,將"字之誤"限定在"形近而譌"範圍之内,而將聲近而譌判給"聲之誤",界定"當爲"與"聲之誤"、"字之誤"搭配,並認爲判别字形"不以爲誤"的"讀爲"與"直斥其誤"的"當爲"是一組相互對立的術語。段說可謂大體得漢人傳注術語含義之鈐鍵,由此切入,容易掌握漢人經注方法,俾使讀經得益,但並非真得漢注術語之真諦。近現代論訓詁術語者,競相引述段說,奉爲圭臬,唯李雲光、洪誠及筆者等曾對段氏擬音、易字說有所質疑,②至於"當爲"、"字之誤"等至今仍少有分析論說。

漢人注經,並非先規定術語用法,而後施之其著作。大致相同用法之術語,所施對象可能因經師而異;即爲同一經師,其前後注釋所用術語亦難免不一。界定聲誤、字誤之"當爲"亦是如此,《周禮》注中杜子春用"當爲"、

---

① 段玉裁《周禮漢讀考》卷首,《清經解》卷六百三十三,第四册,第 187 頁中。
② 參見李雲光《三禮鄭氏學發凡》相應各章節;洪誠《訓詁學》第四章,江蘇古籍出版社 1984 年版,第 182—191 頁;虞萬里《三禮漢讀、異文及其古音系統》,《榆枋齋學術論集》,第 114—116 頁。

"當作",偶亦用"當從";鄭司農用"當爲"、"當作",偶亦用"當言"。① 統計《周禮》注中"當爲"一術語,杜子春共用一百多次,其中有作"湛讀當爲人名湛之湛"(《職方氏》)、"讀萌爲明……其字當爲明"(《占夢》)者;鄭司農共用三十餘次,亦有作"顈讀當爲纁,纁謂絳也"(《縫人》)者,可見"當爲"與"讀爲"並非如段説那樣對立。檢驗其故書、今書之實例,推原杜、鄭判别"當爲"時之主觀意識,必是指"當爲某"之外的另一字爲聲誤或形誤之字,但兩經師絶不言"字之誤"與"聲之誤"。是否鄭玄援引時有所刊落,今雖不可得知,但可肯定兩經師不至於凡言"當爲",必與"聲之誤"、"字之誤"連用。《周禮》注中鄭玄用"當爲"者五十餘次,除與"聲之誤"、"字之誤"相連用者外,尚有二十餘次單獨使用,與杜子春、鄭司農同,可見漢代經注術語之使用並無嚴格而不可逾越之科條。

　　分析《三禮注》和《詩箋》"字之誤"術語搭配情况。《周禮》"字之誤"二十一條,與"當爲"連用者十次,與"讀爲"連用者三次,與"讀(皆)當爲"連用者二次,與"宜爲"連用者一次,其他則"實作"一次,"當作"一次,"云……者"一次,"變言"一次,疑似之辭"……歟"一次。《儀禮》"字之誤"四條,與"當爲"連用三次,與"當言"連用者一次。《禮記》"字之誤"三十一條(包括"壞字"一條),與"當爲"連用者二十七次,其他"似當爲"一次,"當作"一次,"與此乖"一次,"讀爲"一次。《詩箋》"字之誤"三條,皆與"當爲"連用。總計《三禮注》和《詩箋》"字之誤"五十九條,與純粹的"當爲"連用者四十三次,占百分之七十二點八八;如將"讀(皆)當爲"計入"讀爲",則共六次,占百分之十點二;其他"宜爲"、"當作"、"實作"等計爲一類,共十次,占百分之十六點九五。康成先注《禮記》,後注《周禮》,比較兩書,《周禮注》術語較《禮記注》爲龐雜,且今《周禮注》之"當爲"十次,占百分之四十七點六二,"讀爲"、"讀當爲"五次,占百分之二十三點八一。以上資料表明:"當爲"一術語之含義,是肯定一字,否定一字,其所否定之字,係由於字形或聲韻甚至字義等相近所造成,但未必一定與"字之誤"、"聲之誤"術語連用。"當爲"與"當作"、"當言"、"似當爲"、"宜爲"、"實作"等意義相同,漢代經師在判别字形、聲韻之誤字時雖以"當爲"爲主要術語,却非唯一術語。

---

① 如《弓人》"角不勝幹,幹不勝筋"注:"故書勝或作稱。鄭司農云:當言稱,謂之不參均。"《大司馬》"以九畿之籍施邦國之政"注:"故書畿爲近,鄭司農云:近當言畿。"

鄭玄之"字之誤"術語雖然主要用於由字形相近相似所引起之譌誤,但亦未必全然。據上表所列,形近十六例,聲符形近七例,聲符、形符俱近二例,壞字形近十三例,計三十八例,占百分之五十五點零七。① 其中純粹形近占百分之二十三點一九,壞字占百分之十八點八四。涉及聲韻的有,同聲符十例,聲之誤九例,計十九例,占百分之二十七點五三。涉及字義、經義的有,義近一例,分別經義十例,占百分之十五點九四。並非誤字一例,占百分之一點四四。

　　由形近造成之字誤,雖係於字形結構與鈔手書寫,間亦與秦漢間篆隸變化,六國文字同字異形、異字同形(或近形)有關;由壞字造成之字誤,與秦漢間經籍文本質料爲簡牘有直接關係。② 簡牘經反覆誦讀、輾轉傳授,容易折斷、磨滅,文字經風吹雨淋,更易漫涣。強化、提高這種認識,不僅對研究先秦兩漢古籍異文,且對於當今識讀、考釋新出簡帛文字均有助益。但在"字之誤"中由形近而誤祇占半數略強,而因聲韻之誤竟超過四分之一,③ 因字義、經義而誤亦占六分之一弱,這不得不使人去推究鄭氏當初用"字之誤"來判定經籍誤字的主觀意識中,是否專門針對字形結構近似而發?從鄭玄《三禮注》中有七八十條"聲之誤"(有二十條左右與"當爲"連用)考察,其"字之誤"中十九條涉聲韻之誤字,完全可以判別爲"聲之誤",今仍指爲"字之誤"。綜上所析,足見鄭玄用"字之誤"術語時,最直接的意識是判定一組異文中一字爲正,一字爲誤;潛意識中傾向於字形相近而誤,但並不排斥聲近而誤,甚至經文傳本之誤字。

---

① 字之誤五十九條,三字組六條,二字組兼入兩類四條,總數比例以六十九條計。術語有誤一條不計入。
② 參見拙撰《鄭玄所見三禮傳本殘闕、錯簡、衍奪考》稿本。
③ 李雲光在《三禮鄭氏學發凡》第二章疏釋"綏、緌"時云:"綏、緌二字形似,故鄭氏以字誤說之,不云聲誤也……《周禮》注中亦有本聲誤,鄭氏謂字誤者,如《大司徒》注:'膏當爲櫜,字之誤也。'……自外鄭氏凡言字誤者多謂形似,難可以音近解之。容或彼注本爲聲誤,傳寫訛爲字誤耳。"(嘉新水泥公司文化基金會研究論文第二種,第60頁)傳寫偶有錯舛,不致有四分之一以上之數量,此說似可商榷。但李書於第72頁又云:"蓋所謂'字誤',原可包括形近之誤與聲近之誤也。"前後頗不一致。

四、三禮經文中誤字的時代與譌誤的進程

　　上述所整理之五六十組異文，有部分已得戰國、秦漢出土之簡帛字形印證。審察現所能見的戰國、秦漢簡帛文字與相應之三禮異文，可以約略分清某些異文相混相譌大致之時代先後。如：周 7 匪與筐、周 9 昨與酢、記 9 奧與爨、記 29 天與先、詩 1 哀與衷，其戰國字形均有差異，相混而譌之可能性較小，而漢代字形却很相近，故鈔錯或錯認之契機似應在漢代。記 20 反與及，雖然秦漢字形皆相近，似漢代字形尤爲接近。周 16 盧維與雷雍、記 30 正與匹，漢代字形非常接近；周 18 暴與恭、周 20 觚與觝、觫、觻，其部分構件也能在漢代字形同類構件中找到相似性；因而譌誤之可能性仍應在漢代。記 6 與與釁，雖尚無戰國字形可資比較，但從壞字角度考察，至少可得漢代字形支持。記 7 養與義，戰國、秦漢之字形均相似，因而目前尚不能論定其譌誤之確切年代。

　　經文中誤字並非都同時發生。如：記 17 美與儀，經文有"言語之美"、"朝廷之美"、"祭祀之美"、"車馬之美"、"鸞和之美"五句，由"儀"寫作"義"，"義"雖與"美"形近易混，傳鈔之際，不可能五字均寫作近"美"，必先一二字率爾快寫形近，或者一二字因"義"字下部漫漶、殘闕而近"美"，而後比勘經文句式，覺得應該一律，遂兼改他字。記 8、記 13 琢與篆及記 14、記 15 端與冕，未必同時錯寫，必是一篇先錯，經師於他篇利用內校之理，將誤改正。周 4 綏與緌，《天官·夏采》《儀禮·士冠禮》《禮記·玉藻》等多互爲異文，緌誤作綏，各經亦不致同時譌誤，完全可能一經文字形譌之後，他經經師於傳授之際援據已譌之經以改。

　　出土簡帛字形有限，通過有限字形比較而得之譌誤年代並非絕對，個別將隨著新出土之戰國、秦漢字形調整對其年代之認識，但戰國文字與漢代文字在字形結構、筆勢上畢竟存在一定差異，而鄭注"字之誤"各組異文大多在漢隸字形結構下發生譌混，也是不爭的事實。轉從《三禮》各經形成及其傳授角度考察，《周禮》出於山巖屋壁，却長期深扃秘府；《儀禮》文本形成於魯哀公時孺悲之後，因秦火而入複壁；《禮記》前身之各篇散記爲孔子弟子、七十子後學於戰國時陸續記錄成文，亦多各傳其本，少有互校。追溯

現今所傳文本，《周禮》由劉歆校理傳布，《儀禮》由高堂生傳授，《禮記》則由戴聖據戰國短記編纂而成。《儀禮》傳自西漢初期，鄭玄所注"字之誤"僅四例，其中禮1"嚌祭"爲聲之誤，禮4"中下"爲經義之誤，禮2"鞞觗"與周20同，唯禮3"三四"係字形之誤，却比較簡單。相反，《周禮》《禮記》時代均在西漢晚期，其字之誤數量却分別是《儀禮》的五倍和八倍。就兩《漢書》考察鄭玄以前禮學名家，《禮記》自戴聖之後，有橋仁、楊榮、淳于登、馬融、盧植、荀爽、蔡邕等；《周禮》自劉歆之後，有杜子春、賈徽、鄭興、鄭衆、賈逵、許慎、尹珍、衛次仲、馬融、張衡、胡廣、趙岐等；其他雖不名家，然秉衣鉢而傳授者更夥。傳授之盛，傳鈔必廣，傳鈔一廣，譌誤易生。據此，二禮"字之誤"數量與其經師傳授之盛、傳鈔之廣及其時代均相吻合。

五、三禮《釋文》誤字音切對後世字韻書音切之影響

陸德明爲鄭注《三禮》"字之誤"作音，有一個原則，即從經文經義著眼，爲誤字作一正字之音。形式有二：一、用直音，直接將一組異文中正字作誤字之音。如：周1"氣音穀，出注"，周2"良音苦，出注"；或者如：周14"侯依注音公"，周15"依注，八皆音六"，行文小異而方法則同。二、用反切，爲誤字制一反切。如：周3"注同緣，或作褖，同吐亂反"、"希本作絺，陟里反，劉豬履反。"《釋文》係音義類書，其目的是疏通經文經義，爲經文之難字、僻字、誤字、多義字標音別義。基於此種目的，陸氏依鄭注將正字作爲誤字之音據，從方法上説比較直接，在經文特定之語境下亦理情可允。① 但儘管方法可取，情理可允，作爲誤字本身，畢竟沒有正字之音值。如："良音苦"、"侯依注音公"、"八皆音六"，祇是在《典絲》"則受良功而藏之"、《弁師》"諸

---

① 陸氏不僅於三禮鄭注"字之誤"如此標注，他經標注方法亦同，並前有所承，後有所繼。如：《左傳·襄公二十九年》："大而婉，險而易行。"杜注："險當爲儉，字之誤也。"《釋文》："險，依注音儉。"又，《莊子·逍遥遊》"化而爲鳥，其名爲鵬。"陸氏云："崔音鳳，云：鵬，即古鳳字。非來儀之鳳也。"又唐殷敬順《列子釋文》中"藉，音陵"、"呻呼，音申吟"（以上《周穆王》）、"滴滴，或作潦潦，並音普郎切。流潒貌"、"行假，音何眼"、（以上《力命》）。楊伯峻認爲此類訓釋乃義訓，非音訓。他在"潦潦"下又云："《列子釋文》之例，甲字應作乙字，或者義同乙字者，即以乙字音之，不論兩字之音理可通假不也。"（《列子集釋》，中華書局1979年版，第213頁）其實這是一種倒推理，不知這種訓釋方法前有所承，是對特定經文的一種訓釋術語。

侯之緌斿九就"、《校人》"八麗一師"這些有譌誤的特定經文中破誤字而讀正字之臨時讀音，並不意味著作爲獨立漢字時，良、侯、八除本身讀音外，又有苦、公、六之音。因而，此種訓釋祇能存在於古籍訓釋著作中，是訓釋者對有異文、誤字之原文經個人理解後所作一種特定語境下之訓釋方法。它不是被訓釋字固有讀音，也不是又音或通假音，所以既不能作爲音韻學研究之依據，更不能在韻書、字（詞）典中立爲音項。

當今學者繫聯《釋文》音切以求陸德明時代語音系統者頗不乏人，是否都已清楚認識這些誤字音切，以及辨別異文、辨析字形之直音與切語，此關係到分析繫聯所得音系之純駁，由於這不屬於研究範圍，姑置不論。下面僅就《釋文》爲鄭注"字之誤"所作之音切在唐宋以還字韻書及近現代字（詞）典中處理方式，作一番檢討。

周4《釋文》："綏，而誰反。注下同。依字作緌，誤作綏耳。"綏乃緌之形近誤字。《王三》"息遺反。安。"《廣韻》亦獨立，爲安義，無誤。《集韻》將"綏"作爲"緌"的或體字，已欠妥。《類篇》於"綏"下多一"儒佳切"，云"《説文》系冠纓也。一曰垂也。"次一字爲"緌"，亦儒佳切，顯然是承《集韻》而不分綏、緌。其後《五音集韻》注"綏"爲"同緌"。《字彙》正文"綏"下列"如追切"一音，注"音甤，與緌同"，但卷末"辨似"下却分辨兩字："綏，音雖，安也；緌，音甤，纓也。"《康熙字典》從《集韻》而有申説引證，但其"辨似"亦與《字彙》同。朱駿聲《説文通訓定聲》定綏爲緌假借字，《漢語大詞典》《漢語大字典》除據《集韻》另立一音項外，並注"通'緌'"。

周10《釋文》："希本作絺，陟里反，劉豬履反。注下皆同……黹，張里反。"希乃黹之壞字，絺則可能爲繡之壞字。希，《王三》"虛機反。少。"《廣韻》義有增加而音切仍舊。《集韻》增一展幾切，作爲黹、絺之異體字，即據《釋文》而補。《類篇》二收"希"字，巾部"希"下云"又展幾切"。《五音集韻》全同《集韻》。《洪武正韻》二收之，《紙韻》下列"希"於黹、絺之後。《字彙》"……又音諸矢切，與黹同。"《康熙》從《正韻》作"與黹同"。兩《漢大》不另立音項，而立通假義項。《大字典》立"通'絺'。細葛布"，《大詞典》立"通'黹'。刺繡。參見'希冕'"。絺，《王三》僅於脂韻丑脂反下收"細葛"一義，上聲旨韻不收。《廣韻》同。《集韻》已收入"黹"下作異體，《類篇》則在字頭下增展幾切音及義。《五音集韻》同《集韻》。《洪武正韻》黹、絺、希三字同音，雖各自作解，義實一致。《字彙》又音諸氏切，引《書》爲證。《康熙》從

《集韻》。兩《漢大》依《集韻》切語，皆作爲通假字另立音項。

周 16《釋文》："盧音雷，維，於恭反。"盧，《王三》至《洪武正韻》無雷音。《字彙》："又盧回切，音雷。"引《周禮》書證而不引鄭注。《字彙補》更引《水經注》與《漢書·王子侯表》盧、雷異文，以爲"是盧、雷古字亦相通也"。①《康熙》承之，亦謂"盧、雷古字通"。《大字典》據《字彙》盧回切另立音項，並引朱珔《説文假借義證》爲證。《大詞典》則不另立音項，但與"盧"下立"盧水"義，"雷"下立"雷侯"義，未交待兩者關係。

記 1《釋文》："臺鮐，上音胡，下音臺。"臺，《王三》至《五音集韻》皆無"壺"音。《增修互註禮部韻略》始云："《左傳》臺駘，人名。臺音胡，駘音台。又臺鮐，地名。《禮記》'敗於臺鮐。'鮐音苔。《左傳》作'狐駘'。駘音苔，又音台。臺，古壺字。"人名見《左傳·昭公元年》《漢書人表》。"臺音胡"當即從《檀弓釋文》之直音而來。《字彙》承之，並爲作反切云："又洪孤切，音乎，古壺字。又臺駘，人名。又臺鮐，地名。"《字彙補》於"至部較譌"下云："案《檀弓》……是臺字但於《禮記》本文讀作壺耳，梅註以爲古壺字，非。又《左傳》臺駘，歷考註疏，並無狐音。宣城不知何據而云，亦誤也。"②吳任臣辯證梅氏之誤甚是，唯不知梅氏承自《正韻》。至張自烈、廖文英《正字通》尚謂"臺有壺音，非臺與壺同。舊註以臺爲古壺字，誤也"。③ 識見顯然不如吳氏。《康熙》並列諸説，無所發明。兩《漢大》"臺"下不列壺音。

記 6《釋文》："興依注爲釁，音虛覲反。"興，自《王三》至《類篇》無釁音。《韻會舉要》許刃切"釁"下云："亦作興，《禮記》'既興器用幣'。"《洪武正韻》"釁"下云："許刃切。血祭。亦作釁、興。"而"興"有三音，許刃切下云："《禮記》'既興器用幣'。又庚、敬二韻。"承襲《韻會》痕跡明顯。《字彙》及《字彙補》未採納，《康熙》《大字典》襲《正韻》，另列一音。《大詞典》不列。

記 9《釋文》："奧依注作爨。"奧，自《王三》至《正韻》無爨音，《康熙》云："七亂切，音竄，爨神也。《禮·禮運》(引者案：乃《禮器》之誤)'奧者，老婦之祭也'注：'奧當作爨。'祭至尸食竟而祭爨神，其神則先炊也，故謂之老

---

① 吳任臣所見《周禮》本作"盧"，遂批評梅氏之"盧"爲誤。(吳任臣《字彙補》午集，上海辭書出版社 1991 年影印本，第 141 頁上)。阮元校勘記據唐石經、宋本等作"盧"，以爲當據正，是吳氏多此一舉。
② 吳任臣《字彙補》未集，第 177 頁上。
③ 張自烈、廖文英《正字通》未集下，中國工人出版社 1996 年影印本，第 893 頁上。

婦。"七亂乃爨字音切,因鄭注之"當爲"而移來作"奧"之音切,顯然不妥。兩《漢大》不列音,但於"烏到切"下列"竈神"一義,書證仍據《禮器》,亦失鄭玄"字誤"之意。殊不知孔疏"又延尸入奧"一語,乃憑空而生,並非經義。

記13、14《釋文》:"端音冕,出注。下諸侯玄端同。"《韻會舉要》:"《禮記》'元端朝日'注:'端當爲冕。'"《康熙》:"又《韻會小補》:美辨切,同冕。大夫以上冠也。《禮・月令》'諸侯玄端以祭'、'天子玄端以朝日於東門之外'注:'端皆音冕。'"黄公紹《古今韻會》已佚,從熊忠《舉要》不作音推測,美辨切係明方日升所補。《字彙》另造音切,云:"又莫典切,音勉,與冕同。"引《禮記》爲證。兩《漢大》不另立音項。

三禮鄭注誤字中有三十餘例與字形相關,上面所列七組誤字,由於陸氏《釋文》依鄭注而爲誤字標注直音或造音切,因而被後世字韻書收入作爲誤字之又音。分析其原因,主要是:一、不明《釋文》屬音義書之性質,誤解陸氏出注音某之意義;二、僅憑《釋文》之直音與反切,失檢於鄭玄"字之誤也"之注或視而不作分辨思考;三、爲矜炫所編纂之書搜羅廣博而不加别擇;四、鈔撮、承襲前代字韻書。以上所列,或出其一因,或兼而有之。至於具體字韻書之情况,又須區别論之。陸法言與陸德明同時代,深明韻書與音義書之區别,故《切韻》殘本中不爲誤字列音,承繼《切韻》系統之韻書如《刊謬補缺切韻》《唐韻》《廣韻》等,基本守此分界。至《集韻》,本著"凡經典字有數讀,先儒傳授,各欲名家,今並論著,以粹群説"之原則,[①]廣搜音切,取之於《釋文》者頗多,然稍不注意别白,即誤收之。《類篇》改變編排形式,而音切多本《集韻》。元明官、私字韻書,在繼承前代基礎上,又搜奇括異,以矜淵博,而不免濫收誤字音切。《康熙》兼蓄並包,略欠謹嚴,雖時有案斷,但稍失審察,乃成過而不糾。現代兩部《大字(詞)典》過分重視前代字韻書音切及文字通假之説,故亦時有疏失。

六、三禮鄭注字誤對後世字韻書義項之影響

鄭注"字之誤"之中,與聲韻有關之字組,有可能係以聲韻爲樞紐之通

---

① 見《集韻》韻例,上海古籍出版社1985年影印本,第2頁。

假。其他與字形相近及與經義相關之字組,應該屬於純粹之誤字。誤字不能作爲假借字或通假義,從理論上思考固無可爭議,然由於經學在傳統文化中舉足輕重之地位,其誤字往往仍被後世一些重要著作收列。清代朱駿聲《説文通訓定聲》是《説文》學的一部重要著作,注重文獻中假借、轉注、聲訓、古韻應用,兹以之爲例,檢視其對鄭注誤字之處理。

將字形相近、經義相關的字組予以檢視的結果,除去一些不予表態者,發現《通訓定聲》基本都劃歸"假借"一類,而具體的解釋又可細分爲三種:

(一)據鄭注標明爲誤字:

1、祼:鄭謂埋字之誤。
2、侯:又爲公之誤字。(例略)
3、維:又爲雍之誤字。(例略)
4、暴:又爲恭之誤字。(例略)
5、臺:按,臺誤壺,因又作狐。實與《昭元傳》實沈臺駘字同。
6、牲:又爲制之誤字。(例略)
7、養:又爲義之誤字。(例略)
8、旦:又爲神之誤字。(例略)
9、端:又爲冕之誤字。(例略)
10、襌:又《玉藻》再命襌衣,則鞠之誤字。
11、美:又爲義之誤字。(例略)
12、宗:又爲榮之誤字。(例略)
13、吉:又爲告之誤字。(例略)
14、正:又爲匹之誤字。(例略)
15、衣:又爲齋,《禮記·檀弓》……壞字也。
16、哀:又《詩》……箋:哀當爲衷,則謂誤字。

(二)是誤字而未予標明者:

17、綏:又(假借)爲緌。(例略)
18、昨:(假借)爲酢。(例略)
19、興:(假借)爲釁(例略)按,釁、興亦聲近。
20、見:又(假借)爲覵。(例略)

21、天：假借爲先。（例略）

（三）將誤字（因壞字而誤）認爲古字：
22、希：此黹之古文也……或作黹，字之誤也。言古文不作今文黹也。（此例不入假借）

祼、侯等十六字既依據鄭注明白注爲誤字，是否還有必要歸入"假借"一類？這本來已可商榷。綏、綾等五組是誤字而未予標明，若不覈鄭注，完全會誤認爲是假借字。其中昨、酢雖可指爲同聲符通假，然依鄭注並比勘簡牘字形，則知純屬形誤。豐從分聲，與興不同聲符，雖有前後鼻音之異，畢竟是壞字而造成之形譌。覸字應是從見、間聲，雖見、間同音，考慮鄭玄所注以及簡牘易於磨滅之性質，似仍以壞字而譌爲妥。天、先則無疑屬形近而譌。將誤字定性爲假借，顯然不甚妥當。至於將希作爲黹之古字，更是想當然之詞，毫無根據。

近現代字（詞）典中之僻義及通假義，多憑各自掌握之資料與理解而設立，因而紛呈不一。兩部《漢大》曾做過上千萬張資料卡，搜羅不可謂不廣，立義亦經斟酌，故仍以兩《漢大》爲對象，檢視鄭注誤字之義項收列。

兩部《漢大》立通假義之原則是：凡有音據者分立，無音據者歸入常用音項之後。有音據而分立者，前面論《釋文》音切中已有涉及，以下列其歸入常用音者。

《大字典》與《大詞典》於"昨"下立"通'酢'"，因段玉裁《説文注》云："昨，《周禮·司尊彝》假昨爲酬酢字。"因而收列。但如果仔細比勘簡牘字形，充分認識鄭注含義，便不會貿然立此義項。

兩部《漢大》義項很大程度上根據古代注疏而收列。但在各家注疏、章句等各執一詞，衆説紛紜之情況下，取捨不免有所失誤。

《大字典》與《大詞典》於"奥"下列"竈神"一義。[1] 奥本室内西南隅方位，古雖常設神主於其位以祭祀，但絶非竈神之位。兩《漢大》皆依據孔疏列義，實未深味鄭注。

《大字典》於"興"之通假字"釁"（xìn）下列二義項：

---

[1] 《漢語大字典》第一册，第545頁右，《漢語大詞典》第1553頁右。

1、殺牲以祭,並以其血塗鐘鼓等縫隙。清朱駿聲《説文通訓定聲·升部》:"興,叚借爲釁。"《禮記·文王世子》……鄭玄注……2、爭端。《漢書·卜式傳》:"日者北邊有興,上書助官。"

義 1 依朱駿聲説立,雖引鄭注,顯然未體味康成之意。義 2 將《卜式傳》武帝封詔語解釋爲"爭端",亦明顯從"釁"字得到啓發,看似可與《文王世子》例互相印證。但師古注云:"日者,往日也。興謂發軍。"王先謙、楊樹達等於此皆無異詞。體味詔語,是往昔北邊有軍旅之事,卜式上書捐助糧粟之意。如釋爲"爭端",則下句無著落。《大詞典》不列,自有其理由。

相對而言,兩部《漢大》對鄭注誤字的處理要比以往字韻書謹慎,但亦偶有疏忽。近代其他古漢語大、中型字(詞)典之影響遠遜於兩部《漢大》,故略不論。

七、結 語

三禮鄭注"字之誤"是鄭玄以當時眼光審察秦漢間文字形體而留給後人的一筆珍貴遺產。它既給後人在理解三禮經義時提供有利的參考,同時也將秦漢間經師或鈔胥之手寫(甚至是因各種原因而錯寫、混淆)字形作一種歷史定格,保留了漢字構形和演變的無限信息。隨著歷史的推移,簡牘逐漸沉埋或斷爛泯滅,後人已不復能真切看到這些潦草或錯寫的字形,祇能依據鄭説作一種概念性論説。由於經學在整個歷史中之地位,以及歷代字韻書編纂者因循守舊、追求完美和貪得務多的心理支配,往往將這些誤字音義作爲多音、通假音、僻義、引申義、通假義收列,使得某些誤字也取得了"合法"的音義地位。這不僅淆亂了文字的界限,也歪曲了漢字客觀發展的軌跡。

由清儒"因聲求義"、"古今形音義互求"[①]等理論出發,三百年來,整理

---

① 如戴震《六書音均表序》:"故訓聲音,相爲表裏"(《説文解字注》,上海古籍出版社 1981 年版,第 801 頁下),阮元《釋矢》"義從音生也,字從音義造也"(《揅經室集》,中華書局 1993 年版,第 22 頁),王念孫《廣雅疏證序》"訓詁之旨,本於聲音"(江蘇古籍出版社 1984 年影印本,第 1 頁上),段玉裁更有形音義三者互求和古今形音義六者互求之説(《廣雅疏證序》,同上第 2 頁上)。

先秦文獻中的文字通假已初具系統，此對理解古人文義、思想頗有實用功效，然此系統是否即爲先秦秦漢文字真實、純粹之運用體系，却是很值得思索的問題。就筆者所知，數量繁多的異文（包括通假與假借）中有方音、方言、形近通用、誤字等因素摻雜其間。切實進行誤字研究，有著歷史與現實的雙重意義。可以細化秦漢文字運用條理，揭示其運用體系中的各種因素；可以限制對音轉的濫用，保證音韻系統的純粹；比勘簡帛字形，可以將相當一部分誤字從"通假"體系中剝離出來，這對還原秦漢文字語言的原貌，正確探尋漢字自身發展規律有著極爲深遠的歷史意義。面對層出不窮的，有些還是殘缺不全的簡帛文書，要真正理解其思想意義，不能簡單地用古文字形體學、聲韻通假等知識去詮釋。因而研究古文獻中的誤字，揭示出土文獻中的誤字，這對真正解讀簡牘文獻，建立科學的漢字形體學和漢語發展史有著不可忽視的現實意義。

二〇〇三年五月至六月

從儒典的"音義"説到佛典的《一切經音義》

——寫在《一切經音義三種校本合刊》出版之際

一、"音義"著作的起源與內涵

　　自從語言文字形成時空之隔,就有必要作説明與注解。西周時期國學中如何教育國子肄習《詩》《書》,現已藐焉難徵。春秋之時,王官失守,私人講學興起。如果説曾子每日三省的"傳不習乎"之"傳"還是指老師的傳授,那麽《墨子·尚賢中》《兼愛中》所提及的"傳曰",顯然是先秦《尚書》一種佚失的古注。在師弟子口口相傳,没有課本的時代,字詞音義顯得並不重要。隨著各本方言方音的簡牘普及、文獻流播廣遠,文字之時空隔閡日益嚴重,書面的訓詁便應運而生,《毛詩故訓傳》即是一種訓詁與傳兼用的注釋體。戰國至西漢之際,特標"訓詁"的著作很少,一般將不多的字詞詮釋包含在"傳""説""解"諸體之中。西漢中期,章句之學興起,經師對儒家經典從章到句以及於字詞,都進行條分縷析的詮解。各師法、家法之間爲了爭勝,從而文飾其詞其説,導致經典注釋之繁瑣。隨著西漢王莽和東漢章帝二度下令減省章句,遂使章句之學逐漸衰退,代之而起的是東漢"注"體。

　　注之名目雖異於傳與章句,然其內涵却包容甚廣,兼有先秦以來傳、説、解及章句等各種注釋之形式。詮釋字義固然是"注"的主體,標舉讀音也是其重要方面。祇是當時反切尚未產生,標音都用讀若、譬況或直音。今所見東漢杜林之《周禮注》即用讀若、譬況之法標示字音。及鄭玄注《三禮》,沿襲杜林、鄭興、鄭衆、馬融、盧植等方法,故"注"之名目亦相承不改。

與此同時，應劭及鄭玄弟子孫叔然等發明反切，使標音方法有了新的突破。一時爲顯示標音方法之新，將其揭之於書名，故出現"音義"一名。如應劭《漢書音義》、韋昭《漢書音義》，稍後有徐廣《史記音義》、臣瓚《漢書集解音義》。《隋志》孫炎有《爾雅注》七卷，《爾雅音》二卷，①顔之推《家訓》説"孫叔言創《爾雅》音義，是漢末人獨知反語，至於魏世，此事大行"，②是孫炎《爾雅注》當初即使不以"音"命名，確有以反切標音之實。兩晉之際，李軌"通經術，尤長音訓"，著有《周易》《周禮》《公羊》《左傳》《古文尚書》《毛詩》《儀禮》《禮記》八種儒家經典之"音"。同時之徐邈亦博涉多聞，"雖口不傳章句，然開釋文義，標明指趣，撰正《五經音訓》"，③《隋志》《釋文》所見邈撰有《春秋左傳音》《周易音》《禮記音》等八種。

應劭標舉新名，故稱《音義》，顧名思義，既標讀音，兼釋字義。孫炎沿襲舊目，但從顔之推所説及《隋志》所録，不僅兼顧音義，且亦用反切新法。李、徐兩人，獨標某"音"，但從本傳所稱"尤長音訓"和"開釋文義"體悟，其書恐亦兼顧釋義。由此而下至南朝，作"音"之風不僅遍及儒家經典及小學書，更蔓延到史部、子部和集部。如阮孝緒有《正史削繁音義》、延篤有《戰國策音義》《史記音義》，司馬彪、郭象各有《莊子音》，陳國武有《司馬相如賦音》，李軌有《齊都賦音》，褚令之有《百賦音》，郭微之有《賦音》。

各種音、音義、音訓、音解等著作接踵面世，首先與標音方法突破和反切產生有很大關係；其次也與紙張普及、學問傳授形式轉變，即由漢代經學師弟子口口相傳之傳授形式轉而爲手持書卷刻苦自勵之讀書、研究形式普及有關。紙張輕便，書籍鈔寫易得，使得一批學子不必都像漢代一樣裹糧師從，問學數年，而完全可以憑藉自己焚膏繼晷之精神獲得學問。然此自學形式滋生出一個亟待解決的問題，即典籍中難字音義必須在學習過程中隨時識讀理解，否則無法繼續深入。此種需求憑藉著反切標音工具產生了大量的音義著作。有一種標音示義形式可以爲自習風氣作一注釋，即"音隱"和"隱義"。

"隱義"和"音隱"都是南朝時興起的一種注釋形式。《梁書·何胤傳》

---

① 陸德明《釋文·叙録》則作"《爾雅》孫炎注三卷，音一卷"。《唐志》作六卷，皆分合不同。
② 王利器《顔氏家訓集解》十八，中華書局1993年版，第529頁。
③ 房玄齡等《晉書》卷九十一，中華書局1974年版，第八册，第2356頁。

云："注《易》，又解《禮記》，於卷背書之，謂爲隱義。"①將所要注釋的字音、字義寫於該經典之背面，魏晉以上無所徵。《隋志》"梁有《毛詩背隱義》二卷"，似與何傳所載相吻。敦煌所出有斯十《毛詩傳箋殘卷》，存《邶風·燕燕》至《靜女》計九十一行，其卷背有音注，字體與卷面書寫如出一手；又伯二六六九《毛詩詁訓傳鄭氏箋》之卷背也有音注文字，皆與卷面相對。② 將此實物與《何胤傳》所記校覈，知此種背面爲正面經文或傳箋作解釋之注釋形式確實在六朝時實際流行過。以此檢視《隋志》中《説文音隱》四卷、《禮記音義隱》一卷一種，七卷一種，《一切經音義》卷二十七之《字林音隱》，《史記集解》之《史記音隱》，似乎都是類似的音義書。它既不破壞正面經文的連貫性，又能在無師可問之窘況下及時解決疑問，退而論之，即使老師講學備課，也有需要參證稽考之處。此與當時官學、私學之外有更多士子讀書求學的獨立性有關。

能作音釋義者固然是學問淵博之人。在印刷興起前之鈔本時代，流傳不便，要鈔錄到最新學術成果並不容易，而且在崇古心理驅使下，有人專門將漢代經師傳注中的音或義摘鈔單行，如孔安國《尚書音》，鄭玄《毛詩音》《三禮音》，王肅《三禮音》，服虔《春秋左氏音》等。孔氏爲《尚書》作傳，鄭玄爲《毛詩》作箋，爲《三禮》作注，王肅也有《三禮注》，服虔有《春秋左氏傳注》，都没有專門作音，以上專著都是南北朝時摘鈔經師傳注中的音義匯集而成。陸德明所著三十卷《經典釋文》匯集漢魏六朝二百數十家音義著作，反映出當時音義書之繁盛，其中有相當一部分爲後人摘鈔匯集之書。《隋志》所載六朝新作和摘鈔漢晉經師舊注而成之音義已遍及四部，反映出由傳、説、解和章句等體式過渡到注以後，因反切產生而興起新一輪的注釋以儒家經典爲中心而逐漸向史、子、集諸部拓展衍變的全過程。

二、三部《一切經音義》作者、成書年代與流傳

佛教西來，先由安世高等於漢末桓靈之際在洛陽譯經三十餘部。世高

---

① 姚思廉《梁書》卷五十一，中華書局1973年版，第八册，第735頁。
② 參見張涌泉、許建平等《敦煌經部文獻合集》，中華書局2008年版，第二册，第626頁。

"善衆國音",兼通華語,其譯經"或以口解,或以文傳",但未聞有注。同時安玄《注經錄序》云"爲集異注一卷",他和嚴浮調合譯《法鏡經》,三國康僧會爲之注,此爲今知佛典早期經注。嚴浮調又因安玄之《沙彌十慧》未聞深説,乃作《沙彌十慧章句》。注與章句皆襲用東漢注解名稱,揣其體式亦應相近。時音義體式雖已萌芽,佛典文獻目錄尚未有所反映。早期佛典之注、講解和疏釋,多偏重於經義内容,此與漢晉之人想急切瞭解印度佛學教義有關。道安《陰持入經序》説:"遂與析槃暢礙,造兹注解。世不值佛,又處邊國,音殊俗異,規矩不同。"①知"音殊俗異",是否爲之作音,無法得知。因析疑而注解,似乎仍是東漢注釋體。之後佛經注疏迅速發展,亦不聞有音義之著。據《大唐内典錄》卷五載,北齊沙門道慧著有《一切經音》,"不顯名目,但明字類。及至臨機,搜訪多惑"。②《開元釋教錄》卷八評論説此書"依字直反,曾無追顧,致失教義,寔迷匡俗"。③ 佛典音義出現於六世紀中期,離陸德明匯集二百數十家音義書著成《經典釋文》之年代已經不遠,當時各種音義書已經遍及四部,故就時代而言,佛典之音義書顯然受到儒家經典音義及各種音義書之影響。道慧之著雖佚,就《内典錄》《釋教錄》對其評論考量,似乎未能盡善。佛典有梵語、巴利語等,與漢語語言系統完全不同,兩者之間對譯,不僅在詞彙、語法上有諸多不同,更牽涉到觀念、思想、文化等背景之差異,所以要想正確反映經義,必然會有意譯、音譯乃至意譯兼音譯等多種形式。如果僅是"依字直反",則"致失教義"就不可避免。故就内容品質而言,《一切經音》僅模仿吸取中土音義書之形式,尚未充分考慮、兼顧不同語言間之翻譯所帶來的種種需要解決、解釋之問題。凡此皆爲一百年後產生玄應《音義》預設一種需求。

　　唐至宋初先後有三種佛典音義產生,即玄應《一切經音義》二十五卷,慧琳《一切經音義》一百卷,希麟《續一切經音義》十卷。

　　玄應生平雖見於《大慈恩寺三藏法師傳》卷六和《續高僧傳》卷三十之附傳,但寥寥數語,生卒年皆不詳。唯所能知者,他是玄奘弟子,精於字學,是一名不可多得的字學大德。貞觀十九年五月由其師玄奘甄拔,與玄賾、

---

① 道安《陰持入經序》,許明輯《中國佛教經論序跋記集》,上海辭書出版社2002年版,第一册,第31頁。
② 小野玄妙等《大正藏》,日本大正一切經刊行會1934年版,第55册,第283頁。
③ 小野玄妙等《大正藏》,第55册,第562頁。

從儒典的"音義"説到佛典的《一切經音義》——寫在《一切經音義三種校本合刊》出版之際

智證、辯機、玄模等同在長安弘福寺翻經院參與譯經,擔任正字工作。《一切經音義》成書年代,諸多學者都曾予以探討,而大多流於一般性推測。日本山田孝雄認爲書成於貞觀之末(649),神田喜一郎認爲成於龍朔元年至三年(661—663),①我國學者周祖謨定於永徽末年(655),②陳士强謂約在永徽六年(655)至龍朔三年(663),③本書(《一切經音義三種校本合刊》)整理者徐時儀認爲成書年代和玄應卒年密切相關,而其卒年各家推測也不一致。④周法高推論"大概在龍朔元年(661)夏,至晚龍朔二三年間示寂",⑤陳垣則謂當在麟德元年(664)以前,⑥周祖謨推測"不卒於永徽末,即卒於顯慶初(656)"。徐時儀更從玄應《音義》所載佛經音義和貞觀前後他在弘福寺譯場中譯出佛經的時間上去比勘推測,如《音義》卷二十一中之《説無垢稱經》《分别緣起經》和《稱讚浄土經》譯成於永徽元年(650),《大乘起信論》譯成於永徽二年(651);《音義》卷二十四中之《阿毗達摩俱舍論》和卷二十五之《阿毗達摩順正理論》譯成於永徽五年(654)。故其成書年代上限不會早於永徽五年。再從當時譯出佛經後的落款具名上考察,譯成於顯慶元年(656)七月的《大毗婆沙論》卷一後有"大慈恩寺沙門玄應正字",此時玄應固在世。《東城傳燈目録》卷上載玄應有《大慧度經音義》三卷,《大慧度經》即《大般若經》,此經共有六百卷,據《大正藏》收入的《大般若經》卷三百四十八之後所記龍朔元年(661)譯場列爲中譯經没有玄應之名,而玄應師兄弟道宣在麟德元年(664)著成的《大唐内典録》卷十已著録玄應之《音義》,故徐時儀推測玄應卒年"祇能是在龍朔年間(661—663),玄應《音義》的成書年代亦不會晚於此時"。這種考證較之前人有很大推進,已經接近玄應真實卒年和成書時間。筆者試在此基礎上,再作進一步推論。

玄應既由玄奘甄拔出任譯經時正字工作,在斟酌校正之餘,爲新譯出之經作音義是情理中事。《大唐内典録》卷五指出道慧《一切經音》之缺失

---

① 神田喜一郎《緇流的二大小學家》,日本《支那學》第七卷第一號,1933年。
② 周祖謨《校讀玄應一切經音義後記》,《問學集》,中華書局1966年版,上册,第192頁。
③ 陳士强《佛典精解》,上海古籍出版社1992年版,第1000頁。
④ 徐時儀《一切經音義三種校本合刊》緒論,上海古籍出版社2008年版,第14頁。
⑤ 周法高《玄應反切考》,《歷史語言研究所集刊》第二十本,1948年版,第361頁。
⑥ 陳垣《中國佛教史籍概論》,中華書局1962年版,第56頁。

後説：" 應憤斯事，遂作此音。徵覈本據，務存實録。"①或許就是在正文字、求確義時參考道慧之書，深感"搜訪多惑"及"依字直反"，"致失教義"，所以才發憤重撰。對玄應而言，最爲便捷省時的重撰方法，就是在爲新譯出佛經校正文字同時直接稽覈群書撰成音義。前舉《説無垢稱經》《分別緣起經》等六部經譯出時間和在玄應《音義》中之卷次，證明玄應當時即用此方法撰著《音義》。道宣又説"恨叙綴才了，未及覆疏，遂從物故"，知其初稿寫就，未及修訂而殁。玄應齎志以殁，使《音義》成爲未完的初稿。從常理推測，工作中遽而謝世，除成稿未能修飾外，一般應有未完成之殘稿。前引《東域傳燈目録》卷上載有玄應所撰《大慧度經音義》（即《大般若經》）三卷，而該經原有六百卷，似非三卷音義篇幅所能容納解釋，故當爲遺留之殘稿。②自先秦兩漢直至唐宋，亦即從竹簡、絹帛、寫卷至版刻，同時代、同一批人乃至同一人，其分卷分篇之字數在常情下都不會相差很大。今檢玄應和慧琳《音義》每卷篇幅亦大致相等。慧琳《音義》用卷一至卷八整八卷篇幅來爲《大般若經》六百卷作音義，可證玄應所撰三卷確是未完殘稿。即此殘稿，似有可能對玄應圓寂之年月作更深入細緻的推測。

《大般若經》六百卷之翻譯，始自顯慶五年（660），完稿於龍朔三年（663），雖不知具體之月份，前後大致經歷四年。據《大般若經》卷三百四十八後所記龍朔元年十月譯場銜名已無玄應之名一事，可推知玄應之殁即在此經譯至一半前後。檢覈慧琳《大般若經音義》，其第三卷正好到《大般若波羅蜜多經》卷三百四十九，若玄應《音義》每卷篇幅與慧琳大致相近，所選取之詞目也不至相差太大的話，則《東域傳燈目録》所載玄應《大慧度經音義》三卷殘本，其所作音義當亦在三百五十卷左右，這與《大般若經》卷三百四十八之後無玄應銜名，適相照應。譯經有難易快慢，若平均推算，六百卷經之翻譯耗時近四年，每年約在一百五十卷以上。以此知該經譯至三百多卷時，當已在龍朔二年（662）之時。由此，筆者推測，玄應很可能在龍朔二

---

① 小野玄妙等《大正藏》，第55册，第283頁中。
② 關於《大般若經音義》之殘稿，日本學者多所探討。近讀陳五雲、梁曉虹《石山寺本大般若經音義（中卷）俗字研究》（載《中國語言學集刊》第三卷第一期，第45—77頁），獲悉更多日本研究情況。筆者認爲，即使該卷爲日人信行所書，亦完全可能是其擇要節鈔本。玄應爲玄奘譯經時正字，邊譯邊作音義，其留有《大般若經音義》殘稿是可以相信的。而該經譯出之後，連同《音義》未完稿隨遣唐使東渡也在情理之中。而日本僧人廣泛傳鈔，遂有築島裕所見二十餘種之多。

從儒典的"音義"說到佛典的《一切經音義》——寫在《一切經音義三種校本合刊》出版之際

年夏季前後示寂。此時《大慧度經音義》僅至三百餘卷,未完稿無法收入《音義》,導致慧琳重撰。

玄應《音義》在唐代就廣爲傳鈔。宋代開寶藏以下,歷代藏經除龍藏、頻伽藏、大正藏未收錄外,十五種藏經均予收入。清以來從藏經中錄出重刻以及翻刻者也有六七種。徐時儀搜集各種今存敦煌乃至日本寫本、刻本和翻刻本甚多。寫本有原式照鈔者,但更多的是節錄或摘字節錄,徐氏並有解説,可參閲。推究玄應《音義》所以流傳如此之廣,與其"周涉古今,括究儒釋",體式完善,卷帙適中,且與玄奘譯經相聯繫,又是較早的佛經音義有很大關係。而之所以有諸多節本和選錄本,則與版刻僅停留在日曆、佛像階段尚未盛行而佛經卻已廣爲傳播之時代相適應。當時信徒欲解決誦讀之難而又苦於鈔錄,故多選擇相關的音義、詞彙予以鈔錄,而捨棄無關或暫時不用的某些音義。這些寫本雖是節錄或摘鈔,存在不少錯譌,但卻是唐代的《音義》面貌,參資校勘,很有價值。

一百五十年之後,慧琳所撰《一切經音義》一百卷面世。

慧琳,俗姓裴,西域疏勒國人。其生卒年與生平亦少確切記載。稍有涉及者,一是唐景審《一切經音義序》,一是宋贊寧《宋高僧傳》卷五,二者所記有差異,今之學者對此也從違不一。《宋高僧傳》卷五明言"琳以元和十五年(820)庚子卒於所住,春秋八十四矣",[①]由此上推,當生於開元二十五年(737)。景審序僅説他"元和十二年二月三十日絕筆於西明寺焉"。[②] 二者所記相差三年。方廣錩以爲景審於慧琳"曾執弟子禮請益",故其"記叙的可靠性毋庸懷疑",而贊寧"不但年代要遲一百多年,本人也没有見到過慧琳《音義》,他的記叙,祇能是傳聞異詞"。[③] 姚永銘據贊寧説而未説明理由。徐時儀認爲《宋高僧傳》"所本多是碑文,每於傳末恒言某某爲立碑或塔銘。他在慧琳傳末雖未注所據出處,但傳内對其生卒年言之鑿鑿,當亦有所本"。[④] 方、徐二人都以爲景審是慧琳弟子,而景審序有"元和二祀方就"一語,故徐時儀懷疑"元和十二年二月三十日絕筆"一語中"十"爲傳鈔

---

① 贊寧《宋高僧傳》卷五,中華書局1987年版,第108頁。
② 載慧琳《一切經音義》前。《一切經音義三種校本合刊》,上册,第519頁。
③ 方廣錩《慧琳音義與唐代大藏經》,《藏外佛教文獻》第八輯,宗教文化出版社2003年版,第405—406頁。
④ 徐時儀《一切經音義三種校本合刊》緒論,第17頁。

者所加之衍文。對此有幾點需要辨證：

（一）方、徐認景審爲慧琳弟子，是因爲景審序有"師二十餘載"和"審以頗好文字，擇善從之。許爲不請之師，自愧未成之器。因啓其卷，乃告厥成"諸語。前者爲"法師"之簡稱，無需置辯。"不請之師"也是套用佛教語。佛家有"不請之友"和"不請之法"二詞，前者指"未請而自來親近之友，以此比喻佛、菩薩之救度衆生，非因衆生之祈請，乃以大慈悲心感應而親往，賜予衆生以善法；對衆生而言，即爲不請之友"。後者即"不請亦說之法"，指"佛雖未受衆生之央請，亦隨衆生之根機而主動說示利益之法門"。① 由此而來理解"不請之師"，主意相同。《無量義經‧德行品》："無量大悲救苦衆生，是諸衆生真善知識，是諸衆生大良福田，是諸衆生不請之師，是諸衆生安隱樂處。"《妙法蓮華經玄義》卷第六上講得更透徹，"無問自說經者，聖人說法皆待請問，然亦爲衆生作不請之師，故無問自說。又佛法難知，人無能問，若不自說，衆則不知，爲說不說，又復不知爲說何法，故無問自說，乃所以彰所說甚深唯證，是以寄無問自說以彰所顯也……佛爲不請之師。不請之師不待問自說也"。景審所以尊慧琳爲"不請之師"，是指慧琳不待景審及衆生之問而自爲一切經作音義。這樣理解，"許爲"就是景審許慧琳如菩薩、法師一樣爲一切閱讀佛經者主動傳度金針。景審自稱"頗好文字"，是因爲他是當時有名的書法家，所書泥金正書《黃庭經》名聞遐邇。但畢竟不是專攻文字訓詁者，所以謙以"自愧未成之器"，祇能啓其卷而告其成。

（二）"不請之師"既非景審受業之稱，則景審作序之時慧琳不必在世。絕筆本有數解，但此處仍當由死前所寫的最後文字引申爲死之婉稱，與《宋高僧傳》"迄元和五載，方得絕筆"之義不同。無端懷疑"十"爲衍文，證據不足。

（三）贊寧《宋高僧傳》多引塔銘等佐證，確是事實，但於慧琳傳不引，正證明慧琳無塔銘或至少贊寧沒有看到。聯繫玄應、慧琳、希麟三位法師，皆是字學功深的學問僧，然皆非是一方名僧，故生平資料均少記載。贊寧既未見《音義》一書，故述其生平及成書年代多半是得之傳聞，不若景審所述爲真切。

元和十二年（817）歲在丁酉，慧琳示寂於西明寺。《佛祖統紀》卷四十

---

① 參見《佛光大辭典》第一册，書目文獻出版社影印本，第996—997頁。

從儒典的"音義"説到佛典的《一切經音義》——寫在《一切經音義三種校本合刊》出版之際

一載元和二年三月"河中府沙門慧琳撰《一切經音義》一百三卷,詣闕進上,敕入大藏,賜紫衣縑幣茶藥"。①《册府元龜·帝王部·崇釋氏》則作元和"三年三月辛亥",相差一年,容有一誤。據此知《音義》一書於慧琳生前録副進上,故憲宗賜賚甚厚。景審序作於元和十二年之後,具體時間不明。慧琳師不空三藏,故初隸大興善寺,是否不空於大曆九年(774)圓寂之後,他離開大興善寺,雖無記載,但據景審之序,晚年必駐錫西明寺。景審序説"建中末創制",很可能在此之前不久轉入西明寺,潛心於《音義》之撰著。之所以這樣推測,是道宣爲西明寺上座後,曾請玄奘居此寺,禮敬有加。此對該寺譯佛經撰音義之傳統,頗有影響。元和二年成稿之後,録副進上,稿藏於寺。贊寧所謂"貯其本於西明藏中",殆謂將慧琳《音義》與西明寺藏經存諸一室。釋玄暢於慧琳示寂後不久來主寺,"乃尋其遺逸,藴而藏諸,焚之以栴檀,飾之以綺繡,光前絶後,駭目驚心",②則似是單獨取出,專門供奉。顧齊之於開成五年(840)入寺懇請暢公求觀,得蒙惠示,因爲之序。贊寧説"大中五年有奏請入藏流行",似元和初進上之時,是有詔敕入藏而未果,抑或入藏之後遭武宗會昌佛難而毁,難以確知,但倡此議者定知藏經中無慧琳《音義》。根據序傳,慧琳《音義》至少有兩部,如果入藏,自然更多。但贊寧説"周顯德中遣使齎金,入浙中求慧琳《經音義》,時無此本,故有闕如",又後晉漢中沙門可洪進《大藏經音義》四百八十卷,洪可能未見《慧琳音》,故重撰《音義》;後周行瑫"慨其郭移《音義》疏略,慧琳《音義》不傳,遂述《大藏經音疏》五百許卷"。贊寧所記載的允文、慧則、智慧、貞晦、從隱、法圓等於晚唐、五代時期在各地各自閲覽藏經,知經亂之後各地藏經即或殘缺尚未毁盡。而宋初以朝廷之力搜集、編纂的《開寶藏》收玄應《音義》竟不收慧琳《音義》,顯然當時至少益州藏經中無此書。陳垣推測:"廣明元年(880)黄巢入長安,《慧琳音》存京師者亡,後唐清泰三年(936),《慧琳音》存燕京者隨燕雲十六州入契丹。"《慧琳音》以何種途徑傳入契丹容可進一步探索,但最後在契丹被刊刻則無疑義。

遼聖宗統和五年前後,《遼藏》的最初稿本或雕版五百零五帙已經完成。此藏是詮曉在《開元録》基礎上,增補《續録》内容而成。後經興宗

---

① 小野玄妙等《大正藏》,第 55 册,第 380 頁。
② 徐時儀《一切經音義三種校本合刊》,上册,第 518 頁。

（1031—1054）時代的校正增補，至道宗咸雍四年（1068）以前完成五百七十九帙全藏，①此爲《遼藏》卷裝第一版。據學者研究，《遼藏》以希麟《音義》（晉帙）和慧琳《音義》（楚至滅共十帙）墊底。② 是否表明《慧琳音》是咸雍初年之刻本？綜合佛藏以大小乘經、律、論而殿以僧傳、史乘、音義的千字文排列和興宗、道宗的增補等因素，《希麟音》即使在統和以後不久即完成，也必須到各書帙號排定以後才可刊刻，《慧琳音》也是如此。兩書之刊刻入藏亦與《遼藏》傳入高麗時間有關。《遼藏》之傳入高麗，據載有兩次。一次在遼道宗清寧八年（1062），《遼史·高麗傳》載：清寧八年"來貢，十二月以佛經一藏賜徽"；一次在咸雍八年（1072），《道宗紀三》載咸雍八年（1072）十二月庚寅"賜高麗佛經一藏"。李富華、何梅認爲前者所賜爲大字卷裝本，後者所賜爲小字册裝本，而高麗據以復刻的是大字卷裝本。故其入藏刊刻之年代絶對早於清寧八年。

高麗藏曾先後刻過三次，第一次完成於顯宗二十年（1029）以前，此時未得《遼藏》，齎金入浙中求《慧琳音》亦無著，故不會有其書。第二次是文宗末宣宗時代，即義天回國後的一〇八九年，此時距得《遼藏》已十多年，完全有可能收入《慧琳音》和《希麟音》。第三次由李奎報、守其在高宗朝所雕，完成於一二五一年。今所見二書後有年月尾題，都是歲在丁未的高宗三十四年（1247），時在南宋理宗淳祐七年。

一百六十年之後，希麟繼《慧琳音》之後爲新出藏經作音義，著成《續一切經音義》十卷。

希麟之生卒年及行歷、僧臘均無考，祇知是遼聖宗時燕京崇仁寺沙門，也是一位深通佛學和聲韻訓詁的高僧。聖宗統和年間，希麟在崇仁寺佐助無礙大師詮明編刊遼藏。《遼藏》是在《開元錄》基礎上增補續編，其續增内容"從《大乘理趣六波羅蜜多經》，盡《開元釋教録》，總二百六十六卷"，因係

---

① 此據李富華、何梅所説。李、何兩位定爲咸雍四年，是根據《金石萃編》卷一百五十三《賜臺山清水院創造藏經記》"咸雍四年三月，捨錢三十萬，葺諸僧舍；又五十萬，募同志印大藏經凡五百七十九帙，創内外藏而龕措之"一語。五十萬錢絶不可能刊刻藏經，碑文説"印"，即是辦置紙墨，鳩工印刷。由此知咸雍四年經版早已刊成，此與下文所説在清寧八年賜高麗大藏經相應。
② 有關《遼藏》發現與刊刻參見李富華、何梅《漢文佛教大藏經研究》，宗教文化出版社2003年版，第127—160頁。

續增,其音義爲《慧琳音》中所無,故希麟秉承詮明之旨意,爲作《音義》。①《續音義》刊入《遼藏》自無疑義,因《遼藏》由最初五百零五帙經數十年的增補而最終成爲五百七十九帙的規模,故《續音義》何時刊刻入藏,尚須更多資料來證實。

玄應、慧琳、希麟《音義》,前後各相距一百五六十年,正好跨越唐代三百多年的歷史。三部《音義》互相紹承增補,如慧琳《音義》將玄應《音義》二十五卷散入自己書中,復又進行必要增補。希麟則對《開元錄》以外慧琳未予音釋之藏經作音義。此皆顯而易見。如果更從三部《音義》内部解讀,還可以看出文獻目錄記載以外的佛典音義起源、發展和延續、發揚之軌跡。

玄應《阿彌陀經》上卷引"舊音義"云云,《阿彌陀經》係三國吴支謙譯,之後重譯、注解者頗多。《普門品經》亦引"舊音義"之説,《普門品經》晉竺法護、訶支皆有譯本,大同小異,但不見有注解。玄應所引"舊音義",當是唐以前學問僧所作。如果玄應所引是其書原名,則可推知從道安而後,高僧在中土四部書音義影響下,開始爲佛經作音義,這些音義很可能早於道慧的《一切經音》。

慧琳在鳩摩羅什所譯《仁王般若經》中也引及"舊音義",應該也是六朝高僧所著,可與玄應所引互證。而他在爲唐菩提流志集釋的《大寶積經》作音義時屢屢引及"舊音義",顯然是集釋中的音義。又在《大般涅槃經音義序》中説:"復覽諸家音義,梗概相傳,梵語未譯於方言,字體仍含於真僞。"又説:"音義依雲公所製,唯陀羅尼及論梵字疏遠不切者,慧琳今再依梵本翻譯爲正。"②則《大般涅槃經》不唯雲公有音義,還有其他未傳姓名者之音義。

希麟在唐不空所譯《大寶廣博樓閣善住秘密陀羅尼經》卷上、義淨所譯《根本説一切有部毗奈耶出家事》《根本説一切有部毗奈耶皮革事》卷上中皆引"舊音義"之説,諸此音義原始面貌及作者、書名現都不詳。

三家所引舊音義,表明六朝隋唐某些佛經已有單獨之音義,其原始面貌如何,難以言説,而敦煌所出諸多佛經音義殘卷中透露出一些信息。敦

---

① 參見虞萬里《黑城文書遼希麟音義殘葉考釋與復原》,《吴其昱先生八秩華誕敦煌學特刊》,臺灣文津出版社 2000 年版,第 179—193 頁。後收入《榆枋齋學術論集》,江蘇古籍出版社 2001 年版。
② 徐時儀《一切經音義三種校本合刊》,中册,第 928 頁。

煌殘卷中大多數所擬的"難字""難字音"或"音義"都不加卷名或書名。如擬爲《大般若波羅蜜多經難字音》的北八四三一殘卷卷首作"大般若第一帙"，以下也僅標第幾帙，並將所需標識的難字列出。擬爲《妙法蓮華經難字音》的伯三四〇六殘卷卷首也標爲"妙法蓮華經·序品第一"，以下順次將難字列出，直音和反切用小字注於下。明確標出卷名的有：伯二一七二、斯三三六六《大般涅槃經音》、斯六六九一《金光明最勝經音》等少數幾號。這些八世紀或九世紀所鈔殘卷，都是最接近於原始經卷的音義，有的直接附在經文後面，預示了較早佛經音義幾種形式。分析這些殘卷，有的僅有難字，無音無義，有的標直音，有的標切語，釋義尤其是引經據典的釋義極少，呈現出一種草率與淺薄。它祇能供誦經或粗略領會經義者之用，而非專門研究之著。敦煌寫卷如此，六朝佛典音義不可能超過這種水準。推想道慧的《一切經音》或僅是鳩集當時各經的難字、直音，所以遭到批評，而引起玄應發奮爲衆經做音義之宏願。可惜天年不永，僅二十五卷而止，遂有雲公、窺基、慧苑、慧琳、可周、行瑫、可洪、郭逖、希麟、處觀及更多不知名高僧相繼專注於此，終使佛典音義得以超過經錄所載而與後世藏經卷帙基本同步。音義與藏經卷帙趨同，爲宋以後佛藏樹立了一個標杆，促使後人對新譯佛經或舊經入藏都有意地爲之作"音義"，嘉興藏的《法苑珠林》各卷後之"音釋"便是一例。

三、佛典《音義》的內容與價值

慧琳《音義》大致依照圓照的《貞元入藏錄》編排，亦略有調整增補。全書所音注的佛經計有一千三百部，五千七百餘卷，共收詞目三萬一千多條，約一百二三十萬字。其中玄應所撰三百多部經音義詞目七千多條，慧苑《華嚴經音義》詞目一千二百多條，雲公《大般涅槃經音義》詞目九百多條，窺基《妙法蓮華經音義》詞目五百多條，都是慧琳轉錄、刪補，經加工而收入。[1] 凡所轉錄，皆在各卷經目下標注原作者姓名，以示不掠人美。

《音義》之內容包羅萬象，本非尺幅短紙所能全面展示。兹僅就音義書

---

[1] 資料均見徐時儀所統計，見《一切經音義三種校本合刊》緒論，下有關資料亦同，不一一指出。

中最爲常用的形式例舉一二,以表揭其基本內容,並與經史音義書稍作比較,以見音義類著作之發展。

(一)立目

獨立於原著之外的音義類書,必須摘錄原文字詞,以作爲釋義之鵠的。《經典釋文》如此,三部佛典《音義》亦如此。《音義》立目除音譯詞之外,也有短語與典故,但極大多數爲雙音節詞。即使僅解釋其中一個字,立目也多爲詞或短語。據徐時儀統計,玄應《音義》收釋九千四百三十個語詞,除八百四十個音譯詞和個別破詞及三字詞條外,幾乎全是雙音節詞或短語。更值得提出的是,這些雙音節詞中沿用至今而爲《現代漢語詞典》收錄的有六百六十八個。説明玄應、慧琳、希麟在選詞立目時,已充分考慮詞彙的凝固性。相對於陸德明《釋文》,其立目選擇單字或複詞極爲隨意,沒有標準。即使用雙音節詞立目,也不考慮詞彙結構,如釋"引"而立"而引",釋"縣"而立"縣其"。《釋文》僅是將立目作爲音釋的定點,不管摘取的音節成詞與否,而《音義》則已從詞彙角度著眼,反映出撰著者的詞彙學觀念。

(二)一般釋義

釋文部分一般是先標"音"後釋"義",以副"音義"之實。即先爲所需解釋之字用反切或直音標音,有時兼標聲調。而後則大多採用已有成説亦即引經據典,證成其義,甚至不惜一引再引,以求信實。如慧琳《音義》卷七十六"刊定"條云:"渴安反。杜注《左傳》云:'刊,除也。'鄭注《禮記》云:'削也。'《廣雅》云:'定也。'《説文》:'從刀,干聲。'"先用兩條經注來描述"刊"的削、除之義。古代文字書於簡牘,有誤則削除之,而後可定稿,故引《廣雅》云"定也",削而定之,猶今人説"刊定"。最後引《説文》解析"刊"字構形。凡所列詞目之字形有正俗譌變,則或用字韻書予以校正,或用案語加以説明。如慧琳《音義》卷十五"窻隙"條云:"俗字也。正作牕。字書云:'助户明也。音楚江反。'《説文》:'在牆曰牖,在屋曰囱。象形,古字也。'今隸書通作窓。又云:'通孔也。'《考聲》云:'今屋兩端窗也。'下鄉逆反。從白上下小。經從巢作窼,非也。"先指出字之正俗,而後引字韻書解形釋義。

最後指出下字在《大寶積經》中作"陳"形之非。此爲《音義》最常見之釋義方式,它與隋唐之際典型的儒典音義《經典釋文》體式相近,但大多數條目的引證較《釋文》更豐富。

(三)特殊釋文

三部《音義》還有許多條目的解釋極爲詳細,有的幾乎自成一段完整的論證。如《慧琳音》卷三十八"嵐颲"條云:"上音藍。此嵐字諸字書並無。本北地山名,即嵐州出木處是也。亦北蕃語也。後魏孝昌於此地置岢嵐鎮城。岢音可。城西有山,多猛風,因名此山爲嵐山,書出此嵐字。後周因岢嵐鎮城遂改置爲嵐州,在太原西北。《韻詮》云:'嵐,山風也。'下音列。《聲類》云:'風之猛利,名爲颲風。'《説文》云:'颲颲,風雨暴疾貌也。從風列聲。'颲音鄰一反,從利也。"標音釋義,又將嵐州之得名及沿革作出完整描述。這種形式,已經非儒典音義所能包容。它承襲了史部音義的形式。《音義》引用《史記音義》、應劭注《漢書》、《漢書音義》、蕭該《音義》、《漢書集注》等不下數百條,史書音義多爲歷史地名、事件等作詳盡詮釋。從中可以看出三部《音義》與史部音義之關係。

(四)意譯、音譯外來詞

由於佛經的内容,決定了《音義》必須收錄、解釋意譯和音義的外來詞。三部《音義》所收此類辭彙數量極多。撰著者在解釋梵語時,運用了多種方法,如慧琳釋"般若波羅蜜多"一詞説:"**般**,音鉢。本梵音云鉢囉,二合。囉,取羅字上聲兼轉舌即是也。其二合者,兩字各取半音,合爲一聲。古云般者,訛略也。**若**,而者反。正梵音枳孃二合。枳音雞以反,孃取上聲,二字合爲一聲。古云若者,略也。**波**,正梵音應云播,波箇反,引聲。**羅**,正梵音應云囉,准上,取羅上聲轉舌呼之。**蜜多**,正云弭多,弭音迷以反。具足應言摩賀(引)鉢囉(二合)枳孃(二合)播(引)囉(轉舌)弭多。梵云摩賀(唐言大)鉢囉(二合)枳孃(二合),唐言慧,亦云智慧。或云正了知。義净作此解。播(引)囉弭多,唐言彼岸到。今回文云到彼岸。"將一個音譯詞的梵文原音、發聲原理、譯音正譌、漢語意義及其反切都準確揭示,完整表述,使人

從儒典的"音義"説到佛典的《一切經音義》——寫在《一切經音義三種校本合刊》出版之際

了無疑滯。他雖然校正譌俗，指出正音，但從廣播教義，普施佛法著眼，並不生硬地要求改正譌俗，順從正音，因爲事實上也做不到。所以接著説："如上所説，雖是本正梵語，略音已行，難爲改正。般若波羅蜜多久傳於世，愚智共聞。今之所論爲造經音解其文字及釋梵語不可不具説也，但欲廣其學者知見耳，實非改易經文。已下諸經中有正梵語及論文字是非，皆同此例，取捨今古，任隨本志。"本著嚴謹的學術態度，充分理解世俗情理，以這種方式著書，可謂兩全其美。意譯、音譯詞是經史音義中絶少有的，注家在解釋時大多祇作爲漢字而爲之注音，很少從對音角度詮釋。如師古注《漢書·西域傳》"龜兹"云："龜音丘，兹音慈。"又《史記·大宛列傳》"身毒國"裴駰集解："徐廣曰：身或作乾，又作訖。《索隱》：身音乾，毒音篤。孟康云：即天竺也。所謂浮圖胡也。"張守節《正義》用七百十九字解釋其國地域人情風俗之種種，却絶無對"身毒"一詞譯音之考索。所以佛典音義在收録解釋外來詞方面，遠遠超出經史音義之範圍。據徐時儀統計，《玄應音》有一千多條，《慧琳音》有三千二百多條（包括玄應、慧苑、雲公、窺基共一千三四百條），其搜羅之宏富，解釋之詳盡，爲漢語詞彙中豐富的外來詞研究奠定了基礎。

《音義》既解釋單字，也解釋複詞，兼有字典和詞典效用；既解釋語詞又解釋專科詞，是具有百科詞典性質；既解釋漢語詞亦解釋外來詞，更兼具外來詞詞典功能。三部《音義》字數約近二百萬，所釋單字複詞三萬多條，超過唐宋所有音義書和字韻書，在中國字典、詞典和韻書發展史上有著不容忽視的地位。

三部佛典《音義》的學術價值是多方面的。立足於佛典性質而言，它是校訂佛學典籍的重要依據；立足於音義性質而言，它全方位地反映出中古漢語的靜態概貌和由上古到中古發展演變的脈絡，反映出由章句、注解到音義、義疏時代我國學者在文字、音韻、訓詁、詞彙各領域的綜合研究能力。從文獻學視角而言，也是最爲人所注重的是，三部《音義》之釋義大多是引古籍爲證，故保存了隋唐以前大量文獻。隋代牛弘曾上書極言春秋之後圖書有五厄，即始皇焚書，王莽燔宫，董卓遷都，石勒陷洛，蕭繹毁書。時至唐代，先秦兩漢六朝之書所餘無幾。玄應、慧琳、希麟相繼援引其所見到的四部文獻，在版刻印刷未發明以前，確實難能可貴。明代胡應麟繼牛弘之後歷數大業、天寶、廣明、靖康、紹定之兵燹禍亂爲書之又五厄。明清以還，隋唐以前之書已希若星鳳，致使四庫館臣有"隋以前遺文秘笈，迄今十九不存"之歎。嘉慶間，任大椿纂輯《小學鈎沉》，已注意輯錄《玄應音》中隋唐以前字韻書。及光緒初年，楊守敬從日本訪得《慧琳音義》攜歸，陶方琦最先補輯《蒼頡篇》和《字林》，前者於光緒十二年刊梓。同時顧震福繼任大椿輯《小學鈎沈續編》，即大量採輯《慧琳音義》，刊於光緒十八年。一時採輯之風熾盛。民國初年，龍璋見清人搜輯《慧琳音》《希麟音》等既多遺漏，又復互異，乃發奮從三部《音義》及《和名類聚鈔》等書遍輯唐以前小學書及漢晉經注計七十六種，成《小學蒐佚》。至此，國人雖知慧琳、希麟《音義》爲"小學之淵藪，藝林之鴻寶"，尚未知其確切引錄多少種古籍。一九二三年，北京大學研究院編輯正續《音義》引書索引，共得七百五十餘種，其中相當一部分爲不傳之佚籍。可以認爲，由於正續《一切經音義》的回傳，使我們看到了衆多漢唐小學書的鳳毛麟爪，加深了對隋唐以前經史注解、音義、字韻書之認識。即此而言，三部《音義》之價值已不言而喻。

　　佚書價值固大，而存世古籍的校勘意義也非同一般。如此數量龐大的由唐人引錄的古文獻，在千年之後，對相應古書進行勘同校異，其收效無疑會出人意表。自《慧琳音》《希麟音》傳回中國以後，晚清宦懋庸率先取《慧琳音》作《慧琳大藏音義引〈說文〉考》，書當不止一卷，今不知存否。① 民國田潛繼之，亦取以校勘《說文》，作《一切經音義引〈說文〉箋》，又王仁俊作《希麟音義引〈說文〉考》，王少樵作《玄應書引〈說文〉校異》五卷、《慧琳書引〈說文〉校異》十二卷。初期的佛典《音義》校勘，多集中在《說文》，此乃《說文》在傳統小學中之地位所決定。田氏校箋，體例謹嚴，但僅比勘相異之點，略其所同，終使人無法瞭解兩部《音義》引《說文》之全貌。此種勘同校異工作在兩部《音義》傳入時熱鬧一陣之後，歸於沉寂。近二十年，隨著對三部《音義》研究的重視，而校覈其與傳世文獻異同的工作也重新開始，其中尤以徐時儀爲中堅。徐時儀曾對三部《音義》中所引的《方言》《廣韻》《切韻》《玉篇》等都做過踏實細緻的比勘工作，取得不小成績。但是，相比玄

---

① 宦懋庸《莘齋文鈔》卷一有《慧琳大藏音義引〈說文〉考》一文，云："嘉慶間，海內盛行釋元應所著《一切經音義》二十五卷，一時小學專家如嚴鐵橋、段若膺諸先生皆寶而重之……乃近今東瀛又流傳《慧琳音義》一百卷，溢過元應五分之四……寓居多暇，爰取其書之引《說文》者，逐字分列而考求之。"（光緒二十年川東道署刊本）宦氏光緒八年（1882）被選爲謄錄而憤然不就，乃復攻治許學，故其書之作年當與陶方琦、顧震福相先後。

應、慧琳、希麟《音義》所引七百多種古籍而言，實在太微乎其微，更加繁重的校讎比勘工作，將有待於學者努力。

四、《一切經音義三種校本合刊》之得失

《慧琳音》和《希麟音》刊入《契丹藏》，傳到高麗收入《高麗藏》。日本在足利幕府時代的應永二十九年（1422），亦即明永樂末年先後從朝鮮得到數部《高麗藏》，分藏在幾個寺中，後因蠹蝕漫漶，日僧忍澂於元文二年（1737，乾隆二年）翻刻於獅谷白蓮社。光緒初楊守敬在日訪得慧琳、希麟《音義》之後，攜歸數部。明治十三年至十八年（1880—1885）日本弘教書院以《高麗藏》爲底本排印《弘教藏》，收入兩部《音義》，宣統元年（1909）至民國二年（1913）頻伽精舍以弘教藏本爲底本，校以獅谷白蓮社本，用鉛字排印。大正藏、中華大藏經又皆據《麗藏》排印或影印。故此書現今雖有六部，因經排印、校勘，亦互有異同。

至於玄應《音義》，其成書之後即有傳鈔本，今敦煌殘卷、日本正倉院皆藏有寫本。刊入《開寶藏》之後，爲歷代藏經所收。

三部《音義》有寫本、藏刻本、校刻本、排印本、影印本等，歧異錯舛，不一而足。近百年來印刷術飛速發展，佛典整理也在大規模地進行，但因《音義》本身特點，需要對佛學及文字、音韻、訓詁均有一定造詣的學者方能勝任，且必須有堅忍不拔之精神的學者方敢肩任，所以現代意義上的校勘整理本一直付之闕如。近日收到出版社惠贈的《一切經音義三種校本合刊》三鉅冊，誠可謂煌煌鉅著，而領銜整理者正是老友徐時儀教授。呂新吾說："任難任之事，要有力而無氣。"而時儀兄正是這樣一個堅毅踏實的學者。他關注、研究佛經音義已二十多年，所做碩、博士學位論文也是《慧琳和他的〈一切經音義〉》和《玄應〈衆經音義〉研究》，前後出訪港臺和日本等地，專事搜羅各種佛經音義資料，積累甚多。三種《音義》校本由他來主持並攜同其六位高足共同完成，既最爲合適，也極其自然。全書分爲兩部分，第一部分爲《緒論》，第二部分才是玄應、慧琳、希麟三部《音義》的本文和校勘。

第一部分《緒論》，更確切地説是徐時儀的又一部專著。全文二十餘萬字，是近數十年來古籍整理所撰寫前言中的一個創舉，也是爲整理這部複

雜專書所作的必要説明，更是後人利用這部專書一篇必不可少的導論。細讀這篇專論，可以體會到它是作者提取其碩博士論文中的精華，並結合新材料進一步深入研究、提升後的結論性文字，代表了當今國内外佛經音義研究的最新最高水準。

全文分爲六個章節，第一章談《一切經音義》編纂的時代背景。將佛教在中國的傳播和佛典的翻譯作概要的介紹，著重論述儒佛交流和《音義》淵源。第二章對玄應、慧琳、希麟三人生平作詳盡的勾稽和考證。佛門中對開山宗師和大德等多有弟子、信徒、方志、寺志紀其行歷，而像玄應、慧琳、希麟這樣的學問高僧，反而記載頗少。所以要知人論世，推其著書年代及生卒、交友，必須闡微燭幽，多方參稽，方能有所弋獲。作者幾乎網羅了所有有關三位高僧的資料，詳盡地考證了他們的生卒年、行歷及著書年代，最大限度地給讀者一個完整印象。當然，他的結論並非没有進一步推敲的空間。如他考定玄應之卒年應該在"龍朔年間（661—663）"，而筆者根據玄應所遺留的《大般若經音義》殘卷、慧琳《音義》的篇幅以及藏經銜名等綜合參稽，進而推測玄應很可能在龍朔二年（662）夏季前後示寂。學界一般認爲爲《慧琳音》作序的景審是慧琳之學生，作者也襲取這種説法。但據筆者分析，這可能是誤讀"許爲不請之師"的佛教語所致，而景審實非其學生。忽略這些小節不計，作者將三部《音義》的不同印跡，即入藏本、刻本、影印本一一考其源流，特別是對玄應《音義》在敦煌、日本的鈔本作了詳盡的追蹤描述，後文又圖示寫、刻本的傳承途徑。集中展示、評述如此衆多的寫卷和鈔件，是音義研究史上前所未有的工作。

第三章討論《一切經音義》内容與體例，對其編纂宗旨和性質，收詞原則和編排方法作了提綱挈領的概述，特別對立目、注音、釋義的形式作了窮盡式示例。第四章專論《一切經音義》特色。作者從六個方面來闡述三部《音義》特點。其中"重視規範，兼顧從俗"和"雙字立目，收錄複詞"、"注明通假，標明正字"都是立足於傳統字韻書或音義書較多地重視規範，忽略時俗，注重單字，輕視複詞這一點而闡發其特色。其"功能衆多，一書多用"一節從三部《音義》的專科、百科辭典、外來語辭典、雙語詞典等角度闡述其特點。第五章論其價值。佛典《音義》對佛學研究之價值固無庸置疑，而它對文字、音韻、詞彙諸方面的語言學價值和古籍輯佚、考校也有著不可估量的潛在價值，對探討我國古代辭書編纂理論和辭書史研究也決不可忽略。從這些具體微觀的正確描述和信手拈來的大量舉例論證中，讓讀者體悟到，這絕不是走馬觀花、淺嘗輒止的人信口開河所能道，它是作者長期浸潤原著，悉心梳理，深入研究的結果。如果熟悉作者的研究歷程，可以看出，這是擷取他兩本專著和五十餘篇論文的精華，經提煉、升華而流出的心得，也是潛心研究二十餘年最終最新的結論。所可商榷者，是其中的某些小節安排，還可以調整得更合理一些。

第六章談三部《音義》的校勘，這是作者積二十年之功，整理、比勘、爬梳後的結晶。即以玄應《音義》為例，該書不僅是三種《音義》中寫本、版本系統最為複雜的一種，其中異同、衍奪甚至人為的增删即使置於版本複雜的古籍中，也是一個很有特殊性的典型。首先關於《玄應音》到底收入多少部佛經，各家之說有四百四十三部、四百五十四部、四百五十六部、四百四十部、四百二十五部之不同，而經作者悉心比勘，梳理出以《麗藏》《金藏》為首和以《磧砂藏》《永樂南藏》為首兩個不同的系統，前者收釋四百五十八部，後者四百四十部，兩種系統互補，共釋佛經四百六十五部。其次是《玄應音》收釋語詞數量問題。作者統計所得共收語詞為九千四百三十條，除重所得為七千九百六十條，但就不同版本的系統而論，《磧砂藏》本有而《麗藏》本無的語詞有二百十四條，《麗藏》本有而《磧砂藏》本無的語詞有二百十二條。再次，各系統的引用書證也有詳略不同。就慧琳《音義》而言，他確實轉錄了玄應《音義》所釋三百多部佛經音義。一般研究者有這種模糊的認識，便以為舉慧琳《音義》就可包含玄應《音義》，更有甚者，將一百卷本著作權歸之玄應。作者指出：慧琳《音義》轉錄玄應《音義》衹是部分而非全部，收錄的部分也非全盤照錄，而是有增删改易。較為顯著的例子是，龍璋《小學蒐佚》輯錄玄應《音義》中有《韻詮》一書，不知玄應撰《音義》時，武玄之的《韻詮》尚未產生，這裏所引，都是慧琳轉錄時所增。慧琳和玄應《音義》各本之異同，既有後人不斷增訂所成，也有原本在傳鈔過程中删節或漏略所致。以上種種複雜多變的事實，出乎一般古籍流傳的常情，絕非耳食、轉鈔者所能道。

第二部分亦即本書原文與校記。原文均以《麗藏》為底本。《慧琳音》《希麟音》參校日本獅谷白蓮社本、頻伽精舍本和大正藏本。《玄應音》因寫本、版本眾多，又為慧琳轉錄改易，故凡《麗藏》本闕譌之處，據《磧砂藏》《趙城金藏》等刻本、敦煌吐魯番寫卷和日藏寫本校補；慧琳轉錄於某卷，也分別標明。校記置於每卷之後。三部《音義》共一百三十五卷，實際字數近二百萬字，引書七百多種，加之前面所説玄應《音義》之複雜版本和慧琳《音義》包含玄應《音義》並互有異同之狀況，校勘工作極爲繁複。據統計，單就校記字數即有三十多萬，其所花精力之大可以想見。

原文以《麗藏》爲底本，由於玄應《音義》的《麗藏》本和《磧砂藏》本互有詳略異同，故條目或文字凡《麗藏》所無而爲《磧砂藏》所有的文字，全部於校記中補出，如卷十二"奔走"條校記云："此條《麗》無，據《磧》補。"又"咳笑"條："古文孩，同。胡來反。《説文》：咳，小兒笑也。《禮記》'子生三月，父執子之手，咳而名之'是也。"校記："'《禮記》子生三月，父執子之手，咳而名之是也'，《麗》無，據《磧》補。"凡玄應《音義》所有而爲慧琳轉録所無的條目，也在校記中標明。如卷七《正法華經》第二卷"噉食"條校記云："《慧》無此條。"玄應所據經録與慧琳所據序次有所不同，故玄應在某卷爲某經所作音釋，慧琳因序次不同而調至別卷，校記於此皆注明：某某經，慧琳轉録於某某卷。由此可以看出，整理者在整理過程中儘量將三部《音義》特殊之點與版本複雜之處表揭明白，使讀者在閲讀、利用時既省時又明瞭。因爲限於底本不誤不出校之體例，所以《麗藏》系統有而《磧砂》系統無的條目和文字，校記無法顯示，使人還不能全盤掌握各系統的全貌，這不能不説是一個小小的遺憾。

一百多卷上萬條校記，是整理者覈對各種寫本、藏本、刻本數萬次的碩果。校者恪守不輕改原文的原則，一般都在校記中表達自己傾向性意見。如卷八十九《高僧傳》卷二"五舶"條云："《莊子》云：以水爲舟則稱衛舟、太白。"校記云："水，據文意當作'木'。"文不見於《莊子》，祇能以文義推之，不敢臆改，故在校記中説明。逢有文獻原文可按覆的，儘量在校記中將古籍原文寫出以示其誤，大量校記都以此種形式出之。也有根據全書前後互出文字以訂正譌誤者，如慧琳《一切經音義》卷二十一《新譯大方廣佛花嚴經音義卷中》下有"塵相如故"條云："案《字林隱文》作塵。今有從兩上者，不是字也。"六朝隋唐不見《字林隱文》書名，但本書卷二十七"宛曲"條曾引"字林音隱"，故校記以爲可能是"字林音隱"之誤。

《音義》之傳鈔，多是一般僧人或民間鈔胥，點畫之間，形似之字，錯舛譌變，在所難免，加之古代傳本各異、文義皆通情況比比皆是，所以可出校而未校者往往而有。如卷八十一"函杖"條云："上音含。含容也。謂講問宜拑樹容文足以指畫也。或謂杖也。"①初讀釋文，不知所云。但"函杖"即"函丈"，所謂"函丈"，就是講學時師生之間須有一丈的距離，即容丈，所以釋文中"容文"之"文"爲"丈"字之誤。校覈《禮記·曲禮上》："若非飲食之客，則布席，席間函丈。"鄭玄注："謂講問之客也。函，猶容也，講問宜相對容丈，足以指畫也。"讀鄭注，知"拑樹"爲"相對"之訛誤。唐代俗寫，"扌"與"木"多混而不分，"樹"脫去"木"旁，與"對"近似，既脫又譌，遂致無法讀通。《麗藏》《獅谷》及《大正藏》等皆同，又知其誤在《麗藏》甚至《遼藏》或唐鈔本。作者做過大量專書的比勘工作，有專文《一切經音義所引〈説文〉考探》等，其在《緒論》中頗多引證，如慧琳《音義》卷八十三釋《大唐三藏玄奘法師本傳第十卷》"千楨"之"楨"："《説文》：'堅木也。從木貞聲也。'"今傳大徐本《説文》："剛木也。从木貞聲。上郡有楨林縣。""堅"與"剛"義近。慧琳所引《説文》似爲憑記憶所及而引，抑或依據別本而引。但在《慧琳音》卷八十三"千楨"下未出校。同理卷四十"柯葉"條引《説文》作"樹枝也。從木，可聲"，《緒論》謂與大徐本"斧柄也"不同，而正文中亦未出校。其實這些成果如能在校記中反映，既不没作者的功夫，也使讀者受益。當然，篇幅如此之大，涉及面又如此之廣，應對乏術，顧此失彼，亦屬情有可原。

　　三部《音義》都是經過傳鈔而後刻版，且由敦煌寫卷和《龍龕手鑑》等可知，唐代佛經寫卷中俗字極多，爲俗字極多的寫卷佛經釋義標音，其譌俗之字也必滿紙連篇，歧出不一。從學術角度看，存真可供俗字研究；從印刷規範而論，統一更利於查閱應用。作者經過反覆思考，確定一種兼顧的方法，即正文用規範字體排印，在書前將寫本、刻本中所有涉及到的俗字異體做一個詳盡的對照表，計收八百多對正、異、俗體字，使需要查考或研究異體、俗字的學者也可以從中獲得豐富的信息。

二〇〇九年一月十五日至二十八日

---

① 徐時儀《一切經音義三種校本合刊》，下册，第1946頁。

斯坦因三探所獲吐峪溝文書字書殘片考釋

一九一三年七月,斯坦因從今克什米爾境内的斯里納喀爾啓程,進行第三次中亞探險考察。在離開黑城以後,曾進入吐魯番,在吐魯番吐峪溝發掘得一批文書寫本。中有一片殘葉,原無出土編號,大英圖書館東方部館藏編號爲 Or. 8212/979a。郭峰《斯坦因第三次中亞探險所獲甘肅新疆出土漢文文書——未經馬斯伯樂刊布部分》編爲"四〇二",題名爲"殘字書",解題曰:

　　灰褐白紙,無簾紋,高 2cm,寬 4.7cm。佳楷。無原出土編號。①

郭書没有圖版,僅有録文,字有小譌。沙知、伍芳思編著之《斯坦因第三次中亞考古所獲漢文文書(非佛經部分)》(下簡稱"沙編")既有録文,又附圖版,②題曰"字書殘片",圖版如下:

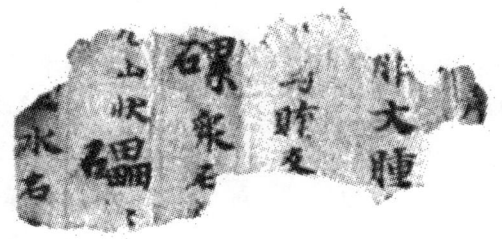

---

① 郭峰《斯坦因第三次中亞探險所獲甘肅新疆出土漢文文書——未經馬斯伯樂刊布部分》,甘肅人民出版社 1993 年版,第 185 頁。
② 沙知、伍芳思編著《斯坦因第三次中亞考古所獲漢文文書(非佛經部分)》,上海辭書出版社 2005 年版,第 21 頁。

沙編録文如下：

　　　一．…………聲……
　　　二．………□大腫……
　　　三．………□賄反……
　　　四．……磥衆石……
　　　五．……山狀礧ゝ……
　　　六．…………□水名□……

書中録文之字一樣大小，對照圖版，"磥"、"礧"二字是大字，其餘皆小字。其中"聲"字僅存"声"及下部半"耳"字，"大"字上有一字不清，"賄"字上一字殘存像"烏"、"馬"下部之形體，"山"上一字不清，"水"上一字不清。

　　郭書、沙編都將殘葉定名爲"字書"，但著眼於"磥"、"礧"二個大字均皆同音考慮，它不應該是字書，而應是韻書。觀其字體，絶類唐人書體，厚實中略帶隸意。如果是唐鈔韻書，則與《切韻》《唐韻》一系韻書有關。經與現存唐鈔《切韻》《唐韻》殘卷比勘，基本可以確定是唐鈔韻書殘葉。確定爲唐鈔韻書殘葉，仍有其所屬名稱、年代及爲《切韻》《唐韻》或其他系統的問題。下面就此諸問題予以探討。

　　"磥"與"礧"在唐宋韻系中屬上聲賄韻。賄韻一般多列於上聲第十四，王二列於上聲第十五。今存衆多唐寫本殘卷、殘葉中，唯斯二〇七一、列JIVK75、伯二〇一一和王三、王二五種殘存或全存賄韻，可資比對。爲便於全面考釋，現將五種殘卷的賄韻逐録於下：

　　斯二〇七一號十四賄韻（P93）：①

十四賄 呼猥反四 胎 朒ゝ②大腫皃朒字都罪反 𤆥 爛皃又亡罪反 𣢜 哀猥 猥 犬聲烏賄反四朒ゝ 腲肥弱病腲腰字吐猥反 鐳ゝ鐳不平 娞ゝ姝好皃 磥 衆石或作磊落猥反九 㿋 疿㿋皮外小起疿字蒲罪反 嶵ゝ崒山狀崒字五罪反 礧ゝ硌大石皃又勒漬反硌字盧各反 邽ゝ陽縣名在桂陽 頛 頭不正皃 鐻 鐻ゝ灅 水名在北平 郲 瘣郲

---

① 以下所列皆據周祖謨《唐五代韻書集存》，故兼標頁碼，以便檢尋。
② ゝ，姜亮夫《瀛涯敦煌韻輯》卷三作"胎"，蓋將重文符號補出原字。《姜亮夫全集》第九卷，雲南人民出版社2002年版，第69頁。

不平皃嵬①字胡罪反　鐵　矛戟下徒猥反一

增字本切韻斷片（列 ТИК75，p239）：

鎇 ˋ鑘不平　媁② 好皃　□ 門　碌 落猥反八　癗 痱癗皮外

王一（伯二○一一，P389）：

灅 水名在右③北平　郣 塊郣不平皃塊字胡罪反　儡④ 傀儡又力追反

王三上聲第十四賄（P477）：

賄 呼猥反財亦作賄四　胋 脮ˋ大腫皃脮字都罪反　煟 爛皃又亡罪反　煤 火猥烏賄反犬聲七　脮 ˋ腰肥弱病　鎇 鑘不平　媁 ˋ矮好皃　㾾 ˋ㾾不知人　㾦 ˋ㾦病痱　碌 ˋ鑘亦作碌　碌 落猥反或作磊衆石十二　癗 痱ˋ皮外小起　嵬 ˋ嶵山狀　碌 ˋ硌⑤大石皃又勒漬反　郣 ˋ陽縣在桂陽　鑘 鎇ˋ　灅 水名在古北平　郣 塊郣不平皃碌字胡罪反　儡 垂皃又力追反　頪 頭不正　嶵 ˋ嶵　鐵 徒猥反矛戟下三

王二上聲第十五賄（P577 小注三行）：

賄 呼猥反古作賄財也四　胋 脮ˋ大腫皃脮字都罪反　煟 爛皃又亡罪反　煤 火猥烏賄反犬聲七　脮 ˋ腰肥弱病　鎇 鑘不平　媁 ˋ矮好皃　碌 ˋ礧亦碌　碌⑥ ˋ矮不知人也　㾦 ˋ㾦病罪　碌 落猥反衆石或磊十三　癗 痱ˋ皮外小起　嵬 ˋ嶵山狀⑦　碌 ˋ硌大石皃又勒漬反　郣 ˋ陽鄉在桂陽　鑘 鎇ˋ　灅 水名在北平　嶵 ˋ嶵　碌

---

① 此兩字，姜亮夫、周祖謨皆錄作"魂"，但模糊的照片上似從"歹"旁，且伯二○一一殘葉，姜亮夫、周祖謨皆錄作"塊"，見下文引。
② 此字漫漶不全，姜亮夫錄文右邊從"鬼"聲。《瀛涯敦煌韻輯》卷三，第 24 頁。
③ "右"字周祖謨未錄，姜亮夫錄作"右"，照片極為模糊，不能辨別。
④ 此字姜亮夫錄作"儡"。照片極為模糊，無法辨認。
⑤ 啓字當是硌字之誤寫。
⑥ 據王三，此字當是"㾾"字之誤寫。
⑦ 細審此字原文確作"壯"，最後是一橫，係誤字，今從周、姜二氏錄作"狀"。

磙ミ 儾 垂皃又力追反 頼 頭不正 郲 㺔郲不平皃㺔字胡罪反 儡 傀儡子 鐓 徒猥反矛戟下三

　　五種殘卷中，前四種是正文大字，注文雙行小字；最後一種王二是正文大字，注文三行小注。① 吐峪溝殘葉一望而知是注文單行，但是現今所見雙行小注出土殘卷中偶有作單行者，如切韻殘卷伯三六九五之韻"泝"的訓釋"水名"二字即單行直寫不轉行，所以仍當進一步比勘。吐峪溝殘葉大字雖然祇有兩個，但從"磙"下訓"衆石……"，對照斯二〇七一下尚有"或作磊落猥反九"，王二上有反切，下有"或磊十三"；"礧"上有訓釋"山狀"，對照斯二〇七一作"丶嵔山狀嵔字五罪反"，如果注文是雙行，無論如何都應該左右分寫。從殘葉大小字比例審視，小字占大字的三分之二大小，確實表明不是雙行小注，而是單行注文。就此而論，它與現存的韻書殘葉都不同。行款不同，當然並不意味著内容不同，同一种韻書可以用雙行小注，也可以用單行小注。但是既用單行小字，無論其每行書寫多少字，各行間之字數大致應該是恒定的，即使有出入也不會太懸殊，所以真正的異同還可從殘卷和殘葉鈔寫位置上去考辨。

　　一、與斯二〇七一殘卷比較。殘葉第一行有"聲"字，斯二〇七一"十四賄"上空約大字兩格，小字三四格左右，上面是十三駭的最後七字。後三字原文如下："挨 打於駭反二 唉 鮑聲也 儴 儱儴孤楷反一"。由圖版中的"聲"字到第二行比它略低的"大"字，斯二〇七一有十八字，含"大"字爲十九字，如計空格，約在二十一、二十二字左右。從"大"字到第三行"賄"字，斯二〇七一殘卷有二十一字（含"賄"字），其中大字三，小字十八。從"賄"字到第四行比它略低的"衆"字，斯二〇七一殘卷有二十六字（含"衆"字），其中大字三，小字二十三。從"衆"字到第五行比它略高的"狀"字，斯二〇七一殘卷有二十五字（含"狀"字），其中大字二，小字二十三。從"狀"字到第六行比他低一字的"水"字，斯二〇七一殘卷有三十六字，其中大字五，小字三十一。如果從前面幾行看，鈔寫時字形略有大小，字間距略有寬窄，殘葉與斯二〇七一還比較相近。但最後一行三十六字，較前面多出幾近三分之一，這一定是斯二〇七一殘卷增字的結果，所以，殘葉與斯二〇七一不是同一種内容

---

① 爲排列、書寫方便，雙行或三行注文一律改爲單行小字。

本子。

二、與故宮博物院所藏王三比較。王三之韻目書於天頭,韻目上僅用硃砂一點。"賄"之上四字的訓釋,分別是"挨 於駭反打二 唉 鮑聲 鍇 古駭反堅又舌諧反一 枴 孤買"。從"聲"字到"大"字有二十六字(含"大"字),其中大字四,小字二十二。從"大"字到"賄"字有十九字(含"賄"字),其中大字三,小字十六。從"賄"字到"衆"字有四十五字(含"衆"字),其中大字七,小字三十八。從"衆"字到"狀"字有十五字(含"狀"字),其中大字二,小字十三。從"狀"字到"水"字有二十二字(含"水"字),其中大字四,小字十八。分析二十六、十九、四十五、十五、二十二五個數據,四十五是十五的三倍,即使考慮到大小字的平衡和鈔寫時不等的字距等種種因素,仍然得不出是同一種韻書的結論。

三、與故宮博物院所藏王二比較。王二各韻均提行不連寫,①韻目序數書於天頭,不占位置。如果殘葉與王二行款相同,則第一行與第二行比較無意義;假如殘葉與此卷相同而僅鈔寫行款不同,即殘葉是連鈔的,其上一行即十四駭的最後幾字是:"挨 於駭反打 唉 鮑聲 鍇 古駭反望②又古諧反一。",從"聲"字到"大"字有二十五字(含"大"字),其中大字二,小字二十三。從"大"字到"賄"字有十九字(含"賄"字),其中大字三,小字十六。從"賄"字到"衆"字有四十二字(含"衆"字),其中大字七,小字三十五。從"衆"字到"壯(狀)"字有十七字(含"狀"字),其中大字二,小字十五。從"狀"字到"水"字有二十二字(含"水"字),其中大字四,小字十八。分析二十五、十九、四十二、十七、二十二五個數據,四十二是十七的二點五倍,即使考慮到大小字平衡和鈔寫時字距不等諸因素,也仍然像王三一樣得不出是同一種韻書的結論。

殘葉與三種賄韻全的殘卷非同一種寫卷,與列JIVK75殘卷相較,殘葉"磥"字下直接訓釋爲"衆石",JIVK75"磥"字下直接是反切"落猥反",可見也非同一種韻書。王一僅存"漏水名"以下,無法比較。

行款、位置的比較,得出殘葉與殘卷非完全相同的韻書,同時也知道殘葉是一種收字、注釋都比較少的寫本。自陸法言《切韻》行世,風行一時。

---

① 偶有例外的即是上聲十四駭接於十三薺之後,隔三分之一行的距離,即書寫駭韻。
② "望"字係"堅"字之誤寫,參見王三"鍇"字下注。

王仁昫曰："陸法言《切韻》時俗共重，以爲典規，然若（苦）字少，復闕字義。"① 可見陸氏原書收字不多，其以音爲重，故字下往往有不注字義者。風行之書，必須有實用價值。故唐人以陸書爲主，增字加注者無慮數十家，就唐宋《史志》與目録專著所録就有二三十餘種。② 這些增字加注本大多已佚，所存僅上面比勘的幾種，其他字韻書、音義書所引，因係節録，無法證其内容原式。③ 爲對殘葉進一步復原，祇能詳細比較所存各本文字内容差異，字序前後錯舛，以期從中窺探、把握殘葉寫本格式和年代。要從殘葉與今存殘卷中比勘取捨，先須瞭解唐人增補體例。諸家增補之字形、字音、字義，有注明者，有不注明者，或隱或顯，志趣不一。王國維以來諸家研究敦煌殘葉者多有甄微燭幽，張皇其例者。張舜徽曾有簡單發凡，其中有幾條可作參考：

> 凡字有一韻兩見者，後出者多增加……凡增加字，多在韻末……凡隱僻之字，多係增加……凡（切韻）字音，以切語爲正例，其云音某者爲變例，且多屬增加字。④

此外考釋比勘者以陸志韋、魏建功最爲細密，不贅。下面以斯二〇七一爲參照物，與其他殘卷和殘葉互校，從中去辨別諸家增加之字。

斯二〇七一"呼猥反四"，反切在前，無訓釋；王三多"財亦作賄"四字，王二多"古作賄財也"五字。王二、王三詞序也不同。如果殘葉是年代較早，收字、注釋較少的鈔本，則很可能也無此五字。

斯二〇七一"胎脾ゝ大腄皃脾字都罪反"，王三、王二同。由此可推知殘葉"大腄"上面一字正是"胎"字的下部。觀其字下部之大小與"大腄"相仿佛，似乎不用"ゝ"符號替代，而是直接寫本字。"皃"字以狀"大腄"，故其字必有。後五字按法言之《切韻》有可能會有，今以每行字數推測，尚能容得。

斯二〇七一"潤爛皃又亡罪反"，潤，王三、王二作"燗"，當是鈔手所誤，

---

① 見王仁昫《刊謬補缺切韻序》，周祖謨《唐五代韻書集存》，中華書局1983年版，上册，第434頁。
② 參見方國瑜《隋唐音韻書目》，《方國瑜文集》第五輯，雲南教育出版社2003年版，第534—541頁。
③ 部分唐代諸家《切韻》佚文可參見周祖謨《唐五代韻書集存》下册所録，中華書局1983年版。
④ 見張舜徽《切韻增加字略例》，《舊學輯存》，齊魯書社1988年版，中册，第475—476頁。

釋文同。以每行字數推測，殘葉尚能容此又音。

斯二〇七一"嗳哀"，王三、王二皆作"煤火"，可見是各自所增，殘葉未必會有。如此，則小韻"呼猥反"後之"四"應爲"三"字。

斯二〇七一"猥犬聲猥烏賄反四"，王三、王二皆作"猥烏賄反犬聲七"。王仁昫將反切與訓釋調換，增三字爲七字。殘葉"賄"字前當是"烏"字下半部。其前後爲何字雖無法斷定，但訓釋、反切、字數三項是韻書常式，故比照斯二〇七一爲定。

斯二〇七一"腲㿋肥弱病腲㿋字吐猥反"，王三、王二無"腲㿋字吐猥反"六字，可見斯二〇七一此六字後加。殘葉是較早的寫本，推測可能也無此六字。而且有此六字，整行字數便容納不下。

斯二〇七一"鍡㲋鑘不平娾ⵯ婑好皃"，王三、王二同，唯"婑"作"婐"。

"娾"字之後，斯二〇七一繼之以"磈"，列JIVK75繼之以"碨"，爲異體字，其源相同。王三、王二因爲增字至七個，所以有"猥"、"旭"、"硙"三字及訓釋，二種寫本衹是字序前後不同。① 殘葉此行無法容納那麼多字，故它一定與斯二〇七一、列JIVK75一樣，無此十七字之正文和訓釋，從而也可證明它是較早的寫本。

斯二〇七一"磥衆石或作磊落猥反九"，列JIVK75作"磥落猥反八"，字作簡體，無訓釋、異體，小韻收字也少一個，可能是較早的一個寫本。王三字頭作"磈"，磈另有音義，《莊子》有"磈磥之山"，恐連累而誤。注文多"或作磊"三字，收字亦增加三字爲十二，訓釋依反切、或體、訓釋順序，與斯二〇七一適相反。王二字頭同列JIVK75，釋義同王三而順序依反切、訓釋、或體、字數排列，"或作"簡作"或"，字數增加爲十三。殘葉字頭同列JIVK75作"磥"，先出釋義"衆石"，與列JIVK75也不同，但似乎都顯示其爲簡略寫本。依韻書體式，小韻字頭下反切和小韻數字是必須有的，故殘葉很可能是"磥衆石落猥反八"。

斯二〇七一"瘖痱瘖皮外小起痱字蒱罪反"，列JIVK75"皮外"後殘。王三、王二"痱"作"疿"，釋義"瘖"作重文符號，無"痱字蒱罪反"五字。可見斯二〇七一也是增加過訓釋的一種寫本。殘葉如有此五字，第四行"磥"到第五行"山"之字便多於前幾行，故推想它與王三、王二同，無此五字。

---

① 王三"亦作磈"，王二無"作"字。王三"不知人"，王二"人"後有"也"字。故二本字數相同。

斯二〇七一"嵒ヽ嵓山狀嵓字五罪反",王三、王二都没有"嵓字五罪反"五字,反比斯二〇七一顯得原始。殘葉"山狀"後緊接大字"礪",所以肯定也没有此五字。

斯二〇七一"礪ヽ硌大石皃又勒漬反硌字盧各反",王三、王二均無"硌字盧各反"五字,推想陸氏原本也必無此五字。依據殘葉前面幾行字數推測,"礪"字到"水"字的一行之中不可能容納比前幾行的十九字更多的字數,自然不會有此五字。"又勒漬反"之又音,較早寫本未必會有,①此行字多於他行,似應刪去不計。

斯二〇七一"郴ヽ陽縣名在桂陽",王三無"名"字,王二同王三,而"縣"作"鄉",似誤。假設殘葉亦無"名"字。今存較早的《切韻》殘卷,在地名、縣名之後,有的注明在某地,有的不注。是否注明的都是增字加註本,今亦難以確指。祇因殘卷"礪"到"水"這一行除了上面刪除的兩個又音之後,字數仍有二十二字,多於前面幾行的十九字,如果這裏没有"在桂陽",適是十九字,與他行相等,因去之。

斯二〇七一"頛頭不正皃",王三在此字中間插入"鏪……潅……郲……儴"四字及其訓釋計二十八字;王二插入"鑪……潅……峯……礑……儴"五字及其訓釋計二十二字。根據殘葉前面幾行字數,從"礪"到"水"不可能超過二十多字,而"郴"與"頛"中間各種寫本隨意插入增加字,無法輕易指説何字爲原來所有,何字爲後來增加,故暫且依舊。

斯二〇七一"鏪鋃ヽ",王三、王二均同。列 JIVK75 作"鋃ヽ鏪不平",後有釋文兩字。殘葉爲注釋較少之本,如果收此字,似當與斯二〇七一、王三、王二相同。

斯二〇七一"潅水名在北平",王二同,王一、王三多一"古(右)"字。殘葉"水"字上墨色濃重,似應是大字"潅"。下面"古"字有無無法證實。

斯二〇七一"郲䰟郲不平皃䰟字胡罪反",王一同。王三作"郲䰟郲不平皃碨字胡罪反",前"䰟"後"碨",兩字不同,必有一誤。王二文同,後一字作"䰟"。四種文本字數相同。

---

① 法言原本的又音問題,李國華曾將斯二〇七一和伯二〇一一殘卷加以比較,發現斯二〇七一有又音而伯二〇一一没有的祇有一條,反之都是伯二〇一一有又音而斯二〇七一没有,所以,儘管説陸法言"略於訓釋,而詳於音讀",他還是很少甚至没有加注又音的。參見《讀〈切韻〉殘卷》,《雲南民族學院學報》,1990年第4期,第87頁。

斯二〇七一此後即爲徒猥反小韻之"鐓",王三此後有"儽垂兒又力追反頯頭不正鬠丶崔",頯字係上面後移者。自"䃭"至"鬠"計十一字,而注釋之所以作"十二字"者,以原卷此行下有一"儡"字,旁加識點,蓋屬於漏鈔補入者。王一"𨙸"後有"儡傀儡又力追反",王二"𨙸"後有"儡傀儡子",是王三漏鈔之"儡"字似當在"𨙸"字後。

根據以上諸本的校勘,立足於殘葉各行間字數應大致相等,刊落一些殘葉肯定或可能沒有的文字和注釋,每行約在十九到二十字左右,此與前面校勘的第一行"聲"字到第二行"大"字之間字數適相吻合,於是得到下面這些文字:

……挨 打於駭反二　喛 飽聲也　㨈 㨈㨈孤楷反一　十四賄 呼猥反三腜 腜胎①
大腫兒錘字都罪反　潤 爛兒又亡罪反　猥 犬聲烏賄反四　䐈 丶腰肥弱病　鎅 丶䥫不
平　娞 丶姽好兒　磥 眾石落猥反九　癗 痱皮外小起　嵔 丶岿山狀　碨 丶硌大石兒
𨙸 丶陽縣　頯 頭不正兒　鐼 鎅 丶灅 水名在北平　𨙸 魄𨙸不平兒鍾字胡罪反
鐓 矛戟下徒猥反一

唐人鈔寫經卷每行一般在十七字左右,也有十九、二十字上下的。伯三六九五、三六九六《切韻》殘葉即是十九至二十字的款式,儘管它是雙行小注。唐寫本《唐韻》每行在二十一至二十五六字甚至二十七八字不等,主要係於每行中大小字之比例而有差異。至於王二、王三等鈔得很緊密,每行達三十餘字至四十字,這很可能是增字加注之後爲節約紙張和便於省覽所導致的一種風氣。由此推測,殘葉每行十九字款式是一種較早的寫本,這與它的字體結構穩健,筆畫不苟,正文、注文單行直書而下,內容較今存他本都簡明的諸要素均可互相印證。根據上面的校勘刪減,可以將比勘後所得文字依照每行十九字的款式復原:

---

① 胎,它本作"丶",姜亮夫《瀛涯敦煌韻輯》卷三作"胎",蓋將重文符號補出原字(《姜亮夫全集》第九卷,雲南人民出版社2002年版,第69頁)。殘葉"大"上有此字之下半部,當同補出原字而不作重文符號。

《切韻》殘葉復原圖

　　根據復原的行款，正好前一行十三駭結束，後面有空餘的間距書寫韻目序數"十四"二字，由於殘葉字數過少，無法知道原寫本之韻目序數是接鈔還是跳行另起，今暫且省略不寫。又因殘卷四周均殘，雖大致推得其各行之字數，却無法確認其版面的上下布局，故復原圖取殘字居中的款式，與寫本原式可能會有上下的不同。

　　殘卷内容確定，寫本款式也大致復原之後，可否進一步探究其年代？在殘葉紙質尚未明瞭的前提下，祗能通過與其他殘卷年代的比較中作相對定位。

　　王國維定伯四九一七殘卷爲陸法言原本，是初唐寫本。① 董作賓、方國瑜、周祖謨均無疑義。② 王國維定斯二〇五五殘卷爲長孫訥言箋本，是唐中葉寫本。董作賓、方國瑜無異説。周祖謨列爲"箋注本'切韻'二"，他揭示殘卷之韻"鯔"字到魚韻"𣂠"字一段都是先反切，後訓釋，再記字數，與前後不同。周氏以爲此一段與王仁昫《刊謬補缺切韻》相同，所以他以爲是長孫本的傳鈔本，鈔録的年代較晚。③ 王國維定斯二〇七一殘卷亦爲長孫訥言箋注之删節本，同屬唐中葉寫本，學者意見不一。董作賓定爲郭知玄朱箋本，且"郭氏所據之本，亦爲已經加字之陸本"。④ 郭本出於長孫本之後。方國瑜從韻字、全書字數和注訓詳加考證，謂第三種出於長孫本之前。⑤ 陸志韋詳細統計殘卷的字數、又音及切字，認爲"切三不是切二的節本，切二不是切三的增本"。⑥ 魏建功排定的三種殘卷年代也是《切一》《切三》《切二》。⑦ 周祖謨比較謹慎，認爲"不能説本書是斯二〇五五的節本，而祗能説這與斯二〇五五箋注本'切韻'是同一類的書"。⑧ 李國華比較後也得出與方氏同樣的結論。⑨ 李國華同時又比對周祖謨《集存》中伯三七九八、伯三六九五、三六九六和斯六一八七以及周氏歸爲箋三的各卷（包括伯三六九三、三六九四、三六九六和斯六一七六），依照增字加訓等因素將各殘卷依

---

① 王國維《書巴黎國民圖書館所藏唐寫本切韻後》，《觀堂集林》卷八，上海古籍書店 1983 年影印本，第二册，第六葉 B，第八葉 A。
② 董作賓《跋唐寫本切韻殘卷》，《中研院歷史語言研究所集刊》第一本第一分，第 11—16 頁。方國瑜《敦煌唐寫本切韻殘卷跋》，《方國瑜文集》第五輯，雲南教育出版社 2003 年版，第 405—417 頁。周祖謨《唐五代韻書集存・考釋》，中華書局 1983 年版，下册，第 819 頁。
③ 周祖謨《唐五代韻書集存・考釋》，下册，第 834—835 頁。
④ 董作賓《跋唐寫本切韻殘卷》，第 15 頁。
⑤ 方國瑜《敦煌唐寫本切韻殘卷跋》，第 409—416 頁。
⑥ 陸志韋《唐五代韻書跋》，《燕京學報》第二十六期，第 106 頁。
⑦ 魏建功《〈十韻彙編〉資料補並釋》，原載《北京大學五十週年紀念論文集》，收入《魏建功文集》第貳卷，江蘇教育出版社 2001 年版，第 492—574 頁。
⑧ 周祖謨《唐五代韻書集存・考釋》，第 831 頁。
⑨ 李國華《讀〈切韻〉殘卷》，《雲南民族學院學報》，1990 年第 4 期，第 88 頁。

年代排定爲：

　　一、伯三七九八，

　　二、伯三六九五、三六九六，

　　三、斯二六八三、伯四九一七，

　　四、斯六一八七，

　　五、斯二〇七一，

　　六、伯三六九三、伯三六九四、伯三六九六、斯六一七六，

　　七、斯二〇五五。

　　諸家多認爲以上殘卷都是在王仁昫《刊謬補缺切韻》以前的寫本。與本殘葉相關的還有列考克所獲的 JIVK75，此卷魏建功標爲德一，以爲與"英三（引按，指切三）相同就得與英一（指切一）也相關"。① 周祖謨考釋則謂"書的時代可能與王仁昫書接近"，因爲其中"洗"字的又音同王仁昫本和 JIVK75 都改"蘇顯反"爲"蘇典反"，可能與避中宗李顯之諱有關。②

　　殘葉之收字、釋義、注音都比其他殘卷要少。從諸家考釋韻書殘卷的方法和視角考慮，三種王韻增字加訓遠多於殘葉，相對說殘葉年代會在王韻前。與斯二〇七一相較，賄小韻下可能少收"啀"，"腿"字下少又音，"磥"字形體不同，且可能也少異體"磊"等等，如果以上校勘成立，殘葉的年代也可能先於斯二〇七一。殘葉先釋義，後反切，再字數，JIVK75 之"磥"字下直接是反切"落猥反"，似乎殘葉接近法言原本，然從反面省思，法言原書多連訓釋都没有，若 JIVK75"磥"字是法言《切韻》原式，反顯出殘葉是經增補的寫本。緣此，反覆研讀前賢考釋殘卷的著作，轉而作出如下思考：

　　上一世紀初自王國維爲韻書殘卷作跋，考證其類別年代，學者遞相步武，各有創獲，且往往後出轉精。前賢在考釋中，大致反映出這樣一種思路：因爲陸法言《切韻》收字少，又音不多，且字下多有不加釋義者，長孫、王、郭等明言各自增補，故凡收字、又音、釋義多者，遂定爲晚於陸書的增字加注本。這種邏輯理路無疑是正確的。但由於一鱗半爪的殘卷不斷增多，學者急切地想考明各種殘卷的具體年代，於是在比勘中產生一種將所有殘

---

① 魏建功《〈十韻彙編〉資料補並釋》，原載《北京大學五十週年紀念論文集》，收入《魏建功文集》第貳卷，第 559 頁。
② 周祖謨《唐五代韻書集存·考釋》，第 868 頁。

卷依字數、又音、釋義多寡而置於一條直綫年代上依次排列的傾向。這種傾向導致一種理念：凡是收字、又音、釋義少的殘卷年代一律在收字、又音、釋義多的之前，於是有專門從已被考定有相對年代的卷子來推定唐人對《切韻》系韻書的刊補問題。① 姑不論被考定的殘卷年代是否可靠，更主要的是，我們現在無法確定哪些殘卷内容是在以《切韻》爲原本的基礎上直綫地遞相增補，哪些殘卷内容雖以《切韻》爲基礎却非直綫而是各自地增字加注。這種思考是基於以下的事實，封演《封氏聞見記・音韻》條云：

隋朝陸法言與顔、魏諸公定南北音，撰爲《切韻》，凡一萬二千一百五十八字，以爲文楷式……屬文之士共苦其苛細。國初許敬宗等詳議，以其韻窄，奏合用之。②

爲詩文之楷式，如果不是科舉功令規定，大可各隨天籟方音，不必"苦其苛細"。《舊唐書・李揆傳》述李揆云：

其試進士文章，請於庭中設五經諸史及《切韻》本於床，而引貢士謂之曰："大國選士，但務得才，經籍在此，請恣尋檢。"

前後互證，知唐人科舉普遍用《切韻》爲官韻。不僅於此，趙璘《因話録》卷五云：

近日書餅餤字，至有食邊口邊作"罩"，及口邊作"詹"者，率意而爲，其誤甚矣。《切韻》是尋常文書，何不置之几案旋看也。③

《切韻》直是"尋常文書"。在廣袤的大唐國土上，東西南北都用《説文》《字林》《玉篇》《切韻》爲士子進身博取功名的必備之書。試想在没有版刻，唯靠手鈔時代，陸書又是字少義闕，不便於科舉之實用，於是增字加訓之本便

---

① 如姜亮夫、李丹禾《從敦煌卷子推測唐人對切韻系統諸韻書之刊補大例》，《敦煌吐魯番學研究論文集》，漢語大詞典出版社1990年版，第1—11頁。
② 封演《封氏聞見記》卷二，中華書局2005年版，第13頁。
③ 趙璘《因話録》卷五，上海古籍出版社1979年，第110頁。

應運而生。增字加訓本產生的最正規途徑,便是各種冠以"切韻"之名的韻書的產生,此類韻書見於《史志》者據統計有二三十種,而湮沒散佚者又不知凡幾!更進一步設想,士子爲功名仕宦,必爭相傳鈔,以備時時檢尋,這傳鈔、轉錄之際,能無有意無意的增删譌誤?上一世紀出土的殘卷,豈無這些增删譌誤之物混雜其中?至少今存那些字迹草率的殘片零卷,與此類傳鈔、轉錄之本不無關係。

再者,增字加訓的大勢固然以遞相增補爲規式,如長孫訥言箋注《切韻》,郭知玄又朱箋三百字等。但也有匯集各家增補之內容,復加整比,如孫愐"添彼數家,勒成一書"者。從《廣韻》書前所列郭知玄、關良、薛峋、王仁煦、祝尚丘、孫愐、嚴寶文、裴務齊、陳道固諸家,其中有遞相增補,也有各自成書者,至陳彭年時方始匯總勒成一書。這些學者南北相隔,各憑己意以從事增補,無疑會有先增字加訓者考慮周密,增量大,後增字加訓者考慮疏,增量小的情況。《廣韻》所列及其他增補者,亦並非祇有增補而無刊落,長孫訥言所謂"勿謂有增有減",在減的成分中,當然包括他認爲不妥當的字形、字音、字義。既然有增有減,則可推知遞相增補的趨勢下也免不了有删減。因此,唐五代增補《切韻》的情況遠比我們想象的要複雜,假如僅憑此類寫本中收字、又音、字義的多少來推斷確指爲某人之書,僅憑未能確指年代的寫本來歸納《切韻》系統韻書的刊補大例,恐怕很難得出我們企望的結論。

有鑒於此,筆者不敢通過上述較爲細緻的比勘和部分的復原來推測殘卷的確切年代,而祇能依據其極爲工穩的字體和簡略的體式推測它是較早的《切韻》或增補《切韻》的鈔本,而不是一般士子率爾鈔錄備置几案的自用本。

二〇〇六年十二月二十九日草

《倭名類聚鈔》引《方言》參證

一、引　言

　　《倭名類聚鈔》是日本現存最早的分類國語辭書，也是分類體辭書最爲完備的代表作。[①]纂輯者源順係嵯峨源氏，生於醍醐天皇延喜十一年（911），[②]卒於圓融天皇永觀元年（983），享年七十三歲。承平年間（931—937），源順奉醍醐天皇第四公主之命，纂輯此書。在源順纂輯此書之前，日本亦有《楊氏漢語鈔》、無名氏《漢語鈔》、《本草和名》和《辨色立成》等先行辭書，以及《日本紀私記》《萬葉集》《日本靈異記》等，祇是當時對這些辭書、類書之編纂體例、方法等有所不滿，於是才有本書的産生。

　　今存《倭名》有十卷本和二十卷本二種。對其進行校勘、研究、箋注的日本學者有數十人之多。守谷望之曾參據衆本，比勘異同，認爲十卷本是源順原本，二十卷本係平安末期之增補本。對這種觀點現在雖然還不時有新的不同意見，[③]但已爲日本學界視爲傳統的定論。[④]

[①]　參見［日］川瀨一馬《增訂古辭書の研究》，昭和三十年雄松堂出版社 1955 年版，第 76 頁。
[②]　筆者未見岡田希雄之《源順傳及年譜》（載《立命館大學論叢》第四輯），據《增訂古辭書の研究》謂其歿於永觀元年，逆推其生年爲"延喜二年"。而《箋注倭名類聚鈔》澤瀉久孝博士的《解題》作"十一年"。川瀨後文云源順之父舉於延長八年（930）歿時，源順適二十歲，故當生於延喜十一年。"二年"或因寫作"一一"而誤植。
[③]　參見林忠鵬《〈倭名類聚鈔〉與中國典籍》，《重慶師院學報》2000 年第 2 期，第 83 頁。
[④]　參見川瀨一馬《增訂古辭書の研究》（第 92 頁）和日本《世界大百科事典》（平凡社 1972 年版，第 32 册，第 611 頁）。按，即使十卷本为原本，其間亦不無後人增補之痕迹。如天文本（轉下頁注）

《倭名》一書分部二十四，分類一百二十八，舉凡天地、人倫、居處、飲食、牲畜、鳥獸、百物，幾無所不包。其對中、日兩國文化最具價值者，即是經其徵引而保存的兩國古文獻。據統計，《倭名》引書總數有三百六十多種，所引各書數目，十卷、二十卷本略有差異，大較而言，其引《唐韻》《本草》有四百多次，《爾雅》和各種《切韻》約二百次，《說文》一百七八十次，《玉篇》一百四五十次。①書中所徵引之數百種中、日古籍，是源順當時親自一一翻閱摘錄，還是從當時已有的《楊氏漢語鈔》、無名氏《漢語鈔》、《東宮切韻》等集鈔類書、韻書中轉鈔，一直是東瀛學者致力探索的一個方面，也是一個有待中日學者各就自己對本國文獻之熟稔程度而共同深入研究的前瞻性課題。

　　揚雄《方言》自漢末流傳以來，不僅爲魏晉以下字韻書轉錄、運用，亦東傳日本，大量出現在日本古籍中。前輩學者對《倭名》所引《方言》早有關注，如胡吉宣先生在《玉篇校釋》中屢屢徵引予以比勘、校釋，周祖謨先生更是援據《倭名》所引以校勘《方言》。唯諸先賢擇取未能窮盡，且亦僅作爲考證、參資之資料，未嘗立足於《倭名》引《方言》之本身作詳細、深入之研究。華學誠先生之《揚雄方言校釋匯證》爲《方言》研究史上重要成果，其於《倭名》所引《方言》，僅從周祖謨《校箋》中予以參證，未能校覈重檢。據筆者統計，十卷本系統之天文本《倭名》徵引揚雄《方言》、郭璞《方言注》或類似《方言》性質的文獻達二十五條。此二十五條《方言》同樣凸顯出一個是源順直接摘錄《方言》抑從其他書籍中轉錄問題。本文將之輯出，參校《方言》各種版本及現有成果，比勘異同，以此來窺探唐以前之《方言》和郭注面貌，同時也指出源順在鈔錄漢籍時的舛訛，而重在通過源順引錄時之前後文、反切用字和直音之異同，結合六朝、隋唐漢籍字韻書之因襲關係，探索源順鈔錄時所據本，藉此引起中、日學界對《倭名類聚鈔》鈔錄成書過程及引書來源等隱性問題的思考。

　　《倭名》引書來源，有極爲複雜的歷史背景，欲對此問題進行探索，往往

（接上頁注）蟲名百十二"蟷蠰"下引《兼名苑》云云，後又有："《爾雅翼》按：許叔重云：蟷蠰謂之天馬，蓋言蟲之飛捷如馬也。"（第482頁）此語乃據宋羅願（1137—1185）《爾雅翼》卷二十五《釋蟲二》文簡縮、變換而來，當係後人附入。守谷本無此語，蓋或刪去。

① 見藏中進、林忠鵬、川口憲治編《倭名類聚鈔十卷本、二十卷本所引書名索引》，轉見林忠鵬《〈倭名類聚鈔〉與中國典籍》所述。

事倍功半,甚至徒勞而無益。因爲《倭名》引錄中國隋唐以前古籍,中間橫亙著數條交錯的軌跡:隋唐古籍引錄隋唐以前著作,其引錄與被引錄之著作又同時或先後傳入東瀛,爲彼邦學者轉相引述、類輯,逮及源順纂輯時,其中資料已有多重因襲成分。要想離析、條理此類重合、混雜之材料,確實非常困難,然若因此而置之不顧,亦非歷史語言工作者應取之態度,況且此類複雜、片段的材料中,並非絕無蛛絲馬跡可尋。當然,因材料之零星和來源之多端,即使多方參稽,三復其迹,勾勒出一種可能之途徑,也完全可能與實際途徑風馬牛不相及。即便如此,筆者仍堅信,清理《倭名》材料來源,不僅可以探索纂輯者擇取標準和鈔錄文獻之原貌,對研究我國六朝隋唐間字韻書之因襲、傳鈔亦是必不可少之工作,故而本文披荆斬棘,稍稍跨出一小步,熱忱希望學者用更新的資料和更理性的思維匡所不逮,期使來者有所取途。

二、《倭名》引《方言》比勘、釋證

《倭名》引錄《方言》形式並不單一,有一詞目之下單引《方言》爲證,也有兼引他書互證者。兼引他書,有《方言》在前,也有《方言》在後者,凡此皆預示所引《方言》很可能係從他書轉錄。爲便於比勘、說明,每條先錄《倭名》引《方言》原文,必要時引錄整條文字,次將相應的《方言》文字摘錄於下,使兩者異同一目瞭然。《倭名》中小字音切對考證《方言》來源頗有幫助,因亦以小字並錄之。

(一)形體部頭面類:額

額:楊雄《方言》云:一,五佰切。訓與面同。比太比。東齊謂之顙,蘇朗反。幽州謂之頟。五各反。

《方言》卷十:"顲、頷、顔,顙也。湘江之閒謂之顲,中夏謂之頷,東齊謂之顙,汝、穎、淮、泗之閒謂之顔。"郭璞注:"今建平人呼頷爲顲。音旄裘。"

按，周祖謨《方言校箋》失校。頟、額字同。《説文》作"頟"，與"顙"互訓。"頟"下云："顙也。從頁、各聲。"徐鉉等曰："今俗作額，五陌切。""顙"下云："頟也。從頁、桑聲。"徐鉉音蘇朗切。慧琳《一切經音義》卷一"頰頟"條下引《方言》《説文》而曰："經作額，俗字也。"①又卷六十"儳額"條下云："正，從各作頟。《説文》從頁、從格省。經從客，俗字，已傳用久矣。"②蓋唐時之正俗觀念猶是如此，故徐鉉本之而云。《倭名》字頭作"額"，如非後人鈔録時改易，則當時已據俗字。揚雄《方言》後用"一"符號替代，不知其作何字形，但據其所注"五佰切"及後"蘇朗反"二音，似已參照過《切韻》系韻書。額，《切三》五陌反，唐寫本《唐韻》五伯反，皆作"額"，故《倭名》亦從而作"額"，其"佰"雖與"伯"、"陌"韻同，恐係誤字。顙，《王三》蘇朗反，釋爲"額顙"。據反切，或緣《切韻》系韻書而來。然《切韻》系韻書釋文甚簡略，不會引述《方言》。《大廣益會玉篇·頁部》："額，雅格切。《方言》云：'中夏謂之額，東齊謂之顙。'《釋名》曰：'額，鄂也，有垠鄂也。'頟，同上。"③今顧野王《玉篇》殘卷闕此字，不知原文作何。然其引述《方言》與《釋名》，則頗可注意。"東齊謂之顙"，不作"頟"，與《倭名》正同。後句"幽州謂之顎"非《方言》文而出於《釋名》。《釋名·釋形體》："額，鄂也，有垠鄂也。故幽州人則謂之鄂也。"字頭作"額"，亦與《倭名》同。守谷望之云："疑源君引《釋名》，誤併爲《方言》文，或'幽州'上舊有'《釋名》云'三字，傳寫偶脱也。"④此種推測雖有其理據，似仍未充分考慮《玉篇》引文及其性質。《大廣益會玉篇》往往簡縮顧野王原書文字。陳彭年等在"額"下是否簡縮過原本《玉篇》之文字雖不得而知，但其先《方言》後《釋名》適與《倭名》一致，而原本《玉篇》在唐代已東傳日本。當然，即使此條所引《方言》確從《玉篇》而來，其係源順直接節取《方言》抑或由《楊氏漢語鈔》等日本别他書籍先節鈔而後爲源順轉録，其間歧路多端，仍難徵知。若從其反切緣於《切韻》系韻書，釋文文字

---

① 慧琳《一切經音義》卷一，上海古籍出版社1986年版，第一册，第52頁。又卷三十二"第領"條、卷五十三"其領"條下説同（第1305、2142頁），卷八十三"裹領"條下又謂"傳從客作額，俗字，誤也"（第3246頁）。
② 慧琳《一切經音義》卷六十，第2440頁。
③ 《大廣益會玉篇》，中華書局1987年影印本，第19頁上。
④ 守谷望之《箋注倭名類聚鈔》卷二，京都帝國大學文學部國語學國文學研究室編，全國書房昭和十八年（1943）印刷，第76頁下。

緣於《方言》《釋名》,且漏略《釋名》之書名而縮合二書文字,恐係"鈔"、"節鈔"之類的書離析、縮合在先,《倭名》轉錄在後。

(二)形體部頭面類:頷

　　頷:《方言》云:頤,音怡。謂之一。户感反,亦作頷。上聲之重。於都加比。①
野王案:頷車,伎保祢。頷骨也。
　　《方言》卷十:"頷、頤,頷也。謂頷車也。南楚謂之頷,亦今通語耳。秦晉謂之頷,頤其通語也。"

　　按,周祖謨《校箋》失校。《倭名》引作"頤謂之頷",與《方言》詞序、用語不同。考《方言》此條,諸書所引多歧出不一。慧琳《音義》卷五引作"頷,頤也",卷二十六、卷九十四、李善《文選注》同,卷七十五引作"頷,頰也。南楚之外謂之頷"。卷九十二引作"頷謂頤也"。卷三十七引作"頷,頷也",卷八十三引作"頤,頷也",卷八十四、卷九十、希麟《音義》卷二同。從卷九十二所引之句式,推知"頤謂之頷"之"謂之",當從後文"南楚謂之頷"蛻演而來,非《方言》此條有諸多異文句式。《音義》之音切有胡感、五(互之譌字)感、含敢、含感諸反。《王三》口含、胡感二音,《王二》胡男、胡感二音,《廣韻》承襲之。此反切用字與《倭名》所引不同。《倭名》引《方言》後有"野王案",知乃出自《玉篇》。然今《大廣益會玉篇·頁部》"頷"下云:"户感切。《莊子》曰:千金之珠,必在九重之淵,而驪龍頷下。又音含。"未引《方言》。而前文"頷"下曰:"公荅切。《公羊傳》'絕其頷',口也。《方言》頷、頤,頷也。《説文》乎感切。頤也。"引《方言》而詞序顛倒。對照《音義》《文選注》,知古人引述《方言》在不改變其意義之前提下不僅不拘其語序,且可小變其句式。就《玉篇》音户感反與《倭名》切語用字相同,已可窺其踪迹,且後面又有野王之案語,是今存原本《玉篇》雖無此字,陳修《玉篇》不引(很可能是刪去)《方言》,也無礙此條與顧氏《玉篇》有關。

---

① 守谷望之《箋注》本"户感反"作"胡感反",户、胡聲皆匣紐。又"亦作頷。上聲之重於都加比"作"上聲之重,字亦作頷。於度加比。"文字前後互易,用字亦小有不同。《箋注倭名類聚鈔》第 77 頁下。

(三)術藝部射藝類：戲射

戲射：郭璞《方言注》云：平題者，今之——箭也。今案：此間——，①散侍多天是乎。平題，見征戰具。

《方言》卷九："其小而長中穿二孔者謂之鉀鑪，其三鎌長六尺者謂之飛蚕，内者謂之平題。"郭璞注："今戲射箭頭題猶羊頭也。"

按，宋本郭注文字有誤，難以卒讀。劉台拱謂當作"題，頭。平題猶平頭也"，雖文通字順而證據不足。錢繹曰："《廣雅》'平題鏑也'注内題、頭二字，蓋以頭釋題，舊本誤倒作'頭題'，遂不可通矣，今訂正。"故紅蝠山房本郭注作"今戲射箭，題，頭，猶羊頭也"。② 移易二字位置而不改變原文，可謂有理有據。及《倭名》傳入中國，周祖謨首先據之以校此文，復又據《開元文字音義》"平題，今戲射箭也，題，頭也"之文，而後謂今本當作"今戲射箭也，題，頭也，猶羊頭也"。③ 華學誠《匯證》同意周校，然以爲"羊頭"當作"平頭"，方與《方言》本文相應。④ 既爲戲射之箭，當然不可能是羊頭，故華説最近之。諸家雖百般體味郭注之意，似仍未能措意《倭名》和《開元文字音義》"今之戲射箭也"前"平題（者）"一詞之來源。《倭名》卷五"平題箭"下云："楊雄《方言》云：鎌，不銳者謂之———。郭璞曰：題猶頭也。今之戲射箭也。又的矢也。"《方言》絕無"鎌不銳者謂之平頭箭"一語，即此可知《倭名》此條若非從别處轉錄，即是以意改換《方言》及其郭注文字。⑤ 就本書所引兩處文字勘正，"今之戲射箭也"一語前後一致，必有所本。而《開元文字音義》作"平題，今戲射箭也"，與本條衹差一"之"字，應該有一定淵源關係。"平頭箭"下之"郭璞曰：題猶頭也"一語，似是揣摩郭注"題，頭"一語而成，而與《開元文字音義》之"題，頭也"略異。《開元文字音義》此條固可云因郭注而設，然《日本國見在書目》有"《開元文字音義》三十卷"，源順纂輯此書

---

① 守谷望之《箋注》本"此間"下有"云"字。
② 錢繹《方言箋疏》卷九，上海古籍出版社1984年影印本，第526頁。
③ 周祖謨《方言校箋》卷九，中華書局1993年版，第58頁。
④ 華學誠等《揚雄方言校釋匯證》第九，中華書局2006年版，第616頁。
⑤ 守谷望之《箋注》云："此所引或係源君驅括'鈎腸三鎌者謂之羊頭'。"第253頁上。

時在時間上已有可能引錄,故本條很可能鈔錄《開元文字音義》。卷五"平題箭"一條,如非源順自己改撰,則可能錄自《楊氏漢語鈔》之類的書籍。

(四)舟車部舟類:舟船

舟船:①《方言》云:關東謂舟,②關西謂之舩。市專切。③ 和名布祢。《說文》艘,蘇遭切。舩數也。

《方言》第九:"舟,自關而西謂之船,自關而東或謂之舟,或謂之航。"

按,周祖謨《校箋》失校。舟船一語,在關東、關西方言中稱謂不同。隋唐以下,群籍引述此文,竟有東西稱謂互易者。慧琳《音義》卷七引作"自關西謂舟爲舩",卷四十一"自關而西謂舟爲舩",卷五十五、卷六十二、卷七十同,《廣韻·平仙》引作"關西謂之船,關東謂之舟。"此所引文雖小異而稱謂與《方言》尚一致。《初學記》卷二十五引作"自關而東謂舟爲舩,自關而西或謂之舟",④《御覽》卷七百六十九引作"舟,自關而東謂之船,自關而西或謂之舟。方舟或謂之航",此二例不僅文小異,且關東關西之稱謂已互易。不僅各書引述不同,即同一書前後所引亦歧出不一。原本《玉篇·舟部》"舟"下引作:"自關而西或謂之舟,或謂之杭。"而"舩"下引作:"自關而西謂舟爲舩。《説文》從鈆省聲也。""航"下引作:"自關而東或謂舟爲航。"⑤希麟《音義》卷二引作"自關而西謂舟爲舩",而卷三却作"關東曰船,關西曰舟",⑥使人無所適從。《倭名》所引《方言》文雖略,仍與宋本一致,即關東謂之舟,關西謂之船。對照流傳東瀛之現存原本《玉篇》,《倭名》顯非從《玉篇》直接引錄。假若源順或其所據之書直接從《方言》節錄,則可知其與宋本稱謂一致有其原始性和可靠性。立足於此而審視《初學記》和《御覽》誤

---

① 守谷望之《箋注》本此下有"艘附"二字,然未有校記説明。
② 守谷望之《箋注》本此下有"音周"二字,然未有校記説明。
③ 守谷望之《箋注》本無反切,有直音作"音旋",未有校記説明。
④ 徐堅《初學記》卷二十五,中華書局1962年版,第610頁。
⑤ 顧野王撰、黎庶昌録本《原本玉篇》,中華書局1985年版,第342頁、343頁、347—348頁。
⑥ 希麟《續一切經音義》,《正續一切經音義》,上海古籍出版社1986版,第三冊,第3788、3811頁。

倒之原因,很可能係由"自關而東謂舟爲舩"此種"謂某爲某"之句式省略、漏鈔、脱誤所造成。天文本《倭名》"關東謂舟",守谷《箋注》本作"謂之",未有校記説明,不知天文本原脱"之"字,抑或《箋注》本據文義句式而補。

(五)裝束部冠帽類:帞領

帞領:《方言》云:領巾,或爲之帞,音陌。① 領,或爲之絡頭。絡音各。②《唐令》云:高冒伎一部,舞二人,紅朱領。

《方言》第四:"絡頭,帞頭也……幧頭也。自關而西秦晉之郊曰絡頭,南楚江湘之閒曰帞頭,自河以北趙魏之閒曰幧頭。

按,比勘二書,即知《倭名》非直接引録《方言》而是省略地域名稱重組《方言》文字。《方言》帞頭,《倭名》作"帞領"。周祖謨《校箋》引《倭名》文而曰:"是舊本帞頭有作帞領者。案《廣雅·釋器》云:'帞頭……絡頭,幧頭也。'《晉書》卷二十七《音義》引《方言》:'帞頭,幧頭也。'則作帞頭當不誤。《釋名·釋首飾》云:'綃頭,或曰陌頭。'綃頭即幧頭,陌頭即帞頭。亦是一證。"③周校言"作帞頭當不誤",佐以《釋名》,似乎作"帞領"有譌字之嫌。然作"帞領"亦有所本。《史記·絳侯周勃世家》"太后以冒絮提文帝"裴駰集解引應劭曰:"陌額絮也。"司馬貞索隱引《方言》:"幪巾,南楚之間云陌額也。"《漢書·周勃傳》顏師古注引應劭説作"陌領絮也"。應劭是真切熟知《方言》之人,其注《漢書》之原文因年代邈遠,不能武斷確定,如果顏師古不是鈔録裴駰引文而是直接録自應劭《漢書集解音義》(按,此書唐初尚存),則原文很可能確作"陌領"。而唐代司馬貞所引《方言》如非經後人竄改,則流傳到唐初的《方言》也確有作"陌額"之本。就此兩條綫回溯,漢代以來流傳之《方言》不能否定有作"額(領)"之鈔本。《倭名》此條雖非直接引自《方言》,卻也一定是源自《方言》,其作"帞領",完全可與應劭説及唐初別本《方言》相印證。從郭璞注帞"音貊",而《倭名》注帞"音陌"思考,貊字難認,經籍中凡爲"貊"注音多用"陌"字,《倭名》"音陌",推測其所據資料已經考慮

---

① 守谷望之《箋注》本"音陌"前有"帞"字,未有校記説明。
② 各,守谷望之《箋注》本作"落"。按,作"落"是。
③ 周祖謨《方言校箋四》,第30頁。

到音注字之生僻難認問題。

(六)裝束部衣服類：襌

襌：《方言注》云：袴而無跨謂之一。音昆。須万之乃毛乃。一云：知比佐歧毛乃。

《方言》第四："無裥之袴謂之襣。"郭璞注："袴無踦者，即今襱襣襌也。"

按，周祖謨《校箋》失校。《倭名》"袴而無跨"，郭注原文作"袴無踦者"，多"而"字，少"者"字，"踦"作"跨"。① 字之多少，與句式改變之音節有關。踦，《集韻》："巨綺切，足脛也。"袴無踦，謂褲子無足脛以下之裥管，亦即《方言》正文所謂"無裥之袴"。"跨"字各義與此文全不相涉，而其字形又與"踦"極爲相似，顯係鈔手鈔錯。郭注"即今襱襣襌也"，與前半句構成陳述句，《倭名》作"謂之襌"，乃改寫郭注前半句而接續正文後半句。《廣雅·釋器》："襣，幝也。"《王三》作"襣，襌襣。"襌即幝，故改正文"謂之襣"爲"謂之襌"，其義一也。據此，《倭名》所本很可能是已經改變郭注文字之字書或類書，或即《楊氏漢語鈔》之類。

(七)裝束部衣服類：被

被：《方言注》云：一，音与披同，②和名古路毛乃和歧。衣掖也。

《方言》第四："襜謂之被。"郭璞注："衣掖下也。"

按，《玉篇·衣部》："被，之赤切。衣被下也。袖也。又音亦。"胡吉宣校釋改釋文"衣被"作"衣掖"。戴震、胡吉宣皆謂《玉篇》釋文襲郭注，是無可否認者。其釋"袖也"，胡氏謂本《廣雅·釋詁四》"祠、被，袖也"，"或爲兼引《埤蒼》'衣，袖也'之刪併"。其"又音亦"者，胡以爲"亦即古掖字。當掖

---

① 守谷望之《箋注》本作"踦"，云："舊'踦'作'跨'，諸本同，今依原書改。"知非有異本也。
② 与，守谷望之《箋注》本作"與"。

之袖謂之被,故郭云衣掖下。襜之言襜襜然下垂也,被言其所在,襜表其形狀"。① 胡氏分析《玉篇》釋義並溯其來源,顧野王"衣被(掖)下也"一語來自郭璞無疑,由此亦證宋本《方言》郭注"衣掖下也"無誤。宋本郭注文字無誤,可證《倭名》非直接鈔録郭注原文。今之《倭名》引《方言注》語來源有二:一是依據《方言》正文和郭注直接改寫,此因郭注"衣掖下也"之文以爲被、掖聲訓,故云"被音与掖同"。被、掖音同,故經典通用。《禮記·儒行》"衣逢掖之衣",王念孫因謂"被通作掖"。② 此亦改寫時意識上之佐證。二是轉録其他書籍如《玉篇》等之文句,而其他書籍之改寫亦不免有上述之思路。

(八)飲食部魚鳥類:腊

腊:《唐韻》云脘腊:昔、居二音。和名岐太比。乾肉也。《方言》云:鳥腊曰膴。音無,又音武。③

《方言》無此文。

按,《説文·肉部》"膴":"無骨腊也。楊雄説:鳥腊也。從肉,無聲。《周禮》有膴判。讀若謨。"守谷曰:"疑源君引之,以《方言》楊雄所著,誤爲《方言》文也。"④守谷疑源順連類而誤,其實此爲源順之誤抑或其前之《漢語鈔》等所誤,尚難證實。唯《集韻·平模》"膴"下引《説文》此文仍作"揚雄説",似從一定範圍中説明中土字韻書在轉引時未曾差錯,故其誤似始於東瀛學者。

---

① 胡吉宣《玉篇校釋》卷二十八,上海古籍出版社 1989 年版,第六册,第 5598 頁。
② 王念孫《廣雅疏證》卷七下,江蘇古籍出版社 1985 年版,第 232 頁下。
③ 天文本下有"酸温無毒。陶隱居曰:亦謂之醯。以又有苦味,俗呼爲苦酒。不可多食,(食)之損人肌藏"三十一字,而守谷本無。又守谷本音注僅"音無,又武"四字。
④ 守谷望之《箋注倭名類聚鈔》,第 210 頁。

（九）器皿部瓦器：甕

甕：《方言》云：自關而東甌烏（烏之誤字）莖反。亦作甖。① 謂之一。烏（烏字之誤）工反。亦作瓮。② 毛太伊。

《方言》第五："瓵、瓱、䍃、䍃、甑、㼜、甄、瓮、瓿、甄、甖，甌也……自關而東趙魏之郊謂之瓮，或謂之甖；東齊海岱之閒謂之甖。甌其通語也。"

按，周祖謨《校箋》失校。《方言》瓮、甖同地同義詞。慧琳《音義》卷五十一："烏貢反。《方言》云：自關而東趙魏之郊謂大者爲甕，小者名甖。《古今正字》從瓦、雍聲。或從公作瓮，俗字也。"③《玉篇·瓦部》亦云"瓮，於貢切，大甖也"，胡吉宣謂此"即本《方言》原文。今《方言》卷五亦奪'大'、'小'二字。以上文云'其小者謂之瓱，其大者謂之甄'例之，則於瓮、甖亦必別其大小之稱"。④ 此以《玉篇》與《音義》參證而言之，自有一定依據。然《音義》卷九玄應引《方言》："瓿、甄、…甖也。自關而東趙魏之間或謂之甖，亦通語也。"⑤玄應在前，慧琳在後，同引一書而文字歧異，頗可詫異。今《倭名》乃域外文獻，所引作"自關而東甖謂之甕"，雖係節引，而不云有"大""小"。源順時代晚於玄應、慧琳，若從其所據之《方言》或所據轉錄、節引《方言》之祖本未必晚於兩位高僧考慮，則可側面證明宋本無"大""小"兩字未必如胡說是奪文。然郭璞《方言注》音"甖"爲於庚反，而《玉篇》《王三》《龍龕》《説文》大徐本皆音烏莖反，《倭名》亦烏莖反，知其鈔錄、節取時曾參考過此類字韻書。又顧野王原本《玉篇》多引《方言》及郭注，今陳彭年刪節本雖祇"烏莖切，瓨也"一語，却不能否定其原本不引《方言》，若引《方言》而音烏莖反，東

---

① 烏莖反，守谷望之《箋注》本作"烏莖反"，'烏'乃'烏'之誤字。"亦作甖"，守谷望之《箋注》本"亦"前有"字"字。
② "亦作瓮"，守谷望之《箋注》本作"字亦作瓮"。
③ 慧琳《一切經音義》卷五十一，第二册，第2017頁。
④ 胡吉宣《玉篇校釋》卷十六，第四册，第3113頁。胡吉宣並謂《説文·瓦部》"瓮，甖也"，當作"大甖也"，"今二徐本奪'大'字。因瓮從公聲，公有大義，故大甖謂之瓮"。清以還説文學家皆未之及。
⑤ 慧琳《一切經音義》卷九，第一册，第334頁。此卷轉錄玄應《音義》。

傳後爲彼邦學者引錄，遂成《方言》文而《玉篇》音之《倭名》形式。如此則《方言》原文"大""小"之有無或省略又與原本《玉篇》有關。

（十）器皿部瓦器：盃盞

　　盃盞：《兼名苑》云：盃，字亦作杯。一名卮。音支。佐伽豆木。《方言》云：盞，音産。杯之是小者也。

　　《方言》第五："盂、音雅。槭、封緘。盞、酒醆。……梧也。秦晉之郊謂之盂，所謂伯雅者也。自關而東趙魏之閒曰槭，或曰盞，最小梧也。或曰溫。其大者謂之閜……梧，其通語也。"

　　按，周祖謨《校箋》失校。《倭名》"杯之是小者也"即《方言》郭注"最小梧也"之語變，則"是"字乃"最"字之譌，並可知本當作"《方言》注"，①此亦誤郭注爲《方言》本文。《倭名》音産，與《切韻》系統及《玉篇》之反切皆不同，當另有來源。卮本古代盛酒器。"梧，一名卮"之説，不見於今存中土字韻書，釋遠年《兼名苑》當別有所據，或唐時俗語如此。兹三復其文，後文《方言》云云，很可能係《兼名苑》所引而爲源順轉錄。

（十一）調度部征戰具：平題箭

　　平題箭：楊雄《方言》云：鏃，不鋭者謂之————。和名以太郁歧。郭璞曰：題猶頭也。今之戲射箭也。又的矢也。②

詳見第（三）條參證。

---

① 守谷望之《箋注》本作"《方言》注云"，當是守谷據《方言》原文增改，該書類此者不一而足。
② 按，"又的矢也"四字守谷望之本無，守谷望之《箋注》云："下總本有'的矢也'三字。按，原書所無，蓋後人續添，非源君舊文。"（《箋注倭名類聚鈔》第253頁上）是知衍文亦有多少，確係後人續添無疑。

(十二)調度部征戰具:戟

戟:楊雄《方言》云:一,居逆反。① 和名保古。或謂之干,或謂之戈。

《方言》第九:"戟,楚謂之釨。凡戟而無刃,秦晉之間謂之釨,或謂之鏔。吳揚之間謂之戈。東齊秦晉之間謂其大者曰鏝胡,其曲者謂之鉤釨鏝胡。"

按,周祖謨《校箋》失校。《倭名》引《方言》音戟爲"居逆反"。《方言》郭注未曾爲"戟"注音,考《大廣益會玉篇·戈部》"戟"正作"居逆切",原本《玉篇》音切都作某某反,則此處適與《倭名》同。胡吉宣曰:"《韻集》居逆反。"② 或顧野王本之呂靜。呂靜《韻集》雖亦傳至東瀛,其影響不如《玉篇》深廣,故此音切很可能與顧氏《玉篇》有關。從後文"或謂之干、戈"云云,確曾節取《方言》之文。原本《玉篇》體例是先反切,緊接便引文獻書證,此或緊接引《方言》,故將《玉篇》反切接續爲《方言》之音注。"或謂之干,或謂之戈"顯係"秦晉之間謂之釨,吳揚之間謂之戈"二語之節文。所可議者"干"字。宋本《方言》作"釨",戴震引述《左傳》杜注及孔疏、郭注皆作"子",以爲"釨、子古通用"而不改正文之"釨"。③ 盧文弨《重校方言》亦云:"各本正文作'子',本《左氏傳》,今依宋本作'釨',與子同。"華學誠亦謂"釨、子古通用,今仍宋本"。④ 唯錢繹《箋疏》作"楚謂之子"、"秦晉之間謂之釨"。⑤ 前"子"而後"釨"。按諸家皆知宋本之外,文獻多作"子",乃礙於宋本而不改。其所引《左傳·莊公四年》杜注、孔疏而外,他如《御覽》卷三百五十二引《方言》:"戟,楚謂之子。"《急就篇》卷三"鈹戟鈹鎔劍鐔鍭"顏師古注:"戟,枝刃之矛也。楚謂之子。"旁證如:《禮記·文王世子》"春夏學干戈"鄭注:"戈,

---

① 居逆反,守谷望之《箋注》本作"几劇反",未有校記說明。按,几劇反係張參《五經文字》及《說文》徐鉉援用之《唐韻》反切,就時代而言,源順允可引用,然《五經文字》不見於《見在書目》,且亦應用不便;《唐韻》反切之大量引用又在宋初二徐之後,故此處很可能係後人竄改。
② 胡吉宣《玉篇校釋》卷十七,第四冊,第3228頁。
③ 戴震《方言疏證》卷九,《戴震全集》第三卷,黃山書社1994年版,第139頁。
④ 華學誠等《揚雄方言校釋匯證》第九,第581頁。
⑤ 錢繹《方言箋疏》卷第九,第497頁。

句子戟也。"《詩·大雅·公劉》"干戈戚揚"鄭箋:"戈,句矛戟也。""矛"乃"子"字之譌;①《釋名·釋兵》:"戈,句子戟也"。② 陸德明《釋文》有四次出"句子"一詞作解。綜觀本證、旁證,其字均作"子",無作"釪"者,此可推知唐以前《方言》本文作"子"。子、干形近,故《倭名》"或謂之干"之"干"字雖誤,適足以證明源順所鈔、所據之《方言》或其他中日文獻此字不從"金"旁。誤作"干",亦有其類。《書·牧誓》"稱爾戈,比爾干,立爾矛,予其誓"孔疏:"《方言》云:'戟,楚謂之干,吴揚之間謂之戈。'是戈即戟也。"阮刊本作"子",校勘記云:"《纂傳》同。毛本'子'作'干'。"③是毛晉本亦誤作"干"。返觀"釪"字,除宋本《方言》之外,幾不見於唐以前文獻,④《切二》居列切,列"子"之後,釋爲"句子戟",《王三》《王二》《廣韻》等因襲不改,至《集韻》始曰:"《方言》:戟,楚謂之釪。"⑤由此推測,宋本《方言》之作"釪",上溯其改古本"子"爲"釪"之時間,很可能在《集韻》編纂時的北宋景祐(1034—1038)年間前後。

(十三)調度部弓劍具:劍鞘

劍鞘:同云:——,私妙反。和名佐夜。刀室也。郭璞《方言注》云:韜。音比。⑥

《方言》第九:"劍削,自河而北燕趙之間謂之室,自關而東或謂之廓,或謂之削;自關而西謂之韜。方婢切。"

按,周祖謨《校箋》失校。所謂"同云",乃與前書相同,此條前所引爲

---

① 阮元挍勘記曰:矛,"小字本同,閩本、明監本、毛本同,相臺本矛作子。《考文》古本子字,亦同。案,矛字誤也。《釋文》以'句子'作音,可證。鄭《考工記》注、《廣雅》皆作'子'。《方言》作釪,子、釪字一耳"。《十三經注疏》,上册,第544頁下。
② 王先謙《釋名疏證補》卷七,上海古籍出版社1984年版,第344頁。按,王先謙補:"畢沅曰:子,今本譌作'矛',據《御覽》引改。"是"子"多誤作"矛"。
③ 《十三經注疏》,中華書局1981年版,第186頁中。
④ 《大廣益會玉篇》收入此字,不能證明南朝梁顧野王時已有此字,很可能係陳彭年修纂時加入。
⑤ 見《宋刻集韻·入聲九》(中華書局1989年版,第204頁上),述古堂影宋鈔本作"楚謂之釫"(上海古籍出版社,第712頁),誤。
⑥ 守谷望之將此條改作:"郭璞《方言注》云:韜,劍鞘也。《唐韻》云:鞘,刀室也。"然不言所據,今不從。

《唐韻》,則此亦指《唐韻》而言。今《唐韻》殘葉不見紙韻此字,可資輯佚。《倭名》郭注"輫"音比,今宋本作"方婢反",[①]郭注《方言》有直音,有切語,此域外唐以前資料作直音,而宋本作反語,似可並存待證。

(十四)調度部農耕具:櫂

櫂:楊雄《方言》云:齊魯謂四齒杷爲一。音衢。《漢語鈔》云:佐良比。
揚雄《方言》無此文。

按,《倭名》所引揚雄《方言》之文,不見今本《方言》而在劉熙《釋名·釋道》,《釋道》云:"四達曰衢。齊魯謂四齒杷爲櫂,櫂杷地則有四處,此道似之也。"《釋名》此字無音,《説文》亦不收,《倭名》音衢,當從別處移來。後緊接《漢語鈔》所注日語讀音,疑此條即從彼書轉錄。至於其所以誤《釋名》爲《方言》者,亦有蛛絲馬跡可尋。《倭名》與此條緊接者即下一條之"朳",引郭璞《方言注》之文,而其正文即《方言》第五:"杷,宋、魏之間謂之渠挐,或謂之渠疏。"胡吉宣曰:"櫂緩言爲渠挐,渠挐之言渠疏然也。"[②]一物異名之兩條文字前後挨次,鈔錄時不慎錯看行距,遂至誤錄。

(十五)調度部農耕具:朳

朳:郭璞《方言注》云:江東杷之無齒名爲一。音拜。楊氏《漢語抄》云:江不利。

《方言》第五:"杷,(郭璞注:"無齒爲朳。")宋魏之間謂之渠挐,(郭璞注:"今江東名亦然,諾豬反。")或謂之渠疏。"

按,《方言》郭注,係分前後兩句,此條郭注之異同,在於前句。玄應《音義》引《方言》"杷謂之渠挐"郭璞曰:"有齒曰杷,無齒曰朳。"後文尚有"音

---

① 原作"切",然郭注全書皆作"某某反",華學誠等《匯證》有校。
② 胡吉宣《玉篇校釋》卷十二,第2437頁。

八,今江南有齒者爲杷"十字。① 又唐顏師古《急就篇注》、宋朱勝非《紺珠集》卷八引《方言》文亦有"有齒爲杷"四字,王念孫、周祖謨、華學誠等皆以爲當補此四字,而其他無有異同。據此知此條所引郭璞《方言注》文,係綰合前後兩句並經過整飭而成。守谷《箋注》本作"江東杷之無齒者爲朳",易"名"爲"者",不知所據,②亦無從斷其是非。朳,郭璞無音,《倭名》音拜,在去聲怪韻,不知所本。《玉篇》兵拔反,《王二》博拔反,皆入聲黠韻。唯《龍龕》羅列多音,其《手部》"扒"云:"音八,破聲。又方別反,劈也。又音拜,拔也。"行均之音多以隋唐韻書爲本,知當時有去聲一音,而爲日人所本。《倭名》後文錄楊氏《漢語鈔》之日音,此條亦有直接從《漢語鈔》轉錄之可能。

(十六)調度部農耕具:鎌

鎌:《兼名苑》云:一,鐮同。古廉反。一名鍥。音結。和名加麻。《方言》云:刈刭。③ 艾、鈎二音。野王案:柯,音祠。和名加麻豆加。鎌柄名也。

《方言》第五:"刈鈎,江淮陳楚之間謂之鉊,或謂之鐹;自關而西或謂之鈎,或謂之鎌,或謂之鍥。"

按,周祖謨《校箋》云:"刈鈎,慧琳《音義》卷五十、卷六十八、卷六十九引均作'刈刭'。《倭名類聚鈔》卷五鎌條云:'《兼名苑》云:鎌一名鍥,《方言》云:刈刭。'"《音義》與《倭名》所引一致。守谷望之云:"按《説文》云:'刭,鎌也。'又云:'鈎,曲也。'二字不同。《廣雅》亦云:'刭,鎌也。'《玉篇》云:'鎌,刈刭也。'是作'刭'爲正。後人從金作鈎。《漢書·龔遂傳》云:'諸持鉏鈎田器者'是也,遂與鈎曲字混無別。源君所見《方言》猶未從俗寫。"④守谷謂源順所見《方言》未從俗寫,極具鈔本之歷史觀念。唯後文有"柯,鎌柄名也"一語,係《玉篇》"柯"之釋文,然有"野王案"三字,是"鎌"下之案語,抑是東瀛學者鈔錄《兼名苑》或源順纂錄《倭名》時鈔撮綴輯,已難以徵信。

---

① 此條見慧琳《一切經音義》卷七十三轉引,第三冊,第 2901 頁。
② 守谷望之《箋注倭名類聚鈔》卷五,第 272 頁上。
③ 天文本此字原作從勿、從刂,下既音"鈎",則從"句"可知。
④ 守谷望之《箋注倭名類聚鈔》卷五,第 272 頁上。

（十七）調度部薰香類：薰籠

薰籠：《方言注》云：火籠，和名多岐毛乃古。今之――也。

《方言》第十三："籠，南楚江沔之閒謂之篣（郭璞注："今零陵人呼籠爲篣，音彭。"）或謂之筊。"

《方言》第五："篝，（郭璞注："今薰籠也。"）陳楚宋魏之閒謂之牆居。"

按，周祖謨《校箋》失校。《方言》無"火籠"一詞。籠見《方言》第十三，薰籠見《方言》第五郭璞注。籠猶篝也，《廣雅·釋器》："篝、笭，籠也。"又："薰篝謂之牆居。"皆可證。籠是否即火籠？據《御覽》卷七百十一："火籠：《方言》曰：南楚江沔（引按，此字聲旁"丏"原作"丐"，今正。）之間籠謂之篣，或謂之筊。陳楚宋魏之間謂之庸君，今薰籠是也。"①似《方言》所說二者是一。而薰籠即火籠，漢魏六朝文獻中，火籠、薰籠多互稱不別。然因《御覽》之所引，牽涉《方言》二條是否原爲一條之重要問題，戴震以還諸家均未引及《御覽》，因亦未予釋證。兹因《倭名》所引，乃爲梳理之。《倭名》引《方言》云："火籠，今之薰籠也。"如非源順理解後剪輯，似是從《御覽》兼併二條《方言》之文簡縮而來。宋代類書如《御覽》等一般僅事鈔録，不作拼合，故很可能前有所承。若其所承爲隋唐間之書，則其傳入東瀛爲彼邦學者引用固在情理之中。又，《御覽》所引之"庸君"，《方言》作"牆居"，牆居一詞，古已有之。《說文·竹部》："篝，笭也。可薰衣。从竹、冓聲。宋楚謂竹篝牆以居也。"段玉裁謂"以"字衍，是即牆居也，此與前引《廣雅》"薰篝謂之牆居"可互證。牆居不誤，則《御覽》之"庸君"爲誤字矣。"君"爲"居"字形近而誤，可以理解。"庸"與"牆"字形不近，考"牆"字，《漢曹全碑》作"牆"，《漢武斑碑》作"牆"，字形與"庸"字接近。推知揚雄撰寫《方言》時或漢魏六朝傳鈔《方言》時此條之"牆"字必有作"牆"、"牆"或近似之字形者，而後才有可能形誤成"庸"。進而可知《御覽》所據作"庸君"之本必從六朝古本而來，亦淵源有自。明陳禹謨整理虞世南《北堂書鈔》，於卷一百三十五續補"南

---

① 《太平御覽》卷七百十一，中華書局1960年版，第三册，第3169頁。

楚謂篣:《方言》曰:南楚江沔之間籠謂之篣,或謂之筊,陳楚宋魏之間("間"之譌字)謂之庸君,今熏籠是也"一條,雖係取自《御覽》,所據不明,然隋唐類書引古籍,多有剪輯拼接痕跡,故亦容或有之。

(十八)羽族部鳥名百:鷉鷈

鷉鷈:《方言注》——,上步覓反,下夫号切。《辨色立成》云:余保。野鳥,小而好没水中也。《玉篇》云:——,水鳥也。其膏可以瑩刀劍。

《方言》第八:"野鳧,其小而好没水中者,南楚之外謂之鷿鷈,(郭璞注:"鷿,音指擘,鷈音他奚反。")大者謂之鶻鷈。(郭璞注:"滑、蹄兩音。")"

按,野鳥,守谷本作"野鳧",未說明所據,恐係依據《方言》而改。"野鳧"云云係《方言》正文,而《倭名》乃云"方言注"固非,然其背後或有極爲複雜之傳鈔背景。又所引無"其"字,周祖謨《校箋》引之,並指出慧琳《音義》二引其文亦無"其"字,而《文選·南都賦》注、《後漢書·馬融傳》注引"其"並作"甚",①箋揭異文而未予按斷。清錢繹以《文選》李善注作"甚"爲誤,華學誠復揭示《藝文類聚》卷九十二亦引作"甚",遂謂作"甚"爲是。② 此外,《御覽》卷九百二十五、宋羅願《爾雅翼》卷十七及明馮復京《六家詩名物疏》卷二十一、董斯張《廣博物志》卷四十五、毛晉《陸氏詩疏廣要》卷下之上等均引作"甚",後四書皆動植物專門著作,所引相對慎重,故作"甚"之可能性爲大。《倭名》《音義》等不引"甚"者,或以無關文義而略耳。《倭名》於"鷉鷈"下注"上步覓反,下夫号切",今《方言》本條郭璞注"鷿,音指擘,③鷈音他奚反",音切及用字均不同。且下字夫号切與"鷈"音渾不相應。考《玉篇》:"鷉,步覓切。鷿鷈,水鳥。""鷿,天兮切,鷿鷈。"此陳彭年所删存之《玉篇》文字,猶可見其"步覓切"與《倭名》相一致。《玉篇》音鷿爲天兮切,可悟《倭名》之"夫号"爲"天兮"形近之誤字。《說文》大徐音"鷉鷈"爲普擊切、土雞

---

① 周祖謨《方言校箋八》,第54頁。
② 華學誠等《揚雄方言校釋匯證》第八,第571頁。
③ 擘,華學誠引劉台拱説,並參校《集韻·麥韻》,謂當作"擘"。此與本論無涉,不討論。

切,《王三》扶歷反、他兮反,慧琳《音義》并役反、體低反,①並與《倭名》用字不同,由此更知《倭名》此條之來源與野王之《玉篇》有關。其下文"鸊鷉,水鳥也"與今本亦合,而"也"字爲彭年所刪。至於最後"其膏可以瑩刀劍"一語,是野王《玉篇》原文所引,抑是源順或日本學者綰合鈔錄,亦頗可體究。此句非郭注《方言》文,乃景純《爾雅注》之文。《爾雅·釋鳥》"鷉,須鸁"郭注:"似鳧而小,膏中瑩刀。"即此"膏中瑩刀"四字,文字、句式都有異同。先論文字,瑩,《釋文》出"鎣"字,云"烏暝反。本今作瑩,瑩,磨瑩也。"阮元校勘記謂"磨鎣字當從金,今本作'瑩',非"。②次論句式,引例如下:

玄應《音義》引《方言》:"野鳧,小而好沒水中者,南楚之外謂之鸊鷉,其大者謂之鶻蹄,其膏可以瑩刀用也。"③

慧琳《音義》卷九十九:"上并役反,下體低反。《方言》:野鳧,小而沒水中者,南楚之外謂之鸊鷉,其大者謂之鶻啼。郭璞注《爾雅》云:膏可以瑩刀也。"④

《後漢書·馬融傳》李賢注:"揚雄《方言》曰:野鳧也,甚小好沒水中,膏可以瑩刀劍。"

以上三例,末句句式文字與郭注皆不同,而與《倭名》亦互有小異,唯李賢注與《倭名》僅一字之差。其次三例之郭注《爾雅》文字皆與《方言》正文連接而下,唯慧琳插入"郭璞注《爾雅》云"六字。結合《倭名》於《玉篇》之後引及郭璞《爾雅注》文思考,假如顧野王原本《玉篇》確將《方言》與《爾雅》郭注一併引錄,⑤既爲隋唐間學者廣泛轉引,又傳至東瀛,爲日本學者輾轉引錄。且其引錄時"鎣"似已作"瑩",故轉錄者亦皆作"瑩"。而彼邦學者轉錄時又

---

① 慧琳《一切經音義》卷九十九,第三册,第3692頁。
② 《爾雅詁林》卷十七,湖北教育出版社1996年版,第4257頁上。
③ 慧琳《一切經音義》卷七十三,第三册,第2885頁。
④ 慧琳《一切經音義》卷九十九,第三册,第3692頁。
⑤ 守谷望之認爲:"蓋古本《玉篇》引之,今本逸脱也。'膏可'以下六字,今本《方言》無,亦是誤脱。"其疑雖是,然實昧於陳彭年刪節野王《玉篇》之史實,而指爲"逸脱",故未爲的論。

將"天兮"誤鈔作"夫号"。觀其中間有《辨色立成》云云,是否《倭名》此條從該書轉録,此雖不可必,却也理有可循。

(十九)蟲豸部蟲名:蝙蝠

蝙蝠:天鼠屎附。①《兼名苑》云:上布田反,下甫服切。一名伏翼。和名加波保利。《方言》云:亦名蟙䘃。上之力反,亦作蚳。下亡北反。又名仙兒(按,疑"鼠"之譌),又名服翼。蘇敬曰:天兒(疑"鼠"之譌)矢。伏翼,屎名也。

《方言》第八:"蝙蝠,邊、福兩音。自關而東謂之服翼,或謂之飛鼠,或謂之老鼠,或謂之僊鼠;自關而西秦隴之閒謂之蝙蝠,北燕謂之蟙䘃。職、墨兩音。"

按,周祖謨《校箋》失校。守谷本此條作:"《本草》云:蝙蝠,一名伏翼。《方言》云:蟙䘃。蘇敬曰:天鼠矢。"守谷以爲"下總本'本草'作'兼名苑'。"② 據校語,知下總本與天文本同,皆作"兼名苑"。如天文本此條係源順原文,則"《兼名苑》云:《方言》云:亦名蟙䘃"透露一信息,即此條之《方言》乃源順從《兼名苑》轉引而來。郭璞注"蝙蝠"二字爲"邊福"直音,《倭名》則是布田、甫服二反語;郭璞注"蟙䘃"二字爲"職墨"直音,《倭名》則是之力、亡北二反語;又"自關而東謂之服翼"簡縮成"又名服翼","或謂之僊鼠"簡縮成"又名仙鼠":皆從側面證明此條《方言》非直接從揚雄原書摘録。而《兼名苑》之某,一名某,《方言》云某之詮解形式如果是一種定式,則此條便也可能轉録《兼名苑》。

(二十)蟲豸部蟲名:蚰蜒

蚰蜒:《兼名苑》云:——,由、延二音。上亦作蝣,③ 一名蚹蠃。上音付。《本草》云:蜈蝓。上弋支切,下餘誅切。④ 和名奈目久知。《方言》云:北燕謂之

---

① 屎,守谷望之《箋注》本作"矢",有校語,可參閲。
② 守谷望之《箋注倭名類聚鈔》卷八,第396—397頁。
③ 守谷望之《箋注》本無"上亦作蝣"四字,《箋注》第403頁上。
④ 守谷望之《箋注》本此二字音作"移、臾二音",《箋注》第403頁上。

蚯蚓。上女六反,下女尼切。①

《方言》第十一:"蚰蜒,(郭璞注:"由、延二音。")自關而東謂之螾䗅,或謂之入耳,或謂之螾蠁;趙魏之閒或謂蚨虶;北燕謂之蚯蚓。"(郭璞注:"蚯,奴六反;蚓,音尼。江東又呼蜒音羿。")

按,周祖謨《校箋》失校。《倭名》首引《兼名苑》蚰蜒,似與下引《本草》《方言》可以無涉。但其緊接標注其音爲"由、延二音",此正《方言》郭璞爲"蚰蜒"所注之音,參校《玉篇》《王三》此詞音以周、以然二反,故下文《本草》《方言》二語很可能是《兼名苑》先引錄而爲《倭名》轉鈔輯錄。宋本《方言》此詞作"蚰蟣",戴震《疏證》改爲"蚰蜒",盧文弨校本從曹毅之本同,今就《倭名》以"蚰蜒"爲詞頭觀之,知唐以前《方言》可能即作"蚰蜒",而作"蟣"或正如錢繹所言係涉下文"螾䗅"而譌。至於"北燕謂之蚯蚓"一語,文獻徵引亦有異同,而諸家皆未之及,先引錄如下:

慧琳《音義》卷三十二:"上酉州反,下演仙反……《方言》云:自關而東謂之螾䗅,關西謂之蚰蜒,北燕謂之祝蜒。"②

慧琳《音義》卷三十八:"蚰蜒,上音由,下音延……《方言》云:自關而東、宋魏之間謂之螾蟣,梁宋已東謂之入耳,北燕謂之蚯蚓。"③

卷三十二所引反切與《方言》郭注不同,預示其非直接從《方言》引錄。後文"關西謂之蚰蜒"一語不見《方言》及其他文獻;而"北燕謂之祝蜒"一語係《方言》第八"守宮,秦晉西夏謂之守宮……北燕謂之祝蜒"之守宮異名,與蚰蜒無涉,此恐隋唐間好事者誤鈔,遂由慧琳轉錄之。卷三十八注"由延"二音,與郭注合,"北燕謂之蚯蚓"亦與《方言》合。唯"宋魏之間謂之螾蟣,梁宋已東謂之入耳"二句與原文出入頗大。考《爾雅·釋蟲釋文》"蚰蜒"下云:

---

① 守谷望之《箋注》本此二字音作"上女陸反,下音尼",《箋注》第403頁上。
② 慧琳《一切經音義》卷三十二,第一冊,第1272頁。
③ 慧琳《一切經音義》卷三十八,第二冊,第1510頁。

蚰：音由。蜒：音延。《方言》云：宋魏之間蚰蜒謂之入耳。《字林》云：北燕人謂蚰蜒爲蚭蚭。上音奴六反，下音女其反。

觀陸德明所標注之音切，必曾參考郭璞注。其引《字林》云云，即爲呂忱原文，亦係揚雄《方言》之翻版，唯所引《方言》文，與慧琳所引離合異同，頗可玩味。爲便於思考，對比排列如下：

《釋文》引《方言》：宋魏之間蚰蜒謂之入耳。

慧琳引《方言》：自關而東、宋魏之間謂之蟪蚭，梁宋已東謂之入耳。

如果《釋文》囫圇吞棗並且漏鈔慧琳引文，文字上勉強可說，而時代上絕對不可能；反之，若慧琳演繹《釋文》之文，則梁宋之地域從何而來？結合慧琳《音義》卷三十二之"關西"地域，較爲合理的解釋是各有所本，而鈔撮之際確有譌誤。其所本之書，就現有所存文獻所能質指者，乃是後魏劉昞之《方言》三卷，[①]劉書時代上可爲元朗、慧琳引述，而書名、性質適又吻合，上述溢出揚雄《方言》之外的文字，很可能係劉昞據實地調查所得之記錄。

（二十一）蟲豸部蟲名：蜜蜂

蜜蜂：蜚零附。《方言》云：——，和名美知波遲。蜜見飲食部。黑蜂在木爲孔在室者也。《本草》云：——，子一名蜚零。上扶貴反。又音非。今案：蜚者，古飛字也。

《方言》第十一："蠭，燕趙之閒謂之蠓螉，其小者謂之蠮螉，或謂之蚴蛻；其大而蜜謂之壺蠭。"郭璞注："今黑蠭穿竹木作孔亦有蜜者，或呼笛師。"

[①] 秦榮光《補晉書藝文志》卷一據《魏書》本傳爲《方言注》三卷（《廿五史補編》，中華書局1955年版，第三册，第3809頁上），蓋以爲如同郭璞一樣，箋注揚雄之書。林明波以爲"其書殆亦捃摭絕代異言，異域殊語而爲之者"。（《唐以前小學書之分類與考證》，東吳大學中國學術著作獎助委員會出版，第228頁）

按，詞目出"蜜蜂"，而《方言》單言之。現存最早複言"蜜蜂"者，見於南朝宋裴松之《上〈三國志注〉表》，之前晉郭璞已有《蜜蜂賦》而正文未見連用，至隋唐間已多言蜜蜂，此《倭名》及所據本遂出復名之語境。所引"黑蜂"一語係郭璞注文，而《倭名》仍作"《方言》云"而不別。① 䗬，《方言》原作"蠭"，戴震改作"䗬"。《大廣益會玉篇》："䗬……亦作蜂，蠭，古文。"此是否爲顧野王之原文已不可考。左右結構之"蜂"，見於碑刻者，《齊寶泰墓誌》作"蜂"、《隋仲思那造橋碑》作"蜂"、《隋張儉墓誌》作"蜂"，形雖小異而結構則同。溯而上之，銀雀山竹簡不僅有上"夆"下"虫"之形體，且亦出現上"逢"下"虫"，但"虫"字偏左的形體，凡此均是引嚮左右結構"蜂"途徑之關鍵點。源順時代，簡化之楷體定型，故均作"蜂"。② 對勘今本郭注，《倭名》前缺"今"字，後文"在木爲孔在室者"亦不辭，當係鈔脫數字，"竹木"則脫"竹"字，"在"或爲"有"，③而"室"亦恐爲"蜜"之譌字。

(二十二)蟲豸部蟲名：蠅

蠅：胆附。《方言》云：陳楚之間謂之一。余陵切。④ 和名波閇。東齊之間謂之羊。郭璞曰：一，羊，此轉語耳。《聲類》云：胆，音且，又去聲。和名波閇乃古。蠅子也。蠅乳肉中也。

《方言》第十一："蠅，東齊謂之羊，（郭璞注："此亦語轉耳。今江東人呼羊聲如蠅，凡此之類皆不宜別立名也。"）陳楚之閒謂之蠅，自關而西秦晉之閒謂之羊。"

按，周祖謨《校箋》失校。《方言》郭注無切語，《玉篇》、《王三》皆余陵切，與《倭名》同。"東齊之間謂之羊"一語，較今本多"之間"二字；所引郭璞注亦係概括縮略語。字頭下"胆附"之"胆"及所引《聲類》中"胆"、"且"諸字

---

① 守谷望之本作"《方言》云"而未說明版本依據（《箋注》第412頁下）。按守谷望之《箋注倭名類聚鈔》類此者頗多，當以下文所引爲郭璞注文，遂於書名下加一"注"字，非有古本依據也。
② 敦煌斯五四三一《開蒙要訓》即作"蜂"，參見黃征《敦煌俗字典》，上海教育出版社2005年版，第113頁。
③ 守谷望之《箋注》本即作"又有室者也"。《箋注倭名類聚鈔》第412頁下。
④ 守谷望之《箋注》本此音作"音膚"，乃直音而非切語，與此不同。《箋注倭名類聚鈔》第413頁下。

手寫字形接近"胆"與"旦",守谷望之《箋注》本即作"胆"與"旦",①皆誤。《説文·肉部》:"胆,蠅乳肉中也。"《玉篇·肉部》:"蠅乳肉中也。胆,俗作蛆。"而慧琳《音義》卷二、卷十四、卷七十六引作"蠅乳肉中蟲也",多"蟲"字。段玉裁《説文注》引《三蒼》曰"蠅乳肉中曰胆",又引《通俗文》曰"肉中蟲曰胆",義較《説文》等爲顯豁。② 慧琳《音義》卷二十九"若蠅"條:"《説文》:蟲之大腹者生胆,轉化爲蠅。"③照《説文》,胡吉宣以爲此語係顧野王"申釋語"。④ 此條以胆爲蠅子,故兼引《聲類》以證。其音余陵切與《玉篇》同,是否從《玉篇》轉引而來,因原本《玉篇》之殘損而無法證實,然確可致思。

(二十三)菜蔬部菜類:蔓菁

蔓菁　下體附。蘇敬曰:《本草注》:蕪菁,武、青二音。北人名——。⑤ 上音蠻。和名阿乎奈。揚雄《方言》云:陳宋之間曰葑,匪庸反。⑥ ——也。《毛詩》云:采葑采菲,無以下體。和名加布良。下體,根莖也。此二菜蔓菁之類也。

《禮記·坊記》:"《詩》云:采葑采菲,無以下體……"注:"葑,蔓菁也。陳宋之間謂之葑,菲,薝類也。下體謂其根也。采葑菲之菜者,采其葉而可食,無以其根美則并取之,苦則棄之,并取之是盡利也。"

按,《倭名》所引《方言》文不見揚雄之書,乃係鄭玄《禮記》之注文。胡吉宣謂"鄭注亦本《方言》",⑦乃據《方言》"蘴、蕘,蕪菁也。陳楚之郊謂之蘴"而言。然即使鄭玄本《方言》而注《坊記》,就《倭名》所引及其前後文審察,確本鄭注而非揚書。本鄭注,則必須追究"揚雄《方言》"一詞係何人按加或改易。⑧ 最顯而易見之途有三條:一、蘇敬著作中已如此而爲源順鈔

---

① 守谷望之《箋注倭名類聚鈔》卷八,第413頁下。
② 段玉裁《説文解字注》,上海古籍出版社1981年版,第177頁下。
③ 慧琳《一切經音義》卷二十九,第一册,第1146頁。
④ 胡吉宣《玉篇校釋》卷二十五,第五册,第5075頁。
⑤ 守谷望之《箋注》本"名"後有"之"字,不知所據。
⑥ 守谷望之《箋注》本作"陳宋之間蔓菁曰葑,音封",改字易音切,不知所據,兹不予分析。
⑦ 胡吉宣《玉篇校釋》卷十三,第三册,第2576頁。
⑧ 如原文是"鄭注《禮記》"之類的文字便是改易。

錄，二、《倭名》以前著作如《楊氏漢語鈔》《辨色立成》等已如此而爲源順承襲，三、源順自己不明真相而增加、改易。茲先剖析第一種，蘇敬云云，係出唐蘇敬之《本草》著作。《新唐書·藝文志》："蘇敬《新修本草》二十一卷、又《新修本草圖》二十六卷、《本草音》三卷、《本草圖經》七卷。"《唐會要》卷八十二《醫術》載：

> 顯慶二年，右監門長史蘇敬上言：陶弘景所撰《本草》事多乖謬，請加刪補。詔令中書令許敬宗、大常寺丞吕才、太史令李淳風、禮部郎中孔志約、尚藥奉御許季崇並諸名醫等二十人增損舊本，徵天下郡縣所出藥物並書圖之，仍令司空李勣總監定之並圖五十卷成上之，至四年正月十七日撰成。

蘇敬等《新修本草》諸書撰成於顯慶四年（659），《倭名》引用，知此五十餘卷圖經已隨遣唐使舶載東瀛。顯慶所修《本草》今雖不存無法按覆，然分析參與新修諸人，盡皆碩學名醫，不應有此失誤。反覆研讀其文，"北人名蔓菁"，釋蕪菁即蔓菁已是句子之完成式，與後文"蔓菁也"不似一書之解釋，①故很可能是東瀛學者鈔錄時覺其乃《方言》句式而加上數字。再從另一來源分析，顧野王《玉篇》是日本語言性類書之淵藪，本條引《方言》之後有"匪庸反"切語，鄭注《坊記》無切語，而《大廣益會玉篇·艸部》亦匪庸切，文作"葑，匪庸切，蕪菁也。《詩》曰：采葑采菲"，適與《倭名》"陳宋之間曰葑"以後文字相應。《王三》等韻書皆敷容反、俸容反，音葑爲匪庸反於今存小學書中極少，②因而日本學者參考《玉篇》之可能性越大。然顧野王固諗知《方言》及鄭玄經注之人，不可能張冠李戴，錯舛之發生，似仍在東瀛。

---

① 宋唐慎微《政類本草》卷二十七"蔓菁"下云："唐本注云：蕪菁，北人又名蔓菁。根葉及子乃是菘類，與蘆菔全别。"所謂"唐本"即指蘇敬《新修本草》，"北人又名蔓菁"，即《倭名》所引，後文不再有"蔓菁也"之句式。守谷本無此三字，可能也察覺其不辭而刪。
② 顧野王之後，唯宋陸佃《埤雅音義》亦音葑爲匪庸切。慧琳《一切經音義》卷九十八引"鄭注《禮記》云：陳宋之間謂蔓菁爲葑"，標音爲棒客（容字之譌）反。第三册，第3650頁。

榆枋齋學林

（二十四）菜蔬部菜類：辛芥

　　辛芥：《方言》云：趙魏之間謂菁爲芥，小者謂之――。下假拜反。① 和名太加南。

　　《方言》第三："蘴、蕘，蕪菁也。陳楚之郊謂之蘴，魯齊之郊謂之蕘，關之東西謂之蕪菁；趙魏之郊謂之大芥，其小者謂之辛芥，或謂之幽芥，其紫華者謂之蘆菔，東魯謂之菈蘧。"

　　按，《方言》"趙魏之郊謂之大芥"一語乃承"蘴、蕘，蕪菁也"而言，而《倭名》所言以辛芥爲詞目，無"蕪菁"一詞，其引文必須帶有同義詞以資比較，故作"謂菁爲芥"。後句"小者謂之"云云，前少一"其"字，當係省略。《倭名》音芥爲"假拜反"，《方言》"芥"郭注未標音，遍考中土字韻書，《王二》《王三》古邁反、《唐韻》古喝反、《廣韻・去怪》古拜切、《韻集》歌邁反，慧琳《音義》卷四十六歌邁反、卷四十九皆邁反，皆與《倭名》異字。唯《玉篇・艸部》爲假拜切，與《倭名》正合。據此，顧野王《玉篇》此條原文曾爲彼邦學者參考似非無稽之想。緣此推想，則前面引《方言》之文是否亦係顧氏原本《玉篇》中文字。原本《玉篇》雖散佚過半，或許亦可由此而多得其一鱗半爪。

（二十五）草木部木具：杒椏

　　杒椏：音砂、音鴉。《方言》云：江東謂樹枝曰――。上楚加反。枝也。下於加反。② 木斜也。和名未太布利。

　　按，《倭名》所引《方言》不見今本揚雄《方言》，唯《廣韻・九麻》"椏"於加切下引《方言》云："江東言樹枝爲椏杈也。"《集韻・九麻》："椏"下亦引《方言》："江東謂樹岐爲杈椏。"胡吉宣於《廣韻》《集韻》之後並引《倭名》而

---

① 守谷望之本作"音介"，作直音而非反切，未說明版本依據，茲不予分析。
② 守谷望之《箋注》本此二字作直音，曰"砂鴉二音"（《箋注》第522頁下），不用反切，然不知所據，茲不予分析。

466

曰："所引爲《方言》郭注佚文,本書原本引之。"①所謂"本書原本"殆指原本《玉篇》,蓋謂顧野王原本《玉篇》引《方言》郭注而後爲《廣韻》《集韻》所承。《玉篇·木部》："椏,於加切。木椏杈。又烏可切,榿椏,樹斜。""杈,楚加反,枝也。"《倭名》與《玉篇》音切用字相同,釋義亦近同。而《切韻·麻韻》初牙反,就反切用字和釋義之承襲性推想,《玉篇》引之,傳至東瀛爲日本學者承襲,傳至宋代爲陳彭年、丘雍等承襲,事在情理之中。然胡吉宣指爲"郭注佚文",尚有討論餘地。首先,今本揚雄《方言》無"椏"、"杈"二字,郭璞注文繫於何處無法落實。其次,顧野王於梁大同四年(583)官大學博士,當其撰《玉篇》時,北魏太武帝(423—450)時劉昞之《方言》亦已流行一百餘年,容能見之並引錄。故《玉篇》所引,亦完全可能是劉昞之《方言》,謹存疑於此。又,"木斜也"三字,守谷本無。據《玉篇》等解"椏"爲"樹斜"觀之,"木斜也"三字完全可能是承"下於加反""椏"字的釋義,當作小字,守谷本即無此三字。

三、思考與小結

以上從《倭名》一書中輯得所引《方言》共二十五條,歸納之有下列幾種情況值得思考:

(一)《倭名》所引揚雄《方言》正文和郭璞注文頗有異同

引《方言》文十三條,大多是簡縮之句,甚至僅是短語、詞彙,從校勘角度審察,除個別幾處可資勘正,頗具價值外,相當部分意義不大。按一般引書常例,節引固然不乏,但對一種書,特別是常見而重要的《方言》,幾乎條條如此,似顯得獨特。又引郭璞注文八例,例用"郭璞《方言》注"、"郭璞曰"或"方言注",但却出現"《方言》云"之辭例,體味、揣摩這些短句與特例,可

---

① 胡吉宣《玉篇校釋》卷十二,第三冊,第2501頁。按胡氏引《倭名》作"河東謂樹歧曰杈椏",今覆校天文本和守谷望之《箋注倭名類聚鈔》本,皆作"江東謂樹枝曰杈椏",是胡氏"江"誤作"河","枝"涉前《集韻》文而誤作"歧"。

以悟徹源順引録《方言》及郭注多數是二手資料,亦即根據他以前的《楊氏漢語鈔》《辨色立成》或東傳的顧野王《玉篇》、釋遠年《兼名苑》等書轉録,而非全部直接引自《方言》原書。

(二)《倭名》所引《方言》與原本《玉篇》之關係

通過以上釋證,所引《方言》與原本《玉篇》之間關係有蛛絲馬跡可尋,這不僅表現在"野王案"緊接《方言》文後,有些反切用字與切韻系統較遠而獨與《玉篇》相同。二十五條中有十條左右顯示各種承襲痕迹,這是一個不小的比例。即使我們捨棄一些主觀意識,仍會有不少例子。顧野王原本《玉篇》剪裁《倉頡》《説文》《爾雅》《方言》《字林》等字韻書以豐富其釋義,這是不爭之事實,故書中於《方言》多有節引之例,①此與《倭名》中引述者亦多吻合。

(三)《倭名》與《楊氏漢語鈔》《辨色立成》之承襲關係

《倭名序》有"養老所傳,楊説纔十部"云云,川瀨一馬據此考定此書及《立成》等均成書於元正天皇養老年間。② 唐開元以前,日本遣唐使至少已有七八批。其從中土帶回之小學書籍數量極多,③川瀨一馬説平安朝從漢土傳入的辭書有《爾雅》《釋名》《小爾雅》《廣雅》《切韻》《唐韻》《説文》《玉篇》等,其中尤以《玉篇》《唐韻》運用最廣。④《見在書目》亦已收入《開元文

---

① 原本《玉篇·言部》"諠"下云:"《方言》諠,音也。"《方言》第十三:"諜、諠,音也。""注"下云:"《方言》:南楚或謂嚏嘍曰支注。"《方言》第十:"南楚曰譆譆,或謂之支注。"又,凡《方言》甲,某某之地謂之乙的句式,顧野王多改作:某某之地謂甲爲乙。
② 日本川瀨一馬據《倭名序》之説,推定諸書在養老年間,亦即唐代開元五年至十一年間。《增訂古辭書の研究》,第 23 頁。
③ 陳水逢《中國文化之東漸與唐代政教對日本王朝時代的影響》第五章第三節醫學根據《見在書目》所記之中國醫書一百六十部一千三百零九卷,以爲都是遣唐使在平安時代所傳入。(嘉新水泥公司文化基金會研究論文第三十九種,第 895—896 頁。)若依此類推,則《見在書目》中小學類書籍亦當是同時傳入。
④ 顧書傳入東瀛時間甚早,在《見在書目》中還有《玉篇鈔》之類的書。就今存原本《玉篇》之年代論,各家尚有不同意見,早者認爲是隋唐間物,其次以爲是初唐手筆,也有人認爲是(轉下頁注)

字音義》,可見開元時的小學書不久就傳入東瀛。這些書籍既爲舶來珍品,則其爲《楊氏漢語鈔》《辨色立成》等所摘取乃勢所必然。節取漢籍,編爲日本語文工具書,而後若再爲《倭名》轉録、節取,便更零碎。今第一、第三、第六、第十五等條目顯示出此種迹象。

(四)《倭名》與《兼名苑》之承襲關係

《兼名苑》係唐釋遠年所撰,《舊唐書·經籍志》載其書爲十卷,《新唐書·藝文志》則記爲二十卷。①《兩唐志》皆歸入子部名家類,可能因書名有"名"字,故與范諩之《辯名苑》十卷歸爲一類。此書見於《日本國見在書目》,歸入雜家,與類書併在一起,②知甫始撰成,已爲遣唐使鈔録攜歸。就《倭名》引述到的四條《兼名苑》資料,其格式多是:某,一名某,某書云某某等(也有引二書或更多者),顧名思義,此形式與"兼名苑"名義相合。如果此種推測不誤,則第十、第十六、第十九、第二十計四條當係《兼名苑》之文而爲源順迻録。

(五)所引非揚雄《方言》之文

如第十四條誤將《釋名》作《方言》,此或係鈔錯。第八條將《説文》引揚雄説誤認爲《方言》,雖誤而情有可原。而第二十五條今見於《廣韻》等韻書,很可能是北魏劉昞《方言》,源順鈔録此條時若據原書(假設劉書亦流入東瀛),按理異書同名一般會標舉姓名以資區別,今不標作者,似視同揚雄。察其反切恰與《玉篇》相同而與《切韻》相異,故其轉鈔《玉篇》,甚至由《漢語鈔》等轉鈔《玉篇》,再由《倭名》等節取、轉録之可能性不能排斥。因爲一再轉録,異書同名之標志便逐漸削弱。

(接上頁注)中唐時物。如若時間在此範圍内,則皆早於《倭名》引述到的《楊氏漢語鈔》和《辨色立成》等書。早於諸書傳入,則允可爲諸書所徵引采納。因而《倭名》所引之《玉篇》,可能直接引自顧氏原本,亦可能從《漢語鈔》《辨色立成》等書轉録。
① 《唐書經籍藝文合志》,商務印書館1956年版,第210頁。
② 《影舊鈔本日本國見在書目》,黎庶昌輯刻《古逸叢書》,江蘇廣陵古籍刻印社1997年縮印本,第三册,第747頁下。

以上五點乃是關於《倭名》所引《方言》之來源，綜觀而論，其所引《方言》似多非從揚雄原書直接鈔錄而是轉錄他書所致，其中南朝梁顧野王《玉篇》和唐釋遠年《兼名苑》是其主要取資的對象。在全面釋證過程中，也顯示出《方言》之校勘工作尚有進一步伸展、開拓之餘地。佛書音義和唐宋類書之徵引和比勘必須深考原由，如第十七條《御覽》作"庸君"，其致誤係由形近並可能前有所承。《倭名》所引雖僅節語、短句，然個別亦可資校勘，如第十二條"孖"、"干"、"釪"三字之糾葛，第十六條"刡"、"鈎"二字之混淆，皆可以《倭名》作爲唐代域外文獻的堅實證據，來糾正宋本之譌誤。當然也不否認，《倭名》及其所據書都有鈔錯和脱逸，此在輾轉傳鈔中勢所難免，而對《方言》校勘而言則均無關宏旨。

二〇〇七年八月十一日至九月十日初稿
九月十八日修訂增補二稿

《廣韻》姓氏來源與郡望音讀研究

一、引　言

　　《廣韻》編成、刊行一千年至今，計有各種不同刻本、影印本、校勘本、排印本約一百多種。① 其參校衆本者，以周祖謨、余迺永二書爲最，周書篳路藍縷，余書後出轉精。唯二書所校皆限於《廣韻》之詳本，其略本則闕而不論，於《切韻》系殘卷及王仁昫本、孫愐《唐韻》等，僅作必要之比勘參校，未能字字讎對。至《廣韻》之研究論文與專著更指不勝屈，尤以趙少咸前輩之《廣韻疏證》最爲學人企盼懸望，惜至今未能面世。② 《廣韻》一書，包羅萬有，前哲時賢，從各種層面予以研究考訂，成績斐然，昭在學界，無煩縷述。然筆者於鑽研先賢鴻著之餘，時時所感不足者有二：一、未能將自存世之《切韻》至《廣韻》所有殘卷、完書作一直綫之排比羅列，以覘《切韻》系韻書增益、遞嬗之軌跡。二、未能將《廣韻》分類作專項校勘研究，如姓氏、地名、引書、③名物等等，以專業眼光審視其釋義，揭示其正譌。其中引書略有人

---

① 據1986年出版的朴現圭、朴貞玉《廣韻版本考》，統計有八十種。此後中華書局重印周祖謨校勘本，《傳世藏書》有排印本，2000年上海辭書出版社出版余迺永《新校互注宋本廣韻》，2002年江蘇教育出版社影印宋巾箱本，其他出版社亦有影印、排印，計有此數。
② 此書歷盡劫難，近年可望出版。校按，《廣韻疏證》十册，2010年4月由巴蜀書社出版。
③ 據熊桂芬《廣韻引書新考》一文統計，引書三百七十種，引書次數六千五百五十次（《語言研究》二十三卷第一期）。其中引同一書超過一百次者近十種，超過五十次者更多。然除少數書籍有人作過考證外，大多未曾深入研究。

涉及，①姓氏則自清季孫詒讓爲作《廣韻姓氏刊誤》二卷，嗣後絶響。二〇〇〇年，筆者專爲孫氏《刊誤》作推闡，僅成一卷。② 其他地名、名物等，猶付闕如。

　　《廣韻》之載古今姓氏，所佔篇幅甚大。考陸氏《切韻》本爲定音而作，偶涉姓氏，逮孫愐《唐韻》，略有增益，及《廣韻》出而幾可作姓氏書之用，其前後增益之跡頗可致思。二十世紀八十年代，予專注於古方音之鈎稽，深感姓氏音讀，可資古音考訂。唐以前姓氏書，多以官爵地望相次，難定音讀，中唐始有依韻列姓之著，然大多散佚。《廣韻》姓氏蒐羅既備，復明標音切，乃最適合於此項研究，雖然，此又非專門用力不可。忽忽歲月，荏苒二紀，庸人瑣務，散心無歸。兹值千年誌慶之佳時，爰始經之營之，爲《廣韻》之姓氏作校勘疏證，其宗旨有二：一、以前人《廣韻》校勘爲基礎，於姓氏一項作專業化之校覈，進而對《廣韻》姓氏之來源在現有資料範圍内作全面探索；二、以《廣韻》所標姓氏音讀爲基點，結合姓氏起源、遷徙、郡望，姓氏文字結構、多音異讀及歷代聲韻演變等，探索古代方音之特點與演化脈絡。

二、由《切韻》到《廣韻》的姓氏收録

　　姓氏原與韻書關涉不大，且法言《切韻》旨在聲韻之"南北是非，古今通塞"，故存世《切韻》殘卷中希見姓氏。如斯二〇七一上聲《小韻》"趙"字下注"燕"字，③平聲《仙韻》"錢"字下注"昨仙反，一"四字，《魂韻》"孫"字下注"思渾反，三"四字，上聲《止韻》"李"下不著一字，伯二〇一一《王韻·尤韻》"周"下注"職鳩反。帀。亦作匊、週。八"九字，斯二〇七一平聲《模韻》"吴"字與"蜈"並列爲異體，注"蜈蚣"二字，伯二〇一一《王韻·諍韻》"鄭"下注"直政反。國名。二"六字，斯二〇七一平聲《陽韻》"王"下注"雨方反。

---

① 如汪壽明《〈廣韻〉引揚雄〈方言〉考》，載《語言文字學刊》第一輯，漢語大詞典出版社1998年版，第134—154頁；曾忠華《〈廣韻〉引〈説文〉考》，載臺師大《國文學報》第五期，郭萬青《〈宋本廣韻〉引〈國語〉例辨證》，載《古籍整理研究學刊》2008年第2期；王其和《〈廣韻〉引〈詩〉説略》，載《南陽師範學院學報》2004年第2期。
② 此文後載《孫詒讓研究論文集》，百花洲文藝出版社2007年版，第336—371頁。已收入本書。
③ "趙"字上一"兆"字，斯二〇七一注"卦"，而《廣韻》亦有"又姓"二字。

一"四字。①《切韻》鈔本在常態下是隨時代之延續而逐漸增字加注，斯二〇七一和伯二〇一一殘卷非最早之《切韻》鈔本，而這些大姓、常姓均皆不注，逆推陸氏原本亦無姓氏標注。殆當時純爲定音，非欲如後世爲科舉，求實用，漸次有意爲一包羅萬象具字典性質之書。

法言之後，郭知玄、關亮、薛峋各有增字加訓，殘佚無以徵信。王仁昫《刊謬補缺切韻》略本"削舊濫俗，添新正典，並各加訓，啓導愚蒙"之旨，②增益頗多，然未言援據姓氏，以補不足。今校覈上述八字，趙字下改注"國名"，錢字下加注"帛貨"，孫字下加注"子之子"，李字下加注"似梅。又姓"，③周字下同《切韻》殘卷，唯小韻增一字故作"九"，④鄭字下亦同，王字下加注"往，天下之所歸往。二"，⑤八字中唯"李"下加注"又姓"，是否此乃唐代國姓而加，不可知。另在《去燄》"斬"下云"又姓"。王氏之後，祝尚丘亦加字，殘佚無徵。稍後至天寶十載有孫愐《唐韻》出，增字加注頗多，且明言援據姓氏書迻入姓氏。其序云：

> 其有異聞，奇怪傳說，姓氏原由，土地物產，山河草木，鳥獸蟲魚，備載其間。皆引憑據，隨韻編紀，添彼數家，勒成一書，名曰《唐韻》，蓋取《周易》《周禮》之義也。及案《三蒼》《爾雅》《字統》《字林》《說文》《玉篇》、石經、《聲韻》《聲譜》、九經諸子、《史》《漢》《三國志》《晉》《宋》《後魏》《周》《隋》《陳》《宋》《兩齊書》《本草》《姓苑》《風俗通》《古今注》、賈執《姓氏英賢傳》、王僧孺《百家譜》……及武德已來創置迄開元三十年，並列注中。⑥

所謂"姓氏原由"，似包括姓氏來源與地望。所提及之《姓苑》爲何承天撰，《風俗通》中亦有《姓氏篇》，賈、王二書乃姓氏譜牒之書，可見孫氏據增不

---

① 唐太宗命諸儒撰《氏族志》一百卷，以李姓爲首，書今不存，無法取證唐時之大姓，茲姑以宋時《百家姓》前八姓爲例。
② 龍宇純《唐寫全本王仁昫刊謬補缺切韻校箋》，香港中文大學1968年版，正文首頁。
③ 龍宇純校箋云："王一云：人姓。"（《唐寫全本王仁昫刊謬補缺切韻校箋》，第299頁）按，早期《切韻》系殘卷如加注姓氏，多云"人姓"，《唐韻》始言"又姓"，《廣韻》承之。
④ 唯文字鈔寫有誤，參見龍宇純校箋。
⑤ 此小韻增一字，故作"二"。
⑥ 載《鉅宋廣韻》書首，上海古籍出版社1983年影印本。

少。今檢所存《唐韻》殘葉,趙、錢、孫、李、周、吴、鄭、王八字均殘,而其他單姓、複姓乃至北方胡地複姓時有所見。孫氏之後有嚴寶文、裴務齊、陳道固三人均曾加字。裴本今存殘葉,其李字下注:"姓。又木名。"周字下加注:"忠信。又姓。十。"鄭字下作"直正反。一",王字下加注"又于放反。二"。佚四字,存四字,存者四字中有二字均加標姓氏。據筆者考證,中唐以前衆多增字加注者,雖年代有先後,然不乏各本《切韻》增加不相謀劃或遞相增益者。① 孫愐之後,情況有所不同,張昊《雲谷雜記》卷二:"至唐孫愐,始集爲《唐韻》,諸書遂爲之廢。"② 即使孫愐之後三人皆本《唐韻》而踵事增華,則亦知孫氏雖說援據《姓苑》《姓氏英賢傳》等書補標姓氏,却未能全部標出,遺漏尚多。

　　大中祥符元年,《大宋重修廣韻》刊成,上舉八字全部標注姓氏義。據《廣韻》書前兩道牒敕,此書僅是校讎、勘正、增删陸、王、孫等書而成。景德四年十一月十五日牒云:

　　　　爰命討論,特加刊正,仍令摹印,用廣頒行……宜令崇文院雕印,送國子監,依九經書例施行。

真宗諭敕,僅云"討論""刊正",不言編纂。討論、刊正何書,《集韻·韻例》云:"隋陸法言、唐李舟、孫愐各加衺撰,以裨其闕。先帝(真宗)時令陳彭年、丘雍因法言舊説爲刊益。"是即刊正、增益法言舊説。據《廣韻》書前所列,知以陸法言撰、長孫訥言箋注本爲底本,同時參考郭知玄、關亮、薛峋、王仁昫、祝尚丘、孫愐、嚴寶文、裴務齊、陳道固九家之著。以其同時引録孫愐序文,可見刊正增益時對孫氏《唐韻》之重視。《玉海》卷四十五曰:"景德四年十一月戊寅,崇文院上《校定切韻》五卷,依九經例頒行。"對照牒敕,是崇文院所上原係真宗敕命,完成後名《校定切韻》,僅依陸氏原名。真宗諭令崇文院雕印,然後依九經書例頒行。半年以後,雕印完成,真宗下諭,敕

---

① 虞萬里《斯坦因三探所獲吐峪溝文書字書殘片考釋》,載《語苑擷英——慶祝唐作藩教授八十華誕學術論文集》,中國大百科全書出版社 2007 年版,第 260—268 頁。已收入本書。
② 張昊《雲谷雜記》卷二,《文淵閣四庫全書》本,臺灣商務印書館 1983 年影印本,第 850 册,第 869 頁。

令改爲《大宋重修廣韻》。①《宋史・藝文志》載有李舟《切韻》五卷，丘世隆《切韻搜隱》五卷，劉希古《切韻十五》五卷，《廣韻》不將諸書開列書首，或未作爲參考，故王應麟曰"諸家增字釋訓，並載卷中"，②殆爲事實。

三、宋初姓氏書之知見與存佚

《廣韻》集十家之收字、音切、訓釋爲一書，而《王韻》《唐韻》所收姓氏仍如此之少，推知今《廣韻》中大量姓氏，乃陳彭年、丘雍等人在修訂時所增。修訂時所增，則其手邊必有一批姓氏書在。茲先從《唐韻》所涉之書談起。

《廣韻》引《姓苑》二百數十條。③《隋志》："《姓苑》一卷，何氏撰。"何氏即南朝宋何承天。《兩唐志》："何承天《姓苑》十卷"，《崇文總目》同。《新唐書・柳沖傳》載柳芳曰："應劭有《氏族》一篇，王符《潛夫論》亦有《姓氏》一篇，宋何承天有《姓苑》二篇。"以應、王之著論之，《姓苑》二篇即二卷。此唐代譜學專家柳芳所親見，似不至有誤。宋陳振孫於《姓苑》二卷下云："不著名氏。古有何承天《姓苑》。今此以'李'爲卷首，當是唐人所爲。"④陳氏所見二卷本已以"李"姓爲首，是唐人據何氏書重編增補而題何氏名，由此知唐初魏徵著《隋志》時所見一卷本乃何氏原本，開元後柳芳所見二篇若有何氏之名，亦當爲唐人重編增補，已非原貌。《兩唐志》之十卷本，更是唐人所增衍。《唐韻》所引《姓苑》不題著者，亦不著卷次，然多半已是唐人重編增補本，唯不知爲二卷本抑或十卷本。《唐志》取毋煚《古今書錄》著錄，毋書乃節錄《群書四部錄》而成，《四部錄》編成在開元九年，故天寶間孫愐所引應以十卷本可能性爲大。《崇文總目》《宋志》著錄"何承天《姓苑》十卷"，不見二卷本，是知陳彭年修訂時所援引者已是十卷本，故引錄頗夥。

---

① 方孝岳、羅偉豪《廣韻研究》第二章第四節《廣韻的編成》以爲有前後兩次修訂，"第一次修訂任務主要是刊正摹印前代的各種《廣韻》傳本，第二次修訂則在內容方面大力修改"（中山大學出版社1988年版，第74頁）。這是誤讀兩次詔令，忽略刊刻過程。
② 王應麟《玉海》卷四十五，上海書店、江蘇古籍出版社1987年影印本，第二冊，第847頁。
③ 丁治民統計爲二百二十三條（《廣韻引書考》，《語言研究》1998年增刊，第127頁），熊桂芬統計爲二百三十五條（《語言研究》二十三卷第一期，2003年，第51頁）。
④ 陳振孫《直齋書錄解題》卷八，上海古籍出版社1987年版，第329頁。

《廣韻》引賈執《英賢傳》五次。① 《隋志》："《姓氏英賢譜》一百卷,賈執撰。"《兩唐志》同。《新唐書·柳沖傳》載柳芳曰："河東賈弼譔《姓氏簿狀》……傳子匪之,匪之傳子希鏡,希鏡譔《姓氏要狀》十五篇,尤所諳究。希鏡傳子執,執更作《姓氏英賢》一百篇,又著《百家譜》,廣兩王所記。"賈氏係譜系世家。一百篇即一百卷。② 此書宋晁公武和陳振孫書已不見著錄,《崇文总目》《宋志》亦無。《四庫提要》謂："其書久佚,據李善《文選注》所引前列爵里,後詳事蹟,蓋以譜牒傳記合爲一書者也。"姚振宗指《四庫全書》中所收宋章定《名賢氏族言行類稿》六十卷和明凌迪知《萬姓統譜》一百四十卷,"皆是書之流裔焉"。③ 然《廣韻》所引,恐亦是轉錄《唐韻》而已。

《廣韻》引王僧孺《百家譜》三次。《隋志》："王僧孺《百家譜》三十卷,《百家譜集鈔》十五卷。"《兩唐志》皆作"《百家譜》三十卷"。《梁書》本傳："僧孺集十八州譜七百一十卷,《百家譜集》十五卷,《東南譜集鈔》十卷。"④ 六朝重門第,故譜學特盛,賈弼、僧孺殆其魁楚。據《南史·王僧孺傳》載："〔王〕弘日對千客,不犯一人之諱;〔劉〕湛爲選曹,始撰百家以助銓序。"可知乃是世系、名姓之譜牒。孫愐主要是取其姓氏,期間亦會參考其地望、官爵、名字等。此書《崇文總目》已不見載,故陳彭年、丘雍等修訂時恐未必能參考徵引。

《廣韻》又引《姓譜》一次。"姓譜"一詞無專以爲書名者,《隋志》："《洪州諸姓譜》九卷、《吉州諸姓譜》八卷、《江州諸姓譜》十一卷、《袁州諸姓譜》八卷。"又"《冀州姓族譜》二卷",皆可簡稱"姓譜"。然《平桓》"華"字下云"出《姓譜》",而《古今姓氏書辯證》卷八云："出《姓苑》",《姓觿》卷二云"出《姓纂》",故此處容有譌誤。

孫愐所徵引之三種姓氏書,至陳、丘修訂《廣韻》時,賈、王二書已難覓

---

① 丁治民統計爲三次,見《廣韻引書考》,《語言研究》1998年增刊,第127頁。
② 其《百家譜》,《隋志》作二十卷,又有"《百家譜鈔》五卷",《兩唐志》均作"五卷"。按,柳芳所爲"廣兩王所記",殆指王儉《百家集譜》十卷和王僧孺《百家譜》三十卷,以卷次多寡論之,賈書似當爲二十卷。《兩唐志》作"五卷",似爲《隋志》所言之節鈔本。此猶王僧孺有《百家譜》三十卷,又有《百家譜集鈔》十五卷者然。附辨於此。
③ 姚振宗《隋書經籍志考證》卷二十二《史部十二》,《廿五史補編》,中華書局1955年重印本,第四册,第5419頁中。
④ 姚振宗懷疑《兩唐志》三十卷係合兩書爲之(《廿五史補編》,第四册,第5418頁中),未必是,兹姑不論。

見,何書雖存,已非原貌。《新唐志》譜牒類所載有十七家三十九部一千六百十七卷,①然歐公云"安禄山之亂,尺簡不藏","黄巢之亂,存者蓋尠",②故宋初姓氏志書遠遠少於開天間。如高士廉等《大唐氏族志》一百卷、許敬宗等《姓氏譜》二百卷、《著姓略記》二十卷、路敬淳《衣冠譜》六十卷、柳沖《大唐姓族系録》二百卷等重要專著,都蕩然無存。然就距景德四年(1007)最近之景祐元年(1034)前後王堯臣等所編《崇文總目》觀之,當時所存姓氏書大較可分兩類,一爲家譜世譜式,一爲姓氏專書和總譜式。前者如:《唐皇室維城録》一卷、《天潢源派》一卷、《元和縣主譜》一卷、《皇孫郡王譜》一卷,此爲帝皇及其裔孫宗譜;《國朝宰相甲族》一卷,此爲韋述、王方慶等十四家宰相世譜,當爲《新唐書·宰相世系表》所取資之對象;《蔣王惲家譜》一卷、《李用休家譜》一卷、《唐李文家譜》一卷、《竇氏家譜》一卷、《吳郡陸氏宗系譜》一卷等,皆當時仕宦望族家譜,但姓氏單一,用作韻書姓氏取資、參考之可能性很小。作爲姓氏專著或總譜式之著作有:

《姓苑》十卷
《唐新定諸家譜録》一卷
《姓林》五卷
《元和姓纂》十卷
《系纂》七卷
《姓氏韻略》六卷
《姓苑略》一卷
《姓氏雜録》一卷
《姓源韻譜》五卷
《姓氏譜》一卷
《姓史》四卷
《大唐宗室新譜》一卷
《氏族譜》一卷

---

① 《舊唐志》載有五十五部一千六百九十一卷,沈炳震《合鈔》謂"止一千六百五十五卷",此因《新志》將許多家傳歸入雜傳記類,故少於《舊唐志》。
② 歐陽修《新唐書·藝文志序》,《唐書經籍藝文合志》,商務印書館1956年版,第4頁下。

《五姓徵氏》二十卷

　　以常理推之，在較短時間裏對十種不同《切韻》系書進行綜理，其重點應在於收字、聲韻與訓釋，增補姓氏乃其餘事，因而不可能一一遍尋而摘錄之，故上列單卷小書，不一定會成爲採摭對象。《姓苑》十卷係唐人重編，或仍冠以何氏名。《系纂》，《新唐志》《宋志》謂竇從則撰，[①]此似是譜系類書。《姓林》五卷，《新唐志》《宋志》謂陳湘撰。《姓氏韻略》，《新唐志》謂柳燦撰。《姓源韻譜》，《兩唐志》不載，《宋志》作一卷，曹大宗撰；晁公武謂唐張九齡依《春秋正典》、柳氏《萬姓錄》、《世本圖》等捃摭而成，亦一卷。[②]《崇文總目》錄爲五卷，其作者與原委皆莫能明。[③]《元和姓纂》和《姓史》皆唐林寶撰，《宋志》載寶尚有《姓苑》三卷、《五姓證事》二十卷。《五姓證事》即《五姓徵氏》，[④]係姓氏五行吉凶之書，《兩唐志》不載，恐五行家託名之作，略不論。《姓史》蓋叙沿革、源流之事。其最著者，唯《元和姓纂》。

　　《元和姓纂》一書，係元和七年，林寶奉趙國公李吉甫之命，"按據經籍，窮究舊史，諸家圖牒，無不詳參，凡二十旬，纂成十卷"。半年多時間纂成一部全國姓氏總譜，非得有相當充足之參考書不可，據學者研究，其追溯得姓受氏，多本於《世本》《風俗通》《三輔決錄》《姓苑》《百家譜》等，且因成書倉卒，徵引不免謬謬。其書保存於北宋三館時或尚是全帙，陳、丘修訂《廣韻》時可恣意采獲。後亦有刻本流傳，至南宋時已無全本。[⑤]明初編纂《大典》，散入宋太祖《御製千家姓》下，原書遂佚。清四庫館臣從《大典》中輯出，復原爲十卷。後孫星衍、洪瑩有校錄本，民國羅振玉又作《校勘記》二卷，他如

---

① 《新唐志》卷二作"竇從一"（《唐書經籍藝文合志》，商務印書館1956年版，第153頁下），陳樂素《宋史藝文志考證》謂作"則"誤（廣東人民出版社2002年版，第132頁）。按，竇從一於唐中宗神龍、景龍年間爲御史大夫，又曾爲雍州刺史。《宋志》作"從則"確誤。
② 晁公武《郡齋讀書志》卷九，上海古籍出版社1990年版，第395頁。
③ 陳樂素謂爲兩書，見《宋史藝文志考證》，廣東人民出版社2002年版，第135頁。
④ 錢侗等輯釋《崇文總目》，考其異而不加按語，陳樂素《宋史藝文志考證》謂改"徵"爲"證"，"蓋避諱"（廣東人民出版社2002年版，第132頁）。按，《崇文總目》編纂於仁宗景祐元年以後，至慶曆元年始上之，皆在仁宗之時，如要避諱，《總目》就當諱作"證"。今《總目》係從《大典》輯出，是否已經館臣回改，不可知，志此待考。
⑤ 陳振孫《直齋書錄解題》卷八云："此書絕無善本，頃在莆田以數本參校，僅得七八，後又得蜀本校之，互有得失，然粗完整矣。"第228頁。

牟潤孫、温廷敬皆有校補。及唐代文獻大家岑仲勉肆力於此書，爲作校記，方使是書差復舊觀。

　　就景德、祥符前後館閣所藏姓氏書而言，儘管可參考者有多種，如唐人增補本《姓苑》及《姓林》《姓源韻譜》等，然從篇幅豐贍、收錄齊全和影響深遠而言，《元和姓纂》無疑是最合適、最便捷之書。且在其他同類之書大多散佚情況下，最直接之比勘溯源也衹有此書。故本文對《廣韻》姓氏之考證溯源，多以《姓纂》爲主要參考之書。其他稍後於《廣韻》行世之邵思《姓解》、鄧名世《古今姓氏書辯證》等姓學專著，因間亦引述《姓苑》《姓纂》等書，可彌補今本《姓纂》不全之憾，故亦徵引比勘。

四、《廣韻》姓氏來源與郡望音讀

　　《廣韻》收單姓、複姓共二千有餘，少部分係承襲前代韻書，大多數則爲新增。欲對《廣韻》進行姓氏專項研究，則承襲部分有何異同變化，新增姓氏以什麽爲原則，皆須有明確結論。古今姓氏音讀複雜，有姓氏音與常用音存在聲調差異甚至聲韻全然不同者，亦有一字兩姓因來源不同而音讀各異者。姓氏音讀往往與郡望之方音相吻合，是否可從文字聲符和郡望讀音中去探索古代方音之特點及其不同地區之對應，此項研究雖具困難却極有意義。緣此，在疏證之先，訂定以下條例：

　　一、節取《廣韻》姓氏字及其反切、姓氏義，必要時摘取部分常用義，作爲校勘基礎。

　　二、羅列自《切韻》以還至《廣韻》所有殘卷、完書與《廣韻》姓氏相應文字，進行勘同校異，以明《廣韻》姓氏之承襲與新增。其間周校、余注有説者，必要時引錄以證，無則援引文獻以勘正之。

　　三、取今存或輯校之姓氏書如《姓苑》《姓纂》《姓解》《辯證》等與之相校，以探究《廣韻》姓氏之來源。

　　四、立足姓氏異讀，剖析六書結構，援引相關文獻，以追溯郡望方音。

　　五、各韻之後總結《廣韻》姓氏收錄情況，探尋其取捨原則，以窺覘作者修訂之宗旨。

兹以文、吻、問、物四韻爲例。

平聲二十文韻

文，無分切。亦姓，漢有廬江文翁。

斯二〇七一："武分反。十一。"無姓氏義。《王三·平文》："武分反。畫采。十二。"增義項而仍不收姓氏。《唐韻》殘，無徵。简本《廣韻》作"又姓"，删去後句六字。

《姓纂》卷三："廬江，漢有蜀郡太守文翁，居廬江舒縣。"《姓纂》《通志》引《風俗通》皆謂"周文王支孫，以諡爲氏"，不云文翁地望，故《廣韻》很可能簡縮《姓纂》爲文。

廬江郡，在安徽省長江以南，涇縣、宣城以西和江西信江流域一帶，楚漢之際析秦九江郡置，漢武帝時徙治舒縣（今廬江縣西南）。據《姓纂》，其裔孫揚州刺史文欽居譙郡，後奔吳，爲幽州牧。譙郡，漢建安末分沛國置，三國時轄境在今安徽、河南兩省靈璧、蒙城、蕭縣一帶。

"文"下云："亦州名，《禹貢》梁州之域，自戰國時宋及齊、梁皆諸羌所據，後魏平蜀始置州。"梁州在陝西華山一帶，此可與文王裔孫以諡爲氏相參。從"文"聲之字有真軫震、仙獮、元等韻，真韻汶山郡置於西漢元鼎前後，在蜀郡北部，因岷山（亦作汶山）得名。是漢時安徽廬江和四川蜀郡兩地"文"字讀音略有不同。"文"聲之"虔"，河南開封陳留一帶讀群紐仙韻，參見"虔"。

雲，王分切。又姓，縉雲氏之後。又《魏書》宥連氏後改爲雲氏。

斯二〇七一："户分反。十一。"無姓氏義。《王三·平文》："王分反。氣。十六。"增字增義不增姓。《唐韻》殘，無徵。简本《廣韻》作"于分切"，"又姓"，删去實例。按，户，匣母；于，喻母。于、王同類，而與户微異，《廣韻》反切從《王三》，下同。周、余未出校。

邵思《姓解·雨四十三》引《姓苑》："縉雲氏之後。"①《姓纂》卷三："縉雲氏之後。河南，《後魏·官氏志》，宥連氏改爲雲氏。狀稱本姓赫連，夏主敖

---

① 邵思《姓解》，《叢書集成初編》影印《古逸叢書》本，第3296號。下同。

雲,太子瓆,生袖,後魏太武改爲雲氏。"知《姓纂》本《姓苑》而加强焉。宥連、赫連之關係及後魏太武之改姓,於《晉書·赫連勃勃載記》無徵,姚薇元有辨。①《魏書·官氏志》:"宥連氏後改爲雲氏。"岑仲勉校記引《東胡民族考》上謂"宥連即雲之漢譯"。②《廣韻》所引雖同《官氏志》,然其與《姓苑》文並引,故不能排斥從《姓纂》轉錄。

妘,王分切。女字,又姓。

斯二〇七一户分反下僅"女字",無姓氏義。《王三·平文》王分反,同。《唐韻》殘,無徵。簡本《廣韻》同《重修廣韻》。

今存《姓苑》《姓纂》不見"妘"姓。《説文·女部》:"妘,祝融之後,姓也。"《國語·鄭語》:"妘姓,鄔、鄶、路、偪陽。"韋昭注:"陸終第四子曰求言爲妘姓,封于鄶。鄶今新鄭也。鄔、路、偪陽,其後别封也。"《國語》叙述雖詳,然《廣韻》修訂時,必多以字韻書、工具書爲參照,今其文簡略,故依《説文》補姓之可能性爲大。

《説文》"妘"姓地域不明,依韋注,妘姓封鄶,在河南新鄭。以姓故從女,以地故亦作"邧"。樂史《太平寰宇記·河南道·沂州》著録此姓即作"邧"。《路史·後紀八》:"云近楚,若敖父子娶焉。後滅之。有云氏、員氏、雲氏、鄖氏、邧氏。"羅氏曰"云近楚",則指河南之"妘"而言。本韻"妘"後有"鄖,國名","邧,邑名"。《左傳·宣公四年》"若敖娶於邧",杜注"國名",釋文:"邧,本又作鄖。"《説文》謂"漢南之國",地在江夏雲杜縣,今湖北安陸一帶。此向南遷徙之跡。包山簡二二有"邧司馬",《鄂君舟節》:"逾夏内邧。"《説文》:"溳,水,出南陽蔡陽,東入夏水。"《鄂君節》所記蓋逆水而上。《姓觿》卷二"妘"下云:"有妘、鄖、芸、邧氏,《千家姓》云:六安族。"此"六安"或是安陸之誤,或其姓元明間已迁徙至安徽。

云,王分切,亦姓,出自祝融之後。

斯二〇七一户分反下僅一"言"字,無姓氏義。《王三·平文》王分反,同。《唐韻》殘,無徵。簡本《廣韻》作"亦姓",省後六字。

---

① 姚薇元《北朝胡姓考·内篇·四方諸姓》,中華書局1962年版,第174頁。
② 岑仲勉《元和姓纂四校記》,《元和姓纂》卷三,中華書局1994年版,第478頁。

《姓解·一一〇四》"云":"《姓苑》:祝融之後也。漢有云敞。又作妘。"《姓纂》卷三:"本雲氏,省作云。《風俗通》:祝融之後。平陵:漢有諫議大夫云敞。河南:《官氏志》,牒云氏改爲云氏。"應劭《風俗通·姓氏篇》北宋時已闕,陳彭年未必覩見,故其文當據《姓苑》或《姓纂》迻錄。云、妘同姓,其分布多在河南、湖北之間。參見上條"妘"姓。

員,王分切,又音圓,又音運,姓也。

斯二〇七一、《王三·平文》皆不收此字,《唐韻》殘,無徵。簡本《廣韻》同。

《姓解·貝六十九》:"貟,音圓……皆出《姓苑》。"此"圓"音出《姓苑》之證。《姓纂》卷三收"員"姓並引《前涼錄》文而不云其又讀"運"音。唯《姓解》又云:"貟,音運。《前涼錄》有金城太守貟敞,唐有貟半千,又有貟嘉。"是北宋員有圓、運二音之證。《廣韻·平仙》王權切下云"又云、運二音",《去問》王問切下"姓也"並引《前涼錄》。此見《廣韻》"員"姓音讀係依《姓苑》及其他姓氏書或時人説而來。

王權切在仙韻,王問切在問韻。員、圓、運古音皆在文部匣紐,然四聲分別後之隋唐間,運爲去聲字,與員、圓有別。《廣韻》《姓解》皆以"運"爲前涼之音,考《姓纂》卷三:"《前涼錄》安夷人員平,金城人員敞,大夏人員倉景。唐吏部郎中員嘉靖,華陰人,蓋其後也。"此非中原伍員之後姓也。《姓纂》又載:"平涼,水部郎中員半千狀云:本姓劉氏,彭城綏輿里人。宋宗室營陵侯劉遵考;子起居部郎中疑之,後宋亡,因背劉事魏,太武以忠諫比伍員,改姓員氏,賜名懷遠,官至荆州刺史。遠六代孫半千,唐右諭德、陝州刺史。"據此蓋知"運"音之"員"姓出於前涼改姓。平涼,十六國時置平涼郡,在今甘肅東部,涇河上游,地處隴東。顔之推謂"北方山川深厚,其音沉濁而鈋鈍,得其質直",陸法言亦謂"秦隴則去聲爲入,梁益則平聲似去"。隴東雖非梁益,或其音沉濁鈋鈍,故"員"音如"運"。鄧名世云:"世俗讀與韻同,蓋譌也。"其於中原員姓之正音,或可云"譌",然鄧氏正不知古方音之異耳。

薰,許云切。亦姓,出何氏《姓苑》。

斯二〇七一:"薰,許云反。九。"無訓釋。《王三·平文》許云反,增釋義"香",多收二字爲"十一"。《唐韻》殘,無徵。簡本《廣韻》删"出何氏《姓苑》"五字。

《姓纂》卷三:"《姓苑》云:人姓。"《姓解·四六草部》亦云"出《姓苑》"。是《廣韻》直接據引何氏《姓苑》。

軍,舉云切,又漢複姓二氏,《禮記》有將軍文子,晉有太傅參軍襄城冠軍夷。

斯二〇七一不收此字。《王三·平文》舉云反下增之,釋義云"戎伍"。《唐韻》殘,無徵。簡本《廣韻》但作"軍旅",删去六十四字。

《姓纂》卷三:"軍,冠軍侯之後,因以爲氏。"①是單姓。張澍《姓韻》卷二十二謂"出《姓苑》",雖不知所據,然《廣韻》獨著複姓二氏將軍、冠軍,知乃别有所承。按《通志·氏族略》:"將軍氏"下引《世本》:"衛靈公子昭,生子郢。生文子才芳,爲將軍氏。"《世本》之亡佚,或言在五代,或言在南宋。然《崇文總目》不載,陳彭年修訂時恐難覯,則此必據他書轉引。《姓纂》卷九:"冠軍,漢霍去病封冠軍侯,支孫因氏焉。襄陽,漢有太傅東海王參軍冠軍夷。"岑仲勉據《晉書》《辯證》《通志》校正"漢有"當爲"晉有"。② 若《廣韻》源於《姓纂》,則知《姓纂》原文即作"晉",無須下徵《辯證》和《通志》。

芬,府文切。又姓,《戰國策》晉有大夫芬質。

斯二〇七一:"芬,無云反。六。"無姓氏義。《王三·平文》作"撫云反。香。九。"增義增字而不增姓。簡本《廣韻》:"撫文切。芬芳。又姓。十三。"余校曰:"全王及元明各本府作'撫'。合《説文》及韻圖。府與撫有幫滂之分也。"按,斯二〇七一之"無"微母,恐乃"撫"字鈔譌。

《姓纂》卷三作"《風俗通》:晉大夫芸賢,見《戰國策》",岑仲勉據《廣韻》《姓解》《辯證》而定"芸賢"爲"芬質"之譌。《氏族略》作"芬賢"。按,此人不見於今本《戰國策》,一時莫能定其是非,故姚寬《戰國策後序》引《廣韻》《姓纂》而並存"芬質""芸賢"。推測《廣韻》修訂增入姓氏義時,不將此姓鈔錄

---

① 鄧名世《古今姓氏書辯證》卷六謂:安帝時,潁川人史玉殺人,其母軍請代玉死,事見《應奉傳》,則漢有軍氏。是鄧氏不以軍姓爲晉冠軍夷之後。江西人民出版社2006年版,第98頁。
② 岑仲勉《元和姓纂四校記》,《元和姓纂》卷九,第二册,第1298頁。

在同韻前九十九字之王分切"芸"字下,則其所據姓氏資料必是"芬"而非"芸"。芬本希姓,《姓苑》及《百家譜》等未必錄。陳彭年既難見《風俗通·姓氏篇》,則其多半從《姓纂》迻錄,由此知北宋崇文館藏本《姓纂》固作"芬賁",此種推測由《姓解》《辯證》亦作"芬賁"而可證實無疑。鄭樵作"芬賢",王應麟作"芸賢",則知轉鈔之譌,由南宋下逮宋元之際,愈鈔愈譌。

據《古今圖書集成·氏族典》,本韻單姓有"勳""分""賁"三姓,謂出《姓苑》,《廣韻》於三字下不收。《姓纂》本韻尚有"聞人"、"軍車"二複姓,《廣韻》"聞""軍""人""車"下皆不收。是其於單複姓之收入亦有所選擇。

上聲十八吻韻
無姓氏義。

去聲二十三問韻

問,亡運切。又姓,今襄州有之。

列 TID《切韻》斷片二"問,無運反"。斯六一七六殘片《廿二問》:"問,無運反。五。"《王三·去問》:"無運反。言至于彼。六。"增釋義。裴務齊本反切收字與《王三》同,無釋義。諸本皆無姓氏義項。簡本《廣韻》刪"今襄州有之"五字。

今存《姓纂》不收此姓。《姓解·門三十五》謂"問"姓"出《姓苑》"。《辯證》卷三十二:"《姓苑》云:襄陽人。"此知《姓苑》為《廣韻》所本。楊慎《希姓錄·十三問》:"問至,南北朝人。"《姓觿·十三問》:"《北史》,夏有尚書僕射問至。"按,問至乃十六國時期夏主赫連昌之尚書僕射,見《魏書·世祖紀上》。何承天《姓苑》或即緣其人而錄之。《廣韻》所謂"今襄州有之",是否宋初襄州尚有問至後裔,不可知。

襄陽或襄州在今湖北,是否即問至之地望,無法徵知。

運,王問切,又姓,出《姓苑》。又漢複姓二氏,《史記》云:秦後以國為姓,有運奄氏。後漢梁鴻,改姓為運期氏。

列 TID《切韻》斷片二"運"字殘"車"構件,注文剩一"反"字。斯六一七六殘片廿二問亦不見此字。《王三·去問》:"云問反。輂。七。"裴務齊本作"云問反。五"。皆不收姓氏義。簡本《廣韻》作"又姓,又漢複姓",删去後二十五字。單姓運,明標"出《姓苑》",《姓纂》亦云"見《姓苑》",來源相同。複姓運奄乃希姓,且無人可徵,《姓苑》一般不載希姓。《姓纂》此姓下有殘缺,不知原文有無。《廣韻》謂本自《史記》,《秦本紀》:"太史公曰:秦之先爲嬴姓,其後分封,以國爲姓,有徐氏、郯氏、莒氏、終黎氏、運奄氏、菟裘氏、將梁氏、黄氏、江氏、修魚氏、白冥氏、蜚廉氏、秦氏,然秦以其先造父封趙城,爲趙氏。"或節自原文。梁鴻改姓運期見《後漢書·逸民傳》,傳謂肅宗求鴻不得,鴻"乃易姓運期,名耀字侯光,與妻子居齊魯之間"。此爲熟典,亦可憑《後漢書》而補。

　　　　鄆,王問切,邑名。又州名,魯太昊之後,風姓。《禹貢》兖州之域,即魯之附庸須句國也……亦姓,魯大夫食采於鄆,後因氏焉。

　　列 TID《切韻》斷片二不見"鄆"字。斯六一七六殘片《廿二問》作"邑名,在魯",《王三·去問》、裴務齊本同,皆不收姓氏義。簡本《廣韻》僅"邑名。又州名。亦姓"七字,他皆删。注文"魯太昊之後",諸本同,《五音集韻》卷十一《三問》亦同,蓋鈔自《廣韻》。然太昊伏羲氏遠在伯禽之先,魯字冠於太昊上不確。

　　今本《姓纂》不存此姓。《姓解·邑三十一》云:"本風姓,太昊之裔。魯大夫食菜於鄆國,因而氏焉。"似與《廣韻》同一來源,然莫知所出。①

　　四庫本《辯證》卷三十二"鄆"下注"音運",《氏族略》遂作"鄆亦作運"。按"音運"謂其音相同,而"亦作運"則將鄆、運混而爲一。運氏秦姓,地處關西;鄆氏則在山東魯國附近。東西相去千里,不可淆混。即同爲山東之鄆,亦有分別。《路史·國名紀一·太昊後風姓國》:"鄆,一曰胤,今之須城。按《太康地記》有東西二鄆:西鄆,魯公所居,今濟之鄆城;東鄆即此。"是先有太昊之後風姓之國,而後有魯大夫食采邑於此而爲氏。《說文·邑部》:"鄆,河内沁水鄉。從邑,軍聲。魯有鄆地。"河内、山東皆北方。山東去聲之"鄆"以平聲之"軍"爲聲符,可致思者一。《左傳·文公十二年》"季孫行

---

① 秦嘉謨輯本《世本》卷七下《姓氏篇下》引録《廣韻》此文(《世本八種》,商務印書館 1957 年版,第 324 頁),蓋以爲原《世本》文。按,《世本》亡於五季,陳彭年未必能親見,故秦氏逕録欠妥。即有可能爲轉引,今已無法徵信。

父帥師城諸及鄆"杜預注:"鄆,莒、魯所爭者。城陽姑幕縣南有員亭,員即鄆也。"可致思者二。陸德明《釋文》頗爲首鼠兩端,注云:"鄆,音軍。幕,音莫。員,音云,一音運,本又作鄆,音同。"鄆於本地無平聲讀音,軍無去聲讀音,則陸德明所採,當爲山東以外人之音切,或南方嵇康(安徽)、李軌(湖北)等人之音。員本讀平聲,故音"云",其一音去聲之"運"者,據前文所考證,當爲北方隴東之音。杜注"員亭"即"運亭"者,知北方山東將"員"亦讀爲去聲"鄆(運)",故會以"員"代"鄆"。陸氏兼采諸家之音,故平、去二音皆有。

　　　　貟,王問切,姓也。《前涼録》有金城貟敞,唐有棣州刺史貟半千。
　　列 TID《切韻》斷片二、斯六一七六殘片《廿二問》、《王三·去問》、裴務齊本皆不見"貟"字。簡本《廣韻》僅"姓也"二字,删後十七字。
　　此姓《姓纂》收入平聲文韻,《切韻》系韻書問韻皆不收此字,《廣韻·平文》"又音圓,又音運,姓也",故於問韻增其姓氏之又音,是乃《廣韻》之體例使之然。《辯證》卷三十二云"見上平聲",恐參照《廣韻》而列。
　　"貟"南北音之差異,參見上文。

　　　　訓,許運切。誡也。男曰教,女曰訓。又姓。五。
　　列 TID《切韻》斷片二不見此字。斯六一七六殘片《廿二問》:"許運反。三加一。"《王三·去問》增"教也"之義,收字仍爲四字。裴務齊本同。簡本《廣韻》未删一字。
　　今存《姓苑》《姓纂》不見此姓。《姓解·言十七》:"訓,《周禮》有訓氏,掌四方之政。後以爲姓。"無人名實例,①恐與《廣韻》同一來源。

　　　　奮,揚也。鳥張毛羽奮奞也。又姓。《左傳》楚有司馬奮揚。
　　列 TID《切韻》斷片二"奮"下僅一"揚"字。斯六一七六殘片《廿二問》殘不見此字。《王三·去問》釋義作"揚ㄈ",即"揚奮"。裴務齊本增引《説文》,後又有"鳥張毛羽也",是爲《廣韻》所本。簡本《廣韻》删"又姓"後八字。

---

① 鄧名世《古今姓氏書辯證·二十三問》云"《周禮》訓方氏後,以官爲姓",亦同。

《姓纂》卷九:"畢奮之後,一云芮伯奮之後,以王父字爲氏。"後列扶風、河南二郡望之姓名,此皆萬姓之文,館臣輯録誤置。① 《姓纂》"奮"姓當應誤置而散佚。《姓解·白一三三》:"奮氏,出《姓苑》。"楚司馬奮揚事見《左傳·昭公二十年》,若《姓苑》原文不涉及司馬奮揚,疑《廣韻》據依《姓苑》而又補以《左傳》名字。

奮揚郡望在楚。

據《辯證》卷三十二,有複姓"問弓""問薪"二氏,謂"出《姓苑》",又《氏族典·四七七》列單姓"汶",云"見《姓苑》"。此皆允可收録,而本韻未收。

入聲八物韻

邜,分勿切。姓也。漢有九江太守邜修。②

斯二〇七一、伯三六九四殘卷均不收此字,《王一》物韻殘不明,然《王三·入物》亦不收此字,推知《王一》或亦未收。裴務齊本分物反下收"邜,姓。"蔣斧唐寫本《唐韻》作"姓。漢有□□太守邜□"。簡本《廣韻》作"姓也,漢有邜修",删四字。

《姓纂》卷十、《姓解·邑三十一》同。洪邁《容齋五筆·風俗通》引應劭書中之希姓有"九江太守荆修"。嚴耕望以爲邜修、荆修當即一人,③邜、荆形近,嚴説甚是。《姓纂》當從《風俗通》來,而《廣韻》則承自《唐韻》。然邜與荆以何者爲是?按,荆氏後世頗有其裔,似非希姓。洪邁既轉録應書之希姓,恐以"邜"姓爲是。且《廣韻·平庚》"荆"下引燕刺客荆軻,於此同時引録"邜修",不應有誤。

邜,非母物韻。《玉篇·邑部》:"邜,彼冀切。魯季氏邑。《論語》作費,或作鄪。"《集韻·去未》作芳未切,敷母。又《去至》兵媚切,幫母。字亦作"鄪、費"。九江太守邜修是否魯國季氏邜邑人,無徵。《路史·國名紀丁》:"弗、費、邜,今河南緱氏滑都也,與魯費異。"若有以地爲氏者,是河南偃師

---

① 岑仲勉有校記辯證,見《元和姓纂》卷九,第二册,第1276—1277頁。
② 陳士元《姓觿·五物》引《千家姓》爲"《漢書》有九江太守修",兩漢書無此人,"書"字乃想當然之誤衍。
③ 嚴耕望《兩漢太守刺史表》據《容齋五筆》和《通志·氏族略》比較而言,中研院歷史語言研究所專刊之三十,商務印書館1948年版,第208頁。

東南有此姓。《侯馬盟書》委質類盟書中亦有姓"䣙"之被誅討人，[1]是山西晉國區域內亦有此姓。緣此知春秋晚期以前，䣙姓之人已遍布各地，且可能來源不一，故一時難定其方音之聲紐對應。

鬱，紆物切，又姓，出《姓苑》。欝，俗。

斯二〇七一、伯三六九四殘卷皆作"迂物反"，《王一·入物》殘不明，《王三》收此字，然釋文五字被塗抹，無法辨認。[2] 裴務齊本作"仔勿反。木叢生古鬱。五"。均不收姓氏義。蔣斧本《唐寫本唐韻》作"又姓。出何氏《姓苑》。紆勿反。六加一"，"姓苑"旁又用兩小圈圈去。簡本《廣韻》同澤存堂本，四庫本《重修廣韻》（繁本）此處刪去"出《姓苑》"三字，適與簡本相反。周、余未有校記。

《姓纂》卷十："見《姓苑》。"《姓解》同。是《廣韻》或直接録自《姓苑》，或轉自《姓纂》。

尉，紆物切，《説文》作尉。从𡰥、火。持火所以申繒也。亦姓，古有尉繚子著書。又虜複姓有尉遲氏，其先魏氏之別尉遲部，因而氏焉。單姓尉，唐有將軍尉遲敬德。又於魏切。

斯二〇七一、伯三六九四殘卷、裴務齊本皆不收此字，《王一·入物》殘不明，《王三·入物》作"尉，人姓"。尉、尉字形及引《説文》之誤，余迺永有校記，不贅。[3] 蔣斧《唐寫本唐韻》無《廣韻》前面之釋義，唯有姓氏義，云："姓，古有尉繚子著書。又虜複姓有尉遲氏，其先魏氏之別尉遲部，因而氏焉，後單姓尉。又音慰。"簡本《廣韻》"虜"作"夷"，刪去"其先魏氏之別尉遲部，因而氏焉。單姓尉"及"將軍"十八字。

《廣韻》姓氏義明顯從《唐韻》來。所不同者，蔣本無"魏"字，疑傳鈔時脱漏；蔣本"單姓尉"前有"後"字，於文通順，當是《廣韻》所據本《唐韻》或轉録時脱漏；"唐有將軍尉遲敬德"一句，亦應是《唐韻》以後箋注本或陳彭年修訂時所加。慰，《廣韻》於胃切，在《去未》，於魏切即於胃切，《廣韻》將"音

---

[1] 《侯馬盟書·委質類三：二一》，山西古籍出版社 2006 年版，第 300 頁。
[2] 龍宇純《校箋》云此"以雌黃塗改，剥脱不可辨"，他認爲右邊三字是反切，左邊第一字是釋義，第二字"當作八"，乃收字字數。第 621 頁。
[3] 參見余迺永《新校互註宋本廣韻》正文 475 頁眉批，975 頁校記，上海辭書出版社 2000 年版。

慰"改爲反切,出於體例之需要。

《廣韻》承《唐韻》,《唐韻》將尉氏和尉遲氏並作一音,殊誤。《廣韻·去未》於胃切"尉"下引《説文》與紆物切同,下有:"又尉氏縣,鄭大夫尉氏邑也。亦云鄭之别獄。又姓。《左傳》鄭大夫尉止。"是於胃切下已收姓氏"尉"。《姓纂》卷八"尉"下云:"鄭有尉止、尉翩。先賢尉繚著書,號《尉繚子》。"《史記·秦始皇本紀》"大梁人尉繚來説秦王",蓋即此人。《辯證》卷二十九云:"或曰尉音鬱,誤矣。今京師開封府尉氏縣,即當時之地,安得音鬱?"①《王一》《王三》"尉"下均注"理",蓋獄官。是知單姓"尉"《切韻》以來皆讀於胃切,不當與複姓"尉遲"及改複姓爲單姓之"尉"混置於紆物切之下。②

《姓纂》卷十:"尉遲,與後魏同起,號尉遲部,如中華之諸侯。至孝文時,改爲尉遲氏。"《姓纂》卷八:"尉,河南:《官氏志》,北方尉遲部,如中華諸侯也,魏孝文改爲尉氏。"兩條重出而異文。按,宋贊寧《高僧傳·義解·唐窺基》"釋窺基…姓尉遲氏…尉遲之先與後魏同起,號尉遲部,如中華之諸侯國,③入華則以部爲姓也",是與《姓纂》同一來源。姚薇元據《晉書·乞伏國仁載記》,考定尉遲部落原居大非川,即今青海布哈河,在吐谷渾境内,"爲吐谷渾所屬部落之一,或東降代魏而爲屬部,即尉遲部氏;或西征于闐而爲統主,即 Vijaya 王朝"。他認爲"代郡尉遲氏與于闐尉遲氏雖地望各異,實則同出一族也"。④《魏書·官氏志》:"西方尉遲氏,後改爲尉氏。"姚薇元亦就史傳、石刻互證,知尉遲苟人即尉元,尉遲綱、尉遲迴即尉綱、尉迴,尉遲長命即尉長命,佐證尉遲氏後改爲尉氏乃實有其事。尉遲部落既爲 Vijaya 王朝,係音譯詞,則尉遲氏亦爲音譯詞,當時漢人用"尉遲"對譯,可知古代吐谷渾境内,即今青海布哈河一帶及代京,即今山西大同一帶語音讀於胃切之"尉"爲紆物切。兩地之尉遲氏後改爲尉氏,亦當讀紆物切之音。它與春秋鄭邑,即今河南開封讀於胃切之尉氏族非一類,音亦不同。

---

① 鄧名世《古今姓氏書辯證》卷二十九,第 442 頁。
② 鄭樵《通志·氏族略》去聲"尉氏"下云:"鄭大夫尉翩之後,又音鬱。"又入聲:"尉氏,音鬱。亦作尉。鄭有尉止、尉翩,古賢有尉繚,著書,號《尉繚子》。"又《河南官氏志》:尉遲氏,孝文帝改爲尉氏。"去入聲兩著之,且將中原古姓和北朝複姓改單姓混爲一談,是未細讀鄧氏《辯證》也。
③ 贊寧《宋高僧傳》,中華書局 1987 年版,第 63 頁。
④ 姚薇元《北朝胡姓考·四方諸姓》,第 196 頁。

後各族遷徙頻繁,郡望界劃泯滅,唯"尉遲"之"尉"仍保持紆物之音,而單姓之"尉",兩族之音讀已淆亂難辨。

屈,九勿切。屈產,地名,出良馬。亦姓。楚有屈平。又音詘。

斯二〇七一、伯三六九四殘卷、《王三·入物》、裴務齊本皆不收此音,《王一·入物》殘不明。蔣斧《唐寫本唐韻》九勿反,釋云:"屈產,地名,出良馬。亦姓。又音詘。加。"簡本《廣韻》未删一字。

比勘釋文,《廣韻》顯係鈔録《唐寫本唐韻》文,而加"楚有屈平"四字。《姓纂》卷十:"屈氏,楚公族芈姓之後。楚武王子瑕,食采於屈,因氏……三閭大夫屈平字原,屈正,其後也。"屈原係家喻户曉之人,故未必定據《姓纂》補。

屈,區勿切。拗曲。亦姓。又虜複姓,屈突氏。又羌複姓,有屈男氏。

斯二〇七一、伯三六九四殘卷作:"區物反。又居物反。二。"《王三·入物》殘不明。《王三·入物》作"區物反。又人姓。四。"裴務齊本同斯二〇七一,唯"物"作"勿"。蔣斧《唐寫本唐韻》作"拗曲。又虜複姓,屈突氏。羌複姓,有屈男氏"。簡本《廣韻》作:"拗曲。亦姓。又夷複姓,屈突氏。三。""虜"改"夷",删"又羌複姓有屈男氏"八字。

前期《切韻》系韻書無姓氏義,王仁昫補入姓氏義,至孫愐則更增複姓。《廣韻》明顯綜合《王三》和蔣斧本《唐韻》二書而著録楚公族屈姓和複姓。今存諸姓氏書不提此姓出《姓苑》,或何氏未録。然則《唐韻》或直接源於《官氏志》。《魏書·官氏志》:"屈突氏,後改爲屈氏。"[①]故以屈突爲北虜之姓。至屈男氏,《姓解》《辯證》以爲出《官氏志》,今本《官氏志》不見此姓。《氏族略》謂爲關西複姓,"不詳所出"。屈男氏亦作屈南氏。《姓纂》卷十云:"屈原裔孫仕後魏,魏重複姓,以自南來,乃加'南'字,或作屈男。"姚薇元以爲此"顯係望文生義之説,不足據。後魏仕宦自南來者頗不乏人,從無一人於原姓下加'南'字者,何獨屈姓乃爾",姚氏指出此乃"羌姓之

---

① 《魏書》屈作"尸",姚薇元《北朝胡姓考》、岑仲勉《姓纂四校記》、中華標點本校勘記皆據《廣韻》《氏族略》等書校正。又,《姓纂》作"屈六友",六友蓋即隸書"宊"之上下譌認,姚、岑皆有辨。

音譯耳"，①是爲確説。關中羌族麇集地渭北一帶，北周保定四年（564）刊刻之《聖母寺四面造像碑》，有屈南氏，錢大昕曾據《廣韻》考定其爲羌姓，②馬長壽又立足於關中部族，蒐輯相關碑銘作專門研究，並鉤稽清及民國縣志中姓氏予以印證，可以確定屈男氏係羌姓。③姚薇元復據《後漢書·南匈奴傳》，"疑屈男即屈蘭之異譯，乃匈奴治下之羌族部落"。④南與蘭，即泥母與來母，方音中自有對音者，故姚説頗可致思。《唐韻》在《姓纂》前，固無從循《姓纂》之曲説，而必另有所本。《廣韻》參考《姓纂》，不從其屈姓南來説，而承襲《唐韻》以爲虜姓、羌姓，亦可謂善擇。

　　《廣韻》屈字兼收九勿切和區勿切二音，聲母有見、溪之別，發音方法有不送氣和送氣之異。追溯其源，斯二〇七一、伯三六九四殘卷皆在"區物反"下云"又居物反"，是以送氣爲正音而不送氣爲又音。《廣韻》因又音"居物反"而另立"九物切"，此體例所需，其將楚國屈姓屬之此音，亦前有所承。《經典釋文》"屈"字數十見，其音有丘勿、居勿、求勿、君勿、其勿等，一時頗難辨析，細而理之，尚可得其仿佛大較之分別。如卷二十一《公羊音義》有六條，依次爲："屈完，居勿反"、"屈產，具物反"、"屈完，居勿反"、"屈貉，居勿反。又音厥"、"屈建，居勿反"、"屈銀，並如字。二傳作厥憖"。《釋文注解傳述人》載爲《公羊》作音者唯李軌和江惇，李湖北人，江河南人，一南一北，其見、溪之音並存者，應是李、江各本南北之音所注。卷二十七《莊子音義》"狂屈，求勿反。徐又其述反。"《釋文》所録爲李軌和徐邈之音，邈，東莞姑幕（今山東安丘東南）人。以"徐又其述反"思之，則"求勿反"似爲李軌音，是李軌讀溪母而江惇讀見母。卷二十五《老子音義》"屈，丘物反。僞也"，《釋文》所録爲戴逵音，逵譙國（今安徽宿州西南）人，乃楚音之遺，適可與李軌音相印證。卷二十二《穀梁音義》五條，"屈完，君勿反"二條、"屈產，其勿反。又君勿反，地名也"、"屈建，居勿反"、"屈申，居勿反"。《釋文》未

---

①　姚薇元《北朝胡姓考》，第336頁。
②　錢大昕《潛研堂金石文跋尾》卷三，《嘉定錢大昕全集》第陸册，江蘇古籍出版社1997年版，第81頁。
③　馬長壽《碑銘所見前秦至隋初的關中部族》五《渭河以北各州縣的羌民和他們的漢化過程》及附録二《關於關中羌村羌姓的札記》，重新統計《聖母寺四面造像碑》之姓氏，並取乾隆《蒲城縣志》、光緒《蒲城縣新志》、《蒲城縣新志·建置志》等所載"屈家老堡""屈家堡""屈家"等爲證。中華書局1985年版，第71,102頁。
④　姚薇元《北朝胡姓考》，第337頁。

載作音人，其作注而有可能並作音者有徐邈①、徐乾、范甯。乾，東莞（今山東沂水）人；甯，南陽順陽（今河南淅川東南）人，三人占籍皆長江以北。而《穀梁》六音中五條見母，一條群母。群母與前《莊子音義》徐"其述反"相合，正徐邈鄉音。群母上古不送氣，適與見母相近。歸而論之，北方讀見，楚地南方讀溪，其大較如此。

《姓纂》卷十有單姓"茀"，複姓"屈侯""不更""不蒙""不夷""佛圖""弗忌""勿忸于"計八姓，其中"屈侯"收於"侯韻""侯"字下，"不夷"即"墨夷"，收於《平脂》"夷"字下，其他六姓本韻未予收錄。《姓纂》爲《廣韻》主要參考書，何以不錄此六姓？蓋以諸姓有舛譌混淆之失。《辯證》卷三十七引錄《潛夫論》複姓"不第"，②本韻亦未收錄。清汪繼培據《路史後紀》羅苹注、《史記·魯世家》徐廣注，以爲不第、不更、不夷、不茅諸姓氏字形糾葛有誤。③ 可見《廣韻》在收錄時，亦有所抉擇。

二〇〇八年六月六日至二十八日稿

---

① 《兩唐志》有《春秋穀梁音》一卷，徐邈撰。《唐書經籍藝文合志》，商務印書館1956年版，第40頁。
② 《潛夫論·志氏姓》："帝乙元子微子開……不第氏、冀氏。"《魏書·官氏志》"弗""屈盧""屈同""屈門""屈引""弗羽"六姓，本韻未予收錄。汪繼培《潛夫論箋》，中華書局1985年版，第431頁。
③ 參見汪繼培《潛夫論箋》，第432頁。

天理本《莊子音義》與碧虛子所錄景德本比較研究

　　一九九四年,筆者撰《經典釋文單刊單行考略》,[①]因未得見日本天理圖書館所藏宋本《莊子音義》,未予考述。嗣後聞見其書,先後作補記三篇,附於《榆枋齋學術論集》之《考略》一文後。[②]《經典釋文》中最後二經《莊子音義》之校勘、《爾雅釋文》之校定分別在景德二年(1005)二月和四月,[③]南宋三十卷合刻本係紹興年間所刊,其間相去一百五十年許。《釋文》既是先後單刊單行,其何時始合爲一帙,以及單行本與南宋合刻三十卷本之關係如何,至今仍是一個謎。一九九六年,黃華珍將日本天理本《莊子音義》與北圖所藏南宋合刻本《莊子音義》對校並作校勘記予以研究。[④] 筆者認爲,將天理本《莊子音義》與南宋合刻本作簡單比較,尚不足以窺見《釋文》在北宋一百多年間之流傳演變,兹將北宋碧虛子陳景元《南華真經章句音義》中所錄之景德本《莊子音義》與天理本比勘合校,或可揭示《釋文》從北宋到南宋之流變痕跡。

一、天理本《莊子音義》

---

① 《中國音韻學研究會第八次學術討論會論文集》,《語言研究》增刊,1994年,第138—152頁。
② 虞萬里《榆枋齋學術論集》,江蘇古籍出版社2001年版,第732—759頁。
③ 據《玉海》卷四十三《開寶校釋文》條記載,《爾雅釋文》開寶五年已經陳鄂、姜融等校勘,景德二年四月又請杜鎬、孫奭詳定,而摹印頒行在天聖四年(1026)五月。
④ 見海外珍藏善本叢書《日藏宋本莊子音義》,上海古籍出版社1996年版。

（一）天理本《莊子音義》研究現狀

天理本《莊子音義》綫裝三册，每册封面有原收藏者清原國賢所題"莊子音義卷上、中、下"以及自署"青松"字樣，藏書印有"國寶"、"船橋藏書"等。清原國賢係日本慶長時期（1596－1614，約當於明萬曆二十四至四十二年）儒者，[①]則該書至遲於明中晚期已在日本流傳。二戰之後，日本奈良天理圖書館從京都彙文堂廉價購進此書，並於一九八二年將它與《古文尚書》合爲十六開精裝一册，由天理大學出版部影印出版。

原書版框高二百三十毫米，寬一百六十毫米。[②] 半葉八行，行十五字，注文雙行小字，行二十字。上下單欄，左右雙邊，雙魚尾，有界。白口，版心上刻字數，中刻"莊釋上（中、下）"或"莊上""釋下"等，下記刻工姓名。卷上首行作"經典釋文卷第（墨釘）"，次行作"莊子音義上"，雙行小注"内篇七"，三行作"唐國子博士兼太子中允贈齊州刺史吴縣開國男陸德明撰"，卷末有"經典釋文卷第二十六"九字；卷中首行作"經典釋文（墨釘）"，次行"莊子音義中"，雙行小注"外篇十五"，三行同卷上，卷末刻"經典釋文卷第（墨釘）"；下卷首行作"經典釋文（長墨釘整行覆蓋）"，次行作"莊子音義下"，雙行小注"雜篇十一"，三行同卷上，卷末有"經典釋文卷第二十七"。最後是魏峴彊圉大困獻中和節跋文一首。

關於該書刊刻年代，日本學者長澤規矩也曾據魏氏跋文而云：

> 據此丁亥魏峴的跋文中記載，其年少時曾喜愛《南華真經注疏》的解釋易懂，因久爲官宦，書中遺失。不久在友人處重見此書，故喜而上梓。那麽，這本《莊子音義》是《南華真經注疏》的附刻本。跋文年號丁亥有孝宗乾道三年和理宗寶慶三年，因注疏本缺筆至郭、廓，故不得不

[①] 清原尚藏有《史記五帝本紀第一》，後歸宮内廳書陵部。見日本水澤利忠《史記會注考證校補》附"校讎資料"所列。
[②] 日本平成四年《天理秘藏名品展》介紹標爲 26.5cm×20.5cm，似非版框之高寬，而爲整個葉面之長與寬。

取後者。①

澳籍學者柳存仁於一九八二年參觀天理圖書館善本書，亦肯定這一推斷：

> 下卷之末有行楷之跋文兩面，署彊圉大囦獻中和節，壽春魏峴。囦即淵字，彊圉大淵獻爲丁亥。館中人以刻工諸名字考之，以爲此本當係南宋理宗寶慶三年（1227）丁亥前後之刻本。衡以本書避諱闕筆有慎字，蓋孝宗嫌名，寶慶之説或有可能也。②

其後，阿部隆一著《宋元版篇》、③小川環樹著《莊子音義解題》，④均有相同看法。九十年代，黄華珍在日本，以天理本《莊子音義》爲題作博士論文，對此進行深入系統的研究，後經修訂改寫，於一九九九年由中華書局出版中譯本。

黄氏之書分爲"莊子音義考察"、"莊子音義衆生相"、"試以莊子音義探索莊子五十二篇本"三章。篇章分合，無關本題；⑤《釋文》撰著年代，至今亦未能有圓滿意見；後周北宋之《釋文》校勘，筆者早已有詳盡考述：兹皆略而不論。該書與本題有關之主要貢獻，在於將天理本與北圖所藏之南宋本及續古逸叢書本《南華真經》所載《莊子音義》作比較，揭示三者異同，即"北圖本和天理本差異較多，天理本和續古本差異較少"⑥；排比整理《莊子音義》所引諸家音注並試圖理清其糾葛；總結前人有關敦煌《音義》之論述，結合天理本之異同，將問題引向更深層面。

關於魏峴生平、天理本刊刻年代及其地域，黄氏雖有考述，却語焉不詳。就客觀而言，魏峴《宋史》不列傳，文獻記載極少，生平幾湮没無聞；南

---

① 參見《長澤規矩也著作集》第三卷《宋刊本南華真經注疏と付刻本》，汲古書院1983年版。轉引自黄華珍《莊子音義研究》，中華書局1999年版，第45頁。
② 原載香港大學《馮平山圖書館金禧紀念論文集》，1982年版，後收入《和風堂文集》，上海古籍出版社1991年版，下册，第1779頁。
③ 參見《阿部隆一遺稿集》第一卷，汲古書院1993年版，轉見前揭黄華珍書，第46頁。
④ 參見《古文尚書、莊子音義》解題，天理大學出版社1982年版。
⑤ 按，碧虛子陳景元《南華真經章句音義》所據古本時代早在八世紀左右，足可爲探尋《莊子》篇章結構之演變提供綫索，惜其未予參考。
⑥ 黄華珍《莊子音義研究》，中華書局1999年版，第45頁。

宋刻工既有同名者,又不停輾轉遷徙謀生,署名亦多省稱,難以徵實。因而他對天理本的結論是:

> 天理本版式寬廣,字大且印刷精美。乍看起來像是蜀大字本……從調查情況看,天理本的部分刻工姓名也散見在雕版印刷於浙江、廣東、福建、安徽、江西等地的古籍中,現存蜀版宋本中却没有出現他們的姓名,因此没有根據可以證明天理本雕版於四川。再者,天理本魏峴跋中談及的"楚"、"壽春"似乎都和四川無關。根據這些情況判斷,天理本很可能是在四川以外的地區雕版的。①

字像蜀大字本而非蜀刻,遂指爲四川以外地區。按四川以外地區幅員遼闊,如此結論,雖有若無。筆者以爲,天理本之刊刻年代及地域固與刻工有關,但更與魏峴有關。若魏峴之仕宦行歷茫然不知,則刊刻年代與地域便無從談起。

(二)魏峴行歷索隱與刊刻時地推測

天理本書末魏跋原文如下:

> 漆園吏書,瑰偉諔詭,河南氏以爲知本,獨訓注增衍虛譚。余少時嘗得元英師疏,其解釋明白,不穿鑿,不艱深,讀之易曉。長落宦海,書失之久。楚游復得於士友,開卷了然,如見故人。亟鋟諸梓,以廣其傳云。彊圉大困獻中和節壽春魏峴。②

彊圉大困獻,歲在丁亥,論者指爲宋理宗寶慶三年(1227),固無疑義。細審跋文,有數處值得揭櫫:所謂"瑰偉""諔詭",語出《莊子》,此確是少小所習,深於《南華》者;宋避玄朗諱,改玄爲"元",此稱成玄英爲"元英",蓋官吏而知諱者;"長落宦海",是必輾轉官宦者;中和節爲農曆二月一日,是日釀酒

---

① 黄華珍《莊子音義研究》,第 46 頁。
② 見海外珍藏善本叢書《日藏宋本莊子音義》,第 289、290 頁。

祈年,勸農務本,爲"逍遙""齊物"之書作跋,猶不忘署"勸農"之中和節。循此數端,夷考其人,冀或有得。

魏氏雖"長落宦海",惜史傳文獻却記載寥寥。《宋史》不列傳,僅於紀傳中約略提及。《四庫全書·史部·地理類二》收有魏峴《四明它山水利備覽》二卷,《提要》僅謂:"宋魏峴撰。峴鄞縣人,官朝奉郎,提舉福建路市舶。"①筆者嘗將《備覽》中與年代有關之資料一一輯出,又勾稽《至正四明續志》中有關魏峴之資料,參互比照,並參考清徐時棟校勘記,②得魏峴自嘉定五年至淳祐六年之大致行歷,爲省篇幅,不作煩瑣考證,僅繫事於年月,注明其所據資料。個別須説明者,引錄原文,以備稽核。

嘉定間(1208—1224)以朝奉郎提舉福建路市舶。(《四明它山水利備覽》卷下魏峴《烏金碣記》)

嘉定五年(1212)	淘沙。
嘉定八年(1215)	淘沙。(見《至正四明續志》淘沙條)
嘉定十四年(1221)	被稱爲"泉使魏峴"。(見《寶慶四明志》)家居,疏它山之澤。(見《寶慶四明志》卷十二《迴沙閘記》)
	使里中朱、王二氏按渠堰隄閘之壞而修之。(見《寶慶四明志》卷四)
同年十二月	修烏金碣,自署舶使。(見《寶慶四明志》卷十二、《四明它山水利備覽》卷下魏峴《烏金碣記》)
嘉定十五年至十七年(1222—1224)	
寶慶年間(1225—1227)	
紹定初(1228—1233)	爲都大坑冶司。
紹定五年(1232)	五月馮杰案起,罷職。③
嘉熙三年(1239)	峴請委就近措置田穀。(見趙都承米田牒)
淳祐元年(1241)	在光溪淘沙。(見《至正四明續志》)
	設齋醮以答神貺。(見《至正四明續志》設醮條)

---

① 永瑢等《四庫全書總目》,中華書局1965年版,第611頁。
② 徐時棟《四明六志校勘記》,清咸豐四年刻《宋元四明六志》本。
③ 按,《宋史·理宗紀一》:"[紹定五年五月己丑]比聞蘄州進士馮杰,本儒家,都大坑冶司抑爲爐户,誅求日增,杰妻以憂死,其女繼之,弟大聲因赴愬死于道路,杰知不免,毒其二子一妾,舉火自經而死……詔都大坑冶魏峴罷職。"

淳祐二年（1242）	上元節，作《四明它山水利備覽序》，題"里人魏峴書"。（見《四明它山水利備覽》） 淘沙。（見《至正四明續志》） 陳塏將建廻沙閘，適峴上書白塏，塏因屬峴主其事，林元晉、安劉佐之。（見《至正四明續志》建閘條、《寶慶四明志》卷十二《廻沙閘記》） 起爲直秘閣，以中大夫知吉州軍兼管內勸農使。（見《蔣山鹿潭廟記》）
淳祐三年（1243）七月十日、八月二十日	告守黃壯猷，築洪水灣隄岸。（見《至正四明續志》洪水灣築隄條）
淳祐五年（1245）	率里人禱蔣山鹿潭，得雨，倡衆新其廟。（見《蔣山鹿潭廟記》）
淳祐六年（1246）	廟成，作《蔣山鹿潭廟記》。（見《蔣山鹿潭廟記》）

上述行歷，可見在嘉定十五年（1222）至寶慶三年（1227），史缺無聞。統觀所記，多在家鄉興修水利，從而推知，間有缺史者，當外出爲官之期。《寶慶志》兩次提及其"嘉定十四年泉使魏峴"，可證其爲都大坑冶司不始於"紹定初"。[①] 由此推測，魏峴之官泉使，即提點坑冶鑄錢公事前後至少十二年（1221－1232），從而知其寶慶三年刻《莊子音義》時，即在泉使任上。泉使掌冶煉與錢幣鑄造，宋初始置，景祐二年始置江、浙、川、廣、福建等路都大提點坑冶鑄錢公事。元豐初以其統領九路，每歲不能遍歷所部，乃分設二司。其後分合無常，至淳熙二年（1175）復並爲一司，官署設於饒州。魏峴官都大坑冶司時，應在饒州辦公而每歲巡視於江東、淮、浙、福建等地之間。

以魏氏輾轉遷官徙地、興修水利、勸農務實之行歷以及年代觀之，與作《莊子音義》之跋文者適相吻合。其間須辨明者：黃氏據跋文末所署"彊圉大困獻中和節壽春魏峴"，遂讀作"壽春魏峴"，似指其爲壽春人。然著《水利備覽》，爲《四明志》所稱道者則明明是鄞人。是否史傳誤記或魏氏數代

[①] 清徐時棟以爲《寶慶志》作於紹定初，乃爲據現官職記舊事。見《四明六志校勘記》卷八"作者下"，煙嶼樓刻本，第十九葉 B 至二十葉 A。按，據現官職記舊事雖有先例，但《寶慶志》係寶慶三年修，紹定二年梓版，時地人情均太接近，徐說不妥。

移居？考《宋史·黄師雍傳》："師雍與丞相鄭清之故同舍,然以劾劉行用、魏峴皆清之親故,清之不樂。"《鄭清之傳》云清之亦鄞人,是與魏峴爲同鄉"故"人,則鄞人之籍貫似無可懷疑。細審跋文"楚遊復得於士友",與"壽春魏峴"之句讀不相稱。壽春,戰國時爲楚都之一,《史記·楚世家》考烈王二十二年"楚東徙都壽春,命曰郢"是也,魏峴若爲壽春人,①以戰國地域論之,則本爲楚人,跋文之稱"楚游",是楚人而游楚,安得謂"游"？所謂"楚游",必他地之人來楚地爲官或遊歷,方名實相符。魏峴以鄞縣之人,任官饒州爲都大坑冶司,每年必巡察下屬江東、淮、浙、福建等分司,巡察至淮南東西兩路而稱"楚游",名副其實。據此,則落款應讀作"彊圉大困獻中和節壽春,魏峴",即丁亥二月一日於壽春,魏峴。楚游得之於士友,很可能即在巡察至壽春時得此書,因爲"開卷瞭然,如見故人",喜不自勝,故書跋志感,欲"亟鋟諸梓,以廣其傳"。

《莊子音義》與《南華真經注疏》之刻工,大多僅見於刻此書者,今將其中兼刻他書者之姓名及所刻書列於下：

  劉生：《周易玩辭》,建安書院；《儀禮經傳通解》,嘉定南康道院(1217—1222)；《育德堂奏議》,嘉定間建寧府刊本(1208)；《東漢會要》,寶慶建寧刊(1226)。

  葛文：《國朝諸臣奏議》宋刊；《古靈先生文集》,南宋末復刻紹興三十一年(1161)贛州刊本。

  陳文：《禮記正義》宋紹熙二年(1191)兩浙東路茶鹽司；《禮記注》,淳熙四年(1177)；《春秋經傳集解》,嘉定九年(1216)；《春秋公羊經傳解詁》,淳熙撫州公使庫刊本(1177)；《漢雋》,紹熙壬午(1162)；《育德堂奏議》,嘉定間建寧府刊本(1208)；《國朝諸臣奏議》；《外台秘要方》,紹興間兩浙東路茶鹽司；《緝古算經》,嘉定六年(1213)；《景德傳燈錄》；《陶淵明集》；《古靈先生集》；《溫國公文正司馬公集》,紹興二年(1132)；《文選》,紹興間明州刊本。

  李信：《禮記正義》,宋紹熙二年(1191)兩浙東路茶鹽司；《春秋左傳正義》,宋慶元六年(1200)紹興府刊本；《孟子注疏解經》,宋嘉泰間

---

① 按,壽春北宋以還幾經改名,但乾道三年(1167)移治壽春縣,改爲安豐軍。至明初始復爲壽春。魏氏作文之時,其地正名安豐軍。

(1201—1204)兩浙茶鹽司;《揚子法言》,南宋孝宗之際浙中刊本;《麗澤論説集録》,宋嘉泰四年(1204);《嘉泰普燈録》,宋嘉定四年(1211);《東萊吕太史別集》,嘉泰以後刊本。

周中:《三國志·吴書》,咸平中國子監本,南宋初補刊本。

劉丙:《漢書》,紹興湖北提舉茶鹽司刊本,慶元四年(1198)再修本。①

上列陳文所刊之書年代有相差八十餘年者,可斷定必爲先後同名者無疑。唯可注意者,劉生於寶慶二年(1226)在建寧府刊刻《東漢會要》,如確係一人,且無其他意外原因(如中途辭職等等),則第二年刊刻《莊子音義》,不致會長途遷徙。魏氏雖必每年巡察屬司,理無久滯,巡察之後,必返饒州。據記載,宋代壽春非刻書盛地,而饒州及其附近南康軍均爲刻書興盛之地,②於該地刻梓,刻工易於鳩集。而刻工劉生等從建寧至饒州,路程亦最近。在目前尚無其他確鑿證據可證明其刊刻地之前,筆者暫持此説。

天理本《莊子音義》與《南華真經注疏》行款一致,長澤規矩也認爲《音義》是《注疏》之附刻本,筆者亦曾認爲二者是一。觀魏跋,知其以成疏"解釋明白,不穿鑿,不艱深,讀之易曉",故重鐫於木。魏氏楚游得之於士友者爲何種版本,今已莫能知其實。前揭《莊子音義》卷上、中、下之首及卷末皆有"經典釋文第"字樣及墨釘,尤其是卷下之末有"經典釋文卷第二十七"九字,按理,此卷乃屬"經典釋文卷第二十八",且今存寶慶以前之《莊子》,無郭注、成疏、陸氏音義合刻本,凡此均可證明:一、《莊子音義》係刊刻時臨時取三十卷本《經典釋文》爲底本而重刻;二、殘留的"經典釋文"字樣及"二十七"、"二十八"之誤刻,説明事先未經周密籌措,刊刻工作亦較倉促。

(三)天理本與北圖本的異同補證

天理本既刻於寶慶三年,則其自然晚於北圖本。據天理本行款,既已推知其爲魏氏刊刻郭注、成疏時抽取三十卷本爲底本而刊作附録者,則其

---

① 以上刻工所刻書見王肇文《古籍宋元刊工姓名索引》,上海古籍出版社1990年版。
② 參張秀民《中國印刷史》第一章,上海人民出版社1989年版,第94頁。

取自何種合刻本,自是亟需探究明白者。在現今唯存北圖所藏宋刻宋元遞修本情況下,取而對校以辨其異同,乃首要之舉措。此項工作,黄氏已先我而作。① 黄氏所校三十三篇共得校記四百三十五條,筆者在《日藏莊子音義》出版後,取與北圖本相校,略去黄氏出校者,又得若干條。現將《逍遥游》中異文表列於下,餘暫略。

篇名	詞目	釋文	天理本	北圖本	正誤説明
	内篇	從卄者	卄	廿	北圖本誤
逍遥遊	第一郭象注			一後空一格	
	鵬	古鳳字	子	字	子係壞字
	決然	喜缺反	反	及	北圖本誤
	塵埃	塵埃楊也	楊	揚	天理本誤
	學鳩	拂其羽	拂	彿	北圖本誤
	爝	爟火	爟	權	北圖本誤
	接輿	皇甫謐	謐	謐	天理本誤
	藐	妙紹	妙紹	妙紹反	天理本脱
	黄屋	以黄爲裹	裹	裏	
	黄屋	冕裹	裹	裏	
	夫知	音智同	同	注	天理本誤
	弊弊	扶世反	扶	扶	北圖本誤
	秕	本又作粃	禾此	秕	天理本誤
	汾水	寓言	寓	寫	北圖本誤
	貽	與志反	反	及	北圖本誤
	呺然	徐橋反	橋	憍	
	技	竭彼反	竭	揭	北圖本誤

就黄氏及筆者所校兩本之異同而論,天理本與北圖本之不同多爲異體字,以及由形近而引起之訛誤。真正用詞不同,句式衍奪等情況如:天理本之妙紹,北圖本作妙紹反,天理本"向吾"條"息浪反。嚮同",北圖本作"本又作嚮同",諸如此類,爲數極少。就文字異同之優劣論,天理本較北圖本爲優。兩種版本在文字上之細微異同,透露出天理本和北圖本很可能同出

---

① 黄氏校勘記見《日藏宋本莊子音義》附録,後又收入《莊子音義研究》一書。

於一種祖本,或天理本即據今存北圖本之原刻本翻刻。至於兩種版本之祖本,亦即北宋本之面貌,當求之於更早版本或文獻,北宋陳景元《南華真經章句音義》中所引録之景德本《莊子音義》,即屬此類。

二、北宋景德本《莊子音義》

(一)碧虛子與《南華真經章句音義》

碧虛子,宋陳景元之號。景元爲嘉祐至元祐間著名道士,然《宋史》不列傳,唯《藝文志四》著録"陳景元《道德注》二卷"、"碧云(引按,"虛"字之誤)子《老子道德經藏室纂微》二卷"。平生以讀書爲樂,老而彌篤。善正書,祖述《樂毅》《黄庭》。一時士大夫名流多從之交往,故生平見載於宋人文集、筆記及書法著作。其中尤以《宣和書譜》記載爲詳,謹節録其要者如下:

> 道士陳景元,字太虛,①師號真靖,自稱碧虛子。建昌南城縣(今江西南城縣東南)人。師高郵道士韓知止,已而别其師,遊天台山,遇鴻濛先生張無夢,授秘術。自幼喜讀書,至老不倦,凡道書,皆親手自挍寫。積日窮年,爲之痀僂。每著書,什襲藏之。有佳客至,必發函具鉛槧出客前,以求點定,其樂善不已復如此……初游京師,居醴泉觀,衆請開講。神考聞其名,詔即其地設普天大醮,命撰青詞以進。既奏稱善,得旨,賜對天章閣,遂得今師名,又改章服,累遷至右街副道籙。已卯,乞歸廬山。復以葬親爲請,詔賜白金助之。既歸,行李無他物,百擔皆經史也。所居以道儒醫書各爲齋館而區别之,四方學者來從其遊,則隨所類齋館相與挍讐,於是人人得盡其學,而所藏號爲完書……一時大臣如王安石、王珪喜與之遊……當其啓手足之時,年已七十,沐

---

① 楊傑《歸去來賦序》以爲其字"太初",不知何據。見楊傑《無爲集》卷一,《文淵閣四庫全書》本,臺灣商務印書館 1983 年影印本,第 1099 册,第 682 頁上。

浴改衣，韻語長嘯一聲，正坐而逝……凡手自校正書有五千卷。注《道經》二卷，《老氏藏室纂微》二卷，解《莊子》十卷，編《高士傳》百卷，所著文集二十卷，以至作《大洞經音義》，集注《靈寶度人經》。凡有益於學者，莫不致力焉。①

讀其傳，識其行歷，可知朱熹稱其"於其輩流中亦當小異"，絕非虛語，②固不當以尋常道流目之。己卯爲哲宗元符二年（1099），由此上推其生年，約在仁宗明道（元年爲 1032）前後。《續資治通鑑長編》卷二八四十四："[熙寧六年（1073）四月庚寅]中太一宫成，以右街都監、真靖大師陳景元爲宫主，景靈宫抱一大師蓋善言副之。"③熙寧六年以右街都監兼任中太一宫宫主，則其初游京師、受知於神宗亦必在熙寧初年（1068—1071 左右）。《書譜》謂其己卯乞歸，上即賜金，然楊傑却言其"屢請歸廬山，朝廷不從"。④ 此中尚有一段因緣，元祐六年（1091）八月，秘書監王欽臣等奏⑤：乞差真靖太師陳景元校黄本道書，每月支錢五貫文，三省同奉聖旨，令秘書監具道書目錄付。陳景元據目錄於道藏取索，先校定成本，供秘書省委本省官對校。范祖禹以爲"諸子百家、神仙道釋，蓋以補篇籍、廣異聞，以示藏書之富，無所不有，本非有益於治道也……不必使方外之士讎校，以崇長異學也"，並謂其"事雖至微，實損國體"，⑥封還其奏。祖禹視神仙釋道之書爲"異學"，蓋從當時政治與資治角度考慮，以學術論之，不免偏頗。然此事結果據朱熹所云，是"遂罷其命"。⑦ 或此事不行，景元不得施其才，遂有"屢請歸廬山"之舉，而實際歸廬山之時在八年以後，則"朝廷不從"，或乃事實。

---

① 無名氏《宣和書譜》卷六，《文淵閣四庫全書》本，第 813 册，第 239—240 頁。
② 朱熹《跋道士陳景元詩》，《晦庵集》卷八十三，《四部叢刊》本，第二十六葉。
③ 李燾《續資治通鑑長編》卷二百四十四，上海古籍出版社 1986 年版，第 2284 頁上。
④ 楊傑《歸去來賦序》，《無爲集》卷一，《文淵閣四庫全書》本，第 1099 册，第 682 頁上。
⑤ 按，欽臣字仲至，葉夢得《避暑錄話》卷下載其初見陳景元，曾因其"短小而偏"而"不覺失聲幾僕地"（《叢書集成初編》本，第 2786 號，第 49 頁），後當重其才幹，遂有奏薦校書之舉。
⑥ 范祖禹《封還差道士陳景元校道書事狀閏八月八日》，《范太史集》卷二十一，《文淵閣四庫全書》本，第 1100 册，第 265 頁。
⑦ 朱熹《三朝名臣言行錄》卷十三之一，《四部叢刊》本，第十四葉 B。按，韓淲《澗泉日記》卷下引此事而云"遂罷景元"。見《文淵閣四庫全書》，第 864 册，第 790 頁上。以景元有屢請、不從而於八年後始歸廬山之事實觀之，則"罷黜"之說或非其實。

景元之成就,讀書不倦之外,亦賴之於名師。鴻濛先生張無夢係北宋著名道士,曾師事陳摶,並與种放、劉海蟾爲友,一生著作等身。① 張無夢授景元以秘訣,而景元又身居道流要職,不僅《大宋天宫寶藏》得隨意取閲,即中秘所藏希覯之書,亦多親見,則其所校道書,固不可等閒視之。

　　《南華真經章句音義》十四卷,《餘事》一卷,《餘事雜錄》二卷,見收於明正統《道藏·洞神部·玉訣類》,千字文習字號至聽字號。碧虚子自叙云:

　　　　僕自總角好誦是經,非事趣時破卷而已。斯乃道家之業,務在長生久視,毀譽兩忘,而自信於道矣。豈與有待者同日而論哉!今述章句,委曲枝派也……今於三十三篇之内分作二百五十五章,隨指命題,號曰章句。逐章之下,音字解義,釋説事類,標爲章義。書成,嘗數其正經,得六萬五千九百二十三言,合馬遷之所記,十亡其四矣。復將中太一宫《寶文統錄》内有《莊子》數本,及笈中手鈔諸家同異,校得國子監景德四年印本,不同共三百四十九字,乃按所出,别疏《闕誤》一卷,以辯疑謬……元豐甲子上元日。②

　　此叙作於元豐甲子,即神宗元豐七年(1084),時景元年已過五十。若就其總角"好誦"《莊子》起算,已逾四十年,可謂深於《南華》者;自熙寧六年(1073)入主中太一宫,亦十有一年,其間得見諸多希見秘本,皆今日所無緣睹見者;景元此書宗旨在校諸本之異同,釋引譬之史實,非同發揮義理者之比:即此三點,可證《南華真經章句音義》在上承六朝隋唐,下啓元明以還之《莊子》研究史,特別是校勘史上有其不容忽視之地位。

　　《章句音義》將三十三篇分爲二百五十五章,猶若今人之分段;章名由景元所擬,以四字(如:順化逍遥、極變逍遥,見《逍遥遊》)、三字(如:死生友、相忘友,見《大宗師》)、二字(如:叙莊、評惠,見《天下》)爲題。所有章名在《章句餘事》"分章篇目"下重新列出,眉目清晰。書中所引據之版本在《餘事》"覽過南華真經名氏"下注明,迻錄於下:

---

① 《宋史·藝文志》著錄其所著約七十餘種。
② 碧虚子《南華真經章句音義》,正統《道藏》,文物出版社、上海書店、天津古籍出版社1988年影印本,第十五册,第894頁上、中。

1、景德四年國子監本
2、江南古藏本，徐鉉、葛湍校
3、天臺山方瀛宫藏本，徐靈府校
4、成元英解疏，中太一宫本，張君房校
5、文如海正義，中太一宫本，張君房校
6、郭象注，中太一宫本，張君房校
7、散人劉得一注 大中祥符時人
8、江南李氏書庫本
9、張潛夫補注

　　九種古本中，徐靈府乃唐天寶時道士；徐鉉則南唐入宋，於太宗時校勘道經；① 張君房係景德進士，於大中祥符五年（1012）奉命校正秘閣道書，天禧三年（1019）編成《大宋天宫寶藏》，復撮其精要爲《云笈七籤》，爲道藏編刊史上一不容忽視之人物。總之，其所據皆唐以還至北宋初期之稀有古本。《章句音義》著成之後，是否刊梓，史闕無聞，據彭耜《道德真經集注雜説》卷上云其"所注《南華經章句音義》凡二十餘卷，今併入藏"。② 是早已編入藏經。徽宗崇寧（1102—1106）中，詔搜訪道經，使藏經較《天宫寶藏》增八百餘卷；政和（1111—1116）中之《萬壽道藏》又增近百卷。景元雖於元符二年（1099）後即歸道山，然其所著所校之書，即使攜歸廬山，亦或留副中太一宫。是其書之入藏必在崇寧、政和間。正統《道藏》所存十七卷。檢視内容，卷八"雜篇在宥十七"後接"雜篇至樂二十二"，覈《餘事》之篇章，正缺"天地十七章"、"天道九章"、"天運八章"、"秋水七章"，似應缺失四篇若干卷，則《章句音義》原至少有十八卷。其書是否因靖康、建炎年間之各處道藏多毀於兵火而缺失，不可得知。

---

① 《文獻通考》卷二百二十四引《宋三朝國史志》："宋朝再遣官校定，事具《釋志》。嘗求其書，得七千餘卷，命徐鉉等讎校，去其重復，裁得三千三百三十七卷。"浙江古籍出版社1988年影印商務印書館萬有文庫本，第二册，第1802頁。
② 彭耜《道德真經集注雜説》，正統《道藏》第十三册，第255頁中、下。

（二）景德本《莊子音義》刊刻始末

《莊子音義》之校勘，爲北宋初年校勘《釋文》中之最晚一種。① 最早記録其校勘過程者爲宋之程俱。其《麟臺故事·校讎》有云：

> 大中祥符元年（1008）六月，崇文院檢討杜鎬等校定《南華真經》摹刻版本畢，賜輔臣人各一本……景德中……二年二月，諸王府侍講、兼國子監直講孫奭言："《莊子》注本，前後甚多，唯郭象所注特會莊生之旨，請依《道德經》例，差館閣衆官校定，與陸德明所撰《莊子釋文》三卷雕印。"詔奭與龍圖閣待制杜鎬等同校定以聞……至大中祥符四年（1011），又命李宗諤、楊億、陳彭年等讎校《莊子序》，模印而行之。蓋先是崇文院校《莊子》本，以其序非郭象之文，去之。至是，上謂其文理可尚，故有是命。②

南宋彭耜《道德真經集注雜説》卷下引《國朝會要》云：

> 景德二年二月，國子監直講孫奭言：諸子之書，老、莊稱首……唐陸德明撰《經典釋文》三十卷，内《老子釋文》三卷（按，《宋會要輯稿·崇儒四之三》作"一卷"，後有"《莊子釋文》三卷"六字，知此處脱去"一卷《莊子釋文》"六字），今諸經及《老子釋文》共二十七卷並已雕印頒行，惟《莊子釋文》三卷欲請依《道德經》例，差官校定雕印。詔可。③

參與《莊子音義》之校定者，至少有三人，《宋史·孫奭傳》云：

> 嘗奉詔與邢昺、杜鎬校定諸經正義、《莊子》《爾雅》釋文，考正《尚書》《論語》《孝經》《爾雅》謬誤及《律音義》。④

---

① 《爾雅釋文》雖在該年四月重加校訂，因其開寶五年已經校勘，故仍當以《莊子釋文》爲最晚。
② 張富祥《麟臺故事校證》，《唐宋史料筆記叢刊》，中華書局 2000 年版，第 285 頁。
③ 彭耜《道德真經集注雜説》，正統《道藏》第十三册，第 264 頁中、下。
④ 《宋史·孫奭傳》，中華書局 1977 年版，第 12807 頁。

至宋末,王應麟於《玉海》卷四十三"景德校諸子"條載云:

> 景德二年二月甲辰校定《莊子》並以《釋文》三卷鏤版。後又命李宗諤等讎校《莊子序》。①

王氏所載具體到"甲辰日",或別有所據。然其"二年二月甲辰校定《莊子》並以《釋文》三卷鏤版"云云,似二年二月既校定其書而又同時鏤版,此就北宋校書程式與時間上衡量,不甚可能。校以程説,二年二月僅是下詔進行校勘之時。陳景元《章句音義》所據本既稱爲"景德四年國子監本",而程説"大中祥符元年(1008)六月,崇文院檢討杜鎬等校定《南華真經》摹刻版本畢,賜輔臣人各一本",可知二年(1005)二月起始奉詔校勘,至四年(1007)年底前後校畢,並基本鏤梓成版,其後刷版裝訂,進呈奏聞,而後選日頒賜,遂延遲至次年六月。

(三)碧虛子所録景德本《莊子音義》截取形式發覆

碧虛子陳景元之《章句音義》依其所分之二百五十五章排列。每章首著章名,其次標出所要解釋之詞目,其詞目就整部書而言,大致與陸德明《經典釋文》所標詞目相同,偶有不同,有些可斷定是其所定正文不同,另有些爲今見《釋文》在流傳中鈔刊走樣,還是《章句音義》在鈔刊中產生之訛誤,已難以徵實。② 其書名爲"音義",故釋音在解義之前。因爲音在前,故其引録之景德四年本之《莊子音義》首列於詞目之後。因爲《釋文》本既有音又有義,故許多條目之後所列即是陸德明《莊子音義》,兹以第一條"北冥"爲例:

> 本亦作溟。覓經切。嵇康云:取其溟漠無涯也。梁簡文帝云:窅

---

① 王應麟《玉海》卷四十三,江蘇古籍出版社、上海書店 1987 年影印本,第二册,第 815 頁。其"開寶校釋文"條亦云"景德二年二月甲辰命孫奭、杜鎬校定《莊子釋文》"。同卷,第 812 頁下。
② 立目不同者有:天理本(亦包括北圖本)出"以盛",景德本出"盛";天理本出"剖之",景德本出"剖";天理本出"百金",景德本出"以百金"等等。

榆枋齋學林

冥無極也。

一條二十七字，全是《釋文》原文，此類約占全書相當之比例，這便是《章句音義》一書在音韻學文獻上所具之珍貴價值。其有異文、異説或別解者，方始在所引《釋文》之後引録他人之説。如"枋而止"條：

音方。李云：檀木也。文如海及江南古藏本作"搶榆枋而止"。

偶有《釋文》有説而不從，另引他説者，如"彭祖"條，《釋文》有解一百餘字，而《章句音義》自引成玄英説爲解，竟亦達六十餘字，然此類畢竟少數。

《章句音義》之性質與《經典釋文》略有不同。《釋文》目的在於彙集衆家音義，求同存異，故其音義不憚重復；《章句音義》旨在疏通《莊子》一書文字、異文、文句、字音、字義，追求字音正確，字義明瞭，史實明確，故其所引録之《莊子音義》多截取其認爲正確或明瞭者，不刻意將《釋文》全文轉録，因而形成種種省略。兹將常見省略形式彙集而條列於下：

1. 省作者

《釋文》於引録之二百餘家姓名本多簡稱，而《章句音義》爲簡潔表達其音義，往往並其簡稱（姓或名）亦省略。

（1）省作者之姓
［閱］徐于葛反。碧虛子本僅作"于葛反"，無"徐"字。
［則膠］徐、李古孝反。碧虛子本無"徐李"二字。
［我決］向、徐喜缺反；李呼穴反。碧虛子本作"喜缺、乎穴二切"。此類在全書中極多。
（2）省作者之名
［我決］李頤云：疾貌。碧虛子本作"李云：疾也"。
［靈］李頤云：冥靈，木名也。碧虛子本出"冥靈"條，作"本作楧。李云：木名也"，皆不出名字。

2. 省書名

反切與書名多非一人之説，《章句音義》無端省略，造成所屬不明。

［驚怖］普布反。《廣雅》云：懼也。碧虛子本作"普布切。懼也"，取其義而省其書名，造成此義不知出於誰人何書。

3. 省反切

《釋文》所錄往往一字多切，《章句音義》時或照錄，時或節取其所認爲與《莊子》文義相應之音。

［數數］音朔。下同。徐所祿反。一音桑縷反。司馬云：猶汲汲也。碧虛子本無"徐所祿反一音桑縷反"九字，省兩音切。

4. 省又音

《釋文》之又音多爲存異，《章句音義》爲求簡明確定，則往往省去。

［彷］薄剛反。又音房。碧虛子本僅作"薄剛切"，省又音。

5. 省釋義

《釋文》一條之中，往往多義並存，《章句音義》亦僅錄其一，或均刪略不錄。

［而噓］音虛。吐氣爲噓。向云：息也。碧虛子本無"向云息也"四字。

6. 省音義

《章句音義》所取予《釋文》者，主要在於其音切，而音切之中亦祇取其認爲標準或應讀之音，故於《釋文》羅列衆多之音義，多所省略。

［坳堂］於交反。又烏了反。李又伊九反。崔云：堂道謂之坳。司馬云：塗地令平。支遁云：謂有坳垤形也。碧虛子本僅列"於交反"，無它切語。

7. 省異文

《釋文》羅陳異文，而《章句音義》或以爲無關義旨，多所刪略。

［秕］本又作秕。徐甫姊反。又悲矣反。碧虛子本作"悲矣切"。省"本又作秕"之異文及徐音切。

8. 省不必要文字

《釋文》中有些文字無關正文之音義，《章句音義》亦予省略。

［有分］如字。注同。［有争］争鬭之争。注同。碧虛子本均無"注同"二字。

9. 省條目

《釋文》之體例，不僅爲十四部經籍正文標音注義，偶爾亦爲經籍之注文標音注義，《莊子音義》亦不例外。陳景元校勘《南華真經》，僅正對經文，故於《釋文》中標注注文者，一概刊落。至於一些陳景元以爲不必或無需解釋之文字，即使《釋文》列條，《章句音義》亦從省略。

《莊子釋文》有下列十一條相連條目：［處子］［黃屋］［玉璽］［纓］［紱］［憔悴］［至至者］［王德］［絶垠］［吸］［神凝］此乃陸氏在《逍遥遊》篇"淖約若處子"之"處子"條後，復爲郭象注文"徒見其戴黄屋，佩玉璽，便謂足以纓紱其心矣。見其歷山川，同民事，便謂足以憔悴其神矣。豈知至至者之不虧哉。今言王德之人而寄之此山，將明世所無由識，故乃托之於絶垠之外而推之於視聽之表耳"列八條詞彙作釋，碧虛子《章句音義》全無。即如"處子""吸""神凝"三條，皆《莊子》正文，而《章句音義》亦不引録，或許即在不必解釋之列，故刊落。

省略之外，亦有其他各種有異於今本《釋文》之處，尋究其原因，大多係陳景元爲求簡略而有意無意所造成之錯謡，亦有某些可能爲版本問題而今日已無法徵實者。

1. 合併人、書兩說

《釋文》所録諸家音義之前後秩序均爲陸德明據其所掌握之材料及其對材料之理解而安排，《章句音義》移花接木，合而爲一，儘管不影響對《莊子》之理解，却失去了陸氏的匠心和改變了《釋文》的原貌。

［窮髮］崔云：北方無毛地也。案：毛，草也。《地理書》云：山以草木爲髮。碧虛子本作"崔云：北方無毛地也，山以草木爲髮"，無"案毛草也地理書云"八字，蓋鈔時隨意，故將崔説與《地理書》之説合一。

2. 前後互乙

《章句音義》解釋文字或音義之次序與今見本《釋文》前後不同。因《釋文》之宋本和其他本子亦有此類情況，故一時難以定陸書原貌。

［偃鼠］如字。李云：鼹鼠也。《說文》鼢鼠，一曰偃鼠。碧虛子本作："如字。《說文》：鼢鼠也。李云：鼹鼠也。"

三、《莊子音義》天理本與景德本比較研究

景德四年《莊子》郭象注及陸德明《莊子音義》由國子監刊成後，北宋名臣近水樓臺，先得欽賜，其在當時固已流傳。七十餘年之後，陳景元於中太一宮或國子監尚見其刻本。逮及南宋紹興之際，詔各地進書籍，於臨安摹錄重刻。是時所刻《經典釋文》係取北宋單行本合刻之，抑別有取於北宋三十卷本（如若北宋刻印過三十卷本）者，史闕無載。關於陳景元引錄之景德本與今本《釋文》之異同優劣，前賢亦已注意，《續修四庫全書提要》云："今行《釋文》，頗有誤字，與此互勘，得失並見。"① 玆就陳書所錄與天理本互勘，以探其各自之得失。

（一）天理本

1. 脫文

校理韻書脫誤，除個別文字異同之外，主要在乎反切。而校理《釋文》，不得不注意《集韻》。因《釋文》自後周顯德年間相繼校勘，以景德四年年底《莊子釋文》之刊成方始告成。而四年十一月，《廣韻》亦已初步成書，②似不

---

① 中國科學院圖書館整理《續修四庫全書總目提要》，齊魯書社1996年影印本，第十四冊，第32頁下。
② 王應麟《玉海》卷四十五"景德校定《切韻》、祥符重修《廣韻》"條云："景德四年十一月戊寅，崇文院上校定《切韻》五卷，依九經例頒行。祥符元年六月五日，改爲《大宋重修廣韻》……三年五月庚子，賜輔臣人一部。景祐元年四月丁巳，詔直史館宋祁、鄭戩、國子監直講王洙刊修《廣韻》《韻略》。"第847頁。

及參考。儘管後有修訂,而格局已定,無可增加,遂有景祐四年編纂《集韻》之舉。《集韻》韻例云:"凡經典字有數讀,先儒傳授,各欲名家,今並論著,以稡群説。"《集韻》廣收諸家音讀,於此已交代明白。經典之諸家音讀,其重要性無出於《經典釋文》之上者。景德本《莊子音義》之爲纂輯《集韻》時所參考,實無須懷疑,故將《廣韻》《集韻》音切與天理本、景德本《莊子音義》之音切參互比較,頗能顯出北宋初編纂、校勘韻書之真實歷史。①

(1) 脱文字

[齊諧] 簡文云:書。碧虛子本作"簡文云:書名"。"齊諧"爲先秦之書,天理本脱"名"字。

[聾] 鹿工反。不聞也。碧虛子本作"鹿工切。耳不聞也",多一"耳"字。成玄英疏作"聾,耳病也",句式不同。審文義,疑天理本脱。

(2) 脱反切

[蜩] 音條。司馬云:蟬。碧虛子本作"田聊切。司馬云:蟬也"。按,條與田聊切音韻地位相同。《王三》徒聊切,《廣韻·平蕭》承之。《集韻·平蕭》作"田聊切",似是承《莊子音義》而來。從今本《莊子音義》脱"蟬也"之"也"字,或此處並脱去"田聊反"一音。

[之辯] 如字。變也。崔本作和。碧虛子本作"平免切,辯者,變也",文異義同。按,辯,《廣韻·上獮》符蹇切,乃承《王三》。《集韻·上獮》此字作"平兔切",兔即免之誤字。《集韻》平免切很可能即承自景德本《音義》,若如此,則天理本或脱去"平免切"一音。

(3) 脱反切釋義

[斥] 如字。司馬云:小澤也。本亦作尺。崔本同。簡文云:作尺非。碧虛子本作"昌石切。指名也。一曰大也"。按,"昌石切"非今本所有。《廣韻》昌石切下收"斥"字,釋云:"同㡿。"《集韻》昌石切下收"斥",釋云:"指名。一曰大也。疏也。通作㡿。"可見《集韻》必是因爲《莊子音義》有此音此解,遂與"斥"合併。由此可知,景德本雖無天理本之音義,而其引録之音義亦當是陸書所原有。

---

① 筆者八十年代末整理三禮漢讀異文時,已發現《集韻》將《廣韻》未予收録之漢儒音讀增入相應小韻下,而其中相當部分依據《釋文》所載音切。因此,將《廣韻》《集韻》和《釋文》作比較研究,是一個很有意義的課題。

(4)脱釋義

[與乎]徐音豫。下同。碧虛子本作"音豫。及也。下同"。此雖省去作者,然中間夾入"及也"二字,疑天理本刪略或脱去。

(5)脱條目

[至當]丁浪反。後皆同。碧虛子本此條後有"風斯"條,注云:"相支切,析也。"按,碧虛子所據各本除景德本《莊子音義》外皆無切語,今檢《莊子音義》卷上"碓斯"條注"斯又作澌,音賜,李思利反",卷中"斯"條注:"音賜。又如字。"無"相支"一切,故無從他處移來注此音之可能。斯,《廣韻》僅錄息移切一音,《集韻·平支》於山宜切同義之外,另收相支切一音;音賜及思利切之音,《集韻》併入去聲寘韻斯義切下(實則成爲以同字爲切上字,此亦廣收音切,未經嚴格擇別安排所致)。《集韻》除更改類隔、音和之外,一般不自造音切,此"相支切"由景德本轉錄,或係《莊子釋文》原有之音,而"析也"亦似爲原有之釋義,則"風斯"一條或爲天理本所省奪。

[姚佚啓態]四字,天理本僅有"姚""佚""態"三條,並僅有反切或直音而無釋義。景德本收録四條,依次是"音遥。輕浮貌。一云長也"、"音逸。縱放貌。一云過也"、"啓,詰以切。開張貌"、"態,敕代切。憍淫貌,一云意也"。音切齊全,恐非雜湊。今天理本無"啓,詰以切。開張貌"一條,疑爲宋人刊落。

2. 誤字

誤字各本均有,略舉一條。

[老洫]本亦作溢,同。音逸。郭許賜反。又已質反。碧虛子本作"弋質切。深也。義取深溺。江南古藏本……"。按,《集韻·入質》作"弋質切"。天理本作"己",在見紐,固非。北圖本作"已",聲母雖同,而用字不同。《莊子音義》原文恐仍以"弋"字爲是。

3、移動文字

《釋文》音字解義,絶大多數以本句本條爲落點,偶有上下條或前後關涉者,應引起注意。

[腫]章勇反。本亦作𨄔。碧虛子本作"章勇切。郭云:擁腫,樸也"。
[軮掌]於丈反。郭云:擁腫,樸也。軮掌,自得也。崔云:擁腫,無知貌。軮

掌,不仁意。向云:二句樸累之謂。司馬云:皆醜貌也。碧虛子本作"於丈切。或云:擁腫,不材。郭云:鞅掌,不自得。向云:二句樸累之謂。司馬云:皆醜貌"。按,碧虛子本"腫"下"郭云:擁腫,樸也"六字,天理本在"鞅掌"條下。據《庚桑楚》原文"擁腫之與據,鞅掌之爲使"兩句,本上下各自爲詞,考今存郭象注,亦分句注釋,不相連屬。① 似碧虛子所引景德本較近陸書原貌,而天理本或經宋人移並於"鞅掌"條。又,碧虛子本"或云:擁腫,不材"六字,亦爲天理本所無,可證天理本此處確曾經後人刪移。

4. 衍文

有些衍文,從情理上已可推斷,但無證據,今得北宋本參證,遂可定案。
[杓]郭音的。又匹麼反。又音弔。《廣雅》云:樹末也。郭云:爲物之標杓也。王云:斯由己爲人准的也。向云:馬氏作魡,音的。碧虛子本作"音的;又匹麼反。郭云:爲物之標杓也。王云:斯由己爲人准的也。司馬本作魡,音的"。按,司馬彪卒於向秀後三十餘年,似無可能引述司馬之書,故天理本"向云馬氏作魡,音的"云云本有可疑,今參以景德本,知"向云"兩字必屬衍文無疑,"馬氏"亦爲"司馬"之誤。

(二)碧虛子所錄景德本

1、脱文

景德本之"脱文",在上文"景德本《莊子音義》截取形式"中已有條述,此不贅述。然亦有因其省略而造成張冠李戴者,此類情況亦不少見。
[猶然笑之]崔、李云:猶,笑貌。案,謂猶以爲笑。碧虛子本作"李云:謂猶以爲笑"。按,此省略並鈔脱陸氏"案"字,故誤將陸説歸爲李説。

2. 誤字

陳景元所錄景德本誤字較多。原因是:摘錄《釋文》之時,本有錯譌,且《章句音義》成書之後,幾經傳鈔,即使曾被刊入《萬壽道藏》或《大金玄都寶

---

① 參見郭象注、成玄英疏《南華真經注疏》卷二十五,正統《道藏》本,第十六册,第557頁中、下。

藏》,亦必經正統十年重輯時之轉鈔。

［則膠］徐、李古孝反。一音如字。崔云:膠著地也。李云:黏也。碧虛子本孝作"肴",《廣韻・平肴》古肴切下:"膠漆。亦太學也。又姓。《史記》紂臣膠鬲。"又《去效》古孝切:"膠黏物。又音交。"《釋文》古孝與如字相對,爲去、平兩音,則碧虛子本之"肴"或爲"孝"字之誤。

3. 避諱

景德校書,雖臣下上請,亦真宗詔可,故避諱自較他書爲嚴。

［宋人］宋,今梁國睢陽縣。殷後微子所封。

［資章甫］李云;資,貨也。章甫,殷冠也。以冠爲貨。碧虛子本兩"殷"字皆作"商"。蓋避宋弘殷諱,天理本及北圖本不避者,或南宋時回改。

4. 引錄次序顛倒

陳景元著《章句音義》,旨在疏通文本,故其引錄《釋文》,時有不依原式者。

［爝］本亦作熦,音爵。郭徂繳反。司馬云:然也。向云:人所然火也。一云爝火謂小火也。《字林》云:爝,炬火也;子召反。燋所以然持火者;子約反。碧虛子本作"音爵。又子召切。《字林》云:炬火也;一云爝火謂小火也"。此條不僅省略最先之異文及郭、司馬、向之說,且將原音義之前後次序顛倒引錄。

(三) 其 他

1. 景德本是而天理本非

［幽都］李云:即幽州也。《尚書》作幽州。北裔也。堯六十四年流共工於幽州。碧虛子本作"堯六十四年流共工於幽都",雖幽州即幽都,然宋元之際金履祥《資治通鑑前編》卷一"賓於四門流凶族"下引《莊子釋文》作"幽都",[①]與碧虛子所錄合,或景德本確作"幽都"。

---

① 金履祥《資治通鑑前編》卷一,《文淵閣四庫全書》本,第332冊,第13頁下。

2. 天理本是而碧虚子引録本非

［云將］子匠反。下同。李云：云主帥也。碧虚子本作"子匠切。李云：主云師也"。按，云之主帥與主云師，從不同角度理解，均與詞目相吻。雖各有理據，但必有一誤。據世德堂本郭象《莊子注》所附陸德明《音義》作"云主帥"，可見天理本是。

3. 證宋本之是而今本之非

［羊角］司馬云：風曲上行若羊角。宋本、景宋本皆有"羊"字，北圖本無"羊"字。盧校據宋本、景宋本於"角"上補"羊"字。① 今景德本亦有"羊"字，至少可證作"羊角"爲北宋之舊貌。

4. 證盧文弨校改之是

［落］司馬云：瓠，布護也。落，零落也。言其形平而淺，受水則零落而容也。盧文弨校本於"容"上補"不"字，②碧虚子本"容"前有"不"字，可證盧校之確，而宋本、景宋本皆脱。

［機辟］毗赤反。司馬云：罔也。碧虚子本作"毗亦切"。盧校云："當作毗亦反。"按，此義《王三》不收，《廣韻‧入昔》作"房益切"，《集韻‧入昔》作"毗亦切"，與景德本合，盧校是。今宋本、景宋本皆毗赤反，本書中辟作毗赤反者不止一處，疑皆"亦"字之誤。

5. 存疑

［何居］如字。又音姬。司馬云：猶故也。碧虚子本作"斤於切，處也"。兩説不同。按，居，《王三》舉魚反，《廣韻‧平魚》九魚切，而《集韻》作斤於切，與景德本同。今兩本音義用字皆不同，是天理本脱、景德本省，抑是所據不同，待考。

［而徵］如字。司馬云：信也。崔、支云：成也。碧虚子本分"而徵"爲二

---

① 盧文弨《莊子音義考證》云："舊脱羊字，依今本《莊子》補。"《經典釋文攷證》，《叢書集成初編》本，第1201號，第318頁。
② 參見黃焯《經典釋文彙校》，中華書局1980年版，第226頁。

條。"而"下云:"《玉篇》音能。奴登切。《説文》熊屬,足似鹿能獸堅中,故偶賢能也。或如字。而,安也。《易》:宜建侯而不寧。鄭氏讀,今不取。"按,觀"或如字"云云,似亦陸氏《釋文》中語,此或後人並兩條爲一條而脱此文,待考。"徵"下注文"崔云:成也",少一"支"字,係轉錄省略或鈔脱。

[旁日月]薄葬反。徐扶葬反。司馬云:依也。崔本作謗。碧虛子本作"薄葬、蒲光二切。依也。"扶、蒲有奉、並之異,蒲光一音切不知何所據。

以上所列,已足見景德本與天理本雖互有優劣,然天理本及其同系統之北圖本等已非北宋景德二年校勘時之原貌。陸德明《經典釋文》之原貌及在唐代之流傳,將希冀有更新之出土文物來分析、證明與恢復。而後周顯德至宋初景德年間所校勘之《釋文》面貌,據《莊子音義》景德本與天理本之異同提示,已無法相信北圖藏本直接據顯德、景德校勘本摹刻而不走樣,其間種種異同及景德本在這一百多年間之流傳情況,尚需作深入細緻之研究。就《莊子釋文》而言,將碧虛子引錄之景德本與天理本比較,僅是初步工作,嗣後將結合宋崇德悟真大師賈善翔《南華真經直音》,① 並搜輯宋安仁趙諫議刊本《南華真經》、宋刊《分章標題南華真經注》、《纂圖互注南華真經》、明刊各種郭注陸音本,及其他文獻中有關《莊子音義》資料,作綜合校勘、研究,希望不僅對恢復《莊子音義》之北宋本舊貌有所幫助,更對自景德校勘本至南宋紹興刊本這一百多年間之《經典釋文》流傳狀況提供些許綫索。

二〇〇二年八月一日至二十二日草

---

① 書見《正統道藏》聽字號。該書雖云"直音",而大多仍標反切。經比勘,其直音與反切有相當一部分與陸德明《莊子音義》同。

王國維東西土文字異同理論之創立與影響

一、引 言

　　辛亥革命後一月,王國維隨羅振玉東渡日本,寄居京都,與日人藤田豐八、內藤湖南、狩野直喜等學者朝夕與共,商討學問,學術路嚮爲之一變。狩野直喜在追憶懷念他時曾説:"我覺得他來京都以後,學問有了一些變化。也就是説,他似乎重新開始研究經學,並提出了新的見解。可能他想改革中國經學研究。"①靜安之學術轉向,最直接的影響當然來自羅雪堂。當其專力於古文辭、西洋哲學、宋元戲曲之時,雪堂曾以戴震、程瑤田、汪中、段玉裁及高郵二王著作相贈,其時尚未遑專攻。一九一二年在日本,雪堂勸其"專研國學,而先於小學訓詁植其基"。兩人相與論學術得失,雪堂謂"尼山之學在信古,今人則信今而疑古,國朝學者疑古文《尚書》,疑《尚書孔注》,疑《家語》,所疑固未嘗不當,及大名崔氏著《考信録》,則多疑所不必疑矣。至於晚近,變本加厲,至謂諸經皆出僞造……方今世論益歧,三千年之教澤不絶如綫,非矯枉不能反經。士生今日,萬事無可爲,欲拯此横流,舍反經信古末由也。公年方壯,予亦未至衰暮,守先待後,期與子共勉之"。②靜安聞而悚然,遂毁䄂少作,盡棄所學,③於是寢饋於戴、程、汪、段及

---

① 狩野直喜《回憶王靜安君》(《藝文》,1929 年第 8 號),《王國維全集》第二十卷,浙江教育出版社、廣東教育出版社 2009 年版,第 372 頁。
② 羅振玉《丁戊稿·海寧王忠愨公傳》,《王國維全集》第二十卷,第 228—229 頁。
③ 王國維《丙辰日記》自云:"自辛亥十月僑居京都,至是已五度歲,實計在京都已四歲(轉下頁注)

二王之書。狩野曾說靜安當時"細緻地重讀《十三經注疏》,雖未通讀二十四史,但至少精讀了前、後《漢書》《三國志》等"。趙萬里則說他圈點《三禮義疏》,時作疏記;又圈讀段注《說文》。雪堂又出大雲書庫藏書五十萬卷,古器物銘識拓本數千通,供其搜討,致靜安之學由此一變,所作亦迥異曩昔。靜安在京都有雪堂及日本學人切磋,多見古器物及卷子,故除《明堂寢廟考》《秦郡考》《漢郡考》等而外,亦間作《唐寫本春秋後語背記跋》《唐寫本兔園策府殘卷跋》《齊魯封泥集存序》等,更值得揭櫫的是,名作《簡牘檢署考》即寫成於此時。翌年,以對簡制之熟稔而考證木簡,與雪堂合著《流沙墜簡》一書;繼撰《宋代金文著錄表》《國朝金文著錄表》,並協助雪堂校寫《歷代符牌圖錄》《蒿里遺珍》等。一九一五年三月,靜安回海寧掃墓,道經滬上,適雪堂亦在上海,介紹靜安拜識嘉興沈曾植。靜安與沈寐叟相談歡洽,遂訂忘年之交。乙盦博學,乃授靜安音韻之學,使其有《爾雅草木蟲魚鳥獸釋例》之作。總而言之,在東瀛五年,靜安不僅興趣轉移,學問改轍,更主要的是使其在經史、小學方面有了堅實之基礎,為日後在上海作出創造性成就鋪平了道路。

縱觀靜安一生,真正在國學上作出成就、蜚聲學界的,是日本歸來,應英籍猶太人哈同之聘,在上海廣倉學宭任《學術叢編》編輯時期,亦即一九一六年二月至一九二三年五月前後七年之光景。當年上海雖非舊學中心,然因其經濟發達、交通便利,為南北、中外學人往來途經、暫住之地,學術信息頗為靈通;且有《學術叢編》為發表之園地,便於交流;更有沈曾植、張爾田、孫德謙、蔣汝藻等學人、藏書家之日相切劘,成就了靜安學術的第一次高峰,茲就其影響中國一個世紀的戰國東西土文字異同理論作一番探討。

二、戰國東西土文字異同理論之創立

(一)王國維創立東西土文字異同理論之背景

(接上頁注)餘。此四年中生活,在一生中最為簡單,惟學問則變化滋甚。"《王國維全集》第十五卷,第911頁。

追溯静安創立東西土文字異同理論之起因，有多方面因素。首先應歸結到晚清金石學之興盛和甲骨文之發現。自阮元著《積古齋鍾鼎彝器款識》後，吳榮光、徐同柏、吳式芬、陳寶琛、劉心源、吳云、陳介祺、方濬益、孫詒讓等皆有續作。其次，由鍾鼎文字轉而爲《説文》古籀文之研究，則出現吳大澂之《説文古籀補》。甲骨文被發現後，一時學者如孫詒讓、羅振玉等多結合《説文》予以考釋、研究，致使甲骨文與金文字形研究成爲時尚，許多《説文》學者無不受到時風感染。再次，道咸同光以還，學者熱衷於璽印、封泥、陶文、泉布之搜集與刊印，使得各種文字易於比勘互證。以上所涉及之各種書籍，羅振玉藏書中幾乎應有盡有，静安在日時爲之編目，應皆有所瀏覽。然最直接影響和導致静安創立此一理論者，是羅振玉的卜辭研究和段玉裁之《説文注》一書。

　　一九一〇年雪堂完成《殷商貞卜文字考》一書。其在《正名第二》一章中，因甲骨文字之重現於世，遂對籀文、古文、篆文有一個新的認識。古來論籀、古、篆文之異同者，以《説文》爲嚆矢，而能揭示許慎處置篆文、籀文、古文三者之用心者，首推清代之段玉裁。段玉裁注《説文叙》"今叙篆文，合以古籀"云：

　　　　許重復古，而其體例不先古文、籀文者，欲人由近古以攷古也。小篆因古籀而不變者多，故先篆文，正所以説古籀也……其有小篆已改古籀、古籀異於小篆者，則以古籀駙小篆之後，曰"古文作某"、"籀文作某"，此全書之通例也。其變例則先古籀、後小篆，如一篇"二"下云："古文上。""丅"下云："篆文二。"先古文而後篆文者，以旁、帝字從二，必立二部，使其屬有所從。凡全書有先古籀後小篆者，皆由部首之故也。

又注"皆取史籀大篆或頗省改"云：

　　　　言史籀大篆，則古文在其中。大篆既或改古文，小篆復或改古文、大篆。"或"之云者，不盡省改也。不改者多，則許所列小篆固皆古文、大篆。其不云"古文作某"、"籀文作某"者，古、籀同小篆也。其既出小篆，又云"古文作某"、"籀文作某"者，則所謂"或頗省改"者也。①

許慎提出三個概念：古文、籀文、篆文，而謂篆文是取史籀大篆予以省改之體。段氏演述其演變省改途經是：古文——省改爲史籀大篆——省改爲小篆。凡許書列小篆而無古文、大篆者，則小篆與古文、大篆同體，所謂"不改者多"。段玉裁對《説文》體例與古、籀之詮釋，雪堂譽爲"精思卓識，發前人所未發"。但他對段氏駁斥《漢書・藝文志》"孟康注《史籀》所作十五篇，古文書也"語云"此古文二字當易爲大篆，大篆與倉頡古文或異，見於許書十四篇中者備矣"，以及"篆"下注云"因李斯所作曰篆書，而謂《史籀》所作爲大篆，既又謂篆書曰小篆"等説法有所不滿，以爲是"斤斤於古與籀之分"；又以段玉裁謂"史籀作大篆"是"不知大篆乃述古文，非史籀所剏，此千慮之一失也"。雪堂之所以如此評述，蓋係比較殷商文字和《説文》之籀、古、篆文後所持之主見。雪堂云：

> 蓋宋以來小學家皆以大篆爲史籀作，自爲一體。段氏知籀文與古文或異而不異者多，其識卓矣，而尚未知許書所載之籀文所謂與古文或異者，乃就當世僅存之《史籀》九篇以校壁中古文而異耳，非古、籀實有異同也。今試以許書所載之籀與古或異之字，證以刻辭文字，往往古、籀本合。②

雪堂舉四、匚、登、系、妣、子六字之籀文，以與甲骨文比較，指出甲骨文已有與籀文相近似之字形，故云：

> 凡是之類，由於許君當小學不修之時，抱殘守闕，就其聞見所及而成書，本未可期其精博無遺憾也。予意史籀所箸大篆十五篇，殆亦猶《倉頡》《爰歷》《凡將》《急就》等篇，取當世用字，編纂章句，以使誦習而已，故許君序中古文、大篆錯舉。許君蓋知大篆即古文，而復箸其異於古文者，猶篆文之下並載或體。其曰"籀文作某"，猶云"史篇作某"。

---

① 段玉裁著、許維賢點校《説文解字注》，鳳凰出版社 2007 年版，第 1321 頁上、第 1312 頁下。
② 羅振玉《殷商貞卜文字考・正名第二》，玉簡齋 1910 年石印本，第六葉。

第以明其與所見壁中書不同而已。古語簡質，後人遂致誤會。孟康謂史籀所作十五篇爲古文，其言至明確，不可易也。或謂洵如是，則《史篇》之文何以與壁中書或異？寧非古、籀或有異同乎！曰：此非籀與古之異，乃古文自異也。古文行用之期甚久，許君所云"孳乳而寖多"，又云"五帝三皇之世，改易殊體"，此古文不能無異同之證也。今得卜辭，乃益得證成此説，豈非當世小學家所當同聲稱快者與？①

雪堂用既見之甲骨文來印合《説文》，解釋文字之異同與發展，固已控御了文字發展之制高點。但體味其所理解，在承認許慎將古文、大篆錯舉，視爲同一文字系統之前提下，認識到許慎所云大篆與古文之異者，祇是"明其與所見壁中書不同而已"，所以謂孟康之説明確無誤。其對籀文與古文之相異，認爲"非籀與古之異，乃古文自異"，是古文行用年久，孳乳漸多所造成。所以如此認識，是因爲出土之甲骨文字與籀文有許多相同之處。如果將之上升到理論，即是文字源頭是同，行用既久，孳乳漸多，於是產生差異。此種思想，在甲骨文研究初期識字尚少階段是很自然的。然而，甲骨文與籀文有相似相同之字，是否兩者無異？如有差異，其相異之處與時代關係如何解釋？更重要的是，段懋堂和羅雪堂對"古文"之概念都有含混不清之處，即既指殷周古文，亦指壁中古文。凡此皆留有研究空間。

　　静安在晚清時曾翻譯英人耶方斯（Jevons，1835—1882）《邏輯的基礎教程：演繹與歸納》（譯成題名《辨學》），②故於名詞、命題、演繹與歸納及分析與綜合之方法論極爲熟稔。在日受日本學人和雪堂之影響，改變學術路嚮，於一九一三年研讀《段注説文》。據趙譜云：一九一三年，"先生讀《三禮》時，又圈讀段茂堂《説文解字注》一過。自二月二十七日起，至三月十二日畢第三篇。時因作《明堂寢廟通考》，中斷四十餘日。四月二十六日起至五月下旬，又畢第七卷及第十五卷。七卷以下，瀏覽一過，不復圈校，蓋當時又治他業故也"。③静安細讀前七卷及第十五卷，前七卷已大致反映許書全貌，第十五卷是《説文叙》，乃許書之要領。段玉裁注《叙》，是在深切體察

---

① 羅振玉《殷商貞卜文字考·正名第二》，第六至七葉。
② ［英］耶方斯著、王國維譯《辨學》，《王國維全集》第十九卷，第1—255頁。
③ 趙萬里《王静安先生年譜》，《王國維全集》第二十卷，第427頁。

全書之基礎上，結合自己深厚的經學涵養，對先秦兩漢之文字演變有深刻的認識和揭示。静安之所以精讀此卷，與雪堂在《貞卜文字考》中對許文段說之持見有直接關係。從一九一六年九月所作《説文今叙篆文合以古籀說》一文中將段說譽爲"千古卓識"，謂爲"二千年來治《説文》者，未有能言之明白暢曉如是者也"。① 由許書之體例和段氏之解釋，"小篆因古籀而不變者多"之意識已深深印入静安腦海中；而段氏對許書的發凡、梳理和總結，對静安亦有深刻影響：此皆静安日後創立東西土文字異同理論之原動力。段玉裁總結許書謂"小篆因古、籀而不變者多"，但畢竟還有變化與差異；羅雪堂謂"史籀、大篆即古文，非別有剏改"，②雖文字相承非新創，亦終有變異與改易。此中關涉時間、地域者頗大，如何從時代、地域上去進一步把握、離析籀文、篆文、古文之關係，成爲静安在日時不斷思考之問題。

一九一五年，雪堂著《殷虚書契考釋》成，静安爲手書一過付之石印。《考釋·文字第五》從數字一二三到天干地支、天文地理、六畜、蟲魚等依次考釋，其可與《説文》對照者，多引據《説文》以分析論證。羅氏在此章結束時云：

> 由文字之可識者觀之，其與許書篆文合者十三四，且有合於許書之或體者焉，有合於今隸者焉。顧與許書所出之古、籀，則不合者十八九，其僅合者，又與籀文合多而與古文合者寡。以是知大篆者，蓋因商周文字之舊；小篆者，又因大篆之舊。非大篆剏於史籀，小篆剏於相斯也。史籀弟述古文爲《史篇》而已。《史篇》者，小學諸書之祖，有因而無創者也。相斯同文字者，亦弟罷不與秦文合者而已。至秦，數百年所承用商周二代之文字，未聞有所廢置也。斯說也，金壇段氏、嘉定錢氏固嘗言其略矣。③

---

① 見王國維《説文今叙篆文合以古籀說》一文，《觀堂集林》卷七，《王國維全集》第八卷，第 205—206 頁。
② 羅振玉《殷商貞卜文字考·正名第二》，第五至六葉 B。
③ 羅振玉《殷虚書契考釋》卷上，一九一五年王國維手書永慕園石印本，第七十三葉。按，一九二七年《考釋》增訂本此段文字下有"今得卜辭，乃益徵信許書所出之古文僅據壁中書，所出之籀文乃據《史籀篇》，一爲晚周文字，一爲亡佚過半之書，其不能悉合於商周文字之舊，固其宜也"（《增訂殷虚書契考釋》，第七十九葉 A）云云一段，似若羅振玉已清楚《説文》古籀之來源，其實一九一五年初印本無此文字。增訂本石印在一九二七年，此時距静安研究、發表戰國文字理論已十一年，此段文字當係撮取静安觀點而附加，有學者引此文字，讓人誤認爲静安是受此啓發（轉下頁注）

《考釋》與《殷商貞卜文字考》前後相隔五年,然對甲骨文與《説文》籒文、古文之關係已有所改觀。《文字考》云"以許書所載之籒與古或異之字,證以刻辭文字,往往古、籒本合",至於古、籒之異同,是"非籒與古之異,乃古文自異也"。及至大量考釋殷墟甲骨文以後,乃知甲骨文"與許書篆文合者十三四","與許書所出之古、籒,則不合者十八九,其僅合者,又與籒文合者多而與古文合者寡"。析其字形雖有異同離合,觀其變化則仍是:商周文字——大篆(古籒)——小篆,"非大篆刱於史籒,小篆刱於相斯也",《考釋》用新出土之文字材料再次證明段玉裁所闡述之文字發展觀。静安在日本爲雪堂書寫《考釋》,對其中具體文字之考證和最後之總結自然印象深刻。少數出土甲骨文與籒文、古文相合之文字中爲什麽與籒文合者多而與古文合者少?其中是否還有進一步申論之餘地?這些問題可能都曾困擾著静安,促其深思。

(二)王國維對籒文之研究——東西土文字異同理論形成期

殷商甲骨文已重見天日,流傳至今與西土秦國有關涉者僅有少量的石鼓文和《説文》所載籒文。石鼓文年代雖未能確定,其爲秦地所用則無疑義。將出土甲骨文與石鼓文、籒文放在一條直綫上觀其發展演變,爲雪堂《考釋》所未及。一九一六年前後,雪堂考釋石鼓文,與静安往復商討,[①]時當静安乘船回滬途中,在船上與雪堂作書討論石鼓文字形和《説文》兩聲字問題,[②]石鼓文之討論,静安雖是圍繞雪堂考釋而發表見解,然於其思考文字之演變軌迹,却有不可忽視之作用。静安對《史籒篇》之關注,或即緣於雪堂對《石鼓文》之考釋。静安甫至滬上,一方面與哈同、姬佛陀等商議《學術叢編》事宜,自己則已開始撰著《史籒篇疏證》。《疏證》之作,雖説是針對孫詒讓《古籒拾遺》和吳大澂《説文古籒補》二書偏於器物文字,不以《説文》

(接上頁注)而研究《説文》古籒文,非所宜也。
① 羅振玉《石鼓文考釋跋》云,光緒辛巳夏,在杭州得觀阮文達所橅天一閣本石鼓本,之後從事石鼓拓本之搜集,欲折衷諸家之説,斠理成一定本,至丙辰(1916)七月而成。是則丙辰年初,正在從事校釋,故與静安往復商討也。
② 參見王國維一九一六年二月七日、二月十二日致羅振玉函,《王國維全集》第十五卷,第90、94頁。

爲主,因取《説文》中古籀遺字二百二十三文,用殷墟文字和鍾鼎字形疏通證明之。然若追溯其思想淵源,實緣於段玉裁《説文注》和羅振玉《考釋》對古、籀、篆認識及石鼓文考釋之啓發。至於吴大澂謂"許氏以壁中書爲古文,疑皆周末七國時所作。'言語異聲,文字異形',非復孔子六經之舊簡。雖存篆籀之跡,實多譌僞之形",①已有從時空上認識文字之思想;且吴氏援用石鼓、鍾鼎、貨幣、古鈢、陶器文字補正篆文,不僅開拓了《説文》研究之範圍,就中有國别的器物也有助於識别文字之地域性。凡此,均導致静安在字形考釋同時又思欲從時代和地域上去進一步認識、劃分文字界限。

　　許慎將當時殘存之《史籀篇》文字編入《説文》,静安則勾稽《説文》中籀文以恢復《史籀篇》之概貌。在對具體文字作比勘疏證之後,静安又撰《叙録》一篇,專論二點,一爲"史籀"是否人名? 一爲《史籀篇》産生年代。自班固謂《史籀篇》爲宣王時太史籀所作,歷二千年無異論。静安從《説文》"籀"訓"讀書"之義,籀、讀互訓爲基點,以古者讀書皆史官之事,又推測《史籀篇》首句當爲"太史籀書",而先秦之文多取首句名篇,故云"太史籀書"即太史讀書,而非宣王之太史籀。其次,從《説文》所收籀文觀之,"其體勢實上承石鼓文,下啓秦刻石,與篆文極近"。《史籀篇》文成數千,許慎所收僅二百二十餘字,而《説文》不出籀文者表明籀文、篆文相同。再與傳世戰國文字如秦大良造鞅銅量、大良造鞅戟、相邦吕不韋戟、新鄭陽陵虎符及詛楚文等文字比較,亦多相同。《説文》中籀篆與傳世秦文字所呈現的一致性使他認爲"李斯以前秦之文字謂之用篆文可也,謂之用籀文亦可也"。静安之所以得出此二條結論,亦有思想前因可溯。

　　1.關於"史籀"非人名

　　静安相信雪堂《史籀》與《倉頡》等一樣都是取當世用字之説,等視二書,復由一塊簡牘上隨意塗寫之文字觸發了他的思想。一九一四年羅、王二人在日本僑居時曾共同合著《流沙墜簡》,其《屯戍叢殘》第十九簡上有"蒼頡作"三字,當時静安考釋時僅説"諸字皆隨意塗寫者也",②然在一九一六年作《蒼頡篇殘簡跋》云:"又他簡《流沙墜簡》卷二第八簡。有'蒼頡作'

---

①　吴大澂《説文古籀補自叙》,《説文解字詁林》,中華書局1988年影印本,第一册,第390—391頁。
②　羅振玉、王國維編著《流沙墜簡》,中華書局1993年影印本,第111頁。

三字,乃漢人隨筆塗抹者。余以爲即《蒼頡篇》首句,其全句當云'蒼頡作書',實用《世本》語,故此書名《蒼頡篇》。"①此跋作於九月下旬,②正《魏石經考》完成,在作《漢魏博士考》《漢代古文考》諸篇之時。由"蒼頡作書",想到"周秦間書多以首二字名篇",③故臆測《史籀篇》亦應是以"太史籀書"開篇。"蒼頡作書"之"作"是動詞,則"太史籀書"之"籀"亦當爲動詞;"籀"適有"諷誦"之義,周代太史又多在贊禮時誦讀册書,故其認爲"籀"非人名。此文雖成於九月,聯繫《史籀篇叙録》,可見其思想在三月份已形成。

2. 關於《史籀篇》文字時代

史籀非周宣王時人,《史籀篇》文字又與戰國秦時之篆文極近,故云:"《史籀》一書,殆出宗周文勝之後,春秋、戰國之間,秦人作之以教學童,而不傳於東方諸國。"④將其年代降至戰國。二十世紀初葉,甲金文、簡牘出土有限,無法用一定數量字形來充分比較。静安受段玉裁"小篆因古籀而不變者多"之影響,在疏證《史籀篇》時亦未能援據很多西周晚期金文和六國文字字形作正反比勘,看到籀文、篆文多有相同相近,於籀文"稍涉繁複"者,遂認爲是篆文未改前之字形。《史籀》爲戰國時秦國之童蒙讀本,則與當時篆文前後相接,篆文僅是籀文之省改,舉籀文可包篆文。

静安既已省悟到篆文僅是籀文之省改,則世之所謂古、籀、篆時間上三分,即認爲"籀文變古文,篆文又變籀文"之觀點就不符合歷史。既然《史籀篇》和《倉頡篇》多是取前代文字略經省改而成,非孤鳴獨創,故他認爲"自其變者而觀之,則文字不獨因時地而異,即同時同地亦復不同。故有一篇之書而前後異文,一人之作而器、蓋殊字。自其不變者而觀之,則文字之形與勢皆以漸變。凡既有文字之國,未有能以一人之力創造一體者"。在文字因襲與漸變的時間概念下,又引進一個國别的空間概念。籀文多同於篆文,此用殷商甲骨文字申證段玉裁之説;《史籀》形式與《説文》《爾雅》不同而與《倉頡》相同,此用傳世文獻及出土木簡申證羅雪堂説。静安通過對

---

① 王國維《蒼頡篇殘簡跋》,《王國維全集》第八卷,第 166 頁。
② 静安一九一六年九月三十日致雪堂函云:"景以相告,乃鈔公《流沙墜簡》中之《倉頡篇殘簡考釋》,得三紙,並加一跋與之。"《王國維全集》第十五卷,第 207 頁。
③ 王國維《重輯蒼頡篇》,《王國維全集》第六卷,第 334 頁。
④ 王國維《史籀篇疏證叙録》,《王國維全集》第五卷,第 7 頁。

"籀"字訓解,《倉頡》首句聯想,得出史籀實無其人;通過疏證《說文》籀文,知籀文是"上承石鼓文,下啓秦刻石"之文字,時代與篆文一致。所以戰國文字不是古文、籀文、篆文三分,而應是古文與籀文、篆文之對立。據許慎《說文叙》,古文應指《尚書》《左傳》之壁中書。基於此種認識,他提出:

> 《史篇》之文字、秦之文字,即周秦間西土之文字也。至許書所出古文,即孔子壁中書,其體與籀文、篆文頗不相近,六國遺器亦然。壁中古文者,周秦間東土之文字也。①

《史籀疏證》一文完成於一九一六年三月。可以說此時他已經產生了戰國東、西土文字不同之思想,秖是未曾尋究古文之涵義,故亦未作專論。靜安對自己發現東西土文字不同之現象頗爲自足,其二月二十五日致雪堂函云:"此次作《籀篇書識》,初以爲無所發明,便擬輟筆,及昨晚將所録諸字細觀一過,覺可發見者頗多。此事唯先生知我,亦唯我知先生。然使能起程、段諸先生於九原,其能知我二人,亦當如我二人之相知也。"②爲繼續追踪東西土文字異同,他在結束《史籀篇疏證》之後,隨即展開對古文之研究。

(三)王國維對古文之研究——東西土文字異同理論實證期

秦漢之古文,有《古文尚書》《禮古經》《春秋古經》《古論語》《古孝經》及中秘寫本等,後世已蕩然無存,今存除《說文》所載外,唯《三體石經》殘石中稍存一二。一九二一年魏石經殘石出土之前,唯有洪适《隸續》中少量摹本和光緒十八年(1892)黃縣丁氏所得《尚書·君奭》殘石。靜安爲求證"古文",於《史籀篇疏證》結束後之四月二十日,即取《尚書·君奭》殘石拓本和《隸續》殘字予以研究,隨即致函雪堂云:"擬作《魏石經考》一篇,並附以圖,惟《春秋》尚有若干字不能知其在何處耳。魏石經之立,本意在補漢石經。"③本擬探究魏石經古文,而一旦展開,立即對碑式、立碑意圖、石經經數

---

① 王國維《史籀篇疏證序》,《觀堂集林》第五卷,《王國維全集》第八卷,第163頁。
② 王國維《書信日記》,《王國維全集》第十五卷,第108頁。
③ 王國維《書信日記》,《王國維全集》第十五卷,第121頁。

石數、經本及其歷史背景作一種全方位掃視。

從四月到九月,靜安著成《魏石經考》二卷八篇,上卷《漢石經經數石數考》《魏石經經數石數考》《漢魏石經經本考》《魏石經古拓本考》《魏石經經文考——一、丁氏殘石,二、〈隸續〉遺字》《魏石經篇題考》六篇,下卷《魏石經古文考》《魏石經書法考》,並附《隸續·魏石經圖》六幅。先論與古文有關的《魏石經古文考》,此篇專考魏石經古文字形。計丁氏殘石三十六字,《隸續》古文除復出和與丁氏殘石相重者得一百四十,共計一百七十一,其中重文三十二字。每字之下,參照《說文》及殷周古文、敦煌故寫本、《汗簡》和《古文四聲韻》之字形予以解說。通過詳細之疏證,靜安結論云:

> 綜而觀之,魏石經古文上多同許氏古文,下多同未改字《尚書》,蓋壁中書之支流,而爲梅賾(引按,當作"頤")之所竊取者。其於古代文字,則與殷周古文相去頗遠,而去戰國文字較近,亦與《說文》古文同,如上所較比者,固自彰彰矣。①

魏石經古文既同《說文》古文和隸古定《尚書》,則其性質指而可定。

當《魏石經考》尚在不斷修改階段,靜安已對《說文》古文和《尚書》古文進行研究。八月十日致雪堂函云:"思作《說文古文考》,以與《史籀篇疏證》相輔。"②然至十月二十二日、十一月一日、十一月七八日致羅函,皆在談論此事。其初云:"此種書不過具稿,或備檢查,一時決難善也。"但此後或因《叢編》篇幅所限,或因繕寫費事,終至未成。③ 至十二月二十日致雪堂函猶云:"明年擬作《說文古文考》,此書恐須百頁方能了之。"蓋至年底尚未寫出。然從其十一月七八日致羅函云:"《說文》古文約有五百字,未改字《尚書》古文亦數百,加以考釋,均須百頁左右也。"④可以想見其已將《說文》《尚

---

① 王國維《魏石經考·魏石經古文考》,《歷代石經研究資料輯刊》,北京圖書館出版社 2005 年影印本,第 6 冊,第 187 頁。
② 王國維一九一六年八月十日致羅振玉函,《王國維全集》第十五卷,第 180 頁。
③ 靜安十月二十二日致雪堂函云:《學術叢編》"尚缺百十葉,此中尚有《說文古文考》二卷須自撰"(《王國維全集》第十五卷,第 221 頁),十一月一日致雪堂函云:"《說文古文考》爲之不難,然寫之甚費事,且照此頁數亦嫌太略。故擬作《未改字尚書古文考》,以了此殘局,然亦須自書也。"(第 228 頁)
④ 王國維十一月七、八日致雪堂函,《王國維全集》第十五卷,第 234 頁。

書》之古文摘出,第未考釋而已。① 雖未考釋,其對二書中古文字形和魏石經古文之聯繫,以及與籀文之差異無疑已瞭然於胸。

(四)王國維對漢代文獻中"古文"之研究——東西土文字異同理論完成期

靜安在研究《魏石經》時,已對熹平石經之形制有所探討,至《魏石經考》初稿甫成,隨即因熹平所立爲今文石經,正始所立爲古文石經,故轉入《漢魏博士考》之撰寫。其九月下旬致雪堂函云:"明日寫《漢魏博士考》上卷可畢,得二十六七葉,下卷下月上旬亦可寫了。"②實則至十月月杪始寫成,③刊於《學術叢編》第八、九、十三冊。是《考》之作,緣於爲全面認識熹平、正始刊立古今文石經之政治與學術背景,逮及釐清漢魏博士之傳承後,對漢代古文經傳之流傳和古文經學家之特徵已有整體把握,故撰作《漢代古文考》諸篇文字,其言皆鑿然有據。

《漢魏博士考》寫成於十月底,一星期後,靜安致雪堂函云:"現擬作《小學小記》,以短文湊集而成,如《說漢人所用古文二字之意義》《漢世古文傳授考》《說篆》等。則長短可任意,且可排印,不需自書矣。"④在十一月出版的《學術叢編》第十一冊中刊出其《漢代古文考》三卷。後稍經改動,收入《觀堂集林》卷七。其篇目爲:《戰國時秦用籀文六國用古文説》《史記所謂古文説》《漢書所謂古文説》《説文所謂古文説》《説文今叙篆文合以古籀説》《漢時古文本諸經傳考》《漢時古文諸經有轉寫本説》《兩漢古文學家多小學家説》《科斗文字説》。今細讀所論,皆係研究《史籀篇》《魏石經》和《漢魏博士考》時分析、梳理所涉史料而產生思想之集中體現。

---

① 王國維雖未對《説文》古文作系統考釋,但却一直惦念不忘。一九二五年掌教清華研究院,學生中有余永梁者,研究題目爲"《説文》古文疏證",可見必是授意於靜安。
② 王國維一九一六年九月二十五、二十六日致羅函,《王國維全集》第十五卷,第205頁。
③ 王國維十月二十二日致羅函云:"《漢魏博士考》已寫成二卷,尚有魏一卷未鈔,共三卷,總考一卷,兩漢一卷,魏及吳、蜀一卷。本擬此月卒業,因校《家語》三日,恐不能矣。"(第222頁)至二十八日致羅函又云:"《漢魏博士考》已於上月杪寫成。"(224頁)
④ 王國維一九一六年十一月七八日致羅振玉函,《王國維全集》第十五卷,第234頁。

静安認爲:"太史公所謂'古文',皆先秦寫本舊書,其文字雖已廢不用,然在當時,尚非難識","自昭、武以後,先秦古書傳世益少,其存者往往歸於秘府,於是'古文'之名漸爲壁中書所專有",①故前漢末,"後漢之初所謂'古文'者,專指孔子壁中書"。"六藝於書籍中爲最尊,而古文於六藝中又自爲一派,於是'古文'二字,遂由書體之名而變爲學派之名"。②

　　《説文》古文,許慎在《叙言》中提及十次,静安歸結爲兩種情況,而皆指"殷周古文";至於《説文》正文下所引"古文"及重文中之"古文","當無出壁中書及《春秋左氏傳》之外者"。③静安在此篇中有一個得失參半的重要突破,前此吴大澂、羅振玉包括静安自己,承襲《説文叙》之説,對殷周古文與春秋、戰國以來書寫六經之"古文"概念往往混淆不清。《説文所謂古文説》云:許慎"所謂籀文與古文或異者,非謂史籀大篆與史籀以前之古文或異,而實謂許君所見《史籀》九篇與其所見壁中書時或不同。以其所見《史籀篇》謂周宣王時書,所見壁中古文爲殷周古文,乃許君一時之疏失也"。將許慎所説籀文與古文或異,解釋成《史籀篇》與壁中書之異同,此乃據許慎所見史料作出之判詞,符合史實。謂許君認《史籀篇》爲周宣王時書,壁中書爲殷周古文,是一時疏失,此當分疏。許君將壁中書認作殷周古文,是誤認六經爲孔子用西周以前古文所書,乃時代局限;而静安降《史籀篇》時代爲戰國,則是他一時之疏失(詳見後)。

　　《説文今叙篆文合以古籀説》是發揮、申論段玉裁之説,《漢時古文本諸經傳考》係梳理《漢志》所載及漢代經傳古文本,《漢時古文諸經有轉寫本説》即闡述其考證魏石經古文而謂其"出於壁中本,或其三寫、四寫之本"之思想;④《兩漢古文學家多小學家説》一文羅列張敞、桑欽、杜林、衛宏、徐巡、

---

① 王國維《史記所謂古文説》,《王國維全集》第八卷,第200—201頁。
② 王國維《漢書所謂古文説》,《王國維全集》第八卷,第201—202頁。
③ 王國維《説文所見古文説》,《王國維全集》第八卷,第205頁。下同。
④ 關於魏石經古文出於壁中本或其三寫、四寫本之觀點,當時學者亦有異見。如王獻唐、孫海波皆認爲出自孔子壁中本古文(王獻唐《漢魏石經殘字跋》,山東省立圖書館編,1934年;孫海波《三字石經集録》,考古學社石印本,1937年版),孫次舟認爲"並非根據當時流傳之古文寫經以摹刻者,係就當時流傳零星古字加以收集,連綴成書,而古文大半出於許氏《説文》"(《論魏三體石經古文之來源並及兩漢古文經寫本的問題》,《齊大國學季刊》1939年第一卷),邱德修、曾憲通皆謂除孔壁古文外,又有秘府所存及民間所獻之古書古文字(邱德修《魏石經初譚》,臺北學海出版社1978年版,第36頁;曾憲通《三體石經古文與説文古文合證》,《古文字研究》第七(轉下頁注)

賈逵、許慎七人傳授事迹，而謂"兩漢古文家與小學家，實有不可分之勢"，"足證其所傳經本多爲古文。至改用隸定之本，當在賈、馬、鄭以後，而非兩漢間之事實矣"。①此篇文字即得之於《漢魏博士考》之成果。《科斗文字説》即發揮其《魏石經書法考》之説，漢人所謂"古文"，至魏晉間指稱爲"科斗書"。謂"'科斗書'之名起於後漢，而大行於魏晉以後。且不獨古文謂之'科斗書'，且篆書亦蒙此名"，②以上八篇從兩漢各種角度探討"古文"涵義，實則皆爲闡述其戰國文字觀，圍繞第一篇《戰國時秦用籀文六國用古文説》所作之鋪墊。

靜安一九一三年在日研讀《説文》段注，對戀堂闡述《説文》之體例及籀、篆、古三種字體之描述極爲推崇。一九一五年手書羅著《殷虛書契考釋》，已對從甲骨文到籀、篆、古文字體之演變與文字應用之地域界限產生興趣，決心一探究竟。一九一六年年初撰著《史籀篇疏證》時，僅是"疑戰國時秦用籀文，六國用古文"，及其深入研究魏石經古文、《説文》古文、未改字《尚書》古文，以及兩漢文獻中之"古文"涵義後，便明確提出：

> 故古文、籀文者，乃戰國時東、西二土文字之異名，其源皆出於殷周古文。③

靜安所謂"古文"，即戰國之際山東六國書寫六藝之文字，因"六藝之書行於齊魯，爰及趙、魏，而罕流布於秦，其書皆以東方文字書之。漢人以其用以書六藝，謂之古文。而秦人所罷之文與所焚之書，皆此種文字。是六國文字即古文也。觀秦書八體中有大篆無古文，而孔子壁中書與《春秋左氏傳》，凡東土之書用古文，不用大篆，是可識矣"。其所謂"籀文"，即戰國時秦國所用頗經省改的《史籀篇》文字，因"秦之小篆，本出大篆。而《倉頡》三篇未出、大篆未省改以前，所謂秦文，即籀文也"，亦即所謂秦篆。此一理

（接上頁注）輯，中華書局1982年版，第273－287頁）。筆者認爲，諸家所説有中秘本與民間本字體夾雜其中固有可能，然靜安謂壁中本或其三寫、四寫本，其轉寫之際未必不夾雜中秘或民間寫本之字體，故涵義差別不大。且此中各説，在今日仍祇能停留在假設階段。

① 王國維《兩漢古文學家多小學家説》，《王國維全集》第八卷，第218頁。
② 王國維《科斗文字説》，《王國維全集》第八卷，第219頁。
③ 王國維《戰國時秦用籀文六國用古文説》，《王國維全集》第八卷，第197頁。

論,是静安受段玉裁和羅振玉文字觀之影響,在一九一六年中研究《史籀篇》和《魏石經》《説文》古文及相關文獻後自然而然得出之結論。

三、錢玄同的駁斥和王國維的反訐

康有爲《新學僞經考》刊於光緒十七年(1891),書中大肆斥責"古文",並以古文和"古文"字皆爲劉歆僞造。静安撰著籀文、古文系列論文時,是否看到過康書,無可徵實。就其所編録之《羅振玉藏書目録》中不見《新學僞經考》一書,對照静安讀書經歷,似在一九一三年前未讀此書。然雪堂在日曾對静安説"至於晚近,變本加厲,至謂諸經皆出僞造",顯指康氏《僞經考》之説。是在日雖未讀康書,亦必沃聞其説。今《史籀篇疏證》《魏石經考》《漢代古文考》諸文絶不提康説,似是純粹學術探討。及至一九二三年掀起古音學上一場大辯論和古史辨派以後,此一理論不脛而走,遂有人持康説以駁斥其文之事。

一九二三年一月,胡適翻譯的鋼和泰《音譯梵書與中國古音》一文在《國學季刊》第一卷第一號刊出,汪榮寶隨即撰《歌戈魚虞模古讀考》載於同刊第二號。錢玄同在汪文之後作一附記,云:"東漢的'古文經師'尤其愛造謡言,許慎的《説文》是一部集僞古字、僞古文、僞古禮、僞古制和僞古説之大成的書。他引孔丘的話,決不可信爲真是孔丘的話,但決可信爲真是漢儒的話。"①顧頡剛看到後,希望錢氏"有辨《説文》的文字發表"。② 錢玄同在《答顧頡剛先生書》中云:"'辨《説文》的文字',現在還不能就做,因爲我對於這方面的研究還狠淺。我現在只能將疑《説文》的理由簡單奉告:許慎是表彰'壁中古文經'底文字的。'壁經'之出於劉歆'嚮壁(即孔壁)虚造',經康有爲和崔觶甫師底證明,我認爲毫無疑義了。壁經既僞,則其文字亦僞。許慎所記篆文,所釋形體,大都與甲文、金文不合,而《説文》中所謂'古文',尤與甲文金文不合。依我底研究,甲文最古,金文次之,石鼓文及大篆又次

---

① 錢玄同《跋汪榮寶〈歌戈魚虞模古讀考〉》,《錢玄同文集》第四卷,中國人民大學出版社 1999 年版,第 45—46 頁。
② 顧頡剛《與錢玄同先生論古史書》附啓,《古史辨》第一册,上海古籍出版社 1981 年版,第 66 頁。

之(石鼓文爲秦文,從馬叔平説,大篆爲秦文,從王静安説),秦之金石刻及小篆又次之……至於《説文》中所謂'古文'所謂'奇字'乃是劉歆輩依仿傳誤的小篆而僞造的,所以説是'僞古字'。"①錢氏"大篆從王静安説",足證已研習過静安刊發在《學術叢編》上有關文字。其云"《説文》中所謂'古文',尤與甲文金文不合",明顯承襲静安"《〈説文〉所謂古文説》""《説文》古文又自成一系,與殷周古文截然有别"而來;而所以將"古文"排斥在漢字演變系列之外,指爲漢儒僞造,主要是輕信康有爲、崔適之説,而將静安所持不同地域産生變異的六國古文説法輕輕抹去,斥爲漢儒僞造,許慎集録。

　　錢氏致顧函自云"十二年前看了康有爲底《僞經考》和崔觶甫底《史記探源》,知道所謂'古文經'是劉歆這班人僞造的"。② 但一九一一年錢氏作《説文部首今語解》,屢屢提到"古文",並未説其爲劉歆僞造;即至一九一九年在《北京大學月刊》發表《中國字形變遷新論》,分述十體,於"古文"下既未引述静安之説,亦未涉及《説文》集録僞造字體問題。③ 此是否可以説錢氏一九一一年讀康、崔著作之後,至一九一九年未讀静安著作之前,並無前引之過激言論。"古文"爲劉歆僞造,很可能是顧頡剛掀起古史辨之後激發出來的思想。一九二六年初,静安已到北平,《觀堂集林》也已風行學界。錢玄同在《北京大學國學門週刊》上發表《論〈説文〉及壁中古文經書》,已明引《集林》文字。在此文中,錢氏對静安理論與見解有贊同亦有指斥。如《説文叙》云"今叙篆文合以古籀",段玉裁有精闢解釋,静安又加推闡,以爲"《説文解字》實合古文、籀文、篆文爲一書",又以爲《説文》古文與殷周古文截然有别。錢氏引述此兩段後云:"王氏説《説文》中之古文無出壁中書及《春秋左氏傳》以外者,我從各方面研究,知道這話極對。要問這種古文是否真古文,先要問壁中書等是否真物。"他還是堅信:"壁中書一案,經康、崔兩君之發覆,僞證昭昭,無可抵賴。""商代的甲骨文能合於秦漢的小篆跟隸書,反不能合於《説文》所録出於壁中書之古文,則壁中書之古文之爲後人僞造,非真古字,即此已足證明。"對於静安所謂"戰國時秦用籀文六國用古文"之説,他駁斥曰:

---

① 錢玄同《答顧頡剛先生書》,《古史辨》第一册,第81頁。
② 錢玄同《答顧頡剛先生書》,《古史辨》第一册,第69頁。
③ 錢玄同所著二文皆收入《錢玄同文集》第四卷,可參閱。

秦之同一文字,是用專制的手腕,所以要"罷其不與秦文合者"罷了。秦所要"罷"的係專指形式"不與秦文合者"而言,大不合的固然要罷,小不合的也是要罷,因爲目的在於使文字統一。六國的文字究竟比秦文差了多少,這個我們固然不能臆斷,但就現存的鐘鼎看來(連秦國的),則可以說這樣幾句籠統話:要說異,似乎各國文字彼此都有些小異,要說同,也可以說是彼此大體都相同……若區爲"東土""西土"兩種文字,則進退失據之論也。

錢氏所謂"大同小異",均無實例,是籠統之言。歸根到底,還是信從康、崔之說,要將"古文"判爲劉歆僞造。故他總結說:

總而言之,羅王兩氏都是精研甲骨、鐘鼎文字的,他們看到《說文》中的古文與甲骨鐘鼎文字差得太遠,知道它不古,這是他們的卓識,但總因爲不敢懷疑於壁中書之爲僞物,於是如此這般的曲爲解釋,或目它爲"列國詭更正文之文字",或目它爲"晚周文字",或目它爲"東土文字",其實皆無稽之談也。[1]

錢氏雖對靜安觀點有肯定,但更多的是受康氏劉歆僞造古文經說之影響,否定靜安"古文"爲東土文字之說。錢氏發表在《週刊》上的文章,靜安並未注意。至六月《古史辨》第一册出版,靜安讀到錢文,似未立即回應。及容庚編《文字學講義》,謂"齊魯之彝器文與秦固無大異;古文之異於秦者,並異於齊魯,不能謂爲東土文字如是也",並舉六國彝器中之"陳""𣪘""許""鄦"等字形獻疑於靜安,靜安乃覆函云:"此段議論,前見《古史辨》中錢君玄同致顧頡剛書實如此說。然鄙意謂秦用籀文、六國用古文,乃指戰國時說;錢君據春秋時東方諸國文字以駁鄙說,似未合論旨。"在此函中,靜安對自己戰國時秦用籀文、六國用古文之觀點復加申辯:

至對許書古文,弟亦有一種意見。許書古文出壁中書,乃六國末文字,自不能與殷周古文合,其誤謬無理亦如後世隸楷,乃自然演變之

---

[1] 以上兩段文字見錢玄同《論〈說文〉及壁中古文經書》,《古史辨》第一册,第241—242頁。

结果。而正误与真伪,自係兩事……今人勇於疑古,與昔人之勇於信古,其不合論理正復相同,此弟所不敢贊同者也。

弟之文字須待改正之處甚多,至秦用籀文、六國用古文之説,雖不敢自謂確實,然不失爲解釋六國時各種材料之一方法。錢君及兄所言,似未注意於戰國時代多量之事實,且於文字演變之迹亦未嘗注意也。①

静安雖重申自己之主意,畢竟私函不如公開發表的文章,不能産生影響,故欲撰文辯駁,並請專治璽印的羅福頤代爲搜集材料。其致羅函云:

近有人作一種議論,謂許書古文爲漢人僞造,更進而斷孔壁書爲僞造,容希白亦宗此説。擬爲一文以正之。兄所集古鉨文字,其中與《説文》古文同者,如"恒"字之類當必不少,祈錄示,並請下注"見○○印",見示爲叩。②

自七月以後,静安一直在思考與搜集資料,並撰《新莽嘉量跋》一文。九月下旬,長子潛明卒於上海寓所,静安赴滬料理。在滬上與徐安相識,徐以所撰古鉨印譜求序,静安遂有借此序闡發自己觀點之想。十月二十三日致蔣穀孫函云:"序文大致已就,尚未寫出,因弟本欲作一文,論六國鉨印、貨幣、兵器、陶器並當時通行文字,與《説文》之古文一家眷屬。乃欲借此序以發之也。"③十一月二日致蔣函云:"印譜序已草就,兹將油印本寄上。"而正式寄出已在十一月二十四日。④ 序文首先從《説文》所説秦之八體入手,區分刻符、摹印、署書、殳書是言其用,大、小篆及蟲書、隸書是言其體。而後即申述己意,先重申六國文字與秦系文字之異同云:

---

① 王國維《致容庚》,《王國維全集》第十五卷,第885、886頁。
② 王國維《致羅福頤》,《王國維全集》第十五卷,第899頁。按,此函之作年,編者有考證,但此小差月日並不影響本文之論證。
③ 王國維《致蔣穀孫》,《王國維全集》第十五卷,第791頁。
④ 王國維《致蔣穀孫》,《王國維全集》第十五卷,第792、793頁。按,二十四日函云:壽序"與印譜序同挂號寄上"。序文後爲趙萬里編入《觀堂集林》卷六。

近世所出,如六國兵器,數幾踰百,其餘若貨幣、若璽印、若陶器,其數乃以千計。而魏石經及《說文解字》所出之壁中古文,亦爲當時齊、魯間書,此數種文字,皆自相似,然並譌別簡率,上不合殷周古文,下不合小篆,不能以六書求之。而同時秦之文字則頗與之異。傳世秦器作於此時者,若大良造鞅銅量,秦孝公十八年作。若大良造鞅戟,若新郪虎符,秦昭王五十四年以後所作。若相邦呂不韋戈,秦始皇五年作。石刻若詛楚文,宋王厚之考爲秦惠王後十二年作。皆秦未并天下時所作。其文字之什九與篆文同,其什一與籀文同,其去殷周古文,較之六國文字爲近。

六國兵器、貨幣、璽印、魏石經及《說文》古文,年代多可徵,其舉秦之戟戈、銅量、虎符等,多明標年代,以示信實。所說"什九"、"什一",正證明靜安在此數月中蒐求秦系戟戈、銅量等文字與籀、篆及六國文字進行過比較。對錢玄同之指責,他針鋒相對地說:

世人見六國文字上與殷周古文,中與秦文,下與小篆不合,遂疑近世所出兵器、陶器、璽印、貨幣諸文字並自爲一體,與六國通行文字不同;又疑魏石經、《說文》所出之壁中古文爲漢人僞作,此則惑之甚者也。

靜安提出,兵器等是當時通行之器,壁中書是儒家通行之書,"通行之器與通行之書,固當以通行文字書之"。徵之秦之刻符、摹印、殳書亦皆用通行文字書之,"何獨於六國而疑之"? 於是再次重申,六國文字:

上不合殷周古文,下不合秦篆者,時不同也;中不合秦文者,地不同也。

至於那些不能以六書求之的奇異字形,"謂其書體之訛別也可,謂其非當時通行文字則不可;若謂之爲僞,則尤不可也"。以下他列舉壁中古文與六國璽印、陶文、鼎銘等文字相同者若弗、朝、游、迷、上、下、信、率、陳、公、秦、宰等三十餘字,又舉其大同小異者若中、君、後、共、革、丹十餘字爲證,總結說:

以上所舉諸例，類不合於殷周古文及小篆，而與六國遺器文字則血脉相通。漢人傳寫之文與今日出土之器斠若剖符之復合，謂非當日通行此種文字，其誰信之？①

静安此文一刊布，師友門弟子及持異見者皆奉讀有感。容庚在紀念静安文章中，將前曾與静安討論而未寄出的書信略加修正，歸結爲三條：

　　（一）戰國時東西土文字之異同。"文字之變遷，漸而非頓"。戰國以前，各國文字相差不遠，若謂戰國以後，急劇分化，與事實不符。

　　（二）兵器、陶器、璽印、貨幣四種文字是否爲一家眷屬，因出土器物尚不足以證，祇能以待他日。

　　（三）《説文》古文與魏三字石經古文之真僞。魏三字石經古文和《説文》古文同出壁中書，然魏石經經本仍用伏生今文二十九篇而非孔壁古文五十七篇本，則其爲當時掇拾周末譌變之體假託爲之無疑。②

　　容庚謂此一問題是實證性問題，非常到位。然體味其三條意見，文字是漸變而非頓變，固是事實，但静安所分析的，也是在同源性上之差異；陶器、璽印等是否一家眷屬，尚待更多資料來實證，完全正確；然其謂魏石經不用孔壁五十七篇而指爲掇拾譌體假託，則是昧於漢代《古文尚書》傳授之源流。

　　錢玄同讀到静安《印譜序》以後，雖仍立足於劉歆僞造古文經之基點上，然對静安之考證則甚爲推服。他在《重論經今古文學問題》中云："劉歆寫古文經所用的'古文'，王氏曾考明其來源，極爲精確。"在引述《印譜序》中三段重要文字之後，他總結出三條：

　　（一）壁中古文經的文字，與殷周秦的文字都不相合。

　　（二）這種文字，與六國的兵器、陶器、璽印、貨幣四種文字爲一系。

　　（三）這種文字的字體譌別簡率，不能以六書求之。③

　　錢氏雖然改變自己觀點，同意静安之説，却仍引之作爲證實劉歆僞造

---

① 以上數段皆見王國維《桐鄉徐氏印譜序》，《王國維遺書》第一册，上海書店1983年影印本，第十八葉B至二十一葉B。新版《王國維全集》第八卷《觀堂集林》未收。
② 容庚《王國維先生考古學上之貢獻》，《燕京學報》第二期，第338—340頁。
③ 錢玄同《重論經今古文學問題》，《錢玄同文集》第四卷，第204—205頁。

古文經的論據。以爲"根據這三件事實，更可證實'孔子用古文寫《六經》'之說之確爲僞造，足爲康氏考辨僞經加一重要證據"。是則康有爲僅知劉歆僞造六經，而不能知其所用文字之來源。"王氏最精於古代文字，以其研究所得證明壁中古文爲用六國時譌別簡率之字體所寫，適足以補康氏之闕"。但他還是批評"王氏識雖甚高，膽實太小，他是決不敢'疑古'、'惑經'的"，從而爲他感到"可惜"。錢氏又以靜安之考證爲基點，申論康有爲觀點，以爲劉歆掇拾六國陶器、璽印、貨幣、兵器文字書寫六經，肯定不够用，必定拼合許多偏旁，造作許多假古字，加上《説文》中許多篆字，才勉强寫成。錢氏所論，臆想成分較多，其所論已在今古文經學範圍内，且亦已在靜安逝世四年以後，①兹姑置而不展開。

在此還須提及者是吕思勉對靜安觀點之批評。一九二六年二月，上海商務印書館出版《國學小叢書》，中有吕思勉《中國文字變遷考》一書。② 其中有《論古文籀篆》一章，對靜安《漢代古文考》中諸多觀點進行批駁評説。

吕氏對靜安觀點之不認同，首先來自他不相信許慎所説七國之時，"諸侯力政，不統於王。惡禮樂之害己，而皆去其典籍"，會導致"言語異聲，文字異形"之勢態。因爲"言語、文字，則我以是喻諸人，人亦以是喻諸我；我以是喻人，固求人之能共喻；人以是喻諸我，我亦惟求其易喻"。言語文字既爲社會公器，則其成其燬，各有其故，"既非一手一足之烈所能創制，亦非一二人之力所能變更"。他認爲："當時文字之紛繁，實因文明日啓，用字日多；舊有之字，不給於用，不得不别造新字；而新造之字，則彼此各不相謀之故。初非因諸侯有意立異，舍舊謀新也……其逐漸變遷暌隔，不過聲讀之異，及新造之字彼此不同。"至李斯"罷六國不與秦合者，不過廢六國新造之字耳。若夫前此之字，爲秦與六國所同承用者，必無廢之之理。大篆與古文，既不過'或異'；小篆於大篆，又不過'或頗改省'……數種文字，仍係一種文字。秦人所用文字與六藝等文字，仍係一貫相承。"③此係立足於漢語文字一元論，即有差異，亦是同中之異。其次，吕氏信從康有爲之説，謂漢代古文經爲"通知古字之人所造"；孔壁得書一事，亦子虚烏有。進而謂古

---

① 錢玄同《重論經今古文學問題》一文作於一九三一年十一月十六日。
② 吕思勉著《中國文字變遷考·論古文籀篆》，《國學小叢書》本，商務印書館1926年版。按1985年由上海教育出版社出版《文字學四種》，其文字略有增删改易。
③ 吕思勉《中國文字變遷考》，《文字學四種》，上海教育出版社1985年版，第84—87頁。

文"特以其作法或與時俗不同而名之",故"可知古文即在籀、篆之中。以之與籀、篆分立爲三體,實爲後來之事"。以此眼光來審視静安之説,則認識與結論皆不同矣。

静安東西土文字異同説之關鍵語云:"六藝之書行於齊魯,爰及趙魏,而罕流布於秦,其書皆以東方文字書之";而《史籀篇》則"秦人作之以教學童,而不行於東方諸國"。吕氏謂若此二語確有事實,則可謂東西土文字有異,而事實則頗不然,故駁斥云:

> 所謂六藝之書,以東方文字書之者,乃即藉漢人"孔子書六經,左丘明述《春秋》"之説爲證;"行於齊魯,爰及趙魏,而罕流布於秦",則更無確據,安足取信?秦焚《詩》《書》,以非博士官所職爲限;此博士官所職,一切得自六國,而秦固無有邪?吕不韋集知略之士以造《春秋》,其中儒家言實最多。如王氏説,《二戴記》亦古文,而吕氏《十二紀》即大同《戴記月令》,然則不韋之書,秦亦無人能讀邪?籀文不傳東方諸國,其根據當在"齊魯間文字,作法、體勢與之殊異"一語。此語之根據,又當在"許書所出古文,與籀文、篆文頗不相近,六國遺器亦然"一語。然古器傳於今者甚少,其中且有偽物;字迹輾轉相放,古字之可考者,亦極有限耳。執此有限之字,遂定當日文字東西不同,亦未免早計也。王氏既謂六國文字與篆、籀不近,又謂《説文》正字中亦有古文;然則此古文即六國文字之在《説文》正字中者,作法、體勢,何以又與籀、篆相近乎?①

吕思勉撇開具體字形,用史學家眼光,分析静安論點與史實相左及前後矛盾處,予以批駁評説,雖不免與静安所要表述之文字異形主旨有所交叉錯位,然確實將先秦文字之發展及其在歷史中之作用表述得極爲明白。吕氏同時指出,静安謂"漢初古文、籀文之書未嘗絶",又謂"六國文字之存於古籍者,已焚燒劃滅",前後自相矛盾。對静安之《漢時古文本諸經傳考》《漢時古文諸經有轉寫本説》《兩漢古文學家多小學家説》《科斗文字説》諸説,吕氏皆有評述,所持亦不無異同。

---

① 吕思勉《中國文字變遷考》,《文字學四種》,第106頁。

吕思勉著此書時，静安已到北平，《集林》亦已出版。吕氏著書批評是否仍據静安刊在滬上的《學術叢編》本，今不可考。静安在北方，是否看到上海出版的吕書，亦無可徵。據静安與羅福頤和容庚之書函，祇言錢，未及吕；從《印譜序》但反訐東西土文字異同而不及漢代古文寫本及科斗文字等問題，似乎並未看到這本小書。一年以後，静安自沉，這本在其生前出版完全可以由他自己來申述論辯的書，便祇能留待後人評述。

四、王國維東西土文字異同理論之影響和修正

東西土文字異同理論係静安對籀文和古文作傳世與出土文字字形合證、研究後所得，經錢玄同、容庚、吕思勉之指責商榷，在出土文字日益增多的二十世紀，已經成爲一種無人不知的文字學理論，影響之大，前所未有；然隨著戰國文字研究之循序深入，對此理論以及支撐此理論之正反論點也不斷有所修正。兹擇取圍繞静安之説而考證精善或影響較大之論著分别簡述於下，以示其影響和學術之發展。

(一)《史籀篇》書名、人名、文字與時代問題

上世紀二十年代（下文省略"上世紀"，徑稱其年代），沈兼士在北大授課，著有一部未完之《文字形義學》，在"《史籀》十五篇"下大段引述静安新説而云："王氏之説，不但否認史籀爲作此書之人，並以爲《史篇》非周宣王太史所作，可謂勇於疑古的了（本書仍從舊説）。至於分《史篇》與壁中書爲周秦間西土與東土的文字，其説亦頗新奇。"[1]沈氏雖未採王説，然其在介紹《史籀篇》字體、文例、字數時，仍摘録静安考證以爲參考，並對其推測《史籀篇》文字不應有九千之多一説加以肯定。但金德建順静安"太史籀書"之思路，認爲其"效用在於籀讀"。[2] 一九三七年胡樸安著《中國文字學史》，其叙

---

[1] 沈兼士《文字形義學》，《沈兼士學術論文集》，中華書局1986年版，第402頁。
[2] 金德建在《史籀篇有説解的推測》一文中謂"《史籀篇》的效用在於籀讀"，更謂其是一部有解説的辭典，批評王國維説《史籀篇》無解説是錯的，並認爲其解説是解説東土古文，不免逞臆，涉於玄虚。文收入《金德建古文字學論集》，臺灣貫雅文化事業有限公司1981年版，第59－65頁。

《史籀篇》即引述静安之説，雖未加評説，却傾向於贊同。① 而高亨在各大學講授文字形義學，對静安《史籀篇》時代及史籀非人名之説有所駁正，他認爲史籀即《漢書·古今人表》之内史掫子，即《詩》之聚子，仕於宣、幽二朝，宣王時爲太史，幽王時轉爲内史。又謂石鼓謂宣王所造，字形與籀文相近，由此定《史籀篇》亦爲宣王時文字。② 至於其他文字學類的概論性書籍，提到静安之説甚多，如吕思勉謂"王氏鑿空疑爲秦人所作，似非。然謂《籀篇》爲書名非字體，《史籀》亦書名，非人名，則其説允矣"。③ 其他不一一表揭。

　　陳夢家在静安觀點影響下，用相當篇幅考證"籀"字之本義和引申義，即本義是寫，引申爲箸作綴集和誦讀。④《説文叙》"及宣王太史籀箸大篆十五篇"，"籀箸"是"作"，意即綴集或寫定。結論爲："史籀"非人名；《史籀篇》是太史所籀箸的官書（官定字書）；《史篇》係史官所以教學童，試史的學童所以誦習，太史試史時即以此爲考本。是書爲史官所編所教所用以試史，故又稱《史篇》；《史篇》爲最早的官定字書，而古代字書由史所編，所以《史篇》又爲一切字書的通稱。⑤ 他用思甚深，用力亦勤，然有些説法却仍曲折難信。他贊同静安史籀不是人名之説，但不同意"史籀"是此篇之首句。對於静安提出的《史籀篇》時代，陳夢家比較統計《史籀篇疏證》中文字異同，發現籀文同於甲文和初期金文者有百分之三十五，籀文同於西周金文者有百分之四十五，籀文同於東周金文者有百分之二十。故其認爲"《史籀篇》的文字當在西周之晚期而早於東周，傳説上説它作於周宣王，大致不錯"。陳氏推闡静安之觀點，對秦用籀文曾從歷史原因上尋求一種解釋：

　　　　因爲秦居宗周古地，當時史官係周室所遺，秦自己無文化，所采用者全是周文，他祇有仿效，還没有自己變化的餘裕，所以秦文更近于周文。秦之有文字記載，在紀元前七五三以後，遠不及東方諸國有文的

---

① 胡樸安《中國文字學史》第一編，北京中國書店 1983 年影印商務印書館 1937 年本，第 23 頁。
② 高亨《史籀篇作者考》，《文哲月刊》一卷四期，1936 年，第 87—91 頁。又見《文字形義學》第三章，齊魯書社 1981 年版，第 38—41 頁。
③ 吕思勉《中國文字變遷考》，《文字學四種》，第 82 頁。其他如一九三六年汪國鎮所編《文字學概論》等皆引述静安之説，或肯或否，各有看法，不一一細表。
④ 後蔣善國亦主張"籀"是諷讀、諷誦之意。見《漢字形體學》，文字改革出版社 1959 年版，第 114 頁。
⑤ 陳夢家《中國文字學》第六章《歷史上的字體》，中華書局 2006 年版，第 145—151 頁。

長久,所以東方諸國文字的變易較劇于秦。此又因東土民間士子興起;秦國法治,不容許民書。《史籀篇》大約是周宣王時作,離秦文公才五十餘年,秦文公初有史記,其文字必用當時通用的周文,亦即《史籀篇》,因爲周時列國史記都要寫存周王室,是必須用周文寫。①

分析秦國之地域政治及文化、文字起源、史官史記之設置、周代檔案制度等,來說明其用籀文少變化之文字背後深層的歷史原因,值得文字和歷史學家深思。

唐蘭將石鼓定在秦靈公三年(前422),因《説文》籀文與石鼓字形接近,故謂"《史籀篇》的成書,最晚也得在戰國初期",從而云:

> 我們雖看不見《史籀篇》,在《説文》裏還保存了幾百個字,是儘量繁複的一種文字,和西周厲、宣期文字不一樣,可是和春秋時到戰國初期的銅器文字却很接近,秦公簋、石鼓文也都是屬於這一系的。王静安先生以爲這是西土文字,固然是有理由的,但他把《史籀》的篇名認爲是由"太史籀書"一語裏摘取兩字爲篇名,而不是人名,却近於玄想,全無根據的。②

因爲將《史籀》時代定在春秋、戰國之際,故其信從周壽昌、王先謙之説,以爲《漢書人表》的史留就是史籀,並進而懷疑《藝文志》中的周宣王是周元王之誤。之後蔣善國基本採用唐説。③ 建國初年,上海市文管會徵集到一件趞鼎,三十年之後,馬承源持拓片給劉啓益。劉轉示唐蘭,唐老審視後,興奮地指出鼎銘中"史留"即周宣王太史籀,謂應把此器時代定爲屬宣。當時劉啓益據趞鼎朔日干支,定其年代爲厲王十九年(前860)。④ 稍後,陳佩芬

---

① 陳夢家《中國文字學》第六章《歷史上的字體》,第153頁。
② 參見唐蘭《中國文字學·前論》和《文字的變遷》二節,上海古籍出版社1979年重印開明書店1949年版,第13、155頁。
③ 蔣善國《漢字形體學》一書中《史籀篇的作者和時代》一節同意王國維將《史籀篇》定在春秋、戰國之際,而謂"太史籀書"一語似無根據,故同意唐蘭之説。(第118頁)
④ 劉啓益《伯寬父盨銘與厲王在位年數》,《文物》1979年第11期,第19頁。按,唐蘭觀點見劉啓益轉述。

撰文亦定爲厲王十九年。① 但周法高則定其爲宣王之世，②後劉啓益從周説，改定爲宣王十九年（前806）。③ 此器年代之由厲王改定宣王，不免受到《史籀篇》影響，但不管厲王或宣王，都可證明太史籀其人之存在。此點已爲多數學者所接受。史籀其人之時代確定，則《史籀篇》之文字年代亦應提前到西周末年。

爲從文字字形上印證《史籀篇》之年代，學者不斷在努力。裘錫圭在未關注到趞鼎之史留人名時，已從字形比較中得出："籀文的字形並非全都具有繁複的特點。有些籀文比後來的小篆更爲簡單。"所以，"與其相信近人史籀不是人名，史籀就是史留等揣測之説，還不如相信去古未遠的漢代人的舊説"。因爲籀文就是周宣王時代的文字，而秦國地處岐周故地，其文字與從西周晚期流傳下來的《史籀篇》相合之處較多，是很自然的。④

（二）東西土文字異同之時代與分野

三十年代，金德建撰文贊同靜安之説，用出土東土實物文字疏證《説文》之古文，用西土實物文字來疏證《説文》籀文，而後總結出古籀文的性質是一種"別體字"。其對古籀文定性爲"別體字"是建立在以下之認識上：

一、首先是地域關係，古籀文運用袛限制在某地域，可見古籀文字在古代文字系統上，原不過是一個支流，是古代文字流衍到某歷史階段所產生的變體。

二、東土雖運用古文，然非將全部文字都別創一種古文體，除少數幾個古文外，多仍舊用通行文字，西土籀文亦然。東西二土實在沒有嚴密地把文字都分開，古籀文袛是東西土人文字運用中的部分文字。

---

① 陳佩芬《繁卣、趞鼎及梁其鐘銘文詮釋》，《上海博物館集刊》第二輯，1982年版，第17頁。
② 周法高《論金文月相與西周王年》，香港中文大學國際中國古文字學研討會編《古文字學論集》，1983年版，第344頁。
③ 劉啓益在《再談西周金文中的月相與西周銅器斷代》（《古文字研究》第十三輯，第414頁）中修正自己的説法，後又在《西周紀年》第十一章《宣王時期銅器》（廣東教育出版社2002年版，第391—392頁）中又重申此説。
④ 裘錫圭《文字學概要》四《形體的演變》，商務印書館1988年版，第49—51頁。按裘先生《概要》作爲北京大學講義，是從1963年以來的幾次講稿的基礎上寫成的，所以書中沒有提及1979年以後公布的趞鼎。參見該書"前言"。

三、個別古籀文字可在商、周文字上找到同形字,也可在戰國之際找到同形字。

四、古籀所從産生的方式是先有本字,而後産生別體。

五、古、籀雖有東西土地域之別,然非涇渭劃然,亦偶有用不同字形之情況,此亦祇能以別體字定古籀性質,方可解釋此種用字現象。① 金氏還由此對静安之學説進一步修正云:

> 王氏所規定的地域界限,尚屬大略的估計,仔細推測,不但西土秦地,就是連北土燕趙也同樣運用籀文的……不過北土運用籀文究竟比較不及西土秦地的普遍……古文的運用區域,現在我們可以估定,大都在齊魯一帶,趙魏還没有發現,更不會多至六國。②

金氏將古籀文都視作"別體",而孫海波謂秦居宗周故地,"習之久而居之安,書體不便改制",六國文字則"作非一人,行非一系,流行於民間者,整齊少而率譌多",故其將秦時八體中承籀文而改省、整齊後的大小篆視爲正體,刻符、蟲書、摹印、署書、殳書、隸書等視爲"當時之別體",即"民間通行之文字",亦即"六國文字"。兩者所以不同,是銘鑄籀篆的"彝器所以奉宗廟,其行款作風,自有定局,故由周,而六國,而秦,雖變而不甚劇急",與之相對的"貨布、匋璽,皆六國新興之物,其文字亦多新作,不合於彝器文也固宜"。他又擇取三十八個籀文與商周金文和六國文字比較,"其合於商周文者十之六,合於六國文者十之四",以此佐證静安《史籀篇》爲六國文字興起後字書之説;同時不同意静安籀文不傳於東方之看法,以爲是"賢者之過也"。復又取七十九個《説文》古文與商周金文和六國文字相較,合於商周者四之一,合於六國者四之三,從而證成静安六國用古文之説。③

蔣善國認爲金氏之"別體"説值得商榷,他提出"繁簡體説",即"籀文跟古文祇是繁體跟簡體之不同,繁體近於正體,古文應近於俗體",認爲"儘管文字有西土、東土的分別,仍不妨礙它們是同系同時代的文字。我們不可

---

① 金德建《古代東西土古籀文字不同考》,《文瀾學報》第三卷第一期,1937年,第41—43頁。
② 金德建《古代東西土古籀文字不同考》,第47頁。按金德建此文末自署作於1932年,1934年6月修訂。
③ 孫海波《中國文字學概略》中編,國立北平師範大學1937年石印本,第55—68頁。

衹根據微小的差異，來武斷文字體系和時代的不同。在漢字演進史上，任何時代，任何形體，都有異體的存在，一種文字同時有各種異體，本是常有的現象"。基於這種觀點，他"雖不否認籀文和古文的西土東土的分別，却反對一般人強調它們的通行範圍和使用界限"，而"把它們都看作戰國時候全中國通行的文字，不過一個是真書，一個是行書或俗簡字罷了"。①

上世紀最後十多年，臺灣和大陸先後相繼發表、出版了幾種針對靜安戰國文字理論進行實證與商榷的論著。一九八七年林素清發表《〈説文〉古籀文重探——兼論王國維〈戰國時秦用籀文六國用古文説〉》，②一九八九年何琳儀出版《戰國文字通論》一書，專闢"戰國文字與傳鈔古文"一章以論此問題，③一九八九年陳昭容大致完成的博士論文中有《王國維"戰國時秦用籀文六國用古文説"平議》一章，但在出版前仍有不斷修訂。④ 一九九七年李運富研究楚簡帛文字構形系統，立足於漢字一元論而對靜安觀點提出質疑，一九九九年祝敏申發表《王國維戰國時秦用籀文六國用古文説疏證》，以推闡、糾正靜安之説。⑤

1. 林素清修正王國維《史籀篇》作者和年代説法，而認爲其古籀分用觀點仍然可取。

靜安戰國文字理論發表七十年以後，戰國文字層出不窮，深入細緻的比較已成爲可能。林素清先用《説文》古文和孫海波所未見及未及采用的出土戰國文字如社、王、玉、君、唐等五十九字頭近百例字形比較，其中半數以上都是製作謹嚴的東方諸國的彝器文字，字體也十分工整，"而其顯示的結果，却仍然和所謂的'民間鈔書的古文'相合。足以證明蔣善國將《説文》視爲僅限於民間使用的文字，的確過於狹窄。事實上戰國文字表現的繁疊

---

① 蔣善國《漢字形體學》，第121－123頁。
② 見中研院歷史語言研究所《集刊》第五十八本第一分，1987年3月。下文所述所引均出此文，不再注。
③ 何琳儀《戰國文字通論》，中華書局1989年版。按，何書於2003年出修訂本，於"籀文"和"《説文》古文"二節改動不大。
④ 陳昭容《秦系文字研究——從漢字史的角度考察》（中研院歷史語言研究所專刊之一○三）係二○○三年出版，然從工作者自序其撰著緣起中得知，有關章節在一九八九年前後已完成。下文引述均見此書，不再注明。
⑤ 見劉釗主編《中國古文字研究》第一輯，吉林大學出版社1999年版。

並不多見,而有極多數的字體確實與《說文》古文近似"。她認爲,《說文》古文與兵器、陶璽、貨幣等文字同屬一系,又與六國彝器銘文血脈相通,都是六國以來發展出的新興字體。其特點是有簡化傾向,與殷周古文有別,"可見王國維'六國用古文'說,基本是可以採信的"。林氏思慮周密,視野開闊,考慮到同一歷史時期之不同情況,指出六國用古文雖然極爲普遍,但"在製作宗廟重器或表示格外審慎時也可擬古、仿古,於是採用較合於古意的殷周古文(即大篆、籀文系統),因此,無須拘泥於東方文字之偶合於篆籀文例,就全盤否定王國維'戰國秦用籀文六國用古文'說"。①關於籀文,林氏列舉十一個繁複籀文見之於殷周甲骨、金文二十餘例,其中西周共和前後例子最多,由此來證明"字形繁疊"出現最頻繁時期就是西周宣王、幽王時期。於是"籀文祇能是西周時代字體,而不應晚至戰國"。秦文與籀文接近,是靜安所說"秦處宗周舊地,多仍周舊"所致。"就整個戰國時代而言,東西方文字的確存在著相當大的差異,六國除殷周古文外,又普遍通行新興別體(即《說文》古文體);而秦始終保守地使用西周舊文字體系"。"因此,就戰國時代文字使用的情形來看,的確有'古籀分用'的現象"。②

2. 何琳儀認爲西周籀文是西秦和東土文字之祖先,東土也有籀文因子,並非祇有王國維所說的古文。

何琳儀認爲《說文》所保存的籀文形體並非史籀時代的原貌,乃是西周延及戰國各種文字的混合體。他用分類例舉,比較籀文、古文、石鼓文之形體,指出繁複不是籀文唯一特點,因爲古文中繁複的形體也不乏其例,且繁複的籀文在殷周古文或六國文字中都能找到相同例子。就王國維"秦用籀文"而言,在秦國文字中固有與籀文相合之例,然在六國古文和傳鈔古文中,也同樣有與籀文相吻合之例,"這些交叉現象表明籀文與《說文》古文並不能完全隔緣"。何氏指出靜安"六藝之書行於齊魯,爰及趙魏,而罕布於秦"之結論大體不錯,而謂"《史籀篇》之不行於東方諸國"則根本不符合出土六國文字的事實。他列舉三十二例籀文與六國文字形體相近相同的字,

---

① 林素清《〈說文〉古籀文重探》,《中研院歷史語言研究所集刊》第五十八本第一分,第 227—228 頁。
② 林素清《〈說文〉古籀文重探》,第 234—250 頁。

認爲"籀文並非秦國的專用文字。所謂籀文爲'西土文字'説並不可信"。按照静安之戰國文字理論,古文字發展序列是:金文到戰國時衍化爲西土秦國的籀文和東土六國的古文。何琳儀的觀點是:金文發展到周宣王時代形成籀文,由籀文之發展,到戰國派衍爲西土秦國的籀文和東土六國的籀文和古文。在金文之後插入一個宣王籀文階段,可以合理解釋西秦和六國皆有籀文的因子。

關於《説文》古文,何氏以爲主要取自於壁中書,但也有張敞所獻、河間獻王和杜林等所得的民間簡册。他對王國維所説古文出壁中書以外,"即有數字不見於今經文,亦當在逸經中"的"逸經",指爲《説文》古文另一來源。這種出於"逸經"的文字,在今存《説文》中尚可找到痕迹,具體而言:一是篆文下所列的兩種、三種甚至四種的異體,二是同一古文偏旁,或有兩種異體;三是同一古文偏旁,或有三種異體;四是獨體與在偏旁中的形體殊異;五是奇字。凡此,皆説明《説文》古文來源非一。就古文之性質而言,他傾向是戰國晚期以後的竹簡,下距漢景武之際不很遠。從文字學眼光看,其字形屬於齊魯系,是戰國流行書體。他羅列一百多個貨幣、陶文、中山王彝器文字、戰國璽印、侯馬盟書、長沙帛書以及仰天湖、天星觀、郭店、包山、上博竹簡文字,以與《説文》古文比較,展示兩者吻合程度,用更新更多出土材料佐證静安觀點,即《説文》古文應屬戰國時期東方六國文字體系。

3. 陳昭容指出王國維戰國文字理論重視共時的地域性差異,缺乏歷時演變的史觀。

陳文重點在於"將目前可以見到的秦系文字資料與《説文》籀文作詳細的對勘",具體分"籀文與秦系文字相合者對照表"和"籀文與秦系文字相異者對照表",從正反兩方面呈現籀文與秦系文字之對應關係。兩表共列静安所收所謂籀文一百十一字,表一顯示有三十五個籀文與秦系文字相合,表二顯示有七十六個籀文與秦系文字相異,比例分別爲百分之三十二和百分之六十八。其中表一還有少量既有相合又有相異的字形,故實際相合比例低於百分之三十二。如果再將秦系文字中的篆書抽出來並劃分出春秋和戰國兩個時代與籀文作比較,則春秋時相合者二十三字,相異者十七字;戰國時相合者十一字,相異者十五字。再將春秋戰國個別文字資料如武公鐘、景公鐘、秦公簋長篇銘文文字等抽出來單獨與籀文比較,也是時代前者相合多,時代後者相合少。總的比例呈現出:秦系文字在春秋時期與籀文合者占百分之五十七,與籀文異者占百分之四十三;到了戰國,與籀文合者下降爲百分之四十二,與籀文異者上升爲百分之五十八。從中看出籀文對春秋、戰國秦文字之影響力日趨減弱。儘管由於資料限制,可比較的文字還是不够充足,但籀文離成書時代越遠,其被採用之字體越少,則是不争的事實。

　　陳氏也附帶論證静安古籀分用理論。她認爲,要論證這個命題,應觀察四個方面,即:(一)秦使用籀文,(二)六國不使用籀文,(三)六國使用古文,(四)秦不使用古文。在取材比較之前,應該明確的是,静安將《史籀篇》年代降至春秋戰國已經爲西周時趙鼎所否定,因此比較材料應包括春秋和戰國的東土地區。比較表明:籀文對春秋時代秦文字的影響(指秦人書寫時合於籀體或異於籀體的比率)是百分之六十,在戰國時則降爲百分之四十。《説文》所收約五百個古文中,可與秦系文字對應比較的有二百七十九字,其中祇有十五例形體與古文基本相合或相近者,約占可對照字數的百分之五點三;如果再排除特殊因素,僅四字没有找到殷周古文來源,所以秦系文字與古文相合者僅百分之一點四。通過比勘,陳氏回答自己提出的四點:

　　(一)從春秋到戰國,秦文字或多或少受籀體影響,但其影響呈遞減趨勢;

　　(二)從春秋到戰國,秦以外的東土地區都可見到與籀文相合之字例;

　　(三)戰國六國文字中與《説文》古文相合之字例極多;

　　(四)排除文字承襲因素,《説文》古文與秦文字相合者僅四例,比率極小。

　　並認爲王國維戰國文字異同理論"重視地域性差異,缺乏歷時演變的史觀"。就已見春秋戰國文字資料而言,静安對《史籀篇》作者、成書年代和流布時間與空間等看法都需要修正,而他對《説文》古文之看法則基本正確。

　　4. 李運富謂各國"文字異形"僅是局部字體風格和字符形態上的差異,反對王國維所持東西土文字不同説。

　　李運富對信陽、包山、仰天湖和長沙子彈庫簡帛字形作過系統、細緻的構形研究。總結出楚國簡帛文字共有基礎構件三百七十個,其中成字構件二百六十個,占百分之七十;非成字構件一百十個,占百分之三十。在其歸納分析的一千九百六十個字位中,有七十三個音義不明,實際分析了一千八百八十七字。分析結果,與齊元濤《小篆構形屬性數據庫及構形系統的計算機測查》所分析、統計的小篆構形系統非常接近,從漢字結構上說明六國文字與小篆和秦國文字與小篆對比,並無本質上的區別。所以,李氏云:"戰國文字從總體來看,仍然是一個系統,衹是在這個系統內部有比較多的個體字符差異和局部風格的不同。而個體字符的差異和局部風格的不同是由載體、工具、書手、內容、使用場合等多方面因素所決定,其中可能也包含有地域因素,但決非主要因素。"他認爲根據地域、國別將戰國文字分爲若干"系",作爲考察材料而臨時劃分是可行的,若試圖以此從文字學上來劃分屬性體系,並就此認爲各系之間有不同的文字屬性特點,並據此論證漢字發展歷史,缺乏對漢字的總體觀,也不符現有漢字實際,很難讓人信服。所以,王國維東西土文字異體理論值得重新思考。[1]

繼李運富之後,北師大"漢字構形史"研究課題相繼完成《春秋金文構形系統研究》(羅衛東,1997年)、《秦簡文字與說文小篆字形比較研究》(宋珉瑛,1997年)、《甲骨文字構形系統研究》(鄭振峰,2000年),《戰國東方五國文字構形系統研究》(趙學清,2000年)等博士論文。各篇論文都從分析漢字構件入手,用時空概念對甲金文和戰國文字進行構形分析、統計。所顯示的趨向是:甲骨文基礎構件最多,所構成的漢字不多,而發展到五國文字乃至後來的小篆,構件越來越少,而構字量越來越多。其構字比率,從甲骨文的一比三點三五,到小篆的一比二十五點五,構字能力上升七八倍。尤可注意的是,五國文字的構字比率是一比六點七,既大於春秋金文的一比三點六,也大於楚文字的一比五點一和秦簡的一比六點四。說明就五國的漢字構件和構字能力而言,戰國時期文字在構件上的一致性和構字能力的逐漸增大。故趙學清認爲它是一種較爲成熟的文字體系,"五國文字和秦楚文字共同構築了戰國文字體系","說明戰國時期,漢字並沒有因爲政治的割據而使曾經共同使用的漢字分裂爲不同的文字體系"。[2] 因而所有

---

[1] 李運富《楚國簡帛文字構形系統研究》,嶽麓書社1997年版,第93—94頁。
[2] 趙學清《戰國東方五國文字構形系統研究》,上海教育出版社2005年版,第84頁。

課題組人員多持春秋戰國漢字不能分爲各個"系"的觀點。

5.祝敏申謂籀文和古文都有廣義和狹義兩種，它們在東西土都能找到因子，故王國維用籀文行於西土古文行於東土的概念顯得不嚴謹。

廣義的籀文指從《史籀篇》以來至《倉頡》《爰歷》《博學》及《說文》正文所保存的秦小篆，是戰國秦漢文字的主體；狹義的籀文指《說文》重文中的一類，是秦代改省後"出局"的異體字。《說文》所存二百多個籀文，有六十九個可以在商代晚期、西周和春秋、戰國各階段找到對應的出土字形，可知籀文系統在西周已形成規模並且流傳有緒；且就可斷代爲東周的三十六字中，其地域分布有秦系、東土楚系、三晉中原系、北方系和齊系，可知秦系雖然出現籀文較多，但東土各系亦各有比率（其中楚系百分之三十三點三三，三晉百分之三十六點一一，北方系百分之二十二點二二，齊系百分之二十五）。古文亦有廣狹兩義，廣義相當於現今所說的古文字，狹義則指《說文》重文中的古文。祝氏《說文重文與考古材料對照表》收集到一百三十七個與古文相對的出土字形，時代也是遍及商代晚期、西周、春秋、戰國早中晚各時期以及秦漢，而地域也廣布秦系、楚系、三晉中原系、北方和齊系，可知東周時使用狹義古文的雖主要是東土四系，但西土秦地也占百分之七點六二。祝氏以此用圖展示漢字發展之途徑，並評論靜安的戰國文字理論云："他的積極意義是指出了戰國時代西土（秦）與東土六國之間文字異形的事實。但不足之處是用以區分兩者的概念不嚴謹。既然廣義的籀文是漢字的主幹系統（無論東土西土），狹義的重文籀文也見於各系，我們就不能把用不用'籀文'作爲秦系文字的特點；既然從廣義的古文來理解，秦系文字也繼承了商和西周的古文，我們也不能把用不用'古文'作爲東土文字的特點。"他覺得較爲科學的提法應該是："秦系和東土文字都以古文經、《史籀篇》爲代表的古文、籀文爲其主幹。秦系文字較恪守正體；而東土的特點是較多保留了不合史籀規範的異形古文即狹義的《說文》重文古文，並出現了一些新異體。"①祝氏在圖示中將廣義古文等同於古文經文字，未免對古文經認識不足以致概念含混不清。

---

① 祝敏申《王國維"戰國時秦用籀文六國用古文說"疏證》，吉林大學古文字研究室編《中國古文字研究》第一輯，第 261-262 頁。

五、王國維戰國文字異同理論的啟示

　　静安接受段玉裁、吳大澂、羅振玉等人對古文、籀文的理解與認識及其總體學術成果,憑著自己敏鋭的觀察力和獨特的思考,提出戰國秦用籀文六國用古文之文字理論。經其與古史辨派之論戰和學生的傳布,成爲二十世紀上半葉語言學界無人不知的文字學理論。上世紀五十年代以後,出土器物和簡帛層出不窮,學者得以不斷比較、總結,使得戰國文字,即附庸於《説文》中之古文一躍而蔚爲大國,與甲金古文字學抗衡。在戰國文字學的形成與發展過程中,静安的理論始終是學者們宏觀指導的辰星和細化證明的目標,同時也是探討漢字發展到戰國時期是一元還是多元的爭論焦點。

　　静安在清代《説文》學結合古器物文字研究深入到一定階段和甲骨文研究初期,何以憑藉有限的條件,提出東西土文字之異?回顧一九一六年,重新踏勘其心路歷程,觸摸其思維神經,可以領悟到,這獨具的慧眼之後,隱藏著一張系統的思維網絡,祇要觸發任何一點,整張網絡就會同時啟動。静安由研讀《説文段注》,理解許書體例和籀文、古文來源異同,領悟到其空間差異;將籀文、古文上與殷周文字比較,而領悟到文字應用的歷時差異;而後由疏證《説文》籀文,到探研魏石經古文、《説文》古文、石鼓文,以致全面考察兩漢文獻中"古文"涵義、漢魏博士制度與文字應用之異同,最後撰成著名的《戰國秦用籀文六國用古文説》一文。從上述系列研究的個案著眼,當他爲探研魏石經古文與《説文》古文關係時,雖觸發的祇是兩者之關係,而一旦展開,立即對漢石經經數石數、魏石經經數石數、漢魏石經經本、魏石經經文、篇題、書法等各方面作全面掃視,乃至最後企圖用有限的文字復原魏石經碑式行款。再縮小從微觀著眼,當他疏證《説文》籀文時,會想到流沙墜簡中民間隨手書寫的"蒼頡作"三字,聯想到《倉頡篇》句式和《史籀篇》首句句式。儘管這幾個視點和結論都有瑕疵而不無可商,但其習慣於整體性思考的研究特點,却表露得極爲明顯。此種特點,得之於他早年翻譯西方的哲學著作和習慣於哲學思考,然對學術研究的認識論和方法論有莫大的啟示。

　　回溯二十世紀二三十年代對静安戰國文字異同理論之從違:錢玄同之

批評,是輕信康有爲《僞經考》觀點,站在古史辨派立場予以駁斥,失之輕率。吕思勉則是立足於文字一元論,從史學和歷史文獻角度出發進行商榷,雖不免蔽於孔壁古文,但提出戰國文字是同中之異,抑不同系統,值得學界思考。容庚、孫海波就所見有限實物字形,對師長觀點或從或違,各有感情傾向。沈兼士、胡樸安等諸多文字學概論著作之引述,足見靜安理論在當時之影響。至於"史籀"爲人名及其文字時代,高亨、唐蘭、陳夢家等雖各有所持,皆少證據。及至趩鼎重現,經唐蘭認定,劉啓益、周法高、陳佩芬考證,《史籀篇》爲西周宣王太史籀所纂終於爲學界所承認,而《史籀》文字也重新被認定爲西周宣王時代的字形,上承甲骨、鐘鼎文字,下啓秦篆和六國古文。陳夢家將籀文與甲骨文和金文字形作比較,其比率也適與相應。史籀身份和時代之確定,對正確比較東西土文字有著非常重要的作用。

林素清、何琳儀、陳昭容、祝敏申四人都取大量實物文字進行比較、排列,其中何琳儀著手最早,限於條件,以《字形表》資料爲基礎,嗣後續有增益;其他三人都嚴格分別資料的地域、時代,計算出比率,更趨於科學。而共同的結論:籀文是西周時代文字,是戰國西土秦篆和東土六國古文之祖先,因而西秦和東土都有籀文的因子。西秦居宗周古地,故其字形與籀體相合者明顯多於東土;六國日尋干戈,生事日繁,文字之需,急劇上升,既不統於周,故各自增益新造,遂致文字形體與相承之籀體越來越遠,形成一定差異。《説文》中古文和出土簡牘文字合證,充分證明了這一事實。

清末民初,甲骨文、金文、璽印、陶文、簡牘與《説文》籀、篆、古文衆體紛呈,學者日事研究,目不暇接。靜安能在甲金簡陶衆體紛呈之中,鑿破混沌,提出戰國東西土文字異同之理論,是遠見,也是卓識。近一個世紀來,學者各從自己的認識去解讀這一理論,雖不免郢書燕説,却也是推進研究之一助。如錢玄同曾謂"王氏謂東西土本有兩種文字,此説吾所不信",[1] 吕思勉亦云:"數種文字,仍係一種文字。秦人所用文字與六藝等文字,仍係一貫相承。"兩人均將靜安理論理解爲東西土文字係兩種不同來源的文字。其實靜安曾明確表明:"故古文、籀文者,乃戰國時東、西二土文字之異名,其源皆出於殷周古文。"絶無否認漢字一元論之意。錢、吕兩人所説,顯然是一種誤解。但此種誤解所以産生,也是西土籀文、東土古文之表徵對人

---

[1] 錢玄同《章草考》,《錢玄同文集》第四卷,第 53 頁。

的誤導。以致李運富等強調戰國文字總體上仍是一個系統，所反映出來的文字形體差異，僅是因工具、書手、載體等不同而形成的局部風格不同，地域因素尚在其次，更非文字屬性的特點。這種認識立足於東西土文字異同理論的對立面，強調漢字一元論並從漢字構形系統、書寫工具和載體等方面深入研究，對宏觀把握漢字發展與微觀洞察漢字內部結構和字形受制於書寫工具、對象等具有積極意義。

　　筆者認爲，漢字由甲骨文而金文，而籀文，而秦篆，一元發展，多體呈現，這是不爭的事實。戰國的歷史紛繁錯綜，其間政體、官制、風俗，乃至日常語言都會有所不同，所謂文明日啟，用字日多，由此導致新字日增和各本私意增改筆劃、移易偏旁、變換結構、緣飾舊字，也是不爭的事實。過分強調漢字一系一元，不免抹殺各國各系之特點；過分強調各國各系間差異，或恐造成漢字多元之假象。如何綜合考慮戰國時期政治割據以及各國政體、官制、風俗、文化對漢字之影響，如何把握描述漢字一元與多系的度，如何理解字體風格和漢字構件的關係，如何認識異構、異體的分野，如何分清規範用字與社會用字之界限，如何界定書寫工具質料導致對文字筆劃的變異，這是靜安提出戰國東西土文字異同理論所留給我們的啓示，也是一百年來衆多學者相繼研究戰國文字所留給我們的思考。

二〇一〇年十二月二十七日至
二〇一一年一月十六日初稿
二〇一一年一月廿九日二稿

榆枋齋學林

虞萬里 著

史林

國家之治亂本於禮而禮之興廢繫於名器名器者所以別上下而定尊卑者也名之正而微則人之識之功多救其著而力竭矣其著則力竭其微則功多救其著則力竭而不治救其微而始能謹其微而有能事未有不治者也蓋事能謹其微遠之慮小物也而孔子歎小物則有倫名器細務也而孔子先之於正名務在於著也上下之禮其器安得獨在哉故上下繫小物能有倫名器之禮安得獨在哉故上下之禮安得不壞敗亂亡非器不形名器不形則名器之正名務之微細之體而壞亂禮之大體而就於無補其緒餘其綱紀散壞禮之大體而就於諸侯列於諸侯是大夫之暴惡其得列於諸侯是天下之大體而就於諸侯也今晉大夫暴蔑其君剖分晉國而自立矣夫其地是大夫之暴惡其得列於諸侯是周室之徵其以為當是之時周室微弱禮嘉矣或者以為當是之時周室微弱禮於斯嘉矣或者以為當是之時周室微弱三晉疆盛雖欲勿許其可得乎是大夫不然夫三晉苟不顧天下之誅則不請命而自立矣

戊寅

資治通鑑綱目第一 起戊寅盡乙巳周敬王十八年晉烈
 　　　　　　　　十九年凡百四十八年

威烈王午二十三年公止十七年齊康公秦簡公十三年

貸二年楚聲王當五年燕閔公三十一年
魏文侯斯二十二年趙烈侯籍六年韓景侯
虔六年皆始爲侯○統舊
國五新國三凡八大國

初命晉大夫魏斯
趙籍韓虔爲諸侯於禮禮莫大

臣司馬光曰天子之職莫大於禮禮莫大
於分分莫大
於名何謂禮紀綱是也何謂分君臣是也何謂
名公侯卿大夫是也夫以四海之廣兆民
之衆受制於一人雖有絕倫之力高世
之智莫不奔走而服役者豈非以禮爲之紀綱
哉
故天子統三公三公率諸侯諸侯制卿大夫

配料內俱有合同印帖開寫庫子行人配料官貼庫姓名各於本名下畫
字比對姓名相同不堪鈔錠行下辨驗得並不是元檢之數蓋由庫官庫
子等虛冒薄貼關防今後倒下合鈔塌料之際許令如前勘合關防及令
檢闗行人料號上如法封記成料布袋外令庫貼同封箱篋之外庫官配
料官用印封記須要提調官躬親監視柴封凢遇燒毀令元檢塌料行人
各驗元封相同然後開檢庶望少革前弊以此叅詳各處行用庫倒填音
敖設立行人庫于庫官人等眼同檢數勘合簿貼關防奸弊務欲盡實倒
揑具呈前項所言事理合准所擬相應如蒙准呈宜從都省移咨各省剳
付本部依上施行具呈照得此除外榆省合下仰照驗上施行承此
除外咨請照驗依上施行
史臺呈永奉中書省剳付搪江北淮東道肅政廉訪司申准淮安等處分
司牒議准副使姚太中牒管謂致治必澄其本欵立法甚為允平有司奉行常
而壽其木欲行去其弊木之有也切覩朝廷立法本欵為重比因各處私盥生發
患不至法不詳人多寬枉伏覩國家以盥課為國家課以盥徒四起一起郭老九等招不合於至正八年四月十
盖因拘詮有司夫於關防以致侵視大課巡緝至淮東等據本路牒報到
見慕罪因數內盥徒四起一起郭老九等狀招不合於至正八年四月十

后次行玄字戴號至元貫伯宣料壹什張二行盛寧縣雜物行人某本名
本名下盡字次三行配料官三原縣主簿不嚴迮覽庫子王璘貼庫門諒吞藏
配料旗配料官庫貼同鈔料別行人姓名相同鈔料別無行人閞防止是庫官庫子
下盡字次年月日下攢與滿寺附追究得別合薄行人小印記事盖由庫官庫子
配料官封記呼與行人鎖物薄貼勘合別無爭差惟檢閞得別下不遵鈔
敲並不是元檢之數堪破看鈔背上卻有行人小印記事盖由庫官如前
去虛鈔庫諒同一體火此希詳令後倒下昏鈔梁料之際許令庫官如前
配料官苔虛直薄帖明祖閞防晴作寬弊以致奸偽曰滋鈔法淆其餘
勘合閞防及令檢開上料行人如法封記成料布袋外
令貼同封指蓋之外庫官配料官用印封記須要提調官躬親監視本
封九遇焼毀令元檢梁料行人各驗元封相同然後開檢庶望少革前弊
鈔法通行宜令合干部分定擬為例遵守相應具呈照詳得此除外
如准監察御史所言宜令合干部分定擬為例遵守相應咨請照詳間
蒙臺令下仰照驗就申陝西行省依上施行申乞照驗本省者詳上項事
理如准御史臺議得陝西省咨監察御史范勿監奉元延安二路
示准此送據戶部呈議得陝西省咨監察御史范勿監奉元延安二路
至正七年春夏二季在鈔剔下不堪姐少鈔壹百伍拾肆錠玖兩玖錢元

總　目

自　序 ··· 1

上編：藝林

清華簡《尹誥》"隹尹既返湯咸又一悳"解讀 ······················· 1
由清華簡《尹誥》論《古文尚書·咸有一德》之性質 ············· 11
《咸有一德》之"一德"新解 ······································ 37
《孔子詩論》應定名爲"孔門詩傳"論 ···························· 57
上博《詩論》簡"其歌紳而蕩"臆解 ······························ 81
從《夏小正》傳文體式推論其作者 ································ 87
從熹平殘石和竹簡《緇衣》看清人四家《詩》研究 ············· 109
阿斯塔那三三二號墓文書《春秋經傳集解》殘片淺議 ··········· 155
黑城文書《新編待問》殘葉考釋與復原 ·························· 163
以丁晏《尚書餘論》爲中心看王肅僞造《古文尚書傳》説
　　——從肯定到否定後之思考 ···································· 195
上海圖書館藏稿本《禮記訂譌》初探 ···························· 215
上海圖書館藏稿本《齊魯韓三家詩釋》初探 ····················· 237
王國維之魏石經研究 ·· 259

羅振玉之熹平石經研究 …………………………………… 293
由《詩論》"常常者華"說到"常"字的隸定
　　——同聲符形聲字通假的字形分析 ……………………… 321
三禮鄭注"字之誤"類徵 …………………………………… 339
從儒典的"音義"說到佛典的《一切經音義》
　　——寫在《一切經音義三種校本合刊》出版之際 ……… 405
斯坦因三探所獲吐峪溝文書字書殘片考釋 ………………… 427
《倭名類聚鈔》引《方言》參證 …………………………… 441
《廣韻》姓氏來源與郡望音讀研究 ………………………… 471
天理本《莊子音義》與碧虛子所録景德本比較研究 ……… 493
王國維東西土文字異同理論之創立與影響 ………………… 519

下編：史林

商周稱謂與中國古代避諱起源 ……………………………… 555
郭店簡《緇衣》"人苟言之"之"人"旁點號解說
　　——兼論古代塗抹符號之演變 ……………………………… 665
獻《古文尚書》者梅頤名氏地望辨證 ……………………… 679
宋太宗舊名匡乂、匡義辨證
　　——兼論簡化字"义"字的產生 …………………………… 685
《石彦辭墓誌》文句正讀和史事索隱 ……………………… 701
吕祖謙與《近思録》 ………………………………………… 717
黑城文書《資治通鑑綱目》殘葉考釋 ……………………… 727
有關《永樂大典》幾個問題的辨證 ………………………… 761
《正統道藏》編纂刊刻年代新考 …………………………… 797

《康熙字典》總閱官、纂修官行歷考實 ……………………………… 843
孫詒讓石刻學成就初探 ……………………………………………… 883
孫詒讓《廣韻姓氏刊誤》推闡（卷上） …………………………… 913
姓氏起源新論 ………………………………………………………… 947
先秦至唐宋姓氏書之產生與發展 …………………………………… 991
明清以來之姓氏與姓氏書 …………………………………………… 1011
別集流變論 …………………………………………………………… 1031
馬一浮與竺可楨 ……………………………………………………… 1053
馬一浮與龍榆生 ……………………………………………………… 1079

跋 ……………………………………………………………………… 1105

細 目

下編：史林

商周稱謂與中國古代避諱起源 ·················· 555
  一、引　言 ·················· 555
  二、稱謂的社會等級制 ·················· 556
    （一）文獻中的等級稱謂制 ·················· 557
      1. 喪祭中的等級稱謂 ·················· 557
      2. 其他場合中的等級稱謂 ·················· 566
    （二）《春秋》書法所反映的等級制 ·················· 576
      1. 不名不字書稱爵號官職 ·················· 579
      2. 書稱字 ·················· 580
      3. 書稱名 ·················· 581
  三、商周稱謂之考察 ·················· 583
    （一）先秦典籍中的動態稱謂 ·················· 583
      1. 天子 ·················· 585
      2. 諸侯 ·················· 588
      3. 太子、公子 ·················· 591
      4. 諸侯夫人、妻、妾 ·················· 591

5. 卿大夫士 …………………………………………………… 592
　　　6. 其他 ………………………………………………………… 597
　(二)金文中的動態稱謂 ………………………………………… 597
　　　1. 從器主論 …………………………………………………… 598
　　　2. 從册命命辭論 ……………………………………………… 603
　(三)甲骨卜辭中的動態稱謂 …………………………………… 605
　　　1. 自稱 ………………………………………………………… 605
　　　2. 親屬稱謂 …………………………………………………… 606
　　　3. 王稱臣僚 …………………………………………………… 609
　　　4. 臣僚稱王 …………………………………………………… 610
　(四)從等級稱謂制看其所包含的諱名因素 …………………… 610

四、名字、爵號、謚號、廟號與避諱心理的演化 …………………… 612
　(一)命名取字的心理與避諱習俗的進化 ……………………… 612
　(二)爵號、謚號、廟號的起源與稱謂制、諱名制的關係 …… 618
　　　1、爵　號 …………………………………………………… 618
　　　2、謚　號 …………………………………………………… 620
　　　3、廟　號 …………………………………………………… 622

五、先秦禮書所載之諱禮 ………………………………………………… 633
　(一)宗法、等級社會中的諱禮 ………………………………… 633
　(二)避諱實例辯證 ……………………………………………… 642
　(三)宗法制的避諱禮俗和社會等級制的諱名傾向 …………… 651

六、由避諱制溯論其原始禁忌形態 ……………………………………… 652
　(一)原始民族的名字禁忌 ……………………………………… 652
　　　1. 對死者名字的禁忌 ………………………………………… 652
　　　2. 對活人名字的禁忌 ………………………………………… 653
　(二)商周鬼神思想與上古宗教意識 …………………………… 656
　(三)對中國古代諱名習俗起源之推測 ………………………… 660

郭店簡《緇衣》"人苟言之"之"人"旁點號解説

——兼論古代塗抹符號之演變 …………………………………… 665
　　一、簡本點號與傳本異同 ……………………………………………… 665
　　二、古代塗抹符號之梳理 ……………………………………………… 668
　　三、簡文之點與補寫分析 ……………………………………………… 674
　　四、簡本點號作用推測 ………………………………………………… 676
獻《古文尚書》者梅頤名氏地望辨證 …………………………………… 679
宋太宗舊名匡乂、匡義辨證
　　——兼論簡化字"义"字的產生 ………………………………………… 685
　　（一）名諱意義 ………………………………………………………… 689
　　（二）避諱改名 ………………………………………………………… 691
　　（三）字形演變 ………………………………………………………… 693
《石彥辭墓誌》文句正讀和史事索隱 …………………………………… 701
　　一、誌文正讀 …………………………………………………………… 701
　　二、史事索隱 …………………………………………………………… 708
呂祖謙與《近思錄》 ………………………………………………………… 717
　　一、《近思錄》編纂年月 ……………………………………………… 717
　　二、呂祖謙在《近思錄》編纂中的作用 ……………………………… 718
　　三、《近思錄》原本面貌與內容編排 ………………………………… 722
　　四、《近思錄》之流傳及其影響 ……………………………………… 724
黑城文書《資治通鑑綱目》殘葉考釋 …………………………………… 727
　　一、由殘葉內容之比勘以定其原書 …………………………………… 727
　　二、從殘葉行款字體追溯其刊本年代 ………………………………… 739
　　（一）八行本系統 ……………………………………………………… 740
　　（二）十行本系統 ……………………………………………………… 740
　　三、從宋慈、詹光祖行歷推論十行本年代 …………………………… 745
有關《永樂大典》幾個問題的辨證 ……………………………………… 761
　　一、纂修動機探賾 ……………………………………………………… 761
　　（一）明初御纂、敕撰群書解析 ……………………………………… 763

（二）解縉仕宦經歷 …………………………………………… 767
  （三）解縉設想與唐、方《類要》及《大典》宗旨之比較 ………… 769
  （四）《文獻大成》編例與《大典》參與者的政治傾向 …………… 774
 二、《大典》卷冊字數撰人辨證 ……………………………………… 779
  （一）卷冊 …………………………………………………… 779
  （二）字數 …………………………………………………… 783
  （三）修撰人數 ……………………………………………… 784
 三、《永樂大典》與《洪武正韻》之關係 …………………………… 788
  （一）韻部 …………………………………………………… 791
  （二）字序 …………………………………………………… 792
  （三）字數 …………………………………………………… 793
 四、結　語 …………………………………………………………… 795

《正統道藏》編纂刊刻年代新考 ………………………………………… 797
 一、《正統道藏》編刊年代之觀點追溯 …………………………… 797
 二、張宇初其人其事及其與《正統道藏》之關係 ………………… 801
  （一）張宇初在永樂年間的行蹤 …………………………… 802
  （二）《峴泉集》與《正統道藏》勘正 ………………………… 806
  （三）張宇初與姚廣孝之關係及《正統道藏》與《永樂大典》勘正 … 809
 三、明成祖《道藏經序》的發現與價值 …………………………… 814
 四、《正統道藏》主纂人員徵考 …………………………………… 817
 五、《正統道藏》刊刻始末質疑 …………………………………… 823
  （一）明內府刊刻機構人員 ………………………………… 825
  （二）刊字匠工作量 ………………………………………… 826
  （三）相關書籍版刻進度比較 ……………………………… 827
  （四）相關書籍日版刻量匡算 ……………………………… 827
 六、邵以正督校道經甄微 …………………………………………… 830
 七、結　論 …………………………………………………………… 839

《康熙字典》總閱官、纂修官行歷考實 ………………………………… 843

一、引　言 … 843
　　二、《康熙字典》編纂動因 … 844
　　三、《字典》總閱官、纂修官行歷考實 … 847
　　　（一）總閱官二人：張玉書與陳廷敬 … 848
　　　（二）纂修官：淩紹雯、史夔、周起渭等二十七人 … 851
　　　（三）纂修兼校刊官一名：陳世倌 … 872
　　四、《字典》編纂實際年份推測 … 873
　　五、編纂官員年齡、籍貫、身世、知識結構分析 … 875
　　六、結　語 … 881

孫詒讓石刻學成就初探 … 883
　　一、清代石刻學之興盛 … 884
　　二、孫詒讓石刻學的語言文獻學養 … 885
　　三、孫詒讓對碑刻、古磚的徵集、搜拓與校讀 … 887
　　四、孫著石刻三書成書過程 … 889
　　五、孫詒讓石刻學的學術成就 … 895
　　　（一）校勘發覆 … 896
　　　（二）語言文字 … 897
　　　（三）歷史文獻 … 901
　　　（四）曆朔與干支紀年 … 904
　　　（五）揭櫫碑版特例 … 905
　　　（六）補正前賢疏漏 … 906
　　六、孫詒讓石刻成就在晚清石刻學中的地位 … 908

孫詒讓《廣韻姓氏刊誤》推闡（卷上） … 913
　　一東 … 914
　　二冬 … 920
　　四江 … 921
　　五支 … 922
　　六脂 … 923

八微 …………………………………………………… 926

　　九魚 …………………………………………………… 928

　　十虞 …………………………………………………… 929

　　十一模 ………………………………………………… 932

　　十二齊 ………………………………………………… 933

　　十五灰 ………………………………………………… 935

　　十七真 ………………………………………………… 936

　　二十三魂 ……………………………………………… 939

　　二十五寒 ……………………………………………… 942

姓氏起源新論 …………………………………………… 947

　　一、姓氏涵義 …………………………………………… 947

　　　（一）姓之字形與涵義 ……………………………… 947

　　　（二）氏之字形與涵義 ……………………………… 950

　　二、姓氏學家對姓與氏區別與界定 …………………… 957

　　三、姓、氏之特徵、起源及其先後 …………………… 962

　　　（一）婦人稱姓之時代性 …………………………… 964

　　　（二）賜姓命氏之時代性 …………………………… 966

　　四、西周封建、册命同姓與賜姓命氏 ………………… 971

　　五、周代禮制、禮俗所見同姓、異姓之等級與待遇 … 980

　　　（一）朝聘盟誓 ……………………………………… 981

　　　（二）作揖親疏 ……………………………………… 981

　　　（三）車旗服飾 ……………………………………… 982

　　　（四）政策謀劃 ……………………………………… 982

　　　（五）同姓蕃屏 ……………………………………… 983

　　　（六）外婚聯姻 ……………………………………… 983

　　　（七）喪祭臨弔 ……………………………………… 985

　　　（八）重罪輕刑 ……………………………………… 986

　　六、氏爲遠古所傳，姓爲西周所重 …………………… 987

先秦至唐宋姓氏書之產生與發展 …………………………………… 991
　一、先秦兩漢牒譜佚籍鉤沉 ………………………………………… 991
　二、六朝隋唐之譜學與姓氏書 ……………………………………… 997
　三、宋代對姓氏之分類與辯證 ……………………………………… 1003
　四、姓氏書纂輯方法之演進 ………………………………………… 1008
明清以來之姓氏與姓氏書 ……………………………………………… 1011
　一、明清姓氏書編纂之成熟與姓氏資料之拓展 ………………… 1012
　二、現當代姓氏研究與姓氏詞典之編纂 ………………………… 1021
　三、明清姓氏書纂輯方法之演進和所增益姓氏數量之來源 …… 1026
別集流變論 ……………………………………………………………… 1031
　小　引 ……………………………………………………………… 1031
馬一浮與竺可楨 ………………………………………………………… 1053
　一、竺可楨一請馬一浮 …………………………………………… 1054
　二、竺可楨二請馬一浮 …………………………………………… 1057
　三、馬一浮思想解析 ……………………………………………… 1058
　　（一）堅持登門請業 …………………………………………… 1058
　　（二）設立國學講習會 ………………………………………… 1062
　　（三）要學校稱其為大師 ……………………………………… 1065
　　（四）懷疑竺可楨的誠意 ……………………………………… 1066
　四、丈室能容師子坐 ……………………………………………… 1067
　五、《會語》奧義知多少 ………………………………………… 1073
馬一浮與龍榆生 ………………………………………………………… 1079

跋 ………………………………………………………………………… 1105

商周稱謂與中國古代避諱起源

一、引 言

　　避諱,即避名諱,指言語中不直呼、行文時不直書所要諱稱者之名,而以其他種種方式曲爲避之。其可分爲諱死者之名和諱生者之名,後者進而可分爲諱本人之名、首領之名和親屬長輩之名。避諱基於原始人類對名字的極端唯物之觀念,起源於他們對鬼魂的畏忌和對巫術詛咒的恐懼。其中諱氏族首領之名或亦含有圖騰禁忌因素。鬼魂觀念與墓葬儀式、巫術幾乎同時產生,在中國,可上溯到舊石器時代晚期,時無私名,故未有避諱。新石器時代之葬法、葬式、葬品及祭祀、哀悼的場所,充分顯示了先民圍繞對鬼魂之畏忌而表現出的種種複雜心態。新石器時代晚期,私名已產生,具備了諱死者之名的各種條件。從卜辭所反映的殷商廟祭制度和諱稱先王之名的實例,以及文獻中對傳說時代類似宗廟的記述推測:在夏代乃至黃帝、堯、舜時代,其語言中可能已有諱名傾向或習俗。卜辭中貞人稱時王而不名,隱隱透露出殷商可能有粗略的等級諱名傾向。兩周金文中稱謂已反映出嚴格的上可名下、下不可名上之等級諱名制度。此種等級諱名制可與《詩》《書》《左傳》《國語》等文獻中之稱謂互證互補,與古禮書中之稱謂制也有許多相同之處,從而可證明禮家所記喪祭朝聘等禮儀中等級稱謂之真實性與可靠性。《春秋》有關稱謂的書法亦是源於現實社會中之等級稱謂而賦以史官獨特取舍褒貶的表述方法。西周繼承殷商,將避諱習俗加以損益,並進一步禮制化,貫徹在喪祭禮中,形成一套嚴格的廟祭避諱制。隨之又與喪服制度結合，諱及旁系之親；復與等級諱名制互相滲透，形成以宗法、等級社會爲背景的避諱制度。周人取字的堂皇禮説是表德和敬名，但蘊積在冠禮文化底層的，是先民懼怕鬼魂和巫術侵害幼年之名而損及其身，因而採取防範措施的一種原始習俗。爵稱至遲在周初已産生，並已經常在稱謂中代替人名。殷商已有美號或謚號，至周代形成一種有爵則有謚的制度。殷人重祭而不名先王，故臨祭多以日干稱號代之。這種日干稱號之所以多爲雙數，乃與商周卜葬、虞祭、祔廟之禮用柔日有關。凡此所謂"字以敬名"、"謚以尊名"和尊而稱爵、諱而不名等等，都是宗法、等級社會中之避諱制度在不同場合的表現。歷來學者對兩周諱禮所作種種肯定與否定之推測，多不得要領，其原因是對諱禮未加深切體究和昧於文獻年代。經考證，兩周傳世文獻和出土金文中未見有犯諱的確證，而確有避諱之實例。

二、稱謂的社會等級制

稱謂，指人在社會中因親屬關係和職別地位等不同而獲得的名稱，亦指這些名稱之總和。在一定社會中，稱謂是區别親族中長幼親疏、社會中等級尊卑之標識。《爾雅·釋親》爲稱謂專著，惜偏於九族；後《方言》《小爾雅》《廣雅》等書雖有補苴，亦過於簡略。[1] 北周盧辯有《稱謂》五卷，書佚無考。[2] 清梁章鉅撰《稱謂録》三十二卷，已多後世典制、習慣。先秦社會之等級稱謂制，唯漢人所傳承之先秦典籍中尚有不成系統但却較爲原始的記述。尤其在相傳爲孔子所删定之《春秋》書法及三傳中亦可略窺一二。兹梳理條列於下，俾與先秦文獻中之實際稱謂相印證。

---

[1] 詳見芮逸夫《九族制與爾雅釋親》、《爾雅釋親補正》，《中國民族及其文化論稿》下集，臺灣大學人類學系出版 1989 年版，第 723—745 頁，第 847—874 頁。謝維揚《周代家庭形態》第三章《親屬稱謂制度》第一節，中國社會科學出版社 1990 年版，第 85—97 頁。
[2] 見《隋書·經籍志三》及姚振宗《隋書經籍志考證》卷三十，《二十五史補編》本，中華書局 1955 年版，第四册，第 5518 頁。

(一)文獻中的等級稱謂制

稱謂制,乃是人在親屬和社會關係網絡中獲得與其身份相稱之名稱的有關規定,這種規定包含約定俗成和人爲強制等因素。在先秦文獻中,郊廟祭祀,家庭、宗族、國家内部交往與外交場合之稱謂都顯示出嚴格的等級制。此種禮制中含有"周因於殷禮"的成分,則亦間接地反映了殷商社會的稱謂制。

1. 喪祭中的等級稱謂

(1)臨喪、招魂、訃告

A. 天子

○天子未除喪,曰予小子。生名之,死亦名之。(《禮記·曲禮下》)

鄭玄注:"謙,未敢稱一人。"孔疏亦謂"人子當未忍即受天王之稱",而"稱予小子者,言我德狹小也"。孫希旦集解:"愚謂在喪曰予小子,除喪曰予一人,此天子自稱之辭也。《顧命》曰'眇眇予末小子',在喪之辭也。成王之詩曰'閔予小子',初免喪,未欲遽稱予一人,謙辭也。"[1]至於生名死名,是指在喪嗣子若於喪期中死亡,則不變其稱謂。鄭玄注:"生名之曰小子王,死亦曰小子王也。"元吴澄引例云:"《春秋》景王崩,悼王未逾年,入於王城,不稱天王而稱王猛,所謂'生名之'也;死不稱天王崩,而曰王猛卒,所謂'死亦名之'也。"[2]予一人爲商周最高統治者之稱號,俯視一切,至高無上。[3] 既登位,所處無疑爲實際上的"予一人"地位,而於王考或先王喪事未除之際,仍

---

[1] 孫希旦《禮記集解》卷五,中華書局 1989 年版,第 130 頁。
[2] 吴澄《禮記纂言》卷一下,《文淵閣四庫全書》本,臺灣商務印書館 1983 年影印本,第 121 册,第 56 頁下。
[3] 見胡厚宣《釋予一人》(《歷史研究》1957 年第 1 期,第 75—78 頁);《重論予一人問題》(《古文字研究論文集》,四川大學學報叢刊,第十輯,第 13—31 頁);《中國奴隸社會最高統治者的稱號問題》(《紀念顧頡剛學術論文集》,上册,巴蜀書社 1990 年版,第 123—160 頁)。

須謙稱"予小子"①而不得稱"予一人",此足見等級稱謂不僅表現在現實社會中,並且體現在人天相隔之現實與虚幻世界中。生名、死名,乃史家筆法,②見後。

○崩曰天王崩,復曰天子復矣。告喪,曰天王登假。(《禮記·曲禮下》)

鄭玄注"天王崩"曰:"史書策辭。"《春秋》書周王死即曰"天王崩"。孔疏云:"王者死,如從天墜下,故曰崩。"復謂始死時招魂復魄,古者男子呼名,女子呼字,令魂魄聞其名字而還。然臣不可名君,且普天率土,天子一人而已,故呼"天子復"。登,升。假,遐。吴澄曰:"尊之,不敢言其死,但言其升陟於遐遠之處,猶言其登天也。"③

○卒葬曰帝。(《大戴禮記·諡志》)
○措之廟、立之主曰帝。(《禮記·曲禮下》)

稱帝之義,先儒因《史記》夏、殷本紀稱王皆曰帝,遂疑夏殷人祔廟稱帝(宋吕大臨説);或牽於後世皇帝之號,遂以爲"古者帝王生死同稱"(南朝梁崔靈恩説)。今從卜辭研究所得,知帝爲死去父王之稱。天子崩,作木主,使其靈魂憑依之,即名此神所依之木主爲帝。古者卒葬而遷主入廟,故《諡志》云天子"卒葬曰帝"。稱帝某者皆爲直系先王,旁系不見有稱帝者。帝即嫡字之前身。④然吕大臨謂"始入於廟曰帝者,同於天神,生事畢而鬼事始也……以帝名之,言其德主以配天也",⑤德配天地,乃古人意識中王者之

---

① 《左傳·僖公九年》有"凡在喪,王曰小童,公侯曰子"之文,杜預注:"禮稱亦不言小童,或所稱之辭各有所施,此謂王自稱之辭,非諸下所得書,故經無其事,傳通取舊典之文以事相接。"今略不論。
② 或云《禮記》之文,有雜取三代遺制約略爲説者,"予小子"與"生名""死名"各爲一義,三者有自稱,有史書之稱,固不當混爲一談。見清郭嵩燾《禮記質疑》卷二,嶽麓書社1992年版,第45頁。
③ 吴澄《禮記纂言》卷一下,《文淵閣四庫全書》本,第121册,第56頁下。
④ 參見裘錫圭《關於商代的宗族組織與貴族和平民兩個階級的初步研究》,《文史》第十七輯,中華書局1983年版。收入《古代文史研究新探》,江蘇古籍出版社1992年版,第296—342頁。
⑤ 衛湜《禮記集説》卷十一引,《通志堂經解》本,江蘇廣陵古籍刻印社1996年版,第12册,第405頁下。

象,故唯天子得稱,諸侯以下絕不與焉。

B. 諸侯(包括諸侯夫人及太子)

○其在凶服,曰適子孤。(《禮記·曲禮下》)

凶服,未除喪以前。孔疏謂此擯者告賓之辭,並據《雜記》"相者告曰'孤某須矣'"之文,謂全稱當云"適子孤某","彼文不云'適子',文不備,此直云'適子孤',不云名,亦文不具也。稱孤、稱名者,皆謂父死未葬之前也"。《左傳·昭公十年》:"〔晉平公〕既葬,諸侯之大夫欲因見新君。叔孫昭子曰:'非禮也。'弗聽。叔向辭之曰:'大夫之事畢矣,而又命孤,孤斬焉在衰絰之中,其以嘉服見,則喪禮未除;其以喪服見,是重受吊也。大夫將若之何?'"叔向代新君晉昭公言,故自稱孤。孫希旦即謂此乃"諸侯未除喪稱於諸侯之辭"。① 孤本喪父之稱謂,乃是古代喪禮所定之名稱。②《左傳·莊公十一年》:"臧文仲曰:'……列國有凶稱孤,禮也。'"孔疏:"無凶則常稱寡人,有凶則稱孤也。"其後諸侯亦自稱曰孤,殆由特定稱謂泛稱而來。既即位爲諸侯,不自稱寡人而稱孤,是王考之神靈"赫赫在上",不敢自尊,理與天子稱小子相似。

○死曰薨,復曰某甫復矣。(《禮記·曲禮下》)

鄭注"薨"云:"亦史書策辭。"孔疏補云:"此謂諸侯死而國史策辭也。若異國史書之,則但云卒也。"《春秋》書魯國國君死曰"薨",書他國諸侯死皆曰"卒"。某甫,字。諸侯非祇一人,不可云"諸侯復",故稱字。吕大臨曰:"某甫,字也。稱字,與卿、大夫、士異矣,臣不名君也。不稱爵,與天子異,有所降也。"③稱爵、稱字、稱名,乃天子、諸侯、卿大夫招復時之等級稱謂。

○君訃於他國之君,曰寡君不禄,敢告于執事。夫人,曰寡小君不

---

① 孫希旦《禮記集解》卷六,第141頁。
② 《禮記·王制》:"少而無父者謂之孤。"
③ 見衛湜《禮記集説》卷十三引,《通志堂經解》本,第12册,第412頁中。

禄。大子之喪，曰寡君之適子某死。（《禮記·雜記上》）

《曲禮》有"諸侯曰薨，夫人尊，與君同"之文，今何以曰"不禄"？鄭注："君、夫人不稱薨，告他國君謙也。"《吕氏春秋·士容》："南面稱寡。"高誘注："孤、寡，謙稱也。"訃告君喪於鄰國之君稱寡，所以謙己以尊人。孔穎達疏謂寡君者，乃寡德之君，亦屬謙稱。《論語·季氏》："邦君之妻……邦人稱之曰君夫人，稱諸異邦曰寡小君。"《曲禮下》："〔夫人〕自稱於諸侯曰寡小君。"孔疏："君之妻曰小君，而云寡者，亦從君爲謙也。"自稱必謙，稱人必敬，訃告不敢指斥鄰國君身，故云"告於執事"，寡君、寡小君，平時及報喪皆稱之。不云寡君某、寡小君某者，臣不敢名君也。適子某，某，適子之名，所以稱名，尊卑有别。此數條見外交尊謙之禮及身份等級之尊卑。

C. 卿大夫士

○凡訃於其君，曰君之臣某死。父母妻長子，曰君之臣某之某死。（《禮記·雜記上》）

○赴曰君之臣某死。赴母妻長子，則曰君之臣某之某死。（《儀禮·既夕禮》之記）

古文作"赴"，今文作"訃"。訃即使人至君所報喪。臣之名，固子及家人所不稱，然"君前臣名"，故必曰"君之臣某"，某者，即死臣之名。下文"某之某"，前某字爲生臣之名，後某字爲臣親屬死者之稱謂或名。《既夕禮》賈公彦疏："上某是士名，下某是母妻長子。假令長子，則云長子某甲，母妻則婦人不以名行，直云母與妻也。"所以冠以"君之臣"者，示"率土之濱，莫非王臣"之意。

○大夫訃於同國，適者，曰某不禄。訃於士，亦曰某不禄。訃於他國之君，曰君之外臣寡大夫某死。訃於適者，曰吾子之外私寡大夫某不禄，使某實。訃於士，亦曰吾子之外私寡大夫某不禄，使某實。（《禮記·雜記上》）

適，鄭玄讀爲匹敵之敵，言"謂爵同者也"。孔疏云："稱某者，或死者之名，或死者官號，而赴者得稱之。訃於至外臣者，大夫不屬他國，故云外臣，自謙退無德，故云寡大夫某矣。"與他國大夫或士私有恩好，故訃告時稱"外私"，自稱亦謙抑之爲"寡大夫"，尊稱人爲"吾子"。某之或名或字或官，當與本國同。意者，同爵或稱字，於士稱官，於他國之君則稱名。是訃於同爵大夫、士與他國君臣，稱謂亦不同，其尊卑謙抑，皆取決於社會地位及内外親疏。

　　○士訃於同國大夫，曰某死。訃於士，亦曰某死。訃於他國之君，曰君之外臣某死。訃於大夫，曰吾子之外私某死。訃於士，亦曰吾子之外私某死。（《禮記·雜記上》）

孔疏："云某死者，以其士賤，赴大夫及士皆云某死。若訃他國之君及大夫、士等皆云某死，但於他君稱外臣，於大夫、士言外私耳。"訃告當稱名，故於他國大夫、士曰"外私某"。士賤，其於同國大夫亦稱"賤私"，《士相見禮》"某也夫子之賤私"是也。

　　○及其死也，升屋而號，告曰皋某復。（《禮記·禮運》）
　　○復與書銘，自天子達於士，其辭一也。男子稱名，婦人書姓與伯仲，如不知姓則書氏。（《禮記·喪服小記》）
　　○凡復，男子稱名，婦人稱字，唯哭先復，復而後行死事。（《禮記·喪大記》）
　　○升自前東榮中屋，北面招以衣，曰皋某復三，降衣于前。（《儀禮·士喪禮》）

此四條明招魂與書銘之稱謂。鄭注《士喪禮》文以《喪大記》文爲證，是"某復"之某爲名（女則稱字），《禮運》之某亦準此。所含混不明者，《喪服小記》之説似與《喪大記》及《曲禮》"天子復"、"某甫復"不一。鄭注謂《喪服小記》爲殷禮，"殷質不重名，復則臣得名君。周之禮天子崩，復曰皋天子復；諸侯薨，復曰皋某甫復。其餘及書銘則同"。郭嵩燾《禮記質疑》謂"辭同而稱名固不同",質鄭注"似未宜假辭爲名而據爲殷制也"。① 孫希旦謂"其辭一者，謂復之辭與銘之辭同也"，"若天子則曰'天子復'，書銘曰'天子之柩'，諸侯曰'某甫復'，書銘曰'某甫之柩'"。② 依郭、孫之説，則《喪服小記》與"天子復"云云並無矛盾。鄭所謂殷禮，並無證據。至於婦人復稱字及書姓與伯仲問題，孔穎達疏謂婦人書姓與伯仲是書銘，復則稱字。夏炘《學禮管釋·釋婦人稱字》云："姓與伯仲即婦人之字也……婦人少文，稱伯仲於姓上以爲字，魯伯姬、叔姬、狄叔隗、季隗，以及季姒、季姬之類是也。蓋婦人不以名行，既筓而稱字，死則從夫之謚……無謚者仍稱字。"③並以何休注《公羊傳》"仲子"云"仲，字；子，姓"爲證，解經較孔氏明晰。實則伯仲與姓乃字之簡稱，古者婦女稱字多省"某母"而簡稱排行與姓，④故《喪大記》與《喪服小記》所記似異而實同。

(2) 卜葬、祭祀（遷廟、卜葬附）

A. 天子

　　○踐阼，臨祭祀，内事曰孝王某，外事曰嗣王某。（《禮記·曲禮下》）

鄭玄注："唯宗廟稱孝。天地、社稷祭之郊内，而曰嗣王，不敢同外内。"孔疏："内事，宗廟事親，事親宜言孝，古升阼階祭廟則祝辭云孝王某。某爲天子名也。外事曰嗣王某者，外事，郊社也。天地尊遠，不敢同親云孝，故云嗣王某，言此王繼嗣前王而立也。"吕大臨曰："一人之身而名有異者，内外尊卑，人神死生之際，不可以無別也。"⑤嚴吉祭、喪祭之別而異其稱謂，足見古人對稱謂之重視。

　　○臨諸侯，畛於鬼神，曰有天王某甫。（《禮記·曲禮下》）

---

① 郭嵩燾《禮記質疑》卷十五，第411頁。
② 孫希旦《禮記集解》卷三十三，中册，第881頁。
③ 夏炘《學禮管釋》卷一，《清經解續編》卷九六六，上海書店1988年影印本，第四册，第445頁上。
④ 此簡稱楊寬已論之，見""冠禮"新探"，《中華文史論叢》第一輯。後收入《古史新探》，中華書局1965年版，第234－255頁。
⑤ 衛湜《禮記集説》卷十一引，《通志堂經解》本，第12册，405頁上。

《爾雅·釋詁》:"畛,告也。"此謂天子巡行過諸侯之國,止於諸侯之廟,使大祝告鬼神。"有天王某甫",乃祝告之辭。鄭注:"某甫,且字也。"孔疏:"且以美稱(甫)配成其字。"是此處某指天子之字而非名,其稱謂所以異於"臨祭祀"者,鄭注以爲"不名者,不親往也"。孫希旦云:"鬼神,謂諸侯國内山川及先代諸侯之有功德者。稱字而不稱名者,以其神卑,且告祭禮簡故也。"①以天子之宗廟與諸侯之宗廟相較,似孫説爲得,所謂禮有尊卑也。清周廣業云:"天子稱名及字者,惟祭祀而已。"②天子之名最尊,平時祇稱"余一人"而不名不字。其於祭祀祖先、天地、社稷之鬼神時稱名或字,且分别内、外、侯國,以加"孝王"、"嗣王"、"天王",則敬畏之心由此可見一斑。

B. 諸侯

○臨祭祀,内事曰孝子某侯某,外事曰曾孫某侯某。(《禮記·曲禮下》)

孫希旦集解:"曰'孝子'者,謂祭禰廟也。"《雜記上》:"祭稱孝子孝孫。"孔疏謂"卒哭乃稱孝子也"。祭祀必在卒哭之後,故稱孝。此仿天子臨祭之例,所以稱孝子,理同天子之稱孝王。曾,重也。孫希旦云:"言己乃始祖之重孫,上本其得國之始而言。《武成》曰'惟有道曾孫周王發'是也。此雖爲祭外神之稱,其實内事自曾祖以上亦曰'曾孫',言於所祭者爲重孫也。《郊特牲》曰'稱曾孫某,謂國家也'是也。"③某侯某,上一"某"爲侯國之代稱,下一"某"乃諸侯之名。

○孝嗣侯某,敢以嘉幣告于皇考某侯,成廟將徙,敢告。(《大戴禮記·諸侯遷廟》)
○孝嗣侯某,敢用嘉幣告于皇考某侯,今月吉日,可以徙於新廟,敢告。(《同上》)

---

① 孫希旦《禮記集解》卷五,上册,第 127 頁。
② 周廣業《經史避名彙考》卷二,書目文獻出版社 1999 年影印本,第 91 頁。
③ 孫希旦《禮記集解》卷六,上册,第 142 頁。

孝嗣，猶孝子。宗廟内事，故稱孝。侯某，即《曲禮下》之"某侯某"，某爲名。皇考某侯之某，乃侯國之代稱。

C. 卿大夫士

○〔命筮者〕命曰：哀子某，爲其父某甫筮宅。（《儀禮·士喪禮》）
○〔宗人〕命曰：哀子某，來日某，卜葬其父某甫，考降，無有近悔。（同上）
○卒辭曰：哀子某，來日某，隮祔爾于爾皇祖某甫，尚饗。（《儀禮·士虞禮》）
○饗辭曰：哀子某，圭爲而哀薦之饗。（同上）

哀子，《雜記》云："喪稱哀子哀孫。"孔疏："喪則痛慕未申，故稱哀也。故《士虞禮》稱哀子，而卒哭乃稱孝子也。"李如圭集釋云："哀子，喪稱也。"① 某，胡培翬《正義》謂"主人名"，即哀子之名。親喪至卒哭之時段内，凡稱皆"哀子"加名。② 饗辭，鄭注："勸强尸之辭也……凡吉祭饗尸曰孝子。"饗辭三虞卒哭及祔練祥吉祭皆用之，鄭謂此饗尸之辭若吉祭時用之，則改哀子爲孝子。由此可見由始喪至卒哭，由卒哭至吉祭，子之稱哀稱孝者不同。某甫，鄭注云："且字也。若言山甫、孔甫矣。"胡培翬《正義》云："死者之字也。"甫爲男子之美稱，某則其字。是稱死者以字加美稱。至於皇祖某甫之稱，蔡邕謂爲鬼號，③周廣業以爲未必然，引《左傳·哀公二年》"〔衛大子禱曰〕曾孫蒯聵敢昭告皇祖文王、烈祖康叔、文祖襄公"文云："於三祖皆稱謚，然則稱字者士之禮，諸侯大夫皆稱謚也。"④士禮稱字，諸侯大夫禮稱謚，至確；疑蔡説爲非，則未必然。皇祖某、皇考某諸稱，彝器銘文多用之，皆作器者享孝於已亡祖父之稱。《少牢饋食禮》"皇尸未實侑"，言尸而加"皇"，即

---

① 李如圭《儀禮集釋》卷二十二，《叢書集成初編》本，第 1000 號，第 542 頁。
② 顧炎武《日知録》卷四《諸侯在喪稱子》："未逾年，又未葬，則稱名。先君初没，人子之心不忍亡其父也，父前子名，故稱名。"（上海古籍出版社 1985 年影印本，第 338 頁）顧説爲《春秋》書法，而亦當時禮儀如此。此諸侯禮與士禮同，故稱"哀子某"。
③ 蔡邕《獨斷》卷上"六號之別名"云："鬼號若曰皇祖伯某也。"（《叢書集成初編》本，第 811 號，第 12 頁）。
④ 周廣業《經史避名彙考》卷二，第 145 頁。

其證。人死爲鬼,死號猶鬼號,蔡説當有所本。

　　○孝孫某,來日丁亥,用薦歲事于皇祖伯某,以某妃配某氏,敢宿。(《儀禮·少牢饋食禮》)
　　○孝孫某,敢用柔毛……用薦歲事于皇祖伯某,以某妃配某氏,尚饗。(同上)
　　○來女孝孫,使女受禄于天,宜稼于田,眉壽萬年,勿替引之。(同上)

孝孫稱謂形式與孝子同。卒哭稱孝,對祖言孫。皇祖伯某,《士虞禮》言"皇祖某甫",互文見義,即稱"皇祖伯某甫"。皇者,已亡人之美號。伯某甫,表字。某妃,某妻,此指祖之妻。此孫稱祖父母之稱謂。而尸之稱孫,亦曰"孝孫某",某則其名。

　　○祝告稱婦之姓,曰某氏來婦,敢奠嘉菜于皇舅某子。(《儀禮·士昏禮》)
　　○某氏來婦,敢告于皇姑某氏,奠菜于席,如初禮。(同上)

某氏,某,婦人之姓。皇,已亡人之美號。加於舅、姑之上,明其已死。某子,敖繼公云:"某,謚也,猶言文子、武子矣,此蓋指其爲大夫者也,假設言之,以著其廟見之禮。"①胡培翬從之,並云:"若舅爲士,則當稱其字曰伯某甫。"②皇姑某氏之某,亦姑之姓。此舅姑没,婦廟見時之稱謂。宗廟之敬,著於"皇"字,此鄭注所謂"尊神異於人也"。

　　○祭王父曰皇祖考,王母曰皇祖妣;父曰皇考,母曰皇妣,夫曰皇辟。(《禮記·曲禮下》)

---

① 敖繼公《儀禮集説》卷二,《通志堂經解》本,第14册,第48頁下。
② 胡培翬《儀禮正義》卷三,江蘇古籍出版社1993年版,上册,第202頁。《欽定儀禮義疏》云:"婦於舅稱某子,尊尊之義也。士固無謚,即大夫亦不必盡有謚,則稱謚之説不可以爲通禮矣。"而謂此當是稱舅之姓。與敖、胡二氏説不同(《文淵閣四庫全書》本,第106册,第166頁上)。

鄭玄注："更設稱號，尊神異於人也。"此生死稱謂之不同。

2. 其他場合中的等級稱謂

(1) 天子

A. 自稱

○凡自稱，天子曰予一人。（《禮記·玉藻》）
○朝諸侯，分職授政任功曰予一人。（《禮記·曲禮下》）

予一人亦作余一人，鄭注《曲禮下》引《覲禮》曰"伯父實來，余一人嘉之"，①並云："余、予古今字。"甲金文多稱"予一人"，偶亦有作"我一人"者。其所以稱者，《白虎通·號》云："或稱一人，王者自謂一人者，謙也。欲言己材能當一人耳……臣下謂之一人何？亦所以尊王者也。以天下之大，四海之內，所共尊者一人耳。"陳立疏證："是余一人者，謙詞，亦猶孤寡諸稱也。若人臣稱之，則亦言一人，言四海之內，惟一人，乃爲尊稱也。"②是知此稱有兩義，天子自稱，乃謙辭；臣下稱之，則由尊義。③

B. 他稱

○五官之長曰伯，是職方，天子同姓謂之伯父，異姓謂之伯舅。（《禮記·曲禮下》）
○九州之長，入天子之國曰牧，天子同姓謂之叔父，異姓謂之叔舅。（同上）

《覲禮》："同姓大國則曰伯父，其異姓則曰伯舅，同姓小邦則曰叔父，其異姓小邦則曰叔舅。"《詩·小雅·伐木》毛傳："天子謂同姓諸侯，諸侯謂同姓大

---

① 今本《儀禮·覲禮》作"予一人"。鄭注三禮於古文、今文、古字、今字多所揭櫫，今《覲禮》下不言，知亦有所略，或後人鈔脫。參閱虞萬里《三禮漢讀異文及其古音系統》，《語言研究》1997 年第 2 期，收入《榆枋齋學術論集》，江蘇古籍出版社 2001 年版，第 105－213 頁。
② 陳立《白虎通疏證》卷二，《清經解續編》卷一千二百六十六，第五冊，第 504 頁中。
③ 文獻中此稱極多，詳胡厚宣《中國奴隸社會最高統治者的稱號問題》，《紀念顧頡剛學術論文集》上冊，第 123－160 頁。

夫,皆曰父,異姓則稱舅。"伯者,長大之名,叔其次者。父者,同姓重親之稱,故稱伯父、叔父。異族無父稱,但爲婚姻,故稱伯舅、叔舅。① 然九州之長曰牧,尊於大國,何以稱叔？孫希旦云:"牧尊於大國,而曰叔父、叔舅者,蓋亦辟二伯,而因以別異於大國之不爲牧者。"②

(2) 諸侯

A. 自稱

(A) 對上

○〔五官之長〕其擯於天子也,曰天子之吏。(《禮記·曲禮下》)

鄭注:"《春秋傳》曰'王命委之三吏',謂三公也。"孔疏:"此是二伯也……若擯者傳辭於天子,則稱此二伯爲天子之吏也。亦當言名也,記者略可知也。然擯呼在朝三公亦爲天子之吏。若然,《玉藻》云'伯曰天子之力臣'者,謂介傳命稱天子力臣,擯者受辭傳於天子則曰天子之吏。"孔疏謂傳辭於天子,"當言名也,記者略",是本"君前臣名"之禮。面對四方諸侯,可稱"天子力臣",力臣猶股肱,寓重要之意於稱謂之中;然在天子之前,則稱"天子之吏",祇能表明"莫非王臣"之意。對象尊卑不同,稱謂謙抑有異。

○諸侯見天子,曰臣某侯某。(《禮記·曲禮下》)
○諸侯之於天子,曰某土之守臣某。(《禮記·玉藻》)

鄭注《曲禮》文謂嗇夫承命告天子之事,《玉藻》爲諸侯身對天子之辭。"臣某侯某"者,某土之某爲國名,臣某之某爲人名。"某土之守臣某",某土之某爲國名,臣某之某爲人名。孫希旦參證二者,以爲全稱當云"某土之守臣某侯某",《曲禮》不云"某土之守",《玉藻》不云"某侯",皆文之省略。君前臣名,故自稱"臣某",此後世一直沿用。

---

① 五官之長稱伯,爲九命;九州之長稱牧,爲八命;各國諸侯皆七命。示如下:
  伯父:同姓五官之長,同姓大國,九命;伯舅,異姓五官之長,異姓大國,九命。
  叔父:同姓九州之長,同姓小邦,八命;叔舅,異姓九州之長,異姓小邦,八命。
② 孫希旦《禮記集解》卷五,上冊,第136頁。

○其在邊邑，曰某屏之臣某。（《禮記·玉藻》）

此謂四夷之長入天子之國，自稱於天子或由擯者告天子稱"某屏之臣某"。屏，言在邊境爲天子之屏障，某屏之某指其方位，臣某之某爲人名。按，《曲禮》云："其在東夷北狄西戎南蠻，雖大曰子。"鄭注云："入天子之國曰子。"故孫希旦《玉藻》集解云："約《曲禮》當曰'某屏之臣某子某'也。"① 則子前之某爲國名，子後之某爲人名。大國小邦，等級秩然。

○其在東夷、北狄、西戎、南蠻，雖大曰子。（《禮記·曲禮下》）

四夷之君，其轄地雖有大小，其爵無過於"子"。入天子之國，自稱曰"子"，天子稱之亦曰"子"。《春秋》書楚子、吳子、杞子之類皆是。

○庶方小侯，入天子之國，曰某人。（《禮記·曲禮下》）

此謂四夷戎狄之君。稱某人，某爲部族名，如《春秋》書邾人、葛人來朝，又如牟人、介人等。

(B) 對平輩

○伯曰天子之力臣。（《禮記·玉藻》）

此乃伯擯於諸侯之辭。伯，五官之長。鄭注"伯，上公九命"。力臣，謂天子宣力之臣。此與前《曲禮》對天子自稱"天子之吏"者不同，前者謙上也。力臣唯二伯得稱，無他稱；"老"則通於諸侯，然亦有自稱、他稱之別。

○〔五官之長〕自稱於諸侯，曰天子之老。（《禮記·曲禮下》）

諸侯，指九州及四夷之諸侯。繫於天子而稱者，借"天子"之名以威遠國之意。鄭玄《王制》"天子之老"注云："老謂上公。"《左傳·昭公十三年》"天子

---

① 孫希旦《禮記集解》卷三十，中冊，第 836 頁。

之老請率王賦"杜注:"天子大夫稱老。"孔疏參證《采芑》《曲禮》等文,謂"老者,是大夫之總名"。自稱則唯三公二伯得稱"天子之老",他稱則卿大夫亦得名"老"。至於諸侯之臣稱"寡君之老",蓋亦依仿其辭也。

○〔庶方小侯〕於外曰子,自稱曰孤。(《禮記·曲禮下》)
○小國之君曰孤,擯者亦曰孤。(《禮記·玉藻》)

兩者皆指夷狄子男之君。於外曰子,謂在四夷各國中稱子。與國中臣民言,則稱孤。《玉藻》孫希旦集解:"擯者亦曰孤,謂擯於諸侯之辭也。其擯於天子,則曰'某人某'。"①

○〔東夷、北狄、西戎、南蠻之君〕於外自稱曰王老。(《禮記·曲禮下》)

於外,謂對其他戎狄之國。王老,亦威遠國之稱。

(C) 對下

○其(諸侯)與民言,自稱曰寡人。(《禮記·曲禮下》)

鄭注孔疏,皆謂寡爲謙辭,言己寡德。《老子》第三十九章:"是以侯王自稱孤、寡、不穀。"三者皆侯王之自稱。據《曲禮》鄭注:"穀,善也。"不穀即不善。孔子曰:"德不孤,必有鄰。"孤者亦少德、無德之義。② 呂大臨云:"古者兩君相見及與臣下言皆自稱曰寡人。此云與民言,舉其略也。"③

○〔東夷、北狄、西戎、南蠻之君〕於內自稱曰不穀。(《禮記·曲禮下》)

---

① 孫希旦《禮記集解》卷三十,中册,第837頁。
② 《詩·邶風·燕燕》"先君之思,以勖寡人"鄭箋:"寡人,莊姜自謂也。"此諸侯夫人自謂之例,然不常見。
③ 衛湜《禮記集説》卷十三引,《通志堂經解》本,第12册,第412頁上。

於內，謂對國內之臣民。不穀，見上條。
  B. 他稱

○五官之長曰伯，是職方。(《禮記·曲禮下》)

五官，殷周天子之五官，指司徒、司馬、司空、司士、司寇。① 鄭注："謂爲三公者，《周禮》'九命作伯'。職，主也。是伯分主東西者。"所謂分主東西，即《王制》"分天下以爲左右，曰二伯"。《公羊傳·隱公五年》："自陝而東，周公主之；自陝而西，召公主之。"周代五官之長，唯周公、召公。郭嵩燾曰："經意以五官制諸侯之貢，又於五官之中置二伯，使長諸侯，以明內外相制、大小相維之義。"②

○九州之長，入天子之國曰牧。(《禮記·曲禮下》)

周天子於每州之中，選賢侯一人，加一命爲牧。牧，養也，謂其養一州之人。牧爲八命，次伯一等。

○〔五官之長〕於外曰公，於其國曰君。(《禮記·曲禮下》)

謂國外之人稱其爲公，如《春秋》書周公、召公者是。國內之臣民則稱其爲君。

○〔九州之長〕於外曰侯，於其國曰君。(《禮記·曲禮下》)

謂國外之人稱其爲侯，如《春秋》之諸侯者是。國內之臣民則稱其爲君。
  (3) 世子、公子

---

① 天子之五官，文見《禮記·曲禮下》，鄭玄注謂殷制。此五官皆見於鐘鼎銘文，可見禮家所記有自來，亦周因於殷禮之一證。參閱張亞初、劉雨《西周金文官制研究》一書，中華書局 1986 年版。
② 郭嵩燾《禮記質疑》卷二，第 49 頁。

○世子自名。擯者曰寡君之適。公子曰孼臣。(《禮記·玉藻》)

世子、庶子對已君前稱名,庶子稱"孼臣某"。孔疏云:"若對他國,當云外臣。"此指公子,世子則稱"寡君之適"。

○故君子有君不謀仕,唯卜之日稱二君。(《禮記·坊記》)

君子,君之子,此處指諸侯之子。鄭玄注:"二當爲貳,唯卜之時,辭得曰君之貳某爾。"孔穎達爲之解曰:"二當爲貳,謂副貳也。謂君有事,故不得親臨卜筮,其嗣子爲君而卜,其辭得稱君之貳某,告龜筮也。"注疏解太子之所以平時不謀仕官,恐爲人嫌己有急於即位之意,故祇在卜龜筮時始稱"君之貳某",某爲名。

(4)后、夫人等
A. 自稱
(A)對上

○夫人自稱於天子曰老婦。(《禮記·曲禮下》)

此夫人指諸侯之妻,若於助祭時見天子,自稱老婦,謂老而服事。孔穎達謂指王畿内之諸侯夫人。孫希旦則謂此指王之姑、姊妹,或姑、姊妹之女嫁於諸侯,或歸寧,或使大夫寧王,或使人弔喪而有辭以接於天子之稱謂。

(B)對平輩

○〔公侯夫人〕自稱於諸侯曰寡小君,自稱於其君曰小童。自世婦以下,自稱曰婢子。(《禮記·曲禮下》)

此承上文"公、侯有夫人,有世婦,有妻,有妾"言。謂夫人對別國諸侯自稱"寡小君"。寡乃謙辭。對本國之君則曰"小童"。小童,未成年人之稱,自謙言無知也。婢,卑也。世婦,妻、妾卑於夫人,故自稱皆曰"婢子"。

B. 他稱

○天子之妃曰后，諸侯曰夫人，大夫曰孺人，士曰婦人，庶人曰妻。（《禮記·曲禮下》）

妃，配。上至天子，下至庶人，皆有妃配。后，《白虎通·嫁娶》："后者，君也。天子妃至尊，故謂后也。明配至尊，爲海内小君。天下尊之，故繫王言之曰王后也。"夫人之名，爲諸侯妃配之專稱，《論語》所謂"邦君之妻，邦人稱之曰君夫人"。孺，鄭注："孺之言屬。"孔穎達以爲言其爲親屬。按，《喪大記》"大夫曰世婦"，未聞有孺人，"孺"字亦不見甲金文。婦，甲金文常見，其地位稱謂與經傳稱謂制之同異，尚未明白。妻，齊也。庶人賤，其妃配無稱，與其齊體而已。

(5) 卿大夫、士

A. 自稱

○君前臣名。（《禮記·曲禮上》）

字以敬名，但至尊之前無私敬，故對君而言臣，對父而言子，無論自稱或稱同僚、兄弟，皆直呼其名。

○列國之大夫，入天子之國曰某士，自稱曰陪臣某。（《禮記·曲禮下》）

此大夫指諸侯之卿，爵三命，於天子爲士，故曰"某士"。據晉韓起聘於周，擯者曰"晉士起"，連名而稱，則當曰"某士某"。陪有重義，言諸侯於天子爲臣，己又於諸侯爲臣，其於天子乃臣下之臣，故稱"陪臣某"。

○上大夫曰下臣，擯者曰寡君之老。（《禮記·玉藻》）

孔疏："上大夫，卿也。自於己君前稱曰下臣。君前臣名，稱下臣某也。"若其出使他國，擯者向人稱上大夫爲"寡君之老"。衛湜集説引方慤云："上大夫居上位,而不敢以上自居,故曰下臣而已。"①

○下大夫自名,擯者曰寡大夫。(《禮記·玉藻》)

自名,謂下大夫於己君前稱名,不敢稱下臣,以地位卑於上大夫。若其出使他國,擯者向人稱下大夫爲"寡大夫",亦卑於上大夫。

○大夫私事使,私人擯則稱名,公士擯則曰寡大夫、寡君之老。(《禮記·玉藻》)
○非以君命使,則不稱寡大夫,士則曰寡君之老。(《儀禮·士相見禮》)

私事使,鄭注謂"以君命私行,非聘也"。孫希旦謂"以私事自使人於諸侯也"。② 私人,家臣。私人擯,不得稱其主爲"寡大夫"、"寡君之老",祇能稱名,當稱"君之外臣某"。公士擯,謂奉君命出使,大聘使卿,小聘使大夫,以公士爲傳辭,公士對人君分別稱"寡君之老"和"寡大夫"。於此可見非唯等級分明,公事私事之間,其稱謂亦有不同。③

○〔列國之大夫〕使者自稱曰某。(《禮記·曲禮下》)

孔疏云:"某,名也。若此卿爲使在他國,與彼君語,則稱名也。"謂自稱其名,以敬異國之君。

○大夫七十而致事……自稱曰老夫,於其國則稱名。(《禮記·曲

---

① 衛湜《禮記集說》卷七十七,《通志堂經解》本,第 13 册,第 126 頁中。
② 孫希旦《禮記集解》卷三十,中册,第 838 頁。
③ 按,《儀禮·士相見禮》之文疑有脫漏。李如圭《儀禮集釋》卷三此句下案語云:"擯者稱上大夫曰寡君之老,稱下大夫曰寡大夫。然必公士擯乃得稱之。此文當云:非以君命使則不稱寡大夫、寡君之老。正與《玉藻》……互相爲義。衍'士則曰'三字耳"。(《叢書集成初編》本,第 1000 號,第 78 頁)他如戴震、王引之、盧文弨、朱大韶、汪中、方苞等人皆有說。參閱胡培翬《儀禮正義》卷四,上册,第 269 頁。

禮上》）

鄭注："老夫，老人稱也。"孔疏："若此老臣行役四方，應與人語，其自稱爲老夫。言己是老大夫也。"此乃對國君以外之人的稱謂，對國君仍稱名，所謂"君雖尊異之，自稱猶若臣"（鄭玄注語）也。

　　○凡自稱於君，士大夫則曰下臣。[①] 宅者在邦，則曰市井之臣；在野，則曰草茅之臣……他國之人，則曰外臣。（《儀禮·士相見禮》）

宅者在邦、在野，謂致仕家居，或在國中，或在郊野，其自稱於君則分別爲市井之臣、草茅之臣。他國之人，指他國之士大夫。[②]

　　○士曰傳遽之臣，於大夫曰外私。（《禮記·玉藻》）

鄭注："傳遽，以車馬給使者也。"孔穎達謂此乃對己君之稱，然亦認爲皇侃之對他國國君説，於義亦通。孫希旦則以爲是稱於他國之君、他國大夫之辭。
　　B. 他稱

　　○〔列國之大夫〕於外曰子，於其國曰寡君之老。（《禮記·曲禮下》）

他國之人稱此大夫爲子，或稱氏姓，或連采邑稱。而國中之人與他國人言及此大夫時，則稱爲"寡君之老"。

　　○士於君前所言，大夫没矣，則稱謚若字。（《禮記·玉藻》）

[①]　士大夫，李如圭集釋據《玉藻》文作"上大夫"。戴震説同。胡培翬認爲仍當作"士大夫"，參閲《儀禮正義》卷四，上册，第 271—273 頁。
[②]　此據敖繼公説，見《儀禮集説》卷三，《通志堂經解》本，第 14 册，第 56 頁中。

孔疏："君前臣名,若彼大夫生,則士呼其名。若彼大夫已死没,而士於君前言,則稱彼謚。無謚則稱字。不呼其名,敬貴故也。"據孔疏,大夫有謚則不稱字,此於《春秋傳》中可徵知。

(6)庶人

○〔凡自稱于君〕庶人,則曰刺草之臣。(《儀禮·士相見禮》)

此庶人自稱於君之辭。與《孟子·萬章下》以庶人自稱草莽之臣者同。①《白虎通·爵》有云"庶人稱匹夫者,匹,偶也。與其妻爲偶,陰陽相成之義也",此與前所論天子諸侯不同之爵稱,以及王者之太子稱士等,均體現出不同身份中之等級稱謂。

(7)父母子女統稱

○父前子名。(《禮記·曲禮上》)
○子於父母,則自名也。(《禮記·曲禮下》)

名爲父所命,子於父前,自呼稱名。"子於父母則自名"者,雖承上文言天子諸侯之女嫁爲諸侯夫人之稱謂,含義與父前稱名同。

稱謂之尊卑等級在絶大部分場合皆循上可名下而下不可名上之原則,但亦偶有例外,如:

○國君不名卿老、世婦,大夫不名世臣、姪娣,士不名家相、長妾。(《禮記·曲禮下》)

此即鄭玄所謂"雖貴,於其國、家猶有所尊"者。卿老,上卿;世臣,父時老臣;家相,助知家事者:皆年長爵高而有功之人。姪娣,大夫妻之兄女及女弟從嫁者。世婦,謂二媵,即諸侯從嫁姪娣。世婦、姪娣、長妾,皆諸侯、大夫、士家中妻妾之貴者。凡此皆尊而不名。② 至漢人所傳,又與《曲禮》所記

---

① 《孟子》以"市井"、"草莽"爲庶人自稱,《士相見禮》謂爲致仕家居者自稱,兩者文略同而實異。
② 關於"大夫不名世臣、姪娣"可參見趙良澍《讀禮記》卷一,《叢書集成初編》本,第1025號,第9頁。

不同。

《説苑・臣術》記伊尹對湯問云："君之所不名臣者四：諸父臣而不名，諸兄臣而不名，先王之臣臣而不名，盛德之士臣而不名，是謂大順也。"①

《白虎通・王者不臣》云："王者臣有不名者五：先王老臣不名，親與先王戮力共治國，同功於天下，故尊而不名。《尚書》曰'咨爾伯'，不言名也。〔上大夫〕不名者，貴賢者而已，共成先祖功德，德加於百姓者也。《春秋》單伯不言名，傳曰：吾大夫之命於天子者也。盛德之士不名，尊賢也。《春秋》曰'公弟叔肸'，不名盛德之士者，不可屈以爵祿也。諸父諸兄不名。諸父諸兄者親，與己父兄有敵體之義也。《詩》云'王曰叔父'。《春秋傳》曰：'王札子何？長庶之稱也。'"

《白虎通》爲後漢章帝時諸儒於白虎觀所講論之結集。時晚於劉向，而不名之對象由四而五，多一上大夫。其不名之原因及所據亦已表白清楚。漢末何休注《公羊傳・桓公四年》"其稱宰渠伯糾何？下大夫也"亦用此説而稍異。陳立謂此皆爲"今文《春秋》説也"，②乃源於秦漢間。然是否真如劉向所記爲起於殷商，則已史闕無徵。從伊尹本人在甲骨文中屢被祭祀之情況看，他是一位備受尊敬的老臣，太甲稱其爲師保而不名（見《書・太甲》），而後世不名之傳説繫於其名下，或亦事出有因。據此，並徵諸《春秋》書法和文獻中稱官稱子稱字之例，可知不名之禮確實存在於兩周，第當時未必有律文，發展到後來，才歸結爲四不名、五不名之説。

（二）《春秋》書法所反映的等級制

今見之《春秋》經，爲《魯春秋》，抑孔子所筆削之《春秋》，已不能質指。《禮記・經解》引孔子曰："屬辭、比事，《春秋》教也。""屬辭比事而不亂，則深於《春秋》者也。"是孔子曾以《魯春秋》教門人。教授之前之際是否筆削，雖無明據，然孟子言孔子懼，作《春秋》，竊取其義，③是戰國時所盛傳。且孟子爲子思再傳弟子，傳有所本。迨《公》《穀》以問答體解《春秋》，其經文雖

---

① 向宗魯《説苑校證》卷二，中華書局1987年版，第37頁。
② 《白虎通疏證》卷七，中華書局1994年版，第325頁。
③ 《孟子・滕文公下》："臣弑其君者有之，子弑其父者有之，孔子懼，作《春秋》。"又《離婁下》："孔子曰：其義則丘竊取之矣。"

有異同，而大體一致，蓋祖本相同之故。《左傳》之真偽及年代，相訟千餘年而不決，其經文固亦多與《公》《穀》同。可見自孔子以《魯春秋》授門人，弟子又各本師意，遞相傳授，雖系脈不同，而皆遠紹《魯春秋》也。①

以"斷爛朝報"之經文觀之，就以月繫年，以日繫月，以事繫日之文體言，已簡無可簡。《公》《穀》二傳本師傳之意，吹毛深求，尋索筆削之微言大義，往往穿鑿附會，遂使人反不之信。② 杜預治《左傳》，知《春秋》有"典策之正文"，有"夫子之變例"，③黃式三釋《春秋》之書法，亦屢言"史例如此，夫子因之"，④此皆深信夫子曾筆削《春秋》而知當時史官自有書法者也。

且不論孔子是否筆削《春秋》及其筆削程度如何，亦摒棄《公》《穀》二傳所闡發之微言大義，將《春秋》置於當時之歷史下論，以至簡之文字，記紛繁之人事，其取去褒貶必有定例，此從齊之太史簡、晉之董狐筆中可徵實無疑。史官有曲筆有直筆，而曲直之筆皆是對固有之史法，或説書法條例而言，若漫無書法，則便無所謂曲直。顯而易見者，以月繫年，以日繫月，以事繫日即書法，進而求之，雖事有出入，若以古禮等校覈，未始不可求得。如：

《曲禮下》云："崩曰天王崩。"又云："天子死曰崩。"《春秋》歷十二王，書"天王崩"者九，其中志崩葬者五，志崩不志葬者四，而崩葬皆不志者三。⑤

《曲禮下》："諸侯曰薨。"《春秋》書魯君死曰"公薨"、"公薨於路寢"、"公薨於小寢"、"公薨於臺下"等計十一次。而外諸侯之死皆曰卒，計一百三十三次。⑥

其書天子曰崩，魯君曰薨，外諸侯曰卒，⑦整齊劃一，自有其書法在。

---

① 洪業《春秋經傳引得序》謂《春秋經》在傳授中或有五本。《洪業論學集》，中華書局1981年版，第223—289頁。
② 自劉知幾《史通·惑經》提出十二"未喻"以來，宋元明清以至近現代不信孔子《春秋》書法者代有其人，兹不羅列。
③ 參見杜預《春秋釋例》卷一，《叢書集成初編》本，第3628號，第9頁。
④ 黃式三《春秋釋·釋族》，《清經解續編》卷一千零十九，第四册，第657頁中。
⑤ 所以志"崩"志"葬"書法不同，論者以訃告、不訃告及魯往不往爲準。
⑥ 胡安國《春秋傳》曰："諸侯曰薨，何以書卒？不與其爲諸侯也。"石光霽《春秋書法鈎玄》曰："夫子作《春秋》則有革而弗因者。周室東遷，諸侯放恣，專享其國，上不請命，聖人奉天討以正王法，則有貶黜之刑矣，因其告喪，特書曰卒。"《文淵閣四庫全書》本，第165册，第807頁。
⑦ 前引《禮記·雜記上》謂君死訃告他國時稱"寡君不禄"，與此又不同。據鄭注，稱不禄乃訃告時謙辭。且《曲禮下》曰"壽考曰卒，短折曰不禄"，稱不禄，乃臣子哀惜之情。見《公羊傳·隱公三年》徐彦疏引鄭玄《駁五經異義》。此見古代撰作與實際語言又有所不同。

《曲禮下》："大夫曰卒。"《公羊傳·隱公三年》亦云。今《春秋》記內大夫死三十餘例，皆曰卒。以內大夫死與外諸侯死同書"卒"觀之，即不言其有褒貶軒輊，亦至少有內外之別。此亦即魯史官書法之一。

今見之《曲禮》出小戴，傳自古《曲禮》。《曲禮》云："天子死曰崩，諸侯曰薨，大夫曰卒，士曰不祿，庶人曰死。"①與《春秋》所記略異。三傳乃解經之書，《春秋·隱公三年》"三月庚戌天王崩"下《公羊傳》云："曷爲或言崩，或言薨？天子曰崩，諸侯曰薨，大夫曰卒，士曰不祿。皆所以別尊卑也。"又復曰："天子記崩不記葬，必其時也。諸侯記卒記葬，有天子存，不得必其時也。"公羊家固深知《春秋》記內外諸侯之薨、卒異詞，而其説解所引古禮古説與《曲禮》一致，並未在"諸侯曰薨"後補云"亦曰卒"一語，足見《曲禮》所記乃禮之正例。《公羊傳·隱公三年》"八月庚辰，宋公和卒"何休注："不言薨者，《春秋》王魯，死當有王文。聖人之爲文辭孫順，不可言崩，故貶外言卒，所以褒內也。"②由此可知，今傳《春秋》中之書法，有與古禮相吻者，或係西周及春秋之時儀禮稱謂與史官記事本然如此；其相異者，當係魯史官（或孔子）以魯爲中心之獨特書法。③

"崩薨卒不祿"之書法如此，進而觀其相應之名謂書法。《春秋》凡周王死皆書"天子崩"，不書名，此禮所謂臣不可名君之意。魯君之死，亦皆書"公薨"而不名。他國諸侯之死，則書"某侯某卒"，如：宋公和卒（隱公三年八月）、許男業卒（文公五年冬十月）。①內大夫卒皆書名書氏，如：公子益師卒（隱公元年）、季孫意如卒（定公五年夏六月丙申）。而外大夫之考終命者皆不登書。由是觀之，魯君不名，躋與天王等，外諸侯名而書卒，降與內大

---

① 《通典》卷八十三引《漢石渠議》："聞人通漢問云：'《記》曰：君赴於他國之君曰不祿，夫人曰寡小君不祿，大夫士或言卒死，皆不能明。'戴聖對曰：'君死未葬曰不祿，既葬曰薨。'"（浙江古籍出版社1988年影印商務印書館萬有文庫本，第447頁上）此漢儒對古禮所記異辭之解釋。

② 《公羊傳·隱公三年》何休注，阮刻《十三經注疏》本，中華書局1981年影印本，下冊，第2204頁中。

③ 關於《春秋》此一書法，經學家頗多異說。杜預《春秋釋例》曰："天子曰崩，諸侯曰薨，大夫曰卒，古之制也。《春秋》所稱，曲存魯史之義，內稱公而書薨，所以自尊其君，則不得不略外諸侯書卒以自異也。"晉范甯《穀梁傳集解》文同，僅改"古之制"爲"周之制"。但亦有異詞。《禮記·雜記》孔穎達疏："《異義》：今《春秋公羊》説諸侯曰薨，訃於鄰國亦當稱薨，經書諸侯言卒者，《春秋》之文王魯，故稱卒以下魯。《古春秋左氏》説，諸侯薨，赴於鄰國稱名，則書名相卒。卒者，終也，取其終身，又以尊不出其國。許君謹案：《士虞禮》云：尸服卒者之上服，不分別尊卑，（轉下頁注）

夫等，頗可見此乃以魯爲中心之史官書法。

魯史官既於死之書名不書名之間有此人爲之筆，推見其在其他事件中對人物之書爵號書名書字或不名不字，亦當有一定的準則。茲擇前人研究《春秋》書法中之關涉爵號名字者條列於下：

1. 不名不字書稱爵號官職

(1) 周王書稱天王、天子

《禮記·曲禮下》："君天下曰天子。"鄭注："今漢於蠻夷稱天子。"孔疏引許慎曰："《春秋左氏》云：施於夷狄稱天子，施於諸夏稱天王，施於京師稱王。"此漢古文經之説。胡安國云："臨諸侯曰天王，君天下曰天子，皆一人之通稱。"王爲夏商周三代最高統治者稱號，②王上加"天"，則自周始。天爲周人至上之神，周王亦自謂天帝之子，故又稱天子。《春秋》一書，書"天王"者三十二，書"天子"者僅成公八年一次。顧炎武云："《尚書》之文但稱王，《春秋》則曰天王，以當時楚、吳、徐、越皆僭稱王，故加'天'以別之也。趙子曰：'稱天王以表無二尊。'是也。"③或得其實。

(接上頁注)皆同言卒，卒者，終也，是終没之辭也。鄭駁之云：案《雜記上》云：君薨，訃於他國之君，曰寡君不禄。《曲禮下》曰：壽考曰卒，短折曰不禄。今君薨而云不禄者，言臣子於君父雖有考終眉壽，猶若其短折然。若君薨而訃者曰卒，卒是壽終矣，斯無哀惜之心，非臣子之辭。鄰國來赴書以卒者，言無所老幼，皆終成人之志，所以相尊敬。"是許、鄭雖異説，而皆不取公羊家説。杜預深於《左傳》，既不取《古春秋左氏》説，亦不取許、鄭説，獨從公羊家之説，必有其獨自的認識。孔穎達云："杜以爲《禮記》後人所作，不正與《春秋》同，杜所不用也。"

① 偶有例外不書名者，如：(隱公七年)滕侯卒。《左傳》云："不書名，未同盟也。凡諸侯同盟，於是稱名，故薨則赴以名。"《穀梁傳》云："滕侯無名，少曰世子，長曰君，狄道也。其不正者名也。"《公羊傳》云："何以不名？微國也。"三傳各自爲解。楊士勛《穀梁注疏》以《春秋》中不盟書名者斥《左傳》，以微國邾子克、許男新臣等書名斥《公羊》。傅隸樸《春秋三傳比義》認爲：不盟書名，是當時禮無不同盟不得書名之規定，《左傳·僖公二十三年》"赴以名則亦書之"與此正可互補其義。據杜預《世族譜》，滕君皆有名有謚，非狄道。且《春秋·昭公三年》有"滕子原卒"，亦書名。因云滕非魯之同盟，魯史不知其名，其薨又未以名赴，故策不書其名。又如：(隱公八年夏六月)辛亥，宿男卒。《穀梁傳》云："宿，微國也。未能同盟，故男卒也。"凡不書名，皆有其原因在。

② 凡傳世文獻及金文中非天子而稱"王"者，多僭稱。如《左傳·哀公十三年》"吳人告敗于王(吳王)"，《哀公二十六年》"王(越王)命取之"等等是。

③ 顧炎武《日知録》卷四"天王"條，上海古籍出版社1985年影印本，第307頁。

(2) 周王之子書稱王子、王世子

天王之子稱王子,天王已死既葬,王子尚未登基即位,不書名。王世子,有繼世而有天下之意。《春秋·僖公五年》:"公及齊侯……會王世子於首止。"此王世子即周惠王太子鄭。

(3) 周王正妃書稱王后

如《春秋·桓公八年》:"遂逆王后于紀。"

(4) 周王之女書稱王姬

《春秋·莊公元年》:"單伯送王姬。"杜注:"王姬,不稱字,以王爲尊,且別於內女也。"內女,與王同姓,以字加姓連稱,如伯姬等。周王之女尊,故不字,而加"王"於姬姓前。

(5) 天子三公書稱公,魯國君主書稱公

杜預云:"今案《春秋》以考之,居三公六卿之位者,皆以伯爵子爵居位,而別食采邑,經自因氏以爲文,其稱公者,皆三公,非五等之公也。"① 而魯國君主書稱公,乃魯史官心所欲尊之辭。以魯爲中心言之,前者爲"外稱公",乃定名;後者爲"內稱公",是虛位。

(6) 諸侯之世子書稱子

此特指諸侯之子在諸侯已死既葬至未登基即位時限內之稱謂。

(7) 諸侯之妻書稱夫人

此恒稱。如邦人稱國君夫人,稱諸異邦者同。

(8) 內外諸侯書稱爵

天子畿內諸侯書爵,以采邑加爵名連稱,如祭伯、召伯、列子等。各國諸侯則以國名加公侯伯子男連稱爲常,如宋公、齊侯、鄭伯、邾子、許男之類。

2. 書稱字

(9) 王朝之大夫書稱字

如:南季、仍叔、榮叔。石光霽云:"王朝大夫四命,與公之孤等,故稱字而不名也。"②

---

① 杜預《春秋釋例》卷一,《叢書集成初編》本,第3628號,第9頁。
② 石光霽《春秋書法鉤玄》卷一,《文淵閣四庫全書》本,第165冊,第816頁上。

(10)列國之命大夫書稱字

如：魯單伯、鄭祭仲等。單伯等爲天子之命大夫，尊王命，故書稱字，與王朝之大夫同。①

3. 書稱名

(11)王朝中士書稱名

如：劉夏、石尚。② 石光霽云："《周禮》王朝大夫四命，則上士宜降與侯伯之卿等，所以書名也。"③按，侯伯之卿三命。

(12)諸侯之世子書稱名

《春秋·桓公九年》："曹伯使其世子射姑來朝。"射姑即後來之曹莊公。杜預《春秋釋例》云："王之世子不名，諸侯之世子則名。會王世子於首止，曹世子射姑來朝是也。"④

(13)諸侯之卿大夫書稱名

如：魯無駭、挾、柔，齊高傒。列國之命大夫書稱字，則未命於天子之大夫降級稱名。無駭、挾等皆是未賜族而身爲大夫者，若已賜族而世爲大夫，則多連族稱。如：季孫行父、仲孫蔑等。

(14)夷狄附庸書稱名

如：郳黎來、介葛盧。郳、介，國名。黎來、葛盧，國君名。《左傳·莊公五年》："郳黎來來朝，名，未王命也。"時爲附庸之國，未得周室之命，故雖君亦名。

以上所列乃《春秋》常見而爲經學家公認之書法。至於進而褒，退而貶，如王朝下士進而書字——王人子突；冢宰貶而書名——宰咺；諸侯兄弟貶則書名——宋公之弟辰等等。諸家説法不一，是否爲《春秋》之恒例，抑爲史官偶筆之例外，須進一步研究，今概從略。

《公羊傳·莊公十年》釋"荆敗蔡師"云："荆者何？州名也。州不若國，

---

① 《穀梁傳·文公十五年》："單伯至自齊，大夫執則致，致則名。此其不名何也？天子之命大夫也。"《春秋·桓公十一年》"宋人執鄭祭仲"杜注："祭，氏。仲，名。"按，祭仲名足，字仲，杜説誤。
② 《公羊》以劉夏爲"天子之大夫"，《穀梁》則云士也，《左傳》則云"官師"，是非卿可知。石尚，杜預云"天子之士"。
③ 石光霽《春秋書法鉤玄》卷一，第817頁上。
④ 杜預《春秋釋例》卷一《會盟朝聘例第二》，第9頁。

國不若氏，氏不若人，人不若名，名不若字，字不若子。"何休注："爵最尊。《春秋》假行事以見王法。聖人爲文辭孫順，善善惡惡，不可正言其罪，因周本有奪爵稱國、氏、人、名、字之科，故加州文備七等以進退之。"尋《公羊》之意，亦是從《春秋》書法中而來。上所列十四條書法，即以書爵號書字書名，分別表示尊卑等級。

《左傳·昭公二年》，晉侯使韓宣子來聘，"觀書於大史氏，見《易象》與《魯春秋》，曰：'周禮盡在魯矣，吾今乃知周公之德與周之所以王也'"。韓宣子所見之《魯春秋》非孔子所修之《春秋》(若承認夫子曾筆削)，[1]但宣子既言周禮在魯，則《魯春秋》在明尊卑等級方面或多或少代表了周王朝的制度。設若提倡"君君、臣臣、父父、子子"，深明周禮，且云"吾從周"之孔子修《魯春秋》，必不可能筆削尊卑等級制的内容。如此，則三傳所見之《春秋》尊卑等級制書法或多或少反映了周禮之等級書法。由此也可推知，當時之《燕春秋》《宋春秋》《齊春秋》[2]等書雖或各有中心，其尊卑等級之書法或有共同之點。[3] 以《春秋》書法與前列文獻中等級稱謂制相較，雖因文獻不足，不能一一對應，但在尊卑等級上基本一致。

以上係自天子至士庶自稱、稱他、他稱之常態稱謂，如介入當時外交場合中之特殊稱謂，如擯者介相禮，私事出訪，其稱謂多與常態不同。至於祭祀、喪葬、招魂等特殊場合，則自有一套獨特的稱謂系統。總之，等級不同，輩分不同，場景不同，稱謂便亦不同。歷而數之，漫無頭緒，然若充分認識先秦社會森嚴的等級制，提綱挈領，把握其上可名下、下不可名上的稱謂原則，則鏊然可覺其煩而不亂，雜而有序。等級森嚴社會中之所以斤斤於稱謂者，乃因稱謂揭示身份，身份標志社會地位，地位決定其在社會中所擁有的權力，權力保證其從生活到政治的行事自由度。概此而言，謂之名分。宋邵淵云："蓋名正則言順，言順則事成。聖人所以汲汲於此者，非較輕重

---

[1] 《春秋·哀公十二年》："夏五月甲辰，孟子卒。"《禮記·坊記》引《魯春秋》同。昭公夫人當書吴姬或孟姬，於魯違同姓不婚之禮，故諱而書號。若《坊記》所引直據《魯春秋》，則今本《春秋》(包括孔子筆削本)與原本《魯春秋》在書法上有一致性。

[2] 此及前《周春秋》皆見《墨子·明鬼下》。

[3] 《左傳·文公十五年》："公與之(華耦)宴，辭曰：'君之先臣督(華督)得罪於宋殤公，名在諸侯之策。'"按，華督於魯桓公二年殺宋殤公。《春秋·桓公二年》書"宋督弑其君與夷"，此魯史。耦云"諸侯之策"，蓋當時各國皆以罪臣書之。又《襄公二十年》甯殖亦云："名藏在諸侯之策。"理同。此見各國《春秋》仍有共同點。

於一言一字之間也。"① 呂大臨曰:"名者,人治之大,不可以不正也。君子之有是名,必有是事,非守空名以示人也。"② 名分之重要,在《論語》等儒家經籍中有充分闡述,《春秋》更是注重名分的專著。③ 名分在一定程度上維繫著當時社會的穩定與有序,稱謂之等級規定亦便由此凸顯。

三、商周稱謂之考察

古禮所記之稱謂制,固爲禮家據古代實況所錄,然其間必有以禮爲準則之主觀取去,且或記錄不全,口口傳授中又有損益,其與商周而下實際稱謂一致性之程度仍須進一步證實。《春秋》書法所反映之稱謂,雖亦以春秋時實際稱謂爲藍本,但已摻入魯史官(或孔子)之主觀臆見,且賦有史家之褒貶,非純客觀記錄。欲明瞭商周稱謂之真實情況,尚需從古文獻中求之。兹將《詩》《書》《左傳》《國語》及鐘鼎銘文、甲骨卜辭中之稱謂歸類條列於下,俾與《曲禮》《春秋》等所記者相印證。

(一)先秦典籍中的動態稱謂

對先秦文獻及出土甲金文中之人名、稱謂,時賢多有研究,④但重點在於分析靜態的恒定稱謂形式,即傳世文獻或卜辭、銘文中所有的稱謂事實。本文重點在動態稱謂,取材稍狹。所謂動態稱謂,即指人物依地位、性別及所處場景等不同而各異的稱謂形式。之所以取材於此,是因爲這種稱謂形式較接近商周稱謂事實,更能説明商周的稱謂等級制。古人纂輯史書,記述史事,雖不免有以意改動者,但在引述人物言語時,鈔輯史料,改動者相對要少,而改其言語中的稱謂則更少,故在分析稱謂形式時,均取材於文獻

---

① 衛湜《禮記集説》卷十二引,《通志堂經解》本,第12册,第409頁下。
② 衛湜《禮記集説》卷十一引,《通志堂經解》本,第12册,第405頁上。
③ 《莊子·天下》篇云:"《易》以道陰陽,《春秋》以道名分。"
④ 參見盛冬鈴《西周銅器銘文中的人名及其對斷代的意義》,《文史》第十七輯,中華書局1983年版,第27—64頁;李學勤《考古發現與古代姓氏制度》,《考古》1987年第3期,第253—257、241頁;又《先秦人名的幾個問題》,《歷史研究》1991年第5期,第106—111頁。

中人物的言語。就整體稱謂而言，取其動態稱謂，乃是出於謹慎而不得已的方法。

　　先秦文獻主要取《尚書》與《左傳》。今存先秦文籍引用《尚書》達三百餘次。① 雖其中各篇寫成年代與這些文籍成書年代會有先後參差，但據近代學者利用卜辭、銘文與《尚書》作綜合研究，證明其從事實到語言應用多有與先秦史實相符者，②擷取其中動態稱謂以探究商周時期之稱謂等級制，似較有把握。③《左傳》之作者、成書年代，及其與《國語》之關係，歷代爭論最爲激烈，儘管持劉歆僞造說至今仍不乏其人，④但此説已爲大多學者摒棄，持成書於漢代說者亦少證據。⑤《左傳》爲作者廣泛採錄各國史乘纂輯而成，⑥與《國語》非一書之割裂等觀點已爲多數人接受。⑦ 其成書年代雖仍未有一致的意見，但無礙於本文取《左傳》中動態稱謂研究春秋等級稱謂制。⑧《國語》晚於《左傳》，但兩者都是"戰國時把保存下來的春秋當時各國史料加以編綴撰寫而成"。⑨《詩經》文字爲求韻律及字數，或有失稱謂原貌

---

① 此據劉起釪統計，見《尚書學史》第二章《〈尚書〉在先秦時的流傳情況》，中華書局1989年版，第49－61頁。
② 各家論證頗分散，劉起釪《甲骨文與尚書研究》對此有綜述。見《甲骨文與殷商史》第三輯，上海古籍出版社1991年版，第261－302頁。
③ 據陳夢家考證，十二篇誥命可能爲魯太史所傳錄的西周命書，夏商兩書可能爲晉宋人追擬，成於東周。則其稱謂代表了兩周實際稱謂。見所作《王若曰考》，收錄《尚書通論》，中華書局1985年版，第146－170頁。
④ 見徐仁甫《左傳疏證》，四川人民出版社1981年版。
⑤ 見洪業《春秋經傳引得序》，載《春秋經傳引得》前，後收入《洪業論學集》，中華書局1981年版，第223－289頁。
⑥ 楊向奎《中國古代社會與古代思想研究》上冊乙編第四，上海人民出版社1962年版，第299－308頁。
⑦ 楊向奎《論〈左傳〉之性質及其與〈國語〉之關係》，《繹史齋學術文集》上海人民出版社1983年版，第203－214頁。台灣張以仁著《論〈國語〉與〈左傳〉的關係》（刊《歷史語言研究所集刊》第三十三本）和《從文法、語彙的差異證〈國語〉〈左傳〉二書非一人所作》（《集刊》第三十四本上冊）二文，論證最爲有力。
⑧ 衛聚賢認爲成書於前425年至前403年，見《〈左傳〉的研究》（《古史研究》第一集，商務印書館1931年版，第55－116頁）。楊伯峻認爲成書於前403年至前389年，見《春秋左傳注》前言（中華書局1981年版，第35－41頁）。趙光賢認爲作爲一部紀事體史書，成書最遲在前430年後不久，改編爲編年體的記事兼解經的書，當在前352年前，見《左傳編纂考》（下）（《中國歷史文獻研究集刊》第2集，第45－58頁）。童書業認爲《左傳》中預言之下限爲公元前330年左右，見《春秋左傳研究》，上海人民出版社1980年版，第381頁。
⑨ 劉起釪《春秋三傳及國語之綜合研究》後記，巴蜀書社1988年版，第128頁。

處,今僅擇取以證。

1. 天子

(1) 自稱

A. 天子自稱曰"一人"、"予一人"、"余一人"、"我一人",或亦連名稱:

  商盤庚對殷民:予一人(《盤庚》)
  周武王對周民:予一人(《泰誓》)
  周襄王對晉文公:余一人(《周語》)
  周定王對鞏伯:余一人(《成公二年》)
  周敬王對晉侯:我一人(《昭公三十二年》)
  周康王對諸侯、衆臣:予一人釗(《康王之誥》)

余一人爲商周帝王自稱專名,從周公攝政時亦稱"我一人"(《酒誥》)、"一人"(《君奭》)觀之,足證此於同時代祇可一人自稱。春秋以來,諸侯僭稱,説明當時王權淪替。此胡厚宣先生已詳論之。①

B. 天子自稱曰"予小子"、"朕小子"、"台小子",或亦連名稱:

  商太甲:予小子(《太甲》)
  周成王對周公:予小子(《洛誥》)
  周成王對天、神靈、太公、召公等:朕小子(《金縢》)
  商湯對殷民:台小子(《湯誓》)
  周公對召公奭:予小子旦(《君奭》)②

《爾雅·釋詁》:"台,我也。"今甲骨文無"台"字,或是周人追記。

---

① 參胡厚宣《釋余一人》,《歷史研究》1957年1期;《重論余一人問題》,《古文字研究論文集》,四川大學學報叢刊第十輯;《中國奴隸社會最高統治者的稱號問題》,《紀念顧頡剛學術論文集》,巴蜀書社1990年版,上册,第123—160頁。
② 《書》中誥命多周公攝政時所作,以天子口吻出言,故於誥命中某些"王"字爲成王抑周公,關涉到周公攝政稱王與否,問題極爲複雜。顧頡剛《周公執政稱王——周公東征史事考證之二》(載《文史》第二十三輯,中華書局1984年版,第1—30頁)和楊向奎《關於周公攝政稱王問(轉下頁注)

C. 或自稱"予沖人"、"予沖子":

  周成王對天、神靈、太公、召公等:予沖人(《金縢》)
  周成王對周公:予沖子(《洛誥》)

沖,幼小,義與"予小子"近。
  D. 天子自稱名:

  周武王對天地山川:曾孫周王發(《武成》)

《武成》是對神靈祈禱之辭,故稱名以示敬。
  (2)他稱
  A. 天子稱祖先爲"前后"、"前人"、"前文人"、"前寧人"、"寧人"、"文人"、"高后"、"先后"、"先神后"、"先王":

  商盤庚:前后(《盤庚》)
  周穆王:前人(《君牙》)
  周平王:前文人(《文侯之命》)
  周公:前寧人、寧人(《大誥》)
  周宣王:文人(《大雅·江漢》)
  商盤庚:高后、先后、先神后、先王(《盤庚》)

寧人即文人,銘文形近之誤。① 文人謂有文德之人。前人,《孔傳》謂"前令名之人",此實非泛言以前之人,乃前世有功德之人,義與前文人近。

(接上頁注)題》(載《儒學國際學術討論會論文集》,齊魯書社 1989 年版,第 528—538 頁)可參閲,今以身份劃分稱謂,歸入天子稱謂中,不具體分析此一歷史問題。
① 孫詒讓《尚書駢枝·大誥》曰:"寧王、寧武,即文王、文武之僞(引按,疑爲"譌"之誤字)。古鐘鼎款識文皆作宁,與寧絶相似,故此經文王、文武皆作寧,後文寧考、寧人亦並文考、文人之誤。"齊魯書社 1988 年版,第 17 頁。

B. 天子稱祖先名或字號：

周武王：公劉（《武成》）
召康公戒周成王：①公劉（《大雅·公劉》）

公劉名字有二說。王肅、《孔傳》以爲：公，爵號；劉，名。王基謂周人以諱事神，召康公大賢，必不呼名，因認爲是字。孔疏判云：時未有諱法，鄭玄注《詩》以姜嫄爲名，則何獨公劉不可稱名，乃從王肅說。丁山先生謂姜嫄是土神，可能是"嫄羊"倒語，即以名字論，亦該是名姜，姓嫄。② 傅斯年先生則仍以姜嫄爲姜姓。③ 徐中舒先生從考古文化上分析，謂姜嫄是姜族始祖。④ 二人又皆認爲姜與羌有關。按，嫄，《史記·周本紀》作"原"，原爲平地，亦與土地神有關，然遠古傳說中之人名，未可輕易論定，當以存疑爲是。

C. 天子稱異姓諸侯及其祖先爲"伯舅"、"舅氏"，亦偶稱異姓諸侯之重臣爲"舅氏"：

周襄王稱齊桓公：伯舅（《齊語》）
周靈王對齊靈公稱姜太公：伯舅太公、舅氏（《襄公十四年》）
周襄王稱齊管仲：舅氏（《僖公十二年》）

舅氏猶《曲禮》《覲禮》所記之"伯舅"、"叔舅"。管仲與周同姓，此殆從齊侯之稱。⑤

D. 天子稱同姓諸侯及其祖先爲"伯父"、"叔父"：

周敬王稱晉定公：伯父（《昭公三十二年》）
周敬王稱吳先君：吳伯父（《吳語》）
周襄王稱魯僖公：叔父（《僖公二十四年》）
周襄王稱晉文公：叔父（《周語》）

---

① 《詩小序》謂此乃召康公戒成王之詩，今姑列入此。
② 丁山《中國古代宗教與神話考·姜嫄與土神》，上海文藝出版社1988年影印本，第7—9頁。
③ 傅斯年《姜原》，《歷史語言研究所集刊》第二本第一分，1930年版，第130—135頁。
④ 徐中舒《周原甲骨初論》，《古文字研究論文集》，四川大學學報叢刊第十輯1982年版，第3頁。
⑤ 說詳楊伯峻《春秋左傳注》，中華書局1990年版，第一冊，第342頁。

E. 天子稱諸侯或諸侯之臣名：

> 周靈王稱齊靈公：環（《襄公十四年》）
> 周成王稱蔡仲：小子胡（《蔡仲之命》）
> 周襄王稱衛元咺：元咺（《周語》）

F. 天子稱諸侯或諸侯之臣字：

> 周定王稱晉士會：季氏（《宣公十六年》）
> 周定王稱晉鞏朔：鞏伯（《成公二年》）
> 周景王稱晉荀躒：伯氏（《昭公十五年》）

G. 天子稱諸侯之臣爲"子"：

> 周定王稱范武子：子（《周語》）

H. 天子稱臣官職：

> 商太甲稱伊尹：師保（《太甲》）
> 周康王稱畢公：父師（《畢命》）

2. 諸侯

（1）自稱

A. 諸侯對神靈自稱"曾臣"，或連名稱：

> 晉平公：曾臣彪（《襄公十八年》）

楊伯峻先生注云："曾臣猶陪臣。曾與陪皆有重義。天子於神稱臣，諸侯爲天子之臣,故於神稱曾臣。"①

B. 諸侯自稱"寡人":

鄭莊公對齊侯:寡人(《隱公十一年》)
魯成公對單子:寡人(《周語下》)
齊桓公對鮑叔牙:寡人(《齊語》)

C. 諸侯自稱"不穀":

楚王對子反:不穀(《成公十六年》)
楚成王對晉重耳:不穀(《僖公二十三年》)
吳王夫差對越王:不穀(《吳語》)

不穀爲侯王之專稱,《老子》:"貴以賤爲本,高以下爲基,是以侯王自謂孤、寡、不穀。"然《左傳·僖公二十四年》有周襄王自稱"不穀不德",此因"天王出居於鄭,辟母弟之難",乃非常時期之自稱,故傳云:此"天子凶服,降名,禮也"。

D. 諸侯自稱"孤":

秦穆公對秦軍:孤(《僖公三十三年》)
鄭襄公對秦桓公及其卿大夫:孤(《宣公十二年》)
晉悼公對晉大夫:孤(《晉語七》)

至於《僖公十八年》衛文公云:"苟能治之,燬請從焉。"自稱名。推其意,或是當時國勢危急,燬以國讓人,故不稱孤、寡、不穀而自名。

(2) 他稱

A. 諸侯稱其他諸侯爲"君"、"某君":

魯隱公稱薛侯:君(《隱公十一年》)

---

① 楊伯峻《春秋左傳注》,第四冊,第1036頁。

> 魯成公稱單襄公：君（《周語》）
> 鄭莊公稱許桓公：許君（《隱公十一年》）
> 單襄公稱晉厲公：晉君（《周語》）

B. 諸侯尊稱同姓大夫曰"伯父"：

> 鄭厲公稱原繁：伯父（《莊公十四年》）

《詩・小雅・伐木》"以速諸舅"孔疏引此例及孔鯉銘"叔舅"云："是諸侯稱大夫父、舅之文也。諸侯則國有大小之殊，大夫唯以長幼爲異。故服虔《左傳注》云'諸侯稱同姓大夫長曰伯父，少曰叔父'是也。然則諸侯謂異姓大夫長者亦當爲伯舅，但經傳無其事耳。"

C. 諸侯敬稱臣下或他國之臣爲"子"、"吾子"：

> 鄭莊公稱祭仲：子（《隱公元年》）
> 邵桓公稱晉郤至：子（《周語》）
> 宋穆公稱孔父嘉：吾子（《隱公三年》）

D. 諸侯稱臣下或他國臣之氏、字：

> 單襄公稱郤錡、郤犨、郤至：郤氏（《周語》）
> 又稱三郤：郤伯、叔、季（《周語》）

E. 諸侯稱臣下或他國臣之名，亦官、名連稱：

> 鄭厲公稱傅瑕：傅瑕（《莊公十四年》）
> 齊桓公稱管仲：管夷吾（《齊語》）
> 晉惠公稱蘇：史蘇（《僖公十五年》）
> 楚莊王稱陳夏徵舒：夏徵舒（《宣公十一年》）

3. 太子、公子

(1) 自稱

A. 太子、公子對父王（天子、諸侯）自稱名稱臣：

  周太子晉對周靈王：晉（《周語》）
  宋公子子魚對宋桓公：臣（《僖公八年》）

(2) 他稱

A. 太子、公子稱父王（天子、諸侯）爲"王"、"君"：

  周太子晉稱周靈王：王（《周語》）
  晉太子申生稱晉獻公：君（《僖公四年》）

4. 諸侯夫人、妻、妾

(1) 自稱

A. 諸侯妻自稱"婢子"：

  秦穆公夫人穆姬：婢子（《僖公十五年》）①

(2) 他稱

A. 諸侯妻、妾稱諸侯爲"君"、"王"，或"君王"連稱：②

  楚武王夫人鄧曼稱武王：君（《桓公十三年》）
  楚武王夫人鄧曼稱武王：王（《莊公四年》）
  楚成王姬江芈稱成王：君王（《文公元年》）

---

① 按《曲禮下》"夫人自稱於其君曰小童"，此穆姬當稱小童，而稱婢子者，知婢子亦可爲婦人自謙之通稱。
② 西周時"王"爲周天子專稱，春秋時諸侯亦有僭稱者，參前文。

B. 諸侯妻、妾稱子名或"嗣君"：

　　楚成王姬江羋稱王子職：職（《文公元年》）
　　魯宣公夫人穆姜稱魯成公：嗣君（《成公九年》）

C. 諸侯妻稱臣官職：

　　楚武王夫人鄧曼稱鬭伯比：大夫（《桓公十三年》）
　　魯宣公夫人穆姜稱季孫行父：大夫（《成公九年》）

5. 卿大夫士

(1) 自稱

A. 臣對天子自稱名：

　　傅説對武丁：説（《説命》）

B. 臣對天子自稱"小臣"：

　　召公對成王：予小臣（《召誥》）

C. 諸侯之臣對天子自稱"陪臣"，或連名稱：

　　齊管仲：陪臣（《僖公十二年》）
　　晉欒盈：天子陪臣盈（《襄公二十一年》）

D. 諸侯之臣對天子稱己父祖亦曰"陪臣"，或連名稱：

　　晉欒盈：陪臣書（《襄公二十一年》）

欒書，盈之祖。此亦君前稱名之義，不敢稱父祖或字號。

E. 臣對諸侯自稱"臣":

  虞宮之奇對虞公:臣(《僖公五年》)
  鄭叔詹對鄭文公:臣(《僖公二十三年》)

F. 臣對諸侯自稱"小人":

  鄭穎考叔對鄭莊公:小人(《隱公元年》)

G. 臣對他國諸侯自稱名:

  楚子反對鄭、許二國君:側(《成公四年》)
  魯厚成叔對衛獻公:瘠(《襄公十四年》)

H. 臣對他國諸侯自稱"外臣"、"下臣",或連名稱:

  魯臧文仲對衛成公:外臣(《魯語》)
  晉郤至對楚共王:下臣(《成公十二年》)
  越諸稽郢對吳王夫差:下臣郢(《吳語》)

I. 臣對他國諸侯自稱"小人":

  晉陰飴甥對秦穆公:小人(《僖公十五年》)

J. 臣對同國異國同僚自稱名:

  齊晏嬰對齊析歸父:嬰(《襄公二十八年》)
  鄭子產對晉范宣子:僑(《襄公二十四年》)

K. 老臣於非君所自稱"老夫":

晉知伯對荀偃、士匄：老夫（《襄公十年》）
　　宋合左師對賊人：老夫（《襄公十七年》）
　　鄭子太叔對晉范獻子：老夫（《昭公二十四年》）

(2) 他稱
A. 臣對天子稱本國國君爲"王守臣"：

　　晉欒盈對天子稱晉平公：王守臣（《襄公二十一年》）

王守臣本乃諸侯對天子之自稱。此處盈自稱陪臣，故稱平公爲王守臣，以對天子之故。

B. 臣對他國君臣國人稱本國之君爲"寡君"：

　　楚屈完對齊桓公：寡君（《僖公四年》）
　　晉隨季對楚少宰稱晉景公：寡君（《宣公十二年》）
　　魯臧文仲對齊人稱魯莊公：寡君（《魯語》）

C. 如有心叛國則稱"某君"或"某侯"：

　　晉丕鄭對秦穆公稱晉惠公：晉君（《僖公十年》）
　　晉丕豹對秦穆公稱晉惠公：晉侯（《僖公十年》）

D. 臣對本國諸侯稱"君"：

　　晉師服稱晉穆侯：君（《桓公二年》）
　　鄧祁侯三甥稱鄧祁侯：君（《莊公六年》）
　　魯臧文仲稱魯僖公：君（《魯語》）

E. 臣對他國諸侯稱"君"：

　　楚屈完稱齊桓公：君（《僖公四年》）

晉大夫稱秦穆公：君（《僖公十五年》）

F. 臣稱諸侯之太子爲"子"、"太子"：

晉狐突稱太子申生：子（《閔公二年》）
晉荀林父稱太子夷皋：太子（《文公七年》）
魯叔仲昭伯稱楚太子郟敖：太子（《魯語》）

G. 臣稱諸侯之子名，或稱"公子某"：

晉梁五、東關嬖五稱晉獻公子：重耳、夷吾（《莊公二十八年》）
晉趙孟稱晉文公子：公子雍（《文公六年》）

H. 臣稱諸侯母或夫人爲"夫人"或稱其國籍姓氏：

晉荀林父稱穆嬴：夫人（《文公七年》）
鄭祭仲稱莊公母：姜氏（《隱公元年》）
晉趙孟稱襄公母：偪姞（《文公六年》）

偪，國名，姞姓
I. 臣稱上司字氏：

楚嬖人伍參稱令尹孫叔敖：孫叔（《宣公十二年》）

J. 臣在君前稱已殁大夫諡或字：

魯襄仲對文公稱臧孫辰：臧文仲（《文公十七年》）

文，諡。仲，字。
K. 臣在君前互稱名：

晉趙衰在文公前稱郤縠:郤縠(《僖公二十七年》)

L. 對他國國君稱自己父祖名:

宋華耦對魯文公稱己曾祖:先臣督(《文公十五年》)
晉知罃對楚共王稱己父:外臣首(《成公三年》)

先臣,對已死者之稱。外臣,卿大夫對外國國君自稱之詞,此處加之於父。

M. 同僚敬稱"夫子"、"子"、"吾子"等:

晉臾駢稱趙盾:夫子(《文公六年》)
晉韓獻子稱荀林父:子(《宣公十二年》)
魯聲伯稱晉郤犫:吾子(《成公十六年》)
晉士莊子稱齊高厚:高子(《襄公十年》)

N. 同僚稱官:

宋華督稱宋孔父嘉:司馬(《桓公二年》)

O. 同僚稱姓:

齊鮑叔稱管仲、召忽:管、召(《莊公九年》)

P. 同僚稱字:

晉士匄稱荀偃:伯游(《襄公十三年》)
鄭子產稱公孫舍之:子展(《襄公二十八年》)

Q. 稱下屬名:

楚令尹孫叔敖稱蔿人參:參(《宣公十二年》)

鄭子産稱然明：蔑（《襄公二十五年》）

6. 其他

(1) 士庶之妻對國君稱夫名，自稱妾：

杞梁妻對齊侯：稱夫殖，自稱妾（《襄公二十三年》）

(2) 父稱子名：

魯季武子對甲豐稱子：彌、紇（《襄公二十三年》）

(3) 妻稱夫爲"子"：

晉公子重耳妻姜氏稱重耳：子（《僖公二十三年》）
曹僖負羈之妻稱羈：子（《僖公二十三年》）

(4) 於晚輩稱其名：

楚令尹子文稱侄：椒（《宣公四年》）

(二) 金文中的動態稱謂

自古至今著錄和出土的鑄銘商周青銅器約八千五百件左右。[①] 但其中大部分是族徽記號和一字至數字的銘文，相當一部分是某某自作某器，至多祇能見其自稱。本文選取一千餘例銘文，大多是有史實，可覘見複雜場景，能反映等級稱謂的銘文；酌取一些爲祖先、女兒作器，可表明對祖先、女

---

① 據吳鎮烽《陝西商周青銅器的出土與研究》（《考古與文物》1988年第5、6期合刊，第71—89頁）所統計並加上《中國考古學年鑒》歷年所著錄之數而得。

兒稱謂的銘文。取例雖衹總數七分之一左右，但其可反映宗法等級稱謂的覆蓋面達百分之九十五以上。

1. 從器主論

(1)器主自稱：

器主自稱最多，其形式亦最繁複，今僅撮其大略論之。

稱名。其簡單而常見者是單稱名：繁(繁卣)。亦有氏、名連稱者：兮甲(兮甲盤)。邑、名連稱者：豆閉(豆閉簋)。官、名連稱者：宰㮛(宰㮛角)。稍爲複雜者，有官、國、氏、名連稱：走馬薛仲赤(薛仲赤簠)、魯少司寇封孫宅(魯少司寇封孫盤)。國、爵、名連稱：應侯見工(應侯見工鐘)。

稱字。較簡單者，氏、字連稱：仲伐父(仲伐父甗)。① 國、字連稱：戴叔慶父(戴叔慶父禹)。複雜者，國、身份、親稱、字連稱：陳公子子叔原父(陳公子瓶)。②若器主爲周王或諸侯，則亦自稱"余小子"。如㝬鐘周厲王自稱"余小子"，秦公鐘秦武公自稱"余小子"，晉公午盉晉定公自稱"余午小子"。至叔向父禹簋中禹亦自稱"余小子"，與王及諸侯同。徐中舒先生考禹先世乃邢邦采邑主，爲姬姓貴族。③ 則其地位於西周如同諸侯。其所以自稱"小子"，劉昭瑞先生從文獻及銘文考證，謂"凡自稱小子的，都是對先世或父兄而言，即使周王也是如此"。④

女子自稱多本姓前冠以所適國名：晉姜(晉姜鼎)。偶有於適國、本姓前加夫之身份、美稱及本人之身份者：王子剌公之宗婦(宗婦鼎)。

其不稱名、字者，有國、爵連稱：陳侯(陳侯簋)、許男(許男鼎)。

---

① 此器出自陝西扶風，乃爲"姬尚母"作器，姬姓有仲(中)氏，非排行。參閱吳其昌《金文世族譜》第二篇姬姓譜中氏，商務印書館 1936 年版，第二十四葉 A。
② 馬承源主編《商周青銅器銘文選》釋爲"陳公子之子字叔名原父"，文物出版社 1990 年版，第 390 頁。按，古人之名無綴以父字者。楊樹達《積微居金文餘說·陳公子瓶跋》引柯昌濟《韡華閣集古錄跋尾乙篇》之說，謂陳有大夫原氏，或以叔遺父之字爲氏。《春秋·莊公二十七年》之原仲爲叔遺父之後。此說甚確，春秋之大夫多以字爲氏。則原字非名甚明。中華書局 1997 年版，第 192 頁。
③ 徐中舒《禹鼎的年代及其相關問題》二《禹的家世及其年代》。《考古學報》1959 年第 3 期，第 55 頁。
④ 劉昭瑞《關於甲骨文中子稱和族的幾個問題》引《大雅·思成》鄭玄箋、《何尊》銘文等爲據。《中國史研究》1987 年第 2 期，第 101 頁。

亦有一銘之中前後異稱者。有或字或名，如誨鼎先稱叔，後稱誨；有或名或國族，如彔戜卣先稱戜，後稱彔；有先官、名連稱，後稱字者，如羋叔師㝨簋先稱師㝨，後稱羋叔。

其他相近形式不能備列。總之，器主自稱除稱名稱字外，其稱官稱爵以表明身份。往往欲借作器稱揚先祖、稱揚上司之機而自顯，故標明官爵者極多，而後人正藉此以定國別等級。其自稱過高而與實際不符者，即所謂僭稱。如邾公牼鐘、邾公華鐘皆自稱"公"，邾於春秋時爲附庸進爵之國，①《春秋·襄公十七年》書"邾子牼卒"，書法於四夷稱子，此可覘春秋時僭稱之一斑。

（2）器主稱賞賜者：

賞賜者大多爲君上、上司、尊長，故以稱爵號官名者爲多。天子則稱"天子"（伯姜鼎）、"王"（中觶）、"皇天子"（善鼎）。有爵號者稱其爵號：相侯（㫃簋）、公（望方鼎）。有爵、官連稱者：公大保（御正良爵）。有氏、官連稱者：中大師（祚鐘）。有僅稱官者：大矩（豐尊）。② 有氏、行第連稱者：趙叔（易兲簋）。

如賞者爲上司之妃妻，有稱其氏者：妊氏（䗊鼎）。如爲周王后妃，姓前多加"王"：王姒（叔䵼方尊）；王姜，亦省稱姜（令簋）。③

對賞者幾無稱名。嬰方鼎稱"䂂商又正嬰嬰貝"，爲名。但現有著録䂂受賞賜之銅器有五，商末標準器小子䍩簋令䍩伐人方的也是這位䂂，④可見其是商末之人。殷商之名、字及名字關係尚未明瞭，故此似不作稱名之據爲妥。

（3）器主稱代賞者：

頒賞有賞者親臨以賜，亦有請人代賜。所請之人，地位比賞者低，而與受賞者比，或爲上司，或爲平級。代賞者代表賞者之身份，一般仍以敬稱爲多。如爵號、官職連稱：公太史（作册魃卣）。⑤ 官職、字連稱：師田父（小臣傳簋）。氏、行第連稱：井叔（䍙鼎）。稱名極少，有官、名連稱者如：士道（絡子卣）。

---

① 參閱顧棟高《春秋大事表·列國爵姓及存滅表》，《清經解續編》，第一册，第462頁下。
② 大矩爲官名，職權不詳。見劉雨、張亞初《西周金文官制研究》，中華書局1986年版，第52頁。
③ 諸王后妃之稱謂，參見劉啓益《西周金文中所見之周王后妃》，《考古與文物》1980年第4期，第85—90頁。
④ 參晏琬《北京、遼寧出土銅器與周初的燕》，《考古》1975年第5期，第277頁。
⑤ 此"公"爲爵號，從陳夢家説，見《西周銅器斷代》（二），《考古學報》第十册，1955年，第111頁。

至於令簋之公尹白丁父，陳夢家先生謂其官職是尹，尊稱爲公，可能是姜姓齊侯吕伋，①則白丁非名，且古多以父綴於字後，不見有綴於名後者。

（4）器主稱儐右與册命者：

稱儐右，有官、名連稱者：宰訊（趞鼎）。有官、字連稱者：宰倗父（望簋）。有官、氏、行第連稱者：司徒毛叔（此鼎）。有氏、行第連稱者：井叔（免簋）。亦有尊稱爲公者：益公（王臣簋）。

稱册命者，多數爲官、名連稱：史年（望簋）、內史吳（師瘨簋蓋）。亦有稱官而不名者：乍命內史（利鼎）、內史尹氏（楚簋）。

其名與不名，似與器主之地位高低有關。就儐右與册命者論：儐右中多有大官，故稱名不常見，而以稱字稱公等爲多；册命者多史官，除內史尹之類長官外，以稱名爲多。

（5）器主稱先公先王：

其稱可分泛稱與專指。泛稱統指，如：先王（瘨鐘二）、先王先公（沈子也簋蓋）。專指各別，有稱玟（大孟鼎）、珷（大孟鼎、德方鼎），或文王（瘨鐘三）、武王（乍册大方鼎）等。亦有歷數先王者：史牆之稱文王、武王、成王、康王、昭王、穆王（牆盤）；秦公歷數其先且邵文公、静公、憲公（秦公鐘）。凡此，皆稱其謚，絕不敢直呼名或字。至於宋公䜌簋稱商湯爲"有殷天乙唐"，天乙乃死後卜選之名，唐，文獻作"湯"，卜辭、銘文作"唐"，亦非其正名。《太平御覽》卷八十三引古本《紀年》謂"湯有七名而九征"，南朝梁元帝《金樓子·興王》足其七名，或出傳聞，未可盡信。楊樹達先生謂今所知者唯湯、太乙、履三名，②陳夢家先生則列八名。③而以爲大乙、成、唐（湯）、成湯、履是其不同名稱，則未必然。據《論語·堯曰》云"予小子履"，此自稱口吻，或履爲其名。宋景公稱之，必不敢名。

（6）器主稱父母祖先：

殷人敬祖先，祈鬼神，周人承其餘緒，虔敬祭享祈禱之對象仍爲其祖先，④唯其誠惶誠恐，反覆致意，故於祖先之稱謂亦極爲恭敬，形式雖多，而

---

① 此"公"爲爵號，從陳夢家說，見《西周銅器斷代》（二），《考古學報》第十册，1955年，第79頁。
② 楊樹達《積微居甲文說·竹書紀年所見殷王名疏證》，上海古籍出版社1986年版，第53頁。
③ 陳夢家《殷墟卜辭綜述》，科學出版社1956年版，第409—410頁。
④ 徐中舒於《金文嘏辭研究》一文中有詳細論述。見《歷史語言研究所集刊》第六本第一分，第1—44頁。

虔誠之意無異。

簡單者衹一親族稱謂，如：父(旅鼎)、考(五年琱生簋)、母(同上)、姑公(䵼叔䵼姬簋)。亦書稱先祖(邵鐘)、者考(白公父簋)。或加以世系：高且、亞且(癲鐘)、嗣祖(大盂鼎)。或稱以宗法：宗子(善鼎)。① 稍爲複雜者，如爵號、親稱、日干連稱：召伯父辛(富鼎)。國、爵連稱：宋糖公(趞亥鼎)。亦有冠以剌、皇、文、穆等字者：剌且(癲鐘)、皇且皇考(上郜公敔人簋葢)、文考剌公(伯喜簋)、先文祖(叔向父簋)、皇母(頌鼎)、文母(師趛鼎)、皇文烈祖考(䵼簋)、穆考(伯克壺)。或別之以宗：大宗皇祖皇妣皇考皇母(陳逆簋)。有冠以剌、文、皇等字，又連稱國爵者：文考魯公(魯侯禹)。連稱謚爵者：皇且哀公(郜公敔人鐘)。連稱謚、行第者：皇考惠中(梁其簋)。連稱氏者：皇考叔氏(士父鐘)。連稱官、字者：文且師華父(大克鼎)。② 母或姑，亦稱氏加姓：尹姞(夷伯夷簋)。行第加姓：中姬(兔叔盨)。行第加氏：小仲姜氏(衛作小仲姜氏鼎)。

銘文中又有稱"文神人"、"前文人"者：文神人(刑叔鐘)、③ 前文人(伯戒簋)。亦可省稱：文人(癲鐘二)。此當如傳統所釋，以父祖先王等爲有文德之人，亦讚美之辭。

郊公釛鐘稱陸終，陸終相傳爲帝嚳時吳回子，係楚遠祖，④ 名號邈不可考，故如殷人之稱契、昌若、冥之類，不爲不敬。

---

① 丁山《宗法考源》謂"以宗子百姓並稱，又以宗族子弟爲宗子"(《歷史語言研究所集刊》第四本第四分，第 403 頁)。馬承源《商周青銅器銘文選》説同。楊樹達《積微居金文説》謂當以"適長子"或"大宗子"釋之爲安，張亞初、劉雨《西周金文官制研究》亦謂"指諸侯卿大夫等宗族的嫡長繼承人而言"。劉昭瑞《關於甲骨文中子稱和族的幾個問題》乃謂"我宗子即我之族長"，朱鳳瀚《商周家族形態研究》第一章第一節注⒇亦以宗子爲家族長。按，銘文云："用乍宗室寶尊，唯用妥福，虩前文人，秉德共屯。余其用各我宗子零百生。余用匄屯魯，零萬年其永寶用之。"善因作宗室寶尊，故連及宗子。"余其用各"句，乃謂以鼎使宗子及百姓來馨享，是則宗子必已亡，故釋作適長子或族長爲妥。若釋作"我以此器致於我的族子和官員們"(馬釋)，則非作器鑄銘稱揚先祖之意，且後文有萬年寶用之語，乃謂子孫也。百姓非後世之庶民義，楊説已詳。銘文稱宗子者僅見，諸家又各自爲説，因略辯於此。

② 吳鎮烽謂華父是字，是。周人之"父"多綴於字後。見《金文人名匯編》，中華書局 1987 年版，第 197 頁。

③ 此器未發表，見吳鎮烽《陝西金文彙編》補遺 38 號，三秦出版社 1989 年版，下册，第 742 頁。校按，1999 年中國大百科全書出版社出版《張家坡西周墓地》一書，已公布此件鐘銘，"文神人"三字在鉦間，見該書第 166 頁。

④ 從王國維説，見《觀堂集林》卷十八《郊公鐘跋》。《王國維遺書》第三册，上海書店 1983 年影印本，第六葉 B。

(7) 器主稱兄弟、妻妾及晚輩：

對亡兄稱字，蔡姑簋稱其亡兄爲"皇兄尹叔"。稱弟及晚輩多呼名。叔趯父卣中器主稱其幼弟"係"，臣諫簋稱"母弟引"。陁貯簋中器主稱其子鼓鼂。① 又静簋中器主静稱吴籴、吕剛，唐蘭、馬承源、吴鎮烽諸先生皆以爲即班簋中之吴伯、吕伯，②然楊樹達先生以爲吴伯、吕伯之子弟。③ 揣楊意，殆以銘文前言於六月教小子、服、小臣等於射官，至八月則王來觀射，而静教無厭，因受賜，自有理據。班簋之器主毛伯，官位甚高，尚稱吴、吕爲伯，静以一學官教官，不稱其爵而直呼其名，於周代等級稱謂制似有乖背。

銘文稱女字，王國維先生首發其例。④ 據《曲禮》"女子許嫁笄而字"。若從《説文》，女旁之字爲女字，然則不從女旁者其爲名歟？若以"某母"者爲字，則無"母"者其爲名歟？銘文之器主所稱之女子，多未能考其年歲，因不能知其已笄未笄有字無字。以未能別，故併而論之。稱妻，姓、氏連稱：姜氏（姜氏簋）、姞氏（散車父壺）。國、排行、姓連稱：毛仲姬（膳夫旅伯鼎）。國、姓連稱：晉姬（格伯簋）。此國與姓皆妻之本國本姓。⑤ 稱女兒，有本姓前加所適國國名者，嫁於周王則稱王：王姞（疊侯簋）。亦有連名（字）稱者：朱姬孕（魯伯愈父禹）、仲姬容母（于氏叔子盤）。有與行、名（字）連稱者：邛仲嫡南（邛仲嫡南鐘）、許叔姬可母（蔡太師鼎）。有僅本姓與行、名（字）連稱者：孟姒㚤（費敏父鼎）。或前加"元子"以别大小：元子孟妃乖（番匊生壺）。僅本姓與名（字）連稱者：嫣蘇（陳侯壺）。不稱名（字）者，如所適國名、排行、姓連稱：京氏婦叔姬（芮公禹）。

(8) 器主稱上司：

銘文器主之廣義上司，包括王公大人、賜者、代賜者等。除此之外，其顯者爲數不多。奮鼎之濂公，爲征伐東夷之軍事主帥，曾命奮及史旟出征，此稱公當爲尊稱，非爵稱。永盂、申簋蓋、休盤、詢簋等器中之益公，出入王命，乃周王寵臣，諸器主亦尊稱爲公。長由盉中長由稱井伯、大祝，此器主

---

① 郭沫若《兩周金文辭大系圖録考釋》以"鼓"爲子之名，不釋鼂字（科學出版社 1957 年版，第七册，第一百葉 B），吴鎮烽《金文人名匯編》（第 255 頁）以兩字爲名，今從吴説。
② 分別見唐蘭《西周青銅器銘文分代史徵》（中華書局 1986 年版），馬承源主編《商周青銅器銘文選》（三）（文物出版社 1988 年版），吴鎮烽《金文人名匯編》（中華書局 1987 年版）。
③ 楊樹達《積微居金文説·静簋跋》，中華書局 1997 年版，第 169 頁。
④ 王國維見《觀堂集林》卷三《女字説》。《王國維遺書》第一册，第二十一葉至二十二葉。
⑤ 見李仲操《兩周金文中的婦女稱謂》，《古文字研究》第十八輯，中華書局，第 403 頁。

稱大官之爵與官之例。仲栩父簋中之師湯父,師其職,湯父其字,此屬吏稱上司字之例。

(9)器主稱同僚：

同僚範圍頗難確定,因器主之身份往往不明。茲就其較爲明瞭者舉例論之。乍册令方彝之器主令與亢爲同僚,同受明公之賞賜,令亦稱其名亢。芮簋云："王命芮眔弔龏父歸吳姬飴器。"芮與弔龏父爲同僚而稱其字。趙孟之寮,馬承源先生《銘文選》解爲僚友,黑光、朱捷元先生解爲王室女奴,①近是。今不作同僚例。

(10)器主稱下屬：

器主稱下屬多直呼其名。王稱臣固可名,如中山王譻方壺王稱相邦䀠,鼎稱忠臣䀠或老䀠,好盗壺稱司馬䀠。司馬䀠即文獻中之司馬喜,此學者已有公認。張政烺先生認爲䀠"與喜音近,可以通假",②李學勤先生謂"喜與䀠可能是一名一字",③而未指明何爲字何爲名。按,古雖有不名老臣之禮,然父子共稱䀠,則當看其地位權勢。文獻載其乃衛國人入相中山王,且趙國於背後支援,曾泄謀於趙。似非本國世族,權傾一時者。故即爲一名一字,亦疑名䀠而字喜。裹盤中器主稱王臣爲宰頵、史芺、史威等名。據郭沫若先生考證,④裹即《詩·小雅·采菽》中之方叔,於宣王時征淮夷有功,被稱爲"元老",有詩頌之,可見其煊赫,即在厲王末年,地位亦不低,故銘文可稱王臣之名。彧方鼎一器主稱"内史友員",員爲名,而純爲彔國族首領,事周王室,故直呼其名。

2. 從册命命辭論

(1)命辭中王者自稱：

銘文册命辭中王者多自稱余、朕、我等。亦承殷王之習,自稱"余一人"、"我一人"。⑤ 如大盂鼎周康王先稱"余乃辟一人",又稱"我一人"。毛公鼎周宣王自稱"余一人"、"我一人",塑盨周宣王亦自稱"余一人"、"我一

---

① 陝西省博物館《陝西長安灃西出土的趙孟》,《考古》1977年第1期,第72頁。
② 張政烺《中山王譻壺及鼎銘考釋》,《古文字研究》第一輯。中華書局1979年版,第209頁。
③ 李學勤《平山三器與中山國史的若干問題》,《考古學報》1979年第2期,第169頁。
④ 郭沫若《兩周金文辭大系圖録考釋》,第七册,第一百二十六葉B。
⑤ 春秋之時,王權式微,故諸侯亦有僭稱者,如叔夷鐘齊靈公自稱"余一人"。

人"。

另有稱"余小子"者。如毛公鼎中周宣王又同時自稱"余小子",按之文獻,此多於國家喪亂或初嗣位之稱。

(2)命辭中王者稱先王:

册命命辭中王稱先公先王之稱謂與器主所稱同。詳見前。

(3)命辭中王或賞賜者稱器主或屬下:

此乃上對下之稱謂,故銘文多數用"女""乃"等第二人稱代詞。即稱名、字等,亦以稱名者爲多,稱官名者次之,其他則相對少見。

稱名者:王曰,殷(殷簋)。官、名連稱者:王曰,師氂(師氂簋);白龢父曰,師獸(師獸簋)。國、爵、名連稱者:王曰,彔白(彔伯簋)。

凡尊稱者,器主必非常人。邢侯簋王曰:井(邢)侯。邢侯乃周公之長子,成康時邢國國君,於康王爲父輩,故稱。毛公鼎王曰:父瘖。毛公瘖爲毛國之君,亦宣王之父輩。虢季子白盤王曰:白父。虢季子白,乃夷王之父輩。後兩例稱父,即周天子稱同姓諸侯爲伯父之省,此亦文獻中等級稱謂制見諸金文之實例。

王或賞者稱器主以外之人,多爲器主同僚,亦屬下級,故多稱名。如令鼎王曰:令眔奮。乍册令方尊王曰:令女二人亢眔矢。奮、亢皆令同僚,故王稱名。稱官、字者則稍尊。如三年師兑簋王曰:師龢父。有爵者亦稱爵。如善鼎王曰:令女左疋夒侯。夒,國名,侯,其爵。

(4)命辭中王或賞賜者稱器主之祖先:

此一般多稱乃且(師酉簋)、乃且考(鄃匋簋),乃先且考、乃且、乃父(卯簋蓋),亦稱且考趙(趞尊)。偶亦連名稱,如殷簋乃且考吝。名或不名,似亦有地位高低之因素在,文獻不足,難以徵實。

以上乃分而歸類之稱謂,如合而觀之,器主稱呼對象之稱謂尊卑,多與對象之地位,以及與器主之親疏、行輩關係有關。若從衛簋、衛盉、五祀衛鼎、九年衛鼎諸器之稱謂看,稱周共王爲王、恭王;稱亡父爲文考惠孟;大官皆稱伯稱字,如刑白、定白、白俗父等;爭執之對方雖爲小國之君,亦稱名爲"邦君厲";其他交易者、中保等人皆稱名。[①] 命辭出諸王命,故自稱則用第

---

① 詳見唐蘭《陝西省岐山縣董家村新出西周重要銅器銘辭的譯文和注釋》,《文物》1976年第5期,第55—69頁。

一人稱代詞和王之專用辭"一人"。稱器主或屬下多以第二人稱代詞,或直呼其名;若尊稱之,則對象之地位,與王者之關係,必非尋常。王自稱其先王固不名,而稱臣下之祖先亦常不名,此或有尊神敬鬼之意在。總之,銘文所反映的兩周稱謂有明顯之尊卑等級。至於例外,亦間有之,此或另有原委曲折,要皆無礙其制。

(三)甲骨卜辭中的動態稱謂

卜辭中稱謂形式遠不如金文和《書》《左傳》等豐富。原因在於卜辭絕大部分爲王親自占卜或貞人代爲占卜之辭,其稱謂呈單向性。由於殷商時期族名、人名、地名,乃至族長或軍務酋長之名號往往數位一體,[①]因而在某些文例中難以斷定其稱謂之確切含義。兹分自稱、親屬稱謂、王稱臣僚、臣僚稱王等四類以舉例説明。

1. 自稱

(1)王自稱:
稱"一人"、"余一人"。

    壬申,叀一人貞不羞(前六·一三)
    貞其于一人禍(甲二〇九五)
    癸丑卜,貞□□祟。貞不于一人□(續補一〇〇〇〇)
    □亥卜,□貞旬□祟,亡于一人□(續存上八六九)
    乙巳卜,王曰:貞余一人其又禍(上海博物館藏片)

(2)臣自稱:
卜人、史官之簽署,多自記其名。

---

① 參見張政烺《卜辭裒田及相關諸問題》四《裒田者》,《考古學報》1973 年第 1 期,收入《張政烺文史論集》,中華書局 2004 年版,第 424—436 頁;裘錫圭《釋柲》,《古文字研究》第三輯,收入《古文字論集》,中華書局 1992 年版,第 23 頁。

> 辛亥卜，喜貞（前一·一·三）
> 癸亥卜，教貞（甲二六四九）

今所知一百二十名貞卜者之名即從其自記而得。①

2. 親屬稱謂

卜辭親屬稱謂多以不同時期之時王爲中心。其父母輩稱"父某"、"母某"，祖父母及以上之親屬不分世系，皆稱"祖某"、"妣某"。由於卜辭所見親屬稱謂多親稱加天干，故相同的稱謂形式未必同指一人。

（1）稱"父某"、"母某"者如：

> 父己眔父庚酒（萃三一三）
> 丁亥卜，有歲于二示父丙父戊（合二二〇九八）
> 惟母丙，二告（英三五〇）
> 午卜御于母己（懷一一〇）

亦合而稱之，如"多父"、"二父"、"四父"：

> 多父于之若（屯二四二九）
> 侑于二父（合二三二九）
> 王勿祝于四父，三月（合二三三一）

（2）稱"祖某"、"妣某"者如：

> 丙辰卜，祖丁歲至（屯三一四七）
> 不佳妣甲（前一·三一·六）

亦合而稱之，如"四祖丁"、"三祖辛"：

---

① 貞人數從《殷墟甲骨刻辭類纂》所附《卜人斷代總表》《貞人統計表》，中華書局1989年版，第1475、1476頁和殷滌非《商周考古簡編》所列，黃山書社1986年版，第70—76頁。

  庚辰卜貞王賓四祖丁（合三六二五二）
  辛亥卜其有歲于三祖辛（合三二六五八）

亦有省親屬稱謂父或祖而直稱天干者，① 如：

  告于祖乙，丁。八月（粹二四九）
  乙卯卜，又燎于丁（明後二四五七）

 （3）先王之有大功烈者亦稱其號，如：

  貞出于唐（合一三三〇）

大乙亦稱唐。
 （4）世系遠之先公徑稱其名或號，如：

  貞侑于季（後上九·六）
  貞于王亥䄲年（後上一·一）

季、王亥爲名爲號，無可考。
亦加親屬稱謂於前，如：

  其告于高祖王亥，三牛（合三〇四四七）
  叀高祖夒祝用王受又（合三〇三九八）

"高祖"意爲遠祖或始祖，非後世所謂曾祖之父。②

---

① 參見裘錫圭《論"歷組卜辭"的時代》附錄二《關於"丁"》，《古文字研究》第六輯，中華書局 1981 年版，第 311—316 頁。
② 此《詩》《書》及銘文中尚如此，丁山《宗法考源》總結文獻而云："以《詩》《書》彝器銘識考之，嘗疑周人親屬稱謂，上終於祖，下終於孫，祖之考爲祖，祖之祖亦爲祖，無曾祖高祖之別；孫之子爲曾孫，孫之孫亦爲曾孫，無玄孫來孫之名。其所謂曾孫，遠孫之通稱；其所謂高祖，亦遠祖之通稱。"（《歷史語言研究所集刊》第四本第四分，第 401 頁。）

(5) 稱兄則爲"兄某",如：

貞兄庚歲暨兄己其牛（合二三四七七）
其侑兄癸惟羊王受佑（合二七六三四）

亦合而稱之,如：

貞御于四兄（合二三五二六）

(6) 稱子輩則爲"子某",如：

侑于子丁牛用（合二〇五二三）
其侑兄丙暨子癸（合二七六一〇）

　　女性亦稱"婦某",如：帚好（合一三九四二）、帚妌（合二七二八）等。婦後一字,一般稱之爲名。丁山先生認爲是"氏族的省稱"[①],胡厚宣先生認爲是地名亦即姓,[②]葛英會先生則認爲"看作族姓才更合理"。[③] 如此則私名已湮没無聞。至於子族及多子族,其爲商王之諸子之族似可定論。[④] 卜辭中有單稱子者,如"子弗祟王"（乙二五九六）,而大多是稱子某或某子,其中某子之某或子某之某多有與婦某之某、王某之某相同者,故論者遂謂"子應是氏族的類別標記,而子字下所繫之字才是族姓"。[⑤] 據此則其中一部分或大部分亦非私名。此一問題有待進一步研究。

---

① 丁山《甲骨文所見氏族及其制度》九《卜辭所見諸婦的氏族》,中華書局1988年新一版,第28頁。
② 胡厚宣《殷代封建制度考》二《諸婦之封》,《甲骨學商史論叢》初集第一册,臺灣大通書局印行1972年版,第36頁。
③ 葛英會《殷墟卜辭所見王族及其相關問題》,《紀念北京大學考古專業三十周年論文集》,文物出版社1990年版,第275頁。
④ 參見朱鳳瀚《商周家族形態研究》第一章第一節二"'子某'、'多子'與'子族'",天津古籍出版社1990年版,第48—67頁。
⑤ 説見葛英會《殷墟卜辭所見王族及其相關問題》第275頁,朱鳳瀚《商周家族形態研究》説同（第65—66頁）。此一問題近年學界又有新的認識,此不贅。

3. 王稱臣僚

商王居高臨下,故對臣僚大多稱名。卜辭中出現單稱名之例不勝枚舉。然亦有稱官職,或官職與名連稱,或國族、地方與官職連稱,或地、官、名連稱者:

> 侯來告馬(乙一九二)
> 貞:勿佳侯虎從(佚三七五)
> 辛亥卜,出貞令莫伯于󰀀(英一九七八)
> 才攸田武其來告(乙七七四六)
> 才攸侯喜㠯永(合三六四八四)
> 才易牧隻羌(珠七五八)
> 雀弗其隻侯任才方(懷四三四)①
> 令吳小耤臣(前六·十七·六)
> 其呼小臣刺從(甲二八三〇)
> 亞亡不若(鐵三七·一)
> 亞㝐以衆涉于□,若(粹一一七八)
> 馬其先王,兌從(粹一一五六)
> 尹又不若,毋見(佚二二)
> □午卜,卜賓貞(佚五二七)
> 王其令山司我工(掇一·四三一)
> 才南土,告史(甲二九〇二)
> 黃尹保我吏(乙一一八九)

官名又多有其集合稱謂,如:多臣、多亞、多馬、多尹、多卜、多工等等。②

---

① 以上這些官職在卜辭中僅作爲官稱,還是已發展爲爵位的爵稱,要視具體情況而定,不能一概而論。參閱裘錫圭《甲骨卜辭中所見的"田""牧""衛"等職官的研究——兼論"侯""甸""男""衛"等幾種諸侯的起源》,《文史》第十九輯,中華書局1983年版,第1—14頁。
② "多"即"諸",參見拙文《由甲骨刻辭多字結構說到多諸之音義及其民族與時地》,《榆枋齋學術論集》,江蘇古籍出版社2001年,第439—491頁。

4. 臣僚稱王

卜辭貞人代王占卜，大多以王之口吻發語，亦間有以己之口吻而稱時王者，則皆不名。如：

> 丁丑，王卜，貞，其振旅延迓于盂，往來無災，王囗曰：吉在……（合三六四二六）

卜辭中許多稱謂至今尚未有定論，即有某些爲大多數學者所認同者，其內涵、場境亦尚可深入研究，故僅略述如此。

即就所述論，王自稱不名，呼臣屬則稱名或官職；親屬相稱，凡稱父母祖先皆不名，而稱子則多有名者；貞人於時王稱"王"而不名，自稱則多名之。形式雖簡單，已足見殷商已有等級諱名傾向。

（四）從等級稱謂制看其所包含的諱名因素

以上爲筆者從傳世文獻與出土文獻中勾稽、分析、排比所得之主觀表述等級制和客觀反映等級制之稱謂形式。就各別而論，古禮所記之稱謂，著重於儀禮上之等級，與其節儀有關；《春秋》書法之稱謂，則刻意於人在等級社會中之身份；先秦典籍之動態稱謂，乃社會中不同等級的人在各種具體場合中受等級制制約而道出的稱謂，故形式較繁；銅器銘文所反映之稱謂與先秦典籍同，因其側重於賞賜者與祖先，形式稍簡，而真實性、可靠性則勝於前者；卜辭可靠性與銘文同，以其所表稱謂多呈自上而下之單向性，故形式更少。前兩種爲作者主觀之表述，後三種爲各時代人在稱謂上之客觀反映。主觀表述既來源於當時客觀存在的禮制，又來源於客觀的實際稱謂；客觀的等級稱謂受社會等級制及其在人腦中主觀意識的制約：兩者互相影響，往復演進，乃臻於斯。

古禮所記、《春秋》所書之稱謂，已明顯區分出當時社會上自天子，下至士庶之等級制度。天子自稱爲余一人，唯臨祭祀，對祖宗天地神示則自稱名或字，人尊稱之爲天子（天帝之子）；諸侯自稱寡人、孤、不穀，對天子、臨祭祀則自稱名，人尊稱之曰公曰侯；天子之妃稱王后，諸侯之妃則稱夫人；

乃至稱死與招魂等語詞，所指雖一而措辭亦絕然不同。稱爵稱號之間，名與不名之中，反映出嚴格的等級。又，天子之大夫，諸侯之命大夫稱字；天子之中士，諸侯之大夫則稱名；大夫七十致仕，可自稱老夫，而對諸侯仍須自名；至於庶人，其名字不登《春秋》之書，以賤故也。稱名稱字，亦明顯反映出等級差異。古禮記載雖有未全，但其可信性却在卜辭、銘文及傳世文獻中得到證實。如：從天子以至士庶，對當朝先王及己之祖先無不恭敬寅畏，表現在稱謂上，稱諡、稱爵、稱廟號、稱"前文人"、稱"皇"、"剌"等等，絕不稱名。百姓諸侯稱天子，國人卿大夫稱諸侯，亦畢恭畢敬，絕不稱名。下級之於上級，晚輩之於長輩，絕不稱名（異國、異族者不在其例。偶有例外，亦另有原因）。對上級、對尊長自稱，則大多自名，如：諸侯對天子，臣對天子或諸侯，太子對父王皆稱名。即或僅稱陪臣、外臣、下臣、小臣、小人、子、孫等等，亦爲省稱其名，或爲文獻之略。銘文之器主自稱，雖亦稱氏、稱官、稱爵、稱國，假若其面對神靈、祖先、尊長、上級時，則稱名或官爵名連稱爲多。反之，天子、諸侯稱臣民，上級稱下級，長輩稱晚輩，則大多直呼其名。又，出於尊敬意味，天子稱同姓異姓諸侯，諸侯稱同姓大夫，爲伯父、叔父、伯舅、叔舅，天子稱臣下爲子，諸侯稱臣下氏或字，以及不名老臣等等，亦在傳世文獻和出土文獻中得到證明。

　　以上僅舉其犖犖大者。稱爵、稱官、稱號、稱諡、稱國、稱姓、稱氏、稱名、稱字，或尊之敬之，或卑之貶之，或謙稱，或僭號。爵稱官名非一，國族姓氏無數，復又錯互連稱，如窮其形式，難以羅列。然若靜思其理，無非稱名不稱名之分。故約而論之，可區爲四類：一、下稱上，不名不字；二、上稱下，名；三、上對下自稱，不名；四、下對上自稱，以稱名爲常。

　　人之私名（相對氏族之公名而言）即個人之標識，[①]從文字看是徽幟的簡化符號，從性質論是確定誰某的標記。因此，名，不管是自名還是名人，也無論是自書其名或書他人之名，最重要之作用，乃區分人我而不致混淆。就這種作用說，名應該不僅自稱，亦當爲人所稱，不僅自書，亦當爲人所書。今從傳世文獻和出土文獻中歸納所得的有關名之稱謂傾向，完全有背於名

---

① 上世紀前半葉，圖騰説盛行，故很多學者認爲人名即圖騰，如李玄伯在《圖騰制度及政權的逐漸集中》下篇二"圖騰的個人化"中説"愈上溯原始時代，人們愈信人及圖騰關係的密切，人即圖騰，圖騰即人，最初觀念想係如此。個人圖騰即古人所謂名"《中國古代社會新研》，開明書店1948年版，第180頁），即今而言，人名即圖騰之説需重新認識，然其爲個人之標識則無疑義。

的性質、作用而體現了一種與社會等級制相應的等級稱謂制，即上可名下而下不敢名上的稱名制。下不敢名上而代之以官爵尊號，上對下自稱亦不名，①這至少表明古人對私名之珍視。② 反觀下不名上而稱官爵尊號，可從尊崇敬仰或阿諛等方面作合理解釋，在表層的尊崇心理下無可否認地隱含着一種諱稱尊長之名的深層意識。這種深層意識的諱名傾向乃是歸納文獻所得的事實，可區分爲諱死者之名和諱生者之名兩種。諱死者之名，如：卜辭中王或貞人或其他貞卜者之稱殷先公先王及一切長幼死者，銘文中器主稱殷周先王及衆多祖先，《書》《左傳》等文獻中之稱無數已故者。《左傳·桓公六年》有"周人以諱事神，名，終將諱之"之説，則兩周之不名死者，皆緣此俗。此外，銘文及傳世文獻中則已明顯有下對上的等級諱名傾向。卜辭內容雖簡，但貞人之稱時王皆稱"王"而不名，已隱隱透露出周人之諱名傾向或前有所承。

四、名字、爵號、謚號、廟號與避諱心理的演化

（一）命名取字的心理與避諱習俗的進化

太古之人無名，及人際交流日繁，戰争頻仍，各以族氏徽識爲別，此時尚是公名。論者謂私名之起，起於以口自名，起於獨立單位之建立，起於個人圖騰迷信。③ 此雖屬推測，尚自成理。卜辭有個人私名，已確鑿無疑。據文獻記載，夏代已有與後世相同之私名，如記載屬實，則私名之起更在夏代或夏代以前。其時命名之制，不得而聞。《禮記·内則》載古代命名之制甚詳，大要爲：子生三月，擇日盥洗，妻抱子見父，父執子之右手，咳而名之。

---

① 稱余一人、我一人、孤、寡、不穀或我、余、吾等代詞。
② 關於珍名之心理與原始的名字意識，詳見下文。
③ 蕭遙天在《名字與東方圖騰崇拜》中認爲，在個人經濟已經建立的農業時代，氏族公名（圖騰，姓）仍然使用的同時，"氏族私名也應時興起，普遍使用，個人圖騰也一個個出現了"。在个人圖騰即私名的認識上，蕭氏同意李玄伯的觀點，見《中國人名的研究》，國際文化出版公司 1987 年版，第 15 頁。李玄伯之意見見前所引。

母代子答云："記有成。"而後妻以名告師，師告諸婦、諸母；夫以名告家臣，家臣告子侄。並書子之生日而藏之。復由家臣告閭史，閭史書其名及生日，一藏之閭府，一上獻州史。① 言閭府、州史，知其爲周以來之制。若有所傳承，或亦含有上古命名儀式之原型，②而後流演、完善成定制。古代對命名之重視，即於此可見。名，由今人觀之，乃實體之符號，以區別於人我而已，而在原始民族，則將之作爲人身不可分割之一部分，惜名如身，愛名如命。至春秋晉大夫師服論命名云："夫名以制義，義以出禮，禮以體政，政以正民。"是純爲禮制約束下之說法，與"以口自名"之時代已相去邈遠。然藉此可知春秋之時命名已頗多講究。《禮記·曲禮上》：

> 名子者不以國，不以日月，不以隱疾，不以山川。（《內則》無"不以山川"句）

鄭玄注："此在常語之中，爲後難諱也。"此小戴所集，亦先秦所記。《大戴禮記·保傅》引《青史氏之記》曰：

> 太子生而泣……然後卜名，上無取於天，下無取於地，中無取于名山通谷，無拂於鄉俗，是故君子名難知而易諱也。

漢賈誼《新書·胎教篇》所記略同。《青史子》，班固《漢志》云："古史官記事也。"乃先秦之書，與戴記可以互證。《左傳·桓公六年》九月丁卯，桓公子同生，公問名於大夫申繻，對曰：

> 名有五，有信，有義，有象，有假，有類。以名生爲信，以德命爲義，以類命爲象，取於物爲假，取于父爲類。不以國，不以官，不以山川，不以隱疾，不以畜牲，不以器幣。周人以諱事神，名，終將諱之。故以國

---

① 詳見《禮記·內則》所述，孔穎達疏謂此乃卿大夫以下名子之法。觀《內則》前文"國君世子生"一段，及後文"世子生……君名之，乃降"、"適子庶子見於外寢，撫其首，咳而名之"云云，國君之子的名子儀式亦大同小異。
② 據學者研究，殷代已有爲子占卜命名的禮俗。見饒宗頤《由〈尚書〉"余弗子"論殷代爲婦子卜命名之禮俗》，《古文字研究》十六輯，中華書局 1989 年版，第 157—159 頁。

則廢名，以官則廢職，以山川則廢主，以畜牲則廢祀，以器幣則廢禮。晉以僖侯廢司徒，宋以武公廢司空，先君獻、武廢二山，是以大物不可以命。

儘管《左傳》真僞爭論不休，此説所反映公元前706年前後社會之普遍命名習慣與限制，似不容否認。因爲：

（一）二戴所傳之禮，皆上承先秦，淵源有自，所説與申繻詳略不同，精神則一。

（二）"周人以諱事神，名，終將諱之"，與《禮記》"卒哭乃諱"可互相印證。

（三）晉僖侯名司徒，改司徒爲中軍。《左傳》所記爲"司徒"者十餘次，連官稱名者九次，無一晉人，而言"中軍"者四十餘次，均與晉人有關。①

（四）宋武公名司空，改司空爲司城。《左傳》記"司空"者七八次，連官稱名者三次，無一宋人，而言"司城"者近三十次，除"司城彊"一次外，皆爲宋人宋事。②

（五）魯因獻、武二君之名而廢具、敖二山名，改以鄉名名山。事詳《國語·晉語九》。③

統計《左傳》《國語》用詞，知其所記晉宋魯之避諱更名事當屬實。以"名，終將諱之"之周禮衡之，似皆爲卒後所改。④ 前文已總結傳世文獻和出土文獻中對先王和已故父母祖先之稱謂，皆不直呼其名，比而觀之，足證至

---

① 劉文淇《春秋左氏傳舊注疏證》引朱駿聲云："僖公時，晉文公乃有中軍，然則武公以前，晉未有軍也。廢，直是廢其職。"中華書局1959年版，第102頁。

② 《禮記·檀弓》："陽門之介夫死。司城子罕入而哭之哀。"鄭注："宋以諱司空爲司城。"孔疏："知爲司城者，春秋之時，惟宋有司城，無司空。"《左傳·哀公八年》："宋公……遂滅曹，執曹伯陽及司城彊以歸。"公孫彊爲曹司空，此言司城者，疑《左傳》取之宋史料，《史記·管蔡世家》作"公孫彊"。

③ 《國語·晉語九》："范獻子聘於魯，問具山、敖山，魯人以其鄉對，獻子曰：'不爲具、敖乎？'對曰：'先君獻、武之諱也。'"

④ 《史記·魯周公世家》："魯人立其弟具，是爲獻公。獻公三十二年卒（劉歆説五十年，皇甫謐云三十六年），子真公濞立。三十年，真公卒，弟敖立，是爲武公。"真公十五年爲共和元年，是獻公卒在公元前855年，武公十年卒，時在公元前816年。宋武公即位在公元前765年，即周平王六年，十八年而薨，時在公元前748年。晉僖侯即位正是共和二年，即公元前840年，十八年而薨，時在公元前823年。

晚在西周末年、春秋初期諱名已成定制，藉此可知其起源應在遙遠的過去。

古人於名之外，又有字。

> 冠而字之，敬其名也。（《儀禮·士冠禮》）
> 已冠而字之，成人之道也。（《禮記·冠義》）
> 幼名，冠字，五十以伯仲，死諡，周道也。（《禮記·檀弓上》）
> 曰伯某甫，仲叔季唯其所當。（《儀禮·士冠禮》）
> 男子二十冠而字。（《禮記·曲禮上》）
> 女子許嫁笄而字。（《禮記·曲禮上》）
> 十有五年而笄。（《禮記·內則》）

上列文獻表示：古代男子二十而冠，女子十五而笄，在冠笄之禮時取字。字與名須有意義上的聯繫，並以伯仲叔季的排行和"甫""母"配成完整的表字結構。表示人已成年，他人祇能稱其字而不能直斥其名，目的是"敬其名"。至五十則可並字不稱，而單稱排行，或排行連甫（父）稱。其稱謂形式在前文中已羅列，此不復贅。

古人於冠禮極為重視，儀式繁複隆重，《儀禮·士冠禮》及《禮記·冠義》中有詳細記載。楊寬先生謂冠禮"由氏族制時期'成丁禮'轉變而來，其取'字'的方式也該是沿襲周族'成丁禮'的習慣的"，並因周族之"成丁禮"史闕無徵，故將之與易洛魁族所舉行之"成丁禮"習俗比觀以推其大概。①周人於冠禮時由賓者命字，字有字辭，所謂"禮儀既備，令月吉日"云云者是。然經文對取字之意義却無多闡發，僅云"已冠而字之，成人之道也"，"敬其名也"。禮家之解釋亦多從禮之角度作敷演之説，鄭注"敬其名"云："名者，質，所受於父母。冠成人益文，故敬之也。"然其何以成年後要另取字，所取之字何以要與名之義相繫，漢唐清之經學家未嘗言及，即今之古史學家亦未有論説。筆者推測：周人之取字及易洛魁人之第二次改名，或與諱名，即諱幼年之名有關，儘管它一方面仍含有成年入社之意。

---

① 易洛魁族一人皆有兩名，一爲初生時由母所取，一爲至十六或十八歲時由酋長舉行儀式，宣佈廢除幼年之名，授予成人之名。見楊寬《冠禮新探》，《中華文史論叢》第一輯，修訂後收入《古史新探》，中華書局1965年版，第245頁。

摩爾根在叙述易洛魁人之名時曾云：

> 對一個印第安人直呼其名，或直接詢問對方的名字，這都被認爲唐突無禮的行爲。

這説明印第安人有諱名習俗。又云：

> 有些人在患了一次重病以後，由於迷信的緣故，提出請求再一次改換名字，這種事情也不爲少見。①

改名之深層意識，摩爾根未提及。稍後的英人弗雷澤在《金枝》中所收集之原始民族對名字的禁忌可解此之謎。弗氏記述道：

> 在中澳大利亞的一些部落中，男女老幼除了公開用的名字以外，每人都有一個秘密的或神聖的名字，是出生後不久由自己的老人給取的，祇有個別極親近的人才知道。這個秘密名字祇在極莊嚴的時刻才用一下，平時決不提它……當地土人認爲陌生人如知道了自己的秘密名字，就更能運用巫術使自己受害。
>
> 每一個埃及人都有兩個名字，一爲真名，一爲好名，或一爲大名，一爲小名。②

好名、小名爲人所知，真名、大名則隱之。換言之，也可以説是公用名或私秘名：

> 婆羅門的小孩每人也都有兩個名字，一是公用的，另一是秘密的，

---

① 見摩爾根《古代社會》（新譯本）第二編第二章，商務印書館1977年版，第77頁。又，中國鄂倫春族孩子生病或遇不幸，亦改名；高山族人有病及傷亡之時，亦更名趨吉。分別見劉翠蘭、何汝芬、曾思奇所寫關於鄂倫春族和高山族人的名字，《中國人的姓名》，張聯芳主編，中國社會科學出版社1992年版，第172、263頁。
② 詹·喬·弗雷澤《金枝》第二十二章第一節《個人名字的禁忌》，徐育新、汪培基、張澤石譯本，中國民間文藝出版社1987年版，第363頁。

後者除他父母之外，誰也不知道……這種習俗意在防範巫術的侵害，因爲巫術祇有在和真名聯繫上了的時候才能發生效應。①

巫術利用名字侵害人體，利普斯有所記述：

> 書寫下人的名字，和畫人及呼喊人名一樣，可在同樣的情況下使用。印度教徒爲了增加巫術力量，對施行法術的人像模型上寫下姓名。印尼的巴厘人要弄死一個人，便在壽衣或棺材上寫上名字加以埋葬，以代替其本人。人的名字寫在紙上，象徵性地懸弔或焚燒，也可以摧毁本人。②

另一種原因便是"害怕引起邪惡鬼靈的注意"。推究其深層意識，是這些未開化民族對於詞語性質所抱極端唯物的觀點。③ 弗雷澤説：

> 當人們認爲有必要隱諱某人的真名時，習慣的做法只叫他的姓或綽號。①

原因是人的第二個名字與幼名、真名、第一名字不同，不屬於人身之一部分，被人稱呼不會影響其人身安全。

這種畏忌鬼靈和防範巫術之諱名習俗足以説明易洛魁人患病改名之由，而其兩名之習俗亦足爲探尋周代"冠而字之"禮俗的原始禁忌意義之鎖鑰。

周人之字即所謂第二名字。周代舉行冠禮，加弁命字之時，已處於文

---

① 詹·喬·弗雷澤《金枝》第二十二章第一節《個人名字的禁忌》，徐育新、汪培基、張澤石譯本，第363頁。
② 利普斯《事物的起源》，汪寧生譯，敦煌文藝出版社2000年版，第338—339頁。
③ 據弗氏所調查：在東印度群島各氏族，北新幾内亞芬奇黑汶的巴布亞人，荷屬新幾内亞的努爾福爾人，俾斯麥群島的美拉尼西亞人，南非許多氏族，馬達加斯加某些地方人，以及許多印第安人，乃至具有相當高文明的埃及人均有這種畏忌鬼魂、懼怕巫術而諱名的習俗。(以上均見《金枝》，第363—368頁)又，羅斯·克金白蘭恩《中緬交界之傈僳》(第260—261頁)記述：中國傈僳族嬰兒在出生第三天早晨，"得其'埋名'(Buried)或'魂名'(Spiritname)，此名祇能由父母在其兒童時代呼之，但在小兒長大之後，不能以此名呼之，生人呼之，會引起憤怒甚至仇殺(見(轉下頁注)

明禮制的氛圍中,原始的名字禁忌已成爲遙遠的過去,早爲人所淡漠乃至遺忘,即使存留於潛意識中,也不可能去替代冠冕堂皇的"冠而字之,成人之道也"的禮説。漢儒不知其原委,祇能以文質論名字。但"敬其名也"一語仍隱隱地透露出先民對幼年之名的神秘和保護心理,不云"忌畏"、"忌諱"而用"敬",祇是因文明之禮而改换的字面。所應特别申述的是:從原始的名字禁忌到兩周的幼名冠字,名字的稱謂中已注入了由氏族制度發展至商周而日益完善的等級稱謂制。等級稱謂制掩蓋了取字諱名的原型,使表現出上可名下,下不可名上,平輩敬稱表字的敬名現象。《公羊傳》所謂"名不如字者",猶如姚泓所解:

> 非謂其人之名不如其字之尊,乃謂爲人所字,則近乎見尊;爲人所名,則近乎見卑也……名,字之本;字,名之末也。爲本故尊,爲末故卑。②

這是對等級制下的名字稱謂一種簡扼概括。以尊卑論名字,帶有明顯的宗法、等級心理,世世相傳,習焉而不察,漸至心安而理得,於是原始的忌諱真名、第一名字之巫術心理便蕩然無存,以至再也無人追究了。

(二)爵號、諡號、廟號的起源與稱謂制、諱名制的關係

1、爵　號

爵爲等級之位,與官職食禄相應。《禮記·王制》所謂"論定然後官之,

(接上頁注)陶雲逵《碧羅雪山之儸儸族》引,《歷史語言研究所集刊》第十七本,第379頁)。陶謂其去儸儸族調查時,未聞此習慣。但陶文引述佛瑞塞《傈僳語言》一書(附録第62頁)説:"傈僳給他們兒子命名是在生下數日,這次的名字名爲奶名(A—chimys),奇怪的是這個名在其人一生中永不用或不應當用。雖然他的親戚及鄰居都知道他這個名字,但當着他的面永不稱提,否則將有大憤怒。"(同上揭書,第379頁)如果佛瑞塞也是調查所得,則這種習俗至少曾經存在過。這種稱謂習俗與周人的名、字稱謂法或有一定的傳承關係,緣其本意,亦與諱名有關。

① 同上。又,中國鄂倫春族亦有諱長輩名字的習俗,見張聯芳主編《中國人的姓名》,第172頁。
② 《太平御覽》卷三百六十二引《秦紀》,中華書局1960年版,第二册,第1670頁上。

任官然後爵之,位定然後祿之"。古者記爵號之別,以《孟子》《周禮·大宗伯》《禮記·王制》等爲最古,而三者所記亦各有不同。自《王制》云"王者之制爵祿:公侯伯子男凡五等",《白虎通·爵》謂"此據周制也"以來,兩千年中人莫之疑。一九三〇年,傅斯年先生發表《論所謂五等爵》,首發其疑,以爲與《詩》《書》、金文等不合,指出"五等爵之本由後人拼湊而成,古無此整齊之制"。① 同時郭沫若先生亦發現金文中爵無定稱,因謂五等爵祿,乃周末儒者因舊名而賦之以等級也。② 楊樹達先生亦遍檢金文爵稱,分爲兼稱七種,大暢郭旨。③ 董作賓先生據卜辭而謂五等爵中除公外,侯伯子男皆爲爵稱者。④ 胡厚宣先生更廣搜博證,以爲殷之封建,以爵名視之,有婦子侯白男田,復以爵無定稱之事實,謂五等爵"乃周末五行學說盛行之後,儒者託古改制之所爲,就舊有之名,而定以等級者也"。⑤ 童書業先生則謂公乃諸侯尊稱,子則不成君之稱,唯侯、甸、男三者爲爵稱。⑥

諸家將爵這一問題從各個角度進行剖析論證。筆者以爲:爵稱關涉到下列問題:一、爵之起源;二、五等爵制形成之時代;三、爵與爵之間之尊卑等級。五等爵制形成時代晚,並不說明爵之起源亦晚。事實上,卜辭中侯田男衛與《書·酒誥》之侯甸男衛邦伯可互相印證。確定其是否爲爵稱,有從制度上分者,胡厚宣先生認商爲封建制,則此皆爲爵號,吳澤、徐中舒先生認商爲奴隸制,故侯甸男衛是御用官吏,是指定服役制,⑦則非爵號。姑

---

① 《歷史語言研究所集刊》第二本第一分,第129頁。[日]島邦男認爲董作賓主張商有男爵,證據不足。裘錫圭亦認爲例僅一條,十分危險。見《甲骨卜辭中所見的"田""牧""衛"等職官的研究》,《文史》十九輯,第2頁。
② 郭沫若參《中國古代社會研究》第四篇五《周代彝銘中無五服五等之制》,《郭沫若全集·歷史編(一)》,人民出版社1982年版,第265頁。又郭沫若《金文所無考》六《五等爵祿》節,《金文叢考》,人民出版社1954年版,第53頁。
③ 楊樹達《古爵名無定稱說》,見《積微居小學述林》卷六,中華書局1983年新一版,第249—257頁。
④ 董作賓《五等爵在殷商》,《歷史語言研究所集刊》第六本第三分,第413—429頁。
⑤ 胡厚宣《殷代封建制度考》八《五等爵之來源》,《甲骨學商史論叢》初集,齊魯大學國學研究所專刊之一,臺灣大通書局印行1972年版,第100頁。
⑥ 童書業《春秋左傳研究》卷一《爵位》,上海人民出版社1980年版,第165頁。
⑦ 吳澤《古代史》第三編第一章第二節《社會構成的具體內容》,棠棣出版社1953年版,第370—410頁。徐中舒、唐嘉弘《論殷周的外服制》,《先秦史新探》,河南大學出版社1988年版,第230頁。又徐中舒《先秦史論稿》五《殷代侯、甸、男、衛四服的指定服役與周初的封建制》,巴蜀書社1992年版,第73—90頁。

不論奴隸制與封建制，侯甸男衛的諸侯名稱，由職官名演變而成，應是一種較合情理的解釋。① 在官名階段，由於職責之不同，反映到權力上，必有大小高低之分。發展爲諸侯，以至後來中央王朝承認並分封授予稱號，當然會從親疏、功績等方面考慮到這種差別，自此以後，權力大小自然漸趨明顯固定，等級上差別便也隨之明確。因此，説周初之分封已具有等級差別的爵位和爵稱，似非無稽。

官職或諸侯的等級差別，必然要反映於稱謂。卜辭大多爲王占及貞人代王占之辭，其或稱"某侯某"，或稱"某侯"，或稱"侯某"（伯田牧衛等稱謂略同），②反映出上臨下的稱名現象。西周金文中器主稱賞者或代賞者，稱祖先，稱上級，均有稱爵而不名者，傳世文獻中更是如此。這與大量稱官稱姓稱氏稱字一樣，在表面的尊敬意識下，或多或少含有諱名之意。

2、諡　號

《禮記·檀弓上》："死諡，周道也。"《逸周書·諡法解》謂周公制諡，此先秦之人説諡之起源如是。白虎觀儒臣遙以堯舜爲諡，已爲後人所斥。③ 清崔述遍考文獻，云"湯武撥亂反治，子孫追稱之爲'武王'，而諡於是乎始。然而子孫卿士未有敢擬之者。周之二王諡爲文、武，蓋亦仿諸商制。以成王之靖四方也，故亦諡之曰成，而康王以後遂仿而行之"，故謂"諡法非周之所制，乃由漸而起者"。④ 及王國維先生見銘文中有生稱"成王"、"穆王"、"穆公"、"武公"等現象，遂疑諡法之作，在宗周共、懿諸王以後。⑤ 其後郭沫若先生踵繼王説，更疑"諡法之興當在戰國時代"。⑥ 至屈萬里先生作《諡法濫觴於殷代論》，取證於文獻與卜辭，始謂武丁、武乙、文武丁等號，"皆就其行事之特徵而追命者"，即爲諡法之濫觴。其結論曰："諡法之成爲定制雖晚，而諡號之發生實始於殷代末葉。"⑦此追命之説，已隨著卜辭研究之深入

---

① 參裘錫圭《甲骨卜辭中所見的"田""牧""衛"等職官的研究》，《文史》十九輯，第 11 頁。
② 見上揭董作賓《五等爵在殷商》、胡厚宣《殷代封建制度考》、裘錫圭《甲骨卜辭中所見的"田""牧""衛"等職官的研究》諸文所列。
③ 羅泌《路史發揮》卷五《堯舜禹非諡辨》。《四部備要》本，第六册，第一一三葉。
④ 崔述《豐鎬考信別録》卷三《周制度雜考》，《崔東壁遺書》，上海古籍出版社 1983 年版，第 353 頁上。
⑤ 王國維《觀堂集林》卷十八《遹敦跋》。《王國維遺書》，第三册，第七葉 B。
⑥ 郭沫若《諡法之起源》，《金文叢考》第五，第 112 頁。
⑦ 屈萬里《諡法濫觴於殷代論》，《歷史語言研究所集刊》第十三本，1948 年版，第 224、221 頁。

而得以證實。[1] 就《左傳》《國語》等文獻中所述記當時人對謚法的認識及誄謚情況，以及《春秋》卒書名、葬書謚之嚴格分别來看，周初已有謚法，西周中後期趨於完善，春秋禮崩，此制已亂。[2] 就卜辭之祭祀稱謂看，殷商確已有據一生行事追命的相當於謚的美號存在，這種追命法爲周人繼承並發展爲謚法。至於王氏觀察到的所謂"生稱謚"[3]問題，近來學者有地名、私名説，[4]生時美名説，[5]追記前事説，[6]等等，皆可作爲進一步研究之基點，似不能以此來否定謚法起源之年代。

定型於兩周的謚法，與當時的等級制互爲制約。表現在兩方面：一、上可謚下，下不可謚上。天子之謚，告南郊稱天以謚之；諸侯由天子謚，具體事宜由史官掌之；卿大夫由諸侯親謚。春秋之世，卿大夫議謚諸侯及同僚，並不上請，謚法之制已廢弛。[7] 二、有爵則有謚，無爵則無謚。古者大夫五十而爵，故死則爲謚；不滿五十死，未受爵，故無謚。士無爵，故亦無謚。此制行於西周，春秋初猶然，無駭、羽父、柔、挾等未爵無謚即其證。[8] 魯莊之時，謚始及士，僖、文而下，濫謚無等。[9]

古禮，既死而議謚，謚定而卜葬，遣之日誄而謚之，葬後稱謚，不再稱

---

[1] 丁山《商周史料考證·傳説時代的王號與傳統》謂卜辭之武唐，"正是《玄鳥》所謂武湯，湯之稱武，決出殷商的謚法"。中華書局1988年版，第43頁。黄奇逸《甲金文中王號生稱與謚法問題的研究》云："凡殷王有文、武、文武、康、帝等稱者，均是武乙、文丁在祭祀他們時才有的，而這些殷王生前只被稱爲'王'。可見是死謚。"《中華文史論叢》1983年第一輯，上海古籍出版社，第42頁。
[2] 參閱吴静淵《謚法探源》，《中華文史論叢》1979年第三輯，上海古籍出版社，第79—94頁。
[3] "生稱謚"之語首見於清顧炎武《日知録》卷二三（中册，第1766頁），第顧氏檢論秦漢文獻，今人以之論兩周史實。
[4] 黄奇逸《甲金文中王號生稱與謚法問題的研究》認爲武公之武、穆公之穆是地名。（《中華文史論叢》1983年第一輯，第41頁）李學勤《穆公簋蓋在青銅器分期上的意義》認爲穆公是私名，見《新出青銅器研究》，文物出版社1990年版，第70頁。
[5] 楊希枚《論周初諸王之生稱謚》，《殷都學刊》1988年第3期，第12頁。又見《論久被忽略的諸侯以字爲謚之制——兼論生稱謚問題》，《中國史研究》1987年4期，第78頁。
[6] 吴静淵《謚法探源》，《中華文史論叢》1979年第三輯，第79—94頁。童書業《周代謚法》，見《春秋左傳研究》附録，上海人民出版社1980年版，第382—386頁。盛冬鈴《西周銅器銘文中的人名及其對斷代的意義》，《文史》十七輯，中華書局1983年版，第41、42頁。
[7] 古者誄謚同施，《禮記·曾子問》"賤不誄貴，幼不誄長，禮也。唯天子稱天以誄之，諸侯相誄，非禮也"，即指此。
[8] 參閱清顧炎武《日知録》卷四"卿不書族"條，上册，第341頁。
[9] 《禮記·檀弓上》謂魯莊公誄縣賁父、卜國事云："士之有誄，自此始也。"

名。《禮記·表記》所謂"先王諡以尊名",即此義。諡,就其累列生時行迹之作意言,是爲死者作一結論,所謂棺蓋論定;就其既葬稱諡言,是爲諱死者之名或字。二十冠而稱字,到人死既葬稱諡,就諱名形式看,即從"字以敬名"轉化爲"諡以尊名"。爲什麽既葬要稱諡?因爲字僅以表德,而"諡所以成德",成德境界高於表德。葬前,以生事之;葬後,以死事之。周人有"卒哭乃諱"之禮,此後不能稱字稱名。而稱諡,既可使人聞其諡而知其行,揚其聲,又可諱其字與名。《春秋》凡葬皆稱諡,用意或本此。

3、廟　號

周王廟號,多爲諡號加王字,其廟多稱宮,此徵諸銘文可知。商王廟號,[①]卜辭自上甲至帝乙有三十七王,皆由親稱或區別字加日干所組成,關於其所代表之意義,歷來解釋歧出,訖無定論。茲列舉數家之説於下:一、生日説,漢儒主之;[②]二、廟主説,三國蜀譙周主之;[③]三、祭名説,王國維先生主之;[④]四、次序説,陳夢家先生主之;[⑤]五、死日説,董作賓先生主之;[⑥]六、卜選説,李學勤先生主之;[⑦]七、陰陽葬日説,日本井上聰先生主之;[⑧]八、嫡庶説,朱鳳瀚先生

[①] 關於天乙、太丁以至帝乙、帝辛等殷王日干名號。論者或指爲商王之名,或稱爲商王廟號。名字之説,固不近理。廟號之稱,亦未敢必是。因卜辭有唐宗、中宗、宗,文獻有太宗、中宗、高宗,後世宗廟之號,或以此爲正。第以商人重祭,稱天乙、太丁、帝乙、帝辛等易記便祭,故相沿成例。今爲叙述方便,姑稱"廟號"。
[②] 《易緯乾鑿度》、《白虎通·姓名》皆有"殷家質,以生日爲名"之文,後皇甫謐《帝王世紀》襲之。按,《乾鑿度》有鄭玄注,顧實《重考古今僞書考》據漢碑推論其出於"漢武、宣以後,亦今文博士之遺説",此或爲白虎觀儒臣所本。上海大東書局1928年版,第7頁。
[③] 見《史記·殷本紀》司馬貞索隱引譙周《古史考》之説,中華書局1959年版,第一册,第93頁。
[④] 王國維《殷禮徵文·殷人以日爲名之所由來》,《王國維遺書》,第九册,第一葉至四葉。
[⑤] 陳夢家《殷墟卜辭綜述》第十二章《廟號》總結説:"作爲廟號主要部分的天干,表示及位、死亡和致祭的次序,而及位次序是依長幼之序而定的。"科學出版社1956年版,第444頁。
[⑥] 董作賓於《甲骨文斷代研究例》發之,後又作《論商人以十日爲名》一文闡述其觀點,見《大陸雜志》二卷三期,收入《董作賓全集》乙編卷三,臺灣藝文印書館1963年版,第567—579頁。
[⑦] 見李學勤《論殷代親族制度》,《文史哲》1957年第11期,第35頁。楊希枚從李説,認爲"也可以邏輯推理上證説商王廟號應源於商王的祭日干名"。見氏撰《論商王廟號問題兼論同名和異名制及商周卜俗》,《殷墟博物苑苑刊》創刊號,中國社會科學出版社1989年版,第12頁右。
[⑧] [日]井上聰《商代廟號新論》,《中原文物》,1990年第2期,第54—60頁。

主之；① 九、二分支派説，張光直先生主之；② 十、四分組制説，陳其南先生主之。③ 其他論者尚多，或申論上述一説，或另創新説，恕不更舉。④ 十説之中，前八説圍繞天干之名爲生日、死日、祭日、葬日、卜選日、日之陰陽、身份之嫡庶等而言，後兩説則從人類學角度，利用天干間關係，論證商王執政制度及其婚姻制度。對於後者，楊希枚先生已撰文提出批評。⑤ 關於生日説和死日説，張光直先生用其所統計的銅器銘文中十干比例和醫院出生記録來駁斥，亦極具説服力。⑥ 其所統計1295件銘文中死去的親人在十干中之比例分别爲：

天干	甲	乙	丙	丁	戊	己	庚	辛	壬	癸
日干稱號	30	274	21	270	55	178	41	209	14	203

所選取醫院一年中按星期而計的出生人數爲：

星期	一	二	三	四	五	六	日
出生人數	534	591	577	658	551	583	502

張先生以此來否定生日説和死日説，並云："卜選説，倘非把廟號的決定歸之於神意或祖先的意旨，則也非把它歸之於偶然的因素不可——如卜兆的形狀及對它的解釋。假如李氏所舉的例子可靠，我懷疑這很可能代表一種社會習俗的儀式性的認可（ritualratification），而這種社會習俗的來源則另有所自。"⑦ 卜選説即是卜某人某王的日名，但日名何以有甲丙戊庚壬

---

① 朱鳳瀚《金文日名統計與商代晚期商人日名制》，《中原文物》，1990年第3期。
② 張光直《商王廟號新考》，《中研院民族學研究所集刊》，第15期，收入《中國青銅時代》，三聯書店1983年版，第135—171頁。
③ 陳其南《中國古代之親屬制度》，《中研院民族學研究所集刊》，第35期。
④ 如王玉哲《試論商代兄終弟及的繼統法與殷商前期的社會性質》亦主死日説（《南開學報》1956年第1期）。容庚《商周彝器通考》第五章贊同皇甫謐主生日説（《燕京學報專號》之十七，第74頁），徐中舒《先秦史論稿》亦認爲生日爲名可靠。在台灣，繼張光直文之後，有劉斌雄、丁驌等在《中研院民族學研究所集刊》上各有論説。
⑤ 楊希枚《聯名制與卜辭商王廟號問題》五《商王廟號新考簡評》，《中研院民族學研究所集刊》第21期，第32—36頁。又《從諱名制、祖孫同名制看商王廟號問題——張光直〈中國青銅時代〉讀後》四《再評〈新考〉的幾項重要論點》，《先秦史研究動態》，1987年第1期，第11—12頁。
⑥ 張光直《談王亥與伊尹的祭日並再論殷商王制》，《中研院民族學研究所集刊》，第35期，後收入《中國青銅時代》，第172—196頁。
⑦ 張光直《商王廟號新考》，《中研院民族學研究所集刊》，第15期，第65—95頁。收入《中國青銅時代》，第139、140頁。

與乙丁己辛癸的懸殊差異,亦即單數與雙數的差異,卜選説未能解釋。近吉德煒先生曾試圖用吉的祭祀日來解釋,①似乎也不能説明單與雙的差異。井上聰先生認爲:"商人已經有死亡後在陰日埋葬的習俗。甲骨文、金文之中的陰日廟號,是基於埋葬的日子而定的,而葬日又多選用陰日,所以廟號多爲陰日干名。"②此以陰陽葬日解釋商王廟號,但其葬日何以多選用陰日?何以廟號要以葬日之天干爲標識?皆缺乏詳細論證。

筆者認爲:鬼神觀念及鬼神信仰在殷商人的頭腦裏已根深蒂固。就上千座商代墓葬分析,其群系組合或族氏家族組織墓區系統特徵已極爲明顯,而王陵區、貴族墓地及一般族氏組織墓地之形制大小、隨葬器物豐儉等不同,足以表明當時已有嚴格的喪葬制度。由此而知《禮記·檀弓》及其他經籍中所記"殷人殯於兩楹之間"、"殷人尚白,大事斂用日中"、"殷人棺槨"、"殷人用祭器,示民有知也"等有關葬儀似當遥有所承。

從商代周祭制度觀察,殷商的宗廟制度已很完善。廟號,顧名思義,即先祖在宗廟中之稱號。《説文·广部》:"廟,尊先祖皃也。從广,朝聲。"而《釋名·釋宫室》云:"宗廟,宗,尊也。廟,貌也,先祖形貌所在也。"③據《儀禮》《論語》等所載,商代廟中已有或桑或栗的廟主,以象徵祖先之形貌。既然廟中之廟主乃象徵祖先之形貌,則可推知,敬鬼神、崇祖先,且喪葬、祭祀制度甚爲完善之殷商,在虔敬肅穆心理支配下,對其祖先之廟號必不隨便苟取。因此,欲探尋商王廟號之諦義,必當求之於喪葬、祭祀制度。

殷商之喪葬、祭祀的詳細儀節無聞,然經秦火洗劫之餘的《儀禮》殘本尚存《士喪禮》《士虞禮》《特牲饋食禮》《少牢饋食禮》等,《禮記》中亦有有關喪葬、祭祀儀節之記載,此雖爲周禮,但未嘗不可由此窺探殷商之喪祭儀節。經縝密推考,可知商王之日干廟號,與卜葬虞祭及祔廟禮有關。

葬禮,是死者之大事,因爲葬日是生與死之分界。子孫對於祖先,未葬前以生事之,既葬後以死事之,故葬日須慎重卜選。《禮記·曲禮上》:"外事以剛日,内事以柔日。凡卜筮日,旬之外曰遠某日,旬之内曰近某日。喪事先遠日,吉事先近日。"孔穎達《正義》引崔靈恩曰:"外事指用兵之事,内

---

① [美]吉德煒《中國古代的吉日與廟號》,《殷墟博物苑苑刊》創刊號,第26頁。
② [日]井上聰《商代廟號新論》,《中原文物》,1990年第2期,第57頁。
③ "宗廟,宗,尊也"五字,傳本《釋名》無。畢沅據《北堂書鈔》《藝文類聚》《初學記》等補。參閱王先謙《釋名疏證補》卷五,上海古籍出版社1984年影印本,第267頁。

事指宗廟之祭者。"喪葬與宗廟之祭同,皆屬内事,故其卜必以乙、丁、己、辛、癸等柔日爲常。喪事所以先遠日者,孔疏云:

> 喪事謂葬與二祥,是奪哀之義也,非孝子之所欲,但制不獲已,故卜先從遠日而起,示不宜急,微伸孝心也。故宣八年《左傳》云:"禮,卜葬先遠日,辟不懷。"杜注:"懷,思也。辟不思親也。"此尊卑俱然。雖士亦應今月下旬先卜來月下旬,不吉,卜中旬,不吉,卜上旬。

《儀禮·士喪禮》更有筮宅卜葬之具體儀節與命辭,《荀子·禮論》亦有對殯斂及卜葬卜宅之詮釋。兩者合參,可窺當時喪祭制度已趨於完善。

卜葬所以選柔日,此與虞祭有關;虞祭所以用柔日,此與祔廟日有關;祔廟所以選用柔日,殆是應宗廟祭祀之需要;而卜葬、虞祭、祔廟所以用柔日。最終都是取其陰日安靜之意。

古者凡葬必卜,《周禮·春官·小宗伯》云:"卜葬兆甫竁。"《儀禮·士喪禮》亦載有卜葬儀節及卜辭。文謂"卜日,既朝哭,皆復外位。卜人先奠龜於西塾上,南首,有席……命曰:哀子某,來日某,卜葬其父某甫,考降無有近悔"云云。禮文殘缺,不見卜葬以柔日之明文。然其用柔日之規定可從虞祭禮證實無疑。《儀禮·士虞禮》鄭玄題注云:"虞,猶安也。士既葬其父母,迎精而返,日中而祭之於殯宮以安之。虞於五禮屬凶禮。"是初虞與葬同日。《士虞禮》又云:"始虞,用柔日。"鄭注:"葬之日,日中虞,欲安之,柔日陰,陰取其靜。"《儀禮》載士之虞祭禮凡三,隔日再虞,再虞之明日爲三虞,是其用日爲柔、柔、剛,然據清胡培翬等考證,三虞當在再虞之後日,則三虞用日皆柔。三虞後之第三日爲剛日,是爲卒哭之日。卒哭之明日爲柔日,是爲祔廟之日。《儀禮》雖不存天子、諸侯、大夫之虞禮,據《禮記·曲禮下》正義引許慎《五經異義》載《古春秋左氏說》云:

> 天子九虞,九虞者以柔日,九虞十六日也;諸侯七虞,十二日也;大夫五虞,八日也;士三虞,四日也。

按,既云"九虞者以柔日",故清王引之、吳廷華、胡培翬等據末虞用柔日之儀,定天子、諸侯、大夫、士之虞祭日分别爲十七日、十三日、九日、五日。①《記》又云:"死三日而殯,三月而葬,遂卒哭。"《禮記·雜記》云:"士三月而葬,是月也卒哭,大夫三月而葬,五月而卒哭;諸侯五月而葬,七月而卒哭。士三虞,大夫五,諸侯七。"鄭玄注:"尊卑恩之差也。天子至士,葬即返虞。"葬即返虞,尊卑相同,其原因是孝子"弗忍一日離也"(《檀弓》)。《雜記》未言天子葬期及卒哭之月,但《禮器》云:"天子崩,七月而葬。"又《王制》云:"天子七日而殯,七月而葬。"唐杜佑《通典·禮四十七》據之,遂謂天子七月而葬,九月卒哭。②《士虞禮》又云:"明日,以其班祔。"鄭注:"卒哭之明日也。"鄭注《既夕禮》謂"祔"是"卒哭之明日祭名。祔猶屬也,祭昭穆之次而屬之"。《説文·示部》:"祔,後死者合食于先祖。"《爾雅·釋詁》:"祔,祪,祖也。"郭璞注:"祔,付也,付新死者於祖廟。"胡培翬云:"死者體魄,以葬爲歸;死者魄氣,以廟爲歸。"③綜此文獻,可將士上至天子之卜葬、虞祭、卒哭、祔廟時日列爲下表:

	甲	乙	丙	丁	戊	己	庚	辛	壬	癸	甲	乙	丙	丁	戊	己	庚	辛
士		下葬初虞		二虞		三虞			卒哭	祔廟								
大夫		下葬初虞		二虞		三虞		四虞	二月後約此日卒哭	五虞二月後約此日祔廟								

---

① 見王引之《經義述聞》卷十"卒哭他用剛日"條(江蘇古籍出版社1985年影印本,第258頁)、吳廷華《儀禮章句·士虞禮》(《清經解》卷二百八十四,上海書店1988年影印本,第二册,第384頁下)、胡培翬《儀禮正義》(江蘇古籍出版社1993年版,第三册,第2046、2047頁)三書所證。楊伯峻《春秋左傳注》猶謂未虞用剛日,殆用鄭説,或未檢此。
② 杜佑《通典》卷八十七,浙江古籍出版社1988年影印商務印書館萬有文庫本,第472頁中。
③ 見胡培翬《儀禮正義·士虞禮》,江蘇古籍出版社1993年版,第三册,第2065頁。

	甲	乙	丙	丁	戊	己	庚	辛	壬	癸	甲	乙	丙	丁	戊	己	庚	辛
諸侯		下葬初虞		二虞		三虞		四虞		五虞		六虞		七虞 二月後約此日卒哭		二月後約此日祔廟		
天子		下葬初虞		二虞		三虞		四虞		五虞		六虞		七虞		八虞 二月後約此日卒哭		九虞 二月後約此日祔廟

  大夫、諸侯、天子之二月後卒哭、祔廟，以葬日起算，抑末虞起算，史無明文，今姑繫之末虞。① 殷商曆法，論者基本確定爲大月三十日與小月二十九日相間。② 兩月爲五十九日，接近一個周甲。頗疑古禮於大夫至天子所以要卒哭兩月後始祔廟者，亦緣於孝子不忍急速忘恩背情，盡變事生之禮，故以甲子重周，哀情减殺，始歸廟而神之。

  卒哭後祔廟，以何物而祔？《禮記・檀弓下》："重，主道也。殷主綴重

---

① 如以葬日算起，則祔廟日約與下葬初虞同日。又《禮記・檀弓》云："殷練而祔，周卒哭而祔，孔子善殷。"朱熹云："期而神之之意，揆之人情，亦爲允愜，但其節文次第，今不可考。"（《晦庵先生朱文公文集》卷三十六《答陸子壽書》，《四部叢刊》本，第一葉 A）按，即如《檀弓》所言，因係宗廟之事，故亦必用柔日，今姑置不論。

② 郭沫若先生考證殷商早期可能是每月三十日，無大小月之分，後期始有之（《甲骨文字研究・釋支干》，科學出版社 1982 年版，第 158、163 頁）。陳夢家先生《殷虛卜辭綜述》第七章謂殷代曆法"月有大小，大月三十日，小月二十九日，一年之中大小月相錯，有頻大月的。"（科學出版社 1956 年版，第 223 頁。）常正光先生《殷曆考辨》否認有頻大月的安排《古文字研究》第六輯，中華書局 1981 年版，第 93—121 頁）。又，曹錦炎先生有《卜辭無大小月辨》，古文字第三屆年會論文，未見。

焉,周主重徹焉。"鄭注:"始死未作主,以重主其神也。重,既虞而埋之,乃後作主。《春秋傳》曰:'虞主用桑,練主用栗,綴猶聯也。殷人作主,而聯其重縣諸廟也,去顯考,乃埋之。周人作主,徹重埋之。'"孔穎達疏解甚爲明晰:

> 始死作重,猶若吉祭木主之道。主者,吉祭所以依神;在喪,重亦所以依神。故曰"重,主道也"。"殷主綴重焉"者,謂殷人始殯置重于廟庭,作虞主訖,則綴重縣於新死者所殯之廟也。"周主重徹焉"者,謂周人虞而作主,而重則徹去而埋之,故云"周主重徹焉"。但殷人綴而不即埋,周人即埋不縣於廟爲異也。《士喪禮》云士有重無主,而此云"重,主道"者,此據天子、諸侯有主者言之,卿大夫以下無主。

此知始死先作重,及虞祭而作桑主。至作主之意義、主之形制及三代沿革等,許慎《五經異義》論之甚詳:

> 主者,神像也。孝子既葬,心無所依,所以虞而立主以事之。唯天子、諸侯有主,卿大夫無主,尊卑之差也。卿大夫無主者,依神以几筵,故少牢之祭,但有尸無主。三王之代,小祥以前主用桑者,始死尚質,故不相變。既練易之,遂藏於廟,以爲祭主。凡虞主用桑,練主,夏后氏以松,殷人以柏,周人以栗。《春秋左氏傳》曰,凡君薨,卒哭而祔,祔而作主,特祀于主,烝嘗禘于廟。主之制,正方,穿中央,達四方。天子長尺二寸,諸侯長尺,皆刻謚於背。①

所謂"刻謚於背",係本《禮·士虞記》"桑主不文,吉主皆刻而謚之"之文。② 丁山、黄奇逸先生雖已發現卜辭中有武唐、文、康等個别謚號,但大量

---

① 陳壽祺《五經異義疏證》,《清經解》卷一千二百四十八,第七册,第162頁下。按,主之形制長短經師各有異説,《通典》引《漢儀》云:"帝之主九寸,前方後圓,圍一尺;后主七寸,圍九寸,木用栗。"凌純聲《中國古代神主與陰陽性器崇拜》四《主制》一節對此有羅列(見《中國邊疆民族與環太平洋文化》(聯經出版社1979年版,第1255—1269頁)。筆者將於《商人日干稱號與卜葬、虞祭、祔廟禮之研究》中詳論之。
② 按此文見何休《公羊傳·文公二年》之注文,今本《士虞》記無此文。

祭祀中所常見者仍是帶有日干的廟號。筆者認爲：

殷商廟主上所刻者乃是日干廟號，西周以還，謚法定型，始"刻謚於背"。廟主刻上祔廟日之日干，一是便於"尊神""事神"的頻繁祭祀和晚殷以還形成的周祭，二是便於區別先公先王的木主，三是可緣卒哭、虞祭而逆推廟主之葬日。因此，刻祔廟日之日干於廟主而稱廟號，名副其實。

徵諸文獻，《春秋》凡書葬而記日者，絕大多數爲柔日。如魯君及夫人之葬皆書日，蓋因本國史料完備，而其日絕大多數皆爲柔日，外諸侯等因各種原因，有未書日者，然凡書亦絕大多數皆爲柔日。一部《春秋》，書葬爲剛日者僅三，改葬爲剛日者僅一。《宣公八年》："冬十月己丑，葬小君敬嬴。雨，不克葬。庚寅，日中而克葬。"《成公十五年》："秋八月庚辰，葬宋共公。"《定公十五年》："九月丁巳，葬我君定公。雨，不克葬。戊午，日下昃，乃克葬。"敬嬴、定公之葬日原爲柔日，因雨不得已而改用剛日。宋共公之葬，《穀梁傳》釋云："夏六月，宋公固卒……秋八月庚辰，葬宋共公。月卒日葬，非葬者也。此其言葬何也？以其葬共姬，不可不葬共公也。葬公姬，則其不可不葬共公何也？夫人之義，不踰君也。爲賢者崇也。"此非常情可知。又《左傳·隱公元年》："冬十月庚申，改葬惠公。"合葬、改葬之情況與雨雪不克葬者同，皆非以常禮下葬。葬用柔日，虞祭亦用柔日，則祔廟之日亦必在柔日。由《春秋》所書之實例，可證《士虞禮》所記之古禮屬實。《春秋》既按如此嚴格的卜葬、虞祭、祔廟之制，可推知西周時此制已形成。殷商是否已有這種制度存在，目前雖無法確證，但《儀禮·士喪禮》《既夕禮》《士虞禮》等經記中屢言祝與商祝，鄭注《士喪禮》"商祝襲祭服"云："商祝，祝習商禮者。商人教之以敬，於接神宜。"孔子云："周因於殷禮，所損益，可知也。"據此，知三篇經記中有關喪祭節儀多原於商禮，士禮中卜葬、虞祭、祔廟之制，雖定型於西周，實則在殷商時已有雛形，而天子、諸侯、大夫之喪祭節儀亦可由此隅反。確定這一商周禮儀中至關重要一環——卜葬、虞祭、祔廟之制後，才有可能正確探討商王廟號之諦義。

就卜辭所見商王廟號看，廩辛以下，康丁、武乙、文丁、帝乙，全屬柔日。溯而上之，小辛以下，除祖庚、祖甲外，全屬柔日。如果從直系先王觀察，仲丁而下，除祖甲外，其祖乙、祖辛、祖丁、小乙、武丁等全屬柔日。這種殷商中後期帝王日干名多用柔日之現象當非偶然。如再聯繫張光直先生所統計一千二百九十五件銘文中呈現之天干比例數，可知其中有規律在支配已確鑿無疑。銘文天干比例數，不是二分支派説的佐證，相反，恰是其説之反證。因爲不能解釋，除商王而外，所有上下臣僚之宗族中都有二分支派輪流執掌國政、族政、家政。商人敬畏鬼神，淫濫祭祀，已爲人所共知。敬神畏鬼，故重死，重死，故於生與死之分界——葬日格外注意。因其凡事必卜，故葬日亦須卜選。淫祭，故葬日即祭及祔廟、禘祫等祭皆在情理中。鑒此，將卜辭所見之商王廟號和銘文顯示之天干認定爲祔廟日——即柔日，似較近理。雖然，卜葬、虞祭皆爲柔日，筆者亦曾傾向於葬日及虞祭的反映，但經縝密思考後，放棄此説而信守祔廟説。原因是：

（1）據喪禮所記，卒哭以前之祭皆屬喪祭，卒哭以後之祭始爲吉祭，是則葬日與虞祭乃喪中之祭，祔廟則爲吉祭。古人極重喪禮與吉禮之分，作爲廟號，要長年累月地進行祭祀，故不可能取象徵喪祭的葬日與虞祭。

（2）既稱廟號，必有所取義，而取祔廟之日（已是吉祭）爲其廟號之意義，又將該日作爲此後進行禘、祫、周祭等各種祭祀的標誌日，既名副其實，又入情合理。

（3）《史記·殷本紀》"子微立"司馬貞索隱："譙周以爲死稱廟主曰甲也。"又"是爲成湯"司馬貞索隱引譙周曰："夏殷之禮，生稱王，死稱廟主，皆以帝名配之。天亦帝也，殷人尊湯，故曰天乙。"譙説"死稱廟主"之取義、內涵及其與祭祀之關係，今莫得聞，但其曾撰《古史考》，所説必有根據。筆者認爲，本文所主之祔廟説與譙氏之廟主説相去不遠。

當然，殷商卜葬、虞祭、祔廟禮之儀節，並非自成湯以來即已形成。其起源、完善，到形成一定制度應有一段歷史過程。保守地説，至少在廩辛時代這種禮制已趨於定型。定型之後，也非無例外，如《春秋》時之敬嬴、魯定公、宋共公之類。因天有不測風雨之變，人有無數情理之牽，卜選葬日爲申孝意而先用遠日，屆時不克葬而偶用剛日是完全可能的。《儀禮·士虞禮》："三虞，卒哭。他用剛日，亦如初，曰哀薦成事。"鄭注："他，謂不及時而葬者……謂之他者，假設言之。文不在卒哭上者，以其非常也。"《禮記·喪服小記》："報葬者報虞，三月而後卒哭。"鄭注："報讀爲赴疾之赴，謂不及期而葬也。"孔疏云："此一節論不得依常葬之禮也。赴猶急疾也。急葬，謂貧者或因事故死而即葬，不得待三月也。急虞謂亦葬竟而急設虞。虞是安神，故宜急也。"古人制禮，有經有權，故反映在卜葬、虞祭、祔廟禮之日期上有柔日，亦有剛日。柔日，經也；剛日，權也。明於此，則商王廟號及金文一千二百九十五件銘文的天干比例數之癥結均可迎刃而解。再返觀卜辭實例和史實：

癸丑卜，㱿貞，旬亡囚，王固曰，出祟五丁巳麋㸝（合一七〇七六）
癸丑卜，㱿貞，旬亡囚，王固曰，出……日丁巳子麋㸝（合一七〇七七正）

此兩條疑所卜葬之對象爲一人，或稱子，或不稱子。合一七〇七六"五"字後漏"日"字，合一七〇七七正"日"前當是"五"字。又如：

癸丑卜，永貞，旬…五日丁巳子麋㸝（合七三六三・二正）

關於㸝字，諸家所釋不同，丁山、胡厚宣釋死，①張政烺先生謂卜辭已有"死"字，當釋作"薀"，"其本義爲藏，埋是引申義，而人的死用㸝字來表示則由埋義再引申出來的"。② 張説至確，以"薀"釋讀有關卜辭，文理始通。又按此字中間或從人、反人和從大，雖可用古者字無定形解之，或亦與古代仰身葬和屈肢葬等葬式有關，若緣於此種心理，則其象形之意猶顯。卜辭有"因"或"薀"者二百條左右，其中有相當數量可窺殷商卜葬之制。

乙酉卜，貞不㸝。（合一七一三七）
貞其㸝，（合一七一二七）
…老…不犬其…丁不㸝…日有蟲…不…（合一七一三六）

以上幾條所卜事相同，其丁日所以不葬者，因有災害（蟲），蓋所謂非吉日。此條已隱隱透露出，卜葬先卜丁日，與《儀禮》所記正同。

乙巳卜，帝曰叀丁？叀乙？又曰。叀辛？又曰（庫985＋1106）

---

① 丁山《釋疾》，《歷史語言研究所集刊》第一本第二分，1930年版，第244頁。胡厚宣《釋㸝》，《甲骨學商史論叢》初集第四册，成都齊魯大學國學研究所專刊之一，臺灣大通書局1972年版，第690頁。
② 張政烺《釋因薀》，《古文字研究》第十二輯，中華書局1985年版，第76頁。徐中舒主編《甲骨文字典》釋作"葬"，亦從卜辭文義而來。四川人民出版社1990年版，第62頁。

卜選其日,爲什麼是柔日的丁、乙、辛而不用剛日?且既並問乙與丁,可見其於甲乙派與丁派均可。若以生前派系分之,則非此即彼,無容含混,何必卜問或丁或乙。乙、丁、辛並問,已占柔日的五分之三,祇有用卜葬、虞祭、祔廟禮來解釋,才較合理。

又李學勤先生所舉小朁死日及其以癸爲祭日之辭,吉德煒先生據"[壬]午卜大貞:羽癸未出于小朁三宰,箙一牛"(續2.18.1)卜辭,指出至少在其死後五十三天,商人在祭祀時呼以名而不稱廟號。① 前據古禮,天子七月而葬,諸侯五月,大夫三月,士踰月。② 周時葬前稱名,葬後始稱以謚、廟號或親稱(祖、考之類)。五十三天仍稱名,似未葬。此見商代死後亦非於近期內下葬,周或亦因其禮。

紂死於甲子日,不名帝甲而名帝辛,董作賓先生曾作過種種推測。③ 今可知其於辛日祔廟,故名。至於其間經過幾月幾日,鼎革之際,已莫可考究。

這些卜辭和史實,是商王日干稱號緣於古代祔廟禮的佐證。唯此問題關涉甚大,非寥寥數語所能闡明,筆者將撰《商人日干稱號與卜葬、虞祭、祔廟禮之研究》予以詳細推證,今僅略發端緒於此,藉以申商人廟號與避諱之關係。

上述論證也證明卜辭所稱之先王稱號絕非私名。陳夢家先生曾從《太平御覽》《世本》等文獻中輯出《竹書紀年》所稱殷商帝王名十六個,認爲此乃商王私名。④ 諸此私名,和先秦文獻、出土卜辭中的商人之名一樣,與夏代及周秦以來的漢人命名取字亦同,並無特別。大量銘文中的親稱加日干皆非器主祖先父母之私名,而是經卜葬、虞祭,最終由祔廟而得之廟號。大

---

① [美]吉德煒《中國古代的吉日與廟號》,《殷墟博物苑苑刊》創刊號,第21頁。
② 此《左傳》《禮記》各篇下所記略有不同,與春秋時實際葬月亦有出入。葬月之古禮與史實,可參閱胡新生《周代殯禮考》,《中國史研究》,1992年,第3期。
③ 董作賓《論商人以十日爲名》,《董作賓先生全集》乙編卷三,臺灣藝文印書館1963年版,第567—579頁。
④ 《殷墟卜辭綜述》第十二章(科學出版社1956年版,第402—403頁)。按,《古本竹書紀年》云:"湯有七名而九征。"亦稱唐,卜辭有唐宗,一般公認其名爲履。又今本《紀年》稱祖丁名新,卜辭有新宗,楊樹達據而言"足證今本《紀年》祖丁名新之説爲可信"(《積微居小學述林・書古本竹書紀年輯校後》,中華書局1983年版,第271頁)。陳力亦據而云"祖丁名新。故其廟謂之新宗"(《今本〈竹書紀年〉研究》,《四川大學學報叢刊》第二十八輯)。以名爲宗廟之號,與古謚法、稱謂敬祖諱名之俗相違。循唐宗例,新似非祖丁之私名。竊疑《紀年》所記,或有美稱、廟號之名廁其中。

量的私名便是因敬鬼神、諱私名而稱廟號以致於湮没,幸而可在銘文的比勘中得其一二。

卜辭稱先王,銘文器主稱父母祖先之日干廟號,不稱私名,從稱謂制度上論,是等級制和尊尊親親使之然,但若着眼於虔敬的廟中祭祀,惶恐的畏鬼心理,謹慎的避禍求吉意識,以及鑄器享祭祖先的孝心等,也應認爲是一種諱稱。諱稱已死祖先和酋領、國王,在原始民族中屢見不鮮。新愛爾蘭的祖先崇拜之俗,是人死之後做一木像爲紀念,稱"烏利"或"馬蘭加尼";拉烏爾地區則做一塑像,稱"庫拉布",馬達加斯加對已死國王和酋長之名字均需避諱。[①] 返觀殷周木主、日干稱號,形式稍異而理實一致。可能殷商時未必有一明確的廟號意識,因須諱真名,時唯有諸父諸母之稱,父母字不能别,遂將祔廟時之日干附於親稱或其他稱謂之後,既易於區别稱謂,又便於祭日之記憶。[②] 一時仿效,蔚爲風氣,遂啓後世各種歧解。

五、先秦禮書所載之諱禮

(一) 宗法、等級社會中的諱禮

《周禮·春官·小史》:"小史掌邦國之志,奠繫世,辨昭穆。若有事,則詔王之忌諱。"鄭玄注:"鄭司農云:先王死日爲忌,名爲諱……玄謂王有事祈祭於其廟。"當時王有事於廟祭,小史即昭示先王死日與名諱,以便時王祭祀時避諱。《禮記·王制》云:"大史典禮,執簡記,奉諱惡。"[③]惡猶忌。一屬小史,一隸太史,孫詒讓謂小史即大史屬官,長屬通職。太史一職,金文

---

① 前者見[蘇]C.A托卡列夫、C.Π·托爾斯托夫主編《澳大利亞和大洋洲各族人民》第十七章《祖先崇拜》,李毅夫等譯,三聯書店1980年版,第627頁。後者見弗雷澤《金枝》第二十二章第三節《死者名字的禁忌》,中國民間文學出版社1987年版,第382頁。
② 畲族人死後,登記上族譜所用名字,由不同的姓後附以"大小百千萬念"(藍姓)、"大小百千萬"(雷姓)、"大小百念"(鍾姓)等輩分區别字,加上男女區别字"郎"、"娘"而組成,稱爲諱名。這與殷商之親稱加日干名有相似之處。胡起望《畲族》,見張聯芳主編《中國人的姓名》,第251頁。
③ 《大戴禮記·保傅篇》、賈誼《新書·傅職篇》均云:"不知先王之諱與國之大忌,凡此,其屬大史之任也。"此皆《禮記》一系統之説,故皆云大史。

中已出現，地位較尊。作册魋卣稱"公太史"，與"公"連稱，地位可以想見。《左傳·昭公二年》韓宣子適周，"觀書於太史氏"，此可與《王制》之文相互發明。劉起釪先生謂《周禮》成於春秋，寫定於戰國，乃周魯衛鄭系統的官制。① 任銘善先生考證《王制》作於《孟子》之後，亦戰國時書。② 由此可認定，至遲在春秋戰國時代，避先王之名諱，不僅納入禮制，而且已有專門官吏執掌。其制爲周公所定，還是在歷史過程中不斷完善、改進而定，尚須考論。茲將《禮記》等書中有關避諱之條例列而論之如下：

1. 卒哭乃諱（《禮記·曲禮上》）

《雜記》亦云："卒哭而諱。"卒哭，《儀禮·士虞禮》："三虞，卒哭。"謂末虞之後第三日卒哭。所以欲待卒哭始諱者，先民不以爲人死即進入鬼魂世界，而須過若干時間後才往冥界，二次葬習俗便是這種意識之反映。《檀弓下》云："虞而立尸，有几筵。卒哭而諱，生事畢而鬼事始已。"因爲卒哭之明日將主祔於祖父之廟。鄭注《士虞禮》以虞祭爲喪祭，卒哭爲吉祭，明卒哭乃喪吉之分界，亦即生死之分界。鄭注《曲禮》云："敬鬼神之名也。諱，辟也。"《左傳·桓公六年》所謂"周人以諱事神，名，終將諱之"者即此。《左傳》言"終"，乃泛言之；《禮記》言"卒哭"，乃具體之詞，文雖不同，其義則一。二者互證，乃知此爲周人諱禮之原型。

2. 舍故而諱新（《禮記·檀弓下》）

原文云："既卒哭，宰夫執木鐸以命于宮曰：舍故而諱新。自寢門至于庫門。"鄭注引《明堂位》："庫門，天子皋門。"按，天子五門，自外而內依次爲皋、庫、雉、應、路。諸侯三門，爲庫、雉、路。寢門即路門。此言自路門至庫門，乃以魯國諸侯之制言。實則謂自內至外，皆欲宰夫宣告之。鄭注："故爲高祖之父當遷者。"古者五世親盡，則高祖之父之廟當遷而爲壇，既遷則

---

① 劉起釪《〈周禮〉真偽之爭及其書寫成的真實依據》，《古史續辨》，中國社會科學出版社1991年版，第635—650頁。
② 任銘善《禮記目錄後案》，齊魯書社1982年版，第13頁。

不諱,以親盡之故。① 新即新主祔廟者。宰夫之職,殷商金文已有之,如宰甫簋(《三代》八·一九)。依蔡簋所記宰之職責爲管理王家内外,傳達宫中之命,正與此執木鐸,告以"舍故諱新"者相應。②

3. 凡祭不諱(《禮記·玉藻》)

鄭釋"凡祭"爲"祭群神",孔疏云:"謂社稷、山川、百神也。"群神尊於祖先,故其祝嘏之辭中有不得已而用祖先之名者,皆稱而不避。

4. 廟中不諱(《禮記·曲禮上》又《玉藻》)

鄭注《曲禮》云:"爲有事於高祖,則不諱曾祖以下,尊無二也。於下則諱上。"孔疏:"謂有事於高祖廟,祝嘏辭説不爲曾祖以下諱也……若有事於禰,則諱祖已上也。"鄭注《玉藻》云:"謂祝嘏之辭中有先君之名者也……廟中,上不諱下。"鄭注、孔疏已將廟祭時之尊卑輩分闡明,即:若祭高祖,則曾祖、祖、父之名可不諱,反之,若祭父,則祖、曾祖、高祖之名仍須諱。所謂諱與不諱,指祝嘏辭中允許不允許有祖先之名而言。《通典》卷一百零四此條下引王肅云:"祝則名君,不諱君也。"③《淮南子·氾論訓》:"故溺則捽父,祝則名君。"④此爲王所本。蓋謂太廟之中,祭先王而不諱時王之名。《禮記·祭義》:"文王之祭也,事死者如事生……稱諱如見親,祀之忠也。"孔疏:"言文王在廟中上不諱下,於祖廟稱親之諱如似見親也。"後世不論廟祭對象及

---

① 周廣業進一步解釋説:"舍故而諱新,謂新主祔廟,則當遷毁五世親盡之廟。廟既遷毁,則不諱。若文武不祧,不在此限。"古代天子、諸侯、卿大夫之廟世與舍故諱新有直接關係,立廟之數歷來衆説紛紜。周廣業以爲:"諸侯五廟,考廟、王考廟、皇考廟皆月祭之,顯考、祖考享嘗廼止,去祖爲壇,去壇爲墠;大夫三廟一壇;適士二廟一壇;官師一廟;庶士庶人無廟,死曰鬼。"(《經史避名彙考》卷三《諱名》,北京圖書館出版社1999年版,上册,第180頁)依周説,其諱之世數當依次遞減。按,商周天子、諸侯、大夫之廟數,文獻歧説不一,卜辭與銘文所見亦與文獻不能銜合,參見章景明《殷周廟制論稿》(學海出版社1979年版,第6—57頁)。但廟數之多少,並不影響"舍故諱新"禮之施行。
② 宰夫之職掌,今所見之金文實例與《周禮》所載略有差别。其權力在歷史發展中逐漸有增大之趨勢。參見張亞初、劉雨《西周金文官制研究》,中華書局1986年版,第40—42頁。
③ 杜佑《通典·禮六十四》引,浙江古籍出版社1988年影印商務印書館萬有文庫本,第552頁下。
④ 劉文典《淮南鴻烈集解》卷十三,中華書局1989年版,第444頁。

其輩分尊卑與諱否之制,動輒言廟中不諱,遂生許多枝蔓之論。

5. 夫人之諱,雖質君之前,臣不諱也(《禮記·曲禮上》)

夫人,君之妻。鄭注、孔疏皆以爲臣於夫人家恩遠,故不諱。依喪服,臣須爲君之母、妻服齊衰三月。齊衰三月與大功同,誼在不諱之例。

6. 大功小功不諱(《禮記·曲禮上》)

據孔疏:"古者期親則爲諱。"大功次齊衰,小功次大功。由於古代宗族制下的父子關係,子須與父同諱,故在一定場合下,大功小功亦有須諱的,如"王父母兄弟世父叔父姑姊妹,子與父同諱"即是。大功中最親近者爲:父母與出嫁之女,兄弟與出嫁之姊妹,己與出嫁之姑,均由出嫁而改變原來親屬距離,①依《曲禮》可不諱,但孔疏引熊氏云:"大功亦諱,小功不諱。若小功與父同諱,則亦諱之。"孫希旦申之云:姑、姊妹是降服大功,原爲期親,故諱;若本服大功則不諱。②

7. 母之諱,宮中諱。妻之諱,不舉諸其側。與從祖昆弟同名,則諱(《禮記·雜記下》)

母與妻各有其所當諱,故於母之宮中,妻之前當爲之諱,即不言母及妻所諱之名。至於在其他場合,則言之不妨。禮有子與父同諱之文,故子可盡曾祖之親。從祖昆弟乃曾祖一系之親,其喪服於父爲小功,本可不諱;然因與母妻有斬衰、齊衰之重服,則須併爲之諱。換言之,凡從祖昆弟之名與母妻之涉重服者之名相同,則當諱。

8. 婦諱不出門(《禮記·曲禮上》)

---

① 參閲石磊《儀禮喪服篇所表現的親屬結構》,《中研究民族學研究所集刊》第 53 期,1982 年版,第 35—36 頁。
② 參孫希旦《禮記集解》卷四,上册,第 91 頁。

婦諱,即母諱、妻諱。不出門,謂於宮中、門内諱之,出門則不諱。母之父母,於己爲小功,其他則於服更殺。妻之父母,於己爲緦麻,他則更殺。小功、緦麻於禮皆不諱。

9. 王父母兄弟世父叔父姑姊妹,子與父同諱(《禮記·雜記下》)①

此例牽涉喪服,頗多歧説。據《曲禮》孔疏引陳鏗、田瓊之問答,謂此條是"父諱齊衰之親"。《雜記》鄭注亦云:"父爲其親諱",依此孔疏將兄弟釋作父之兄弟,以合喪服齊衰之制。則經文之親屬與父、子之關係和服制可表作:

	王父母	兄弟	世父叔父	姑	姊妹
父	期	期	期	在家期 適人大功	期
	曾祖父母	世父叔父	從祖	從祖姑	姑
子	齊衰三月②	期	小功	在家小功 適人緦麻	在家期 適人大功

禮家有"大功小功不諱"之文,故父之世父叔父、姑、姊妹已本可不諱,兹因父當諱期親,故子與父同諱之。此即"逮事父母,則諱王父母"之意。然父之兄弟於己爲期服,本當諱。若依王肅所言,以兄弟爲王父母之兄弟,則於

---

① 于鬯謂:"此子字蓋承上非屬下。父名當諱,世所共知,不待言矣。作記者恐人但知父之當諱,而不知其餘之亦當諱,故特明之曰:王父母、兄弟、世父叔父、姑姊妹子與父同諱。謂王父母也、兄弟也、世父叔父也、姑姊妹子也,此諸人之名皆當與父名一律諱之也,非謂子與父同諱姑姊妹以上諸人之名也。"于説之論據是:"父之王父母,子之曾祖父母。父之父母,子之王父母。將子從父而諱及曾祖父母,反不從父而諱及王父母乎?"(見《香草校書》卷三十一《禮記三》,中華書局1984年版,第636頁)按,子之王父母爲期親,本自當諱。此乃子之子從子而諱也。于説不可從。
② 孔疏謂爲"正服小功"。據《儀禮·喪服》,曾孫爲曾祖父母服齊衰三月。胡培翬正義引袁準云:"祖期,則曾祖大功,高祖小功。"大功正式服期亦三月。

父爲從祖，服小功，於已更疏，皆不諱，是又無所謂"與父同諱"。再如就父言而"逮事父母"以諱王父母之兄弟，輾轉比附，於理可通而未必是記義。

10. 逮事父母，則諱王父母；不逮事父母，則不諱王父母（《禮記·曲禮上》）

鄭注以爲此庶人之禮，不及識父母，恩不至於祖名。孔疏從之，更謂"不諱祖父母"。孫希旦以爲禮不下庶人，此乃士禮。諱禮有廟則諱，廟遷則舍，士一廟，其王父母無廟，故不諱。惟逮事父母，因父母之諱而諱之。周廣業斥孔疏"言祖名"乃"是教人無祖"，謂此當與《雜記》合看。① 依周說，則此經文之"王父母"，當指王父母一系之親屬，即《雜記下》之"王父母兄弟世父叔父姑姊妹"之屬。因王父母無論爲父之王父母還是己之王父母，依喪服之制，均在諱之例，無所謂逮事不逮事。唯王父母一系之親屬中之世父、叔父以下，服在大功小功，本可不諱，今因事父母，緣父母之諱而諱之。但若自幼失怙恃，父母俱不逮事，則可依禮不諱。清胡元玉據此經文，更創"周人父沒不諱祖名説"，援引"舍故諱新"及《詩》《書》中周王之名，謂"卒哭後，以鬼禮事父，於是始諱父而不諱祖"。② 按之卜辭、銘文，稱祖皆不名，《詩》《書》中周王之名另有原因，胡説殆非。

11. 君所無私諱（《禮記·曲禮上》）

《通典》卷一百零四引盧植云："但爲公家諱，不得爲私家諱也。"③ 公家諱，先君之諱，爲舉國同諱者，故稱公。私諱，臣之家諱。於君前言談，受制於君前臣名之禮，是尊無二之義，故不得避家諱。

12. 大夫之所有公諱（《禮記·曲禮上》）
　　於大夫所有公諱，無私諱（《禮記·玉藻》）

----

① 見周廣業《經史避名彙考》卷三，北京圖書館出版社 1999 年影印本，上册，第 170 頁。
② 見胡元玉《周人父没不諱祖名説》，《璧沼集》卷一，長沙益智書局刊本。又趙翼《陔餘叢考·逮事不逮事》條引三國吳張昭諱議，謂當諱及五世，亦非經義。商務印書館 1957 年版，第 670 頁。
③ 杜佑《通典》卷一百零四引，第 552 頁下。

《曲禮》鄭注云:"辟君諱也。"此謂在大夫所言談,亦當避先君之諱,緣尊君故。此與"君所無私諱"互文見義。《玉藻》孔疏:"謂士及大夫言,但諱君家,不自私諱父母也。"

13. 詩書不諱,臨文不諱(《禮記・曲禮上》)
    教學臨文不諱(《禮記・玉藻》)

鄭玄但籠統云"失事正"、"惑未知"。合兩文觀之,知教學即教《詩》《書》,《詩》《書》即指其教授誦讀之對象,二條互文見義,此盧植、何胤已發之。臨文之義,古多歧解。盧植云:"臨文,謂禮文也。《詩》《書》執禮皆雅言,故不諱。禮,執文行事,故言文也。"何胤亦云:"臨文,謂執禮文行事時也。"①禮文,謂禮樂儀制事。此漢魏六朝諸儒之説。孔疏於《曲禮》下承何胤説,指爲"臨文行事",於《玉藻》下則云:"臨文謂簡牒及讀法律之事也。"清儒如孫希旦等則認爲非唯禮文,"凡官府文書,國史記載皆是",②他則多以臨文爲撰文時或讀古書時。③按臨文之臨即前文"臨祭不惰"之臨。《曲禮》乃七十子後學所記,意此乃本《論語》"《詩》《書》執禮"而發,故盧植解以禮文,殆漢儒相承之舊説。"教學、臨文"即教授《詩》《書》及執禮儀之事,然後知鄭注"失事正""惑未知"之言非虛語。

14. 入門而問諱(《禮記・曲禮上》)

此諱指門内主人祖先之名。應酬交接,不可犯諱,故先問之。《大戴禮記・曾子立事》:"君子入人之國,不稱其諱,不犯其禁。"此諱指公諱,即其國先君之諱。

---

① 盧説見《通典》卷一百零四引(第552頁下),何説見孔穎達《曲禮》正義引,下同。
② 孫希旦《禮記集解》卷四,上册,第91頁。
③ 如抉經心室主人《皇朝五經彙解》卷二百二十四引陸元輔説云:"爲文章時不避君親之諱耳。"(光緒十九年,上海積山書局重印石印本。)趙翼《陔餘叢考・避諱》云:"然臨文者,但讀古書遇應諱之字不必諱耳,非謂自撰文詞亦不必諱也。"商務印書館1957年版,第667頁。

15. 過而舉君之諱則起(《禮記・雜記下》)

過，失誤。舉，稱説。起，起立。此謂不慎失言君之名諱，則起立以示失言之歉。

16. 二名不偏諱(《禮記・曲禮上》)

鄭注："偏謂二名不一一諱也。孔子之母名徵在，言在不稱徵，言徵不稱在。"《檀弓下》云："二名不偏諱。夫子之母名徵在，言在不稱徵，言徵不稱在。"爲鄭所本。以徵在例言之，孔子有"足則我能徵之"及"某在斯"語，此諱例之意當是：若父母祖先爲雙名，諱者言談間於不得已時，或單言上字，或單言下字，祇要不兩字連稱，便不作犯諱論，此亦鄭注二名不一一諱之意。偏字，孔穎達《正義》引作徧，清儒於偏、徧二字爭執頗力，萬斯大、盧文弨、張敦仁、顧千里、俞樾皆以爲當作徧。① 段玉裁力辯其非，以爲當作偏，直指經文之誤而欲改作偏。② 朱大韶分析諸説，以爲段説近是，而偏徧兩字古多通用，又不必如段説而改經文。③ 其實鄭注所謂"不一一"者，即徧字之義，既又舉徵在爲例，自可得其經義而忘其字形。

17. 禮不諱嫌名(《禮記・曲禮上》)

鄭注："嫌名，謂音聲相近，若禹與雨，丘與區也。"按，禹雨古音皆匣紐魚部；丘古音溪紐之部，區古音溪紐侯部。孔疏因謂"禹與雨音同而義異，丘與區音異而義同"。顔師古《匡謬正俗》卷三詳考丘區之古音、方音，謂其聲亦同，斥孔説爲詭妄。繹鄭注以"音聲相近"釋嫌名，是所舉例必涉音同

---

① 萬説見《禮記偶箋・二名不偏諱》(《清經解續編》卷二十五，上海書店1988年影印本，第一册，第100頁中，下版本同)，盧説見《鍾山札記・二名不偏諱》(《清經解》卷三百八十八，第二册，第827頁下)，張説見《撫本禮記鄭注考異》卷上(《清經解》卷一千零七十五，第六册，第284頁中)，顧説見段玉裁《二名不偏諱説》引，俞説見《群經平議・禮記一》，《清經解續編》卷一千三百七十九，第五册，第1133頁下。
② 見《二名不偏諱説》，《經韻樓集》，《清經解》卷六百六十四，第四册，第540頁下－541頁上。
③ 見朱大韶《偏徧辨》，《實事求是齋經説》，《清經解續編》卷七百四十，第三册，第842頁上。

音似之字。禮所以不諱,殆恐同音之字太多,諱不勝諱。

以上共十七條,其他如《孟子》有"諱名不諱姓"等記載,今略不論。就此十七條論,1 是喪葬中諱禮,2 是告諱法,3、4 是祭祀中諱禮,5 至 10 是喪服中諱禮,11、12 是區別不同場合的不同避諱對象,13 是允許不諱之場合,14 是循行諱禮之措施,15 是失諱之謙禮,16、17 是名諱之限制與諱法。諸條皆出《曲禮》及《雜記》《玉藻》等。沈文倬認爲:《禮記》中禮類三十九篇之撰作約在魯康公、景公之際(約前 363—前 325)。① 禮類篇什多爲禮典解說之作。據此,其中所記之諱禮至遲在戰國時已流行。

再進而分析之,上文推論"卒哭乃諱"是周人諱禮之原型,將之與"名,終將諱之"合觀,說西周,乃至周初即有此習俗,似非無據.告諱法既云"庫門",固是因春秋魯國之制,但自內至外,周天子同。周代遷廟及壇墠之制當溯自西周。② 親盡廟遷,舍故諱新乃必然之理,唯其告諱地點和形式待考。殷周之敬天地山川百神甚於祖先,"凡祭不諱"之時代亦必相當早。"廟中不諱",旨在分別尊卑。"凡祭"、"廟中"不諱二語即使是後人所記,其蘊含之制度似在西周乃至周初,因爲郊祀和宗廟之制遠在西周以前。喪服與諱,其制頗亂。《士喪禮》《喪服》等篇之成書年代,沈文倬先生推測當在哀公末年至悼公初年,《喪服》中屢屢論及諸侯與大夫,大夫之妻妾和子、庶子等關係,尤其是在異國的大夫和舊君之關係等等,完全是春秋列國時狀況,至少可認爲,今所見五服制儘管承自西周,已含有春秋以還喪服制度,故疑此中當有春秋時所形成的諱服之制。君所、大夫所是諸侯與大夫關係,此亦是春秋時大夫在列國間地位顯露後的諱禮。教學、臨文,如確指《詩》《書》禮樂,據《王制》云"樂正崇四術,立四教,順先王《詩》《書》禮樂以造士",《史記·孔子世家》云"孔子以《詩》《書》禮樂教",且其"《詩》《書》執禮皆雅言",則所謂"不諱",或是西周、春秋,乃至孔子以後,儒者、學官們爲了不"失事正",不"惑未知"而對諱禮所作的一個補充條例,具體時代難定。二名與嫌名之諱法,不像周初時已有之禮。《左傳·桓公六年》申繻論命名

---

① 見沈文倬《略論禮典的實行和〈儀禮〉書本的撰作》上、下,《文史》第十五(第 27—42 頁)、十六輯(第 1—20 頁),中華書局 1982 年版。下同。
② 《詩·大雅·綿》有"作廟翼翼"語。是西周立國前大王曾命百官有司營建宗廟。周原甲骨有"祠,自蒿于周"(H11·117)之辭,徐中舒認爲是"武王自鎬京前往周原祠祀周宗廟之事"。見《周原甲骨初論》,《古文字研究論集》,《四川大學學報叢刊》第十輯,第 9 頁。

之範圍,已有"不以國","以國則廢名";"不以官","以官則廢職";"不以山川","以山川則廢主";"不以隱疾";"不以畜牲","以畜牲則廢祀";"不以器幣","以器幣則廢禮"之語,即使所説非當時成文條例,至少也是當時一種存在於人們意識中的"戒律",產生這種"戒律"意識的原因是諱名之禮。就此而言,二名與嫌名的諱法至遲在春秋初年已產生。

總之,原則性的諱禮可能周初已有,如"卒哭乃諱"、"凡祭不諱"等等。從殷商祭祀先王皆用日干稱號而不稱名看,似乎諱禮也是"周因於殷",因的過程中可能有所損益。有些避諱條例則係在諱禮發展、完善過程中根據具體情況先後提出。當然,有些條例於提出和成文之前,人們早已在實踐了。

(二)避諱實例辯證

上所考論,知西周已有諱禮,且似是因襲殷商禮俗。但自漢以還兩千年來,學者論及避諱之起源者,擢不勝數,而各見所見,各持所論,迄今未有一致意見。歸而論之,約有數説:一、自《白虎通·姓名》言太古尚質不諱,宋王觀國、清張惟驤等皆謂夏商二代不諱。① 二、元汪克寬見大戊、武丁稱中宗、高宗,故認爲"不特周始諱名,但至周而文始備耳",②至屈萬里始提出卜辭稱先王廟號爲避諱説。③ 三、見禮書所載,認爲諱起於周,而復見典籍中有不避周王之字,遂援禮以證之,如孔穎達、洪邁、周密等。④ 至清周廣業始博證詳考,篤信諱爲周制。⑤ 四、見《詩》《書》不避周諱及春秋戰國間君臣同名等,遂謂"古者不以名爲諱",⑥甚者謂"周人以諱事神"之説爲左氏之語

---

① 王説見《學林·名諱》(中華書局1988年版,第77頁),張説見《〈歷代諱字譜〉序》,文云:"三代時無諱法,周初猶然。"(小雙寂庵叢書本,卷首,同治十一年,第一葉A。)
② 見汪克寬《春秋胡傳附録纂疏》卷三"於是乎有諱禮"下注。《文淵閣四庫全書》本,第165册,第80頁下。
③ 見屈萬里《諡法濫觴於殷代論》,《歷史語言研究所集刊》第十三本,第219—226頁。
④ 孔説見《左傳·桓公六年》正義,洪説見《容齋三筆·帝王諱名》(上海古籍出版社1978年版,第540頁),周説見《齊東野語》卷四《避諱》(中華書局1983年版,第58頁)。
⑤ 見《經史避名彙考》卷三,第161—258頁。
⑥ 胡安國《奉敕纂〈春秋傳〉論名諱劄子》論孔子之不避諱云:"周人以諡易名,於是有諱禮。然臨文不諱,嫌名不諱,二名不徧諱,載在禮律,其義明白。孔子作《春秋》,凡書周、魯事,雖(轉下頁注)

諠,①或執此而謂周人不諱。②五、雖信《禮》説,亦不否認史實,乃謂周代去古未遠,遵律不嚴。③

否定周代避諱的主要證據是文獻中不避周王之諱和兩周時有許多君臣同名現象。此種現象所藴含之史實不加辯白,便不能真正揭示周代諱禮及其史實真相。下面所辨,皆宋以來學者所爭論,特別是清黄本驥《避諱録》、周榘《廿二史諱略》、王梓材《世本集覽》諸書所總結的文獻實例中前人或認爲犯諱,或認爲君臣同名而不可解者。

克昌厥後 此《詩·周頌·雝》之文,《雝》乃禘祭周文王之詩。文王名昌,此"克昌厥後"正犯其諱。後之以此論周代諱禮者有三説。宋葉時持周人不諱説。④唐孔穎達等持周人有諱説。⑤唐陸德明等持改音説。⑥《雝》詩

(接上頁注)婉其文,至於名諱,並依本字。若襄王名鄭,而書'衛侯鄭';匡王名班,而書'曹伯班';簡王名夷,而書'晉侯夷';恭王名匄,而書'晉士匄';莊公名同,而書'同盟于幽';僖公名申,而書'戊申朔';襄公名午,而書'陳侯午';定公名宋,而書'宋仲幾'是也。按《春秋》書成,當恭王之朝、哀公之世,匄乃恭王之名也,夷即三世之穆也,宋即哀公之考也,午即皇考之廟諱也,而筆削之際,並無回避,《春秋》爲尊君父而作,仲尼豈不恭者,書法如此,義亦可知。"(載《四部叢刊》本卷首進表後,此文程公説《春秋分紀》、汪克寬《春秋胡傳附録纂疏》等疏多轉引,文多異同)所舉雖皆事實,而僅執後世傳本文字以論當時之避諱與否,且《春秋》爲嚴謹之史書,自有書法,不可與言語之際之諱相提並論。

① 葉時《禮經會元·名諱篇》,《文淵閣四庫全書》本,第92册,第148頁下。
② 如周榘《廿二史諱略》謂:"周立謚法,雖開避諱之端,而世子及公侯伯儼然與天王世祖並名,其時猶未定與?"(《嘯園叢書》本,見《叢書集成續編》本,第56册,臺灣新文豐出版公司印行,第88頁下)。
③ 葉大慶《攷古質疑》卷一云:"蓋周去古未遠,雖曰文爲之備,尚遺樸畧之風,其避諱固未如後世之悉。"上海古籍出版社1985年版,第5—6頁。凌揚藻《蠡勺編》卷二十七《避諱》轉録葉説(《叢書集成初編》本,第228號,第446頁)。
④ 葉時《禮經會元·名諱》云:"周人以諱事神之説,左氏之語諠也。不思文王名昌,武王名發,而《詩》曰'克昌厥後','駿發爾私',周人不諱於《詩》矣。"(《文淵閣四庫全書》本,第92册,第148頁下)同時之朱熹持論相同,謂:"周人以諱事神,然《雝》詩與《噫嘻》詩皆不爲文、武諱,故《周禮》一詩(按,"書"字之誤)有'昌本之菹',《七月》一詩有'騶發'之詠,特不敢指曰文王昌、武王發。"彭大翼《山堂肆考》卷一百三十九《晦庵論諱》,《四庫類書叢刊》,上海古籍出版社1992年版,第3册,第689頁下。
⑤ 孔云:"此詩自是四海之人歌頌之聲,非廟中之事,故其辭不爲廟諱。"(《雝·序》疏)又云:"古人諱者,臨時言語有所辟耳。至於制作經典,則直言不諱。"(《左傳·桓公六年》疏)蘇轍《詩集傳·雝》云:"周人所謂諱者,不以其名號之耳,不遂廢其文也。"皆曲爲詮解。
⑥ 陸德明"克昌"下曰:"或云:文王名,此禘於文王之詩也,周人以諱事神,不應犯諱,當音處亮反。"(《經典釋文》卷七《毛詩音義下》,上海古籍出版社1984年版,上册,第399頁)此或説意爲昌讀平聲而因諱變仄聲。清周廣業同意陸説而又加以申述(《經史避名彙考》,上册,第280頁)。

作於成王時（前1067—前1031），"卒哭乃諱"爲周初已有之禮，似當諱昌。今按《尚書》昌字六見，多不在《周書》，唯《洪範》一見，語出殷人箕子之口。《洪範》絶非周初箕子所作，此可論定。① 《詩經》昌字八見，風詩四見，《魯頌·閟宫》三見，皆民歌或春秋禮失後之詩，②不足據。見於《周頌》者唯《雝》詩一次。就《詩》《書》論，昌幾不見於周代文獻。西周鐘鼎銘文極多，唯《蔡侯尊》有"子孫蕃昌"之語，器爲春秋時蔡平侯之物。平侯乃蔡叔之後，時文王已世遠廟遷。③ 傅斯年先生云："西周亡，文物隨著亡；南亡，而'周禮盡在魯矣'。"三百篇之名成於孔子之前，而今見之《詩經》乃漢代之定本。④《周頌》用韻疏而古怪，章節混亂，文理不順，足以證明是幾經亡佚所餘之殘篇。《禮記·仲尼燕居》："客出以《雝》徹。"《論語·八佾》："三家者以《雝》徹。"《周禮·春官·樂師》："韶及徹，帥學士而歌徹。"鄭注："徹者，歌《雝》，《雝》在《周頌·臣工之什》。"是《雝》本西周成王禘文王之歌，及鼎移禮崩之後，諸侯乃至大夫亦皆奏之，或用於徹祭器時，或用於大饗。輾轉流傳之中，難免改竄訛誤。《周頌》中《武》詩相傳爲武王或周公所作，後人考定爲周初《大武樂章》之第二樂章，⑤詩有"允文文王，克開其後"語。開、昌義近，句意亦與此同。此正可引起對《雝》詩"昌"字之深思。

駿發爾私 此《詩·周頌·噫嘻》文。自毛傳以來，多謂此詩乃周公、成王時春夏祈穀於上帝之詩。武王名發，此詩正犯諱。後人據此論周代之諱與否，其説多同前"克昌厥後"所引，不更舉。按，《詩經》發字二十一見，多在風詩。⑥ 其與武王之諱相涉者四：《豳風·七月》"一之日觱發"、《大雅·生民》"實發實秀"、《烝民》"四方爰發"及《噫嘻》文。據近人考證，《豳

---

① 詳見蔣善國《尚書綜述》第十三章《鴻範的著作時代》所列諸家考證。上海古籍出版社1988年版，第228—232頁。
② 詳陳奐《詩毛氏傳疏》卷二十七《雝》下疏，《國學基本叢書》，下册，第30頁。
③ 據《書·金縢》周公爲壇，乃告太王、王季、文王，是周初之祭祀非以文王居不祧之位。唐蘭《西周青銅器銘文分代史徵》卷五上《沈子也簋蓋》下注曰："周代的祖廟，是太王、王季、文王、武王、成王，稱爲京宫。"中華書局1986年版，第323頁。
④ 見傅斯年《周頌説》，《歷史語言研究所集刊》第一本第一分，第111—112頁。
⑤ 見孫作雲《周初大武樂章考實》，收入《詩經與周代社會研究》，中華書局1966年版，第250頁。
⑥ 陸侃如《〈三百篇〉的年代》認爲《南》《風》《雅》的一部分年代在公元前827年至前510年間，其他風詩恐亦在此二百餘年中陸續被收入（《説文月刊》第四卷，收入《陸侃如古典文學論文集》，上海古籍出版社1987年版，上册，第173—202頁）。則其年代離武王已遠，可不論。

風》乃魯詩,非周初之詩,①《大雅》亦周宣王以後之詩,②二者離武王已十世以上,早已親盡廟遷,舍故不諱。《噫嘻》一詩,《詩毛序》及三家說皆云"春夏祈穀於上帝"之詩,孫作雲先生以爲是藉田典禮。③ 其實藉田典禮中完全可能有祈禱上帝降雨豐穀之儀式,如以"凡祭不諱"之禮衡之,其不諱武王名諱是允許的。《尚書》發字八見,見於《周書》者五。《牧誓》《武成》爲武王作,不作諱論。《冏命》《呂刑》相傳爲穆王時作,④時武王爲高祖,以後世五世而遷論,應諱。但即以犯諱論,亦難保其中無傳鈔魯魚和秦火劫後復出之訛。就出土文字論之,發字甲骨卜辭中已屢見,而西周金文竟不一見,此亦足發人深思。

諷誦 誦訓 《周禮·春官·大司樂》有"興道諷誦言語"之文,又其《地官·大司徒》有"誦訓"之職。漢古文經學家以《周禮》爲周公居攝時作,誦爲成王之名,周公雖爲成王之叔,畢竟成王爲君,從金文及傳世文獻中徵知,臣不名君,故宋葉時亦引此以否定周時有諱。但《周禮》經晚近學者錢穆、郭沫若、顧頡剛、楊向奎諸先生考證,皆認爲戰國時作品,近劉起釪先生更定爲春秋前期,斷非西周之書,則犯諱之説已不足辯。

胡然厲矣 厲王名胡,《詩·小雅·正月》《雨無正》有"胡然厲矣"、"胡不相畏"等語。兩詩漢儒或謂刺幽王,或謂刺厲王。以廟制論,皆在諱限。清周廣業以何、胡義通,遂謂傳寫之異。⑤ 按,《詩經》胡字六十見,厲王前之詩不計,厲王後數世之内詩亦不少,未必皆爲何字之訛。今考金文所見厲王自名爲𪊴,即或與胡音相近,或亦在嫌名不諱之列,則舉詩爲難者可息喙。𪊴字金文約十見,多在厲王之前,唯王子午鼎、王孫鐘等在其後,而亦楚共王、楚康王及春秋晚期之器,世遠廟遷,且亂世之際,更不足爲據。

周穆王君臣同名 漢應劭《舊君諱議》云:"昔者周穆王名滿,晉厲公名

---

① 參見傅斯年《周頌説》,《歷史語言研究所集刊》第一本第一分,第 110 頁。徐中舒《豳風説》,《歷史語言研究所集刊》第六本第四分,第 431—452 頁。
② 陸侃如《〈三百篇〉的年代》,《陸侃如古典文學論文集》,上册,第 173—202 頁。又孫作雲《論二雅》,《詩經與周代社會研究》,第 343—402 頁。
③ 見孫作雲《讀噫嘻》,《詩經與周代社會研究》,第 170—171 頁。
④ 張西堂《尚書引論》認爲是東周作品(陝西人民出版社 1957 年版,第 198 頁),今不輕從。
⑤ 見《經史避名彙考》卷三《諱名》引洪邁《容齋三筆》、周密《癸辛雜識》文下按語曰:"但變雅用胡字甚多,亦有胡、何錯出者,《正月》'胡俾我瘉'……鄭箋通作何字解。《廣雅·釋詁》'害、曷、胡、盡,何也',然則胡、何特傳寫異耳"。上册,第 209 頁。

州滿,又有王孫滿,是同名不諱。"① 按,晉厲公名,《左傳·成公十年》作"州蒲",蒲、滿形近,文獻多淆亂。且厲公立當周簡王時,上距穆王已十七世。《左傳·宣公三年》:"定王使王孫滿勞楚子。"《通志·氏族五》謂其爲頃王孫,上距穆王十六世。此皆世遠廟遷,故不諱。

周夷王君臣同名 夷王名燮,唐叔虞之子名燮父。按,成王滅唐,封同母弟叔虞於唐,稱唐侯。叔虞子燮父改爲晉侯。則燮父與康王同輩,爲周夷王高祖昭王之父輩。

周厲王君臣同名 文獻載厲王名胡,蔡叔度之子蔡仲亦名胡。按,蔡叔度爲武王弟,則蔡仲爲武王姪,與成王同輩,歷八世方至厲王胡。且厲王之名,銘文作㝬,詳前文。

周平王君臣同名 平王名宜臼,晉靖侯亦名宜臼。按,靖侯卒於共和元年(前841),平王即位在公元前七七〇年,前後相距七十年,不得謂之犯諱。

周桓王君臣同名 桓王名林,陳莊公亦名林,桓王時又有虢公林父。按,莊公即位,在桓王二十一年。莊公爲陳桓公子,桓公立三十八年卒,據《史記》推算至少在五十以上,時莊公似已非少年。桓公弟厲公立,七年而莊公等與蔡人共同謀殺厲公,立兄利公。五月而卒,莊公始即位,其年當已過弱冠。虢公林父即虢仲。以父字推之,林當是字。《左傳·桓公五年》載"王爲中軍,虢公林父將右軍",時在周桓王十三年。林父年歲不可考。然《左傳·桓公八年》已稱其爲"虢仲",十年而出奔虞,自後不見經傳。古者五十而稱伯仲,則其桓公五年將右軍時年至少四十七歲,上推桓王立時年已過三十,距冠字之年已十餘年,似二人皆非桓王即位後命名取字者。或謂《曲禮》有"不敢與世子同名"之文,似王世子之名更不敢同。據《周本紀》,桓王林非太子。平王太子爲洩父,早死,故立林。且鄭注《曲禮》云"其先之生,則亦不改",謂若先世子生已取名某,世子生而與其人同名,則其名不必改。

周襄王君臣同名 襄王名鄭,衛成公亦名鄭。按,襄王立十八年,爲衛成公元年。成公父文公爲戴公弟。戴公卒,文公立;文公立二十五年卒,成公始立。以此推知成公即位,年已不小,則襄王立時,成公已生,名亦早定。

---

① 見《春秋·成公十年》"公會晉侯"孔疏引。

此或君子不奪人親之所名之意,故不改。參見"衛襄公君臣同名"。

周匡王君臣同名 匡王名班,曹昭公亦名班。按,昭公於公元前六六一年即位,卒於公元前六五三年,在位九年。周匡王於公元前六一二年即位,上距曹昭公四十一年。

周哀王君臣同名 哀王名去疾,晉頃公亦名去疾。按,頃公於公元前五二五年即位,卒於公元前五一二年,在位十四年。哀王於公元前四四一年即位,未一年而卒,上距頃公七十一年。

周威烈王君臣同名 威烈王名午,魯襄公、曹悼公、晉定公皆名午。按,魯襄公於公元前五七二年即位,卒於公元前五四二年。曹悼公於公元前五二三年即位,卒於公元前五一五年。晉定公於公元前五一一年即位,卒於公元前四七五年。威烈王於公元前四二五年即位,在諸公之後五十至一百多年。

衛襄公君臣同名 襄公名惡,衛臣有名惡者二。石惡,石碏後,衛獻公臣,獻公三十二年,石惡出奔晉。後二年,襄公惡立。襄公九年卒,有衛臣齊惡告喪於周。按,石惡奔晉,已無關襄公。齊惡,亦先襄公而生。《穀梁傳·昭公七年》:"此何爲君臣同名也,君子不奪人名,不奪人親之所名,重其所以來也,王父名子也。"范注:"明臣雖欲改,君不當聽也。君不聽臣易名者,欲使重父命也。父受命名于王父,王父卒,則聽王父之命名之。"楊疏補充說:"若卒哭,而後無容得斥君名,蓋捨名而稱字耳。"孔穎達於《禮記·内則》中疏云:"先衛侯生,故得與衛侯同名,是知先生者不改也。"

晉定公君臣同名 晉定公名午,晉臣名午者三。按,祁午、胥午皆在晉定公之前,不論。《左傳·定公十年》,即晉定公十二年,傳云"衛侯伐邯鄲午於寒氏"。午爲晉邯鄲之宰,趙穿之曾孫。晉定公十二年,趙午已率徒攻衛之西門,當已成年,則晉定公即位時,趙午必已生。又,傳世晉公盞銘文有"余隹小子"、"隹今小子",楊樹達先生定爲晉定公器,①二語皆自稱。若定公名以銅器文爲準,則《左傳》之午乃後人簡寫,趙午並非同名。與周厲王君臣同名之理同。

蔡文侯、蔡昭侯祖孫同名 文侯、昭侯皆名申。據《史記·管蔡世家》,文侯爲昭侯之高祖,是隱太子友以曾祖名名子,此不可曉。

---

① 見楊樹達《積微居金文説》卷三,中華書局1997年版,第55頁。

襄王名鄭，鄭不改封 鄭國乃周宣王庶弟姬友封國。宣王而後，七世而至襄王，造成周王名與封國名同。按，申繻論名云，不以國，以國則廢名。孔疏："國名受之天子，不可輒易，若以國爲名，終卒之後，則廢名不諱。"鄭不改封殆以此。

昭王名瑕，周有瑕邑 周昭王名瑕。《左傳・昭公二十四年》："王子朝之師攻瑕及杏，皆潰。"杜注："瑕、杏，敬王邑。"敬王去昭王已二十二世，無須爲諱。瑕邑之始命時代無考，今金文中不見此字。

元孫某 《書・金縢》："公（周公）乃自以爲功。爲三壇同墠。爲壇南方，北面，周公立焉，植璧秉珪。乃告太王、王季、文王。史乃册祝曰：惟爾元孫某，遘厲虐疾。若爾三王，是有丕子之責于天，以旦代某之身。"《孔傳》謂史臣所諱，鄭玄謂成王所諱，孔穎達敷演鄭義謂成王口讀改字而爲史臣所錄。宋夏僎以爲"周公禱于三王，必稱武王名，今史載其書，故諱而代以某字"。① 此未明言諱者。清儒釋此，多兼取鄭、孔、夏之説，謂周公原文不諱，成王諱之，史官錄之。② 孫星衍見《史記・魯世家》作"元孫王發"，復據"臨文不諱"、"父前子名"之禮文，謂與鄭玄所見本異，意謂原本不諱。③ 周廣業詳考前後文例，云："祝辭，公（周公）所自爲，所繫尤重，公既命勿言，文必不欲存，故史自言告神之後，乃册書之，因並叙自以爲功及得吉卜始末納之匱中。此固史之職也。"因斷定"此必史私錄之册也……史既私錄，應避君名……成王得是説後即執書以泣，未必讀册而口改也"，④ 獨申《孔傳》之意。按，《金縢》之作者和成書年代，自宋程頤和王廉以來，多有疑之者，或謂出於漢人手筆。⑤ 經近現代學者之考訂，已否認其爲僞書。顧頡剛先生定爲東周時作品，⑥ 陳

---

① 見夏僎《尚書詳解》卷十八，《叢書集成初編》本，第 3609 號，第 407 頁。
② 如王鳴盛《尚書後案》卷十三（《清經解》卷四本十六，第三册，第 115 頁下）、清江聲《尚書集注音疏》卷十二（同上，第二册，第 888 頁中）皆持此論。
③ 孫説見《尚書今古文注疏》卷十三，中華書局 1986 年版，第 326 頁。孫以司馬遷所據乃古文本，皮錫瑞謂太史公引書皆據今文。皮從鄭玄"由成王讀之"之説，故信"當時策書本作'王發'"，而以"今文爲得其實"。見《今文尚書考證》卷十三，中華書局 1989 年版，第 292 頁。
④ 見《經史避名彙考》卷四，上册，第 271 頁。
⑤ 參見朱彝尊《經義考》卷七十四，《四部備要本》，第十册，第三葉 B。王説見蔣善國《尚書綜述》引，上海古籍出版社 1988 年版，第 233 頁。
⑥ 顧頡剛《論〈今文尚書〉著作時代書》，《古史辨》第一册，上海古籍出版社 1982 年版，第 201—202 頁。

夢家先生論證爲西周時記錄，①張西堂先生則認爲其成書最早當在戰國中世。② 作品出自兩周，始可論其史實。以等級諱名言之，周公當諱武王。但當時爲壇墠，告三王，制如廟中，自不應諱，此前所援證之古禮中稱謂可證。文既言"祝曰"，知爲祝告辭。周代凡告祖先，皆由祝官代主人將言辭告於祖先之靈，③言辭一如主人，則當時祝辭亦不諱。後文言成王"以啓金縢之書，乃得周公所自以爲功代武王之說"，不出成王口讀，則未必定如鄭說口讀改字。故周說由史書之而諱，似較近理。退而論之，即使《金縢》爲後人拾掇故事而成，其時代亦當以懿王以前，武王之廟未遷時爲近是。古文之"某"，當有所自，今文家傳《書》，無須爲諱，故直云"王發"。④

檢覈前人舉以爲犯諱之例，凡謂文獻不避君諱者，其文獻之實際年代多非在此王應諱世數之內；凡謂兩周臣犯君諱者，其臣之在世年代或在此王之前，或在此王應諱世數之後。即或君臣同時，臣之年齡亦往往大於君。周代乃宗法社會，親親尊祖，又極珍視名字，故有"不奪人親之所名"之習俗。緣此之俗，故會有"不敢與世子同名"之科條，會有不以國、不以官、不以山川、不以隱疾、不以畜牲、不以器幣等成文或不成文之規定。以此警戒於前，庶免犯諱於後。就人與文字之比例看，絕對是人多字少。緣情象物以命名，情似則名同，乃理所必然。當時雖奉諱禮，猶有許多"不諱"之特例，且其懲不嚴，所謂"過而舉君之諱則起"，不若後世動輒繩之以法。

前人論周人諱禮之所據，皆是傳世文獻。唯郭沫若先生首以銘文來驗證立論，然所舉多可商榷。如：

明保 郭先生《諱不始於周人辨》舉令彝"王命周公子明保尹三事、四方"和䚄卣"隹明保殷成周年"爲例，謂明保即周公子伯禽名，二器主皆其臣屬，而直稱其名。復又舉《魯頌·閟宮》"保彼東方"等三句，謂均稱其祖名而不諱。⑤ 竊謂保之字義與伯禽不相繫相應，似非名。當如陳夢家說爲大

---

① 陳夢家《尚書通論》第六章，中華書局 1985 年版，第 112 頁。
② 張西堂《尚書引論》六《尚書之考證》，陝西人民出版社 1957 年版，第 192 頁。
③ 詳席涵靜《周代祝官研究》第六章，臺灣勵志出版社 1978 年版，第 76 頁。
④ 校讀附記：近出清華簡《周武王有疾周公所自以代王之志》文如《金縢》，而此句作"尔元孫發也"，稱名，可見司馬遷撰《魯世家》所本《金縢》確有"發"字，與清華簡近。知東周以來《尚書》傳本文字頗多歧異，殆亦傳者多以己意潤飾也。
⑤ 見郭沫若《諱不始於周人辨》，《金文叢考》，第 113－114 頁。按，此兩器年代爲成王（轉下頁注）

保之保,明保即君陳。①《禮記·文王世子》云:"虞夏商固有師保。"商之伊尹稱阿衡,又稱保衡。伊尹輔太甲,猶《君奭》"召公爲保,周公爲師,相成王爲左右"之職,異代同職故同稱。如陳説明保即君陳,則知令等乃稱其官職,於理甚當。至於"子明"二字,當如楊向奎先生所解,爲周公旦之字。旦、明義相應,子爲男子美稱。②"周公子明保"之稱謂,客觀反映出周初稱字諱名的避諱禮制。

吾考以 郭沫若先生又舉沈子也簋"克成妥吾考以于顯顯受命"語,謂"以"即魯煬公之名熙或怡。沈子乃煬公之婿,是臣不諱君,婿不諱其外舅之名。甥舅之説,於史無徵,不知何據。就銘文舉親稱之常例看,絶無在考後綴以父名者,此器其他諸家考釋亦皆不認"以"爲人名。陳夢家先生定此爲康王時器,而謂也是周公旦下一世,煬公爲周公旦之孫,伯禽之子,則也與伯禽同輩;③馬承源先生亦定爲康王,而謂也是周公旦之孫輩;④如是則"吾考"必非煬公。即或如唐蘭先生説沈國是周公之後,其廟祭亦有大宗小宗之別。也未必爲煬公直系子孫而爲之諱。⑤更何況文獻所記煬公熙怡之名未必是其原字。

此外,郭先生例舉大量日干稱號,亦不能證其不諱。下面依據文獻所載周王之名校覈銘文,以覘其人名與用字之同異。

吴鎮烽《金文人名匯編》收録人名五千二百二十八條,其中涉及周王之名用字者有:

辟(孝王辟方)　　靜(宣王靜)　　宫(幽王宫涅)
臣(頃王壬臣)　　班(匡王班)　　夷(簡王夷)
匄(敬王匄)　　疾(哀王去疾)　　叔(思王叔)

(接上頁注)抑昭王,學者有不同看法,詳馬承源《商周青銅器銘文選》(三)。陳夢家從郭説爲成王器,並謂明公爲周公子君陳。見《西周銅器斷代》(二),《考古學報》第十册,1955年版,第88頁。
① 見陳夢家《西周銅器斷代》(二),《考古學報》第十册,第88頁。
② 見楊向奎《令彝考釋中的幾個問題》,《繹史齋學術文集》,第236—240頁。又《再論"周公子明保"問題》,《繡經室學術文集》,齊魯書社1989年版,第251頁。
③ 見陳夢家《西周銅器斷代》(五),《考古學報》1956年第三期,第106頁。
④ 見馬承源主編《商周青銅器銘文選》(三),第57頁。
⑤ 唐蘭云:"沈子也的父親爲沈國始封之君。"見《西周青銅器銘文分代史徵》卷五上,中華書局1986年版,第322、325頁。

午（威烈王午）　　　　喜（烈王喜）　　　　定（慎靚王定）

　　但若衡之以時代，則不是在應諱廟世之前，便是在其之後。如小臣靜簋之靜乃西周中期人，師訇簋之訇乃懿、孝時人，伯喜簋之喜乃西周中期後段人，等等，皆不可作犯宣王、敬王、烈王之諱論。叔本周代排行專用字，以之爲名字者頗多，思王即位又不滿一年，是否立廟，尚須待考。黃夷鼎之黃夷乃春秋時人，在簡王前抑後，亦未能徵實。

　　銘文用字涉周王之諱者十餘字，共十四王。一般情况下，出現之字多不在某王應諱世數之內，如懿王名囏，七世後之毛公鼎、不嬰簋中始有"囏"；夷王燮，至春秋時曾伯簠、秦公鐘等器中始有"燮"。周王兩名者，其中一字往往較多，如孝王辟方之方，平王宜臼之宜，釐王胡齊之齊，器之年代難成定論，而這些字即使犯諱，是否屬於"不偏諱"之例，皆可進一步研究。雖然今所見金文非兩周用字總和，至少目前尚未能找出一批堅實的證據來證明周人不諱。鑒於厲王之名銘文作獣而非胡，致使我們對文獻中周王名的確鑿字形不得不持保留看法，故在沒有新的確鑿明證之前，不應輕率否定文獻中所載周代諱禮。

（三）宗法制的避諱禮俗和社會等級制的諱名傾向

　　"卒哭乃諱"緣於生人對死者的禁忌。"凡祭不諱"，廟中祭下諱上，祭上不諱下等成規，表明諱以郊廟祭祀爲中心。"舍故而諱新"、"大功小功不諱"、"子與父同諱"，及諱不諱王父母等科條，表明諱之寬嚴由喪服親疏來決定。周代諱禮以死爲前提，以宗法制爲基礎。

　　在常情下上可名下，下不可名上，以及君前臣名，父前子名，同輩相敬不名稱字等等的諱名傾向，蘊含着人對名字之禁忌和名隨人貴之意識。周代稱謂制以生爲前提，以社會等級爲基礎。

　　以宗法制爲基礎的避諱禮俗和以社會等級爲基礎的諱名傾向有冥界與世間之區別。儘管它們可能各自源發於不同的意識，但却不免互相滲透。嚴格的以宗法制爲基礎的諱禮，應循着"別子爲祖，繼別爲宗，繼禰者爲小宗"的遷祧廟制而諱。在周代，上自天子、諸侯，下至大夫、士乃至庶人，廟制雖有等殺，而各有宗族之制，原當各諱其諱，互不相干。而"君所無私諱"、"大夫所有公諱",透露出宗法制的避諱已滲透到等級稱謂制中。從銘文中數以千計的"父乙"、"父癸"、"且己"等日干稱號和有數的幾個謚號發展到周代"有爵則有謚"、"謚以尊名"、既葬稱謚的諱名之禮,形式上是由質向文的轉化,而實質却是社會等級稱謂滲透到宗法避諱制中的表現。入國不稱其諱,"入門問諱",或牽涉到宗族與宗族間,或亦包含著社會上下等級之別。總之,它表明爲死者諱的禮俗已從宗族內擴展到社會。

六、由避諱制溯論其原始禁忌形態

周代文獻,充分説明當時以宗法、等級社會爲基礎的避諱已制度化,這種制度的系統和完善使人不能相信是由周公制禮才創例發軔的,而完全有可能是由"周因於殷",甚至"殷因於夏"之禮俗而加以損益結果。甲骨卜辭和殷商銅器銘文已顯示了當時亦有稱王不名現象和廟祭時的諱名習俗,要溯論其源,還可從其他原始民族的名字禁忌和上古宗教意識、墓葬制度、巫術和祖先崇拜中去尋求。

(一)原始民族的名字禁忌

原始民族的名字禁忌,英國詹·喬·弗雷澤所著《金枝》一書中有較詳細的記載,其他有關人類學和宗教學著作中也有類似記述。兹以《金枝》爲主,[1]並輔以他説,[2]將原始民族的名字禁忌分爲死和生兩類加以綜述,俾與周代的宗法避諱制和社會等級諱名制相參證。

1. 對死者名字的禁忌

許多未開化的民族嚴格奉行不説死者名字的習俗。一旦誰大聲説出,

---

[1] 見弗雷澤《金枝》,所用爲徐育新、汪培基、張澤石中譯本,下引同。
[2] 如:[蘇]C.A 托卡列夫、C.Π·托爾斯托夫主編《澳大利亞和大洋洲各族人民》,李毅夫等譯,三聯書店 1980 年版。[蘇]謝·亞·卡列夫《世界各民族歷史上的宗教》,魏慶徵譯,中國社會科學出版社,1985 年版。[德]利普斯《事物的起源》,汪寧生譯,敦煌文藝出版社 2000 年版。[英]愛德華·泰勒《原始文化》,連樹聲譯,上海文藝出版社 1992 年版。

便被認爲是觸犯了他們最神聖的觀念。① 當人際交往不得不說之時，有的則用委婉的言語來表達，如維克多利亞人用"逝去的人"或"那不在人世的可憐人"來指稱；有的則降低其聲調，如默里河下游的某些部落和澳大利亞中部的某些部落用輕聲悄語來稱呼死者之名。一旦有犯此忌俗，至有將犯者處死者，如哥倫比亞瓜希拉人和加里福尼亞人、俄岡人等；要想豁免，也得罰出重金。他們認爲人雖死，鬼魂長期徘徊人間，如稱説死者名字，便激起死者鬼魂的憤恨，從而加害於活人。因此，有些地區便流行不用死者的名字爲名字（如維多利亞部落），凡與死者同名者均另換新名（如南澳大利亞阿德萊德與恩坎特灣各部落及混土蘭部落）。不過，這種禁用死者之名和改換新名，有永久性的，也有暫時性的。更有甚者，因害怕死者鬼魂將會根據其所知活人之名來索魂攝命，凡死者近親均改易新名（如西北美洲的印第安人部落、基奥瓦的印第安人、倫瓜印第安人等）。在中非巴希瑪人的國王逝世後，其名字便從本族語言中廢棄不用；祖魯族人不僅避國王之諱，連國王之祖輩數代的名字也同樣避諱；在馬達加斯加也同樣如此。

2. 對活人名字的禁忌

（1）諱忌親屬名字主要體現在本人長輩和姻親長輩上，尤以己之於父母、媳之於公婆、婿之於岳父母爲多，②亦兼及姻親的同輩，偶亦有岳母對女婿名字的禁忌。吉爾吉斯人的婦女禁説其丈夫姻親中長輩的名字。卡菲爾人的婦女不僅口頭上，而且在心裏也不能默念其丈夫方面一切男性長輩的名字，連其兄弟之乳名亦禁説。美拉尼西亞的班克斯列島、沿海達雅克和托里斯海峽兩邊島嶼上的男人不能説岳父母的名字。阿爾福爾人禁説岳父之名。卡菲爾人諱稱岳母之名，而岳母亦諱婿名。布魯島上土人對於兄長之名，加澤爾半島海岸上土人對於妻子兄弟和姐妹丈夫之名亦均忌

---

① 古代高加索地區的阿爾巴尼亞人（外高加索東部），維克多利亞土人，澳大利亞土人，從赫德森海境内到巴塔戈尼亞的所有美洲印第安人的部落，哥倫比亞瓜希拉人，以及西伯利亞的薩摩雅德人，印度南部的托達人，薩哈拉的土阿瑞格人，日本的阿伊努人，東非的阿康巴人和南迪人，菲律賓的廷圭恩人，還有尼科巴群島、婆羅州、馬達加斯加、塔斯馬尼亞等地居民雖有寬嚴之差别，但都流行這種風俗。
② 據現在社會調查，蒙古族媳婦不能呼喚公、婆、大伯和丈夫之名，子女亦諱父母長輩之名。見《蒙古族社會歷史調查》五《生活習俗》，内蒙古人民出版社1985年版，第188頁。

諱。以上這些諱名習俗，不僅諱稱本名本字，許多地方還諱及同音近音字。一旦違此禮俗，或罰款，或送禮道歉，甚者處以死刑。

（2）對國王、祭司以及高級官員名字的避諱更嚴格。達荷美、暹羅國王的真正名字均特別保密而不爲人所知，爲人稱説者皆是其美稱、美號。祖魯族下面各部落均諱自己酋長之名，而所有部落又一致諱全祖魯族國王之名。他如馬達加斯加、波利尼西亞、古希臘等地均流行此種習俗。在杰爾拉的加勒王國，臣民不得説國王的乳名。在加勒王國、祖魯族、馬達加斯加、新西蘭等地連與國王名字音同音近之字也須避諱，所有語言中與國王、酋長、祭司等人名字相涉之詞必須改換，代以他詞。如杜望德威部落的一位酋長名蘭伽，義爲太陽，人們便改稱太陽爲伽那。誰要是犯諱，送進法庭者有之，處死者有之。在塔希提，更是連犯者的親屬都要一同被處死。

追溯諱死者和生者之名的真正動機，應歸結爲名字的神奇、鬼魂的魔力和巫術的詛咒。原始民族有一種信念：名字是身體一部分，自稱其名，等於吐出一部分自我，長此以往，必將吐盡自毀。埃及伊希斯竊知太陽神拉的秘密名字的神話故事其實便是當時一種習俗的寫照。① 諱名習俗首先是建立在這種名字的神奇效應上的。其次，便是鬼魂的魔力。萬物有靈論的兩個主要信條即是：一、靈魂在肉體死亡或消滅後能繼續存在；二、精靈本身能上升到威力強大的諸神行列。② 人的舉動會引起他的喜怒，且在某些原始民族中有一種心態：鬼對活人的意圖永遠是邪惡的。即使生前善良，死後也必定凶惡。③ 因而自然產生：一、諱死者之名，儘量不使鬼魂遷怒加害於己；二、諱改生者之名，目的也是不讓活人的名字成爲鬼魂作祟的憑藉。再次，許多民族廣泛流行巫術。人的名字、影子、畫像等皆具巫術性質。巫師、敵人等詛咒、陷害人時往往通過呼喊或書寫其名來完成。④ 爲使人不處於巫術報復行爲的恐怖境地，最好的方法莫如諱名。由於上述諸種原因，於是不僅諱死者名，也諱生者名，不僅自諱其名，亦兼諱他人之名；常人之名須諱，國王、酋長、首領之名更須諱，儘管後者或許還與圖騰禁忌

---

① 見《金枝》第二十二章五"神名的禁忌"節，第384—386頁。
② ［英］愛德華・泰勒《原始文化》第十一章，上海文藝出版社1992年版，第414頁。
③ ［法］列維・布留爾《原始思維》第十章《神秘的和看不見的力量》所舉彼亞族、英屬幾内亞、西非、喀麥隆的班納部族等人的觀念。丁由譯，商務印書館1985年版，第384—385頁。
④ 參閲［德］利普斯《事物的起源》，第337—338頁。

有關。

如將諸原始民族中名字禁忌現象與中國古代之避諱作一比觀，可發現許多有趣而值得深思的問題。

祖魯族國王小皇莊裏，皇家婦女對國王祖輩兄弟及祖輩好幾代兄弟之名字均避諱，兩周臣民對王之父祖依廟制而諱，但因實行宗法制，於祖輩兄弟之名則可不諱，此同中有異。維克多利亞土人認爲死者鬼魂總是在地球上徘徊很久才永遠離開，走向夕陽，新石器時代有兩次葬習俗，周代有殯禮和"卒哭乃諱"之禮，或亦緣於人死後鬼魂在人間逗留時間而定。卡菲爾、阿爾福爾（西伯里斯島）、努福爾（荷屬新幾內亞）、祖魯族等許多部落由諱名而諱及同音詞（字），周代雖有"嫌名不諱"之說，但既有此語，不諱之前，似當曾經諱過，基於秦漢以還，特別是宋代帝王諱避嫌名的事實，①不能肯定周代乃至周以前一定不諱嫌名。加澤爾半島（新不列顛）、哥倫比亞瓜希拉、維多利亞、塔希提等地之人一旦犯諱，多施以死刑並累及親屬，周代則"過而舉君之諱則起"，似乎較前者文明。但這文明之前的"野蠻"時代，對於犯諱之刑的寬嚴如何，文獻不足，難以質指。卡菲爾人、阿爾福爾人皆諱岳父母之名甚嚴，周代妻之諱僅諱於其側，出門則不諱，顯示出父系宗法制下的避諱特色。其他如大名、小名，以綽號代名，以神聖尊號相稱等等，都與周代的"字以敬名"，"五十以伯仲，死諡"，稱官爵等相類似。應特別提出的是：在尼科巴群島，因諱死者之名，使人無法記載歷史，因而發展到在命名時就考慮死後的諱名與普通詞彙的關係，這與《左傳》申繻論周代命名科條何其相似，與其說是巧合，毋寧說是避諱習俗發展之必然。推想這些科條產生之前，先民一定有一種觸處皆"網羅"，諱不勝諱的苦惱。從這些原始民族中因避諱而產生語詞的不斷變化，從而使歷史事件的記載含混不清乃至無法記載的現象，返觀先秦兩漢古籍中許許多多的異文，在排斥了甲金籀篆之演變和東西土不同字形而外，是否有因避諱而改的"異文"廁於其間？在排斥了正常的引申假借義之外，是否有因避諱而引申假借之義存在？此雖無徵，却不可不爲語言研究者所重視。

通過比較，知周代之避諱習俗在諸方面都比原始民族的名字禁忌進化

---

① 詳見虞萬里、楊蓉蓉《避諱與古音研究》，《漢語言學國際學術研討會論文集》，《語言研究》增刊，1991年版，第175－176頁。收入《榆枋齋學術論集》，江蘇古籍出版社2001年版。

和文明，原始民族的部落制和周代的封建制則是這種習俗之野蠻與文明的深廣背景。由周代封建制的社會進程和諱禮的文明程度，可推知中國古代的避諱起源應遠在周初，甚至殷商以前。

(二)商周鬼神思想與上古宗教意識

"鬼"字含義的傳統解釋是："人死曰鬼"(《禮記·祭法》)、"衆生必死，死必歸土，此之爲鬼"(《禮記·祭義》)、"人所歸爲鬼"(《説文》)。這便是説，鬼的産生是在人死入土埋葬以後。沈兼士先生從文字上推考鬼字的原始意義，疑鬼爲古代一種類人動物，頗有理據，但這祇説明文字的發展事實，並不能抹殺先民意識中鬼的形象與力量。而他所論證的商代鬼畏二義同用一字的結論，[1]適足説明先民對鬼的畏懼心理。所以要畏鬼，當然是鬼能作祟加害於人。春秋鄭子産所謂"匹夫匹婦强死，其魂魄猶能憑依於人，以爲淫厲"(《左傳·昭公七年》)，即代表了普遍的畏鬼意識；墨子所述杜伯、莊子儀等爲鬼以殺周宣王、燕簡公(《墨子·明鬼下》)，便是當時流傳的實例。

鬼魂思想的産生，高懷民謂"至少也當在氏族社會，甚或更早"，[2]其實可認爲，當人脱離"其親死，則舉而委之於壑"(《孟子·滕文公上》)時代，而有意識地將死人埋葬時，鬼魂觀念便至少已朦朧産生。而後在埋葬時埋入哪怕是最簡單的殉葬品，便可説鬼魂思想已經形成。歐洲考古工作者已發現許多舊石器時代中晚期的被埋葬的人骨化石，[3]中國在北京周口店山頂

---

[1] 見沈兼士《鬼字原始意義之試探》，《沈兼士學術論文集》，中華書局1986年版，第199頁。
[2] 高懷民《中國古代文化中的鬼神思想》，臺灣大學《文史哲學報》第36期，第99頁。
[3] 歐洲舊石器時代中期之埋葬情況可參閲鳥居龍藏著、張資平譯《化石人類學》(萬有文庫本)。賈蘭坡、甄朔南《原始墓葬》認爲"最早的墓葬是從舊石器時代中期尼安德特人開始的"(《史學月刊》1985年第1期，第13頁)。李天元《古人類研究》第六章《早期智人化石的發現與研究》亦有記述(武漢大學出版社1990年版，第252頁)。最近，哈佛大學皮博迪博物館史前考古學教授Ofer Bar-Yosef和法國波爾多第一大學人類學教授Bernard Vandermeersch合作《黎凡特地區的現代人類》一文，謂在卡夫澤洞穴發現距今八萬到十萬年的人類埋葬化石三處，一處是一成年人葬於一天然形成的小壁穴内，一處係一婦女和兒童雙人合葬於一人工挖成的墓穴中，另一處是一位十三歲左右的男孩葬在一人工鑿成的凹阬中，旁邊還發現紅赭石。距今六萬年前的墓葬則更有多處。郭敏譯文載《科學》1993年第8期，第50—51頁。

洞所發現的舊石器時代晚期的墓葬，旁有含赤鐵礦的紅色粉末和燧石石器、獸骨裝飾品。① 這種在死者身上灑紅色鐵礦粉的葬俗，普遍存在於歐亞非澳諸大洲之舊石器時代墓葬中，中國新石器時代墓葬中亦不乏其例。對此葬俗，論者頗多推測，皆與死者的魂魄有關。②《墨子·明鬼下》記杜伯、莊子儀之殺周宣王、燕簡公，皆云其"朱衣冠，執朱弓，挾朱矢"，"荷朱杖"。又《禮記·郊特牲》謂"有虞氏之祭也，尚用氣，血腥"，孔疏云："血謂祭初以血詔神於室。"春秋時代這種觀念和傳説中有虞氏用血之祭儀，似乎與山頂洞人墓葬中的赤鐵礦紅色粉末有某種傳承因素。説山頂洞人已有明晰的鬼魂觀念，並非無據。

至今所發現新石器時代遺址七千多處，清理墓葬近萬座，③其墓葬所反映之鬼魂宗教意識已有充分顯示。尤可注意者：二次葬的意義除遷移等因素外，或隱含着一種信仰，即"以爲血肉是屬於人世間的，必等到血肉朽腐後，才能作正式的最後埋葬；這時候死者才能進入鬼魂世界"。④ 屈肢葬之意義，學者早有各種推測。其中有認爲是阻止死者靈魂走出，向生人作祟。⑤ 半坡遺址中亦有數例，報告亦取防止死者靈魂危害生者而加以捆結之説，以爲有民族志爲證。⑥ 隨着這種葬式的發掘數量增多和研究之深入，認定畏懼死者靈魂作祟至少是屈肢葬主要觀念之一。⑦ 其他如出於有意的

---

① 賈蘭坡《舊石器時代文化》（科學出版社 1957 年版）。山頂洞文化原測年代爲 1.8 萬年，根據最新測定，應更正爲 2.7 萬年左右，見陳鐵梅《山頂洞文化年代的最新測定》，《中國文物報》1993 年 1 月 10 日。
② 有人認爲這是表示給死者以新的血液，賦於新的生命（曾騏《我國史前時期的墓葬》，《史前研究》1985 年第 2 期，第 18 頁）。有人認爲，這是一種"飾終"風俗萌芽，紅色物理波最長，惹人注目，以此表示死者之血，灑於屍上，是讓死者的靈魂永遠附其遺體。（張壽祺《舊石器晚期紅土隨葬及其原始宗教意識》，《世界宗教研究》1983 年第 2 期，第 87—88 頁。）有人以爲其深層的意思則是不讓死者再回到人間來。（陳星燦《史前居室葬俗的研究》，《華夏考古》1989 年第 2 期，第 98 頁。）
③ 遺址數目據《中國大百科全書·考古學》，中國大百科全書出版社 1986 年版。墓葬數目據曾騏《我國史前時期的墓葬》，《史前研究》1985 年第 2 期，第 18 頁。
④ 參閲夏鼐《臨洮寺窪山發掘記》，《考古學論文集》，科學出版社 1961 年版，第 25 頁。
⑤ 參閲高去尋《黃河下游的屈肢葬問題》，《中國考古學報》第二册，1947 年版，第 165 頁。
⑥ 中國科學院考古研究所《西安半坡》第五章第二節二"埋葬習俗中所反映的意識和原始宗教信仰"，考古學專刊丁種第十四號，文物出版社 1963 年版，第 218、219 頁。
⑦ 霍巍、黃偉《四川喪葬文化》第二章就大溪文化中的屈肢葬詳加分析討論，認爲屈肢葬施於某些特殊死亡者。古代喪葬中有一種風俗，正常死亡者，進行正常安葬；凶死者的靈魂會（轉下頁注）

骨架肢體殘缺，也與驅除邪祟有關。①埋葬的頭向，不管是信仰讓靈魂回到原來或傳説中的老家去，還是信仰讓靈魂到一個世界的特殊界域去，或者信仰人之生死如太陽之東昇西徂而埋葬時背東面西，此種順從死者意願（儘管是傳統的）或多或少體現出在世之人避開鬼魂纏擾的複雜心理和意識。②至於隨葬品之越來越豐富，更顯出對死者敬親畏忌的心理和等級、貧富差異的事實。總之，中國新石器時代，是氏族社會昌盛和衰落的時代，這一時期之鬼魂觀念各地雖有差異，但都已很明晰，有的地方或已有一系列儀式。

　　關於社與祖廟之起源，近世學者以卜辭、金文論證"土"與"且"之原始意義，凌純聲先生謂"社是一社群，最原始祭鬼神的壇墠所在，凡上帝、天神、地祇及人鬼，無所不祭。後來社祖分開，在祖廟以祭人鬼與穀神爲主，故又可稱爲社稷"。③先民敬畏天地自然之力和畏忌鬼魂，當始於較原始之意識。而所謂"神不歆非類，民不祀非族"（《左傳·僖公十年》）、"非其鬼而祭之，諂也"（《論語·爲政》）云云，皆似在宗廟制度形成或確立時期。從人類宗教觀之發生發展觀之，凌説頗近情理。隨着新石器時代遺址大批揭露，人們對一些較大的房屋頗爲注意，如膠縣三里河龍山文化墓地的長方形石塊建築和圓坑建築等，被認爲是"舉行特殊活動的場所"，④有的認爲此和臨潼姜寨 F1 房子均與當時哀悼、葬儀和祭儀等有關。⑤就面積論，秦安

（接上頁注）作祟，故一般進行特殊安葬。該書引述劉斌雄《蘭嶼雅美族喪葬的一例》、宋恩常主編《中國少數民族宗教初編》實例均堪爲證，可參閲。四川人民出版社 1992 年版，第 57 頁。

① 中國社會科學院考古研究所《寶雞北首嶺》，考古學專刊丁種第二十六號，文物出版社 1983 年版，第 128 頁。
② 中國科學院考古研究所《西安半坡》第五章第二節二《埋葬習俗中所反映的意識和原始宗教信仰》（考古學專刊丁種第十四號，文物出版社 1963 年版，第 219 頁）。又王仁湘《我國新石器時代墓葬方向研究》，載田昌五、石興邦主編《中國原始文化論集——紀念尹達八十誕辰》，文物出版社 1989 年版，第 329—331 頁。
③ 凌純聲《中國古代社之源流》，《中研院民族學研究所集刊》第 17 期，第 1—44 頁。收入《中國邊疆民族與環太平洋文化》（聯經出版社 1979 年版，第 1446 頁）。又凌氏謂社與祖是同源之陰陽性崇拜，見氏撰《中國祖廟的起源》五結語（同上揭書，第 1223 頁）和《中國古代神主與陰陽性器崇拜》（同上揭書，第 1243—1279 頁）。朱芳圃亦以爲土、且皆牡器之象形（《甲骨學文字編》，商務印書館 1934 年版），其他持此説者甚多。席涵靜不同意此説，見《周社研究》第二章《社字的意義》三，福記文化圖書有限公司印行 1986 年版，第 20 頁。
④ 吳汝祚《山東膠縣三里河遺址發掘簡報》，《考古》1977 年第 4 期，第 263 頁。
⑤ 曾騏《我國史前時期墓葬》，《史前研究》1985 年第 2 期，第 24 頁。

大地灣遺址占地面積達二百九十多平方米的 F901 大房子，其爲集會、祭祀之場所應更有可能。① 又如寶雞北首嶺廣場墓葬和遼寧牛河梁、喀左東山嘴等祭壇均被認爲與原始宗教祭祀有關。② 明堂之制，也有人在新石器房屋中尋其原型。如有人見面積達一百七十五平方米的半坡 F1 和 F22，並見廟底溝 F302 中有四根柱子以及姜寨 F14 中有接近圓形的一圈柱子，推測其爲公共集會會堂，而與祭天、神、祖有關。③ 明堂與宗廟關係，歷來亦多爭論。④ 目前新石器時代遺址雖未能爲社、廟、明堂三者之間關係及確切形制提供強有力證據，但大汶口的三座男女合葬墓及一座成年男女和小孩合葬墓説明在早於夏代（約公元前 2200——1700）以前已有家庭結構；墓葬品的多寡説明私有制早已出現：兩者是構建公祭場所和大小祖廟的社會基礎。由此知文獻中記載的"黄帝曰合宫，堯曰衢室，舜曰總章，夏后氏曰世室，殷人曰陽館，周人曰明堂"（《三輔黄圖》卷五）、"有虞之王……封土爲社"（《管子·輕重戊》）、"自禹興而修社祀"（《史記·封禪書》）等等恐不都是後人杜撰。

巫術的起源，一般認爲早在舊石器時代晚期，中國新石器時代仰韶文化遺址中有與巫師、巫術相聯繫的器具與文飾。⑤ 秦安大地灣遺址仰韶文化晚期 F411 房子中發現炭黑畫，經研究，認爲可能是驅趕巫術或謀害敵人的詛咒巫術。⑥ 若推測近是，則至遲在仰韶文化晚期已有此類巫術。其他

---

① 甘肅省文物工作隊《甘肅秦安大地灣 901 號房址發掘簡報》，《文物》1986 年第 2 期，第 12 頁。
② 卜工《北首嶺遺址廣場墓葬的特殊含義》，《遼海文物學刊》1990 年第 2 期，第 51 頁。又，[日]池田末利《中國史前祭祀遺址初探——以喀佐東山嘴爲中心》，載《東方學會創立四十周年紀念東方學論集》，姚義田譯文載《遼海文物學刊》1988 年第 2 期，第 149—150 頁。
③ 王世仁《明堂形制初探》，《中國文化研究集刊》第四輯，復旦大學出版社 1987 年版，第 7 頁。按，姜寨 F14 爲小型房子，《姜寨》未出平面圖。姜寨中有柱洞之房且大者有 F17 和 F103 等。鞏啓明、嚴文明《從姜寨早期村落佈局探討其居民的社會組織結構》認爲均爲居室，無宗教建築。見《考古與文物》1981 年第 1 期，第 65—68 頁。又，楊鴻勛《仰韶文化居住建築發展問題的探討》認爲半坡 F1 之類（前面一大空間，後部分三小間）已呈"前堂後室"佈局，爲目前所知最早一個實例，其大間可能是聚會或舉行儀式的場所。後世所謂"前朝後寢"的"夏后氏世室"或脱胎於此。《考古學報》1975 年第 1 期，收入《建築考古論文集》，文物出版社 1987 年版，第 35 頁。
④ 凌純聲認爲"明堂雖不是宗廟，有時亦祀神鬼"，詳見氏撰《中國祖廟的起源》一《廟義》，《中研院民族學研究所集刊》第 7 期，收入《中國邊疆民族與環太平洋文化》，第 1194 頁。
⑤ 參閱宋兆麟《巫與巫術》一《巫的源流》一"古樸的史前巫教"，四川民族出版社 1989 年版，第 2—5 頁。
⑥ 李仰松《秦安大地灣遺址仰韶文化晚期地畫研究》，《考古》1986 年第 11 期，第 1003 頁。

如良渚文化的玉琮，也被人們認爲與原始宗教巫術活動有關的器物。①

(三)對中國古代諱名習俗起源之推測

以上對中國遠古與諱名習俗有關的鬼魂觀、廟社之制、巫術文化等略加追溯，兹尚須推測私名的起源，而後才能推測諱名習俗之起源。

在氏族社會中，氏族或家庭成員間多以親屬稱謂相稱，群起群行，交際中皆以氏族圖騰爲名，私名並非必要。② 及至後來個體意識產生，私有財產出現，氏族内部的人我分界已定，私名的產生成爲必要，於是酋長、首領或以氏族圖騰爲個人名號，氏族成員或則稍變其形制，或則各自另創新名。至此，私名漸興。卜辭已證實《史記·殷本紀》所載世系基本不誤，則《夏本紀》中夏代帝王之名似非杜撰。文獻中有不少夏人之名，其時已有私名可以無疑。唐堯虞舜爲名爲號，不能遽定。傳說堯父爲嚳，子爲丹朱，舜之世系自顓頊而下至其子象、傲，以及許由、巢父之流，其名雖皆係後人追記，似亦不能憑空否定當時已有私名。溯而上之，伏羲、神農、太皥、少皥、黃帝、蚩尤、共工、祝融等，論者多以爲圖騰或部落之名，但《世本》尚有作羅的伏羲之臣句芒，占星氣的黃帝之臣臾區和造律呂的伶倫，作算數的隸首，作文字的倉頡，作鏡的尹壽等等。③ 當時尚不見有文字，故這些文字的名當然不等於當時語言中的"名"。而與之時代相近相應的新石器時代晚期，私有財產已出現，大汶口的男女合葬墓，龍山文化的房内窖穴，均表明了一夫一妻家庭單位的確立和對私有財產的守護，④生活現實已迫使私名產生。故對這些傳說中追記的私名既不能認爲即其字（字形），也不能否認有其音（私名的語音）。

---

① 王巍《良渚文化玉琮芻議》，《考古》1986年第11期，第1015頁。
② 1683年北美賓夕法尼亞印第安人某部落首領在和白人訂約時，畫一蛇（他的圖騰）作爲自己的簽名，即是以圖騰爲名的例證。見汪寧生《從原始記事到文字發明》，《民族考古學論集》，文物出版社1989年版，第37、38頁。
③ 見張澍稡集補注本，《世本八種》，商務印書館1957年版，第6—14頁。
④ 邵望平《橫陣仰韶文化墓地的性質與葬爲》認爲橫陣墓地的氏族社會中已形成數個相當穩固的對偶家庭（《考古》1976年第3期，第172頁）。嚴文明《橫陣墓地試析》也認爲橫陣1號和2號複式合葬墓所表明的是一個較小的家庭（《仰韶文化研究》，文物出版社1989年版，第260、261頁），這至少說明小家庭的確立尚在大汶口文化之前。

鬼魂觀念與墓葬、巫術幾乎同時產生，目前可上溯到舊石器時代晚期。當時尚無私名，還談不上有諱名習俗。新石器時代的葬法（二次葬）、葬式（屈肢葬、頭向等）、葬品和類似於祭祀、哀悼的場所，都可看作先民"一面是對於死者的愛，一面是對於屍體的反感；一面是對於依然憑式在屍體的人格所有的慕戀，一面是對於物化了的臭皮囊所有的恐懼"的複雜心理表現，亦即"反感與恐懼同真誠的愛戀混在一起的"心理表現。① 特別是新石器時代晚期私名已經產生（這裏僅是就文獻記載和考古學資料所推測的時代，並非是私名的起源時代），完全具備了諱死者之名的各種因素。甲骨卜辭絕不稱先王之名，明確表示殷人至少在祭祀時有諱名之習。《禮記·祭法》所謂"殷人禘嚳而郊冥，祖契而宗湯"，已在卜辭得到證實，循此，則《祭法》謂"夏后氏亦禘黃帝而郊鯀，祖顓頊而宗禹"和"有虞氏禘黃帝而郊嚳，祖顓頊而宗堯"或亦是口口相傳的記錄（儘管內容或有出入）。因為殷商系統而嚴密的周祭制度和商湯以前六位先公以甲乙丙丁壬癸排列的日干稱號，②不得不使我們推測祭祀制度和廟制的起源在商初或夏代，乃至更前，而新石器時代晚期的一些類似於祭祀的場所，以及有虞氏封社和"合宮"、"衢室"之類，適可與此相印證。其次，殷商既已從文字上諱先王之名，則語言中的禁忌避諱必定遠在此前。再次，從其他民族志的諱名習俗來看，在部落制度下諱名是極為普遍的現象。所以，夏代以至傳說中的堯、舜、黃帝時代，即已具備了諱名各種因素的新石器時代晚期，其語言中有諱名傾向或習俗也是可能的。

　　周人繼承殷商的諱名習俗，或經損益，納入禮制。禮制的核心是尊卑等級。周代的諱禮首先體現在喪祭禮中，規定"卒哭"為諱名的開始，祭天地山川之神不諱祖先，祭祖先又以世數遠近而依次"舍故諱新"，按祖先在廟中的尊卑而上下有別。而後又與喪服制度結合，諱及旁系之親。生諱或死諱部落酋長之名，除了鬼魂觀念和巫術等以外，與圖騰禁忌亦有一定關係，③這有民族志為證。而嚴格的等級諱名傾向，必須在嚴格的等級制，乃

---

① ［英］馬林諾夫斯基《巫術科學宗教與神話》，李安宅譯，中國民間文藝出版社1986年版，第30頁。
② 參閱于省吾《釋自上甲六示的廟號以及我國成文歷史的開始》，《甲骨文字釋林》，中華書局1979年版，第193—198頁。
③ 據孫作雲研究，中國古代稱鳳凰為俊鳥，稱鶴為丹頭，稱燕子為玄鳥，稱鼈為玄魚，稱（轉下頁注）

至階級產生以後。殷商由於資料缺乏,難窺其制。西周時已有嚴格的等級諱名傾向,並與宗法制的諱名互相滲透。春秋之際,禮崩制弛,西周原有的諱禮在某些方面可能有被廢棄而湮沒無聞者。後來禮家據傳聞和實際禮儀予以記錄,並根據發展中的社會實際情況加以補充和解釋,這便是今天從文獻上所見到的避諱條例。其後兩千多年封建社會中的避諱禮制,都是西周和春秋時諱禮的繼承與發展。

一九九三年六月十三日初稿
一九九四年秋季第一次修訂
二〇〇六年九月二十日重訂

附記:

一九九〇年前後,曾約數位同仁蒐輯避諱資料卡數萬張,準備對中國古代避諱問題作一次清理與總結,並共同編寫一部《中國古代避諱辭典》。由於可以確定的避諱資料是年代越後越多,春秋以前很少,所有的也是一些見聞狹隘的獨斷之論或模稜兩可的推測之辭,即使像清代周廣業《經史避名彙考》這樣功力深厚的集大成著作,因限於體式,其許多深刻獨到的見解,都祇是寓於對文獻的疏證、按語之中。當代陳垣先生的名著《史諱舉例》條舉八十二例,却未涉及戰國以前的避諱情況。現代各種銘文專著和史學名著,雖亦時時涉及這一問題,像郭沫若《金文叢考》有《諱不始於周人辨》等,但多以銘文或先秦文獻個別例子來論斷兩周之諱禮和避諱之起源,材料雖有翻新,論斷的形式與古代筆記相去無幾。這對全面探討先秦避諱及其起源是一個不足。

一九九二年秋,接到香港大學第三十四屆亞洲及北非研究國際學術大會邀請函,遂決意以"商周稱謂與中國古代避諱起源"為題,寫一篇專論,也作為《中國古代避諱研究》的開篇。於是鉤稽卜辭、銘文及文獻中的稱謂,諸家論著中的隻言片語和國外民族志資料,製卡數千張,歷時八個多月,草成十萬字的長文,還自費印製二百本,赴港與會。記得討論會上,利氏學社

(接上頁注)虎為強良,稱熊為大脚,等等,均出自對圖騰的禁忌而採用的避諱手法。見《周先祖以熊為圖騰考》,《詩經與周代社會研究》,第16頁。

白光華先生以爲我文章最長,特別提議延長我的報告時間,結果作了半個多小時的發言。會上散發的論文,事後不僅作爲某些學校老師指導學生學位論文的參考資料,也爲一些學者的研究所憑藉參資。近年來屢次收到中外避諱專題和與之相關的文獻專題研究者的來函和贈與的著作,都把我當成一個專門研究避諱的人。每當思及他們過情的贊許時,不免使我感到深深的慚愧、歉疚與不安,因爲此文寫成十三年來,我不僅沒有對此問題作進一步的系統研究,就連這篇成稿,除了抽取個別章節稍作修改刊行外,全文藏之篋中,竟然一直沒有發表。而已刊的章節受内容的限制,無法反映我對商周稱謂和避諱起源總的看法,所以這次稍事整理,借《傳統中國研究集刊》創刊的機會,以求教於學界。

　　本文撰寫之時,學術規範還沒有現在這樣嚴格,所以當時注釋都祗簡略地標注版本,不標頁碼。這次整理,除校覈部分引文,補全文獻稱謂中的主賓對象,對當時一些言而未盡的句子予以潤飾或加注說明(但這一切多控制在一九九三年以前的資料,此後的考古和卜辭、金文有無數新的成果,均不在增補範圍内)外,最主要的工作是將二三百個注釋中引到的書重新翻檢一遍,補上頁碼。但就是翻檢一遍,補上頁碼,亦已足足花去我二十多天時間。要不是那些書絶大多數爲鄴架所藏,而且當時閱讀、引用時有一部分都夾過簽條,劃過紅槓,恐怕用一個月也不夠。需要說明的是,有些書籍當時從圖書館借閱,後來重版新印,已經購置。如中華書局出版的楊樹達《積微居金文說》(原用一九五九年科學出版社本)、北京圖書館出版社的周廣業《經史避名彙考》(原用臺灣明文書局影印本)、敦煌文藝出版社出版的利普斯《事物的起源》(原用一九八二年四川民族出版社本)等,這次就便改用新本。至於陳夢家的《西周銅器斷代》,儘管中華書局已出版定本,但當時所用是《考古學報》上連載之文,因取對方便,故仍用原書。查覈校補中,也勘正了一些原稿的筆誤,由此使我想到:當時撰寫時將數千張卡片翻來覆去地排列,這次又是匆猝而機械地查覈,不能保證不再留下意想不到的譌誤。在此,誠懇地希望讀者念在這是第一篇正面而且全面地探討中國古代避諱起源的文章,予以不吝的賜教和指正。

二〇〇六年九月二十日識

郭店簡《緇衣》"人苟言之"之"人"旁點號解説
——兼論古代塗抹符號之演變

一、簡本點號與傳本異同

"人苟或言之"出於傳本《緇衣》二十三章,與簡本《緇衣》十九章之文字略有異同,兹排列對照如下:

上博19:子曰:句又車,北見丌軓;句又衣,北[
郭店19:子曰:句又車,必見其轂;句又衣,必見其幣。人句又言,
傳本23:子曰:苟有車,必見其軾;苟有衣,必見其敝。人苟或言之,

　　　　　　　]必見丌成。《告　》員:備之亡臭。
必聞其聖;句又行,　必見其成。《寺　》員:備之亡懌。
必聞其聲;苟或行之,必見其成。《葛覃》曰:服之無射。

此章因某些簡牘字形頗爲奇特,引起學者許多爭議,本文於此暫置不論。就"人苟或言之,必聞其聲"一語而言,上博簡殘佚,郭店簡此句乃補寫於同簡之背面,作"句又言,必聞其聖",其"句"之位置適當於正面"人句"兩字之間,故整理者據傳本而錄作"人句有言,必聞其聖;句又行,必見其成"。[①]

---

① 荆門市博物館《郭店楚墓竹簡》,文物出版社1998年版,圖版第20頁,釋文第136頁。

聲、聖音同相假,䎽爲聞之異體,皆異字同義。唯"或言之"和"又言"兩者稍異。關於文意,大多數學者無異議。季旭昇在《上海博物館藏戰國楚竹書(一)讀本》中曾意譯爲"如果有衣服,好好地穿著,一定可以見到它有遮蔽人體的功能;如果要言語,好好地講,人們一定可以聽到他所説的話",[①]似將"人"字從上讀。二〇〇七年第五届中國經學國際學術研討會上,季旭昇提交《從楚簡本與傳本談〈禮記·緇衣·苟有車〉章的釋讀》(下簡稱"季文")一文,重申此説並加强力度。爲説明《緇衣》原文之整齊和與傳統讀法之不同,季文首先將此章傳本和簡本文字排列如下:

苟有車,必見其軾;
苟有衣,必見其敝人;
苟或言之,必聞其聲;
苟或行之,必見其成。(傳本)

苟有車,必見其轍;
苟有衣,必見其蔽人;
苟有言,必聞其聲;
苟有行,必見其成。(簡本)

如此排列與釋讀,解決了古文字"𢾅"之形義。繼而他提出四點來佐證這種解讀:
(一)一章四句都以"苟……"開頭,句法整齊;
(二)大字本《緇衣》圖版"人"字右下有一小黑點,這表明要在"人"字下斷句;
(三)陸德明《釋文》有"一本無人字"記載;
(四)本章聲、成押韻,而誤讀成"軾"之字可以與"敝"字押韻,因而誤成"敝"字斷句,"人"字屬下讀。[②]

---

① 季旭昇主編《上海博物館藏戰國楚竹書(一)讀本》,萬卷樓圖書股份有限公司2004年版,第141頁。
② 季旭昇《從楚簡本與傳世本談〈禮記·緇衣·苟有車〉章的釋讀》,第五届中國經學國際學術研討會論文,臺灣政治大學中文系、中研院文哲所、中國經學會合編,2007年,第327頁-334頁。

季文利用新材料、新視角予以解釋，爲進一步探索提供了思路。就點號而言，用點表示讀斷，竹簡中不乏其例，敦煌卷子中尤爲常見。但按照季文讀法，第二句仍多一字，前兩句不諧韻，後兩句諧韻，仍未解決句式和押韻的整齊問題。由於在沒有程式化前的符號與當時作者心理有關而展現多種可能，即使着眼於這一點，也可能得出另一種詮解。唯不敢自是，故略陳管見，求教於季先生及專家讀者。

首先從章節句式而言，古人文不輕著，下筆都幾經思考，在需要整齊的地方，一般不會苟且。本章簡本大致是前三字，後四字，獨獨第三句是前四字後四字，即或依從季文將"人"從上讀，第二句變成前三字，後五字，仍然破壞了應有的整齊。退而論之，"人"作爲"言""行"的領格主語，固在情理之中，但"車""衣"也是依附於人才有"轍"和"敝"，爲什麼不將"人"置於章首呢？如果删去"人"字，主觀的人仍然是車、衣、言、行的潛在主語，而前後句式則達到了真正的整齊。

宋本《經典釋文·禮記四》"緇衣"篇下出"人苟或言之"條，陸德明曰："一本無人字。"①黄焯無校，蓋傳世諸本無異辭。《釋文》"一本"即《禮記》或本之意，謂有一本《禮記·緇衣》沒有"人"字，亦即祇有"苟或言之"四字。如依季文"人"字屬上讀，《釋文》便會出"苟或言之"，不會出"人苟或言之"，上一條也可能會出"其敝人"或"敝人"，這是《釋文》的體例。考陸氏《釋文》所集《禮記》注家有盧植、鄭玄、王肅、孫炎、業遵、庾蔚之等，盧、鄭同門，孫係鄭門人，傳本似當相同。② 鄭玄校勘注釋《禮記》，乃參覈衆本而成，如此處有異文，依例當出注，今不言，似其參校諸本一致有"人"，亦即兩漢相承流傳之本無異。業、庾皆宋人，雖所承不明，而時代已晚。唯王肅好與鄭玄立異，是否即爲無"人"之本的持有者，現雖難徵，但王肅身爲外戚，有緣獲睹中秘古本，流傳本若無異文，則鮮爲人知的中秘古本無"人"的可能性很大，否則便無法坐實《釋文》之説。王肅見古本與鄭不同而揭之於所著《禮記注》，亦在情理之中。

"苟有車"章確實係韻文，其首句"轍"，古音定紐月部；次句"敝"，並紐

---

① 宋本《經典釋文》，上海古籍出版社 1985 年影印本，中册，第 835 頁。
② 吴承仕《經典釋文序錄疏證》曰"據張説《駁奏》，孫氏亦與鄭本異，今不可考"，其異同之小大，及本句之同否，均無法徵實。中華書局 1984 年版，第 122 頁。

月部;三句"聲",書紐耕部;四句"成",禪紐耕部。故轍、敝,月部相諧,聲、成,耕部相諧。兩韻一轉,整齊明白。若依季文將"人"字屬上讀,聲、成諧韻而轍與人不諧韻,但"轍"與"人"前之"敝"字却正好能諧韻,實在是一種非常理的巧合。

文物出版社一九九八年的《郭店楚墓竹簡》,此簡"人"字照片作"⺅",四周潔净無點,而二〇〇二年出版的書法作品《郭店楚墓竹簡·緇衣》,該簡"人"字照片作"⺅",右下明顯有一點。其切入之深似非印刷作業差錯所可解釋,合理的推斷似是第一次印刷時被人爲修去。竹簡雖不乏句讀符號,但郭店簡除重文符號和章節符號常見外,祇少數幾篇有句讀符號。其章節符號作"■",重文符號作"㐅"、"川"、"枭",①與"人"旁之點位置、形狀均不同。偶亦有形狀近似者如:"㸚"(《尊德義》"民可使道之而不可使智之"之後一"使"字下)、"㸚"(《尊德義》"有是施小有利,轉而大有害者有之"之"利"下),前者在字下之中,後者在字下之右,位置與"⺅"旁一點均不同。前者一點純粹無意義,顯係隨便一點而已;後者正好在分句後,可勉强認爲句讀符號。至於有句讀符號之《語叢》,其符號形狀作"㐅"(《語叢二》"又聖又善"下)、"㐅"(《語叢二》"其智專然句智命"下)、"㐅"(《窮達以時》"何憛(難)之又哉"下)、"㐅"(《太一生水》"神明之所生也"下),皆在句末字下方較遠之處,與"⺅"之點即在左下方者不同。《緇衣》與《成之聞之》等篇均無句讀符號,而此有點之"⺅"伴隨着兩個與句讀無關的現象:一是別本無"人"字,二是下面有脱文。職是之故,"⺅"旁一點必有鈔者当时之用意在,亦即不是塗抹符號,就是指示簡背有補漏文字。下面從這兩方面分别論證。

二、古代塗抹符號之梳理

《爾雅·釋器》云:"滅謂之點。"簡本"人"旁之點若如《釋器》所言爲塗抹符號,適與《釋文》所說"一本無人字"相合,這是前後相隔一千年延平劍合的確證。加之若無"人"字,句式前後整齊,押韻兩兩合轍,則此案似可定而無疑。但要將此點號理解爲塗抹符號,必須確認《爾雅》"滅謂之點"的真

---

① 此"不""川(順)""枭"三字見郭店簡《尊德義》篇,其他篇章之重文符號大同小異,不一一列舉。

實意蘊,以及現存文獻真迹中多姿不一的塗抹符號之演化,故有必要從出土簡牘、卷子和傳世文獻兩方面予以進一步論證。

《釋器》原文是:"簡謂之畢,不律謂之筆,滅謂之點。"郭璞注:"以筆滅字爲點。"邢昺疏:"今猶然。"姚正父講得更清楚,謂"以筆加小黑以滅其字也"。① 是知宋代猶以筆點滅誤字。但清代於《爾雅》用功最深的郝懿行却説:"古人書於簡牘,誤則用書刀滅除之。《説文》作'刮'爲是,非如後世誤書用筆加點也。郭氏習於今而忘於古耳。"② 郝氏習聞刀筆吏之説,以爲誤字之修正,古代專用刀削,後世始用筆點滅。王念孫不以郝説爲然,而曰:"'不聿謂之筆',與'滅謂之點'連文,則點者正謂以筆滅字也。既云書之用筆由來舊矣,則以筆滅字亦非始於後世,何云'郭氏習於今而忘於古'乎?"③ 王氏聯繫上下文來批評郝氏,雖有道理却未中肯綮。因爲《爾雅》之"點",陸德明在《釋文》中有"李本作沾,孫本作坫"之記録,沾、坫、刮古通用,郝氏依據《説文》之"刮"立説,故信從刀削,自有其可信度。孫炎作"坫",時在漢末,但"坫"字於義不協,清王樹柟認爲"坫當爲玷字之誤……今謂玷即污點也",並説"點","《説文》云:小黑也。即郭注以筆滅字爲點也。點從黑,故云小黑,今時謂塗抹字猶然"。④ 王説不用輾轉通假,解釋尚屬順暢圓通。

諸家皆從僵滯的視點去觀察解釋,宜其各執一端而互不相下。若細思《爾雅》何以會有"坫"、"沾"、"點"之異文,或可豁然開朗,醒悟有得。從秦漢間刀筆之作用而言,⑤刀確實用以削刮筆誤文字。就《爾雅》承前文"簡謂之畢"而下作"滅謂之刮"或"沾"、"坫"並非不可能,故郝説謂"古人書於簡牘,誤則用書刀滅除之"符合秦漢刀筆吏之實情,無法否認。但何以產生異文"點"?"點"本義確實是"小黑",筆蘸墨所點者是。設想古人誤書之後用書刀削括竹簡平面以備重寫,首先要待墨汁乾後方能刮削,其次刮削亦需功夫時間,不如隨手用筆一點以示其誤,這在非嚴肅、正式之書寫場合最爲省時省力。就便省事,人同此心心同此理,所以,在書刀刮削年代並非不可

---

① 清姚正父《爾雅啓蒙》,見《爾雅詁林・釋器》,湖北教育出版社 1996 年版,卷中,第 2087 頁下。
② 清郝懿行《爾雅義疏》卷中二,上海古籍出版社 1983 年影印郝氏家刻本,第 700 頁。
③ 王念孫《郝注刊誤》,見《爾雅詁林・釋器》,卷中,第 2086 頁上。
④ 王樹柟《爾雅説詩》,見《爾雅詁林・釋器》,卷中,第 2087 頁上。
⑤ 有關"刀筆"之功用參見錢存訓《漢代書刀考》,《中國古代書籍紙墨及印刷術》,北京圖書館出版社 2002 年版,第 44—56 頁。

以有用筆點示其誤之事。陸德明謂李巡本作"沾",孫炎本作"坫",言下之意郭璞本作"點"。但郭璞不會自造"異文",作"點"亦是前有所承。郭璞之前注《爾雅》者除李巡、孫炎外,有犍爲舍人、劉歆、樊光,三位都在西漢末,作"點"之本當能追溯到西漢,則以筆蘸墨點示誤字之事應當更早。

"滅謂之點"係以筆蘸墨於誤字之上施一點以示其誤,可以在文獻中舉出實例。《史記·梁孝王世家》"李太后亦私與食官長及郎中尹霸等士通亂"張守節正義:"張先生舊本有'士'字。先生疑是衍字,又不敢除,故以朱大點其字中心。"這位張先生僅是在"士"字上施一大點,但未能見其實物。① 同樣,古今盛傳的禰衡爲黃射作《鸚鵡賦》,"攬筆而作,文無加點,辭采甚麗"。与之同時的張純,少謁鎮南將軍朱據,據令賦一物然後坐,他也是"應聲便成,文不加點"。② 此後歷朝天縱敏捷之才,賦物摛文,能媲美禰、張者,史不絕書。清朱亦棟謂"禰衡《鸚鵡賦序》'筆不停輟,文不加點'即此義,蓋點即今所謂塗抹也"。③ 漢魏時"文不加點"之點,不知其係一點抑或三點,從隋唐時之敦煌卷子和碑刻考察,似乎以三點爲多,舉例如下:

《唐寫本唐韻·入陌》:"袹,静或丶複。"④ "静或"二字旁各有":"點,此乃鈔者誤看下文"蔓,静。或作墓"之"静或"而鈔錄,既而覺其誤,乃於字旁用":"點表示塗抹。又《廿八緝》"甘"字下"綵字統云",顯然是

《唐寫本唐韻·入陌》

《竇贊碑》尾部

---

① 張守節《正義》所稱"張先生",筆者頗疑即司馬貞曾從之學的儀鳳年間崇文館學士張嘉會,張係《史記》專家。唐以前以專攻《史記》名家並有著作傳世而姓張者,唯三國吳張瑩,瑩距張守節年代久遠,沒有必要稱其爲先生。守節年代稍稍晚於司馬貞,故於張嘉會亦爲晚輩。誌疑於此,以求世之博識者教我。
② 見徐堅等《初學記》卷十七引《文士傳》,中華書局1962年版,第429頁。
③ 朱亦棟《十三經札記·爾雅》,見《爾雅詁林·釋器》,卷中,第2087頁下。
④ 周祖謨《唐五代韻書集存》下册,中華書局1983年版,第713頁。

"統"字偏旁寫好後,誤寫"字"字,遂成一怪字,既覺而旁注":"點,表示删除。① 羅振玉《面城精舍文甲·隋甯贊碑》云:"文末'終傳令名','令'字下衍'傳'字,旁箸三點,以表其誤。今人作字有譌,輒墨注其旁,據此知隋人已然。"②陳槃又列舉《敦煌掇瑣》一九《老翁答少歌》"誰交教白髮"中"交"字旁之三點,謂亦誤字,而不敢確認《簡牘遺文》三之一"大子笑夫人叩頭"中"子"字旁之三點是否"亦誤書之表記"。③ 此表記羅振玉、王國維未釋,④"子"後一字亦不識,聯繫其他實例,其為誤字記號可能性很大。就上述數例而論,隋唐間塗抹誤字經常用":"符號,甚至漢代可能也有此類符號的存在。然除此之外,並非沒有其他符號來塗抹誤字。如伯三六三八《龍泉神劍歌》中有"永爲皇業萬千年"七字,用一根豎綫通貫字上。上溯敦煌漢簡1975B有一條粗墨綫劃去數字,⑤皆表示塗滅。古今行文鈔書,錯譌難免,錯譌而隨手墨塗文字,雖省事,然於整體觀感不雅,於是想出在字旁劃豎綫、加點或其他符號,既標識其誤而又不傷雅觀,兩全其美。⑥ 此知豎綫也曾用爲塗抹符號之一種。領會字旁三點和豎綫符號之功用,使我們對趙彥衛的記述有了更深的理解。趙氏《雲麓漫鈔》卷三:

> 古人書字有誤,即墨塗之,今人多不塗,旁注云"卜"。諺語謂之"卜煞",莫曉其義。近於范機宜華處見司馬温公與其祖議《通鑑》書,有誤字,旁注云"ㄣ",然後知乃"非"字之半耳,今人不省云。⑦

趙氏所記之"ㄣ",其實並不是"非"字之半,而應是豎綫與三點之結合符號。既然豎綫和三點都是唐以前的塗抹删節號,則其在運用過程中爲加強指誤意識而逐漸結合成一體,是情理中事。而且兩者結合還有一個便捷之處,

---

① 周祖謨《唐五代韻書集存》下册,第721頁。
② 羅振玉《羅雪堂先生全集三編》,文華出版公司印行1970年影印本,第一册,第63頁。
③ 陳槃《漢晉遺簡識小七種·偶述·誤字塗滅或旁注三點》,中研院歷史語言研究所專刊之六十三,1975年版,第九頁A。
④ 羅振玉、王國維編《流沙墜簡·簡牘遺文》,中華書局1993年版,圖版第69頁,釋文224頁。
⑤ 甘肅省文物考古研究所編《敦煌漢簡》,文物出版社1991年版,圖版壹陸壹。
⑥ 俞樾《茶香室四鈔·卜煞》引趙彥衛《雲麓漫鈔》文後曰:"按今人誤字止以墨塗,不作'ㄣ',亦不作'卜',轉復古矣。"中華書局1995年版,第四册,第1707頁。
⑦ 趙彥衛《雲麓漫鈔》卷三,中華書局1996年版,第42頁。

即若有兩個以上的字需删去，亦僅作一豎加三點的"ꟼ"，不必每字都加符號，日久便形成定式。趙氏解爲"非"字之半，是一則絶好的郢書燕説。緣此推測其所説之"卜"，是否也是豎綫與一點相結合之塗抹符號？"卜"字符號在敦煌卷子中有實例，如伯二六三八《切韻唐韻序二》：

蓋取周易周禮……九經諸子史漢三國志晋**三國**宋後魏周隋陳宋兩齊
　　　　　　　　　　　　　　　　　　　　　ト ト

本草……
必具言之子細**言之**研窮究其巢穴澄凝微思……①
　　　　　ト ト

以上兩句中"三國"和"言之"之旁都有"卜"字，而伯二〇一六《五代本切韻》之序"必具言之子細研窮究其巢穴……"，②即無後"言之"兩字，是可確知"卜"爲删去符號，它像"ꟼ"爲豎綫與三點兩種塗抹符號之結合體一樣，也是豎綫和一點兩種塗抹符號之結合體。緣此以推，"、"原來是否塗抹符號？以"、"爲塗抹符號，雖未能在竹簡中找到確證，但有一例非常可疑：

郭店簡《尊德義》有句："善者民必福，福未必和，不和不安，不安不樂。爲古率民向方者，唯德可。德之流，速乎置郵而傳命。"其中"爲古"二字頗可注意，簡文"古"旁如"丶"一樣有一點作"古"（簡如圖），而與上舉在字下較遠處的句讀符號不同。《郭店簡》整理者"爲古率民向方者"連讀，有些學者在"爲古"後停頓加逗號。③ "爲"有"以"義，《左傳·僖公二十八年》"爲其所得者棺而出之"是其義。④ 爲作"以"解，則"爲古"猶"以故"，但"爲古"連用絶不見於出土和傳世文獻。體味《尊德義》一段文字，"爲古"一語承接上文"福未必和，不和不安，

---

① 周祖謨《唐五代韻書集存》，下册，第737頁。
② 周祖謨《唐五代韻書集存》，下册，第738頁。
③ 陳明《民本政治的新論證——對〈尊德義〉的一種解讀》，武漢大學研究院編《郭店楚簡國際學術研討會論文集》，湖北人民出版社2000年版，第302頁。
④ 參見吳昌瑩《經傳衍詞》，謝紀峰編《虛詞詁林》，黑龍江人民出版社1992年版，第107頁。

不安不樂"而言,以引出下文"唯德可"三字。立足於此,"爲"可以解爲"則";而"古(故)"在此句中固可釋爲"是以",也可以解爲"則",語意不變。單言"爲"或單言"古"於文義皆通,"爲古"連用雖無礙文義,可看作同義複詞,但絕無用例。在此前提下不得不考慮審視"古"旁之一點是否係塗抹符號。若"古"爲衍文當删,則此句原文成"爲率民向方者",亦即"則率民向方者,唯德可",文義通順。出土文獻用詞無法證其是非,姑置勿論,但在石刻中却有實例:

一九九一年河南偃師縣出土一方東漢道教刻石《肥致碑》,碑文有"建寧二年大歲在己酉五月十五日丙午直建"一語,經校覈考證,公元一六九年五月直建日爲五月五日,而碑石"十"字右下恰有一點鑿痕,筆者曾考定此"十"字係衍文,是"既書鑿而覺其誤,故識點於字右下角"。①

唐代立於榆次縣的《李光進碑》,其文有"皇帝遣中貴人賫尺一書與御府醫藥馳往臨視旬有者八日……"一語,王昶案語曰:"旬有八日,有字下多書'者'字,旁用點抹去之,其例亦始見此碑。"②

有一漢一唐二例,知上面對《尊德義》"古"字置疑並非無稽之推測,緣此亦可證塗抹符號在三點、竪綫之外,確有一點這種符號的存在。從先秦一直到唐宋,文字之外的各種符號有其共性,也有不同地區的特異性,有個人對共性的遵守,也有自己的喜好和臨時應急的措施。張顯成曾總結不同地域的竹簡符號説:"同一意義往往可以使用多個符號,而不同符號又往往可表示幾個意義。不光相同的意義往往所用符號不同,並且同書的不同鈔本的相同語句使用的符號有時也不同,這顯然與不同地域、不同時間、不同書手有關。"③就塗抹符號而言,先秦、秦漢書於竹帛,竹簡的塗抹以刀削爲主,帛書無法刀削,而錯字、衍字仍然不免,故必定有符號表示,這種符號也一定會運用到竹簡中來,因爲點滅畢竟比刀削方便簡捷。比如武威漢簡《儀禮》的錯文譌字一般用刀削改,但偶爾也有用"「"符號括出表示删去,甚至用水或唾沫塗抹重寫。④

---

① 虞萬里《東漢肥致碑考釋》,《榆枋齋學術論集》,江蘇古籍出版社2001年版,第635頁。
② 見王昶《金石萃編》卷一百零七(陝西人民美術出版社1990年影印民國十年掃葉山房石印本,第2册,第四葉)。按,據上引《肥致碑》衍文與鑿痕,知不始於唐。
③ 參見張顯成《簡帛文獻學通論》第三章,中華書局2004年版,第212頁。
④ 陳夢家《武威漢簡·叙論三(九)》,文物出版社1964年版,第66頁。

事物多是由簡趨繁，設想最初塗抹用"、"，其後"、"號或挪作他用，或爲加强標識而變做三點。再後與用於塗抹的豎綫（或爲其他地區所用符號，或爲後世新出符號）結合而形成"卜"和"ᑉ"。後兩種符號雖然亦一直沿承下來，但在書寫非正式或無關緊要的文本時，各隨個人趨便心理和性之所近，仍然會運用簡單的一點、三點或豎綫符號，於是異彩紛呈，乍看繚亂迷目，内在却有一種客觀的不得已的情理在支配。吕思勉説："古書符號，有傳之千年仍未失墜者，則誤書之字，加點於上是已……蓋他種符號，可以略去，誤書加點，則必不容已，故相沿弗失也。"① 當然，其形式如吕説"加點"之外還應該補上豎綫及豎綫加點等，而心理都是"必不容已"。

　　緣此亦可明瞭史稱禰衡、張純等所謂"文不加點"應指一點而言。以一點爲塗抹符號，與《爾雅·釋器》"滅謂之點"正相吻合。《爾雅》一書形成的年代頗多異説，但一般比較傾向於戰國中晚期有其雛形，續經秦漢經師增補而成。②《毛詩故訓傳》中之訓詁對《爾雅》有所發展，也匡定了《爾雅》産生的年代。《爾雅》與郭店楚墓竹簡正落在同一個年代中，前證《釋器》"滅謂之點"有"玷"、"沾"等異文，而作"點"之文可能出現於西漢或西漢以前，若此字確前有所承，則可佐證《緇衣》"人"字右下一點很可能爲當時之塗抹符號。

　　從本章整齊句式、兩兩諧韻、無"人"鈔本、塗抹點號四者合觀細思，似已有充足理由將此案定讞，但因"人"下正好是脱漏文字，故還須從另一角度去追溯其可能性。

三、簡文之點與補寫分析

　　郭店《緇衣》簡 40 "句又言必䎱其聖"七字正好脱漏而補寫在背面，正面"人"字頂端下距簡末八十三毫米，背面"句"字頂端下距簡末八十一點五毫米，正反面之書寫位置適相仿佛（參見圖一）。故從另一角度思考追溯，是

---

① 吕思勉《章句論》，《文字學四種》本，上海教育出版社 1985 年版，第 22 頁。
② 參見洪誠《訓詁學》（《洪誠文集》，江蘇古籍出版社 2000 年版，第 10 頁）、趙振鐸《中國語言學史》（河北教育出版社 2000 年版，第 35 頁）、何九盈《爾雅的年代和性質》（《語文研究》1984 年，第 2 期）等著作和論文。

否鈔者因爲漏鈔七字,爲使自己日後閲讀或其他覽者閲讀至此注意所漏略之文字在背面,故於"人"下標識一點,以引起注意。這種推測並非凴空想象,與此相同的例子,如上博簡《鬼神之明》第二簡"及桀受幽萬,焚聖人,殺訐者,惻百眚,亂邦家"之"家"字下有一"╋"符號而作"󰀁",而後接"身不没爲天下笑"。循此符號之簡背有漏寫的"此以桀折於鬲山,而受首於只社"十三字(參見圖二),則"╋"符號顯然標示背面文字當插入此處。当然,"家"下"╋"符號下距簡末九十一毫米,背面"此"字頂端下距簡末一百零一點五毫米。雖然較正面高出十毫米許,因爲要容納十三字的長度單位,不得不提上一段書寫。《緇衣》之"󰀂"和《鬼神之明》之"󰀃"二例中,前者爲一點,後者爲一横槓,殊無統一之符號。以《鬼神之明》例推測《緇衣》之例,標示漏寫之可能性確實不能排斥,但其符號似乎並没有成爲一種定式,得到普遍遵守。再請看下例:

郭店簡《語叢四》末尾也有一句遺漏而補寫在簡背。原文是:"聖君而會,視庿而内。内之或内之,至之或至之,至而亡及也已。"其中"内之或内之,至之或至之"十字寫在簡背。其正面"而内"之下,"至而"之上有一"之"字,裘錫圭按語以爲衍字,[1]學者從之。[2] 分析鈔寫者心理,"而内"寫完,眼睛誤瞟到下文"或内"之"内"上,因而接寫"之至",既而悟覺誤鈔,乃補寫遺漏的二句於簡背,翻到正面,因"至"字而接寫"而亡及也已"五字,而不知背面補出兩整句致使正面衍一"之"字(參見圖三)。但縱觀《語叢四》一組簡文,自簡首至簡尾皆有標點,其"而内"字右下雖有一"󰀄"符號,衹能看作句讀符號而不能認爲是補寫標記。同理,郭店《老子》甲本簡8:"其事好〔還〕長古之善爲士者……","好"字右下有一"一"符號,因爲甲本大多有句讀符號,故不能一定説這是脱文標記。而《老子》乙本簡6:"是胃寵辱纓","辱"下亦有"一"符號,裘按:"'辱'下有一類似句逗的符號,也許是校讀者所加,表示此處鈔脱一字。"[3]雖乙本亦偶有句讀符號,但此符號在非句讀處,自當如裘説。可見用點或一横作爲漏寫標記,尚衹是鈔寫者個人的臨時行爲,並未成爲例式。在這種背景下,郭店《緇衣》鈔寫者即使是在"人"旁加點以

---

[1] 《郭店楚墓竹簡·語叢四》,圖版第107頁,釋文第219頁。
[2] 林素清《郭店竹簡語叢四箋釋》,武漢大學中國文化研究院編《郭店楚簡國際學術研討會》,湖北人民出版社2000年版,第390頁、395頁。
[3] 《郭店楚墓竹簡·老子釋文注釋》,第119頁。

示漏寫，祇能是他的一厢情願，儘管一厢情願也可以成爲一種事實。因爲當竹簡寫好，編連成册之後，除自己外要閲覽者翻轉到背面來看，祇有意識到此處有脱文的人才會這樣做。

四、簡本點號作用推測

　　斟酌上面所論證的兩種情況，筆者比較傾向於"人"爲衍字。循此而追溯何以會衍，情況多端，難以質指。但根據郭店《緇衣》簡作一種推測，假設郭店簡所據祖本之款式與郭店簡一致，則原來"句又言必䚔其聖"七字一定不會在簡背面，順序鈔下的話，其第 42 簡在與 40 簡相應之位置即下距簡末八毫米左右處正是"小人劓能好其馱"之"人"。若鈔者看走眼鈔入隔簡之"人"字，既而發覺，當下心緒一定有波動，再鈔"句有言……"，有可能會鈔到下句"句又行……"上去，待再發覺，祇能補寫在簡背。當然這祇是立足於"人"爲衍字的主觀推測，以備覽者參證。

　　至於陸德明《釋文》所記"一本無人字"，應該與郭店簡《緇衣》或與此有關聯的戰國、秦漢間鈔本有很大關係。在衍文需要塗抹而補鈔希望標示，且雖未有定式符號而實際已出現不同標記的年代，各自主觀地施行符號和解讀符號之間存在着不可避免的錯位。就《緇衣》"人苟言之"之一點而言，設若《緇衣》原文確無"人"字，係郭店簡鈔者誤鈔，而此一點確是爲了將"人"字塗抹，這種鈔本傳到秦漢間熟知點號曾用爲塗抹符號的經師、鈔胥手中，自然會將"人"字刊落，成爲陸德明"一本無人字"的所據本（儘管王肅之流或許直接根據先秦古本）；而若傳到不以此點號爲塗抹符號（或者徑認爲是補寫提示記號）之經師、鈔胥手中，自然會照鈔不誤。有"人"字的傳本《緇衣》和《釋文》所據無"人"字的别本《緇衣》雖未必是直接從郭店簡《緇衣》轉録，但確實不能完全擺脱這個特殊"丶"字所體現出來的種種傳承關係。傳承、轉録問題固然已經超出本文討論範圍，然其對於《緇衣》或《禮記》之傳世本和諸多别本甚至秦漢流傳之古籍鈔本如何會產生、形成許多異文這一問題，提供了一個典型實例，雖然僅是諸多異文途徑中之一條，但它對於引領古籍研究者如何動態地去觀察、認識、把握、研究異文，却有著極爲重要的意義，故此一點之價值亦不言而喻。

郭店簡《緇衣》"人苟言之"之"人"旁點號解說

《緇衣》簡 40 正、背下段
圖一

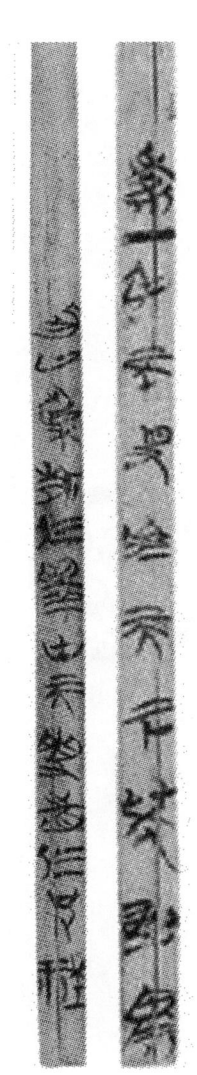
《鬼神之明》簡 2 正、背下段
圖二

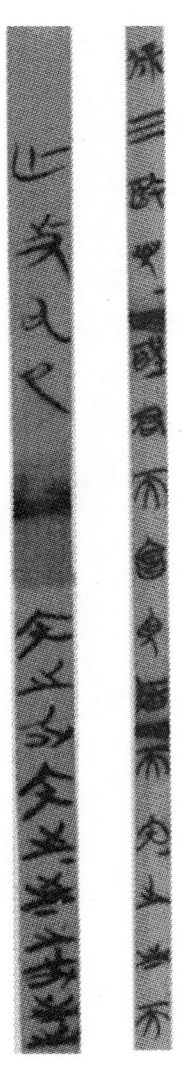
《語叢四》簡 27 正、背下段
圖三

677

獻《古文尚書》者梅頤名氏地望辨證

東晉獻《古文尚書》的梅頤，本來是一個名不登《晉書》之人，由於其名和《古文尚書》連在一起，尤其是清閻若璩《古文尚書疏證》判其爲獻僞書者以來，數百年間一直是學者筆下引述的熱點人物。然其姓梅抑是姓枚，其名爲賾還是爲頤，却始終稱述不一。不僅各人各書不同，即便同一著作，亦前後歧出，啓人疑竇，費人猜想。

梅氏之名始見於《世説新語》，《方正》篇云"梅頤嘗有惠於陶公"，劉孝標注引《晉諸公贊》云："頤字仲真，汝南西平人。少好學隱退，而求實進止。"又引《永嘉流人名》曰："頤，領軍司馬。頤弟陶，字叔真。"①但因宋本陸德明《經典釋文》卷一《注解傳述人》作"枚賾，字仲真，汝南人"，其《音義》卷三"舜典第二"下唐敦煌本伯三三一五作"梅䐹（賾）"，②而宋刻本作"梅頤"。③元大德本《隋書・經籍志一》云："至東晉，豫章内史梅賾始得安國之傳，奏之。"④而《尚書・舜典》唐孔穎達疏又云："東晉之初，豫章内史梅賾上《孔氏傳》，猶缺《舜典》。"《初學記》卷二十一載："安國書成後……滎陽鄭沖私於人間得而傳之，獨未施行，東晉汝南梅賾奏上，始列於學官，此則古文《尚書》矣。"此後，頤、賾二字伴隨著梅氏與《古文尚書》度過了千年歷史。即如《郡齋讀書志》《直齋書錄解題》等目錄學名著，《太平御覽》《文獻通考》

---

① 《世説新語》卷中之上，《四部叢刊》影印明袁氏佳趣堂刊本，第十七葉 A。
② 顧頡剛、顧廷龍《尚書文字合編》第一册，上海古籍出版社 1996 年版，第 72 頁。
③ 陸德明《經典釋文》宋刻宋元遞修本，上海古籍出版社 1985 年影印本，第 31 頁，第 145 頁。黄焯《經典釋文彙校》不知"賾"字之非，乃謂"宋本註疏已訛作頤"，見《經典釋文彙校第三》，中華書局 1980 年版，第 26 頁。
④ 《隋書》卷二十七，商務印書館影印百衲本，第十册，第十二葉 A。

等大型政書、類書，《毛西河集》《潛研堂文集》《戴東原集》等大家別集，《日知錄》等重要學術著作，《書經集傳》《古文尚書冤詞》等著名專著，均稱梅賾；若《歐陽文忠集》《晦庵集》《吳文正集》《經義考》等又賾、頤混用。清雍正間浦起龍著《史通通釋》，雖知即《晉諸公贊》所載之人，猶云"賾與頤未知孰是"。① 至於乾隆時王太岳等撰《四庫全書考證》，其卷四《尚書註疏》下猶云："《舜典音義》，梅賾上，孔氏傳。刊本賾訛頤，據《晉書》改……豫章內史梅賾，刊本梅訛枚，今改。"②且這一考定，似乎從"欽定"與"官方"層面予以認可。儘管阮元延請何夢華、臧在東、顧千里等人所作之《尚書校勘記》曾謂元王天與《尚書纂傳》作"梅頤"，③而阮元自撰之《十三經挍勘記序》仍作"賾"，④故乾嘉間人筆下仍多"梅賾"。

　　段玉裁《說文解字注》"𦣞"字下云："《序卦傳》曰：'頤者，養也。'古名頤字真，晉枚頤字仲真，李頤字景真。枚頤或作梅賾，誤也。"⑤後朱駿聲《通訓定聲》亦本段說申述之。段氏揭示名、字之意義關係，應該說此一問題已經解決，然時至今日，仍糾葛不清。首先，作爲梅氏之名始見之書，余嘉錫《世説新語箋疏》按而不斷，徐震堮《世説新語校箋》箋而不考，更爲遺憾的是，最近出版的朱鑄禹《世説新語彙校集注》，在《方正》篇"梅頤"下校云"案'頤'當作'賾'"，所據不過是《尚書·舜典》孔疏和《隋書·經籍志》，⑥純屬未參考前人成果而以誤校正。其他凡牽涉梅氏獻書之專著者，劉汝霖《東晉南北朝學術編年》逕作"賾"，⑦顧頡剛在《尚書隸古定本考辨》中引述《釋文敘錄》文作"枚賾"，自注云："枚亦作梅，賾亦作頤。"⑧顯然未有主見。陳

---

① 浦起龍《史通通釋》卷七，上海古籍出版社1978年版，第208頁。按，趙呂甫《史通新校注》未能思考浦注而斷案，仍作"賾"。重慶出版社1990年版，第478頁。
② 《四庫全書考證》卷四，《文淵閣四庫全書》本，臺灣商務印書館1983年影印本，第1497冊，第100頁下。按，此所云《晉書》乃唐以前十八家《晉書》之一，非今見房玄齡領修之《晉書》。
③ 《十三經註疏校勘記·尚書校勘記（舜典）》，《清經解》卷八百二十，上海書店1988年影印本，第五冊，第311頁下。
④ 《揅經室一集》卷十一《十三經挍勘記序》，《四部叢刊》本，第二十葉A。中華書局1993年排印本同，第254頁。
⑤ 段玉裁著、許維賢點校《說文解字注》，鳳凰出版社2007年版，第1030頁上。
⑥ 朱鑄禹《世説新語彙校集注》，上海古籍出版社2002年版，第287頁。
⑦ 劉汝霖《東晉南北朝學術編年》卷之一，中華書局1987年影印本，第4頁。
⑧ 顧文出於《尚書講義》按語，《尚書文字合編》將此文作爲代序載於書前，上海古籍出版社1996年版，第3頁。

夢家《尚書通論》第二部引述諸家之說一律改作"頤",①蔣善國《尚書綜述》第三章第七節叙述梅氏獻書則全部作"賾"。②黃彰健《經今古文學問題新論》十九《論僞孔傳本古文尚書僞經僞傳作者》中雖同意段、朱等人之說,以爲"應以作'梅頤'爲是",但其他章節涉及"梅頤"者,仍作"梅賾"或"梅賾(頤)"。③至劉起釪《尚書學史》又橫生枝節云:"其名如段說當作頤,然其弟梅陶字叔真,'陶'、'真'未必相應,則段所云祇可備一說。文獻中已習稱梅賾,固不必強改。"④因其"隨資料引用,不強求一律",故書中"頤"、"賾"錯出,極不劃一。其他專著、論文,亦歧出錯亂,不遑列舉。

頤,本指口腔下部,亦即下頷。頷咀食物可維持生命,因而引申爲養。如《漢書·食貨志》所謂"帝王所以頤養天下"者是。《易·頤》有"觀頤"一詞,漢末鄭玄、虞翻都解作"養";《莊子·列禦寇》有"予頤與",成玄英亦解作"養"。由於東漢以還道教興起,皆奉《易經》與《莊子》爲教理之本,故延及魏晉凡涉及道教養生之義的有關文字,多喜用"頤"字。如葛洪"養其心以無欲,頤其神以粹素"(《抱朴子·道意》),嵇康"永嘯長吟,頤性養壽"(《憂憤詩》),范曄謂王充"頤神自守"(《後漢書·王充傳》)。稍後之劉孝標有"固應頤攝"(《與舉法師書》)之語,酈道元有"頤道者多歸之"(《水經注·汝水》)之文。降及唐代,史文別集,猶有用者。梅頤字仲真,乃取頤養天真之意。頤養天真,始終與道教養生之發生、發展息息相關,晉郭元祖《列仙傳贊·赤斧》"赤斧頤真,發秀戎巴",已將仙人道流的養真特點表揭出來。南嶽魏夫人所謂"凝神乎山巖之庭,頤真於逸谷之津"(《真誥》卷二引),則是仙道養生的真實寫照。嗣後"頤真"一詞亦始終爲與道教有關的人名、齋名、觀名等沿用上千年而不衰。唐有劉玉字頤真(見《江西通志》卷一百零三《仙釋》)、太常趙頤真(見張說《張燕公集》卷六),金代有李頤真,昌邑人(見《山東通志》卷三十),元代有道士周頤真字養元(見《浙江通志》卷一百零二、《福建通志》卷六十),又名頤而字養正者更多。北宋建炎中曾在開化縣治建頤真宫(見《大明一統志》卷四十三),金金紫光禄大夫張中孚宅中有

---

① 陳夢家《尚書通論》第二部《古文尚書作者考》等各章節,中華書局1985年新一版,第114—135頁等。
② 蔣善國《尚書綜述》,上海古籍出版社1988年版,第52—54頁。
③ 黃彰健《經今古文學問題新論》,中研院歷史語言研究所專刊之七十九,1982年版,相應頁碼。
④ 劉起釪《尚書學史》第六章,中華書局1989年版,第177頁。

頤真堂（見《關中勝迹志》卷六），其他以頤真命名之道觀、亭齋不一而足，而文人筆下之"頤真"一詞更難悉數。賾，本義爲深奧，《易·繫辭》所謂"聖人有以見天下之賾""探賾索隱"者是。因"探賾"一詞，又以複詞而連類引申爲探求、探測之義。然深奧與探求之義均與"真"義不相涉。名賾字真，難以表現古人"字以表德"的名字義鏈。凡此均已説明字爲仲真之梅氏之名必定是"頤"而非"賾"。

頤之弟名陶字叔真，劉啟釪謂"'陶''真'未必相應"。其實陶有陶冶、化育之意，陶冶天真，冶養性情，亦與道流養生相涉。唐賀知章《奉和御制春台望》："青陽布王道，玄覽陶真性。"即其意。宋熙、豐間有仙道李陶真，[①]道士以"陶真"爲名，取名或改名心理與頤真如出一轍。應該説，確定其弟名、字之關聯意義，更可證實梅頤決非梅賾，因爲兄弟兩人之名字取義與魏晉以來盛行的道教養生有密切關係。

梅頤雖以《古文尚書》爲後人盛傳，但其在豫章内史任上，亦非平庸之輩。《景定建康志》卷十七："梅嶺岡在城南九里，長六里，高二丈。舊經云：東豫章太守梅頤家於岡下，因名之。上有亭，爲士庶遊春所。黃度詩：梅岡丘壟已難尋，堪恨吳兒太忍心。聞道土山漂擘處，原頭叢薄不成陰。"又卷四十四："晉梅將軍廟，在城南門外雨華臺東地，名東石子岡。晉梅頤嘗屯營於此，又名梅嶺岡，或名梅頤營，後人即此立廟。"卷四十三又云"謝安墓在城南九里梅嶺岡"，[②]而《南唐書·韓熙載傳》云"[熙載]諡文靖。葬梅頤岡謝安墓側。命集賢殿學士徐鍇集其遺文，藏之書殿。"[③]是知謝東山墓即在梅嶺岡。梅嶺岡至《嘉慶重修一統志》已均稱"梅嶺"，而宋馬光祖、周應合纂《景定建康志》及馬令撰《南唐書》時，尚多"梅嶺岡"、"梅頤營"之稱，所據資料及傳聞較爲可靠，而皆與《世説新語》合，則其名爲"頤"又得一證。

至於其姓氏問題，枚氏望出淮陰，見《通志·氏族略》，《廣韻·平灰》"枚"下云："姓，漢有淮南枚乘。"梅氏則望出汝南。《元和姓纂·十五灰》"梅"姓下云："殷後，紂時有梅伯，以國爲氏。【汝南】漢將軍梅鋗，六代孫

---

① 見《嘉慶重修一統志》卷四百三十一《建寧府·仙釋》，中華書局1986年影印本，第27册，第21811頁。
② 《景定建康志》卷十七，中國地志研究會編《宋元地方志叢書》，臺灣大化書局1980年影印本，第941頁上；又卷四十四，第1416頁上；又卷四十三，第1384頁下。
③ 馬令《南唐書》卷十三，《叢書集成初編》據《墨海金壺》本排印，第3851號，第91頁。

嘉,始居汝南。"①《廣韻·平灰》"梅"下云:"姓,出汝南,本自子姓,殷有梅伯,爲紂所醢。漢有梅鋗。"梅頤爲汝南西平人,自當姓梅,非淮陰之枚,陸氏《釋文》作"枚"誤。汝南梅頤,因父親爲城陽太守,隨父之任,故在城陽從臧曹受《書》,於是有獻《書》之舉。

二○○二年八月十五日稿
二○○三年八月修訂

---

① 林寶《元和姓纂》卷三,中華書局1994年版,第331頁。

宋太宗舊名匡乂、匡義辨證

——兼論簡化字"义"字的產生

宋太宗係太祖同母弟,太祖登基,改賜其名曰光義,及太宗即位,改名曰炅,此皆無異議。唯其改光義前之舊名爲何,史載不一,且頗難定奪。試摭拾相關文獻,並從正反兩方面思考印證,期與學界共同探討。

今存最早最接近真實的文獻是鐵琴銅劍樓所藏宋刊《附釋文互注禮部韻略》後所附《韻格條式》:

> 舊諱:光義、匡乂、德昌、元休、元侃……

此條前兩名係太宗舊諱,匡乂是原名,光義乃建隆改名。《條式》關涉科舉功令,且太宗兩個舊名同時出現,字體工整,"匡"字缺"匚"之下畫,顯然是避太祖諱所致,由此推知此處的書寫、刊刻都比較謹慎。①《宋史·太宗紀一》:"太宗神功聖德文武皇帝諱炅,初名匡乂,改賜光義。即位之二年改今諱,宣祖第三子也。"②元至正刊本(百衲本)《宋史》同,③皆與《條式》相合。然《宋史·太祖紀一》載:"建隆元年春正月……甲子,賜皇弟殿前都虞候匡義名光義。"④元至正刊本《宋史》亦同作"匡義"。⑤ 同一書而義、乂字形

---

① 《四部叢刊》本《附釋文互注禮部韻略》後所附《韻格條式》。商務印書館1934年版,第二十六葉B。
② 《宋史》,中華書局1977年標點本,第一册,第53頁。
③ 《百衲本二十五史·宋史》,浙江古籍出版社1998年版,第5册,第20頁第三欄。
④ 《宋史》,第一册,第5頁。
⑤ 《百衲本二十五史·宋史》,第5册,第15頁第二欄。

不同。

《宋史》之後，凡正面敍述太宗名諱及舊名者多鈔録《太宗紀》文作"匡乂"，如《佩文齋書畫譜》卷二十："太宗諱炅，初名匡乂，改賜光義。宣祖第三子。性嗜學，工文業，多藝能。《宋史·本紀》"①《六藝之一録》卷三百十三上、厲鶚《宋詩紀事》卷一同，唯明李濂《汴京遺跡志》卷十二《汴宋九帝紀年》作"太宗諱炅，初名匡義，太祖之弟，賜名光義"。② 而凡記述太祖改賜其名和太宗與趙普共喻諸將一事，則皆作"匡義"。如宋彭百川《太平治跡統類》卷一《太祖受禪》：

> 李處耘具以其事白皇帝弟及節度掌書記薊人趙普。語未竟，諸將突入，稱説紛紜。普及匡義各以事理逆順曉譬之……
> 甲子，以皇弟殿前都虞候匡義領睦州防禦使，賜名光義。

《統類》無刊本，《四庫全書》所據乃江蘇巡撫採進本，邵懿辰謂即曝書亭鈔本。③ 元無名氏《宋史全文》卷一《宋太祖一》作"弟匡義及掌書記趙普因共以事理曉譬之"。此書存世有元刊、明刊本之不同，④《四庫》所據爲內府藏本，未知是元本抑或明刊。宋陳均《九朝編年備要》卷一：

> 弟匡義及掌書記趙普因共以事理曉譬之。

又：

---

① 王原祁等《佩文齋書畫譜》卷二十，中國書店1984年影印掃葉山房本，第495頁下。按，掃葉山房本雖不足爲據，然其此處與《文淵閣四庫全書》本同，兩相核准，知無訛誤。
② 明李濂《汴京遺跡志》卷十二《汴宋九帝紀年》，中華書局1999年版，第193頁。
③ 邵章續録謂另有清藝海樓鈔本，其所録《適園叢書》本乃民國張鈞衡所刊。《增訂四庫簡明目録標注》，上海古籍出版社1979年版，第237頁。按《四庫採進書目》記録採進五部，皆未標版本，唯《浙江採集遺書總録簡目》下一部標注"曝書亭寫本"，商務印書館1960年版，第250頁。
④ 《增訂四庫簡明目録標注》邵懿辰謂："路有元刊本，題曰'續通鑑長編'，十一行，行二十五字。"又引昭文張氏曰："初刻無所謂'宋史全文'，蓋明初重刊時改題，宜復題'續資治通鑑'。"邵章續録謂："元豐城有明刊本，題'宋史全文續資治通鑑'，板心題曰'宋鑑'……又有元刊本，題'諸儒集議續資治通鑑'。明刊本"上海古籍出版社1979年版，第218頁。

> 皇弟匡乂加睦州防禦使，賜名光義。

均，理宗時人。此書有鈔本，有宋刊本，亦有影寫宋刊本，①《四庫》所用爲兩淮鹽政採進本，亦未知所據。② 他如馬端臨《文獻通考》卷二百五十也作"初名匡義"。就以上材料，無法判定其舊名之作"乂"作"義"。清徐乾學約請萬斯同、閻若璩、胡渭合纂之《資治通鑑後編》，提供了一條新綫索，其《宋紀一》云：

> 都押衙李處耘具以其事白匡胤弟內殿祗候供奉官都知匡義。

後附考異一則云：

> 案：王偁《東都事畧》、陳桱《通鑑續編》作匡義，薛氏、王氏皆同，惟李燾《續通鑑長編》、楊仲良《皇朝通鑑紀事本末》作匡乂。《宋史·太宗本紀》亦云'初名匡乂'，今姑從匡義。

考異謂王偁、陳桱、薛應旂、王宗沐書作"匡義"。今《東都事略》有宋刊本，然其文無太宗舊諱；元陳桱《通鑑續編》卷三、③明嘉靖刻本薛應旂《宋元通鑑》卷一、④明末刻本王宗沐《宋元資治通鑑》卷一確作"匡義"。⑤ 徐等所見李燾《續資治通鑑長編》和楊仲良《皇宋通鑑紀事本末》二書均作"匡乂"。然今見《四庫本》、浙江書局本《續資治通鑑長編》，⑥ 及影印《宛委別藏》清鈔本《皇宋通鑑長編紀事本末》仍皆作"匡義"。⑦ 循賾其因，李燾《長編》原有

---

① 參見《增訂四庫簡明目錄標注》，第216頁。
② 《四庫採進書目》記錄二部，亦未標明版本，商務印書館1960年版，第55、171頁。
③ 陳桱由元入明，爲太祖所殺。其書刻於元至正間，離元亡僅一二十年。四庫館臣所據本不明，鈔撮時是否改動亦難質指。
④ 明薛應旂嘉靖四十五年自刻本《宋元通鑑》卷一，《四庫存目叢書》史部第9册，齊魯書社1996年版，第705頁下。
⑤ 王宗沐《宋元資治通鑑》，《四庫未收書輯刊》第壹輯第拾肆册，第5頁上。
⑥ 參見《文淵閣四庫全書》及影印浙江書局刻本（上海古籍出版社1985年版，第1頁）。按，中華書局1979年出版的點校本亦作"匡義"，係沿襲浙江書局本之舊（第2册，第2頁）。
⑦ 《宛委別藏》清鈔本《皇宋通鑑長編紀事本末》卷八"太宗皇帝受位"半卷原缺，無法（轉下頁注）

九百八十卷，進呈孝宗之後並未立即鏤版，南宋時僅刊刻太祖至英宗五朝長編。《永樂大典》將《長編》全部收入，清四庫館臣輯出時已有殘缺，遂釐定爲五百二十卷。張金吾據閣本之傳鈔本用活字排印，是爲愛日精廬本。後浙江書局以文瀾閣本與愛日精廬本對校，並參校南宋所刻五朝本，即今所見浙江書局本。南宋所刻五朝本一百零八卷清初藏季振宜處，徐乾學得之進呈內府，藏天禄琳琅。①楊仲良《紀事本末》係取李燾《長編》改編爲紀事本末體，文字當與《長編》同。徐乾學既曾擁有南宋刻本五朝《長編》，其《後編》之考異案語必親驗《長編》及《紀事本末》原文，故不當以四庫本、浙江書局本《長編》及鈔本《紀事本末》作"匡義"而疑其非。

以上之文獻史料及版本信息大致顯示，宋人所著之宋刻本一般作"匡乂"，元明文獻或元明鈔、刊之宋代文獻多作"匡義"。

帝皇名諱，關涉避諱，前人甚爲關注，因而亦有異説。岳珂《愧郯錄》卷二《舊諱訓名》云：

> 太宗舊諱，自大中祥符二年六月二十四日詔中外文字有與二字相連及音同者，並令回避。②

清周廣業《經史避名彙考》卷十九引岳説而云：

> 案：太宗舊名，史文無作"乂"者，蓋定例，舊諱貳字連用爲犯。義，宜寄切，又魚脂切，音涉微嫌，字可借代，故歐史改晉壽王重義爲重乂。若復上連匡字，即與舊諱相同，故特著之令，使屬辭者避之，非別有匡乂舊名也。近厲鶚《宋詩紀事》乃以"匡乂"爲本名，誤矣。③

相對太宗登基改名爲"炅"而言，其舊諱有二：一、匡乂或匡義，二、光義。前者建隆時已改，既爲真宗大中祥符時所詔，自當指"光義"而言。周氏牽連前者，並以爲"史文無作'乂'者"，此非唯視《宋史·太宗紀一》文字而不見，

（接上頁注）覈實。見《續修四庫全書》影印《宛委別藏清》鈔本。
① 參見《增訂四庫簡明目錄標注》，第214頁。
② 岳珂《愧郯錄》卷二，《叢書集成初編》本，第842號，第10頁。
③ 周廣業《經史避名彙考》卷十九，北京圖書出版社1999年影印本，上册，第1214頁。

並不知宋刻李燾《長編》之文,未爲允論。乃以厲鶚據《太宗紀》爲誤,更可商榷。至於同音嫌諱,詳見後文。

下面從名諱意義、避諱改名和字形演變三方面予以探考。

(一)名諱意義

據《宗室傳一·魏王廷美》載,太祖有兄弟五人,長曰光濟,早亡;次太祖匡胤;次太宗光義;次光美,魏王;次光贊,幼亡。從太祖登基改匡爲光回溯,兄弟五人原名爲:匡濟、匡胤、匡義、匡美、匡贊。匡有挽救、救助義,引而申之,有輔佐、輔助義。先論其他三人名諱取義:濟義爲渡,動詞,引申之亦有救助、成功義。贊有贊佐、佐助義。美爲形容詞,但亦有用作動詞者,如《呂覽·至忠》"而欲其美也"高注:"美,成也。"三人名諱似皆動詞連用,有輔佐或輔佐使之成功之意。次析太祖、太宗名諱:胤爲後裔,子嗣,引申之爲立嫡,又有延續、繼承之義,雖可以解釋爲輔佐子嗣,但結合兄弟名諱取義,似以輔佐使之延續爲切。乂有治義,《尚書·堯典》"有能俾乂"孔傳:"乂,治也。"先秦典籍多用此義。引申之又有安義,《文選·鍾會〈檄蜀文〉》"今邊境乂清"劉良注:"乂,安也。"輔佐治理或輔佐使之安定,與兄弟名諱取義相吻,或即太宗舊名初意。^①"義"之含義甚廣,基本義爲符合道德規範或正義之行爲,爲名詞,極少用爲動詞。統觀兄弟名諱取義,太宗舊名似應作"匡乂"爲宜。然認定爲"匡乂"將引起一連鎖問題,太祖登基即建隆初年改名,匡濟、匡贊先亡,不及改,若太宗舊名"匡義",改"匡"爲"光"與光美同,若以爲舊名爲"匡乂",何以匡乂改爲"光義",而匡美改爲"光美",亦即太宗名二字皆改,而魏王僅改一字?建隆改名是因太祖位登大寶,群臣自當避諱,但太宗之避諱改名,顯得尤爲特別。一般避諱改名,史傳多在本傳中述及名字時云某名因涉某祖某宗或今上諱改,絕無專門立文記述者。太宗改名,在《太祖本紀》中專條記述,《宋史·太祖紀一》:

---

① 著《資暇集》之唐代李匡乂,又作李匡文,《四庫提要》傾向作匡乂,余嘉錫《四庫提要辨正》卷十五引周中孚《鄭堂讀書記》定爲匡文(中華書局1980年版,第868—869頁),極是。蓋匡文名濟翁,乃用漢代文翁匡濟之意,與太宗名字異趣,不當牽合相證。

> 建隆元年春正月……甲子,賜皇弟殿前都虞候匡義名光義。

李燾《續資治通鑑長編》卷一:

> 甲子,以皇弟殿前都虞候匡義領睦州防禦使,賜名光義。

《本紀》本之《實錄》之類,可以想見《實錄》對太祖賜皇弟之名的重要。《宋史》又在《太宗本紀》中補述"初名匡乂,改賜光義",重申"改賜",不云避諱改名,也不同尋常。尋究這種特別的避諱賜名,與太宗作爲太祖之胞弟,又在陳橋之變中與趙普扮演特別之角色,具舉足輕重之作用有很大關係。同樣是皇弟,魏王光美就無此殊榮,且宗室本傳中連匡美避改光美之事亦無述及,僅言"魏悼王廷美,字文化,本名光美,太平興國初改今名"。太祖賜其名爲"光義",從聲韻上考慮,匡,溪母陽韻;光,見母陽韻,聲母有送氣不送氣之别。但太祖名"匡",避"匡"字一般多著眼於意義而改作"正"、"輔"、"規"諸字,何以一定要改爲"光"?《太宗本紀》記云:

> 初,后夢神人捧日以授,已而有娠,遂生帝於浚儀官舍。是夜,赤光上騰如火,閭巷聞有異香,時晉天福四年十月十七日甲辰也。帝幼不群,與他兒戲,皆畏服。及長,隆准龍顔,望之知爲大人,儼如也。性嗜學……

其所以賜名"光",以孕時夢"神人捧日以授",生時又"赤光上騰如火"之故。此從太宗即位後改名"炅",[①]可推見其生時之祥徵親近皆知,而自己又念念不忘。太宗幼時性端嚴穩重,乂、義聲音相同,故賜名"光義",既徵祥瑞,又顧品性,對這位皇弟功臣,恩寵有加,此亦解釋兼改舊名"乂"字之一種較爲合理的推斷,[②]故不能無端牽合魏悼王諱改一字而質疑賜改太宗雙名。

---

① 炅從火、日,《説文》訓見,炅與炯通,《説文》訓光,故炅亦有"光"義。
② 此字牽涉到後文所論改地名"汊川"爲"羲川"一事,如果改地名在前,則御名以"義"藴含其性格之命意就相對削弱淡化。詳後文所論。

(二)避諱改名

前文引及周廣業之所以認爲太宗舊名"史文無作'乂'者",主要是他認爲太宗即位避改"義"字,即兼避"匡義"和"光義"之"義"。史實並非如此。宋李攸《宋朝事實》卷一"祖宗世次"下叙及太宗名諱云:"太宗諱炅,原註:古迥切。潁炯……鍅肩憬畠。① 舊諱光義、匡義。"②此下有一段注文記載太宗朝避諱情況:

> 開寶九年十月,詔官階及州縣名有與朕名下一字同者宜改,與上一字同者仍舊。乃以諫議大夫爲正諫大夫,正議大夫爲正奉大夫,通議大夫爲通奉大夫,朝議大夫爲朝奉大夫,朝議郎爲朝奉郎,承議郎爲承直郎,奉議郎爲奉直郎,宣議郎爲宣奉郎。太平興國二年二月詔曰:王者對越上天,祗見九廟,凡遇祭告,必署名稱。稽歷代之舊章,貴難知而易避,爰遵故事,載易嘉名。凡在庶寮,當體兹意。朕今改名炅,自臨御以來,除已改州縣、散官、職事官名號及人名外,其舊名二字,今後不須迴避。仍令擇日奏告天地、宗廟。大中祥符二年六月詔曰:太宗藩諱,溥率咸知,雖先訓之具存,俾臨文而不避,近覩列奏,或犯二名,聞之矍然,載增永慕,自今中外文字有與二字相連及音同者,並令迴避。③

太宗於開寶九年十月二十一日即位,此云十月改名,知是即位便詔改。時遵諱禮"二名不徧諱"條文,詔僅避"義"而不避"光"。可能因爲"義"字爲常用字改不勝改,三個多月以後即太平興國二年二月,復遵漢宣"難知而易諱"詔訓,④改名"炅",詔停止對"義"字的避改。真宗繼位十一年以來,心中

---

① 按,"潁炯"至"憬畠"是御名嫌諱,規定要避改,這是宋代避諱一大特色,中間多有僻字,故兹略去不載。
② 李攸此處仍寫"匡義",因《宋朝事實》係從《永樂大典》中輯出,僅有《四庫全書》本、武英殿聚珍本和墨海金壺本,無更早版本,無法確指其原文文字。
③ 《宋朝事實》卷一,《國學基本叢書》本,商務印書館1935年版,第8頁。
④ "是故君子名,難知而易諱也"出《大戴禮記·保傅》,《漢書·宣帝紀》引録漢宣詔書(轉下頁注)

長存太宗舊諱，而此常用字又觸目皆是，因而"聞名心瞿"，再次下詔令中外回避。是知"義"字之避，第一次在開寶九年（976）十月至太平興國二年（977）二月間，第二次在大中祥符二年（1009）六月以後。按照宋代祧廟制度，司馬光主撰《通鑑》，應該避太宗諱，但却應是"義"而不是"乂"，因爲"乂"是後周時代的舊名，已爲太祖賜改，本無需諱。周廣業所謂"歐史改晉壽王重義爲重乂"，是指歐陽修《新五代史》將後晉壽王石重義改爲重乂。重義之名究竟爲何字，必須究實。

宋慶元刊本《新五代史·晉家人傳》："壽王重乂，字弘理，爲人好學，頗知兵法。"①而《四庫全書》本却作"重義"。其實歐公所本之《舊五代史·晉宗室列傳》亦作"重乂"。②若認爲邵晉涵從《永樂大典》輯出整比之字形不足據，與歐公同時代之司馬光所撰《資治通鑑考異》及所引《廢帝實錄》作"重乂"應足可依據，③《唐廢帝實錄》十七卷，宋初張昭等撰，所據史料自然更接近真實。若懷疑史料文字在傳鈔中走樣，更可從名字關係上尋究印證。重乂字弘理，④乂有治義，與"理"字相應，唐人避高宗李治諱，多改"治"爲"理"。名重乂即注重治理，字弘理亦即大治，名與字相切，而重義與弘理便不相應。⑤由此可知不存在歐陽修《新五代史》改"重義"爲"重乂"一事。周氏所以有此論，應是據誤本而發。不僅四庫本《新五代史》，如明刻本《册府元龜》卷二百九十六作"壽王重文"（"乂"之誤字），⑥《四庫全書》本作"壽王重義"，《文獻通考》卷二百五十七《帝系考八》同四庫本，⑦這些元、明、清鈔、

（接上頁注）云："聞古天子之名，難知而易諱也。今百姓多上書觸諱以犯罪者，朕甚憐之，其更諱詢。諸觸諱在令前者赦之。"遂爲後世帝王所遵。

① 歐陽修《新五代史》卷十七，百衲本，浙江古籍出版社 1998 年影印本，第 4 册，第 1026 頁第一欄。按，中華書局標點本即以慶元本爲底本，然其參校多本，今未見有校記，或皆作"重乂"。唯《四庫全書》本《新五代史》目録、本傳及卷十七他處皆作"重義"。

② 百衲本所收《舊五代史》爲《永樂大典》原輯本，見卷八十七，浙江古籍出版社 1998 年影印本，第 4 册，第 907 頁第三欄。中華書局點校本同（第四册，第 1140 頁）。

③ 見宋刻本司馬光《資治通鑑考異》卷三十，《四部叢刊》本，上海書店 1989 年據商務印書館 1926 年版影印本，第二葉 A。

④ 各本《舊五代史》卷八七作"宏理"，此避乾隆諱而改，陳尚君《舊五代史新輯會證》已從《新五代史》本傳改爲"弘理"。復旦大學出版社 2005 年版，第八册，第 2681 頁。

⑤ 義、理相切乃宋以後所普及之概念，此前很少如此運用。

⑥ 明刻本《册府元龜》卷二百九十六，中華書局 1960 年影印本，第四册，第 3480 頁上。

⑦ 《文淵閣四庫全書》本、萬有文庫本《文獻通考》同。浙江古籍出版社 1988 年影印商（轉下頁注）

刻本之"義",多係後人鈔改,詳後文。

(三)字形演變

义爲義之簡化字,义、乂二字形極相近。從字形上探索二字之關係,可有正反兩種途徑:

舊諱"匡義","義"字簡寫爲"义",形與"乂"近,遂與"乂"淆亂。

舊諱"匡乂",後人見"乂""义"形近,又牽混太宗建隆改名"光義",遂以"乂"爲"义"之誤,因直接寫其正字"義"。

"义"、"乂"二字之淆亂,亦即"乂"加點爲"义";又與"叉"混,即封上爲"叉":皆手書相混。宋刊本《資治通鑑》中兩字混用極多,爲説明問題,引例如下。《通鑑》卷八十七:

> 漢主淵立單徵女爲皇后,梁王和爲皇太子,大赦。封子乂爲北海王。

按,北海王劉乂,宋刊本《晉書·劉元海載記》作劉乂,①《通鑑考異》卷四云:"北海王义,《載記》作,按:《十六國春秋》作乂,今從之。"②故前後二三十見皆作"乂"。《十六國春秋》北魏崔鴻撰,今所見爲明萬曆屠喬孫刊本,四庫即據此本而作"乂"。館臣以爲此書亡於北宋,明本即屠氏僞托。北宋時司馬光所見似應爲鈔本,其作"义"恐手寫訛誤。《通鑑》卷一百四十八:

> 繼子乂娶胡太后妹,壬辰,詔復繼本封,以乂爲通直散騎侍郎,乂妻爲新平郡君。

按,通直散騎侍郎元乂,前後亦數十見,宋刊本《通鑑》均作"乂",胡三

(接上頁注)務印書館萬有文庫本,第二册,第2038頁上。
① 金陵書局本及今中華標點本均同。
② 司馬光《資治通鑑考異》卷四,《四部叢刊》本,第七葉B。

省注本或作"叉",或作"乂",前後不一。據内府藏本鈔録之四庫本多作"乂"。宋蜀大字本《魏書·道武七王傳》所附本傳均作"乂",①據衆本合校擇善而從的中華書局點校本則均作"叉"。本傳云:"叉(義),繼長子,字伯儁,小字夜叉。"儁、乂指才德出衆者,《西京雜記》卷四有"儁乂英旄,列襟聯袍"語可證。儁乂即俊乂,《書·皋陶謨》:"俊乂在官。"孔穎達疏:"乂訓爲治,故云治能。馬、王、鄭皆云才德過千人爲俊,百人爲乂。"故既字伯儁,則名必是"乂"無疑,而與小字夜叉之"叉"無關。② 諸本不察其由,遂各本想象而歧出不一。

宋刊本《通鑑》卷一百七十九"將作大匠高龍乂",《四庫全書》本作"高龍乂",中華標點本作"高龍叉"。此人見《北齊書·長樂太守靈山傳》附傳,字作"乂"。③ 其他如《隋書》、《北史》、《通志》、《册府元龜》等亦多歧出而無法憑準。

宋紹興刊本《後漢書·馬援傳》"乂手從族乎",④中華標點本作"叉手",李賢無注。宋刊本《通鑑·漢光武帝建武六年》亦作"乂手從族。"四庫本、中華標點本同,史炤釋文:"初加切。手指相錯也。"⑤知"乂手"實爲"叉手"之誤。

即就以上數例,足證宋代在校勘唐五代鈔、寫本之基礎上的刻本,在"乂"、"义"、"叉"諸字形上已混亂不堪。這種淆亂是五代、北宋之鈔手不經意所造成,還是前有所承?考今存六朝、唐代石刻、寫卷不見"义"字,但"刈"字數見。如《魏伏夫人笞雙仁墓誌》作"刈",《唐鄭子尚墓誌》作"刈",《唐左威衛洛汭府隊副上柱國韓德信妻程夫人墓誌》作"刈",敦煌寫本《俗務要名林》亦承北魏字形作"刈",側面反映出六朝、唐代以來"乂"、"义"、"叉"三字數百年中一直糾葛不清。

假如能夠證明宋代已經有"義"之簡化或俗體"义"字形,則"義"與"乂"

---

① 百衲本《魏書》,浙江古籍出版社 1998 年影印本,第 3 册,第 59 頁第三欄。
② 本傳後文又言其本名夜叉,是則未用漢化名字前之名,與漢化名與字之關係無涉。
③ 宋蜀大字本《北齊書》,浙江古籍出版社 1998 年影印本,448 頁上,中華標點本(第一册,第 189 頁)同。
④ 宋紹興刊本《後漢書》卷二十四,浙江古籍出版社 1998 年影印本,第 1 册,第 710 頁第四欄。
⑤ 史炤《資治通鑑釋文》卷七,《四部叢刊》本,上海書店 1989 年據商務印書館 1926 年影印本,第一葉 B。

便亦完全可能淆亂,從而可以形成這樣一種理路:太宗舊名原作"匡義",因"義"字簡寫或俗寫作"义",遂與"乂"混淆,所以亦作"匡乂"。但這種思路被下面這個地名實例和魏晉以來"義"字字形所否定。

後魏至唐有地名爲汊川縣,因水而得名,地在今湖北漢川縣西南葉集。《元和郡縣志·江南道三》云:"汊川水,在縣南二里,西北自鄂州界流入。"①宋紹興刊本《舊唐書·地理志三》"江夏"下云:"汊川,漢安陸縣地,後魏置汊川郡。武德四年分漢陽縣置汊川縣,屬沔州。州廢,屬鄂州。"②今所見《王三》及《切韻》殘卷不收此字,可見在當時仍是一個僻字。③《集韻·去禡》楚嫁切,釋云:"水歧流也。"④雖與水有關,而實乃"汊"字之音義。《類篇·水部》同。《廣韻·去廢》魚肺切有"汋,水名。"《集韻·去廢》、《類篇·水部》因襲之,皆音魚刈切,雖未指明地理位置,然據上面"义"、"乂"、"叉"三字互混之歷史狀況,或即湖北漢川汊之水。《輿地紀勝》卷七十九"漢川縣"下引《輿地廣記》云:

> 本漢安陸縣地,梁置梁安郡,西魏曰魏安郡,尋改曰汊川郡。唐武德四年析漢陽置汊川縣,屬沔州。州廢,屬鄂州。

又引《皇朝郡縣志》云:

> 後周顯德六年屬安州,皇朝改汊州(引按,疑爲"川"字之誤)爲義川縣,太平興國二年避太宗諱改曰漢川縣,屬漢陽軍。⑤

皇朝曾改爲"義川",義音宜寄切,音與"乂"極近,從而證實了此字即《廣韻》

---

① 李吉甫《元和郡縣志》卷二十七,中華書局1983年版,第648頁。
② 宋紹興刊本(百衲本)《舊唐書》卷四十,浙江古籍出版社1998年影印本,第4册,第110頁第三欄。
③ 參見周祖謨所編集《唐五代韻書集存》所收各殘卷,中華書局1983年版。
④ 宋刻本《集韻·去禡》(中華書局2005年版,第170頁下),虞山錢遵王述古堂藏本《集韻》(上海古籍出版社1985年影印本,第596頁)同。
⑤ 宋王象之《輿地紀勝》卷七十九,中華書局1992年影印本,第三册,第2579頁。按,《元豐九域志·荊湖路》安州下所載與《紀勝》同,隸漢陽軍,故漢陽下有"漢川、下二鎮。"中華書局1984年版,第268—269頁。

魚肺切水名之"汊"。據《皇朝郡縣志》敘述之前後看，改"義川"必在太平興國二年以前。元年登基，偏諱"義"字，故不可能改"汊川"爲"義川"，此必建隆、乾德、開寶時所改。太祖朝改此地名與避諱無關，當是因爲"汊"字字韻書多不收，難認難讀而改。① 就地名之"汊"，《廣韻》之"汊"和改名之"義"作綜合分析，應是同音替代。當地人讀此字必是"乂"音，故以同音常用字"義"替代，此法爲歷代地名改名所常用。然就此一改，在文字學尤其是漢字簡化歷史上留下了彌足珍貴之文獻資料。其珍貴之處，可以從"義"字之字形中感悟到。"義"字在六朝、唐五代石刻和敦煌寫卷中形體如下：

義 魏杜照賢造像記　義 魏元融墓誌　義 周賀屯植墓誌

義 唐趙義墓誌②　義 胡適藏卷《降魔變文》

義 P.2173《御注金剛般若波羅蜜經宣演卷上》　義 敦研035《妙法蓮花經》

義 敦研016《自在王菩薩經》③

可見"義"從無寫作"乂"形者。再從歷代書家草書觀察：

義 古帖　義 王羲之　義 懷素　義 孫過庭

義 柳公權　義 黃庭堅　義 鮮于樞

從六朝經唐宋到元代，其草書形體無論筆勢如何飛逸，亦都與"乂"相去甚

---

① 《廣韻》收入此字已在改名之後。
② 字形據秦公、劉大新《廣碑別字》，國際文化出版公司1995年版，第416頁。
③ 字形據黃征《敦煌俗字典》，上海教育出版社2005年版，第494頁。

遠，無由混淆。所以"汉川"水流改名"義川"，在字形上形成下列對應：

$$汉、乂、义 \longrightarrow 義$$

前文已經揭示，叉、乂、义三形，自六朝到宋代，由於手寫易混，以致版刻中也淆亂不分。水名汉川的三個形體，"汊"後來作爲水流分岔之專用字，"汉"留存在《廣韻》《集韻》《類篇》中作爲死字，"汊"除了作爲古水名留存在唐宋文獻中，由於它是形聲字，容易被人解剖爲形與聲。"汉"、"義"之改名既以聲音爲紐帶，形符"水"旁自可忽略不計，所以可看作是第一次將"义"的訛體"乂"與"義"聯繫在一起的實例。① 最初或許僅是印在汉川人的意識中，擴而大之，印在漢陽人的意識中，再推而廣之，逐漸傳播開來。搜索宋元文獻，此一傳播過程似乎并不迅疾，兩宋文獻至今尚未發現"義"簡寫作"义"之例。今見最早將"義"寫作"义"的是繆荃孫稱之爲元刊本的《京本通俗小說》，其《菩薩蠻》中"義"字作"义"的文句如下：

> 主人恩义重，兩載蒙恩寵。
> 這個和尚是温州人氏，姓陳名义。
> 主人恩义重，對景承歡寵。
> 主人恩义重，宴出紅妝寵。
> 主人恩义重，知我心頭痛。

又《馮玉梅團圓》中"義"字作"义"的文句如下：

> 論起夫义婦節，有關風化。
> 此人姓范名汝爲，仗义執言，救民水火。

此篇連"儀"字亦簡化作"仪"：

> 一個是儒雅丰仪，一個是温柔性格。②

---

① 曾經存在而已經消逝的同類例子固然無法知道，在現存浩瀚的唐宋文獻中，這是至今被我們發現的第一個例子。
② 見《古本小說集成》第五輯，《古本小說集成》編委會，上海古籍出版社1994年版。

現代古小說研究者不相信繆氏所說《京本通俗小説》爲元代小説集。① 一般認爲《菩薩蠻》故事源於《警世通言》中之《陳可常端陽仙化》。據哈佛大學韓南（Patrick Hanan）研究，《陳可常端陽仙化》乃白話小說之中期（約1400—1575年）作品。②《馮玉梅團圓》也被人認爲是明人作品。③ 若此，"義"簡化作"义"的下限在明永樂至萬曆年間，其實際流行或萌芽期似應追溯到元末或更早。"義"之碑體、唐寫、宋刻、行草形體既然都與"乂"不相近似，故以"义"代"義"必出於同音。就已發現之文獻而言，即是因爲"汊川"改爲"義川"的實例所導致，從而逐漸演化成繁簡關係。

　　釐清了由"義"到"义"的替代因緣和其時代界限，可以轉而重論太宗舊名。

　　太祖賜太宗"光義"在建隆元年正月甲子，即一月二十四日，而"汊川"改爲"義川"，不知在此之前抑或其後。假如地名之改上報朝廷審批，則與太宗之名的賜改或許會有因果關係。一字之改，是賜名影響地名，還是地名影響賜名，於今已很難辨白。若是賜名影響地名，仍無法否認兩字之同音；如若地名影響賜名，則"光義"之"義"與其性格之端重關聯就不那麼密切，或者亦兼而有之。

　　太宗舊名既爲"匡乂"，爲什麽宋元明清文獻中有那麼多地方作"匡義"？根據上面對有關版本、字形之考訂、辨析，似乎應是元明之際，包括清初，"义"替代"義"的意識逐漸普遍之後，人們在鈔寫、刊刻太宗舊名時，由於熟稔"乂"、"义"（包括"叉"）字形歷來相混，"義"、"义"替代關係已經固定、普及，又牽混於太宗"光義"之賜名，於是將寫本或所據本中"匡乂"之"乂"都當作"義"的俗體或簡體，大部分回改成正體字"義"。至於元刊至正本《宋史·太宗紀一》之所以不改，漏略固屬可能，但更合理之解釋是本紀叙述名諱所據必然可靠，且一行中同時出現"匡乂"、"光義"，不太可能有正

---

① 石麟《論馮夢龍對舊話本小説的改造——兼談〈京本通俗小説〉的成書時間》（《湖北師院學報》1997年第1期）認爲成書於《三言》之後。

② 參見 Patrick Hanan, *The Chinese Short Story: Studies in Dating, Authorship, and Composition* (Cambridge, Mass.: Harvard University Press, 1973, 第104—105, 115, 138, 144—146, 239 頁），其有關白話小說"中期"的年代界定見同書第131—132, 212 頁。以上承王崗先生見告。

③ 最早分析此篇的年代是馬幼垣、馬泰來兄弟的《京本通俗小説各篇的年代及其真僞問題》（《清華學報》新五卷一期，1965年，臺北），後徐朔方《關於京本通俗小説》一文對馬氏兄弟論點有批駁也有贊同。《文學遺產》，1997年第四期，第67—68頁。

俗、繁簡、替代之類的訛誤,不敢輕易擅改,以至存真至今。

二〇〇七年六月三日至八日稿

《石彥辭墓誌》文句正讀和史事索隱

　　《石彥辭墓誌》原題"梁故靜難功臣金紫光祿大夫撿校司空前守右金吾衛大將軍充街使兼御史大夫上柱國武威縣開國男食邑三百户石府君墓誌銘并序"。誌石高、寬均爲93釐米,計五十行,行約五十字。誌文由朝請大夫尚書司封郎中柱國胡裳吉撰,孔目官前左驍衛長史李昭遠書,從姪朝議郎尚書駕部員外郎判度支賜緋魚袋石戩篆蓋,鐫玉册官李延輝刻字。誌石出土於河南洛陽,具體時間不詳。一九三八年經于右任移存西安碑林。拓片收録於《唐五代墓誌彙編》及《西安碑林全集》卷九十三(第四册)。一九九七年,陳忠凱於《文博》第五期發表《石彥辭墓誌探疑》一文,記述誌石形制及收藏情況,將誌文録出,標點分段,並略作考釋於後。墓誌全文約二千五百字,多用典故,凡紀一人,叙一官,皆以駢文一句或數句概括之。陳氏録文,由於不明典故和駢文句式,不諳碑誌字體,自我作古,亂點一通。若就其録文閲讀,幾不知所云。當時校覈誌文,就其所用典故典制,略爲詮釋,草就一文,藏之敝篋,忽忽一紀。兹檢索雜誌文章,竟無一篇糾謬匡正。於是將舊稿梳理詮次,求教於學界。

一、誌文正讀

　　陳氏録文之誤,大多因不明典故典制,其次是不明駢文句式和語詞涵義,間亦有因不識碑别字或粗心衍奪者。總計標點句讀之誤六十九處,誤字二十二,衍字三,奪字十六,未識字二。原擬依次正讀,並將衍誤等一一舉證,現翻檢《全唐文補遺》第七輯已收錄標點,與筆者所整理基本相同。①故下面僅就涉及典故典制者正其讀,其他從略。其體式爲:先引錄陳氏原文,次詮釋典故、語詞,而後標出正確句讀。中涉碑别字及衍奪,亦隨文校正。

(一)榮能疊振,建邦將萬,石君同謀,有必諧殖貨與知户侯等。按,《史記·萬石張叔列傳》載:萬石君名奮,姓石氏。起家小吏,隨高祖,爲中涓。文帝時,積功至大中大夫,遷太子太傅。景帝即位爲九卿,秩二千石,四子亦各官至二千石,合萬石。景帝曰:"石君及四子皆二千石,人臣尊寵乃集其門,號奮爲'萬石君'。"萬石君無文學,以"恭敬無與比"立身,"子孫遵教,亦如之"。其家"以孝謹聞乎郡國,雖齊魯諸儒質行,皆自以爲不及也"。誌文以祖貞比萬石君,蓋攀其同姓名人爲比,兼指其以恭敬孝謹立身處世。知户侯,拓片作"千户侯",即食邑千户之侯爵。謀必有諧,殖貨與千户侯等。知石貞兼能貨殖,家財殷實。句讀當爲:**榮能疊振,建邦將萬石君同;謀有必諧,殖貨與千户侯等。**

(二)累遷檢校左散騎常侍、越卅別駕,贈刑部尚書、兼命掖垣。既處珥貂之貴,題輿涮水,俄終署劍之榮。"卅"爲"州"字之形誤。拓片作"州",甚清晰。掖垣,皇宫旁垣,爲唐代門下、中書二省所在地。散騎常侍,唐貞觀初置二人,隸門下省,顯慶初增二人,隸中書省,遂分左、右,皆金蟬珥貂。故"兼命掖垣,既處珥貂之貴"乃承左散騎常侍而言。《北堂書鈔》卷七十三引謝承《後漢書》:"周景爲豫州刺史,辟汝南陳蕃爲別駕,蕃不肯就見。景題別駕輿曰:'陳仲舉座也。'不復更辟。蕃[惶](據《御覽》卷二百六十三補)懼,起視職。"後以"題輿"借指別駕。楊炯《從甥梁錡墓誌銘》云"周景之禮陳蕃,仍降題輿之命",即用此事。署劍之典出《後漢書》,《韓稜傳》載:"韓稜字伯師,穎川舞陽人,弓高侯穨當之後也。"②遷尚書令,與僕射郅壽、尚書陳寵同時,俱以才能稱。"肅宗嘗賜諸尚書劍,唯此三人特以寶劍,自手署其名曰:'韓稜楚龍淵,郅壽蜀漢文,陳寵濟南椎成。'"時人認爲,"[韓]稜淵深有謀,故得龍淵;[郅]壽明達有文章,故得漢文;[陳]寵敦朴,善不見外,故得椎成"。知"題輿涮水",承"越州別駕"一職而言。則"署劍之榮"一

---

① 吴剛、王京陽《全唐文補遺》第七輯,三秦出版社2000年版,第170—173頁。
② 李賢注云:"穨當,韓王信之子。"

語,乃因"贈刑部尚書"而作。是知"尚書"以前,據實歷述官職,"兼命"以後,乃以四六文一句統括之。句讀當爲:**累遷檢校左散騎常侍、越州別駕,贈刑部尚書。兼命披垣,既處珥貂之貴;題輿湔水,俄終署劍之榮。**

(三)先是尚書公以才勇過人,機畫邁衆,耿秉之列。陳立就亞夫(周亞夫)之堅卧,餽(饋)粮分十道而方入,齊師去旆,違七里而不知。"先是"後可逗,使語氣平緩。"畫"當爲"畫"字。機畫,謀劃也。《後漢書·耿秉傳》:"秉字伯初,有偉體,腰帶八圍。博通書記,能説《司馬兵法》,尤好將帥之略。"曾隨竇憲擊北匈奴,大破之,遂登燕然山勒銘而還。"秉性勇壯而簡易於事,軍行常被甲在前,休止不結營部,然遠斥候,明要誓,有警,軍陳立成,士卒皆樂爲死。"誌文"耿秉之列陳立就"殆指此。《史記·絳侯周勃世家》載:亞夫,勃子,勝之弟。嘗以治軍有方,細柳擋駕,而爲文帝嗟賞。孝景三年,吴楚反。亞夫以中尉爲太尉,東擊吴楚。吴方攻梁,梁請救于太尉。數請皆"堅壁不出",而使輕騎兵絶吴楚兵糧道。吴乏糧,飢而挑戰,終不出。"夜,軍中驚,内相攻擊擾亂,至於太尉帳下。太尉終卧不起。頃之,復定。後吴奔壁東南陬,太尉使備西北。已而其精兵果奔西北,不得入。吴兵既餓,乃引而去。太尉出精兵追擊,大破之。"誌文"亞夫之堅卧"即指此事。據誌文拓片,"堅卧"之後有"不驚官渡"四字,録文奪,蓋前兩字屬上,後兩字屬下。《漢書·匈奴傳下》:"莽新即位,怙府庫之富,欲立威,乃拜十二部將率,發郡國勇士,武庫精兵,各有所屯守,轉委輸於邊。議滿三十萬衆,齎三百日糧,同時十道並出,窮追匈奴,内之于丁令,因分其地,立呼韓邪十五子。"誌文"官渡饋糧,分十道而方入"即用此典。《左傳·哀公二十七年》載:晉荀瑶率師伐鄭,鄭駟弘請求于齊。齊師救鄭。"及留舒,違穀七里,穀人不知……知伯聞之,乃還,曰:'我卜伐鄭,不卜敵齊。'"蓋知伯以齊師整肅,不可敵也。《説苑·指武》載此事,而云:"齊田恒救之。有登蓋,必身立焉;車徒有不進者,必令助之。壘合而後敢處,井竈成而後敢食。智(知)伯曰:'吾聞田恒新得國而愛其民,内同其財,外同其勤勞,治軍若此,其得衆也,不可待也。'乃去之耳。"正可爲《左傳》之注脚。誌文"齊師去旆,違七里而不知"一典源此。以上數句皆描寫尚書公石盛之"雄略沉毅"、"才勇過人"、"機畫邁衆"之處。句讀當爲:**先是,尚書公以才勇過人,機畫邁衆。耿秉之列陳立就,亞夫之堅卧不驚。官渡餽粮,分十道而方入;齊師去旆,違七里而不知。**

（四）星辰降耀，紫（髯）之質，早彰旗鼓，相參黑矟之感，自峻材巨，則梗柟（楠）合抱量遠，則江海通流。按，紫髯，指孫權。《三國志·吳志·吳主傳》"權乘駿馬越津橋得去"裴松之注引晉袁曄《獻帝春秋》："張遼問吳降人：'向有紫髯將軍，長上短下，便馬善射，是誰？'降人答曰：'是孫會稽。'遼及樂進相遇，言不早知之，急追自得，舉軍歎恨。"傳又載漢使劉琬相權曰："形貌奇偉，骨體不恒，有大貴之表，年又最壽。"曹操亦有"生子當如孫仲謀"之歎。世言孫權碧眼紫髯。此皆資質早彰之表徵。《魏書·于栗磾傳》謂磾"能左右馳射，武藝過人"，太祖道武帝曾謂栗磾曰："卿即吾之黥、彭。""劉裕之伐姚泓也，栗磾慮其北擾，遂築壘於河上，親自守焉。禁防嚴密，斥候不通。裕甚憚之，不敢前進。裕遺栗磾書，遠引孫權求討關羽之事，假道西上，題書曰'黑矟公麾下'。栗磾以狀表聞，太宗許之，因授黑矟將軍。栗磾好持黑矟以自標，裕望而異之，故有是語。"感，誌文拓片作"威"。梗與楠皆大木，可用作棟樑。故云"材巨則梗楠合抱"。句讀當爲：**星辰降耀，紫（髯）之質早彰；旗鼓相參，黑矟之威自峻。材巨則梗柟（楠）合抱，量遠則江海通流。**

（五）則豈比夫張玄友，于空見敵於道韞，徐吾鍾愛止，獲配於子南而已哉。按，《書·君陳》："唯孝友于兄弟。"後以"友于"爲兄弟友愛之情。謝道韞以柳絮擬雪、解王郎之圍等典實已爲人熟知。《晉書·列女傳·王凝之妻謝氏》載："初，同郡張玄妹亦有才質，適於顧氏，玄每稱之，以敵道韞。有濟尼者，遊於二家，或問之，濟尼答曰：'王夫人神情散朗，故有林下風氣。顧家婦清心玉映，自是閨房之秀。'"[①]是乃謂張不及謝，玄僅出於同胞友愛，以爲可敵。故誌文云"空見敵於道韞"。春秋鄭徐吾犯之妹美，已爲穆公之孫公孫楚所聘。而公孫黑又強行再聘。犯懼而告子產。子產主張由其妹自行抉擇。最後其妹選擇子南（公孫楚）。事見《左傳·昭公元年》。此謂徐吾犯出於鍾愛其妹，故周旋此事以配子南。獲，拓片作"獲"，獲配者，得以配之也。己爲已之誤字，拓片正作"已"。誌文云"公之嫡妹以懿淑出人"，"公妹即聖上第二夫人，封武威郡君"。其所配遠貴于子南，故云"徐吾

---

① 《晉書》本之《世説》，《賢媛》載："謝遏絕重其姊，張玄常稱其妹，欲以敵之。有濟尼者並遊張、謝二家。人問其優劣，答曰：'王夫人神情散朗，故有林下風氣；顧家婦清心玉映，自是閨房之秀。'"此唐修《晉書》取野史、小説之一例。

鍾愛,止獲配於子南而已哉"。句讀當爲:**則豈比夫張玄友于,空見敵於道韞;徐吾鍾愛,止獲配於子南而已哉。**

(六)樹藝無傷。晉樂鍼則嘗聞楚子,矯激不作魏無忌,則徒扼秦軍。按,《左傳·成公十六年》載:晉楚鄢陵之戰中,晉樂鍼見到楚子重之旗,便向晉侯說:"日臣之使於楚也,子重問晉國之勇,臣對曰:'好以衆整。'曰:'又何如?'臣對曰:'好以暇。'今兩國治戎,行人不使,不可謂整;臨事而食言,不可謂暇。請攝飲焉。"晉侯許之。遂使行人攜酒奉子重飲。子重曰:"夫子(指樂鍼)嘗與吾言於楚,必是故也。不亦識乎?"此即所謂樂氏嘗聞于楚子也。何謂"樹藝無傷"?樹藝,箭靶。《左傳》於樂鍼進說晉侯之前,正敘述楚師爲晉軍所迫而處於險地,楚叔山冉使養由基射,養由基發兩箭,死兩人,乃止晉軍。此謂晉軍他人無論,若鍼者,因嘗聞於楚子,故不可樹爲箭靶而傷之也。魏無忌即信陵君。魏安釐王二十一年,秦昭王圍趙邯鄲,趙求救於魏。安釐王使將軍晉鄙將十萬衆救趙。已而聽秦使言而恐,使人止晉鄙。信陵君之姊爲趙平原君夫人,故平原君使者冠蓋相屬於魏以求救。信陵君聽侯生之言,使如姬盜兵符,椎殺晉鄙,擊退秦軍。事見《史記·魏公子列傳》。此言信陵君矯命殺將,舉措不免偏激,雖扼秦軍,其功過猶可議。誌文前言"繼專軍旅,益動風雲",而後接此兩句,蓋言石彥辭治軍舉措得體,聲聞敵國。句讀當爲:**樹藝無傷,晉樂鍼則嘗聞楚子;矯激不作,魏無忌則徒扼秦軍。**

(七)拱衛秩高,階序勢極,兩遷八座。鄭榮則笑傲會府,寇恂則周旋河内。按,拱衛、階序兩句,乃承上文所云官職言,故"極"後當改句號。鄭榮,誌文作"鄭崇"。笑傲,誌文作"嘯傲"。八座,東漢以六曹尚書及令、僕射爲八座。《漢書·鄭崇傳》:"鄭崇字子游,本高密大族……崇少爲郡文學史,至丞相大車屬。"爲傅喜所薦,"哀帝擢爲尚書僕射。數求見諫爭,上初納用之。每見曳革履,上笑曰:'我識鄭尚書履聲。'"後因諫董賢等得罪見疏,又爲趙昌誣奏與宗族通,疑有姦。"上責崇曰:'君門如市人,何以欲禁切主上?'崇對曰'臣門如市,臣心如水。願得考覆。'上怒,下崇獄,窮治,死獄中。"傳未言兩遷尚書,然以崇數諫衡之,宜有除遷。嘯傲會府,會府即尚書省之別稱。此殆指昌誣崇與宗族通而門如市人之事。今言嘯傲,狀其曠放無拘,談笑自若,本無姦情。此或暗喻誌主亦有相同經歷。"寇恂"句前,據誌文,録文脫"一舉六條"四字。《後漢書·寇恂傳》:"寇恂字子翼,上谷昌平人也,世爲著姓。恂初爲郡功曹,太守耿况甚重之。"後"與况子弇等俱南及光武於廣阿。拜恂爲偏將軍,號承義侯,從破群賊。數與鄧禹謀議,禹奇之,因奉牛酒共交歡。光武南定河内,而更始大司馬朱鮪等盛兵據洛陽。又并州未安,光武難其守",問於鄧禹曰:"諸將誰可使守河内者?"禹以河内比高祖時之關中,謂當年蕭何鎮之,乃使高祖終成大業,遂對:"寇恂文武備足,有牧人御衆之才,非此子莫可使也。"乃拜恂爲河内太守,行大將軍事。"恂移書屬縣,講兵肄射,伐淇園之竹,爲矢百餘萬,養馬二千匹,收租四百萬斛,轉以給軍。"洵稱其職。移書屬縣者,漢制,刺史上任,頒行六條考察郡國官吏的政令。漢蔡質《漢官典職儀式選用》有云:"詔書舊典,刺史班宣,周行郡國,省察治狀,黜陟能否,斷治冤獄,以六條問事……一條,强宗豪右田宅逾制,以强陵弱,以衆暴寡。二條,二千石不奉詔書遵承典制,倍公向私,旁詔守利,侵漁百姓,聚斂爲奸。三條,二千石不恤疑獄,風厲殺人,怒則任刑,喜則淫賞,煩擾苛暴,剥戮黎元,爲百姓所疾,山崩石裂,妖祥訛言。四條,二千石選署不平,苟阿所愛,蔽賢寵頑。五條,二千石子弟恃怙榮勢,請托所監。六條,二千石違公下比,阿附豪强,通行貨賂,割損政令也。"①此以寇恂之能治,以况誌主之幹練。句讀當爲:**拱衞秩高,階序勢極。兩遷八座,鄭崇則嘯傲會府;一舉六條,寇恂則周旋河内。**

(八)時以事殷,雄鎮行駐,隼旗雖指路,莫陳未睹麾旄之列。而藴化將布,已興襦褲之詠。按,雄鎮即重鎮。事殷,時事孔殷。謂當時以重鎮之事急迫。《周禮·春官·司常》:"鳥隼爲旟……州里建旟。"後遂以隼旗指代州郡長官。此指誌主。謂其急赴重鎮,沿途行駐,時停畫有隼鳥、代表州郡長官之旗。莫陳,未列陣隊。麾旄,借指軍隊。藴化,猶言教化。襦褲,指《襦褲歌》。後漢廉范字叔度,曾爲武威、武都太守,隨俗化導,各得治宜。建初中遷蜀郡太守,屬以淳厚。"成都民物豐盛,邑宇逼側,舊制禁民夜作,以防火災,而更相隱蔽,燒者日屬。范乃毁削先令,但嚴使儲水而已。百姓爲便,乃歌之曰:'廉叔度,來何暮?不禁火,民安作。平生無襦今五絝。'"見《後漢書》本傳。後用爲州郡官吏惠民之典。誌文後兩句謂:因赴任匆急,雖沿途未能整肅陣列,但誌主惠民之心早存,教化之氣先行,故百姓擁戴之情已隱然可見。句讀當爲:**時以事殷雄鎮,行駐隼旗。雖指路莫陳,未**

---

① 清孫星衍等輯、周天游點校《漢官六種》,中華書局1990年版,第208頁。

睹廱旄之列；而蘊化將布，已興襦袴之詠。

（九）夫人昌黎韓氏，義滌，齊體痛極，所天感漢庭。遺肉之儀，痛必越禮許。晉代拜公之日，哀實過制。按，齊體，《白虎通·嫁娶》："妻者，齊也。與夫齊體，自天子下至庶人，其義一也。"滌，字書無此字。誌文作"深"。此句謂夫妻恩義之深也。所天，指所依靠的人，此指丈夫，即誌主。《漢書·東方朔傳》載，三伏日，武帝詔賜從官肉。因大官丞日晏不來，朔獨拔劍割肉而去。大官奏上，武帝問朔。朔再拜答曰："朔來！朔來！受賜不待詔，何無禮也！拔劍割肉，壹何壯也！割之不多，又何廉也！歸遺細君，又何仁也！""上笑曰：'使先生自責，乃反自譽！'復賜酒一石，肉百斤，歸遺細君。"關於晉代位拜三公，死時帝皇賜葬具而親臨以吊者甚多，但從誌主曾帶兵作戰，在鼎革之際起過重要作用，且誌文又與夫人之事連述，故似以晉羊祜之事爲典。《晉書·羊祜傳》："羊祜字叔子，泰山南城人……祜年十二喪父，孝思過禮，事叔父耽甚謹。嘗遊汶水之濱，遇父老謂之曰：'孺子有好相，年未六十，必建大功於天下。'……武帝受禪，以佐命之勳，進號中軍將軍，加散騎常侍，改封郡公，邑三千户。固讓封不受，乃進本爵爲侯，置郎中令，備九官之職，加夫人印綬……帝有滅吳之志，以祜爲都督荆州諸軍事……疾漸篤，乃舉杜預自代。尋卒，時年五十八。帝素服哭之甚哀。是日大寒，帝涕淚霑鬚鬢，皆爲冰焉。南州人征市日聞祜喪，莫不號慟，罷市，巷哭者聲相接。"又詔曰："其追贈侍中、太傅，持節如故。""祜喪既引，帝於大司馬門南臨送。""祜卒二歲而吳平，群臣上壽，帝執爵流涕曰：'此羊太傅之功也。'因以克定之功，策告祜廟，仍依蕭何故事，封其夫人。策曰：'……今封夫人夏侯氏萬歲鄉君，食邑五千户，又賜帛萬匹，穀萬斛。'"據此二典，知誌主之死，朝廷必如羊祜等賜物臨吊，封妻蔭子，故其妻睹物思恩，觸景傷情，則其哀痛必有逾常禮。句讀當爲：**夫人昌黎韓氏，義深齊體，痛極所天。感漢庭遺肉之儀，痛必越禮；許晉代拜公之日，哀實過制。**

（十）松楸可待，東武之胤。遥連塋闕至高，柳季之樵，不入軘車，結軫羈鞅，所以追牆翣，塞衢蕞蕟，由是疊響。按，松楸，松樹和楸樹，爲古代墓前常樹者，因代指墳墓。東武之胤，晉潘岳作《懷舊賦》，乃懷念其岳父楊肇及兩内舅道元、公嗣而作。賦序云："余十二而獲見於父友東武戴侯楊君，始見知名，遂申之以婚姻。而道元、公嗣，亦隆世親之愛。不幸短命，父子凋殞。"楊肇字秀初，榮陽人，封東武伯。薨，謚曰戴。長子潭，字道元，太中大夫。次韶,字公嗣,射聲司馬。一父二子,皆有名於時。誌文用此典,乃以後文所云,誌主有二子昌業、昌能,"皆神資秀爽,生知孝愛",足以繼美二楊。故云"松楸可待,東武之胤遥連"。塋闕,墳墓。古者墓而不封,後世墓之高低及誌之大小皆有定制。依誌主之身份,其墓必隆。《戰國策·齊策四》"齊宣王見顔斶章"引顔斶云:"昔者,秦攻齊,令曰:'敢有去柳下季壟五十步而樵采者,罪死不赦!'"後多用爲典實。南朝梁任昉《爲范始興作求立太宰碑表》:"寧容使長想九原,樵蘇罔識其禁。"《卞彬謝修卞忠貞墓啓》:"樵蘇之刑,遠流於皇代。"皆用此事爲典。輀車,喪車。結軨,停車。牆翣,棺飾。蒿薤,《蒿里》《薤露》,古喪歌名。晉崔豹《古今注·音樂》:"《薤露》《蒿里》,並喪歌也。出田橫門人。橫自殺,門人傷之,爲之悲歌,言人命如薤上之露,易晞滅也。亦謂人死魂魄歸於蒿里。""至孝武時,李延年乃分爲二曲,《薤露》送王公大人,《蒿里》送士大夫庶人。使挽柩者歌之,世呼爲挽歌。"二曲後世詩文中多統言不別,泛指挽歌。輀車結軨,牆翣塞衢,皆言葬禮之儀隆而送葬之人衆,故《蒿里》《薤露》之喪歌聲此起彼伏。"追"後一字,録文空缺,誌文作"蹤"字。"由是",誌文作"由其"。句讀當爲:**松楸可待,東武之胤遥連;塋闕至高,柳季之樵不入。輀車結軨,輺軏所以追蹤;牆翣塞衢,《蒿》《薤》由是疊響。**

（十一）愧其學昧,該詳才非,著叙伯喈甚遠,難追絕妙之文希逸,誰加空羨美終之誄。按,該詳,完備詳盡。此謂才學疏淺,實非爲誌主撰寫誌文之人。伯喈,東漢蔡邕字。邕長於碑文,一時名流公卿,皆以得其文爲榮。雖自謂平生所作,唯郭有道碑文無愧,然觀其所作,熔鑄經誥,精雅淵穆,自非後人所能及。故誌文云"伯喈甚遠,難追絕妙之文"。希逸,南朝宋謝莊字。美終之誄,指謝莊所作《宋孝武宣貴妃誄並序》。該文數用"嗚呼哀哉",令人迴腸盪氣;詞情並茂,堪稱纏綿悽愴。歷來奉爲誄文之典範。故誌文云"希逸誰加,空羨美終之誄"。句讀當爲:**愧其學昧該詳,才非著叙。伯喈甚遠,難追絕妙之文;希逸誰加,空羨美終之誄。**

二、史事索隱

誌主石彥辭字匡臣。以後梁開平四年(910)七月卒,享年五十八,逆推當生於唐宣宗大中七年（853）。兩《唐書》不列傳，其他列傳及本紀亦少提及。誌文云中和乙巳，職玄武軍同節度副使，兼御史司憲。是唐僖宗中和五年（885）三月以前（按三月改元光啓），已榮昇其職，時年三十三歲。御史司憲即御史中丞別名，御史台長官，正四品。光啓二年丙午（886），轉左千牛衛將軍、撿挍右散騎常侍、亳州別駕。右散騎常侍掌規諫，爲正三品。昭宗即位（龍紀元年，889）加撿挍工部尚書、右威衛將軍，遷節院使。時以三品代理工部尚書。乾寧元年（894），加金紫光祿大夫、撿挍户部尚書。以三品加散官金紫光祿大夫，攝理户部事務。景福癸亥疑爲"癸丑"之誤，殆景福二年（893），加撿挍司空，守台州刺史。唐以司空、太尉、司徒合稱三公，故云"階序勢極"。前後八年，多次昇遷，機緣才幹，固是其因，而是否尚有其他被掩覆的歷史緣由，亦有待揭發。彥辭雖無正史傳記載及生平，然文獻中却有兩條史料涉及其行事。

《吳越備史》卷二云："〔丁卯四年春四月〕戊午克溫州……是月，梁太祖受唐禪，大赦，改元開平。奉唐帝爲濟陰王。敕遣上金吾衛將軍石彥辭、刑部郎中薛昭序來宣諭。"①是朱溫代唐，石彥辭已爲所用。

《册府元龜》卷五百二十二載："梁蕭頃爲御史司憲，太祖開平三年，鄆州百姓劉郁於駕前陳狀，論金吾大將軍石彥辭賣宅不肯交割。經御史臺論理，不爲推窮事。頃與侍御史盧麻各罰兩月俸。"②石彥辭賣宅不肯交割，有百姓於駕前告狀，可見其仗勢欺人。朱溫得狀，罰御史蕭頃、侍御史盧麻兩月俸，而不處理石彥辭，又可見對其似特別縱容寬宥。

由以上兩事，可以抉發誌文記載彥辭之妹所嫁之事。

誌文云："唐中和辛丑歲，公之嫡妹以懿淑出人，今聖上奇表積於芒碭，佳氣集於豐沛，方臻令耦，竟奉天姻。則豈比夫張玄友于，空見敵於道韞；徐吾鍾愛，止獲配於子南而已哉。公妹即聖上第二夫人，封武威郡君。年三十四，早亡。"陳忠凱云："以此爲據，公之嫡妹應爲唐僖宗李儇的第二夫人。而新、舊《唐書》、《資治通鑑》不載。"將彥辭之妹判歸爲僖宗之"夫人"，

---

① 宋錢儼《吳越備史》卷二《武肅王下》。吳任臣《十國春秋》卷七十七襲用《備史》文，作："是月，梁王晃稱皇帝，國號梁，改元開平。遣上金吾衛將軍石彥辭、刑部郎中薛昭序來宣諭。"（中華書局1983年版，第3册，第1077頁）。唯《錢氏家乘·年表》作"梁遣使來宣喻"，未著明官員姓名。參見諸葛計、銀玉珍《吳越史事編年》引，浙江古籍出版社1989年版，第106頁。
② 《册府元龜》卷五百二十二，中華書局1960年影印本，第七册，第6236頁下。

可以佐助解釋石氏何以在僖宗朝屢屢遷昇之事，然却於史事有所不妥。

（一）誌文云"今聖上"、"聖上第二夫人"。聖上指在位之皇上，胡裳吉撰誌在梁開平四年九月四日前後或以後，此時之聖上應指梁之朱温，而不可能稱唐之僖宗。

（二）僖宗李儇生於咸通三年（862）五月八日，小於石彦辭九歲。除非假設彦辭胞妹小於彦辭十歲以上，始與僖宗同年或小於僖宗。儘管其妹小於彦辭十歲或大於唐僖宗而姻配皆有可能，但中和辛丑之歲僖宗正在成都，國基搖動，似無選妃之事。

（三）朱温是唐宋州碭山人。以唐大中六年（852）歲在壬申十月二十一日夜生於碭山縣午溝里。《本紀》載其所生之夕，"所居廬舍之上有赤氣上騰，里人望之，皆驚奔而來曰：'朱家火發矣。'及至，則廬舍儼然。既而鄰人以誕孩告，衆咸異之"。①碭山赤氣上騰，與誌文"今聖上奇表積於芒碭，佳氣集於豐沛"適相應符。用漢高祖豐沛佳氣相襯，自指帝王之瑞。朱温大於石彦辭一歲，宜其大於彦辭之妹。《新五代史·梁家人傳·元貞皇后張氏》云："太祖元貞皇后張氏，單州碭山縣渠亭里富家子也。太祖少以婦聘之，生末帝。太祖貴，封魏國夫人……天祐元年（904），后以疾卒。太祖即位，追册爲賢妃。"是張氏卒於公元904年。中和改元在辛丑（881）七月之後，時朱温虚齡三十，張氏未卒，故誌文云"聖上第二夫人"。娶彦辭之妹時，温在黄巢部下正轉戰有功，此是否會影響彦辭仕途？《舊唐書·僖宗紀》廣明元年（880）："六月，沙陀退還代州，車駕幸成都府，西川節度使陳敬瑄自來迎奉。七月，丁未朔。乙卯，車駕幸西蜀。丁巳，御成都府廨，改廣明二年爲中和元年（881），大赦天下。"可見當時僖宗正自顧不暇。二年（882）九月，朱温斬僞監軍使嚴實，舉郡降唐。②及僖宗車駕自蜀還京，已在光啓元年（885）正月。是知朱温娶彦辭胞妹之時，適值京師黄巢之亂，僖宗奔蜀。及亂平還長安，朱温早已降唐。故朱、石聯姻不會影響彦辭之昇遷。相反，朱温爲僖宗倚重，彦辭也受到重用。誌文云："光啓丙午（二年，886）年，轉左千牛衛將軍、撿挍右散騎常侍、亳州別駕。繼專軍旅，益動風雲。"

---

① 陳尚君《舊五代史新輯會證》卷一，復旦大學出版社2005年版，第3頁。
② 《舊唐書·僖宗紀》作"八月庚子"，《新唐書》作"九月丙戌"，《通鑑》同，所紀互異。似以九月爲是。

"繼專"與"益動"二詞,可以想見當時春風得意之情景。

(四)誌文云:"則豈比夫張玄友于,空見敵於道韞;徐吾鍾愛,止獲配於子南而已哉。"將彥辭之嫁妹比之於張玄和徐吾犯,正説明所嫁非當時之天子。若選爲僖宗妃子或貴人,措辭如此,是謂擬於不倫。而將此比喻移之朱温,却甚貼切。當時温雖非朝廷重臣,却也是一方名將。而且日後代唐而立,成爲"當今聖上"。這是石家當時無論如何想象不到的"天姻",所以誌文説是"方臻令耦,竟奉天姻"。"竟奉"二字,透露出石家之驚喜。因此,儘管其妹"早亡",還是在介紹彥辭之後,依年份重點叙述此段姻緣。

(五)誌文"晉代拜公之日,哀實過制"用晉羊祜之典。羊祜,生於西元221年,卒於278年,終年58歲,與彥辭適相當。此亦巧合,固可忽略不計。然羊祜娶夏侯霸之女,彥辭娶昌黎韓氏爲夫人,亦名族。羊祜之姐羊徽瑜爲司馬師之第三夫人,彥辭之妹嫁朱温爲第二夫人,皆"竟奉天姻"。故用羊祜拜公之典,别具匠心。

(六)因爲石彥辭與朱温有如此一段聯姻,故朱温登基,以彥辭爲親信,於開平二年,"擢公(彥辭)爲右金吾大將軍,充街使",統率御林軍,專掌出入警蹕、糾治不法、傳呼備道等。階至二品,寵極一時。

由以上六點證明石彥辭之胞妹嫁朱温,雖其妹早亡,而姻親之誼固在,從而可以深刻理解朱温派遣彥辭勸降吴越王和有賣宅反悔不糾治等事。抑不僅此,聯繫誌文所述石彥辭在僖宗中和五年(885)三月以前,僅是"公乃先尚書長子也。星辰降耀,紫髯之質早彰;旗鼓相參,黑矟之威自峻。才巨則梗柟合抱,量遠則江海通流。張飛萬人,劇孟一國",雖竭力渲染而無一官半職。緊接插入叙述其妹之"天姻",而後接叙彥辭於中和乙巳任宣武軍,同節度副使,兼御史司憲等等,其後則連連遷昇,平步青雲。而朱温降唐之後,竭力報國,二三年中,大小四十戰,前後擊敗黄巢與秦宗權等。至中和四年九月,僖宗加朱温檢校司徒、同平章事,封沛郡侯,食邑千户。① 權勢薰赫,聳動朝野。半年之後,石彥辭開始昇遷,而此時朱、石聯姻已有四年左右。緣此,雖説石彥辭有才幹有父蔭,恐也與朱温妻舅之身份不無關係。

---

① 《舊五代史・梁太祖紀一》,陳尚君《舊五代史新輯會證》卷一,復旦大學出版社2005年版,第10頁。

彦辭之曾祖饒、祖貞、父盛及弟朗，皆於史無徵。誌文言朗之官至爲皇撿校工部尚書。工部尚書爲正三品，即是撿校，其品位似亦不低於從三品。兄弟皆居高位，更使人疑與"竟奉天姻"有關。又篆蓋之從姪石戩，《舊唐書·崔胤傳》載，神策軍大將軍孫德昭常忿閹尹廢辱天子，胤使"判官石戩與德昭遊，伺其深意"。《通鑑》用此文，胡三省注："判官，度支鹽鐵判官也。"知此時石戩之官位尚低。開平四年篆蓋時署"朝議郎尚書駕部員外郎判度支案"，朝議郎正六品，員外郎從六品。《五代會要》卷二十載後唐同光二年（924）三月敕："其先減省員官，除已別授官外，左散騎常侍李文矩等三十人宜却後舊官，太子詹事石戩等五人宜以本官致仕，將作少監岑保嗣等一十四人候續敕處分。"①則後唐時石戩官至太子詹事，官階三品。十四年間，品越三級，雖云自然昇遷，或亦擺脱不了堂姑這門姻親的光環。因依常理推之，從姪年齡固當小於彦辭，同光二年決不滿七十。唐莊宗襲用昭宗天祐年號至十九年，其承嗣李唐之用心固無需懷疑。後以同光元年四月改元，十月克朱梁，隨即定邦安民，調遣任用急需之大臣，以維持全局。次年登基前夕，②即任免、勸退舊臣，雖云一朝天子一朝臣，而亦可推知石戩朝議郎、駕部員外郎之官職必爲梁太祖朱温和末帝朱友貞所擢。且在莊宗眼中的朱、石聯姻在僖宗時因黃巢之亂而未被追究已是石家之幸，朱温篡唐，雖非石家之罪，而勸退致仕，乃此時唯一而寬大的政治舉措。

誌文云："以開平四年七月四日寢疾，薨于延福里之第，享年五十八"，"即以其年九月四日葬于河南洛陽縣平樂鄉朱楊村，禮也"，既云葬於洛陽平樂鄉，則此"延福里"當在河南洛陽之東京。徐松於東京外郭城長夏門之東第三街列有延福坊，僅考得"福先寺"一處，③其後閻文儒、閻萬鈞《考補》、④李建超《增訂考》、⑤楊鴻年《坊里譜》皆據墓誌予以補苴，⑥而均未及石彦辭宅，兹可據補。

---

① 王溥《五代會要》卷二十，《叢書集成初編》本，第831號，第252頁。
② 王溥《五代會要》置此詔於三月，邵晉涵所輯《舊五代史》置於四月登基之後，陳尚君《新輯會證》卷三十一繫於三月癸丑條下。按，同光二年三月十五癸丑，四月無癸丑日，似當以王溥所載爲準。
③ 徐松《唐兩京城坊考》卷五，中華書局1985年版，第162頁。
④ 閻文儒、閻萬鈞《兩京城坊考補》，河南人民出版社1992年版，第883頁。
⑤ 李建超《增訂唐兩京城坊考》卷五，三秦出版社1996年版，第331—332頁。
⑥ 楊鴻年《隋唐兩京坊里譜》，上海古籍出版社1999年版，第130—133頁。

以彥辭卒於東京，推知其"天復甲子，授右羽林軍大將軍，轉左金吾將軍，加爵邑，充飛龍監牧"，當在長安，而開平二年擢爲右金吾大將軍、充街使時則已在東京。據《舊五代史・太祖紀二》所載，殆皆天復間隨昭宗同時東遷，至是而定居洛陽。

墓誌不言墓主之地望，僅題"武威縣開國男食邑三百户石府君"，而溯其來源云"石氏其先，出五帝之初，洪源巨派，昭貫天壤"。五帝之裔，遥遠而無所確指。其既封武威縣開國男，殆曾祖籍其地。《左傳・定公十四年》："天王使石尚來歸脤。"杜注："石尚，天子之士。石，氏；尚，名。"《元和姓纂》卷十作"漢石商、石奮"，①而《通志》引作"周有石速、石張、石尚，漢有石奮"，可證《姓纂》誤。網站有"西漢时有石商望出武威（今甘肅武威縣）"，②恐亦臆説。陳士元《姓觿》引《千家姓》謂石姓有武威族。③武威地處西域走廊，北朝時多有胡人改姓石者。《魏書・官氏志》："嗢石蘭氏後改爲石氏。"嗢石蘭即烏石蘭，後多居河南。又西域石氏本石國胡，後以國爲氏。④《宋高僧傳・唐釋神會》云："釋神會，俗姓石，本西域人也。祖父徙居，因家于岐，遂爲鳳翔人矣。"⑤鳳翔又在武威之東，是石姓胡人東遷而散居者頗多。誌雖不言地望，而墓主之爲西域胡人之可能性不能排斥。及其再遷入河南，則又與烏石蘭氏之石姓匯合矣。

一九九七年十一月初稿
二〇〇九年九月十日修訂

附記：

本文修訂成稿，始檢得《全唐文補遺》第七輯已收録此誌文，除個別排版選用字等不同外，基本與筆者所録相同，遂删去原文中關涉陳氏録文衍奪、碑别字之誤及某些不明語詞涵義、駢文句式等條，僅留存十一條關於典故典制之詮釋。

---

① 林寶撰、岑仲勉校《元和姓纂》，中華書局1994年版，第二册，第1595頁。
② 江蘇宿遷李江《百家姓堂號、對聯拾粹》，http://lijiang802238.blog.tianya.cn/?idWriter=0&Key=0。
③ 陳士元《姓觿》卷十《入陌》，《叢書集成初編》本，第3307號，第307頁。
④ 參見姚薇元《北朝胡姓考》，中華書局1962年版，第143、388頁。
⑤ 贊寧《宋高僧傳》卷九，《大正藏》第五十册，第764頁上。

附：

梁故静難功臣金紫光禄大夫撿校司空前守右金吾衛大將軍充街使兼御史大夫上柱國武威縣開國男食邑三百户石府君墓誌銘并序

從姪朝議郎、尚書駕部員外郎、判度支賜緋魚袋戩篆蓋

朝請大夫、尚書司封郎中、柱國胡裳吉撰

孔目官、前左驍衛長史李昭遠書

噫！夫鹽緯不能免流逸，日月不能無晦明。天之垂象，猶復虧奪，而其況於紛綸世故，衆萬相紕。是以大廈壞木，物有依憑之失；夜壑藏舟，時感超忽之□，環迴輻湊，無得而踰；古往今來，咸壹其歎。　　公諱彦辭，字匡臣。按石氏其先，出五帝之初，洪源巨𣲙，[①]昭貫天壤。夢符慶諜，雲龍有必感之徵；璧契祥經，神靈無虛應之瑞。《春秋左氏傳》云："因生以賜姓，胙之土以命之氏。"其是之謂乎？

曾祖饒，唐左神策軍司隸、兼右威衛中郎將。纘戎前裔，起家之道忽興；啓迪後人，嗣世之光間出。　　祖貞，襲　曾大父之職，累遷兼御史司憲。榮能疊振，建邦將萬石君同；謀有必諧，殖貨與千户侯等。　　皇考盛，雄略沉毅，首冠麾下，列土外薦，名級内昇，累遷撿校左散騎常侍、越州別駕，贈刑部尚書。兼命掖垣，既處珥貂之貴；題輿涮水，俄終署劍之榮。先是，　　尚書公以才勇過人，機畫邁衆。耿秉之列陣立就，亞夫之堅卧不驚。官渡餼粮，分十道而方入；齊師去旆，違七里而不知。軍志有聞，武功克備。皇妣宋氏，追封廣平縣太君，訓擅擇隣，戒思勝己，事吳未畢，遽焕於屏帷；相莒却還，猶堅於紡績。嬪則壺範，綽有餘裕。公乃　　先尚書長子也。星辰降耀，紫髯之質早彰；旗鼓相參，黑稍之威自峻。材巨則楩枏合抱，量遠則江海通流。張飛萬人，劇孟一國。唐中和辛丑歲，　　公之嫡妹以懿淑出人，今聖上奇表積於芒碭，佳氣集於豐沛，方臻令耦，竟奉天姻。則豈比夫張玄友于，空見敵於道韞；徐吾鍾愛，止獲配於子南而已哉。　　公妹即

聖上第二夫人，封武威郡君。年三十四，早亡。　　公中和乙巳，職宣武軍，同節度副使，兼御史司憲。霸府右校，法秩兼衛。垂橐自肅於戎容，執簡且光於烏集。其年遷首列，授宋州長史，兼御史大夫。寵分崇級，位迩中

---

① 即"派"字。《干禄字書》以为"派"之俗字。

權,況參半刺之榮,復就亞台之選。光啟丙午年,轉右千牛衛將軍,撿挍右散騎常侍、亳州別駕。繼專軍旅,益動風雲。樹藝無傷,晉欒鍼則嘗聞楚子;矯激不作,魏無忌則徒扼秦軍。龍紀己酉歲,加撿挍工部尚書、右威衛將軍,遷節院使。乾寧甲寅,加金紫光祿大夫、撿挍戶部尚書。丁巳,轉天平軍左都押衙。景福癸亥,加撿挍司空、守台州刺史,拱衛秩高,階序勢極。兩遷八座,鄭崇則嘯傲會府;一舉六條,寇恂則周旋河內。時以事殷雄鎮,行駐隼旟,雖指路莫陳,未睹麾旄之列;而蘊化將布,已興襦袴之詠。天復甲子,授右羽林軍大將軍,轉左金吾將軍,加爵邑,充飛龍監牧。使陳師鞠旅,既邁於威德;錫壤疏封,且隆其班爵。公望適高於環尹,司坰復振於馬官。道契　　新朝,事符往制。　　我梁開平二年,建國之初,庶務修明,群倫思舉。有便於時教者,莫不來之。於是擢　公爲右金吾大將軍、充街使。　　禁禦肅清,壯晨趨之列;輦轂按堵,無夜吠之音。　　蓂階深秘於九重,　蘭錡橫臻於兩仗,可謂濟時雄度,當代英姿,鑑奪未然,智周無際。先是,公以許　國之暇,官守之餘,率以浮屠氏及玄元太一之法志於心腑間。每清朝朗夕,佛諦道念。恒河指喻,儼究於空王;真誥取徵,頗齊於羽客。而且常精藥訣,每集靈方。天外星辰,必通香火;鼎中龍虎,實變丹砂。惠周應病之仁,情極恤貧之愛。方且更期福祐,益保延長。淮陰之設齋壇,大漢之重推轂,將申報國,適用殿邦。無何六氣相攻,五邪竟搆。齊大夫纔憂齲齒,陽虛侯止慮覆桮。無何,效寢針砭,力摧寒暑。一日將甚困,因顧謂夫人曰:"凡生居祿秩,不謂不貴矣;歿有班白,不謂不壽矣。但雨露之恩既厚,君父之德未報,生平之恨,唯此而已矣。吾廄有良馬,而帑有兼金。罄進　玉階,粗達臣節。"言訖,奄然而息。即以開平四年七月四日寢疾,薨于延福里之第,享年五十八。

　　夫人昌黎韓氏,　義深齊體,痛疾所天。感漢庭遺肉之儀,痛必越禮;許晉代拜公之日,哀實過制。殆闔堂共惋,舉室同悲。春相無聞,巷歌不奏。翌日,盡以　付託委從表姪、前虢州司馬楊觀昌提筆奉遺表,具以駢驪金璧之類,列於　　王庭,敬前命也。　　夫人之裔,其世族出自姬周之際,前誥所謂邘晉,應韓武之穆也。於斯可見宣子適魯,厥實御戎,其宗派由來遠矣。況又風德清舉,懿淑昭煥,奉家道而無所不理,當庶務而皆出有餘。訓緝之方,殆若神助。執　喪禮之至,舉葬備之大,雖百其緒,而迄無違者。且命斲他山之石,寫作誌狀,演摩訶之偈,礱爲寶幢。告龜筮以求通，問牛眠而演慶。松楸可待，東武之胤遙連；塋闕至高，柳季之樵不入。輀車結軫，羈靮所以追蹤；　牆罨塞衢，蒿薤由其疊響。自近代已來，士大夫之家葬禮庀事之備，稀有及此者。即以其年九月四日葬于河南府洛陽縣平樂鄉朱楊村，禮也。長子昌業，年十八，守左千牛衛備身。次子昌能，年十六，以齋郎調補，方在格限。昆弟皆神資秀爽，生知孝愛。穀也那也，保家之道迭興；伯兮叔兮，吐哺之仁早著。鄙無後也，真有子哉。幼子醜漢，方迩髫齓，而啼快之音，固近天性。長女大寶，次女小寶，皆未及笄年，而訓戒有聞。　令弟朗，皇撿挍工部尚書，友愛所鍾，叶於棣萼；爵祿之貴，均在急難。吁，今則已矣。裒吉，同里巷也，類於他宅，居爲切隣，早奉班行，實探　平昔，今辱　哀旨，俾當勒銘。愧其學昧該詳，才非著叙。伯喈甚遠，難追絶妙之文；希逸誰加，空羨美終之誄。銘曰：

蕭穆宗周，英特全晉。大河千尋，靈嶽萬仞。祥雲若鋪，旭日如印。光前絶後，永永不泯。其一 邈哉偉度，瑩若澄懷。高欺厎柱，煦小春臺。蹈海巨機，刱廈宏材。匡時命世，固無所偕。其二 戎機無前，軍法無隱，不資探簡，期必授脈。斥候靡差，刁斗□振。黑子九攻，武侯八陣。其三 雄姿獨高，秀氣相蔟。孟仲之間，公侯之祿。六尺身軀，十圍腰腹。時懼季梁，人欽郤縠。其四 義則無前，才實具美。祭遵文學，養由弓矢。疾足誰過，怒飛難已。鵰鶚重霄，駶騄千里。其五 天資全德，允文允武。祇畏國經，周旋王度。環衛有儀，神州有序。師之耳目，在吾旗鼓。其六 松桂奇姿，風雲間氣。功業出人，煙霄得意。醉袖夜歸，朝纓曉起。雨露之恩，無所不至。其七 束帶餘閑，玄門是勉。煎金煮石，晝夜忘倦。俾生且延，俾病莫變。周窮濟乏，不仁者遠。其八 功德甚廣，基搆甚繁。以是餘慶，當福後昆。三子克荷，二女稱賢。主祊奉祀，不絶緜緜。其九 清洛之表，素野之前。豪家貴邸，彌迤相連。卜葬既就，屬詞既全。刻于堅珉，以永千年。其十

鎸玉册官李延輝刻字。

吕祖謙與《近思錄》

《近思錄》一書，朱熹與吕祖謙合編。採北宋周敦頤、程頤、程顥、張載四人二十七種著作中之語錄六百二十二條，分爲十四卷。[①] 編者取《論語·子張》子夏所云"博學而篤志，切問而近思，仁在其中矣"之"近思"二字爲書名，可謂寄意遥深。《近思錄》既是一本理學選集，也是宋代理學綱要性著作。其影響所及，不僅支配宋元明清士人思想精神達數百年之久，且遠播韓國、日本，並都得到官方認同而佔據思想統治地位。

一、《近思錄》編纂年月

本書编纂於宋淳熙二年(1175)。據朱熹《書〈近思錄〉後》，該年初夏，東萊吕祖謙從東陽造訪朱熹於寒泉精舍。談學論道之餘，相與讀周、張、二程之書，共歎四子之著作"廣大閎博，若無津涯。而懼夫初學者不知所入也，因共掇取其關於大體而切於日用者，以爲此編"。初夏之具體時日，記載略有不同。《東萊集》附錄《年譜》淳熙二年記東萊"四月二十一日如武夷訪朱編修元晦，潘叔昌（潘景愈）從，留月餘。觀關洛書，輯《近思錄》"。[②]《入閩錄》云："三月廿一日早發……〔四月初一〕至五夫里訪朱元晦，館於書

[①] 《近思錄》前"引用書目"欄列出十四種，但書中頗有軼出其所列之書者。此據陳榮捷統計，見《朱子新探索》，臺灣學生書局1988年版，第400頁。
[②] 吕祖儉、吕喬年編《吕東萊年譜》，《東萊集》附錄，《文淵閣四庫全書》本，臺灣商務印書館1983年影印版，第1150册，第444頁下。

室。"①陳榮捷以爲"浙江東陽郡金華縣離福建建陽約二百五十公里。至少需時八九日。必無四月二十一日動程,而能於五月五日完成《近思錄》之理"。遂謂"編輯《近思錄》之工作,必起於五夫里。隨後到建陽縣之寒泉精舍,'留止旬日'"。②《入閩錄》爲呂氏日記性著作,固可信,然謂"編輯《近思錄》之工作,必起於五夫里",亦未必。《入閩錄》雖非完帙,其四月五日以下殘缺,就四月一日朱、呂相會後幾日看,皆白晝游勝景,晚間宿寺庵,不可能陳書遴選四子語錄。呂伯恭《答邢邦用書》云:"某自春末爲建寧之行,與朱元晦相聚四十餘日,復同出至鵝湖。"③四十餘日爲呂氏自道,應屬實情,然其起訖須考論。武夷山六曲響聲巖有朱子墨跡,記與呂祖謙、何叔京等八人同游勝跡,下署"淳熙乙未(二年)五月二十一日",④此後即去鵝湖會陸氏兄弟。以此上推至四月初一,計五十日許。設若五夫里訪朱後數日間勝地之游,朱熹因故未日日作陪,則正符"四十餘日"之數。《年譜》"如武夷訪朱編修元晦"之"如"應是"到"之義,亦即正式到寒泉精舍與朱熹共同編纂之日,不能如陳氏理解爲"動程"。較爲合理之解釋,應是朱、呂相會游勝之際,情緣相契,已萌發編纂《近思錄》之設想。此後數日,各有思考。或許朱熹因宿於精舍,書籍具備,籌劃更深。及至四月二十一日,呂氏至精舍,"留止旬日",相與讀四子書,遂遴選彙編,至"五月五日"草成,費時一旬有餘,若統算前期醞釀籌畫階段,則前後有一個月左右。此種推測於現有資料與時間均相吻合。

二、呂祖謙在《近思錄》編纂中的作用

朱熹《書〈近思錄〉後》作於淳熙二年五月五日,係此書編纂初成時之記錄;而"相與讀周子、程子、張子之書"與"因共掇取"之語,又是編者最真切、平實之口述。呂祖謙同年好友樓鑰爲呂氏《辨志錄》作序,云其"所著書如

---

① 呂祖謙《入閩錄》,《東萊集》卷十五,《文淵閣四庫全書》本,第1150冊,第138頁上至139頁下。
② 陳榮捷《朱子新探索》,第52頁。
③ 呂祖謙《答邢邦用》,《東萊別集》卷十,《文淵閣四庫全書》本,第1150冊,第296頁上。
④ 轉引自陳榮捷《朱子新探索》,第566頁。

《大事記》《近思録》《閫範》之類，不一而足"。① 則二人共同編纂，是編者與師友朋輩之共識。宋人書目如《直齋書録解題》卷九、《郡齋讀書附志》及《宋志》子部儒家類均題作"朱熹、呂祖謙類編周敦頤、程頤、程顥、張載等書"，正確反映出此書編纂之實際情況。然檢覈朱熹門人之著作與往返書信，已屢屢稱之爲朱熹所編。元明以還，由於朱熹在思想學術上之獨特地位及影響，致使有些目録、書目、刊本多單題朱熹，而没吕祖謙之名。如湯顯祖重編該書直稱"朱子近思録"，②康熙間張英等所撰《孝經衍義》亦稱朱熹"復掇其要者，爲《近思録》"，③錢陳群刻《近思録》亦屢稱"朱子編輯本意"，④諸如此類，不一而足。雖然四庫館臣在《提要》中曾斥爲"後來講學家力争門户，務黜衆説而定一尊"之偏見，認爲"没祖謙之名，但稱'朱子《近思録》'，非其實也"，⑤似乎仍未能肅清影響。即如注釋精到，最具影響之江永《集注》，其望三益齋本、浙江書局本、光緒、民國石印本中序跋等處時有題"朱子原訂《近思録》"，故近代收入該書之《四部備要》照録原題；梁啓超所開之《國學入門書要目》，亦不提祖謙之名，致使據《要目》等目録編纂之《國學基本叢書》亦徑題"朱熹撰"。儘管《近思録》更多地體現了朱熹的理學思想，但因係二人共同編纂，其中必定掺入了吕氏思想意圖。揭櫫、彰明吕氏在《近思録》編纂中所灌注之思想，對於正確理解宋代理學發展，尤其在吕學研究中有不可忽視之作用。

卷九有"介甫言律是八分書，是他見得"一條。《朱子語類·程子之書二》云：有人問："介甫言律一條何意？"朱子答云："伯恭以凡事皆具，惟律不説，偶有此條，遂謾載之。"⑥卷十"益之初九"一條，《朱子語類·陳君舉》云："向編《近思録》，説與伯恭：'此一段非常有，不必入。'伯恭云：'既云非常有，則有時而有，豈可不書以爲戒？'及後思之，果然。"⑦此兩條可見吕祖謙在編纂過程中主張增入條目之建議爲朱熹所採納。

---

① 《攻媿集》卷五十三《辨志録序》，《四部叢刊》本，第六葉 B。
② 見耿文光《萬卷精華樓藏書記》卷七十四，黑龍江人民出版社 1992 年版，第三册，第 2024 頁。
③ 《御定孝經衍義》卷八十五，《文淵閣四庫全書》本，第 719 册，第 114 頁上。
④ 清錢陳群《香樹齋文集》卷十一，清乾隆刻本，第一葉。
⑤ 永瑢等《四庫全書總目·子部·儒家類二》，中華書局 1965 年影印本，第 780 頁下。
⑥ 《朱子語類》卷九十六，中華書局 1986 年版，第六册，第 2474 頁。
⑦ 《朱子語類》卷一百二十三，第八册，第 2965 頁。

《語類·張子之書》道夫録云:"問一故神。曰:'横渠説得極好,須當子細看。但《近思録》所載與本書不同。當時緣伯恭不肯全載,故後來不曾與他添得。'"①按,"一故神"一段四十五字出於《横渠易説》卷三,此後尚有"物形乃有小大精麤"至"惟是君子上達小人下達之爲別"共六十八字,今本《近思録》卷一不載。《晦庵集》卷五十四《答時子云》:"向編《近思録》,欲入數段説科舉壞人心術處,而伯恭不肯。今日乃知此箇病根從彼時便已栽種培養得在心田裏了,令人痛恨也。"②今本《近思録》無説科舉壞人心術之文字。《語類·程子之書三》賀孫録云:"'吾之心,即天地之心;吾之理,即萬物之理;一日之運,即一歲之運',這幾句説得甚好。人也會解得,祗是未必實見得。向編《近思録》,欲收此段。伯恭以爲怕人曉不得,錯誤了。"③今本《近思録》亦未收録。此三條爲朱熹聽從吕氏建議而未照録與增加者。所謂"伯恭不肯",已顯出吕氏之思想與態度,而未照録與增加,則足見吕氏在編纂中之作用。

吕氏最推崇伊川《易傳》,謂其書"理到語精,平易的當,立言無毫髮遺恨",④因而"多勸人看《易傳》",乃至"教人只得看伊川《易》,也不得致疑"。而朱熹則堅持《易》本爲卜筮之用,不滿於程子以義理釋《易》。弟子邵浩聽從吕氏之説,讀伊川《易傳》,而問朱熹:"伊川不應有錯處?"朱熹答以"只説道理決不錯,只恐於文義名物也有未盡",⑤又云"程《易》言理甚備,象數却欠在"。此見兩人對易理以及伊川《易傳》之態度頗爲不同。儘管如此,朱熹仍謂吕氏對《易傳》"理到語精,平易的當"之評價是"名言"。《語類·朱子十六》友仁録云:"陳芝拜辭,先生贈以《近思録》,曰:'公事母,可檢"幹母之蠱"看,便自見得那道理。'因言《易傳》自是成書,伯恭都摭來作《閫範》,今亦載在《近思録》。某本不喜他如此,然細點檢來,段段皆是日用切近功夫而不可闕者,於學者甚有益。"⑥此段文字既道出朱、吕兩人對《易傳》認識之異同,同時也透露出他們在《近思録》編纂過程中本著有益於學者之宗旨

---

① 《朱子語類》卷九十八,第七册,第 2511 頁。
② 《晦庵先生朱文公文集》卷五十四,《四部叢刊》本,第二十七葉 B。
③ 《朱子語類》卷九十七,第七册,第 2483 頁。
④ 見朱鑑《文公易説》卷十九,《文淵閣四庫全書》本,第 18 册,第 806 頁上。
⑤ 見朱鑑《文公易説》卷十九,《文淵閣四庫全書》本,第 18 册,第 806 頁上。
⑥ 《朱子語類》卷一百十九,第七册,第 2874 頁。

而能吸取不同意見之態度。據統計,《近思録》輯自程氏《易傳》者竟有一百零六條,占全書總條目數百分之十七强,此更説明吕氏在《近思録》中所體現的思想與所起之作用。

《語類·朱子二》:"《近思録》首卷難看。某所以與伯恭商量,教他做數語以載於後,正謂此也。若只讀此,則道理孤單,如頓兵堅城之下,却不如《語》《孟》只是平鋪説去,可以遊心。"①卷一共五十一條,首二條摘自周敦頤《太極圖説》及《通書·誠幾德》,接著十條便均出自程氏《易傳》。朱熹之請吕氏作數語,應與《易傳》有關。吕氏題辭云:"《近思録》既成,或疑首卷陰陽變化性命之説,大抵非始學者之事。某竊嘗與聞次輯之意:後出晚進,於義理之本原雖未容驟語,苟茫然不識其梗槩,則亦何所底止?列之篇端,特使之知其名義,有所嚮望而已。""竊嘗與聞次輯之意"固是不攘人善之謙意,然"陰陽變化性命之説"則確指濂溪"無極而太極"一條。此條是否也是因吕氏之主張而輯録?朱熹《答吕伯恭書》:"《近思録》近令鈔作册子,亦自可觀。但向時嫌其太高,去却數段,如太極及明道論性之類者,今看得似不可無。"②可見"太極"一條朱熹曾"嫌其太高"而删去,後來又覺得"似不可無"而恢復。對照吕氏"陰陽變化"之語,輯録此條很可能也是吕氏的主張。朱熹同函又云:"卷中添却數段,草卷附呈,不知於尊意如何?第五倫事《閫範》中亦不載,不記曾講及否,不知去取之意如何?因來告諭及也。"另函《答吕伯恭書》云:"《近思》數段已補入逐篇之末,今以上呈,恐有未安,却望見教。所欲移入第六卷者,可否亦望早垂喻也。"③補入逐篇之末的數段,是否吕氏提供,檢其與朱元晦書,無痕跡可尋。但朱熹於《近思録》"卷中添却數段"及"所欲移入第六卷者"等增删、調整,仍須"草卷附呈"請吕氏定奪,明示此書編纂者爲朱、吕二人。倘爲朱熹獨撰,決不致添却數段、移動條目之類的瑣事都須徵得吕氏同意。

---

① 《朱子語類》卷一百零五,第七册,第2629頁。
② 《晦庵先生朱文公文集》卷三十三,《四部叢刊》本,第三十葉 B。
③ 《晦庵先生朱文公文集》卷三十三,《四部叢刊》本,第三十七葉 B。

三、《近思録》原本面貌與内容編排

由於《近思録》内容之精粹與編者之影響,故其書一出,即有各種刻本;朱、吕本嚴謹之人而又極重視此書,以致書成之後,又一再修訂。此書最初刻本及其原貌,今已難以質指,然校覈有關資料,尚能略徵一二。傳本《近思録》共六百二十二條,與同書之朱熹《書〈近思録〉後》所標一致,《四庫全書》本《晦庵集》、叢刊本《晦庵先生朱文公文集》卷八十一《書〈近思録〉後》均云"六百一十二條",《群書會元截江網》卷三十三、熊節及熊剛大《性理群書句解》卷八、《御纂朱子全書》卷五十六引録同。《晦庵集》係朱子季子所編,《截江網》《性理群書》亦宋理宗時之書。尤其熊剛大受業黄榦,爲朱熹再傳弟子,其在《性理群書句解》此句下注云"六百餘條",注約數於定數之後,表明其所見之朱熹《書〈近思録〉後》原文所記條目與實際不同;從而可想見《近思録》行世五十年間版本歧出不一之實況。考朱熹《答吕伯恭書》有云:"欽夫(張栻)寄得所刻《近思録》來,却欲添入説舉業數段,已寫付之。"①此從張栻建議而添入,②所説"數段"是幾段?據其《答張敬夫》云:"《近思》舉業三段及橫渠語一段,并録呈,幸付彼中舊官屬正之。或更得數字,説破增添之意,尤佳。蓋閩、浙本流行已廣,恐見者疑其不同,兼又可見長者留意此書之意,尤學者之幸也。"③是知乃三段有關科舉者,即今本《近思録》卷七"伊川先生曰人多説某不教人習舉業"、"問家貧親老應舉求仕"、"或謂科舉事業奪人之功"三條。"橫渠語一段"所指不明。朱熹增入此三(或四)條時,《近思録》早有閩、浙本及張敬夫刻本。而張刻本究爲多少條?陳振孫《直齋書録解題》卷九云:"《近思録》十四卷,朱熹、吕祖謙取周、程之書關於大體而切於日用者六百十九條,取'切問近思'之義,以教後學。"④以陳氏所記條數推測,張刻本似乎是六百十九條。又朱熹《答宋澤之書》云:

---

① 《晦庵先生朱文公文集》卷三十四,《四部叢刊》本,第五葉A。
② 《南軒集》卷二十三《與朱熹書》有云:"《近思録》中可惜不載得説舉業處,幸寫示。"《文淵閣四庫全書》本,第1167册,第613頁下。
③ 《晦庵先生朱文公文集》卷三十二,《四部叢刊》本,第三葉B。
④ 陳振孫《直齋書録解題》卷九,上海古籍出版社1987年版,第278頁。

"《近思錄》比舊本增多數條,如買櫝還珠之論,尤可以警今日學者用心之繆。"①"買櫝還珠"之論,即今卷二"伊川先生謂方道輔曰聖人之道坦如大路"一段,係"比舊本增多數條"者之一。則此所謂"舊本",既非今本面貌,亦非張刻之本,很可能是閩、浙諸本或其中之一種,其條目數很可能即爲六百一十二條。可惜張敬夫未能補寫"數字,説破增添之意",使後人無法探明其内容增删與版本源流之跡,是學者之不幸也。無論如何,今本之六百二十二條乃係最後定本之數,所附朱熹《書〈近思錄〉後》之"六百二十二條"之"二"非"一"之訛誤,而是後世刻本據定本條數而改易。

據傳本《近思錄》統計,其中摘録周敦頤著作四種十二條,程顥著作四種一百六十二條,程頤著作七種三百三十八條,張載著作十二種一百十條,總共二十七種著作六百二十二條。當時僅根據内容分爲十四卷,每卷依周子、二程、張子次序排列,各卷並無名目。從淳熙三年吕氏作序稱"《近思錄》首卷難看"之"首卷"二字思之,似乎時隔一年亦無卷名。然稽考文獻,知此書流傳不到三十年,即有標注各卷名目之刻本。②《語類·朱子二》有云:"《近思錄》逐篇綱目:一、道體;二、爲學大要;三、格物窮理;四、存養;五、改過遷善,克己復禮;六、齊家之道;七、出處進退,辭受之義;八、治國平天下之道;九、制度;十、君子處事之方;十一、教學之道;十二、改過及人心疵病;十三、異端之學;十四,聖賢氣象。"③此卷目係吴振聞之於朱熹者,是否朱、吕編定之後曾加上名目?朱熹之婿、門人黄榦《致李公晦第三書》云:"但覺《近思錄》舊本二先生所共編次之日,未嘗立爲門目。其初固有此意,而未嘗立此字。後來金華朋友方撰出此門目。想是聞二先生之説,或是料想而爲之。今乃著爲門目,若二先生之所自立者,則氣象不佳,亦非舊書所有。不若削去而别爲數語,載此門目,使讀者知其如此,而不失此書之舊爲佳。試與真丈言之如何?"④黄氏"今乃著爲門目"之本爲何本?觀其"試與真丈言之如何"語,知與真德秀有關。黄氏《復李公晦第二書》云"真丈所刊

---

① 《晦庵先生朱文公文集》卷五十八,《四部叢刊》本,第二十三葉 B。
② 按,朱熹卒於 1200 年,去淳熙二年適二十五年;葉采之集解本"閱三十年而後成"(四庫館臣語),詳下所述。
③ 《朱子語類》卷一百零五,第七册,第 2629 頁。
④ 《勉齋集》卷八,《文淵閣四庫全書》本,第 1168 册,第 92 頁上。

《近思》《小學》皆已得之"，①是則有門目之本即真德秀所刊。真刻本門目今已不可知，依黃說，其各卷門目或係從金華呂氏門人中傳出，是否與吳振所錄相同？亦難以質指。觀葉采《集解》本各卷所標與吳錄宗旨相同而文字略異，推想真刻本之門目若果從金華門人傳出，文字恐不會與吳錄全同。文字儘管可以不同，觀前引朱熹《答呂伯恭書》云"又事親居家事直在第九卷，亦似太緩，今欲別作一卷，令在'出處'之前，乃得其序"。②今本"出處"之前，正是"齊家之道"，吳振所錄，曾是朱、呂書函溝通後之序次。然從朱熹答呂書"事親居家事直在第九卷"云云，是則先有卷次排列與今不同之本，推知朱、呂生前亦幾經變動。

全書內容，首卷"道體"論性之本原，道之體統，爲學問之綱領；明乎道體，知所指歸，而後學有準的，故次之以"爲學"；爲學之道，須格物窮理，故次之以"致知"；窮格雖至，若涵養不足，則不能力行，故次之以"存養"；理窮物格，涵養既厚，仍當盡其克治之力，故次之以"改過遷善，克己復禮"；既能省察克治，近則施之於家，故次之以"齊家之道"；身修家齊，而後可出仕治國，故次之以"出處之道"；出處之義既明，治道綱領便不可不知，故次之以"治國之道"；雖有治平之志，若禮樂刑政有缺，則不能成極治之功，故次之以"制度"；應接事物，務處其當，居官任職，事尤重大，故次之以"處事之方"；君子達則兼濟天下，退則傳道育才，故次之以"教學"；私欲易萌而難消，須常存警省之意，故次之以"警戒"；薰蕕朱墨，人性趨近，異端之學，不可不辨，故次之以"辨別異端"；君子進身，止於至善，聖賢統緒，不可不知，故殿之以"論聖賢相傳之統"。六百餘條文字，雖爲周、程、張諸先生之說，而經朱、呂精心編排之後，充分體現出兩人之人生哲學和理學體系。

四 、《近思錄》之流傳及其影響

此書方始編定，即十百相傳，旋乃鋟諸梨棗，化身千萬。宋元之際，幾至士子無人不讀。異地相求不得，書坊乘機射利，遂乃輾轉翻刻，故其版本

---

① 《勉齋集》卷八，《文淵閣四庫全書》本，第1168冊，第91頁上。
② 《晦庵先生朱文公文集》卷三十三，《四部叢刊本》，第三十葉B。

亦極爲複雜。僅由《朱子語類》《晦庵集》《勉齋集》諸書徵知，此書編定伊始，即有閩本、浙本、張敬夫本、真德秀本、潘景憲本等。① 而諸此刻本之條目多寡亦不一。逮及朱、呂兩人增補修訂以成六百二十二條定本之後，可以料想其刻本之多。版本不同，行款多異。朱熹《答汪易直》云："《近思》小本失於契勘，致有差誤，此執事不敬之罪也。後來此間書坊別刊得一本，卷尾所增，已附入卷中，仍削去重出數字矣。偶未有別本，旦夕求得，續當附去也。"② 又《答廖子晦》云："《近思錄》字大，甚便老眼，有便幸寄一二本。"③ 此見朱熹及身所見之版本字有大小。④《寶慶四明志·書版》："《近思錄》一百八十板，《續近思錄》一百五十板……教授陳松龍置。"⑤《景定建康志·文籍志一》"子書之目"下即有"《近思錄》"，"書版"下有"《近思錄》二百六十版"之記載。⑥ 明楊士奇等取永樂間從南京北運之書編纂而成之《文淵閣書目》載：《近思錄》六部，有八冊、十冊之別。⑦ 此固以宋版居多，雖裝訂有厚薄，然據朱熹所言字之大小，方志所載版片多寡，則亦係版本、行款之不同所致。元代木刻之外，據姚燧所記，又曾有泥活字版行世。⑧ 明代刻本，更勝於前，僅就各書目著錄而言，有正德十四年本、嘉靖六年本、萬曆三十五年朱崇沐刻本、崇禎八年鮑懋度刻本、崇禎九年張雋等刻本，以及高攀龍刻本、吳邦模刻本、吳勉學刻本、徐氏刻本、積古齋刻本等等。至於周弘祖《古今書刻》所載明代刻本尚有南京國子監本、南直隸應天府本、蘇州府本、太

---

① 閩本、浙本、張敬夫本、真德秀本見前引書。潘景憲本見《晦庵集》卷三十三《答呂伯恭》："《近思》刻板甚善，曲折已報叔度矣。"同上又云："《近思錄》道中讀之，尚多脫悞，已改正，送叔度處。"又"叔度向欲刻《近思》板，昨汝昭書來，云復中輟，何也？此人行速，亦未及作書。此事試煩商訂，恐未有益而有損也。"叔度，景憲字，呂祖謙同榜進士，以學問而拜呂爲師。
② 《晦庵先生朱文公文集》卷六十，《四部叢刊本》，第十一葉A。
③ 《晦庵先生朱文公文集別集》卷四，《四部叢刊本》，第六葉B。
④ 又張栻所刊之《近思錄》或亦是大字。《南軒集》卷二十三《答朱元晦》云："《近思錄》方議刻，欲稍放字大耳。"《文淵閣四庫全書》本，第1167冊，第610頁下。
⑤ 《寶慶四明志》卷二，《中國方志叢書》，臺北成文出版社1970年影印本，華中574號，第5097頁下。
⑥ 《景定建康志》卷三十三，中國地志研究會編《宋元地方志叢書》，臺灣大化書局1980年影印本，第1247頁下。
⑦ 楊士奇《文淵閣書目》卷四，《國學基本叢書》，第49頁。
⑧ 姚燧《牧庵集》卷十五《中書左丞姚文獻公神道碑》有云："又以小學書流布未廣，教弟子楊古爲沈氏活版，與《近思錄》、東萊經史論說諸書散之四方。"其前文有"俾楊中書版四書"云云，指刻板，則此指泥活字版。《四部叢刊》本，第四葉B。

平府本、浙江布政司本、杭州本、福建福州府學本、福建書坊本等,①同一書而各地競相翻刻,由此可見當時士子習讀盛況及其價值之一斑。清初以還,雖多行注釋本,而仍不斷翻刻白文本。② 而清末民初之石印本、鉛排本一時更難以統計。

　　至其注釋本、刪節本、改編本以及續編、新編數量之多,就儒學經籍而言,除十三經之外,少能出其右者。具體而言,自朱子講友劉清之編《續近思錄》,門人蔡模編《近思續錄》,門人葉采撰《集解》,歷宋至清,有續錄二十種,韓國四種;注釋本二十一種(宋代七種,元代一種,明代二種,清代十一種),韓國十種,日本二十四種。其他宋元明清筆記中之摘鈔、闡述無數。現代新注、語譯多種,德譯、英譯各一種。其流播之廣,影響之鉅,並不亞於朱熹《四書章句集注》《詩集傳》諸書,而遠在呂祖謙《東萊左氏博議》《呂氏家塾讀詩記》之上。如前所證,《近思錄》中雖然主要體現朱熹之理學體系,同時也灌注了呂祖謙之哲學思想,更應標揭的是採納程氏《易傳》等一些異於朱熹之觀點及其所採納的呂祖謙之學術觀點與理學觀念。如若能將呂氏其他著作中異於朱熹而又同於《近思錄》中某些學術觀點揭示彰明,則不僅對於呂氏著作與思想,乃至對於宋代理學體系形成、發展以及流派之研究,均有極爲重要之價值。

二〇〇三年秋

---

① 周弘祖《古今書刻》上編,古典文學出版社1957年版,第328、336、337、342、346、347、360、363頁。
② 《欽定國志監志》卷六十六《經籍》"版片"下有"《近思錄》板一百五十八片,雙面"。北京古籍出版社2000年版,第1153頁。

黑城文書《資治通鑑綱目》殘葉考釋

在《黑城出土文書（漢文文書卷）》和《俄藏黑水城文獻》中共有三片殘葉，或被指爲與《資治通鑑》（下簡稱"《通鑑》"）中《晉紀》有關的《通鑑節要》，或因一時無從質指而暫擬名爲《晉紀》。宋與遼、金、夏對峙一二百年，由於種種原因，宋朝屢屢發佈書籍流通之禁令，[①]而遼、金、夏亦不時貢物以求書，或得或否，[②]當時經史典籍之流布可想而知。至元代一統天下，各路、州、縣紛紛設書院、庠學，學正、山長及路、州教授的晉升、轉遷，促進了全國範圍内書籍的流通。《通鑑》行世以後百餘年間，與其相關的著作層出不窮，《通鑑》或同類史書能在西夏國都發現，是宋夏文化交往之結果，還是元代學官晉升轉遷所留下的痕跡，這與殘葉内容相關，並牽涉到書籍的版刻年代。因此，就殘葉内容作深入細緻比勘分析以正確定名，並根據其紙質、行寬版式等推尋其刊刻年代，對宋夏文化交往的年月日誌或元代路、州書院、學校教育的研究，對黑城文化的研究都有積極的意義。

一、由殘葉内容之比勘以定其原書

三片殘葉，一片見載於李逸友所編《黑城出土文書（漢文文書卷）》，編號爲F6：W36；兩片見載於上海古籍出版社與俄國科學院東方研究所聖彼得堡分所合編的《俄藏黑水城文獻》第五册，編號爲俄TK316。下面，先將

---

① 詳見徐松《宋會要輯稿·刑法二》，中華書局1957年影印本，第7册，第6496—6554頁。
② 詳見《遼史》《金史》及戴錫章《西夏紀》等史書。

殘葉内容與《通鑑·晉紀》文字作一比較,而後羅列、剖析《通鑑》類相關著作内容與形式,考釋勘正,爲殘葉正確定名。

(一)《黑城出土文書(漢文文書卷)》F6:W36 殘葉,原件爲七小塊殘屑,經李逸友先生精心拼合如下圖:

(圖一)俄 F6:W36 殘葉

李逸友爲殘葉所作之題解云:

> 某史籍殘頁,竹紙,203×97 毫米,爲左半面,行寬 13 毫米。正文爲趙孟頫體楷書大字,高 10—15 毫米;注文引用《資治通鑑·晉紀》原文,雙行夾注,字高 5—7 毫米。圖版肆陸(3)[①]

而在《亦集乃路的儒學和文化》章的第五節《經史與文學》中直接將《通鑑·晉孝宗穆皇帝永和十二年》(按,永和,李文誤作"太和")下的一段文字録出,以爲即是殘葉鈔録的原文。現將殘葉文字逐行録出,以便與《晉紀》相比勘:

---

① 李逸友《黑城出土文書(漢文文書卷)》,科學出版社 1991 年版,第 202 頁。

第一行大字：□討大都督督

第二行雙行小字（夾大字）：……修復園……□討襄（以下大字）夏四月秦

《通鑑》卷一百晉穆帝永和十二年正月：

桓溫請移都洛陽，修復園陵，章十餘上；不許。拜溫征討大都督，督司、冀二州諸軍事，以討姚襄。（與殘葉文字相同者字下加點，下同）

第三行大字（夾雙行小字）：……氏以憂……（以下小字）大風□屋拔木秦宮中□……賊□宮門晝閉五日乃……

第四行雙行小字：……太后弟平諫曰天降災……以應之乃可弭也……

第五行雙行小字：……太后以憂……生復下詔曰朕受……不善而謗譏之音扇滿天下殺不過……

第六行雙行小字：……□□比肩未足爲希……潼關之西至於長……

第七行雙行小字：則食人飽當……正以犯罪……

第八行大字：……敗姚襄于伊水遂……

第九行大字：戌而還襄北走據襄……

第十行大字：……曰……

《通鑑》卷一百晉穆帝永和十二年條下：

夏四月，長安大風，發屋拔木。秦宮中驚擾，或稱賊至，宮門晝閉，五日乃止。秦主生推告賊者，剖出其心。左光祿大夫強平諫曰："天降災異，陛下當愛民事神，緩刑崇德以應之，乃可弭也。"生怒，鑿其頂而殺之。衛將軍廣平王黃眉、前將軍新興王飛、建節將軍鄧羌以平太后之弟，叩頭固諫；生弗聽，出黃眉爲左馮翊、飛爲右扶風、羌行咸陽太守，猶惜其驍勇，故皆弗殺。五月，太后彊氏以憂恨卒，諡曰明德。姚襄自許昌攻周成于洛陽。六月，秦主生下詔曰："朕受皇天之命，君臨萬邦；嗣統以來，有何不善，而謗讟之音，扇滿天下！殺不過千，而謂之殘虐！行者比肩，未足爲希。方當峻刑極罰，復如朕何！"自去春以來，潼關之西,至于長安,虎狼爲暴,晝則繼道,夜則發屋,不食六畜,專務食人,凡殺七百餘人。民廢耕桑,相聚邑居,而爲害不息。秋七月,秦群臣奏請禳災,生曰:"野獸飢則食人,飽當自止,何禳之有?且天豈不愛民哉,正以犯罪者多,故助朕殺之耳。

李先生僅據小字對勘。其實,依此勘同,殘葉第一行大字"□討大都督督"六字,可與《通鑑》原文"拜温征討大都督督司冀二州諸軍事"一語相對應;第三行大字"氏以憂"三字,亦對應《通鑑》原文"太后彊氏以憂恨卒"一語;第八、九行大字"敗姚襄於伊水遂……戍而還襄北走據襄"十五字,與《通鑑》同年八月温與襄戰,敗襄於伊水一段相應。至於第二行大字"夏四月秦","夏四月"三字爲《通鑑》年月,常見。

(二)《俄藏黑水城文獻》第5册俄 TK316 編號有兩片殘葉,編著者定名爲《晉紀》,主要根據孟列夫《叙録》。孟列夫著録兩片殘葉云:

元刻本。蝴蝶裝,白口,有魚尾,版心題佚。未染麻紙。共2頁,左右與下部殘損,中有破洞。(1)高17,寬15.5。(2)高16.5,寬16。天頭皆0.3。各存11行,行存11大字。有雙行小字注釋。上雙邊,中烏絲欄。宋體,墨色深匀。凡紀年,天頭均標干支,故知所叙爲寧康二年(甲戌,374,晉孝武帝在位,下同)、三年(乙亥,375)、太元元年(丙子,376)事。所記謝安總中書,太后歸政諸事不同於唐修《晉書》及各種輯本,也不同於《資治通鑑》。①

孟列夫先生已經指明殘葉與《晉書》及《通鑑》不同,編著者亦熟稔於史學文獻,深知非《通鑑》,祇是一時無法標識,緣其内容與《通鑑·晉紀》有關,暫且擬名爲《晉紀》而已。兩片殘葉中一片天頭標有"甲戌""乙亥"字樣,另一片標有"丙子"字樣,兹分别以"甲戌""丙子"指代,與《通鑑·晉紀》比較,彰顯其差異程度,以便進一步探索。

甲戌片第一行雙行小字:……堅改容謝……命夫人下輦……

---

① 孟列夫《黑城出土漢文遺書叙録》(寧夏人民出版社1994年中譯本),此據《俄藏黑水城文獻》第6册附録轉引,上海古籍出版社2000年版,第37頁。

《通鑑》卷一百零三晉孝武帝寧康二年十二月：

慕容垂夫人得幸於堅，堅與之同輦游于後庭，整歌曰："不見雀來入燕室，但見浮云蔽白日。"堅改容謝之，命夫人下輦。

按：殘葉文字在甲戌二年之前，《通鑑》繫之二年之冬十二月，略有不同。

甲戌片第二、三行大字（夾雙行小字）：二年（以下小字）秦建元十年（以下大字）春二月以……州軍事詔謝安摠中書……

《通鑑》卷一百零三晉孝武帝寧康二年：

二月癸丑，以王坦之爲都督徐、兗、青三州諸軍事，徐兗二州刺史，鎮廣陵。詔謝安摠中書。

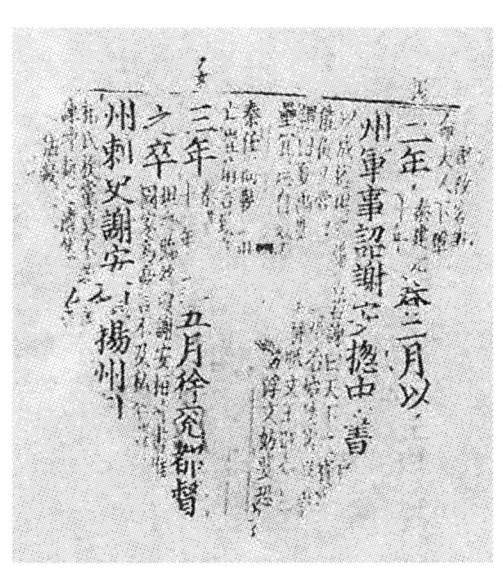

（圖二）俄 TK316 甲戌片

甲戌片第四、五、六行雙行小字：（四行）以成俗坦之屢書苦諫曰天下之寶當……能從又嘗……之登冶城悠然退想……（五行）謂曰夏禹……胼胝文王旰……墨宜思自……而……浮文妨要恐……（六行）秦任商鞅……世……亡豈清言致……

731

《通鑑》卷一百零三晉孝武帝寧康二年：

> 士大夫效之，遂以成俗。王坦之屢以書苦諫之曰："天下之寶，當爲天下惜之。安不能從……

按：字雖有多少，補足缺字，文義一致。唯"又嘗"以下，不見於《通鑑·晉紀》，而見於《世説新語·言語》及《晉書·謝安傳》。《晉書》文字從《世説》出而小變之，今殘葉文字與《晉書》合，蓋鈔自《晉書》。《謝安傳》云："嘗與王羲之登冶城，悠然遐想，有高世之志。羲之謂曰：'夏禹勤王，手足胼胝；文王旰食，日不暇給。今四郊多壘，宜思自效，而虛談廢務，浮文妨要，恐非當今所宜。'安曰：'秦任商鞅，二世而亡，豈清言致患邪？'"

甲戌片第七、八行大字（夾雙行小字）：三年秦…十一年，五月徐兖都督……之卒（以下小字）坦之臨終與謝安桓冲書惟……國家爲憂言不及私卒諡……

《通鑑》卷一百零三晉孝武帝寧康三年：

> 夏五月丙午，藍田獻侯王坦之卒。臨終與謝安、桓冲書，惟以國家爲憂，言不及私。

按：叙坦之稱謂略異，考《晉書·簡文帝紀》有"夏五月景午，北中郎將徐、兖二州刺史、藍田侯王坦之卒"，爲殘葉所本。"卒，諡"二字，不見《通鑑》，《晉書》本傳云："朝野甚痛惜之，追贈安北將軍，諡曰獻。"蓋爲所本。

甲戌片第九行大字：州刺史謝安領揚州……
甲戌片第十行雙行小字：桓氏族黨莫不苦諫冲處之澹然

《通鑑》卷一百零三晉孝武帝寧康三年：

> 桓冲以謝安素有重望，欲以揚州讓之，自求外出。桓氏族党皆以爲非計，莫不扼腕固諫，郗超亦深止之，冲皆不聽，處之澹然。甲寅，詔以冲都督徐、豫、兖、青、揚五州諸軍事、徐州刺史，鎮京口；以安領揚州刺史，並加侍中。

甲戌片第十一行雙行小字：猛寢

《通鑑》卷一百零三晉孝武帝寧康三年：

六月，秦清河武侯王猛寢疾。

丙子片第一行大字：……禁老莊圖……

丙子片第二、三行雙行小字：（二行）臨以求民隱今天……雅旨其增崇儒教，禁老莊……（三行）太子及群臣之子皆就學……書郎王佩讀讖堅殺之讖學……

《通鑑》卷一百零三晉孝武帝寧康三年：

秦王堅下詔曰："新喪賢輔，百司或未稱朕心，可置聽訟觀於未央南，朕五日一臨，以求民隱。今天下雖未大定，權可偃武修文，以稱武侯雅旨。其增崇儒教，禁老莊圖讖之學，犯者棄市。"妙簡學生，太子及公侯百僚之子皆就學受業；中外四禁、二衛、四軍長上將士，皆令受學。二十人給一經生，教讀音句，後宮置典學以教掖庭，選閹人及女隷敏慧者詣博士授經。尚書郎王佩讀讖，堅殺之，學讖者遂絶。

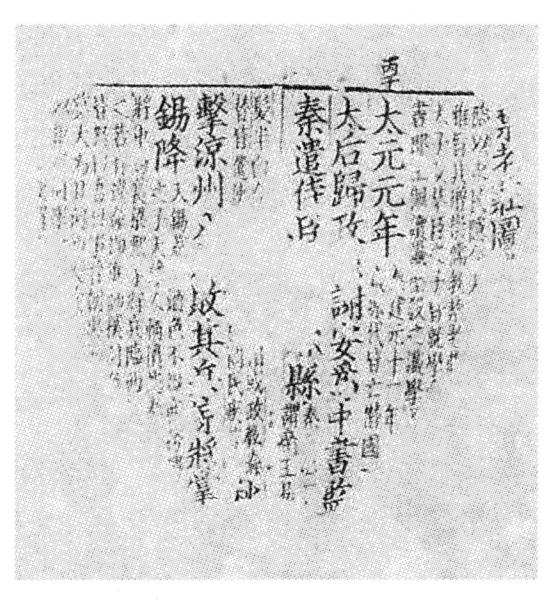

（圖三）俄 TK316 丙子片

丙子片第四行大字（夾雙行小字）：太元元年（以下小字）秦建元十二年……歲涼代皆亡僭國

《通鑑》卷一百零四晉孝武帝太元元年，紀年下無"秦建元"等小字。

丙子片第五行大字：太后歸政謝安爲中書監……

《通鑑》卷一百零四晉孝武帝太元元年：

春正月，壬寅朔，帝加元服；皇太后下詔歸政，復稱崇德太后。甲辰，大赦，改元。丙午，帝始臨朝，以會稽內史郗愔爲鎮軍大將軍、都督浙江東五郡諸軍事，徐州刺史桓沖爲車騎將軍，都督豫、江二州之六郡諸軍事，自京口徙鎮姑孰。謝安欲以王蘊爲方伯，故先解沖徐州。乙卯，加謝安中書監，錄尚書事。

丙子片第六行大字（夾雙行小字）：秦遣侍臣……縣（以下小字）秦……謂帝王易……

丙子片第七行雙行小字（夾大字）：髮半白今……相或政教淪替皆遣使……問民疾苦（以下大字）秋

《通鑑》卷一百零四晉孝武帝太元元年：

二月辛卯，秦王堅下詔曰："朕聞王者勞於求賢，逸於得士，斯言何其驗也。往得丞相，常謂帝王易爲，自丞相違世，鬚髮中白，每一念之，不覺酸慟。今天下既無丞相，或政教淪替，可分遣侍臣周巡郡縣，問民疾苦。

丙子第八、九行大字：擊涼州八□敗其兵涼將掌……錫降

《通鑑》卷一百零四晉孝武帝太元元年：

苟萇及掌據戰于洪池，據兵敗，馬爲亂兵所殺，其屬董儒授之以馬，據曰："吾三督諸軍，再秉節鉞，八將禁旅，十總禁兵，寵任極矣。今卒困於此，此吾之死地也，尚安之乎。"乃就帳免冑西向稽首，伏劍而死……天錫素車白馬，面縛輿櫬，降於軍門。

丙子片第九、十、十一、十二行雙行小字：(九行)天錫荒□酒色不親庶務黜……之子大豫人情憤怨秦……(十行)將軍苟萇梁熙等將兵臨西……之若有違命即進師撲討負……(十一行)皆怒曰吾世事晉朝忠節……莫大焉且河西天……(十二行)以拒之何遽……使謂……

《通鑑》卷一百零四晉孝武帝太元元年：

夏五月，甲寅，大赦……天錫荒於酒色，不親庶務，黜世子大懷而立嬖妾之子大豫，以焦氏爲左夫人，人情憤怨，從弟從事中郎憲與槻切諫，不聽。秦王堅下詔曰："張天錫雖稱藩受位，然臣道未純，可遣使持節武衛將軍苟萇、左將軍毛盛、中書令梁熙、步兵校尉姚萇等將兵臨西河；尚書郎閻負、梁殊奉詔徵天錫入朝，若有違王命，即進師撲討。"……衆皆怒曰："吾世事晉朝，忠節著於海內，今一旦委身賊庭，辱及祖宗，醜莫大焉。且河西天險，百年無虞，若悉境內精兵，右招西域，北引匈奴以拒之，何遽知其不捷也！"天錫攘袂大言曰："孤計決矣，言降者斬。"使謂閻負、梁殊曰："君欲生歸乎，死歸乎？"殊等辭氣不屈。

以上是黑城 F6：W36、俄 KT316 三片殘葉與《通鑑》文字比勘的全部內容。緣此可以證明兩者有必然聯繫，但却絕非同一部書。據編著者見告，《俄藏黑水城文獻》將其擬名爲《晉紀》，僅是一時不得已的暫擬，而李逸友先生對此別有新解，他認爲：

其中殘存篇幅最大的一件，爲 F6：W36，還是用 7 張殘屑拼綴起來的，正文楷體，其中正文"夏四月秦后彊氏以憂卒"，殘存"夏四月秦"、"氏以憂"數字，據注文可補缺。注文雙行夾注小字，亦爲楷體，並有加欄。這句話的正文下所注，全係鈔自《資治通鑑》"晉紀·孝宗穆皇帝"太(引按，當作"永")和十二年條，(引按，此下引述《通鑑》原文，略)由此可證，這部史書，當是《通鑑節要》，也就是皇帝要求各級官吏必讀之書。

因爲他認定殘葉爲《通鑑節要》，於是便云：

元代皇帝多次提倡讀史書，以《資治通鑑》《貞觀政要》以及《通鑑節要》等史書爲課本，教育皇室子弟及儒學生員，以史爲訓，正心修己，並將這些史籍譯寫成蒙古文頌引（引按，兩字不解）各路肆（引按，似當爲"肆"字之誤）習。①

此知李氏將《通鑑節要》定爲元代之物。② 殘葉與《通鑑》既非一書，《通鑑節要》於《史志》既無徵，今又無法徵信，故宋刻、元版更無從談起。要正確爲殘葉定名並進而求其刊刻年代，必須對《通鑑》成書後的各種相關著作一番鑒察分析。

《通鑑》是司馬光與其助手劉攽、劉恕、范祖禹、司馬康等人用十九年時間，采擇二百多種正史、雜史、小説史料而成，計二百九十四卷，記載周威烈王二十三年至五代後周十六朝一千三百六十二年歷史。完稿於元豐七年（1084）。表進之後，旋即下杭州鏤版印行，頒賜宰執、侍臣及校讎官。《通鑑》流傳之初，即有人予以研究。如北宋劉安世，在爲《通鑑》作校對之餘，寫成《音義》十卷；劉恕之子劉羲仲，作《通鑑問疑》。其後直至明清，繼作、補證、注釋之作不知凡幾，存世的如劉恕《資治通鑑外紀》、金履祥《通鑑前編》、史炤《通鑑釋文》、胡三省《資治通鑑音注》、嚴衍《資治通鑑補》等，然此類著作年代或内容皆與殘葉無關，略而不論。

　　通鑑類著作中，時代可能包舉兩晉，内容或行文形式可能與殘葉有關之著作，有司馬光《資治通鑑舉要曆》八十卷，③舊題司馬光《通鑑節要》六十

---

① 以上兩段文字見李逸友《黑城出土文書（漢文文書卷）》上篇《黑城出土文書綜述》柒《亦集乃路的儒學和文化》，第58頁。
② 李逸友在該書第一章第六節《文書的斷代》中亦説："黑城出土的印本書籍中，屬於世俗方面的經史和文藝書籍，從版本字體、版心魚口方面都可斷定爲元刻本。"第10頁。
③ 陳振孫《直齋書録解題》卷四云："《通鑑》既成，尚患本書浩大難領略，而《目録》無首尾，晚著是書，以絶二累。其藁在晁説之以道家。紹興初，謝克家任伯得而上之。"（上海古籍出版社1987年版，第113頁。）至淳熙間，光曾孫伋爲之梓行，朱熹序其書。

卷，①宋喻漢卿《通鑑總考》一百十一卷，②曾愷《通鑑補遺》一百篇，③崔敦詩《通鑑要覽》六十卷，胡安國《通鑑舉要補遺》一百二十卷，④洪邁《節資治通鑑》一百五十卷等。⑤ 其中溫公《舉要曆》及喻、崔之書最有可能與殘葉相關，惜皆佚不可見。洪氏之書雖佚，其名爲"節"，當與呂祖謙《通鑑詳節》（一百卷）、江贄《少微通鑑節要》（五十卷）、陸唐老《增節音注資治通鑑》（一百二十卷）等相近，或刪《通鑑》大要，或鈔其可備科舉策論之用者，而與殘葉大字、小字交替之體式不同。同類之書今存者尚有：沈樞《通鑑總類》二十卷，袁樞《通鑑紀事本末》四十二卷，李燾《六朝通鑑博議》十卷，朱熹《資治通鑑綱目》五十九卷。沈書分《通鑑》所載史事爲二百七十一門，每門下以事命名，標以題目，復依年繫事。袁書亦將《通鑑》史事分編爲二百三十九個正目，二十三個附題，每篇各自起訖，編以年月，自爲標目。沈、袁二書皆紀事本末體，雖門目之下復有紀年，然無援《通鑑》正文注紀年之史事者，與殘葉文體不類。李燾《博議》先立一題，而後繫以史事，最後用"臣燾曰"予以論斷，乃仿史書"史臣曰"之例，亦與殘葉無關。

唯朱熹《資治通鑑綱目》一書，乃據司馬光《通鑑》《通鑑目錄》《通鑑舉要曆》和胡安國《舉要補遺》四書，"別爲義例，增損檃括"以成。其體例是"表歲以首年，而因年以著統；大書以提要，而分注以備言"。所謂"大書"與"分注"，最切合殘葉大小字相間之形式。將殘葉與朱熹《綱目》相應年份比勘，大書綱要，分注內容，若合符節。茲就三片殘葉中文字各舉一條以證：

F6：W36 殘葉"夏四月秦"一條，《通鑑綱目》卷二十晉穆帝永和十二年（356），前秦壽光二年，前燕元璽五年下：

---

① 晁公武以爲非溫公之書（《郡齋讀書志校證》卷五，上海古籍出版社 1990 年版，第 212 頁），黃震謂"溫公無自節《通鑑》，今所有者是僞本"（《黃氏日鈔》卷三十八），劉兆佑則認爲此編"亦當時科舉家所鈔纂者也"（《宋史藝文志史部佚籍考》，1973 年自印本，上册，第 396 頁）。

② 喻氏生平及該書內容無考，既爲總考，卷次又多，允能包括殘葉內容。

③ 該書內容無考，除《宋志》外，亦未見他家著錄。

④ 《玉海》卷四十七《乾道資治通鑑綱目》條："紹興八年（1138）胡安國因司馬光遺稿，修成《舉要補遺》，文約而事備。"（江蘇古籍出版社、上海書店 1987 年版，第二册，第 900 頁下。）所謂"遺稿"蓋指《舉要曆》。

⑤ 劉兆佑謂"此編蓋擷《通鑑》之精要也"。《宋史藝文志史部佚籍考》上册，第 426 頁。

綱要大書：夏四月，秦太后彊氏以憂卒。

分注小字：長安大風，發屋拔木。秦宮中驚擾，或稱賊至，宮門晝閉，五日乃止。秦主生推告賊者，刳出其心。彊太后弟平諫曰："天降災異，陛下當愛民事神，緩刑崇德以應之，乃可弭也。"生怒，鑿其頂而殺之。太后以憂恨卒。生復下詔曰："朕受天命，君臨萬邦，有何不善，而謗讟之音，扇滿天下！殺不過千，而謂之殘虐，行者比肩，未足爲希。方當峻刑極罰，復如朕何。"自去春以來，潼關之西，至于長安，虎狼食人。羣臣請禳之，生曰："野獸飢則食人，飽當自止，何禳之有？且天豈不愛民哉，正以犯罪者多，故助朕殺之耳。"

《綱目》大書"秦太后"之"秦"，《通鑑》無，《通鑑目錄》亦無，此很可能從《通鑑舉要曆》中來。

俄 TK316 甲戌片殘葉"三年（乙亥）夏五月"一條，《通鑑綱目》卷二十一晉孝武帝寧康三年（375），前秦建元十一年下：

綱要大書：夏五月，徐、兗都督藍田侯王坦之卒。

分注小字：坦之臨終，與謝安、桓沖書，惟以國家爲憂，言不及私，卒，謚曰獻。

分注小字"卒謚曰獻"四字，《通鑑》《通鑑目錄》皆無，《晉書》本傳謂其"謚曰獻"，或爲《綱目》所本。

俄 TK316 丙子片殘葉"秦遣侍臣"一條，《通鑑綱目》卷二十一晉孝武帝太元元年（376），秦建元十二年下：

綱要大書：秦遣侍臣分巡郡縣。

分注小字：秦王堅下詔曰："往得丞相，常謂帝王易爲。自丞相違世，鬢髮半白。今天下既無丞相，或政教渝替，可遣侍臣分巡郡縣，問民疾苦。"

經此勘同，F6：W36 殘葉非《通鑑節要》，俄 TK316 兩片殘葉非《（通鑑）晉紀》，而是朱熹之《資治通鑑綱目》，昭昭甚明，無可辯駁。唯朱子《綱目》雖至其沒猶未定稿，而身後卻一再刊刻，版本極夥。《綱目》之在黑城出土，則殘葉之爲何種刊本，對探索其傳入黑城之年代上限至關重要。

二、從殘葉行款字體追溯其刊本年代

朱熹《通鑑綱目序》作於乾道八年壬辰（1172）夏四月，而跋袁樞《通鑑紀事本末》在淳熙二年乙未（1175），①序司馬光《通鑑舉要曆》在淳熙十一年甲辰（1184）②。參以王懋竑《朱子年譜考異》所載，知朱子於淳熙九年（1182）與孝宗言《綱目》以前的十餘年間，頗注重於此書之修纂。淳熙十三年（丙午，1186）以後，雖欲修訂而始終未能如願，以至於慶元六年（1200）齎志以歿，稿藏於家。十年後，門人李方子得其稿於熹子朱在，又六年，李任泉州觀察推官，將書稿交呈知州真德秀，於嘉定十二年（1219）刻成，世稱"溫陵本"。③ 自泉州本刻成之時起，至黑城廢棄之元天元元年（1379），中經一百六十年。在長達一個半世紀之歲月裏，《綱目》被數十次印刷翻刻，殘葉屬於何種刻本，頗費尋索，兹綜合傅增湘、④王晉卿、⑤馮貞群、⑥張元濟、⑦臺灣故宫博物院、⑧謝水順及李珽、⑨嚴文儒、⑩以及清人題跋等，將存世《綱目》宋元刻本分八行本與十行本羅列於下，明刻本更多，然一般不可能進入廢棄前之黑城地區，故略。

---

① 文見《晦庵先生朱文公文集》卷八十一，《朱子全書》上海古籍出版社、安徽教育出版社 2002 年版，第 24 册，第 3827 頁。
② 文見《晦庵先生朱文公文集》卷七十六，《朱子全書》第 24 册，第 3658 頁。
③ 陳振孫《直齋書錄解題》卷四："此書嘗刻于溫陵，別其綱謂之提要，今板在監中。廬陵所刊則綱目並列，不復別也。"上海古籍出版社 1987 年版，第 118 頁。
④ 見傅氏《藏園訂補邵亭知見傳本書目》卷四《史部二》，中華書局 1993 年版，第 68 頁。
⑤ 見王氏《文禄堂訪書記》卷二，江蘇廣陵古籍刻印社 1985 年版，第 10 葉 A。
⑥ 見馮氏《鄞范氏天一閣書目内編》卷二，1940 年重修天一閣委員會活字版。
⑦ 見張氏《寶禮堂宋本書録・史部》，江蘇廣陵古籍刻印社 1984 年版，第 20 頁。
⑧ 見臺灣故宫博物院編《宋版特展目錄・福建地區・通鑑綱目月崖書堂刊本解題》，第 50 頁。
⑨ 見謝、李二氏《福建古代刻書》第三章，福建人民出版社 1997 年版，第 317—320 頁。並參本書其他章節。
⑩ 見嚴氏《〈資治通鑑綱目〉版本源流考》，《朱熹著作版本源流考》，中國文聯出版社 2000 年版，第 73—85 頁；《朱子全書》第八册《資治通鑑綱目・點校説明》。

(一)八行本系統

1. 初刻溫陵本：半葉八行，行十七字，小字雙行字數同，白口，左右雙闌，雙魚尾，上記字數，下記刻工姓名。寶禮堂藏本有補配八行十五字和十行十六字本者。
2. 宋刻元修本：行款同上。
3. 宋刻殘本：半葉八行，行十五字，白口，左右雙欄，無魚尾，版心上記字數，中記卷頁數，下記刻工姓名。

(二)十行本系統

1. 宋刻本：半葉十行，行十六字，小字雙行二十二字，細黑口，四周雙欄，版心記刊工姓名。國家圖書館、臺灣故宮藏。
2. 宋刻殘本：半葉十行，行十六字，小字雙行二十二字，雙魚尾，左右雙欄，偶有上下單欄者。上圖所藏。
3. 元至元丁亥(1287)建安詹光祖月崖書堂刻本：半葉十行，行十六字，小字雙行二十二字，細黑口，雙魚尾。左右雙欄、四周雙欄相混。上圖所藏。
4. 元安福州東李氏留耕書堂刊本：半葉十行，行十六字，小字雙行二十二字，白口，雙魚尾，左右雙欄，趙體字。
5. 元刻本：半葉十行，行十六字，白口，雙魚尾，左右雙欄。
6. 元刻本：上圖藏殘存之十三卷。半葉十行，行十六字，白口，雙魚尾，左右雙欄。

宋元間《綱目》版刻系統較爲單一，八行本分爲十五字與十七字；十行本則皆十六字，唯書口等略有差別。

F6：W36 殘葉存九行半，俄 TK316 兩片殘葉據孟列夫《叙錄》爲"各存11行"，其實甲戌殘葉存十行半，丙子殘葉存十一行半，且皆不計中縫魚尾。由 F6：W36 殘葉之存九行半，知其非宋刻之八行本。俄 TK316 兩片皆超過十行，因兩片殘葉均有中縫，爲整葉，若以半葉計，不過五六行。現既知殘葉爲《通鑑綱目》，有原文可依據，則殘葉行款便可確證。經據《綱目》文字予以復原，三片殘葉皆是半葉十行，行大字十六，雙行小注二十二字的款式，由此排除溫陵初刻及其他兩種宋刻八行本。三片殘葉皆柳體而接近於宋體字，①故十行本中留耕堂本亦可排除。茲取月崖書堂刻本校核，三片殘葉在《通鑑綱目》中卷次頁碼如下：

F6：W36 殘葉係卷二十第三十葉背面，

俄 TK316 甲戌殘葉係卷二十一第十九葉正背面，

俄 TK316 丙子殘葉係卷二十一第二十葉正背面。

現將殘葉與上圖所藏著錄爲宋刻元配的月崖書堂本相應葉面並列於下，以便觀覽比較：

（圖一）F6：W36 殘葉　　　（圖四）宋刻元配本卷二十第三十葉背面

---

① 李逸友先生謂 F6：W36 殘葉"正文爲趙孟頫體楷書大字"，實昧於書法之説。

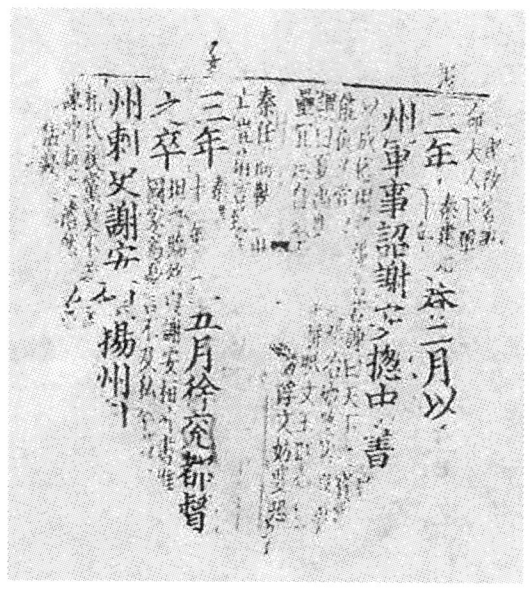

（圖二）俄 TK316 甲戌殘葉

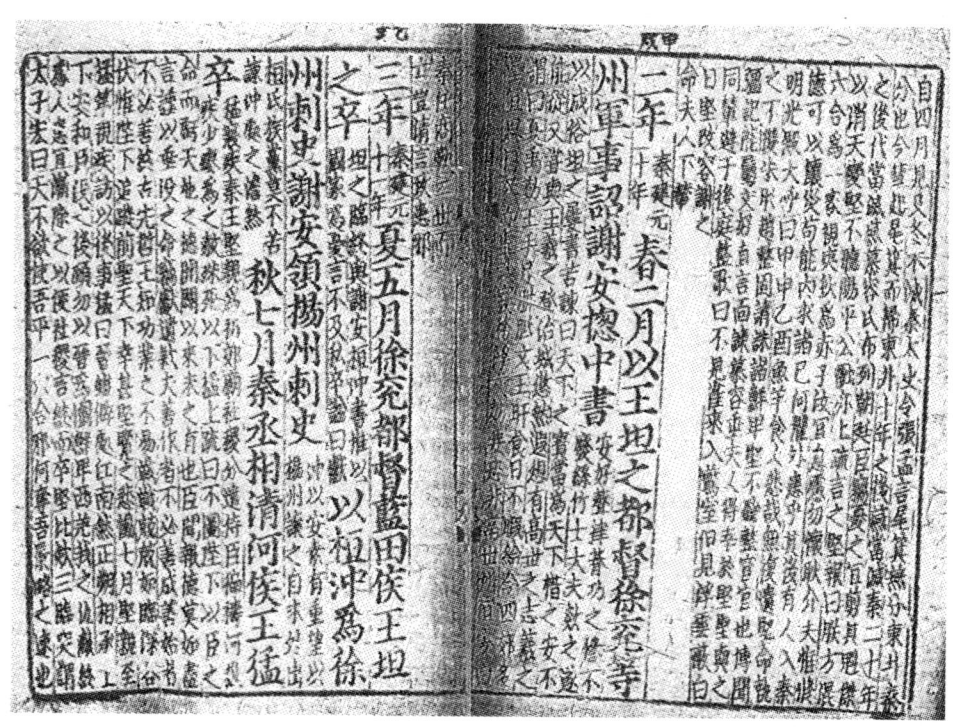

（圖五）宋刻元配本卷二十一第十九葉正背面

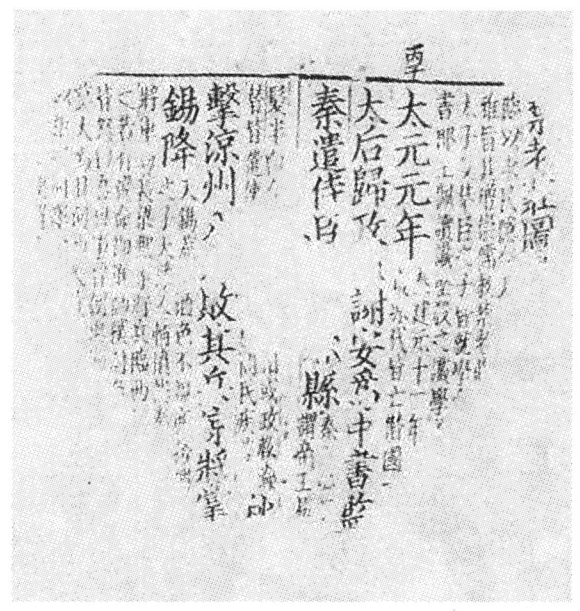

（圖三）俄 TK316 丙子殘葉

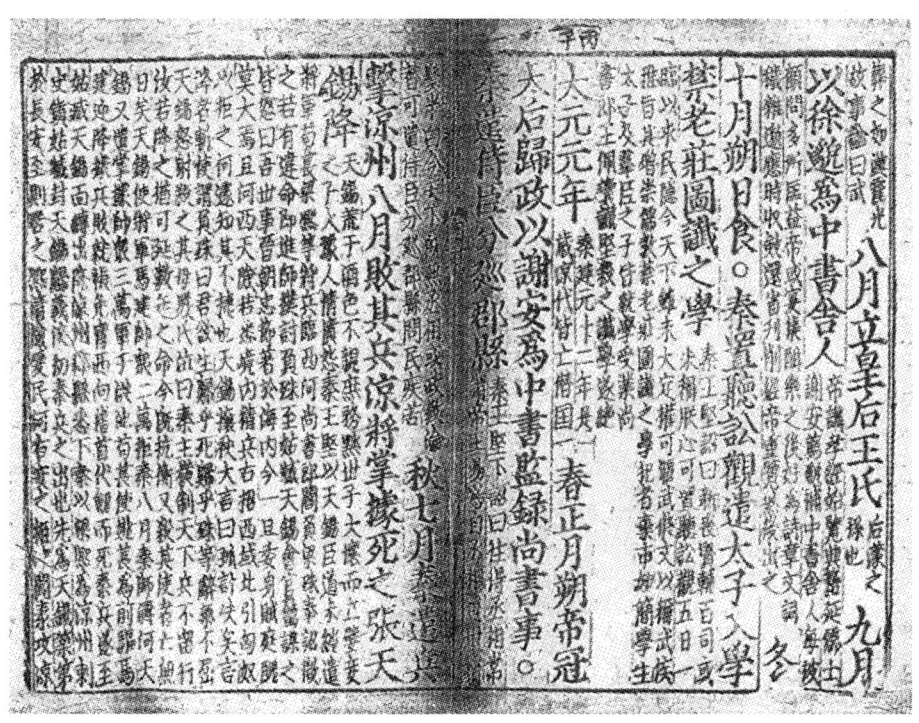

（圖六）宋刻元配本卷二十一第二十葉正背面

兩相對照，行款一致，但字體仍有健朗與肥軟之差異。殘葉之字筆畫清朗，而宋刻元配本字畫顯得疲遝軟弱，整個版面亦無精神。故此，須對上圖所藏之宋刻元配本作一剖析。上圖將此本著錄爲"宋刻元配本"，謂其中宋刻爲卷二十四至二十九，卷三十五至四十四，卷五十七至五十九，計十九卷；元刻本爲卷五至十二，卷二十至二十三，卷三十至三十四，卷四十五，卷四十九至五十一，卷五十五至五十六，計二十三卷，總四十二卷，缺十七卷。與殘葉相應之卷二十、卷二十一三面，正是上圖著錄爲"元刻"的版葉。將此元刻版葉與上圖另一種元刻本比較如下：

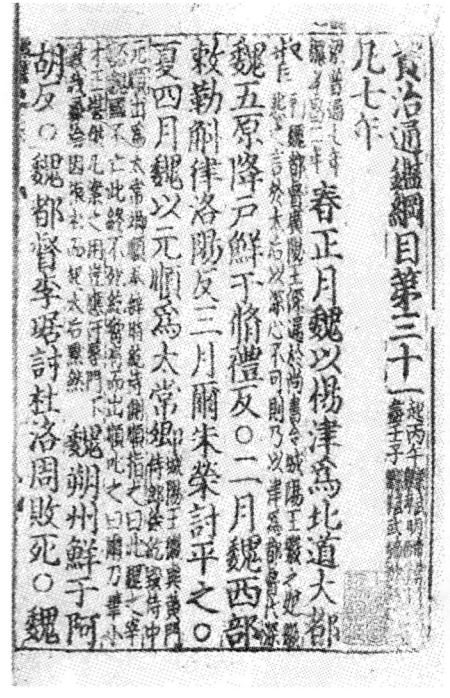 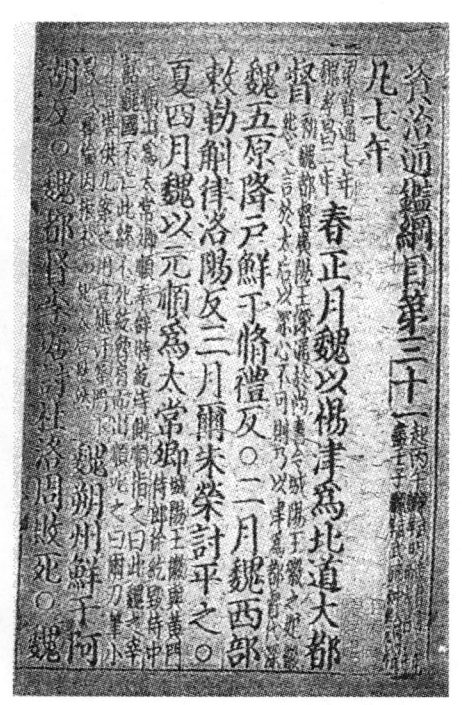

（圖七）宋刻元配中之元刻葉　　　（圖八）元刻本

　　比勘一行"鑑"字之"監"，二行"凡"字，五行"脩"字中間長畫，七行"卿"字左半等幾個顯著特點，可確證兩者逼肖；復統觀其他字形及整面版式，可確證爲同一版本無疑。再將上圖認定的宋刻版葉與所藏另一宋刻比較：

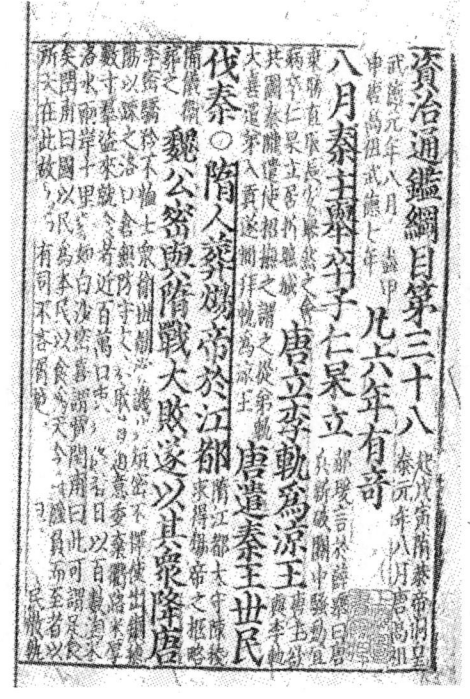

（圖九）宋刻元配中之宋刻葉　　　　（圖十）宋刻本

比勘一行"鑑"字之"監"，二行"凡"字，四行"涼（凉）"字（包括四行小字"涼"），六行"煬"之"火"旁等，顯然兩本非一；三行圖九"杲"字，圖十作"果"，更非同版；仔細比勘小字，更覺略有差異；進而尺量版框，配本宋刻框高十九點九釐米，寬十二點九釐米，殘宋本框高二十點五釐米，寬十二點九釐米：可見其中一本爲另一本的翻刻本，故兩者版框亦略有大小。

三、從宋慈、詹光祖行歷推論十行本年代

上圖宋刻元配本卷五十九末葉爲四周雙欄版，其後半葉第二行刻"建安宋慈惠父校正"八字，第三行刻"武夷詹光祖至元丁亥重刊於月崖書堂"十六字，第四行刻"資治通鑑綱目第五十九"十字。關於宋慈與詹光祖，清

745

代藏書家略有述及。《愛日精廬藏書續志》卷二：

> 《資治通鑑綱目》五十九卷，宋淳祐刊本，季滄葦藏書。宋朱子撰。目錄後有"武夷詹光祖重刊於月崖書堂"一行，後有"建安宋慈惠父校勘"一行，卷五十九後同。案：宋慈惠父即編《提刑洗冤集錄》者，蓋淳祐間人也。又案：《咸淳毗陵志》卷八《秩官門》有宋慈，亦當淳祐時，未知即此人否。①

張氏所藏，後入鐵琴銅劍樓。瞿氏因之云：

> 《資治通鑑綱目》五十九卷，宋刊本……目錄後有"武夷詹光祖重刊於月崖書堂"一行。卷一與卷五十九後有"建安宋慈惠父校勘"一行。張月霄氏謂惠父即編《提刑洗冤集錄》者，爲淳祐間人，遂定爲淳祐刊本。是書即月霄所藏也。每半葉十行，行十六字。目用雙行，行廿二字。"匡"、"恒"、"貞"、"偵"、"朗"、"桓"、"完"、"構"、"慎"字皆闕筆。字畫清朗，楮印如新，與所藏《資治通鑑》本相似，可謂雙璧矣。卷首有"御史之章"、"季振宜印"、"滄葦"、"乾學徐健庵"、"天官冢宰"諸朱記。②

張氏謂宋慈惠父即撰《洗冤集錄》之宋慈，按之籍貫，亦頗吻合。宋慈《宋史》不列傳，《萬姓統譜》卷九十二載其小傳云：

> 宋慈，字惠父，建陽人。歷湖裹提刑，以朝請大夫直煥章閣，帥廣東。慈居官所在有聲，嘗作《洗冤錄》。及卒，理宗以其爲中外分憂之臣，有密贊闌畫之計，贈朝議大夫，御書墓門旌之。③

從登第到致仕，應有數十年之仕宦生涯，小傳略言之。搜考方志，略得其轉

---

① 張金吾《愛日精廬藏書續志》卷二，《清代書目叢刊》之四，中華書局1990年版，第675頁上。
② 瞿鏞《鐵琴銅劍樓藏書目錄》卷九，上海古籍出版社2000年版，第229頁。
③ 凌迪知《萬姓統譜》卷九十二，上海古籍出版社1994年版，下册，第340頁上。按，《永樂大典》卷七八九四引《汀州志》載："宋慈字惠父，建安人，有撥煩治劇才。紹定間，奉捕使陳（轉下頁注）

官行歷如下。同治《福建通志》卷一百二十六"知長汀縣事"下：

> 宋慈，紹定間（1228—1232）任。慈初在招捕使陳韡幕，與平汀寇，以參贊功授是職。①

同治《福建通志》卷一百七十五本傳云：

> 宋慈字惠父……慈少受業於同邑吳雉，雉本朱子弟子。慈因得與楊方、黃榦、李方子諸儒論質，學益進。暨入太學，真德秀衡其文，謂其源流出肺腑，惠復師事焉。嘉定十年中進士乙科……端平二年（1235），樞密使曾從龍督師江淮，辟慈為屬，未至而從龍卒。詔令荊襄督臣魏了翁兼其職。了翁遺書幣趣慈，賓主懽甚。②

乾隆《福建通志》卷二十五：

> 宋邵武軍通判軍事……宋慈，嘉熙（1237—1238）初任。③

《福建通志》卷一百七十五：

> 嘉熙三年（1239），浙右饑，朝議調常州守臣，宰相李宗勉以慈應詔。④

《宋史全文》卷三十三，淳祐元年（辛丑，1241）：

(接上頁注)韡牒差同李監軍革平汀寇叛。未幾，剿渠魁於談笑間，慈參贊之功居多。上功辟差知長汀縣，轉奉議郎。縣治湫隘，慈皆撤而新之，使極壯麗。時當師旅饋餉之餘，明於聽斷，境內大治。任垂滿，差充督視行府幹辦公事。"中華書局 1986 年影印本，第 4 冊，第 3661 頁下。

① 《福建通志》卷一百二十六，臺灣華文書局股份有限公司印行，《中國省志彙編》之九，第五冊，第 2285 頁上。
② 《福建通志》卷一百七十五，《中國省志彙編》之九，第六冊，第 3132 頁下。
③ 《福建通志》卷二十五，《文淵閣四庫全書》本，臺灣商務印書館 1983 年影印本，第 528 冊，第 293 頁上。
④ 《福建通志》卷一百七十五，《中國省志彙編》之九，第六冊，第 3132 頁下。

> 七月甲辰以知婺州趙與懃、常州宋慈、江陰軍尹煥、廣德軍康植濟糴有勞、各進一秩。①

《洗冤集録序》自署：

> 淳祐丁未嘉平節前十日朝散大夫新除直秘閣湖南提刑充大使行府參議官宋慈惠父序。②

丁未爲淳祐七年（1247），所署爲當年官銜。道光《廣東通志》卷十六：

> 知廣東經略按撫：宋慈，淳祐九年（1249）任。③

乾隆《福建通志》卷六十三：

> 建陽縣……宋慈墓，在縣東北樂田里。

按劉克莊《宋經略墓誌銘》：

> 拔直焕章閣，知廣州廣東經略按撫，持大體，寬小文，威愛相濟。開閫屬兩，忽感末疾，猶自力視事。學官釋菜，賓佐請委官攝獻，毅然靚往，由此委頓，以浮（淳）祐六年三月七日終於州治，年六十四，秩止朝議大夫。明年七月十五葬於崇樂里之張墓窠。④

劉據行狀謂其卒於六年，與志載不同。考《後村先生大全集》卷一百五十一《鐵崖方閣學墓誌銘》謂方"〔淳祐〕改元，除集英殿修撰、知廣州廣東經略按撫，明年至廣。七年五月庚申感微疾，乙丑，終於州治"，與《永樂大典》卷一

---

① 見《宋史全文》卷三十三，黑龍江人民出版社2005年版，下册，第2242頁。按，《江南通志》卷一百二載宋慈"知常州軍州事"而無年月，據此，當在淳祐元年。
② 賈靜濤點校《洗冤集録》，上海科學技術出版社1981年版，第2頁。
③ 清阮元、陳昌齊、劉彬華等《廣東通志》卷十六，上海古籍出版社1988年版，第311頁下。
④ 《後村先生大全集》卷一百五十九，《四部叢刊》本，第八葉B。

萬一千九百零六引《南海志》同。① 是淳祐五六年間皆方大琮任經略，宋慈不可能卒於經略任上，此必有誤。《廣東通志》卷十六又謂"趙汝暨，淳祐十年任"，當是接替宋職，故當從方志、墓誌爲九年任而十年卒於任上，據此可推知晚年不在家鄉，不可能校勘《綱目》。

若以淳祐十年卒於任推之，慈生於淳熙十四年（丁未，1187）。劉克莊《墓誌》又云："公少聳秀軒豁，師事考亭高第吳公雉，又遍參楊公方，黃公榦，李公方子，二蔡公淵、沈，孜孜論質，益貫通融液。暨入太學，西山真公德秀衡其文，謂其源流出肺腑，公因受學其門。丁丑，南宮奏賦第三，中乙科。"②宋慈與李方子、黃榦、蔡淵、蔡沈之關係由此明確，其於朱熹則爲再傳弟子。《福建通志》卷十五"大儒祠"下載下龕祀朱熹，而以蔡元定、蔡沈、黃榦、宋慈等二十一人從祀，亦朱學傳人之關係。宋慈入真西山門受學在嘉定十年（1217）中進士以前，時二十多歲。李方子《資治通鑑綱目後序》云："歲在庚午（1210），方子始獲傳此於嗣子寺正君，而服膺焉。試吏南來，負以與俱，會建安真侯德秀惠臨此邦，暇日取而讀之，喟然歎曰：大哉深乎！……復求寺正君新校之本參定而鋟諸木……閱歲成書。"③真德秀守泉州在嘉定十年丁丑（1217），④李方子序作於嘉定十二年己卯（1219）冬十月，作序時五十九卷《綱目》當基本完工，則書之始刊時間應在嘉定十一年戊寅（1218），而所謂"復求寺正君新校之本參定"之時當在丁丑下半年至戊寅上半年。宋慈入真德秀門受學更在此前，登第後即"調鄞尉"、"丁外艱"、"再調信豐"，鄞縣雖與泉州相隔不遠，然宋慈丁外艱家居之時，似與《綱目》刊刻的時間適相吻合。宋慈丁艱家居，應老師真西山與師長李方子之命，校勘太老師朱熹之著作，於情於理，均皆切合。緣此史實，存世宋刻或宋刻元配本中"建安宋慈惠父校勘"一語，很有可能係其爲真西山第一次刊刻《綱目》時所做校勘工作之記録。

---

① 《永樂大典》卷一萬一千九百零六云："有年門，子城之西門，舊名朝天，經略彭鉉改西成，淳祐六年，經略方（太）大琮扁今名。"前文亦有"雙門……淳祐四年，經略方實學大琮撤而新之"。可見墓誌所説屬實。中華書局1986年影印本，第九册，第8382頁下。
② 《四部叢刊》本《後村先生大全集》（卷一百五十九，第五葉 A）原文作"見謂有源流出肺腑"，今據《福建通志》卷一百七十五傳記改。
③ 參見《"國立中央"圖書館善本序跋集録·史部（一）》，"中央"圖書館1993年版，第194頁。
④ 《西山先生真文忠公文集》卷二十四《永春大夫御史黃公祠記》："嘉定丁丑，某被命守温陵。"《四部叢刊》本，第四葉 A。

真西山温陵原刻初印本雖不可見，然其重刷之本尚存，版式爲半葉八行，行十七字，小字雙行同，左右雙欄，雙魚尾，白口，上記數字，中標"通鑑綱目卷×"，下記刻工姓名，詳見下圖：

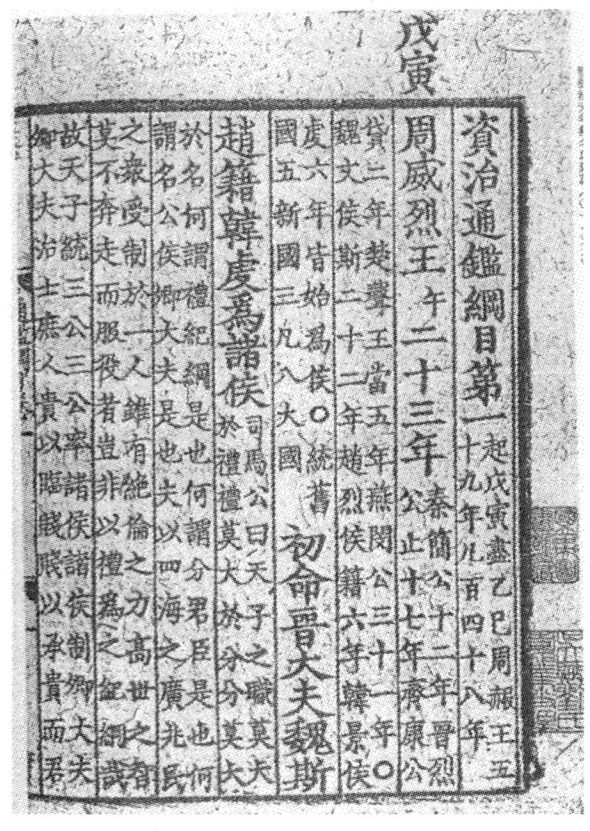

（圖十一）真德秀温陵郡齋刊宋末元明初遞修本

從時間上看，宋慈有可能在温陵郡齋刻《綱目》時任校勘之職，則所謂"建安宋慈惠父校勘"當係其任校勘時之署款，然則何以會出現在詹光祖刊刻之十行本上？詹光祖何許人？上圖藏十行本之牌記署"武夷詹光祖至元丁亥重刊於月崖書堂"，至元丁亥爲至元二十四年（1287），時已入元。

據瞿冕良《中國古籍版刻辭典》，詹光祖爲南宋景定間（1260—1264）福建崇安人，字良嗣，號月厓。曾任武夷山紫陽書院山長。① 其書坊即以其號名，稱月厓書堂。詹有三子，長子名君應（1279—1312），字天祥。《福建通志》卷二十五謂其曾任崇安教授，大德六年（1302）刻印過《晦庵先生語録類要》。三子名景仁（1281—1348），字天麟，號厚齋。曾任崇安學録，撫州路總管，刻印過《雍虞先生道園類稿》。② 以長子天祥生年上推，光祖約生於1250—1255年前

---

① 瞿冕良《中國古籍版刻辭典》"月厓書堂"條，瞿氏"厓"不作"崖"，齊魯書社1999年版，第70頁。又福建摩崖石刻至元二十七年（1290）有詹光祖名三次。
② 《福建通志》卷五十一："詹景仁，字天麟，崇安人。先世藏書甚富，以文學歷撫州總管。清江杜本以徵辟至京，景仁與善。本以忤時相歸，景仁延於武夷山，築萬卷樓居之，相與剖析疑奥。宇内名流有過閩者，皆造廬請益。"（《中國省志彙編》之九，第六册，第3517頁上。）由天麟之豪舉，可知光祖之藏書與家學淵源。

後,時當南宋淳祐、寶祐年間。上距溫陵刻本三十餘年,約在宋慈卒年前後。一九七〇年山東九龍山南麓發掘明初魯荒王朱檀墓,出土《黄氏補千家集注杜工部詩史》三十六卷二册,其於第三十二卷末下半頁有"武夷詹光祖至元丁亥重刊於月崖書堂"木記一行,①與上圖藏十行本《資治通鑑綱目》木記年份適相同,至元丁亥(1287),光祖三十多或近四十歲。《綱目》與《杜工部詩史》或同年刊刻,或先後刊刻而用相同牌記。

上圖藏本牌記"武夷詹光祖至元丁亥重刊於月崖書堂"十六字與《杜工部詩史》同,但與愛日精廬與鐵琴銅劍樓藏本之牌記"武夷詹光祖重刊於月崖書堂"多"至元丁亥"四字。四字之差,産生了多種可能:

(一)"至元丁亥"前曾重刊,到至元丁亥又重刊;

(二)"至元丁亥"前始重刊,到至元丁亥年刊成,故卷末與目録後署款不同。

(三)臺灣故宮所藏之卷五十九末"武夷詹光祖至元丁亥重刊於月崖書堂"牌記被人挖去;

(四)上圖所藏卷五十九末之牌記係後人補刻。

筆者無法匯諸種善本於一處詳加比勘,因此對諸種可能的推測也無法作一判斷。但就上圖藏本的宋刻卷中仔細尋繹,發覺大部分是四周雙欄,也有少量左右雙欄,而上下單欄者;四周雙欄之版,其天頭之干支紀年多豎寫,偶爾亦有横寫者,而上下單欄之版,干支多横寫,極個別有豎寫者。此種跡象表明,詹氏似乎確實有過兩次刊刻,根據字體與版式整體觀感推測,應是四周雙欄、天頭豎寫者在前,上下單欄、天頭横寫者在後。國家圖書館和臺灣故宮所藏未能一一寓目比勘,如果確如書影一樣全部四周雙欄,干支上下豎寫,則應是詹氏初刻印本。上圖所藏兩種版片夾雜,似是"至元丁亥"的"重刊"(或説補刻)本。

詹光祖所以刊刻朱熹《綱目》,與其式仰文公,②並曾任紫陽書院山長一職不無關係。乾隆《福建通志》卷六十五:"紫陽書院在武夷山五曲大隱屏

---

① 李致忠《歷代刻書考述》五《元代刻書述略》,巴蜀書社 1989 年版,第 197 頁。陳紅彥《元刻本》,江蘇古籍出版社 2002 年版,第 175 頁。
② 按福建崇安人協贊趙汝愚擁立宋寧宗的詹體仁,幼學於朱熹,又爲真德秀所仰慕,卒於開禧二年(1206)。光祖與體仁同縣,雖世系無考,要亦同族之人,則其於朱熹、真德秀,皆有特别之感情傾向。詹體仁事蹟見謝道承等編纂《福建通志》卷四十七。

山下，爲宋朱熹建。"①長朱熹所建之書院，刻朱熹之著作，播考亭之學術，義不容辭。但宋慈逝世，詹光祖甫生或尚未出生，故詹氏第一次"重刊"《綱目》時絶無可能延請惠父爲之校勘。而所以刻上"建安宋慈惠父校勘"之款者，可從"武夷詹光祖重刊於月崖書堂"牌記之"重刊"二字得到啓迪。因爲是重刊，所以迻録鄉賢名人宋慈曾校勘《綱目》的署款，一則表明其版刻曾經名人校勘，信而有徵，一則也是對鄉賢勞績的表彰。

詹氏第一次"重刊"年代不明。如果以其子二十歲出頭即便主持刻印《晦庵先生語録類要》這一事實推測，光祖在南宋末年即端宗景炎（1276—1277）前後就有可能從事此刻。但詹氏"初刊"時署"重刊"，便有一個是根據八行本重刻，抑是依照十行本重刻之問題。月崖書堂本爲十行本，其根據八行本重刻，是已變更行款；依據十行本重刻，則必定有另一種十行本在其前。徵諸文獻，溫陵郡齋八行本之後，確有所謂夔本與吉本，趙希弁《郡齋讀書附志》云：

> 真德秀刻於泉南，陳孔碩、李方子叙其後。希弁所藏夔本，爲板四千二百有奇。吉本二千八百，而且無陳、李二公之序。希弁又嘗參以泉本，校其去取之不同，並考溫公、文公之書法，爲《資治通鑑綱目考異》。淳祐丙午，秘省嘗下本州借本書寫云。②

根據《綱目》現有字數統計，爲版四千二百有奇者，相當於八行行十五字（小字同）本總字數；爲版二千八百者，相當於十行行十六字（小字二十二）本總字數。淳祐丙午爲1246年，可見在嘉定十九年（1219）之後約二十年中，《綱目》相繼有兩種刊本行世。八行本與殘葉不相涉，十行本亦即趙氏所謂吉本，允可爲詹光祖所據本之一。今存上圖所藏殘宋刻本，經與詹光祖本比較，知非同版，此殘宋刻本是否即吉本，無法徵實，但臺灣故宫尚藏有一種十行本。臺灣故宫博物院《宋版特展目録》於福建地區刻本下列有《資治通鑑綱目》一書影，將之與國家圖書館藏本、上圖所藏殘宋刻本並列於下，以資比較：

---

① 謝道承等編纂《福建通志》卷十八，《文淵閣四庫全書》本，第528册，第26頁下。
② 孫猛《郡齋讀書志校證·讀書附志》，上海古籍出版社1990年版，第1110頁。

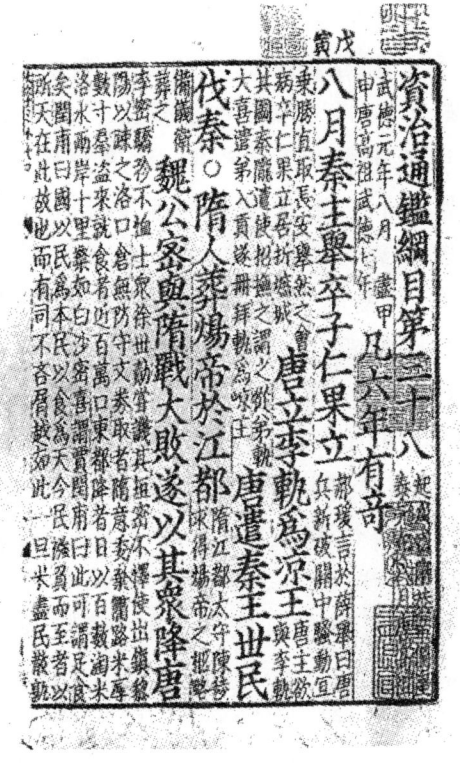

（圖十二）殘宋刻本

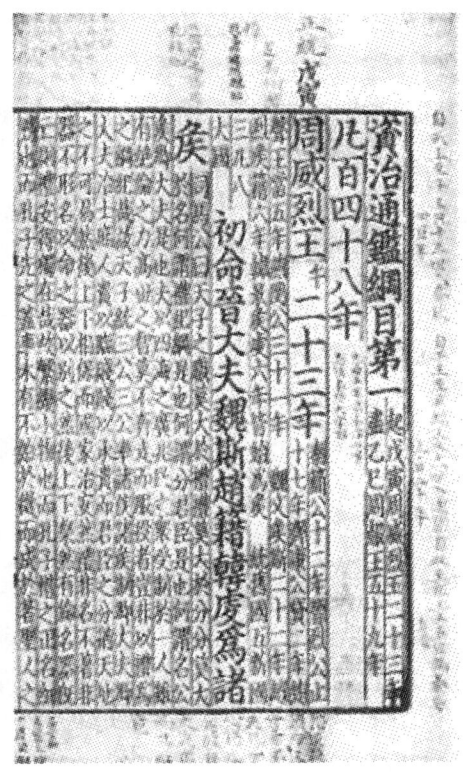

（圖十三）臺灣故宮藏本

臺灣故宮鑒定此本爲宋版，定爲"宋武夷詹光祖月崖書堂刊本"，[①]並著錄云：

> 宋朱熹撰。版匡高一九·六公分，寬十三公分。每半葉十行，行十六字，小注雙行，行二十二字。小黑口，四邊雙欄。左欄外有耳題以記帝后名，眉欄上方以干支紀年，取便檢閱。刻工姓名有王子清、青山、吳生、牛奇、子政、劉英甫、周仁、元吉、王文、子權、余老、牛才、陳忠、上官、仲圭、介、葉、丁、復、范、正、秀、恭、玉、仕、立、蔡、鄧、興、仙、方、後、翁、禾、福、祿、合、共等。宋諱避至敦字止。全書俱經後人以紅、黄、藍、墨四色筆批點評釋音義。書中偶有闕佚，唯已經後人據別

---

① 故宮博物院編印《"國立"故宮博物院善本舊籍總目》著錄爲《資治通鑑綱目》五十九卷目錄一卷，宋淳祐間武夷詹光祖月崖書堂刊本，六十册"（第 200 頁），進一步定爲淳祐刊本。

本依原式鈔配或填寫。宋版《資治通鑑綱目》除真西山溫陵郡齋所刊之本外，僅見《鐵琴銅劍樓藏書目録》卷九著録之宋刊本。瞿目謂"目録後有'武夷詹光祖重刊於月崖書堂'一行。卷一與卷五十九後俱有'建安宋慈惠父校勘'一行……每半葉十行，行十六字，目用雙行，行二十二字"。此本目録後之木記暨卷五十九末署款均被割裂剜去，而卷一尾題後"建安宋慈惠父校勘"署款尚存，又是本之行款視瞿目所載全同，則此本當與瞿目所著録之月崖書堂刊本同爲一版。是本字畫清朗，闊行大字，爲閩刻佳構。曾經明周金良，清阮元、季振宜之收藏。

此本避諱至光宗惇（敦），在年代判定上無價值。寶禮堂所藏宋八行本之卷四十七至五十一即用此本相配，行款、刻工均同，[①]藏家顯然以此爲宋本。故宫將此本定爲詹光祖重刊本之依據是：1. 行款相同，2. 卷一尾題之署款與詹光祖本同，3.《綱目》自溫陵本後唯有詹光祖本。最後一點因有趙希弁提及的夔本、吉本而不能成立，但將之與國家圖書館藏本比較，確知同爲詹氏早於"至元丁亥"的第一次"重刊"本。

圖十二上海圖書館著録爲殘宋刻本。其卷四十四鈐印有"杭州王氏九峰舊廬藏書之章"、"趙次公印"白文各一，卷三十八首、卷四十五末有"雙鑒樓收藏宋本"朱文印各一，卷三十八尚有"舊山樓書藏"朱文印。據印，知原爲常熟趙宗建舊藏，散出後爲傅增湘所得。但《舊山樓藏書記》著録爲"元刊本資治通鑑綱目殘本十卷三十八之五十一中闕四十三、四十四"，[②]下注曰："莫友芝《經眼録》云：元覆宋板也。其結行字體極似震澤王氏所刊《史記》，善印，亦佳本不易得者。"[③]今觀其版框，有四周雙欄，也有左右雙欄而上下單欄者，天頭干支亦横豎不一。即如莫氏所説爲覆宋本，則亦必有十行之宋本在。據趙希弁記載，溫陵八行本之後至詹光祖重刊十行本之前尚有其他八行本、十行本之刊刻流傳於世。趙宗建藏本所覆的宋本很可能也是詹光祖據以重刻的底本。

---

① 參見《寶禮堂宋本書録·史部》，江蘇廣陵古籍刻印社1984年影印本，第二册，第二十二、二十三葉。
② 按四十三、四十四兩卷今有，且亦有"趙次公印"，知著録有誤。然由此亦知有闕失，另數卷不知流入誰何之手。
③ 見趙宗建《舊山樓書目》，古典文學出版社1957年版，第78頁。

如果這種推測不錯,則詹光祖據以重刻的底本年代就落到接近趙希弁提到的吉州本年代中。趙未言吉州本刊刻年代,但他作《資治通鑑綱目考異》是淳祐丙午(1246),吉本應在此之前。從朱熹再傳弟子宋慈於淳祐二年(1242)知贛州這一事實設想,如果他在任上重新校勘《綱目》,或者即拿嘉定年間曾爲真德秀校勘之本,請鄰地吉州刊刻,而自署"建安宋慈惠父校勘",是近理之事。刊成不久,趙希弁據之作《考異》,時間上適相吻合。及至三十餘年後(景炎前後),詹光祖又依據吉本重刊,於是在《綱目》目錄後加上"武夷詹光祖重刊於月崖書堂"一行牌記,表明鐫刻者、鐫刻性質(重刊)、鐫刻地點;再過十餘年(至元丁亥),或許版有散失、磨損,於是再整理補刻,致使版框行款微有差異,於是在第五十九卷末補上"武夷詹光祖至元丁亥重刊於月崖書堂"一行以表明補刻年代,這都是順情合理的事。①

　　由上所證,國家圖書館所藏和臺灣故宮所藏之本係"武夷詹光祖"南宋末年"重刊於月崖書堂"的刻本,是四周雙欄,細黑口,雙魚尾,天頭干支豎寫的版式。F6:W36殘葉,李逸友未注明其爲四周雙欄或左右雙欄,從照片上辨析,底邊隱約顯雙欄痕跡,從大字"秦"、小字"乃"、"災"與底邊距離推測,也應爲上下雙欄。俄TK316甲戌殘葉上邊爲雙邊,甚明顯;丙子片僅"秦"字左上是雙欄痕跡,其他上邊烏絲欄亦多不連上框綫,透露出雙欄信息。孟列夫先生著録爲"上下雙邊",應是據實物目驗之確説。俄TK316兩片殘葉均爲細黑口。② 又殘葉甲戌片第六行小字"世"、丙子片第六行大字"臣"旁有魚尾記號,以及F6:W36殘葉右下"大"字旁有一魚尾,可推知三片殘葉亦皆雙魚尾。俄TK316兩片殘葉之"甲戌"、"丙子"均上下豎寫。由字體的健朗加上以上四點,可以判定,三片殘葉與國圖、臺灣故宮同版,係"武夷詹光祖重刊於月崖書堂"的"初刊"本,而不是"武夷詹光祖至元丁

---

① 就《綱目》刻工考論年代,一時頗難有結論。如王子清、吳生、牛奇、周仁、余老等衹見於此本,王文重名太多,無法確指。元吉,參加過景定本《資治通鑑綱目》、景定本(壬戌)《列子鬳齋口義》。景定本《綱目》據瞿冕良《中國古籍版刻辭典》(第28頁),瞿氏所據不明。但如果詹光祖早生數年,至少在景定五年(1264)時有二十歲左右或至少他能主持刊刻工作,則他的初刻未嘗不可提前到景定年間,而下至至元丁亥有二十餘年歲月,加之鼎革之際,版片損壞更有可能。別解存疑於此。
② 按孟列夫著録爲白口,但從甲戌、丙子兩篇殘葉上可以看出魚尾上確有一條中縫綫,似應爲細黑口。傅增湘著録此本亦爲細黑口,見《藏園群書經眼録》卷三《史部一》,中華書局1983年版,第242頁。

亥重刊於月崖書堂"的"修補"本。

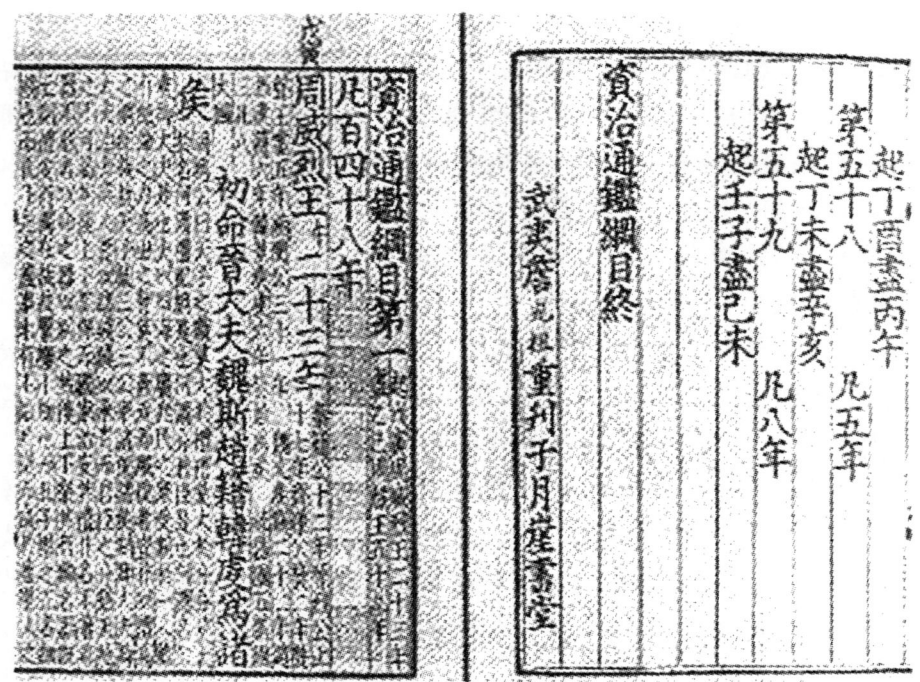

(圖十四)國家圖書館藏武夷詹光祖重刊於月崖書堂本

李逸友著錄 F6：W36 殘葉爲"竹紙"，而孟列夫著錄俄 TK316 殘葉爲 "蝴蝶裝……未染麻紙，細"，國圖、臺灣故宮未表明其紙質，筆者未經目驗，暫付闕如，以待識者。至於孟列夫所説的"蝴蝶裝"，則似乎無據，根據細黑口、雙魚尾等情形，完全是包背裝之樣式。

四、從殘葉原本《綱目》的刊刻推測傳入黑城的時間

如果認定 F6：W36 和 TK316 殘葉爲詹光祖景炎（1276—1277）前後之刻本，下至黑城天元年間（1379—1388）之廢棄，中經一百餘年，這是《通鑑綱目》傳入西夏黑城的最大年代跨度。但是温陵郡齋本《綱目》刻成之後七年（宋理宗寶慶二年，1226 年），元太祖二十一年，黑城已歸附蒙古。詹光祖本刻成之初，黑城已在元太祖、太宗統轄下約五十年，自此經宋趙昺祥興二年（1279）之移祚，直至元世祖至元二十三年（1286）在亦集乃設置總管府的

十年中,《綱目》從情理上説不大可能傳入黑城。而元朝覆没(1368),明太祖建國伊始,由中原到黑城路上,很少會有書籍的流通。比較可能的是元在黑城設總管府至元亡這七八十年間。

現有元代文獻未見有《通鑑綱目》傳入黑城的記載,但元代上自帝王與親王,下至讀書之人,對《通鑑》極爲重視。世祖至元二十七年(1290),"復立興文署,掌經籍板及江南學田錢穀",並且"召集良工刊刻諸經、子、史,以《通鑑》爲起端",①表露出蒙古上層統治人物急於借《通鑑》來資治的心情。《元史·裕宗傳》謂其"每與諸王近臣習射之暇,輒講論經典,若《資治通鑑》、《貞觀政要》,王恂、許衡所述《遼金帝王行事要略》,下至《武經》等書,從容片言之間,苟有允愜,未嘗不爲之灑然改容";《顯宗傳》亦云顯宗"至元中奉旨鎮北邊……撫循部曲之暇,則命額默根以國語講《通鑑》"。不僅上層階級用蒙文肄習,《選舉志一·學校》又載:"世祖至元八年(1271)春正月,始下詔立京師蒙古國子學,教習諸生,於隨朝蒙古、漢人百官及怯薛歹官員,選子弟俊秀者入學,然未有員數。以《通鑑節要》用蒙古語言譯寫教之,俟生員習學成效,出題試問,觀其所對,精通者量授官職。"連讀書之人,亦以《通鑑》精通與否作爲量授官職之準則,仁宗與泰定帝先後屢次命人進講和譯寫《通鑑》。② 由元初宫廷内外及君臣上下對《通鑑》的重視,便可想見由理學大師朱熹編纂的條理、羽翼《通鑑》的《綱目》一書受人歡迎的程度,從而可以理解其書在亦集乃路流行的事實。

筆者在《黑城文書〈新編待問〉殘葉考釋與復原》一文中曾云:

> 自江西袁州路至亦集乃路,遥遥二千里,路司轉撥,書商販運,友朋贈送,流人攜帶,種種途徑,雖皆可能,然筆者拈出一途,以爲元代教授、學正等人負籍上任,最有可能。③

並舉黑城出土文書儒學教授李時敏於至正十五年(1355)十二月到任呈狀

---

① 《元史·世祖紀十三》。丁丙《善本書室藏書志》卷七《史部》"《資治通鑑》二百九十四卷元刻明修本"條下所説,《清人書目題跋叢刊二》,中華書局1990年版,第478頁上。
② 參見《元史·仁宗紀一》、《泰定帝紀一、二》。
③ 拙文《黑城文書〈新編待問〉殘葉考釋與復原》,臺灣漢學研究中心《漢學研究》第21卷第1期,第331頁。已收入本書。

爲例，雖然指其攜帶袁俊翁的《四書待問》而言，然未嘗不可同時攜帶一部家喻户曉，也是作爲教授不可或缺的朱熹《通鑑綱目》。這不僅因爲元朝上下都熱衷於《通鑑》，而且曾頒書肄習。《元史·選舉志一》：

> 至元六年（1340）秋七月，置諸路蒙古字學。十二月，中書省定學制，頒行之。命諸路府官子弟入學，上路二人，下路二人，府一人，州一人，餘民間子弟上路三十人，下路二十五人，願充生徒者與免一身雜役。以譯寫《通鑑節要》頒行各路，俾肄習之。

朝廷既然頒行蒙古文《通鑑節要》於各路，俾學生肄習，則各路、州教授及書院山長、學正轉官上任，篋中裝一部漢文《通鑑綱目》，猶如藏置一本教學參考書，便於自習備課，也利於講授答問，可謂省行裝而資多用。當然，這祇是諸多途徑中的一條。其他路司轉撥、書商販運，以及官府子弟和民間子弟爲入學深造，遠托親朋從内地捎帶等，均仍在情理之中。

二〇〇五年五月八日草於榆枋齋
二〇〇五年九月三十日改定

附記：
本文初稿因未見國家圖書館藏本書影，故認爲臺灣故宮藏本爲詹光祖至元丁亥重刻的底本或所據本之一。今比較國圖、臺灣故宮兩本，確爲一版，與殘葉相同，爲詹光祖第一次刻本。因據趙希弁所謂吉本行款刊刻，故稱"重刊"。緣此，會議上的觀點應該廢棄，以改稿爲準。二〇〇五年十月一日

補記：
近日偶閲《斯坦因第三次中亞考古所獲漢文文獻（非佛經部分）》一書（上海辭書出版社，二〇〇五年版），驚獲與本文所考釋之朱熹《綱目》殘葉若干。現選擇數葉，迻錄其題記並簡記内容如下：

> 一七號殘存文字爲：見及冬不滅秦……起尾箕……。《文書》不標其卷次，經覈係卷二十一"以王坦之爲中書令"下之注文。

一八號殘存"聞秦攻"數字,《文書》不標其卷次。二三號殘存"天……則居之熙……"數字,《文書》不標其卷次。按,以上兩片殘葉皆係卷二十一"秋七月秦遣兵擊涼州"下之注文,且兩片可綴合爲一片。

二一號殘存"……不言……已於後……"等數字。《文書》不標其卷次,經覈係卷二十一"夏四月秦陷魏興太守吉挹死之"下之注文。

二八號殘存"……不欲使吾平"數字。《文書》不標其卷次,經覈係卷二十一"秋七月秦丞相清河侯王猛卒"下之注文。

八三號爲"卷二十一晉孝武帝太元九年"殘葉,存大字二行,小字二行半,內容爲"興文殺(大字)……時燕慕輿句(小字)……亂夜攻庫(小字)……督七州軍(大字)"云云。

八五號爲"卷二十一晉孝武帝太元九年"殘葉,存大字二行,小字半行,內容爲"慕容麟(大字)……據阿房(大字)……沖去(小字,前字下半,後字上半)"云云。

八六號爲"卷二十一晉孝武帝太元四年"殘葉,存大字二行,內容爲"月秦(大字,秦下半殘)……之(大字,下有小字"秦"字)"云云。

編著者於第八六號下所作說明云:

> 本號原有八十六片,今存六十九片,計缺一至十六及三十共十七片。馬伯樂書沒有此號圖版和錄文。查對二十五片,分屬《通鑑綱目》卷二十一至二十二,自晉帝奕太和五年(三七〇)至晉孝武帝太元九年(三八四)。內容均出自正文及注文,明版中出現的集覽、質實、書法、發明等尚未有見。

說明謂"明版中出現的集覽、質實、書法、發明"云云,乃指元王幼學《通鑑綱目集覽》(1324年)、明馮智舒《質實》(1465)、劉友益《書法》、尹起莘《發明》諸書,其薈萃諸說,始於明嘉靖間扶安,其後弟子晏宏校補成書,年代在嘉靖十八年以後。而刊布之《綱目》殘葉與內蒙古考古隊所得及俄藏殘葉同爲一版,年代遠在嘉靖以前,故絕不可能出現"集覽"等字樣。又第八三號錄文爲"時燕慕容輿",多一"容"字,爲殘葉所無。

最使筆者興奮的是,二九號殘葉有"宋慈惠"三字,這分明是宋慈校勘之本，與本文考釋完全吻合，殘葉爲宋本據此可以肯定。

《綱目》一書散亂之後，先後爲科兹洛夫、斯坦因、内蒙古考古隊在八十年間各自獲得殘葉數片，分藏於英、俄及中國，而英藏殘葉於九十多年後方始刊布，使得學林能够合觀斑豹，實在是一件幸事。因本文已將付梓，不能校録原文並附相應版葉供對照，祇能聊綴數語，嗣後將專文考釋、綴合，以存《綱目》殘葉之全貌。

二〇〇六年三月五日識

有關《永樂大典》幾個問題的辨證

從二萬二千九百三十七卷的《永樂大典》(下簡稱《大典》)編纂成書到現在,已歷經六百多年。這部煌煌巨著鈔成後的一二百年中,一直深藏皇宫,世人鮮能一睹。及至嘉靖重鈔一部,情況仍未改變。明清鼎革,正本失傳,清朝康熙、乾隆年間爲文臣所用時,已有缺失。因而對於此書之編纂動機、卷帙字數、參與人員,以及内容編排等問題,學界雖不乏探討,却每每因襲轉述,不得要領。筆者將視野投向明初深廣的文化背景,博徵各種野史、文集、方志,分析帝皇、臣僚的心態和作爲,深究類書、韻書之性質和關係,就《大典》編纂動機、卷册字數、纂修人員及其與《洪武正韻》關係等幾個問題作一種平心、切實的探討。

一、纂修動機探賾

開國升平,纂修盛典,爲帝皇右文稽古之雅事。歐陽修即曾説過:"竊以右文興化,乃致治之所先;著録藏書,須太平而大備。"①歷觀帝皇,步驟分途,大寶之位,有馬上得之,有丹墀傳之,然亦有於幃中奪之者,於是在"治之所先"的堂皇面紗後,或許寄託著一些難言的隱衷。宋王明清《揮麈後録》卷一引朱敦儒説云:"太平興國中,諸降王死,其舊臣或宣怨言。太宗盡收用之,置之館閣,使修群書,如《册府元龜》《文苑英華》《太平廣記》之類。

---

① 歐陽修《謝賜〈漢書〉表》,《歐陽修全集》,北京中國書店1986年版,下册,第728頁。

廣其卷帙，厚其廩禄瞻給，以役其心，多卒老於文字之間云。"①朱氏位不過從六品，立朝時間極短，且"專立異論"，②上言一百五十年前宮中之事，而史實多誤，③充其量亦祇是文人率爾之言，難爲典要。元劉壎之《隱居通義·古今類編》云："如宋初編《文苑英華》之類，尤不足采。或謂當時削平諸僭，其降臣聚朝多懷舊者，慮其或有異志，故皆位之館閣，厚其爵禄，使編纂羣書，如《太平御覽》《廣記》《英華》諸書。遲以歲月，困其心志，於是諸國之臣，俱老死文字間。世以爲深得老英雄法，推爲長策。"④"或謂"云者，當即指敦儒輩，而"慮其"、"老英雄法"、"長策"云云，則儼然成爲周密之廟算。劉壎指責此説爲"好議者之過也"。明代李日華、陸深曾比照朱説，將永樂靖難後修《永樂大典》，比作宋太宗燭影斧聲之後修《太平御覽》《太平廣記》等書，認爲是一種籠絡朝臣、消彌不平之氣的舉措。⑤孫承澤雖然指出《元龜》乃真宗時編輯，而亦云"至靖難之舉，不平之氣遍於海宇，文皇借文墨以銷壘塊，此實係當日本意也"。及四庫開館，館臣輯佚談論之際，益加鞏固此説。⑥自後學者遞相祖述，如王重民先生《〈永樂大典〉的編纂及其價值》、張忱石先生《永樂大典史話》即爲持此種觀點之代表。⑦於是籠絡朝臣，緩解局勢，被解釋爲纂修《大典》最初乃至唯一之原因。

其實，任何一種重大舉措，都會有主客觀多種因素同時起作用；任何一種曠時工程，都可能產生前後宗旨偏差、甚至有違初衷之結果。"借文墨消

---

① 王明清《揮麈後錄》卷一，中華書局1961年版，第53頁。
② 《宋史》本傳説右諫議大夫汪勃劾他"專立異論，與李光交通"，自後朱即上疏請歸。
③ 李心傳《舊聞證誤》卷一就朱説之史實錯誤曾予辨正，並指出《册府元龜》乃景德二年敕修，非太宗朝事。中華書局1981年版，第9頁。
④ 劉壎《隱居通議》卷十三，《叢書集成初編》本，第0213號，第139頁。
⑤ 李説見《紫桃軒又綴》卷一，《國學珍本文庫》，襟霞閣主人重刊，下册，第69頁。陸説見孫承澤《春明夢餘錄》卷十二，《文淵閣四庫全書》本，臺灣商務印書館1983年影印本，第868册，第124頁上。
⑥ 乾隆皇帝《詠宋太宗》詩"集儒輯三書，深意别有那。永樂乃效之，《大典》遍搜邏。彼各有所圖，難欺後人譁"，自注云："宋太宗身有慚德，故即位後集天下文人輯《太平御覽》《册府元龜》《文苑英華》三書，以疲羣力而弭衆議。明成祖之修《永樂大典》，亦仿其意。"(《御製詩集四集》卷四十九，《文淵閣四庫全書》本，第1308册，第153頁上）乾隆之詩多詞臣捉刀，即使此詩果爲乾隆自作，亦必館臣之議論上達天聽，故發之於詩。
⑦ 參閲王重民《〈永樂大典〉的編纂及其價值》(《社會科學戰綫》1980年第2期）、張忱石《永樂大典史話》(中華書局1986年版，第2頁）。

不平"這種隱微深意,固可指爲君王意中所有而言中所無,但總應有鱗爪可尋。分析、綜理洪武、永樂前後史料,却摘尋不出意識上之蛛絲馬跡。《大典》作爲一部碩大無比的類書,對其編纂的真正意圖與成因,應該有一個實事求是的客觀評述,而不能作影響附會、人云亦云之談。茲就相關史料文獻,從下列幾種思路去分析、思考:

(一)從洪武、永樂兩朝御纂、敕撰的群書中歷史地透析太祖、成祖"右文"舉措的深層意識。

(二)解縉歷事太祖、惠帝、成祖三朝的仕宦心態。

(三)從歷史角度分析解縉編纂類書之設想到《大典》成書的發展與變化。

(四)《文獻大成》編例與《大典》參與者的政治傾向。

(一)明初御纂、敕撰群書解析

朱元璋出身之卑微,固不論隋文帝、唐高祖,即使遠比漢高祖,近較宋太祖,亦都等而下之。或許太祖對漢高與陸生"居馬上得之,寧可以馬上治之乎"的君臣對答頗有深悟,也許存心遠邁漢唐,附庸風雅,故而洪武三十一年中,所御纂、敕編書籍,比之前代,確實有過之而無不及。黃佐《翰林記》卷十三有《修書》一節,專記明代各朝君主敕命編書之事。黃佐說"洪武中,稽古右文,以開至治,故纂述之事,殆無虛日",觀其開列之御纂各書,很能表明太祖"以開至治"的心態。爲真切瞭解明初欽定纂書情況並藉以展示太祖心態,茲參考《翰林記·修書》及《明史·藝文志》《明書·經籍志》《續文獻通考·經籍考》等書將洪武時期御纂、敕編之書依年代排列,並略述原委及簡要內容於後:

洪武二年(1369)二月,《昭鑒錄》二卷成,凡一百一十餘條。此因元年(1368)六月命禮部尚書陶凱輯古太子諸王之嘉言善行爲書,既成,上未愜意,更令修撰王僎等刪定之(《明志》作《宗藩昭鑒錄》五卷)。三月,《女誠》一卷成,此乃命學士朱升等翰林院儒士所修。

四年(1371)七月,《存心錄》十八卷成。太祖曾命翰林儒臣吳沈等編集歷代帝王祭祀祥異感應可爲鑒戒者爲書,即此。(《續文獻通考·經籍考》繋於十九年,謂爲劉三吾等輯。)

六年(1373)三月，前敕宋濂輯自古姦宄之跡爲書，至是進呈，名《辨姦録》，分賜皇太子、親王。《大明律》三十卷成書，乃敕命刑部尚書劉惟謙詳定篇目，皆準唐律，合六百有六條。（九年，復釐正十有三條，餘仍故。二十九年又參考比年律條，以類編附，作《更定大明律》三十卷。）《皇明祖訓》成書，乃中書省官纂，分十三類目。

七年(1374)九月，《孝慈録》一卷成。敕命宋濂等考定喪服古制而爲是書，意在定服制也。

八年(1375)，御製《資世通訓》十四章成。實亦翰林院儒臣所撰。

十三年(1380)五月，《臣戒録》一卷成。係敕命翰林院儒臣纂録歷代諸侯王宗戚宦官之屬悖逆不道者二百二十人，備其行事，以類書之。既成，命頒佈中外。《相鑒》二十卷成。洪武十三年罷中書省，詔儒臣采歷代史所載相臣賢者自蕭何至文天祥八十二人爲傳十六卷，不肖者自田蚡至賈似道二十六人爲傳四卷，太祖製序。

十四年(1381)五月朔，編修吳沈、典籍劉仲質、吳伯宗所編《千家姓》成，凡爲姓一千九百六十有八。《云南志書》六十一卷成。既平云南，詔儒臣考定爲書。

十五年(1382)，命侍讀火原潔等類編《華夷譯語》成書。

十六年(1383)二月，東閣大學士吳沈等類編聖賢所言敬天、忠君、孝親等事爲《精誠録》三卷。

十八年(1385)三月，贊善劉三吾類編漢唐以來災異之應於臣下者爲《省躬録》十卷，詔頒行之。（《續文獻通考・經籍考》著録在十九年。）

二十一年(1388)九月，翰林院儒臣所修《武士訓戒録》一卷成。

二十六年(1393)，《諸司職掌》十卷成。先是，敕命吏部同翰林院儒臣仿《唐六典》自五府六部都察院以下職務類編爲書，至是成，刊布中外。又嘗詔翰林院稽考漢唐宋功臣封爵食邑多寡及名號虛實等第爲書，名曰《稽制録》，一卷，至是亦頒示功臣。十二月，《永鑒録》成。旨在訓親王，故頒賜諸王。太祖輯歷代人臣善惡可勸懲者爲《世臣總録》。實皆翰林院儒臣所修，頒示中外群臣。（末二書《續文獻通考・經籍考》繫於二十五年。）又，《醒貪簡要録》書成。

二十七年(1394)七月，《寰宇通志》一百九十卷成。時太祖以輿地之廣不可無書以紀之，乃命翰林院儒臣及廷臣以天下道里之數總類爲書。（《明志》及他書記載該書編年、卷次各有不同。）

二十八年（1395）十二月，《洪武志書》成，刊行之。（《明志》謂洪武三年所修。）

二十九年（1396）十一月頒《稽古定制》。太祖以臣下有逾制逾禮者，命翰林儒臣斟酌唐宋制度，以定勳舊食祿之家禁例禮節。

三十年（1397），《爲政要錄》成書。

洪武三十一年（1398），由洪武五年敕令於金陵蔣山寺開雕的《洪武南藏》，至此年畢工。共六百七十八函，一千六百部，七千多卷。

以上皆有年代可記者，《翰林記》中年月莫可考而皆爲翰林院所修者有：《志戒錄》《忠義錄》《彰善癉惡錄》《武臣鑒戒》《務農技藝簡要錄》等。名義上爲太祖御纂而實出翰林儒臣者有《大誥三編》《大誥武臣》《御製詩文》《御注洪範》《御注尚書》《御注道德經》等。《明史·藝文志》又有《紀非錄》（訓周、齊、潭、魯諸王）、《祖訓錄》（洪武中編集）、《集禮》五十卷（洪武中梁寅等纂修）、《行移繁減禮式》一卷（洪武中，以元季官府文移紛冗，詔廷臣減繁，著爲定式）、《禮制集要》一卷、《稽古定制》一卷、《禮儀定式》一卷、《教民榜文》一卷、《鄉飲酒禮圖式》一卷（以上幾種俱洪武中頒行）、《祖訓錄》一卷（洪武中編集，太祖製序，頒賜諸王）、《日曆》一百卷（洪武中詹同等編，具載太祖征討平定之跡，禮樂治道之詳）、《寶訓》五卷（《日曆》既成，詹同等又請分類更輯聖政爲書）、《元史》二百十二卷（洪武中宋濂等修）、寧獻王權《漢唐秘史》二卷（洪武中奉敕編次）、《憲綱》一卷（洪武中御史臺進）、《選擇曆書》五卷（洪武中欽天監奉敕撰定）、《書傳會選》六卷（洪武中敕修，太祖以蔡沈《書傳》有得有失，詔劉三吾等訂正之，又集諸家之說足其未備，書成頒刻）。清傅維麟撰《經籍志》，特設"制書"一目，羅列與御纂、欽定有關者一百六十七部，即以洪武爲界，尚有超出上述之外者。① 從歷史與資治角度分析其書的内容：所謂御注《尚書》《洪範》《道德經》等，實出儒臣之手，可謂附庸風雅；修《元史》，因鼎革換代；修《寰宇通志》《洪武志書》，乃顯版圖之廣，物產之豐；制訂《大明律》《集禮》《諸司職掌》等，則爲資治所必需。其令編纂《存心錄》，或可謂自警，但觀其不厭其煩地敕命撰輯《昭鑒錄》《辨奸錄》《臣戒錄》《相鑒》《精誠錄》《省躬錄》《武士訓戒錄》《永鑒錄》《志戒錄》《忠義

---

① 參見《明史藝文志·補編·附補》，商務印書館1959年版，第139—141頁。

録》《彰善癉惡録》《武臣鑒戒》《世臣總録》等等,爲前此帝皇所無,很能昭示太祖統御臣下之術與其懲治功臣之陰暗心態,絕非爲籠絡朝臣而實施的文化舉措。①

成祖即位,在敕命編書方面不減乃父。繼統伊始,命解縉等編次古今后妃、諸侯、大夫、士、庶人妻之事,分爲三卷,永樂元年(1403)十一月進御,賜名《古今列女傳》,並親序之,頒予六宫,行之天下。元年九月,命解縉等重修《太祖實録》外,又敕諭翰林儒臣輯古代嘉言善行有益於太子者,以《儲君昭鑒録》爲主,稍加充廣,名曰《文華寶鑒》,二年(1404)四月書成,成祖親御奉天門,召皇太子授書。七年(1409)二月,《聖學心法》成,此敕命余鼎等輯君臣父子之格言爲之,序其書而命司禮監刊印。又纂輯漢以後可爲法戒者,成《外戚傳》三卷,亦親製序文。爲訓諭皇太子知農民勤苦,作《務本之訓》以授之。自作《爲善陰騭》(十卷,永樂十三年頒行)、《孝順事實》(十卷)二書以風厲天下,雖爲翰林院儒臣佐撰,而冠以御製。其他如《巡狩事宜》一卷,《瑞應圖説》一卷,《傳心要語》一卷,皆永樂中編次。

永樂二十二年中尚有值得一提的幾部大書:永樂元年諭解縉纂輯大類書。六年(1408)《洪武南藏》版片焚毀,旋即敕令據印本重雕,至十七年(1419)竣工。共六百三十六函,一千六百十部,六千三百三十一卷。永樂十二年(1414)、十三年(1415)間,命胡廣、楊榮、金幼孜及原修撰過《大典》的部分學者編纂《五經四書大全》一百九十卷,《性理大全》七十卷,成祖親序,梓版印行,並於十五年(1417)三月頒布六部、兩京國子監及天下郡縣學。成祖於此兩書頗爲得意。② 十四年(1416),由學士黃淮、楊士奇等采古代名臣直言和奏疏類編爲三百五十卷,成祖賜名《歷代名臣奏議》,刊印後頒賜皇太子、皇太孫及諸大臣。十六年(1418)詔修天下郡邑志書,命學士楊榮等總領,户部尚書夏原吉提調。郡邑志書今已不見,但二十三年後的正統六年(1441)由楊士奇等據文淵閣原書編録的《文淵閣書目》中,其暑字

---

① 明郎瑛《七修類稿》卷三十七"洪武書目"條列舉太祖洪武年間因治而編諸書,感歎"至哉王心,無一事不加之意也,創業之君,所以難歟"。中華書局1959年版,下册,第559頁。
② 成祖曾謂禮部大臣曰:"此書學者之根本,而聖賢精義悉具矣。自書成,朕旦夕宫中披閲不倦,所益多矣。古人有志於學者,苦難得書籍,如今之學者得此書而不勉力,是自棄也。爾禮部其以朕意曉諭天下學者,令盡心講明,無徒視爲虚文也。"見《禮部志稿》卷二,《文淵閣四庫全書》本,第597册,第37頁下。

號三櫥有"舊志"五百九十多種,往字號三櫥有"新志"五百六十八種。① 十六年(1418)始編方志,各地成書當有先後,故《書目》所謂"新志",很可能是十六年詔編各地新方志之藏於文淵閣者。著錄之方志雖無卷次,但其篇幅總量之大,可以想見。十七年,敕纂《道藏》與《永樂北藏》。②

比照洪武、永樂兩朝所御纂、敕編書籍,透視太祖、成祖心理:洪武時期,天下初定,太祖以右文顯其昇平之同時,猶時時不忘統御,於是編纂許多"清洗思想"的書籍。永樂初年,朝野空氣緊張,臣僚在左右祖中急速分化。成祖編纂《聖學心法》,冀"依附聖言,侈談名教,欲附於逆取順守",自序言:"秦隋之君,用法慘酷,倚苛暴之吏,執深刻之文,法外加法,刑外施刑,曾何有忠厚惻怛之意?死人之血,漂流於市,受刑之徒,比肩而立,此仁人君子所以痛傷也。"③此若立足於其殺戮靖難異己大臣而言,似乎是欲蓋彌彰,然原其姦心,兼及所撰《孝順事實》《爲善陰騭》等書,仍欲以忠孝仁義面貌入繼大統。與太祖所敕撰之書對照,可見成祖時時有超過乃父之心態。太祖編《儲君昭鑒錄》,成祖便增飾之以成《文華寶鑒》;太祖編《寰宇通志》《洪武志書》,成祖亦詔修天下郡邑志書;太祖御注經書如《尚書》《洪範》等,成祖便敕命編《五經四書、性理大全》二百六十卷;太祖編《臣戒錄》《相鑒》,成祖編《歷代名臣奏議》三百五十卷;太祖編《洪武南藏》,成祖編《道藏》《永樂北藏》,其求勝之心於此可窺一斑。

(二)解縉仕宦經歷

《永樂大典》第一位監修解縉(1369—1415),是一位"七歲能屬文,書過目成誦如流,爲詩歌,操筆立就,往往出奇語"的天才少年。年未弱冠,已高中洪武二十一年(1388)三甲第十名進士,選爲庶吉士。同年四月,侍從朱元璋至大庖西室,君臣談論時政,縉旋即上了一篇《大庖西封事》奏疏,直陳時弊,受到太祖賞識,因而名噪一時。解縉生性恃才傲物,一旦少年得志,

---

① 《文淵閣書目》,商務印書館《國學基本叢書》本,第231—272頁。其中"舊志"是否即太祖洪武時所撰志書,待考。
② 《道藏》由武當山玉虛宮提點任自垣總纂,前後三年,纂輯五千一百三十四卷。參見筆者《正統道藏編纂刊刻年代新考》,《文史》,中華書局2006年第四輯,總七十七輯。已收入本書。
③ 參見永瑢等《四庫全書總目‧聖學心法提要》,中華書局1965年版,第807頁。

更加疏狂不羈。二十三年（1390），因入兵部索皂隸語嫚，遭尚書沈溍彈奏，改任御史。太祖想以此對他有所約束，而他反而就此更加放肆，代王國用草奏爲李善長辯冤，代夏長文草疏彈劾都御史袁泰，終至被太祖勉以大器晚成而隨父回家讀書十年，時在洪武二十四年（1391）。七年後，朱元璋病逝，解縉不顧母喪未葬，辭別九十高齡的父親進京奔國喪，其內心很可能惦念著十年後大用的聖諭就此落空。不意有司彈劾他違背聖旨，不顧母喪父老，於是落得個不忠不孝的罪名，謫貶到甘肅臨洮的河州軍民指揮司爲吏。乘興而來，戴罪而去，其內心的怨望自是難以名狀，因而發出"早歲攀龍客天府，浪得聲名滿環宇。歸來自分閉門過，豈料更爲名所苦。旅影西行萬里遥，黃葉飄蕭更無數"的牢騷。① 謫所的淒涼與失意，使他向翰林學士董倫寫信求助。董倫果然向建文帝進言，召回解縉，授翰林待詔。② 但在解縉看來，這九品小官，比起當年洪武時的得意，想到十年後以期大用的許諾，實在也是雞肋滋味。

及"靖難"之師兵臨城下，一則野史筆記頗可說明解縉之爲人與他對建文、成祖之看法。趙善政《賓退錄》卷二云：

> 王艮、胡廣、李貫皆建文二年第，並授修撰……文皇師入金川門，解縉、吳溥與艮、靖（即廣）比舍居。咸至溥舍相與誓死。縉、靖皆慷慨自明，艮獨不語……須臾，聞艮哭飲鴆死，而縉、靖皆馳謁馬首矣。李貫者，與王艮、胡靖皆吉水人，艮死而貫與縉、靖皆降附，並見委用。永樂中，出建文朝封事數千通，命解縉等擇有關於農桑禮樂者存之，其有干犯靖難事者焚之。既畢事，文皇笑謂縉曰："卿等當時應皆有之。"皆愕然不敢對。③

王艮之死尚有異說，然必與靖難有關。④ 解縉與王艮對建文、成祖態度截然不同，除了忠君觀念與仕宦意識不同之外，於解縉來説，建文對他無恩可

---

① 見《文毅集》卷四《西行示侄禎期還家》詩。《文淵閣四庫全書》本，第1236冊，第638頁下。
② 參見過庭訓《本朝分省人物考》卷一《董倫傳》，周駿富輯《明代傳記叢刊·綜錄類》，臺灣明文書局印行，第129冊，第123頁。
③ 趙善政《賓退錄》卷二，《叢書集成初編》本，第2821號，第9頁。後《明史·王艮傳》採錄趙說。
④ 詳見屠叔方《建文朝野彙編》卷七，《北京圖書館古籍珍本叢刊》之11，書目文獻出版（轉下頁注）

言,重事新君,正是騰達的轉機。所以當方孝孺拒絕成祖起草登極詔而株連十族,樓璉受詔自經之後,他便草登極詔勸進,得到成祖讚賞。① 解縉之勸進表既然"稱旨",於是君臣之間的默契達成,旋擢爲侍讀,八月,召解縉與黄淮、胡廣、楊榮、楊士奇、金幼孜、胡儼七人入直内閣,參預機務。元年七月,即下詔編纂《永樂大典》。十一月,擢縉爲侍讀學士,二年四月,升爲翰林學士、右春坊大學士。②

(三)解縉設想與唐、方《類要》及《大典》宗旨之比較

《永樂大典》編纂,首先萌發於解縉。解縉在《大庖西封事》中,對太祖平日因"便於檢閲"而喜歡翻閲的《説苑》《韻府》及《道德經》等書分别給與"誕妄""鄙猥"與"穢蕪"的評語,並認爲皆"略無可采",進而表示:"陛下若喜其便於檢閲,則願集一二志士儒英,臣請得執筆而隨其後,上溯唐、虞、夏、商、周、孔之華奥,下及關、閩、濂、洛之佳葩,根實精明,隨事類别,以備勸戒,删其無益,焚其謬妄,勒成一經,上接經史,豈非太平制作之一端也歟?"③ 可見其當時已有編纂大型類書的設想。解縉之所以提出編纂儒學類書,客觀上固是太祖平時閲讀的陰時夫《韻府羣玉》弇陋不足觀,而洪武二十一年前,雖然御纂、敕纂的"太平制作"不少,却没有編出一部像《藝文類聚》《太平御覽》一樣的類書可供御覽,心知這是嶄露頭角、施展才華,大步跨入高層仕宦的極妙契機。這便是《大典》編纂中雖屬次要,却萌發很早的一個原動力。但事有凑巧,接連而來的幾件事致使他奉旨侍父回家讀書,類書的編纂遂致擱置。洪武三十一年(1398),太祖曾命侍讀唐愚士等編輯

(接上頁注)社,第 155 下—156 頁上。又解縉《翰林院修撰王欽止先生墓表》表達其死因亦作瘐醉隱語,可以想見。見解縉《文毅集》卷十二,《文淵閣四庫全書》本,第 1236 册,第 770 頁下。

① 諸書均言樓璉眼見孝孺之淩遲,受詔作草,歸而自經。由此推想,其登極詔措辭不會中成祖之懷。或謂王達所草,然據《吾學編》記成祖問達建文君事,王達答不稱成祖意,即或草詔,亦未必稱旨。明許浩《復齋日記》云:"永樂間,解縉以草登極詔稱旨,以政任之。"(《叢書集成初編》本,第 2919 號,第 3 頁。)既云"稱旨",可以解釋解縉爲什麽在短時期内受到成祖如此重用的緣故。
② 升擢之具體月份據鄭曉《吾學編·皇明直文淵閣表》,《北京圖書館古籍珍本叢刊》之 12,第 238 頁上。
③ 解縉《大庖西封事》,《文毅集》卷一,《文淵閣四庫全書》本,第 1236 册,第 599 頁下。

經史百家之言爲《類要》，①可惜不久駕崩，書未編成。

　　建文二年（1400）十月十二日，於武殿之南廊設館，重新編纂《類要》。以文翰博士方孝孺爲總裁，侍讀唐愚士、②婁璉、修撰胡靖三人爲副，修撰王艮、編修楊溥二人爲董督，一時博洽多士麕集於館，計有陳好義、徐好古、葉仲汜、鄭孟宣、章謹、蘇伯厚、李鐸、王汝玉、張拱、高可大、王真、劉仲美、李敏、方叔衡、朱子建、史維時、陸伯瞻、趙友同、周思、顔子明、蕭用道、楊士奇、周是修等二十三人，總爲二十九人。③ 當時賜官宴，供筆劄，與其事者，引爲榮耀。不意半年之後，唐愚士病故，④繼而遷官的遷官，丁憂的丁憂，辭老而致仕，帶病而卒官，及至燕兵破城，又急速分化。前後不滿二年，編纂之事乃以不了了之。但如果諸俊彥非尸位素餐，而是同心協力實施其事，雖兩年不到，也仍有一定量的積稿。

　　永樂元年（1403）七月丙子，成祖下詔諭翰林侍讀學士解縉等，編纂一部"毋厭浩繁"、無所不包的大類書。這一道聖旨至少有兩點須加説明，一是成祖爲何選中解縉，二是下這道聖旨的心理亦即編纂宗旨是什麼？

　　解縉雖爲洪武進士，然建文時僅九品小臣，年非老成（34 歲）。當時建文朝參與《類要》編纂的俊彥如蘇伯厚（至少 60 歲）、王汝玉（54 歲）、胡靖（33 歲）、楊溥（28 歲）等均在，或年齡，或資歷，或官階都在縉之上，既有編纂經驗，又皆輸誠歸心於成祖。另洪武中成進士的老師宿儒亦不在少數，而成祖登基之初却擢解縉爲侍讀，獨委以編纂重任，可得而言的原因有：

　　一、成祖當時爲穩定政局正施行"順我者昌，逆我者亡"的手段。其打擊異己，可謂極其殘忍，但同時拉攏攀附者，也用盡心機，如大肆封官賜爵，

---

① 明黃佐《翰林記》卷十三《修書》，《文淵閣四庫全書》本，第 596 册，第 996 頁下。
② 《吾學編・遜國臣紀卷七》載："唐愚士名之淳，以字行，山陰人。建文二年，翰林侍從之臣敕方孝孺等集數千載經史中事爲一書，以考治亂爲鑒戒。命擇優通文學之士，孝孺首薦愚士。愚士時寓金陵，爲李景隆子師。立召爲翰林院侍讀，賜冠帶，令與孝孺俱領修書事。愚士博聞多識，練達世故，爲文蔚贍，尤長於詩翰。"（《北京圖書館古籍珍本叢刊》之 12，第 554 下－555 頁上）此知愚士之入館爲方所薦，亦見孝孺器局之大，於前朝先進能量才薦拔。又焦竑《國朝獻徵録》卷二十《唐愚士侍讀傳》載此事爲"建文辛巳"，辛巳爲建文三年，恐有誤。
③ 參見周是修《送周判官詩文序》，《蒭蕘集》卷五（《文淵閣四庫全書》本，第 1236 册，第 92 頁下），《明史》方孝孺、王艮、蕭用道等傳，以及解縉《翰林院修撰王欽止先生墓表》，《文毅集》卷十二，第 770 頁。
④ 方孝孺《侍讀唐君墓誌銘》："建文三年閏三月二十三日，翰林行（侍）讀唐愚士卒于京師玄津街之官舍。"（《遜志齋集》卷二十二，《四部叢刊》本，第三十一葉 B）此上距開館之日僅一百九十一天。

焚燒靖難封事、表面上不追究建文死臣等皆是。而草詔勸進,對成祖即位正名是至關重要的一環,也是試探朝臣向背的基點,在此問題上對順逆者處理得當,頗可警示群臣。方孝孺爲建文朝《類要》總裁,命其草登極書遭拒,故凌遲處死,滅十族,副總裁樓璉亦因此自經;而解縉用心撰作,進上"稱旨",遂見信任,於是超拔而置於他人之上。① 而且用解縉,更有繼蹤洪武,否定建文的意味。

二、胡、楊皆建文二年進士,雖附從,但在政局初定的非常時期,不能任要職。② 解縉雖然没有在洪武、建文二朝編纂類書,但此設想最初發軔於解縉,因爲詔旨中言《韻府》《回溪》二書,即爲解縉當時在封事中所提出。從這兩點考慮,解縉似是最合適人選。

欲窺探成祖編纂《大典》是否出於"借文墨以銷壘塊"的統御心理,不僅須深切體味其編纂宗旨,更應比照解縉類書、唐愚士《類要》、方孝孺《類要》的總旨。

解縉曾設想的是"上溯唐、虞、夏、商、周、孔之華奥,下及關、閩、濂、洛之佳葩,根實精明,隨事類别,以備勸戒,刪其無益,焚其謬妄,勒成一經,上接經史"的一部類書,作爲"太平制作之一端"。時代是上自唐虞,下及宋代,其内容是經史及子部儒家,而目的是"備勸戒"。這是解縉即興的觀想,但其"以備勸戒,刪其無益,焚其謬妄"云云,不能不説與太祖洪武年間所編的諸多勸戒類書有某種契合,甚至也可以説是迎合。

唐愚士編纂宗旨,《翰林記》祇説是"編輯經史百家之言爲《類要》",編排體列雖無聞,但既名"類要",知其爲分類纂輯之書,内容則與解縉設想相仿佛。

方孝孺任總裁時編纂方針是:"取古今君道、臣道、人事之載於典籍者驪括類聚,分嘉言、善行、懲戒以爲各類之綱,上自唐虞,下逮元季,采輯纂

---

① 明代翰林學士爲翰林院主官,掌制誥、史册等,備皇帝顧問。此在政局初定時尤見重要。據黄佐《翰林記》卷十七"正官題名一學士"(《文淵閣四庫全書》本,第 596 册,第 1040—1042 頁),解縉於永樂二年升任翰林學士,相當於建文時方孝孺官職。其他幾位同參機預者任翰林學士之時間皆在解縉之後,如胡儼(永樂初)、胡廣(十年)、黄淮(十二年)、楊榮(十四年)、金幼孜(十四年)、楊士奇(十五年),由此足見解縉當時受知於成祖之程度。相反,曾經向建文帝爲解縉説情的翰林學士董倫,在永樂元年,因年老,被成祖敕命致仕,尋卒。文獻不見有解縉爲董倫説情或寬慰的記載,當時解縉所想、所作、所爲即可推見。
② 胡廣於永樂十二三年出任《五經四書性理大全》總纂,其時政局已完全穩定,且解縉已得罪下獄。

次,輔便觀覽,因以成一代之制作,亦將以爲永世之龜鑑。"① 時代亦是統括上下數千年,騥括類聚與解縉的"隨事類別"一樣,分嘉言、善行、懲戒等綱目,似較解縉"備勸戒"內容豐富(解縉説的僅是設想,具體編纂時當然會有增加)。"爲永世之龜鑑"云云,很容易使人聯想到太祖洪武年間所編的《昭鑒録》《辨奸録》《臣戒録》《相鑒》《省躬録》《武士訓戒録》《忠義録》《彰善癉惡録》等等與統御、勸戒有關的書籍。如果將這些內容分類統括,編入《類要》,也是紹繼皇祖右文資治,顯示太平盛世之一端。

成祖以"天下古今事物散載諸書,篇帙浩穰,不易檢閱",故其心目中的類書是:"悉采各書所載事物類聚之,而統之以韻,庶幾考索之便,如探囊取物……凡書契以來經史子集百家之事,至於天文、地志、陰陽、醫卜、僧道、技藝之言輯爲一書,毋厭浩繁。"② 建文時纂輯《類要》的翰林宿彥,輸誠於成祖者不少,成祖在下詔之前,當然瞭解過《類要》編纂詳情。所以這"毋厭浩繁"無疑是有感而發。

比較洪武至永樂四種類書的編纂宗旨,可以從篇幅數量和編纂方法上窺探成祖御纂《大典》的心理。

1. 從篇幅數量上考察

解縉、唐愚士、方孝孺都是以上起唐虞的經、史與秦漢子部及後世儒家類書爲主,目的在於作爲"永世之龜鑑",而不僅僅作爲皇帝的乙夜御覽,這點上不同於《太平御覽》。而成祖不僅要采輯"經史子集百家之事",將所有諸子百家及文人別集全部收入,還要囊括"天文、地志、陰陽、醫卜、僧道、技藝之言"。陰陽、醫卜、技藝之類,除少數六朝以前古書外,連《北堂書鈔》《藝文類聚》《初學記》《太平御覽》等亦不收;地志、釋道經籍,《御覽》亦祇選收少量;成祖不僅要收,而且要"毋厭浩繁",明顯表露出他希冀其文治不僅要超過建文、太祖,更要遠邁唐、宋的心態。

---

① 參見周是修《送周判官詩文序》,《蒭蕘集》卷五,《文淵閣四庫全書》本,第1236册,第92頁下。
② 此據《大明太宗文皇帝寶訓》卷三《稽古》所録(《明實録》附録,上海書店影印本,第96册,第200頁),黃佐《翰林記》卷十三《修書》所載簡略,且文字略有異同,當以《寶訓》爲準。《修書》僅云"七月",《寶訓》云"七月丙子",丙子爲七月一日。

2. 從編纂體列上分析

解縉的類書祇有設想，尚無體例可論。唐、方二書名爲《類要》，且方書要"臚括類聚"，明顯是分類彙編。永樂新編要將"各書所載事物類聚之"，當然也是分類彙編之意，但還要"統之以韻"。從明以前大型工具書的編纂理論上看，分類彙編與按韻編排是兩種不同的方法，它們之間是互相矛盾的，除《大典》外，古今沒有按既依韻又分類的體例編排的類書。因爲天下記述同類事的統領字，不可能全部同聲韻，這就造成：要將萬事萬物"臚括類聚"的原則推到極致，就不可能"統之以韻"；如要依韻隸事，則萬事萬物就很難類聚安厝。體味成祖下旨解縉"爾嘗觀《韻府》《回溪》二書，事雖有統而採摘不廣，紀載太略"一語，可悟出他當時對解縉上太祖封事中論及編纂類書一事很清楚，因而緣《韻府》而下達"統之以韻"一語。推原其心理，這樣寫，或許會給九品小官的解縉出任總纂在人事權力上帶來方便，却不料在具體編纂上帶來困難。

儘管解縉認爲陰時夫《韻府群玉》"鈔緝穢蕪，略無可采"，而要真正重編新書，纂輯的體例是像《太平御覽》一樣"隨事類別"，抑或像《韻府》一樣"統之以韻"，恐怕他即興上疏時並無主見。現在聖旨既要"類聚"萬事，又要"統之以韻"，應該說使實際的編纂陷入兩難境地。但聖旨一下，勢在必行。解縉鳩集一百四十七位文士，經歷十七個月，到永樂二年(1404)十一月丁巳，"翰林學士兼右春坊大學士解縉等進所纂錄韻書，賜名《文獻大成》，賜縉等百四十七人鈔有差，賜宴於禮部。既而上覽所進書向多未備，遂命重修"。① 從《實錄》的文字可確知，解縉所纂輯的是一部"統之以韻"的韻書(如《韻府群玉》)式大類書。既然編纂體例是"依韻隸事"，就不可能安厝萬事萬物，這已經限制了篇幅；加之永樂初年，在文淵閣藏書"經史粗備，子籍缺略"的情況下，② 要將子部的"天文、地志、陰陽、醫卜、僧道、技藝之言"囊括在爲成祖所認可的《文獻大成》中，似乎主客觀條件都不具備，所以

---

① 《大明太宗文皇帝實錄》卷三十六，《明實錄》，第 6 册，第 627 頁。
② 黄佐、廖道南《殿閣詞林記》卷十七："永樂四年四月，成祖視朝之暇，輒御便殿閱書，或召翰林儒臣講論。嘗問文淵閣經史子籍皆備否？學士解縉對曰："經史粗備，子籍尚多闕。""《文淵閣四庫全書》本，第 452 册，第 348 頁下。按，子籍，《禮部志稿》卷二"講書之訓"作"子集"，是。《文淵閣四庫全書》本，第 597 册，第 39 頁上。

被成祖認爲"向多未備,遂命重修"也是情理中事。

(四)《文獻大成》編例與《大典》參與者的政治傾向

因爲"未備"而令"重修",這是持"消彌不平之氣"説的主要籌算,似乎延長年月以"老英雄"是真,篇幅"未備"是幌子。王重民先生即認爲,成祖下令重修,完全是爲了"轉移天下人的輿論"。① 永樂三年(1405)初,成祖没有讓解縉獨立負責重修,而是委派"靖難"功臣姚廣孝、禮部尚書鄭賜領銜監修。但到底是爲了曠日持久地去編纂類書以"消弭不平之氣",轉移輿論,還是調整解縉的編纂宗旨,不能憑比附、想象作輕率論斷,而應從《文獻大成》的體例和編纂人員的結構上分析而得。

1.《文獻大成》體例雖無聞,但《實録》記爲"韻書",則可以想見是依《韻府》體式而分韻隸事的。今存《大典》字頭下所隸"事韻"、"詩文"等,應該説大部分是《大成》的原稿。由於分韻隸事僅摘録與韻字相關的事典,不可能鈔録整篇、整本書籍,故而篇幅不可能很大。既要依韻統字,又要類聚萬事,這一兩難問題曾經困擾過當時的君臣上下。成祖《御製〈永樂大典〉序》云:"朕心潛聖道,志在斯文,蓋嘗討論其指矣。"②姚廣孝《進〈永樂大典〉表》云:"討論仰禀於聖謨,裁定恪遵於宸斷。"③君序臣表不約而同地談到"討論",身爲監修的梁潛,亦云皇上"躬示軌度",可見當時對成祖的"軌度"確實經過認真"討論"。相對於國家大事,區區一部書的體例需要君臣來反覆討論,益見依韻安排萬事之難。《文獻大成》篇幅不得而知,但很難想象一部既"依韻隸事"又不割裂事類的書能纂輯至萬卷以上。而重修本《大典》之所以能增至二萬多卷,主要是依相關韻字將經史子集整篇、整本乃至整部書地鈔録,煞費苦心地將類書與韻書兩種不同體式縮合起來。《大典目録》前《凡例》第一條云:

是書之作,上自古初,下及近代,經史子集與凡道釋、醫卜、雜家之

---

① 王重民《〈永樂大典〉的編纂及其價值》,《社會科學戰綫》,1980年第2期,第338頁。
② 見載《永樂大典目録》前,中華書局1986年版,第10册,第1頁下。
③ 見載《永樂大典目録》前,第10册,第5頁上。

書廡不收采。誠以朝廷制作所關，務在詳備無遺，顯明易考。用韻以統字，用字以繫事，凡天文、地理、人倫、國統、道德、政治、制度、名物，以至奇聞異見，廋詞逸事，悉皆隨字收載……包括乾坤，貫通今古，本末精粗，粲然備列。庶幾因韻以考字，因字以求事，開卷而古今之事一覽可見。①

此條凡例是整部《大典》之總綱，字裏行間明顯地表露出它是根據成祖聖旨精心設計的，當然它還必須輔以"或從所重字收"等輔助條例才能切實有效地施行（詳下文）。其中"用韻以統字，用字以繫事"就是妥善執行"悉采各書所載事物類聚之，而統之以韻"的矛盾聖旨。深切體味凡例，可以領悟解縉編纂的僅僅"用韻以統字"的《文獻大成》之所以不符聖旨而需要重修的真正原因。假若祇是篇幅未備，增加材料並非難事，無需撤換主編；假若是為了政治目的，則解縉是忠於成祖的臣僚代表，何必更換？而祇有當主編的編纂宗旨與皇上聖旨有矛盾，並且無法解決時，才不得已予以調整。

2. 解縉召集的一百四十七位編纂人員，雖文獻記載缺略，但除了遷除、亡逝之外，絕大部分都參加修訂。前後兩次與修計二千多人，今可考雖祇二三百人，却多是重要人物。諸如監修、副監修、都總裁、總裁、副總裁四十餘人幾乎無缺；纂修七百四十一人，可考祇一百七十人左右；謄錄一千三百多人，僅知三十多人；其他則零落依稀。謄錄皆書手，纂修亦多新進士或外聘人員，與政局穩定、朝議輿論關係不大，略不論。追溯副總裁以上四十餘人行歷，大致有六種類型：一是成祖親信。如姚廣孝是"靖難"功臣；鄭賜是北平布政司右參議，事成祖甚謹；尹昌隆永樂二年為皇太子立冊；②劉叔毖是北京行部員外郎；李至剛建文時繫獄，成祖起為右通政，修《實錄》，"甚見親信"；王景、王達、鄒緝皆由成祖提拔。二是永樂二年進士。如曾榮、楊相、余學夔等，皆成祖欽點之人。三是以特長聘用者。陳濟本是布衣，以學問聘；蔣用文、趙友同以醫術聘；柴欽以禮樂音韻聘。四是洪武年間的朝臣或地方官。梁潛本四會知縣，原任副總裁，永樂六年始代鄭賜；張伯穎洪武

---

① 見載《永樂大典目錄》前，第10册，第2頁上。
② 《明史紀事本末》卷十六載左班文臣二十九人中有鄭賜、尹昌隆等，成祖指為奸臣，已而鄭、尹同王鈍、黃福等皆迎駕歸附，自陳為奸臣所累，乞宥罪。令復其官。中華書局1977年版，第271—272頁。

十八年進士，曾在廣東陽山縣任教諭；高得暘洪武時以文學授教諭，邃於三禮；胡儼本華亭教諭，①由解縉薦入翰林，永樂二年任國子監祭酒；②王偁洪武中入國學，永樂元年十一月授翰林檢討；③徐旭爲洪武進士，而永樂元年升任國子監祭酒；劉均爲大寧教諭；晏璧永樂初爲徐州判官，遷山東按察司僉事，或以"有文名"而擢用。④ 其中多有因元年預修《太祖實錄》，至是而出任《大典》要職，或直接推薦徵用，皆非原京官。唯王洪爲翰林檢討，梁用行、潘畿洪武時官翰林典籍，皆七八品小官。五是與建文有關係者。劉季箎是建文時刑部侍郎，但成祖入金川門時劉是迎附擁戴者；⑤蘇伯厚曾從方孝孺修《類要》，元年修《實錄》升檢討。六是建文二年進士。如吳溥、李貫、楊溥、朱紘、蔣驥等五人，吳溥、李貫、楊溥逢迎成祖，朱、蔣皆因修《實錄》而遷升。以上一至三類不會有不平之氣，第四類，地方官升任京官，小官升擢，既然就職，則即使有不平之氣，也已經部分"消弭"。劉季箎建文時雖位至三品，而人品却不高，是與李貫、楊溥等最早輸誠的一批官員，他們胸中是否還有"壘塊"需要"文皇借文墨以銷"，實在難説。唯有王達與葉砥，似乎有過於成祖政局不利之事。總裁王達，洪武年間爲大同訓導時，曾去北平謁燕王朱棣，故爲燕王禮遇：

靖難後，姚廣孝又薦達，升翰林編修，再升侍講學士……上嘗問建

---

① 《明史·周是修傳》："[是修]初與士奇、縉、靖及金幼孜、黄淮、胡儼約同死，臨難，惟是修竟行其志云。"而胡儼隨即附和茹瑺勸進，可見其對成祖之認同。
② 胡儼繼徐旭任國子監祭酒，參王世貞《弇山堂别集》卷六十三《國子祭酒年表》及《明史》本傳。
③ 黄佐、廖道南《殿閣詞林記》卷十八："永樂元年十一月，舉人王偁以薦爲檢討，既命下，成祖顧問左右曰：'檢討之下何官？'時曰：'博士、典籍、侍書、待詔。'問曰：'除人否？'復以已除對。上歎曰：'古所謂用人如積薪，此類是已。用人以賢以勞，偁之賢既未可知，勞亦未有，而令賢有勞者居在下，何以服其心？'遂命吏部凡翰林自博士以下皆升職與偁同，遂升博士張伯穎、王汝玉，典籍沈度、潘畿，侍書蘇伯厚，待詔王延齡、劉宗平、解榮皆檢討。"《文淵閣四庫全書》本，第452册，356頁下。)此時《文獻大成》已進行四個月，因王偁而同時升任張伯穎、王汝玉、潘畿、蘇伯厚等，一則説明數人很可能是《文獻大成》纂修者，二則升遷者對成祖當有感恩認同。
④ 晏璧事跡少見記載，此參明凌迪知《萬姓統譜》卷一百零二，上海古籍出版社1994年影印本，下册，第446頁下。
⑤ 谷應泰《明史紀事本末》卷十六謂成祖至金川門，茹瑺先群臣叩頭勸進，文臣迎附知名而與修《大典》者有右侍郎劉季箎、侍講王景、修撰李貫、編修吳溥、楊溥、待詔解縉、國子助教王達、桐城知縣胡儼等。

文君事，對曰："建文君亦可爲與善，顧輔導非人耳。"上終薄達。一日，達侍。問達十難字，達識其八。上曰："朕更有難字難汝。"達懼，服銀屑死。①

據黃佐《翰林院侍讀學士王達傳》，廣孝薦達入翰林爲編修，與修《高皇帝實錄》。尋升侍讀學士，編纂《永樂大典》，爲總裁。永樂五年六月卒，年六十五。② 是王達對成祖之問，似在編纂《大典》時。成祖於達，本有禮賢之意，任《大典》總裁，非關政治。及至對答間流露出在王達或許是正確評價建文而在成祖却視爲異己的政治傾向，遂即威逼之，這從反面說明成祖編纂《大典》並無"老英雄"之意圖。《吾學編·遜國臣記卷七》載：

> ［葉砥］字周道，一字履道，上虞人。有學行，洪武三年進士……建文元年詔求賢，陝西按察羅副使、臨江知府劉鵬、上虞知縣李惟中皆薦砥史才，召爲翰林編修，修國史。或又薦砥才任風憲，改廣西按察僉事。永樂初，坐修史書靖難事多微詞，被逮，籍其家，惟薄田［敝］廬，故書數篋。事白，仍與史事，書成，改考功郎中。尋副總裁《永樂大典》，侍講東宮郎中。三考，加俸二等，職如故。③

此指爲"書靖難事"，其他文獻記作"書文帝事"，④王直爲其作墓誌，隱其事，書作"以吏事被逮"。⑤ 儘管旋即"事白乃還"，官運亨通，頗受知遇，但當時胸中壘塊，筆底微詞，容或有之。將這種人置於《大典》副總裁位置，或許確有消弭其不平之氣而使"英雄"老去的意味。但是否爲了個別或小部分人的不平，動用大量人力物力、曠日持久地來編纂大型類書，綜觀永樂前後政治與文化的背景，似乎得不出這種結論。

成祖起兵"靖難"定鼎，武功自然顯赫，自以爲是續緒太祖之大寶，凡建

---

① 鄭曉《吾學編》卷五十八，《北京圖書館珍本古籍叢刊》之12，第554頁下。
② 見焦竑《國朝獻徵錄》卷二十，上海書店1987年影印本，第830頁。按，黃佐傳達對成祖問，成祖"不以爲忤"，雖與鄭曉記載相左，亦與老英雄法無關。
③ 鄭曉《吾學編》卷五十八，《北京圖書館珍本古籍叢刊》之12，第557頁下。
④ 淩迪知《萬姓統譜》卷一百二十四，下冊，第703頁下。
⑤ 王直《江西饒州府知府葉公砥墓誌銘》，見焦竑《國朝獻徵錄》卷八十七，第三冊，第3714頁下。

文之興作,百計革除、抹煞、超越,廢除建文年號,乃較爲顯著之一端。《類要》爲建文二年轟轟烈烈的大事業,變其體例,擴而大之,便是否定、超越建文,既是上接太祖之一種標誌,也是粉飾統一升平,炫耀文治之有效舉措。這種意圖,在其所作御製序文中有所表露:

> 洪惟我太祖高皇帝膺受天命,混一輿圖,以神聖之資,廣述作之奧,興造禮樂制度文爲,博大悠遠,同乎聖帝明王之道。朕嗣承鴻基,勔思纘述。尚惟有大混一之時,必有一統之制作,所以齊政治而同風俗。①

太祖"廣述作之奧",前已略述,成祖自稱"嗣承鴻基,勔思纘述",即是抹煞建文歷史而上接太祖。將《大典》視爲"一統之制作",來凸現永樂爲"大混一之時"。如此文治武功,不僅媲美父皇,乃其接踵更修郡邑志書,炫耀版圖一統,確實流露出要超邁唐宋之氣概與懷抱。

欽定修書,就帝皇的主觀上考察,不免帶有表現右文稽古的儒雅和粉飾太平的意識,而客觀上也蘊含著昭鑒資治與籠絡人心的雙重意義。片面單舉,不及其餘,恐非事物之本然。如果無視解縉急求世用的設想和朱元璋父子勤於修書的意識,不比較由《類要》到《大典》體例的發展、變化,不分析《大典》參與者的仕宦途徑和政治傾向,直接將其歸結爲籠絡朝臣,消彌不平之氣的舉措,未免將複雜事態簡單化。但事物在發展過程中不免會有新的契機與轉化。當委命姚廣孝爲監修之後,牽於建文帝"爲僧遁去"的敏感問題,君臣之間是否有過不宣的密謀,從而廣招僧道參與修典,這在史料上固然無法徵信,但細讀《大典目錄》,佛藏、道經充斥氾濫,嚴重偏離了傳統封建經史與釋道的主次構架,却是一個不爭的事實。造成這個事實與"晚著《道餘錄》,頗毀先儒"而爲"識者鄙焉"的姚廣孝有莫大關係。至於事實背後是否蘊藏著天機,也許永遠祇能作爲一個謎讓人們去猜想。

臺灣蘇振申曾申述纂修《大典》之意圖與目的有三:一、太祖、成祖之愛好典籍,留心學術,是爲其學術意義;二、成祖欲思功過三代,追遠漢唐,是爲其歷史目的;三、靖難之變後,爲消壘塊及籠絡士民,轉移社會注意力,是

---

① 見載《永樂大典目錄》前,第 10 册,第 1 頁上。

爲其政治意圖。① 其後顧力仁又補充三點：一、沿襲歷代君主之策略；二、滿足成祖本身之嗜好；三、檢查書籍，寓禁於修。② 從洪武、永樂兩朝編纂書籍的數量衡量，其愛好典籍是無疑的。但從愛好《韻府群玉》《回溪史韻》《道德經》《心經》等書來看，祇是太平時期的乙夜"御覽"，尚談不上嚴格意義上的學術；而接連編纂《昭鑒錄》《辨奸錄》《臣戒錄》之類，却寓有統治之術的意味。將"籠絡"意圖置於最後，這種分析與主次排列較爲公允。顧氏雖補充"寓禁於修"這一點，但不得不説"史亦無明文記載纂修《大典》時，有無禁書之舉"。他的論據僅是"據其箝制文人思想，防範悠悠之口的動機，爲知其敕纂《大典》，不亦含有檢查書籍，寓禁於修之目的在内"。在真正理清《大典》編纂的來龍去脈後，可知"箝制""防範"都是無的放矢，則所謂的"寓禁於修"之説便失所依據。

二、《大典》卷册字數撰人辨證

（一）卷册

《大典》修成之後，篇幅浩瀚，梓版困難，深扃秘府，外人難見。數十年後，於其卷次、册數，史家祇能各憑史載耳聞，故所記各不相同。歸類區分，要有三説。

1. 實錄説

《太宗實錄》卷七十三云"書凡二萬二千二百一十一卷，一萬一千九百五本"，③孫承澤《春明夢餘錄》卷十二、黃虞稷《千頃堂書目》卷十五、《日下

---

① 蘇振申《永樂大典之修纂》，《天聲》創刊號，1971年。轉引自顧力仁《永樂大典及其輯佚書研究》，私立東吴大學中國學術著作獎助委員會叢書之九十二，第19—20頁。
② 蘇振申《永樂大典之修纂》，《天聲》創刊號，1971年。轉引自顧力仁《永樂大典及其輯佚書研究》，第20—21頁。
③ 見《太宗文皇帝實錄》卷七十三，《明實錄》，第7册，第1016頁。

舊聞考》卷四十館臣新增之文說同，①焦竑《國史經籍志》作"二萬二千二百十一卷"。②

2. 目錄說

明天順間徐伯齡曾獲見王洪等的《大典目錄》及姚廣孝表文，故於《蟫精雋》卷一中載明其爲"二萬二千九百三十七卷，勒爲一萬一千九十五本，藏之秘閣"。③今按覈《大典目錄》，其卷六十之末適編至二萬二千八百七十七卷，姚廣孝表文云"謹繕寫成《永樂大典》二萬二千八百七十七卷，凡例並目錄六十卷，裝潢成一萬一千九十五册"，④成祖御製序文亦云"總二萬二千九百三十七卷"，皆與徐說相吻，可見徐當時確實目睹目錄及表文、御序。郎瑛《七修類稿》卷十七、朱國楨《湧幢小品》卷二、《日下舊聞考》卷六十二朱彝尊按語、吴長元《宸垣識略》卷十六、吴慶坻《蕉廊脞錄》卷五同，⑤似皆承表文或《蟫精雋》輾轉而來。且今臺北所藏有卷二萬二千七百六十一之"劄"字的"啓劄錦語"一册，可證清稿後實際卷次確實多於實錄所說。

3. 史志說

嘉靖、萬曆間王圻《續文獻通考·經籍考》作"二萬二千九百卷，一萬一千一百本"，⑥後方以智《通雅》卷三、張廷玉《明史·藝文志》均從其說，⑦法式善約言之爲"二萬二千餘卷"。⑧

---

① 孫承澤《春明夢餘錄》卷十二，《文淵閣四庫全書》本，第868册，第123頁上。《千頃堂書目》卷十五，上海古籍出版社1990年版，第395頁上。《日下舊聞考》從孫說，北京出版社1981年版，第2册，第632頁。
② 焦竑《國史經籍志》，《明史藝文志·補編·附編》，第788頁。
③ 徐伯齡《蟫精雋》卷一，《文淵閣四庫全書》本，第867册，第70頁下。
④ 《永樂大典》之首所載，中華書局1986年影印《連筠簃叢書》本，第10册，第5頁。
⑤ 郎瑛《七修類稿》卷十七，第250頁。《湧幢小品》卷二，中華書局1959年版，上册，第32頁。《日下舊聞考》卷六十二，第1021頁。《宸垣識略》卷十六《識餘》，北京古籍出版社1982年版，第333頁。《蕉廊脞錄》卷五《永樂大典》，中華書局1990年版，第126頁。查慎行《得樹樓雜鈔》卷五鈔錄朱說，略改文字而已。
⑥ 王圻《續文獻通考》，《明史藝文志·補編·附編》，第549頁。
⑦ 方以智《通雅》卷三，見《方以智全書》，上海古籍出版社1988年版，第165頁。
⑧ 法式善《存素堂文續集》卷二，嘉慶十二年至十六年刻本，第二十三頁B。《續修四庫全書》本，上海古籍出版社，第1467册，第754頁下。

其他記載雖各不相同，而皆與此三說相關。如劉若愚《酌中志》卷十八作"二萬二千八百七十卷，一萬一千九十五本"，①此"十"字後或鈔脫"七"字而不計目錄卷次。姜紹書《韻石齋筆談》卷上說"計二萬二千八百七卷，一萬一千九十五册，目錄六十卷"，②則"七"字後可能脫去"十七"二字。查繼佐《罪惟錄》卷五說"書凡二萬一千一百十卷"，③若承自《實錄》，則"一千"係"二千"之誤，而後脫"一"字。韓菼《御定孝經衍義》卷五十九云："考《永樂大典》一書……供事編輯者三千餘人，爲卷凡三萬有奇。"④恐是依據梁潛《送陳教諭序》"皇上……躬示軌度，統貫萬類，成書三萬七千餘卷"而發，⑤梁氏身爲副監修，此序作於《大典》鈔成，"四方士皆加賜遷還"之後，不應歧異如此，疑有誤。

比較三說，史志說姑作爲約數不論。目錄說與實際卷數一致，唯《實錄》說須作考論。

《實錄》於永樂五年十一月乙丑，記錄"太子少師姚廣孝等進《重修文獻大成》，書凡二萬二千二百一十一卷，一萬一千九百五本，更賜名《永樂大典》。上親制序以冠之，其文曰：'昔者聖王之治天下也……始於元年之秋，而成於五年之冬。總二萬二千九百三十七卷，名之曰《永樂大典》。臣下請序其首……'"永樂五年十一月，《大典》祇是初稿纂成，尚未鈔成清稿。嗣後招募鈔手，經年而成。今存《大典目錄》前成祖序文落款作"六年十二月一日"，姚氏表文上於六年十二月，所載卷次都是"二萬二千九百三十七卷"。相隔一年零一月，適是謄鈔的時間。而《實錄》中序文"而成於五年之冬"一語，《大典目錄》前和《大明太宗集》卷三所載序文均作"而成於六年之冬"。⑥《實錄》之"五年"，不僅與《目錄》和《御製集》之"六年"矛盾，且前後所載卷次亦不一。

明初設起居注官，日侍左右，帝皇言事，日有所記。宣德時纂輯《太宗實錄》之總裁有楊溥，纂修有曾棨、周述、李時勉、余學夔、蔣驥、張洪、周翰、

---

① 劉若愚《酌中志》卷十八，臺灣偉文圖書出版有限公司 1976 年影印道光乙酉刊本，第 467 頁。
② 姜紹書《韻石齋筆談》卷上，《叢書集成初編》本，第 1561 號，第 2 頁。
③ 查繼佐《罪惟錄·志》卷五，《四部叢刊三編》本，第十二葉 B。
④ 清韓菼《御定孝經衍義》卷五十九，《文淵閣四庫全書》本，第 718 册，第 649 頁上。
⑤ 梁潛《泊庵集》卷六，《文淵閣四庫全書》本，第 1237 册，第 302 頁下。
⑥ 《大明太宗集》殘本，《故宮珍本叢刊》，海南出版社 2000 年版，第二葉下。

宋琰等，諸人皆是《大典》之總裁、副總裁及纂修，對《大典》之卷次尚不致含混。倘起居注官員記錄五年冬《大典》稿成進呈時爲二萬二千二百一十一卷非實際卷數，則宣德時楊、曾等人修《實錄》必有所修正。唯一的可能是：進呈時卷數如《實錄》所載，清鈔時又根據實際情況離析卷次，時有調整，及定稿成書，爲卷多於原稿如姚表所說。

至於御製序文，五年冬，由成祖親下聖旨並"躬示軌度"的《大典》甫成，不僅"臣下請序其書"在情理中，皇上"親製序以冠之"也勢所必然。及其清鈔成書，編定目錄，乃至姚表進呈，則御序中内容自當與最終的準確卷數一致。所以推想楊、曾等在纂輯《太宗實錄》時，依據定稿的卷次將御序中"二萬二千二百一十一卷"修正爲"二萬二千九百三十七卷"（含目錄六十卷），但御序既然繫於永樂五年十一月，則就不能將"而成於五年之冬"改爲"而成於六年之冬"。《大典目錄》據方以智《通雅》云"胡廣王洪等輯大典目錄六十卷"，目錄之輯，必在全書鈔清之後，則《目錄》前御序之卷次，自應與之一致，故落款年月，亦與姚表相應。

二萬二千九百三十七卷，裝成一萬一千九十五冊。每冊大多爲二卷，偶亦有一卷或三卷者。王圻所說"一萬一千一百本"，法式善說"一萬一千九十餘冊"，皆爲約數，而《夢餘錄》載"一千九十五本"，顯是脫去"一萬"二字。至《實錄》所說之"一萬一千九百五本"，"百"係"十"之誤，還是稿本册數多於清本，已無法質指。《蕉廊脞錄》云"凡一萬二千冊（册數與《明史》異）"，此蓋緣《實錄》之數而約言之。

《大典目錄》六十卷，内府刻本，楊氏連筠簃叢書同，固無可疑。《蕉廊脞錄》卷五言"目錄六卷"，殆鈔脫一"十"字。祝允明稱讚"太宗皇帝大崇文教"，而云《永樂大典》"乙太穢濫，竟未完凈而罷，聞其目錄且幾百卷云"。① 朱國楨亦云"供事編輯者凡三千餘人。二萬二千九百三十七卷，一萬一千九十本，目錄九百本"。② 幾百卷已難以置信，九百本則更河漢不近情理。③《大典》卷帙、目錄數之衆說紛紜，適足以說明其自編成之日起，深藏秘閣，

---

① 《前聞記·修書》，《叢書集成初編》本，第 2900 號，第 23 頁。
② 朱國楨《湧幢小品》卷二，上册，第 32 頁。法式善《校永樂大典記》謂"惟諸書皆載目錄六十卷，而朱書稱九十本，殆有誤歟"，是當時已有人置疑。
③ 據法式善《校永樂大典記》載朱說爲"九十本"，疑今本《湧幢小品》"百"字爲"十"字誤植。

"即列聖亦不聞有簡閲展視者,唯世宗獨嗜之",① 至於内臣群寮,幸能偶見,亦如望雲中之龍,見首而不見其尾,遑論宫外臣民,於是耳食轉販,終致莫衷一是。

(二)字數

卷帙如此龐大的著作,當時並無留下其實際統計字數,如今又殘闕不全,要計算其確切字數,當然不可能。現今最爲流行的數字爲三億七千萬字,這個總字數首見於李光璧《明朝史略》,其後胡道静、陳國慶、劉國鈞等因襲爲説,以致《中國大百科全書》亦從此説。② 臺灣顧力仁主張爲四億二千萬字,依據是:(1)中華書局一九六〇年影印七百三十卷,版權頁表記字數一千四百萬字;以殘卷當全書三十分之一計,得四億二千萬字;(2)臺灣楊家駱於一九六二年影印七百四十二卷,爲全書二十八分之一,得字數一千五百萬字,則全書亦在四億二千萬字許。《大典》每半葉八行,行大字十八至二十字,但其書約百分之九十五以上是雙行小字,小字每行二十八字(極個别行爲二十七字)。一整頁爲八百九十六字。

現將筆者的演算法開示於下：

(1)顧氏據卷頁計算較爲切實,但這種演算法是卷數越多越接近全書實際字數。現今搜羅影印的《大典》有中華書局之七百九十七卷,與上海辭書出版社新出之十七卷,計八百十四卷。其中有十卷尾殘闕,不能計其一卷頁數,略不論。其他八百零四卷,共有一萬八千二百七十二頁,平均每卷達二二.七二六頁,字數達二萬零三百六十二,全書當在四億六千五百八十三萬二千八百二十字左右。

(2)嘉隆副本《大典》,自嘉靖四十一年七月已往復商議,旋即開館,組

---

① 沈德符《萬曆野獲編補遺》卷一,中華書局1959年版,第789頁。
② 李光璧《明朝史略》,湖北人民出版社1957年版,第221頁。胡道静《古今圖書集成的情況、特點及其作用》從之(《圖書館》季刊,1962年第1期,見《中國古代典籍十講》,復旦大學出版社2004年版,第189頁),陳國慶、劉國鈞《版本學》之説皆見顧力仁《永樂大典及其輯佚書研究》第三章,第136頁。《中國大百科全書·新聞出版》,中國大百科全書出版社1990年版,第454頁右。近出趙含坤《中國類書》猶因襲爲説(河北人民出版社2005年版,第189頁),此書述《大典》多有錯譌,不贅。《中國大百科全書·圖書情報檔案學》"類書"條下張忱石謂"四億字"。中國大百科全書出版社1993年版,第242頁右。

織機構，當時經考試，録取一百零九名謄録官生。八月乙丑（十三日）下詔啓動，每人每天鈔寫三頁，至隆慶元年四月庚子（十六日）完成，前後經歷一千七百天許。以此計算，每天可鈔三百二十七頁，共五十五萬五千九百頁，合字數四億九千八百零八萬六千四百。據徐階《處理重録大典奏疏三》："其論葉數須以實寫之字扣算……如遇有差錯，發與另寫，不拘一次二次，只算一葉。"如此嚴格，必有一日不足三葉者。加之四、五年中，節日、生病、丁憂等各種無法避免的意外情況，實際所寫必少於計量之數，故其字數與以每卷平均葉數所計相近。以每卷平均葉所計總字數四億六千五百八十三萬二千八百二十字，是指雙行小字，且屬今出版行業版權頁之字數，它包括大字、空字、空行、空葉，乃至《大典》中的圖畫。假設其中大字有三千萬，去其半，保守估計，《大典》約有四億五千零八十三萬二千八百二十字。

（三）修撰人數

最初解縉編纂《文獻大成》，僅組織一百四十七人，後因擴大重修，於永樂三年、四年兩次徵召纂修人，六年又徵召繕寫人員，前後參加人數大爲增加。文獻所載人數，各有不同，而大致可區爲三類：

第一、二千一百六十九人。《太宗文皇帝實録》卷七十三於永樂五年十一月記姚廣孝等人進呈重修《文獻大成》及成祖序文之後，即云"賜廣孝等二千一百六十九人鈔有差"。後朱彝尊《明詩綜》卷九十善啓之小傳、《四庫全書總目》等承之。法式善《校永樂大典記》謂"司事凡二千餘人"，[①]殆約其數而言之。

第二、二千一百八十人。孫承澤《春明夢餘録》卷十二云："永樂中命解縉纂集類書爲《文獻大成》，嫌其未備，乃命姚廣孝重修。正總裁三人，副總裁二十五人，纂修三百四十七人，催纂五人，編寫三百三十二人，看詳五十七人，謄寫一千三百八十一人，續送教授十人，辦事官吏二十人，凡二千一百八十人。"[②]其相差之十一人，郭伯恭以爲或是"教授十人"是"續送"，不在

[①] 法式善《存素堂文續集》卷二，嘉慶十二年至十六年刻本，第二十三葉 B。《續修四庫全書》本，第1467册，第754頁下。
[②] 孫承澤《春明夢餘録》卷十二，《文淵閣四庫全書》本，第868册，第123頁上。

其列。① 但是即使是"續送",既然已作過貢獻,而未被賞賜,便不近情理。

第三、三千餘人。楊士奇《梁用之墓碣銘》:"召至四方儒學老成充纂修及繕寫之士,幾三千人。"②《明世宗皇帝實錄》卷五百十二於嘉靖四十一年八月乙丑所下《詔重錄永樂大典》云:"文皇帝命儒臣匯粹秘閣書籍,分韻類載,以便檢考。供事編輯者三千餘人,爲卷凡三萬有奇,名曰《永樂大典》。"③宋端儀《立齋閑錄》卷一:"時修《永樂大典》,召至四方儒學老成充纂修及謄寫之士幾三千人。"全祖望《鈔永樂大典記》:"其事公車徵召之士,自纂修以至繕寫幾三千人。"④至於王偁《自述誄》云:"敕修《大典》,萃內外儒臣及四方韋布士毋慮數千人,濫竽總裁之列。"⑤是則約言之而已。

《實錄》所記必有其據,孫氏所言之數乃具體之位缺,而楊士奇、王偁爲參與者或同時人,皆非耳食汗漫之虛言。兹轉從預修官員在永樂三年至六年的《大典》修纂期間有特殊經歷者中去尋求解答。

監修鄭賜,《明史》本傳云:"賜爲人頗和厚,然不識大體,帝意輕之。爲同官趙羾所間,六年六月憂悸卒。"由梁潛代。總裁王景,《明史·董倫附傳》謂"永樂六年卒於官"。

總裁王達,黃佐《翰林院侍讀學士王達傳》謂其"永樂五年六月卒,年六十五"。

副總裁徐旭,沈德符《野獲編》謂其"改翰林修撰,命修《永樂大典》,未幾卒"。後文又補云:"一云旭爲永樂四年丙戌會試同考,卒於闈中。"⑥

纂修柴欽,劉球《翰林柴廣敬傳》:"會朝廷纂修《大典》,徵天下遺書備采摭……與纂修職,分修禮樂音韻書。日進退館閣,勞心思於考索編著,縉紳皆閡其勤。蓋其平生刻苦清勵,出於天性然也。卒以劬悴致疾歿,歿時年三十六,乃永樂丙戌七月十日也。"⑦去世時《大典》祇進行了一年多。

纂修高相,周忱《鄉貢進士高君墓表》:"明年上春官,登名太學,與天下

---

① 郭伯恭《永樂大典纂修人考》,《史學集刊》第 3 期,1937 年,第 276 頁。
② 見載於焦竑《國朝獻徵錄》卷十九,第 1 册,第 786 頁上、下。
③ 《世宗實錄》卷五百十二,《明實錄》,第 48 册,第 8413 頁。
④ 宋端儀《立齋閑錄》卷一(《四庫存目叢書》,子部第 239 册,第 593 頁上)。全祖望《鈔永樂大典記》,《鮚埼亭集外編》卷十七,上海古籍出版社 2000 年版,中册,第 1070 頁。
⑤ 王偁《虛舟集》卷五,《文淵閣四庫全書》本,第 1237 册,第 79 頁下。
⑥ 沈德符《萬曆野獲編》卷十《遍歷四衙門》,第 252 頁。
⑦ 劉球《兩溪文集》卷二十四,《文淵閣四庫全書》本,第 1243 册,第 713 頁上。

士同修《大典》於中秘……方將期其顯用，而君遽以疾卒於旅寓，時丁亥正月十六日也。"①丁亥爲永樂五年。

纂修張文選，周旋《故庶起士張公墓表》："入文淵閣，預修《太祖實錄》《永樂大典》，尋以服勤致疾，永樂丁亥十月廿日卒，年三十六。"②

纂修曾與賢，楊士奇《故翰林庶起士曾君墓誌銘》："預修《永樂大典》，寅出酉歸，恭謹職務……書未進，以病卒於官，戊子歲三月十五日（云）〔也〕，享年四十有一。"③戊子爲永樂六年。

纂修曾春齡，楊士奇《曾春齡墓表》："時方修《永樂大典》，春齡與所徵四方耆儒碩學任編纂之事，衆皆譽春齡學識爲優。是年八月以疾卒……春秋年裁三十有三。"④"是年"當指永樂三年方始修纂時。

纂修顏暐，《光緒吉水縣志·文苑傳》："應永樂四年召，預修《大典》，疾卒於京。"卒年不明，然讀楊士奇《挽顏子明》之二"文淵閣下集群英，清世才華重老成。《大典》已傳名姓在，光榮終不負平生"詩，⑤似是卒於《大典》未成之際。

以上爲《大典》未成時已逝世者。

纂修潘若水，《水東日記》卷十三記其"以言事擢翰林待詔，與修《永樂大典》，坐事黜爲西寧行太僕寺吏"。⑥

纂修周文，《正史韻姓》："時修《永樂大典》，天下文學之士咸在館局，獨雅推文有纂述能，聲稱赫起。然亦以是不得終在史館，去爲兵部主事，稍遷員外郎，轉湖廣參議。無何，以疾卒。"⑦去史館之年月不明，然云"以是不得終在"者，殆爲人忌才而遷，故應在《大典》未成之時。

---

① 周忱《雙崖文集》卷三，轉引自王重民《永樂大典纂修人考》，《文史》，第4輯，中華書局1965年版，第194頁。
② 周旋《畏庵集》卷九，轉引自王重民《永樂大典纂修人考》，《文史》，第4輯，第194頁。
③ 楊士奇《東里續集》卷三十五，《文淵閣四庫全書》本，第1239冊，第122頁上。王直《慈訓堂記》記曾與賢以翰林院編修參加《大典》修撰，"書未成，以疾卒于京師"。《抑庵文後集》卷三，《文淵閣四庫全書》本，第1241冊，第362頁上。
④ 楊士奇《東里續集》卷三十二，《文淵閣四庫全書》本，第1239冊，第84頁上。
⑤ 楊士奇《東里續集》卷六十，《文淵閣四庫全書》本，第1239冊，第518頁上。
⑥ 葉盛《水東日記》卷十三，《元明史料筆記叢刊》，中華書局1980年版，第135頁。
⑦ 明鈔本《正史韻姓》第22冊引《浙江良吏》，轉引自王重民《永樂大典纂修人考》，《文史》第4輯，第188頁。

纂修李時勉，彭琉所作《李時勉行狀》："明年，預修《永樂大典》，丙戌三月丁丑，王宜人卒於京，先生與兄恒心奉柩歸葬，居喪如禮。七年春起復。"吴節撰《古廉李先生改遷謚葬墓碑銘》亦云："預修《永樂大典》，丙戌以慈制去，服闋赴行在，預修《高廟實録》。"①丙戌爲永樂四年，是時勉纂修《大典》一年多即丁憂，服闋時《大典》已完成。

纂修段民，楊士奇《刑部右侍郎段君墓誌銘》："與修《永樂大典》，丁内艱去。服闋，除刑部山東清吏司主事，授承直郎。"②

纂修王瀹，《代宗實録》："王瀹……永樂丙戌進士，改庶起士，預修《永樂大典》，是年丁父憂，明年奪情起復，命授諸皇孫經於東宫，拜左春坊左司直郎。"③

纂修包衎，《同治進賢縣志·高士傳》記其"永樂中與修《大典》，尋以老疾辭，賜歸。授徒養高，從遊者甚衆"。④

纂修林圭，《閩中理學淵源考》卷五十二："永樂間，應召修《大典》，以老，請賜冠帶致仕。"⑤雖曾與修，而致仕時《大典》似未纂成。

謄録孫哲、孫玘，《光緒安徽通志·人物文苑志》："孫哲……與修《永樂大典》，一中官以佛經强之書，哲不可，遂辭歸。同時貴池孫玘，亦與修《大典》，以母老辭歸。"⑥

以上爲因事遷官、丁憂、致仕或辭歸者。尚有兩例貶斥與遷官，雖年月無考，而亦可致疑其未在書成受賞之例。

纂修劉本，《乾隆浙江通志·文苑三》："同修《永樂大典》，校讎文淵閣。一日忤旨，發口外爲民，尋召還爲編修，以疾卒。"⑦

纂修樊敬，《正史韻姓》："永樂丙戌應召入文淵閣，修《大典》。戊子，擢工科給事中。"⑧《大典》在六年年底進呈，其六年轉官，一般在進書之前。

---

① 參見《古廉文集》卷十二附録，《文淵閣四庫全書》本，第1242册，第891上、902頁上。
② 楊士奇《東里續集》卷三十七，《文淵閣四庫全書》本，第1239册，第155頁上。
③ 《英宗皇帝實録》卷一百八十七《廢帝郕戾王附録第五》，《明實録》，第17册，第3782頁。
④ 同治《進賢縣志》卷十九《高士》，《中國地方志集成—江西府縣志輯》第59册，第581頁下。
⑤ 李清馥《閩中理學淵源考》卷五十二，《文淵閣四庫全書》本，第460册，第542頁上。
⑥ 何治基等光緒《安徽通志》卷二百二十七，《中國省志彙編之三》，臺灣華文書局，第5册，第2562頁上。
⑦ 乾隆《浙江通志》卷一百八十《文苑三》，《文淵閣四庫全書》本，第524册，第43頁上。
⑧ 明鈔本《正史韻姓》第8册，轉引自王重民《永樂大典纂修人考》，《文史》第4輯，第203頁。

以上在《大典》完成前逝世者十人，遷官者二人，丁憂者三人，致仕、辭歸、賜歸者四人，另轉官一人，貶斥一人亦似不預《大典》賞賜之列，共計二十一人。將之與《太宗實錄》二千一百六十九人相加，得二千一百九十人，已超出孫氏所記人數。郭伯恭所謂"續送教授十人"不在其例云云已失據。二千多人參與者，今所能考見者，就郭伯恭、王重民、顧力仁及筆者所勾稽者相加，不足三百人。① 此三百人中，三分之二強為編撰《大典》之主要人物。然即此主要之二百多人中，已有二十一人有意外，循此推想其他二千多人在此前後之四年中，逝世、丁憂、遷官、貶斥、辭歸、賜歸等約當有二百人左右。若依據現今大型工具書編纂之情形估算，上層人員尚有如此變動，其下供奉、行走者之川流不息當更為頻繁。以此認識來檢視文獻記載之三說，《太宗實錄》之二千一百六十九人，很可能是六年十二月《大典》進呈時同時附上的直接可以接受賞賜的人員數，在此之前有功於《大典》但因各種原因（如前所引證的逝世、遷官、致仕等）被忘却或一時不能受賜者不在此名單上。《夢餘錄》所記僅是機構中主要的修撰、辦事人員數額，既沒有變動的說明，亦不包括底層服務人員的人數。楊士奇所說的"幾三千人"，解縉、王偁所說的"數千人"，雖是約數，然很可能包括上述逝世、遷官等各種凡是在《大典》編纂中出過力的人數。《明世宗皇帝實錄》所說的"三千餘人"也是約數，是沿襲楊、王的說法，還是《大典》編成後逐漸核實清楚以後的一個總人數，今已難以徵實。六百年之後，要考證出參與者的確切人數，固不可能，但根據以上情況可以推測，《大典》從上層決策、組織之官僚到編纂、鈔寫、點勘，乃至一切供奉此事的人，至少在二千五百以上，很可能接近三千。

三、《永樂大典》與《洪武正韻》之關係

《大典》依據《洪武正韻》編排，係卷首凡例所明示：

---

① 關於具體的撰人及其行歷，郭伯恭曾考出一百九十四人（《永樂大典考》，臺灣商務印書館人人文庫，第16—85頁），王重民翻閱明本方志達四百種等，共得總裁、纂修、謄錄生及圈點生共二百四十六人（《文史》第4輯），顧力仁《〈永樂大典〉及其輯佚書研究》亦略有補苴，筆者繼蹤前修，拾遺補缺，亦輯得三四十人（文將另刊）。

音韻訓釋，諸家之説詳略不同，互有得失。唯國朝《洪武正韻》一以中原雅音而無偏駁之失。今以《正韻》爲主，先翻切，次義訓，諸家之説並附於下……其《五音集韻》及《篇海》諸書所增諸字，並收於後。

《洪武正韻》並不是一部純正的"中原雅音"韻書，也有許多"偏駁之失"。解縉之奏疏、成祖之詔書均舉出《韻府群玉》，然《大典》之編排不以一百零六韻之《群玉》而準式於《洪武正韻》，這不僅因爲《正韻》是"本朝"編纂的韻書，更與它爲太祖所敕撰，且太祖與解縉特殊的君臣關係和太祖與成祖特殊的皇位繼統關係有關。但由於《正韻》有著重修與修正的複雜背景，致使在《大典》研究中產生一些誤解與錯訛。

楊家駱先生在輯印《大典》時，曾對其與《正韻》之體例有所探討，筆者無緣拜讀，但顧力仁先生在研究中，轉述其師之研究成果，略謂："〔《正韻》〕據宋濂序書成於洪武八年，其書分韻部七十有六，平聲、上聲、去聲各二十二，入聲十。《正韻》凡例云：'舊韻〔《禮部韻略》〕原收九千五百九十字，毛晃〔《增修互注禮部韻略》〕增二千六百五十五字，劉淵〔《壬子新刊禮部韻略》〕增四百三十六字，今一依毛晃所載，有關略者以他韻參補之。'據楊師家駱覈計《正韻》收字'一萬四千五百五十九'，右凡例既謂'《大典》以《正韻》爲主'，然據楊師家駱之考證，實不盡然，'不惟韻部之數有增，一韻之中，所收字之次序亦不盡同。至收字之數，則幾四倍於《正韻》'。尚有不盡於此者，即韻部名亦有變易改置。"① 是楊氏提出不同之點爲：韻部、字序、字數，顧氏又增韻部名稱改易一點。《大典》與《正韻》有諸多之差異，而凡例又鑿鑿其言，費人猜想。楊家駱先生認爲：

《大典》所據《正韻》，當係上引《實錄》所記命翰林院重校後敕定之本。讀畫齋叢書本《文淵閣書目》卷十二著錄之韻書，《洪武正韻》《韻會定正》後即次以《添補改正韻書》（書名下載：一部八册）。此《添補改正韻書》，疑即敕校《正韻》之定稿，殆以成書在建文間，內憂方亟，未克賜名刊佈頒行，姑稱之爲《添補改正韻書》耳。以是除一見《文淵閣書

---

① 顧力仁《〈永樂大典〉及其輯佚書研究》第三章，第82頁。

目》外，别無著録之者；除《大典》一用外，世幾不知有其書。至閣藏《添補改正韻書》，至遲當亡於萬曆三十三年孫能傳、張萱等編《内閣藏書目録》前，以目中不復著録也……駱至今仍未得《韻會定正》確有刻本之證，蓋有旨刊行而未果也。①

楊氏所謂"《實録》所記翰林院重校後敕定之本"云云，核之《太祖實録》，原文如下：

〔洪武二十三年冬十月〕戊寅詔刊行《韻會定正》。時《洪武正韻》頒行已久，上以其字義音切未能盡當，命翰林院重加校正。學士劉三吾言："前太常博士孫吾與所編韻書，本宋儒黄公紹《古今韻會》，凡字切必祖三十六母，音韻歸一。"因以其書進。上覽而善之，賜名曰《韻會定正》，命刊行焉。②

《實録》此段文字主要叙述刊行《韻會定正》而附帶叙及《正韻》。當時雖下了"重加校正"的命令，因爲學士劉三吾的進言而刊行孫書，最後《正韻》是否"重加校正"，未有記録。倘若確實已"重加校正"，則楊氏之推測極有可能，祇是《添補改正韻書》稿本不存，無從質正。既然無從質正，則楊氏謂"《大典》所據《正韻》，當係上引《實録》所記命翰林院重校後敕定之本"之説更難令人信從。

《大典》與《正韻》之韻部、字序等差異一直困擾著《永樂大典》的研究者。近年來，甯繼福先生在研究《洪武正韻》時，發現了國家圖書館所藏之八十韻本《洪武正韻》，③才使兩者之間撲朔迷離的關係得以全面揭示。

《正韻》成書於洪武七年十二月，八年三月頒行。時隔四年多到十二年秋季，因爲太祖於"萬幾之暇，翻閱觀覽，以其中尚有未諧叶者，乃於洪武十二年秋復敕中書舍人丞相汪廣洋總其事……重加校正，補前書之未備而益

---

① 楊氏文未見，據顏力仁《〈永樂大典〉及其輯佚書研究》一書第 87 頁轉引。
② 《明實録·太祖實録》卷二百零五，第 5 册，第 3064 頁。
③ 甯繼福先生的研究成果見其《洪武正韻研究》一書，上海辭書出版社 2003 年版。承甯先生將八十韻本的《洪武正韻》複印惠贈與筆者，俾能深入細緻研究，解決時賢在《大典》研究中的問題。在此謹向甯繼福先生表示誠摯的謝意。

詳焉"。重修本"凡聲相諧、韻相協,皆並而合之,一四方之聲而悉歸於華音之正。總一十六卷,計八十韻……"。①

以八十韻本校核《大典》,則楊家駱、顧力仁諸先生提出的問題可一一澄清與徵實。下面逐條迻録二家之具體意見,用八十韻本《正韻》予以詮釋説明。

(一)韻部

1. 韻數 《大典》韻部凡有八十,於《正韻》平聲二支下增三微,上聲二紙下增三尾,去聲二寘下增三未,入聲三(引按,爲"二"之訛字)質下增三術。

八十韻本比七十六韻本多平聲三微、上聲三尾、去聲三未、入聲三術四韻。其所以變更的原因據甯繼福先生研究,是七十六韻本對《增韻》支脂之微齊祭廢灰等韻的歸併不管從小韻的歸從、反切用字的更易,還是四等的安置都顯得零亂。八十韻本將支紙寘三韻中的牙、喉、脣音字分離出來,與齊薺霽三韻中的喉、脣音字合併,另立爲微尾未三韻,並且照顧到脣音字的等第;將質韻的合口字、陌韻的部分合口字離析出來,合併爲術韻。② 這種分合的依據是"壹以中原雅音爲定"的原則,《大典》凡例稱"唯國朝《洪武正韻》一以中原雅音而無偏駁之失",因此,在永樂年間編纂《大典》依據八十韻本是有充分理由的正確選擇。

2. 韻部名之變易改置 平聲内原《正韻》韻部名"(十三)肴",《大典》改爲"(四)(引按,前脱'十'字)爻",而置"肴"於"爻"下……上聲内原《正韻》韻部名"三薺",《大典》改爲"(四)濟",且略去"薺"字……又上聲内原《正韻》韻部名"(九)旱",《大典》改爲"(十)罕",而置"旱"於去聲"十翰"下……另去聲内原《正韻》韻部名"(二十二)豔",《大典》改爲"(二十三)艷",而置"豔"於"艷"下。

---

① 八十韻本《洪武正韻》前吴沈序。
② 參見甯繼福《洪武正韻研究》,第125—128頁。

所謂《大典》改"肴"爲"爻"、改"薺"爲"濟"、改"旱"爲"罕"及字之移置，均非擅改，而是一依八十韻本之韻目字。"略去薺字"，或許因爲七十六韻本承《禮部韻略》等認爲"薺"是破音字，故其釋文云"在禮切。菜名。又支、霽二韻"，並在支、霽韻重出，而重修本認爲"甘菜名"之"薺"似應爲去聲，遂收入"霽韻"，刪去在"濟韻"下的"薺"字，《大典》亦從而列於卷一萬四千一百零五。七十六韻本"旱悍"二字分別收入"旱韻"和"翰韻"，重修本認爲二字之中原正音應是去聲，刪去上聲音，於去聲"旱悍"二字釋文中亦刪"又旱韻"三字，故上聲侯罕切"旱"小韻不存在，原第二小韻"罕"升爲韻目字，並改其"許旱切"爲"許侃切"。至於改"豓"爲"艶"云云，覈《大典目錄》卷五十一仍作"豓"，與四庫全書七十六韻本、八十韻本同，不知楊、顧二氏所據何本。

(二)字序

一韻之中，《大典》每變更厚（引按，"原"字訛字）《正韻》收字次序。

顧氏舉東韻爲例，將七十六韻本《正韻》與《大典》作比較，以論其次序之錯亂。爲說明問題，將八十韻本之《正韻》一同列入，以資比較：

七十六韻本《正韻》：東涷蝀冬零
《永樂大典》：　　　東涷　冬零苓蝀鰊菄崠…倲…苓…鶇…埬涷崠……
八十韻本《正韻》：　東涷　冬零

通侗恫俑桐蓮
通侗恫俑桐蓮跭烔樋㛚簹烔猣崠瞳瞳潼痌絧種㹂蕫㕣胴囲洸
通侗恫俑桐蓮

顧氏於涷下云："《正韻》'涷'下有'蝀'字，此移於後'苓'字下。""零"下云："《正韻》至'零'字，'苓'以下二十一字無，不包括'蝀'字。""蝀"下云："《正韻》原列'涷'字下。""蓮"下云："《正韻》'蓮'字止，'跭'以下二十二字無。"

對照八十韻本可知："蝀"字下移於"苓"字下，並非《大典》變更《正韻》

字序,而是所據八十韻本"涷"下已經無"蝀"字。"零"以下二十一字爲《正韻》所無,但其讀音皆是德紅切,應該置於其後;"駧"以下二十二字亦爲《正韻》所無,但其讀音皆是他紅切,理應置於其後。試將以上《正韻》不收的四十三字與《集韻》《五音集韻》《古今韻會舉要》的字序比較,都不相同。據此可知,《大典》單字排列原則是:八十韻本《正韻》有的字,字序嚴格依照《正韻》。《正韻》之外加進去的字,首先是將同音的字彙總置於與《正韻》同音切的字之後;至於這些同音字之間的先後次序,與他書不同,很可能有自己排列的原則。

(三)字數

1. 字數多寡不一:二書收字之異,如平聲一東内《正韻》收三百五十六字,《大典》收一千四百八十七字。《正韻》收字凡有一萬四千五百五十九字,而《大典》計其八十韻部所收字,幾近六萬。收字之數,幾四倍於《正韻》。

楊氏統計之《正韻》不知係何種七十六韻之版本。筆者統計《四庫》本東韻爲三百五十四字,八十韻本東韻爲四百五十三字,而《大典》東韻則增至一千五百十字,是《正韻》的三.三三倍。總字資料八十韻本《正韻》統計,因今存八十韻本之卷四至卷六配明鈔本,且鈔本亦有殘損,其中陽韻缺一頁,侵韻僅存半頁,覃韻存三行。今將陽、侵、覃三韻用七十六韻本替代,雖略有出入,亦出於不得已,計共收一萬四千零十八字。楊氏對《大典》僅統計東韻,而後以四倍之率乘之,以爲近六萬字。筆者對《大典》收字進行全部統計,得四萬八千九百零九字,爲《正韻》之三.三五倍,不足四倍。

2. 增益來源:增改各字,據凡例(二)應出於"《五音集韻》及《篇海》,"事實上溢於二書之外者仍至多。《四庫總目》内《四聲篇海》提要云:"《四聲篇海》十五卷,金韓孝彥撰。子道昭改其編次,撰爲《五音集韻》十五卷。"《五音集韻》提要更明言其書凡五萬三千一百八十四言。然據前計,《大典》八十韻部所收字,幾近六萬,故於《五音集韻》(《篇海》一書實已併入《集韻》内)外實有所增……然通觀《大典》殘本,實未有引《四聲篇海》一書者，殆其已入於《五音集韻》故也……故《大典》所收單字之富，自有字書、韻書以來，無有出其右者。

顧氏此段文字頗多不確，謹條次辨證如下：
(1)《五音集韻》字數與《大典》徵引出入

顧云"提要明言其書凡五萬三千一百八十四言"，不知所據。浙本《四庫提要》、四庫本《五音集韻》前提要以及成化庚寅重刊本《五音集韻》前均言"凡五萬三千五百二十五言"。深究其數，應是其書"用等韻學對《廣韻》《集韻》的改併、增補、重編"，①所以從《集韻》字數而來。然既有增補，就必然超出《集韻》字數，據甯繼福先生爲《五音集韻》所做的索引統計，共有單字五萬六千五百九十八，超出《集韻》三千多字。楊氏估算《大典》收字近六萬，因而顧氏言《大典》於《五音集韻》外實有所增。筆者統計《大典》得四萬八千九百零九字，少於《五音集韻》。但是否字數少於《五音集韻》，《大典》收字範圍就局限於《五音集韻》之内呢。就今存《大典》殘卷分析，如卷六百六十二所收於容切之慔，出於《龍龕手鑑》，而不見於《五音集韻》。顧氏亦舉《大典》卷二千三百四十四"梧"以下五十二字，以爲除《正韻》之外，有些從《五音集韻》收入，有些從《龍龕手鑑》《字漾博義》收入。由此可見，《大典》收字自有其原則與體例，依據《正韻》是總原則，《五音集韻》是重要之參考書，但不是唯其是從。上舉於容切下所收如愔、硝等僻字，《五音集韻》雖收而置於烏紅切下，足見其於音切亦有自己的選擇。

(2)《四聲篇海》與《五音集韻》性質

顧氏又云《四聲篇海》入於《五音集韻》，故不見徵引，實出於其誤讀《四庫全書總目》。《四聲篇海提要》云："金韓孝彦撰，孝彦字允中，真定松水人。是編以《玉篇》五百四十二部依三十六字母次之，更取《類篇》及《龍龕手鏡》等書，增雜部三十有七，共五百七十九部。凡同母之部各辨其四聲爲先後，每部之内又計其字畫之多寡爲先後，以便於檢尋……迨泰和戊辰，孝彦之子道昭又改併爲四百四十四部，韓道升爲之序。殊體僻字，靡不悉載。然舛謬實多，徒增繁碎……道昭又因《廣韻》改其編次，爲《五音集韻》十五卷，明成化丁亥，僧文儒等校刊二書，合稱《篇韻類聚》。篇謂孝彦所編，以

---

① 參見甯繼福《校訂五音集韻前言》，《校訂五音集韻》，中華書局1992年版，第5頁。

《玉篇》爲本;韻謂道昭所編,以《廣韻》爲本,二書共三十卷。"道昭改併其父《四聲篇海》和自己據《廣韻》《集韻》編《五音集韻》是兩回事,顧氏誤讀爲一書,所以認爲《大典》不引《四聲篇海》是因爲其書在《五音集韻》中。今既知《四聲篇海》以部首分,是字典;《五音集韻》以韻分,是韻書。《大典》編纂時,兩書分行,即使在其六十餘年後(成化丁亥爲 1467 年)由文儒合刊,亦祇是合刊,而非合併重編。殘本《大典》之所以不見《四聲篇海》,主要是書名異稱引起的誤會。韓道昭改編過的《四聲篇海》全稱《改併五音類聚四聲篇海集韻》,它既被稱爲《四聲篇海》,也被稱爲《五音類聚》,甚至簡稱《類聚》。《大典》對於此書,常予徵引,如上論卷六百六十二於容切下䶲、麗、繼、纏諸字下均言"韓道昭《五音類聚》音某",又甑、勵二字下云"《字㵄博義》……出《類聚》",即謂雖引《字㵄博義》之音義爲説,實則其字亦出於《五音類聚》。就《文淵閣書目》卷三所列此書名"五音類聚一部五册……五音篇海一部三册,五音篇海一部八册,五音篇海一部十五册",不名《四聲篇海》,知正統以前此書或不單稱《四聲篇海》,至少館閣内諸纂修在編纂《大典》時直稱《五音類聚》。

四、結　語

歷史事件的發生往往是衆多因素的聚合,祇有置於大的背景下作全面的觀察,才能呈現脈絡,分清主次。不斷編書,而且編纂大書是朱明王朝"崇尚文治"的手段或標誌之一。從解縉最初的類書編纂設想,到太祖命唐愚士纂修《類要》乃至建文帝開館命方孝孺、唐愚士纂輯《類要》,是一個由虛而實、由小而大的發展過程。方、唐領銜纂修而未成的《類要》有積稿應是無疑的事實。成祖受好大喜功和想超越太祖、抹煞建文的心理支配,敕令編纂一部彙聚上下數千年、"無所不包"的大書,這從事態發展上看是内在邏輯的必然。解縉初始編纂,人手少,書籍缺,體例乖,其不符合成祖心意而要擴充修訂,更改體例,也是勢所必然。在事態的進程中,即使寄託一些個人"不可告人"的隱情私衷,祇要没有改變發展的根本方向,就不能攻摘一點,不及其餘。姑不追究宋太宗"燭影斧聲"背後的心理,須知歷史固有驚人的相似之處,但也不乏似是而非的情節。比喻可以使人深刻地理解，而比附却容易導致人的誤解。《永樂大典》是《類要》《文獻大成》發展的必然產物，而不是"文皇借文墨以銷壘塊"、"老英雄"策略下所產生的巨帙。

由於《大典》編成之後，深藏秘府，故於其卷册之數，衆說紛紜。驗之成祖御序、姚廣孝進表、王編目錄和殘存卷帙，《大典》正文二萬二千八百七十七卷，目錄六十卷，一萬一千九十五册。種種不實的資料，大多是傳鈔脱漏或傳聞失實，唯有《實錄》的"二萬二千二百一十一卷，一萬一千九百五本"，透露出永樂五年編成的稿本與六年正式鈔成的清本在卷次、裝幀册數方面都可能有差異。根據殘存八百餘卷的平均卷葉數和大小字相間的版式，估計《大典》總字數在四億五千零八十三萬上下。至於纂修人數，《實錄》所說的"二千一百六十九人"僅是當時在慶典上受賞的人，它不包括在此之前逝世、丁憂、遷官、貶斥、辭歸、賜歸的官員，估計這項工程所動用的總人數至少在二千五百以上，也可能接近三千人。

《大典》所依據的是現今難以見到的洪武十二年修訂的八十韻本《洪武正韻》，因此其韻序字列與通行的洪武八年頒行七十六韻本時見矛盾。《大典》共收四萬八千九百零九字，是八十韻本《正韻》字數的三點三五倍。多出的同音字置於每小韻的最後，其排列有自己的考慮。

二〇〇四年春季初稿
二〇〇五年秋季二稿

《正統道藏》編纂刊刻年代新考

一、《正統道藏》編刊年代之觀點追溯

道教編纂藏經,始於唐玄宗時的《三洞瓊綱》,而今所流傳者爲明代之《正統道藏》。《正統道藏》係刊本,頒行於英宗正統年間,故稱。其初始編纂始於何年,八十年代以來學術界遞相轉述著一種較爲一致的看法。胡道靜先生在爲影印本《道藏》所寫的前言中説:

> 明成祖即位之初,就敕命第四十三代天師張宇初編修道藏。永樂八年(1410),張宇初去世,詔令第四十四代天師張宇清繼續主持工作。直到英宗正統九年(1444)才開始刊板。到正統十年(1445)才刊刻完竣,名曰《正統道藏》。①

同年出版的《中國大百科全書·宗教卷》"道藏"條云:

> 明成祖即位(1403)之初,敕第四十三代天師張宇初編修道藏。永樂四、五年間,又一再催辦。永樂八年,張宇初去世,詔令四十四代天師張宇清繼續主持編修。直到正統九年(1444),始行刊板。英宗又詔

---

① 見《道藏》,文物出版社、上海書店、天津古籍出版社1988年聯合影印本前言(第4頁),此前言寫於1987年6月。

令道士邵以正督校,增所未備。次年刊板事竣,名曰《正統道藏》。①

較之胡氏《前言》,互有詳略。稍後出版的李養正先生《道教概説》有相同説法:

> 成祖朱棣即位之初(西元1403年),曾敕令第四十三代天師張宇初重編《道藏》,永樂四年(西元1406年)又"敕真人張宇初,前者命爾編修道書,可早完進來,通類刊版,故敕"(《漢天師世家》)。永樂八年(西元1410年),張宇初去世,詔令第四十四代天師張宇清繼續主持編修;宣宗宣德二年(西元1427年)張宇清卒,未完成。明英宗正統年間又繼續纂修,到正統九年(西元1444年)始行刊板。英宗又詔令道士邵以正(通妙真人)督校,增所未備,正統十年校刊完成,名《正統道藏》。②

此後,兩位張天師後裔張繼禹和張金濤分別撰述天師道史,張繼禹在引述《皇明恩命世錄》(下簡稱《世錄》)和《道門十規》等書後説:"永樂四年,張宇初主持纂修《道藏》經書,當是無疑。"③言之確鑿。至胡孚琛主編《中華道教大辭典》,簡明地表述爲:

> 流傳至今的《道藏》,是由明朝第四十三代天師張宇初及其弟張宇清奉詔主持編修,刊成於明正統十年(1445),稱作《正統道藏》。④

---

① 《中國大百科全書·宗教卷》,中國大百科全書出版社1988年版,第79頁。
② 李養正《道教概説》第七章四《〈正統道藏〉及重要道書的編纂刊行》,中華書局1989年版,第201頁。
③ 見張繼禹《天師道史略》第四章第六節《天師道後裔對道經、道書的編纂》,華文出版社1990年版,第166頁。張金濤在《中國龍虎山天師道》之附錄《中國龍虎山天師道大事年表》1406年下亦云"明成祖敕四十三代天師張宇初纂校《道藏》"。江西人民出版社1994年版,第225頁。另,郭樹森主編《天師道》第三章第四節《天師後裔及其弟子對道教經書的編纂》中亦持相同觀點。上海社會科學院出版社1990年版,第130—134頁。
④ 胡孚琛主編《中華道教大辭典》,中國社會科學出版社1995年版,第227頁左欄。

《中國大百科全書簡明版》删減原有文字，與《中華道教大辭典》表述一致。①《中國古籍善本書目》標注爲"明張宇初等編，明正統十年內府刻本"。② 直至近來學者研究張宇初其人，仍然承繼這一説法，謂宇初"永樂四年（1406年）奉旨編修《道藏》，未及全部完成而羽化之"。③ 其他各種涉及《正統道藏》編纂年代者，所論大同小異，不一一羅列。④

以上轉述的要旨爲：今見《道藏》係明成祖敕撰，由天師張宇初、宇清兄弟相繼主持，至正統九年始刊梓。各家所説，略於考證，其實都承繼著名道教學者陳國符先生的觀點並略加發揮而已。

陳先生於一九四九年即已出版《道藏源流考》一書，六十年來爲國內外道教研究者奉爲圭臬。其中《歷代道書目及道藏之纂修與鏤版》一文，對歷代道書目錄的編輯和藏經的纂修與寫刻有極爲詳盡的考證。關於《正統道藏》之纂修始末，該文所徵引的文獻有五條，逐錄於下：

（一）《皇明恩命世録》卷三《命編進道書敕》："敕真人張宇初：前者命爾編修道教書，可早完進來，通類刊版。故敕。永樂四年（丙戌）十一月十九日。"⑤

（二）光緒《江西通志》卷一百二十三"紫霄觀在廬陵縣北儒行鄉東"，下引張宇初《記》："永樂四年（丙戌）夏，予承旨纂修道典。"⑥

（三）明何喬遠《名山藏·方外記下·張真人世家》："永樂元年，命（張

---

① 《中國大百科全書簡明版》，中國大百科全書出版社1996年版，第2册，第861頁左欄。
② 《中國古籍善本書目·子部下》，上海古籍出版社1996年版，第1028頁。
③ 見丁常雲《張宇初對道教教義思想的貢獻及現代啓示》，中國道教協會道教文化研究所等編《道教教義的現代闡釋·道教思想與中國社會發展進步研討會論文集》，宗教出版社2003年版，第94頁。
④ 如朱越利《道藏分類解題序》謂"明《道藏》始刊於正統十年（1445）者，俗稱《正統道藏》"（華夏出版社1996年版，第4頁）。至於中國道協、蘇州道協合編之《道教大辭典》"道藏"條云："元太宗九年（1237），宋德芳（披雲）與通真子秦志安謀爲重刊《道藏》。乃馬真皇后稱制三年（甲辰年，西元1244），全藏刊竣，凡七千八百餘卷，亦名《玄都寶藏》。至英宗正統九年始行刊版。詔通妙真人邵以正督校，重加訂正，增所未備，至十年刊版事竣……"（華夏出版社1994年版，第930頁）恐中有脱文。齊秀梅、楊玉良《清宮藏書》第二章第六節《佛道經卷》著録清宮舊藏《正統道藏》，謂"爲明代第43代天師張宇初、第44代天師張宇清等奉敕主持編修，始於明永樂初年，正統十年刊刻告成"（紫禁城出版社2005年版，第331頁），亦承襲舊説。
⑤ 《道藏》，第34册，第792頁中。按，今據陳先生所列重新校覈，下同。
⑥ 光緒六年《江西通志》卷一百二十三，第26頁b，《中國省志彙編》之四，第六册，第2569頁下。

宇初)陪祀天壇。五年,命編修道教書。"①

（四）《蓋華山浮丘王郭三真君事實》一書前有永樂五年張宇初序,謂"今年夏蒙旨纂修道典,謹以是録正而附之"。②

（五）北京白雲觀正統十三年《許彬碑》云:"臣彬仰惟太宗文皇帝（按即成祖）臨御之日,嘗命道流合道藏諸品經纂輯校正……肆今皇上……追尊先志,於是重加訂正,增所未備,用壽諸梓。"③

碑文記述成祖曾命道流纂輯《道藏》,雖未有具體年月,而宇初在永樂中適有編修"道教書"的敕命,君敕臣述相合,故陳先生以爲碑文所指"蓋謂成祖敕張宇初率道士纂校《道藏》,將鋟梓以傳,功未就緒,而成祖崩殂"。④

關於《中國大百科全書》等謂四十四代天師張宇清繼兄纂修《道藏》一事,原係陳先生據《漢天師世家》（下簡稱《世家》）卷四"永樂八年十月制授張宇清正一嗣教清虚沖素光祖演道大真人,領道教事"一語所作的推測:"是張宇初於永樂八年卒後,宇清繼領道教事。當繼宇初主持纂修《道藏》。"⑤因無可靠的文獻依據,所以陳先生在考證之後所作的總結性文字中没有提到宇清繼任纂修一事:

> 明永樂中,成祖敕第四十三代天師張宇初纂校《道藏》,將鋟梓以傳。宇初乃招道士往北京輯校。功未就緒,而成祖崩殂。仁宗、宣宗相繼嗣位,棄置未理。暨英宗正統九年始行刊板。乃詔通妙真人邵以正督校。即重加訂正,增所未備。至十年刊板事竣。都五千三百五卷四百八十函。仍以千字文爲函目,自天字至英字。每函各爲若干卷。卷爲一册。所收道書,已重行分卷;原有道書短卷,則數卷併爲一卷。

---

① 《名山藏·方外記》,臺灣成文出版社有限公司1971年版,第19册,第5978頁。按,前一"命"字《道藏源流考》屬上讀,下一"命"字前無逗號,今改。
② 《道藏》,第18册,第44頁下。按,"年"字據原書補,該序後署"時永樂五年端陽節正一嗣教道合無爲闡祖光範真人領道教事四十三代天師張宇初齋沐謹序"。
③ 此碑陳垣所編《道家金石略》明代第035通録作《賜經之碑》（文物出版社1988年版,第1257頁）,立碑年月爲"正統十二年八月初十日",非"十三年",尊字作"遵"。
④ 陳國符《道藏源流考》上册,中華書局1963年版,第175、176頁。
⑤ 陳國符《道藏源流考》上册,第175頁。

係梵夾本。是爲《正統道藏》。①

羅列陳先生所徵引的文獻及其結論,可以明悉後此有關《正統道藏》編纂年代的考證與敘述,無不淵源於此,雖略有增補,却没有質的區别。至於張宇清繼任修纂一事,在陳氏僅是一種理有可能、事無實據因而無法寫入結論的推測,而後之轉述者本著理有可能的心態,踵事增華,將編纂脈絡修飾得從表面上看似乎是首尾完整、合情合理的一樁史實。

檢視陳先生引證的文獻確鑿無誤,考證推理也符合邏輯,但留存文獻所顯示的巧合未必是歷史的真實。下面將循此追溯真實的史跡。

二、張宇初其人其事及其與《正統道藏》之關係

記載成祖敕命張宇初編修道教書的文獻,除陳先生引述的五條外,尚有《道門十規序》及《世家》卷三"成祖文皇帝嗣登寶位,入賀,寵遇益隆……永樂元年,命陪祀天壇。丙戌,命編修道書以進"二條。②《世家》與《名山藏》均係後人依據《世録》及張宇初自述而記載,③其價值自然不如前者。成祖諭敕是"前者命爾編修道教書,可早完進來,通類刊版",陳先生體味詔敕口吻,似近在咫尺,故云"宇初乃招道士往北京輯校",於是纂輯工作被定位在北京。成祖靖難登基伊始,即大規模、不間斷地敕撰、編修各種書籍,張宇初在永樂四五年間是否實際領導編纂過"道藏",可以從張宇初在永樂年間的行蹤、張著《峴泉集》與《正統道藏》的對勘、張宇初與姚廣孝之關係及《永樂大典》(以下一般情况下簡稱《大典》)與《正統道藏》的對勘中求得一些綫索。

---

① 陳國符《道藏源流考》上册,第174頁。按,該書體例,正文黑體在前,考證性文字宋體在後,此段文字乃是撮取後面所列文獻依據而作的結論。
② 《道藏》,第34册,第835頁下。
③ 張宇初整理過《漢天師世家》,但書中關於他自己的記載當是後人增補。《世家》卷四末有"正一嗣教凝誠志道闡玄弘教大真人掌天下道教事五十代孫國祥奉旨校梓"一行,知是國祥或國祥以前天師增補。

（一）張宇初在永樂年間的行蹤

四十三代天師張宇初字子璿，別號耆山，四十二代天師張正常之長子。《世家》説他"目秀雙瞳，面交二斗，九歲巍如老成"，連明太祖見之亦認爲"絕類乃父"。洪武十一年入朝，明年，太祖誥敕授爲"正一嗣教道合無爲闡祖光範大真人"。二十四年，受賜"正一玄壇之印"，旋即還山，擇鄉里黃箸峰下構築峴泉精舍，爲終焉之所。此後十年左右似在精舍修真。至成祖登基，始又入朝。茲綜合文獻所載，條列如下：

　　洪武三十五年（壬午），成祖嗣登寶位。冬十月己未，宇初入賀，寵遇益隆，賜緡錢六百錠，葺大上清宫。（《世家》卷三、《太宗實錄》卷十三）

　　永樂元年（癸未），正月辛卯，陪嗣天壇。（《世家》卷三、《名山藏·張真人世家》、《明會要》）

　　永樂四年（丙戌），夏，命編修道書以進。（《世家》卷三、《紫霄觀記》、《道門十規序》）十一月十九日，復敕催修。（《世錄》、《諭敕》）

　　永樂五年（丁亥），成祖召見，命就朝天宮建薦揚玉籙大齋，有瑞徵，賜敕嘉獎。（《世家》卷三）夏，蒙旨纂修道典。（《蓋華山浮丘王郭三真君事實序》）

　　永樂六年（戊子），三月，降特旨，申諭真人門下專出符籙。四月，命傳延禧法籙，建延禧大齋五壇，咸有瑞應，厚賜尚方珍物。特命更給驛券還山。十月，手敕俾邀請真仙張三豐。（《世家》卷三）

　　永樂七年（己丑），再敕，尋訪張三豐。（《世家》卷三）

　　永樂八年（庚寅），春，忽發神異語，以印劍授弟宇清，又越三日，書頌一首而逝。（《世家》卷三）

成祖登基而入賀，説明此前應在精舍。入賀之後是否還山，未載，若元年正月辛卯陪祀，允未歸山，而郊祀之後至四年敕修道書之間在何所，史闕不明。永樂四年兩度下詔催修道典，五年蒙旨纂修道典，依陳先生之見是在北京編纂，其實則否。《臨江府志》卷三十二載：

> 黃明學，新喻延真觀道士也。邑之龍崗人……因以"七雨道人"名焉。永樂丁亥，朝廷纂修道書，其法孫王若虛以能書赴龍虎山。張真人爲篆"七雨道人"印，並作詩以美之。①

朝廷纂修道書，王若虛往龍虎山爲之謄寫，而且宇初在山爲篆印，自是在精舍無疑。六年四月大齋後，"特命更給驛券還山"，亦是離京而還精舍。此後兩度尋訪張三豐應從龍虎山出發，這有林剛伯的行蹤可以證明。吳訥《道會林君剛伯墓誌銘》謂剛伯：

> 永樂中舉至京，修《勸善書》《永樂大典》，繼往龍虎山校正道書，嗣四十三代張真人宇初暨其弟四十四代宇清推其學爲教中第一，號曰弘文輔教高士。永樂九年，選任道會。②

《大典》於永樂六年底結束，纂修者受賞賚後散去，故剛伯往龍虎山校證道書應在永樂六年底七年初。此時兩張應在龍虎山。根據以上行蹤分析，宇初入賀、晉謁或被召進京，雖有小住，確無長留，其"招道士往北京輯校"道書顯非事實。

《世錄》敕文是"編修道教書"，《紫霄觀記》《三真君事實序》謂"纂修道典"。從詞彙角度分析，"道教書"、"道典"可以指一種、數種，也可指一批或更多；③"道藏"自唐宋到明代早已成爲一個集合概念，它一定指衆多道經經過三洞四輔分類編集以後的專業叢書。從嚴格意義上說，道藏可以泛稱爲道典或道教書，而道典尤其道教書不一定專指道藏。此在成祖，尤其是領道教事的張宇初不會不清楚。當然，泛指混稱則另當別論。

成祖是一位處處要超過乃父的皇帝。即位以來，因太祖編《儲君昭鑒

---

① 同治《臨江府志》卷三十二，《中國地方志集成·江西府縣志輯》，江蘇古籍出版社1996年版，第296頁上。
② 吳訥《道會林君剛伯墓誌銘》，《皇明文衡》卷八十九，《四部叢刊》本，第十三葉A。
③ 道經經書在古文獻中絕大多數稱"道經"或"道書"，偶爾稱"道典"，但幾乎沒有發現稱爲"道教書"者。《明太宗實錄》《明太祖寶訓》中也沒有《世錄》引述的這條諭敕。這些本文姑置不論，僅就詞義、年代等予以考論。

錄》，成祖便增飾之以成《文華寶鑒》；太祖編《寰宇通志》《洪武志書》，成祖亦詔修天下郡邑志書；太祖御注經書如《尚書》《洪範》等，成祖敕命編《五經四書性理大全》二百六十卷；太祖編《臣戒錄》《相鑒》，成祖敕編《歷代名臣奏議》三百五十卷。太祖編《洪武南藏》，旋毀，成祖便命重編《南藏》，又於北京刊刻《北藏》（永樂十八年）。從這種求勝心態分析，成祖諭敕張宇初編修《道藏》不無可能，故而不妨循此作一種解釋與推測。張宇初在《紫霄觀記》《道門十規序》《蓋華山浮丘王郭三真君事實序》屢屢道及承旨編修一事，顯然是稱揚寵渥的心態使然，而《道門十規序》可供分析當時實際的編纂情況：

> 永樂四年夏，伏蒙聖恩委以纂修道典，入閣通類，竊念臣宇初匪材涼德，學識淺陋，悉竊是懼。徒承乏於遺宗，曷負勝於重任。然雖撫躬慊慄，詔命莫辭，兩承敕旨之頒，時蒙宣室之問。揆之駑劣，慚悚益增；稽之遭遇，喜懼交集。"①

《道門十規》一卷，《道藏提要》認爲係永樂四年至八年間所撰，②這是因爲序中提到永樂四年而宇初八年已羽化。從"兩承敕旨之頒"一語看，成祖後一道上諭頒於四年十一月十九日，書之撰作當在此之後。如果"時蒙宣室之問"是寫實而時間確在諭敕之後，則此書撰作時間已進入永樂五年甚至六年。體味序文，看不出宇初承旨編修的"道典"有什麼進展與成果。本書第二規"道門經籙"中有這樣一段話：

> 其太上諸品經籙：若祖天師所受，則盟威都功；葛仙翁所受，則中盟四仙；茅真君所受，則上清大洞；其餘經籙彌多，皆所以福國裕民，寧家寶己。是以歷代崇奉皈依者，皆獲感應，隨所禱叩，旋有異徵，其太上設教之驗，信不誣矣。然而代深年遠，其或字畫訛謬、句讀乖舛有之，不得一概非議毀訾。四方博識師德，善加考證詮次，申送教門，改

---

① 《道藏》，第32冊，第146頁下。
② 任繼愈、鍾肇鵬主編《道藏提要》1220號，中國社會科學出版社1991年版，972頁。

正刊行,猶爲善果之一助也。①

號召或者説倡議"四方博識師德,善加考證詮次,申送教門,改正刊行",很可能是爲其承旨纂修"道藏"服務的,目的是想憑藉四方之力共襄偉業。如果這種推測不錯,撰書作序時不會有大的成果,於是祇能"慚悚益增"。從這"喜懼交集"、編纂無成的歲月到永樂六年四月還山至多不過一年左右,短暫的十多個月,要想憑藉難以控制的四方師德之力,自然很難奏效。上引林剛伯行跡説明,剛伯九年還鄉任道會之前,一直在龍虎山與兩張編校道書,則宇初還山之後、羽化之前,除兩度出訪張三豐,應該都在山中校書。依據宇初自述及有關文獻,即使成祖諭敕的是編修道藏,這部"道藏"在宇初羽化前也没有完成。是否宇初未竟之業,由繼任的第四十四代天師張宇清來完成?不妨排列宇清在永樂八年以後的行歷:

  永樂八年(庚寅),嗣教。十月,大駕南還,召見,賜宴及冠服、圭珮之屬。命醮於朝天宫,賜誥授正一嗣教清虛沖素光祖演道大真人,領道教事。
  永樂十一年(癸巳),七月,敕遣使齎賜圓光圖並櫊梅百顆。八月,降敕,俾選有道行羽士爲武當山住持。九月,命使詣山就大上清宫建金籙大齋七日。
  永樂十三年(乙未),詔修太上清宫,並敕建真懿觀,造浮橋,築堤防。
  永樂十五年(丁酉),命分獻西鎮壇。十一月,詔往福建靈濟宫,修建祈謝金籙大齋。
  永樂十六年(戊戌),二月,敕召入京,賜冠服、彩幣、白金百鎰,命祠玄帝金像於太和山。五月,命治浙江潮患。
  永樂十七年(己亥),誥封妻孫氏爲端静貞淑妙惠玄君。
  永樂十八年(庚子),上召見,命率羽士修玉籙大齋。十月,命建普度醮於京之靈濟宫。
  永樂十九年(辛丑),正月朔,命分獻星辰壇,復建寶安醮七日。上

---

① 《道藏》,第32册,第148頁上、中。

北伐還京，命建祈謝大齋。

永樂二十二年（甲辰），命醮太和山。

仁宗昭皇帝即位，入賀，命修薦揚大齋，亦有異徵，降敕獎諭。

宣宗章皇帝即位，宣德改元，入賀。賜宴内殿。四月，推恩申錫嘉號。六月，加誥封爲正一嗣教清虚沖素光祖演道崇謙守靜洞玄大真人，掌天下道教事。

宣德二年（丁未），入覲，詔下有司悉蠲僕從丁役。五月，三以老辭上，還山。

朝天宫在南京府治西北，洪武初建，凡大朝賀將行禮，百官於此習儀，而道錄司亦設於此。宇清受賜誥於朝天宫，證明人不在北京，聯繫剛伯九年前在龍虎山校書得兩張推許，知宇清從山中來南京。十一年敕遣使賜物，亦不在北京，故十六年云"敕召入京"，若常住北京，不當云"入"，直接如十八年書"上召見"即可。仁宗、宣宗即位，兩次"入賀"，宣德二年又"入覲"，可知皆不在北京。其在北京可能久住的時間至多自永樂十六年至二十一年。因此，所謂永樂八年襲教職後主持《道藏》編纂工作一説，没有任何文獻根據。因爲《世録》《世家》既詳載成祖給宇初的詔敕，如果有請宇清繼任總纂的詔敕，豈會遺漏不載？

（二）《峴泉集》與《正統道藏》勘正

《峴泉集》係張宇初自編之文集，以所居精舍命名。宇初"天資穎敏，器識卓邁，於琅函藥笈、金科玉訣之文，既無不博覽而該貫，益於六經子史百氏之書大肆其窮索，至於辭章翰墨，各極其精妙"，[①] 遼王朱植極爲激賞，故爲刊梓行世。據書前遼王朱植永樂五年秋七月吉日和新安程通永樂五年秋七月甲子二序，初刻當在五年前後。集中多道經序跋，依一般常理，如果宇初主持《正統道藏》纂修工作，其所自序、自校或整理之道書，應該全數收入，如有不同版本，亦會選擇其所經手校理的本子。今將《峴泉集》中有序跋的道經與《正統道藏》對勘，發覺情況並不盡然。

---

① 王紳《峴泉集序》，《道藏》，第33册，第179頁中、下。

《文集》卷二有《漢天師世家序》，《正統道藏》璧字號收入《漢天師世家》，並將張序移至卷四末，此當是張國祥所爲。《文集》卷二（《四庫》本）有《三十代天師虛靖真君語錄後序》，《正統道藏》席字號收入該書並張序。張序《世家》曰"舊文辭意冗腐，僭用刪校增次，以廣諸梓"，①序《語錄》曰"四方傳誦願見者，惜不得其全。往嘗刊布，久亦遺缺，間求之名山，重鋟梓以廣其傳"，②不管作序之後是否刊刻，纂修《道藏》時重新收入，是理所當然的。《文集》卷二有《還真集序》，《正統道藏》夫字號收入混然子此書。③

張宇初曾"錄平昔所覽經論詩訣，上自帝真師匠，沿流而止，探考異同，擇其精要足爲學門軌範者，題曰《丹纂要》"，應該是一部很重要的内外丹著作，今其序文見載於《文集》，而《正統道藏》却失收。《文集》卷四有《應化錄跋》，《應化錄》乃三十代祖虛靖真君所著，跋謂該書"歲久罕存，某忝膺宗緒，仰止無補，因校遺文，壽梓以廣其傳，非足以盡報於其先也"，然《正統道藏》收虛靖真君之《語錄》而不收其《應化錄》。④《文集》卷二《龍虎山志序》："予雖篤志而學有未逮焉，講師李唐真清修篤厚，乃命搜訪其遺缺，而仲氏宇清志鋭而才敏，力贊成之，遂析爲十卷，將完而善士某願壽諸梓，能無一言以志之哉。"⑤又《白鶴觀志序》："然某克盡其職，且編次成書，欲壽諸梓，可謂善究其本矣，使他日真仙之靈蹤異化，與是錄同其弗泯，於吾道豈不甚盛事哉！繼者勉之。"龍虎山爲天師世居之地，其書與《世家》山水地脈、人事傳承相爲表裏，何況經宇清參與撰作、宇初作序之著；白鶴觀不僅是甘、許舊跡，也是三十代天師虛靖真君之方丈：二書既已校理或刊梓，理當編入，而《正統道藏》竟皆不收。⑥《文集》卷二有《太上混元實錄序》，謂曹希鳴於"暇日考訂是錄，壽梓以廣其傳，間屬叙其端"，《正統道藏》川字號收《太上混元真錄》，然無張序。⑦

---

① 《道藏》，第34册，第843頁上。
② 《道藏》，第32册，第368頁中。
③ 《道藏》，第24册，第97頁中－123頁上。序後有"洪武壬申夏五月嗣天師張宇初序"一行。
④ 《道藏》唱字號收無垢子何道全《隨機應化錄》二卷（第24册，第128頁中－142頁中），與張跋《應化錄》非一書。
⑤ 《峴泉集》卷二，《道藏》，第33册，第203頁下。
⑥ 張宇初對三十代天師張繼先極爲推崇，不僅整理他的著作，還在詩文中屢屢提及。如卷四（《四庫》本）《靖通庵題緣疏》，即是假衆緣而修葺虛靜真君修煉處之疏文。
⑦ 《道藏》，第19册，第507頁中－516頁中。

如果今見《正統道藏》係張宇初主持編纂，他自己的著作、序跋豈能不收？自己經手校理的道書豈會遺漏？即使宇初一時照顧不到，其徒袁文逸之流豈能坐視遺却天師的作品或經天師校理過的著作？

《正統道藏》當字號所收《大滌洞天記》前有"洪武三十一年歲在戊寅正月既望……張宇初序"一首，[①]此字號收鄭所南編集《太極祭煉內法》有"永樂四年歲次丙戌菊節日正一嗣教道合無爲闡祖光範真人領道教事嗣漢四十三代天師張宇初謹序"一首，[②]《峴泉集》初刻於永樂五年，洪武三十一年和永樂四年之序理應收入，而今皆不見載。考《峴泉集》之版本，《正統道藏》收錄爲十二卷本，[③]今上圖藏明鈔本亦爲十二卷；《欽定續文獻通考·經籍考》著錄爲四卷，[④]《四庫全書》即依四卷本收入。比較《道藏》本與《四庫》本，四卷本各卷容量很大，就所收序、跋、記、書、頌、疏、上樑文等而言，《四庫》本多於《道藏》本；《四庫》本卷三有王樂丘等墓誌十篇，《道藏》本全無；唯《道藏》本卷九以後全載五七言詩，較《四庫》本爲多。明崇禎時又刻有六卷本，清乾隆十九年張昭麟據之覆刻，今上圖有藏本，不知內容多少。另《世家》卷三曰"著成《峴泉文集》二十卷"，《千頃堂書目》卷二十八著錄爲"張宇初《峴泉文集》二十卷"，《明志》因襲不改。從卷次的字形看，"二十"有可能爲"十二"之誤，但從《道藏》本與《四庫》本比勘看，十二卷本尚多有闕略，可見原刊確爲二十卷。假如《正統道藏》爲宇初或宇清主持修纂，必然取原刻足本入藏。

《世家》張宇清傳謂其"著有《西壁文集》傳於世"，而今不見，無法校覈其與《道藏》之出入。

---

① 《道藏》，第 18 冊，第 140 頁。
② 《道藏》，第 10 冊，第 439 頁。
③ 《增訂四庫簡明目錄標注》周季貺星詒曰"道藏本十五卷"（上海古籍出版社 1959 年版，第 823 頁）。按，《道藏經目錄》卷四："轉字號計五卷：《峴泉集》卷一至五；疑字號計七卷：《峴泉集》卷六至十二。"白雲霽《道藏目錄詳注》卷四"疑字號"下誤作"卷六至十五"，周氏轉錄《詳注》，未見《道藏》原書，故誤，此知《峴泉集》無十五卷本。
④ 《明史藝文志·補編·附編》，商務印書館 1959 年版，第 747 頁。

(三)張宇初與姚廣孝之關係及《正統道藏》與《永樂大典》勘正

考察張宇初與姚廣孝兩人關係，比勘《大典》與《正統道藏》所收道經之異同，有助於澄清兩書是否同時編纂這一歷史問題。姚廣孝佐成祖靖難時六十多歲，永樂初監修《大典》時已年近七十。張宇初生於元至正二十一年（1361）前後，①永樂初四十多歲，於姚廣孝爲晚輩。讀二人遺存文集，頗可見姚、張之交往。宇初有《次姚少師茶歌韻》：

> 昔我雲卧惟丹丘，鶡冠既弊嗟狐裘。聿來京國際真主，綺食瓊筵歡眷留。當時故舊鮮知遇，客邸養痾空息喉……夙聞我師佐幃幄，六龍御極乘槎流。中官持節詔趨辟，象教頓使叢林稠……華轂時倍玉堂賜，恩榮卓冠踰神州。鍾繇白首竟中輔，竇固青眉宜列侯。京畿異跡富靈液，況汲揚江千丈湫。愧我嘗追後塵末，天葩麗藻知難酬。標格清雄豈阮謝，詞華逸邁過楊劉。累承愛遇甚投轄，矧被清光多運籌。東歸拂石藉林壑，感仰漫使枯腸搜。願戴皇圖廣惠澤，高騫奕世蒙天休。②

卷四《姚少師書蘇文忠公書跋》：

> 右蘇文忠公遺寶覺、佛印二禪師書，少師姚公書以贈金山適中禪伯者也。文忠公以文翰雄一時，數百載之下猶仰之若岳峻川奔，其垂之不泯也亦宜……而我少師公今以雄才博學光際皇上龍飛之日，寵賫彌厚，又以元勳宿德，贊輔青宮，其穹爵令望，又豈彼二禪師者可比儗哉……且少師公書札精妙，與文忠公之醉珠聯璧合，照耀先後。其以遺適中也，猶足以見其下賢導後之篤，固非以貴富自重者，豈能若是

---

① 歷來對張宇初之生年無有定論。姚廣孝《逃虛子詩續集》《挽張天師二首》之一有"去住渾如夢，斯須五十年"之句，如果詩句並非僅僅取整數，則永樂八年（1410）宇初五十，上推生年在元至正二十一年（1361）。考張正常生於元後至元元年（1335），宇初爲長子，父子年齡適相許可。倘姚廣孝所説"五十"非宇初實際年歲，則不足五十或超過幾歲皆在允可範圍内。
② 《峴泉集》卷四，《文淵閣四庫全書》本，臺灣商務印書館1983年影印本，第1236册，第514頁上。

耶！予也山林踈朽，嘗辱知於公，獲一披玩，敬羨無已。適中其世珍之，豈不爲禪門之一盛典也哉！①

一詩一跋，展示出永樂初年，姚廣孝已"恩榮卓冠"，顯赫一時，"又以元勳宿德，贊輔青宮"，儼然一位"少師姚公"。張宇初進京入賀成祖登基時，孤身少友，住在"客邸"，亦嘗生病養疴。後來得到姚廣孝的賞知，所謂"累承愛遇甚投轄"，說明相得甚歡。"東歸拂石藉林壑"，知《次茶歌韻》是在龍虎山峴泉精舍所作。《逃虛子詩集》中不僅可見少師姚公對張宇初的禮遇和傾慕，也從側面透露出張宇初在北京的一些生活情況。卷一《奉寄張天師二首》之一云：

> 共唯無爲子，玄玄道之精。虬髯劍森張，神眸電争明……翰采昭雲漢，文藻敷天英。道義金玉重，聲利塵毛輕。奉先秉教樞，尊榮列仙鄉……微生亦有幸，相遇得真情。②

詩中對宇初之神情、性格與才華的贊譽，透露出姚廣孝沒有以自己的年輩、地位輕視這位道教領袖。卷八《秋日訪張天師城南新賜行館》詩："行軒新構倚林塘，聖主恩深雨露香……俗客不來塵事遠，往還惟我獨相忘。"卷六《初夏過城南神樂觀訪張真人無爲》詩："遠訪無爲子，琳宮路入雲。"③成祖曾爲宇初在北京建造一處行館，以備來京時暫住。此館在北京城南之郊，故姚造訪稱爲"遠訪"。卷二《次韻答張天師》云：

> 久別思一見，急若農望歲……不期自遇合，宛同執右契。嗟余衰病翁，遇蒙俯青睞。蹇拙何足取，齒録加品第。文人蓬壺仙，不肯忘道義。神章遠寄我，望鋒豎降幟。光焰共日月，金篦除眼翳。④

久別思見，知宇初不在北京爲時非短。但儘管久思不見，仍然時有詩文往

---

① 《峴泉集》卷四，《文淵閣四庫全書》本，第1236册，第472頁下。
② 《逃虛子詩集》卷一，《續修四庫全書》據清鈔本影印，第1326册，上海古籍出版社，第555頁下。
③ 《逃虛子詩集》卷八、卷六，《續修四庫全書》據清鈔本影印，第1326册，第597頁上、584頁上。
④ 《逃虛子詩集》卷二，《續修四庫全書》據清鈔本影印，第1326册，第565頁上、下。

還,"神章遠寄",①表達出兩人之情誼。宇初之羽化,姚有《挽張天師二首》,其一云:

> 靈標何挺異,於道悟玄玄。富貴山中相,清閒世上仙。恍然遺劍佩,無復戀雲泉。去住渾如夢,斯須五十年。②

將宇初比作"山中宰相"陶弘景,足以説明宇初並非常住北京行館,而是久住貴溪之峴泉或耆山庵。③ 姚、張之往還詩文與上文排列宇初在永樂八年中之行蹤大體相吻,他没有足够時間在北京主持編纂"道藏"工作。

退而論之,即使如前賢所論,張宇初永樂四五年間確實在北京主持"道藏"修纂,那麽有一椿歷史事實必須申明,即永樂四五年間,正是《永樂大典》纂修到最爲關鍵之時。設想如果兩部大書均爲敕纂又同時在北京編纂,則兩處編纂機構一定會互通聲氣,即在收書安排上有所溝通。《大典》依成祖諭旨是包容道經的,監修姚廣孝雖兼通釋道,但出家入寺,畢竟於道書非當行,因此《大典》中所收之道經很可能得到張宇初之襄助。如果張宇初爲"道藏"總纂,憑著他與姚廣孝的關係,一定能够與姚協調,希望姚將收入《大典》的所有道書、道經的副本提供給道藏編纂機構,而姚亦必然會協助。因爲"道藏"之搜輯完備,是宇初的功績,更是成祖"永樂文治"的政績。但是將《大典》與《正統道藏》進行比勘,完全看不出這種跡象。

二萬二千多卷《大典》殘存僅八百餘卷,無法比勘,而且《大典》每卷内引録的道經片斷多作省稱,難以復原。兹取《永樂大典目録》六十卷爲準,並將範圍限制在卷目之下標有"道書"的部分,總共勾稽出道經或道書篇章三百二十四種(篇)。《大典》卷目下所標道經經名甚爲混亂。首先是錯謁衍奪,如卷二千九百五十三《太上飛行九神玉經》,《正統道藏》作《太上飛行九晨玉經》,"神"爲"晨"之謁字;卷八千六百八十五《南斗延壽星燈科》,《正統道藏》作《南斗延壽燈科》,"星"係衍文,此類約近十種。其次是省稱,如卷四千八百七十八《洞元靈寶出家因緣經》,《正統道藏》作《太上洞元靈寶

---

① 姚廣孝又有《張真人墨竹爲蔣用文題》詩,見《逃虚子詩集》卷二。
② 《逃虚子詩續集》,《續修四庫全書》據清鈔本影印,第1326册,第619頁下。
③ 姚廣孝有《耆山庵爲張真人賦》之詩,見《逃虚子詩續集》(《續修四庫全書》據清鈔本影印,第1326册,584頁下);耆山庵在貴溪,蘇平仲有《耆山庵記》,見《蘇平仲集》卷九。

出家因緣經》，《大典》省"太上"二字，此類約有五十種。再次是經名、篇名同時出現，如卷一萬一千三百十九《無上秘要·策板》，卷一萬一千三百五十二《雲笈七籤·守簡篇》，此類約有十種（《無上秘要》《雲笈七籤》《道樞》《道教義樞》等經亦多次出現）。還有一些無法確定者，如卷一萬五千零七十《智慧上品戒經》，是否即是《正統道藏》之《太上洞玄靈寶上品戒經》。真正《大典》《正統道藏》經名全同者，不足三十種；而一時無法校覈疑爲《正統道藏》未收者竟有一百五十種，占百分之四十八。當然一百五十種中，有些是科儀、燈儀，如卷二千九百十四《明真設醮儀》、卷七千六百六十七《禳蝗科儀》、卷八千六百八十四《無上周天燈儀》；有些是符籙，如卷二千四百四十四《玉籙著符》、卷二千四百四十五《靈畲秘錄》；有些可能是篇章，如卷六千三百零九所列《太虛玉册丹陽寶章》十餘種，卷一萬五千一百十《斬滅邪怪篇》等；有些更可能是同經異名，祇是《大典》殘闕過剩，無法校覈。但即使存在各種情況，《大典》收入而爲《正統道藏》所遺漏的道經仍然不在少數，如卷三千四百五十九《靈寶無量度人追度上世亡魂經》《靈寶無量度人濟度死魂經》，卷四千八百二十《保命延年經》，卷五千二百六十七《靈寶無量度人七星除妖經》，卷五千六百二十三《靈寶無量度人碧落空歌經》《元始無量度人碧落空歌經》，卷八千四百十《靈寶度人太乙神變五福護國禳兵經》，卷八千四百二十《靈寶無量度人永延却運保世升平經》，卷一萬四千四百二十四《五方正氣經》《明體貫氣經》，卷一萬七千四百三十八《太上三要達道經》，卷一萬九千一百零八《靈寶度人顯瑞符應經》，卷二萬二千八百七十四《上清境大劫經》《太清境小劫經》《太上洞玄靈寶運度大劫經》《太上洞玄靈寶丹水飛術運度小劫經》等等。那麼多道經編入《大典》而不爲同時同地並同爲敕纂的《正統道藏》所收，是一樁奇怪而不近情理的事。

　　《大典》卷一萬九千九百五十一、一萬九千九百五十二有《太上北帝伏魔神呪殺鬼籙（一—二）》，《正統道藏》作《太上北極伏魔神呪殺鬼籙》。此書卷末"經籍度三師法諱"中稱經師爲張正常，籍師爲張宇初，度師爲張宇清，則書必明初正一派人所作，作者亦必宇初之部屬。此書爲《大典》收入，不管是宇初提供還是作者提供，作爲教門領袖張宇初無疑是知道並認可的。有鑒於宇初教門內的道經爲《大典》收入，而《大典》所收大量道經却爲《正統道藏》失收的事實，張宇初在京承旨纂修"道藏"一事很有必要重新審視。

成祖的諭敕僅見於《世錄》而不見於《太宗寶訓》或《太宗實錄》，用詞也是模棱兩可的"道教書"。永樂元年、二年，由解縉率群臣纂修《文獻大典》，編成後成祖並不滿意，於是在永樂三年開大典館重修，直至六年冬告成，名《永樂大典》。永樂四五年間正是館閣文臣轟轟烈烈編纂《大典》之時，這時諭敕宇初編修"道教書"，揣摩成祖心理，可能是敕命編修《大典》中的道經，但也不能排斥成祖因《大典》的纂修而聯想到要編纂《道藏》。試從兩方面予以推測：

（一）《大典》正文計二萬二千八百七十七卷，"凡書契以來經史子集百家之事，至於天文、地志、陰陽、醫卜、僧道、技藝之言"無所不包，尤其陰陽、醫卜、僧道之書比例不小。當時與修、謄錄者二千餘人，郭伯恭、王重民、顧力仁及筆者勾稽文獻，相繼考證出修纂人員約近三百人，①其中釋僧不下十餘人，而道教修纂僅祇林剛伯數人而已。儘管姚廣孝本人兼通釋道，但他祇是擘劃，而不會親自編纂。永樂四年丙戌，正值大規模徵召《大典》副總裁、纂修和謄錄人員之時，故將同年夏季與十一月成祖二次諭敕張宇初纂修道書，理解成徵召他為《大典》副總裁或纂修，參與《大典》中"道典"、"道教書"的編纂，也是合理的推想。支持這種推想的理由：一是張宇初作為道教教門的領袖，按常理應任要職；二是宇初作為監修姚廣孝的朋友，姚也會向成祖建言。② 還有如果將《道門十規序》中"入閣通類"一語理解為進入文淵閣而與文臣平起平坐，則完全是共同纂修《大典》的模式。但是宇初以永樂六年四月大齋後還精舍，同年十二月《大典》進上行賞，不及宇初，如果他是副監修、副總裁或修纂等，功事將成而先離去，情理有乖。

（二）從成祖好大喜功的帝皇心理體察，諭敕宇初編纂"道藏"也不無可能。《峴泉集》中諸多道書序跋顯示，宇初不僅在從事道書的校勘工作，而且非常認真仔細。林剛伯《大典》工作結束後，繼往龍虎山與宇初兄弟"校正道書"，被兩張推為"教中第一"，說明宇初在山之日一直在繼續校書，有

---

① 參見郭伯恭《永樂大典考》（臺灣商務印書館 1967 年版）、王重民《〈永樂大典〉修纂人考》（《文史》第四輯，中華書局 1965 年版）、顧力仁《〈永樂大典〉及其輯佚書研究》（臺灣私立東吳大學中國學術著作獎助委員會叢書之九十二 1985 年版）、虞萬里《〈永樂大典〉修纂人補考》（稿）。

② 姚廣孝主持《大典》工作，即曾推薦過許多人參與，總裁王達，就是姚廣孝所推薦。參見明鄭曉《吾學編》卷五十八，《北京圖書館古籍珍本叢刊》之 12，書目文獻出版社 1998 年版，第 554 頁下。虞萬里《有關〈永樂大典〉幾個問題的辨證》，《史林》，2005 年第 6 期。已收入本書。

剛伯等人助校，還有王若虛等人爲之謄鈔。《道門十規》透示，宇初不僅自己躬行校書，也積極倡議各地博識師德校勘道書，申送教門。但文獻中既沒有因此而設立機構的記載，宇初在永樂中的行歷也不可能有足够時間在北京承擔此項重任。再立足於語詞角度，成祖與宇初應該知道"道書"與"道藏"之區别。故就掌握的材料來看，宇初之工作衹是輯校道書，即使成祖確實想敕令編纂一部"道藏"，事實上道書輯校尚未成一定的規模，宇初就已羽化，"道藏"的編纂無從談起。體味正一教門所編的《世録》和張國祥整理輯校的《世家》對成祖諭敕屢屢道及的心態，可以想見他們對崇耀教門的大事念念不忘，如果宇初、宇清相繼領銜編纂的"道藏"大功告成，其教門、後裔纂修的《世録》《世家》豈會遺漏這一豐功偉績？

有鑒宇初編纂《大典》和"道藏"於情於理皆有可能而論據皆不足，所以對《正統道藏》的編纂始末應該别尋途徑。

三、明成祖《道藏經序》的發現與價值

追蹤張宇初在永樂年間行歷及其與姚廣孝之關係，辨析《峴泉集》與《正統道藏》的舛互、《道藏》與《大典》所收道經之異同，證明張宇初在永樂四五年間並没有像《大典》一樣成立機構編纂《道藏》，儘管在積極輯校道書，尚不成氣候，不足以彙編成"藏"。那麽，正統九年刊刻的《道藏》究竟是何時何地何人編纂的？根據新發現材料，這部《道藏》係自永樂十七年（1419）至永樂二十年（1422）在北京纂輯而成，其直接而無可辯駁之證據便是明成祖朱棣的《道藏經序》。

二〇〇〇年，由故宫博物院編，海南出版社出版的《故宫珍本叢刊》第五百二十六册中有《大明太宗集》殘本，其卷四有《道藏經序》一首，全文如下：

> 朕惟大道無名，非言不足以顯其妙；聖神設教，非言不足以廣其傳。粤自問道崆峒，著書函谷，立言垂範，其來遠矣。故靈文隱訣，啓妙道於無窮；洞籙天經，歷浩劫而無壞。惟真文之所在，寶玄範之攸存。寶笈琅函，發雲篆太虚之秘；瑶編玉牒，紀洞玄靈寶之篇。雖云道

不在書，舍其書則道將安究？譬猶跡出於履，棄其履則跡竟何求？爰自漢唐以來，真詮薦舉，秘義弘敷。其變化不測，有以察至道之精；其清靜自然，有以贊無為之化。然而瓊書填委，玉檢浩穰，求之者似以管而窺天，探之者如以蠡而測海。雖衆說悉臻於微妙，而群言莫遂於會通。朕嗣撫鴻圖，心存至道，仰虛玄之妙法，啓元始之真文。乃於萬幾之暇，爰集道流，重加纂輯，以永樂己亥五月二十一日為始，至壬寅冬十月日畢工。合道藏諸品凡五千一百三十四卷，計四百六十四函。彙編有次，鋟梓以傳。由是萬派同歸，一原統會。其光華煥發，足以比日月之照臨；其神化無方，足以究天地之終始。普徧十方而無外，大週三界而弗遺。濟度群生，超淩億劫。朕仗茲功德，上報皇考皇妣罔極之恩，下冀四海生靈無窮之福。華夷一統，咸臻福慶之祥；海宇清寧，永樂雍熙之治。用題篇首，以示方來。謹序。①

《大明太宗集》不見於黄虞稷所撰《千頃堂書目》，故據黄書刪定的《明史藝文志》自然不會著錄，但明王圻《續文獻通考·經籍考》、明焦竑《國史經籍志》、乾隆時《欽定續文獻通考·經籍考》、宋定國、謝星纏《國史經籍志補》、傅維鱗《明書經籍志》均未著錄此書，故有必要對此書略作交代。錢謙益《列朝詩集小傳》乾集上謂"上靖難犂庭，神武丕烈。戎馬之餘，鋪張文治……御製集藏弆天府，不傳人間"，因為無法一睹，所以祇能輾轉"恭錄御賜榮公二詩，以見神龍之片甲云"。② 錢氏雖未睹"神龍"而嘗窺"片甲"，猶知其"藏弆天府"。錢氏之後又三百年深鎖皇宮，無人獲睹。直至近年整理故宮藏書，揮却六百年塵埃，始有真切之介紹：

　　《大明太宗御製集》殘存二卷明成祖朱棣撰，明内府精寫本。棉榜紙，朱畫框欄、行格，紅口，雙魚尾，四周雙邊。開本寬大，行字疏朗，楷書精寫。朱色句讀。半葉十行，行二十二字。包背裝，雲鳳紋黃緞書衣，黃綾題籤，仍是明初官裝原貌。③

---

① 故宮博物院編《故宮珍本叢刊》第526冊《大明太宗集》卷四，海南出版社2000年版，第16頁。
② 錢謙益《列朝詩集小傳》，上海古籍出版社1983年版，第2頁。
③ 齊秀梅、楊玉良《清宫藏書》第二章第四節《內府鈔本書》，紫禁城出版社2005年版，第243頁。

今所存爲第三、第四兩卷，現藏北京故宮博物院圖書館，《故宮珍本叢刊》即據此影印。明瞭其淵源有自，可知成祖《道藏經序》對於重新確定《正統道藏》編纂年代有著極爲重要的歷史價值。

序文未指明《正統道藏》由誰人主持編纂，可以理解，因爲序是成祖御製，書亦皇帝敕編。永樂已亥爲十七年(1419)，而永樂五年爲丁亥年，已亥是否爲丁亥之誤？就字形看，"己"與"丁"不甚相近。序文撰於永樂二十年(壬寅，1422)冬十月後不久，不管出於成祖親撰，還是詞臣代作，其對《道藏》始修年份在三年前的已亥抑或十五年前之丁亥，絕不可能有誤記。《御製集》係精寫本，鈔錯可能性不大。而且成祖給張宇初的諭敕即使是撰道藏，也應該是永樂四年丙戌，而不是永樂五年丁亥。更重要的證據是，明王英《道錄司左正一吴公墓誌銘》曰："太宗文皇帝臨御天下，以纂輯釋道二經，大召僧道至京師……時永樂十七年也。"①與序文己亥(十七年)吻合。

《道藏》編纂之所以是十七年五月而不是其他年月，這在成祖思想上也有一個發展過程。成祖對高道張三豐一直心懷敬意，曾請宇初等數度尋訪。永樂十年二月十日奉書張三豐，備極"拳拳仰慕之懷"；他曾聽說武當山上有人逢遇三豐，於三月六日連下兩道敕書給虛玄子孫碧雲，謂欲在武當"創建道場，以伸景仰欽慕之誠"，命"爾往審度其地，相其廣狹，定其規制，悉以來聞，朕將卜日營建"，隨後即命隆平侯張信、駙馬都尉沐昕前往督造，敕張宇清選揀武當山各宮觀住持。前後爲招募各地有道高人往武當山，定規治印、謀劃田糧供贍辦法、浚疏河道，乃至改武當山爲"大嶽太和山"等，總共下達了二十餘道聖旨，時間均在十年以後。永樂十六年，武當山各處宮觀修建完畢，十二月三日，成祖親製《大嶽太和山道宮之碑》記其盛，②時距《道藏》修纂之十七年五月祇有五個多月。序文所謂"雖云道不在書，舍其書則道將安究？譬猶跡出於履，棄其履則跡竟何求"，多少表達了成祖當年的心態：尋訪真人，修建宮觀，所謂尋跡慕道之事，已盡心力，此外所能做的，祇有纂輯道經，彙爲一藏。既然永樂十年以來，成祖傾注大量精力於武當山，編纂《道藏》又是緣武當山宮觀修繕而生，那麽《道藏》的總纂

---

① 王英《王文安公詩文集·文集》卷五，《續修四庫全書》本，第1327册，上海古籍出版社，第357頁上。
② 以上所錄成祖諭敕及其年月均據任自垣《大嶽太和山志》卷二《大明詔誥》所載，《藏外道書》，巴蜀書社1994年版，第32册，第826—834頁。

是否會與武當山有關係呢？

四、《正統道藏》主纂人員徵考

《正統道藏》既非張宇初領銜纂修,自當有人主持其事。據已掌握的文獻資料看,武當山玉虛宮提點任自垣是主要領導者。明王英《送提點任先生還武當序》曰:

> 皇上在御之二十年冬十二月,武當玉虛宮提點任先生自垣,以所修《道藏》經成,將還於山中。而中書舍人王公利用、姚公宗禮言於予曰:"初,任先生自武當來,適有詔購天下名山所藏道書,集學道之修潔博習者校正類聚,會合而歸藏焉,遂以先生總之。而爲之書者,悉舉中外精於楷法之士,則予二人領袖之。至是經成,進之於朝,俱獲賜賚。而先生則還於武當焉。先生貌臞然而清,中則粹然而純和。居常端默,不妄語笑,於清净之旨造詣尤深,而兼通乎六藝之學。初,句曲山中,已授清秩,及提點玉虛,則上之所特命也。今先生承恩寵而還,固甚榮矣。然予二人者,與先生遊處久而且厚,願有言以贈之。"予嘗識先生於趨朝之際,碧瞳修眉,玉冠霞衣,燁然神仙中人,心竊敬慕之而未獲與遊。今二公有請,安得無言哉?夫武當,東南名山也。蜿蜒磅礴,幽邃深窈,靈氣之所萃,神明之所居。宮觀之建,輝煌赫奕,穹崇高峻,上軼霄漢,爲萬世之偉觀,而先生得居之。既已觀光上國,討論乎道德之言,以探索其奥旨,與夫丹臺之書,玉洞之文,會爲大全,此萬世之盛典,而先生得裁而正之,亦何其榮且幸哉!非二公所謂勵行之純,造詣之深,則安能受上恩之寵遇至於如此,誠有非偶然者矣。今其還也,先生之樂嘗何如耶……賜進士出身翰林侍講兼修國史臨川王英書。①

王英字時彦,號泉坡。永樂二年進士,選庶吉士,掌機密文字,與修《太

---

① 《敕建大嶽太和山志》卷十五《雜著》,《藏外道書》,第32册,第1017頁上。

祖實錄》。端凝持重，歷仕四朝，《明史》有傳。永樂二十年歲杪，英任翰林侍講，時雖與任自垣"心竊敬慕之而未獲與遊"，因參與《道藏》工作且與任"遊處久而且厚"的中書舍人王、姚之請作此序文，史實應極爲可靠。

任自垣《明史》無傳，僅《藝文志》有"《太嶽太和山志》十五卷"，注"洪熙中道士任自垣編"。明方升《大嶽志略》卷二錄任自垣傳曰：

> 任自垣，字某。幼穎悟，讀書便知句讀、曉大義。出家三茅山元符萬寧宮道士，遂知名。永樂九年，授道錄司右玄義。永樂十一年，選授太和山玉虛宮提點。宣德三年，升太常寺寺丞，提調本山。所著輯有《太和山志》行於世。宣德五年，以壽終，還葬句容。①

光緒《丹陽縣志》卷二十四：

> 任自垣，元至德（按，"正"字之誤）時修道茅山。永樂四年（1406），詔赴文淵閣修書。九年，除道籙司右元義。十一年，敕往天下尋張三豐，授太嶽太和山提點，領諸宮觀事。後宣德中，敕專提督武當山事，進《武當山志》十五卷。②

傳記不著其字號。按其所著《大嶽太和山志》中與道人往來詩文酬唱贈答，知其字一愚，號蟾宇。③ 永樂丙戌詔赴文淵閣修書，應是與修《永樂大典》。選授玉虛宮提點，《志略》與《縣志》皆在十一年，而《太宗實錄》則載於永樂十六年，《實錄》卷二百零七：

> 永樂十六年十二月丙子朔……武當山宮觀成，賜名曰太嶽太和山

---

① 方升《大嶽志略》卷二，《武當山歷代志書集注》，湖北科技出版社2003年版，第492頁。
② 重修《丹陽縣志》卷二十四《方外》，《中國地方志集成·江蘇府縣志輯》，第31冊，第260頁上。按，乾隆《鎮江府志》卷四十（《中國地方志集成·江蘇府縣志輯》總第28冊，江苏古籍出版社1991年版，第2冊，第201頁）作任自完，謂其授"宣德間授太常寺丞、上清五十三代宗師"。
③ 胡儼《蟾宇歌序》曰："大嶽玄天玉虛宮提點任一愚，自少修真於茅山，以蟾宇自號，豈泛然者。蓋昔學仙之徒，若劉葛二師，一號海蟾，一號玉蟾，其有由來矣。"（《敕建大嶽太和山志》卷十五，《藏外道書》，第32冊，第1006頁上。）按，《古今圖書集成·神異典·方士部·列傳》引《鎮江府志》謂"一名一愚"。

……建官五龍之東十餘里,名玄元玉虛宫,紫霄曰太玄紫霄宫,南岩曰大聖南岩宫,五龍曰興聖五龍宫……仍選道士任自垣等九人爲提點,秩正六品,分主官觀,嚴祀事。①

據自垣《大嶽太和山志》卷二所載誥敕文獻,敕建太和山宫宇之聖旨下達時爲"永樂十年歲次壬辰七月甲申",由隆平侯張信、駙馬都尉沐昕前往武當山宣旨動工。十一年八月二十五日,在賜名玉虛、紫霄等宫觀後,敕正一教真人張宇清"選有道行者各二人爲主持"。張隨即保舉各宫觀人選,於是九月十一日又敕張信、沐昕曰:

今正一嗣教真人張宇清舉保道士,分派各官。道録司右玄義任自垣、道士邵慶芳爲玄天玉虛宫提點,高道周惟中兼提點,林子良爲副官;興聖五龍宫以李時中爲住持,道士吴繼祖爲提點;太玄紫霄宫以李幽岩、胡古崖爲提點;大聖南岩宫已命右正一孫碧雲爲住持,以王一中爲提點副之。

太和山各處宫觀,最晚者如太常觀,永樂十六年始因舊址重修。任自垣《山志》中宫宇建置均標永樂十年,從詔敕年月;方升《志略》各提點傳記均著永樂十一年,係依張宇清保舉之年月;《實録》所據應是太和山宫宇全部修建畢工上報北京之年月,因而前後不一,其實並無矛盾。

《宣宗實録》卷三十五:"宣德三年春正月,以太嶽太和山玄天玉虛宫提點任自垣爲太常寺丞,仍掌玉虛宫事。"②職權增多,品秩仍舊。③《志略》謂宣德五年卒,今據任著《山志》前進表末署"宣德六年三月日,欽差太常寺寺丞臣任自垣謹上表",知任自垣應卒於六年三月日之後,《志略》有誤。

任之行歷大抵如上。成祖《序》謂《道藏》纂輯始於"永樂己亥(十七年)五月二十一日",其下達聖旨、籌措準備應在春季。而任自垣於十七年二月初五日從武當至北京,在奉天門上奏有關太和山各宫觀香燭、宫觀名稱、宫

---

① 《明實録・太宗皇帝實録》卷二百零七,中研院歷史語言研究所校印,第9册,第2113頁。
② 《明實録・宣宗章皇帝實録》卷三十五,中研院歷史語言研究所校印,第11册,第880頁。
③ 《明史・職官志三》太常寺寺丞二人,正六品,與玉虛宫提點品秩同。

觀護守、道衆齋糧等事,成祖於二月二十日傳旨爲其全部解決。① 任氏偶然而來京,成祖因人而成事,這就是王英序文所謂"初,任先生自武當來,適有詔購天下名山所藏道書,集學道之修潔博習者校正類聚,會合而歸藏焉,遂以先生總之"的歷史背景。成祖《序》又謂《道藏》於永樂二十年冬十月畢工,王英序文作於二十年十二月,其間一月有餘,適可供成祖賜宴賞賚,纂修者祖餞留別。校覈成祖《道藏經序》和王英《送提點任先生還武當序》及有關文獻,《正統道藏》纂修始末已清晰呈現。王英《序》謂《道藏》由任自垣"總之",檢尋《太宗寶訓》《太宗實錄》及任著《山志》均無成祖委任諭敕。考仁宗即位不滿一年,即曾作《蟾宇歌》贈自垣云:

> 瀟然物外離塵纓,若人賦稟淑且清。早歲學道棲岩洞,葆和修真久乃成……醴泉泠泠甘露馨,有時飛烏來瑤京。校讎玄文司權衡,淋漓金薤昭日星。獻納承恩道譽增,玄門光顯揚修聲。願言功行如日月,佇看驟雲登蓬瀛。②

曾經保舉自垣爲玉虛宮提點的四十四代天師張宇清亦有贈詩云:

> 校書天祿偕玄曹,青藜夜照宮錦袍。交歡應信日已久,意氣相傾山嶽高。③

仁宗謂自垣在校讎《道藏》時司任"權衡"之責,張宇清則將之比作劉向天祿校書,總領道流。所以,成祖敕修的"萬世盛典",任自垣"得裁而正之",其爲纂修之第一人不應有疑。成祖要炫耀文治,希望的是刻日見功,他之所以將總纂之職委任於任而不委任他人如張宇清等,很可能出於這種考慮,張氏兄弟永樂初年輯校道書,經久未成;任自垣不僅是上清五十三代宗師,"於清净之旨造詣尤深,而兼通乎六藝之學",重要的是永樂初年曾參與纂

---

① 任自垣《敕建大嶽太和山志》卷二,《藏外道書》,第32册,第830頁下。
② 《敕建大嶽太和山志》卷二《大明召誥》載仁宗皇帝《御製蟾宇歌》,《藏外道書》,第32册,第835頁下。
③ 《敕建大嶽太和山志》卷十五《大明詩》載嗣天師西壁《蟾宇歌外六首》,《藏外道書》,第32册,第1007頁下。

修《大典》，於編纂大型叢書有經驗。任氏用三年零五個月纂輯成五千一百三十四卷的《道藏》，證明他没有辜負成祖的期望。

任自垣一人總司其責，其他襄助大業，就目耕所及尚有吴大節、李玄玉諸人。王英《道録司左正一吴公墓誌銘》云：

> 太宗文皇帝臨御天下，以纂輯釋道二經，大召僧道至京師。而南昌玄妙觀道士吴公大節應召而來，時永樂十七年也。明年，授道録司左至靈，主管洪恩靈濟宫。洪熙紀元之初，升右演法……初，大節修經典，四方羽士雲集，而討論考索，纂述類聚，悉屬於大節，爲朝廷所重。自是國有所祈禱，必命之。嘗設醮於武當及閩中，所至精誠孚達，多有感應……大節幼穎異，不樂居市井。父母令師事郡道官吴文禎，由是勵行勤學，博覽群書，於道家所謂三洞四輔、清微靈寶之秘，尤得其藴奥。耆山、西壁二真人授以上清經籙之秘……正統壬戌（1442）三月戊寅，忽微疾，語弟子曰："當逝矣。"甲申，沐浴衣冠而坐，乙酉，翛然而逝。①

大節得"耆山、西壁二真人授以上清經籙之秘"，則自是漢天師張宇初、宇清兄弟之弟子。王英謂《道藏》之"討論考索，纂述類聚，悉屬於大節"，似乎大節是自垣之重要副手。魏驥《送李提點序》云：

> 古鄞李煉師玄玉，葆貞守白，名羽流也。以才行任安陸道紀司道正有年矣。邇者膺詔纂修教典，爬羅剔抉，卓有成績。繼而拜命授太和山太玄紫霄宫提點，戒行有日。其友善道録司左演法鄧公景昭輩徵言於余，以華其行……永樂癸卯（1423）太常博士蕭山魏驥序。②

魏驥曾於永樂初年纂修《大典》③，序文作於永樂二十一年而云"邇者"，不可能遠指永樂四五年間事，則所謂"纂修教典"，自是指十七年至二十年編纂

---

① 王英《王文安公詩文集·文集》卷五，《續修四庫全書》本，第1327册，第357頁上、下。
② 《敕建大嶽太和山志》卷十五《雜著》，《藏外道書》，第32册，第1017頁下。
③ 見《明史》本傳及萬曆《紹興府志》卷四十一。

的《道藏》。李玄玉能於修纂時"爬羅剔抉,卓有成績",故功成而領受紫霄宮提點之職,魏因贈序送之。光緒《南昌府志》卷二十三引明曾榮《玉虛觀記》:

> 玉虛觀,在豫章城北⋯⋯洪武甲寅,真空一旦集衆,留偈爲别⋯⋯其後道士陳自然募衆作三清殿⋯⋯既而道士羅素行與其徒羅道從同心協謀造玉皇寶閣⋯⋯及今先後三十餘年⋯⋯今素行弟子涂省躬承詔至京師纂修《道藏》經典⋯⋯①

陳國符先生引錄此條,以爲永樂四五年纂修之事。按《玉虛觀記》不知作於何年,曾榮卒於宣德七年(1432)。從洪武甲寅(1374)下推三十餘年,正在永樂四五年間;若從"其後"下推,便可能落到永樂十七年。既然張宇初並未在北京纂修《道藏》,則記文所述當指成祖《道藏經序》中所記十七年五月編纂一事。吳訥《林剛伯墓誌銘》曰:

> 〔剛伯〕永樂中舉至京,修《勸善書》《永樂大典》,繼往龍虎山校正道書⋯⋯永樂九年,選任道會。復取赴北京修道藏經,以老疾辭歸。宣德壬子秋,得肺氣疾,瀕卒。②

九年以後應在鄉邑常熟任道會。其徵選赴京修《道藏》,很可能因其"五經四子皆成誦弗忘",且曾纂修《大典》之故。"以老疾辭歸",知其已赴京任事。

如果以《大典》來比附,任自垣爲總裁,則吳大節、李玄玉、涂省躬、林剛伯似爲副總裁或纂修。從李玄玉原任安陸道紀司道正,涂省躬爲玉虛觀道士,林剛伯在邑任道會而應詔來京修纂《道藏》這一徵召形式考慮,則李玄玉之摯友道籙司左演法鄧景昭,任自垣太和山上各住持、提點如邵慶芳、周惟中、林子良、李時中、吳繼祖、李幽岩、胡古崖、王一中等,若其中有熟悉三洞四輔之分類並兼通六藝諸子者,是否也可能應詔赴京修纂,此乃文無實

---

① 光緒《南昌府志》卷十四,《中國地方志集成·江西府縣志輯》,第1册,第355頁下。
② 吳訥《道會林君剛伯墓誌銘》,《明文衡》卷八十九,《四部叢刊》本,第十三葉A。

據,理有可能之事。至於天師張宇清,綜合其在道教中的重要地位,保舉任自垣出任玉虛宮提點並與任有著"交歡應信日已久,意氣相傾山嶽高"的情誼,及永樂十七年至二十年曾有一段時間在北京之事實,他參與或一度參與《道藏》之修纂是完全可能的。

假如張宇清、林剛伯兩人參與修纂工作,則永樂四五年間宇初在京所校道書和永樂七八年間林剛伯和兩天師張氏兄弟在龍虎山所校道書應該會貢獻給任自垣。比照《峴泉集》和《正統道藏》,凡收錄張宇初校本與序跋者,完全可能取之於張、林,至於張宇初在北京和龍虎山已校正並作序跋的道書而未爲任自垣所採納者,一可以認爲是任氏對道書版本的選擇有自己的考慮,二也透露出宇清即使參與編纂,也有其他冗務纏身,剛伯或許剛赴北京不久,就"以老疾辭歸",二人都沒有全身心投入。

《道藏》之搜輯,有羽流、道觀之專門渠道;《道藏》之編排依三洞四輔,亦當委任專門之人;但其鈔錄成書,則唯楷法端正者即可。王英《送提點任先生還武當序》中轉述中書舍人王利用、姚宗禮之言曰:"而爲之書者,悉舉中外精於楷法之士,則予二人領袖之。"

可知當時確實像纂修《大典》一樣,招募"中外精於楷法之士",由王、姚二人統領。其鈔錄之具體人員分工和程式,一定會模仿、借鑒大典館樣式,有書寫、分校、總校、催儧、收掌等不同分工,而可從嘉隆錄副時的人員配備和日課中得其彷彿。

五、《正統道藏》刊刻始末質疑

成祖《道藏經序》曰:"乃於萬幾之暇,爰集道流,重加纂輯,以永樂己亥五月二十一日爲始,至壬寅冬十月日畢工。合道藏諸品凡五千一百三十四卷,計四百六十四函。彙編有次,鋟梓以傳。由是萬派同歸,一原統會。"聖旨既要"鋟梓以傳",理應實施其計畫,但永樂二十年後竟無文獻記載這部《道藏》的刊刻情況,直至正統九年以後,始以刊本流傳。《金陵玄觀志》卷一明周洪謨《普濟喻真人誌略》云:"正統甲子,邵奉詔督校大藏經典";[①]《名

---

① 《金陵玄觀志》卷一,《續修四庫全書》本,第719册,第146頁下。

山藏·典謨記》正統九年十月……"甲子(十九日)頒釋道大藏經典於天下寺觀"。① 陳國符先生據以上兩書所載,遂謂"是正統九年將刊《道藏》,乃詔邵通妙督校;故至十月即可頒道藏經於天下宮觀也。所謂督校者,蓋刊板之際,主持校對耳。許彬謂重加訂正,增所未備。邵氏所訂正,必甚鮮也"。②正統九年正值甲子年,因此周洪謨的"正統甲子"是指九年還是指頒《道藏》的十月十九日甲子,是模糊不清的。徵諸《明實錄》所載,《英宗實錄》卷一百二十二：

> 正統九年冬十月丙午(一日)朔日食。丁未(二日),命道錄司右演法邵以正點校道藏經於禁中。
> 正統九年冬十月乙丑(二十日)頒釋道大藏經典於天下寺觀。③

《實錄》所記,從命邵以正點校《道藏》經到頒給天下寺觀,前後祇有十九天(連丁未二日計),其竣工之神速令人難以置信。《道藏》篇幅雖遠遜於《大典》,却也是五千卷的煌煌巨帙。明劉若愚《酌中志》卷十八載：

> 道經一藏,計五百十二函,十二萬二千五百八十九頁。共用白連四紙三萬八百九十七張,藍絹一百八十二疋一丈八尺六寸,藍毛邊紙三千十八張,黃絹二十疋一丈六尺,黃連四紙一百七十六張,黃毛邊紙五百二張,白户縣紙八千一百七張,黑墨一百六十斤八兩,白麫七百五十斤,明礬二十五斤。④

劉監所記"五百十二函",應包括萬曆刊刻的三十二函《續道藏》在内,但即使以正統《道藏》四百八十函計,其數量仍然驚人。如果要在十九天内刊刻經版,則每天須刻版六千四百五十二塊(當然須酌減萬曆《續藏》刻版),還

---

① 《名山藏·典謨記·英宗》,臺灣成文出版社有限公司1971年版,第2册,第682頁。
② 陳國符《道藏源流考·正統刊道藏》,第176頁。
③ 《明實錄·英宗實錄》卷一百二十二,中研院歷史語言研究所校印,第16册,第2444、2452頁。
④ 劉若愚《酌中志》卷十八,臺灣偉文圖書出版有限公司1976年影印道光乙酉刊本,第465頁。吕毖删輯劉書作《明宫史》,其土集《内板書數》作"十二萬一千五百八十九葉"(北京古籍出版社1982年版,第103頁),誤。

不包括校勘、寫版,其他尚需印刷、裝訂等工序的時間(儘管可以流水作業)。姑不論刻版,光是置辦這些紙絹墨麵等,恐怕就不是十九天所能完工。陳先生未見《實錄》之具體月日,僅取周洪謨模糊之月日,遂出之以含混之説,"正統九年將刊《道藏》",但即使從九年正月元日起算,至十月二十日共三百二十八天(該年閏七月),其他工序略不計,僅刻版即必須平均每天完成三百七十三又四分之三塊,這種速度仍然難以想象。仔細體味《實錄》所謂"點校",《名山藏》所謂"督校",以及朱國楨《皇明史概·皇明大政紀卷十四》所謂"較《道藏經》",①似皆爲經版刊成後單純的讎對、校對,而非陳先生所謂的"刊板之際,主持校對"。爲追溯經版刊刻始訖年月,兹從明代内府刻字工匠人數、刻工日刻字數與月工作量、相關典籍刊刻進度等多方面進行分析、推算。

(一)明内府刊刻機構人員

據《道藏》編纂、督校及劉監所記,知《正統道藏》爲明代内府所刻。明代内府匠人採取輪班制度,有一年一輪至五年一輪不等。洪武二十六年(1393)時有"各色人匠一十二萬九千九百七十七名",其中"刊字匠一百五十名",爲兩年一輪班,"裱褙匠三百一十二人……印刷匠五十八名",爲一年一輪班。②經一百三四十年到嘉靖十年(1531)檢點内府工匠數額,"表背匠(裝訂)二百九十三名,折配匠一百八十九名,印刷匠一百三十四名,黑墨匠七十七名,筆匠四十八名,畫匠七十六名,刊字匠三百十五名",可見刊字匠和印刷匠都增加了一倍有餘。③ 永樂到宣德、正統年間的内府刊字匠、裱褙匠等人數未見明確記載,而且洪武記載的是在南京,嘉靖統計的早已在北京。兹從兩方面設想:先假設永樂十九年(1421)遷都時工匠員額一依洪武南京人數。從永樂十九年到正統九年(1444),僅隔二十餘年,機構建置有一個逐漸完善的過程,人員招募也有一個漸增的勢態。以此推測,正統

---

① 明朱國楨《皇明史概·皇明大政紀卷十四》"正統九年"下云:"十月……較《道藏經》。"臺灣文海出版社有限公司1984年版,第二册,第805頁。
② 《諸司職掌·工部》,《玄覽堂叢書》,江蘇廣陵古籍刻印社1986年版,第四十九册,第十葉B,第十一葉A、B。
③ 《大明會典》卷一百八十九,江蘇廣陵古籍刻印社1989年版,第5册,第2572頁下。

年間的工匠數，似應少於嘉靖員額。在無法確定其確切數額的情況下，祇能用平均遞增法推算。一百十年中增加一百六十五名，平均每年增加一點五名，二十三年當增三十四點五名，是正統九年時內府刊字匠在一百八十五人左右。考慮到永樂、宣德、正統三朝爲了刊刻幾部大書，廣泛招募，雙倍增加人員，約爲二百十九人。但這些刊字匠，不可能全部傾力於《道藏》的刊刻，永樂十八年，一部六千三百六十一卷的大書《永樂北藏》已經開始刊刻，加之內府還有其他御製書等需要刊刻，所以工匠必須合理分配，齊頭並進，方能顧及方方面面。如果佛、道藏和常用書分爲三撥，則約有七十三人從事《道藏》刊刻工作。再假設正統九年前後內府刊字匠就像嘉靖十年一樣爲三百十五名，分三撥則有一百零五人從事《道藏》的刻版。

（二）刊字匠工作量

從刻工工作量計算，筆者曾詢問江蘇廣陵書社版刻工人情況，每個熟練工人每天刻大字七十五，刻中字一百，減去休息日，月工作日以二十二天計，一年刻字約在二萬左右。① 明代"在京各色人匠例應一月上工十日，歇二十日，若工少人多，量加歇役。如是輪班，各匠無工可造，聽令自行趁作"，② 這種正常的休作制度，月工作日較今日更少。既然工少人多可以"量加歇役"，則工多人少時，也可能加班以超月日定額。按正常一月十個工作日，祇能刻中字一千字；假如加班五天，月刻一千五百字，年刻一萬八千字。《正統道藏》一版五小葉，每小葉五行，行十七字。版框高度在二十七點四至二十七點六釐米左右，長度在六十三點五釐米左右，其字應屬大字，今姑以中字計。現今《正統道藏》除却《續道藏》和邵以正補刻部分（詳後）約有三千餘萬字，如果要一年完成，必須有一千六百六十七個刻工同時連續作業，且不允許有怠工、離職等意外現象發生，這個刊工人員數額在宣德、正統內府中顯然是不可能的，因爲內府的場地也不可能允許同時有那麼多人作業。退而論之，如一百六十六個刻工同時作業，須十年；八十三個刻工同

---

① 此版刻資料承廣陵書社張海蘭女士調查後見告，特此致謝。
② 《諸司職掌·工部》，《玄覽堂叢書》，江蘇廣陵古籍刻印社 1986 年重刷本，第四十九册，第八葉 B。

時作業,須二十年。其間人員變動、物事延宕等因素姑且忽略不計。從上面第一條第一種設想分析,當時內府用於刊刻《道藏》的刊字匠在七十三人上下,則整部《道藏》刊刻需二十餘年,與永樂二十年《道藏》編纂完成後之次年即付諸梨棗而至正統九年完成適相吻合。若從第二種設想分析,即一百零五人須用近十六年。以永樂二十一年(1423)初開始刊刻,要到正統四年(1439)初方可竣工。

(三)相關書籍版刻進度比較

元代《玄都寶藏》係宋德方令其弟子秦志安總領其事,始於元太宗九年(1237),刊成於乃馬真皇后稱制三年(1244),前後八年,刊成七千八百餘卷。元好問《通真子墓碣銘》記"通真子諱志安,字彥容,出於陵川秦氏",而謂《寶藏》之刊刻工程"立局二十有七,役工五百有奇"。[①] 假設"役工"全部是刻工,則一局不足二十人。七千八百餘卷道經以《正統道藏》字數率比,在四千七百萬左右。以一人一年二萬字計,須五年。《終南山祖庭仙真內傳·披雲真人》謂宋德方經營其事,"補完亡缺,搜羅遺佚。而海內數萬里,皆經親歷之地。使他人處之,縱不爲煩冗所困,則必厭其勞矣"。[②] 是德方親歷遍搜,花費時日很多,故比刊刻的實際時間多出三年。刻工達到五百,遠遠超過宣德、正統時內府刊字匠員額,尚且非一年二年所能完成。與《道藏》同時編纂同为內府刊刻的《永樂北藏》,篇幅略小於《玄都寶藏》,前後竟用了近二十年。

(四)相關書籍日版刻量匡算

以永樂十三年九月編纂而成,至十五年三月頒佈兩京國子監的二百二十九卷《五經四書性理大全》爲例,該書據《酌中志》載版片共有九千三百七十四塊,從纂輯完稿到刊成頒行的時間約十八個月合五百四十天,平均每天刻十七點三六塊,以正常修作制度計,每天可能刊五十二點一塊左右。

---

① 《全元文》卷四十二《元好問二七》,江蘇古籍出版社1998年版,第1冊,第670頁。
② 《終南山祖庭仙真內傳》卷下,《道藏》,第19冊,第540頁上。

《永樂北藏》據《酌中志》載有十八萬零八十二版。如果以整二十年計,平均每天刻版二十四點六七塊,以正常修作制度計,每天約刊刻七十四塊。如果每月修作對半,則《大全》日刻二十六塊,《北藏》日刻三十七塊。《酌中志》記《道藏》有十二萬二千五百八十九版,依《大全》速度需四千七百十五天,合十二年又三百三十六天;依《北藏》速度需三千一百四十七天,合八年又二百二十六天;折其中是三千九百三十一天,合十年又二百八十一天。《道藏》於永樂二十年冬十月編成,時永樂北監建立不久,人員需要配備調整,故刊刻之事最快也要到二十一年(1423)春季。以快速短時計,要到宣德七年(1432)始能竣工;稍有稽延,則可能會到正統元年(1436)前後。如果刻工少於或多於上面估算員額或有其他情況,則竣工時間相應可以約略提前或推遲。

由以上四點校覈《英宗實錄》所載《道藏》校刊、頒行之年月,足證於正統九年校刻,同年十月刊成頒行是絕對不可能之事。且謂其至九年十月刊成,還有幾條資料難以解釋:

(一)《金陵玄觀志》卷十三引明錢溥《玄真觀興造記》云:"正統八年,敕賜觀額並《道經》一藏,護敕本觀。"①

(二)嘉慶《溧陽縣志》:"泰清觀在縣東南隅,儒學左……明正統初,邑人戴慶祖請《道藏》貯焉。後移城隍廟東。"②

(三)張大純《采風類記》:"正統三年,巡撫周公忱、知府況公鍾捐資,委道紀郭貴謙募建彌羅寶閣,請賜《道藏》經。"《百城煙水》記周、況二公"因旱禱雨有驗"而捐款事亦在"正統三年"。③ 王鏊《姑蘇志》卷二十九記作"造彌羅閣,賜《道藏經》歸",是知已請得《藏經》。④

(四)光緒《通州志》:"〔順天府通州〕元靈觀,在州新城西門内。明永樂間賜額賜敕一道,經一藏。成化七年內監韋煥修,今僅存破殿幾椽。"

陳國符先生因爲信從邵以正九年方始督校《道藏》之說,故云《玄真觀

---

① 《金陵玄觀志》卷十三,《續修四庫全書》本,第719册,第195頁上。
② 嘉慶《溧陽縣志》卷四,《中國地方志集成·江蘇府縣志輯》,第32册,第119頁上。
③ 《重印玄妙觀志》卷一引,《藏外道書》,第20册,第459頁上。按,同卷引上述兩書外,又引《大清一統志》、《江南通志》、盧騰龍《蘇州府志》、額騰伊《新府志》、乾隆《長洲縣志》等均作"正統間",蓋渾言之而互相因襲。據況鍾行歷,捐款應在正統三年,而後建閣,再請藏經,三事環扣。
④ 王鏊《姑蘇志》卷二十九,《文淵閣四庫全書》本,第493册,第515頁。

興造記》八年爲九年之誤。① 誤記年份固屬可能，但本卷"玄真觀古蹟"下介紹亦云"正統八年，賜觀額並《道藏》"，②不可能前後皆誤。況鍾宣德五年（1430）出知蘇州府，正統初秩滿當遷，萬人阻道乞留，詔進二秩留任，正統七年（1442）卒於官。胡濙謂閣於"正統五年"夏建成，③可知請藏之舉在五年夏秋，不會晚於七年。《溧陽縣志》説"正統初"請《道藏》，九年已經不是"初"字可以概括。元（玄）靈觀的"經一藏"是否連前文爲永樂所賜，暫不能明。

再與《永樂北藏》作一比較。正統《道藏》版式是每版録經文二十五行，折成五葉；每葉五行，每行十七字，與《永樂北藏》版式一致。這種版式與以往的《開寶藏》《契丹藏》《崇寧藏》《資福藏》等均不相同，是一種新的版式。據載這種版式是成祖欽定的。永樂十七年三月初三，成祖降旨道成與一如等人"將藏經好生校勘明白，重要刊版"。對答之際談到版本、校勘、繕寫、刊刻等問題。成祖問："每一面行數、字數合是多少？"回奏："有五行、六行的，皆用十七字，今合無只用十七字？"成祖要他們"寫來看"。三月初七和初九，道成等人分別在西華門進呈五行十七字和六行十七字兩種版式，最後成祖欽定用五行十七字版式。④ 正統《道藏》與《永樂北藏》版式相同，儘管不能絕對肯定，但至少可以説與成祖爲《北藏》定的版式有一定關係，所以從《北藏》的編纂、校勘、刊刻進程可以得到《道藏》的大概情況。永樂十七年三月降旨之後，旋即取北京慶壽寺藏本、彰德府藏本和蘇州承天寺藏本相互校勘，前後不到一年，至永樂十八年初已校勘多遍。十七年七月開始繕寫，至十九年正月基本完畢。十八年七月十八日，成祖問一如等人："經版著幾時刊？"奏曰：看工匠多少。又問："用兩千五百人，一年行不行？"一如等不敢回答。《北藏》最終是在北京慶壽寺刊刻的。成祖於刊版當然是外行，但求成心切，所以想一年刊成。其實祇要仔細思量，一座寺廟，豈

---

① 陳國符《道藏源流考》，上册，第 176 頁。
② 《金陵玄觀志》卷十三，《續修四庫全書》本，第 719 册，第 194 頁下。
③ 《江南通志》卷四十四"玄妙觀在府城東北隅……正統間，巡撫周忱、知府況鍾捐建彌羅寶閣，請賜道藏經"，未記年月。但胡濙《元妙觀重建彌羅閣記》明確記載"正統三年"籌建，"正統五年"夏建成。參見《道家金石略》引《圖書集成·道觀藝文部》，文物出版社 1988 年版，第 1254 頁。
④ 成祖與道成、一如等對話見李富華、何梅《漢文佛教大藏經研究》第九章《明官版大藏經研究》引録，宗教文化出版社 2003 年版，第 439 頁。校按，明葛寅亮《金陵梵刹志》卷二《欽録集》載此君臣對話，南京出版社 2011 年版，第 80—81 頁。

能容下數千人同時作業？即使有能容數千人的場地，同時作業也會亂套。所以一如等人當然不敢回答聖意，而結果却一直延續到正統五年方始刊成。①《北藏》有現存藏經可依據，僅需校勘便可刊刻，而《道藏》需要蒐輯、整理、校勘、編排後方能刊刻，所以，時間上雖比《北藏》晚兩個月到十七年五月纔提上議事日程，但編成已在二十年冬十月，晚於《北藏》二年多。《道藏》不可能像成祖一相情願地刊《北藏》一樣於一年左右完成是顯而易見的，更值得考慮到的因素是：兩部大書同時刊刻，場地、刻工等都必須平均分配，其時間肯定要比單刻一部書長許多。

　　綜合各方面情況，永樂二十年纂輯而成的《道藏》之刊刻很可能比照當時已經刊刻的《北藏》的一切程式於其後不久和《北藏》及其他內府書籍一起刊刻。至於其材料分配、人員配備等，主司部門一定會合理安排，靈活掌握。由於這是長期作業，其間不免有輟業之時。正統五年（1440）《北藏》刊成，《道藏》似亦在其前或後竣工。從《道藏》卷帙少於《北藏》這點推測，《道藏》刊成有可能早於《北藏》，即在宣德末年到正統初年之間，因而有各地道觀請藏之事。這不僅可以解釋玄真觀、玄妙觀等寺觀請藏年月，與前面對內府刻字工匠人數、刻工日刻字數與月工作量和相關典籍刊刻進度所推算的年月亦大致吻合。之後《道藏》《北藏》陸續印刷裝訂，或曾零星頒賜數部，至九年十月乙丑，乃有"頒釋道大藏經典於天下寺觀"之舉措。但若進一步追溯，道觀文獻所載正統初年至九年頒賜的《道藏》爲何如此之少？正統九年爲何又須英宗下詔延請邵以正督校《道藏》？這不得不對任編《道藏》及後來的刊刻質量有所思考。

六、邵以正督校道經甄微

　　《英宗實錄》謂正統九年十月命邵以正點校《道藏經》，邵之生平，陳國符先生引《明史·方技傳》與《金陵玄觀志》爲說。《方技傳》載：

---

① 以上《北藏》情況請參閱李富華、何梅《漢文佛教大藏經研究》第九章《明官版大藏經研究》第三節《永樂北藏》，宗教文化出版社2003年版，第434—462頁。

劉淵然之徒"有邵以正者,雲南人。早得法於淵然。淵然請老,薦之,召爲道錄司左元義。正統中遷左正一,領京師道教事。景泰時,賜號悟玄養素凝神沖默闡微振法通妙真人"。

《古今圖書集成·神異典·方技傳》文同,而謂傳出自《明外史》。其中有可申論、辨證者:一、邵爲劉淵然之徒,而張宇初亦"嘗受道法於長春真人劉淵然,後與淵然不協相訛訐",則以正與宇初蓋出同門。二、《明史》(《明外史》)謂邵之賜號在"景泰時",《金陵玄觀志》卷一謂"天順二年"①。《英宗實錄》卷二百八十一所載甚詳:

天順元年八月,升道錄司左正一邵以正爲悟玄養素凝神沖默闡微振法通妙真人,仍掌道教事。以正早得法於長春真人劉淵然,淵然器重之,宣德間薦於上,遂被召用。景泰間升真人。後具疏辭,仍任左正一,閒住。至是,正一嗣教大真人張元吉奏保其戒行真誠,復有是命。②

體味《實錄》文字,景泰間,邵曾升任真人,後上疏辭職。景泰間所升任和辭却的是何真人名號?《英宗實錄》卷二百三十四云:"〔景泰四年十月〕丙戌,賜守玄冲靜高士兼道録司左正一邵以正誥命。"③卷二百四十八云:"〔五年十二月〕丙申,賜守玄冲靜真人邵以正銀印。"④知景泰四年升任的是"守玄冲靜真人"。其辭職年月,《英宗實錄》卷二百九十九曰:"天順元年二月以老辭職,八月復封爲真人。"⑤是辭職閒住僅半年。八月因張元吉的保奏,重新升任"悟玄養素凝神沖默闡微振法通妙真人"。所以,《明史》的記載是將前後不同的"真人"之號混淆。《玄觀志》所載是"天順二年五月二十五日"的一道諭敕,文云"兹特封爾爲……",此仍可理解爲元年八月封敕後的重申。天順六年八月,邵卒,英宗"遣官致祭"。⑥ 三、《英宗實錄》記載邵"廉静

---

① 《金陵玄觀志》卷十三,《續修四庫全書》本,第 719 册,第 138 頁上。
② 《明實錄·英宗實錄》卷二百八十一,中研院歷史語言研究所校印,第 20 册,第 6036—6037 頁。
③ 《明實錄·英宗實錄》卷二百三十四,中研院歷史語言研究所校印,第 19 册,第 5101 頁。
④ 《明實錄·英宗實錄》卷二百四十八,中研院歷史語言研究所校印,第 19 册,第 5374 頁。
⑤ 《明實錄·英宗實錄》卷二百九十九,中研院歷史語言研究所校印,第 20 册,第 6348 頁。
⑥ 《明實錄·英宗實錄》卷三百四十三,中研院歷史語言研究所校印,第 21 册,6949 頁。

謙謹，禮度雍容，其見任用、被寵遇，亦以此爾",及"淵然器重之",知其品行端方，乃道流楷模，領銜督校《道藏》，正得其人。

襄助邵氏共同校勘者，陳國符先生舉喻道純和湯希文。《金陵玄觀志》卷一周洪謨《潛濟喻真人誌略》："真人姓喻氏，諱道純，長沙清劉人。聞通妙邵真人在京師領道教事，天下學道者皆雲集，遂詣謁。邵見而奇之，授以清微諸階符法……正統甲子，邵奉詔督校大藏經典，真人乃預校讎。"[①]是喻真人乃邵氏之徒。江永年《茅山誌後編·道秩考》："湯希文，永樂間由副靈官，宣德、正統間歷授道録，至靈官，欽取修《道藏經》，陛左演法。"此外尚有守法真人。《續文獻通考·仙釋考·道家姓氏下》："守法真人字浩然，嘉定人……生有骨相，始學易，爲儒生，常因病。適一黄冠至，識之，遂勸之入道，且曰：'從我言，疾即愈，後當大振玄門。'從之，疾果平。已而從應元孫真人學，又學於通妙邵真人，盡得其術。尋以龍虎張真人薦，住持東嶽廟。未幾，奉詔偕天下高道校道藏經。"[②]守法真人亦邵之門徒。此三人皆與點校之役。

如前所證，既然《道藏》刊成於正統初年前後，則《實録》"九年冬十月丁未（二日），命道録司右演法邵以正點校道藏經於禁中"一條究竟何所指？亦即《道藏》既然已經刊成，爲什麼邵以正還要校對？而且湯希文傳爲什麼還要說"修《道藏經》"？這一問題原先無法回答，現在有了成祖《道藏經序》，這些語焉不詳的隱義便豁然開朗了。

《道藏經序》明確指出永樂十七至二十年所纂修的道經共"五千一百三十四卷，計四百六十四函"，而許彬碑文載《正統道藏》爲"五千三百五卷，通四百八十函"，可見正統十二年大量頒賜道觀時的《道藏》較永樂纂成時多一百七十一卷，十六函。許彬說"於是重加訂正，增所未備"，則這一百七十一卷十六函便是"增所未備"的具體經卷數，應是邵以正奉詔"修《道藏經》"和"點校道藏經於禁中"的主要工作之一。

正統所刊《道藏》雖說爲"五千三百五卷"，但已經邵以正"重加訂正"，將原來篇幅短的道經或二經、或三經乃至六經、七經合爲一卷；加之從首至尾没有卷第，所以今見《正統道藏》之卷次已難以和文獻吻合。邱濬《論釐

---

① 《金陵玄觀志》卷一，《續修四庫全書》本，第 719 册，第 146 頁下。
② 王圻《續文獻通考》卷二百四十三，臺灣文海出版社有限公司 1979 年版，第 23 册，第 14581 頁。

革時政奏弘治壬子四月十日上》云："本朝於佛道二教各有藏經,佛藏十二部五千四十八卷,道藏七部四千四百三十一卷,皆有板本印行。"①邱氏於弘治五年(1492)所聞所見已爲四千四百三十一卷,顯然已是合併以後的卷數。② 筆者統計,從第一種《靈寶無量度人上品妙經》到第一千四百十九種《道藏闕經目録》,得四千五百四十六卷。如仔細將《道藏經目録》上標明原來卷帙的卷數勾稽出來,應該加上七百二十卷,計爲五千二百六十六卷,與許彬記載相差三十九卷。《道藏經目録》後附《續道藏經目録》,落款爲"大明萬曆三十五年(1607)歲次丁未上元吉日正一教……張國祥奉旨校梓",故《道藏提要》謂此《目録》"乃在正續《道藏》刊印之後"所編。正統十二年(1447)至萬曆三十五年(1607)已歷一百六十年之久,這期間存放在靈佑宫的《道藏》是否有缺損錯亂,編目者是否能根據邵以正的旨意而著録無誤,原有道經中序文多的(三四篇甚至更多)是否單獨作爲一卷,這些都是造成差異的客觀原因,故三十九卷誤差允在情理之中。

明確了短經合卷和總經差異數,可以進一步探索邵以正的實際工作。很多學者都指出《正統道藏》在編排上的舛亂,儘管這是事實,但其總的原則是按循三洞四輔亦即洞真、洞玄、洞神、太玄、太平、太清、正乙七部之順序,每部之下復以十二類亦即本文、神符、玉訣、靈圖、譜録、戒律、威儀、方法、衆術、傳記、讃頌、表奏之順序類次的。其中洞、輔之間的錯亂,一部分是誤排,一部分也是某些道經經旨難以歸屬所造成的。但《道藏》最後的正乙部中有一個特别引人注目的現象,即第1299號《峴泉集》之後,接以《太上大道玉清經》《洞真高上玉帝大洞雌一玉檢五老寶經》等四十一種以"洞真"爲名的道經,而後再接以《上清道寶經》等四十三種以"上清"爲名的道經。十二類中最後兩類爲傳記、讃頌與章表,與文集相近,故《峴泉集》前數種依次爲:

陛字號計八卷:《葛仙翁肘後備急方》卷一之八,(晉)葛洪撰

弁字號計十卷:《海瓊白真人語録》卷一之四卷,(宋)白玉蟾述、謝顯道等編

---

① 邱濬《重編瓊臺會藁》卷七,《文淵閣四庫全書》本,第1248册,第138頁上。
② 弘治五年以前對《正統道藏》進行整理、校勘、補正的衹有邵以正。假設併卷係張國祥於萬曆三十五年(1607)刊刻《續道藏》時所爲,則邱濬所見當仍是五千三百零五卷。

　　　　　《海瓊問道集》，（宋）白玉蟾撰，留元長輯
　　　　　《海瓊傳道集》，（宋）陳守默撰，詹繼瑞輯
　　　　　《清和真人北游語録》卷一之四，（金）尹志平述，（元）段志堅編
　　轉字號計五卷：《峴泉集》卷一之五，（明）張宇初撰
　　疑字號計七卷：《峴泉集》卷六之十二
　　内容爲語録、遊記、文集，年代依次爲晉、宋、金、明，絶無錯舛。永樂十七年編纂《道藏》，收入永樂八年仙逝的四十三代天師張宇初的文集，應該是順理成章的結束標誌，但以下突然接以本該編入洞真、洞玄或其他部的大量道經：
　　星字號計十卷：《太上大道玉清經》卷一之十
　　右字號計九卷：《洞真高上玉帝大洞雌一玉檢五老寶經》一卷有符
　　⋯⋯
　　達字號計十卷：《上清道寶經》卷一之五
　　　　　《上清太上開天龍蹻經》卷一之五
　　⋯⋯
　　群字號計十二卷：⋯⋯
　　　　　《侍帝晨東華上佐司命楊君傳記》一卷，
　　　　　《長春真人西遊記》上下二卷，（元）李志常撰
　　　　　《道藏闕經目録》二卷，（元）□□撰
　　殿以《道藏闕經目録》可以理解，但洞真、上清諸經本應歸入相應洞輔類别，傳記和遊記也應插入弁字號中，這種打成兩截的現象很值得詫異與深思。
　　兹以《峴泉集》爲坐標，從《靈寶無量度人上品妙經》至《峴泉集》，計四千三百九十二卷，加上短卷合併的七百零一卷，共五千零九十三卷，與《道藏經序》的五千一百三十四卷差四十一卷。從《峴泉集》之後《太上大道玉清經》至《道藏闕經目録》，計一百五十四卷，加上短卷合併的十九卷，共一百七十三卷，與《正統道藏》五千三百零五卷減去《道藏經序》五千一百三十四卷的一百七十一卷祇差兩卷。將《峴泉集》以前歸爲永樂十七年至二十年由任自垣主持纂輯的《道藏》，而將《太上大道玉清經》以下視作邵以正正統九年十月奉詔點校以後"增所未備"的道經，這從上面分析的内容和卷帙

兩方面看都較爲合理。

如果邵以正從九年十月二日奉詔，"點校道藏經"，其所能點校的祇能是正統初年刊刻好的任編《道藏》，但他也一定同時在四處蒐輯遺漏和新出的道經，積極整理、校勘，所得就是上述分析任編《道藏》之末《峴泉集》之後《太上大道玉清經》至《道藏闕經目錄》一百七十三卷。這個蒐輯、整理、校勘工作何時了結而進入刊刻階段，史無明文。陳國符先生因爲認定刊版於九年完成，所以説：

> 今上海白雲觀所庋《正統道藏》，每函卷首刊有三清及諸聖像，卷末有護法神像，卷首並有正統十年十一月十一日御製題識。是《正統藏》雕板當於正統十年告成。但正統九年已先有頒賜，蓋藏經刊板於正統九年訖工，而每函卷首卷末圖板乃十年所增刊也。①

《藏經》九年已頒賜，題識有年月，故有上面結論。現知經版正統初已可能刊畢，無待九年，題識又何以要到十年方始雕刻？現先將御製題識迻錄於下：

> 天地定位，陰陽協和，星辰順度，日月昭明。寒暑應候，雨暘以時，山嶽靖謐，河海澄清。草木蕃蕪，魚鼈咸若。家和户寧，衣食充足，禮讓興行，教化修明。風俗敦厚，刑罰不用，華夏歸仁，四夷賓服。邦國鞏固，宗社尊安，景運隆長，本支萬世。正統十年十一月十一日。②

題識没有涉及刊刻、竣工事宜，而是描述一派休徵祥和、興旺文明、國泰民安的氣象，似要表明該日是一個黄道吉日。同樣吉祥的落款，在《永樂北藏》各函首册之扉畫前又一次出現：

> 天清地寧，陰陽和順。七政明朗，風雨調勻。百穀常豐，萬類咸暢。烽警不作，禮教興行。子孝臣忠，化醇俗厚。人皆慈善，物靡害

---

① 陳國符《道藏源流考》，上册，第177頁。
② 錄自正統《道藏》卷首扉畫後。

災。外順內安,一統熙皞。九幽六道,普際光明。既往未來,俱登正覺。　　大明正統五年十一月十一日。①

文字略異而立意宗旨相同,落款竟然也是"十一月十一日"。這是一個什麼吉日?王世貞《帝統》載:

英宗睿皇帝諱祁鎮,宣宗第一子。宣德二年十一月十一日生。母曰章皇后孫氏。三年二月初六日,冊立爲皇太子。十年正月初十日即皇帝位,改元正統。②

而《英宗實錄》記載更爲詳細:

英宗法天立道仁明誠敬昭文憲武至德廣孝睿皇帝諱祁鎮,宣宗……皇帝嫡長子,母……章皇后,以宣德二年(1427)丁未十一月十一日生。先是,宣宗皇帝春秋已富矣,然猶未有繼嗣,於聖衷恒若慊焉。及是嗣大統,踰再期,海內殷富,治化維新,而上降誕,適當建子天統之月。是日,日下五色祥雲,見瑞光燭於殿陛。宣宗皇帝喜甚,降詔有曰:"陽德初復,長子肇生。"因大赦天下。蓋皇朝列聖在先者皆生於潛邸,惟上生於宣宗皇帝御極後。天下聞之,莫不欣忭。曰:"此真吾主也。"是以出世之日,即蒙慶澤及我蒼生,愛戴之念已旁洽於無外矣。③

讀此史實,對於《道藏》祥雲繚繞、衆神朝拜三清聖像的圖案、《北藏》佛教扉畫和御製題辭及落款年月日可以瞭然而無窒礙。原來"正統"年號,是緣於"適當建子天統之月"而取,可見英宗對自己生日的重視。十年(1445)十一月十一日,正是英宗登基後改元第十年、虛齡二十歲聖誕節,④這無疑是一

---

① 明《永樂北藏》卷首御製藏經碑,錄自李富華、何梅《漢文佛教大藏經研究》一書前之圖版插葉,宗教文化出版社 2003 年版。
② 王世貞《弇山堂別集》卷三十一,中華書局 1985 年版,第 551 頁。
③ 《明實錄・英宗實錄》卷之一,中研院歷史語言研究所校印,第 13 冊,第 1 頁。
④ 《永樂北藏》函首前的英宗正統五年題款,也正值英宗十五歲生日。

個普天同慶的吉祥喜日。在這個吉日頒賜諭敕，開雕神像，以置於每函之首，既作爲"正統道藏"的標誌，也作爲邵氏所蒐輯的續補道經一百七十三卷開雕的標誌，應是比較合理的推斷。因爲從正統九年十月至十年十一月，蒐輯、整理、校勘應有一定數量，允可進入刊刻階段。

《英宗實錄》卷一百五十載："正統十二年二月丁未（十五日）刊造道藏經畢，命頒天下道觀。"①所謂"刊造"，應是刊刻雕造經版之意。正統十二年二月十五日經版刊刻竣工，上距十年十一月十一日，計有一年三個月零四天，依上所述匠人配備和刊刻一百七十三卷一百萬字左右的道經，亦在允可時間內，故邵氏"增所未備"的道經很可能是英宗聖誕節這天開始雕造的。所謂"命頒天下道觀"，僅僅是發佈皇"命"，尚未實施。刊刻《道藏》需要黃道吉日，頒賜儀式也必須隆重，於是在正統十二年八月十日，英宗又下一道護道藏敕：

> 天地保民恭成皇曾祖考刊印道藏經典，頒賜天下，用廣流傳。兹以一藏安奉白雲觀永充供應。聽所在道官、道士看誦讚揚，上爲國家祝釐，下與生民祈福。務須祗奉守護，不許縱容閒雜之人私借觀玩，輕慢褻瀆，致有損壞遺失。違者必究治之。諭。
>
> 正統十二年八月初十日②

不僅上諭鄭重申敕，並請翰林院修撰許彬撰寫《賜經碑》恭記其事，可以想見當時盛況。文獻所載各地寺觀受賜《道藏》大多記爲十二年八月十日，也有僅記爲"十二年八月"、"十二年"或"正統丁卯"者，③亦即從《實錄》記載的

---

① 《明實錄·英宗實錄》卷一百五十，第16册，第2944頁。明朱國楨《皇明史概·皇明大政紀卷十四》"正統十二年"下云："二月……頒佛道兩藏經於天下寺觀。"（臺灣文海出版社有限公司1984年版，第二册，第815頁。）所記與《實錄》少異。但當以《實錄》爲準。
② 陳垣編纂、陳智超、曾慶瑛校補《道家金石略》據北大藏拓片，文物出版社1988年版，第1257頁。按，此道諭敕附所頒《道藏》而行各地道觀，唯諭敕中道觀名字因觀而不同，故拓片缺字可據他處諭敕補。"天地"之前，《皇明恩世錄》卷六、《金陵玄觀志》卷三"南京獅子山盧龍觀"所載諭敕有"皇帝聖旨朕體"六字；"保民"後缺"之心"兩字；"祖考"後缺"之志"兩字。"供應"之"應"他本作"養"，是，疑陳本爲過錄之誤。
③ 參見陳國符《道藏源流考》，第190—204頁。按，《正統道藏》之補刻開雕選取英宗生日，則其頒賜之日是占日取吉，還是別有所取，今尚莫能明。王世貞《弇山堂別集》卷三十一（轉下頁注）

"刊造畢命頒"到實施前後有近六個月時間。從經版刊成到印刷、裝訂尚有一系列工序,所以十二年二月到八月正是緊張印刷、裝訂、運輸的準備時間。由此可知,邵以正在正統九年十月二日奉詔後所做工作主要有二:

(一)校讐、補刻前此所刻的五千一百三十四卷道經中經版錯謁,將短卷道經視字數、版片多寡予以合併,使每一函厚度大致相等。這項工作在九年十月二日詔敕下達之後即可施行,不久便可結束。

(二)搜輯、整理並增刻永樂時遺漏或事後陸續搜輯到的一百十九種一百七十三卷道經。蒐集工作雖在奉詔後即可實施,具體整理、甄別、校勘亦可流水作業,但尋訪、蒐輯需要一定時間,所以刊刻很可能以每函神像上御題吉日即正統十年十一月十一日聖誕日爲始,而至正統十二年二月雕畢。

由於邵以正的工作是在永樂所輯《道藏》已經刻成且已有數部頒賜道觀之後,爲與已頒《道藏》順序保持一致,客觀上也突出正統十年新刻的業績,他沒有將刻成的五千一百三十四卷《道藏》加上自己輯校、整理所刊道經按三洞四輔重新編排,而是置於《峴泉集》之後,所以形成前大後小的兩橛,大量洞真、上清道經綴於最後而不得其所的格局。

衹有明確了永樂《道藏》的編纂、刊刻以及正統九年至十二年的校勘《道藏》、增補刊刻新輯道經的來龍去脈,方能真切理解許彬碑文中的原意。許彬《賜經之碑》云:

> 正統十二年八月十日,今皇上刊印道藏經成,頒賜天下,用廣流傳……臣彬仰惟太宗文皇帝臨御之日,嘗命道流合道藏諸品經纂輯校正,將鋟梓以傳,而功未就緒,奄忽上賓。肆今皇上以至聖之德,統承天位,體皇曾祖之心,以天下生民爲念,追遵先志,於是重加訂正,增所未備,用壽諸梓。①

碑文謂成祖"嘗命道流合道藏諸品經纂輯校正",陳國符先生將它與張宇初承詔修道教書聯繫,遂謂即永樂四五年間事,其實乃指永樂十七年由任自

(接上頁注)載:"高皇后姓馬氏,宿州人,徐王馬公女。洪武元年正月初四日册立爲皇后,十五年八月初十日崩,壽五十四。"頒賜之日與馬皇后忌日同,附記於此。
① 陳垣編纂、陳智超曾慶瑛校補《道家金石略》據北大藏拓片,第1257頁。

垣任總纂的纂輯工作。許彬是否看到成祖序文，不敢臆測，但其"合道藏諸品經"與序文"合道藏諸品"用詞相合。"而功未就緒，奄忽上賓"，陳先生以爲《道藏》至成祖駕崩，尚"未就緒"。但仔細體味文意，"纂輯校正"，等於序文"彙編有次"，應該已經完成；序文說要"鋟梓以傳"，但兩年後即駕崩，二年是無法完成刊刻工作的，所以碑文說"將鋟梓以傳，而功未就緒，奄忽上賓"。"用壽諸梓"云云，陳先生認爲是指全部《道藏》的刊刻，而明瞭刊刻進度與巨帙的矛盾和《道藏》正一部後綴以洞真、洞玄部道經，方知僅指補刻訂正部分、刊刻增加道經。許彬如此行文，一則是爲文簡潔，二則當時之人不會誤解，三則也是突出英宗的"至聖之德"。

七、結　論

陳國符先生考證：明成祖永樂四五年間諭敕四十三代天師張宇初纂修道藏，宇初仙逝，其弟宇清繼任，直至正統九年始行刊版，十年竣工，名《正統道藏》。這不僅成爲學界共識，而且似乎已成定論。成祖有編纂《道藏》的想法，後來的事實可以證明，但考察張宇初、張宇清兄弟在永樂年間的行蹤，並沒有在北京主持《道藏》修纂工作之可能，祇是在龍虎山鳩集道流整理輯校道書。道書不等於《道藏》，聯繫永樂四五年間正值《大典》編纂緊鑼密鼓之時，不能排斥成祖諭敕宇初輯校道書是既爲纂修《道藏》作準備也爲纂修《大典》蒐羅道書之用。記述張宇初兄弟正一派的《太上北極伏魔神呪殺鬼錄》一經被收入《大典》，可知這絕非捕風捉影的猜想。任何事情都有一個發展的過程，當永樂六年《大典》告成，兩張繼續在峴泉精舍輯校道書，使得其目的趨於單純化。但有一點必須申明，經宇初校勘的道書並未悉數收入《正統道藏》；即使當年姚廣孝監修《大典》，張宇初襄助輯校道書，而《大典》所收至少有數十部道經爲《正統道藏》所遺漏：可證今見之《正統道藏》非四十三代天師張宇初所編。

成祖《道藏經序》的發現，印證了翰林侍講王英《吳公墓誌銘》和《送任自垣還武當山序》所記的史實，《正統道藏》編纂確實起始於永樂十七年，告成於二十年。主持者是武當山玉虛宮提點任自垣，並非永樂八年逝世的張宇初，因而也不存在其弟宇清繼任一事。《道藏》主持者之所以是任自垣而不是別人,有偶然和必然兩方面因素。偶然因素是,當成祖完成武當山宮觀修建而下詔蒐輯道經準備修纂《道藏》之時,任自垣正好進京奏事;必然因素是,任自垣不僅精於道教,兼通六藝,還參與過《大典》編纂,又是成祖傾力經營的武當山玉虛宮提點。總纂之外也有修纂,今可考的有吳大節、李玄玉、涂省躬、林剛伯等;另有專事鈔寫的謄録生,則由中書舍人王利用、姚宗禮負責調配。

任自垣主纂《道藏》雖五千餘卷,然前後僅祇三年,蒐訪容有未遍,缺遺在所難免。①《道藏》自纂修成書後的永樂末年就由內府與《永樂北藏》一起有組織、有步驟地刊刻,經洪熙、宣德而告成於正統初年。及頒賜道觀,或即有人指出其蒐羅之不周與刊刻之魯魚,於是有正統九年詔敕邵以正點校《道藏》之舉。《英宗實録》記載邵以正點校《道藏》係檢點校正已刊《道藏》經版之訛誤,而並非刊刻五千餘卷鉅著。正統九年十月之後,邵氏領導的點校工作主要有四:勘正經版之誤,合併短小卷帙使各函厚度大致平衡,雕刻神像題詞置於各函首尾,將新近蒐輯到的一百七十餘卷道經刻版置於正一部之後。經版於十二年二月十五日全部完成,接着印刷、裝幀,選定八月十日吉日,英宗親撰"護道藏敕",並由翰林院修撰許彬恭記其盛,於是大肆頒賜《道藏》於天下道觀。

二〇〇五年八月五日至九月五日草
二〇〇六年二月雨水節改定
二〇〇六年七月廿一日增補

附記:

一九八三年至一九八四年爲統一《漢語大詞典》引書格式而對《黃庭經》及其梁、務注作專門研究,從此置陳國符先生《道藏源流考》一書於案頭,數數溫習,無任佩服。唯其所考明《正統道藏》爲第四十三、四十四代天師張宇初、張宇清兄弟所纂一事,雖據《皇明恩命世録》等文字,總覺無真憑實據,然文獻闕如,無法證其是非。二十一年後,偶爾發現明成祖文集殘卷

---

① 陳國符先生謂"福建省龍谿縣玄妙觀《政和道藏》五百六十四函,明代尚存,亦未運往北京,據此增補成藏",是缺漏不在少數。

中《道藏經序》,霎時驚訝與欣喜交織,不暇他求,隨即起草本文,抉發任自垣爲《道藏》主纂者。今年六月,赴武漢華中師大參加紀念張舜徽百年誕辰國際學術研討會,有機會上武當山考察,遂存心探訪任自垣遺跡。沿途遍問道流,多未能道其所以,即有能對答一二,亦莫能指其遺跡。就中一道長言及楊立志先生曾撰《武當道教史略》,當知其情事,遂留名片託爲聯繫。已而在紫霄宮覓得《史略》一書,蓋前所未見者。楊書始撰於一九八九年,一九九三年出版,其中第四章多處論及任自垣行歷,所據文獻與筆者多同。其於書末《武當道教史年表》"永樂二十年"下云:"十二月,任自垣等總纂道藏經成,進上。賞賜有差。"(華文出版社一九九三年,第320頁。)實與一九九〇年出版(上海人民出版社)任繼愈主編之《中國道教史》附錄《中國道教史年表》所記相仿,雖仍昧於其編纂原委,且亦不清楚任編《道藏》與正統《道藏》之關係,却是早於筆者而揭櫫任自垣編纂《道藏》者,自當表出。

循此思路,筆者搜索近二三十年有關正統《道藏》之論文,得馮千山《明代纂修〈道藏〉從任自垣始》(《宗教學研究》一九九一年第一期)、《邵以正生平、〈道藏〉及其他》(《宗教學研究》一九九二年第一期)二篇。馮氏於任自垣資料搜集多年,見任著《中國道教史年表》記載之簡略,遂整理自己所得,提出"明代纂修《道藏》從任自垣始"之觀點。馮文所據材料與筆者略同,而多出葛寅亮《金陵梵刹志》一條。《梵刹志》載永樂十八年三月六日明成祖召見佛道二教官員,較論二藏經收錄情況,確證當時正在編纂《道藏》,可補本文之闕。馮氏未見《道藏經序》,故其推測纂修《道藏》始於永樂十七年九月《列仙傳》纂成之後,到永樂二十年十二月完成,與《序》文所記始於永樂十七年五月二十一日,畢功於二十年冬十月極爲接近。然從《序》文所記與《列仙傳》纂成年月而言,《列仙傳》始纂之際即是《道藏》始修之時。馮文考證《道藏》纂修人員有:張宇清、林復真、李玄玉、涂省躬、袁止安、李可道,其中袁止安爲本文所未及,而筆者所勾稽之吳大節爲馮文所忽略。林復真即林剛伯,剛伯初名復,後改名復真,筆者據吳納《道會林君剛伯墓誌銘》,彼據弘治《常熟縣志》,故異。馮文最後云:"任自垣等人在永樂時之纂修《道藏》,爲其後《正統道藏》之編成,打下了一定的基礎,故作是篇以記之。"是猶以任編爲《正統道藏》之雛形,而不知其即《正統道藏》之主體。

馮氏《邵以正生平、〈道藏〉及其他》之上篇考邵氏生平甚詳細,所引《通妙真人祠堂記》(陳垣編《道家金石略》)和方志等爲本文所未及。其云:"永樂朝任自垣等人，雖然已經完成纂修《道藏》經，但是未能雕版梓行，朱棣之遺願由其曾孫朱祁鎮來完成，於是有再次點校《道藏》經於禁中"，是馮氏於一年後改變看法，以爲任自垣是編纂，邵以正是點校。其於《道藏》經之刊刻年代，似未諦審。馮氏認爲明代官修之書多有御製序文，因推測《道藏》亦當有御序，故下篇專論此一問題。因無實據，仍當以本文所述爲準。唯馮氏在未見成祖《道藏經序》之前提下，能對編纂、校勘之前後實情予以勾稽描述，且多能發其蘊，實屬難得，理當表而出之。

二〇一一年七月四日謹識

《康熙字典》總閲官、纂修官行歷考實

一、引　言

　　《康熙字典》(下簡稱"《字典》")編定、行世至今已近三百年。這三百年中，譽聲毁辭，此起彼伏。方其頒行，官方奉爲"義例精詳，窮源正訛，統彙百代"之典，《四庫提要》譽之爲"六書之淵海，而七音之準繩也"，一切文字點畫、音讀、義訓均以之爲準。① 稍行日久，漸覺未能盡善，於是在私人著作中略有隱晦曲折的表示。② 及乾隆四十二年王錫侯《字貫》案之後，③士人噤若寒蟬，不敢言其非；道光七年王引之《字典考證》行世以來，學者踴躍，相繼摘其謬。④ 漢字籀篆隸楷演變繁紊，古今字義、南北方音又復交互夾雜，

---

① 撰寫《四庫全書總目》的陸錫熊寫過一篇《飭禁書寫俗文别字以正小學示》説："恭惟御定《康熙字典》義例精詳，窮源正訛，統彙百代，諸生自當祇遵恪守，無軼範圍。"(《寶奎堂集》卷六，道光己酉重刊本，第三葉。)清代筆記、著作中動輒舉《康熙字典》爲點畫、音讀、義訓之準繩者隨處可見，不遑列舉。即連刻本上也作爲招徠讀者的廣告詞，如慎詒堂《書經》扉頁有"遵依《康熙字典》，點畫無訛，校訂精刊，其審音、叶韻、辨異、類句、圖考備載，誠善本也，識者鑑之"廣告語一條，其《禮記》扉頁有"遵依《康熙字典》，點畫無訛，校訂精刊，誠善本也，識者鑑之"廣告語一條，皆以文字點畫遵依《字典》爲書籍精善之標準。
② 如汪由敦《松泉集》卷十四《恭讀御製雨獵篇》中論《雨獵篇》"儒冠著製候和門"句中"製"爲雨衣一義，謂《字典》引《六書正譌》而實則出自《左傳》，因有"不知《字典》何以據《正譌》而不明徵《正譌》所引之《左氏》"之問。之後又附帶引及京兆試硃卷中"變本加厲"和"少雙寡二"二成語之出處，而總結説"生吞稗販，剿説蓄疑，祇自貽悮耳"。指責之語極其婉轉隱晦。
③ 王錫侯《字貫》案始末，見故宫博物院文獻館所編《掌故叢編》，中華書局1990年版，第497—546頁。
④ 對《字典》的更正改撰，其實可以追溯到很早。康熙五十五年(1716)刊行後，即東傳(轉下頁注)

要編纂一部理想、完善的字典即在今日也難乎其難,更何況當初。但摒棄一切毁譽不論,一部字典能够風行三百年,[①]它傳播漢字之形音義,普及傳統之漢文化,惠澤求知民衆的豐功偉績已毋庸置疑。今天如果能以理智的頭腦、冷靜的眼光、平靜的心態來剖析、研究《康熙字典》,這不僅對《字典》本身,而且對其纂修過程及其得失,乃至漢語辭典編纂理論等都會有莫大的借鑒作用。作爲一名辭典專業工作者,筆者曾經參與編纂《漢語大詞典》《辭海》二十多年,深知一部詞典編纂的成功與否,與編纂方針方法、材料搜集運用以及編纂人員專業學養有很大關係。本文專就《字典》編纂的動因和纂修人員的行歷、專業涵養及他們傾注於《字典》的精力作一番周遍的考察,以期引出《字典》是在怎樣的形勢下,在怎樣的隊伍中孕育纂修而成,從而可使我們知道怎樣正確地去把握、研究《字典》。

二、《康熙字典》編纂動因

自宋初御纂《御覽》《廣記》《元龜》《英華》以來,歷代帝王多熱衷於修書,一以親風雅,一以飾盛世,既廣收人心,又牢籠英才,實踐證明,這確實不失爲一項安邦定國的措施。明太祖雖非文人,而黄佐説"洪武中,稽古右文,以開至治,故纂述之事,殆無虚日"。其《翰林記》卷十三《修書》備載明

(接上頁注)日本,六十多年後,日人都賀庭鍾、都賀枚春有《字典琢屑》一卷(1780年安永九年刻本),那時國内正值《字貫》案不久,所以鴉雀無聲。道光七年王引之《字典考證》之後,日本山田清風對其作過增訂(《增訂康熙字典》十二集(有1885年明治十八年刻本),渡部温有過訂正(《訂正康熙字典》十五卷首三卷末二卷,有1885年明治十八年刻本),石川英輔也有校訂本(明治二十五年博文館1892年重印明治十五年活字本),清代旗人英浩於光緒十九年(1893)撰《字典校録》一卷刊行。二十世紀以來,徐珂在《清稗類鈔·經術類》中亦有指摘(第八册,中華書局1986年版),1936年黄雲眉撰《清代纂修官書草率之一例——康熙字典》一文(原載《金陵學報》第六卷第二期,收入《史學雜稿訂存》,齊魯書社1979年版,第242—254頁),1937年黄侃撰、黄焯記《論〈康熙字典〉之非》一文(《制言半月刊》第四十期),1943年日本株式會社井田書店摘録渡部温《訂正》之字印成一單行小册,1988年王力先生又著成《康熙字典音讀訂誤》(中華書局1988年版),劉葉秋《中國字典史略》和錢劍夫《中國古代字典辭典概論》都有專節評述,其他散篇文章更多,不具列。

① 徐元誥、歐陽溥存《中華大字典》一出,收字數量和排版款式已經超過《康熙字典》,逮《漢語大字典》行世,已翻開字典史新的一頁。但近一二十年來《康熙字典》被不斷影印和點校重排出版,仍然説明它在民間有很大的影響。

代各朝君主敕編之書，僅洪武、永樂兩朝就無慮數十種。① 清初順治皇帝繼承這一傳統，有《易經通注》四卷、《御定內則衍義》十六卷等纂輯。康熙登基，亦於萬幾之暇，乙覽經史，御纂欽定，殆無虛日。編纂之機構爲三館，國史館是隸屬於翰林院的一個機構，武英殿亦爲詞臣纂輯之地，故其掌控多在翰林院。康熙帝對翰林院特別看重，曾諭敕吏部說："國家設立翰林院衙門，原以儲養人才，嫺習文學，以備顧問編纂之用。必淹貫經史，博極群書，方克諳練體裁，洞悉今古，敷詞命意，典贍弘通，悉登著作之林，用佐右文之治，始爲稱職。"②翰林院承擔編纂任務天經地義，由來已久。《字典》編纂始於康熙四十九年，梓成於五十五年，茲依紀年將《字典》前後所"欽定""御纂"各書排次於下，以見一斑。康熙十六年，《御纂孝經集注》一卷成，敕編《日講四書解義》；十八年，敕纂《欽定皇輿表》；十九年，《日講書經解義》十三卷成；二十二年，《日講易經解義》十八卷成；二十四年，《御選古文淵鑑》六十四卷成，敕撰《大清一統志》；三十八年，《欽定春秋傳說彙纂》三十八卷成；四十二年，《御定全唐詩》九百卷成；③四十四年，敕纂《佩文齋書畫譜》；四十五年，《御定賦彙》一百四十卷、《御定佩文齋詠物詩選》四百八十二卷成；四十六年，《御定歷代題畫詩》一百二十卷、《御定歷代詩餘》一百二十卷、《御批通鑑綱目》五十九卷、《通鑑綱目前編》十八卷《外紀》一卷《舉要》三卷、《通鑑綱目續編》二十七卷成；四十七年，《欽定佩文齋書畫譜》一百卷、《廣群芳譜》一百卷成；四十八年，《皇清文穎》開始編纂，《御選四朝詩》二百九十二卷成；④四十九年，《欽定淵鑑類函》四百五十卷成。以上是《字典》開編以前所成之書，其中並不包括諸多"平定""紀略"和御製文集之類的書，⑤也省略了康熙時期始纂而未成的著作，⑥即此已有三千餘卷。

---

① 參見筆者《有關〈永樂大典〉幾個問題的辨證》一文《纂修動機探賾》一節，《史林》，2005 年第 6 期。已收入本書。
② 《聖祖實錄》卷一百十九"康熙二十四年二月丁酉"。《清實錄》第五冊，中華書局 1985 年影印本，第 251 頁上、下。
③ 《欽定大清會典事例》卷七百八十八《翰林院》繫此書於四十六年，內府刻本，第一百七十五冊，第十葉A。
④ 按，《四庫》本爲三百十二卷。
⑤ 如《御製親征平定朔漠方略》四十八卷、《御定三逆方略》六十卷等。
⑥ 如《日講禮記解義》二十卷、《日講春秋解義》六十四卷皆有成稿未刊，《皇清文穎》一百二十四卷，康熙中聖祖詔大學士陳廷敬編錄未竟，世宗曾續輯亦未成，乾隆帝乃命詞臣斷自乾隆甲子而成稿。

其他如始輯於四十三年的《御定佩文韻府》，五十年十月成書四百四十四卷。①《字典》編纂期間，又有《欽定歷代紀事年表》二百卷（始於四十六年，成於康熙五十一年）、《御纂朱子全書》六十六卷、《御定曆象考成》四十二卷、《御定數理精蘊》五十三卷、《御定星曆考原》六卷、《御纂律呂正義》五卷（均成於五十二年）、《御纂周易折中》二十二卷、《御定月令輯要》二十四卷、《欽定詞譜》四十卷、《御定曲譜》十四卷（均康熙五十四年）相繼告成，又復近千卷。

以此觀康熙十六年以來，欽定、御纂之書卷帙超過四千卷，內容則上至天文星曆，下至山川地理，中關人文歷史，遍及經史子集，可謂無所不包。而最直接導致聖祖要想編《字典》的是《清文鑑》的纂修成功。清朝以滿族入繼大統，文字不同、語言不通，政策措施的施行極爲不便。康熙十二年，聖祖特諭傅達禮曰："滿漢文義，照字翻譯，可通用者甚多，後生子弟，漸致差謬。爾任翰林掌院，可將滿語照漢文字彙，發明某字應如何用，某字當某處用，集成一書，使有益於後學。此書不必太急，宜詳慎爲之，務期永遠可傳。"②康熙四十七年，《御製清文鑑》二十卷《序目》一卷《總綱》四卷《後序》一卷由內府刊成，於是"所關尤切"的漢文工具書便提到議事日程上來。③康熙四十九年三月乙亥（初十），聖祖諭大學士陳廷敬等曰：

> 朕留意典籍，編定群書，比年以來，如《朱子全書》《佩文韻府》《淵鑑類函》《廣群芳譜》並其餘各書，悉加修纂，次第告成。至於字學，並關切要，允宜酌訂一書。《字彙》失之簡略，《正字通》涉於氾濫，兼之四方風土不同，南北聲音各異，司馬光之《類篇》，分部或有未明；沈約之《聲韻》，後人不無訾議。《洪武正韻》雖多駁辨，迄不能行，仍依沈約之韻。朕嘗參閱諸書，究心考證，凡蒙古、西域、洋外諸國，多從字母而來，音由地殊，難以牽引。大抵天地之母音發於人聲，人聲之形象寄於點畫。今欲詳略得中，歸於至當，增《字彙》之闕遺，刪《正字通》之繁

---

① 今所見散入《佩文韻府》各韻字之後的《韻府拾遺》卷一百十二，係康熙五十五年所成。
② 福格《聽雨談叢》卷十一，中華書局1984年版，第217頁。
③ 福格《聽雨談叢》卷十一云："清字既定，乃詔修漢字彙，爲《康熙字典》一書。於是滿漢字學咸備，宇內操觚之士，始無魯魚亥豕之誤矣。"第217頁。

冗,勒爲成書,垂示永久。爾等酌議式例,具奏。①

諭旨下達之時,唯《廣群芳譜》已完成,其他三書尚未完全竣工,足見欽定纂修"殆無虛日"之一斑。《字彙》自萬曆四十三年(1615)初刊後,不斷翻刻;②《正字通》自康熙九年刊行之後,亦翻刻不斷。③ 二書都是私撰而一再翻刻,風行一時,且其書又不免有"簡略""汎濫"之疵;明代敕纂官修的《洪武正韻》亦因參與修纂之人多是江左士人,無法把握中原雅音,故書雖經重修,仍無法頒行。作爲新朝盛世,重新編纂一部使"詳略得中,歸於至當",可以"垂示永久"的字典就刻不容緩了。

三、《字典》總閲官、纂修官行歷考實

上諭下達之後,《字典》班子何時組建而成,《實錄》、史志皆無記載,若

---

① 載《聖祖實錄》卷二百四十一《康熙四十九年正月至三月》,《清實錄》第六册,第 400 頁下—401 頁上。按,雍正所編《聖祖仁皇帝庭訓格言》記載與此稍異,原文如下:"訓曰:朕自幼留心典籍,比年以來,所編定書約有數十種,皆已次第告成。至於字學,所關尤切,《字彙》失之簡略,《正字通》涉於汎濫,兼之各方風土不同,語音各異。司馬光之《類篇》,分部或有未明,沈約之《聲韻》,後人不無訾議。《洪武正韻》多所駁辯,迄不能行,仍依沈韻。朕參閲諸家,究心考證,如我朝清文以及蒙古、西域、洋外諸國,多從字母而來,音雖由地而殊,而字莫不寄於點畫,兩字合作一字,二韻切爲一音。因知天地之母音,發於人聲,人聲之形象,寄於字體。故朕酌訂一書,命曰《康熙字典》,增《字彙》之闕遺,删《正字通》之繁冗,務使詳略得中,歸於至當,庶可垂示永久云。"宗旨相同,但説"命曰《康熙字典》",似乎編纂之前已有定名。考《庭訓格言提要》云:"《庭訓格言》一卷,雍正八年,世宗憲皇帝追述聖祖仁皇帝天語,親録成編,凡二百四十有六則,皆《實録》聖訓所未及載者。"雍正在序中也説"朕曩者偕諸昆弟侍奉宫庭,親承色笑,每當視膳問安之暇,天顔怡悦,倍切恩勤,提命諄詳,巨細悉舉,其大者如對越天祖之精誠,侍養兩宫之純孝……圖書經史禮樂文章之淵博,天象地輿曆律步算之精深……啓迪周詳,涵育薰陶,循循善誘",可見這是雍正親承聖祖之言,非迻録《實録》予以改纂之文。以此推之,康熙帝在諭群臣編纂之初,可能已有將《字典》冠以"康熙"之意。祇是在諭旨下達時,群臣尚未"酌議式例",遑論書名,故祇是在"視膳問安之暇"偶有所表,因而爲雍正所記録。

② 明末尚有陳長卿刻本、懷德堂刻本、青畏堂刻本,清初康熙年間有康熙四年真寂園刻本、十八年雲棲寺刻本、二十七年靈隱寺各種翻刻本。雍正以後更多,不具録,見楊海清等《文字音韻訓詁知見書目》,湖北人民出版社 2002 年版,第 124—126 頁。

③ 計有張氏弘文書院刊本、芥子園重鐫本、成萬材刊本、清畏堂刊本等,亦見陽海清等《文字音韻訓詁知見書目》,湖北人民出版社 2002 年版,第 128 頁。

参據當時各人所務,真正運作最快也得在一二個月以後。按照清代内廷修書常規,"凡各館纂修書史,掌院學士充正副總裁官,侍讀學士以下編檢以上充纂修官,亦充提調官。庶吉士亦間充纂修官,典簿、待詔、孔目充收掌官。筆帖式充謄錄官,亦間充收掌官……凡與纂諸臣至告竣日已出館局者,仍許列銜"。① 今《字典》前載總閲官二人,纂修官二十七人,纂修兼校刊官一人,總計三十人。其傳見於《清史稿》者僅四人,併《清史列傳》計亦不滿十人。兹據總集、文集、行狀、墓誌、年譜、筆記、方志、學案、家譜、年表、疑年録等,爬梳史料,勾稽纂修官之生平行歷。因各人見存史料多寡不一,本文不可能對纂修官之生平作具體完整之引證描述,祗能僅就其字里籍貫、生卒年、舉人進士及第年份、歷任要職、個人特長、留存著作等予以考證,並對於他們在康熙四十九年至五十五年《字典》編纂期間的行歷予以特别關注,以期對《字典》編纂過程中之内情有所揭示。

(一)總閲官二人:張玉書與陳廷敬

原任文華殿大學士兼吏部尚書加三級張玉書 玉書字素存,一字京江,號潤浦。② 江蘇丹徒人。生於明崇禎十五年(1642),卒於清康熙五十年(1711),享年七十歲。《丹徒縣志》謂其"性端重,寡言笑,讀書過目成誦",年"十六舉順治丁酉(十四年,1657)鄉試",③ 十八年(1661)辛丑科進士。選庶吉士,散館授編修。康熙十五年擢國子監司業,歷任侍講,左、右庶子,充日講起居官,加詹事府詹事,遷禮部侍郎,兼翰林院掌院學士;二十九年,拜文華殿大學士,兼户部尚書。四十九年(1710),以疾乞休,有旨慰留。時編纂《字典》諭旨已下,故榮任總閲官。五十年(1711)四月,奉命校閲正在編校中的《朱子全書》。④ 五月,從聖祖幸熱河,疾不起,遂卒。聖祖"命大學士

---

① 參見《欽定大清會典事例》卷七百九十一《翰林院·考試·散館》,内府刻本,第一百七十五册,第二葉。
② 《清史稿》卷二百六十七、《清史列傳》卷十、《碑傳集三編》録《國史館傳稿》、《詞林輯略》卷一、《張文貞公年譜》、《丹徒縣志》等均謂字素存,唯姜亮夫《歷代人物年里碑傳綜表》(《姜亮夫全集》第十九卷,雲南人民出版社2002年版,第639頁)謂號素存,不知何據。按,玉書長兄玉裁字禮存,號退密。兄弟名字相應,當以字素存爲是。
③ 見《丹徒縣志》卷二十六《名賢》,光緒五年刻本,第二十六葉至第二十七葉。
④ 《聖祖實録》卷二百四十六:"五十年四月癸亥,又諭張玉書曰:朕所纂輯《朱子書》,見在李光地處校勘,彼既有疾,汝可閲之。此是極切實緊要之書。須隨得隨刻,亟令告成。"(《清實録》第六册,第438頁下)

温達會同翰林部院官員、內務府總管往弔料理。照漢禮衣斂，賜銀一千兩"，①親製挽詩，贈太子太保，謚文貞。充任《佩文齋詠物詩選》（四十五年）、《佩文韻府》（四十九年）之彙閱官。其詩氣雄筆健，格調蒼渾，卓然入唐人之室，人推爲"燕許大手筆"。② 著有《力行齋集》（一作《文貞公集》）十二卷，《扈從賜遊記》一卷，《昭代樂章恭記》一卷，《遊千頂山記》一卷，《外國記》一卷等。③

原任經筵講官文淵閣大學士兼吏部尚書加二級陳廷敬 廷敬初名敬，字子端，因館選有同名，詔改廷敬，號午亭，別號説巖。④ 山西澤州人。生於明崇禎十二年（1639），⑤卒於清康熙五十一年（1712），⑥享年七十四歲。先生"六七歲後，塾師授句讀，見《左氏春秋》，喜而竊誦之。嗣後見他古文無

---

① 見《聖祖實錄》卷二百四十六，《清實錄》第六册，第442頁下。
② 見李元度《國朝先正事略》卷七，光緒十二年刊本，第四葉A。
③ 另有《京江相公詩稿真跡》不分卷，1935年盋山精舍影印錢基博藏手稿本，附柳詒徵輯《張文貞公詩鈔》；《張湘曉行述》一卷，康熙刻藍印本；《綏德馬如龍墓誌銘》一卷，康熙海寧查升鈔本：皆見《善本書目》。
④ 此號見鄭方坤所作《小傳》（《國朝耆獻類徵》卷七引，江蘇廣陵古籍刻印社1990年影印本，第四册，第162頁）。唐鑑《清儒學案小識》卷六《澤州陳先生》云："先生諱廷敬，字説巖，號午亭。"（《國學基本叢書》本，商務印書館1935年版，第177頁）按《清史稿》卷二百六十七謂"字子端"，《清史列傳》不載。先生名敬，則宜以"子端"爲字，此名字相應之理，"説巖"與敬不相應，宜爲別字或別號。張維屏《國朝詩人徵略》卷四作"字子端，號説巖"（《續修四庫全書》本，第1712册，第387頁），《詞林輯略》卷一作"號悦巖，又號午亭"（中央刻經院本，楊家駱主編《中國選舉史料·清代編》，鼎文書局1977年影印本，第1283頁上），説、悦通用，應得其實。所傳《陳説巖詩》一書，猶《清史稿·藝文志》"《午亭史評》二卷"（第152頁下）一類，皆以別號爲書名者。唐氏似誤。徐世昌《清儒學案》采唐氏之書而不從其説，仍謂"字子端，號説巖"（北京中國書店1990年影印本，第一册，第364頁），信矣。
⑤ 吳榮光《歷代名人（生卒）年譜》譜其生於崇禎十一年，故云年七十五歲（《疑年録集成》第七册，北京圖書館出版社2002年版，第1055頁），似誤。
⑥ 錢大昕《疑年録》謂其康熙四十九年庚寅卒（《疑年録集成》第一册，第77頁），張維驤《疑年録彙編》襲錢説（《疑年録集成》第四册，第609頁）。姜亮夫《歷代人物年里碑傳綜表》據《國朝耆獻類徵初編》卷七、《清史列傳》卷九、《國朝先正事略》卷六、《清儒學案小識》卷六亦定其生於崇禎十二年，卒於康熙四十九年。按《類徵》卷七、《清史列傳》卷九皆云"四十九年十一月以耳疾乞休，允之。五十年五月，大學士張玉書卒，李光地疾未愈，詔廷敬入直辦事。五十一年三月，疾劇，遣太醫院診視。四月，卒"。《綜表》蓋誤讀四十九年耳疾病乞休爲卒期。又錢保塘《歷代名人生卒録》卷八謂"康熙五十一年四月十九日卒，楊繩武撰碑"（《疑年録集成》第六册，第78頁），據碑而録，是得其實。

不然。家固多書，從兄庶常公尤好古，則從學之，盡發所藏書縱觀之"。① 順治十四年（1657）丁酉科鄉試舉人，②十五年（1658）戊戌科進士。選庶吉士，散館即充會試同考官，尋授秘書院檢討。康熙八年（1669）遷國子監司業，十五年（1676）擢內閣學士，充經筵講官，十六年、二十年兩次以內閣學士任掌院學士。③ 四十二年（1703）授文淵閣大學士兼吏部尚書。凡朝廷纂輯大書，多領銜總成，如《三朝聖訓》《政治典訓》《平定三逆方略》《皇輿表》《一統志》《明史》等，並充總裁官。康熙四十九年三月下旨編纂《字典》，十一月以耳疾乞休。旋因張玉書卒、李光地病，復召入直辦事，④以五十一年（1712）四月卒。聖祖命皇三子允祉率大臣侍衛奠茶酒，給銀一千兩治喪，令各部院滿漢大臣往弔，並親製挽詩，賜祭葬如典禮，加祭一次，謚文貞。⑤ 充任《佩文齋詠物詩選》（四十五年）、《佩文韻府》（四十九年）、《御選唐詩》（五十二年）之總閱官。廷敬前後掌《字典》編纂約二十個月。著有《午亭文編》五十卷、⑥《三禮指要》一卷、《午亭史評》二卷、《杜律詩話》二卷，其他或為初刻、選刻之詩文集者有《河上集》二卷、《午亭山人第二集》三卷、《參野詩選》五卷、《午亭詩集》一卷、《陳說巖詩》等。

---

① 見鄭方坤所作《小傳》，《國朝耆獻類徵》卷七引錄，第四冊，第162頁上。
② 曾國荃、張煦等《山西通志》卷七十一《貢舉七》，光緒十八年刻本，第十一葉A。
③ 史傳多僅記十六年一次，此據張廷玉《詞林典故》卷七所載，《文淵閣四庫全書》本，臺灣商務印書館1983年影印本，第599冊，第607頁下。
④ 《清史稿》卷二百六十七、《清史列傳》卷九、《國朝耆獻類徵》卷七皆泛言之。唯《實錄》記載此事甚詳。《聖祖實錄》卷二百四十六："〔康熙五十年五月丙辰〕吏部以大學士張玉書員缺，題請補授。得旨：張玉書病故未久，此本著暫收貯，其大學士員却俟回鑾後再奏。大學士李光地見在患病，原任大學士陳廷敬係年老告休，令暫到衙門辦理事務。"（《清實錄》第六冊，第444頁上）是張玉書五月卒，陳廷敬不久即入閣辦事，《字典》編纂在前兩年中名義上都由總纂官領導。
⑤ 各書載聖祖派人弔唁、賻贈多無月日，唯《實錄》載之甚詳，錄之以備考。《聖祖實錄》卷二百五十："〔康熙五十一年四月壬申〕大學士陳廷敬故。遣皇三子允祉及大臣侍衛等往奠茶酒，命各部院滿漢大臣往弔……乙亥……御製《故致仕大學士陳廷敬挽詩》一首，遣乾清門一等侍衛伍格、南書房翰林勵廷儀、張廷玉賚賜，並給治喪銀一千兩……〔五月戊申〕予故致仕文淵閣大學士兼吏部尚書陳廷敬祭葬，又加祭一次，謚文貞。"（《清實錄》第六冊，第475頁、476頁、478頁下）
⑥ 孫殿起《販書偶記》有《尊聞閣集》八十卷，康熙間刻本，柯愈春《清人詩文集總目提要》著錄作"尊閣堂集八十卷"，藏南京圖書館。今未見，不知與此五十卷本《午亭文集》之異同。

(二)纂修官：淩紹雯、史夔、周起渭等二十七人

原任內閣學士兼禮部侍郎淩紹雯 紹雯字子文，號北堂。① 浙江仁和人。生於明崇禎十六年（1643），卒於清康熙五十二年（1713），享年七十一歲。② 康熙十六年（1677）丁巳科舉人，二十七年（1688）戊辰科進士。③ 選庶吉士，散館授編修。康熙三十八年己卯科鄉試任四川考官，④四十三年充日講起居注官，⑤四十四年乙酉科鄉試任陝西考官。⑥ 累官翰林院侍讀學士、詹事府少詹事，康熙五十年九月，升內閣學士兼禮部侍郎，⑦出任《聖祖仁皇帝親征平定朔漠方略》副總裁，《淵鑑類函》（四十九年）分纂。《浙江通志》謂其"甫三歲，母朱氏口授《毛詩》，即成誦。少長，肆力於子史，秦漢唐宋大家之文窮流溯源，士林推領袖焉"，⑧然不見有著作傳世。

原任日講官起居注詹事府詹事兼翰林院侍讀學士史夔 夔字胄司，號耕巖。江蘇溧陽人。史鶴齡子。生於清順治十八年（1661），⑨卒於康熙五

---

① 紹雯號北堂見朱汝珍《詞林輯略》卷二（中央刻經院本，楊家駱主編《中國選舉史料·清代編》，第1291頁下），他處未載。
② 紹雯《清史稿》《清史列傳》無傳，《聖祖實錄》卷二百五十三："〔康熙五十二年（1713）二月癸亥〕予故內閣學士兼禮部侍郎淩紹雯祭一次。"是卒於該年，《浙江通志》卷一百九十謂"年七十一卒於官，諭祭，馳驛歸葬"（《文淵閣四庫全書》本，第524冊，第245頁上），與《實錄》相合。以七十一虛歲上推，蓋生於崇禎十六年，若實歲則生於崇禎十五年。
③ 紹雯舉進士第，有軼事一則。《浙江通志》卷一百九十謂其"尤善國書"（第244頁下）。王士禛《居易錄》卷十一載："殿試策例有規式，違式輒不得與上第。康熙戊辰，仁和淩紹雯少習清書，殿試對策遂用清書、漢書兩體寫之，讀卷官奏請，上裁置二甲之末。"紹雯此種舉措，也招來譏議。陳康祺《郎潛紀聞三筆》卷四《清漢合璧之殿試策》云："大抵闈場應奉之作，令甲昭垂，不必獨爲其異。雄才邃學，揚聲有期，側藝偏長，詭遇可恥。如紹雯者，設拘守常格，隨衆漢體，豈並此二甲末名亦不得耶？"（中華書局1984年版，下冊，第717頁。）
④ 法式善《清秘述聞》卷三，中華書局1982年版，第86頁。
⑤ 《浙江通志》卷一百九十謂"兩充日講官，一教習庶吉士"（第244頁下），考張廷玉《詞林典故》卷七"皇朝日講起居注官題名"康熙四十三年下僅"淩紹雯，以中允充"一次（《文淵閣四庫全書》本，第599冊，第623頁下）。張廷玉康熙四十三年與紹雯同充日講起居注官，似不當漏略其行歷，疑《浙江通志》誤記。
⑥ 法式善《清秘述聞》卷三，第86頁。
⑦ 見《聖祖實錄》卷二百四十七"康熙五十年九月甲寅"條，《清實錄》第六冊，第452頁上。
⑧ 《浙江通志》卷一百九十，第244頁下。
⑨ 《江蘇藝文志·常州卷》著錄爲1661年—1713年（江蘇人民出版社1994年版，第10（轉下頁注）

十二年(1713),^①享年五十三歲。康熙二十年(1681)辛酉科舉人,^②二十一年(1682)壬戌科進士。選庶吉士,散館授編修。旋充二十四年乙酉科會試同考官,^③二十八年以編修充日講起居注官,^④三十八年出任己卯科鄉試浙江考官,^⑤五十年四月以詹事府少詹事充經筵講官,^⑥旋又除詹事府詹事。^⑦出任《淵鑑類函》(四十九年)之分纂官。《溧陽縣志》卷十三謂其"生平究心濂閩之學,躬行自得,終身不見疾言遽色,爲世儒宗"。^⑧《江蘇詩徵》卷九十七引《潤故》云:"宮詹在館閣,凡稽古禮文、編纂著作,推爲巨手。扈從北巡,著《扈蹕集》;典試兩浙,著《樟台集》;分理河工,著《觀濤集》;祭告南海,著《扶胥集》。"^⑨今《扶胥集》一卷存,他皆佚。另《溧陽縣志·藝文志》載其《佩壺集》一卷,《江南通志》卷一百九十四載其《史宮詹全集》,亦皆不存。

原任日講官起居注詹事府詹事兼翰林院侍讀學士周起渭 起渭字漁璜,號桐壄。^⑩先世江西廬陵人,明洪武間有爲官貴州新貴者,遂著籍。生於康熙四年(1665),卒於康熙五十三年(1714),享年五十歲。^⑪康熙二十六

(接上頁注)82頁),袁行雲《清人詩集叙錄》卷十七《東祀草》一卷下云:"卒於康熙五十二年,年五十三。"(文化藝術出版社1994年版,第592頁。)不僅兩者相合,與《聖祖實錄》亦可互證。戴廷傑《戴名世年譜》卷七引《史務本堂支譜》卷六張廷樞《耕巖公傳》謂生於順治十六年五月初二日(第438頁)。未見《支譜》,存疑於此。

① 《聖祖實錄》卷二百五十五:"〔康熙五十二年十二月辛卯〕禮部題兵部侍郎宋駿業、詹事府詹事史夔故,應照例賜恤。"《清實錄》第六册,第524頁下。
② 見乾隆《江南通志》卷一百三十二《選舉志·舉人八》,《中國省志彙編》之一,臺灣華文書局印行1967年影印本,第4册,第2243頁上。
③ 法式善《清秘述聞》卷十四,第409頁。
④ 見張廷玉《詞林典故》卷七"皇朝日講起居注官題名"康熙二十八年下注,《文淵閣四庫全書》本,第599册,第622頁下。
⑤ 法式善《清秘述聞》卷十四,第84頁。
⑥ 見張廷玉《詞林典故》卷七"皇朝經筵講官題名"康熙五十年四月下注(《文淵閣四庫全書》本,第599册,第617頁上)。《聖祖實錄》卷二百四十六"〔康熙五十年四月庚午〕同。《清實錄》第六册,第439頁上。
⑦ 見《聖祖實錄》卷二百四十六"康熙五十年七月壬午"條。《清實錄》第六册,第450頁上。
⑧ 嘉慶十八年修《溧陽縣志》卷十三《儒林》,第318頁下。
⑨ 《江蘇藝文志·常州卷》引,第1082頁。
⑩ 陳田《周漁璜先生年譜》"璜"作"潢",並謂"一字桐壄",其《黔詩紀略後編》則作"璜",仍以"桐壄"爲字。《桐壄詩集》其他序跋及《詞林輯略》卷二均作字"漁璜",號"桐壄"。按,先生名起渭,蓋用姜太公渭濱釣魚之典,故當是"璜"字無疑。桐壄與名無關聯,疑是別號。
⑪ 陳田《周漁璜先生年譜》據先生門人方文輈《書桐壄詩集後》所記,推其生於康熙四(轉下頁注)

年（1687）丁卯科貴州解元，三十三年（1694）甲戌科進士。選庶吉士，散館授檢討。四十三年參與《皇輿表》之修纂，明年典試浙江鄉試。①四十九年擢侍讀，奉命修《淵鑑類函》，充校録官，旋簡放順天學政。②五十一年，學政任滿還京，③擢侍讀學士，充日講起居注官。五十二年四月，升詹事府詹事，④十天後即奉命致祭東嶽泰山等處，⑤五月十日"之浙江江南祭夏禹王陵明太祖陵"，兼閱兵江淮，遍行賞賚，⑥入冬回京，勞累成疾，不久卒於官。毛奇齡序漁璜詩集云："貴陽周先生以挾天之才，力持大雅，其於四術六教，凡與經學有發明者，悉究極根柢，不詭流俗。而至於爲詩，則興比互進，情文兼生。古可追魏晉，而今體聲律總不出神、景、開、大之間。昔所稱風雅之宗，領袖群彦者，非先生與？"⑦可謂推崇備至。著有《桐埜詩集》四卷、《介眉集》一卷等。

太僕寺卿加二級王景曾　景曾字峿瞻，一字霽巖，號枚孫。⑧順天宛平人。生卒年不詳。王熙孫。康熙三十八年（1699）己卯科舉人，三十九年（1700）庚辰科進士。⑨選庶吉士，散館授檢討。康熙四十七年戊子科鄉試出任江南考官，⑩明年，以檢討充日講起居注官，⑪五十一年，升通政使司右

（接上頁注）年九月二十五日，卒於五十三年秋。沈雲龍主編《近代中國史料叢刊》第七十一輯。

① 法式善《清秘述聞》卷三"浙江考官"下云："檢討周起渭字於璜。"（第 93 頁）是散館後十年未升遷。又"於璜"係"漁璜"之誤，《述聞》同卷丁卯科貴州鄉試下解元名作"漁璜"。

② 陳田《年譜》云是年四月，簡放順天學政。《聖祖實録》卷二百四十二："〔四十九年五月乙丑朔〕以翰林院侍讀周起渭提督順天學政。"（《清實録》第六册，第 406 頁上）當從《實録》月日。至《述聞》卷九謂"周起渭……四十六年以詹事任直隸學政"（316 頁），漁璜升詹事在五十二年，《述聞》此處有誤，陳田未見《聖祖實録》，亦謂"年與官皆誤"，説是。

③ 陳汝楫《桐埜詩集序》（咸豐八年刻本卷首原序）謂"辛卯（康熙五十年）冬，公以學使將竣，補考宣化、永平歲試，遂相招同行"，是還京當在五十一年矣。

④ 《聖祖實録》卷二百五十四："〔康熙五十二年四月己未〕升翰林院侍讀學士周起渭爲詹事府詹事。"《清實録》第六册，第 517 頁上。

⑤ 參閲《萬壽盛典初集》卷十三《典禮三·祭告一》，《文淵閣四庫全書》本，第 653 册，第 154 頁下。

⑥ 參閲《萬壽盛典初集》卷十四《典禮三·祭告二》，《文淵閣四庫全書》本，第 653 册，第 156 頁下。

⑦ 毛奇齡《桐埜詩集序》，咸豐八年刻本卷首原序。按此序作於康熙四十七年，蓋漁璜手定詩稿而請序者。

⑧ "一字霽巖，號枚孫"見朱汝珍《詞林輯略》卷二載，第 1295 頁下。

⑨ 見李鴻章、黄彭年等《畿輔通志》卷四十二、卷四十，《續修四庫全書》本，第 629 册，第 614 頁上、第 531 頁下，《詞林典故》卷八進士第同，《文淵閣四庫全書》本，第 599 册，第 644 頁上。

⑩ 法式善《清秘述聞》卷四，第 98 頁。

⑪ 張廷玉《詞林典故》卷七，《文淵閣四庫全書》本，第 599 册，第 624 頁上。

通政，①五十三年三月，升爲太僕寺卿。② 雍正元年改禮部左侍郎，三年罷。③出任《御選宋金元明四朝詩》（四十八年）之纂選官和校勘官，《淵鑑類函》（四十九年）之校録官。著作無考，左光斗七孫女左如芬《纕芷閣遺稿》一卷後有其跋文一篇，時康熙二十二年，蓋在未第之前。④

詹事府少詹事兼翰林院侍講學士加一級梅之珩 之珩字左白，號月川。江西南城人。生於清順治六年（1649），卒於雍正十二年（1734），享年八十五歲。⑤康熙二十年（1681）辛酉科江西解元，⑥二十四年（1685）乙丑科進士。選庶吉士，散館授檢討。歷官中允、侍講學士、詹事府少詹事。康熙二十七年戊辰科會試以檢討任同考官，⑦四十四至四十五年出任順天學政，⑧五十二年以詹事府詹事出任河南鄉試正考官，五十三年出任江南鄉試正考官。⑨ 志稱其"家貧，刻志勵學……湛深經術"。出任《淵鑑類函》（四十

---

① 《萬壽盛典初集》卷三十三："康熙五十一年……通政使司右通政王景曾爲讀卷官。"（《文淵閣四庫全書》本，第653册，375頁下）時已升任該職。
② 《聖祖實録》卷二百五十八："〔康熙五十三年三月丁未〕升左通政王景曾爲太僕寺卿。"（《清實録》第六册，第550頁下）《詞林輯略》卷二謂"官至禮部侍郎"（楊家駱主編《中國選舉史料·清代編》，第1295頁），不知在何年。
③ 見錢實甫《清代職官年表·部院漢侍郎年表》，中華書局1980年版，第一册，第590—591頁，按此王氏遲至雍正三年尚在。
④ 見柯愈春《清人詩文集總目提要》卷九，北京古籍出版社2002年版，第226頁左。柯氏云稿藏南京圖書館，未見。
⑤ 梅之珩生卒年史志不載，乾隆十六年其子梅廷對撰《月川公享堂碑記》云其"壽臍八十有五而考終"（文載《南城東河梅氏族譜》，見網頁http://blog.sina.com.cn/meihuaxiao)，同治《南城縣志》卷八之二小傳亦謂"晚年優遊林下，汲引後學，書史自娱，年八十五卒"，（《中國地方志集成·江蘇府縣志輯》第55册，江蘇古籍出版社、上海書店、巴蜀書社1996年版，第454頁上)，皆未明其生年。《江西南城梅氏宗族脈絡》記其順治己丑生，雍正癸丑卒（公元1649年—1734年），見梅花笑博客網（meihuaxiao. blog. hexun. com）。
⑥ 《江西通志》卷五十六《選舉八》載其名於辛酉年鄉試之首（《文淵閣四庫全書》本，第514册，第836頁下），《月川公享堂碑記》謂"於康熙辛酉科領鄉薦第一"，《清秘述聞》卷二同（第56頁）。
⑦ 法式善《清秘述聞》卷十四，第410頁。
⑧ 梅廷對《月川公享堂碑記》謂"丙戌提督順天全省學政"，丙戌爲康熙四十五年，錢實甫《學政年表》三十九年空缺，列梅氏於四十四年，謂以侍讀學士兼（《清代職官年表》第四册，第2631頁），結合碑記，似梅氏至少連任二年，即四十五年丙戌亦兼任順天學政。《清秘述聞》卷九謂其三十九年以諭德任直隸省學政（316頁）。按，康熙三十九年爲庚辰，與碑記及錢氏所記不同，録此備考。
⑨ 分別見《聖祖實録》卷二百五十二、卷二百五十九（《清實録》第六册，第500頁下、558頁下），《述聞》卷四同。按五十二年鄉試二月舉行，各省考官必須預先確定，故《聖祖實録》記於五十一年十二月辛未，《萬壽盛典初集》卷三十三載："〔五十一年〕十二月十九日，禮部密題請陝（轉下頁注）

九年)之校録官,《詩經傳説彙纂》(雍正五年)之南書房校對。① 雍正元年(1723)致仕。著有《西清珥筆》、《古今近體詩》十卷、《一畝居古文》八卷、《侍讀制藝稿》等。②

日講官起居注詹事府少詹事兼翰林院侍講學士加四級蔣廷錫 廷錫字楊孫,號西穀,一號酉君,又號南沙。江蘇常熟人。伊子,陳錫弟。生於康熙八年(1669),卒於雍正十年(1732),享年六十四歲。康熙三十八年(1699)己卯科舉人,③四十二年會試下第,詔以與何焯、汪灝一同殿試,賜二甲進士。選庶吉士,未散館即授編修。歷左、右春坊贊善,侍講,侍讀學士,少詹事,五十六年(1717)擢内閣學士,六十年(1721)充經筵講官。雍正元年(1723)遷禮部侍郎,調户部,四年晉尚書,六年拜文華殿大學士,仍兼理户部事,④加太子太傅。康熙五十一年壬辰科出任會試同考官,五十七年分主《古今圖書集成》纂務,雍正間數次出任鄉會試考官。⑤卒謚文肅。前後出任《佩文齋詠物詩選》(四十五年)之編輯官,《淵鑑類函》(四十九年)、《御定歷代紀事年表》(五十年)、《御選唐詩》(五十二年)、《分類錦字》(六十一年)之校勘官,《佩文韻府》(五十年)之纂修兼校勘官,《御纂周易折中》(五十四年)之南書房校對,《萬壽盛典初集》(五十五年)之總裁官,以及《詩經》《書經》《春秋》諸書傳説彙纂和《子史精華》等南書房校對。⑥工詩善畫,研通經史。著有《尚書地理今釋》一卷,《條奏疏稿》二卷,《青桐軒詩集》六卷,《坡山集》一卷,《片雲集》一卷,《西山爽氣集》三卷,《秋風集》一卷;編有《文武淵源》十六卷。⑦

(接上頁注)西、江南、河南三省主考官,本月二十二日欽點……詹事府少詹事兼翰林院侍講學士梅之珩、翰林院編修阿克敦爲河南主考官。"(《文淵閣四庫全書》本,第653册,第368頁下)二十二日即辛未,與《聖祖實録》記載相合。

① 《江西南城梅氏宗族脈絡》記其"纂修《三朝國史》《周易折中》《毛詩(詩經)》《春秋》《朱子全書》《淵鑑類函》《廣群芳譜》《康熙字典》",今核《周易折中》《春秋》《朱子全書》《廣群芳譜》等書皆無其銜名,或僅部分參加,未始終其事。
② 同治《南城縣志》卷八之二小傳所載,《中國地方志集成·江蘇府縣志輯》第55册,第454頁下。
③ 見《江南通志》卷一百三十三《選舉志·舉人九》,《中國省志彙編》之一,第四册,第2250頁上。
④ 錢實甫《大學士年表》列於雍正六年、七年"文淵閣大學士",《清代職官年表》,第一册,第41頁。
⑤ 見法式善《清秘述聞》卷十四,第421頁、第135頁、第144頁。
⑥ 《書經傳説彙纂》《詩經傳説彙纂》《春秋傳説彙纂》等書雖成於雍正,但都是康熙時就有規劃並逐漸積累的欽定敕纂書。
⑦ 此書雍正六年輯成,清鈔本藏南京圖書館,武作成《清史稿藝文志補編》誤作"文武淵海"。

日講官起居注翰林院侍讀學士加三級陳璋　璋字鏞庭，或作鍾庭。①江蘇長洲人。生卒年不詳。康熙二十九年（1690）庚午科舉人，②康熙三十三年（1694）甲戌進士。選庶吉士，散館授編修。康熙四十二年癸未科會試任同考官，③四十八年以編修充日講起居注官，④五十一年以翰林院侍講學士提督順天學政。⑤出任《御選宋金元明四朝詩》（四十八年）纂選官，《淵鑑類函》（四十九年）校錄官。著有《東冶集》，今不傳。

翰林院侍讀學士加一級汪漋　漋字岵懷，號荇洲，⑥安徽休寧人，寄籍湖北江夏。生於康熙八年（1669），卒於乾隆七年（1742）八月，享年七十四歲。⑦康熙三十二年（1693）癸酉科舉人，⑧三十三年（1694）甲戌科進士。選庶吉士，散館授編修。三十九年充庚辰科會試同考官，五十一年充壬辰科會試副考官，⑨五十二年充浙江鄉試正考官，⑩五十三年以翰林侍讀學士提督浙江學政。⑪雍正二年，升詹事府少詹事，三年，擢內閣學士兼禮部侍郎。累官至廣西、江西巡撫，終大理卿。充任《廣群芳譜》（四十七年）之編校官，

---

① 《江蘇藝文志·蘇州卷》引《吴縣志·藝文考三》作"鏞庭"，同治《蘇州府志》卷八十八《人物十五·陳學洙附璋》作"璋字臨湘"，《清秘述聞》卷十四同，《詞林輯略》卷二亦作"字臨湘，號鍾庭"。按，以"臨湘"爲"璋"之字義不若"鏞庭"切合，疑爲其號，存此備考。
② 見《江南通志》卷一百三十二《選舉八·舉人》，《中國省志彙編》之一，第四冊，第2245頁下。
③ 見法式善《清秘述聞》卷十四，第416頁。
④ 見張廷玉《詞林典故》卷七，《文淵閣四庫全書》本，第599冊，第622頁上。
⑤ 此據《聖祖實錄》卷二百四十九（《清實錄》第六冊，第472頁上），《清秘述聞》卷九謂"四十八年以侍講學士任直隸省學政"（第316頁），與《實錄》不符。按《述聞》卷九陳璋前有"李鳳翥字雲麓，江西建昌人，康熙丁丑進士，四十八年以侍講任"一條，同年不可能放二人任同地學政，《述聞》此處有誤，今不從。
⑥ 《道光休寧縣志》卷九《選舉》謂字"荇洲"（《中國地方志集成·安徽府縣志輯》第52冊，第151頁上），法式善《清秘述聞》卷四、《廣西通志》卷五十七載其字"岵懷"。考《詞林輯略》卷二謂"字岵懷，號荇洲"（楊家駱主編《中國選舉史料·清代編》，第1293頁上），今從之。
⑦ 光緒《重修安徽通志》卷一百八十六謂"以老乞休，卒年七十四"。《中國省志彙編》之三，臺灣華文書局1967年印行，第五冊，第2127頁。
⑧ 《湖廣通志》卷三十六《選舉志》謂其"武昌籍，徽州人"，《文淵閣四庫全書》本，第532冊，第394頁下。
⑨ 此據《清史列傳》卷十七、《國朝耆獻類徵》卷六十五，法式善《清秘述聞》卷十四不載。
⑩ 《聖祖實錄》卷二百五十二繫於五十一年十二月乙丑，蓋以前一年年末奏請聖祖批復（《清實錄》第六冊，第500頁上），《萬壽盛典初集》卷三十三記載爲"十二月十六日"（《文淵閣四庫全書》本，第653冊，第368頁上），兩書所載相合。
⑪ 《聖祖實錄》卷二百五十七載："〔康熙五十二年十二月甲午〕以翰林侍讀學士汪漋提督浙江學政。"（《清實錄》第六冊，第544頁上）此係先一年年底聖祖之批復，則任事當在五十（轉下頁注）

《淵鑑類函》（四十九年）之校録官。編有《白嶽凝煙》（吴鎔繪）一書。

日講官起居注翰林院侍講學士加二級勵廷儀　廷儀字令式，號南湖。① 直隸静海人。勵杜訥子。生於康熙八年（1669），卒於雍正十年（1732），享年六十四歲。② 康熙三十八年（1699）己卯科舉人，三十九年（1700）庚辰科進士。選庶吉士，明年丁母憂，四十一年特命在南書房行走。四十三年授編修，尋又丁父憂，服闋，充日講起居注官。四十五年，遷右中允、侍讀學士。五十一年壬辰科會試任同考官，③ 五十六年擢内閣學士，六十一年充經筵講官、翰林院掌院學士，雍正元年擢刑部尚書。後數數因事革職留任、降級。復又條疏議政，部議施行，於雍正七年加太子少傅，九年遷吏部尚書。雍正十年五月以病乞休，旋卒，賜祭葬如例，謚文恭。乾隆六年入賢良祠。先後出任《佩文齋詠物詩選》（四十五年）之編輯官，《佩文韻府》（四十九年）纂修兼校勘官，《淵鑑類函》（四十九年）、《御定歷代紀事年表》（五十年）、《御選唐詩》（五十二年）、《御定月令輯要》（五十五年）、《分類字錦》（六十一年）之校勘官，以及《詩經》《書經》《春秋》諸書傳説彙纂和《子史精華》等南書房校對。著有《雙清閣詩稿》八卷。

日講官起居注翰林院侍講學士加五級陳邦彦　邦彦字世南，一作思南，號匏廬，匏廬道人（《烏衣香牒》署），又號春暉，晚自稱春暉老人。浙江

（接上頁注）三年。《浙江通志》卷一百二十一謂五十二年任（第 522 册，第 235 頁上），則在聖祖批復以前，似無是理。《清秘述聞》卷四"浙江學政"下五十一年任有二人，一爲宋至字山言，一爲汪灝，而承接的是馬豫字觀我，五十九年以侍講任（第 332 頁）。一年中不可能有二人同時任學政，必誤。《清史列傳》卷十七、《國朝耆獻類徵》卷六十五皆謂汪灝"五十二年提督浙江學政，五十三年留學政任，五十六年再留學政任。五十九年任滿回京"。學政一般任期爲三年，汪若連任二屆，似應是五十三年至五十五年，五十六年至五十八年，五十九年回京。此與《安徽通志》"再任學政"語相合（見光緒《重修安徽通志》卷一百八十六）。如是則正是五十三年年初始任，與《聖祖實録》記載相合。故《清史列傳》《類徵》所謂"五十二年提督浙江學政"一語似應爲"五十三年提督浙江學政"，而"五十三年留學政任"一語似羨。錢實甫《學政年表》亦繫於五十二年下（《清代職官年表》第四册，第 2635 頁），不確。

① 《畿輔通志》卷七十二本傳、《清史稿》卷二百六十六《勵杜訥傳附》謂其字南湖，《清秘述聞》卷五、卷十四均言字令式。按字令式與名廷儀義相應，南湖與廷儀無必然聯繫，或爲其號。唯《詞林輯略》卷二作字"式令"（第 1295 頁上），恐誤倒。

② 《畿輔通志》卷七十二本傳（《文淵閣四庫全書》本，第 505 册，第 746 頁下）謂其年六十四卒，《清史列傳》卷十三載："〔雍正〕十年五月，以病乞休，上戀留之。閏五月，卒。"《静海縣志》午集《人民部》本傳亦謂"十年卒"，上推當生於康熙八年。姜亮夫《歷代人物年里碑傳綜表》據張廷玉《澄懷園集》定其生卒年同。

③ 法式善《清秘述聞》卷十四，第 421 頁。

海寧人。少孤，由伯父陳元龍撫養。生於康熙十七年（1678），卒於乾隆十七年（1752），①享年七十五歲。康熙四十一年（1702）壬午科舉人，②四十二年（1703）癸未科進士。選庶吉士，散館授編修。入直南書房，升侍講，五十三年四月以侍講充日講起居注官。③雍正時曾革職回鄉，④乾隆九年十年以侍讀學士充日講起居注官，官至禮部侍郎。工書，尤善小楷，宗法二王，深得董其昌筆意，晚年所作幾可亂真。⑤供奉內廷，常奉命校讀御製碑版文，並奉敕繕寫。《御製日講禮記解義序》《御製康熙字典序》及御製諸作多出自其手筆，書名盛極一時。其書法有《春暉堂書課》傳世。先後出任《御選宋金元明四朝詩》（四十八年）、《淵鑑類函》《佩文韻府》（均四十九年）、《御定歷代紀事年表》（五十年）、《御定月令輯要》（五十五年）、《分類字錦》（六十一年）之校勘官，《御選唐詩》（五十二年）校勘兼繕寫官，《萬壽盛典初集》（五十五年）之總裁官，《御纂周易折中》（五十四年）、《欽定春秋傳說彙纂》（六十年）南書房校對。著有《墨廬小稿》、《春駒小譜》二卷、《烏衣香牒》四卷、《春暉堂集》，今存《匏廬公日記》（不分卷，康熙四十五年至雍正十三年）稿本，甚珍貴。康熙四十六年獨立奉敕編《御定歷代題畫詩類》一百二十卷。

翰林院侍讀學士張逸少　逸少字天門，號青山。江蘇丹徒人。張玉書長子。生年不詳，卒於乾隆十三年（1748）。⑥康熙二十六年（1687）丁卯科

---

① 參見《海寧渤海陳氏宗譜》卷九。
② 見《浙江海寧州志》卷八《選舉上》"舉人"下。乾隆四十年修、道光二十八年重刊本，臺灣成文出版社1983年版，第1268頁。
③ 《聖祖實錄》卷二百五十八，《清實錄》第六冊，第553頁上。張廷玉《詞林典故》卷七，《文淵閣四庫全書》本，第599冊，第624頁下。
④ 《世宗憲皇帝上諭內閣》卷四十三："〔四年四月二十一日〕陳邦彥平日行止不端，卑污下賤，今遵旨作詩，又謬誤舛錯。陳邦直爲人輕浮，而詩亦乖謬。陳邦彥、陳邦直俱著革職，發回原籍，令地方官約束，不得出境生事。"《文淵閣四庫全書》本，第414冊，第383頁下）陳於五年捐資助巡撫李衛、馬日炳抗防開浚河堰。見乾隆《浙江通志》卷五十三，第520冊，第405頁下。
⑤ 陳其元《庸閒齋筆記》卷九："家匏廬宗伯書得香光神髓，自少至老，日有書課，臨摹至千萬本，人往往取公書截去'某人臨'數字，即以贋香光書，售得善價。收藏家多不能辨。聖祖最喜香光字，遇外吏進呈之本，有疑似者，輒爲沉吟曰：'其陳邦彥書耶？'高宗嘗出內府香光真跡數十軸，召公詢曰：'內中孰爲汝所書者？'公審視良久，叩首謝，亦竟不能自辨也。"中華書局1989年版，第218頁。
⑥ 逸少生年不詳，以其爲玉書長子，玉書生於1642年，若以二十二歲生，則逸少生於1664年前後，如此則其中舉時年二十三四歲，而卒時年八十餘矣。

舉人，①康熙三十三年(1694)甲戌科進士。選庶吉士，散館放山西壺關縣知縣，②擢秦州知州，特旨召授翰林院編修。③ 四十五年丙戌科會試出任同考官，五十一年正月擢爲侍讀學士，④五十四年提督順天學政。⑤ 充任《淵鑑類函》(四十九年)之校錄官，《廣群芳譜》(四十七年)之編校官。著有《學士文稿》《青山詩集》，皆佚，《京江耆舊集》卷四存其詩四首。①

原任翰林院侍讀加一級潘從律 從律字夏聲，號雲岫。②江蘇溧陽人。生卒年不詳。康熙二十三年甲子科舉人，③康熙三十年(1691)辛未科進士。

---

① 見《江南通志》卷一百三十二《選舉志·舉人八》，《中國省志彙編》之一，第四冊，第2244頁下。
② 按，王士禎《居易錄》卷二十八："〔三十六年七月〕二十五日，甲戌科庶吉士汪倓等散館，試於乾清門。辛未科探花黃叔琳、甲戌科狀元胡任輿、探花顏悦履已經授職外，授編修檢討者二十人。科道，吳甫生、江球二人；部曹，拉郎立、林文英二人；以知縣用，張壽峒等六人。"下注："壽峒，辛未科庶吉士。內張逸少，大學士玉書子；陳豫朋，户部尚書廷敬子。"又《山西通志》卷八十一《職官九》："張逸少，江南丹徒人。進士，康熙三十七年任。"蓋七月下旨，明年上任。
③ 逸少回京授編修，乃父親大學士張玉書之奏啟(《清史稿·選舉志三》，中華書局1977年版，第3165頁)，然特旨召授時間史闕無載，據法式善《清秘述聞》卷十四《同考官二》載："康熙四十五年丙戌科會試……編修張逸少字天門，江南丹徒人，甲戌進士。"(第418頁)是四十五年已在翰林院任編修，《山西通志》卷八十一壺關縣下列張逸少於三十七年任知縣，緊接便是"安於仁，直隸祁縣人，進士，康熙四十二年任"，則逸少調回翰林院當在三十七年至四十二年之間。又朱彭壽《舊典備徵》卷四《文人榮遇》："翰林官居文學侍從之職，恩禮優渥，體制尊崇，故士人争以身到玉堂爲榮遇，其有未經館選特授清班，大都博學工文或皓首窮經之士，時論尤豔稱之。按本朝二百餘年來，由他官改授翰詹及國學者：康熙九年，杜鎮以刑部主事授翰林院編修……三十□年，張逸少以甘肅秦州知州授翰林院編修。"(中華書局1997年版，第102頁)"三十"而遺其幾年，以此推之，必在三十七、三十八、三十九之間，則逸少一任未滿即召回，或亦以父恩故也。
④ 《詞林典故》卷四："五十一年正月，擢原任大學士張玉書子編修張逸少爲翰林院侍讀學士。"(《文淵閣四庫全書》本，第599冊，第511頁下)《清史稿·聖祖紀三》："五十一年壬辰春正月丙午，擢編修張逸少爲翰林院侍讀學士，故大學士張玉書之子也。"(《清史稿》第二冊，第281頁。)逸少父玉書卒於五十年五月以後不久，半年後有此恩旨。三個月後〔康熙五十一年四月壬申〕，因熊賜履年老賜其子官，上諭中有張英、張玉書之子"俱已擢用"之語，此即指正月之恩旨。(上諭見《聖祖實錄》卷二百五十，《清實錄》第六冊，第478頁上)然《清史列傳》卷十《張玉書傳附逸少傳》："五十二年二月，奉旨：大學士張玉書久任機務，小心恪慎，懋著勤勞，朕追念難忘。伊唯有一子張逸少，著從優升翰林院侍讀學士，以示朕眷篤舊臣之意。"(中華書局，第三冊，第703頁。)《清史稿·張玉書傳》亦謂"五十二年，上念舊勞，擢其子編修逸少爲侍讀學士"。(中華書局，第三十三冊，第9961頁)所記年份皆誤，而《清史稿》紀、傳亦互相矛盾。
⑤ 《聖祖實錄》卷二百六十六："〔康熙五十四年十一月甲午〕以翰林院侍讀學士張逸少提督順天學政。"(《清實錄》第六冊，第611頁上)此有明文記載。法式善《清秘述聞》卷九謂"五十三年以侍講任"，次其後之吳士玉字荆山者"五十六年以內閣學士任"(第316頁)，仍空五十四、五十五之職，錢實甫《學政年表》亦列於五十四、五十五二年，並謂於五十五年十一月革職(轉下頁注)

選庶吉士，散館授編修。④三十六年丁丑科會試充同考官，⑤五十一年以編修任陝甘提學道。⑥其升侍讀應在回翰林院後不久。充任《全唐詩》(四十五年)校對官，《淵鑑類函》(四十九年)校錄官。著有《放眉集》一卷，佚。

  原任翰林院侍讀加一級朱啓昆　啓昆字我裕，號敬齋。⑦湖廣漢陽人。生卒年不詳。康熙二十年(1681)辛酉鄉試舉人，⑧康熙三十六年(1697)丁丑科進士。⑨選庶吉士，散館以學業未優，仍留館教習。⑩其授編修，似當在此後數年中。四十四年出任乙酉科鄉試雲南考官，⑪其升任侍讀，似當在五十二年之後，⑫而不數年過世。充任《淵鑑類函》(四十九年)之校錄官。啓昆曾任教紫陽書院，具體年代不明，⑬在書院編有《性理大全書輯要》八卷、

(接上頁注)(《清代職官年表》第四册，第2636—2637頁)，故信從《實錄》列於五十四年。
① 見《江蘇藝文志·鎮江卷》，江蘇人民出版社1994年版，第151頁。
② 《江蘇藝文志·常州卷》(第1085頁)據嘉慶《溧陽縣志·藝文志》謂字夏聲，法式善《清秘述聞》卷十一、卷十四均著其字謂"雲岫"。按，夏聲與名"從律"相應，則雲岫當爲其號。
③ 《江南通志》卷一百三十二《選舉志·舉人八》，《中國省志彙編》之一，第四册，第2244頁上。
④ 陳康祺《郎潛紀聞初筆》卷十二《召翰苑諸臣番上應制》："康熙甲戌(按指三十三年，1694)夏五月，召翰苑諸臣番上應制……閏五月初一日，編修楊中訥、姚宏緒、潘從律、張瑗、王奕清入直。"是時已署編修，是必散館時所授。中華書局1984年版，上册，第251頁。
⑤ 法式善《清秘述聞》卷十四，第413頁。
⑥ 《陝西通志》卷二十三《職官四·本朝文職·總督陝西部院》(《中國省志彙編》之十五，第二册，第667頁下)、《甘肅通志》卷二十八《皇清文職官制》(《文淵閣四庫全書》本，第558册，第56頁上)見載。按，《萬壽盛典初集》卷十"康熙五十二年三月十八日萬壽聖節謹奉表稱賀者""督撫學政諸臣"下有"提督陝西學政潘從律"(《文淵閣四庫全書》本，第653册，第122頁上)，可見其五十二年尚在任上。錢實甫《學政年表》繫於五十年下，謂以侍讀學士兼(《清代職官年表》第四册，第2634頁)，或正一任三年之數。
⑦ 號敬齋見《詞林輯略》卷二，第1294頁上。
⑧ 見《湖廣通志》卷三十六《選舉志·皇清舉人》，《文淵閣四庫全書》本，第532册，第392頁上。
⑨ 錢實甫《清代職官年表》謂其三十一年庶吉士(第四册，第3151頁)，恐不確。
⑩ 福格《聽雨談叢》卷六《庶吉士散館》："丁丑科散館，庶吉士徐樹本(故大學士元文子)等二十五人，俱授翰林編檢，朱啓昆等六人，仍留館教習。"中華書局1984年版，第134頁。
⑪ 法式善《清秘述聞》卷三，第96頁。
⑫ 按《萬壽盛典初集》卷四十七記康熙五十二年六十大壽時，朱啓昆於表文中仍署"翰林院編修"。《文淵閣四庫全書》本，第653册，第652頁下。
⑬ 據同治朝修《蘇州府志》所列掌院題名，歷任紫陽書院者計有：馮嵒、朱啓昆、韓孝基、陳祖范、吳大受、王峻、沈德潛、廖鴻章、韓彥曾、彭啓豐、蔣元益、錢大昕、馮培、吳省蘭、吳蔚、吳俊、石韞玉、朱珔、翁心存、董國華、趙振祚、俞樾、程庭桂、夏同善、潘遵祁。諸人之中，或耽於經術，或擅長詩賦，或融貫經史，或兼備衆學，故於士子之陶鑄，學風之推揚，多有佳績可稱。依名字先後推之，啓昆任教似較早。

《朱子大全集補遺》二卷。

日講官起居注翰林院侍讀加一級趙熊詔　熊詔字侯赤，號裘萼。江蘇武進人。生於康熙二年（1663），卒於康熙六十年（1721），享年五十九歲。①戶部尚書申喬長子，申季侄。康熙三十七年由府州縣學保舉選貢，三十八年（1699）己卯科舉人，②康熙四十八年（1709）己丑科狀元。選庶吉士，散館授修撰，③旋充日講起居注官，④入走南書房。五十四年乙未科會試出任同考官，⑤升侍讀。⑥ 五十七年，因同官告發私鈔起居注中諭旨攜出事削職，仍留供奉，旋"以大臣子弟從軍肅州"。⑦ 五十九年（1720），以父親趙申喬卒，特旨許其扶櫬南歸，未幾，以哀毀卒。遺摺啓奏，奉旨復職。曾出任《御選唐詩》（五十二年）、《御定歷代紀事年表》（五十年）、《御定月令輯要》（五十五年）、《佩文韻府》《淵鑑類函》（均四十九年）、《分類字錦》（六十一年）之校勘官，《御纂周易折中》（五十四年）、《欽定春秋傳説彙纂》（六十年）之南書房校對，《萬壽盛典初集》（五十五年）之總裁官。工詩文，尤精天文、數學，

---

① 錢保塘《毗陵名人疑年録》據《趙氏譜》謂"生康熙二年癸卯，卒康熙六十年辛丑"（《疑年録集成》第三册，第164頁），江慶柏《清代人物生卒年表》據清黄之雋《唐堂集》卷二十六之《墓誌銘》同。
② 《江南通志》卷一百三十三《選舉志·舉人九》（《中國省志彙編》之一，第四册，第2250頁上）。又據趙熊詔《先考户部尚書諡恭毅松伍府君暨先妣龔夫人行述》自叙，《趙裘萼公賸稿》卷二，光緒二十三年（1897）浙江書局刻本，第十九葉B。
③ 《聖祖實録》卷二百五十："〔康熙五十一年四月辛酉〕諭吏部庶吉士潘體震等教習已久，今加考試，應分别授職。除趙熊詔、繆沅、蔣蓮已經授修撰、編修外，其庶吉士潘體震、閆圻、惠士奇……授爲編修。"（《清實録》第六册，第473頁上）編修秩正七品，修撰秩從六品，熊詔以狀元兼學業優秀，故直接授修撰。
④ 張廷玉《詞林典故》卷七"日講起居注官"："康熙五十一年趙熊詔，以修撰充。"《文淵閣四庫全書》本，第599册，第624頁上。
⑤ 法式善《清秘述聞》卷十四，第424頁。
⑥ 法式善《清秘述聞》卷十四康熙五十四年乙未科會試同考官："修撰趙熊詔字赤侯。"（第424頁）則五品侍讀必此後所升。
⑦ 康熙帝於五十七年三月初三日諭大學士馬齊、松柱、李光地、王掞等曰："歷觀古來帝王建立起居注，亦間有廢置者。朕在位日久，設立多年，近見記注官内多年少微員，皆非諳練事務之人，伊等且不知措置此身，又何能全記朕之諭旨耶？且官職卑小，或有事關大臣者囑託，伊等即任意粉飾裝點……記注之事，關係甚鉅，一言失實，足啓後世之疑。即如趙熊詔曾私鈔諭旨攜出。朕若設立起居注一二年而即廢，或謂朕懼伊等記載是非，亦未可知。"（《御製文集》第四集卷十一，故宫珍本叢刊，海南出版社2000年版，第547册，第十七葉上下。）此即針對趙熊詔私鈔諭旨一事而發。《江南通志》卷一百六十六謂"因同官訐奏記注事削職，仍留供奉。戊戌，以大臣子弟從軍肅州"（《中國省志彙編》之一，第五册，第2804頁上）。是先削職留翰林供奉，而後隨即從軍肅州。

著有《趙裘萼公賸稿》四卷。

左春坊左諭德兼翰林院修撰加二級薄有德 有德字聿修，號勺庭。① 順天大興人。生於順治十七年（1660），②卒年不詳。康熙二十三年（1684）甲子科舉人，③康熙四十二年（1703）癸未科進士。選庶吉士，散館授編修。康熙五十年（1711）出任辛卯科鄉試浙江考官，五十一年以編修任湖廣提督通省學院，④五十二年遷左春坊左贊善兼翰林院檢討，⑤不久擢修撰，五十七年以侍講學士充日講起居注官。⑥ 約卒於康熙六十年前後。⑦ 充任《淵鑑類函》（四十九年）之校錄官。

原任右春坊右中允兼翰林院編修吴世燾 世燾字幼日，⑧號西村。江蘇高郵人。生於順治十三年（1656），卒於雍正元年（1723），享年六十八歲。⑨ 康熙二十六年（1687）丁卯科舉人，⑩二十七年（1688）戊辰科進士。選庶吉士，散館授編修。康熙三十三年出任甲戌科會試同考官，⑪尋因親老，請歸鄉終養，前後十二年，喪葬如禮。⑫ 四十四年康熙南巡，賜御書一幅、硯

---

① 號勺庭見《詞林輯略》卷二，楊家駱主編《中國選舉史料・清代編》，第1295頁下。
② 見孫勷《鶴侶齋詩・薄聿修生日》，轉見戴廷傑《戴名世年譜》卷六，第345頁。
③ 見《畿輔通志》卷六十六《舉人》。
④ 法式善《清秘述聞》卷四，第103頁；卷十，第341頁。按《湖廣通志》卷二十九"提督通省學院"下有其名而未署年月（《文淵閣四庫全書》本，第532冊，第190頁上），錢實甫《學政年表》繫於五十二年，其五十一年為蔣德昌，五十三年為李周望（《清代職官年表》第四冊，第2635頁），不知所據。
⑤ 見《萬壽盛典初集》卷四十五、卷四十七所署，《文淵閣四庫全書》本，第653冊，第630頁下、684頁上。
⑥ 張廷玉《詞林典故》卷七"皇朝日講起居注官"下"康熙五十七年，薄有德以侍講學士充"，《文淵閣四庫全書》本，第599冊，第625頁上。
⑦ 六十一年編定的《御定千叟宴詩》卷一署"原任侍讀學士臣薄有德"，則當在此前不久辭世。
⑧ 朱汝珍《詞林輯略》卷二作"幼白"（楊家駱主編《中國選舉史料・清代編》，第1291頁下），未知孰是。
⑨ 張慧劍《明清江蘇文人年表》、江慶柏《清代人物生卒年表》皆據焦循《揚州足徵記》卷三。《江蘇藝文志・揚州卷》同，江蘇人民出版社1995年版，第640頁。
⑩ 見《江南通志》卷一百三十二《選舉志・舉人八》，《中國省志彙編》之一，第四冊，第2244頁上。
⑪ 見法式善《清秘述聞》卷十四，第412頁。
⑫ 據《高郵州志》卷十《吴世燾傳》謂"及歸田，後值丙子、丁丑間，五年大水，饑民多死散"。（《中國方志叢書》，臺灣成文出版社1970年版，第1272頁）丙子、丁丑為康熙三十五、三十六年，是已在家鄉。志又云"居林下十二年，承歡養志，喪葬如禮。乙酉，聖祖南巡……明年入都供職"，乙酉為四十四年，上推十二年，是在三十三年，出任會試同考官後不久即歸養。

一方，明年入都供職。五十年，遷右春坊右中允，五十六年轉左春坊左中允仍兼編修。① 五十七年（1718）以原官致仕。世燾一生於家鄉之水災傾注全部精力，回鄉後又逢大水，"目擊心傷，憂鬱致疾"，不久病故。"生平負著作才，而不欲以文章顯。在史館奉命編《淵鑑類函》《政治典訓》《康熙字典》諸書，覃研精博，館閣中交倚重之"。② 著有《南巡紀恩詩》一卷。《廣陵思古編》卷十八收其文一篇，《淮海英靈集》乙集卷二、《江蘇詩徵》卷十三並收其詩。

翰林院編修陳壯履 壯履字禮叔，號幼安，一號潛安。③ 山西澤州人。陳廷敬第三子。生於康熙十九年（1680），卒於乾隆十三年（1748），享年六十九歲。康熙三十五年（1696）丙子科舉人，④康熙三十六年（1697）丁丑科進士。選庶吉士，散館授編修。四十一年充日講起居注官，入值南書房，⑤遷侍讀學士。⑥ 充任《佩文齋詠物詩選》之編輯官、《御選宋金元明四朝詩》《御定歷代紀事年表》《淵鑑類函》校勘官、《佩文韻府》纂修兼校勘官。四十九年六月，湖廣總督郭世隆疏劾其於致祭南嶽時騷擾地方，遂割去侍讀學士一職，降爲編修，⑦故《字典》署"編修"。⑧

---

① 《字典》銜名爲"右春坊右中允兼翰林院編修"，則遷官似在五十五年《字典》完成之後。志又云遷官之"明年正月以原官致仕，前後在朝十三年"，其四十五年入都，十三年則五十七年，是遷左春坊左中允應在五十六年。
② 《高郵州志》卷十，《中國方志叢書》，第 1273 頁。
③ 見李放《皇清書史》卷八引《東華錄》。
④ 見曾國荃、張煦等《山西通志》卷七十二《貢舉七》，光緒十八年刻本，第二十五葉 A。
⑤ 見張廷玉《詞林典故》卷七"皇朝日講起居注官題名"和"皇朝南書房入直題名"，《文淵閣四庫全書》本，第 599 冊，第 623 頁下、第 629 頁下。
⑥ 張廷玉《詞林典故》卷四："是年（四十四年）五月，上御淵鑑齋，召大學士張玉書、陳廷敬、尚書王鴻緒、少詹蔡升元、學士查升、陳壯履、王原祁、編修楊瑄、勵廷儀、張廷玉、錢名世、查慎行、蔣廷錫等入至雲步石，賜坐賜饌畢，人賜荷花一瓶，隨命由蕊珠院延賞樓泛舟，回直廬。"《文淵閣四庫全書》本，第 599 冊，第 508 頁上）是四十四年已任學士。
⑦ 《聖祖實錄》卷二百四十二"康熙四十九年四月至六月"條："〔六月戊午〕吏部議覆：湖廣總督郭世隆疏言翰林侍讀學士陳壯履致祭南嶽，紆道嘉魚縣，騷擾地方，應將陳壯履降一級，罰俸一年。得旨：陳壯履身爲翰林，奉差在外，濫行生事，學問亦甚不及，著割去侍讀學士，停止內廷供奉，仍爲翰林院編修。"（《清實錄》第六冊，中華書局 1985 年版，第 408 頁下－409 頁上）《欽定八旗通志》卷二百零五《人物志八十五·郭世隆》："四十九年六月，疏劾祭告南嶽之翰林院侍讀學士陳壯履繞道嘉魚，滋擾驛站，得旨降陳壯履爲編修。"是壯履降級處分即爲此事。
⑧ 四十九年刊載的《淵鑑類函》銜名署"日講官起居注翰林侍讀學士陳壯履"，而四十九年奉旨刊載、五十年十月刊定的《佩文韻府》名單上已署"原任日講官起居注翰林院侍讀學士（轉下頁注）

翰林院檢討加一級劉師恕 師恕字秘書，號艾堂，又號補堂。江蘇寶應人。國斅子。生於康熙十七年（1678），①卒於乾隆二十一年（1756），享年七十九歲。康熙三十八年（1699）己卯科舉人，三十九年（1700）庚辰科進士。②選庶吉士，散館授檢討。康熙五十年（1711）出任辛卯科鄉試廣西考官，五十三年以檢討任河南學院，③五十五年閏三月後升中允，遷祭酒。④雍正元年，出爲貴州布政使。⑤四年，遷通政使，轉左副都御史，擢工部、禮部侍郎，協理直隸總督。七年，以內閣學士充福建觀風整俗使。十一年以病告歸。乾隆七年，淮陽大水，饑民求賑，以從弟某連類革職。乾隆十六年（1751）高宗南巡，加恩予侍讀學士銜休致。⑥充任《淵鑑類函》（四十九年）之校錄官。著有《錫榖堂詩集》五卷，《續集》一卷。⑦《淮海英靈集》乙集卷一收其詩四首，《江蘇詩徵》卷七十九收其詩二首，《白田風雅》卷九收其詩七首。⑧

翰林院編修加一級萬經 經字授一，別署九沙。⑨浙江鄞縣人。萬斯

---

① 今任編修陳壯履"，顯然《淵鑑類函》名單定於六月以前，《佩文韻府》名單定於六月以後。據《淮海英靈集》乙集卷一，嘉慶三年小琅嬛仙館本，第十五葉。

② 朱汝珍《詞林輯略》卷二列於"康熙四十五年丙戌科"，似誤。楊家駱主編《中國選舉史料·清代編》，第1296頁下。

③ 法式善《清秘述聞》卷四，第106頁；卷十一，第353頁。按，《河南通志》卷五十三"提督學政"下亦謂其五十三年任（《文淵閣四庫全書》本，第536冊，第340頁下），唯《重修寶應縣志》卷十七《列傳下》謂"五十二年督學河南，旋歷中允、祭酒"（臺灣成文出版社1983年影印本，第688－689頁），兩者時間相差一年，未知孰是。

④ 《字典》署銜"翰林院檢討"，則中允、祭酒應在此後所遷。

⑤ 《貴州通志》卷十八《秩官·職官》："劉師恕，寶應人，進士，雍正元年任。申大成，涇陽人，貢生，雍正四年任。"（《文淵閣四庫全書》本，第571冊，第480頁下。）是師恕任布政使前後三年。

⑥ 《欽定南巡盛典》卷六十九《褒賞》："乾隆十六年二月初八日，上諭內閣曰：劉師恕著加恩，賞給侍讀學士職銜……以原銜休致。"（《文淵閣四庫全書》本，第659冊，第168頁下）按，《重修寶應縣志》卷十八本傳謂"乾隆二十七年恭迎高宗南巡"（臺灣成文出版社1983年影印本，第690頁），時劉已亡，蓋"七"爲"一"之誤字。

⑦ 《續集》一卷見《重修寶應縣志》卷十八《書目》："《錫榖堂詩》五卷《續集》一卷，劉師恕。"（臺灣成文出版社1983年影印本，第950頁。）柯愈春《清人詩文集總目提要》卷十八謂"嘉慶《重修揚州府志》卷六十二載有《錫榖堂續集》五卷，當是乾隆十四年後十餘年所作，今未見有書傳世"（北京古籍出版社，第471頁），柯以劉卒於乾隆二十一年，則僅七年，非十餘年也。且謂《續集》有"五卷"，未聞。

⑧ 《江蘇藝文志·揚州卷》，第973頁。

⑨ 《重修浙江通志稿·萬斯選萬斯大同言經傳》作"號九沙"（《廣清碑傳集》卷五引錄，（轉下頁注）

大之子。生於順治十六年(1659),卒於乾隆六年(1741),享年八十三歲。①康熙三十五年(1696)丙子科舉人,②四十二年(1703)癸未科進士。選庶吉士,散館授編修。康熙五十年充辛卯科鄉試山西副考官,③五十三年至五十五年以編修任貴州學院。④還京,派修通州城。及解組歸,"家既罄,蕭然如布衣,賣所作隸字,得錢給朝夕"。⑤晚年增補其父斯大《禮記集解》數萬言,《春秋隨筆》定、哀二公未畢,亦續纂數萬言。重修叔父斯同《列代紀年》,續纂堂兄萬言之《尚書說》《明史舉要》等。⑥自著有《分隸偶存》二卷,《理學邵念魯先生傳》一卷,《漢魏碑考》一卷,《六堂詩存》四卷等。

翰林院編修涂天相 天相字燮庵,⑦號存齋,一號迂叟。湖北孝感人。生於康熙七年(1668),卒於乾隆五年(1740),享年七十三歲。康熙四十一年(1702)壬午科舉人,⑧四十二年(1703)癸未科進士。選庶吉士,散館授編修。五十年(1711)出任辛卯科鄉試陝西副考官。⑨遷國子司業,⑩雍正改元,

---

(接上頁注)蘇州大學出版社1999年版,第318頁),或傳聞異同。至法式善《清秘述聞》卷四謂"字九沙",則非。萬經之字,殆有其父斯大一生學術寄意存焉。斯大治經,以爲非通諸經不能通一經。故授一者非通萬經不可,此其名字寓意。若字九沙,則名、字不相應矣。《述聞》卷十二作"字受一","受"必"授"之誤。

① 生卒年據全祖望《鮚埼亭集》卷十六,《四部叢刊》本,第十三葉至第十六葉。
② 見《浙江通志》卷一百四十四《選舉二十二·舉人》,第522册,第723頁上。
③ 《聖祖實錄》卷二百四十六:"[康熙五十年七月乙酉]以刑科給事中郭徽祚爲山西鄉試正考官,編修萬經爲副考官。"(《清實錄》第六册,第446頁下)《清史稿》卷四百八十一、《清史列傳》卷六八等均同。
④ 《貴州通志》卷十八《秩官·職官》"提督學政"下:"萬經,慈溪人,進士,翰林院編修,康熙五十三年任。沈翼機,石門人,進士,翰林院編修,康熙五十六年任。"(《文淵閣四庫全書》本,第571册,第479頁下)以此推之,萬經在貴州蓋有三年。
⑤ 全祖望《鮚埼亭集》卷十六《提督貴州學政翰林院編修九沙萬公神道碑銘》,《四部叢刊》本。
⑥ 《明史舉要》,從全祖望《神道碑》所名,今存有《明鑑舉要》四十九卷,萬言撰,萬經續,東莞張氏藏舊鈔本,即此書。
⑦ 此字據《孝感縣志》所載,《四庫提要》作"燮菴",《皇朝文獻通考》卷二百二十六作"樊菴",蓋異體字。然法式善《清秘述聞》卷四康熙五十年辛卯科鄉試陝西考官下謂編修涂天相字宏亮,《詞林輯略》卷二同,未聞其所以。
⑧ 《湖廣通志》卷三十六《選舉志·皇清舉人》,《文淵閣四庫全書》本,第532册,第397頁上。
⑨ 上諭繫於康熙五十年六月乙酉日,見《聖祖實錄》卷二百四十六(《清實錄》第六册,第445頁下),又見《清秘述聞》卷四(第105頁)。
⑩ 《孝感縣志》卷十四《臣林·涂天相傳》遷國子司業在雍正元年前,並叙其以糊名法專以文藝定殿最,又召其居後者教訓之,成均學風爲之大振云云(第898—900頁)。臺北故宫國史館傳稿謂其任國子司業在五十九、六十年。

三月二十一日,以翰林侍講奉命祭告南海,①還奏稱旨,遷掌詹事府詹事,升內閣學士,晉刑部侍郎。雍正八年,升左都御史,尋補兵部尚書兼經筵講官,②調工部尚書。乾隆二年,奉旨回籍,三年後卒。其陝西典試回,聖祖賜松花硯,自銘曰"以靜爲用,是以永年",遂以"靜用"爲堂名。著有《靜用堂偶編》十卷及《謹庸齋劄記》《守待錄》《存齋閒話》《存齋詩話》等。

原任翰林院編修加一級俞梅 梅字太羹,一字師嚴。③江蘇泰州人。鐸侄孫,潑子。約生於康熙六年(1667),卒於五十五年(1716)閏三月前,享年五十歲。④十歲能文,日成十藝。年十一爲郡諸生。康熙三十五年(1696)丙子科舉人,⑤四十二年(1703)癸未科進士。⑥選庶吉士,旋丁內艱,歸,聖祖南巡,召見其父中書潑,溫綸嘉獎,特命梅充維揚詩局校對官,纂輯《全唐詩》,升編修。同時參與《淵鑑類函》之編纂。五十二年(1713)充癸巳恩科鄉試山西副考官,⑦不避嫌怨,從棘闈飛章奏減官卷正額三名,取額外五經民卷補之,晉闈稱得士。⑧著有《孔子家語訂正》、《治河方略並圖説》二十六卷、《俞太羹制藝》、《雲斤詩集》不分卷、《甲申集》一卷、《夢餘集》一卷。⑨輯有《白陸詩選》及《歷朝詩雅》數十卷。⑩《淮海英靈集》丁集卷二收

---

① 《廣東通志》卷八《禮樂志》,《文淵閣四庫全書》本,第562册,343頁下。
② 張廷玉《詞林典故》卷七"皇朝經筵講官":"雍正十二年正月,涂天相,以兵部尚書充。"(《文淵閣四庫全書》本,第599册,第619頁上)則兼講官時間在補兵部尚書後。
③ 《道光泰州志》卷二十四《文苑·俞梅傳》謂字師嚴,一字太羹。《清秘述聞》卷四謂字太羹,《詞林輯略》卷二謂字太羹,號師嚴,又號雲斤(第1296頁下)。按名梅,字太羹,用《尚書·説命下》"若作和羹,爾惟鹽梅"之典,或其原字太羹,今作正字。
④ 《道光泰州志》卷二十四《文苑·俞梅傳》謂其卒年五十,今《康熙字典》前銜名稱"原任翰林院編修",則已亡故。柯愈春《清人詩文集總目提要》卷十七謂"五十五年尚在京,晚年杜門著書",不知何據。
⑤ 《江南通志》卷一百三十二《選舉志·舉人八》,《中國省志彙編》之一,第四册,第2248頁上。
⑥ 朱汝珍《詞林輯略》卷二列於"康熙四十五年丙戌科"(楊家駱《中國選舉史料·清代編》,第1296頁下),誤。
⑦ 《聖祖實錄》卷二百五十三:"〔康熙五十二年正月乙巳以〕禮科給事中陳允恭爲山西鄉試正考官,翰林院編修俞梅爲副考官。"(《清實錄》第六册,第504頁上)《萬壽盛典初集》卷三十三:"本月(正月)二十一日欽點……禮科掌印給事中陳允恭、翰林院編修俞梅爲山西主考官",《文淵閣四庫全書》本,第653册,第368頁下。
⑧ 生平參見《道光泰州志》卷二十四《文苑》,《中國地方志集成·江蘇府縣志輯》第50册,第263頁下—264頁上。
⑨ 《雲斤詩集》鈔本殘存二册,《甲申》《夢餘》稿本存泰州市圖書館。
⑩ 見《道光泰州志》卷三十《藝文》及《淮海英靈集》丁集卷二所載。

其詩四首,《江蘇詩徵》卷二十一收其詩二首。①

原任翰林院編修劉巖 巖原名枝桂,字太山,亦字日丹,號無垢。江蘇浦江人。生於順治十三年(1656),卒於康熙五十五年(1716),享年六十一歲。② 幼敏慧,善於音律,尤喜弈。後折節讀書,康熙二十五(1686)年貢太學,一時名動京師,二十六年作《太學生伏闕上書論》忤執政意,避禍南還。③ 三十二年(1693)更名巖,應試,舉北榜第一人。④ 四十二年(1703)癸未科進士。⑤ 選庶吉士,散館授編修。四十八年充已丑科會試同考官。⑥ 五十年,《南山集》案起,以巖不將其書出首,"革職僉妻,流三千里"。⑦ 五十一年秋出獄,⑧五十二年二月,下詔赦罪,隸漢軍籍。⑨ 五十五年六月卒,其時《字典》已完成,以其曾與修纂,故署"原任"。充任《淵鑑類函》(四十九年)之校錄官。著有《匪莪堂文集》五卷、《拙修齋詩文稿》、《石樵詩集》、《大山詩集》

---

① 見《江蘇藝文志・揚州卷》,下册,第1161頁。
② 劉巖字號及生卒年依據《北京圖書館珍藏本年譜叢刊》,北京圖書館出版社1998年影印本,第87册,第371—376頁。吳楫輯次其年譜,謂生於順治十三年二月二十二日亥時,康熙丙申(五十五年)六月二十二日卒。
③ 見《金陵文鈔》卷六,轉見張慧劍《明清江蘇文人年表》,第860頁。
④ 《劉大山年譜》吳楫謂舉"京兆第二人",《江南通志》卷一百三十二《選舉志・舉人八》載其爲北榜第一人,《中國省志彙編》之一,第四册,第2247頁上。
⑤ 朱汝珍《詞林輯略》卷二列於"四十五年丙戌科"(楊家駱《中國選舉史料・清代編》,第1296頁下),誤。
⑥ 法式善《清秘述聞》卷十四,第420頁。
⑦ 劉之流徙出於康熙上諭。《聖祖實錄》卷二百四十九載:"〔康熙五十一年正月丙午,因戴名世《南山集》案〕編修劉巖雖不曾作序,然不將書出首,亦應革職僉妻,流三千里。"(《清實錄》第六册,第465頁上)度上諭口吻,劉巖之序與不序《南山集》,當時即有不同傳説。被保存流傳並經今人重輯的《南山集》無劉之序文,徐珂《清稗類鈔・獄訟類・戴名世南山集案》云:"雲鶚、正玉及同官汪源、朱書、劉巖、余生、王源皆有序,板藏於方侍郎苞家。"(中華書局,第三册,第1032頁。)柯愈春《清人詩文集總目提要》卷十四乃謂"因爲戴名世《南山集》撰寫序文,康熙五十年被逮議罪",又張慧劍《明清江蘇文人年表》亦謂"江浦劉巖、安徽方苞等以曾爲《南山集》撰序,同被逮問"(第968頁),不知其於何處得見其文。按劉巖爲戴名世座主,據當時刑部三法司議處戴名世、方孝標案一疏所載劉巖供狀曰:"戴名世在江南做貢生時,我即看過他十餘篇文章,後來我在京城,他寄信與我,要刊刻文章,讓我作序。我因其文章内悖亂之語甚多,故未給作序。我甚愚昧,未與其斷絶交往,亦未出首其混寫之悖亂書,有何辯處?"(載《桐城方戴兩家書案》,轉引自戴廷傑《戴名世年譜》卷十二,第869、870頁)供狀與上諭相吻,劉確未曾序戴集,徐、柯、張諸家或係耳食之言。
⑧ 戴廷傑據李嶧瑞《後圃編年續稿》卷十四《小草堂稿壬辰年・與劉大山話舊詩》及《重陽前二日集陶然亭》二首中亦有劉巖,斷其詩作於八月望日之後及重陽節前,故以劉此時已出獄。《戴名世年譜》卷十二,第909頁。
⑨ 雍正元年,下詔赦妻女歸原籍,見吳楫按語。

八卷、《匪莪堂詩集》、《大山詩餘》、《大山真稿》，與徐時盛同著《燕臺唱和集》。①

翰林院修撰加一級王雲錦 雲錦字宏駿，號海文。一説字海文，號柳溪、倬亭，②晚號古愚老人。江蘇無錫人。生於順治十四年（1657），卒於雍正五年（1727），享年七十一歲。③ 康熙二十九年（1690）庚午科舉人，四十五年（1706）丙戌科狀元。授修撰。四十八年充己丑科會試同考官，④五十三年，以修撰提督陝西學政。⑤ 五十六年，徐元夢劾罷任滿學政，雲錦在其中，或即此時乞歸，晚年鍵户家居，日夕窮經，尤邃於《易》。著有《秋林集》（不傳）、《秋林讀易辨真》二集、《敬業堂窗課》不分卷、《續編》不分卷。又手輯《綱目金鑑類編》，鏤版未竣。⑥

原任翰林院編修賈國維 國維字奠坤，號千仞。⑦ 江蘇高郵人。良璧次子。生於康熙十年（1671），卒於乾隆八年（1743），享年七十三歲。早歲博通經史，工詩古文辭，善書法。康熙三十五年（1696）丙子科順天舉人，⑧

---

① 見《江浦埤乘》卷三十五《藝文》，第二十一至二十三葉。
② 倬亭之號據柯愈春《清人詩文集總目提要》卷十四（第371頁）。按，雲錦與海文意義有關聯，則一説字海文必有所據，故法式善《清秘述聞》卷十四會試同考官下云"字海文"，辨疑於此。
③ 雲錦生卒年據《錫山書目考》，轉見張慧劍《明清江蘇文人年表》，第679頁、第1020頁。
④ 法式善《清秘述聞》卷十四，第420頁。
⑤ 《聖祖實録》卷二百五十八："康熙五十三年一月丁卯"條："以翰林院修撰王雲錦提督陝西學政。"（《清實録》第六册，第548頁）法式善《清秘述聞》卷十一云"五十二年以編修任"，雲錦爲狀元，直接授修撰，此云"編修"一誤也。云"五十二年"，與《實録》不符。考《述聞》前後條亦可推其誤。前條云"潘從律……五十一年以編修任"，後條云"覺羅逢泰字廣揚……五十六年以檢討任"，學政一般情況下以三年爲期。王五十二年上任，則潘任祇一年。《萬壽盛典初集》卷十"康熙五十二年三月十八日萬壽聖節謹奉表稱賀者""督撫學政諸臣"下有"提督陝西學政潘從律"，可見潘從律五十二年尚在任上，是王不可能上任。依《實録》王五十三年上任，一任三年至五十五年，覺羅逢泰以五十六年接任，時間正合。故《述聞》此處必有誤。另，《欽定八旗通志》卷一百六十《人物志四十·徐元夢》謂五十六年五月，上諭"以科場中鑽營積習未除，主考、同考官有聲名不好者宜糾劾之，俾知警戒"，徐於是劾罷六人，又劾罷"聲名平常之任滿學政王雲錦、林之濬、車鼎晉、萬經、鄭晁魚、鶯翔等"，五十六年時王爲任滿學政，則其任期正是五十三年至五十五年。
⑥ 見《江蘇藝文志·無錫卷》引《梁溪詩鈔》卷二十五之説，江蘇人民出版社1995年版，上册，第382頁。
⑦ 朱汝珍《詞林輯略》卷二作"字千仞，號毅庵，又號奠坤"（楊家駱《中國選舉史料·清代編》，第1296頁上）。按，奠坤與國維名字相應，千仞雖亦可應合，究不若奠坤切，今不從。
⑧ 嘉慶《高郵州志》卷十之上《賈國維傳》謂康熙丙子順天舉人，因其籍貫非高郵，故有"以籍貫被劾"之事，見陳康祺《郎潛紀聞初筆》卷十二《賈國維》，上册，第267—268頁。

四十五年(1706)丙戌科探花。① 選庶吉士，散館授編修。入值南書房。② 國維爲康熙親近詞臣，故未嘗外放考官、學政。"至與修《康熙字典》《佩文韻府》諸書，考核詳明，總裁以下，每諮詢焉"。③ 五十年正月穀旦，嘗奉命敕封清修禪師提督五臺山番漢劄薩克大喇嘛鼎曾堅錯，十一月即因"行止不端"革職。④ 革職後是否即歸田，史闕不明，但《字典》刊成之五十五年閏三月，必已離開翰林院。歸休後養親教子，與兄弟友愛相依。晚年留心淮揚水利，探源竟委，纂輯成書，並曾出資重修鎮國寺塔。在院出任《淵鑑類函》（四十九年)、《御定歷代紀事年表》（五十年)之校勘官，《佩文韻府》（四十九年)纂修兼校勘官。著有《太史算》《望塵集》《毅庵詩鈔》等。⑤

翰林院編修加一級繆沅 沅字湘芷，一字澧南，號餘園。⑥ 江蘇泰州人。生於康熙十一年(1672)，卒於雍正七年(1729)，享年五十八歲。⑦ 生而嗜學，諸子百家靡不賅覽。康熙四十四年(1705)乙酉科舉人，四十八年(1709)己丑科探花。授編修，旋即充五十一年壬辰科會試同考官，⑧五十四年，召試乾清宮，列一等。五十七年以編修任湖廣提督通省學院。⑨ 旋擢官工科給事中。雍正六年除內閣學士，出按山東，官至刑部侍郎。無疾而終。

---

① 陳康祺《郎潛紀聞初筆》卷十二《賈國維》載："康熙間，高郵賈國維中鄉榜時，以籍貫被劾，特旨賜復舉人。會試落第，又蒙特賜殿試，以一甲第三人及第。賈紀恩詩云：'忽聞御宴探花客，即是孫山下第人。'"（上冊，第267－268頁。）康熙所以特別薦拔國維，因爲四十二年南巡，國維獻上《萬壽無疆》《黃淮永奠賦》，契合帝意，取入內廷供職。嗣後"恭遇慶賀讌賜大典及翠華巡幸，所至召對之下，作應制諸詩，挨藻摘詞，頃刻立就"（見嘉慶《高郵州志》卷十之上《賈國維傳》，《中國方志叢書》，第1275頁），深得聖祖歡心。

② 見張廷玉《詞林典故》卷七，《文淵閣四庫全書》本，第599冊，第629頁上。

③ 見嘉慶《高郵州志》卷十之上《賈國維傳》，《中國方志叢書》，第1276頁。

④ 《聖祖實錄》卷二百四十八："〔康熙五十年十一月癸丑〕上駐蹕大吉口地方……上命大學士等傳問九卿：'編修楊緒爲人如何？'九卿等奏曰：'楊緒爲人不端。'上諭曰：'楊緒著革職……翰林院內尚有如此等人，亦著九卿舉出。'尋九卿等舉出侍講錢名世、修撰王式丹、編修賈國維、賈兆鳳行止不端，聲名不好，俱著革職。"（《清實錄》第六冊，第462頁上）

⑤ 《毅庵詩鈔》已佚，《江蘇藝文志·揚州卷》編者疑即道光《續增高郵州志》第六冊所載之《戲彩堂詩集》，見第645頁。

⑥ 繆沅之字頗多，或説字澧南，號湘芷。而《清秘述聞》又謂字永思。以沅爲名，則澧南、湘芷均可爲字，亦可爲號。以沅、湘與屈原聯繫，則永思爲字亦可，爲號亦可。置疑於此，以備查考。《詞林輯略》卷二作"又號愚園"（第1298頁上），愚、餘同音，因有此號，此亦文人好尚也。

⑦ 閔保之《五續疑年錄》卷二據《淮海英靈集》和胡宗緒所撰墓誌，《疑年錄集成》第二冊，第540頁。

⑧ 法式善《清秘述聞》卷十四，第421頁。

⑨ 法式善《清秘述聞》卷十，第341頁。按，《江蘇藝文志·揚州卷》（第1156頁）、柯愈（轉下頁注）

參與《御纂周易折中》（五十四年）之在館校對繕寫，《欽定春秋傳說彙纂》（六十年）之在館分修校對。著有《餘園詩鈔》六卷，宋犖刻《江左十五子詩選》收《繆沅詩選》一卷，《淮海英靈集》甲集卷一收其詩五十首。《江蘇詩徵》卷一百四十三收其詩六首，《海陵文徵》卷十六收其文四篇。①沅第四子編有《餘園古今體詩精選》（一作《餘園詩選》）四卷，②又有《稜米集》③《蘭渚集》《西溪集》《浮山集》④《古鐵齋詩錄》二卷《續錄》二卷，⑤皆不存。

翰林院編修加六級蔣漣 漣字檀人，號錦風，⑥又號省庵。江蘇常熟人。蔣伊孫，蔣廷錫侄，陳錫子。約生於康熙十四年（1675）前後，卒於乾隆二十三年（1758）前後，享年八十四歲。⑦康熙四十四年（1705）乙酉科舉人，⑧四十八年（1709）己丑科進士。選庶吉士，散館授編修。五十四年充乙未科會試同考官，⑨進中允。五十九年任河南省學政。⑩雍正三年以中允任日講起居注官，四年升侍講，仍充起居注官。⑪遷侍講，升太僕寺卿。乾隆六年致仕。出任《御纂周易折中》《御纂性理精義》（均五十四年）之繕寫官，《書經》《詩經》傳說彙纂之南書房校對。著有《漱芳集》二卷、《使豫草》一卷，

（接上頁注）春《清人詩文集總目提要》卷十七（第446頁）均言其"五十六年視學湖廣"，不知何據。《湖廣通志》卷二十九"提督通省學院"下有繆沅："江南太州人，己丑進士。"（《文淵閣四庫全書》本，第532冊，第190頁上。）未注明任職年份。考《清秘述聞》繆沅前爲李周望字南屏五十四年以侍講任，後爲黎致遠字寧先六十年以檢討任，三人適隔三年一任，似無誤，故以繆爲五十七年任。

① 皆見《江蘇藝文志·揚州卷》記述，第1157頁。
② 乾隆三十八年蘊真堂精刻本，上海市歷史文獻圖書館、泰州市圖書館藏。又嘉慶二十三年（1816）王世豐補刻本。
③ 《淮海英靈集》甲集卷一云："沅平糶江西六閱月，每謂人'予此行略無所長物惟得詩七百餘篇，爲《稜米集》'。"轉見《江蘇藝文志·揚州卷》，第1157頁。
④ 三種見同治《續纂揚州府志》卷二十二。
⑤ 見《泰縣著述考》卷一。
⑥ 錦風，《詞林輯略》卷二作"錦峰"（楊家駱《中國選舉史料·清代編》，第1298頁下），未知孰是。
⑦ 漣之父陳錫生於順治十年（1653，此據張維驤《疑年錄外編》稿本，《疑年錄集成》第三冊，第342頁），以二十二歲生漣推之，則漣生於康熙十四年（1675），乾隆六年（1741）時已六十六歲，可以致仕。姑擬如此，將核實資料，進一步推算。
⑧ 《江南通志》卷一百三十三《選舉志·舉人九》，《中國省志彙編》之一，第四冊，第2252頁上。
⑨ 法式善《清秘述聞》卷十四，第424頁。
⑩ 《河南通志》卷三十五《職官六·提督學政》下作五十九年任，後任張廷璐於雍正元年任，則蔣適爲一任三年（《文淵閣四庫全書》本，第536冊，第340頁下），法式善《清秘述聞》卷十一同（第353頁）。
⑪ 張廷玉《詞林典故》卷七，《文淵閣四庫全書》本，第599冊，第625頁上。

存。另著有《鴻泥集》一卷、《中州視學記略》《唐賢瑣奏》《省庵奏疏》,編有《藝林類編》《唐詩纂要》《文苑英華類雋》《文苑英華賦鈔》《唐宋賦選要》,皆不存。①

原任監察御史八品頂帶劉灝 灝字若千。陝西涇陽人。儀恕子,涵兄。生於康熙元年(1662),卒於五十一年(1712),享年五十一歲。② 康熙二十三年(1684)甲子科舉人,③二十七年(1688)戊辰科進士。選庶吉士,散館授編修。三十一年,以編修充日講起居注官,出任三十二年癸酉科鄉試湖廣考官,④三十九年,以編修授監察御史。⑤ 巡按長蘆鹽政,"首劾去大吏,按治私販渠魁,威惠大著"。灝以御史之職,"獨被命與諸翰林修《廣群芳譜》","又與修《康熙字典》",可見其學養。《志》稱其於二書"校閱披覽,考訂精確",或非虛譽。⑥

---

① 諸書存佚情況及來源見《江蘇藝文志·蘇州卷》,江蘇人民出版社1996年版,第3023頁。《清史稿藝文志拾遺》,中華書局2000年版,下冊,第1723頁。
② 趙執信《飴山文集》卷九《通議大夫前掌河南道監察御史涇陽劉君神道碑》云:"執信與君生同年,官同僚,獨以文字相結契。"又云:"君之卒也,年五十有一。"(《趙執信全集》,齊魯書社1993年版,第480頁。)執信生於康熙元年,以此推其生卒年如上。灝之早卒,或與《南山集》案繫獄有關。徐珂《清稗類鈔·獄訟類·戴名世南山集案》云:"尚書韓文懿公菼、侍郎趙士麟、御史劉灝、淮揚道王英謨、庶吉士汪份等三十二人並別議降謫。疏奏,聖祖惻然,凡議絞者改編戍,灝以曾效力書局,赦出獄。"(第1032頁)事在康熙五十、五十一年,則灝曾因案繫獄,雖蒙恩出獄,不久下世。戴廷傑繫於五十一年春,近是。《戴名世年譜》卷十二,第893頁。
③ 雍正《陝西通志》卷三十二《選舉三·舉人下》(《中國省志彙編》之十五,第二冊,第938頁上),又《涇陽縣志》(《中國方志叢書》,第575頁)卷十二本傳。
④ 法式善《清秘述聞》卷三,第75頁。
⑤ 王士禛《居易錄》卷三十二:"四月改翰林院編修、檢討為科道官,馮雲驌、湯右曾俱給事中,彭始摶、宋朝楠、劉灝、張瑗俱監察御史。"張廷玉《詞林典故》卷二記此事起因是,"副都御史吳涵以編修、檢討人員升遷壅滯,疏請酌復變通"(《文淵閣四庫全書》本,第599冊,第461頁下),遂有此改遷。
⑥ 《涇陽縣志》卷十二本傳謂"奉命纂修《廣群芳譜》並《康熙字典》,校閱披覽,考訂精確。書成,卒於京"(《中國地方志叢書》,第575頁),趙執信《神道碑》亦謂"又與修《康熙字典》。書成,獨蒙上賞歎。僉謂且復不次用君矣,而君病,竟卒於寓舍"(《趙執信全集》,第480-481頁)。從劉灝因牽連《南山集》案下獄議降謫,而聖祖謂"灝以曾效力書局,赦出獄"一事來看,其於《廣群芳譜》《康熙字典》二書必出過大力。

（三）纂修兼校刊官一名：陳世倌①

日講官起居注翰林院侍讀加一級陳世倌 世倌字秉之，號蓮宇。② 禮部尚書詵子。浙江海寧人。③ 生於康熙十九年（1680），卒於乾隆二十三年（1758），享年七十九歲。④ 十五歲補縣學生，康熙四十一年壬午科順天舉人，四十二年癸未科進士。選庶吉士，散館授編修。五十年出任辛卯科鄉試山東副考官，五十三年五月出任甲午科鄉試廣東正考官，十月充日講起居注官。五十八年以侍讀學士任直隸省提督學政，五十九年出任庚子科鄉試順天副考官。雍正元年擢侍讀學士、內閣大學士，旋巡撫山東，復被劾罷職。乾隆初，遷左都御史、工部尚書、文淵閣大學士，十七年壬申恩科會試、十九年甲戌科會試，皆以內閣大學士出任主考官。二十二年冬以老病告休，加太子太傅，二十三年四月將就道，卒。謚文勤。充任《淵鑑類函》（四十九年）校錄官。編著之書有《養正初訓》《閨範類編》《呂新吾先生呻吟語》《十賢傳》《仁愛叢說》《訓士學古錄》《建中錄》等。

---

① 陳世倌既爲纂修官，又爲校刊官。所謂校刊，不等同於校勘。據朱彭壽《安樂平康室隨筆》卷一所云：＂本朝人所刻之書，以康熙間最爲工整，至當時欽定諸籍，其雕本尤極精良，然大都出自臣工輸貲承辦。如《全唐詩》則爲通政使曹寅所刻，《歷代賦彙》則爲詹事府詹事陳元龍所刻……《康熙字典》則爲翰林院侍讀陳世倌所刻。蓋其時士大夫中，皆以校刻天府秘笈、列名簡末爲榮，故多有竭誠報效者。自乾隆以後，凡奉敕編纂書籍，始無不由內府刊行矣。＂（中華書局1982年版，第166－167頁。）世倌海寧鉅族，財力足以承擔。由此知所謂內府出版《字典》，實由陳氏出資。

② 史貽直《光祿大夫太子太保文淵閣大學士陳公世倌墓誌銘》謂號蓮宇，《詞林輯略》卷二同（1296頁），《清秘述聞》卷六則作＂字蓮宇＂，《述聞》所記已是乾隆十七、十九年事，世倌已老，蓋以號行之，故記之於場闈，今從《墓誌銘》。

③ 史貽直《光祿大夫太子太保文淵閣大學士陳公世倌墓誌銘》叙其先世姓高，隸汴籍，始遷祖東園公贅海寧陳氏，生月軒公，少依母家，遂從母姓。《碑傳集》卷二十六，上海書店1988年版，第一册，第404頁上。

④ 世倌生平見《清史列傳》卷十六、《清史稿》卷三百零三本傳，又有史貽直《墓誌銘》，以下歷官皆據之，唯有抵牾處辯證之。生卒亦據《墓誌銘》，清張鳴珂《疑年廣錄》卷一同，並謂《三續》作七十八，疑誤（《疑年錄集成》第二册，第397頁），張維驤《疑年錄彙編》卷十案語曰：＂《三續》據《先正事略》生康熙二十年辛酉，卒年同，年七十八。＂《疑年錄集成》第四册，第669頁。

四、《字典》編纂實際年份推測

《字典》從康熙四十九年三月下詔始修,到五十五年閏三月聖祖作序之後刊成,前後六年有餘。作爲一部四五百萬字的大型語文字典,在六年中完成,仍然免不了"倉促"、"草率"之譏。① 且六年係包括刊刻時間在內,其實際編纂時間,因筆者讀書不多,未見明文記載,祇能根據已有資料,作一種推測。今存最早的《字典》是五十五年內府刻本,② 可知其完成編纂必在此之前。《聖祖實錄》《康熙起居注》《康熙硃批》等書對此均無記錄,唯趙執信《通議大夫前掌河南道監察御史涇陽劉君神道碑》云:

> 獨被命與諸翰林修《廣群芳譜》,既成上之,上大喜。使吏部叙君勞,命君扈從者再。又與修《康熙字典》。書成,獨蒙上賞歎。僉謂且復不次用君矣,而君病,竟卒於寓舍。蓋君之驟侍講幄,特換御史,及以廢官典編纂、從車駕,皆他人所謂異數,而實與君無加焉。③

執信與劉灝"生同年,官同僚,獨以文字相結契,出流俗外,而放廢亦同",爲其誌墓,應屬可信。《廣群芳譜》成於四十七年前,《字典》始修於四十九年,中間容有扈從之事,皆與所記契合。劉灝於五十一年去世,如趙執信所言屬實,則至少劉灝去世時《字典》初稿已經完成,因而得到康熙的"賞歎"。此成稿時間可與纂修官員之轉官外任相印證。上述三十位纂修人員中,除已故之外,絕大部分官員都有充任鄉試、會試主考官、同考官經歷,有的還不止一次。清代鄉會試考官例由翰林官員充任,主考取士,既聲譽卓著,又贈祿豐厚,名利雙收,因而幾乎有循例輪番之趨勢。主持會試,就在

---

① 董作賓《〈康熙字典〉的訂正》説:"在五年之間,倉促的集眾工作,免不了草率。"(《平廬文存》卷四,臺灣藝文印書館1963年版,下册,第136頁。)按,董氏誤算成五年,應是六年。
② 另有內府硃墨鈔本一部,藏故宮博物院,每半葉大字八行,每行字數不等,小字十六行,每行字數不等,正文無行格,白口,四周雙邊,單魚尾,版框高十八點二釐米,寬十二點三釐米。十四册。不知鈔於何時。
③ 趙執信《飴山文集》卷九,齊魯書社1993年版,第481頁。

京城,時間不長;出任外地鄉試考官,往來頗費時日,但猶可略而不論,更有八位在五十五年以前就已外任學政或較長時間出差,他們是:

周起渭:四十九年簡放順天學政,五十一年,任滿還京。旋奉命致祭東嶽泰山等處,半年後回。
陳　璋:五十一年以翰林院侍講學士提督順天學政。
潘從律:五十一年以編修任陝甘提學道。
薄有德:五十一年以編修任湖廣提督通省學院,五十二年遷左春坊、左贊善兼翰林院檢討。
汪　漋:五十三年以翰林侍讀學士提督浙江學政。
劉師恕:五十三年以檢討任河南學院。
萬　經:五十三年至五十五年以編修任貴州學院。
王雲錦:五十三年,以修撰提督陝西學政。

學政、學院之差,常規任期三年,少則也要一年。康熙五十三年,《字典》編纂機構中已有五人亡故,加周起渭則六人。如先後有七人出任學政、學院,計有十三人,賈國維於五十年因"行止不端"被革職,劉巖亦於五十年因《南山集》案被"革職僉妻,流三千里",所餘祗十五人在從事編纂,還有日講、擬詔草制等其他事務。若從五十一年簡放三人,五十三年簡放四人這樣的數量考慮,很可能康熙五十一年前後《字典》工作大致結束,否則聖祖簡放學政也得從編纂能否正常進行考慮。無論如何,五十三年時《字典》已經進入刊刻階段,與修的翰林官員如無其他編纂任務,無妨出任學政。但若五十一年已經完成,則前後編纂時間更少。因為康熙四十九年三月雖然下詔準備,當時的《佩文韻府》尚有少量掃尾工作,[①]至少六位校勘官還須兼顧一下刊刻事宜。其他如陳壯履、勵廷儀、蔣廷錫等七人還有《御定歷代紀事年表》的校勘工作,勵廷儀、蔣廷錫、趙熊詔等還有《御選唐詩》的校勘任務,所以正式全面進入《字典》編纂的時間須在四十九年五六月以後。四十九年六月到五十一年下半年,不過二年零幾個月,其間二位總閱官相繼逝

---

① 《佩文韻府》前說康熙四十九年十一月奉旨開載纂修監造官員職名,五十年十月奉旨刊定。今存最早版本係五十年內府刊本,

世，二位纂修官先後革職或離任，至於鄉會試之干擾，康熙帝的經筵日講、翰林院的輪值、日常文翰的草擬等工作不時地會迫使纂修官員分心應付，真正潛心編纂的時間將會更少。

五、編纂官員年齡、籍貫、身世、知識結構分析

出任鄉會試、學政學院等外差固然影響《字典》編纂速度和質量，若轉從年齡籍貫、出身和互相間關係，尤其是他們各自的知識結構考慮，也會發現這些對《字典》的質量有直接間接、或多或少的影響。

從年齡段上分析，七十歲上下的有三位，即兩位總閱官和凌紹雯，俞梅也六十多歲。五十到六十歲之間的有史夔、吳世燾、萬經和劉巖，四十到五十歲之間的有周起渭、蔣廷錫、汪灝、勵廷儀、張逸少、趙熊詔、涂天相、王雲錦、賈國維、劉瀚十人，其他則都四十歲以下，[①]陳世倌年紀最輕，祗有三十歲。這種年齡結構比較合理。

纂修官員之籍貫，與《字典》的注音關係最爲密切，不得不格外關注，現類次其籍貫按省、縣二級依次羅列如下。隸籍江蘇的有：丹徒二人（張玉書、張逸少）、溧陽二人（史夔、潘從律）、常熟二人（蔣廷錫、蔣漣）、高郵二人（吳世燾、賈國維）、泰州二人（俞梅、繆沅）、長洲一人（陳璋）、武進一人（趙熊詔）、寶應一人（劉師恕）、浦江一人（劉巖）、無錫一人（王雲錦），共十五人。浙江的有：海寧二人（陳邦彥、陳世倌）、仁和一人（凌紹雯）、鄞縣一人（萬經），共四人。直隸省、順天府的有：靜海一人（勵廷儀）、宛平一人（王景曾）、大興一人（薄有德），共三人。山西的有：澤州二人（陳廷敬、陳壯履），共二人。其他則安徽休寧一人（汪灝）、湖廣漢陽一人（朱啓昆）、湖北孝感一人（涂天相）、江西南城一人（梅之珩）、貴州新貴一人（周起渭）、陝西涇陽一人（劉瀚）。江蘇籍人竟占一半，江浙二省的人占到三分之二，這個數字足以引起注意。王力先生訂正《字典》音讀錯誤，說"最嚴重的是以吳音亂正音。《康熙字典》編者有不少是吳人，有時候不免以吳音亂正音"。[②]所以

---

① 王景曾等五人年齡無考。但王和陳璋年齡應該都不會小。
② 王力《康熙字典音讀訂誤序》，中華書局1988年版，第10頁。

《字典》中的直音,對於研究清初的吴音有很大的價值,同時,對於研究其中大量與中古音聲韻、等第不合的音讀,都可以參考纂修官的籍貫和現今的方音予以探索。①

編纂班子中三十位官員,因爲多是翰林院編修或曾經是編修以上官員,無疑都是進士。其中順治年間兩位,即總閱官陳廷敬(十五年)和張玉書(十八年)。其他均是康熙年間進士,有相當一部分都是同榜進士。康熙三十年前的有史夔(二十一年)、梅之珩(二十四年)、凌紹雯、吴世燾和劉灝(均二十七年)等五人。四十年前的有潘從律(三十年)、周起渭、陳璋、汪㶋、張逸少(均三十三年)、朱啓昆、陳壯履(均三十六年)、王景曾、勵廷儀、劉師恕(均三十九年)等十人。四十八年前的有蔣廷錫、陳邦彦、薄有德、萬經、涂天相、俞梅、劉巖、陳世倌(八人均四十二年)、王雲錦、賈國維(均四十五年)、趙熊詔、繆沅、蔣漣(均四十八年)等十三人。當四十九年下詔開始編纂時,四十八年的進士尚未散館,因爲趙熊詔是狀元,繆沅是探花,趙直接是修撰,繆是當然的編修,所以得以參與。蔣漣的參與或許與蔣廷錫有關(詳後)。

史傳陳廷敬、陳壯履父子同居翰林,共修《字典》,時人榮之。假若對其他纂修官員親屬關係作一次普查,可以稱道共榮的不僅是陳氏父子。張逸少是張玉書的長子,蔣漣是蔣廷錫的侄子,張氏、陳氏父子和蔣氏叔侄同居玉堂,共贊偉業,已占去全部纂修人員的五分之一。如果將祖父叔兄親屬曾在翰林或雖不在翰林而居高官者計之,則不止張、陳、蔣三家。史夔是史鶴齡之子,史鶴齡康熙六年丁未科進士,散館授編修,以文學書翰稱旨。②

---

① 邵榮芬先生認爲:"其實通觀《字典》的注音,雖然差不多每個字下都引録了前人的反切,但主要還是以綴在反切之後的直音爲讀音的真正歸宿。不難看出,直音所反映的都是當時的實際讀音,它們跟前人反切當然會有很多不合的地方。如果我們不把這種不合看作是正或誤的問題,而看作是語音演變的結果,那麽這類的所謂誤音反而就都成爲我們考求當時語音的有用資料了。"《〈康熙字典〉注音中的時音反映——聲母部分》,收入《邵榮芬音韻學論集》,首都師範大學出版社1997年版,第650頁。

② 見《江南通志》卷一百六十六,《文淵閣四庫全書》本,第511册,第777頁上。溧陽史氏科第之盛,翰林之衆,世所共知同羨。梁章鉅《楹聯叢話》卷九:"史氏聯云:'祖孫父子,兄弟叔侄,四世翰苑蟬聯,猶有舅甥翁婿;子午卯酉,辰戌丑未,八榜科名鼎盛,又逢己亥寅申。'考溧陽史氏,自康熙丁未,史鶴齡始入翰林;至壬戌,其子史夔繼之;庚辰,其孫史貽直繼之;乾隆乙丑,其侄孫史貽謨繼之;己酉,其曾孫史奕簪繼之。此外則其婿金壇于小謝,其甥于敏中,丹徒任蘭枝,陽湖管幹珍,並前後爲翰林。世謂海内無第二家也。若次聯所云,則史鶴齡爲丁酉舉人,(轉下頁注)

王景曾是王熙之孫,王熙順治四年進士,選庶吉士,授檢討。十五年兼翰林院掌院學士,加尚書銜。草順治遺詔。康熙即位,改兼弘文院尚書。四十二年卒。① 陳邦彥爲陳元龍之侄,元龍康熙二十四年榜眼,授編修,直南書房,遷侍讀學士,四十二年遷詹事。② 勵廷儀爲勵杜訥子,杜訥因善書試第一,由生員議叙州同,留南書房,康熙十九年特授編修,官至刑部右侍郎,四十二年卒,康熙親謚文恪。③ 潘從律爲潘麒生弟,麒生康熙二十一年進士,散館授檢討,二十九年充山西鄉試正考官。④ 趙熊詔爲趙申喬之子,申季之侄,申喬康熙九年進士,累擢浙江布政使、巡撫;申季三十六年進士,散館授編修,四十四年出任山東學政。⑤ 劉灝爲劉涵兄,涵二十六年進士散館授檢討,官至福建鹽運使。⑥ 蔣廷錫是蔣伊次子,蔣陳錫之弟。伊康熙十二年癸丑科進士,散館改御史,官至河南提學道。陳錫康熙二十四年進士,授陝西富平縣知縣,四十七年遷山東布政使,擢巡撫。⑦ 劉師恕爲國黻子,國黻康熙二十一年進士,散館改戶科給事中,官至鴻臚寺卿。⑧ 俞梅爲俞鐸侄孫,俞瀓之子,鐸順治九年進士,散館改御史;⑨ 瀓官中書。⑩ 陳世倌爲陳詵之子,⑪ 詵康熙十一年舉人,授中書科中書舍人,世倌中進士時,已任鴻臚寺卿,

---

(接上頁注)丁未進士;史夔爲辛酉舉人,壬戌進士;史夔之弟史普爲己卯舉人,庚辰進士;史隨爲戊子舉人,己丑進士;史貽直爲己卯舉人,庚辰進士;史貽謨爲甲子舉人,乙丑進士;其弟史貽簡爲癸卯舉人,甲辰進士;又史鶴齡之曾孫史弈簪爲己酉舉人,戊戌進士;史光啓爲壬申舉人;史應曜爲丙午舉人。八榜科名,彬彬可考。而合史光啓之壬申計之,實爲九榜。惟己亥寅三榜,尚闕有間。則末語'又逢己亥寅申'云云,亦尚須細考耳。"此聯播在人口,史罕其匹。

① 《清史稿》卷二百五十,中華書局1977年版,第32冊,第9693—9695頁。
② 《清史稿》卷二百八十九,第34冊,第10263頁。按,元龍遷詹事,正值邦彥中進士時。
③ 《清史稿》卷二百六十六,第33冊,第9946頁。按,《畿輔通志》卷七二勵廷儀傳謂"父子相繼直內廷二十餘年,誠敬慎密,聖祖仁皇帝有'學問既優,人品亦好'之旨"。《文淵閣四庫全書》本,第505冊,746頁上。
④ 錢實甫《鄉試考官年表》,《清代職官年表》第四冊,第2898頁。
⑤ 《清史稿》卷二百六十三,第33冊,第9912—9913頁。錢實甫《學政年表》,《清代職官年表》第四冊,第2631頁。
⑥ 參見朱汝珍《詞林輯略》卷二,第1291頁上、下。
⑦ 《清史稿》卷二百七十六,第33冊,第10074頁。
⑧ 朱汝珍《詞林輯略》,楊家駱《中國選舉史料·清代編》,第1290頁上。
⑨ 《江蘇藝文志·揚州卷》,下冊,第1131頁。按,朱汝珍《詞林輯略》卷一以俞梅爲鐸子,第1280頁下。
⑩ 見阮元《淮海英靈集》丁集卷二,嘉慶三年小琅嬛仙館本,第4頁。
⑪ 陳世倌兄弟五人皆舉人進士。兄世儁康熙丙戌進士、世儼康熙辛卯舉人、世仁康熙乙未進士,弟世侃康熙癸巳進士。見朱彭壽《舊典備徵》卷四《科名佳話》,中華書局1982年版,第97頁。

再遷左副都御史。① 萬經爲萬斯大之子,斯大於明亡隱居不仕,然湛深經術,與弟斯同名播海内。以上祖父叔兄爲翰林者六,散館改御史、給事中者三,以進士爲巡撫、布政使者二,以舉人授中書舍人者一,及子孫弟姪輩中進士時,皆已爲顯官,這對他們的選館有很强的正面影響。

清初館選沿明制,殿試畢即簡選庶吉士,方法是選而後試。如康熙九年,聖祖命内院會同吏部、禮部選新進士六十人,試以文學,分爲三等,而後欽定二十七人。因而選的中間不無親疏關係之影響。根據《清史稿·選舉志三》記載:

> 康熙間,新進士得奏請讀書中秘,輒以家世多任館閣,或邊隅素少詞臣爲言。間邀俞允。故自四十五年至六十七年科中(引按,當作"四十五年至六十年七科中"),各省皆有館選。世宗令大臣舉所知參用,廷對後,親試文藝。雍正……五年,詔内閣會議簡選庶常之法,尋議照雍正癸卯(元年)科例,殿試後,集諸進士保和殿考試,仍令九卿確行保舉。考試用論、詔、奏議、詩四題。是爲朝考之始。②

館選之權下放給大臣、九卿,且自己可以奏請申報,玉堂清望,世人所羨,所以朝中有人、翰林有親的裙帶關係自然不能擯絶。趙熊詔雖是狀元,劉師恕却是三甲第一百零八名進士,其他有關係的進士竟全部是二甲,而且大多在二甲之前十名。至於張逸少之編修爲玉書啓奏而授,陳壯履之翰林爲康熙欽點而定,已是人所共知。揭櫫這樣一個史實,並不是説《字典》纂修群體中某些人的及第等次和館選都與此有關,但翰林留館人數有限,家世、裙帶關係的介入,勢必造成留任者未必盡爲一時之選,《欽定大清會典事例》卷七百九十一曾記載這樣一則事例:

---

① 《清史稿》卷二百七十四,第33册,第10054—10055頁。
② 《清史稿》卷一百零八《選舉志三》,第3164頁。即使在朝考之後的雍正六年,時值戊申鄉試,雍正敕諭"大學士、尚書、侍郎、都御史、副都御史各大員,有子弟在京闈及本省鄉試未經中式年二十以上者,著各舉文理通順可以取中者一人",時大學士蔣廷錫子溥、刑部侍郎繆沅子標、侍郎署理倉場事務涂天相子士炳等十三人,經具奏,得旨"俱賜舉人",又京官三品以上的子孫、同胞兄弟、姪子出試鄉試,主考、房考之親屬出試會試或順天鄉試,皆別編官卷,多照顧録取。見徐珂《清稗類鈔·考試類·科場加恩大員子弟》,中華書局1984年版,第二册,第585頁。

> 四十五年……又諭吏部,選拔庶常,原以教養人才、儲備任用,庶吉士王詔等,教習日久,今加考試,滿漢書具未精通,掌院學士揆敘等督課不嚴,交督察院議處。其文義粗通者,除王式丹已授修撰外,滿書庶吉士楊尤奇、劉師恕、王景曾、史貽直、陳邦彥、廖賡謨、薄有德、蔣肇、陳世倌、王詔;漢書庶吉士吳廷楨、劉巖、宋至、楊萬程,俱照例授爲翰林院編修、檢討,仍宜不時勤加學習。涂天相、謝履忠、馬汝爲、柯喬年、萬民欽、李天祥、劉圻、楊緒、萬經……何焯,文義荒疏,俱不准授職。再教習三年。盛度、阿進泰、耿古德,文字俱劣,俱革職。①

所記之庶吉士中涉及《字典》纂修人員的有八人,滿書文義能粗通,洵屬不易;而漢文尚有"荒疏",實不應該。雖然課業與才華、學問之間不必等同,如萬經若當時確係文義荒疏,也無礙他日後在經史領域取得成就。但至少昭示這樣一種傾向:在館選沒有嚴格按照朝考成績取捨之前,庶吉士未必全部優於外放進士,散館留任的翰林官員學問、才華也未必一定淵博優贍而無瑕疵,這對翰林院擬詔草制、經筵日講以及奉敕纂書等或多或少、直接間接地會有些許影響。當然就《字典》纂修班子而言,像張逸少、陳壯履之參與,對協調纂修官與總閱官之間的文稿流轉,溝通他們之間的學術異見仍然有其積極作用。

儘管學問、才華純疵不一,高居玉堂之上,廁身天垣之間,每日擬詔草制,酬唱奉和,含咀經傳,披覽注疏,真正是"談笑有鴻儒,往來無白丁",時長日久,也必歷練成詩文作手,心性巨儒。今檢視、分析三十位纂修官員的著作,有七位著作文集無考,其他二十三人所存者以詩集爲最多,幾乎無人不有。即使爲詩文集,其文章也多是賦頌表箋、奏疏紀贊、神道墓碑之類,如《四庫》收入的《張文貞集》可爲代表。陳廷敬《午亭文編》中有雜著四卷、經解四卷,雜著如《胡氏安國夏時冠周月辨》《家氏鉉翁原夏正辨》等關涉經傳曆法,經解係詮釋《易經》之作,廷敬另有《三禮指要》一卷,《午亭史評》二卷,皆經史專著,他是詩文淵雅、學術純正的大學者,無愧爲《字典》總纂。蔣廷錫有《尚書地理今釋》一卷,係經學地理著作,編《文武淵源》,係類書。

---

① 《欽定大清會典事例》(嘉慶朝)卷七百九十一《翰林院・考試・散館》,《近代中國史料叢刊三輯》第七十輯,第 693 册,第 2540—2541 頁。

萬經晚年增補父叔堂兄之著係《尚書》《禮記》《春秋》及《明史》《年表》等，自著《分隸偶存》《漢魏碑考》亦皆學術著作，也是一位學有根柢的學者。俞梅之《孔子家語訂正》屬子書考訂，王雲錦《秋林讀易辨真》爲解經篇什。朱啓昆無著作留存，却編過《性理大全書輯要》《朱子大全集補遺》等書。統觀他們的著作與才華，雖然經史子集都有，然大多是以詩文著稱的翰林詞臣，即便有治經學者，如史夔"究心濂閩之學"，梅之珩"湛深經術"，王文錦"尤邃於《易》"，也多是在程朱系統籠罩之下的理學，而非求訓詁之切義，辨名物典制之是非的漢唐經學。尤其三十人中没有一個能在聲韻、訓詁上有所建樹或留存一卷著作。史志稱吴世燾"生平負著作才，而不欲以文章顯。在史館奉命編《淵鑑類函》《政治典訓》《康熙字典》諸書，覃研精博，館閣中交倚重之"，劉灝纂修《字典》和《廣群芳譜》"校閱披覽，考訂精確"，但吴、劉亦非學有專長的傳統小學人才。聖祖對翰林院甚爲依賴，也深知院中人才的知識結構，他曾説"翰林官有工詩賦者，有工文章者，亦有講理學者"，①又説"中國平上去入四韻極精，兩字合音不甚緊要，是以學者少，漸至棄之。問翰林官四聲，無不知者；問兩字合音，則不能知"，②可見當時參與《字典》編纂者確實没有深於文字音韻的官員。③ 聖祖的評語與翰林院官員實際知識結構和留存著作適相吻合。這種現象既繫於清初的學風，也受制於翰林院科舉選拔制度的局限。

　　編纂《淵鑑類函》《佩文韻府》之類的類書，最合適的人選就是翰林詞臣，他們最懂得用典措辭需要什麽，怎樣排列才能一索即得。而字典類工具書之編纂，除了需要有文辭、典故的類書涵養，更需要懂得文字、音韻、訓詁，長於理性思維，善於歸納排比的專門人才。《康熙字典》之得與失，應該

---

① 《聖祖實録》卷二百三十九，《清實録》第六册，第239頁下。
② 《聖祖仁皇帝御製文集》第三集卷九，《故宫珍本叢刊》，海南出版社2000年版，第547册，第七葉。
③ 清初古音之學未興，但聲韻學人才不是没有，祇是翰林院的選拔有其特殊的科舉途徑，將他們拒之門外。如著《古今韻略》的邵長蘅曾應博學鴻詞和參加會試，均報罷，著《類音》的潘耒曾試博學鴻詞入翰林，授檢討，惜兩人於康熙四十三年、四十七年先後去世。但著《古音正義》《等切元聲》的熊士伯、於五十四年編纂《音韻闡微》而精於音韻之學的王蘭生皆適當其時，且王蘭生已爲聖祖賞識（聖祖於五十八年上諭曾説"蒙養齋修書舉人王蘭生諳曉音韻之學"），竟都未能調遣來爲《康熙字典》審音。究其原因，熊僅是江西南康教授，王年僅三十出頭，在玉堂高官看來或太年輕。

從編纂官員所具有的學養，所具有的政書、類書編纂經驗和字典所需的專門知識結構，以及具體編纂時出現的種種不確定因素上去切入、思考、評判。

六、結　語

《字典》名義上是康熙四十九年三月下詔編纂，正式啟動可能在五六月以後，就目前資料揣測約在五十一年年底前後大致完成初稿。由於張玉書於五十年夏、陳廷敬於五十一年四月相繼逝世，兩人實際上沒有最終做好總其成的工作。得到聖祖讚賞的劉灝因《南山集》案牽連入獄，出獄不久病亡；至五十二年淩紹雯、史夔又先後辭世，五十三年周起渭物故，幾位耆年碩學似乎也沒來得及對初稿作修改潤飾。加之多位纂修官員在此期間還分心其他編纂任務，有幾位官員因涉案或瀆職而受處降職，五十一年、五十三年相繼有七八人外放學政。應該說，數年中《字典》纂修官員變故多端，字典機構極不穩定。就這種變動的情況分析，康熙五十三年，字典機構中纂修官員已經零落依稀。很可能在這個時刻，纂修官、翰林院編修陳世倌主動出資，承擔刊刻任務，至五十五年閏三月刊成梓行。

《康熙字典》之所以風行數百年，經久而不衰，雖然不排斥有欽定光環的因素，但平心而論，這與纂修官員認真總結唐宋元明字韻書特別是《字彙》和《正字通》的利弊得失，制訂出十八條接近或切合近代辭書編纂理論的凡例來統攝纂輯，最大限度吸取前代字韻書的精華，利用三館一院豐富圖書，使《字典》在體例、收字、音義分合、排纂、檢索上都超過以往所有字韻書有很大關係。

道咸以後中日學者指責《字典》的錯訛集中在等第、直音和書名、引文上。前者與纂修官員疏於等韻之學和江蘇吳音地區口音有關；後者啟誤多途，或緣於承襲前代字韻書之訛，或因筆誤豕亥，或係刊刻魯魚，由於其數量之多，[①]致使筆者懷疑陳世倌所刻《字典》稿是未經最後審定之稿。因爲

---

① 王引之《字典考證》改正 2588 條，筆者取與渡部溫書校核，互有漏略。而桂未辛《校正增注康熙字典序例》(1951 年排印本) 云，其未見王氏《考證》而校核出《字典》之誤達 9000 餘（轉下頁注）

康熙五十三年前後，字典機構人員星散，工作基本處於停滯狀態。

二〇〇七年三月十七日
至四月十五日初稿
五月八日第五稿

（接上頁注）條。王力《康熙字典音讀訂誤》訂正音讀訛誤 5200 條，渡部溫《考異正誤》訂正 5930 條（豬野中行《標注訂正康熙字典序》謂"凡考異 1930 餘，訂誤 4000，補前人之缺"），加之日本都賀庭鍾、都賀枚春《字典琢屑》等所舉，上一世紀數十篇論文所指，即使刪去重復，保守估計也有一萬幾千條。

孫詒讓石刻學成就初探

　　光緒三十四年（1908），有清一代朴學殿軍孫詒讓與世長辭，享年六十一歲。孫氏生前將《墨子閒詁》請長輩俞樾作序，俞序曰："蓋自有墨子以來，未有此書也。"① 以《札迻》請序，俞序曰："仲容學過於余，而年不及余，好學深思，以日思誤書爲一適，吾知經疢史恙之待治於仲容者，正無窮也。"② 可見這位前輩對他推崇備至。孫氏没後，一時海内碩學俊彦如章太炎、劉師培、羅振玉、梁啓超、曹元弼、張爾田、姜亮夫等皆有贊辭，③ 然所譽多在《周禮正義》《墨子閒詁》和古文字方面，唯鄉後裔私淑弟子李笠在《我對孫先生仲容的認識》一文中曾說："先生又搜集瑞安、永嘉附近的古磚，著《古甓記》，這都屬於地方性的新材料的整理。"又說："《東甌金石志》一書，雖與戴咸弼合作，而先生之功居多。"④ 雖提及其石刻學，却語焉不詳。《周禮正義》一書固然是懸諸日月而同輝的名著，《墨子》確是至孫氏《閒詁》始能讀通，古文字亦數他爲開山之祖。但孫詒讓的成就是多方面的，在繼承乾嘉考據學，疏通經、子的同時，碑版磚銘也是他紹繼嘉道以還石刻學的一個重要方面。可惜一百年來，竟無專文論述。究其原因，《漢石記目録》迄未刊行，《温州古甓記》流傳不廣，《東甌金石志》銜名次於戴咸弼之後作爲校補者，石刻跋文僅二十篇，載於《籀膏述林》卷八，故不爲人所注意。兹就以上

---

① 俞樾《〈墨子閒詁〉序》，中華書局 1986 年版，第 2 頁。
② 俞樾《〈札迻〉序》，中華書局 1989 年版，第 2 頁。
③ 姜亮夫作《孫詒讓學術檢論》，對孫氏學術全面評介，但也未涉及其石刻成就。《姜亮夫全集》卷二十《史學論文集》，雲南人民出版社 2001 年版，第 528—567 頁。
④ 《圖書展望》復刊號，轉見《瑞安文史資料》第十九輯《孫詒讓學記（選）》引録，天馬圖書有限公司 2000 年版，第 53、54 頁。

相關著作，聯繫孫氏早年的語言和文獻學功底，以清代石刻學爲背景，來窺探這位一代學人在石刻學上所取得之成就。

一、清代石刻學之興盛

碑刻之集錄雖可上溯至南朝梁元帝所撰《雜碑》二十二卷、《碑文》十五卷和謝莊所撰《釋氏碑文》三十卷，但當時或僅是集錄，並非研究；北魏酈道元《水經注》多用碑刻來印證史地，也祇是自然地運用。真正有意識地爲存古和研究之用，應從歐陽修《集古錄跋尾》和趙明誠《金石錄》爲始，自後劉球《隸韻》、婁機《漢隸字源》等轉從文字的辨識上用功。至洪适撰成《隸釋》二十七卷《隸續》二十一卷，萃著錄和考釋於一書，真正將石刻研究引上軌道。元明兩代，雖有繼踵，却未能超越。清代自顧炎武《金石文字記》《石經考》、萬斯同《漢魏石經考》《唐宋石經考》以下，一時各種金石著作如雨後春筍，遍地而生。據容媛《金石書錄目》所載，自宋代至乾隆以前的金石書僅六十七種，而乾隆以後却多達九百零六種。① 這些內容側重不同、形式各異的著作，金石學家陸增祥曾作過歸納，他說：

> 著錄之家，本朝極盛，薈萃成書，奚啻百數，有限以時代者，有限於一省者，有限以一省並限以時代者，有限以一郡者，有限以一邑者，有限以域外者，有限以名山者，有限以一人者，有限以一碑者，有別以體者，有敘以表者，有繪以圖者。其上追秦漢，下逮遼金，近自里閈，遠迄海外。總括而考證之者，亦不下數十家。或宗歐、趙之例，著目錄加跋尾；或宗洪氏之例，具載全文；或勘前人之訛，或補前人之不足。②

陸氏於每類之下均舉列相應之著者、書目，以實其說，如"限以時代者"下舉

---

① 參見中研院史語所單刊乙種之二《金石書錄目》，商務印書館1936年版。容氏書分爲十類，其中所載之書多金石不分，蓋古人多將金石並列。此資料依趙超《中國古代石刻概論》第三章所統計，文物出版社1997年版，第126頁。
② 陸增祥《金石續編序》，《金石萃編》附，陝西人民美術出版社1990年影印本，第四册，卷首第一葉B。

"翁氏《兩漢金石志》、嚴氏《漢金石例》、申氏《涵真閣漢碑文字跋》、范（疑是"萬"字之譌）氏《分隸偶存》"等等，於此可見著作、種類之多。孫星衍、邢澍之《寰宇訪碑錄》十二卷集錄石碑、磚瓦7000餘目，主要依據邵晉涵辦《四庫全書》時所得石刻，加上王昶、錢大昕、翁方綱等金石家郵寄拓本及邢澍所藏彙集而成，非親自踏勘搜訪，所以趙之謙有《補寰宇訪碑錄》五卷，羅振玉有《再續寰宇訪碑錄》二卷，劉聲木有《續補寰宇訪碑錄》二十五卷，皆補孫書所未備。諸家所以能一補再補，實因碑石散在荒山野地、足跡罕至之處，一二志士難以薈萃搜集，於是集錄一省一縣一邑之碑刻者趁勢而起，或志目錄，或集圖像，或作考訂。其中阮元《兩浙金石志》、李遇孫《括蒼金石志》、畢沅《中州金石記》、《山左金石志》（阮元同撰）等皆其著者。同時嘉道以下所修撰之方志，大多有金石志卷。① 關於文字、史實之考訂，自顧炎武、朱彝尊而下，錢大昕《潛研堂金石文字跋尾》能從經、史、小學等不同方面揭櫫石刻內涵，爲世所推崇，他如武億《授堂金石跋》、嚴可均《鐵橋金石跋》、葉奕苞《金石錄補》、趙紹祖《古墨齋金石跋》、勞格《唐尚書省郎官石柱題名考》等亦多能以碑證史補史，各有貢獻。總之，清代嘉道以下之石刻研究，尤其是搜集鄉邑的碑刻文字，並與鄉邦文獻互證，已成爲一時風氣。孫氏身丁其世，不能不爲其風所染。

二、孫詒讓石刻學的語言文獻學養

古代碑刻所蘊含之信息量十分豐富，文辭古奧、俚俗均有，字形訛俗混雜，史實邈焉難徵。故讀碑首先必須具備語言學功底，對文字、音韻、訓詁有深厚的涵養。其次是對歷史文獻的熟稔，俾能與碑刻史實交互印證。再次是掌握必要的古代曆法專門知識，使殘缺不全的紀年得以恢復其確切的歲月時日。要深刻理解孫氏在石刻學上所取得之成就，很有必要揭櫫其在以上幾方面的素養。

文字音韻訓詁學素養　孫氏接觸小學始於何時無考，但其十三歲（1860）時，已草《廣韻姓氏刊誤》一卷，十五歲（1862）增删爲二稿，十七歲

---

① 容媛《金石書錄目》統計方志中之金石志有二百九十七部。見該書"方志中金石志目"類。

(1864)潤飾爲三稿,十八歲(1865)修改定稿,分上下二卷。此書雖爲勘正《廣韻》中姓氏之訛誤,但其接觸、利用韻書之早,已可概見。同治七年(1868)購得明内府本《廣韻》,同治十一年(1872)又購得元本《廣韻》,並有題記。與此同時,得到阮刻薛尚功《歷代鐘鼎彝器款識法帖》,讀之愛玩不釋,嘗取《考古》《博古》兩圖及王厚之《復齋款識》、王俅《嘯堂集古録》互相讎對。① 又曾取《六書故》與莫友芝《説文木部》對勘。② 十二年(1873),從唐端夫處借得顧廣圻《説文辨疑》、翁方綱校本宋婁機《漢隸字源》、馬釗《集韻校勘記》等,傳鈔手録之。關於《集韻》一書,當其二十歲在杭州闈試中式後曾購得羅以智校本,記云:"吾鄉方雪齋先生成珪嘗輯衆本讎校,爲《集韻校正》若干卷,稿本今藏邑中項氏,今嘗欲借録,未果也,丁卯八月。"③但最終於光緒五年二月將方氏《集韻考正》十卷刊成。《集韻》搜羅異體字極多,有助於石刻中異文俗字的考訂。孫詒讓前後數年關注此書,無疑對其石刻研究有莫大的助益。

文獻目録學素養 孫氏八歲從父親衣言受《四子書》和《周官經》,十二歲受詩法。十六七歲時,讀江子屏《漢學師承記》及阮文達公所集刊《經解》,已略窺通儒治經史小學家法。④ 父親孫衣言是一位熱心鄉邦文獻整理的學者,不僅搜輯溫州地方史資料彙編成鉅著《甌海軼聞》五十八卷,還創建玉海樓,入藏古籍圖書八九萬卷。據後人統計,玉海樓所藏溫州鄉賢遺書達462部。而詒讓在光緒三年,亦手撰《徵訪溫州遺書約》,可見玉海樓所藏,乃父子兩代人努力不懈的結果。尤其孫衣言纂輯《永嘉叢書》,詒讓協助校勘,如《浪語集》《水心集》《橫塘集》《蒙川遺稿》《止齋先生文集》等,都經詒讓奉父命讎校、勘覆而梓行。這些文集也都成了他日後考證東甌地區碑版、摩崖文字的最直接資料。作爲掌控書海的書目,對於一個學者來説無疑是一把鈐鍵。一般學者祇是備置查閱,而孫詒讓却不僅閱讀,還動手編纂。同治八年(1869),二十二歲的他開始編纂《溫州經籍志》,爲了纂

---

① 見孫詒讓《薛尚功鐘鼎款識跋》,《籀廎述林》卷六,《孫籀廎先生集》,臺灣藝文印書館,第二册,第332頁。又戴家祥《斠點名原書後》,齊魯書社1986年版之末。
② 見孫延釗《孫衣言孫詒讓父子年譜》"同治三年"下《六書故識語》,上海社會科學院出版社2003年版,第60頁。
③ 見孫延釗《孫衣言孫詒讓父子年譜》"同治六年"下,第60頁。
④ 見孫詒讓《札迻序》,中華書局1989年版,第2頁。

輯此書,他不斷閱讀、揣摩張金吾的《愛日精廬藏書志》,同治十年(1871),寫定邵懿辰遺著《四庫簡明目錄標注》二十卷,將家藏之本附注於後,次年又加校勘。張、邵二書都是題跋、目錄名著,詒讓用功於斯,等於爲正在纂輯的《溫州經籍志》懸例張目。① 八年以後,《經籍志》纂成。這樣的藏書特色和校勘、編纂的經歷,對於日後考訂石刻文字,無疑會遊刃有餘。

古代曆法知識素養 曆法是一種專門的學問。尤其漢代太初曆以前的所謂古六曆,曆家更是人各一説,難以補述復原。孫詒讓光緒元年(1875)二十八歲那年,撰成《六曆甄微》,分《曆經》《曆議》《曆譜》《曆徵》《四分術鈐》各一卷,都凡五卷。於六家之佚文、歷代之議論、黄帝以下之曆譜及《淮南》《易緯》《周髀》中相關之數術皆有論列。即此一書,可知其對於曆法之精熟;即此一書,可理解其在石刻考證過程中對劉羲叟《長曆》、錢大昕《四史朔閏表》等書運用之純熟。

以上僅是圍繞孫詒讓石刻學養基礎略加表述。孫氏自十八歲撰《白虎通校補》,二十歲以前即積累《札迻》資料,二十六歲(同治十二年)起草《周禮正義長編》,以及群書之校勘,都是其經子功夫不斷積累的表徵。尤其是二十五歲(同治十一年)撰《商周金識拾遺》三卷,及其後所撰之《古籀餘論》等,又都是他貫通籀篆隸楷、正體別字之文字學素養的顯露。三十歲時,訪杭州丁丙,得觀嘉惠堂八千卷樓秘藏之盛。凡此種種,日積月累,都積澱爲他考證碑刻磚銘的深厚學殖。

三、孫詒讓對碑刻、古磚的徵集、搜拓與校讀

一個學者一生學問的路向固然有其必然性,但必然性中仍有其偶然因素在。孫詒讓生活在古文學家孫衣言的家庭中,完全可以走永嘉學術研究之路,但他却執意走上經子考據之道。考經證子,《周禮》《墨子》之外,可爲者尚多,他却花一定精力在石刻上。晚清石刻學的興盛固然是客觀現實,但這僅是外在原因。孫詒讓之所以會從事石刻研究,還有一段因緣。同治

---

① 孫詒讓雖云《溫州經籍志》以《四庫提要》爲參照標準,但亦廣泛參考各種書目體式,比如對於習見之書的序跋,皆僅存目,就是依照張氏《愛日精廬藏書志》,見其書"叙例"。

三年(1864)，十七歲的孫詒讓在侍父於壽州的官齋中，從知州施照幼子手中收得元管軍上百户銅印一枚，同時得到晉太康三年磚一塊，這是他收集古印、古磚之始；同治九年(1870)，友人贈與富貴磚及殘磚各一塊，他從篆法上審視以爲是漢代之物，便請工匠雕琢爲研，刻銘於上：這都爲其十多年之後從事石刻研究種下了因緣。自此之後，他徵集、搜羅拓片、碑刻、古磚的興趣日漸濃厚。

同治十年(1871)正月，詒讓與妹夫楊晨北上應禮部試，道出京口，游金山、焦山，手拓漢定陶鼎及唐經幢石刻。十二年臘月，校讀《唐房玄齡碑》，補正王昶《萃編》所收本之缺文逾百字，復以史傳考證碑文所載事實作跋。十三年(1874)正月，復與楊晨北上應試，再赴焦山海雲堂觀摩《瘞鶴銘》並手拓之，①八月，錢泰吉高弟唐端甫家富藏書，以《齊天造像拓本》見貽，亦手録並爲之跋，十二月，檢校篋中所藏《吳禪國山碑》和《漢豫州從事孔褒碑》，附以王念孫《漢隸拾遺》之説。光緒元年(1875)正月，校讀《北齊殘造塔銘》，略有補正。光緒二年(1876)五月，校讀《北魏始平公造像記》，閏五月校讀《北魏孫秋生等造像記》《唐胡佺墓志》《唐張詵夫人樊氏墓志》《晉贈太傅羅周敬墓志》等，依拓本審覈校補。八月，同邑薛子樞遇辰先生以所藏興和殘磚拓本見貽，此磚薛從燕人收得，詒讓考定其爲東魏鄴宫遺物。十二月，重讀羅以智《漢嚴季南摩崖拓本跋》，取《十二研齋金石録》校勘一過。以上尚祇是一年數次用功於石刻，有順道訪拓，有朋友饋贈，也有篋藏重讀。自光緒四年(1878)起，他對碑刻拓本更爲專注。其年二月，詒讓與從弟詒燕同至陶山訪碑，乘潮上駛，過焦石，登覽石塔紹興辛巳題記，並拓得兹刻。又訪得宋天禧四年陶山寺佛頂尊勝陀羅尼經幢、治平二年陶山寺井欄石刻，寶慶二年鯉魚山摩崖及元貞隱處士張公墓碣，手拓以歸。至秋，校讀《漢執金吾丞武榮碑》《北魏劉洛真造像記》。五年(1879)二月，一連校讀隋唐墓志十餘方，每一方皆有刊謬補缺。② 同時，他開始致意於古磚的搜

---

① 孫詒讓《題焦山定陶鼎拓本詩叙》："余同治辛未、甲戌兩游金、焦，曾手拓二鼎並《瘞鶴銘》、唐經幢諸石刻，古緣駢萃，其樂無量。"蓋即指此。
② 該年讀校之碑有《唐幽州昭仁寺碑》《唐郭思訓墓誌》《唐馮氏婦墓誌》《唐賀蘭氏墓誌》《唐無畏不空禪師塔記》《唐劉感墓誌銘》《唐張安生墓誌》《唐少林寺神王師子記》《唐盧朝徹謁嶽廟文》《唐嵩山會善寺戒壇記》《唐吳達墓誌》《唐尔朱逵墓碣》《隋趙芬碑記》等，其校讀之記必有可觀，然不見於《籀廎述林》，或僅是題記於拓片上，故録其目，以備採訪。

集。十多年前，他曾先後搜到過晉太康三年磚、漢富貴磚和永嘉松臺山凈光寺塔宋元祐、熙寧諸磚，光緒五年又收藏一方漢五鳳三年磚研，即此有感於阮元之《兩浙金石志》搜録浙地漢至五代磚文八十餘種，而溫州古甓竟付闕如，於是與林祁生和周伯龍、仲龍兄弟搜訪郡邑石刻古磚，冀得唐以前物。天道酬勤，果於縣城西門内西峴山巔得宋元嘉某年磚、十四年磚，於東郊外菜圃牆間得梁天監十年磚，亟傳示同好，矜爲創獲。

孫詒讓真正大批量地獲得古磚，是在光緒六年(1880)十月一個偶然的機緣，當時他奉父命去蓋竹山爲先塋封土督工，回來時路過廿四都下灣，在古塚旁驚奇地發現零甓滿地，仔細審視，"其磚皆隱起有花紋，字畫粲然可辨"，竟是晉太和二年磚。一時欣喜若狂，拾得數塊完整者，歸以示林、周諸君，相與驚歎累日。但鄉農聞而聚觀，却不以爲然，謂鄉間破塚塊堙，到處都是。於是相率引導詒讓往水西洞山、林奥和尚山、東壇山、廿六都塔山、西峴山、隆山、萬松山、周湖山等處尋訪，"短屐長鑱"，"得晉至梁磚無慮數十種"。① 這個意外的發現和收穫，使得他搜訪古磚的信心大增。此後的一年多時間裏，或鄉人見告，或得閒尋訪，所得古磚，與日俱增。光緒八年(1882)秋，詒讓檢視收藏的晉、宋、齊、梁、陳之古磚已逾百種，遂將自己的居室命名爲"百晉精廬"，別署"百晉陶齋"，以志古磚駢萃之緣。次年，趁闈試進京之便，請國子監祭酒王懿榮爲題"百晉精廬"、"百晉陶齋"篆隸兩額。就在這一年，詒讓的《溫州古甓記》和戴氏增訂本《東甌金石志》刻成，之後他傾精力於《周禮正義》和《札迻》《名原》等書的撰作，間有朋友惠示石刻拓本，亦偶作跋語，② 而基本上已很少和石刻交道。

四、孫著石刻三書成書過程

孫詒讓從十七歲時搜得晉太康古磚一塊，到三十六歲校補《東甌金石志》成，前後二十年，尤其是最後幾年，對石刻可謂近於癡迷。但所留下的

---

① 參見孫詒讓《溫州古甓記叙》，中華書局活字本1931年版，第一頁B。
② 如光緒二十二年(1896)同里林向蘩惠示《孝寬塔銘殘拓本》，詒讓曾爲之作跋語數行於後。跋文見《孫衣言孫詒讓父子年譜》，第276頁。

著作，僅一《目》一《記》一《志》和數篇題跋而已。下面對各書之成書過程略作考證。

一《目》即《漢石記目錄》，二十三卷，一小册，改定的稿本所錄漢及三國石刻計一百六十六種，按勒石年月編次先後。手稿今存浙江大學圖書館，上有朱筆批校並跋記。孫延釗云："寫定《漢石記目錄》一小册，所錄漢及三國石刻倍於翁氏《兩漢金石記》石目……翁《記》文字間有缺誤，復一一詳審拓本，旁稽它籍，爲之補正，隨筆綴識於翁《記》册端。"①無疑，《目錄》係增補、擴充翁《記》之作。翁方綱曾於乾隆年間編纂《兩漢金石記》二十二卷，爲斷代金石之首創性著作。其首二卷爲年月表、卷次、碑目及對《集古錄》《隸釋》《隸續》等目次之考訂，卷三以下爲碑刻文字考釋。計所收碑目、碑文包括所附曹魏、孫吳碑九種不過八十九種，遠非漢代所存碑刻之全部。②據孫氏《目錄》跋記云："光緒丁丑，增定此目，凡漢及三國石刻共一百六十六種，中容記。"是超過翁《記》一倍。《漢記》增定時間雖爲光緒三年，原稿則必早於三年。《籀廎述林》卷八《吳禪國山碑跋》末云："同治甲戌十二月，偶檢篋中弄本校讀一過，遂拉雜記之。"③此跋殿於八篇漢碑跋文之末，故其他跋文後雖未署年月，頗疑皆爲十二年以前所作。若此推測不誤，則同治末年前後，詒讓以翁《記》爲藍本，參照《集古錄》《隸釋》《隸續》《金石萃編》等有關著作，搜輯、鈎稽兩漢三國碑刻，企圖完成一種漢代石刻總目。光緒三年跋記原用朱筆書寫，數字記爲"一百五十八種"，後用墨筆改爲"一百六十六種"。④檢視正文卷三"□府御史河南□令王稚子闕"、卷十一"□□靈臺碑"、卷十四"□州刺史魏元丕碑"、卷十五"幽州刺史朱龜碑"、卷十六"小黃門譙敏碑""圉令趙君碑"、卷十七"上庸長司馬孟台神道殘字"、卷二十三"禹陵窆石題字"等八種碑目，整理者皆云"此條朱筆書寫"。又朱筆點勘誤字多處，如卷二十"元帝廟畫象題字"，朱筆改"帝"爲"聖"。據此，浙大稿本存在兩種情況：一種是同治末年初稿完成，光緒三年十二月增補八種，點勘誤字，作跋記一行；另一種可能是同治末年完成初稿，光緒三年點勘誤字，作跋記一行，不久又增補八篇目錄，乃用墨筆改朱筆之"一百五十八"爲"一

---

① 《孫詒讓學記·著述考》"漢石記目錄"引錄，第34頁。孫延釗《年譜》文字略同，第159頁。
② 翁方綱《兩漢金石記》卷二十二，乾隆五十四年刊本。
③ 《籀廎述林》卷八，《孫籀廎先生集》，第二册，第468、469頁。
④ 筆者未見原稿，此處敘述據祝鴻傑先生整理本之附記。

百六十六"。但從"增定此目"四字著眼,似以前一種可能性爲大。

一《記》指《溫州古甓記》,一卷。光緒五年(1879)間,詒讓與同郡林祁生、周伯龍兄弟致意於郡邑石刻磚銘的收集,稍稍得一二古磚。六年,因督工先塋而得晉建元、永和、升平、宋元嘉等磚。又因鄉農引訪導尋,一時所獲頗多。於是草《瑞安古甓記》,將所藏古磚依年代次其先後,並予著錄、考證。據孫延釗《年譜》謂此稿已有"自叙於册端"。光緒七年(1881)正月,續得宋元嘉廿三年磚、宋太豫磚、齊永明七年磚;二月,又在永嘉古城得古磚二十一種,大都是晉、宋間古物。此後數月至光緒八年(1882)冬,每有新得。此時數量上已超過《瑞安古甓記》所載,地域上也超出瑞安一地,所以增補舊作,易名《溫州古甓記》。書中收錄自晉至南朝宋、齊、梁、陳年間溫州地區發現的古磚約120方。每方依年代擬其磚名,錄其原文,次則詳細標明該磚長、廣、厚之尺寸,磚文花紋、字體、出土地點、藏所。而後另起一行對磚文年號、俗字、姓氏、稱謂、官秩等詳細考證。今存手稿一種,藏浙江大學圖書館;鈔本三種,分别藏玉海樓、溫州圖書館、溫州博物館;刊本一種,係鄉後裔、瑞安縣立通俗圖書館圖書部主任陳準交由中華書局一九三一年排印本。

一《志》指《東甌金石志》,十二卷,光緒九年(1883)刊本。署名爲:嘉善戴咸弼鼇峰纂輯,瑞安孫詒讓仲容校補。戴咸弼字鼇峰,嘉善人。同治、光緒年間官溫州府學教授。耄而好學。著作除《金石志》之外,尚有《史學津逮》《瑣語錄》等。① 此書成書過程及内容甚爲複雜委曲,謹述如下:

在阮元《兩浙金石志》、李遇孫《括蒼金石志》的影響下,戴咸弼有感於《溫州府志》碑碣寥寥無幾,摩崖僅存一二,深以爲是地方文獻之缺憾。同治九、十年間,他在溫州郡庠得五方宋元碑刻,皆阮、李二書所未載,遂有纂輯之念。於是登峻嶺,探幽谷,與其子文佐、文儁於榛莽之中,蒐羅摹拓,四易寒暑,始成《東甌金石志》十卷,補遺一卷,附錄一卷。前十卷依年代錄西晉至元的摩崖、石刻、題名,爲正文。正文甫刻成,已發現排列、考證各種問題,於是有"金石志初校記"之刻,如謂"石佛洞題名碑宜入附錄"(卷三)、"嘉福院浴鑊宜在張文君丹爐内題記之次"(卷四)、"李公秉趙景仁仙巖題

---

① 生平行歷參見孫衣言《東甌金石志叙》、董樸垞《孫詒讓學記·交遊考》,《瑞安文史資料》第十九輯,第235—236頁。

名，公秉，李鈞字，元豐中以朝請大夫知温州"（卷三）等，將此校記置於第十卷之後。復次爲"補遺目録"，後題"永嘉傅傳省三、瑞安孫詒讓仲容參校"；"卷十一補遺"，下題"嘉善戴咸弼鼇峰輯"。此卷考證下多題"詒讓案"、"傅傳案"，蓋文字爲二人所撰。復次爲"附録目録"、"東甌金石志卷十二"，亦題"嘉善戴咸弼鼇峰輯"。

本書凡例之下落款爲："平陽徐引之淞樵、泰順林用霖亨甫參訂，男文佐星才校字，文儁玉生參校。"正文著録之後，多有考證文字，每題"引之案"、"用霖案"、"文儁案"等，即署款所謂"參訂"、"參校"者。①但也有多則"詒讓案"，如"王孝和等仙巖題名"、"薛良朋壙志"、"沈樞仙巖題記並詩"、"鐵井闌題字"等，此即凡例所言："益以孫仲容孝廉郵寄數種，考覈精詳，亟爲録入。"是本書第一次刊刻時，詒讓已經參與其中。但光緒刻本是一本倉促而不完善的本子。戴氏在凡例中説：

是書草創，尚無定本，有前此未見者，如葛稚川"小岩棲"三字，宜列卷首，有簡册可據，石泐無存；或不知年代，如"昇台"二字之類。初擬一例編入，經王子莊孝廉商定，別列存目一卷，遂移置於後，故未經鐫板，先用活字排印，以免削牘之煩。

《兩浙金石志》所收碑刻至元而止，然前明距今遠或五百年，近亦二百餘年，磨崖碑碣，漸就湮没者不少。今就所見，略加甄録，釐爲續編若干卷。

金石文字，可以訂史氏之缺遺，證志乘之訛謬，末學膚受，何敢問津。惟孫琴西方伯昆仲馳書敦迫，勉焉屬稿。知不足登大雅之堂，識者鑒其荒陋而卒教之。②

從以上三條凡例得知，戴氏另有存目一卷未鐫版，還有温州明代摩崖若干卷尚藏篋中。此書原爲戴氏收集摩崖碑碣之作，自謙未敢以訂史證志自居。祇是孫衣言、孫鳴鏘兄弟之敦促，才將自己和各位的考訂文字附於摩

---

① 凡例也説："淞樵則於椎拓時間綴跋語，儁兒亦如管中窺豹，略見一斑，皆書某人案以別之。"
② 光緒二年本《東甌金石志》凡例，《石刻史料新編》第十五册，臺灣新文豐出版公司印行，第11504頁下。

崖碑刻文字之後以行。檢視此本案語情況，戴氏之案語不多，也不見精彩，他的謙虛確是一種自知之明。因爲初刻本不是定本，故六七年之後有重刻之舉。

光緒七年，永嘉縣知縣張寶琳領銜纂修縣志，委王棻爲總纂，戴咸弼爲協纂，孫詒讓分纂。孫衣言父子出所纂《甌海軼聞》《溫州經籍志》及家藏秘笈數千卷，寄存志局，以備採擇。張、王領銜而已，主其事者實爲戴氏。戴氏雖爲長輩，素知詒讓學問淵博，每相請教。① 此時戴氏將所輯《金石志》中的永嘉石刻入縣志卷二十二"金石志上"，藏篋之明代摩崖碑刻盡入卷二十三、卷二十四"金石志中、下"二卷。此時詒讓所纂《瑞安古甓記》已成書，而所得古磚正日益增多。逮八年縣志修成時，詒讓已將《瑞安古甓記》擴充爲《溫州古甓記》。戴、孫二人同在志局，往來密切，遥想在纂輯縣志金石志時，磋商尤多，而初刻本《東甌金石志》中存在之種種不足，在縣志的纂輯中日益顯現，由此進而商議由孫詒讓進一步對原書進行校補，重新刊版。這個計畫得到孫衣言之贊同，準備收入其所編之《永嘉叢書》中，所以他在八年十一月先爲作序一篇，略云：

> 《東甌金石志》者，予友嘉善戴君咸弼之所爲也。君草創此稿蓋十年以來。比予歸自金陵，君時來假所藏書加之考訂，而意殊不自足，復屬予子詒讓爲之補校。詒讓又以所得石刻及晉、宋、六朝磚文益之，遂成書十有二卷，將以附予所編《永嘉叢書》中。②

從序言得知：將《溫州古甓記》附入《東甌金石志》作爲第一卷，是戴氏與孫氏父子事先謀劃而定的；八年十一月基本編定此書，但尚未刊刻。孫詒讓的校補工作，應在此序之前，縣志於八年六月刊成，最有可能是六月至十一月間，但若兩人在修志時商定，且商定後即著手進行，則時間尚須約略推前。孫衣言原擬將此書收入《永嘉叢書》，但到九年刊成，衣言爲署檢書名，③却没有編入《叢書》，原因不明。據詒讓之子孫延釗所記，此書刊成，

---

① 戴咸弼《永嘉縣志序》曰："所幸太僕哲嗣孝廉君詒讓博雅淹通，近在咫尺，每有疑義，輒移書諮詢，獲益滋多。"《續修四庫全書》本，上海古籍出版社，第 708 册，第 3 頁下。
② 見光緒九年版《東甌金石志》卷首，第一葉。
③ 朱芳圃《孫詒讓年譜》(《民國叢書》第四編，第 86 册，第 52 頁)繫《東甌金石志》於光（轉下頁注）

"詒讓復重加校勘箋正十餘處,補訂奪誤五十餘字,而於柯謙《重建郡學碑》、柳貫《重建永嘉縣學碑》、釋廷俊《仙巖修塔碑》、陳高陳文俊《惠澤記》,並依精拓本覆審一過"。①

比較初刻本與重刻本之異同,戴、孫二氏之案語都有增補與改正。卷四"楊景略丹霞山摩崖",初刻本說"楊景(路)略無考",重刻本說"楊康公,洛陽人,見東坡詩"。同卷"周開祖湖潢山題名"初刻本無此刻,重刻本孫詒讓案語前有戴氏考證八十五字。重刻本卷十一"曾堅等鳳山題名"孫詒讓案語之後又有"咸弼又案"語,卷十二"龍鼻洞摩崖九種"戴氏案語中有"仲容云"一語,可見詒讓校補之後,戴咸弼於刊刻時又隨手略補心得,期間或新得石刻,復又請教詒讓,遂有各種增補之形式。該書各卷下題"嘉善戴咸弼鼇峰纂輯、瑞安孫詒讓仲容校補"。從案語則數統計,重刻本中相當一部分石刻都有孫詒讓的校補文字,用"詒讓案"綴於戴氏及引之、文僎等案語之後;從字數統計,重刻本比初刻本多二分之一,如果除去磚文、碑刻正文及石刻出土地點、流傳、形制等描述文字,再以戴氏、引之、亨甫、文僎及詒讓案語分計,則孫詒讓在本書中占絕對多數。所以,《東甌金石志》一書雖然由戴、孫二人署名,戴的草創之功固不可沒,然就所佔學術比重而言,將之劃歸為孫詒讓著作是允洽的。

《古甓記》定稿的同時,詒讓已經在校補《東甌金石志》,並將《古甓記》移作《金石志》第一卷。經校核,《記》《志》文字基本一致,著眼於此,也可以說他留下的石刻著作是一《目》一《志》。除此之外,《籀𢈪述林》卷八有十八篇石刻題跋。題跋中以漢碑漢刻居多,有七篇,秦兩篇,吳兩篇,晉一篇,北齊、北周、趙宋各一篇,唐三篇。卷七有《魏鄴宮殘專拓本跋》一篇。根據《年譜》所載,詒讓在二三十歲時所校讀過的碑版遠遠不止這些,好多題記隨拓片輾轉流傳,已不復能夠聚集,為後世探討其石刻成就留下些許遺憾。

至於朱芳圃《孫詒讓年譜》同治十三年甲戌下錄《籀𢈪述林》卷八碑版跋文篇目而云:"又張謇撰先生墓表,載其遺著有《百晉精廬碑錄》一卷,其書

(接上頁注)緒八年,蓋均從孫衣言作序之年,不妥。因為是年夏季詒讓尚陸續得"晉徐孝子磚""晉陳卓人磚""梁天監元年磚"以及"陳天嘉殘磚"等,此皆其磚錄中重要之物;《溫州古甓記》係是年冬整理而成,也是縣志纂畢才有閒置時間,故八年不可能刻成其書。徐和雍、周立人整理孫延釗編《孫衣言孫詒讓父子年譜》(第208頁)繫於九年,是。

① 徐和雍、周立人整理,孫延釗編《孫衣言孫詒讓父子年譜》,第208頁。

蓋未成,上述各篇,當即其中之一部分。"①按,《張季子文録》卷十五《孫徵君墓表》原作"《百晉精廬磚録》一卷",②戴家祥《書孫詒讓年譜後》云:"後擬摹刻字體花紋爲《百晉精廬磚録》,而工匠不能勝任,今板樣存留玉海樓者不過四五方而已。朱氏(芳圃)誤信張氏之説,刺取《籀廎述林》卷八跋十四篇,繫於同治甲戌,當《百晉精廬碑録》之一部,未免武斷。"③朱譜固誤,戴氏之説,看似有理,亦不無商榷餘地。孫延釗《年譜》於光緒壬午八年下云"詒讓以藏磚拓本示黄仲弢紹箕",並録詒讓識語曰:

　　自光緒己卯侍家君歸里。端居多暇,即與友人搜剔金石古刻,所得晉至元古甓無慮百餘種。兹擇其文字略完具者拓出六十餘種。其殘缺不完及年久質朽不任氈熸(引按,此字疑有誤),沙泥粘互,未暇刷剔者尚數十種,未及盡拓也。謹以已拓者裝成一册,奉呈仲韜太史法鑒。册内多留空紙,覬他日可次第增入。壬午上巳日,孫某某記。④

　　由詒讓識語,可以澄清幾個譌傳:張謇的《百晉精廬磚録》應該即指孫氏氈拓六十餘種磚甓裝成後奉呈給黄紹箕的磚譜。此時所藏古甓已逾百種,是否三月上巳日已經名自己的齋室爲"百晉精廬",尚須考證,但推想當時椎拓絶不止一册,贈黄之外必有多餘,待光緒九年請王懿榮題署之後,完全有可能題此册爲"百晉精廬磚録"。朱譜誤認"磚録"爲"碑録",因而裁割《籀廎述林》中跋文屬之,固誤。但戴氏以僅見玉海樓留存的四五方板樣,遂説孫氏"擬摹刻字樣花紋","而工匠不能勝任",意其書未成,恐亦不確。

五、孫詒讓石刻學的學術成就

　　黄紹箕在談到《墨子閒詁》的成就時説:"先生此書,援聲類以訂誤讀,寀文例以迻錯簡,推篆籀隸楷之遷變以刊正訛文,發故書雅記之晻昧以疏

---

① 朱芳圃《孫詒讓年譜》,《民國叢書》,第33頁。
② 張謇《張季子文録》卷十五,《張季子九録》,中華書局1931年版,第四册,第三葉B。
③ 轉引自董樸垞《孫詒讓學記·著述考》,《瑞安文史資料》第十九輯,第54頁。
④ 徐和雍、周立人整理,孫延釗編《孫衣言孫詒讓父子年譜》,第192頁。

證軼事。其所變易，灼然如晦之見明；其所彌縫，奄然若合符復析。"[①]將此語移來作爲概括孫詒讓石刻學的成就也非常切合。就他的石刻著作而言，亦以文字音韻訓詁爲基礎，以廣博的知識爲視角，辨證文字，審度文例，印證文獻，對磚文、碑文作較爲全面的推考。兹分爲幾個方面來展示他的石刻學成就。

（一）校勘發覆

校勘有用版本的對校，以文義的理校，還牽涉各種專業知識。推而論之，很多考證在一定程度上都與校勘有關。孫詒讓的石刻著作涉及校勘之處太多，現祇舉出一條關涉石經體式、文字通假、文義、典實等綜合運用的例子。

《隸釋》卷十四著録漢石經《論語》殘字後有"……盍肆乎其肆也……周"一行，自來治《論語》者以此文係正文之外校語，皆置之不理。詒讓認爲應該是《顏淵篇》"哀公問于有若"章"盍徹乎……其徹也"六字之異文。他從幾方面論證這條結論：

一、石經凡校異文，皆撮舉數字，不録全句。如"求善賈而沽諸"，沽，《魯論》作"賈"。石經校語止舉"賈諸"二字，是其例也。
二、盍本谼盇得聲，肆徹古音亦相近（段氏《六書音均表》徹字在十二部，肆字在十五部。《弟子職》徹與祭韻，祭亦在十五部，是其證），並得通假。《小爾雅·廣言》云："肆，緩也。"此肆亦勸其緩徹賦，即《周禮·大司徒》十二荒政之薄征也。
三、《鹽鐵論·取下》篇云："樂歲不盜，年饑則肆。"桓寬正本《論語》此文。

最後根據石經先列《魯論》正文；而後著諸家之異同的校記體式，斷定"盍肆乎其肆也"乃《魯論》正本，何晏《集解》本作"盍徹乎其徹也"者，乃張禹以諸

[①] 黄紹箕《墨子閒詁跋》，中華書局1986年版，下册，第710頁。

家別本校定,祇是不能確定爲《齊論》還是《古論》。① 此石今雖不見於《漢石經集存》,無法驗證,但其考慮周至,言之有據,足爲考證之範式。根據跋文所記,這則校勘是他在同治九年(1870)二十三歲時就已思考成熟,當時舉告劉恭冕,恭冕深以爲是,祇是同治五年其父劉寶楠《論語正義》已經刊成,不克補述。②

(二)語言文字

文字音韻訓詁爲乾嘉以來學者最基礎之學問,孫氏自幼兼而通之,更沉研金石、碑版、寫本之學,於各種俗書、別體、譌字及其發展、流變了然於胸,"嘗謂秦、漢文籍,誼恉奥博,字例文例多與後世殊異……復以竹帛梨棗,鈔刊婁易,則有三代文字之通假,有秦漢篆隸之變遷,有魏晉正艸之輥淆,有六朝、唐人俗書之流失,有宋元明校槧之屢改,迻徑百出,多岐亡羊,非覃思精勘,深究本原,未易得其正也"。③ 即此一語,可覘其見識;即此見識,可以想見其著作在這方面所作出的貢獻。由於石刻文字多關係到俗體別字,碑版又離不開方言,故以下圍繞"方俗"角度舉例印證。④

1.方言音變

卷三《陶山寺佛頂尊勝陀羅尼經幢》邵從毯自稱是溫州瑞安縣芳山鄉韋奥村人,孫詒讓謂清代縣志芳山鄉三十四都有余奥而無韋奥。筆者考宋代如葉適《沈元誠墓誌銘》、許景衡《宣義劉公墓誌銘》、劉安上《望思亭記》等均提到余奥山之原,確如孫說,不見有韋奥山之名。孫氏以瑞安方音中余、韋同音,謂"余奥殆即韋奥",使經幢之方言記音的地名落到了實處。

---

① 孫詒讓《書南昌府學本漢石經殘字後》,《籀廎述林》卷八,《孫籀廎先生集》,第二册,第452—454頁。
② 孫以此説告恭冕,又見《與劉叔俛論論語義書》,《籀廎述林》卷十,《孫籀廎先生集》,第二册,第566—567頁。
③ 孫詒讓《札迻自序》,中華書局1989年版,第2頁。
④ 純粹的文字通假、假借和音韻通轉以及字義訓詁等精闢見解,孫詒讓《周禮正義》《墨子閒詁》《札迻》等著作中隨處可見,不煩在此更舉。

2. 俗字演變

卷三《陶山寺佛頂尊勝陀羅尼經幢》認爲："佛書菩薩字本菩薛之變體，唐已（以）前刻經造象書此字皆作薩，宋以後人書此字始多從'産'，乃誤中之誤。此幢薩字數見，皆不作'薩'，猶不失古意。""菩薩"之原形是否作"菩薛"，尚須專門考證，[①]但"薩"在唐代以前碑刻中確實多作"薩"（如《魏劉雙造像》），特别是《齊韓永儀造佛龕銘》作"薩"，左下之"阝"變爲"目"，與"薛"僅一畫之差；而"薛"字在《唐右軍衛沙洲龍勒府果毅都尉上柱國張方墓志》中作"薛"，[②]左下"目"變爲"阝"，又與"薩"字相近。敦煌卷子中之"薩"字都與碑别字一樣，如伯二一七三《御注金剛般若波羅蜜經宣演》卷上"菩薩"之"薩"即作"薩"。[③] 而"薛"字唐人亦書作"薛"，如唐薛稷書《七啟》墨本自署姓氏即如此。羅振玉云："錢竹汀先生《北齊書·斛律金傳》考異據《衆經音義》謂薩即'薛'字，觀此由'薛'訛'薩'之跡了然可曉。古跡之有裨考證如此，豈筆墨工眇已哉？"[④]就六朝唐代碑别字來看，"薩""薛"兩字訛變確有途徑可循，由此足見孫氏之説不爲無據。

3. 譌字演變

卷一《孝子甎文》作"永和四年太歲在任申八月十八日就功"，以永和紀年者有漢順帝和晉穆帝，漢永和四年歲在己卯，與磚無關。晉永和四年正值戊申，但磚文作"任申"，一般會以假字或誤字判之了事。孫氏卻作出了出人意表、入乎情理的解釋："《隸篇續》載《晉太歲甲戌甎》，'戌'字作'片'，

---

① 菩薩源于菩薛之説，清代孫星衍已發此論。他在《三教論》中説："又内典所云菩薩者，即菩薛字。《玉篇》以菩爲香草，音蒲。又以蒲頭有台，臺上有重臺，臺中出黄，即蒲黄。薛者，即蘖省文。《尚書》云：'顛木有由蘖。'皆言善心之萌芽，故亦謂之菩提。釋典依聲解謂普濟，非也。"（《問字堂集》卷二，中華書局1996年版，第56－57頁。）由蘖省變爲薛，即是原作"菩蘖"，此更無徵。菩薩之梵語作 Bodhi－sattva（菩提薩埵），薩對音 sat。薩字非漢字所有，"薛"古音心紐月部，心紐爲 s，月部爲 at，從聲韻上有可通之處。就字形觀察，日本天文本《倭名類聚鈔·鷹犬具》"韝"、"紲"二字下引《文選·西京賦》及薛綜注，而二"薛"字皆寫作"薩"（東京大學國語研究室資料叢書，汲古書院，第413頁），此係後人鈔錯還是源順當時編録時即寫作"薩"，現雖未能遽定，但二者之間的關係似乎又得到了加強。
② 見秦公、劉大新《廣碑别字》，國際文化出版公司1995年版，第648頁。
③ 具體字形參見黃征《敦煌俗字典》，上海教育出版社2005年版，第346頁。
④ 《羅雪堂先生全集三編》，文華出版公司1970年版，第一册，第66頁。

此"戊"字反書作"任",與彼正相類。蓋以篆書"戊"字就其屈曲之勢變爲方整,則成"怃"形,摹效失其本意,乃類"任"字。或讀爲"任申",以爲"壬"借"任"爲之,然永和四年太歲實直戊申,非壬申,則或讀非也。"以紀年爲基點,考慮篆體、譌變、反書等種種因素,正確詮釋磚文字形,這是一個極爲典型的例子。

4. 語詞用字演變

卷一《普通二年甎文》有"萬世安隱"一語。安隱即安穩,但《説文》有"隱"而無"穩",《説文新附》始有"穩"字,六朝多作"隱",説文學家所引述證明者不外《詩》鄭箋、《孟子》、《莊子》司馬彪注、《晉書音義》、《淳化閣帖》晉明帝書等,① 孫詒讓於鄭箋之外又一連舉出漢至梁碑版中"安隱"詞四例以證。② 從而謂"穩"字"蓋出六朝,非古也。宋《大廣益會玉篇·禾部》有'穩'字,蓋宋人所增,非顧氏元書所有"。③ 六朝時安隱、安穩並行,作安隱如上所舉,作安穩者,王鳴盛舉《三國志·魏志·董卓傳》注引華嶠《漢書》"今海内安穩",④ 他如沈約《宋書》、蕭子顯《南齊書》都有用例,並足互證。但孫詒讓又説"《釋文》不爲'隱'字發音,則六朝時讀安隱字亦不爲烏本切也",足以引起究心中古音者注意。

5. 碑別字演變

卷一《樂安令甎文》有"甓笵"二字,二字均不見古今字韻書。詒讓認爲即"甓范"之變體,乃作甓之形模。他對"笵"字的解析極爲精闢,説:"笵者,蓋椛之省。《隸釋·漢童子逢盛碑》'制中園椛',洪文惠跋謂'椛與范音同'。此借椛爲范。愚謂《説文·艸部》:'范,艸也。'《竹部》:'笵,法也。'則凡模笵字並當作范。"《禮記·禮運》"范金合土"和《逢盛碑》之"園椛",都是借"范"爲"笵",而後者"又變作'椛'"。《樂安令甎文》"笵"字"則又省椛爲笵"。立足文獻,從結構上分析,合情合理。他對"甓"字的分析,認爲"甓本

---

① 參見丁福保《説文解字詁林》,中華書局 1988 年影印本,第八册,第 7254 頁。
② 所舉四例即漢永平六年《開通褒斜道石刻》、後魏永平四年《仳和寺尼道僧等造彌勒像記》、梁大同六年《孝敬寺石志》及王羲之帖。
③ 《東甌金石志》卷一,光緒九年刻本,第四十葉 B。
④ 王鳴盛《蛾術編》卷二十五《字説十一》,商務印書館 1958 年版,上册,第 373 頁。

從辟得聲,此變爲從薜聲,字書所無",未對此字下部從"瓦"從"厶"作出解釋,因爲未有原形,存疑於此。

以上四例雖視角不同,都是就音論字,就字論字,下面再舉一則立足於廣博的文獻知識,從殘泐、模糊的文字中辨别正確字形的例子。《唐公房碑》係漢代名碑,其中"喬松崔白"一句,自來無異讀而亦皆含糊其解。孫詒讓《漢仙人唐公房碑跋》云:

> 碑又云:"昔喬松崔白,皆一身得道,而公房舉家俱濟,盛矣。"諦審石本,"崔"實當爲"厓",左波雖翹然旁出,而尚帶直下之勢,非"崔"字無疑。喬松厓白謂王喬、赤松、洪崖、浮丘伯,白即伯字省文。自劉球誤仞爲"崔"字,摹入《隸韻·十五灰》"崔"字下,洪文惠以來釋此碑者並沿其謬。《列仙傳》有崔文子,無沖舉飛升之跡,漢唐文士紀述神仙,亦無以"崔白"並舉者,足知其非矣。①

漢唐文士無以"崔白"並舉,宋代文人却有"洪崖浮丘"連用者,宋陳著《醉書》詩:"人生安能皆百年,洪厓浮丘亦浪傳。"②洪邁《臨湖閣記》:"常若洪崖、浮丘翁,挹袂拍肩其間。"③特别是洪邁將兩人連用,而其兄洪适之《隸釋》却未能正確釐定其字。更遺憾的是,今人談《唐公房碑》,竟仍沿襲宋人之誤而無視詒讓之確說。④

他不僅能夠正確釋讀文字,解決問題,還能在釋讀的基礎上抽離出文字演變軌跡。《咸和三年甎文》説"就"字字形"獨與兩京碑版符合,蓋其時去古未遠,雖鄉曲俗書,亦尚有分隸遺榘,固非北碑詭别字體憑臆變撰者所可同日語矣"。⑤《樂安令甎文》對"壁苑"二字釋讀之後説:"蓋甎文雖多訛别字,然晉去兩漢未遠,形聲省變往往本於漢隸,與鄉壁虚造固有區别

---

① 孫詒讓《籀廎述林》卷八《漢仙人唐公房碑跋》,臺灣藝文印書館,第 2 册,第 461 頁。
② 《全宋詩》卷三千三百八十四,北京大學出版社 1998 年版,第 64 册,第 40293 頁。
③ 宋祝穆《古今事文類聚前集》卷十七引録,上海古籍出版社 1992 年版,第一册,第 269 頁下。
④ 陳顯遠《漢"仙人唐公房碑"考》仍作"喬松崔白",《文博》,1996 年第 2 期,第 28 頁。
⑤ 《東甌金石志》卷一,光緒九年刊本,第五至六葉。

矣。"① 後文《元嘉十年甎文》中"酉"字作"酉",亦説"晉宋楷法固多沿漢隸也"。② 總之既能博徵文獻,又善於觀其流變,總結規律。

(三)歷史文獻

甎文、碑刻於文字之外,最足資補史、證史也最需要被證的是地理郡縣沿革、姓氏人名及一些隱微的史事,由此可以豐富歷史,更全面、真實地反映歷史。孫詒讓的石刻考證在這方面表現得極爲出色。

1. 郡縣、地名沿革

地理的沿革,是歷史地理中最爲棘手的問題。《唐公房碑》所記唐公房之活動年代正值西漢、東漢之交,兩漢之郡縣和治所都有變動。孫詒讓《漢仙人唐公房碑跋》云:

> 唐君成固人,《漢書·地理志》成固屬漢中郡。碑云:王莽居攝二年,君爲郡吏,即爲漢中郡吏也。又云"是時府在西城,去家七百餘里,休謁往來,轉景即至,闔郡驚焉。白之府君,徙爲御史"。府謂郡府,府君即太守也。西成蓋即漢中屬縣之西城,西漢時漢中郡治在焉,故《地理志》漢中十二縣以西城爲首。《續漢書·郡國志》漢中九縣則首南鄭,而西城改弟三,蓋後漢時漢中郡治南鄭,與前漢異。碑云"是時府在西成",明刻碑時府不在彼也。唐君家在成固,既爲郡吏。則當在郡府,故云"去家七百餘里",碑文義甚明。③

這段疏釋,條例極爲清晰,西漢漢中郡治西城,東漢漢中郡治南鄭,唐君家之成固在南鄭附近。孫氏所謂"明刻碑時府不在彼也",是指郡治不在南鄭,唐君家成固而在西城任郡吏,往返遥遠,這就將碑文"七百餘里"的意義在郡治的沿革中凸顯出來了。今有人利用《唐公房碑》和考古發現證實漢

---

① 《東甌金石志》卷一,光緒九年刊本,第十七葉 A。
② 《東甌金石志》卷一,光緒九年刊本,第二十八葉 B。
③ 孫詒讓《籀廎述林》卷八《漢仙人唐公房碑跋》,第 2 册,第 460 頁。

中郡治所在西城,已在孫説一百年之後。①

無紀年磚文碑誌的地名,往往是確定其年代的重要根據,卷十二《范元甄文》爲"□□□□□七月廿日東揚州永嘉郡吉遷里范元自建"。紀年殘損,無法確指。所可啓人思路者,唯永嘉郡繫於東揚州下。南朝士族南遷,僑置郡縣,但極爲複雜。孫氏對《宋書·州郡志》《梁書·武帝紀》《陳書·文帝紀》《隋書·地理志》中所載東揚州之廢置沿革作了全面考察,得出"東揚州之置,始於宋孝武,歷梁、陳,省復不常,至隋平陳,始不復置"的結論,從而判斷《范元甄文》"雖元號已缺,要非陳以後作殆可無疑"。②

2. 校正姓氏

姓氏變化,原因複雜,尤其稀姓、番姓、胡姓,更多譌字別體。《周保定四年聖母四面造像跋》有姓冊井者八人,③王昶誤釋爲南井。孫詒讓謂"冊字古字書所無,以字形審之,當即罕之變體,漢隸罕字多作冊,此尚存其遺意。《廣韻》上聲二十三旱'罕'字注'羌複姓有罕井氏',④是其證也。"因謂王昶釋"南"殊誤。又指出碑文銜名有昨和、鉗耳、屈男、同琋、荔非、彌姐等,均爲複姓,皆見《廣韻》。王昶謂鉗耳無考,⑤詒讓舉《北史·蕭琮傳》楊素所説"公帝王之族,何乃適妹鉗耳氏","鉗耳,羌也"一語補正之;王昶以邑子輔國將軍中散金曹從事郡主簿地連敦之"地"爲姓,有人謂"地連"爲複姓,見《廣韻》去聲《六至》。凡此均見詒讓幼年即熟習《廣韻》,其十三歲撰《廣韻姓氏刊誤》,此時則駕輕就熟,正逞其鋒。

3. 鈎稽人物世系

碑碣壙誌,各以品位區分。是以閥閱墓銘,與史事關係密切,故宜考;卑賤壙誌,與史事關係疏遠,故難徵。至於婦人妻女,更難稽釋。卷六《吳積中妻許氏壙誌》短短一百零五字,吳積中爲未官居士,雖説三子皆進士,

---

① 見馬强《漢中郡移治南鄭時間考》,《陝西史志》,2001年第3期,第57頁。
② 《東甌金石志》卷十二,光緒九年刊本,第一葉B。
③ 孫詒讓跋文謂姓此姓者七人,蓋少計一人。
④ 罕井氏,即罕开氏。井當作"开",《金石萃編》和《籀廎述林》均爲刻本,不知王、孫二氏手稿作何,姑存此疑,並予説明。
⑤ 王昶《金石萃編》卷三十六,掃葉山房1921年石印本,第七葉A。

而郡邑志乘均未載，了無聲響。唯志文有許氏"父球，贈太子少師，妣何氏，永嘉郡夫人"一語關涉門閥史跡。孫氏即此一語，從南宋溫州高官許景衡曾以資政殿大學士提舉杭州洞霄宮入手，援引宋代故事：文臣非執政不得贈三代之太子師保，推測景衡父球贈太子少師必在景衡爲右丞時，而積中妻許氏即景衡女兄弟。復從許景衡《橫塘集·沈耕道妻墓誌》和郡邑所存《許氏譜》追蹤，將許景衡父母姐妹和外甥及外甥世系均連帶鈎稽明白。因爲《許氏譜》載景衡父名侃，與此志不合，乃從宋真宗潛邸時名侃，群臣當諱，其父"不宜以侃爲名"，遂指斥"譜牒之文多傅會，不足據"。① 肯定志文所載景衡父名球，與胡寅《斐然集·資政殿學士許公墓誌銘》所載正合。② 卷八《薛良朋壙志》爲止齋先生陳傅良所撰，孫氏即取《止齋集》校核志文，評析是非。復以《宋史·宰輔表》、羅願《新安志》、周應合《景定建康志》、潛說友《咸淳臨安志》、周行己《浮沚集》、樓鑰《攻媿集》及萬曆《府志》等文獻，將薛良朋之行歷事蹟及他與許景衡、許景亮家之戚屬關係作了儘可能的揭示。

　　名山勝景，絕壁幽谷，多爲騷人墨客探訪之勝地。且每到一處，詩酒興發，不免題詩刻石，以志群遊之雅。達官名宦，傳見史志，不難考見，至於隨從或攀附風雅者，非旁搜遠討，跡求冥索者，往往邈焉難徵。卷八《郭津等龍鼻洞題名》之郭津及從子郭樗，仕履皆無考，唯朱子《晦庵大全集》有《答郭希吕津書》，葉適《水心集·登北務後江亭贈郭希吕詩》有"日追稅錢三萬億"云云，詒讓因推測其曾爲溫州監稅，並從明郭鈇《石洞遺芳集》所載康文虎《石洞紀行石刻》和郭樗跋文所顯示的德揚父子遊跡，再參稽《水心集·郭處士墓誌》，將郭德揚字良顯，長子湜字伯涇，伯涇子郭樗祖孫三代世系勾勒定位，從而使德揚與郭希吕之叔侄關係得到確認。這則考證，看似僅對勝景題名而發，反之對《水心集》和《石洞遺芳集》的校注提供了可靠資料。

---

① 《東甌金石志》卷六，光緒九年刊本，第十九葉 A。
② 胡寅《斐然集》卷二十六《資政殿學士許公墓誌銘》云："曾祖侃，祖簿。父球，追贈東宮三少。曾祖妣王氏，祖妣陳氏，母何氏，昌元、義和、永嘉郡夫人。"曾祖名侃，自可不避真宗潛邸之諱。《許氏譜》當有漏略。孫氏考證此志時未見胡寅之文，而卻能與世系密合。

4. 追溯名物本源

金石志跋，往往取作者獨得之見或略有心得者聊志數語，點到爲止。若是校補，則更在拾遺補缺之例。孫氏在校補中，却不循常例，一以追溯本源爲職志。卷九《徐德寶造墓告神文》案語中，爲追溯買地券之起源，搜討文獻，引述陶穀《清異録》、周密《癸辛雜志別集》、元好問《續夷堅志》以説明唐宋間買地券行文形式，徵引葉奕苞《金石録補》所載之晉太康楊紹莂以證明晉時已有此類地券，以劉熙《釋名》解釋地莂之義，復參以陶弘景《真誥·協昌期》所載埋員石文和葛洪《抱朴子》中召神法及同類道經，認爲此類地券之起源與道家符籙有關。前後洋洋千言，專論此事。地券之記載研究，孫氏之前，葉奕苞記載楊紹莂，錢大昕復引周密、元好問之説而推溯之。①至詒讓而又進一步溯源。儘管詒讓之後，羅振玉、端方、葉昌熾競相著録研究，至考古發掘興起，漢代之買地券亦不斷出土，至今已蔚爲專門之學，但當初孫氏專力探討、追溯其源頭，功不可没。

（四）曆朔與干支紀年

曆法紀年本包含在廣義的歷史文獻中，第以它是石刻碑版的重要内容，特予專論。考定磚甓碑版年代，直接的依據即是石刻自紀的年月，不幸的是這些曆日多有缺損剜泐。推考缺失的年月，需要作者有曆法專業知識。孫氏二十八歲即撰《六曆甄微》，對此專業有深厚的學養，故能嫻熟地運用於碑版考釋。卷一《大公中磚文》三種有"泰和二年八月十日"和"泰和二年丁卯八月壬辰朔十日"之文，與曆日不相切合，曰：

> 惟泰和二年八月朔日，據《通鑑目録》載劉羲叟所推長曆作庚寅朔，其十日當爲己亥，近人烏程汪曰楨著《歷代長術》所推朔日亦同。此第三甎云"八月壬辰朔十日癸酉"，與彼不合。詒讓復以晉《泰始曆》覆推之，亦與劉、汪同（《泰始曆》即魏楊偉《景初曆》，晉武帝泰始元年

---

① 錢大昕《十駕齋養新録》卷十五，《嘉定錢大昕全集》，第柒册，江蘇古籍出版社1997年版，第413頁。

仍魏曆改名,迄於晉亡並用之,其術具晉宋二《志》),則此甄堉是誤文。且即以壬辰朔推之,其十日亦直辛丑,不當爲癸酉,磚文已自相抵悟。蓋范堉時偶爾不審,遂有茲失矣。①

不僅多方參核前哲時賢的曆術專著,還根據相應時代的《泰始曆》重新推算,確係不合,方下斷語。卷一《盧□孝甎文》之紀年爲"齊建□□年太歲乙九月丁卯朔十日丙子",適缺紀元後一字及幾年前一字。詒讓考齊明帝以延興元年甲戌十月即位,改元建武,其二年歲在乙亥,而該年之九月正爲丁卯朔,與此磚相合,因定所缺爲"武二"兩字。② 其他如卷四之《陶山寺井欄石刻》中的"聖宋治平二年太歲乙巳十二月二十六辛亥日"、《劉公舒湖潢山題名》中"治平丁未四月己酉"、卷五《吴元禮墓誌銘》"大觀戊子孟冬初有八日甲申"、卷六《吴積中妻許氏壙志》生卒葬三年月日、卷七《焦石石塔題記》"紹興辛巳二月甲寅日"、卷八《大廣化寺題字三種》中"乾道五年己丑歲十一月初七己未日",皆取錢大昕《四史朔閏表》印證。

曆元並非審定磚甓製作年月的唯一準繩,有時也許兼顧其字體形制。"建元磚文"之文作"建元□年太歲在癸卯八月十五日□□",以建元爲年號者有六,其正朔及於浙東者有漢武帝、晉康帝、齊高帝。漢武帝建元三年、晉康帝建元元年皆直癸卯,他"以形制及隸勢審之,不類漢甓,當是晉康帝時物",③所以斷定"年"上缺字爲"元"。

(五)揭櫫碑版特例

孫氏在校補此書前十餘年中,所閱金石著作、所校碑刻之多,無需羅列。他對碑刻常例了然於胸,故對一些非常之例,能一一揭櫫。卷七《澄頭井闌題字》之"辛未紹興二十一年四月甲子日",碑版通例,都是先年號、年份而後著該年之干支,此刻有異常例,故詒讓識曰:"以太歲冠於紀元之上,石刻中所罕見。"卷十一《李肅墓誌》中李默爲其弟李肅與己子李怡兩人合

---

① 《東甌金石志》卷一,第十九、二十葉。
② 《東甌金石志》卷一,第三十八葉 A。
③ 《東甌金石志》卷一,第八葉 A。

葬誌墓，誌末並爲兩人作銘，詒讓認爲："誌末爲韻語，亦二人同舉，蓋從父子同誌，又碑版之創例也。"①卷十二《晉範甑文》祇有"晉範"二字，即祇紀國號而無年月，與其他甑文絶異，故謂爲"亦甑文之創例也"。② 同時也指出碑文撰著者因不諳金石文例而出現行文不符體式者，如卷五《吳元禮墓誌銘》有"至大觀戊子孟冬初有八日甲申，安厝于金端山之陽"之語。孫詒讓曰："凡經史中書十有幾日者，'有'並讀爲'又'，言十又幾日也。此云'初有八日'，則於文不可通，蓋於古金石文例全未究心者，宜其舛繆百出矣。"③

（六）補正前賢疏漏

石刻題跋，限於文體，往往各就興趣，聊誌一得之見，這就爲後人留下了拾遺補缺的空間。唐李陽冰所書《遷先塋記》是一塊有名的碑刻，李氏爲《說文》專家，其所書之字的點畫特別爲人重視。因年代久遠，字體殘泐，宋大中祥符三年姚宗尊出資請武威安璨重刻。畢沅曾說："陽冰書結體茂美，而多乖於六書之義。然蔡邕石經，已多別體，豈書家多不究小學耶？"他列舉二十餘字，指出其不合正體。④ 錢大昕亦略舉數字，對照古字韻書，考陽冰所書之依據。⑤ 孫詒讓參閱畢、錢二人之跋文，以爲"尚有未盡者"，故復舉證五字。因"乃虔卜郜城左時□右"一句，"虔""時"二字王昶《金石萃編》二書失摹，故釋文亦缺。吳玉搢《金石存》摹錄之，詒讓據補。至於"時"後一字，他考證《元和郡縣志》京兆武功縣三時原之位置正在古郜國附近，乃謂"三時原與郜城地相近，'時'下一字當爲'原'字無疑矣"。⑥ 以古地理證碑刻缺文，匠心獨運而輕鬆自如。王昶所藏《唐房玄齡碑》摹拓未精，殘泐漫漶，缺訛甚多。孫詒讓得舊拓本，較王藏清晰，相校一過，並與《唐彥謙碑》《兩唐書》校覈，補正百餘字。碑文有一句爲："今上升儲，道光守器，長

---

① 《東甌金石志》卷十一，第十二葉 A。
② 《東甌金石志》卷十二，第四葉 B。
③ 《東甌金石志》卷五，第十二葉 A。
④ 參見《關中金石志》卷三，《叢書集成初編》本，第 1524 號，第 45 頁。按，所舉之字多帶隸篆，印刷困難略去。
⑤ 錢大昕《潛研堂金石文跋尾》卷七，《嘉定錢大昕全集》，第陸册，第 181 頁。
⑥ 孫詒讓《唐遷先塋記跋》，《籀廎述林》卷八，《孫籀廎先生集》，第二册，第 480 頁。

奉□□，方嗣虞風。仙□流聲，□揚□化。"①孫詒讓跋文云："此言高宗爲太子時事。《大荒西經》云：'祝融生太子長琴，是處榣山，始作樂風。'此正用其故實。姬管流聲，則用周太子晉事。"他將此文訂正爲"長琴振響，方嗣虞風，仙管流聲，且揚姬化"，補正文字，詮釋典故，使文義了無滯礙。又《萃編》載玄齡"封邘國公"，孫所見舊拓本作"封邢國公"，與《兩唐書》同。雖則僅補正五字，糾正數字，但對理解碑文確實起了關鍵性作用。僅就這點，在他前面的陸增祥亦未得精拓，仍作"長奉"，並說"封邘國公，傳作邢國，未知孰是"，②可以理解。在孫詒讓逝世之年的羅振玉《昭陵碑錄》，其《房玄齡碑》正巧缺失此葉，取《金石萃編》接補，③所以孫氏的校勘仍有參考價值，值得重視。④

以上僅是例舉孫詒讓石刻研究中的幾個方面，鼎嘗一臠而已，其實他對磚文、墓志、摩崖、橋墩、井欄等石刻的考證範圍極爲廣博，可以說無所不用其極。值得表揭的是，他在考證中往往能比勘衆書，以求結論。如卷一《咸和三年甎文》爲一"就"字別體，一連徵引劉球《隸韻》、婁機《漢隸字原》、顧藹吉《隸辨》、翟灝《隸篇》中所錄字形予以推證。至於引證鄉邦文獻，非唯《永嘉叢書》《金華叢書》，就連一些稀見的家譜、手稿等亦都是他求考、取證的資糧。⑤

圮牆斷橋、荒山野塚之殘刻斷碑，其所建置廢棄，往往無關興衰；工匠塗鴉，世俗詭異之訛體別字，亦多隨心所欲，每每不拘字書：故千載之下，要字字辨明，事事坐實，誠難乎其難。石刻考證，在乎證其可證，疑其可疑。孫氏信能恪守其則，不強作解人。如卷三《陶山寺佛頂尊勝陀羅尼經幢》邵從毯之"毯"，古今字韻書均不載，其實此字之"多"很可能是"羽"字之譌，但詒讓謹慎，仍以"音義未詳"存疑。當然賢哲千慮之失，亦在所難免。卷十二《範元甎文》謂"姓氏書並無範姓，所未詳也"。其實《通志·氏族略·上

---

① 王昶《金石萃編》卷五十，第一葉 B。
② 陸增祥《八瓊室金石萃編》卷三十五，文物出版社 1985 年版，第 240 頁上。
③ 羅振玉《羅雪堂先生全集續編》第八册，台灣文華出版公司 1968 年版，第 3134－3144 頁。
④ 文成後看到咸豐八年梓行的孫三錫《昭陵碑考》所收此碑文字與孫詒讓相近，唯"管""姬"二字一存下部，一存"女"旁。孫三錫亦指出王氏《金石萃編》作"邘國"之誤。孫三錫書存中研院傅斯年圖書館，收入《石刻史料新編》第二輯，第十五册，臺灣新文豐出版公司。
⑤ 如卷十《項公澈墓誌銘》校戡《南隄項氏譜》，《柯謙重建郡學碑》徵引豐湖王氏手錄本《欽恤集》等。

聲》有："範氏,宋登科範昱,饒州人。"①陳士元《姓觽》卷六《二十九㮁》下將范、範二姓分立,範姓下云:"音同上(引按,指範)。《姓源》云:晉大夫范氏之後,《千家姓》云番陽族。"②《姓源》是指曹大宗《姓源韻譜》還是張九齡《姓源韻譜》,抑或明楊信民之《姓源珠璣》,指屬不明;范、範二姓是否一源,亦可討論,但至少宋、明之間將范、範二姓分開,並各有地望,故不得認爲"姓氏書並無此姓"。至於卷七《澄頭井闌題字》"紹興二十一年四月甲子日"之紀年,他用《宋史·曆志》所載紹興統元曆推算,謂"是年四月壬申朔,甲子其二十八日也"。③但以錢大昕《四史朔閏考》推之,四月爲壬寅朔,非壬申朔。如爲壬寅,則甲子爲二十三日。即如孫氏所說四月是壬申朔,則該月便無甲子日。此處恐有譌誤。

六、孫詒讓石刻成就在晚清石刻學中的地位

道光四年,阮元訂定的《兩浙金石志》十八卷刊成印行,在學界產生很大影響。由於包容地域之廣,搜羅難以齊備,於是更爲狹窄的區域性專著便應運而生。道光十年,山陰杜春山所編《越中金石記》十卷目二卷刊成;④同治十三年,嘉興李遇孫所輯《括蒼金石志》十二卷刊成;⑤光緒元年,臨海

---

① 鄭樵《通志·氏族略》,浙江古籍出版社1988年影印商務印書館萬有文庫本,第478頁上。
② 陳士元《姓觽》卷六,《叢書集成初編》本,第3306號,第212頁。
③ 《東甌金石志》卷七,第九葉A。
④ 春山字子湘,嘉慶十二年舉人。宋慈抱《兩浙著作考》謂二十卷,蓋筆誤。又有會稽王繼香所著《越中古刻九種》一卷,光緒二十二年石印本,容媛以爲其中僅二種是真,餘皆僞作或翻刻。
⑤ 容媛《金石書錄目》著錄爲:"《括蒼金石志》十二卷《續志》四卷,清嘉興李遇孫(金瀾)輯,海寧鄒伯森殷甫校補,同治十三年浙江處州府署重刊本。"宋慈抱《兩浙著作考·金石類》據《涉園書目》謂:"有海昌鄒伯森校補,光緒元年重刊本,處州府署藏版。"(浙江人民出版社1985年版,下冊,第1225頁。)今本前光緒元年處州知府潘紹詒序云:"原版已付劫灰,亟思翻刻,而青田廣文鄒君殷甫匡余未逮,重加搜茸。凡幽谷危崖,皆剔苔抉蘚,表而出之,共增補二十餘種,排次既定,請予叙。"同治十三年刻本即光緒元年刻本。所謂原版,據書前道光十四年胡元熙序,知道光十三年已從事刊刻,十四年(1834)初刻竣。至光緒元年(1875)已四十餘年,版已劫灰,故謀重刻。是李遇孫于阮書刊成後即從事此書之搜輯,此即《清史列傳》本傳謂其"官處州時,以處州地僻山遠,阮元《兩浙金石志》未免脫漏,乃搜集百餘種,爲《括蒼金石志》"之所本。

黄瑞《台州金石録》十三卷《台州甎録》五卷編成。① 這些著作對浙省各地之金石志編纂都有促進作用。古磚相對石刻要少，但嘉、道以下也不斷有人蒐録成書。吴廷康家藏秦漢至唐宋古磚數百方，道光十四年印行《吴康甫磚録》一卷；②十六年馮登府《浙江磚録》刊行，專録浙江古磚；十九年嚴福基《嚴氏古磚存》二卷印成，著録古磚拓本一百多件，上起漢代，下至宋代，亦多爲江浙古磚。他如張燕昌、杜春山、丁芮模、宋經畬、陳春暉等各有成書。③

這些著作或刊或否，不管僻處一地的孫詒讓見與未見，學者之間傳聞交流，對他的影響是毋庸置疑的。《温州古甓記》之輯集，表面看來是出於督工先塋封土時的偶然契機，但與當時學者各自輯集地方古磚，以利研究的趨勢分割不開。《東甌金石志》的校補則更是以戴咸弼商討請教爲誘因。就這種事實而言，孫詒讓在石刻學上並非開風氣之先，而是爲學術趨勢裹挾，爲學術氛圍烘托而從事此項研究的。雖則如此，由於他學術功底深厚，文獻知識淵博，治學態度嚴謹，無疑取得了一定的成績。

早期之磚跋多僅記出土流傳，兼考紀年及用途，如朱彝尊《跋吴寶鼎甓字》稍涉吴孫皓起昭明宫事；④阮元《吴蜀師甓考》以蜀師爲磚工，謂磚係孫峻作廣陵城之物：文字都較爲簡單。⑤ 顧千里亦有《跋蜀師甓文》，考證廣陵在魏吴時曾爲雙方不居之戰場，旨意在駁磚研銘刻謂揚州在三國時多爲魏據之説，而非就磚論事。⑥ 嘉慶以前學者偶然所作磚跋，尚未有一定款式，比如尺寸、出土地點、文字等，或記或否，形式不一。逮專門的磚録著作出現並行世，其著録格式也逐漸形成。孫詒讓的《温州古甓記》一律以厚長廣

---

① 此書徐士鑾序作於光緒三年，謂"書成索余一言"，是三年已成書。然王棻《東甌金石志序》云："光緒乙亥(元年，1875)予客青田，始見李金瀾先生《括蒼金石志》……及夏杪歸里，則吾友臨海黄瑞子珍郵示所著《台州金石録》，既成書矣，予閲之大喜，即爲謀諸同好，醵金而壽之梓。"今其書唯見民國五年(1916)刊本，亦即楊晨叙(1913)之後，羅振玉序(1916)之時劉氏嘉業堂所刻，或光緒元年"爲謀"而未成。
② 後復予增輯，編成《慕陶軒古磚圖録》四册，咸豐元年刊行，見容媛《金石書録目》卷八，第一葉A。
③ 張燕昌有《三吴古磚録》，杜春山有《剡中古磚録》，丁芮模有《漢晉磚文考略》一卷，宋經畬有《磚文考略》六卷，陳春暉有《運甓録》四卷，皆見宋慈抱《兩浙著作考·金石類》，第1213—1240頁。
④ 朱彝尊《曝書亭集》卷四十八，《四部叢刊》本，第二葉A。
⑤ 阮元《揅經室三集》卷三，中華書局1993年版，第660頁。
⑥ 顧千里《思適齋集》卷十六，《叢書集成三編》本，臺灣新文豐出版公司，第57册，656—657頁。

之尺寸、文字、書體、正反書、出土地點、藏所依次著録,有條不紊,在古磚著録形式走向成熟、趨於定式過程中起到了一定作用。

　　從考釋文字上比較分析。孫詒讓首先是考證紀元年月,時以曆朔推證;而後對磚甓文字俗體、別字用古字韻書和漢隸字書予以考釋印證,對俗語詞、職官名稱乃至史事亦並作詮釋。先後形式相對固定。與其同時梓行的同類著作陸心源《千甓亭專録》相較,陸書僅著録長與厚,未著廣度尺寸,不如孫書;陸書亦對文字予以考釋,似亦不如孫書之精審;但陸書注重造磚姓氏在當地的地望,追蹤其士族,有益於姓氏遷徙及地望研究,①此則優於孫書。再從他的前輩劉毓崧和學友陶方琦來看,劉毓崧作《宋大使府磚考》,爲論證"使府"與"大使府"一職異同,博徵史傳、志乘,由職掌而溯其人爲賈似道和李廷芝,由其人而論宋元之間戰爭,從而歸結此磚之年代。揮灑數千言,氣勢磅礴,條理清晰,由一磚而鏡觀一段人事史實,爲不可多得之磚跋。② 而陶方琦所作《賈太僕井專考》,僅記出土地點記形制等,③似是一篇率爾操觚之文。孫氏磚跋,與劉氏相侔而遠勝於陶。

　　孫詒讓校補《東甌金石志》是承戴咸弼屢屢請教之盛意,而自己在光緒初元以來也正熱衷於古甓搜集和拓本校勘,所以承擔這一工作。雖校補時間不長,前後僅半年左右,所取得之成就已可同許多長期從事石刻學研究的學者相媲美。石刻之學到清代,從史料而論,顧炎武《金石文字記》在歐陽、趙氏二録之基礎上又有新的進展,這就是更自覺、更直接地運用史傳印證碑誌。但顧《記》雖然提出要"抉剔史傳,發揮經典",由於《金石記》並非他專注的重點,仍有很多闕而不論、有待深發的地方。稍後的姜宸英《湛園題跋》、楊賓的《大瓢偶筆》等則仍然注重書法風格演兊,講究南北碑帖異同。及錢大昕《潛研堂金石文字跋尾》出,真正開創了以史證碑,以碑證史,碑史互證的時代。嘉道以還,搜集碑誌之風熾盛,而碑史互證的方法也日臻成熟。從文字而論,自顧炎武到錢大昕乃至其他金石各家,無不悉心辨別,引證考索。從碑誌纂例而論,清代黃宗羲繼潘昂霄、王行之著作《金石

---

① 陸心源《千甓亭專録》四卷《千甓亭專續録》四卷,《續修四庫全書》本,上海古籍出版社,第1111册,第145—254頁。
② 劉毓崧《通義堂文集》卷八,《叢書集成續編》本,臺灣新文豐出版公司,第196册,第344—347頁。
③ 陶方琦《漢孳室文鈔》卷四,《叢書集成續編》本,臺灣新文豐出版公司,第15册,第150頁。

要例》之後,梁玉繩、李富孫、郭麐、王芑孫、馮登府、劉寶楠等相繼拾遺補正,①雖各有得失,已蔚爲氣候。孫詒讓承嘉道先賢之後,在以上三方面都有繼承和發揮。具體而言,在碑史互證上,由於他所蒐輯考證的對象是生於斯、長於斯的東甌之地,自己又熱衷於鄉邦文獻的整理,對地方史極爲熟稔,故凡所考訂,甄微燭幽,將掩埋在荒塚亂草中斷碑殘刻的史事盡可能地作了勾稽、連綴,不僅爲地方史作出了貢獻,也爲各地金石學的碑史互證樹立了一種範式。在碑別字考釋上,由於孫氏文字訓詁功底深厚,加之研習鐘鼎銘文,對"三代文字之通假"、"秦漢篆隸之變遷"、"魏晉正艸之輥淆"、"六朝、唐人俗書之流失"、"宋元明校槧之屢改"等紛雜的文字現象均能洞若觀火,因而正誤訂譌,語多中的,言簡意賅,時見得心應手之妙。在石刻纂例的揭示方面,地方性的碑誌,撰者未必是大手筆,且多率爾操觚之作,故其碑志纂例亦往往有異常例,孫詒讓對此有所揭櫫,但似乎沒有專注於此,故而未見有系統之論述。

石刻碑誌是孫詒讓在二十多歲到三十多歲曾經一度熱衷的學問,並不是他一生研究的重點,所留下的著作也祇是一《目》一《記》一《志》而已,且附《記》於《志》中,銜名於戴後,不爲人所重。但綜觀嘉道以至清末各地金石志的掇集與各家考釋,孫詒讓的《溫州古甓記》和《東甌金石志校補》無疑是很有學術價值的著作。金石學界的忽視,②導致近代對他成就利用的不足,③綜上所述,孫詒讓在清代石刻學中雖非一位開創風氣,獨闢蹊徑的人,但他以深厚的學養在磚甓、碑誌蒐輯、考釋中所做出的成就足以在清代石刻學中佔一席之地。

二〇〇七年二月一日至三月一日

---

① 梁玉繩有《志銘廣例》,李富孫有《漢魏六朝墓銘纂例》,郭麐有《金石例補》,王芑孫有《碑版文廣例》,馮登府有《金石綜例》,劉寶楠有《漢石例》,各家得失,可參閱葉國良《石例著述評議》,《石學蠡探》,臺灣大安出版社1989年版,第101—148頁。
② 楊殿珣《石刻題跋索引》著錄《東甌金石志》僅題"清戴咸弼撰",忽略孫詒讓之功績。
③ 如胡小石《願夏廬題跋初輯》中題磚銘之跋文有"跋晉太和專"、"跋齊永明專"等,似未參考孫氏《大公中甄文》之說。見《胡小石論文集續編》,上海古籍出版社1991年版,第295、296頁。

孫詒讓《廣韻姓氏刊誤》推闡（卷上）

姓氏之來尚矣，昔炎黃異德，諸子得姓，其後賜姓命氏，因憑而成，是以國號謚爵，官字居職，靡不爲姓氏。然則三代以上，姓氏有別，春秋以還，界劃漸泯。當時著之簡牘者，有《世本·氏姓》之篇，荀卿《血脈》之譜，惜乎殘佚，倖存片羽。炎漢之世，潛夫志《氏姓》，仲遠作《姓氏》，雖得其實，不免附會。六朝矜門閥，崇世族，譜牒秩然，郡望斯著。時值四聲判明，韻書蜂出，因韻隸字，兼著氏姓，陸氏殘卷，猶窺一斑。其後遞相踵飾，迄及《廣韻》，幾至有姓必錄，能詳勿簡。二十餘年前，余初治韻學，究心秦漢方音之勾稽。嘗思姓氏之音，當與郡望相關，尋此契入，可得方音之一二，遂有勾考《廣韻》姓氏讀音之設想。其所以遲遲不敢屬文者，厥有二因：一則已見孫仲容先生《廣韻姓氏刊誤》，知《廣韻》著録之姓氏尚須校勘；二則漸知漢魏六朝墓誌所著墓主之郡望世系，有攀附者，不可盡信。其後雖相繼得林寶《元和姓纂》及唐五代韻書諸殘卷等有關資料，牽於人事，一直未能動筆。

孫先生《廣韻姓氏刊誤》一文由雪克先生整理，首刊佈於《孫詒讓研究》，①繼又收入《籀廎遺著輯存》。② 據其自題同治三年稿尾文字，知此著草創於咸豐十年（1860）七月，成於十月。同治元年（1862）刪訂爲二稿，三年（1864）潤飾爲三稿，四年（1865）又爲之修改定稿，是五年中數易其稿。先生生於道光二十八年（1848），則撰作《刊誤》時年僅十三，即以四稿之年計，不過十七歲。昔嘗驚歎戴東原、王懷祖、武虛谷等十餘歲即已讀畢十三經，

---

① 《孫詒讓研究》，杭州大學語言文學研究室編，1963年版，該文列於"孫詒讓先生遺著"類第98—111頁。
② 《籀廎遺著輯存》，齊魯書社1987年版，第1—50頁。

並能熟舉其文辭，今觀先生《刊誤》中舉示《左傳》等文辭，信然！而後知諸老聰穎特達之稟賦，沉潛篤實之學風矣。《刊誤》四稿題記云："是書（按指《廣韻》）非爲姓氏而作，然其言姓至詳，公字下至八十一氏，可想見其餘。而矜奇炫博，凡不得其受姓之始，必強取三代上人以寔之，故竄誤百出，不可究詰"，"余嘗病之，爲摘其顯然謬誤者，得若干條作《刊誤》，其説或亦有所受，恨兵燹之餘，唐宋言姓氏者如《元和姓纂》《古今姓氏書辯證》等書不可得，僅據家中所有書考之，後之校是書者或有所取手。"又一則題記云："此册可不存，内校訂處竢録校宋本《廣韻》書眉，不必別爲一書也。光緒元年（1875）除夕，檢校少時稿草，始悔曩時學識未精，妄希述造也。"是此記寫於二十七歲，當時已悔少作，前輩謹於著述之意，又非後生輩所可想見。

《廣韻》雖不一定"矜奇炫博"，然其宗旨既在一"廣"字，不免貪多；且重修增廣之時間不長，從聲韻反切到釋義引證均多謬誤；加之宋元明清，屢經翻刻，魯魚亥豕，俯拾皆是。是以先生此文，既刊姓氏之誤，復校文字之譌，誠有功《廣韻》之著。唯兵燹之餘，家無《姓纂》《辯證》之書，宋刊清校之本，是亦有待增補推闡。兹鳩集有關姓氏之著，羅陳殘卷異本，勘其罅漏，補所未備。具體條例如下：

一、逐録《廣韻》及《刊誤》原文。
二、據殘卷異本校勘《廣韻》文字，著其異同。
三、據各種姓氏書及有關文獻勘正、推闡《刊誤》。

上平　　一東

東

漢複姓十三氏，齊有大夫東郭偃，又有東宮得臣。

[刊誤]東宮得臣見《左·隱三年傳》，東宮見《詩·衛風》。孔穎達《左傳》疏引服虔注云："得臣，齊世子（《詩疏》引作'齊太子名'），居東宮。"説經者如毛公《詩傳》、杜預《左傳集解》及朱子《詩集傳》皆同。然則東宮非姓，得臣亦非大夫也。此蓋因《左氏》凡事蹟涉儲副者皆直曰

太子世子，而得臣獨不稱太子世子而稱東宮，遂誤以爲複姓耳。殊不知左氏特因《碩人》之詩稱"東宮之妹"，故於傳亦仍其稱，以期與《詩》相明耳。而《左氏》之記事，又豈有定例哉！鄭樵《通志·氏族略》又以爲東宮姓有東宮得疾，得疾之名，未知出何書，而漁仲之言氏族，多與此韻同，則或《氏族略》本亦得臣，而傳寫者誤爲得疾；抑此本是得疾，而傳寫者誤爲得臣，其亦未可知也。

按，東宮非姓，得臣非大夫，鄧名世《辯證》卷二已言之，其文云："《姓纂》又云：'齊大夫東宮得臣。'誤矣。春秋時，齊公子得臣爲世子，不敢居上位，常居東宮，故傳稱衛莊姜曰東宮得臣之妹，《詩》亦曰'東宮之妹'，非得臣以東宮爲氏。"考《王仁煦刊謬補缺切韻》（下簡稱《王三》）及裴務齊正字本《刊謬補缺切韻》（下簡稱《王二》）"東"字下皆無此文，蓋爲《廣韻》之誤。然《辯證》引《姓纂》云"齊大夫東宮得臣"，則《廣韻》蓋承《姓纂》而誤。《通志·氏族略三》文同，亦係引《姓纂》文。

《氏族略三》云："其後東宮得疾隱嵩山，年三百歲。"《姓纂》云"東宮棄疾隱嵩山，年三百歲"，是漁仲襲《姓纂》。《辯證》亦引此文，而云："謹按，此必其先出於列國，世子居東宮而不得立者，其後因以爲氏。"觀其下引《姓纂》"齊大夫東宮得臣"前曰"又云"，則可知鄧氏所見《姓纂》原文必兩名共存，故得臣、得疾非傳寫之誤。

晉有東關嬖五。

[刊誤]按：東關嬖五見《左·莊二十八年傳》，杜預注以爲嬖人之在關塞者。詳其傳文，誠如杜氏之說，蓋《左氏》本文云"外嬖梁五、東關嬖五"，苟東關爲姓，則《左氏》但云"外嬖梁五東關五"可矣，而故贅此"嬖"字於"東關"下哉？疑左氏作傳時五之姓已佚，而其名又與上之梁五同，不得不別之，故以其人所在之處稱之耳。《通志·氏族略》云"漢有將軍北平侯東關義"，或五之後，則未可知，要之五固未嘗姓東關也。此誤矣。

《辯證》卷二云："《風俗通》：晉有東關嬖五，漢有將軍北亭侯東關義。謹按，《春秋》，東關，晉之門名。其先晉守關大夫，以地爲氏，而義即其後，特不可曰嬖五後也。《左傳》曰外嬖梁五與東關嬖五，晉人謂之二五。蓋晉獻公時有東關嬖人，名五而失其姓，應劭以嬖五爲名，誤矣。"據此，《廣韻》

之文承《風俗通》。鄧氏不以東關嬖五姓東關，故云"失其姓"，復因漢有東關義之故，遂認爲"以地爲氏"。然張澍認爲此姓原自東關嬖五，其《姓氏尋源》（下簡稱《尋源》）云："傳文明云梁五、東關五，則東關即姓也。於文不當云嬖東關五，故變文言之。"王引之《經義述聞》卷十七信從《廣韻》説，而謂"嬖"字衍，楊伯峻注舉《左傳·昭公九年》之"外嬖嬖叔"爲證，而謂"嬖五"之"嬖"非衍。又明陳士元《姓觿》卷一云："《姓考》云：晉大夫食邑，因氏。《左傳》晉有東關嬖五。"按，古人行文習慣，與後世不同，"嬖"字衍否，似當從楊説。東關之姓，年代久遠，非後世口舌之爭所能定。要之，漢既有此姓，則不當指定嬖五不姓東關。至《廣韻》之承《風俗通》，猶不當云《廣韻》之誤也。《氏族略》所引"北平侯"係"北亭侯"之誤。

中

漢複姓有七氏。漢有諫議大夫中行彪，晉中行偃之後。

[刊誤]按：偃當作桓子，考《左傳》，偃祖林父爲晉文公中行，始以爲氏，是爲中行桓子。林父生庚，庚生偃，中行之爲氏，至偃已三世矣，不當遺林父而以爲偃之後也。

《姓纂》卷一："《世本》：晉荀游敖生桓子林父，將中行，爲中行氏。漢有諫議大夫中行説。"《辯證》卷二云："出自荀氏……林父將中行，謂之中行桓子。以官爲氏。桓子生庚及獻子。"中行偃即荀偃，庚子，字伯游。又稱中行獻子。《辯證》謂桓子生庚及獻子，似誤。張澍輯《世本》以爲有引作"荀偃將中行"者，誤也。此知《廣韻》非承《姓纂》及《世本》。按，《路史後記》卷九："荀侯，諸侯之伯，晉滅之爲公族。後逝敖爲荀氏、郇氏、旬氏、孫氏、孫伯氏、夙氏、程氏、中行氏……"羅苹注："《風俗通》云：中行，穆子後。《姓纂》引《世本》爲仲行。"而張澍輯《風俗通姓氏篇》（下簡稱"風俗通"）有"中行氏，漢有諫議大夫中行彪，晉中行偃之後"一條，謂出《後漢書》注。是爲《廣韻》所本。《史記·趙世家》"范、中行氏伐趙鞅"《索隱》引《世本》文同《姓纂》引，《正義》云："中行寅本姓荀，自荀偃將中軍爲中行，因號中行氏。"張説蓋亦承應劭《風俗通》文，而與《世本》異。唯《風俗通》謂漢諫議大夫中行彪，《姓解》承之同，《姓纂》作"中行説"，説行歷見《漢書·賈誼傳》《匈奴傳》，未云其爲諫議大夫。彪之名不見兩漢史文，蓋史失其傳，而《姓纂》不知,改爲中行説,不知原乃兩人也。

公

漢複姓八十五氏。孔子門人公休哀,又有公祁哀。

[刊誤]按:公休哀、公祁哀二人,《史記·孔子弟子列傳》及《家語·弟子解》皆無其名,疑孔子門人有公晳哀,此已引爲公晳氏之證,或脱"日"爲析,音與晳同,而字形則又與祁相似,因誤爲祁,而析祁又轉誤爲休。其實□□□□□(此闕五字,三稿無此句。)者,不知而兼收之耳。(雪案:此條稿端有孫氏墨識"朱竹垞《經義考》嘗言之"語。)

公休、公祁之姓,今存秦漢以前文獻無證。析晳二字,古多通用。《左傳·僖公十五年》"蛾析",《釋文》析作"晳",並云"本或作析"。《國語·晉語三》即作"蛾晳"。又《定公九年》:"鄧析",《文選·長笛賦》李善注引作"鄧晳"。則公晳之作公析,自是古例。孫氏推論,頗有理據,唯不必云"脱日爲析"耳。《姓纂》卷一作"公析",《辯證》卷二"公晳"下云:"《史記》《家語》有孔子弟子公晳哀,邵氏《姓解》以爲祈哀。蓋祈析二字相近,而林、邵二家之説,容有一誤。"析、休之誤,理雖近而無文獻之證,且《姓纂》卷一有云:"《姓苑》:趙平陵太守公休勝。"《廣韻·平東》"公"下、《姓解》卷三引同。《尋源》引《姓苑》:"公休氏,彭城人。"是勝乃彭城人也。勝之姓源自何人,今莫能明。《姓觿》卷一"公休"姓下云:"孔子弟子有公休哀,《前趙錄》有平淩(按,乃陵之誤)太守公休勝。"殆鈔撮成書,非有實據者也。《姓觿刊誤》已辨休之誤。

祭公謀父出自姜姓。

[刊誤]按:祭公謀父,見《周語》及《左·昭十二年傳》,韋昭《國語》注云:"祭,畿内之國,周公之後,爲王卿士。"傳曰:"凡、蔣、邢、茅、胙、祭,周公之胤也。"(《僖二十四年傳》文)杜預《春秋釋例》云:"祭城在河南,上有敖倉,周公後所封也。"據此則祭國名而公爵,周爲姬姓,謀父爲周公後,亦姬姓也。此以祭公爲複姓,謬矣。又云"出自姜(雪案:原誤姬。)姓",其謬更甚。(雪案:此條稿端有孫氏墨識"梁伯子《人表考》嘗言之"語。)

《廣韻·去怪》側界切"祭"下云："周大夫邑名。又姓,周公第五(《氏族略》作"七")子祭伯,其後以爲氏。"(王二、王三僅云"周大夫邑名"。)《說文·邑部》"鄒"下曰："周邑也,從邑,祭聲。"開封長垣有古祭城,是祭伯所封,固周公之後。《辯證》卷三十一云："出自姬姓,周文公子祭伯,爲周畿内諸侯,相天子爲三公,後以國爲氏。或云:春秋時,祭封人仲足爲鄭卿,子孫氏焉。"張澍《尋源》卷三十四云："仲之女雍姬,則祭氏姬姓,當即周祭伯之後仕於鄭者。"按,祭公謀父,《姓纂》卷五"謀"下云"周卿士",《萬姓統譜》(下簡稱"統譜")卷九十八云"周大夫,諫伐犬戎"。是亦周公之後無疑。鄭國之祭尚且姬姓,周畿内諸侯之祭必姬姓無疑矣。

衛有大夫左公子洩、右公子職。

[刊誤]按:左公子洩、右公子職二人具見《左·桓十六年傳》,杜預注云："左右媵之子,因以爲號。"孔穎達疏云："公子法無左右,明其因母爲號。《公羊》稱'諸侯娶一國,則二國往媵之。'以有二媵,故分爲左右。"愚謂是節傳有云"屬諸左公子",又云"屬壽於右公子",子字與左公、右公相屬不斷,則其爲左右公子明矣。此以爲複姓,誤。

洩,原當作泄,唐人避諱改。左公、右公之姓,史家多無說,《史記·衛康叔世家》集解亦引杜說,不云爲姓。《姓解》卷三"左公"："《左傳》衛大夫左公子洩。""右公"："《左傳》衛大夫右公子職。"不明所出。《姓觿》卷六"左公"："《姓纂》云:衛大夫左公子洩之後。"(岑仲勉據此補《姓纂》文)"右公"："《姓譜》云:衛大夫右公子職之後。"《姓譜》或指賈執《姓氏英賢譜》,此書明焦竑猶著錄之。以此,六朝隋唐即以左公、右公爲姓而出衛大夫後。《辯證》卷二十六以爲:《姓解》所說"誤矣。左公子衛官,洩其名,後世或有左公氏,亦必非洩後也"。然其卷二十八"右公"下云："衛右公子職之後,以官爲右公氏。"是亦依違不一。《統譜》卷一百十有"右公弼",謂見《印藪》。然亦可認爲姓右而名公弼,公弼者,位至三公而輔弼帝王也,此乃古人取名常義。左公、右公之姓,於古無證。

漢四皓有園公先生。

[刊誤]按:四皓見《史記》、《漢書》,園公先生《史記》作東園公。陶潛《聖賢群輔錄》及司馬貞《史記索隱》引《陳留志》云:"園公姓庾,字宣

明,居園中,因以爲號。"其說未知然否。然園公先生之爲號,已屬無疑,四皓亦必自有姓名也。《後漢書·鄭玄傳》孔融曰:"商山四皓有園公、夏黃公,潛光隱曜,世知其高,皆悉稱公。"然則公者仁德之正號,不必三事大夫也。西京(雪案:疑當作東京。)去四皓不遠,文舉之言當可據也。此即以園公先生爲姓名者,蓋因《史記》而誤。考《留侯世家》云:"上怪之,問曰:'彼何爲者?'四人前對,各言名姓,曰東園公、甪里先生、綺里季、夏黃公。"以愚意考之,《史記》所記,未必非誤。蓋史公之意,若以東園公等爲姓名,則四皓固自有姓名,而名公及先生,於義亦屬不安;若以爲號,則上文明言"四人前對,各言名姓",於此乃復著其號,則自相抵牾矣。且君前臣名,四皓於高祖前,而自稱以號,公然自居於公先生之□,豈不失之傲耶! 蓋其在《史記》本文,已自相抵牾,而復可據乎? 故《前漢書·留侯傳》但云"四皓前陳姓名",而刪去東園公以下數字,蓋亦疑之也。

《姓纂》卷四:"園,四皓園公之後。《風俗通》云:氏於所居城郭園池,是也。"張澍輯《風俗通姓氏篇》卷上:"園氏,氏於居,城郭園池是也。漢四皓園公。"謂出《廣韻》。按《廣韻·平元》:"園,園圃。亦姓。"無《風俗通》文,則氏於所居云云,蓋或據《姓纂》所引。是漢時即使以四皓園公之後以之爲氏,亦衹氏園而非園公,唐時尚如此。《姓解》卷三:"園,《列仙傳》有園客。""園公,漢四皓有東園公,後有園公氏。"《姓解》之"園公氏"不知所據,要與《廣韻》"公"下所引同出一源。孔文舉所言,固有理據,公之爲尊號復何疑焉。據孫氏推論,抑以《史記》之自相抵牾復又爲後世誤解而遂生一"園公"之姓耶? 園公之姓名,亦衆說不一。《姓觿》卷二:"圏,《姓考》云:楚大夫食邑,因氏。《千家姓》云:濟陽族。漢四皓園公本姓圏,或云本姓國。"陳廷煒《姓氏考略》謂"姓韋氏,名庚,字宣明"。圏姓之說,《姓纂》已著之,謂"《風俗通》云:楚鬻熊之後。一本云姓卷氏,鄭穆公之後,秦末爲博士,避難改爲圏氏"。又云:"後漢末有圏稱,字幼舉,撰《陳留風俗傳》。又有圏宣明。《郭林宗傳》又陳人圏文(生)。"是東園公本有姓韋、姓圏、姓國之異,復增後世以園爲氏。圏、國、園三字形近,恐有舛誤。圏氏《風俗通》已著錄,張澍轉引《急就篇》有"今市語韋氏爲圏家",則韋、圏亦有瓜葛。唯圏宣明之是否爲秦末博士,《風俗通》未嘗言,而張澍輯本於"圏"下按云:"圏稱《陳留風俗傳自序》云:'圏公之後。圏公爲秦博士,避地南山。漢祖聘之不就。惠太子即位,以圈公爲司徒。'一引《風俗傳》云:秦博士周庚,以常居圈,故謂圈公。《路史》引《風俗傳》:圈氏,本出其國南陽葉縣,南有卷城。《陳留志》:圈公名庚,字宣明,襄邑人。始居園中,因號園公。或曰:姓圈,名秉。"據圈稱自序,則圈公、秦博士、東園公爲一人。今存《陳留風俗傳》無圈稱序,張氏殆據顏師古《匡謬正俗》卷八所引,豈知師古已斥爲誑耀也。以名字考之,《大東》"東有啓明,西有長庚",則或以名庚字宣明爲宜。庚庚形近,久誤不覺。然其姓則未能確指矣。

二冬

肜

亦姓,肜伯爲成王宗枝。

[刊誤]按:肜伯見《尚書·顧命》,孔安國《書傳》云:"肜,國名。入爲天子公卿。"王肅云:"肜,姒姓之國。"蔡沈傳云:"宗伯第三,肜伯爲之。"胡三省《通鑑注》云:"肜伯之國,當在鄭縣界(今陝西華州西南有肜城)。"此誤以國名爲姓者。宗伯作宗枝,亦傳寫之誤。

《姓纂》卷一"肜"下云:"《尚書》肜伯,周同姓,爲氏成王宗伯。"章定《名賢氏族言行類稿》(下簡稱《類稿》)卷二"肜"作"肜",無"氏"字。《姓纂》卷一"肜"下云:"本姓肜氏,避仇改姓肜。"而《類稿》卷二"肜"下正相反作"本姓肜氏,肜伯之後,因避仇改姓肜"。《廣韻》"肜"下僅云"祭名",是其將姓氏之義歸"肜"。觀《廣韻》之文,當是鈔撮《姓纂》,故知"宗枝"爲"宗伯"之誤。考阮刻本《尚書·顧命》作"肜",唐石經、敦煌本、日本足利本等均同,唯觀智院本作"肜",足見《姓纂》之誤亦有《尚書》誤本之據。

肜之爲國爲侯伯,抑爲子爲卿,經學家各有己見。王肅指爲國,蔡沈謂爲宗伯,與鄭玄、江聲、王鳴盛認爲卿而非國同,孫星衍引《路史·國名記五》云:"肜,伯爵,成王子。"《唐韻》云:"成王支庶。"王肅之説,蓋據《史記·夏本紀》言之,然《夏本紀》之肜伯未必即此肜伯。退而論之,不管爲國爲卿,後世皆可以之爲姓者。今北京、湖北武漢、四川成都、山西汾陽等地均有此姓。

四江

逢

薄江切，姓也，出北海。齊有逢丑父。

[刊誤]按：梁玉繩《人表考》"逢門子"下云："逢有符容、蒲蒙二音，即通借蓬、蠭可見。又叶音房，唐以後始分別逢姓從夅，音薄江切。《匡謬正俗》《廣韻》俱判爲兩字，然不盡從之，故石經《左傳》凡逢姓皆作逢。《釋文》無音，表中逢門子、逢公伯陵、逢伯、逢大夫、逢丑父、逢滑，皆作逢迎之逢，自宜讀如本字，蓬音其通讀也。《匡謬正俗》謂逢姓音龐，無據。《國語補音》、宋孫奭《孟子音義》並《廣韻》注，于逢伯、逢蒙、逢丑父俱祇音薄江反，宋郭忠恕《佩觿·辯證》、元李文仲《字鑑》均以從夅爲誤，蓋失之矣。"阮文達公《左傳注疏校勘記》亦云："逢蒙、逢伯陵、逢伯、逢丑父、逢公皆從夅，薄紅切。東轉爲江，乃薄江切。德公士元，非有二字也。宋人《廣韻》改字作逢，薄江切，殊謬。"愚謂二說是也。此韻一東薄紅切有□□□□□，僅改薄江切爲從夅，而且以薄紅切之逢□□□□（雪案：三稿"二說是也"以下數句作"此韻無薄紅切之逢而有蓬，則直以逢爲誤矣。然《顏氏家訓》云：'逢逢之別，豈可雷同'，則逢、逢之誤分，隋前已如是也"。）

逢姓之讀馮、龐二音之糾葛，由來已久。自《姓纂》分複姓逢孫、逢門（實即逢蒙，此引作逢門子豹，即以逢門爲姓）入鍾韻，逢姓入江韻，後之姓氏書如《姓解》《辯證》《統譜》等因之，然多支詘抵牾。《姓解》逢下云："音逢……古有逢蒙善射。"而"逢門"下云："《古今人表》有逢門子豹。"不知即一人也。《辯證》三鍾"逢公"下所引與四江"逢"下所引雷同，致錢熙祚考校誤以爲輯《永樂大典》者誤分兩存，不知其承《姓纂》而來也。《統譜》亦二分之，並於"逢"下云："見《姓苑》，與三江逢字二音。"逢姓既見《姓苑》，則南朝宋時讀鍾韻音。《廣韻·平鍾》符容切"逢"下但云"值也，迎也"，不云爲姓，是直以姓氏作逢也。溯其源,王三三鍾符容反正字作"逢",注云:"遇,俗作逄,音辭,誤。"①而《干祿字書·平聲》亦以逄爲逢之俗字。然伯三六九五殘葉三鍾符容反作"逄"形,王二三鍾符容反亦作"逄",降及五代韻書殘卷,蓬、篷諸字多從逢聲,是兩形相混更甚。錢大昕《十駕齋養新錄》卷五云:"後世聲韻之學妄行分别,以鼓逢逢讀重脣入東韻,相逢字讀輕脣入鍾韻,又别造一逄字轉薄紅切訓人姓,改逢蒙、逢丑父之逢爲逄以實之,則真大謬矣。漢魏以前,未有逄字,其爲六朝人妄造無疑。"考《北魏穆□墓誌》,逄字形已作逄而下仍作"夆",至隋劉相墓誌已作"夅",是逄之字形,起於北朝,而爲李唐某些韻書所承。《廣韻》承諸韻書之後,分姓氏之義爲逄而迎、值之義爲逢,是兼受姓氏書與韻書之雙重影響。

《後漢書·劉盆子傳》"崇同郡人逄安"李賢注:"《東觀記》逄音逢。"《列子·周穆王》"秦人逄氏有子"殷敬順釋文:"逄,音龐。"是唐人多已讀逄爲薄江反矣。《匡謬正俗》卷八云:"逄姓者,蓋出於逢蒙之後。讀當如其本字,更無别音。今之爲此姓者,自稱乃與'龐'同音。按德公、士元,所祖自别,殊非伯陵、尹(按,當作"丑")父之裔,不應棄其本姓,混茲音讀,乃狠云'逄姓之"逄",與"逢"遇字别',妄爲訓釋,何取據乎?"是師古固不以爲然也。然既爲逄姓"自稱與龐同音",則必爲方音無疑。

五支

離

又姓,孟軻門人有離婁。

[刊誤]按:《孟子》有《離婁》篇,趙岐注以爲黄帝時人,即莊周所謂離朱是也(見《莊子·天地》篇)。則婁與孟子,相去且千餘年,此因孟子嘗道及之,遂以爲門人,亦謬甚矣。《通志》引《風俗通》之説亦如此,

---

① 龍宇純《唐寫全本王仁昫刊謬補缺切韻校箋》作"俗作夆",校云:"夆上當有逄字,逄字從夆,夆與夅異音,故云誤。王二此字正作逄。"香港中文大學 1968 年版,第 18 頁。

蓋修韻者之所本。而《漢書·古今人表》列離朱於春秋後，與公輸般同處，其説之誤，亦與此相似。

《氏族略四》"以名爲氏"下有"離氏"云："《風俗通》：離婁，孟子門人。漢有中庶子離常之後。燕有離班。"《辯證》卷三："離，出自古明目者。離婁亦曰離朱，黄帝時人。《風俗通》曰：漢有中庶子離常，後燕有離班。"張澍輯《風俗通姓氏篇》按云："鄭氏引'之後'二字在'離常'下，今改正。離婁本黄帝時人，《廣韻》以爲孟子門人，亦異聞也。"余廼永《廣韻》校注："段校本删'門人'二字。"按，《姓觿》卷一舉《路史》以離婁爲黄帝臣，斥《集韻》爲孟子門人者非，復引《千家姓》指爲昌平族，並謂《北燕録》有寵臣離班。段校删"門人"二字，則爲"孟軻有離婁"，亦不詞。是《風俗通》譌誤在前，《廣韻》承誤在後，而《集韻》復又襲誤。《姓觿》雖已指其非，而《統譜》卷五猶云："離，中庶子離常之後；周離婁，見《孟子》；漢離班。"顛倒錯舛，莫此爲甚。孫氏刊此誤，可使盲目鈔書者長一智。

六脂

師

又姓，晉有師曠。

[刊誤]按：師曠樂官，春秋時諸樂官，大抵皆以師稱，此以爲姓，誤矣。

《姓纂》："《風俗通》：師，樂人瞽者稱。晉有師曠，魯有師乙（按，乙爲己字之誤，師己，魯臣，見《左傳·昭公二十五年》），晉師悝、師觸、師蠲。又師服，晉大夫也。"《辯證》卷三："《風俗通》：師氏，樂人瞽者之稱。自晉師曠之後，始以爲氏。漢有東海師中，作《雅琴師氏》八篇。"對照二書，知《廣韻》所本亦爲《風俗通》。師是否可以爲姓？悝、觸、蠲皆鄭之樂工（《姓纂》引作晉，非，《氏族略》引作鄭，是），見於《左傳》者尚有鄭師筏、師慧（《襄公十五年》）、衛師曹（《襄公十四年》），既爲樂工而稱師，則未必姓師。然師己爲魯大夫，師服爲晉大夫，又有師祁犁爲楚大夫，是或即以師爲姓者。而師服等人年代早於師曠,故師姓未必自師曠始。上溯鐘鼎銘文,有師毛父(師毛父簋)、師田父(小臣傳卣)、師永師同(永盂)、師克(師克序盨蓋)等五十餘人,考古史者雖多以爲其中多任周朝師職者,故稱師某,然古者以官爲氏,子孫得無以之爲姓者乎?要之,師姓之源,必有以官者,亦必有以職(樂師)者,孫氏以此爲誤,非。

又漢複姓十二氏。陳悼太子偃師,其後以王父字爲氏。

[刊誤]按:陳太子偃師,見《春秋·襄二十五年》經、傳。偃師乃悼太子之名,則偃師氏乃以王父名爲氏者,若魯公子展之後爲展氏之類是也。修韻書者蓋泥於以王父字爲氏之説,故有此誤。或字本作名,而傳寫者誤爲字。

陳哀公太子偃師,《左傳》又作"世子偃師"(《襄公二十五年》)、"偃師"(《昭公八年》)。《史記·陳杞世家》:"哀公娶鄭,長姬生悼太子師,少姬生偃。"殆以爲二子,小司馬已疑其非。觀《左傳》多次聯稱,杜注等均無疑,信然。偃師爲名爲字,今莫能確指。然此非修韻書者泥於以王父字爲氏之説,實乃本之姓氏書。《姓纂》卷六:"出自嬀姓。陳悼太子偃師爲公子招所殺,裔孫以王父字爲氏。"是爲所本。《辯證》卷二十五引或説云:"周人食邑偃師,氏焉。今河南偃師即其地也。"後世以偃師爲姓者今無聞,故以字以地爲氏邈焉難徵矣。

殷時掌樂有太師摯、少師陽。

[刊誤]按:太師摯、少師陽即《論語》所載"太師摯適齊,少師陽擊磬襄入於海"是也。朱子《集注》以爲太師樂官之長,少師樂官之佐,則摯、陽皆以官稱者,此以爲複姓,誤矣。又考摯、陽諸人,《論語》不著其年代,孔安國注云"魯哀公樂人",鄭康成注云"平王時人",司馬遷《史記·十二諸侯年表序》云:"太史公讀《春秋曆譜諜》至周厲王,未嘗不廢書而歎也。曰:嗚呼!師摯見之矣。"是則以爲厲王時人。而其《禮書序》又云:"仲尼没後,受業之徒沈湮而不舉,或適齊楚,或入河海,豈不痛哉!"則以爲□□□時人也。(雪案:此闕三字,三稿此句作"是又以爲孔子卒後人也"。)自董仲舒《對武帝策》云:"至於殷紂,逆天暴物,殺戮賢知,殘賊百姓,守職之人,皆奔走逃亡,入於河海。"顔師古注云:

"謂若少師陽之屬也。"是始以爲殷時人。而《前漢書·禮樂志》亦云："《書序》殷紂斷棄先王之樂,樂官師瞽,抱其祭器而犇散,或適諸侯,或入河海。"師古注引《論語》云太師贄云云。《古今人表》因列摯陽諸人於殷時,蓋修韻者之所本也。何義門《讀書記》云："洋洋盈耳,蓋所謂我猶及見之也,則當以孔説爲正。"愚謂何氏是也,此韻與諸説皆誤。

《姓纂》卷八："太師,商有太師摯,周有太師疵。"《辯證》卷三十一以爲"二人皆以官稱,而未必爲姓氏,《姓纂》誤矣"。然其於卷三十三"少師"下云："《英賢傳》:魯有少師陽,少師慶。謹按:樂官有少師,古人世官,或有以爲氏者,然陽、慶特稱其名。"是其於"太師""少師"已首鼠兩端。揣其意,或起於摯、陽等時代恍惚難定故也。而《廣韻》固本之姓氏書,無暇參稽《人表》也。

摯、陽二人並見於《論語·微子》。自來注《論語》者於其時代各執一説,無有定論。綜而論之,有以爲殷商時人者,《漢書·禮樂志》注主之,毛西河《論語稽求篇》亦主此説,並謂此摯與"師摯之始,關雎之亂"之摯爲二人。段玉裁《古文尚書撰異》同意此説,而謂太師摯即太師疵,少師陽即少師强,"音皆相近。惟傳聞異辭,則載所如不一而其事則一"。劉寶楠《正義》以《論語》此章前一章著夷齊事,下一章著八士事,則此章摯等人固當爲殷末人,故同意毛、段説。有以爲周厲王時人者,葉夢得《石林燕語》主之;有以爲周平王時人者,《古今人表》注、鄭康成主之;有以爲魯哀公、孔子時人者,孔安國主之,周柄中《四書典故辨正》、李惇《群經識小》、劉逢禄《論語述何》及今人程樹德均從此説。

按,主厲王、平王者主要依據太史公語,《史記·十二諸侯年表序》:"太史公讀《春秋曆譜諜》,至周厲王,未嘗不廢書而歎也。曰:嗚呼,師摯見之矣!"集解引鄭玄曰:"師摯,太師之名。周道衰微,鄭衛之音作,正樂廢而失節,魯太師摯識《關雎》之聲,首理其亂也。"鄭此説乃據《論語·泰伯》"師摯之始,《關雎》之亂,洋洋乎盈耳"之文,而又牽合太史公語以爲目及見之,則在厲王後,歷宣、幽而當平王矣。實則此乃誤解太史公語意。若師摯當厲、宣、幽、平時人,則早於孔子數百年,其悦耳之音何得洋洋乎夫子之耳?《殷本紀》"紂愈淫亂不止……殷之太師、少師乃持其祭樂奔周",《漢書·禮樂志》"殷紂作淫聲,樂官師瞽抱其器而犇散,或適諸侯,或入河海",奔周或在適河海之後,兩説與《微子》篇"太師摯適齊……少師陽、擊磬襄入於海"所說爲同一事。此見紂時樂師奔散，乃政權瀕臨危亡之象徵，而爲當時所諗知，太史公"師摯見之矣"一語，乃用殷紂時樂師四散之典。意謂厲王暴虐侈傲，以殺弭謗，道路以目，民不堪命，此由紂時樂師四散可預見其禍之將至。實非如鄭所解者。

祁

縣名，在太原。《左傳》晉大夫祁奚之邑，因以名之。

[刊誤]按：《左·襄二十三年傳》叔向曰必祁大夫，杜預注云："祁奚也，食邑于祁，因以爲氏。"韋昭《國語注》云："祁奚，晉大夫高梁伯之子也。"愚謂高梁亦晉邑名，則伯□必食□□□□□。（雪案：此闕七字。三稿無此句。）食高梁，不得並食祁，食祁蓋自奚始，則奚之名乃因祁而得，豈有祁之名反因奚而得乎？誤矣。

《王三》無"《左傳》"以下文字。祁邑，春秋晉置，具體年代不清，故址在今山西太原之祁縣東南之祁城。祁奚始見《左傳·成公八年》，其食邑于祁當在此之前。奚字黃羊，自王引之以來解其名字者約十有餘家，似仍以王說爲近是。爲晉大夫，知人而賢，外舉不避讎，內舉不避子，後世因尊稱祁大夫，而以邑爲氏。《氏族略三》云："姬姓。晉獻侯四世孫奚爲晉大夫，食邑于祁，遂以爲氏……又祁亦姓也，出黃帝後，所謂伊祁是也。亦作耆，望出太原。"《姓纂》亦云"帝堯伊祁氏之後"。祁之姓與氏地望相近，頗疑伊祁氏之後有祁地，晉遂置邑，奚食之，而又以之爲氏，後世遂難分其系脈矣。《廣韻》"《左傳》"以下文字後加，因簡略而造成歧義，遂誤。

八微

斐

姓，《左傳》晉有斐豹。

[刊誤]按：斐豹見《左·襄二十三年傳》，今本"斐"作"斐"，未知

孰是。

《王三·平微》《王一·平微》作"匪肥反。斐豹,見《左傳》"。斯二〇五五箋注本《切韻·平微》:"匪肥反,斐豹,見於《左傳》。"是爲《廣韻》所本。然斯二〇七一箋注本《切韻》平微作:"斐豹,見《左傳》,匪肥反。"已與《王三》、《王一》、斯二〇五五異。《姓纂》卷二:"《左傳》有斐豹,漢有斐禹。"斐字從大不從犬。《姓解》卷三、《姓觿》卷一亦皆從大。《姓觿》引《千家姓》云"東魯族",《千家姓》乃明吳沈等所纂,不知何所據。從犬之猆,《篇海類編·鳥獸類·犬部》謂是"獸名",故斐姓從大爲是。考之《左傳·襄公二十三年》作"斐豹",字從文。阮元校勘記引《廣韻》而云字或又作斐,蓋未定是非。余廼永校注:"按《王一》、南宋祖本、鉅宋本、巾箱本、黎本、棟亭本、元建刊本、覆元泰定本從犬同。《切二》、《全王》、元至正本及明本並從大,《切三》斐字從文作斐,合《左傳·襄公二十三年》之斐豹。《集韻》以斐與斐或體,亦非。"按,從大、從犬各有數本互證,唯作"斐"僅斯二〇七一一例,孤證難信。且斐然之斐,《廣韻》在上聲尾韻敷尾切,與平聲斐無涉。《尋源》云:"《集韻》亦音非,若敷尾切者,非姓。斐,鄭地,文公會鄭伯處,在開封宛陵,一作棐林,是斐以地爲氏。"斐,《廣韻·上尾》大也,斐林恐是大林之義。斐斐形近而誤。果若以地爲氏,當以斐字爲正。

肥

亦姓,《左傳》有肥義。

[刊誤]按:《左傳》無肥義,肥義乃趙武靈王臣,惠文王時爲相國,死於沙丘之難,見《國策》及《趙世家》,此云出《左傳》,誤矣。

梁玉繩《人表考》已云"肥義惟見《戰國趙策》《史趙世家》",《姓纂》卷二云"戰國時趙賢人肥義之後",無有云出《左傳》者。今存唐五代韻書八微"肥"字下均無姓氏義,是《廣韻》別有所本,而確屬誤記。《氏族略》引《風俗通》云:"肥氏,其先有封肥鄉者。《戰國策》趙賢人肥義之後。漢有肥韶,英布將肥赫,又仁恕掾肥親。"蓋自漢以來肥義爲趙人無異辭。《姓解》卷一云"秦有大夫肥義",屬之於秦,素所未聞,亦必誤矣。

九魚

魚

亦姓，出馮翊，《風俗通》云："宋公子魚賢而有謀，以字爲族。"

〔刊誤〕按：子魚亦見《左傳》，宋襄公弟也。名目夷，字子魚，此於子魚上增一"公"字，則似魚爲公子之名者，而下又言"以字爲族"，則〔似〕已知子魚之爲字矣，不應自相抵牾，其〔傳寫之〕（雪案：此闕四字，以意補三字。）誤衍乎？《風俗通》今尚存，而此條當在《姓氏篇》中，而《姓氏篇》則已佚，應氏本文，〔是〕否已〔誤，無可考〕矣。（雪案：此闕五字，以意補之。）

《姓纂》引作"宋桓公子目夷，字子魚，子孫以王父字爲氏"，《氏族略三》引作"宋桓公子公子目夷，字子魚。子孫以王父字爲氏。漢有長安富人魚翁叔"，《姓解》引作"宋桓公生目夷子，字子魚，賢而有謀，子孫以字爲氏"，三書同引《風俗通》，而文字各不相同，蓋爲轉引而失原貌者。比勘文字，《廣韻》與《姓解》相近，然《姓解》序於景祐二年，後於《廣韻》二十餘年，當是二書共引一書，然三書所引皆有"宋桓公"，則必《風俗通》原文如此，非如孫氏所説"此於子魚上增一'公'字"。三書所引云"以王父字爲氏（或"以字爲氏"）"，則知此文"以字爲族"之"族"字誤。

樗

樗蒲戲。又姓，《史記》秦相樗里疾。

〔刊誤〕按：樗里疾，《史記》有傳，秦惠王弟莊襄王時爲丞相。傳中"樗"作"樗"，《秦本紀》又作"樗"，皆從木不從手。《索隱》云："樗，木名也。"又云："疾居渭南陰鄉之樗里，故號曰樗里子。"高誘曰："其里有樗樹，故號樗里疾。"《集韻》云："從虖，義同。"此韻有從虖之樗，則爲惡木，而無從雩、從木之樗，則此條當在樗下，而"樗里"亦當作"樗里"。

若夫樗之與摴,則一爲木名,一爲摴蒲,形似而義相懸絕,不應妄混也。又樗里本是地名,疾以所居爲號,而非以所居爲姓。且樗里二字本相屬不斷,此僅曰姓,不曰複姓,是又以摴爲姓,里疾爲名矣,大誤。

《姓纂》卷二作"樗",亦云"《史記》,秦國相樗里子之後",是爲《廣韻》所本。澤存堂本從手作摴,而鉅宋本則從木作樗。余廼永失校鉅宋本,遂以爲"摴字之'又姓,《史記》,秦相摴里疾'注文應移樗字下"。此説實非。按,"樗"爲惡木,與樗爲異體,有文獻佐證。《莊子·逍遙遊》:"吾有大樹,人謂之樗。"《一切經音義》卷八十四引作"樗"。又《爾雅·釋木》:"栲,山樗。"《説文·木部》"栲"下云:"山樗。"然樗里子未見有作"樗里子"者。考《王三·平魚》有"樗"無"樗",斯二〇七一九魚云:"惡木,又作樗。"斯二〇五五九魚作"樗,惡木。摴,摴蒲。今作攄。"是將木旁均草寫成"扌",遂生糾葛。《集韻》復出從扌之摴、攄而云"亦姓",姓若從扌爲摴,何所取義?此必從木草寫成扌,編者意摴蒲之戲以手,誤謂從扌亦可,遂不加辨識,分立從扌與從木之兩組異體字。

樗里之姓,張澍輯《風俗通姓氏篇》云:"樗里氏,'琴九引'有樗里牧恭。"澍按:"樗里氏,當爲樗里疾之後,以地爲氏。地在渭南之陰鄉,一作褚里疾。"晉崔豹《古今注》卷中《音樂》:"《走馬引》,樗里牧恭所作也。爲父報冤殺人而亡藏於山谷之下,有天馬夜降,圍其室而鳴。夜覺,聞其聲,以爲吏追,乃犇而亡去。明視之,馬跡也,乃惕然大悟曰:豈吾居之處將危乎?遂荷衣糧而去,入於沂澤。援琴鼓之,爲天馬之聲,號曰《走馬引》焉。"崔豹所記,必東漢所盛傳者,故張澍所輯"琴九引"即琴引九篇之意,當係應氏原文。以此知牧恭乃東漢人。《姓纂》卷二又云:"樗里,見《英賢傳》。濟南,晉有樗里璠,著《春秋土地記》三卷。"文廷式《補晉書藝文志》、吳士鑒《補晉書經籍志》皆云爲京相璠之誤。然《續通志·氏族略七》有明宣德中訓導樗本植,或即樗里如《姓纂》所説爲樗里子之後。

十虞

盂

又姓，《左傳》晉有盂丙。

[刊誤]按：盂丙見《左·昭二十八年傳》，今本"盂"作"孟"。顧氏炎武云："今本作'孟丙'，非。《漢書·地理志》'盂，晉大夫盂丙邑'，猶魏大夫之爲魏壽餘，閻大夫之爲閻嘉，邯鄲大夫之爲邯鄲午也。"□檢《前漢書·地理志》"盂"下注，諸本實皆作"孟丙"，不作"盂丙"，《古今人表》亦作"孟丙"，不知顧氏所據者何本，唯《續漢書·郡國志》劉昭注乃作"盂丙"，豈顧□□據□。（雪案：此闕三字，三稿無此句。）但以《左氏》考之，魏壽餘、閻嘉、邯鄲午，其見傳時，皆已爲其邑大夫，故可以魏、閻、邯鄲稱之。若盂丙則其見傳時方受縣，又不得以□□□□□，（雪案：三稿作"不得已以邑稱"。）且《左氏》載與丙同受縣爲大夫者九人，皆不以邑稱，若司馬彌牟爲鄔大夫，不曰鄔彌牟；魏戍爲梗陽大夫，不曰梗陽戍；其餘皆然，何獨於丙而稱盂乎？此韻與《續漢志》同爲字誤。

《姓觿》卷二"盂"下云："《姓纂》云：晉侯之裔，食采盂邑。案，《左氏傳》晉大夫盂丙是也。《千家姓》太原族。"岑仲勉據以補《姓纂》盂姓而略"案"字。案後之文是否亦爲《姓纂》原文，今無證。然《姓纂》於解釋之後，多引人物實之，或《姓觿》引述時所加。要之，《姓纂》及其以前之姓氏書有作盂丙者，是爲《廣韻》所本。

顧説見《左傳杜解補正》。孫所説《漢書》諸本皆作"孟丙"，考百衲本、王先謙虛受堂本"盂"下確作"晉大夫盂丙邑"，王氏補注："段玉裁曰：盂或作孟，《廣韻》：《左傳》晉有盂丙，則是以邑爲姓……先謙曰：《續志》注作盂邴，亦見《左傳》，作盂是。"然中華標點本仍作"孟丙"。王念孫《讀書雜誌·漢書三》"孟丙"云："念孫案孟當爲盂，《昭二十八年左傳》'盂丙爲盂大夫'，《杜解補正》改孟爲盂，説云……案顧説是也。《左傳釋文》'盂，音于，下文同'。盂音于者，指盂丙而言，下文同者，指盂大夫而言，是陸氏所見本兩盂字皆作盂也……自唐石經始訛爲孟丙，而各本遂沿其誤。蓋世人多聞孟姓，少聞盂姓，故盂訛作孟。下文之狐厴，師古曰：即盂厴，盂字亦訛作孟也。《地理志》作盂丙而此表作孟丙，明是後人以誤本《左傳》改之。《水經汾水注》云：洛陰水西逕盂縣故城南。《春秋左傳·昭公二十八年》分祁氏七縣爲大夫之邑，以盂丙爲盂大夫，即本於《地理志》。今本作孟丙，亦是後人所改。或據此以駁顧，非也。《續漢書·郡國志》亦云盂，晉大夫盂丙邑（明汪文盛本如是，他本或作孟丙，亦後人所改）。《元和郡縣志》，陽曲縣，故盂城，漢盂縣也。本春秋時晉大夫祁氏邑，晉滅祁氏，以盂丙爲盂大夫。《太平寰宇記》同。此皆本於《水經注》，而盂丙之盂無作孟者。"王説理據充足，誠可信從。退而論之，即使《左傳·昭公二十八年》作孟丙，亦無礙《廣韻》作孟丙，因丙食采盂邑，後裔以邑爲氏，《廣韻》本姓氏書叙述得姓之由而言"晉有孟丙"，於理無不可也。

殳

又姓，《舜典》殳折。

[刊誤]按：《舜典》"讓於殳、斨暨伯與"，"殳折"作"殳斨"。孔安國傳云："臣名"，蔡沈傳云："伯與、殳、斨，三臣名。殳以積竹爲兵建兵車者，斨，方銎斧也。古者多以所能爲名，殳斨豈能爲二器者歟？"愚謂以《舜典》觀之，則此之讓於殳、斨暨伯與，與上文之"讓於稷契暨皋陶"句法正同。稷契二人，則蔡説近是，若合以爲一人，殊謬。又斨既訓方銎斧，則斨萬不可以作折，而陸德明《釋文》音七良反，則古本亦未有異同，此以形似而誤。

折，曹棟亭本作"斨"，鉅宋本作"斨"，實亦斨之誤字。

武億《經讀考異》、牟庭《同文尚書》皆謂文加"暨"字，故殳、斨、伯與爲三臣名。説與孫氏同。殳斨，《人表》作"朱斨"，蓋以爲姓朱矣。然論者謂朱、殳音近，故譌。梁玉繩考云："《廣韻》以殳爲姓，而《路史》以殳爲國，即齊地冒淳，又本《海内經》稱炎帝之裔伯陵生殳，殳斨其後。果信然歟？"年代邈遠，梁氏不敢置信。《姓纂》卷二："殳，《尚書》殳斨，舜臣名。咎繇所讓共六人。南朝嘉興殳季真。"是爲《廣韻》所本。《姓觿》卷二："殳，市朱切。《路史》云：伯陵之子，堯封於殳，因氏。舜臣殳斨，其後也。"《氏族略四》列入"以名爲氏"例，然其"殳季真"作"殳真"，是亦有脱略。

十一模

盧

又漢複姓八氏。《孟子》有屋盧子著書。

[刊誤]按：今本《孟子》"盧"作"廬"，屋廬子爲孟子門人，問答數見於篇而未嘗言其著書。《通志・氏族略》又云"屋廬子著書述老聃之法"，而不言其爲《孟子》之屋廬子。以愚考之，屋廬子親炙孟子之門，必無著書述老聃之理。或謂屋廬子初著書述老聃之法，後乃受業孟子之門，□□□□□□□，（雪案：此闕七字，三稿無此句。）臆斷。夫至著書以述其法，必自守其學甚固者，能一旦自拔以歸於儒乎？且《孟子》所載屋廬子之言，無近於虛無之學者，則謂屋廬子前著書述老聃者，不幾乎誣賢者哉！又三〔代以〕上書〔其尚存於〕秦火之餘者，無不見於《漢書・藝文志》。《漢書・藝文志》不僅道三十七家無屋廬子，〔而《人表》〕亦無其名，則此説又何從而得之乎？（雪案：以上闕十四字，以意補之。）（又□□□□言屋廬子著書，不言述老聃之□□□□□□□尚有所據，考《藝文志》道家有□□□□□□□□盧，豈爲此説者□□□□□□□屋廬子乎？）

《姓纂》卷十："屋盧，晉賢人，著書言彭、聃之法。"與《廣韻》不同。《廣韻》或牽合孟子門人而加書名，或則另有誤本姓氏書爲本。

焦循《孟子正義・告子下》引翟灝《四書考異》云："《廣韻》'盧'字下注云：《孟子》有屋盧著書。鄭樵《通志・氏族略》云：'晉賢人屋盧子著書，言彭、聃之法。'按屋盧子未聞著書，即在當時有之，孟子之徒豈應言彭、聃之法？或爲別一人。"屋廬子既爲孟子門徒，是必不言彭、聃之法，此或以名號形式符合後世道教徒胃口，遂爲所襲，如道教傳説上古有帝嚳之師務成子，趙宋又有務成子注《黃庭經》，其揆一也。此"晉"或即指司馬晉，當時正值上清、靈寶之徒大量製作道書之年代。今存兩唐書《藝文志》《宋史・藝文志》《直齋書錄解題》《郡齋讀書志》《中興館閣書目》等雖無屋廬子所著書，正統《道藏》中亦無屋廬子之名，然浹祭著《藝文略》，備載道教書籍，或當時尚能轉見隋唐以前道教秘笈之書目，至元一炬，遂無緣以睹矣。

烏

又姓，《左傳》齊大夫烏枚鳴。

[刊誤]按：《左·昭二十一年傳》有齊大夫烏枝鳴，當即此。枝作枚者，□□□□字形相似，因而致誤。（雪案：此二句三稿作"蓋以形似而誤"。）

澤存堂本作"《左傳》齊大夫烏枚鳴"，鉅宋本作"烏枝鳴"，孫氏引錄有誤。《姓纂》卷三："烏，齊有烏餘、烏枝鳴。莒有烏存。秦有烏獲。"非《廣韻》所直接鈔錄者。枚枝、嗚鳴之譌，乃手民之誤。

十二齊

西

又漢複姓十一氏。《左傳》秦師西乞術。

[刊誤]按："師"當是"帥"之誤。

余迺永校《廣韻》云："《左傳·僖公二十三年》有'秦帥西乞術'。"按，西乞術僅見於僖公三十二、三十三年，此"二十三"當爲"三十二"之誤。又，《左傳》一見"西乞"，二見"西乞術"，無"秦帥西乞術"之文。蓋秦以百里孟明視、西乞術、白乙丙爲將軍率兵攻晉，故有"秦帥"之稱。《左傳三十二年》孔疏云："古人之言名字者皆先字後名而連言之，其術、丙必是名，西乞、白乙或字或氏，不可明也。"《姓纂》卷三："西乞，秦將軍百里術字西乞，其孫以王父字爲氏。"《辯證》卷四引之，是皆以爲字，而後世以字爲氏。張澍輯《世本》卷三非孔疏，以爲是姓，似不若《姓纂》確鑿。

《廣韻》載此姓，文與《姓纂》不同。《廣韻》原文云："亦姓。又漢複姓十一氏，《左傳》秦帥西乞術，宋大夫西鉏吾、西鄉錯，出《世本》。"是《世本》原文如此。《姓觿》卷二:"《路史》云:齊公族。《左傳》有秦帥西乞術。"《路史》亦本《世本》,是以知原文作"秦帥",《廣韻》刊刻之誤也。

又黃帝娶西陵氏爲妃,名累祖。

[刊誤]按:張守節《史記正義》云:"西陵,國名。"此以爲複姓,誤矣。

張澍《尋源》卷九云:"淮南王《蠶經》云:西陵氏,黃帝妃累祖也,始勸蠶。西陵氏祖此,春秋時有此姓,見《世本》。"《姓纂》卷三:"西陵,《世本》:春秋時有大夫西陵羔。"此殆以國爲氏者。《氏族略二》列入以國爲姓"夏商以前國"類,而云:"古侯國也。黃帝娶西陵氏女爲妃,名累祖。春秋時有西陵高爲大夫。"羔、高音同而誤,未知孰是。《路史·國名紀》卷己:"西陵……今江夏安陸間故吳以安陵爲西陵,有嫘氏、西陵氏。"則後世確有以之爲姓者。《氏族略》文與《廣韻》同,或本《廣韻》,或同本唐以前姓氏書。

犀

又姓,秦有犀首。

[刊誤]按:《史記》犀首有傳,犀首,魏之陰晉人,名衍,姓公孫氏。〔司馬彪曰〕(雪案:原闕四字,三稿作《集解》而又抹去,此實《集解》引司馬彪說。今補四字):"犀首,魏官名,若今虎牙將軍。"《索隱》、《正義》說同。據此,然(然字疑衍)則衍自姓公孫,豈有復姓犀之理,而犀首魏官名,則衍雖嘗入秦爲秦氏(雪案:氏字疑誤,《史記》稱張儀已卒之後犀首入相秦,此或當云"爲秦相"),止可曰秦有公孫衍,不可曰秦有犀首,此誤以犀首爲姓名,因誤以爲秦有耳。

《姓纂》卷三:"《史記》:秦有犀首。"是爲《廣韻》所本。《辯證》卷四:"犀:出自戰國時魏將犀武之後。《元和姓纂》曰:'秦有犀首。'邵書曰:'姓書元有此氏,不敢削之。'皆誤矣。謹按《莊子音義》曰:'犀首,魏官名。若今虎牙將軍。公孫衍嘗爲此官。'非以犀爲氏。今以犀武爲正。"核《莊子音義》卷下,知陸氏此說本之司馬彪。鄧因司馬之說,遂將犀姓屬之犀武。然則犀武之犀,名乎姓乎?字乎官乎?鄧未有說。浹祭於此無所措置,僅置於平聲字下,不作表態。《姓觿》卷二云:"《世本》云:楚大夫申犀之後,以官爲氏。又《急就篇》注云：魏將犀武、犀首之後，以官爲氏。《千家姓》云：河南族。"別出一申犀，而皆以爲官名。犀武、申犀亦官乎？可見了無所憑。《尋源》卷九云："澍按：鄧元亞説本之司馬彪，然《年表》云：陰晉人犀首爲大良造，則非官名。而《韓策》摎留以犀首、張儀並言，何爲一人獨以官稱乎？蓋犀首即姓名。"就《六國年表》一語觀之，犀首似爲人名。緣此而觀《韓策一》"簡公用田成、監止而簡公弒；魏兩用犀首、張儀而河西之外亡"語，則亦人名也。然則犀首既爲姓名，何以又姓公孫名衍？臧勵龢有見於此，故將犀首列爲公孫衍之異名（見《中國人名大辭典》）。按，《三代吉金文存》卷三有犀伯魚父鼎，犀伯字魚父，西周中晚期人，爲犀國首領；又弭叔鬲有弭叔師察之妻犀妊，蓋犀國之女也。據此，犀姓蓋以國爲氏，犀武其後也。《姓纂》《廣韻》相承以犀首爲犀姓之例，或不盡妥，然不當以此否定古有犀姓也。

十五灰

梅

又姓，出汝南，本自子姓，殷有梅伯，爲紂所醢。

[刊誤]按：《吕氏春秋》曰："紂爲無道，殺梅伯而醢之。"《淮南子·俶真訓》曰"菹梅伯之骸"，即此。高誘注曰："梅伯，紂時諸侯。"《史記》又作鄂侯，此亦誤以國名爲姓者。

孫引《吕氏春秋》乃《行論》篇文，又《過理》有云："殺梅伯而遺文王其醢，不適也。"高注《吕覽》皆以梅伯爲紂之諸侯，因説鬼侯之女美，請紂娶之，紂聽妲己之言以爲不美，遂醢梅伯，然《史記·殷本紀》《魯仲連列傳》及《潛夫論·潛歎》篇均不言與梅伯有關；而高注《淮南子》則引或説，謂梅伯數諫故爲紂醢。知亦先秦傳聞異詞。《姓纂》卷三："梅，殷後。紂時有梅伯，以國爲氏。汝南：漢將軍梅鋗；六代孫嘉，始居汝南。"《辯證》卷五云："汝南梅氏，出自子姓。梅伯爲紂所醢，武王封伯玄孫黃梅，號曰忠侯，以梅爲氏，世居楚鄭間。"此襃旌忠烈，以國爲氏之典範。故《氏族略二》列入以國爲氏類。梅國子姓，與殷同脈，亦成湯之裔也。

十七真

人

亦漢複姓十氏。《左傳》有寺人披。

[刊誤]按：寺人披，見《左·僖五年傳》，《晉語》又謂之奄楚。孔穎達《左傳》疏云："《周禮》寺人屬内宰"，此亦誤以官爲複姓。

余廼永《校注》引段玉裁曰："《左傳》下有晉字。"段氏殆據下文"齊有"、"周有"、"魯有"、"宋有"、"鄭有"而補。

梁玉繩《人表考》云："寺人披始見《左僖五》。又作侍人披（《僖廿四》釋文）。蒲人之宦者（《史晉世家》獻公使伐重耳於蒲，恐非蒲人），字伯楚，官勃鞮，故曰寺人勃鞮，亦曰奄楚，亦曰宦者履鞮，亦曰履貂，亦曰勃貂，亦單稱伯。按，《晉語》注云伯楚，文公時爲勃鞮，然則披其名，伯楚其字。"《辯證》卷二十九："《元和姓纂》曰：宋寺人惠牆伊戾後。伊戾姓惠牆，春秋時，晉有寺人披，一名勃鞮，字伯楚。齊寺人貂、寺人瘠環，宋寺人羅、寺人柳，皆以官與名見，豈伊戾獨爲得姓之始。大抵寺人皆自有姓氏，不過如今養子而冒其姓爾。春秋以來無寺人氏，今駁去。"《尋源》卷三十一説與鄧氏同。

鐘鼎有寺伯（見寺伯鬲）、寺季（見寺季鬲）、寺季故公（見寺季故公簋），此皆寺國國君或公族。寺，周時小國，春秋時爲魯所滅，後人以爲氏。然寺人之寺非寺伯之寺，裘衛鼎有"内史友寺芻"，此乃内史友之寮屬任寺人職而名芻者，《周禮·天官·冢宰》"寺人，王之正内五人"鄭注："寺之言侍也。"《廣雅·釋詁》："侍，近也。"《詩·大雅·瞻卬》："時維婦寺。"毛傳："寺，近也。"是寺、侍皆有近義，故或作寺人，或作侍人，然則寺（侍）人者，親近之人也。《僖二十四年》寺人披自稱"刑臣"，則寺人爲刑割之人，故亦稱奄人。《天官·寺人》謂其"掌王之内人及女宫之戒令"、"禁令"，"佐世婦治禮事"，此非奄人莫屬。此官春秋時晉宋齊諸國均設，故皆有寺人某，據此，寺人爲官稱而非姓氏,與周時寺國亦無涉。鄧氏辟之於前,孫氏摘之於後,自是卓識。然《廣韻》雖非襲自《姓纂》,既皆以之爲姓,要亦別有所承,非出自創。

齊有徒人費。
[刊誤]按:徒人費,見《左·莊八年傳》,杜預注云:"徒役之人名費者。"《漢書·古今人表》列寺人費,師古注以爲即徒人費也。則徒人費亦奄官之流耳,此條與上同一誤。

《姓解》卷一:"《風俗通》齊有徒人費。"《姓纂》卷三:"徒人,《左傳》,齊有徒人費。又《國語》,齊有徒人回。"蓋爲《廣韻》所本。《辯證》卷四引《姓纂》文而云:"誤矣,費等皆徒人之一名見者,古無徒人氏。"鄧氏固不以爲徒人爲姓。孫氏引師古説,而不知王引之《經義述聞·左傳上》已有詳論。茲錄之於後:"徒當爲侍,字之誤也。'侍人'即'寺人'。下文鞭之見血,與齊莊公鞭侍人賈舉相類;又曰,費請先入,伏公而出鬥,明是侍人給事宫中者。《漢書·古今人表》作'寺人費',是其明證也。下文石之紛如、孟陽,皆侍人也,不言侍人者,蒙侍人費之文而省也。若作徒人,則文字相承之理不見,且遍考書傳,豈有徒人之官乎……《釋文》出'徒人費'三字,顏師古注《漢書》'寺人費'曰'即徒人費也'。《廣韻》'人'字注曰'亦複姓,齊有徒人費'。《元和姓纂》同,皆據誤本《左傳》也。《管子·大匡篇》作'徒人費',亦後人據《左傳》改之。"劉文淇是王説,並云:"下文費曰'我奚御哉',御即侍也。《齊世家》作'主屨者茀',茀與費古字通。費蓋侍人之主屨者也。"

周有王人子突。
[刊誤]按:王人子突,見《左傳·莊六年經》,杜預《左傳》注云:"王人,王之微官。"蓋春秋於諸侯大夫之微者,每謂之某國人,稱周爲王,故於王官之微者亦謂之王人。此以爲複姓,誤矣。

《辯證》卷十四:"王人,《風俗通》曰:王人子突之後,因氏焉。漢有東平太守王人宰公。"邵氏《姓解》卷三:"《姓苑》云:周有王人子突。"是《姓苑》承《風俗通》,而又爲《廣韻》所本。

《三代吉金文存》卷五有王人𪓐,爲西周晚期人,《路史後紀》卷九下:"靈王之太子超古幼有成德,以諫廢,年十八而賓,是爲晉。子宗敬爲司徒,號王子,家平陽,爲王子氏、田氏、王人氏、王氏……"是爲春秋中期人,而王人子突爲春秋早期人。據此,西周晚期以還,以王人稱者頻見,至漢,已無所謂"王官之微者稱人",且仍有以之爲姓者,故複姓之説不可遽加否定。

宋有廚人僕。

[刊誤]按:廚人僕,見《左·昭二十一年傳》,今本"僕"作"濮",從水。杜預注云:"宋廚邑大夫。"此以爲複姓,誤。

余廼永《校注》:"又《左傳·昭公二十一年》有廚人濮,杜注:'濮,宋廚邑大夫。'"按,孫、余所校同。而廚,鉅宋本作"厨",二氏皆失校。

《姓纂》卷二:"廚人,《周禮》廚人,因官爲氏。宋有廚人濮,見《釋例》(後兩句見《辯證》卷四引)。"此爲《廣韻》所本。然《辯證》卷四云:"誤矣,《周官》無廚人,濮乃宋廚人名,或廚邑之人名濮。"按,《三代吉金文存》卷八有尌仲簋,尌仲爲桓中之子,吳鎮烽以爲仲乃西周晚期人,封於尌,以邑爲氏。《正字通·寸部》:"尌,童僕曰尌子。"是豎、尌相通。《左傳·宣公十二年》:"廚武子御。"杜預注:"武子,魏錡。"楊伯峻注:"蓋食邑於廚,故謂之廚武子。"《僖公十六年》:"秋,狄侵晉,取狐、廚、受鐸。"楊伯峻注:"狐廚,杜注以爲一邑……洪亮吉詁:'狐即狐突之邑,廚即廚武子之邑。'是以狐、廚爲兩邑。其地當在今山西省襄陵舊治西。"是廚之爲邑由來久矣,指濮爲廚邑之人,並非無據,然則以廚人爲姓,羌無故實。《尋源》卷八謂"《周官》無廚人,蓋宋廚人濮之後也",亦想當然之詞耳。

《國語》吳有行人儀。

[刊誤]按:《國語》無行人儀,唯《檀弓》有云:"吳侵陳,師還出竟,陳太宰嚭使於師,夫差謂行人儀曰:'是夫也多言,盍往問焉。'"鄭康成注云:"太宰、行人,官也。"當即此。以《檀弓》爲《國語》者,修韻者誤記也。然行人官名,此以爲複姓,亦誤。又考洪邁《容齋隨筆》云:"嚭乃夫差之宰,陳遣使者正用行人,則儀乃陳臣也。記禮者簡策差互,故更錯其名,當曰陳行人儀使於師,夫差使太宰嚭問之,乃善。"則儀實陳臣,非吳所有,斯固記禮者之差,固不得以咎修韻者,而亦不可不知也。

行人儀出《檀弓》,非《國語》,周祖謨、余廼永皆失校。《辯證》卷十六:"行人,《元和姓纂》曰:《左傳》陳行人儀之後,衛有行人燭過,皆以官爲氏。

謹按,《春秋》陳行人干徵師,晉行人子員,行人子朱,衛鄭皆有行人子羽,未嘗爲氏,今以儀、燭過後爲氏者,林寶之誤也。"按,四庫館臣、洪瑩、羅振玉及岑仲勉皆失輯此條。《辯證》又云:"行,《周禮》'大行人'之後,以官爲氏。後漢初,'隗囂遣將行巡寇扶風',注曰'行,姓;巡,名。《風俗通》云:漢有行祐,爲趙相。'"所引《風俗通》文見《後漢書·光武帝紀下》李賢注引。行巡、行祐,以行人之官爲氏,於理得通。《姓纂》以爲"行人氏"亦從此出,故《氏族略四》"行人氏"下云:"《周禮》大行人也,又有行氏,即行人氏。"《姓解》意同。謂行人氏出於大行人者,以行人儀、行人子羽等爲姓與名也。衛之行人子羽,梁玉繩以爲即《晏子·諫上篇》之行人子羽,疑即《左傳·哀公十一年》之公孫揮,是則公孫其姓,揮其名,子羽其字,而行人其官矣。《禮記·檀弓下》:"夫差謂行人儀曰。"鄭玄注:"太宰、行人皆官名。"鄭氏固不以謂姓。《左傳》連行人而稱除林、鄧所舉者外,尚有宋行人樂祁犁(《春秋·定公六年》)、行人叔孫婼(《左傳·昭公七年》)、衛行人石買(《春秋·襄公十八年》)、行人北宮結(《春秋·定公七年》)、鄭行人良霄(《春秋·襄公十一年》)、吳行人且姚(《左傳·哀公十二年》)等,注疏皆以行人爲官名,不云爲姓,戰國以還,行人之官廢而文獻亦不見有連稱者,蓋無以之爲姓故也。

二十三魂

門

又漢複姓十四氏。伍子胥抉眼吳門,因謂子胥門,子孫乃以胥門爲氏,吳有胥門巢。

[刊誤]按:子胥之死在魯哀公十一年,吳夫差之十四年也。而胥門巢已於其年五月將上軍伐齊,見於《左傳》。考《左傳》伐齊反役方有屬鏤之賜,則此説之謬不待言而知矣。且抉眼吳門,亦特子胥嘗自言之耳。《國語》〔云:"王愠曰〕(雪案:原闕四字,據《國語·吳語》補。):'孤不使大夫得有見也。'(雪案:三稿作"考《國語》云王愠曰余不使大夫得有知也"。)乃取申胥之屍,盛以鴟夷,而投之江。"則豈有肯如子胥

之言抉其眼於吳門哉！《吳越春秋》《越絕書》述子胥事，多怪誕不經，不足據也。

孫氏從年代立論，證據確鑿。然顧炎武《日知錄·胥門》已有辯説，文云："今蘇州城之西南門曰胥門，陸廣微《吴地記》云：本伍子胥宅，因名。非也，趙樞生曰：按《吳越春秋》吴王夫差十三年將與齊戰，道出胥門，因過姑胥之台，則子胥未死，已名爲胥門。余考《左傳·哀公十一年》艾陵之戰胥門巢將上軍。胥門，氏；巢，名。蓋居此門而以爲氏者，如東門遂、桐門右師之類，則是門之名又必在夫差以前矣。"又《周禮·夏官·大司馬》："大司馬之職……中夏……群吏撰車徒，讀書契，辨號名之用，帥以門名。"鄭玄注："帥，謂軍將及師帥、旅帥至伍長也。以門名者，所被徽識如其在門所樹者也。"賈疏："此解軍將得以門爲名者，只由非常之急，要在於門，故使卿在門住而營治其門故也。"因營治其門，徽識如之，後遂以之爲氏，於理順然。巢既將上軍，守胥門，因以爲氏，夫復何疑。《氏族略三》《統譜》卷一百二十六於"胥門"皆云巢之後也。

胥門之姓，《姓纂》《辯證》皆不載。抉眼吳門，見之《國語·吳語》《史記·吳太伯世家》；因以爲姓之説，不知所自。然《姓解》卷一亦云"《吳越春秋》子胥將死，曰：抉吾目置吳門，看越滅吳也。子孫乃以胥門爲氏"，是與《廣韻》同一所本。抉目懸門，事同小説，易爲人所樂道。觀《史記正義》引《吳俗傳》子胥作濤云云，知鴟夷投江之後，吳俗傳説正多，遂使相關之事，集矢其下，胥門之氏，悄然易主矣。

孫

又姓，周文王子康叔封于衛，至武公子惠孫曾耳爲上卿，因氏焉。後有孫武、孫臏，俱善兵法，各撰書。

［刊誤］按：《新唐書·宰相世系表》云："孫氏出自姬姓，衛康叔八世孫武公和生公子惠孫，惠孫生耳，爲衛上卿，是此所稱孫氏也。"又云："又有出自嬀姓，齊田完字敬仲（按：敬仲謚也，表以爲字，誤。）四世孫無宇，無宇二子恒、書。書字子占，齊大夫，伐莒有功，景公賜姓孫氏。生憑，字起宗，齊卿。憑生武，字長卿，以田鮑作亂，奔吳爲將軍。三子馳、明、敵，明生臏。"《史記·孫武傳》亦云："孫子武者，齊人。臏

生阿鄄之間，臏亦孫武之後（雪案：自臏之後，原闕八字，三稿無此句，今據《史記·孫武列傳》補。）世子孫也。"（然則武、臏皆田敬仲後，二派不同一祖，不可概目爲惠孫之後也。）又，曾耳曾字不可解，蓋必有脫誤，即曾子□□似脫孫字，《新唐書》言惠孫生耳，則又生字之誤也。

孫氏之主要來源有數派，姬姓衛康叔者一，媯姓田敬仲者二，芈姓楚蔿敖（字孫叔，鄧元亞不同意此說）者三，子姓殷比干者四，荀卿避漢諱改稱孫者五，漢唐以來，從外家姓、賜姓者又比而生之，故今爲漢族第十二大著姓。武、臏世系，蓋出齊田，故前叙耳之得姓之由，後接叙武、臏，似予人以武、臏爲耳之後，縱其知爲二系，亦失叙法。然《新唐書·宰相世系表》《辯證》與《左傳》《史記》所列世系不相符合。據前者，世系如下：

田完（敬仲）——△——△——△——田無宇（桓子）——｛田恒／田書

子占，賜姓孫——孫憑（起宗）——｛孫馳／孫武（長卿）——孫明——孫臏／孫敵

據後者，世系如下：

田完（仲宗）——田穉（孟夷）——田湣（孟莊）——田須無（文子）——

田無宇（桓子）——｛田開（武子）／田乞（僖子）——田恒（成子）／田書（子占）

前者恒、書爲兄弟，後者恒爲書之侄；前者臏爲武之孫，後者據《孫子吳起列傳》云："孫武既死，後百餘歲有孫臏。臏生阿鄄之間，臏亦孫武之後世子孫也。"既死後百餘歲，則非孫輩亦明矣。"各撰書"者，傳世有《孫子兵法》十三篇，於其作者時代，歷來聚訟紛紜，至一九七二年山東臨沂銀雀山漢墓出土《吳孫子》（即《孫子兵法》）和《齊孫子》（即《孫臏兵法》）之殘本後，武、臏爲一人之說已無價值，唯二人之世系猶待新資料來證實。

漢有烏孫昆彌。

[刊誤]按：《前漢書·西域傳》云："烏孫國，大昆彌治赤谷城。"又云："昆莫死，岑陬代立。岑陬者，官號也，名軍須靡。昆莫，王號也，名獵驕靡。《後書》'昆彌云'，"師古曰："昆莫本是王號，而其人名獵驕

麋，故書云昆彌。昆取昆莫，彌取驕麋。彌、麋者，音有不同耳。"然則烏孫乃西域國名，昆彌乃其王號也。此以爲人之姓名，亦誤甚矣。

所引師古注"音有不同耳"當作"音有輕重耳"。《廣韻》以此爲漢複姓二十三氏之一，亦當有所本，然以烏孫爲氏，實望文生義，宜《姓纂》《辯證》皆不收。《氏族略》多收夷姓，而其於"以國爲氏"、"以郡國爲氏"、"夷狄大姓"、"代北複姓"、"諸方複姓"類下均不收。唯《姓觿》卷二云："夷姓。《千家姓》云：河西族，《漢書》有烏孫昆彌。"陳氏或亦從《廣韻》鈔撮而來，不足據。

賁

亦姓，古有勇士賁育。

[刊誤]按：賁、育乃二人，孟賁、夏育，各自有姓，周秦諸子及漢以來文人，往往並舉其名而去其姓。此合以爲一人姓名，大誤。

余廼永校注："孟賁見《孟子》，夏育見《戰國策》，非姓賁名育也。"孟賁、夏育皆古之勇猛士，舉其名而連稱者尚有"賁石"（與石蕃）"賁諸"（與專諸）"賁獲"（與烏獲）。

《氏族略》引《風俗通》："賁氏，秦非子之後，魯有賁浦。賁，音奔，又音肥。《漢功臣表》有賁赫告黥布反，封期思侯。"賁赫，《姓氏篇》引《姓纂》作肥赫。非子之後，故音肥，師古注音肥是也。"音奔"兩字，恐非應劭原文。《後漢書·光武帝紀上》"董憲將賁休以蘭陵城降"李賢注："《前書》曰賁赫。賁音肥，今姓作奔音。"至遲唐時已有奔音，故《廣韻·魂韻》博昆切、《寘韻》彼義切下兩收賁字而皆云亦姓。

二十五寒

丹

亦姓，晉有大夫丹木，出《風俗通》。

[刊誤]按:《左·閔二年傳》有晉大夫先丹木,疑即此,先姓而丹木名也。此去其姓,而以丹木爲姓名,誤矣。

《姓氏急就篇》卷上"芬郁塗丹芳澤脂"王應麟注:"丹氏,見《風俗通》。堯使子朱處丹淵爲諸侯,唐鳳翔牙將丹駿史。"王氏蓋據《姓纂》"堯子丹朱之後爲氏"立說。張澍輯《風俗通姓氏篇》,誤合王注與《廣韻》文,作"丹氏,堯使子朱居丹淵爲諸侯。晉有大夫丹木",似"堯使"云云亦爲《風俗通》文,殊非。然張氏亦知《廣韻》以先丹木爲丹姓之誤,云:"晉大夫先丹木,此云丹木,誤。"陳士元《姓觿》卷二:"《郡國志》云:古丹國,在楚。堯子朱封丹。《荊州記》云:丹川,堯子所封,因氏。"丹川即丹水,《史記·五帝本紀》正義云:"鄭玄云:帝堯胤嗣之子,名曰丹朱,開明也。按:開解而達也。《帝王紀》云:堯娶散宜氏女曰女皇,生丹朱。《汲冢紀年》云:后稷放帝子丹朱。范汪《荊州記》云:丹水縣在丹川,堯子朱之所封也。《括地志》云:丹水故城,在鄧州內鄉縣西南百三十里丹水,故爲縣。"(賀次君輯《括地志輯校》據《史記·高祖本紀》,文略有不同)《路史·國名紀四》:"丹,朱之國。今朱虛有丹山,丹水出焉。東丹、西丹二水,近有長阪遠峻,謂之破軍坡。記爲丹朱弄兵之處。又鄧之內鄉亦有丹水,漢之丹水縣。《荊州記》云:丹川,堯子封者。《九域志》云:在鄧有丹朱冢。然丹朱陵乃在相之永和鎮。"依范氏說,似以鄧州內鄉爲丹朱封地。論者又有據山西唐國即中山國亦曾爲丹朱封地,遂云丹姓亦出河東,恐難據信。

檀

又姓,太公爲灌檀宰,後氏焉。

[刊誤]按:"檀"當作"壇",即張華《博物志》所記太公爲灌壇令,神女不敢以風雨過者也。此讀誤本《博物志》,而以壇爲檀,又以爲檀姓之祖,殊謬。

《博物志》卷七:"太公爲灌壇令。武王夢婦人當道夜哭,問之。曰:'吾是東海神女,嫁於西海神童。今灌壇令當道,廢我行。我行必有大風雨,而太公有德,吾不敢以暴風雨過,以毀君德。'武王明日召太公,三日三夜,果有疾風暴雨從太公邑外過。"是爲本事。四庫館臣王太岳等《四庫全書考證》卷二十《重修廣韻》下已有考證云："檀字注'太公爲灌檀宰',案:檀,《博物志》作'壇'。"已先孫氏而言,而孫氏幼年局居鄉里,固不得見《考證》一書,其讀書廣博細心,蓋可見矣。余迺永《新校互注宋本廣韻》失校。

引用參稽書目

本文限於體式,未作註釋,僅將文中所引之書版本開列於下,以便覆覈。

陳士元《姓觿·附錄·劄記》,《叢書集成初編》本,商務印書館一九三七年版。
鄧名世《古今姓氏書辯證》,《叢書集成初編》本,商務印書館,一九三七年版。
丁度《集韻》,上海古籍出版社一九八五年影印本。
段玉裁《古文尚書撰異》,《清經解》,上海書店一九八八年影印本。
范寧《博物志校證》,中華書局一九八〇年版。
顧炎武《日知錄集釋》,上海古籍出版社一九八五年版。
杭州大學語言文學研究室《孫詒讓研究》,一九六三年版。
賀次君《括地志輯校》,中華書局一九八〇年版。
焦循《孟子正義》,中華書局一九八七年版。
梁玉繩《古今人表考》,王利器《漢書古今人表疏證》,齊魯書社一九八八年版。
林寶《元和姓纂》,附岑仲勉四校記,郁賢皓、陶敏整理,中華書局一九九四年版。
劉文淇《春秋左氏傳舊注疏證》,科學出版社一九五九年版。
羅泌《路史》,《四部備要》本。
羅振玉《三代吉金文存》,中華書局一九八三年影印本。
毛奇齡《論語稽求篇》,《清經解》,上海書店一九八八年影印本。
牟庭《同文尚書》,齊魯書社一九八〇年版。
錢大昕《十駕齋養新錄》,《嘉定錢大昕全書》,江蘇古籍出版社一九九七年版。
邵思《姓解》,《古逸叢書》本,商務印書館一九三七年版。

孫詒讓《籀廎遺著輯存》，雪克輯點，齊魯書社一九八七年版。
王念孫《讀書雜志》，江蘇古籍出版社一九八五年版。
王太岳等《四庫全書考證》，《叢書集成初編》本，商務印書館一九三七年版。
王引之《經義述聞》，江蘇古籍出版社一九八五年版。
王應麟《姓氏急就篇》，上海書店、江蘇古籍出版社一九八七年版。
楊伯峻《春秋左傳注》，中華書局一九八一版。
吳鎮烽《金文人名彙編》，中華書局一九八七年版
武億《經讀考異》，《清經解》，上海書店一九八八年影印本。
余廼永《新校互注宋本廣韻》，上海辭書出版社二〇〇〇年版。
臧勵龢《中國人名大辭典》，上海書店一九八四年影印本。
張澍《風俗通姓氏篇》，《叢書集成初編》本，商務印書館一九三七年版。
張澍《姓氏尋源》，嶽麓書社一九九二年版。
鄭樵《通志·氏族略》，浙江古籍出版社一九八八年影印本。
周祖謨《唐五代韻書集存》，中華書局一九八三年版。

附記：

本文係應二〇〇〇年孫詒讓國際研討會之邀而作，當時尚任職於上海辭書出版社，祇能利用業餘時間撰寫，日積月累，僅成上卷。後調入上海社科院歷史研究所，傾力於上博簡《緇衣》之研究，一晃六年，竟未能將此文續寫畢役。故此次祇能粗讀一過，略加校證，並補寫個別段落，交付出版。下卷之作，將俟異日。

二〇〇六年七月三十一日識

姓氏起源新論

姓氏是一個最常見却又最富內涵之詞彙。言其常見，爲其無人不曉；言其豐富，則上古人類、吾祖吾宗伴姓傍氏導演出曲折而壯觀之歷史。因漢語由本義而引申義，復由引申義而引申，推衍無窮；漢字由甲金而篆隸，復由篆隸而楷行，與時俱變；後人逐其末而昧其本，酌其流而忘其源，致使"姓氏"一詞本義塵封在千年歷史塵埃之下，長期成爲學者孜孜矻矻研求之對象。

鄭樵"三代之前，姓氏分而爲二"，"三代之後，姓氏合而爲一"之觀念早已深入人心。然"三代"夏商周，其前不可得而知，夏商是否有姓氏且亦二分？其合而爲一，是否要到三代之後的秦漢？近現代學者提出周代姓氏二分，然則何以要二分？出於何種目的？司馬遷在《秦始皇本紀》《高祖本紀》中稱始皇姓趙氏、高祖姓劉氏，顧炎武譏云"姓氏之稱，自太史公始混而爲一"。姓氏混稱，是否從太史公開始？鄭樵又云："秦滅六國，子孫皆爲民庶，或以國爲氏，或以姓爲氏，或以氏爲氏，姓氏之失自此始。"姓氏界限是否到秦滅六國後始失？凡此均須有一個明確之回答。

一、姓氏涵義

（一）姓之字形與涵義

《說文・女部》："姓，人所生也。古之神聖母感天而生子，故稱天子。

从女、从生。生亦聲。《春秋傳》曰：'天子因生以賜姓。'"按，《白虎通·姓名》："姓，生也，人所稟天氣所以生者也。"此殆許慎所本，其義爲所生之子也。《禮記·曲禮下》"納女於天子曰備百姓"、《喪大記》"卿大夫父兄子姓"鄭玄注皆云："姓之言生也"，是與許慎所言相同。所引《春秋傳》文，楊希枚亦謂二徐所加，①此姑置勿論。而以姓爲"人之所生"之義，可上溯至殷商。"姓"字偶見於卜辭，字形作：

　　　　　　[字]前六·二八·二　　　[字]前六·二八·三　　　[字]佚四四五②

　　因殘片斷辭，其義難明。其中"帚姓"（合二八六一）明顯是女子名字，其他幾例"貞某姓"（合一五二二〇、合一九一四一、一九一四二），似亦爲女子名字。

　　卜辭"姓"之"所生"義，字皆作"生"形。胡厚宣於此有專門研究，其引武丁時卜辭有：

　　貞王孔生。後下一一·二、粹一一三一

孔即"埶"，祭名。胡氏云："言殷王武丁行孔祭，以求子之得生也。"又：

　　貞𡚽王生窜于妣庚、妣丙。珠三〇

𡚽亦有所祈匄之祭名。胡氏云："'𡚽王生'當爲王𡚽生之倒語，言武丁以窜于妣庚、妣丙求生子之事也。"其他廩辛、康丁時之卜辭皆有"𡚽生"之辭，故胡云："夫殷人求子有勞王之親祭，則其重視之程度可知矣。"③《説文》謂人所生子曰"姓"，卜辭謂祭祀求子曰"生"，卜辭"姓"字爲女字而與生子無涉，是則卜辭之"生"即《説文》之"姓"矣。

　　西周宣王時兮甲盤"其唯我者侯百生"、叔妘簋"用侃喜百生、㑄友眔子

---

① 楊希枚《論先秦所謂姓及其相關問題》，《先秦文化史論集》，中國社會科學出版社1995年版，第173—174頁。
② 見孫海波《甲骨文編》，中華書局1982年版，第469頁。
③ 胡厚宣《殷代婚姻家族宗法生育制度考》，《甲骨學商史論叢初集》，河北教育出版社2002年版，第114—115頁。

婦"（《殷周金文集成》8.4137，下簡稱"《集成》"）、史頌簋七條"令史頌省鯀姻友、里君、百生"（《集成》8.4231，又5.2787，2788）、士上卣"曹百生豚"（《集成》10.5421，10.5422）、隘方彝"頇筆卿宁百生"（《集成》16.9892），字皆不从"女"。至春秋齊國之齊侯鎛云"保虞子伭"，字作㑔，亦从"人"不从"女"，子生猶百生，義皆從子嗣引申爲子民、人民。清華簡《寶訓》中"百姓"寫作"百眚"，亦不作"姓"。秦漢璽印多从"人"作㑔《璽彙》1337、㑔《璽彙》2820，與齊侯鎛同。至詛楚文、睡虎地秦簡始見从"女"之"姓"，字形作姓、姓。就出土古文字而言，"姓"字亦非僅見，然未有純粹作"姓氏"義用者。緣此對今存《尚書·禹貢》"錫土姓"之"姓"先秦究竟作何字形，大可置疑，甚至對《堯典》《舜典》《大禹謨》《湯誥》《咸有一德》諸篇中之"百姓"、《五子之歌》中之"萬姓"之"姓"是否从"女"，亦不敢肯定。至漢石經从"女"，祇能證明漢隸字形如此。

百生即百姓，此無需置疑。子姓究作何解，尚須疏證。《廣雅·釋親》："姓，子也。"王念孫疏證："姓者，生也，子孫之通稱也。"《小爾雅·廣言》："姓、命、孥，子也。"舊注："姓，《禮》所謂子。"《左傳·昭公四年》："庚宗之婦人獻以雉，問其姓。對曰：'余子長矣，能奉雉而從我矣。'"杜預注："問有子否。"陸德明釋文："問其姓，女生曰姓，姓謂子也。"《淮南子·原道訓》："秦繆公謂伯樂曰：'子之年長矣，子姓有可使求馬者乎？'對曰：'……臣之子皆下材也。'"高誘注："子姓，謂伯樂子。"緣此則知子、姓同義，皆謂子嗣，與《説文》及《禮》鄭注同。又《詩·周南·麟之趾》"振振公姓"毛傳："公姓，公同姓。"朱熹《集傳》："公姓，公孫也。"方以智謂："女生曰姓，本音同生，故借姓作孫。韻書分鼻音讀生，撮脣讀孫，去聲讀姓，皆後人分之，今人仍分爲便。但執字書之説，以論古人音義，則非。"①王引之云："公姓、公族皆謂子孫也。古者謂子孫曰姓，或曰子姓。字通作生。"復引證先秦文獻而云："公子、公姓、公族，皆指後嗣而言，猶《螽斯》'宜爾子孫'也。序曰：雖衰世之公子，皆信厚如麟趾之時。舉公子以統下二章，蓋得其旨矣。"②按，《螽斯》"宜爾子孫，振振兮"，旨意與《麟之趾》近同，足證王説。然姓字當爲子，引申爲後嗣而後有孫或子孫之義，《詩》固已用引申義。非如方説謂爲與"孫"音近而借。姓字從生，生爲山紐，姓則心紐，二字有正齒、齒頭之别，《説文》"生

---

① 方以智《通雅》卷十九《稱謂》，《方以智全集》第一册，上海古籍出版社1988年版，第652頁。
② 王引之《經義述聞》卷五《毛詩上》，江蘇古籍出版社1985年版，第119—120頁。

亦聲",知誠一音之分化。從女而生,自當以"子"爲原始之義,而與文部心紐之"孫"有别。

"姓"作爲"子嗣"之本義,在具體運用中多有引申。楊希枚窮蒐典獻中之"姓"字,經分析考證,其義有三:一、指子或子嗣,謂分言之曰"子"或"姓",合言之則爲"子姓",泛言之則爲"百姓";二、指族或族屬,謂分言之曰"族"或"姓",合言之則爲"族姓";三、指民或屬民。謂分言之曰"民"或"姓",合言之則爲"民姓"。① 三十年後,作者又重申:"從其所生之尊親而言,謂之姓或子姓;從其所生之姓或族而言,則謂之族姓;從其所隸屬之邦國而言,則謂之民姓。"② 朱鳳瀚在吸納楊希枚成果之基礎上,提出自己四點看法:一、"姓"本義是女子所生的子女;二、所生子女相與爲親,相組爲族,故可引申爲有親族關係的族屬、族人;再引申爲無親族關係的族人;三、爲同一女子所生的子嗣形成的有血緣關係的親屬組織,即楊希枚所說的"姓族";四、姓族的名號。③

(二)氏之字形與涵義

《説文・氏部》:"氏,巴蜀名山岸脅之堆旁箸欲落墮者曰氏。氏崩,聲聞數百里。象形,乀聲……楊雄賦:響若氏隤。"《説文》學者認爲,《説文》所定"氏"之涵義,與姓氏之義相去甚遠,於是轉求别解。段玉裁見《大戴禮記》《漢書》、漢碑中借"氏"爲"是"者"不可枚數",所以認爲:"姓氏之字,本當作'是',假借'氏'字爲之,人第習而不察耳。姓者統於上者也,氏者别於下者也,是者分别之詞也,其字本作是。"④朱駿聲則以爲許慎説解全非,"本當訓爲木本","爲姓氏,蓋取水源木本之誼"。⑤ 段玉裁謂氏、是通假,不僅見之於傳世文獻,今出土文獻中亦屢見。借"氏"爲"是"者如:《中山王礬方壺》:"氏以遊夕飲食。"郭店簡《緇衣》第二章引《詩》"好氏貞植",上博簡作"好是正植",今傳本作"好是正直"。馬王堆帛書《戰國縱横家書・觸龍見

---

① 楊希枚《姓字古義析證》,《先秦文化史論集》,第 72 頁。
② 楊希枚《論先秦所謂姓及其相關問題》,《先秦文化史論集》第 172 頁。
③ 朱鳳瀚《商周家族形態研究》緒論,天津古籍出版社 1990 年版,第 20—22 頁。
④ 段玉裁著、許維賢點校《説文解字注》第十二篇下,鳳凰出版社 2007 年版,第 1092 頁上。
⑤ 丁福保《説文解字詁林》引,中華書局 1988 年影印本,第十三册,第 12310 頁下。

趙太后章》："於氏爲長安君約車百乘,質於齊。"今本作"於是"。反之,借"是"爲"氏"者更多,上博簡《容成氏》中提及許多上古氏名都作"是",文云："膚(盧)是、苍(赫)疋(胥)是、喬結是、倉頡是、軒緩(轅)是、斳(神)戎(農)是、樟〕是、壎遲是之又天下也……"《貨幣大系》二二五六方足布文"唐是",馬王堆帛書《戰國縱橫家書·朱己謂魏王章》："而惡安陵是於秦……墮安陵是而亡之。"以上之"是"皆是"氏"之假字。未經轉寫的先秦出土文獻如此互借,似乎段玉裁之説法有其根據。但段説姓氏之"氏"當作"是",是分别之義,與朱駿聲木本之義正好相反。

　　姓氏學者亦不解其義。袁業裕謂相其形與"民"相近,遂推測爲"民"字,[①]劉節更從古文字字例分析,以爲"氏""民"二字"不僅意義上相同,在字形上也相同"。[②]丁山就甲骨文字形分析,認爲卜辭之"示"字即"氏",其演變軌迹爲:

謂"即從字形看,也可證明示、氏本來即是一個字","氏本義爲祭天杆"。[③]郭沫若釋"氏"爲"匙",爲其與"匕"相近。[④] 其後羅香林從《説文》字義出發,

---

① 袁業裕《中國古代姓氏制度研究》,商務印書館 1936 年《國學小叢書》本,第 6—7 頁。
② 劉節《中國古代宗族移殖史論》,臺灣正中書局 1957 年,第 146—147 頁。
③ 丁山《甲骨文所見氏族及其制度》,中華書局 1988 年版,第 4 頁。
④ 郭沫若《釋氏》,《金文叢考·金文餘釋之餘》,人民出版社 1954 年版,第 232 頁。

謂其"像立戈或戊於崖巖爲護衛之形……又崖穴大者,宜於聚族群處,而以武器護穴,亦爲團體需要。故氏得引申爲部落通名,或氏族通名"。① 徐復觀認爲"氏"是指一團體中之權力代表者言,故"氏或本係象長老手中所持之杖之形"。② 楊希枚後曾認爲氏族"係邦國或采邑之類的政治區域性集團"。③ 雁俠否定丁山祭天杆説,而受其示、氏同源關係之啓發,遂從"示"之角度理解,認爲"示"是先祖神靈。"守著一個'示',即守著一個神。只要有共同神的均可稱'氏'。所以奉同一祖先的有共同職業者也稱'氏'"。④ 由於"氏"字形體難以索解,故許多學者還是置之存疑之列。⑤

"氏"字形難解,然其在先秦文獻及甲骨金文中乃是一個常用字。楊希枚率先排比其意義,歸納爲:一、指個體或某個人,二、指族,三、指國家。⑥ 朱鳳瀚則更進一步歸納爲六種涵義:一、指個人,二、與"姓"同義,三、上古部族,四、統於姓族之下的家族組織,五、血緣親族組織的標識,六、以貴族血緣家族爲核心所統帥的一種政治、經濟、軍事的共同體。⑦ 方炫琛窮盡地

---

① 羅香林《釋氏》,《東方雜志》42.19,轉引自雁俠《中國早期姓氏制度研究》,天津古籍出版社1996年版,第27頁。
② 徐復觀《中國姓氏的演變與社會形式的形成》,《兩漢思想史》第一卷,華東師範大學出版社2004年版,第177頁。
③ 見楊希枚《論先秦姓族和氏族》一文,收入《先秦文化史論集》,第197頁。按楊氏此論之根據在文字學上頗有討論餘地,兹引錄於下:"何以周之邦國、采邑均稱氏? 兹試略加討論。案,近世學者郭沫若先生曾認爲氏字初爲匕匙之匙,即是字。但漢儒許慎和清儒段玉裁則解氏字爲山丘小自而與坻(或阺)字音義皆同。此外,《説文》引《方言》云'秦謂陵阪曰阺',段注引應劭也云'天水有大阪名曰隴阺'。因此,我們應可設想,陵坂、隴阺之類的坻阺初即人所居的氏,也即丘陵地區。實際上,秦漢之際,猶有烏氏、猗氏、獂氏、元氏、樂氏、緱氏之類的縣氏,且大抵位於周王朝的領域内。然則周王朝的邦國、縣邑所以多稱氏,當與山丘小自之類的氏有關,自非怪論。"(209頁)此段文字中,先引《説文》"氏"及段注,後引《説文》"阺"字解及段注,而段玉裁於兩字下之意見適相反,"氏"下謂"阺與氏音義皆同",贊同應劭説;"阺"下謂氏、阺字異,有石山、土山之别,並以應劭説爲誤。此爲失檢。且"秦謂陵阪"云云乃《説文》之本文,非引《方言》文。又氏乃上古相沿之稱,非始自周,且在平原居住生息而亦以"氏"稱者比比皆是,不皆與山丘有關也。
④ 雁俠《中國早期姓氏制度研究》,第22—34頁。
⑤ 如朱鳳瀚《商周家族形態研究》謂"'氏'字最初造字時本義已難知。《説文》以巴蜀方言訓解之,當非其本義"(第22頁),張淑一《先秦姓氏制度考索》同(福建人民出版社2008年版,第33頁)。陳絜《商周姓氏制度研究》謂"現代學者也曾提出過種種新的解釋,但結論亦不盡理想","要徹底解決這一問題,還需假以時日,故不妨先予存疑"。商務印書館2007年版,第255—256頁。
⑥ 楊希枚《左傳"因生以賜姓"解與"無駭卒"故事的分析》,《先秦文化史論集》,第82—86頁。
⑦ 朱鳳瀚《商周家族形態研究》,第24—25頁。

探索《左傳》中"氏"之指稱,發現其有綴於朝代、國名、族名者,有綴於人名、行次、官稱、姓及"舅"字者,更有綴於所居或所居之地者,[①]此則以詞彙學角度加以描述,皆"氏"用作姓氏義之後而形成之詞綴,與楊、朱所歸納之涵義可以合觀。圍繞楊、朱、方三位對"氏"字所作之歸納研究,分析甲金文字形,並結合思考上古遊牧、農耕社會之生活和祭祀習俗,對"氏"有一個新的認識。

卜辭有下列字形:

像人手持一物,從人之彎曲度看,似有用力插其物之意。前人解釋紛繁:最初孫詒讓釋爲"侣(似)",讀爲"㠯",[②]李亞農釋爲"以";郭沫若曾釋爲"絜",後改釋作"以";唐蘭釋爲"氏";于省吾亦釋爲"氏",讀爲"致"。[③] 至裘錫圭《說"以"》申述孫、李、郭之説,定爲"以"字,[④]爲學界普通接受。但由於甲骨文之"⸺"演化爲金文之"⸺",其脈絡清晰,尤其劉節拈出卜辭"㿿"字,趙林又補充一"昏"字,更證實了"⸺"演變爲"氏"的途徑。故趙林以爲"姓氏或氏族之氏的字形乃出自商代甲骨文中'以'字之繁體(引者按,此指"⸺",其简體指"⸺"),其詞義則部分源自商代的'示/主'字。"[⑤]不僅如此,即使將"⸺"釋爲"以"的學者,仍然都承認此字是人手持物體的象形;而將之釋爲攜帶、帶領,乃至致送等義,亦無不與此字形相關聯。筆者循此思路再對"⸺"形深入探研。

從其手持之物觀察,極像卜辭"土"字之上半部。土字之形如:

---

① 方炫琛《左傳人物名號研究》,政治大學中國文學研究所 1982 年博士論文,第 14—20 頁。
② 孫詒讓《契文舉例》卷下,第三十三頁。《甲骨文獻集成》,四川大學出版社 2001 年版,第七册,第 203 頁上。
③ 以上各家意見參見于省吾主編《甲骨文詁林》,中華書局 1996 年版,第一册,第 44—62 頁。
④ 裘錫圭《説"以"》,《古文字論集》,中華書局 1992 年,第 106—109 頁。
⑤ 趙林《殷契釋親》第十一章,上海古籍出版社 2011 年 12 月版,第 320 頁。

甲二二四一　前五・二三・二　錄663

土字又有一物旁綴二點、三點或四點者,如:

鐵二三六・四　前七・三六・一　續甲骨文編5325

古文字學家釋"一"爲地,無異詞。地上之物,商承祚、金祥恒、徐中舒等以爲土塊之形,林義光謂"像物吐生形",孫海波、王慎行釋爲"社"之初文。① 彭裕商謂"像祭祀土地的神主,即後來的社。古時封土立石以爲祭祀土地的神主,所謂'立社'",② 戴家祥亦同時就音義疏證孫海波之説,③ 而王力則從語源上判定土、社爲同源字。④ 地上之物爲土塊、石頭抑或木牌,難以質指。江蘇銅山丘灣古遺址中有四塊大石頭緊靠一起,連雲港市西南之將軍崖也有三塊巨石,俞偉超皆推定是古社祀遺迹。⑤ 據《淮南子・齊俗訓》云:"有虞氏之(祀)〔禮〕,其社用土"、"夏后氏〔之禮〕,其社用松"、"殷人之禮,其社用石"、"周人之禮,其社用栗"。有虞及三代可能代表不同歷史時期之崇尚,也可能是代表不同地區之風俗。然由此可知上古之社用石、用木、用土皆有,而皆意其爲社主則一。若《淮南子》所説有據,適與卜辭"Ω"像石在地上相吻。由"土"爲"社"之初文,即豎立石主於地,可以省悟"ᐱ"所示之"物"亦當與之相似。區别在於"土"示"石主"在地上之意,而"氏"字則是人將"主"往下插或手扶"主"之形。"主"在地則爲"土"爲"社",社則暫時固定;"主"在人則爲"氏",氏則可止可徙。先民或游牧、或農耕,或徙或止,各從其類,氏族群衆,唯社主是從。執持其主者多爲氏族之首領,若伏羲氏、神農氏之類。

---

① 孫海波《甲骨文編》;王慎行《殷周社祭考》,《中國史研究》,1988年第3期,收入《古文字與殷周文明》,陝西人民教育出版社1992年版,第184、185頁。
② 彭裕商《卜辭中的土、河、嶽》,《古文字研究論文集》,1982年第十輯,第195頁。
③ 戴家祥《"社"、"杜"、"土"古本一字考》,《上海博物館集刊》第三輯,上海古籍出版社1982年版,第7—9頁。
④ 王力《同源字典・魚部》,商務印書館1982年版,第146頁。
⑤ 參見俞偉超《銅山丘灣商代社祀遺蹟的推定》(原載《考古》1973年第5期)和《連雲港將軍崖東夷社祀遺蹟的推定》,兩文見《先秦兩漢考古學論集》,文物出版社1985年版,第54—61頁。

丁山從甲骨文字形推測氏、示原是一字，雖缺乏堅實之證據，然從語言上追究却不無道理。氏爲氏族首領，首領必爲當時極强有力之人物，生前爲氏族所尊所崇，死後亦爲氏族所祭所祀。"示"字《説文》釋爲"天垂象，見吉凶，所以示人也。"而卜辭字形可歸納爲三種：

一、丁 後一·一·二　丅 鐵二·二八·三　示 前二·三八·二

二、 合集二八二七二　 綜.圖版貳壹　 合集二三〇八七

三、 乙八六七〇　 八六七一　 合集三二三九二

字形雖繁，諸家解釋亦各有分歧，然基本集中在一點，即神主、廟主、牌位之類。① 《周禮》一書皆借"示"爲"祇"，② 祇即地神，泛言之亦指衆神。是"氏"與"示"及"土（社）"諸字在神主、社主、廟主之義上相通，皆爲先民敬畏祭拜並群從依賴之物。分而言之："氏"從氏族首領執持標識物立意，"示"從神主垂示吉凶立意，"土（社）"則從社主奠定地域範圍和受人祭祀立意。就聲韻觀察，氏，禪紐支部；祇，禪紐支部，二字讀群紐恐是後世聲轉。示，古音船紐脂部。船、禪皆舌上音，支、脂二部關係密切。土爲社之初文，則古或本讀爲社，社古音禪紐魚部，與氏爲支魚之旁轉。氏、示、社三字雖著眼點各異，而聲音相通，意義相同，實爲一組同源詞。

從氏爲人手持石質或木質之"主"下插之義返觀《説文》之解，許慎云巴蜀山岸欲墮，當是將"氏"之人形視爲崖岸，所持之"主"視爲石塊，其視點在石塊，故曰"欲落墮者曰氏"。何以言之？"氏"之金文字形有漸趨於方正之勢，如：

　令鼎　　散盤　　師遽簋　　毛弔盤

原甲骨文彎曲之"人"形已不明顯。《説文·厂部》"厂，山石之厓巖人可居。

---

① 詳細參考《古文字詁林》第一册，上海教育出版社1999年版，第67—86頁。
② 《周禮·天官·大宰》"示亦如之"孫詒讓正義曰："此經皆借示爲祇。"

象形。"《厈部》:"厈,岸高也。從山、厂,厂亦聲。"故"厓"訓"山邊也","岸"訓"水厓而高者也"。後世"厂"與"氏"之左邊部分有接近甚至混同之趨勢,使人誤認爲"氏"之"乀"爲山崖之"厂",所以有"山岸脅之堆旁箸欲落墮"之説。其云"氏崩,聲聞數百里",所謂"崩",古義多指"自上墮下"、"高大而壞"或"墜壞"之意。即謂山崖之石崩落,聲聞數百里。高山之墜毀曰崩,何以古代天子死亦曰崩?《尚書》云"放勳乃殂落。百姓如喪考妣"。《禮記·曲禮》"天子死曰崩",鄭玄注:"自上顛壞曰崩。"孔疏云:"崩者,墜壞之名。"高山之崩與高位的天子之死爲什麼會有一種聯繫?筆者以爲,這還是"氏"之古義即古代氏族首領手持"社主"在傳説中的影響力。手持社主的氏族首領一旦喪亡,整個族群將會受到來自政治、經濟、軍事各方面的影響。此種意識伴隨著"氏"字代代相傳,所以即使"氏"被誤解或者説別解爲高山墜壞時,"氏"作爲手持社主的氏族首領之生死左右全氏族興衰的意識仍然曲折地體現在字義中。就"氏"形變異後之別解,可以領悟到神主、社主對一定地域内本氏族先民之警示與影響力。

最後要説明的是許慎《説文》的解釋爲什麽是一種別解。因爲他没有看到甲骨文,即"𠂆"、"𠂉"之形體,已經無法追溯"氏"在三代時之本義。許慎引楊雄《解嘲》"響若氏隤"一語,《漢書·揚雄傳下》作"嚮若阺隤"。楊雄本傳謂其識奇字,《漢志》有揚雄《訓纂》《蒼頡訓纂》等書,又有《別國方言》之作,蓋一博識多聞者。其《解嘲》用"氏隤"一詞,必有傳聞之所據。立足於氏、示、社同源一義,仍可從字義中悟徹此種別解所反映出來隱約的傳聞異辭信息。至於《漢書》作"阺",師古注云:"阺音氏。巴蜀人名山旁堆欲墮落曰阺。應劭以爲天水隴氏,失之矣。氏音丁禮反。"按,顏丁禮反切氏,與"氏"異音。然據宋祁引蘇林"阺音邐迤之迤,弋爾反"。又龔疇音承紙切,則字當作"氏"。王先謙謂"阺當爲阺,各本並誤",就王氏引錢大昭云:"阺古作氏。《説文》……氏與是通。鄭康成注《尚書》云:'桓是隴阪,名其道盤桓旋曲而上,故名曰桓是。'"①可知作"氐"、"阺"爲誤。據《説文·自部》"阺"曰"秦謂陵阪曰阺。從自,氏聲"。段玉裁謂"大自曰陵,坡曰阪,秦人方言皆曰阺也"。段氏以陵阪皆土山,氏崩而能聲聞數百里,則爲石山,二者不同;且秦與巴蜀之隔,方言亦異,故謂應劭《漢書音義》注《解嘲》云"天

---

① 王先謙《漢書補注》卷八十七下,中華書局1983年影印本,下册,第1508頁下。

水隴氏"爲誤。① 然若依馬叙倫之説,謂"阺爲氏之後起字,從氏得聲,而氏從氐得聲也",則阺即當作"阺"。巴蜀與秦經度相近,是否西南、西北皆有山崩之傳説,待考。

從"氏"與"土"、"社"等字形比勘而得之原始意義,應是遠古部族首領手持標識本族神主之類的石、木或土的標識物。就此一立體事物而言,它既可以指人——首領,也可以指該部族或集團,引而申之,也可以指個人。凡此皆與"氏"在先秦文獻中所體現之意義相符。

二、姓氏學家對姓與氏區别與界定

姓氏之功用及其異同,散在文獻,宋鄭樵率先綜而論之。其於《通志總序》云:"生民之本在於姓氏,帝王之制各有區分。男子稱氏,所以别貴賤;女子稱姓,所以别婚姻:不相紊濫。秦併六國,姓氏混而爲一。"②又於《氏族略序》云:"三代之前,姓氏分而爲二:男子稱氏,婦人稱姓。氏所以别貴賤,貴者有氏,賤者有名無氏。"③三代指夏商周,三代之前邈焉難徵,文意當爲三代之際。然夾漈之論所據,不過經典傳記所載,其時代亦僅能上溯至西周,無法統括夏商。今據卜辭所反映之事實,是有氏有族而無姓。陳祥道曾就氏族之關係而言曰:"氏又可以謂之族,故羽父爲無駭請族,隱公命以爲展氏,則氏、族一也。蓋别姓則爲氏,即氏則有族,族無不同氏,氏有不同族。"④氏、族一體,於《左傳》《國語》多可徵信,亦與今所見卜辭中族氏一致。⑤秦蕙田《五禮通考》卷一百四十三云:"姓者因於生而受賜者也,氏者分於姓而辨族者也,族者本乎姓氏而别宗者也。姓原於上古而少,氏分於中古而多,族滑於後世而雜。氏本乎姓,氏著而姓晦;氏分爲族,族私而氏

---

① 段玉裁《説文解字注》卷十四下,上海古籍出版社 1981 年版,第 734 頁下。按,段玉裁於《説文解字注》"氏"字下引此字作"阺",並謂應劭説是,與此異解。
② 鄭樵《通志》,浙江古籍出版社 1988 年影印商務印書館萬有文庫本,第一册,第 2 頁上。
③ 鄭樵《通志·氏族略》,第一册,第 439 頁上。
④ 宋陳祥道《禮書》卷六十二,《文淵閣四庫全書》本,第 130 册,第 391 頁上。
⑤ 卜辭氏族之名實可參見丁山《甲骨文所見氏族及其制度》及朱鳳瀚《商周家族形態研究》二書所論述。

公。故古者論氏，後世論族而已。"① 將姓、氏、族依時代先後三分，此就血緣之姓而言，似無疑義，而將氏、族二分，則不符殷商實情。卜辭族氏數以百計，②故丁山著《甲骨文所見氏族及其制度》和《殷商氏族方國志》，析之甚詳。③ 丁氏分別姓與氏云："姓是亞血緣群婚時代母系血統的氏族遺跡，而氏則爲父權時代的氏族組織。"④然其在分別氏、族時則云："氏蓋是部族的徽號，族則軍旅的組織。"復又以爲："氏爲同一圖騰，或食土之君；所謂食土之君，那就是小諸侯。諸侯的子孫或卿大夫再受封食邑，而爲'大夫之家'，那就是族了。"⑤姓氏與圖騰關係姑不論，氏、族以等級二分，仍未跳脱前人窠臼。此後的研究逐漸認識到族是氏不同視點的同義詞，楊希枚便將"族"綴於"姓""氏"之後稱爲"姓族"和"氏族"。他深入先秦文獻，從人類學與社會學視野切入，對姓族與氏族有一嶄新認識，其説云：

> 姓，於古既是姓族集團，因此古之所謂氏也自然應明確地稱爲氏族。前者爲具血緣世系而分衍爲若干同姓宗支的親族集團，即《爾雅》所謂"親同姓"的同姓集團。而氏族則是非純屬血緣世系關係，而僅有政治統屬關係的地區性集團。先秦的姓與氏之別正是別在姓族與氏族集團的組織本體實質，而非在於姓族和氏族的族名，即後世姓氏學家所謂的姓與氏。漢代的國家係演變自先秦的氏族，而迄今所謂某姓之姓，即某家的家族，則應是先秦姓族的遺緒。⑥

楊氏之觀點，即姓族是血緣親屬集團而氏族則是非純粹血緣親屬集團，二者之別在於組織本體實質，而不在於姓族和氏族之族名。他以傳説時代之無懷氏、有葛氏、伏羲氏、神農氏、軒轅氏、陶唐氏、有虞氏，以至三代

---

① 秦蕙田《五禮通考》卷一百四十三，《文淵閣四庫全書》本，臺灣商務印書館 1983 年版，第 138 册，第 409 頁上。
② 近時學者一般將遠古部族稱爲"氏族"，而將殷商世族稱爲"族氏"，本文在敘述中可以遵循，而引述前人文字則一仍其舊。
③ 丁山《卜辭所見諸氏》謂"就現在已經刊布的甲骨文材料看，我們壙知商代的世族至少有二百以上"(《甲骨文所見氏族及其制度》，第 32 頁)，實則當然不止此數。
④ 丁山《姓與氏》，《新建設》1951 年第 6 期。
⑤ 丁山《釋族》，《甲骨文所見氏族及其制度》，第 33—34 頁。
⑥ 楊希枚《論先秦所謂姓及其相關問題》，《先秦文化史論集》，第 187 頁。

以來的有夏（或夏后）氏、殷商氏和有周氏（或周氏）爲例作比，認爲："這類氏的組織可因時代的不同，可以是部族、部族聯盟，或王國；組織雖有繁簡不同，區域雖有廣狹之異，本質上則無重大差異"。他解釋周王朝亦即有周氏，就"顯然是包括若干同姓宗族和異姓族而在政治分封制度下建立的采邑封國的大型政治區域集團；且每一封國采邑同樣也可以包括若干不同姓族族屬集團，如王孫氏、公孫氏，或其他因世功而封的某氏之類的氏"。① 楊氏對於"氏"本質之揭示可謂深刻而確切。

筆者認爲，姓之久遠性、固定性與氏之來源不一、多層次、有政治經濟軍事利益之特點，徵諸文獻，皆顯而易見。唯姓與氏之血緣純粹與否，可以分清二者異同，最終導致正確認識"姓"在三代歷史過程中之隱現與作用。下面約略徵引數家觀點，以資分析。

方炫琛立足《左傳》之姓氏，認爲："氏爲政治組織之徽幟，故任何人凡能立爲一朝代、一國、一族，其朝代名、國名、族名皆曰氏，姓爲血統表徵之稱，同一姓之子孫，或分爲各氏，但姓仍不變。"其舉姬姓之周原爲氏名，代殷後成爲國名；周初分封姬姓子弟如魯、晉、鄭等爲國，亦爲氏；魯又命公子、公孫別立爲氏如季氏、孟氏等。氏一變再變而姓則不變。② 方氏描述姓、氏分衍之結構甚爲明晰，然未爲氏之血緣純粹與否表述意見。

朱鳳瀚著重分析卜辭、銘文之族氏，認爲："姓、氏之共同點是：二者皆是血緣親屬組織，以外婚制爲正常屬性，且均是一種單系的繼嗣群。"而姓與氏之區別則是：

（一）姓因存立久遠親屬分支龐大，故難以追溯共同明確的祖先，而氏則一般有明確的可追溯到一個人的始祖。

（二）對於同姓人員而言，其姓是固定的，而氏則是來源多樣而不固定。

（三）姓是統一的，即姓族本身未有層次區別，而氏却可以是多層次的。③

但他強調："凡是低於姓族的在組織上相對獨立且有自己獨特名號的血緣親屬組織皆可稱氏，而不受規模大小的約束。"④朱氏不區別姓爲純血

---

① 楊希枚《論先秦所謂姓及其相關問題》，《先秦文化史論集》，第187頁。
② 方炫琛《左傳人物名號研究》，第7頁。
③ 朱鳳瀚《商周家族形態研究》，第26—27頁。
④ 朱鳳瀚《商周家族形態研究》，第513頁。

緣而氏爲非純血緣亦即姓與氏之血緣純粹程度,顯示出其與楊氏在認識上之差異。

雁俠總結姓氏並存之原因云:"姓與氏的根本聯繫在於前者是血緣性組織,後者以血緣性組織爲核心,成員間有一定的血緣聯繫。二者的區別在於姓族是純血緣組織,氏則偏重指一族的經濟利益和政治權利。"氏偏重經濟與政治,未言於血緣之純粹與否。但其在"氏的產生時代"一節則明言"氏不是純血緣性的組織,是建立在血緣關係的基礎之上,具有經濟的和政治的功能的組織",[①]可見作者接受楊氏觀點將"氏"視作非純粹血緣組織。

張淑一追尋三代姓氏之別而云:"姓是氏族的血緣標識符號,氏是氏族內家族的血緣標識符號,由於二者各自代表著不同級別的血緣組織,而這兩種血緣組織在各自的歷史、作用、變化發展等方面又存在差異。"[②]此言姓與氏是不同級別的血緣標識,而未明言其差異,但在下文所述二者區別之第四點云:"因爲不同血緣的家族也可能采用相同的氏名而不具有'別婚姻'的功能。"知作者亦認爲氏之血緣並非純粹。

陳絜對有關姓氏之商周卜辭和銘文作了全面深入研究,於前人之成果也有分析、總結、借鑒和批評,他以爲:"先秦時期的'姓族組織'就是由史前時期的氏族組織(gene)發展而來的。"亦即"史前時代的氏族組織是一種純血緣的社會團體,到了等級社會則演變成了姓族組織",[③]等級社會中的姓族組織雖多少帶有政治意味,但仍帶著濃厚的氏族組織烙印,即以血緣性爲其基本特徵。他同時認爲在等級社會中的氏與宗族也應該如此理解,亦即"姓與氏都是血族組織的標識性符號,二者的區別主要在於氏是姓的分支"。[④] 依照陳氏所闡述之發展模式,應是:史前時期之純血緣氏族組織——等級社會之血緣姓族組織——先秦之血緣族氏或宗族組織。

從純粹的人類生息、蕃衍、分化角度思考,陳氏這種血緣氏族發展模式是可能存在的。楊寬早就指出:"氏是姓的分支。天子、諸侯分封給臣下土地,就必須新立一個'宗',即所謂'致邑立宗'(《左傳》哀公四年),新立的

---

① 雁俠《中國早期姓氏制度研究》,第69、66頁。
② 張淑一《先秦姓氏制度考索》,福建人民出版社2008年版,第37—40頁。
③ 陳絜《商周姓氏制度研究》,商務印書館2007年版,第35頁。
④ 陳絜《商周姓氏制度研究》,第467頁。

'宗'需要有一個名稱,就是氏。"①楊寬是從上層結構分析立言,所以宗和氏及其血緣都是純粹的。但從春秋時期實際族氏結構審視,族氏內部之人員結構和血緣就不可能那麼純粹。如《左傳·定公四年》所言分魯公以殷民六族,分康叔以殷民七族,分唐叔以懷姓九宗,則魯、衞、晉三氏即非純粹之姬姓集團;再者,伯禽率挈宗族和殷民六族赴東夷魯地,康叔率挈殷民七族赴衞地,唐叔率挈懷姓九宗赴晉地,其所組成之龐大氏族亦即魯、衞、晉三國,並非祇有所率之宗族和同去之殷民,更多的則是當地的"人民"。諸侯再分立公子、公孫,所謂"致邑立宗",分支命氏,往往還賜以家臣賞以奴僕。賞賜銘文中即有很多賜臣幾家之例,如令簋"姜賞令貝十朋,臣十家",幾父壺"易幾父僕四家",甚至有賞賜"尸臣三百人"、"庶人六百又五十九夫"等。② 又孔子本是殷人,然少居魯,長居宋,是殷人,亦可稱魯人。籍貫與出生地、居住地往往並非同一。③ 因此,天子、諸侯命氏,就所命之宗族血統而言,與天子、諸侯可保持一致,至於其具體之家臣、屬員、人民,就未必與宗族同宗共支。楊希枚所以認爲氏族是非純血緣親屬集團,應是基於先秦具體之諸侯國與族氏而言。如若立足於古代戰爭俘虜、流動人口思考,他推測傳説中的無懷氏、有葛氏、伏羲氏、神農氏、軒轅氏等"可以是部族、部族聯盟,或王國",而均非純血緣親屬集團,確實不無道理。試想,即使在遠古之原始社會有血緣純粹之姓屬集團存在過,一旦進入有貧富差距、有等級差別、有戰爭俘虜、有流動人口之部族、部族聯盟或王國時代,豈能永葆其血緣之純粹性?所以,純粹之血緣姓族集團雖然曾經存在過,然其時代自應在遥遠的過去。張淑一云:"原始社會末期,姓所代表的已不再是一個實體性的族人集團,而祇是某種'虛擬'的血緣組織,而氏所代表的家族組織却是一個實體性的組織。"④姑不去考慮將純血緣之姓族時代定點在舊石器時代、新石器時代抑或青銅時代等任何歷史節點,至少可以明白,純粹的血緣組織發展到一定階段,就難保其血統之純粹,一旦打破其純粹性,遂使血

---

① 楊寬《試論西周春秋間的宗法制度和貴族組織》,《古史新探》,中華書局1965年版,第177頁。
② 關於銅器銘文賞賜臣僕數量,黃然偉《殷周青銅器賞賜銘文研究》圖表二六《西周賞賜器物表》有集中之展示,可參閲。香港龍門書店印行,第204—206頁。
③ 諸侯、邦國之結構容易理解,大夫之家的結構可參閲趙伯雄《周代國家形態研究》第二章第四節《邦的內部構成》,湖南教育出版社1990年版,第71—79頁。
④ 張淑一《先秦姓氏制度考索》,第39頁。

緣便成爲一種虛擬之符號。

人所生爲姓,姓是血緣的標識,遠古的姓族集團也以血緣爲其紐帶和標識。假如此種姓族集團在三代之前就變得模糊而不純粹,則我們對姓與氏之起源及其發展過程就必須重新審視。

三、姓、氏之特徵、起源及其先後

姓既是血緣之標識,則在人類歷史上姓族早於氏族自是簡單明瞭且天經地義之事實。而要保持血緣之純粹性,母系社會無疑要比父系社會更容易。"男女同姓,其生不蕃"之優生觀念,先民早有認識,故外婚制是歷史發展之必然,不必待兩周始予強調。反之,血緣漸疏,世系漸遠,即同姓婚媾,亦不致不蕃,也是先民經驗後所必知之理。此時再強調外婚制,則無疑含有政治、經濟或軍事之意義。

姓爲血緣標識,此種標識在母系社會最易辨認;氏係政治、經濟、軍事之象徵,則其自應與父系時代相適應。血緣標識早於政治等象徵,應是無可否認之事實。因此,姓是母系時代產物,氏是父系時代產物之觀點,流行於二十世紀上半葉。[①] 但一涉及到母系、父系社會,便超越三代而進入遠古歷史範圍,其時是否存在過母系社會,社會發展是否由母系向父系過渡,以及過渡之年代問題,均在可討論之列,茲姑置之勿論。即就先秦文獻中屢屢提及的無懷氏、葛天氏、伏羲氏、神農氏、軒轅氏、陶唐氏、有虞氏而言,其時已進入以男性主宰爲特徵之氏族時代,似無疑義。[②]

姓與氏相比較,各有特性。姓之血緣標識雖百世而不變,然其却呈隱

---

① 梁啓超《飲冰室合集·姓氏》,中華書局 1989 年版;丁山《姓與氏》,《新建設》1951 年第 6 期。
② 楊希枚據《左傳·昭公十一年》載葬召公之母齊歸而召公不戚,晉史趙批評其"歸姓也! 不思親,祖不歸也"一事,遂認爲當時歸姓或周魯之姬姓"縱使非純然的母系姓族,也可能是母系襲世制的姓族","說明周代甚至降及春秋之際的姓族縱非純然母系姓族組織,也應是母系襲世制及從母姓制"。(《論先秦所謂姓及其相關問題》,《先秦文化史論集》,第 176、180 頁。)其實這是楊氏誤解,這裏"歸姓也"之"姓",正是他在《姓字古義析證》中反覆推證的"子"、"子嗣"之義。昭公確是姬姓,然是齊歸所生之子,理應悲切而不戚,故遭史趙批評,實非從母姓歸。又云:"僅周代唯女子稱姓且其造字多從女旁一事,無論從哪方面解釋,也都是與母系姓族相關的,因而應證殷周之際尤其周王朝姬姓很可能是母系姓族。"(同上,第 182 頁。)朱鳳瀚亦謂"典籍所記(轉下頁注)

性,唯其呈隱性,故五世、七世、十世之後,除顯赫之姓族會被傳承外,一般多難尋其血緣標識。但古老姓族之血緣標識雖隨時間推移而逐漸模糊甚或消失,而新的氏族中之血緣關係亦在隨時形成並傳承。氏之政治、經濟、軍事等强弱乃至整個氏族雖可不斷變更,然其却呈顯性,唯其呈顯性,故雖迭經興衰變更,除中小型之氏族會消亡無痕外,著名顯赫之氏族一般總有踪迹可以辨識。認識姓與氏此種特性,有助於理解上博簡《容成氏》和《莊子》《乾坤鑿度》《金樓子·興王篇》《氏族略》等書所述三代以前之氏族部落先後興替以及個别血緣之姓的傳承,亦即姓與氏之興替與相互間之關係。

上博簡《容成氏》云:"尊盧氏、赫胥氏、喬結氏、倉頡氏、軒轅氏、神農氏、桎(祝)丨(融)氏、壚遲氏之有天下也,皆不授其子而授賢。"①歷數八位上古氏族首領。《莊子·胠篋》有云:"子獨不知至德之世乎,昔者容成氏、大庭氏、伯皇氏、中央氏、栗陸氏、驪畜氏、軒轅氏、赫胥氏、尊盧氏、祝融氏、伏戲氏、神農氏,當是時也,民結繩而用之。"共舉十二位氏族首領,相較略有參差。梁元帝《興王篇》所舉凡十六氏,除却未舉者,又多出渾沌氏、昊英氏、有巢氏、朱襄氏、葛天氏、陰康氏、無懷氏七氏,皆不言其姓。唯"太昊帝庖犧氏"曰"風姓也,母曰華胥","炎帝神農氏"曰"姜姓也,母曰女登","黄帝有熊氏號軒轅"曰"姬姓也,又姓公孫"。鄭樵據前代譜録、緯書等文獻排纂《三皇世譜》,自有巢氏至無懷氏凡十七氏,氏數次序與《興王篇》略異,亦無其姓。蓋以姓隱而不彰,難以久傳,故闕然無聞;氏顯而易見,播在人口,故傳而不湮。殷商卜辭有大量子族或族氏(包括單氏和複氏)名稱,②却無作爲血緣符號概念的"姓"字;商周青銅器中有九百零九個單一氏族符號(文字),五百三十七個複合氏族符號(文字),③而西周青銅器中亦無"姓"字。

傳説中之容成氏、大庭氏等氏名,與卜辭、銘文中之氏名有何種聯繫,尚須進一步研究。然傳説中之古氏族和商周卜辭、銘文中之實際族氏數量

(接上頁注)姬姓、姜姓,最初應皆屬母系姓族,姬、姜則是此種母系姓族之名號"。(《商周家族形態研究》,第 21 頁。)從文字學上看,因姓爲血緣標識,從母而得,故字從女旁,是極爲順理之事。但不能據此而謂姬周是母系社會。

① 《容成氏》,《上海博物館藏楚竹書(二)》,上海古籍出版社 2002 年,第 253 頁。按,爲排版方便,一律改爲通行字。
② 具體參見朱鳳瀚《商周家族形態研究》一書所述。
③ 具體參見何景成《商周青銅器族氏銘文研究》一書所統計,齊魯書社 2009 年版。

成百上千,却是不争事實。方炫燦"認爲卜辭中侯、伯之上所冠邦名,當是該侯、伯之氏",又云:"殷代蓋有氏,或見氏名連言","或以氏配爵配名","或以氏配爵爲稱","或僅以氏爲稱"。① 返觀古姓,鄭樵列二十七個,顧炎武列二十二個,顧棟高統計爲二十一個,②今人綜合各家數據,詳考其實,亦不過下列三十餘個:風、姬、姜、嬴(熊)、偃、姒、子、隗、嫣、姚、歸、曼(嫚、鄤)、庸、允、酉、祁、己、滕、箴、任、荀、僖、姞、偶(嬛)、衣、董、彭、秃、妘、曹、斟、芈、猗、慶。其中若除去太昊風姓、少昊嬴姓、炎帝姜姓、皋陶偃姓、虞舜嫣姓姚姓、③夏禹姒姓、殷契子姓和黄帝十二姓以及祝融八姓等播在人口者之外,其他有人名事迹可考而始祖難徵者寥寥無幾,即無人名事迹可徵在疑似之間而爲《山海經》《志氏姓》所載者亦不過十餘個。④ 近趙林復將古姓與卜辭合證,冀追尋古姓在商代之來源,亦僅得四十三姓。⑤ 古姓之稀有而難徵,與古氏之量多而可信,適形成鮮明之對照。此不僅再次證明姓隱而氏顯之特徵,更使筆者思考並質疑實際存在却隱而不彰之姓在傳說時代到夏商之際是否真像西周、春秋時期所記那麼重要而普遍。要回答此一問題,必須弄清與此關係密切的婦人稱姓和因生賜姓之時代性。

(一)婦人稱姓之時代性

自鄭樵云"三代之前,姓氏分而爲二,男子稱氏,婦人稱姓"以來,因其與西周、春秋文獻相吻,故廣爲人所接受並傳播。顧炎武即曾沿襲鄭説謂"女子稱姓……姓千萬年而不變",並進而云:"考之於《傳》二百五十五年之間,有男子而稱姓者乎?無有也,女子則稱姓。"⑥此後二三百年直至章太炎

---

① 方炫燦《周代姓氏二分及其起源試探》第二章,臺灣學海出版社1988年版,第91頁。
② 鄭説見《通志·氏族略一》"以姓爲氏"下所列(第一册,第442頁中、下,第459—460頁),顧説見《日知録》卷二三"姓"條下所徵(上海古籍出版社1985年版,中册,第1689—1690頁),顧棟高説見《春秋大事表·列國姓氏表·國姓》所表(中華書局1993年版,第二册,第1151—1155頁)。
③ 劉師培《氏姓學發微》考證姚、嬀本繫一字之譌,《左盦外集》卷十,《劉申叔遺書》,江蘇古籍出版社1997年影印本,下册,第1567頁下。
④ 詳細參見張淑一《先秦姓氏制度考索》第二章第二節二"先秦古姓詳考",第43—54頁。
⑤ 趙林《殷契釋親》第十二章,第341—363頁。
⑥ 顧炎武《原姓》,《亭林文集》卷一,《四部叢刊》本,第五葉。

皆視爲不二之律。① 驗之《春秋三傳》及《國語》，固少例外。如方炫琛歸納《左傳》婦人稱謂四十二例，除簡單無須稱姓的"夫人氏"、"穆后"、"君夫人"等十二例外，其他三十例均是綴母家姓於後之稱謂。② 但此僅能對應春秋、西周時代之女子稱謂規律。王國維曾綜論過女子稱姓之時代性：

> 男女之別，周亦較前代爲嚴。男子稱氏，女子稱姓，此周之通制也。上古女無稱姓者。有之，惟一姜嫄。姜嫄者，周之妣，而其名出於周人之口者也。傳言黃帝之子爲十二姓，祝融之後爲八姓；又言虞爲姚姓，夏爲姒姓，商爲子姓。凡此紀錄，皆出周世。據殷人文字，則帝王之妣與母，皆以日名，與先王同；諸侯以下之妣亦然（傳世商人彝器多有妣甲、妣乙諸文）。雖不敢謂殷以前無女姓之制，然女子不以姓稱，固事實也（《晉語》殷辛伐有蘇氏，有蘇氏以妲己女焉。案蘇國，己姓，其女稱妲己，似已爲女子之稱姓之始，然恐亦周人追名之）。而周則大姜、大任、大姒、邑姜，皆以姓著。自是訖於春秋之末，無不稱姓之女子。《大傳》曰："四世而緦，服之窮也；五世袒免，殺同姓也；六世親屬竭矣；其庶姓別于上而戚單于下，婚姻可以通乎！"又曰："繫之以姓而弗別，綴之以食而弗殊，雖百世而婚姻不通者，周道然也。"然則商人六世以後或可通婚；而同姓不婚之制，實自周始；女子稱姓，亦自周人始矣。③

王國維著文之時，甲骨卜辭搜集、公布有限，妣母多帶日名，尚未見大量諸婦稱謂。其所謂女子稱姓自周人始之說，殆比較少量卜辭而得。及郭沫若研究骨臼刻辭，提出"帚某乃殷王妃嬪之屬……婦不稱甲乙，僅著其姓字"。④ 是"姓"字，還是"姓"抑或"字"，未見闡說。至胡厚宣深入分析商王妻妾，針對王說而提出"殷代女子婦某之類，皆其名，亦即姓也"。⑤ 其實"名

---

① 參見章太炎《序種姓上》，徐復《訄書詳注》，上海古籍出版社2000年版，第252頁。
② 方炫琛《左傳人物名號研究》第二章第二節《女子名號條例》，第88—89頁。
③ 王國維《殷周制度論》，《觀堂集林》卷十，上海古籍書店1983年影印本，第二册，第十二葉。
④ 郭沫若《骨臼刻辭之一考察》，《殷契餘論》，《郭沫若全集·考古編（一）》，科學出版社1982年版，第430頁。
⑤ 胡厚宣《殷代婚姻家庭宗法生育制度考》，《甲骨學商史論叢初集》，河北教育出版社（轉下頁注）

亦即姓"之説亦含混不清。後李學勤提出氏名説和女子私名説，①陳夢家則有女字説。②審辨而言，除氏名説外，私名説和女字説均是在郭、胡二氏姓字説和名姓説中細化擇取而成。郭、胡之所以提出與"姓"有關的想法，殆出於《左傳》女子綴姓稱謂之傳統思維。然據統計，卜辭"婦某"有近一百二十例，③而先秦可考之古姓不過三十餘個，雖説"婦某"並非都是顯赫之氏族，而爲周人記載之姓多係著姓，不必互相一一對應，然畢竟數量相差懸殊。更重要的是，卜辭有男女同名現象，亦即男女共用同一字，計三十七例。④此則不僅可證殷商不以氏、姓別男、女，更可佐證"婦某"之"某"非姓。今學者多傾向於"某"爲族氏之名，此與統計銘文所得之上千例族氏及《春秋》《左傳》《國語》中六百七十餘例族氏雖其族氏首領、成員不同，⑤結構、大小或亦有差異，而其形式實乃一脉相承，均是商周兩朝上層社會中最基本、最穩定之社會細胞。

（二）賜姓命氏之時代性

先秦文獻中有關賜姓命氏資料有兩類，一是賜姓命氏法則，一是賜姓實例。賜姓法則見於《左傳》，隱公八年，無駭卒，羽父請謚與族。公問族於衆仲，衆仲對曰：

> 天子建德，因生以賜姓，胙之土而命之氏，諸侯以字爲謚，因以爲族。官有世功，則有官族，邑亦如之。

（接上頁注）2002 年版，第 133 頁。

① 前者見《論殷代親族制度》(《文史哲》1957 年第 11 期)，後者見《考古發現與古代姓氏制度》(《考古》1987 年第 3 期)。

② 陳夢家《殷墟卜辭綜述》，科學出版社 1956 年版，第 491—492 頁。

③ 陳絜《商周姓氏制度研究》第一章附表一《卜辭婦名表》列九十四例(第 112—114 頁)，宋鎮豪《夏商社會生活史》第三章《婚姻》表列"某婦"與"婦某"共一百五十五例，其中"某婦"二十八例，"A 婦"與"婦 A"同者有八例，單"婦某"者有一百十九例。(中國社會科學出版社 1994 年版，第 148—152 頁。)搜集與統計略有不同。

④ 參見陳絜《商周姓氏制度研究》第一章附表二《卜辭所見婦名、男子名或地名、族名、國名重合事例表》，第 115—116 頁。

⑤ 《春秋》《左傳》《國語》族氏數見張淑一《先秦姓氏制度考索》附錄二《春秋經傳族氏列表》統計。第 162—230 頁。

衆仲所言是春秋時代賜姓命氏的一條公認法則。從韋昭注《國語·周語》"司商協民姓"云："司商，掌賜族受姓之官。"若韋注有所本，則周代有此官必有此禮制。關於"因生以賜姓"之涵義，傳統解釋有"因其感生形態"而賜姓和"因其所生地域"而賜姓。① 近世于鬯有所謂"性德説"，即將"姓"解爲"性"以表性德，以同德即同姓，異德則異姓作解。② 楊希枚因在《姓字古義析證》中論證"姓"字在先秦祇作"子或子嗣"、"族或族屬"和"民或屬民"諸義，遂將賜姓之"姓"解爲"賜族屬或人民"，③此説一直未得到學界認同。辛立則將"因"解爲"姻"，"生"解爲"發生"，謂發生婚姻關係並賜給天子同姓的女子，④純屬離奇。現在大多數學者均將"賜姓"之"姓"解爲姓、族名或姓族。馬雍曰："然則所謂'賜姓'似指周朝天子對其所分封之異姓諸侯原有的'姓'重加賜命。因爲'姓'是貴族的標識，加以賜命即表示政治上予以承認。"⑤張淑一承馬説而認爲："所謂'因生以賜姓'，可能就是因被賜貴族的所出生之族。"⑥此族實即族名。雁俠則以爲"周初賜姓是使受賜者沿用各處祖先姓族名"。⑦ 陳絜雖亦認爲"'賜姓'之'姓'，就是'族名'的意思"，但又云："具體而言，它是指兩周文獻中及金文材料中常見的諸如'姬'、'姜'、'子'、'任'之類的古姓之共名，並不是一個泛指的概念。而所謂'賜姓'，就是賜予某一血緣團體（或擬血緣團體）一個具體的諸如'姬'、'姜'、'子'、'任'之類的族群名號。"⑧馬用"姓"而不作解釋，張則指爲"族名"，雁俠含混地説是"姓族"，陳氏釋爲"族名"却又理解爲"姬"、"姜"之類的古姓。説"姓"是姓族、族名、古姓而不解作"氏"，似是因爲《左傳》後文有"命之氏"，不可重複。但也有以新舊"氏"、"氏族"來區分者，駱光華云："'天子建德，

---

① 前者如王充《論衡·詰術》所云："古者因生以賜姓，因其所生賜之姓也。若夏吞薏苡而生，則姓苡氏；商吞燕子而生，則姓爲子氏；周履大人跡則姬氏。"後者如杜預注云："因其所由生以賜姓，謂若舜由嬀汭，故陳爲嬀姓。"後鄭樵亦云："姜之得賜，居於姜水故也。"
② 于鬯《香草校書》卷三七，中華書局1984年版，下册，第746頁。
③ 參見楊希枚《〈左傳〉"因生以賜姓"解與"無駭卒"故事的分析》，《先秦文化史論集》，第74—105頁。
④ 辛立《周代的"賜姓"制度》，《文博》1988年第5期。
⑤ 馬雍《中國姓氏制度的沿革》，《中國文化研究集刊》第二輯，復旦大學出版社1985年版，第166頁。
⑥ 張淑一《先秦姓氏制度研究》，第32頁。
⑦ 雁俠《中國早期姓氏制度研究》，第154頁。
⑧ 陳絜《商周姓氏制度研究》，第241頁。

因生以賜姓',表明由於人口增殖、裂變,別封的新的氏族,因爲生於那個氏族,便賦予其原先祖先的稱號(即姓),保留下來作其族號,新形成的許多支系均稱爲氏。"①稱"氏"、"氏族"但又攪和著"姓"。

推究各家之所以在"賜姓"問題上有如此之含混與猶疑,主要是對商周氏族與姓之性質、界限及商周賜姓命氏制度異同之認識不夠清晰。關於商周氏與姓問題,前文已有叙述,即殷商卜辭有大量之族氏却無姓或姓族,周代有姓有氏有族。殷商之族氏與古姓有無關係?林澐經研究後云:

> 我國商周時代以父系血緣關係爲紐帶的社會集團,在文獻中稱謂不一,或稱"族",或稱"氏"……當時還有一個從更古老的母系氏族社會遺留下來的表示血緣關係的概念,即"姓"。它和"氏"("族")是有本質差別的。早期銅器銘文中已可考定的族徽已經不少,但和文獻及周代金文中所見到的"姓"尚找不出聯繫。因此,我們認爲"族徽"不是由"姓"構成的,而是表示氏(族)名的。②

甲骨文無"姓"固不能由此説殷商無"姓",但若當時"姓"像西周那樣重視而在十餘萬片甲骨中竟不出現一二次,在情理上難以説通。筆者認爲,説殷商無"姓"字,並非謂當時没有以血緣爲紐帶之姓族或氏族概念,因血緣之姓雖屬隱性却是永恒的存在,血緣可用"姓"來標識,亦可用"氏"或"族"甚至其他文字標識。殷商既有成百上千個"氏"與"族",其隱性之血緣自然藴含其中,儘管不用"姓"來區別表達。如果當時有需對大型宗族或小型集團册命褒賜,也應視作對"氏"與"族"的賜命;如果當時實行外婚制,他們仍能在不同血緣之族氏間施行。

將有卜辭可印證的殷商作爲一條時代界綫,此時如果尚無"姓"字,則殷商以前更無從談起。如前所述,傳説時代有衆多之古氏族,此與殷商卜辭和銘文所見之族氏雖大小有異,性質却近同。以此來理解下列數條賜姓命氏資料:

---

① 駱光華《先秦姓氏制度初探》,《中國古代史論叢》第八輯,福建人民出版社1983年版,第208頁。
② 林澐《對早期銅器銘文的幾點看法》,《林澐學術文集》,中國大百科全書出版社1998年版,第65頁。

> 昔有飂叔安，有裔子曰董父……乃擾畜龍，以服事帝舜。帝賜之姓曰董，氏曰豢龍，封諸鬷川，鬷夷氏其後也。(《左傳·昭公二十九年》)

> 帥象禹之功，度之于軌儀，莫非嘉績，克厭帝心。皇天嘉之，祚以天下，賜姓曰姒，氏曰有夏，謂其能以嘉祉殷富生物也。祚四岳國，命以侯伯，賜姓曰姜，氏曰有呂，謂其能爲禹股肱心膂以養物豐民人也。(《國語·周語下》)

> 錫土姓，祗台德先，不距朕行。(《尚書·禹貢》)

第一條謂帝舜賜姓命氏，第二條謂夏禹賜姓命氏，第三條則是夏禹時賜姓。前兩條是周人之轉述，後一條則是春秋、戰國人之追記。殷商以前無"姓"字，而云有虞氏及夏初錫姓，固爲情理所無。尤其第二條云"皇天嘉之"而賜姓，天命觀念，必待姬周時方始形成。三條資料之年代均在有虞氏帝舜之時，董父、禹、四岳皆因有功被賜。史載氏族之名，遠起於虞舜之前，設若當時因有功而褒賜或表彰其氏，似在情理之中。或周人因其舊事，增飾新詞，因自己重視血緣之"姓"，遂將褒旌"氏"名敷衍爲"賜姓"，造成一定混亂。至於《禮記·大傳》孔疏引鄭玄《駁五經異義》云："炎帝姓姜，太皞之所賜也；黃帝姓姬，炎帝之所賜也；故堯賜伯夷姓曰姜，賜禹姓曰姒，賜契姓曰子，賜稷姓曰姬，著在書傳。"孔穎達云："如鄭此言，是天子賜姓也。"[①]太皞、炎帝、唐堯皆古之氏族首領，遠在殷商之前，其賜姓亦無可能。康成之説，殆源於緯書。鄭氏《毛詩商頌譜》云："商者，契所封之地。有娀氏之女名簡狄者，吞鳦卵而生契。堯之末年，舜舉爲司徒，有五教之功，乃賜姓而封之。"孔穎達疏引緯書以證：

> 《中候握河紀》云："堯曰：'嗟，朕無德，欽奉丕圖，賜示二三子。'斯封稷、契、皋陶，賜姓號。"注云："封三臣，賜姓號者，契爲子，稷爲姬，皋陶未聞。"

> 又《契握》湯説契云："賜姓子氏，以題朕躬。"注云："題，名也。躬，身也。"

---

① 孔穎達《禮記正義》卷四十四，上海古籍出版社2005年版，中册，第1356頁。

又引《孝經援神契》曰："堯知天命，賜契子氏。"①

緯書多本先秦古書中之奇幻記載敷衍成文，本不可靠。康成信讖緯，注《禮》箋《詩》，時或引用，遂有此説，故孔氏徵緯書以實康成之説。

其實衆仲所謂"天子建德，因生以賜姓"，云"天子"曰"建德"，皆是西周之稱謂和意識。然牽混於《國語》等記述帝舜和皇天賜姓史料，故學者遂作各自理解，其信與不信及相信其產生之時代各有差異。孫曜對先秦文獻所載之皇天、聖王賜姓之有無深表懷疑，云："大抵於初民得姓之始，無法推求，遂假之於皇天或聖王所賜。"又云："賜姓之説，既決不可信；賜氏之法，亦行之未久，紛亂雜糅，並無精密之系統。"②王國維據殷周女子稱姓與否，提出"同姓不婚之制，實自周始；女子稱姓，亦自周人始矣"，意賜姓亦周制也。楊希枚則與之不同，他云："就基本史料説，先秦稱姓不僅是封建制度的要素之一，且其制度迄於周初也顯仍存在。因此，周初封侯建國的時候，自應賜諸侯以姓氏。"所謂"迄於周初"，意謂周以前就有。故其文章結論之第四點即云："就政治組織而論，賜姓、柞土、命氏的封建制度應至少是殷周以來先秦社會的一種重要特徵。"③馬雍曾説："殷代的姓氏制度大概與夏代基本相近，或者説是沿襲舊制。"故其認爲"將正規的姓氏制度溯源於夏代是可信的"。④雁俠因對衆仲、太子晉、蔡墨等人之信任，故認爲帝舜賜姓命氏亦允可相信。⑤據此可知，不信與信其爲殷商、夏甚至帝舜時代者皆有。筆者認爲，據現有史料而論，殷商或殷商以前無"姓"字，固亦不可能有賜姓之事。卜辭、銘文有成百上千之族氏，其族氏固然可依世系遠近、人員多寡自然分化。⑥然據研究，殷商已實行分封，且已有侯、伯、子、甸、男等爵稱，

---

① 孔穎達《毛詩正義》卷二十之三，北京大學出版社 2000 年版，第三册，第 1679 頁。
② 孫曜《春秋時代之世族》，中華書局 1936 年版，第 19、26 頁。後趙伯雄亦以爲賜姓是戰國時人看到氏有賴於賜，"遂以爲姓亦有賴於'賜'"，故云："《左傳》中所談的種種古制，每每令人難以深信。"《周代國家形態研究》，第 68 頁。
③ 楊希枚《先秦稱姓制度立論的商榷》，《先秦文化史論集》，第 108－109，153 頁。
④ 馬雍《中國姓氏制度的沿革》，《中國文化研究集刊》第二輯，第 164，162 頁。
⑤ 雁俠《中國早期姓氏制度研究》，第 88－106 頁。
⑥ 王暉認爲："殷王封建子弟之制與周代封建制有本質的不同。殷代的分封子弟之制不過是方國部族內部的自然分化方式……分化出來的支族另居一地，並依其地命氏命族。"《商周文化比較研究》第四章，中華書局 2000 年版，第 323 頁。

分爲内外服制。商代分封須經過册封、奠置和建立封邑三個環節,册封後的侯、伯、子等爵雖擁有自己之軍隊和較爲獨立之經濟收入,但其與商王朝是臣屬關係,有責任入朝爲官任事,爲王朝戍邊、貢納。① 卜辭和銘文有"乍册"之文,論者推測殷商有"册祝"之禮,因有乍册之官。② 有乍册之官,必有乍册之事。其事雖可以是命官、賞賜,卻也不能排斥或許也蘊有褒賜族氏名之内涵。然當時即使有命"氏"之事,亦似無賜"姓"之制,故尚不能以"姓氏"一詞來概括。同理,即使殷商有命氏之事承自夏代,此在相傳衆多的上古氏族時代或許存在,也祇能説虞舜、夏禹時有"命氏"之事而不能説有"賜姓"之制。今所見"賜姓"一詞見於東周以後文獻,必欲上溯其制,亦祇能是起源於西周。

四、西周封建、册命同姓與賜姓命氏

武王克殷,周公東征,成康經略,册命封建。命氏即或前有所承,賜姓則因封建而設;分封雖是殷商遺制,而在周初,實爲一不得已之舉措。

文王居爲西伯,能執柔順之道,仁愛其民,故傳稱三分天下有其二。然此僅謂商紂統治下之屬國歸順西伯,非周之地廣人衆。以周族之人數而言,仍蕞爾小邦,故周公自稱"小邦周"(《大誥》)、"我小國"(《多士》)。牧野一戰,天邑商潰亡,周所占據者僅商王朝中心地區。匆促之際,武王無法以有限兵力迅速、完全地控壓殷商王畿及其商屬舊邦,故先使管、蔡、霍三叔監管武庚,即所謂三監。事實證明,監管策略有欠周全。相傳與周公有關之《常棣》一詩,即與周公痛三監之亂、憂新朝之基有關:

> 常棣之華,鄂不韡韡,凡今之人,莫如兄弟。
> 死喪之威,兄弟孔懷。原隰裒矣,兄弟求矣。
> 脊令在原,兄弟急難,每有良朋,況也永歎。

---

① 詳細參見李雪山《商代分封制度研究》一書所述,中國社會科學出版社 2004 年版。
② 參見李雪山《商代分封制度研究》及黃然偉《殷周青銅器賞賜銘文研究》第四章《殷代之賞賜》,第 100 頁。

> 兄弟鬩于墻，外禦其務，每有良朋，烝也無戎。

克殷之後，小邦周如何迅速掌控大邦殷，是橫貫在周公面前極爲嚴峻之政治形勢。時雖政權在握，而仍舊邦林立，除却兄弟同心同德，共同築成鞏固政權之屏障，似别無他途。故周公東征告捷，決定採用分封同姓姻戚建置屏障，遣散殷遺舊邦勢力，建立起以周人爲統治之核心，結合並控御殷人舊邦及其他土著居民之政治、經濟、軍事實體。分封見之於誥命者，如《微子之命》有"率由典常，以蕃王室"一語，此封微子於宋，欲以蕃屏，又《蔡仲之命》亦有"懋乃攸績，睦乃四鄰，以蕃王室"語，此蔡叔殁，成王命蔡仲爲諸侯，欲勉蔡仲作王室之屏障。① 其他廣封兄弟子孫之國，如《逸周書・祭公》所載：

> 〔祭〕公曰：天子，自三公上下，辟于文武。文武之子孫，大開方封于下土。天之所錫武王時疆土，丕維周之基，丕維后稷之受命，是永宅之。維我後嗣，旁建宗子，丕維周之始并。嗚呼！天子，三公監于夏商之既敗，丕則無遺後難，至于萬億年，守序終之。②

祭公乃周公之裔孫，其所叙述，可與《常棣》詩旨相參悟。考周初分封之同姓，據《左傳・昭公二十八年》載成鱄曰：

> 昔武王克商，光有天下，其兄弟之國者十有五人，姬姓之國者四十人。

《荀子・儒效》亦云：周公"兼制天下，立七十一國，姬姓獨居五十三人"。③

---

① 按《微子之命》和《蔡仲之命》皆古文二十五篇文，論者以爲此句乃本之《左傳・襄公二十九年》"堅事晉楚，以蕃王室也"，文雖相同，甲乙難徵。唯此頗符合當時成王周公之心理。
② 黄懷信等撰《逸周書彙校集注》卷八，上海古籍出版社 1995 年版，下册，第 996－997 頁。按文中"丕維周之"後"基丕維"三字原闕，據趙曦明校補。
③ 郝懿行校以《左傳》，遂謂《儒效》"'三'當爲'五'。或'三''五'字形易於混淆，故轉寫致誤耳"。（《荀子補注》，《郝懿行集》，齊魯書社 2010 年版，第六册，第 4577 頁。）久保愛據太史公云"武王、成、康所封數百，而同姓五十五"，而謂"蓋各傳聞之異而已"。

據富辰所說"管、蔡、郕、霍、魯、衛、毛、聃、郜、雍、曹、滕、畢、原、酆、郇，文之昭也；邘、晉、應、韓，武之穆也；凡、蔣、邢、茅、胙、祭，周公之胤也"，蓋文王之子有十六人得封。楊寬謂魯國名義上封給周公，由伯禽代受其封，故成鱄謂"十五國"。① 以此計分封文王子十六，武王子四，周公子六，文、武、周公之子已二十有六，其數近半，其他當然還有成王、康王之子及同姓之親如召公之類。用如此衆多之兄弟子孫，來共同築成衛護新政之天然屏障，此爲周公深謀遠慮之舉措，亦是西周至春秋時人之共識：

《左傳·僖公二十四年》富辰曰："臣聞之太上以德撫民，其次親親，以相及也。昔周公弔二叔之不咸，故封建親戚，以蕃屏周。"

杜預注"以德撫民"爲"無親疏也"，"親親相及"爲"先親以及疏，推恩以行"。周人崇德，三叔監管武庚事或可比之。而新政伊始，恩德難行，不得已而求其次，遂親親以封建。親親是希冀後世眷念血緣親情而相互救助。《昭公九年》周大夫桓伯曾道其心曲云：

文武成康之建母弟以蕃屏周，亦其廢隊是爲。

杜預注："爲後世廢隊，兄弟之國，當救濟之。"《昭公二十六年》王子朝告諸侯亦云：

昔武王克殷，成王靖四方，康王息民，並建母弟，以蕃屏周。亦曰：吾無專享文武之功。且爲後人之迷敗傾覆而溺入于難，則振救之。

周人此種告白，要比司馬遷"愛之欲其富，親之欲其貴。故王者疆土建國，封立子弟，所以褒親親，序骨肉，尊先祖，貴支體，廣同姓於天下也"之認識更爲切實深刻，其分封政策也確實在以後歷史中收到效果。數百年之後，"祖遷於上，宗易於下"，血緣已疏，宗親已遠，其親親而互相拯救之信念則牢牢印記在兄弟之國中。如《國語·晉語四》載重耳過曹國，曹伯不禮，負

---

① 楊寬《西周史》第三編第四章，上海人民出版社 1999 年版，第 389 頁。

羁對曹伯曰："臣聞之……先君叔振出自文王，晉祖唐叔出自武王，文武之功，實建諸姬。故二王之嗣，世不廢親。今君棄之，是不愛親也。"又魯僖公二十四年，鄭人伐滑，王使游孫伯請滑。鄭人執之，王怒，將以翟伐鄭。富辰諫曰："不可。古人有言曰：兄弟讒鬩，侮人百里。周文公之詩曰：兄弟鬩于牆，外禦其侮。若是則鬩乃內侮，而雖鬩不敗親也。鄭在天子，兄弟也。鄭武、莊有大勳力於平、桓，我周之東遷，晉、鄭是依。子穨之亂，又鄭之由定。今以小忿棄之，是以小怨置大德也，無乃不可乎？且夫兄弟之怨，不徵於他，徵於他利乃外矣。"①《左傳·僖公二十八年》筮史對晉侯説："齊桓公爲會而封異姓，今君爲會而滅同姓。曹叔振鐸，文之昭也；先君唐叔，武之穆也。且合諸侯而滅兄弟，非禮也。"《公羊》《穀梁》二傳亦多譏伐同姓。雖然歷史合久必分，然春秋時所體現出來同姓相助之精神，不得不説是周公策略之成功。

西周分封諸侯，皆須經隆重之册命儀式。《周禮·春官·内史》："凡命諸侯及孤卿大夫，則策命之。"册命儀式必須在祖廟進行，如《大宗伯》及鄭注所言："王命諸侯則儐。"注："王將出命，假祖廟立，依前南鄉。儐者進當命者，延之命使登。内史由王右以筴命之。降，再拜稽首，登，受筴以出。"册命之日，祖廟之陳設亦極講究。《春官·司几筵》："凡大朝覲、大饗射，凡封國命諸侯，王位設黼依，依前南鄉，設莞筵紛純，加繅席畫純，加次席黼純，左右玉几。"不僅陳設講究，還必須延請衆人參加儀式，以昭慎重。《禮記·禮器》："是故昔先王尚有德，尊有道，任有能，舉賢而置之，聚衆而誓之。"鄭注："古者將有大事，必選賢誓衆，重事也。"誓，命也。聚衆而命之，亦廣而告之之意。策命諸侯見於文獻之實例如《洛誥》：

> 王命作册，逸祝册，惟告周公其後。王賓，殺、禋，咸格。王入太室，祼。王命周公後，作册逸誥，在十有二月，惟周公誕保文武受命，惟七年。

孫詒讓謂此乃成王命尹逸策命魯公伯禽之事。然誥文言其事而不言具體内容，《魯頌》："王曰叔父，建爾元子，俾侯于魯，大啓爾宇，爲周室輔。"下文

---

① 此言論見《國語·周語中》所載，《左傳·僖公二十四年》亦記此事，而富辰語較《國語》簡略。

又云"乃命魯公,俾侯于東,錫之山川,土田附庸"。此皆隱括策命原文,必參之《左傳·定公四年》追記受封時之情形:"分魯公以大路大旂、夏后氏之璜,封父之繁弱。"方可復原當時策命之全部内容。又如《左傳·僖公二十八年》周惠王策命晉文公之儀式:

> 王命尹氏及王子虎、内史叔興父策命晉侯爲侯伯。賜之大輅之服、戎輅之服,彤弓一、彤矢百,玈弓矢千,秬鬯一卣,虎賁三百人。曰:王謂叔父,"敬服王命,以綏四國,糾逖王慝。"晉侯三辭,從命,曰:"重耳敢再拜稽首,奉揚天子之丕顯休命。"受策以出,出入三覲。

《左傳》所記亦是策命之簡略形式,其與《周語》合觀,更覺全面:

> 襄王使大宰文公及内史興賜晉文公命,上卿逆于境。晉侯郊勞,館諸宗廟。饋九牢,設庭燎。及期,命於武宮。設桑主,布几筵。大宰涖之,晉侯端委以入,大宰以王命命冕服,内史贊之,三命而後即冕服。既畢,賓饗贈餞如公命侯伯之禮,而加之以宴好。

策魯公者爲成王,在西周;策晉文公者爲襄王,在東周。前者魯公在王室,是初命;後者太宰、内史赴晉太廟,是襲命。徵諸彝器實例,大多爲天子、諸侯策命、賞賜大臣之銘,真正天子封建諸侯之錫命極少,可確定者僅數例。如康王時之宜侯夨簋:

> 隹四月辰才丁未,王省武王成王伐商圖,延省東或圖。王立于宜,入土,南鄉。王令虞侯夨曰:"繇! 侯于宜。易……易土:易才宜王人□(十)又七生(姓)。易奠七白(伯),氒盧千又五十夫。易宜庶人六百又□六夫。"宜侯夨揚王休,乍虞公父丁尊彝。①

孝王時之韓侯伯晨鼎:

---

① 馬承源主編《商周青銅器銘文選》(三),文物出版社1988年版,第34頁。

> 隹王八月辰才丙午，王命韓侯伯晨曰："嗣乃且考侯于韓。易女……用夙夜事，勿灋朕令。"晨拜稽首，敢對揚王休，用乍朕文考瀕公宮尊鼎，子子孫孫其萬年永寶用。

伯晨原爲王臣，任師氏，其父韓侯卒，王策命襲封。① 宜侯夨簋是初命，韓侯伯晨鼎是襲命。

周初封建必須策命，策命有命辭。徵諸傳世及出土銅器銘文，雖命辭有缺省，然所有命辭均無姓氏學家所謂"賜姓"或"命氏"之辭。"命氏"一詞雖不出現，祇要整篇銘文中有采邑、領地或封地等，即可揣度其人因該采邑、領地或封地而得氏。如四十三年逨鼎有"王若曰：逨……余唯聞乃先祖考有勞于周邦，肆余乍囗囗詢。余肇建長父侯于楊，余令汝奠長父休……"王"肇建長父侯于楊"，即封長父於楊地，爲楊氏。亦即王賜長父采邑於楊爲楊氏。又散氏之封地，散氏盤記作：

> 封于單道，封于原道，封于周道，以東，封于囗東疆，右還，封于眉道……

銘文記散氏封地四周邊界，即可從其四周邊界復原其采地，亦可想見其封地命氏之意，是銘文可不用"命氏"一詞而收封地命氏之效。至於不見"賜姓"一詞，原因如下：

（一）姬周封文武成康及周公之子雖有五十餘國，但皆同姓，無須在銘文中用"賜姓"二字。

（二）成康之際所封異姓不多，而傳世和出土之周王封異姓之銅器尤少，故亦難見其辭。

雖無其辭，是否確無"賜姓"之事？前引宜侯夨簋中有"易才宜王人囗（十）又七生（姓）。易奠七白（伯），乎盧千又五十夫。易宜庶人六百又囗六夫"一語，一次性之賜予，有"宜王人"和"宜庶人"之別，且"王人"稱"生"而"庶人"稱"夫"，量詞亦不同。"易才宜王人囗（十）又七生（姓）"是周王錫（亦即"賜"）宜侯夨在宜地的王人囗（十）又七生。"生"字馬承源等釋爲

---

① 參見馬承源主編《商周青銅器銘文選》（三），第226－227頁。

"姓",至確。復又解釋:"宜,國名。商末有宜子鼎,宜侯所封疑即此地。或以爲此簋出土的地點丹徒即宜侯的封地,實無證,古宜有數處,確切地望待考。"①宜爲商末之侯國,今周王以宜地之王人"囗(十)又七生"賜矢。宜地王人當是宜地貴族,亦即殷商之族氏,今將其稱爲"囗(十)又七生(姓)",是即將殷商族氏分姓而稱,此與《左傳》所稱"殷民六族"、"殷民七族"相同而改"族"爲"姓"。此一字之改,不僅將"族"與"姓"之同義定點在西周,其次是"生"在西周時已有"姓"之涵義,更重要的是因爲"易生"即是"賜姓",完全可以佐證楊希枚費盡筆墨所欲證成的"賜姓"就是賜民、賜族屬之觀點。

因爲先秦文獻中"姓"確實不乏作"姓氏"之義者,故筆者十餘年前與許多姓氏研究者一樣,不以楊氏觀點爲然。及至反覆推證《左傳》《國語》所載"賜姓"之説不可靠,尤其發現宜侯矢簋有"易生"之事後,方覺楊説確有理據。立足於此,重新檢視《左傳·昭公八年》"舜重之以明德,寘德於遂,遂世守之。及胡公不淫,故周賜之姓,使祀虞帝"一事,姓氏論者有一共識,即文獻中可靠的西周賜姓唯此一例。其實認此爲賜姓之事,也是杜預首創,杜注云:"胡公滿,遂之後也。事周武王,賜姓曰媯,封諸陳,紹舜後。"果若杜注所言,胡公滿因不淫而被賜姓爲媯,則先秦文獻似不應產生姓媯姓姚之歧説。②《家語·辨物》載孔子之言曰:武王克商,肅慎氏貢楛矢、石弩,武王"以分大姬,配胡公,而封諸陳。古者分同姓以珍玉,所以展親親也;分異姓以遠方之職貢,所以無忘服也。故分陳以肅慎氏貢焉"。孔子不言賜姓,但確將陳視爲異姓。假如將"周賜之姓"視作周錫其族屬,使之奉祀虞帝,亦未嘗不是一種合理解釋。由於文字之多義和先秦文獻之久經擾亂,筆者

---

① 馬承源等《商周青銅器銘文選》(三),第34頁下。按,關於宜地所在,陳邦福認爲可能是洛邑邊鄙幾百里之間的一個地名(見《矢簋考釋》,《文物參考資料》1955年第5期),黃盛璋則定爲河南宜陽(見《銅器銘文宜、虞、矢的地望及其與吳國的關係》,《考古學報》1983年第3期),而任偉《西周封國考疑》第十章《關於宜侯矢簋的討論》將之定爲吳器,則其地當在寧鎮、皖南一帶。中國社會科學出版社2004年版,第364—369頁。

② 楊希枚考證胡公滿的確鑿之姓,發覺無法指實,而祇能説:"顓頊、舜和胡公究竟分屬姬、媯、姚、子四姓抑同屬其中一姓,這裏固不容斷言,甚至聯帶的五帝族系及其子孫後裔的族籍也都成問題了! 然則問題的癥結何在? 作者認爲這倒不在於史料可靠性的差異,而顯然在於先秦社會組織——即構成那些大小氏族集團的各姓族的父或母系的屬性以及其演變的時代問題。"楊氏將之歸結爲屬性與時代,而筆者却認爲這正是血緣之姓蘊含於氏族或族氏中,天長日久,記憶不清、口傳有譌的緣故,當然也不排斥有人爲的攀附。

並非要固執地將它解爲賜族，僅此提出一種別解以開拓思考之空間。

先秦賜姓號之記載若皆不甚可靠，似不得不重新省視與姓號有關的"姓族集團"一詞。二十世紀以來姓氏學家皆深信先秦或三代以前有"姓族集團"和"氏族（或族氏）集團"之對立，即使在深知甲骨卜辭中無"姓"字之前提下，仍堅信當時有"姓族集團"或"姓族"，並大致認爲：姓族集團或姓族是以純血緣爲標識的族群組織，氏族或氏族集團則以非純血緣爲標識的團體組織。[1] 筆者認爲：姑不論姓族集團與氏族集團所含血緣純粹之程度如何，就人類起源發展而論，必先有純血緣之所謂姓族，而後過渡到非純血緣之氏族；就傳說之氏族時代下至三代某一歷史階段觀察，祇可能存在非純血緣之氏族或族氏組織，不可能產生純血緣之姓族和非純血緣之氏族長期並存局面。試想在一個實行外婚制，有戰爭、有俘虜、有交流、有遷徙的氏族或族氏社會中，即使有過數十個"桃花源式"的純血緣姓族（如學者所説先秦古姓較少，當然要考慮其逐漸消失），其又能保持多久？這些姓族或姓族集團如一直是封閉式生存、發展、分化，必然受到物質、勢力等諸多條件限制而生存艱辛，發展緩慢。若一旦與其他人群交流，吸納下層或其他各色人等，則立即與氏族性質混同，蜕變爲姓氏學家所説的氏族集團。

有鑒於此，可以明確指出，所謂姓族或姓族集團，純是姓氏學者在研究中根據"賜姓命氏"之概念想象出來的虚幻名詞。就血緣姓族之實體而言，此種社會細胞在遠古人類初始階段或許曾經存在，却非三代實有的團體組織；就姓族之血緣遺傳因素或概念而言，它不僅存在於氏族社會，也存在於當今社會，並將永遠延續。易言之，在氏族社會或封建社會中，作爲血緣標識之姓或作爲姓之血緣因素祇能融入並體現在各種大小不同的氏族或族氏之中，而不可能獨立於氏族集團之外，長期與氏族或族氏並立。十餘萬片甲骨卜辭有數量衆多的"氏"、"族"而不見"姓"字，《逸周書·史記篇》左史戎夫歷數皮氏、華氏、夏后氏、扈氏、林氏、愉州氏、有巢氏、重氏、唐氏、上衡氏、南氏等十餘氏，《容成氏》《莊子》等歷數容成氏、大庭氏、無懷氏等十

---

[1] 楊希枚將上古葛天氏、無懷氏以來包括殷商方國、周代諸侯國乃至殷、周王朝都歸入大小不同的氏族集團，故其血緣必非純粹。而其他某些姓氏學者則將其限定在上古三代時較小的氏族組織，故云其亦爲血緣團體。其實，如果姓族與氏族都是純血緣的，則實體組織就無法分别，其名詞的區别亦顯得毫無意義；而一旦有貧富差别，有戰爭有俘虜，便促使氏族人員雜亂而有層次，有層次便有主僕，雜亂則血緣就必不純粹。

六氏,皆稱三代之方國、族國、侯國、伯國爲"氏"而不見其稱"姓"。從氏族社會發展到夏商二朝數千年歷史中之所以稱"氏"不稱"姓",不僅僅因爲"姓"隱而"氏"顯,更重要的是人類脱離原始部落而進入氏族社會以後,作爲血緣標識之"姓"已融入到作爲政治、經濟、軍事之"氏"亦即大小方國、大小氏族或族氏之中。此時的"姓"除作爲婚姻的血緣標識外没有其他社會功能和權利,即使作爲婚姻的血緣標識也衹是在有限的數代之中(周代同姓百世不婚的政策見後述),且這種標識在氏族或族氏集團時代完全可以被集團與集團間成員相互辨認離析,所以,代表血緣符號的"姓"(上古或許用其他漢字符號替代)概念也就漸漸淡化,僅留存在氏族成員的意識中,不反映或少反映在漢字符號系統中。

卜辭不出現"姓"字,並非殷商没有血緣之"姓"的概念,或許他們用其他符號來分别,或許就在族氏、方國中分辨血緣之"姓",以此來實行族外婚姻。周初宜侯矢簋將宜侯方國之貴族稱爲"姓",係周初史官對殷商族氏之認識。即此以"姓"稱"氏"之例表明:在周人眼中,殷商方國族氏中藴有血緣關係的小型族氏或家族,且不止一二個,其結構與姬周諸侯國或卿大夫相似;周初將有血緣關係的小型族氏稱爲"生(姓)",表明他們已重視血緣關係,此與成康間大封同姓,以藩屏周有關。

成康間之分封兄弟,策命子孫,其命辭中並未出現文獻中所謂"賜姓"、"命氏"之詞彙。其原因可能是:一、現存或出土之西周策命諸侯之銘文極少,且命辭多有缺省,未能窺其全貌。二、西周分封之諸侯多爲同姓兄弟子孫,既爲同姓,命辭中就没有必要申述"姓";而所封之國或采邑,亦即所謂"氏",故分封命辭中有國名、地名或采邑名,命"氏"之意義也就藴含其中。

昭公八年(前534)史趙追叙四五百年前封國賜姓之事,如前所説,尚有歧解。昭公二十九年(前513)史墨追叙約一千五百年前賜姓命氏之事,文獻蓋闕,難以徵信。唐虞之前,含有隱性之"姓"的人早已融入於氏族之中。儘管氏族或族氏中還有人保持或記憶著自己之"姓",然亦僅限於少數有光輝業績的顯赫祖先之後裔,更多的人在五世十世之後便對自己的血緣世系模糊、淡化隨之遺忘。唐虞之際是有德而賜姓、有功而命氏,還是有功德既賜姓又命氏?是當時僅僅賜氏命氏,抑是在西周重視"姓"以後敷衍、文飾傳説而變爲"賜姓命氏"?皆有待新資料新發現後始可進一步討論。卜辭已有人、地同名之"氏",①則賜氏可能已是一種現實制度。周人銘文中雖未見賜姓之實例,然其已重視血緣之"姓",並在禮制、禮俗中處處表露出來。

五、周代禮制、禮俗所見同姓、異姓之等級與待遇

從卜辭僅有"氏"到《左傳》所記之賜姓名氏,顯示出商周之際在姓氏制度上一個質的變化。據方炫琛研究,"周人姓氏制度最重要之特色爲'姓氏二兮','姓氏二兮',指西周至春秋時代,人物稱謂中之姓與氏有別"。"姓是周代族類名","氏則周代國名(含天子之天下及諸侯之國)、家名(卿大夫等之家)"。② 因爲周代姓氏二兮,故而產生賜姓命氏之事之說,然此即與周初分封同姓之政治舉措密切相關。賜姓、命氏之制雖未在西周、春秋文獻中被明確記載、保存下來,然在周代禮制、禮俗中却無處不顯露出周人對待同姓、異姓有親疏、內外、厚薄之差異。姬周雖是君統與宗統合一之社會,然很多場景下都以親親爲先。首先是《周禮·天官·太宰》說王馭萬民之八法,第一親親,第二敬故,此已奠定周代禮制之基調。親親與治國之因果,《大傳》作如此表述:"自仁率親,等而上之至于祖;自義率祖,順而下之至于禰:是故人道親親也。親親故尊祖,尊祖故敬宗,敬宗故收族,收族故宗廟嚴,宗廟嚴故重社稷,重社稷故愛百姓,愛百姓故刑罰中,刑罰中故庶民安,庶民安故財用足,財用足故百志成,百志成故禮俗刑,禮俗刑然後樂。"是始於親親,終於國治而民樂。禮家認爲周代之禮,即從親親所生,《中庸》曰:"仁者人也,親親爲大;義者宜也,尊賢爲大。親親之殺,尊賢之等,禮所生也。"並且聲稱"親親也,尊尊也,長長也,男女有別,此其不可得與民變革者也"(《大傳》)。一代之大禮如此,故其貫徹、滲透到朝聘盟誓、作揖親疏、車旗服飾、政策謀劃、同姓蕃屏、外婚聯姻、喪祭臨弔、重罪輕刑等各個方面,無不有同姓、異姓之差別,以下分別舉例來展示其差異性。

---

① 張秉權《甲骨文中所見人地同名考》,《慶祝李濟先生七十歲論文集》清華學報社 1967 年印行,下册,第 687—776 頁。
② 方炫琛《周代姓氏二兮及其起源試探》敍論,第 1—2 頁。

（一）朝聘盟誓

朝聘、覲遇、盟誓等各種儀式，都是同姓優先或站在尊位。《儀禮·覲禮》："諸侯前朝，皆受舍于朝。同姓西面北上，異姓東面北上。"鄭玄注："言諸侯者明來朝者衆矣。顧其入覲不得並耳……分別同姓異姓，受之將有先後也。《春秋傳》曰'寡人若朝于薛，不敢與諸任齒'，則周禮先同姓。"因來朝者衆，入覲必須有先後，則同姓在先，異姓在後。鄭所引《春秋傳》文見《左傳·隱公十一年》：

> 春，滕侯、薛侯來朝，爭長。薛侯曰："我先封。"滕侯曰："我周之卜正也。薛，庶姓也。我不可以後之。"公使羽父請於薛侯曰："君與滕君辱在寡人。周諺有之曰：'山有木，工則度之。賓有禮，主則擇之。'周之宗盟，異姓爲後。寡人若朝于薛，不敢與諸任齒。君若辱貺寡人，則願以滕君爲請。"薛侯許之，乃長滕侯。

薛，任姓，夏奚仲之後。滕，文王之子之後。"三后之後，於今爲庶"，故滕侯云薛爲庶。降及春秋，朝聘之儀、盟誓之會，情況複雜。魯用周禮，其宗盟以同姓爲先。定公四年《左傳》祝佗稱踐土之盟，盟書云：晉重、魯申、蔡甲午、鄭捷、齊潘。鄭小國，却是厲、宣之裔；齊大國，則乃太公姜姓之後，故鄭前齊後。是知西周之禮同姓爲先。春秋之時，禮樂崩壞，其他盟會，亦有大國在先者，已未必遵循周禮。據鄭注、孔疏，朝覲是以爵同而同位，然同位之中，仍先同姓而後異姓。若王官之伯臨諸侯之盟，亦常先同姓。

（二）作揖親疏

周王與諸侯相見作揖，亦有同姓、異姓之別。《周禮·秋官·司儀》："〔司儀〕詔王儀，南嚮見諸侯，土揖庶姓，時揖異姓，天揖同姓。"庶姓即衆姓，指無親者，異姓指婚姻之親。王朝庶姓，祇是推手小下，示意一下而已；對異姓則拱手當心，平衡地推手來回，稍示尊敬；對同姓則是推手小舉向上，表示尊敬。《大戴禮記·朝事》篇解釋王對庶姓、異姓、同姓三種不同之作揖動作,是"所以別親疏外內也"。

(三)車旗服飾

車旗服飾在等級森嚴、朝聘祭祀繁瑣之周代規定甚爲嚴格。即以乘車而論,車分五等:玉路、金路、象路、革路、木路。天子平時乘玉路,然其出弔,則降而乘金路。其他上公、侯伯皆然。《周禮·春官·巾車》:"金路,鈎,樊纓九就,建大旂,以賓,同姓以封;象路,朱,樊纓七就,建大赤,以朝,異姓以封;革路,龍勒,條纓五就,建大白,以即戎,以封四衛;木路,前樊鵠纓,建大麾,以田,以封蕃國。"金路封同姓,鄭玄注謂"王子母弟率以功德出封。雖爲侯伯,其畫服猶如上公,若魯衛之屬"。所謂上公,殆指周初所封異姓夏、殷之後的杞、宋二國或功業蓋世的姜太公。依爵位,侯伯降公一等,而其車旂服飾則相等。鄭注"異姓"指"甥舅",亦即指先王及時王姻親之國,如陳國等。① 異姓乘象路,然同姓子男亦乘象路。總之,同姓之子孫可以與高一級爵位之異姓同其車旗服飾,顯出其制訂制度時對同姓之優渥。

(四)政策謀劃

《太平御覽》卷四百五十引《尚書大傳》曰:"周公先謀於同姓,同姓從,然後謀於朋友,朋友從,然後謀於天下,天下從,然後加之蓍龜。是以君子聖人謀義不謀不義,故謀必成;卜義不卜不義,故卜必吉;以義擊不義,故戰必勝。是以君子聖人謀則成,戰則勝。"②此雖伏生之言,或乃前有所本。同姓乃宗親兄弟,朋友則異姓。不管是克殷前抑或其後,都可看出周公之行事風格和內心思想。

---

① 賈疏:"謂先王及今王有舅甥之親,若陳國杞國,則別於庶姓。"孫詒讓據《覲禮疏》謂杞爲二王之後,當如上公乘金路,謂賈疏不當。見《巾車》下案語。《周禮正義》卷五十二,中華書局1987年版,第2155頁。
② 《太平御覽》卷四百五十,中華書局1960年影印本,第二册,第2069頁上。

(五)同姓蕃屏

周初大封同姓兄弟,其本意是冀望兄弟子孫共爲蕃屏,捍衛王室;後世眷念同姓血緣之情,共保社稷。數百年之後,世遠情疏,各國爲利益所趨,爭奪國土,遂有不念同姓者。但"詢爾仇方,同爾兄弟"之意識固已深入人心,故凡不救甚或伐兄弟之國者,多遭到諫諍駁議。至於出兵滅同姓之國,則當時後世共譏之。《左傳》載滅同姓之國者三,如《春秋·僖公二十五年》:"正月丙午,衛侯燬滅邢。"《左傳》云:"同姓也,故名。"《公羊傳》云:"衛侯燬何以名?絶。曷爲絶之?滅同姓也。"而《穀梁傳》云:"燬之名何也?不正其伐本而滅同姓也。"《左傳》較爲平和,而《公》《穀》皆直抉其過,至何休注《公羊》曰:"絶先祖支體尤重,故名以甚之。"更爲直接顯露。僖公二十八年春,晉侯侵曹伐衛。三月入曹執曹伯,至冬晉侯有疾,曹伯之豎子侯獳賄賂卜筮之官,使之向晉侯云:"齊桓公爲會而封異姓,今君爲會而滅同姓。曹叔振鐸,文之昭也;先君唐叔,武之穆也。且合諸侯而滅兄弟,非禮也;與衛偕命,而不與偕復,非信也;同罪異罰,非刑也。禮以行義,信以守禮,刑以正邪。舍此三者,君將若之何?"晉侯覺得有理,遂復曹伯。卜官所説,皆兄弟之情,蕃屏之意,信義之禮,晉侯聞而釋曹伯,可知兄弟相親,同捍共保之信念仍有其心理基礎。至於名與不名,歷代經師各有異説,如謂春秋晉滅虢、滅虞,齊滅紀,楚滅夔,是皆滅同姓,皆不名。[①] 其實具體之春秋之禮、史官之筆如何且可擱置一邊,《禮記·曲禮下》記:"天子不言出,諸侯不生名,君子不親惡。諸侯失地,名;滅同姓,名。"至少可以確定孔門子弟聞之於夫子者如此,夫子即使有自己的義例,然其義却適與周初分封旨意相合。

(六)外婚聯姻

婚娶之禮,人倫之大禮。周初大封兄弟子孫,並嚴格實行外婚制,目的是想通過聯姻方式,將已經築起的姬姓屏障而不斷擴大,最終造成普天之

---

① 各家異同之説,可參見陳槃《左氏春秋義例辨》卷二《名例》所集(上海古籍出版社 2010 年影印本,第 258—261 頁)。然筆者以爲宋蕭楚《春秋辨疑》卷四《書滅辨》上下兩篇所論甚正,可參閲。

下，非我兄弟，即我子孫，非我姬姓，即我姻親之大一統格局。如若僅從同姓相娶，其殖不蕃之生育觀著眼，一般五世、六世服盡親疏甚至十世之後，同姓婚姻，未必不蕃。而《禮記·大傳》載：

> 四世而緦，服之窮也；五世袒免，殺同姓也；六世，親屬竭矣。其庶姓別於上而戚單於下，昏姻可以通乎？繫之以姓而弗別，綴之以食而弗殊，雖百世而昏姻不通者，周道然也。

同姓之人，雖疏遠至百世，仍然不能互通婚姻，這是周道之原則，亦即周禮之法規。《大傳》此文，似本乎孔子之言。《家語·曲禮子貢問》載衛公使其大夫求婚於季氏，桓子問禮於孔子，孔子認爲"同姓爲宗，有合族之義"，即答以"故繫之以姓而弗別"云云。桓子又問："魯衛之先，雖寡兄弟，今已絕遠矣，可乎？"孔子曰："固非禮也。夫上治祖禰，以尊尊也，下治子孫，以親親也，旁治昆弟，所以敦睦也。此先王不易之教也。""周道然也"、"不易之教"，皆説明此乃周禮規定必須恪守之婚律。有違此禮，必人所共譏。《春秋·哀公十二年》載：

> 夏五月甲辰，孟子卒。杜預注："魯人諱娶同姓，謂之孟子。《春秋》不改所以順時。"

《左傳》云："夏五月，昭夫人孟子卒。昭公娶于吳，故不書姓。死不赴，故不稱夫人。不反哭，故不言葬小君。"杜預注："諱娶同姓，故謂之孟子。"周代女子稱姓，吳亦姬姓，則夫人當稱"孟姬"或"吳姬"。若連"姬"而稱，必遭人譏笑唾棄，故祗能書"孟子"。上升到周代之人倫，甚至被稱爲禽獸之行。① 但這一爲尊者隱諱之舉，帶來後果甚爲嚴重。首先是不能訃告諸侯，因訃告必依禮稱姓，故不稱夫人；其次不反哭於祖廟，故史官不能言"葬小君"。其事近於隱公三年其母聲子之卒，祗書"君氏卒"，而亦不赴不反哭，不稱夫

---

① 許慎《五經異義》云："《易》曰：'同人于宗，吝。'言同姓相娶，吝道也。即犯誅絕之罪，言五屬之內禽獸行，乃當絕。"見《通典》卷六十引。陳壽祺《五經異義疏證》卷中，清嘉慶十八年刻本，第七十七葉B。

人不言葬。更有甚者,因爲魯、吳同姓,昭公無法上報天子,天子亦不頒賜其"夫人"名號及相應之命服、命玉。故《雜記下》云:"夫人之不命於天子,自魯昭公始也。"由此諸侯夫人稱謂一事,還使孔子招致陳司敗苛刻的評論。《論語·述而》載:陳司敗知昭公此事而問孔子:"昭公知禮乎?"子曰:"知禮。"陳司敗即向巫馬期云:"吾聞君子不黨,君子亦黨乎。"孔子聞之曰:"丘也幸,苟有過,人必知之。"其實孔子並非不知昭公違禮,在與弟子對答時即曾云:"取妻不取同姓,以厚別也。故買妾不知其姓則卜之。以此坊民,《魯春秋》猶去夫人之姓曰吳,其死曰'孟子卒'。"對陳之問,祇是爲尊者諱而已。將"知禮"、"不知禮",與"周道然也"、"不易之教"、"以厚別也"以及"男女辨姓,禮之大司也"(《左傳·昭公元年》子產語)等相參悟,可確信同姓不婚乃周代所定根本之大禮大法。

(七)喪祭臨弔

姬周親同姓,重喪祭,故其喪祭禮儀中多同姓、異姓之別。《禮記·檀弓上》:"唯天子之喪,有別姓而哭。"《欽定禮記義疏》:"周之宗盟,異姓爲後,故哭,同姓先、異姓後,庶姓則尤後也。"[①]不僅哭分先後,其臨弔場所亦有講究。《左傳·襄公十二年》:

> 吳子壽夢卒,臨於周廟,禮也。凡諸侯之喪,異姓臨於外,同姓於宗廟,同宗於祖廟,同族於禰廟。是故魯爲諸姬,臨於周廟;爲邢凡蔣茅胙祭,臨於周公之廟。

此處所謂"凡",乃西周之常禮。不僅分別同姓、異姓,即同姓之中,亦有世系之不同,最足見周禮同姓、異姓及親疏之差別。天子、諸侯如此,民衆亦不例外。《孔叢子·雜訓》:"魯人有同姓死而弗弔者,人曰:'在禮當免,不免當弔,不弔有司罰之,如之何子之無弔也。'答曰:'吾以其疏遠也。'子思聞之曰:'無恩之甚也。昔者季孫季康子問於夫子曰:"百世之宗,有絶道乎?"子曰:"繼之以姓,義無絶也。"故同姓爲宗,合族爲屬,雖國子之尊,不

[①] 《欽定禮記義疏》卷十一《檀弓上三》,光緒十四年上海鴻文書局石印本,第七葉 A。

廢其親，所以崇愛也。'"①孔子以爲同姓相弔，雖疏遠而不廢，殆亦"吾從周"之周禮。他如喪祭之男主與尸，如無嫡子嫡孫，亦必請同姓之人充任，皆反映出周人重同姓之禮俗。

（八）重罪輕刑

人多侈談"刑不上大夫"之是非，而尟論及同姓獲罪行刑之特別。周代與君王及姬姓諸侯同姓者，不管有爵無爵，其犯罪行刑，不與異姓同在市朝。《周禮·天官·甸師》："王之同姓有辠，則死刑焉。"鄭玄注："鄭司農云：王同姓有罪當刑者，斷其獄於甸師之官也。"與王同姓，即姬姓。賈疏云："周姓姬，言同姓者，絕服之外同姓姬者。有辠者，謂凡五刑，則刑殺不於市朝，於此死刑焉，謂死及肉刑在甸師氏。必在甸師氏者，甸師氏在疆場多有屋舍，以爲隱處，故就而刑焉。"②甸師在郊野專掌王之藉田，郊野有屋舍，市朝之人罕至，於此行刑王族同姓，不易爲國人所知。《禮記·文王世子》亦曰：

> 公族其有死罪，則磬于甸人。其刑罪，則纖剸，亦告于甸人。公族無宮刑。獄成，有司讞于公。其死罪，則曰某之罪在大辟。其刑罪，則曰某之罪在小辟。公曰宥之，有司又曰在辟。公又曰宥之，有司又曰在辟。及三宥，不對，走出，致刑于甸人。公又使人追之，曰雖然，必赦之。有司對曰：無及也。反命于公。公素服，不舉，爲之變，如其倫之喪，無服，親哭之。

又解釋其原因云：

> 公族之罪，雖親，不以犯有司，正術也，所以體百（或作"異"）姓也。刑于隱者，不與國人慮兄弟也。弗弔，弗爲服，哭于異姓之廟，爲忝祖遠之也。素服居外，不聽樂，私喪之也，骨肉之親無絕也。公族無宮

---

① 《孔叢子》卷上，《百子全書》本，浙江古籍出版社 1984 年影印掃葉山房本，第一册，第七葉 B。
② 賈公彥《周禮注疏》卷四，中華書局 1981 年影印世界書局阮刻本，上册，第 663 頁中。

刑,不翦其類也。

既要考慮國法,又要顧及親情,進退之際,曲盡人情。而其將同姓罪人送至郊野甸師屋舍行刑,畢竟與異姓和庶民不同。尤其是對同姓不行宮刑,謂其原因是"不翦其類",可謂意味深長。

六、氏爲遠古所傳,姓爲西周所重

單純的血緣姓族或姓族集團即使在人類初期存在過,隨著私有制的產生,外婚制的施行和族屬不斷擴大,其姓族內部人員必然變得龐雜而蛻變爲衆所共知的氏族、氏族部落或氏族集團。氏族或氏族部落、氏族集團是由不同血緣的族屬和不同階層的人群所組成的經濟或兼有政治、軍事的組織。即使曾經存在如姓氏學家所說的一種上層由同一血緣親屬而中下層則由其他各色人群所組成的氏族,這種上層血緣親屬也會隨外婚制之施行而逐漸淡化。加之戰爭兼併,內部傾軋種種變數,在氏族上層要保持血緣之純粹性也非常困難。再者如上博簡《容成氏》所說上古赫胥氏、喬結氏、倉頡氏、軒轅氏、神農氏等"皆不授其子而授賢",則其上層血緣姓族不久便會瓦解。因此,當私有制產生後,純粹之血緣姓族就不可能維持,即使暫時在部分氏族上層維持,也不可能長期保持不變。姓氏學家因姓、氏之二分或對立所創設的"姓族"或"姓族集團"諸詞在傳說的三皇五帝到夏商現實社會中恐難以存在,當時組構、維繫社會的祇能是氏族、氏族部落或氏族集團。此不僅與《莊子》《容成氏》《乾坤鑿度》等所載之上古部落均以"氏"相稱吻合,也與卜辭、銅器銘文所反映的殷商社會以族氏、族、氏相稱一致。

古老的血緣關係不斷如輕煙般消逝,像漣漪樣蕩散,新的血緣親情雖不斷產生並凝聚族屬,卻仍迅速瓦解,此乃血緣由親而疏、從生至息之規律。然某些聲名顯赫、功勳卓著的血緣族屬後裔,儘管處於"三后之後,於今爲庶"之境地,仍將其祖先及其血緣標識保存、印刻在記憶中。此種血緣記憶既可使其自我意識得到滿足,也可顯示自己高貴身份,同時也是一枚收族立氏的有效木鐸,在特定的歷史階段還會有意想不到的政治效用,故會被作爲一種無形的榮譽和有形的丹券口口相傳,代代相憶。正因爲三皇五帝以來是氏族社會,而顯赫、卓著之血緣族屬很少,值得被記憶的顯赫、卓著之血緣族屬少之又少,所以被保留在文獻中有血緣關係之古"姓"也就寥寥無幾。

殷商社會以家族、族氏爲基本結構,其政治結構已有內外服制。《尚書·酒誥》:"自成湯咸至于帝乙……越在外服:侯、甸、男、衛、邦、伯;越在內服:百僚、庶尹、惟亞、惟服、宗工。"有外服,證知已有分封制度。甲骨卜辭有"乍册"之官,其册命儀式稱爲"再册"。① 據研究,殷商之分封已有相對固定之儀式,如册命地點在宗廟,册命時有賞賜物品或城邑之類,並伴有音樂等;同時還對受册命者及其臣屬予以安置,爲其中之顯貴者建立城邑。② 就卜辭所見分封者有相當一部分爲非子族或王子族,亦即未必與商王有血緣關係者。諸多方國、族氏册封以族爲名,還是以地爲名,抑或以其他標識爲名,今雖難以在簡略之卜辭中求得確切之信息,大量的人、地同名,已經昭示了册封的一種形式。作爲已經册封的國與氏,必須有一個對外的稱謂,這就是國名或氏名,亦即國號或氏號。分封時對國號或氏號之確立是一項必不可少的內容,故可想見類似於姬周之"命氏"形式或許已經存在。卜辭中衆多的"子族"、"王子族"等,如果皆經册封,則類似於姬周的同姓諸侯。殷商是否也"賜姓"? 即利用"姓"作爲政治手段來安撫舊邦,因甲骨文無"姓",無從討論。或許當時族氏之血緣標識不用"姓"表示,而等同於普遍的氏或族。但若進一層思考,在一個以多層次人群爲單位的族氏社會,某些族氏上層即使可能有共同的血緣關係可以追溯,但却也無法用特別的血緣標識作爲族氏的名號,即此也再次證明隱性之血緣很難作爲社會團體的標記。

姬周克殷,總結殷商敗亡之經驗教訓,周人所總結的教訓,是殷商族氏無數,方國林立,不強調血緣親情,別族即可通婚。於是改變政策,大封同姓,以蕃屏王室;強調宗法,以凝聚同姓。分封是擴展與控制,宗法是聚權與收族。二者一分一合,即是以"姓"爲中心的一項強有力的政治措施。此項政治措施著重體現在以下幾個方面:

---

① 胡厚宣先生謂再册即禹册受命之意。見《殷代封建制度考》,收入《甲骨文商史論叢》,河北教育出版社 2002 年版,第 36 頁。
② 參見李雪山《商代分封制度研究》第二章《商代分封制度研究(上)》,中國社會科學出版社 2004 年版第 25—36 頁。

（一）對三代或三代以前爲數不多真實的或記憶中的顯赫舊姓予以褒賜，作爲一種政治上的安撫羈縻，以達到穩定政局之目的。

（二）分封同姓兄弟子孫，强調血緣親情，築起一道鞏固姬周王室的屏障。並在禮制、禮俗等方方面面制定出一系列優待同姓的律令與守則，使同姓子孫永遠親親尊尊，互助共保。

（三）制定百世不變的同姓不婚大法，期使在分封世襲制下，永久地推行外婚制，不斷聯姻，最終同姓與異姓聯成一片，形成一個普天之下，莫非王土，域内之民，莫非姬姓血脉的大一統國家。

聯繫、標識著血緣的姓最爲古老，但却是一種隱性的標記。進入氏族社會以後，儘管作爲血緣標識的姓在婚姻上有重要作用，然其作用一般都有一定的世系時段而並非永久，故氏族或族氏社會之顯性名號祇能是"氏"，"姓"僅是作爲隱性的符號不斷地由親而疏，由生而息。西周出於政治目的，無限凸顯、提高"姓"之地位，强調"姓"之作用，使"姓"一度成爲與"氏"並立的家族、族氏、侯國名號，形成"姓""氏"二分格局。然必須認識"姓""氏"二分，在實際社會中並未改變西周卿大夫家族、侯國此種廣義族氏的非純血緣性質，僅是在意識、婚姻、制度上分辨姓氏，以便於制定不同政策，凸顯姓之重要性，以達到姬姓大同、長治久安的政治目的。然而，歷史並未按照西周統治者預設的理想化目標演進，進入春秋戰國，隨著血緣關係之疏遠，孔子所謂"親親則諸父昆弟不怨"之設想未免成爲理想，同姓婚娶、兄弟戕伐時有發生。同姓如此，則異姓不管聯姻不聯姻，更肆無忌憚，互相征伐，兼併四起，不僅使"氏"之尊貴性受到破壞，更使"姓"之親和力受到蔑視。姓之親和力受到蔑視，則其仍回到由親而疏、由生而息之自然血緣狀態，失去了昔日的政治光環，也就失去了家族、氏族、國族中標識血緣的政治性作用。氏之尊貴性受到破壞，漸與昔日的政治經濟軍事等實力脱離，最終蜕變成爲一種家族、氏族、國族的名稱符號而已。逮及侯國兼併消亡，氏族轉化爲家族，原來的國族、氏族、家族的名號最終都成爲家族的符號。簡言之稱"氏"，重言之因"姓"曾與"氏"並立故稱"姓氏"或"氏姓"。至此，西周初年因政治需要所强調的標識血緣之"姓"和象徵地位之"氏"已隨符號化而合二爲一。

二〇一一年春

先秦至唐宋姓氏書之產生與發展

姓氏產生至今，已有數千年歷史。上古之姓與氏究竟有多少，文獻缺乏，無法計料。今所知歷代姓氏之總數達三萬有餘，此固漸次遞增所致。欲明其遞增之過程原由，須從歷代姓氏書中去探其究竟。自先秦至清末，見載於史志目錄之有關姓氏著作，約近三百部，而失載湮滅者不知凡幾！即書目所載，亦大多散佚無存。且隋唐以前，譜牒與姓氏書多混而不分，尤以譜牒載姓傳姓者居多；宋元明清之際，復有合人物傳記與姓氏為一以當詞典者：二者皆非純粹之姓氏書。茲就存世著作，或雖佚而有輯本可尋其構架、內容者，叙述疏理，以求歷代姓氏增益之脈絡。其於譜牒姓氏與專輯姓氏合一之著，僅取其至關重要者，其他概從删略。

一、先秦兩漢牒譜佚籍鉤沉

有文字記錄之姓氏世系可以追溯到周代。《周禮·春官·小史》："掌邦國之志，奠繫世，辨昭穆。"鄭玄注引鄭司農云："繫世，謂帝繫、世本之屬是也。"司農所謂"帝繫""世本"之屬，係指《大戴禮記·帝繫》及《世本》一類書，或此類書之原始文本。由今所見《帝繫》《世本》內容推之，小史掌有周代之世系，或亦有夏商甚至三代以前傳說之世系。[①] 唯書缺有間，衹能從《帝繫》《世本》中窺參一二。

[①] 皇甫謐《帝王世紀》所載大皞帝包犧氏世系、《山海經·海內經》所載姜姓炎帝世系、帝俊世系等是口傳抑是從西周王室機構中傳鈔散播，尚須推考。

《大戴禮》第六十三之《帝繫》篇，總計五百三十三字，將少典、黃帝以下至堯、舜、禹及商、周二代祖先帝嚳及生母姜原和簡狄、后稷和契均序次明白。然就整個上古史而言，似又覺簡略而不足。《世本》十五篇，今據輯本所可考見者有帝繫、王侯譜、大夫譜、紀、世家、傳、氏姓、居、作、諡法十類。其中氏姓一篇，尚存鱗爪，殆爲最早之姓氏專篇。欲明其來歷，先須探究《世本》之形成及其體式。《漢志》"世本"下云："古史官記黃帝以來迄春秋時諸侯大夫。"《史記》裴駰《集解序》"采《世本》《戰國策》"司馬貞索隱引劉向云："《世本》，古史官明於古事者之所記也。録黃帝已來帝王、諸侯及卿大夫系、諡、名、號凡十五篇也。"知班固截取劉說。玄應《一切經音義》卷二十三"根系"條云："《世本》有《帝繫篇》，謂子孫相繼續也。"①今觀八家所輯《世本》內容，有三皇世系、三代世系及春秋各國卿大夫世系，則知《世本》自漢至唐均涵包《帝繫》。然賈公彥《周禮·小史》疏承經文及司農注而謂"天子謂之《帝繫》，諸侯謂之《世本》"，若二者各別則《世本》不當有《帝繫》。宋葉時云：

　　　　繫世之書重矣，天子有帝繫，諸侯有世本。繫世不定，則親疏何由而別？昭穆何由而叙？同姓異姓庶姓何由而辨乎？商之祖也以契，周之祖也以稷，此亦可以定其帝繫之所從出也。太伯之後爲吳，胡滿之後爲陳，此亦可以定其世本之所自來也。然周人繫世之莫必屬之春官，一諷之瞽矇，一奠之小史，厥有旨哉。小史掌讀禮者也，讀禮而掌奠繫世，則教以禮之序；瞽矇掌誦詩者也，誦詩而掌世奠繫，則教以樂之和。序故有別，和故有親，有別則昭穆不相亂，有親則親疏不相離。周人定繫世之意蓋如此，豈徒原本系之有遠近、取閥閱之有高下而已哉。司馬遷作《史記》，推帝劉之系出於唐，是帝繫猶有可考也。叙司馬氏之元出於重黎，是世本猶有可稽也。蓋司馬遷世爲太史氏，小史掌定繫世，乃太史之屬，故采《世本》而作《史記》，明《周譜》而著《世家》，是其繫世之書至漢猶存邪？②

---

① 徐時儀等點校本《一切經音義三種》，上海古籍出版社2008年版，上册，第482頁上。按，慧琳《一切經音義》卷四十九引録"孫"作"系"，疑誤。
② 宋葉時《禮經會元》卷四上《繫世》，《文淵閣四庫全書》本，臺灣商務印書館1983年影印本，第92册，第147頁下。

葉氏後又列舉《世本》中世系混亂不可據者數例，以爲"《世本》之言未可憑信如此，則後世所謂繫世之書非小史所奠、瞽矇所諷之書矣"，是必有後世附益成分參雜其間。關於《世本》之作者、體例，前人頗多探考。自劉向謂古史官所記之後，諸説紛出：晉楊泉謂"楚漢之際好事者"所作，①皇甫謐謂左丘明所作，②而顔之推以書中有燕王喜、漢高祖而疑其"由後人所羼，非本文也"，③所見與葉氏同。清張澍《輯世本序》謂"係秦漢以前書"，又於《姓韻》後云："劉恕《通鑑外紀》云：'《世本》經秦歷漢，儒者改易。'此説爲確。"④今人陳夢家據清人所輯內容考定爲戰國趙人之書，⑤至金德建以爲《世本》即《諜記》，復因張敞有《曆譜》而謂《世本》亦作於敞。⑥金氏之説，過於武斷。近來研究此書者，多認爲成於戰國之際而經秦漢人增補。⑦

若參稽鄭司農、賈公彥之説，西周之譜牒，帝王稱《帝繫》，諸侯卿大夫稱《世本》，則記載諸侯、卿大夫之《世本》不當包含《帝繫》。由此更可確證《世本》係戰國間人掇輯西周、春秋以還各種《帝繫》、諸侯卿大夫譜牒等書並冠以"世本"之名而成。既爲掇輯衆書，則其《氏姓》一篇之來源及形式亦當予以研討。

《史記·高祖本紀》"姓劉氏"裴駰集解引鄭玄《駁五經異義》云："故《世本》之篇，言姓則在上，言氏則在下也。"《世本·氏姓》之原式究竟如何，後人理解各有不同。清王謨、孫馮翼（陳其榮增訂）輯本先列姓，後綴氏；張澍輯本則佚文下另加校注；雷學淇輯本時加案語；茆泮林輯本以姓統氏，其氏低一格行；王梓材輯本則將姓氏分隸於各相應之古帝三代世系之下。唯秦

---

① 馬總《意林》卷五引晉楊泉《物理論》説，《文淵閣四庫全書》本，第 872 册，第 269 頁下。
② 按，皇甫謐此説，清孫馮翼以爲是誤讀《班彪傳》之文，詳見孫氏《重集世本序》，《世本八種》，商務印書館 1957 年版，第 1 頁。
③ 顔之推《顔氏家訓·書證篇》謂"世本左丘明所書"，自注："此説出皇甫謐《帝王世紀》。"參王利器《顔氏家訓集解》（增補本）卷十七，中華書局 1993 年版，第 484 頁。徐宗元《帝王世紀·餘存第十》輯入，中華書局 1964 年版，第 123 頁。
④ 張澍《世本粹集補注序》，《世本八種》，商務印書館 1957 年版，第 1 頁。又《姓韻·古今姓氏書目考證》，三秦出版社 2003 年版，第 3 頁。
⑤ 陳夢家《世本考略》，《六國紀年》附，上海人民出版社 1956 年版，第 139 頁。
⑥ 金德建《司馬遷所見書考·叙論》，上海人民出版社 1963 年版，第 19—20 頁。
⑦ 參見原昊《世本版本流變略論》，《大慶師範學院學報》，2008 年第 3 期；《世本作者析論》，《吉林廣播電視大學學報》，2008 年第 5 期；周晶晶《世本研究》，山東大學 2005 年碩士學位論文。

嘉謨謂"言姓則在上,言氏則在下"足以統括《氏姓篇》之體式,他認爲:

> 蓋姓統於氏,氏繫於姓,旁行斜上,統繫秩然,即《世本》之譜法也。其所云上者,則一姓之左,備列諸國書,書引《世本》,如任姓謝章薛呂舒祝終泉畢過之類是;其所云下者,則諸國之下,羅列衆氏,諸書引《世本》,如子襄氏齊桓公子子襄之後之類是也。其有散引者,如荀賈皆姬姓,向姜姓,徐奄皆嬴姓之類,則引者單舉一二國,非其全文,可以《世本》任姓偃姓子姓之例校而知之。①

秦輯本即以此爲原則,將所得姓氏分上下二欄排列,以姓統氏。就形式而言,鄭玄姓上氏下云云,必親見《世本·氏姓篇》原文而言,此與《世本》其他卿大夫譜旁行斜上之形式同轍,秦氏據康成之言而排譜,應較接近《氏姓篇》原式。接近《氏姓篇》原式,則與《帝繫》《大夫譜》不免重復,此從王梓材輯本之形式中可以窺覘一二。緣此便可質疑古人在寫刻維艱之前提下是否會做此重復工作,進而思之,《氏姓篇》是否爲先秦《世本》原簡中之篇章?向、歆校書,多將同類之書類聚合並,若《氏姓篇》由向、歆合之於《世本》,則《帝繫》篇原似亦獨立,緣同類而合之《世本》,因"世系"一義可包含"帝繫"從而冠"世本"之名。轉從先秦古書多以單篇流傳之情形思考,《氏姓》原篇必不在先秦《世本》之內。就其內容而言,當是戰國時人據《帝繫》《世本》以及《帝王諸侯世譜》《古來帝王年譜》等古譜所載,撮其氏姓排列而成,故形式亦與旁行斜上之譜式相近。

東漢後期,有兩篇姓氏專論,即王符之《志氏姓》與應劭之《姓氏篇》。王符《志氏姓》見於其所著《潛夫論》第三十五篇。關於其作意,論者謂與王符處於東漢後期異族進入中原與漢族雜居有關,因姓氏不僅可以維繫社會穩定,且有整合社會和國家秩序之特殊功用。② 然觀其篇章布局,先從"官有世功,則有官族,邑亦如之"之制度切入,將姓氏歸納爲"或傳本姓,或氏號邑謚,或氏於國,或氏於爵,或氏於官,或氏於字,或氏於事,或氏於居,或氏於志"九類,而後分別舉例:

---

① 秦嘉謨《輯補本》卷七《氏姓篇》,《世本八種》,第177頁。
② 方軍《略論王符的"四列"與志氏姓思想》,《佛山技術學院學報》,2005年第2期。

若夫五帝三王之世,所謂號也;文、武、昭、景、成、宣、戴、桓,所謂諡也;齊、魯、吴、楚、秦、晉、燕、趙,所謂國也;王氏、侯氏、王孫、公孫,所謂爵也;司馬、司徒、中行、下軍,所謂官也;伯有、孟孫、子服、叔子,所謂字也;巫氏、匠氏、陶氏,所謂事也;東門、西門、南宫、東郭、北郭,所謂居也;三烏、五鹿、青牛、白馬,所謂志也。①

從《世本·氏姓篇》之羅列姓氏,到王符歸納爲九類,儘管有所不盡,却是對先秦圍繞制度與非制度漫衍後所產生衆多氏姓的一次總結。然王氏後面依次叙述伏羲、炎帝、黄帝、少皡氏、祝融等本姓與衍生之氏,明顯是將先秦《世本》類之表譜形式轉爲文字叙述式。觀其所叙,亦時有與《世本》抵牾處,從中可推見東漢所存先秦世譜尚多,②使王氏得以參稽異同,以意去取。

稍後應劭著《風俗通》,亦有《姓氏》一篇,惜其已佚。《四庫提要》謂《永樂大典》"通"字下逐録此篇,因采入附於書後,然文淵閣本《風俗通》末無此篇,不知何故。《四庫》之後所輯所補者有清錢大昕、盧文弨、嚴可均、張澍、顧櫰三、王仁俊及當代王利器等十餘人。其中錢大昕輯得三百四十七條姓氏,③張澍輯得四百七十九條,顧櫰三輯得三百三十二條,④王仁俊輯得三百三十九條,⑤王利器輯得五百二十二條。⑥ 應氏此篇,有幾點值得討論,一是篇名。《廣韻·平齊》下引作"氏姓篇",《史記·孟子荀卿列傳》裴駰集解三引徐廣説同,蘇頌《校風俗通義題序》作"姓氏",⑦故錢氏從裴氏題"氏姓",張氏、王氏從蘇氏題"姓氏"。按蘇頌校其書而作序,應是親見其篇目,然最接近應氏時代之徐廣所見更當是應劭原本,似當以"氏姓"爲準。二是資料

---

① 此段文字原有脱略,清汪繼培據《御覽》卷三百六十二所引應劭《風俗通·氏姓篇序》文字補十二字。以王、應二氏後文所舉例證相同,知此處總舉亦當無異。若此推測不誤,則此處或係應劭因襲王符之總結,或係王、應二氏共同祖承更早的文獻。
② 前所舉《漢志》中《春秋曆譜牒》《帝王諸侯世譜》之類,其時尚存。
③ 見《嘉定錢大昕全集》,江蘇古籍出版社1997年版,第捌册,第35—60頁。
④ 顧櫰三《風俗通義佚文(一名:補輯風俗通義佚文)》,《叢書集成續編》本,第16册,第255—263頁。
⑤ 王仁俊《風俗通姓氏篇佚文》,《經籍佚文》,《續修四庫全書》本,第1211册子部雜家類,第718—735頁。
⑥ 王利器《風俗通義校注·佚文》,中華書局1981年版,下册,第495—559頁。
⑦ 宋蘇頌《蘇魏公文集》卷六十六,中華書局1988年版,下册,第1007頁。

來源。據輯本,此篇中有相當一部分姓氏後引漢人之姓以證,推想應氏撰作時或親自調查,或手邊有可供采擇之漢代姓氏書,若史游《急就篇》即是一種,他如《廣韻·平蕭》"聊"字下所注潁川太守聊氏之《萬姓譜》,①兩書應氏容或見之,②故大量采入《姓氏篇》中。三是内容排列。清人輯本因從《大典》款式,故一律依韻書序次排列。王利器知"非應氏之舊",祇因已失本真,無可如何,"亦時且從衆",以韻類次。③ 按《急就篇》卷一"宋延年"下顔師古注:"應劭撰《風俗通》,亦多設人姓,而爲章句偶讀,斯效《急就》之爲也。"④師古乃親見《姓氏篇》者,其所謂"多設人姓,而爲章句偶讀",似此篇猶如《急就篇》分章分句,或亦有韻,便於諷籀。《史記·孟子荀卿列傳》"劇子之言"裴駰集解:"徐廣曰:按應劭《氏姓注》直云處子也。"徐廣所見應書乃近真之本,而謂"氏姓注",似有注文。張澍云:"以篇爲注,恐誤。"⑤偶一出現,或爲誤注鈔譌,然《周本紀》《秦本紀》下亦兩見"應劭曰《氏姓注》云",⑥恐非一誤再譌。若聯繫徐廣與顔師古兩注而慎思之,不僅不必謂徐廣誤注,更可推見應劭《姓氏篇》將姓氏連綴成韻語,斷若干句爲一章,連若干章爲一篇,而將命姓得氏之由及後世名人詳注其下;另據《官譜》《萬姓譜》之類逐録漢人姓氏於其後。若此推測不誤,則應劭《姓氏篇》已改變先秦旁行斜上之譜牒式,而效西漢便於童蒙諷籀之《急就篇》章句式,並自注姓氏來源、人名於其下。緣此,知後世所見《姓氏篇》文大多爲六朝隋唐人分別摘録之章句或注文。

---

① 鄧名世《古今姓氏書辯證》謂即漢之聊謀。
② 按諸書引此皆在"《風俗通》漢侍中聊倉著書,號聊子"後,王觀國《學林》卷三"聊膠"條下著"又有"云云,致使後世認爲聊謀著《萬姓譜》亦出於《風俗通》。今本《風俗通》皆無,未知其實。
③ 王利器《風俗通義校注·佚文》,第495頁。
④ 史游《急就篇》卷一,唐顔師古注,宋王應麟補注,《叢書集成初編》本,第1052號,第36頁。
⑤ 張澍編輯補注《風俗通姓氏篇》,《叢書集成初編》本,第3283號,第1頁。
⑥ 瀧川資言《史記會注考證》改兩"注"字爲"譜",無據。百衲本亦作"應劭曰氏姓注云"(浙江古籍出版社1998年影印本,第21頁第一欄,第26頁第二欄),中華標點本在《周本紀》之"應劭曰"之"曰"下加括弧,以爲衍文,近是。

二、六朝隋唐之譜學與姓氏書

漢末喪亂，先秦兩漢之譜牒率多亡佚，世俗多有妄變氏族者，於是管寧作《氏姓論》以正本清源，摯虞作《族姓昭穆記》以備用廣聞。摯虞之書，雖説因魏晉間"子孫不能言其先祖"之衰頹世風而作，實亦有抵制冒望族變大姓之惡俗之意。而更爲切近政治者，是魏陳群提出九品官人之法及司馬懿設立州中正。下逮西晉，九品中正制確立，政治明顯門閥化。在世家大族操控選舉形勢下，一切個人仕途之升遷，以門閥相高，唯譜牒是稽。反映在傳記中，兩漢之家傳、別傳漸變爲家譜、族譜，降及南朝，世譜之修撰成爲一時風尚。如裴松之注《三國志》引有《華嶠譜叙》《孫氏譜》《阮氏譜》《孔氏譜》《嵇氏譜》《劉氏譜》《陳氏譜》《王氏譜》《郭氏譜》《胡氏譜》《諸葛氏譜》《陳氏世頌》等，至劉孝標注《世説新語》，徵引《周氏譜》《謝氏譜》《吴氏譜》《陶氏譜》《羊氏譜》《謝女譜》《許氏譜》《桓氏譜》《馮氏譜》《殷氏譜》《陸氏譜》《顧氏譜》《庾氏譜》《楊氏譜》《傅氏譜》《虞氏譜》《衛氏譜》《魏氏譜》《温氏譜》《袁氏譜》《索氏譜》《戴氏譜》《賈氏譜》《郝氏譜》《郄氏譜》《張氏譜》《荀氏譜》《祖氏譜》《司馬氏譜》等計四十五家。① 與此相應，各地望姓之譜亦層出不窮。因望族世譜極一時之盛，故族譜專家應運而生。晉員外郎賈弼之"廣集百氏譜記，專心治業。晉太元中，朝廷給弼之令史書吏，撰定繕寫，藏秘閣"。弼之傳子匪之，匪之傳子淵，三世家學，"凡十八州士族譜合百帙七百餘卷，該究精悉，當世莫比"。弼之所撰定之書名《姓氏簿狀》，合十八州百十六郡世族之譜系，計七百十二卷。② 賈氏之著，僅是"廣集百氏譜記"，若無兩晉之衆多家譜，恐無能力撰成專著。然就性質而言，《姓氏簿狀》祇是家譜、族譜之彙編本，尚非嚴格意義上之姓氏書。

因有《姓氏簿狀》之彙編，故而產生何承天之姓氏專著《姓苑》。《隋志》

---

① 此據沈家本《古書目四種·三國志注所引書目》和《世説注所引書目》，重復者略去。(《沈寄簃先生遺書》，中國書店 1990 年版，下册，第 196 頁上，第 224－226 頁上。)又張澍《姓韻》後附《古今姓氏書考證》亦録有《三國志注》《世説注》《後漢書注》等所引六朝家譜，張氏時亦援據史書略作注釋。

② 《南齊書·賈淵傳》論及此事，未言書名，《新唐書·柳沖傳》始揭櫫之。

有《何氏姓苑》一卷，《新唐書·柳沖傳》柳芳云"何承天《姓苑》二篇"。二篇一卷，理或允可。苑者，園林。《御覽》卷一百九十六引《白虎通》佚文："苑囿，養萬物者也。"此蓋言其所包者廣。"姓苑"之義，言其包羅衆姓也。此書至唐而續有增益。兩《唐志》載《姓苑》十卷，宋陳振孫所見本以"李"爲卷首，殆即唐人所增删重編者。《新唐志》又有崔日用《姓苑略》一卷，兩書至宋猶存，入元而佚。《廣韻》引録二百餘條，王仁俊復從《姓解》等書掇輯至三百餘條。[①] 今觀其佚文，有單姓，有複姓。各姓之下注明姓氏之源，或亦加注後漢及漢以後之人，下限至有例舉《世説》中人者。《姓解》所引有連舉多姓以爲出於《姓苑》者，故王仁俊所輯實際超過四百條。然因邵思所據《姓苑》係十卷本抑一卷本，今無法指實，故何承天原書究竟收有多少姓氏，仍莫能確指。就王輯本審察，何氏所録很多希姓僻姓，已超出當時世族大姓之外，雖王輯本已含有唐人增益成分而無法剥離，然若設想何氏處於已有數百卷族譜之年代中編纂一卷《姓苑》，統括衆譜理無可能，擇取數姓情所不必，故《姓苑》應是專收姓氏之純粹姓氏書。至其編例是以類相從抑或以韻繫字，因散佚過甚而無法探究。《隋志》又有《複姓苑》一卷，不著撰人。《通志·氏族略》引《姓氏英賢傳》云："傅説爲相，子孫留傅岩者號傅餘氏。晉傅餘頠撰《複姓録》。"疑即此書。《梁書·顧協傳》載協有《異姓苑》五卷，繼《姓苑》之名而稱"異"，當是五六十年後，掇輯異姓，予以增補。因爲前此一段歷史，南朝之族譜有一種精簡趨勢。

上文所及賈弼之撰集《姓氏簿狀》七百餘卷，篇帙繁重。其孫希鏡撰《姓氏要狀》十五篇，由《簿狀》到《要狀》，篇幅縮略近四十六分之一，爰推所記，必撮其要而存其概。宋劉湛亦究心賈氏譜學，爲選曹而撰《百家譜》以助詮選，被認爲"文傷寡省"。王僧孺救其弊而演益爲十八篇，東南諸儒自爲一篇，不入百家之數，即總爲十九篇。與僧孺受梁武帝命所集境内十八州譜七百一十卷相比，[②]仍是概要之書。當此之時，譜牒學者雖爲甄選銓叙、匯總品類而求全求備，然迫於日常便捷處事之需要，多删成簡本。如賈執有《姓氏英賢傳》一百卷，又有《百家譜》五卷；王僧孺也有《百家譜》三十

---

① 王仁俊《玉函山房輯佚書補編》，上海古籍出版社1989年版，第316—326頁。按，清萬光泰有《姓苑拾遺》一卷，見《萬光泰雜著三種》清鈔本，汪宗沂有《何氏姓苑原稿》不分卷，亦鈔本，皆未見。其中當有出於王氏所輯之外者。
② 《梁書》本傳作七百一十卷，《舊唐志》作"七百十二卷"。

卷,王儉有《百家集譜》十卷,傅昭有《百家譜》十五卷,無名氏《百家譜鈔》五卷。王僧孺《百家譜》至宋代尚存,其形式可從《廣韻》所引略窺一二。《廣韻·平之》"其"下引王僧孺《百家譜》:"蘭陵蕭休緒娶高密侍其義叔女。"又《平虞》"瞿"下引王僧孺《百家譜》曰:"裴桃兒取蒼梧瞿寶女。"由此可見,王氏所述之重點在於蕭、裴大姓,而不在其聯姻之侍其和瞿姓,與《姓苑》並載希姓有所不同。

與南朝譜學極盛相對,北魏孝文帝於太和十六年(492)始詳定姓族,至二十年(496)基本完成。其結果即《隋志》所謂"咸出帝族"之八氏十姓,"諸國從魏者"之三十六族,"世爲部落大人者"之九十二姓,皆定爲河南洛陽人。並將中國士人依其門閥分爲四海大姓、郡姓、州姓、縣姓。又詔諸郡中正各立本土姓族次第爲選舉格,名曰方司格。《隋志》有《魏孝文列姓族牒》一卷,應是這次定姓後所頒譜籍。《舊唐志》有《後魏方司格》一卷,《後魏譜》二卷。諸書雖佚,然就其篇幅之小和姓氏之數不少審察,應該猶如敦煌《唐貞觀八年條舉氏族事件》和《新集天下姓望氏族譜》之款式,因而也可視作姓氏書。

唐初雖已施行科舉,使天下英雄入其彀中,然政治集團仍承南北朝餘緒,崇尚譜牒。貞觀中,太宗令高士廉、岑文本、令狐德棻等刊正氏族,修《氏族志》。高等於八年五月先上《條舉氏族事件》,搜集全國八十五郡三百九十八望姓(敦煌殘卷存四十七行二百六十六姓)。[①] 至十二年正月《氏族志》一百卷成,實際著錄僅二百九十三姓,千六百五十一家,較八年所奏少一百零五姓。《氏族志》因置山東崔氏爲第一,招致太宗不滿,最後定李爲第一,外戚第二,崔姓第三而頒布天下。高宗時許敬宗以《氏族志》不叙武后世系,李義府恥其家無名,於是更以孔志約、楊仁卿等十二人重加刊定,計收二百五十三姓,二千二百八十七家,共二百卷,名爲《姓氏錄》。李義府又索《氏族志》焚燒之。今《氏族志》與《姓氏錄》雖皆不存,然從敦煌殘卷與二書卷帙大小與所收姓氏多少比較,《氏族志》與《姓氏錄》主要詳載各氏族大家之世系人物,與六朝賈執、王僧孺等之族譜相類;而敦煌殘卷《條舉氏族事件》雖爲一種上奏之檔,却可視爲一種"郡望姓氏書"。

---

① 參見王仲犖《唐貞觀八年條舉氏族事件殘卷考釋》,《蜡華山館叢稿》,中華書局1987年版,第328—364頁。

之所以將北位七十九號殘卷視爲"郡望姓氏書",是因爲唐代類似之書不僅此一件。《新唐志》有《唐新定諸家譜録》一卷,李林甫等撰,《宋志三》作李林甫《天下郡望姓氏族譜》一卷,《玉海》卷五十引《書目》云:"《天下郡望姓氏族譜》一卷,李林甫等撰。記郡望出處凡三百九十八姓,天寶中頒下。非譜裔相承者,不許昏姻。"①陳振孫謂天寶八載所纂。此譜雖是立足於婚姻角度,但其簡略與敦煌殘卷同,擺脱繁重的世系人物,爲此後之姓氏書所取式。李氏此録之後,有敦煌文書斯二〇五二號《新集天下姓望氏族譜》一卷。該譜基本完整,共記載唐代十道中九道九十一郡七百七十七個姓氏。書名稱爲"新集",顯然是承李譜而重加裒輯,因而所記姓氏超過李譜三百七十九個。據研究,該譜保留原來之大姓,而亦增加不少南北朝史書所未見之新望族,比如河南郡郡姓中增加獨孤、賀蘭、慕容、元、宇文諸大姓,顯然照顧到北魏望族。譜約成於大曆十四年(779)之後到元和元年(806)之間。② 其所集望族必直接爲《元和姓纂》所吸取。

《新唐志》有李利涉《編古命氏》三卷。就書名看是溯源得姓命氏之由。《玉海》卷五十引《書目》曰:"永隆二年(681),李利涉撰,三卷,凡二百五十六姓,著胄系之始。"③參稽《金石録》《隸釋》《寶刻叢編》等引録之文,知既有溯得姓之源,亦略叙其世系,較上所述敦煌文書爲詳,與林寶之《姓纂》略同。

《姓纂》之前,尚有孔至所撰《百家類例》十卷,書成於乾元元年(758),今雖佚,據《唐會要》所録之要旨,知其不載婚姻成家冠冕,唯記尊官清職、傳記、本元;並"爰列百氏,其中須有剖析,各以當族注之。通爲百氏,以隴西李氏爲第一"。④ 孔書體例對《姓纂》頗有影響。

---

① 王應麟《玉海》卷五十《藝文·譜牒》,江蘇古籍出版社、上海書店1987年影印本,第2册,第953頁下。
② 參見王仲犖《新集天下姓望氏族譜考釋》,《𡸁華山館叢稿》,第365頁。按,關於此件和前所述之敦煌殘卷,牟潤孫《敦煌唐寫姓氏録殘卷考證》以爲皆是僞託,見《注史齋叢稿》,今不從。中華書局1987年版,第178—195頁。
③ 王應麟《玉海》卷五十《藝文·譜牒》,第953頁上。
④ 宋王溥《唐會要》卷三十六《修撰》認爲是賈至所撰,王應麟《玉海》卷五十引此注云:"按《賈至傳》由單父尉拜起居中書舍人,徙岳州司馬。寶應初召復故官,不曾遷著作郎,疑是孔至。"而《新唐書·儒學傳中·孔至》云:"至字惟微,歷著作郎,明氏族學。與韋述、蕭穎士、柳沖齊名,譔《百家類例》。"王説是。

元和七年，因詔封邊臣天水閻某，有司誤將其置之太原，招致閻某上疏。於是憲宗命李吉甫"綜修《姓纂》"，務"使條其原委，考其郡望，子孫職位，並宜總緝"。李吉甫"創立綱紀，區分異同"，以授"博聞强識之士濟南林寶"。林寶"首膺相府之命，因案據經籍，窮究舊史，諸家圖牒，無不參詳。凡二十旬，纂成十卷"。寶自言其體例是"自皇族之外，各依四聲類集，每韻之內，則以大姓爲首焉"。① 既言"諸家圖牒，無不參詳"，則前舉敦煌文書、《天下郡望姓氏族譜》《編古命氏》《百家類例》等自在"參詳"之中。其體例之可言者有以下數則：

（一）"皇族之外"云云，即以"李"爲第一，緣《氏族志》之例，與《類例》亦同，開宋明《百家姓》以國姓爲首之先河。

（二）以四聲編排。自沈約、周顒發明四聲，陸法言等撰成《切韻》後，唐代士子爲科舉而各自鈔錄，幾人手一本。中唐聲韻學者增字補注，使按韻檢字簡捷之法廣爲人所接受，於是諸多書籍皆以四聲排纂。前於《姓纂》之張九齡《姓源韻譜》五卷，晁公武謂"分四聲以便尋閱"；② 又曹大宗《姓源韻譜》四卷，③ 書以"韻譜"名，亦當以四聲排列。後於《姓纂》之柳璨《姓氏韻略》六卷，體式亦同。獨立之姓氏即文字，彙編之後迫切需要檢索便捷，故當四聲韻學一旦普及，姓氏之書立即仿效。

（三）"每韻之內，則以大姓爲首焉"。既按聲韻編排，猶以大姓爲首，是未能貫徹始終。其原因有三：唐代韻書處於不斷增字加注之發展過程中，政府尚無官韻頒布，無法遵行，此其一；六朝以還世族大姓序列雖遭到皇權與新貴之衝擊，旋復又形成以《氏族志》《姓氏錄》爲格的唐代新貴序列，此其二；《姓纂》本爲頒爵酬封而作，理當考慮官爵大小與姓氏序列，此其三。完全以韻書排列之姓氏書，須至宋代方始出現。

（四）《姓纂》注文格式，岑仲勉有所探討。至於其內容，每姓之下溯其得姓之由，並列舉先秦漢魏古來名人，此皆鈔撮古姓氏書。其於近代世家大族，則標明郡望、世系、職官等，職官標其最體面者即清職，世系表述僅用"子""孫""生"數字，基本不言其婚姻冠冕。在很大程度上仿效《百家類例》

---

① 以上引文均見林寶《元和姓纂序》。
② 晁公武《郡齋讀書志》卷九，上海古籍出版社1990年版，第395頁。
③ 見王應麟《玉海》卷五十引《中興書目》及《通志·藝文略》等書，所載卷次各異。

之體式。

（五）《姓纂》所收姓氏數量與來源。據清人輯本到岑仲勉《元和姓纂四校記》所列，共收姓氏一千七八百條。余嘉錫《四庫提要辨證》謂其有《元和姓纂校補》八卷，所輯佚文四百五十餘條，有出於岑校之外者。[①] 陳尚君亦於岑氏之外輯得五百餘則。[②] 余、陳二氏所輯必有部分姓氏爲岑書所遺，故推測《姓纂》原書所收姓氏可能超過二千。從唐初貞觀時《氏族志》之二百九十三姓，顯慶時《姓氏錄》之二百五十三姓，至《天下郡望姓氏族譜》之三百九十八姓，皆專記豪族大姓，庶姓、雜姓不與焉。《姓纂》所收爲此類姓氏書之五倍。就數量而言，《姓纂》是姓氏學發展史上第一部大姓、庶姓、雜姓並收之姓氏書。《姓纂》中之大姓固原於《氏族志》《姓氏錄》《姓氏族譜》以及大族家譜等，其庶姓、僻姓或來自《世本》《潛夫論·志氏姓》《風俗通·姓氏篇》《官氏志》、唐人增補之《姓苑》及陳湘《姓林》等書。此外，如敦煌殘卷《貞觀八年條舉氏族事件》末有"其三百九十八姓以外，又二千一百雜姓，非史籍所載"之語，[③]可見雜姓也有專門收集之書，祇是在崇尚世族大姓之時代，很少能夠被反映在史書中，然必能爲《姓纂》所收攝，若然則《姓纂》所收姓氏似在二千五百左右。

就以上五點，可知《姓纂》之體式與內容，既繼承了姓氏書、字韻書發展到唐代之諸多優點，也遺留著世族時代之痕跡。

《姓纂》著成後僅以鈔本流傳，至宋代已無完書。明成祖命解縉編纂《永樂大典》，將是書分載於宋太祖《御制千字文》下，失其舊觀。四庫館臣輯出校勘後分爲十卷，稱爲"庫本"，是謂一校；其後孫星衍、洪瑩過錄校勘，於嘉慶七年刊行，光緒六年金陵書局翻刻，附以輯佚之文，稱爲"洪本"，是謂二校；民國初羅振玉就局本撰校勘記二卷，是謂三校；上世紀四十年代岑仲勉參稽典籍，網羅碑誌，對《姓纂》詳加考校，著成《元和姓纂四校記》，是謂四校。岑書洋洋一百六十萬字，不僅爲《姓纂》功臣，抑亦爲豐富唐代士族世系作出巨大貢獻。《姓纂》之其他具體內容、體式，可詳見岑書，[④]此

---

① 余嘉錫《四庫提要辨證》卷十六，中華書局1980年版，第三册，第958—959頁。
② 見陳尚君《郁賢皓陶敏整理〈元和姓纂(附四校記)〉趙超〈新唐書宰相世系表集校〉》，《漢唐文學與文獻論考》，上海古籍出版社2008年版，第540頁。
③ 王仲犖《唐貞觀八年條舉氏族事件殘卷考釋》引錄，《蜡華山館叢稿》，第349頁。
④ 按，岑仲勉《元和姓纂四校記》作爲中研院歷史語言研究所專刊之二十九，1948年出（轉下頁注）

不贅。

三、宋代對姓氏之分類與辯證

顧炎武曰:"氏族之亂,莫甚於五代之時。當日承唐餘風,猶重門蔭。故史言唐梁之際,仕宦遭亂奔亡,而吏部銓文書不完,因緣以爲姦利。至有私鬻告敕,亂易昭穆,而季父母舅反拜姪甥者。"①北宋承平,士大夫又復重修族譜,然以"自五季以來,取士不問家世,婚姻不問閥閱",②完全異乎六朝隋唐之世風,故譜學雖一度復興,而反映在姓氏書上,已悄然改觀。

相傳輯纂於宋初之《百家姓》,計收四百餘姓,本爲童蒙讀物,故以四字一句,輔以韻讀,便於諷誦。其排列以國姓趙氏爲首,兼亦考慮到宋初高官與重要人物,宋王明清略有推解。③其後增益、注釋、仿效者頗多,④以非純粹之姓氏書或詞典性質,故略不論。大中祥符年間,陳彭年等受詔重修《廣韻》,一反《切韻》以來之常式,收入近二千多姓氏。因其在韻字下列姓氏義,不宜鋪叙門閥世譜,故多稍叙得姓之由,甚或僅列其義。⑤溯其原由,中唐以還,姓氏書多已採用韻編形式,爲使韻書功用增強,照單收錄,省力省事。由《廣韻》之大量收錄姓氏義,爲宋以後之姓氏書編纂從姓氏數量和編排形式上奠定了一種基本框架。熙寧中錢明逸編《熙寧姓纂》六卷,即用聲韻類次。

北宋景祐二年(1035),邵思《姓解》三卷刻成。思,雁門人,另著有《野説》三卷,《唐書類苑》二卷。《姓解》一書,共收姓氏二千五百六十八條,復據

(接上頁注)版,該書無校記者不錄原文。1994年孫望、郁賢皓、陶敏將《姓纂》原文補足,由中華書局重排出版。

① 顧炎武《日知錄》卷二十三,上海古籍出版社1984年版,中册,第1717頁。
② 見鄭樵《通志·氏族略一》。
③ 王明清《玉照新志》卷五謂爲"兩浙錢氏有國時小民所著",並對其前幾位之排列有自己的推測。
④ 如北宋嘉祐間即有《千姓篇》,亦以四字爲句;明吳沈有《千家姓》一卷,收姓一千九百六十;明末有黄周星《新箋百家姓》,清初徐士業有《百家姓訓詁》,康熙間崔冕有《千家姓文》,雍正間江西熊氏亦編有《百家姓》。
⑤ 參見拙文《廣韻姓氏來源與郡望音讀研究》,《中國語言學》第二輯,2009年版,第51—64頁。收入本書。

所收姓氏之偏旁歸爲一百七十門類。其所以不依韻歸姓，作者自謂"欲一概注釋，未免雷同，將四聲拘收，又屬疑混"，所以不得已而"取偏旁類之，但使便於檢尋，固無憨於簡易"。邵氏雖以部首歸字，或因其非文字專家，故其具體歸字頗爲混亂，如"慈""茲""曾""普""並""尊"等字均歸"羊"部，"鬱"歸"林"部，"戴""臧""咸""威""戎""盛""職""成""載""畿"等字均歸"戈"部，師心隨意，不一而足。又其複姓一般置於同字之後，然亦有置於一部之末，義例有所不純。該書内容之值得一述者，是其已徹底擺脫六朝唐代譜系形式。作者自序云："厥後氏族至衆，人皆著書，譜系志原，遂有數本。靡不廣引流派，窮極枝葉。善則善矣，而卷帙浩博，尤難傳寫。"此實道出前此所有譜牒之特點。若立足於譜系，自無可厚非；使著眼於姓氏，則微覺蕪雜。且傳寫困難，攜帶不便。自賈弼之《姓氏簿狀》至柳沖《大唐姓族系録》等之所以不傳，卷帙浩繁是其重要原因。作者認爲：此類繁重之書册府有藏，而其姓氏原委則朝野難知。作爲姓氏書，如果沿襲前人照鈔世譜，則不免"見憑於撰德"，若就此不著姓氏書，則"不類於生知"。① 故其著此書，"以歷代功臣名士布在方册者次第書之，啓迪華源，恢張世胄。其餘疏族異望，一皆削去。使開卷易見，不假乎吹律；同宗自避，無飾於斷章"。② 今檢其内容，先著得姓之由，命氏之始，次則擧歷代名人以徵之。希姓無名人者不擧，常用姓而名人多者多擧。如"許"下云：

> 高陽許氏出自姜姓，泰嶽之後，神農之裔也。堯有許由，漢有平恩侯許伯，孝元外祖許舜、許延壽，又有許嘉，後漢許慎，漢末汝南許劭，劭弟靖，魏許褚，晉有茅山許邁、許穆，隋有許善心，唐侍中許敬宗嘗爲十八學士，又京兆尹許孟容，忠義許遠。③

此條注釋較多，然所採十餘人上起傳說堯時，下至唐代，地域則汝南、茅山，決非專摘世譜而成。下條"謝"姓亦多擧名人，然明言"《南史》有謝安，安孫靈運，運子鳳，鳳子超宗……皆有傳"，雖若述世系，却摘自史書。又"趙"姓

---

① 以上二段見邵思《姓解序》，《叢書集成初編》影印《古逸叢書》本，第3296號，第2頁。
② 邵思《姓解序》，第1—2頁。
③ 邵思《姓解》卷一，《叢書集成初編》影印《古逸叢書》本，第3296號，第16頁。

下云"天水趙氏出自顓頊",後舉春秋戰國、秦漢名人甚多,然不及本朝"趙宋"一言一人。若某姓無名人可舉,則僅列其姓。"人"部之末"儼"下云:"一十二姓並見姓書,經史無顯名者存之,以備撿討,他皆倣此。"故"言"部末列"談、諶、譏、譴、訥、詭、讓"七字,謂"並出《姓苑》";"糸"部末列"緯、綀、紹、統、緒、經、縉、納、紿、紅"十字,謂"並出姓書"等等。綜觀此書,係將《姓苑》《官氏志》、某些姓氏書以及經、子、正史、野史排比纂輯而成,似未必看到很多唐宋世家族譜。此書流傳約二百年,南宋陳振孫尚見之,至馬端臨已不見載,而竟有傳本流入高麗王府、復輾轉至東瀛,入藏國會圖書館。逮黎庶昌出使攜歸,收入《古逸叢書》。邵書鈔撮叢雜,亦時有譌誤,如"肉"部"肥"姓下云:"秦有大夫肥義。"按,肥義趙人,見《戰國策·趙策二》,云"秦"誤。楊守敬得其書,謂其"詳略失當","姓下所引名人,往往朝代凌亂(如以吳起置吳芮後之類),父子乖錯(如以嵇康爲嵇紹子,徐擒爲徐陵子之類,今訂),分一人爲二(如士會、士季,邢邵、邢子才皆分爲二人之類),以複爲單(如此申屠嘉爲姓申之類),以虜爲漢(如云仇尼、漢複姓之類),甚至卻、郤不分(如以郤鑒、郤超爲卻姓之類),咸威不辨(如以咸丘蒙爲威丘蒙之類)"。① 故光緒間段朝端有《邵氏姓解辨誤》一卷,專糾其失。② 邵書錯譌雖"訂不勝訂",然其擺脫譜牒,專就姓氏書和史書匯纂姓氏,對後世有一定影響。南宋初年永福黄邦先撰《群史姓纂韻譜》六卷,"凡史傳所有姓氏皆有韻,類聚而著其所出。建炎元年(1127),其兄邦俊宋英爲之序"。③ 專收史傳姓氏,以韻類聚,與邵書取徑相似,唯排列有異。

北宋末南宋初,先後出現兩部各有特色之姓氏書,即鄭樵之《氏族略》與鄧名世之《古今姓氏書辯證》。

《氏族略》六卷,爲鄭樵之大著作《通志·二十略》中之一略。雖猶書中之一章,然其在姓氏書發展史上之影響與價值不可低估。《氏族略》卷一爲總序、目錄,卷二至卷五詳考二千二百九十三個姓氏之來源、沿襲與演化,

---

① 楊守敬《日本訪書志》卷十一,《楊守敬集》,湖北人民出版社湖北教育出版社1995年版,第8冊,第273頁。
② 段氏《辨誤》一書,徐幹刊入《邵武徐氏叢書二集》,《續修四庫全書》據以收入。
③ 陳振孫《直齋書錄解題》卷八,上海古籍出版社1987年版,第230頁。按,《玉海》卷五十謂黃邦俊纂錄史傳姓氏,似誤。又尤袤《遂初堂書目》有無名氏《十史姓纂》一種,張澍《古今姓氏書目考證》以爲"或即《群史姓纂》也",或是,然實無可證矣。

卷六爲總論十三篇，分別論述與例舉同名異實、改氏、改惡氏、漢魏受氏、變夷、變於夷、別族、避諱、音訛、省文、省言、避仇、生而有文等特別姓氏。鄭氏論得姓受氏者分爲三十二類：一曰以國，二曰以邑，三曰以鄉，四曰以亭，五曰以地，六曰以姓，七曰以字，八曰以名，九曰以次，十曰以族，十一曰以官，十二曰以爵，十三曰以凶德，十四曰以吉德，十五曰以技，十六曰以事，十七曰以諡，十八曰以爵系，十九曰以國系，二十曰以族系，二十一曰以名氏，二十二曰以國爵，二十三曰以邑系，二十四曰以官名，二十五曰以邑諡，二十六曰以諡氏，二十七曰以爵諡，二十八曰代北複姓，二十九曰關西複姓，三十曰諸方複姓，三十一曰代北三字姓，三十二曰代北四字姓。此外有因不明其氏族之所本者，按本字以四聲分列，又有各種複姓不知其本者附於四聲之後。與王符、應劭相比，鄭氏意欲充其類而盡其極，當然其中有些類別乃是姓氏發展到一定歷史階段之產物。抑不僅此，其大類之下復又分小類，如以國爲氏下細分"古帝王氏"、"周同姓國"、"周異姓國"、"周不得姓之國"、"夏商以前國"、"夷狄之國"、"漢郡國"等七類，以邑爲氏下細分"周邑"、"魯邑"等十四類，以字爲氏下細分"周人字"、"魯人字"等十一類，以名爲氏下細分"古天子名"、"帝王名"等十五類。其大類是否有必要分得如此之細，可以商榷；其小類則是爲清眉目而分。合大類小類及十三篇總論而觀之，鄭氏確實對宋以前姓氏作過系統、深入之學術性研究，由於過分強調溯源分類，致使具體溯源得姓之由，引徵歷代人物及部類劃分多有可商之處。張澍曾批評其"舛謬處盈千累百，真駁之不勝駁"，[①]未免過於苛求。

　　鄭樵系統研究姓氏之後，將其心得上升到理論，提出自己獨特見解，並貫徹在《氏族略》中。最爲著名者是："三代之前，姓氏分而爲二，男子稱氏，婦人稱姓。氏所以別貴賤，貴者有氏，賤者有名無氏"，"故姓可呼爲氏，氏不可呼爲姓。姓所以別婚姻，故有同姓、異姓、庶姓之別。氏同姓不同者，婚姻可通；姓同氏不同者，婚姻不可通。三代之後，姓氏合而爲一，皆所以別婚姻，而以地望明貴賤"。此一理論，在三代史和考古學、民族學已交織、溝通之今日，確實有須修正和進一步闡發之處，然亦應肯定鄭氏已揭示出很多歷史真相；何況在一千年前，更不得不佩服他獨具之慧眼。其次，他在認真研究前人姓氏書之基礎上，提出姓氏書類別大概有三：一種論地望，一

---

① 張澍《古今姓氏書目考證》，《姓韻》附錄，第37頁。

種論聲，一種論字。"論字者以偏旁爲主，論聲者以四聲爲主，論地望者則以貴賤爲主"。此三種編纂法都有局限，"貴賤升沈，何常之有，安得專主地望？以偏旁爲主者，可以爲字書；以四聲爲主者，可以爲韻書，此皆無與於姓氏"。因爲命姓得氏之形式各不相同，地望貴賤既不能恆定不變，而字書、韻書又泯滅姓氏之特點，故他捐棄三種編法，另創一種依類編排法。因爲要類分區別，故不得不詳究得姓之由，推極命氏之初，於是有實際所呈現之三十二種類別。此種方法既能反映姓氏特點，又能前後互參，但缺點在於不明其姓氏之內涵者很難一索即得。

鄧名世《辯證》之初稿五卷寫於北宋徽宗政和、宣和年間（1111—1125），早於鄭樵之《氏族略》，其後不斷補苴，於建炎初擴充爲十四卷。紹興四年（1134）至十一年（1141），鄧氏入史館任校書郎，利用官員履歷及府庫圖書復予增補。解職還鄉後，又從衢州韓美成借《熙寧姓纂》《宋百官公卿家譜》，反復稽考參訂，至死未能定稿。後其子鄧椿年整理"遺編斷稿"，"取宋名公文集、行狀、墓誌訂證次序之，釐爲四十卷"，時已在孝宗乾道四年（1168）。《辯證》收錄姓氏三千零三十三條，約四五十萬字，先後曾經幾次修訂。其最後以韻目編排，亦事出有因。方其爲書僅五卷之時，身處貧賤，"無書檢閱，闕文甚多"，① 想所收姓氏必少，難依韻目編排。逮其借得《熙寧姓纂》及《宋百官公卿家譜》，增補必多，而《熙寧姓纂》即依韻編列之書，故鄧書之體式或許仿效錢明逸《姓纂》而有所改訂。至其所本韻書，據殘宋本"括要"云："凡姓氏不協韻，與《韻略》所無之字，皆入《補遺》。"② 是所據或爲《韻略》。《韻略》係丘雍等撮取《廣韻》常用字所編之韻書，書佚不存。今宋本《辯證》之韻目具存，或可據以探究《韻略》之概貌。③

《辯證》一書明以後散佚，今所見爲四庫館臣從《永樂大典》中輯出之殘本。就殘本所引先秦兩漢以下之文獻達數十種數百次，其中雖有爲唐以前姓氏書所徵引者，然若宋代《千姓編》④《姓解》《姓源韻譜》《廣韻》《集韻》《楊

---

① 以上引文均見鄧椿年《序言》，王力平點校《古今姓氏書辯證》，江西人民出版社2006年版，第675頁。
② 鄧名世著、王力平點校《古今姓氏書辯證》附錄一，第647頁。
③ 關於此一問題，筆者另有〈《古今姓氏書辯證》與〈韻略〉初探〉一文詳細闡述。
④ 《千姓編》一書，陳振孫《直齋書錄解題》卷八云："不著名氏。末云嘉祐八年采真子記。以《姓苑》《姓源》等書，撮取千姓，以四字爲句，每字爲一姓，題曰《千姓編》。"（第229頁）今考《辯證》殘本引《千姓編》十次，一次云"吳氏千姓編"，則作者姓吳。

文公談苑》等，固皆鄧氏所引。鄧書以刊正古今姓氏爲宗旨，故其於引據群書之外，主要在於辯誤證是。由於原書已不全，具體難以考見。然錢熙祚所見殘宋本有"總目"一欄，羅列鄧氏在書中用力考訂之條目，如：東陵，以《博物志》修定；東關，以《左傳》駁正；東丹，以《五代史·四夷》附錄增入；嵩，以《西京雜記》增修；危，以《五代史》修定，仍駁正家譜；單，以所聞駁正；匡，廟諱，以所聞見增修。[①] 總計六百四十條，占《辯證》條目總數五分之一弱，一書而有五分之一篇幅修正舊書，勝出前人，儘管祇是作者自己之認識，亦足以顯示其搜羅之勤，用功之深。所謂"修定"、"增修"之含義，"括要"有簡要之解釋："凡曰修定者，皆援據已明而立爲成説；凡曰增修者，皆舊有姓氏無解或解而未盡，今詳注之，以補其遺闕；凡曰增入者，皆舊書所無；凡曰駁正者，皆釐改舛誤，或當削去此姓。""凡姓氏分聲入韻，複姓皆附於單姓之後。"[②] 是又足見其體例極爲嚴謹。古來姓氏來源複雜，又屢經混淆，本原渺茫，"括要"則云："凡略著所出者，皆闕疑，以俟君子。"亦可見其著書之精神。

嘉定間有章定撰《名賢氏族言行類稿》六十卷，收姓氏一千一百八十九，亦分韻排纂。於每姓下各序得姓之由，下則列叙歷代名人之言行。《四庫提要》謂爲"以譜牒傳記合爲一書者也"。章書重點既在於記"名賢"及"言行"，則其"氏族"乃因姓繫人而已，且其所收姓氏不足《氏族略》和《辯證》一半，雖叙姓氏源流，旨意不在此，仍不當視爲姓氏書。宋末王應麟編撰《姓氏急就篇》，做《急就篇》形式，將姓氏連綴成七言、三言、四言歌訣，頗便誦讀。唯其收單姓一千五百零六，複姓五百八十九，總計不過二千零九十五，尚未達《姓解》所收之數。蓋王氏之用意在於連綴成文，有人可稽考，非爲備古今姓氏，故希姓僻姓自在刊落之列。

四、姓氏書纂輯方法之演進

先秦嚴姓氏之別，然其所嚴判者在於現實血緣與氏族之別，重於記憶

---

① 鄧名世著、王力平點校《古今姓氏書辯證》，江西人民出版社 2006 年版，第 647—673 頁。
② 鄧名世著、王力平點校《古今姓氏書辯證》附録一《括要》，第 647 頁。

而疏於記載。即有載記，亦以繫世系之牒譜形式出現。譜牒形式旁行斜上，統繫世系，最爲原始却也最爲直觀，故歷數千年而傳承不衰。《世本》中《氏姓篇》原本單行，其形式當如鄭玄所云"言姓則在上，言氏則在下"，亦即"姓統於氏，氏繫於姓"。《氏姓篇》應是撮取牒譜之姓氏而删簡繁複之世系人物，具體類似《氏姓篇》之簡帛尚有待出土資料來證實。先秦牒譜、姓氏資料爲漢代史家記述古史和姓氏研究者溯姓分氏別族提供了可靠依據。

東漢王符《志氏姓》一文，僅將旁行斜上之表譜轉寫成文字，且記錄不全，唯其將先秦姓氏區爲九類，雖未能充類至盡，仍不得不推爲研究歸納之第一人。應劭《氏姓篇》倣效《急就篇》，將姓氏連綴成文，括爲韻語，分句斷章，以便諷誦，第一次改變表譜形式，使之與當時民間童蒙讀物相應，於普及推廣，有不滅之功。魏晉行九品中正之制，促使譜牒之學再度復興，致使南朝十八州百十六郡氏族大姓無不有譜。時雖有熟稔譜學之賈、王諸人，仍祇能是譜學名家而非姓氏專家。可稱之爲姓氏專家者，當推南朝宋何承天。何氏《姓苑》一書雖佚，就其收錄單姓、複姓、希姓之數量與篇幅酌量，知已刊落譜牒之人物世系；更就其所收希姓多在六朝世家大族之外推想，何氏纂輯之目的宗旨即要編一本單收姓氏之書。此種形式源於以簡馭繁之思想，亦與魏晉間產生之《聲類》《字林》等字韻書有一定關係，它直接導致《複姓苑》《異姓苑》之產生，與當時之氏族簡譜一起，爲趙宋產生純粹之姓氏書圖示一種範式。李唐肇興，雖仍大肆纂修卷帙浩繁之族姓牒譜，然沿襲《魏孝文列姓族牒》《後魏方司格》之類簡明譜式，僅標姓氏與地望之《唐新定諸家譜錄》《天下郡望姓氏族譜》《新集天下姓望氏族譜》等簡譜亦相繼產生，某些郡望姓氏書並載庶姓、雜姓，不僅爲宋代姓氏書提供資料，也爲元明之際出現姓氏書標注地望圖示另一種範式。

由郡望姓氏簡譜之發展，遂產生略著胄系之《編古命氏》和唯記尊官清職之《百家類略》。而林寶《元和姓纂》，即是綜合世族譜牒、郡望姓氏譜、《編古命氏》《百家類略》等各類譜、書之優劣，吸取各家合理成分的因事適時之作。《姓纂》以李爲首宗《氏族志》，略著世胄、尊官清職宗《編古命氏》和《類略》，其雖宗《姓源韻譜》等以四聲編排，而一韻之內以大姓望族在前，是仍未跳出六朝以來九品中正制與皇權、世族、新貴之窠臼。然兼收庶姓、雜姓，已具有統括所有姓氏而纂成一部姓氏總匯之意識。

北宋陳彭年《廣韻》兼收姓氏，無疑是受到《姓纂》之影響。二三十年後，邵思編纂《姓解》，嫌四聲纂姓容易"疑混"，而採取偏旁排列，另開一種編例。惜字學非其所長，歸字混亂無緒。此書雖有種種不足，却是一部至宋初爲止收姓最多且徹底擺脱六朝隋唐世族譜系形式之純粹姓氏書，將姓氏書編纂引入一條新途徑。南北宋之交，鄭樵彙聚所有能見到的姓氏書，進行重新分類，將王符之九類擴展爲三十二類之多，對各種特殊姓氏予以揭示説明，並總結出先秦姓氏及其發展中諸多理論與規律。其推證與理論雖不無瑕疵與可商之處，却對此後姓氏學研究産生重大影響。鄧名世《古今姓氏書辯證》主要針對以往姓氏書中具體源流進行辯證和質疑。在三千餘條姓氏中，辯證、質疑、補充、訂正之條目約占五分之一，可見其貢獻之大。鄧氏同時亦竭力搜集希姓、僻姓，使之成爲一部完整姓氏書。《辯證》依照《韻略》排列，應有其獨特之思考。《氏族略》與《辯證》幾乎同時在不同地區完成，堪稱南宋姓氏書發展史上之雙璧。[1]

二〇一〇年四月二十一日

---

[1] 宋以後之姓氏書概況，詳參拙文《明清以來的姓氏與姓氏書》，《史林》2010年第3期。收入本書下册。

明清以來之姓氏與姓氏書

自《世本》之《姓氏篇》記錄先秦姓氏，東漢王符《志氏姓》歸納其類別之後，姓氏在六朝時一直與世家大族之族譜融爲一體。唯劉宋何承天之《姓苑》，儘管篇幅短小，體例難考，却是第一本脱離血緣之姓與尊貴之氏，並刊落世族譜系的姓氏書。南北朝隋唐之譜學雖仍興盛不衰，由於現實之需要，已出現各種簡譜或郡望姓氏書。唐代林寶之《元和姓纂》，是一部搜羅較全但未完全擺脱譜學形式的姓氏譜學合一之書。真正純粹意義上的姓氏專書，以現存宋邵思《姓解》爲最早。其後雖有《熙寧姓纂》等書，惜均散佚無存。鄧名世《古今姓氏書辯證》和鄭樵《通志·氏族略》是南北宋之交的姓氏書雙璧，前者之貢獻在於對姓氏之辯證，而後者之成就則在於對姓氏之分類與理論總結。入元因外族統治，姓氏之學暫趨消息，今所知唯有《新編古今姓氏遥華韻》九十八卷姓目一卷鈔本存世。[1]《遥華韻》爲臨川洪景修所纂，洪自言始纂於宋咸淳四年（1268），序於元至大元年（1308），前後歷四十年而成。是書依仿章定《類稿》之例，故收姓亦一千一百八十九。自序謂無其人者不録，以示徵信，實亦章書之流亞，[2]未可謂爲純粹之姓氏書。直至明代，姓氏書在姓氏數量和編纂體例上始有新的拓展。

---

[1] 是書皆係從天一閣本鈔出，而卷次有九十六、九十八、九十九等不同，蓋其書以甲乙丙丁天干分，下又各分卷次，今存有缺卷，故各家著録多有參差。
[2] 參見張鑒《冬青館乙集》卷六《遥華姓氏韻集跋》（民國四年嘉業堂刻《吴興叢書》本，第十二葉 B）以及張金吾《愛日精廬藏書志》卷二十六所録《新編古今姓氏遥華韻》洪氏自序（中華書局 1990 年影印本，第 496 頁下）。

一、明清姓氏書編纂之成熟與姓氏資料之拓展

明太祖洪武時有吳沈編《千家姓》一卷,纂組姓氏一千九百六十八,蓋紹繼宋初錢塘《百家姓》而增益之。其書遇有僻姓難字,注音於下,其意似在普及。其他自元無名氏《排韻增廣事類氏族大全》至明代楊信民《姓源珠璣》之類,雖冒"姓氏"之名,而實拾掇典故以備撰文之用,非嚴格意義上之姓氏書。至晚明始有幾部姓氏學專著問世,而此時之姓氏書已呈兼收並蓄之趨勢。

福建陳士元亦一代名士,少年得志,本欲有所作為,遭嚴黨讒害,於嘉靖二十八年毅然棄官歸隱,潛心著述。其於嘉靖四十五年(1566)春間著成《姓觿》四卷,至秋季又成《姓觿》十卷。《姓觿》一書首為總論,以下依次叙太昊伏羲氏、炎帝神農氏、軒轅氏黄帝至舜庶子七人後裔之姓。自序謂:"三代以前,姓氏繁而易考;秦漢以後,姓氏少而難明……伏羲之派四十五,炎帝之派二百九十九,黄帝之派二千二十四,虞舜之派一百六十七,凡二千五百三十五姓。"①是獨叙三代世系之姓,不將後世名人攬入。之後所輯《姓觿》一書,則是一本形式較為規整的姓氏詞典。書依一百零六韻排列,平聲三十韻分四卷,上聲二十九韻分二卷,去聲三十韻分二卷,入聲十七韻分二卷。末附三言夷姓九十九條。目錄於每卷下標明單姓多少、複姓多少,每韻下亦標明姓多少條。正文卷首又加標注,如卷一云:"平聲,自東韻至微韻凡四百一十六。"正文每韻下先列單姓,單姓之末云"右單姓多少",繼列複姓,複姓以首字聲韻為序,末後亦云"右複姓多少",而後繼之以下一韻。如此明確標注在姓氏書中前所未有。正文先標反切,有異音者注又切;下一字音相同者標"音同上",亦偶有漏略者;複姓則不標注音讀。姓有異文則標"一作某"。次則引錄明或明以前姓氏書,如《姓苑》《姓纂》《姓氏急就篇》《姓源》《千家姓》《姓考》《唐韻》《廣韻》《集韻》《路史》《氏族大全》《合璧事類》以及經史文獻,下及《大明一統志》。其中對吳沈之《千家姓》引錄極多,序文亦提及,殆以吳書不足而增廣擴充之。該書收單姓二千一百七十

---

① 陳士元《姓匯》,《四庫存目叢書》影印明萬曆自刻歸雲別集本,子部,第179册,第556頁。

九,複姓一千四百四十六,計三千六百二十五姓。若將書末三夷姓計入,總爲三千七百二十四姓。《四庫提要》謂其"徵引寡陋,且多疏舛"。① 清末易本烺亦有《姓觿刊誤劄記》一卷,對陳書有所刊正。然據陳書體式,知相當一部分是引述文獻時沿襲以前姓氏書之誤,係纂輯時未加考證所致。

凌迪知纂《萬姓統譜》一百四十六卷,《氏族博攷》十四卷,②未著年月。迪知生於嘉靖八年(1529),嘉靖三十五年(1556)進士及第。《四庫提要》唯言其《太史華句》八卷成於萬曆丁丑(1577),迪知卒於萬曆二十八年(1600),故書當成於萬曆年間。書中未見陳士元及《姓匯》《姓觿》字,或其編纂時未見陳書。《統譜》將古今姓氏依平水韻編次,各姓下纂輯歷代名人事略。《四庫提要》云其"仿章定《名賢氏族言行類稿》,名爲姓譜,實則合譜牒傳記而共成一類事之書也"。觀自序云:"余讀眉山蘇氏《族譜引》,感而輯《姓譜》云。"是知原名《姓譜》,且其緣讀《族譜引》而興起作意,亦決定此書之性質爲譜類而非單純之姓氏書。書前有凡例二十一條,詳著體例,儘管前後條例未甚清晰,却爲前此之姓氏書所未有。迪知將古來姓氏書分爲四種,即:論地望、論國氏、論聲、論字,而各指出其弊。《統譜》雖以四聲韻爲綱,却試圖將地望、國氏及名人譜兼容並蓄,匯爲一編。其方法是搜羅古今姓氏書,並蒐輯字韻書及古今載籍、志録等所載姓氏,姓氏字與常用字有異讀,其音讀一依字韻書所載爲準。每韻之內,常用姓在前,希姓在後。以往姓氏書將複姓分列各韻下單姓之後,或取前字或取後字,頗不統一。凌書則一律取上字爲準,不與單姓雜廁,而仍以四聲爲別,總爲十四卷附於後。至於諸方複姓和關西、代北二字三字四字複姓,則自爲一類,置於最末。此類姓氏,雖有氏族可考,而音譯或未劃一,有俟考訂,故收録不多。姓氏凡有確鑿地望可考和姓氏書有五音標注者,皆備載於下。因姓而備載上自遠古,近迄明代言可爲法、行可爲則之名人,其履歷則取自二十一史列傳和通志、統志、郡邑志及別集、志狀等。以人可卓傳者過多,故古代從寬,明代從嚴;常姓從嚴,希姓從寬。明朝人物,常姓唯載謝世者,希姓則雖僅

---

① 永瑢等《四庫全書總目》卷一百三十七《類書存目一》,中華書局1961年版,第1168頁上。
② 凌迪知自序謂"譜成次一百五十卷",文溯閣本《四庫提要》同,而與今所見原書不符。又,李慈銘《祥琴室日記》云"凡一百五十卷",按李氏于同治八年二月十六日購得《萬姓統譜》,於十八日閱讀其書。(《越縵堂日記·祥琴室日記》,江蘇廣陵書社2004年影印本,第六册,第4319、4321頁。)其係照録自序卷數,抑其書後有改併或散佚,待考。

列仕籍者不遺。全書所收單姓二千五百七十五,複姓和代北、關西、諸方二字以上複姓一千一百零四,總計收錄姓氏三千六百七十九。

所附《氏族博攷》十四卷,卷一總論姓氏,卷二爲"同源異派",專辨析同氏之不同來源,係迻錄鄭樵之"同名異實"而有所增減,爲後世姓氏詞典分列同姓之不同來源,開啓一種思路。其下所羅列賜氏、改氏、改惡氏、帝王姓系之情況,其中"賜氏"係從鄭樵"改氏"中分出而有增益,"帝王姓系"亦另所增。卷三"漢魏受氏"與鄭樵同。"變易"即鄭樵之變姓、變氏姓,而皆有增删。"別族"、"避諱"、"音訛"、"省文"、"省言"、"避仇"、"生而有文"均鄭樵所有而略有增益。"以物爲姓"則爲淩氏所增設。卷四複姓、同姓名、隱姓名、變姓名、冒姓名、詭姓名、恥姓名、慕姓名、戲姓名、不稱姓名、著姓名之例,實與姓氏勘有關係。卷五先論"得姓受氏三十二類",係沿襲鄭樵之說。卷六"氏按",對八十九個有可論説之姓氏予以按説。卷七氏目,迻錄鄭樵三十二類及"不得繫之姓"之目,另增"本朝希姓不知所自起"、"姓字古文今文同異見直音"、"蒙古七十二種"、"色目三十一種"、"金人姓字"五類。不唯增補明朝二百二十一個希姓,亦將蒙古、色目、金人三種姓氏列出,增加了姓氏總量。① 還將一百七十五個姓氏異寫體揭櫫出來,② 有助於姓氏之文字與派系研究。卷八"字辯",將二百八十二個有異音、異義及異音異姓之姓氏揭出,專予辨析。卷九爲譜系,摘錄史傳有關通譜合譜等事。卷十爲譜籍,彙集古今譜籍。卷十一爲族望,摘錄《白孔六帖》和《弇州集》中有關族望之論述,③ 下著族姓,然已殘闕。卷十二世家上,摘錄前朝父子、祖孫、累世之佳事軼聞;卷十三則爲明朝此類軼聞。卷十四附錄神仙姓名,亦已殘闕。

淩氏之《統譜》與《氏族博考》二書相資爲用,乃是合姓氏書和名人譜牒爲一書。其姓氏部分雖多鈔纂前人成果,然亦有所增補,有所整飭,有所辯證。《四庫提要》雖批評其"龐雜抵牾,均所不免,亦間有脱畧。至於遼金元

---

① 按,元陶宗儀《輟耕錄》卷一"氏族"條列"蒙古七十二種"、"色目三十一種"、"漢人八種"、"金人姓氏"共一百四十種姓氏(中華書局1959年版,第12—14頁),此當爲淩氏所本。
② 其中有一字注"闕",不知其字。
③ 按王世貞《弇州四部稿》卷一百六十七有《宛委餘編十二》專論姓氏,王氏云:"姓有《百家》,有《千家》,若《千家》則《姓苑》所不載者多。今據古人所有而頗僻者記之。"故所記多爲僻姓。其中容有爲淩氏及後人所收錄者。

三史姓氏音譯失真,舛訛尤甚",亦不得不承認其"搜羅既廣,足備考訂","要亦未可盡廢也"。李慈銘亦云其"不講字學,時病舛訛,然臚載詳盡,考姓氏者莫便於是書"。① 惜其所收姓氏就明代而言,尚多闕漏。

明末王圻繼馬端臨書作《續文獻通考》,而於馬書二十四考之外,又增益氏族、謚法、六書、節義、道統、方外六考。前三考實取法鄭樵《通志》。其《氏族考》八卷,爲明代收姓最多之姓氏書。卷一"氏族考總論",輯録經史著作中有關姓氏之論述。卷二爲"氏族源流上",蓋迻録陳士元《姓匯》一書而少有改動。之後迻録凌迪知《氏族博攷》卷二"同源異派"所有内容,並於末尾增補"箕氏有二:一夏世箕伯之後,姚姓也;一紂叔箕子之後,子姓也"一條。② 卷三"氏族源流下"亦迻録凌氏《氏族博攷》卷七所列三十五類姓氏目,唯於"三十三曰蒙古七十二種"後云:"見《博攷》,今增七字八字二種"。最末"三十六曰諸夷雜姓"十條,則純爲王圻所增。自按云:"諸姓有所系者皆載於此,其不知所系者散於姓氏總類,而分韻以載之。"③卷四即依平水韻分載單姓與複姓。每韻下仿《姓觽》標明單姓多少,複姓多少,卷末云:"已上單姓共三千七十六,複姓一千五百八十八,共四千六百六十五姓。"④然將分韻所載單複姓與前面三十六類中複姓和代北三字姓、四字姓、蒙古姓、色目人姓、金人姓校覈按覆,頗有出入,亦即前面兩字以上之姓,後面分韻之下或載或不載,未能一律。由此推算王書收姓總數在五千以上。卷五爲"氏族顯望",專記同門父子兄弟顯貴,取材於類書而排比整飭之。卷六爲"改易姓氏",分爲"因恩賜而改"、"由貶斥而改"、"由避諱而改"、"因避難而改"、"因私冒而改"、"以嫌改"、"有因而改"、"不知所因而改"、"因訛而改"、"因省文而改"、"變夷而改"、"變於夷而改"十二類,將歷代改姓作了最爲詳盡之劃分,實亦從鄭樵、凌迪知之書變换、增删而成。卷七"氏族故事"中記

---

① 李慈銘《越缦堂日記·祥琴室日記》,第六册,第4321頁。按,胡玉縉《四庫全書總目提要補正》卷四十引録翁方綱《復初齋集·金壇蔣氏三世合傳》,謂蔣驥曾將凌書條次之而别成一書,凡一百八十卷。未見行世。中華書局1964年版,下册,第1071頁。
② 按此内容鄭樵《通志·氏族略·同名異實》亦有,經對照,鄭樵至"温氏有二"結束,無"楊氏有二"以下内容。覈凌書正與之相同。且中間如"權氏有二"、"戴氏有二"、"顓臾氏有二"、"路氏有四"、"祁氏有三"等條,亦鄭書無而凌書有;所脱"裴氏有二"、"山氏有二"二條,皆鄭書有而凌書無。是知王書雖未明言此係鈔録凌書,而實無可隱遁。
③ 王圻《續文獻通考》卷二百零九,現代出版社1986年版,第五卷,第3129頁下。
④ 王圻《續文獻通考》卷二百十,第3148頁上。

載有關姓氏之故事,後有"史傳訛姓"、"《左》《國》《世本》《紀年表》《人表》所載姓名辨異",皆爲姓氏之文字通假、譌變問題。卷八載"方外異姓",係神仙、日月、五嶽、星神、四海、丁甲神及佛道姓名。與《統譜》相類,或係從《統譜》卷十四鈔錄。後又有"歷朝異姓"、"皇明異姓",與《統譜》卷七所列互有異同,而數量則過之。最後列出氏族譜牒典籍,《萬姓統譜》列於最末,知王氏纂輯《氏族考》時雖僅提到一次,必多有參考。

乾隆三十二年(1767),嵇璜、劉墉、王傑等領銜纂輯《欽定續通志》六百四十卷,其八十一至八十八共八卷爲《氏族略》。此略之特色爲專門載考遼金元三朝姓氏。自陳士元關注夷姓,淩迪知鈔錄《輟耕錄》中蒙古、色目及金人姓氏,至王圻又略有增補,然皆拾掇零星之事,至清三通館館臣始直面三朝姓氏,作專門研究記載。《氏族略序》云:

> 若夫遼元起自朔陲,金源興於東徼,風俗敦厖,民情質樸,合族而處,因地而別,貴有號而賤無氏。遼世祇有耶律與蕭二姓,其餘皆稱部族,猶然太古之遺也。金源有白黑姓以別貴賤,載《百官志》;元代有蒙古、色目姓以分内外,載於陶宗儀《輟耕錄》。然考諸史傳,所見僅半,而史傳所載多有不在此數者,則《百官志》《輟耕錄》不足以該金元二代之氏族明矣。又其中雖有以號以國以官以名如鄭《志》所分之類,然寥寥數條,不能據爲典要。故祇就《國語解》之例,以部族姓氏分門,可以包舉而號國官名僅摘取標題於總論,以備義例焉。①

是爲《氏族略》之重點。其前三卷分別著錄遼之國族、外戚、列姓,金之國姓完顏氏和以部爲氏、以姓爲氏諸姓,元之國姓博爾濟錦氏、却特氏及以部爲氏、以姓爲氏諸姓氏。總計著錄三朝姓氏三百一十。鄭樵《氏族略》之末有總論十三篇,然因遼金元三朝氏族與漢姓有所不同,故記載亦不得不稍有變通。如鄭《略》將賜姓分注本氏之下,館臣則將遼金元與宋明五朝之賜姓匯爲一處。鄭《略》有"改氏"例,館臣將改惡氏、避諱、避仇、改氏等繫之一類。鄭《略》有"漢魏受氏"例,館臣改爲"冒氏",將五季之君無姓氏而冒漢姓例繫之於下。鄭《略》"生而有文"例,館臣謂近於乖誕,删之。其"省言"

---

① 嵇璜等《欽定續通志》卷八十一,浙江古籍出版社1988年影印萬有文庫本,第3753頁上。

則同鄭《略》。至於"以號"、"以國"、"以官"、"以名",則撮取遼金元三朝以部以姓中之可考者"區分標目,以存義例"。鄭《略》有"別族"例,館臣以三朝亦有"同族異氏"、"別族同氏"之姓,故一一列出標注。又於黑姓、白姓、蒙古、色目諸姓,凡有音譯文字訛誤者,皆一一考訂改正。是爲卷四之内容。後三卷爲"補遺",其卷五爲鄭《略》所分三十二類之補遺,卷六至卷八爲無所繫屬而以四聲分者之姓氏補遺。八卷所收姓氏總計一千八百四十五,其中雖有重復,而所增益確實不少。

與《續通志》同時,嵇璜等領銜纂輯《皇朝通志》一百二十六卷,其卷一至卷十爲《氏族略》。以書爲清朝之《通志》,故其《氏族略》專輯皇清姓氏。卷一爲滿洲八旗姓,專論國姓"愛新覺羅氏",卷二至卷五載皇族"瓜爾佳氏"等六百四十五氏,卷六載蒙古八旗姓"博爾濟吉特氏"等二百十九氏。以上之姓氏源自《八旗滿洲氏族通譜》而略有增删,如薩爾圖氏後無蒙古爾濟氏,薩勒珠特氏後無珠佳氏,吴佳氏後無兀剳喇氏等。此或爲漏脱,更可能爲館臣考證後所删。① 卷七將《八旗通志》内名臣、勳臣、忠烈傳及八旗檔册所載逸出《通譜》外之姓氏一一備載之,計有一百五十七氏。卷八記載滿洲八旗内之高麗姓,計有二百六十六氏。卷九載漢希姓一百四十七氏。二者亦皆據依《通譜》而有所變動增删。以上姓氏絕大多數注明其世居或散處之地,或亦例舉勳臣以證。若其氏來源難考,則注明"原籍無考"。九卷共載滿洲、蒙古八旗姓及高麗姓、漢希姓一千四百三十四。卷十總論賜氏、改氏、以部爲氏、以地爲氏等得氏原由,例仿《續通志》。

《續通志》和《皇朝通志》同時編纂,故其將國姓、皇族八旗姓氏載之《皇朝通志》,而將遼金元三朝之姓氏上承鄭樵《通志》而載之《續通志》,使與朝代相應之民族姓氏各得其所,體例謹嚴。

繼乾隆敕撰二部《通志》之後,姓氏研究以張澍爲最傑出。張澍(1776—1847),字壽穀,又字時霖,號介侯,清代涼州府武威縣(今甘肅省武威市涼州區)人。一生著作頗豐,所輯著之書匯爲《二酉堂叢書》行世,而最爲用功且著名者乃《姓氏五書》。據張氏自序,即:一爲《姓韻》九十九卷,二爲《遼金元史姓録》,附以西夏,三爲《姓氏尋源》四十五卷,四爲《姓氏辯誤》

---

① 按,《八旗滿洲氏族通譜》八十卷,乾隆九年撰定,《清朝通志》纂修時,當有考訂更正。今比較二書,譯名用字頗多出入,必是依據新譯訂正。

三十卷,五爲《古今姓氏書目考證》。自序不言年月,據錢儀吉序云:"介侯之爲此也,弱冠從事,皓首成書。四部之鉛槧,九州之金石,以及二氏藏,百官之名,貢舉簿,城旦書,虞初說之屬,罔不周覽。"又云:"自關中抵書大梁曰:子許事序久矣,毋負諾。"①蓋從西安馳書求序。考張氏於道光十二年(1832)回里,時年五十七歲,錢序作於道光十九年(1839),則介侯已六十四歲,所謂"皓首成書"也。

張澍一生傾心力於姓氏之學,力求探尋古代姓氏之來龍去脈。其對姓氏之蛻演有一極爲形象之比喻:

> 姓者,生也。山有脈也,脈爲來龍;水有源也,源爲養泉;草木有根也,根爲本。山自昆侖分,不知幾千億峰也;水自江河分,不知幾千億派也;草木發爲枝葉,又不知其幾千億枝葉也。苟診其脈,尋其源,歸其本,固可以得山之性、水之性與草木之性矣。②

姓氏之源自魏晉以後,荒焉不辨,士大夫家,譜牒埋沉。即有著録,每多舛誤,已難尋其源。故其著《尋源》一書,所以求得姓之源。張氏云:"姓氏曷爲有誤也,自姓氏書誤之也:一則質其疑而創誤也,一則踵其繆而沿誤也。"然則"不爲之辯,必且一誤而再誤也"。③故其不僅致力於蒐討姓氏之源,抑且注重於姓氏之辯誤,乃有《姓氏辯誤》一書。《姓氏尋源》與《姓氏辯誤》二書,道光十八年(1838)已由楊振麟爲之刊刻。④《姓韻》與《古今姓氏書目考證》二書,以卷帙浩繁,一直由張氏後人保存,一九六二年捐贈陝西省博物館,⑤二○○三年始由徐興海、袁憲、張天池點校出版。

《姓韻》一書一百餘萬字,依平水韻排列。先單姓後複姓,複姓以首字爲準,如"東"後繫以"東郭"、"東門","工"後繫以"工僂"、"工尹"、"工師"、"工里"。各姓之下,先標出始見書,如見《風俗通》、見《姓苑》、見《氏族略》

---

① 錢儀吉《姓氏五書總序》,《姓韻》卷首所載,三秦出版社2003年版,第2頁。
② 張澍《養素堂文集》卷十七《姓氏論上》,《續修四庫全書》本,第1501册,第624頁下。
③ 張澍《養素堂文集》卷四《姓氏辨誤序》,第477頁上。
④ 張澍著,趙振興點校《姓氏尋源》,嶽麓書社1992年版。
⑤ 《姓韻》有鈔本有稿本,國家圖書館亦有藏弆,具體參見張天池、袁憲《姓韻·前言》,三秦出版社2003年版。

等，而後依次羅列四部文獻中同姓之人以證。引用文獻達百餘種，爲古今姓氏書之冠。就中最足稱道者，是大量引用碑刻、印譜中人名。如弓仲氏不見姓氏書，張氏據《韓敕修孔廟後碑》之弓仲玉、弓仲通而增補其姓。公丘氏見《路史》，《子思子》有公丘懿子，而張氏仍以《集古印譜》有公丘晏益之。呈姓不見於他書，張氏以《古今印藪》有漢人呈紳，遂立其目。其次亦廣引方志，如《山西志》《陝西志》《四川志》《長洲志》《江西志》《山東志》《河南志》《浙江志》等。方志記載鄉賢，各種僻姓最多，張氏率先關注蒐采，爲以後之姓氏書導夫先路。凡以前姓氏書所無之姓氏，一律於姓下加注"此姓諸書無，今補"一語。前書有誤，間作辯證。如"充"姓下云："《急就章》：漢有充申。桉楊慎《希姓録》以爲充由，非也。""舒鮑氏"下引《世本》："晉悼公大夫有舒鮑無終。"張氏桉："《姓纂》引作晉悼公子，誤。"凡此，均足以見其《凡例》所云"尋繹原文，旁參舊説，悉其致誤之由，而真姓於是可見，不致隨例云云，以誑後世"並非虛語，而是實有踐履。《姓韻序》云其書"自皇古以至本朝，自帝王以至庶賤，自中華以至蠻夷，罔不搜羅"，"至於怪僻奇偉之姓，靡不甄録。凡得姓五千一百二十又九。内新補之姓五百又九，删除非姓者七十又六"。① 就收姓數量而言，爲前此姓氏書之冠。

　　《姓氏尋源》前有楊振麟序及張氏自序二首，無其他凡例説明。然就自序所言："余爲此書，必溯其初。士夫各有其冠裾，農氓各有其耰鉏，商賈各有其珠貝，工匠各有其繩樞。離之不可瓦合，合之不可瓜分，如淄澠之不混，如絲絮之不棼，將以尋源於星宿，庶私乘之可棼。"② 已將宗旨揭明。蓋上至帝王勳戚，下至士農工商，溯其得姓，各有其由，不容混淆。故此書旨在沿波討源，各得其本真。書雖分四十五卷，而排列仍依平水韻。所收姓氏四千零五十四條，少於《姓韻》。然釋文中有大量按語：一般是先注見於某書，次引述資料，再加按語。也有見某書之後，直接按語，更有不引任何文獻，全是張氏按語者。個別按語還特別長，如"昭武氏"，"澍按"字數達一百五十，而"張氏"下按語有一千數百字。充分表明該書多爲張澍研究之心得。比較二書：《尋源》收姓少於《姓韻》一千餘條，而《姓韻》總字數多於《尋源》二倍有餘；《姓韻》多爲資料排比而少有按語，《尋源》則多爲按語而少引

---

① 張澍《姓韻序》，第1頁。
② 張澍《姓氏尋源序》，嶽麓書社1992年版，第2頁。

資料。如隆姓，《姓韻》云"見《姓譜》"，下引《史記表》《會稽典錄》《氏姓譜》《鄒平縣志》《劉綎傳》《四川志》，而無一語按斷；《尋源》則云"《姓譜》望出南陽郡"，下即爲"澍按"云云，且所云多出《姓韻》引述之外。又重丘氏，《姓韻》僅云："見《六韜》《周書·史記篇》。此姓諸書無，今補。"《尋源》直接加按語，引述《六韜》文後又引《括地志》、應劭《地理風俗記》、《路史》以求證其地理位置與後世氏重丘者。張澍將《姓韻》置於《姓氏五書》之首，而將《尋源》置於第三，表明《姓韻》爲其蒐輯姓氏資料之淵藪，而《尋源》是其研究之心得。故當其資金短缺而欲刊刻著作時，先選梓《尋源》與《辯誤》，蓋以其乃五書之精華所在。張氏自負之貢獻雖在此二書，而或由於其過分自信，對前人著作多所抨擊否定，師心自用，亦造成不少新的紕謬。如《遼金元史姓錄》所附《西夏姓氏錄》共收西夏姓氏一百六十二條，而錯舛之處竟有一百多條。[1] 於此可見一斑。

宋洪邁《容齋三筆》有"漢人希姓"一節，謂"兩《漢書》所載人姓氏，有後世不著見者甚多，漫紀於此，以助氏族書之脫遺"。計錄複姓四十四，單姓一百零八。[2] 洪氏所錄之姓氏雖多已爲宋明姓氏書所收錄，然明清不斷有作者專事於奇姓之搜采。著名學者楊慎曾著《希姓錄》二卷，依韻列字，收希姓一千一百十三，焦竑爲編於《升庵外集》。其後踵事者不斷。天啓間夏樹芳輯《奇姓通》十四卷，[3] 此書以楊慎《希姓錄》所輯未備，因復上溯先秦，下迄明代，廣搜博取，予以表揭希姓。書仍分韻編次，前十卷爲單姓，收一千零六十五姓，後四卷爲複姓，收五百十姓，總計一千五百七十五姓。至清單隆周又增補楊書，擴充爲五卷。其體例是：先楊書原文，稱"原編"。"原編"之後列"訂誤"一欄，凡楊書有人名、朝代之誤、姓氏音讀之誤及歸韻不當等等，均予辯證商榷。所補分"補人"、"補姓"二事，先人後姓。所補已有遼金元及蒙古等姓。共收二千五百四十二姓。[4] 吳門徐南沙亦作《奇姓類考》，毛西河爲之序，惜其書不傳。[5]

---

[1] 見湯開建《張澍〈西夏姓氏錄〉訂誤》，《蘭州大學學報》，一九八二年第四期。
[2] 洪邁《容齋隨筆·三筆》卷二，上海古籍出版社 1978 年版，下冊，第 438 頁。
[3] 夏樹芳《奇姓通》五卷，《四庫存目叢書》影印明天啓四年夏氏宛委堂刻本，子部第 199 冊。
[4] 單隆周《希姓補》五卷，《四庫存目叢書》影印康熙刻本，子部第 227 冊。
[5] 毛奇齡《西河合集》卷五十七《奇姓類考序》云："今吳門徐子南沙取其姓之奇者，編爲類而分以門部，題曰《類考》。世不盡姓，姓不盡人，窮搜極討而總限於類見者，開卷而耳目所接（轉下頁注）

二、現當代姓氏研究與姓氏詞典之編纂

現當代姓氏之考訂遠較前人爲精審,此得益於前代姓氏資料之易得和學者之專門研究。清末民初以來,隨西方圖騰學説之傳入,學者多援之以研究中華姓氏,相關論著層出不窮,難以縷述。截至上世紀七十年代以前,有數種擯棄新式理論,用乾嘉考據方法,實事求是地研究先秦氏族和漢魏以還少數民族姓氏之著作,即羅振玉《璽印姓氏徵》和《璽印姓氏徵補正》、丁山《甲骨文所見氏族及其制度》和《殷商氏族方國志》、①姚薇元《北朝胡姓考》、②蘇慶彬《兩漢迄五代入居中國之番人氏族研究》及陳述《金史拾補五種》。③以上諸書均皆廣徵四部文獻,並關注碑刻、印譜、方志中姓氏材料,進而更徵及域外研究著作,拓開了研究視野,豐富了姓氏文獻。近十年來,有關青銅器族氏、商周姓氏、先秦姓氏制度之研究也有突破性進展,如楊希枚《先秦文化史論集》所收十篇有關姓氏文章、④雁俠《中國早期姓氏制度研究》、⑤陳絜《商周姓氏制度研究》、⑥張淑一《先秦姓氏制度考索》等,⑦他如有關璽印姓氏、簡牘姓氏等單篇文章亦大量見諸雜誌,凡此均是七十年代以後編纂姓氏詞典最可參考、依據之學術成果。

現當代姓氏詞典所收姓氏數量亦遠遠突過明清,此與大量容納少數民族姓氏有關。上世紀八十年代以後,伴隨民族語言文化調查和少數民族簡志編寫之同時,獲取很多原先無聞的少數民族姓氏。各種氏族源流和專門民族姓氏著作及論文如雨後春筍,無法一一遍舉。另一大宗姓氏來源是方

(接上頁注)似乎豁然一改觀者,此非異書乎。"
① 丁山《甲骨文所見氏族及其制度》和《殷商氏族方國志》,科學出版社 1956 年版,1988 年中華書局新一版。
② 姚薇元《北朝胡姓考》,中華書局 1962 年版。
③ 蘇慶彬《兩漢迄五代入居中國之蕃人氏族研究》,香港新亞書院新亞研究所專刊,1967 年版。陳述《金史拾遺五種》,科學出版社 1960 年版。
④ 楊希枚《先秦文化史論集》,中國社會科學出版社 1995 年版。
⑤ 雁俠《中國早期姓氏制度研究》,天津古籍出版社 1996 年版。
⑥ 陳絜《商周姓氏制度研究》,商務印書館 2007 年版。
⑦ 張淑一《先秦姓氏制度考索》,福建人民出版社 2008 年版。

志。自一九八一年成立中國地方史志協會，至二〇〇五年止，全國已出版新編省級志書二千一百七十六部，市級志書二百六十一部，縣級志書二千三百七十一部，總計近五千部。另有爲數不少的鄉鎮志。其中相當一部分志書中收録當地姓氏或希姓，有的地區專門編有當地姓氏專書。此類成果爲八十年代以來相繼編纂的姓氏詞典或多或少地資取因襲，致使詞典收録之姓氏數量不斷攀升。

二十世紀之姓氏詞典，首推臺灣一九六九年出版由王素存所編之《中華姓府》，該書正文收姓六千三百六十三，另將遼金元和清的一千三百五十七個姓氏作爲附録，總計收姓七千七百二十，超過以往所有姓氏詞典。一九八五年慕容翊編撰《中國古今姓氏辭典》出版。慕容氏認爲"中華民族古今姓氏的總數有六千三百多個"，"今人之姓，是從先人姓氏繼承而來，總數約在兩千個左右，常見姓氏不過四五百個之多"。① 作者謂姓氏文字變化頻繁，多有重復，故其收姓僅四千三百八十五條。此固失之寡陋，然亦"文革"後姓氏研究與辭典編纂起步時所不免。一九八七年陳明遠、汪宗虎編纂《中國姓氏大全》，收姓五千六百多條。② 作者自稱兼收現在通行姓氏和歷史上曾經出現過之姓氏，而其數量却遠遜於《中華姓府》。一九九五年，陳明遠、汪宗虎以《風俗通·姓氏篇》《潛夫論·志氏姓》《急就篇》《中國人名大辭典》中姓氏爲基礎，編成《中國姓氏辭典》，收姓氏一千四百六十六條，其中單姓一千零三十五，複姓四百三十一，另有滿族姓氏七百七十九個，現代希姓、奇姓二百六十三個作爲附録。實際共收姓氏二千五百零八條。③《辭典》姓氏數量之所以少於《大全》，是因爲《辭典》收入原則是"古今典籍中有據可考的通用姓氏"。其釋文先注"今音（拼音）"，後注"古音（反切）"，④下分"文獻記載"、"歷史來源"、"地望分佈"三欄，若該姓有楹聯，則加附"楹聯"及其注釋。此典所收姓氏雖少，然所分記載、來源、地望三種內容爲後來之詞典樹立了範式。以上三書均以音序編排。

一九九六年，袁義達、杜若甫傾十年時間編著之《中華姓氏大辭典》出

---

① 慕容翊《中國古今姓氏辭典·前言》，黑龍江人民出版社1985年版。
② 陳明遠、汪宗虎編著《中國姓氏大全》，北京出版社1987年版。
③ 陳明遠、汪宗虎《中國姓氏辭典》，北京出版社1995年版。
④ 此《辭典》反切後所標注之音標係拼音字母的連綴，頗爲不類。

版。① 由於袁氏主持中華姓氏文化和進化遺傳學研究課題，始終受到媒體關注；復因編者思慮縝密，取材廣泛，《辭典》編例亦謹嚴完善，故辭典出版後影響很大。就取材而言，該《辭典》從《世本》《風俗通·姓氏篇》等專書以至研究著作、少數民族簡史、方志、地圖，無不在視野內，總計達四百四十六種。其中如《汾陽縣姓氏》《上虞縣姓氏》等一百二十餘種地方姓氏，係各地縣志辦公室所提供，非一般編者所能網羅；又一九八二年全國二千分之一隨機抽樣調查所得之姓氏資料、一九六七年臺灣人口統計之姓氏資料，尤非外人所能獲取。此外編者對少數民族姓氏亦著重收集，不遺涓埃。《辭典》收單姓五千三百二十七，複姓四千三百二十九條，三字以上姓二千三百十三條（三字姓一千六百十五條，四字姓五百六十九條，五字姓九十六條，六字姓二十二條，七字姓七條，八字姓三條，九字姓一條），總計一萬一千九百六十九，同時收錄異譯、異體字姓氏三千一百三十六，成為二十世紀以前收錄姓氏最多的一部詞典。《辭典》體例亦遠較前此之姓氏詞典精善。正文釋義用各種符號區別，依次是："音"，標注音讀；"源"，敘起源或出處；"變"，述字形之變化及姓氏之演變；"望"指郡望；"布"，提示地理分布；"人"則標揭最早見於史書記載的人或代表人物；"它"指其他；"綜"則當內容不易分類時，作綜合敘述。若所敘述之姓氏起源與演變有兩種以上時，再用①②③分別標示。某項內容闕則略之。釋文之依據來源用號碼標明，並於書後附錄"參考文獻"，俾可按序號查檢文獻來源，既省篇幅，亦省目力。書後附錄：宋百家姓、明千家姓、清康熙御製百家姓、古今地名對照表、一字多音姓表等。更附有"當代三百家姓氏排列"及該姓占漢族人口的百分率資料，可約略得知某姓在全國所占人口數。應該講：該辭典是迄二十世紀為止收姓最多，體例最善，最科學、最實用的一部姓氏詞典。在該辭典中說，其後來收到的少數資料來不及補上，全國姓氏未有全面統計，必有不少希姓、罕姓遺漏，少數民族姓氏未能一一詳細調查，皆有待今後補充完善。經過十四年之繼續搜集和大幅度修訂，由袁義達和邱家儒署名的《中國姓氏大辭典》於二〇一〇年由江西人民出版社重新出版。此版較前書有很大的增量，計收單字姓六千九百三十一條，複姓中雙字姓九千零十二條，三字姓四千八百五十條，四字姓二千二百七十六條，五字姓五百四十一條，六字姓

---

① 袁義達、杜若甫《中華姓氏大辭典》，教育科學出版社1996年版。

一百四十二條,七字姓三十九條,八字姓十四條,九字姓七條,十字姓一條,總計二万三千八百十三條。並統計出全國目前仍在使用的姓氏超過七千個。在原書基礎上又邁進了一大步。

一九九七年,竇學田編著之《中華古今姓氏大辭典》出版。編著者曾在中國人民警官大學中文系開設"中國姓氏研究"課程,得各地公安幹警寄贈轄區姓氏調查材料,成爲該詞典最鮮活之資料。而後由作者彙集古今字韻書及姓氏文獻,纂輯成一部詞典。《大辭典》計收姓氏一萬一千五百十六條,[①]約略少於袁義達初版書。觀其釋文,漫無體例,多係轉引轉述,尤多引述"姓氏考略"之說。其於《魏書·官氏志》《元和姓纂》《姓解》《古今姓氏書辯證》《萬姓統譜》《姓氏尋源》等常見文獻均屬轉引,殆未查核原書。唯此書所注來自某地公安局提供之資料,尚可藉以知此姓之分布。

與前幾種詞典編法不同,巫聲惠《中華姓氏大典》旨在彙集古代文獻中可徵姓氏,而不在於求全搜羅古今以爭第一。[②] 其所彙集主要是唐宋以還字韻書和姓氏書。每種書依原文引錄,按時間先後排列。唐宋主要姓氏書以全錄爲主,如係節錄,加標"節錄"示別;明清文獻因文字過長,且多復述前書,故以節錄爲主。若兩書文字全同,則將後出之書用圓括號附注書名於後。欲用經史子集文獻補充說明之資料,用圓括號附注於相關條文之後;作者自己所作辯證、綜述文字,則用方括號附注於條文之後。該典收錄姓氏六千九百八十五。[③] 此一數目可視作上自《姓纂》(包括《世本》《志氏姓》《姓氏篇》《姓苑》)《廣韻》,下至《清通志》《姓氏尋源》等姓氏書删重後之總和,亦即清代以前漢姓和遼金元以及清、朝鮮等見於文獻之姓氏總數。唯作者未見《姓韻》,或較實際總數略少而已。書後附"中華歷代主要姓氏集團表"、"北朝複姓改單姓表"。改姓表分原姓、改姓、異譯、譌誤、附注五欄,將二百六十七個北朝複姓改變過程圖示得較爲清晰。

《中國姓氏源流大典》係徐鐵生所編。作者自上世紀七十年代後期起,即有志於編纂一部搜羅宏富、能大致包容所有中華姓氏,別擇精嚴、能反映姓氏源與流、正與譌的姓氏辭典。經四十年的努力,終於編成一部三百幾

---

① 作者凡例自稱收有姓氏12000餘款,此經重新核計所得資料。
② 巫聲惠《中華姓氏大典》,河北人民出版社2000年版。
③ 作者于前言中自稱"僅就有文獻可徵的粗略統計,已達七千",今據實際姓氏條目統計所得。

十萬字的姓氏辭典。收錄古今姓氏三萬一千二百條,其中漢姓(漢族姓氏及少數民族使用的漢式姓氏)一萬零九十五條,譯姓(根據少數民族語言翻譯成漢文的姓氏)二萬一千零四條,譯姓演變爲漢姓的姓氏一百零一條。編者之所以能夠收集到如此豐富的姓氏,直接得益於其持之以恒地查閲、摘錄各種姓氏書和大量參考書。編者自稱查閲參考過四千種相關書籍,其最引人注目的是四百四十六種明清、民國時期方志和一千一百六十六種新編方志。但若細覯其參考書目,有先秦考古、古史和姓氏研究著作八十餘種(篇),各種姓氏辭典和文章一百餘種(篇),更有各地姓氏專書五十餘種(篇)。先秦姓氏研究著作中有《璽印姓氏徵》《璽印姓氏徵補正》《金文世族譜》《金石大辭典》《金文人名彙編》以及大量石刻資料、敦煌卷子等,可以説幾乎將姓氏文獻網羅殆盡。

該辭典將"漢姓"和"譯姓"分開編排,但做一個綜合索引,此與以往各種辭典編例有所不同。由於編者參加過方言志編寫,對語言文字有一定修養,故其於辭典之編排頗具匠心。如:漢姓編姓氏條目採用簡、繁字對照,以簡體字立條,繁體字括注於後。若簡、繁兩字各爲姓氏則單獨立條,條目後則不再括注。此條在簡體字通行六十年之後的姓氏中顯得特別重要,因爲個別姓氏經簡化後已將原來繁簡皆姓的兩姓混一,造成很多糾葛。姓氏係由古而今相承襲,其讀音也當考慮到古今之演變與異同,故辭典於中文拼音之後加注《廣韻》或《集韻》反切,譯姓一般不加音注,然若個別容易引起誤讀的字括注正確音讀,有助於讀者全面正確地閲讀理解。釋文大致採用【源】、【望】、【堂】、【變】、【布】、【人】來分別表示姓氏源出、姓氏郡望、姓氏堂號、姓氏衍變、姓氏分布、姓氏人物等,此係沿襲袁義達、杜若甫《中華姓氏大辭典》之體例而有改進。其增加堂號一欄,主要得益於《中華姓氏源流堂號考》《臺灣區姓氏堂號考》及最新出版之《中國家譜總目》等文獻,在一定程度上可將姓氏分布反映得更具體。部分姓氏釋文附有案語(以【按】表示),内容除一部分爲釋文的補充説明外,還有對姓氏的辨證。對包括先秦經典、二十四史、字韻書,歷代姓氏文獻,以及經學家、史學家、小學家、姓氏學家的許多觀點提出不同看法。該辭典更具特色的是《姓氏備考》,《備考》收錄古代姓氏書中收錄,但編者認爲非姓或其姓可疑,或稽核古書查無實據,或文字有譌等而不列入正編的譌姓、疑姓,計三千一百條,以備讀者查考。其附錄除其他辭典皆有收錄的《百家姓》《千家姓》之外,尚有《太昊·

伏羲·少昊世系》等十一種世系表，以及《當代常見姓氏排行表》《15 省、市、自治區百家大姓》《當代中國姓氏（漢姓）一覽表》《各地稀姓錄》諸種，頗便實用。

三、明清姓氏書纂輯方法之演進和所增益姓氏數量之來源

漢魏六朝纂輯譜牒之目的爲官員詮選，故姓氏很難擺脫譜牒而走上獨立發展之路。唐五代戰亂頻仍，世家族譜散佚殆盡。宋代雖有蘇洵、歐陽修等人起而修譜，其目的僅在於收族，而不在於矜門閥、備詮選，故北宋就産生了較爲純粹的姓氏書《姓解》。由於草創伊始，邵思之《姓解》在收羅、編例和釋義方面均不夠完善。至明代，字韻書和類書之編纂已積累了相當多的經驗，工具書的編例亦漸趨成熟。故陳士元編撰《姓觿》一書，依當時通行的平水韻排列，其目錄標注、正文次序、釋文標音、引文先後均有一定法則。凌迪知《萬姓統譜》雖是一部姓氏兼名人詞典，但書前凡例詳明其著述體例，字頭、釋文及排列亦整飭有序。儘管現代姓氏詞典依據當今體式編纂而非承襲《姓觿》和《統譜》，然兩書無疑是中國姓氏詞典之先驅。王圻《續通考·氏族考》蓋係鈔纂之作，因蒐輯資料繁多，故於姓氏數量亦有增益。

清乾隆敕撰《續通志》與《清通志》，其體例沿襲鄭樵、王圻之《氏族略》，而所錄姓氏則直接取之於遼金元三史及《八旗滿洲氏族通譜》《八旗通志》等原始資料，其可信度和數量皆非個人隨意鈔纂所可比擬。而其更深之意義在於，作爲統治者，已將三朝及有清甚至部分朝鮮之姓氏作爲中華姓氏之一部分等量齊觀，肯定其在中華姓氏中之地位，使姓氏總數在漢姓基礎上有相當大的增量。清代個人研究姓氏者首推張澍。張氏畢生傾力於姓氏研究，所著《姓氏五書》係一互相關聯之系列性著作。張氏研究姓氏，將古碑刻、古印譜及方志等收入視野，非唯拓展材料範圍，抑亦豐富了姓氏數量。但他所自負的《姓韻》《尋源》及《西夏姓氏錄》等也有很多錯誤。

現當代姓氏詞典編纂首先得益於學者對姓氏的研究與考訂，其次是古代姓氏文獻之易得易見，少數民族姓氏大量地被挖掘利用，來源於實地調查的方志姓氏和全國人口普查的姓氏資料不斷湧現，當然也得益於詞典編

纂學之完善。但具體的姓氏詞典編纂仍與編者的目標與視野、投放的精力、蒐輯資料的範圍、詞典編纂的經驗等息息相關。相對而言，目標高、視野寬、用功深、搜輯廣、編纂經驗豐富，則詞典品質也高，袁、邱《中國姓氏大辭典》和徐鐵生《中國姓氏源流大典》可堪與此相符。以下再表列宋代、明清至現代主要姓氏書收姓數量，以顯示其遞增之趨勢，並予說明其遞增原由：

姓氏書書名	所收姓氏數	備註
邵思《姓解》	2568	
鄭樵《通志·氏族略》	2293	
鄧名世《古今姓氏書辯證》	3033	
王應麟《姓氏急就篇》	2095	
吳沈等《皇明千家姓》	1968	
陳士元《姓觿》	3625	計夷姓則 3724
淩迪知《萬姓統譜》	3679	
王圻《續文獻通考·氏族考》	4665	總數超過 5000
欽定《續通志·氏族略》	1845	遼金元三朝姓氏
欽定《清通志·氏族略》	1435	清姓氏居多
張澍《姓氏尋源》	4054	
張澍《姓韻》	5129	
王素存《中華姓府》	7720	
袁義達、杜若甫《中華姓氏大辭典》	11969	
巫聲惠《中華姓氏大典》	6985	僅是從清以前文獻中勾稽的資料
袁義達、邱家儒《中國姓氏大辭典》	23813	爲《中華姓氏大辭典》修訂增補本
《中國姓氏源流大典》	31200	中華書局

邵思《姓解》是剛從唐代世系與姓氏混一的譜牒中脫胎出來的姓氏書，受大姓與見聞之限制，在宋初能裒輯二千五百六十八條姓氏已屬不易。鄭樵研究姓氏既勤於蒐輯，更注重分類，且《氏族略》僅是《通志》中很小一部分，故其搜羅不盡亦在情理之中。鄧名世《辯證》所收姓氏可以代表南北宋之交歷代姓氏積澱的數量，《姓觿》和《萬姓統譜》之資料則可看出編者更廣泛的搜輯和由宋至明微小的姓氏增量，而王圻《氏族考》中之增量已經融入一定數量的三朝夷姓譯姓。欽定《續通志》和《清通志》主要收錄遼金元及清之姓氏，爲以後漢姓、夷姓、譯姓合編奠定了基礎。張澍傾個人數十年精力，雖未能網羅截至清代之所有姓氏，然其在姓氏研究史上，自有其一定地位。《中華姓氏大典》六千九百八十五條姓氏，可視爲清以前見之於文獻的姓氏總匯，而《中華姓府》之資料已包涵部分臺灣當地後出的姓氏。《中華姓氏大辭典》之增量主要得益於一百餘種縣級姓氏資料及少數民族簡志和調查報告，而《中國姓氏源流大典》則不僅廣泛吸取了前此出版的各種姓氏詞典中姓氏條目，更挖掘出一千數百種方志，大量石刻、敦煌卷子和秦漢璽印、先秦銘文中之姓氏，使一個歷史悠久的多民族國家姓氏得到最全面、最充分的反映。

在研究、考察、總結了先秦至現當代各種譜牒、姓氏書和姓氏詞典之起源、發展及其性質、編例之後，筆者對二千年來之姓氏與姓氏書有一較爲全面的認識：溯姓氏之起源，不過是可數的一些遠古之氏，西周統治者因政治需要，人爲凸顯血緣之姓，使之形成姓、氏二分格局。雖然如此，而古姓仍寥寥可數。降及春秋、戰國，諸侯國、卿大夫之後裔干支萬脈，氏姓數量大增。自此以下，氏姓伴隨中華民族歷經數千年之後，各民族之姓氏如萬派朝宗，最後形成一條繽紛多彩的姓氏江河，溯其源頭，渺焉難徵，窮其支流，知其既經歷過秦漢以下各歷史階段之激蕩變異，復彙聚東西南北各民族姓氏文化之不同因素，故三萬餘條姓氏既蘊含豐富，也紊亂淩雜。加之書寫姓氏的又是一套形音義可互借通用非一成不變之漢語言文字，既增添了姓氏之不確定性，也給姓氏研究帶來迷茫與無奈。宋代鄧名世著書對以前之譜牒與姓氏書予以辯證，清張澍指摘鄭樵並修正《氏族略》之誤，清末易本烺對陳士元《姓觿》之勘正，以及近現代學者姓氏專著、詞典對古代姓氏書之梳理辨別、考證糾謬，就中除却一些文獻訛誤之勘校之外，無不體現出部分姓氏字形、音讀乃至來源確實難定。近十年來姓氏學者對古今姓氏之蒐輯已較爲完備,故今後工作應轉向深入之研究。儘管某些詞典已有"辯證"、"刊誤"、"備考",然因姓氏之來源與變化太複雜,絕非簡單之按語、考證所能完全澄清解決。就筆者知域所及,如銘文之族徽與金文及秦漢璽印字形結合研究,可形成姓氏古文字學;田野考古若有文字可與氏族相印證,可形成姓氏考古學;先秦秦漢及以後之文字形體變異、歷朝之正字措施與姓氏結合作一種動態的歷史觀察,可形成姓氏文字學;用歷史音變和方音音差來打破漢姓字形,用譯音對勘來比定少數民族姓氏字形,可形成姓氏音韻學;對少數民族改漢姓、漢人改夷姓做深入探討,可形成姓氏人類學;對改氏、改惡氏、避仇改姓、避諱改姓、賜姓等進行研究,可形成姓氏文化學;利用家譜、方志、史書等文獻對姓氏之遷徙作微觀考察,可形成姓氏地理學。姓氏牽涉面極爲廣泛,故亦必須從不同學科作專門之研究,或結合二三學科作綜合研究,方能使凌亂龐雜之姓氏逐漸清晰整飭,方能使似異實同之姓氏建立必要之聯繫,最後真正建立起中華姓氏文化和姓氏遺傳學。

二〇一一年一月三十日

別集流變論

小　引

　　三十年前，予與纂《漢語大詞典》，日與古書爲伍，手不釋卷。始知自注之體，古已有之，至趙宋吴_{正儀}淑《事類賦》而極其盛。而效舍人之雕龍，援正儀之注體，則有近世姚_{茫父}華之《論文後編》焉。觀其行文簡而隸事賅，三復其誦，不能自已，私心所儀，歷久彌篤。既而察四部之流變，究別集之演跡，思欲一叙其顛末。適予友陳鴻森教授沉潛二十餘年所輯之王鳴盛、阮元、錢大昕三家遺文成，問序於予，乃效茫父之體式，爲叙別集之流變云。

　　道術裂而官守失，百家鳴而私學興。雖九流之論，各競一端一察；①百家之學，僅得所長所用。② 要皆書疏干於諸侯，③論説寄之著作，卓爾自立，無愧作者。逮步趨師法，嚴章句之格局；風諭人主，極辭賦之閎衍。經生文儒，汲汲欣欣，文運體式，黯然潛移。故曰：官守私學，興替乎戰國，著作辭章，盛衰於炎漢。當塗典午之際，魏文陳思倡乎上，④偉長稚

---

① 《漢書・藝文志》："九家之術，蠭出並作，各引一端，崇其所善。"
② 《莊子・天下篇》："百家之學，時或稱而道之……天下多得一察焉以自好，譬如耳目鼻口，皆有所明，不能相通。猶百家衆技也，皆有所長，時有所用，雖然，不該不徧，一曲之士也。"
③ 《史記・孟子荀卿列傳》："自騶衍與齊之稷下先生，如淳于髡、慎到、環淵、接子、田駢、騶奭之徒，各著書言治亂之事，以干世主，豈可勝道哉。"
④ 《文選・曹丕〈與吳質書〉》："偉長獨懷文抱質，恬淡寡欲，有箕山之志，可謂彬彬君子（轉下頁注）

1031

川應乎下，①猶欲興子學而成一家言，無奈衝風式微，繼者杳然。於戲，時也勢也，豈人之好尚也哉！

荀撰《叙錄》，②摯志《文章》，識其詩賦碑箴若干，③爲范曄《文苑》所本，是東京文士，知藏弆篇什而未嘗編集。及徐陳應劉，一時俱逝，文帝傷悼之餘，撰其遺文，都爲一集，④文人合集，奠定於茲矣。⑤至陳典佐郎，初擬丞相故事，開列篇目，並著字數，別集雛形，肇端於斯矣。⑥魏文展卷以思舊，承祚集目以表勳，意主悼念之情，聿開編集之式。然兩晉之世，風猶未熾。《晉書》於《儒林》《文苑》，猶多言"文章若干行於世"，偶云"文集行於世"，唯《成公綏傳》謂"所著詩賦雜筆十餘卷"。夷考《隋志》，三張二陸，皆標卷次，乃知

（接上頁注）矣。著《中論》二十餘篇，辭義典雅，足傳于後，此子爲不朽矣。"復自著《典論》二十篇，自成一家，立石太學。曹植《與楊德祖書》："吾雖薄德，位爲蕃侯，猶庶幾戮力上國，流惠下民，建永世之業，流金石之功。豈徒以翰墨爲勳績，辭賦爲君子哉？若吾志未果，吾道不行，則將采庶官之實錄，辯時俗之得失，定仁義之衷，成一家之言。雖未能藏之於名山，將以傳之於同好。非要之皓首，豈今日之論乎？其言之不慚，恃惠子之知我也。"兄弟皆不以翰墨爲榮，而以成一家之言爲終身之志。

① 徐幹字偉長，著《中論》見前曹丕所論。葛洪《抱朴子・自叙第五十》："洪年二十餘，乃計作細碎小文，妨棄功日，未若立一家之言。乃草創子書，會遇兵亂，流離播越，有所亡失，連在道路，不復投筆十餘年，至建武中乃定。凡著內篇二十卷，外篇五十卷。碑頌詩賦百卷，軍書檄移章表箋記三十卷。又撰俗所不列者爲《神僊傳》十卷，又撰高尚不仕者爲《隱逸傳》十卷，又鈔五經七史百家之言兵事、方伎、短雜奇要三百一十卷，別有目錄。"洪著作不謂不多，而必欲作子書，成一家言者，殆猶有戰國秦漢諸子百家之氣概。

② 荀勖撰《中經新簿》，分爲四部，其丁部細分詩賦、圖贊、汲冢書三類，未明標文集或集部，可見此前文士尚未有結集風氣。《隋志》載荀撰《新撰文章家集叙》十卷，《三國志》裴注、《世說新語》劉注皆引作《文章叙錄》，目錄學家認爲是《中經新簿》中之文章目錄，爲范曄《文苑傳》所取資。以范傳而鏡觀《集叙》，知荀書亦僅著錄詩賦、碑銘若干而已。參見張政烺《王逸集牙籤考證》(《歷史語言研究所集刊》第十四本)。

③ 摯虞《文章志》已佚，然《三國志・魏志・陳思王傳》裴注引有"劉修著詩賦頌六篇"之語，《後漢書・桓彬傳》李賢注引有"桓麟文見在者十八篇，碑九首，誄七首，說一首"之語，與范曄《文苑傳》於傳主後揭櫫詩賦若干者一致，蓋當時之著錄形式如此。

④ 魏文帝《與吳質書》："昔年疾疫，親故多離其災。徐陳應劉，一時俱逝，痛可言邪！……數年之間，零落畧盡，言之傷心。頃撰其遺文，都爲一集，觀其姓名，已爲鬼錄，追思昔遊，猶在心目，而此諸子，化爲糞壤，可復道哉。"

⑤ 漢光祿大夫劉向所集《楚辭》，乃以屈、宋之後，楚地賈誼、淮南小山、東方朔、嚴忌、王褒之作多楚聲哀怨之作，遂並己所作《九歎》集爲一書，此當時校書之體式如此，非後世別集之比。及東漢王逸作《章句》，復益以己作《九思》、遂成今貌。

⑥ 《三國志・蜀志・諸葛亮傳》載，濟北侯荀勖、中書令關內侯和嶠使著作佐郎陳壽定故蜀丞相諸葛亮故事，開列"諸葛氏集目錄"二十四篇，計十萬四千一百一十二字。時在晉武帝泰始七年(271)前後，爲今有文獻可按之最早別集。

別集流變論

唐臣纂輯，剪裁衆家，頗存舊觀。其後傅亮、劉或，繼踵摯《志》，①尚辭崇文，可窺一斑。休文《宋書》，頻言文集，②纂輯之風，油然改觀。二蕭以還，世風丕變，文人學士，無不有集。劉族一門，七十人並能屬文；③蕭姓三朝，數十人皆有專集。④王氏七葉，累代有別集行世。⑤翰墨風雅，猗歟甚哉。文翰一志，劉宋雅稱；變翰爲集，蕭梁表徵。⑥若王儉之什，匯輯於身後，⑦江淹之文，結撰於生前。⑧情則有異，傳則是同，其生前身後，難以一一確指矣。觀六朝集名，恒標名姓，復加官職，間用廟諡，雜出沙門，諒以史官編簡，追擬爲多。

古來不朽，立言爲下，德衰文盛，傳集是榮。李唐集賢，趙宋崇文，芸閣蓬觀，職典經圖。經綸籌策，藝文學術，凡有可採，表申藏錄，謚議史傳，參憑資取。⑨其猶足多者，流韻遺響，聳動天聽，玉音襃獎，譽澤昆裔。⑩觀光詩筆，中宗諭集；⑪摩詰清韻，代宗旨進；⑫歐公全集，神宗詔求；⑬臨川遺文，

---

① 《隋志》有傅亮《續文章志》二卷，宋明帝《晉江左文章志》三卷。明帝諱或。
② 《宋書·范泰傳》云"撰古今善言二十四篇及文集傳於世"，《蔡興宗傳》《荀伯子傳》皆云"文集傳於世"，《王韶之傳》謂"文集行於世"，如此之類，不一而足。蓋可見劉宋至蕭梁，文人自珍篇什，競相裒集之一斑。
③ 《梁書·劉孝綽傳》："孝綽兄弟及群從諸子姪，當時有七十人並能屬文，近古未之有也。"
④ 依據《隋書·經籍志》、兩《唐志》所載統計。
⑤ 《梁書·王筠傳》：筠"與諸兒書論家世集云：史傳稱安平崔氏及汝南應氏，並累世有文才，所以范蔚宗云崔氏世擅雕龍，然不過父子兩三世耳，非有七葉之中，名德重光，爵位相繼，人人有集，如吾門世者也"。
⑥ 王儉《七志》，變《七略》之詩賦略爲文翰志。孝緒《七錄序》云："王以詩賦之名，不兼餘制，故改爲文翰。竊以頃世文詞，總謂之集，變翰爲集，於名尤顯，故序文集錄爲內篇第四。"足見梁時文集流行之盛。《隋志》引《七錄·文集錄》別集達六百八十七部，除却本朝之人，其漢魏兩晉宋齊作家，亦紛紛爲之編集。聯繫沈約《宋書》所記，可想見當時或已普遍稱"集"，是則孝緒之改"文翰"爲"文集"，亦因勢適時而已。
⑦ 任昉《王文憲集序》謂"春秋三十有八，七年五月三日，薨於建康官舍……是用綴緝遺文，永貽世範，爲如干秩如干卷。"
⑧ 《南史·江淹傳》："凡所著述，自撰爲前後集，并《齊史傳志》，並行於世。"
⑨ 《唐六典·中書省·集賢院》："其有籌策之可施於時，著述之可行於代者，較其才藝，考其學術而申表之。"宋時由崇文院司其責。
⑩ 魏文之後，梁元帝爲蕭機詩篇作序。見《南史·梁宗室傳下·安成康王秀》："〔機〕所著詩賦數千言，元帝集而序之。"，此皆唐以前之文人佳話。
⑪ 郗雲卿《駱賓王文集序》："文明中，與嗣業於廣陵共謀起義兵，事既不捷，因致逃遁，遂致文集悉皆散失。後中宗朝，降敕搜訪賓王詩筆，令雲卿集焉。所載者，即當時之遺漏，凡十卷。此集並是家藏者，亦足傳諸好事。"《舊唐書·文苑傳上·駱賓王》謂："則天素重其文，遺使（轉下頁注）

徽宗敕纂；①韓忠彥之上《安陽》，滿紙忠義；②王豐甫之進《華陽》，克承家學。③藏諸名山，猶有陵谷之變；上之石渠，足備向歆之錄。故流風所被，秩在流內，理在例外，子孫孝愛，躐階表上。④即布衣詩人，猶爲後人呈進者。如孟襄陽詩繕送秘府，⑤戴石屏詩刊刻進御。⑥若此之類，不一而足，降及元明，餘韻不息。

所見魏晉別集，類多後人掇摭。歷宋齊，跨梁陳，歧嶷鳳雛，神明龍駒，

（接上頁注）求之，有兗州人郗雲卿集成十卷，盛傳於世。"與此不同。

⑫《舊唐書·文苑傳下·王維》："代宗時，縉爲宰相。代宗好文，常謂縉曰：卿之伯氏，天寶中詩名冠代。朕嘗於諸王座聞其樂章，今有多少文集，卿可進來。縉曰：臣兄開元中詩百千餘篇，天寶事後，十不存一。比於中外親故間相與編綴，都得四百餘篇。翌日上之。帝優詔褒賞。"

⑬《文忠集》附錄吳充《太子太師歐陽公行狀》："公之薨，上命學士爲詔，求書於其家，方繕寫進御。"

① 楊仲良《續通鑑長編紀事本末》卷一百三十四："〔重和元年（1118）〕六月壬申，門下侍郎薛昂奏：承詔編集王安石遺文，乞更不置局，止就臣府編集，差檢閱文字官三員。從之。"魏鶴山《臨川詩注序》："國朝列局修書，至崇、觀、政、宣而後，尤爲詳備。而其書則經史圖、樂書禮制、科條詔令、記注故實、道史內經。臣下之文，鮮得列焉，時惟臨川王公遺文，獲與編定。"

②《韓魏王家傳》卷十：韓琦死後，神宗"仍諭忠彥（韓琦長子）曰：'先侍中忠義於國，平生奏議甚多，可悉錄奉來。'敕崇文院遣筆吏數人至相州，遂以《二府忠議》五卷、《諫垣存稿》三卷、《陝西奏議》五十卷、《河北奏議》三十卷、《雜奏議》三十卷上之。上得之喜，閱之殆遍……又有《安陽集類》五十卷，《祭儀》一卷，藏於家。"

③ 王豐甫《進家集表》："恭惟皇帝陛下，英猷天啓，睿學日熙，制規二帝之摹，言合六經之訓……重念先臣某，少緣家學，早中甲科，校天祿之文，才稱金馬；視淮南之草，名在玉堂。作新兩漢之文章，潤色三朝之誥命。世有儒宗之譽，史多天獎之醉。傳誦一時，豈特語言之妙；協成大事，固多翰墨之功。晚受知於裕陵，久登庸於宰路，當廊廟謨謀之暇，猶國家論譔之兼。畢罄精忠，仰贊格天之業；追膺顧託，獨先定策之言。暨陷讒兇之誣，阻奏東方之牘。方陛下丕揚先烈，追念舊勞，辨銷骨之讒，既昭前事；覽凌雲之作，恨不同時。悉哀平日之遺文，益愴他年之榮遇。啓金縢之策，不及於生前；上茂陵之書，徒嗟於沒後。"王珪字禹玉，成都華陽人，以左僕射岐國公薨於位。《許彥周詩話》云："王豐父待制，岐公丞相之子。少年詞賦登科，文章世其家。"今讀其《華陽集進表》，詞采華贍，音律鏗鏘，洵堪紹承家學者。《讀書附志》："大觀二年，詔故相岐國王公之家以文集來上，其子朝奉大夫管勾南京鴻慶宮上護軍仲修等表進之，許光疑爲之序。"

④ 宋嘉泰間，吳傲之曾孫吳資深將曾祖傲之《竹州文集》二十卷上於朝，以請諡，朝廷諡文肅。按，傲紹興二十七年進士，歷知泰州，旋以親老告歸，秩在七品，原不應有諡，亦不必繕送文集至崇文院。

⑤ 唐天寶九載（750），韋滔得王士源所編《孟浩然詩》，因"書寫不一，紙墨薄弱"，乃"重加繕寫，增其條目，送上秘府"。

⑥ 明弘治年間馬金《書石屏詩集後》云："天台布衣戴石屏以詩鳴宋季，類多閔時憂國之作，同時趙蹈中選爲《石屏小集》，袁廣微選爲《續集》，蕭學易選爲《第三稿》，李有山、姚希聲選爲《第四稿》，鞏仲至仍爲摘句，又有欲以其詩進御而刊置郡齋者。"

山東英妙，洛陽才子，藻麗辭典之輩，才贍學博之倫，雖咸能詠鳳吟鵝，吸虹噴霓，而其清韻佳筆，榮爲帝王撰成，①幸爲門人集録。② 至流聞絶域，紙貴京師之手筆，亦多子孫史官爲之編定。③ 唯一二雅士，顧盼自娱，始開手編之例。④ 唐人文集，漸多生前輯次。太白清高，猶命魏顥裒集；⑤長吉偃蹇，遂遺子明手編。⑥ 權載之纂制傳世，⑦孫可之聚編貽孫。⑧ 劉夢得解嘲而蒙醬，⑨陸魯望自謙以護憂。⑩ 至白傅樂府，播聲宇内，慚富貴之無分，信文章

---

① 《南史·梁宗室傳·蕭機》："機所著詩賦數千言，元帝集而序之。"《陳書·文學傳·陸琰》："字温玉，吏部尚書瓊之從父弟也……其所製文筆多不存本。後主求其遺文，撰成二卷。"
② 《梁書·諸葛璩傳》："諸葛璩，字幼玟，琅邪陽都人……璩所著文章二十卷，門人劉瞰集而録之。"
③ 《宋書·后妃傳上·殷淑儀》："謝莊作哀策文奏之，帝卧覽讀，起坐流涕曰：'不謂當今復有此才。'都下傳寫，紙墨爲之貴。"然《宋書·謝莊傳》云"著文章四百餘首行於世"，又《梁書·劉孝綽傳》："孝綽辭藻爲後進所宗，世重其文，每作一篇，朝成暮遍，好事者咸諷誦傳寫，流聞絶域。文集數十萬言行於世。"謝、劉之文，蓋皆生前未及編纂，故史書猶云"四百餘首"、"數十萬言"云。
④ 如《梁書·蕭子範傳》謂其"前後文集三十卷"，又《劉之遴傳》謂其"前後文集五十卷行於世"，又《徐勉傳》謂其"所作前後二集十五卷"，又《王筠傳》謂筠自撰其文章，以一官爲一集，自洗馬、中書、中庶子、吏部、左佐、臨海、太府各十卷，尚書三十卷，凡一百卷行於世。既分前後集，或以一官一集，知其生前已自纂輯篇什。
⑤ 魏顥《李翰林集序》："顥平生自負，人或爲狂。白相見泯合，有贈之作。謂余爾後必著大名於天下，無忘老夫與明月奴（李白子）。因盡出其文，命顥爲集。"時李白尚在，故後云"白未絶筆，吾其再刊"。
⑥ 杜牧《李賀集序》："太和五年十月中半夜時，舍外有疾呼傳緘書者。某曰：必有異，亟取火來。及發之，果集賢學士沈公子明書一通。曰：吾亡友李賀，元和中，義愛甚厚，日夕相與起居飲食。賀且死，嘗授我平生所著詩歌，雜爲四編，凡千首。數年來，東西南北，良爲已失去。今夕醉解，不復得寐，即閲理篋帙，忽得賀詩前所授我者。"
⑦ 權德輿字載之。《郡齋讀書志》："嘗自纂《制集》五十卷，楊髡爲序，今已逸。"
⑧ 孫樵字可之。唐中和四年（884）孫樵自序其文集云："遂閲所著文及碑碣書檄傳記銘誌得二百餘篇，蘗其可觀者三十五篇編成十卷，藏諸篋笥，以貽子孫。"
⑨ 劉禹錫《劉氏集畧説》："前年蒙恩澤，授以郡符，居海壖，多雨饜作。適晴，喜，躬曬書于庭，得已書四十通。逌爾自哂曰：'道不加益，焉用是空文爲，真可供醬蒙藥楮耳。它日，子壻博陵崔生關言曰：'某也屢游京師，偉人多問丈人新書何，且欲取去。而某應曰無有，輒媿起於顔間。今當復西，期有以弭媿者。'繇是刪取四之一爲《集畧》，以貽此郎，非敢行乎遠也。"嶽麓書社 2003 年版，第 1181 頁。
⑩ 陸龜蒙《笠澤叢書自序》："自乾符六年春，卧病于笠澤之濱。敗屋數間，蓋蠹書十餘篋……體中不堪羸耗，時亦隱几强坐，内壹鬱則外揚爲聲音，歌詩賦頌銘記傳序，往往雜發，不類不次，混而載之，得稱爲蘗書。自當去護憂之一物，非敢露世家耳目。"

之有名，故詩經五編，分藏五處，歷五季之亂而不亡者，良有以也。① 自編詩文，猶且關乎行卷，如次山納《文編》於禮部，②鹿門投《文藪》於有司。③ 雖係舉業所必須，實闢撰集之新徑。然統觀唐集，仍以後人裒輯爲多。其間有子孫兄弟，戚屬親故，門人友摯，宗族文士，更有史官及後之嚮慕好事者。唯時槧版未盛，多憑傳鈔，蒐校寫集，流播維艱。及貫休逝化，門人曇域檢尋稿草，雕刊印行，④至和凝好曲，自爲模板印行百帙，分惠於人。⑤ 斯殆承佛道之常例，⑥趨元白之雅事，⑦出入世間，洵奪先聲。

---

① 白居易五次自編詩集分別爲長慶四年（824）、太和二年（828）、太和九年（835）、開成元年（836）、開成四年（839），其所藏之處：一本在廬山東林寺經藏院，一本在蘇州南禪寺經藏內，一本在東都聖善寺鉢塔院律庫樓，一本付姪龜郎，一本付外孫談閣童。詳見萬曼《唐集叙錄·白氏文集》，中華書局1980年版，第239—248頁。

② 大曆三年元結《文編自序》：“天寶十二載，漫叟以進士獲薦，名在禮部。會有司考校舊文，作《文編》納於有司。”

③ 《皮子文藪自序》：“咸通丙戌（866）中，日休射策不上第，退歸州東別墅，編次其文，復將貢於有司，發篋叢萃，繁如藪澤，因名其書曰《文藪》焉。”

④ 曇域《禪月集後序》：“先師名貫休，字德隱，婺州蘭溪縣登高里人也……以癸酉年三月十七日於成都北門外十餘里置塔之所地號昇遷，葬事既周，哀制斯畢。暇日或勛賢見訪，或朝客相尋，或有念先師一篇兩篇，或記三句五句，或未閒深旨，或不曉根源。衆請曇域編集前後所製歌詩文贊。日有見聞，不暇枝梧，遂尋檢藁草及暗記憶者約一千首，乃雕刻成部，題號《禪月集》。”時在後蜀乾德五年（923）癸未。

⑤ 《舊五代史·周書·和凝傳》：“凝性好修整，自釋褐至登台輔，車服僕從，必加華楚，進退容止，偉如也……平生爲文章，長于短歌豔曲，尤好聲響。有集百卷，自篆于版，模印數百帙，分惠于人焉。”（陳尚君《舊五代史新輯會證》卷一百二十七，復旦大學出版社2005年版，第3898頁。）按，凝十七舉明經，十九登進士第，爲賀瑰所辟。瑰與唐莊宗戰於胡柳陂，已是公元924年以後事，故和凝刻集當在貫休之後。

⑥ 1974年西安冶金機械廠內出土武周時期（690—699）《佛說隨求即得大自在陀羅尼神咒經》梵文單頁印本，1966年韓國慶州佛國寺釋迦塔發現武周後期（702—705）《無垢淨光大陀羅尼經》印本，1944年在四川成都唐墓出土八世紀刻印單頁梵文《陀羅尼》，1907年敦煌發現唐咸通九年（868）刊刻卷子本《金剛經》，1907年敦煌發現唐乾符四年（877）刊行之曆書。（參見潘吉星《中國韓國與歐洲早期印刷術的比較》，科學出版社1997年版。）佛教與民間之雕版印刷唐代甚爲普遍，是對曇域、和凝有直接影響。

⑦ 元稹《白氏長慶集序》：“二十年間，禁省觀寺、郵候牆壁之上無不書，王公妾婦、牛童馬走之口無不道，至於繕寫模勒，衒賣於市井，或持之以交酒茗者，處處皆是。揚越間，多作書模勒樂天及予雜詩，賣於市肆之中也。”王國維《兩浙古刊本考》云：“夫石刻亦可云募勒，而作書鬻賣，自非雕版不可。”靜安以後之究心版刻者多以雕版視之，然亦有持相反意見者，參辛德勇《唐人模勒元白詩非雕版印刷說》，《歷史研究》2007年第6期。

宋初承五季之弊，文尚駢儷，詞襲《花間》。柳子號呼，肩愈紹元，①倡文爲道筌，惡辭華理窟。其後禹偁、穆修，石介、尹洙繼起，鈔刻韓柳韻筆，鼓吹古文。時方雕槧勃興，官校經史，坊刻別集，一時蒐輯、編刊唐集之風燎如荼火。趙宋文人學士，浸潤激蕩其間，斐然述作，詡然自珍，人人思有集，家家欲傳世。然文集雖重詩文誄銘，亦包諫疏策林，事涉機密，議關黨爭，故帝王頒詔，朝廷敕令，②嚴申屢禁，權歸官府。及夫民間需求，書肆牟利，禁而不絕，焚而復生。《宋志》載天水一朝別集幾二千部，③迭經散佚蒐輯補刊，猶存八百餘家，④而沉晦湮滅者無算數。觀夫行狀墓誌，凡言詩文若干或數十百篇者，多在世未嘗纂次者也；其明著集名卷次者，皆生前已經董理者也；至於卷次、若干並見者，其將有待於後續者也。⑤然即經編簡，其刊梓與否，復又係之他因。或僅呈送有司以充史料，或冀貽遺子孫以留雪鴻，或欲刊而短於資，或將梓而慳於時，顯晦以運，沉沒係時。歐王三蘇，儁聲瓌望，生前刻集，一而再三，死而匯聚，流布後世。蘇門六君，酣筆健句，遭禁崇寧，毀而復刊。⑥既自珍意摯，復傳世心切，故生前約邀，卒後遺囑，冀文

---

① 柳開字仲塗，《郡齋讀書志》卷四謂其"幼奇警有膽氣，學必宗經。慕韓愈、柳宗元爲文，因名肩愈，字紹元。既而易今名字，自以爲能開聖道之塗也。集乃門人張景所編，歐公常推本朝古文自仲塗始"。
② 宋代帝王下詔禁止刊刻別集之令頻仍不絕，如大中祥符二年（1009）詔云："仍聞別集衆弊，鏤板已多，儻許攻乎異端，則亦誤於後學……其古今文集可以垂範欲雕印者，委本路轉運使選部內文士看詳，可者即印本以聞。"天聖五年（1027）中書門下省云："北戎和好以來，歲遣人使不絕，及雄州榷塲商旅往來，因茲將帶皇朝臣僚著撰文集印本，流布往彼，其中多有論說朝廷防遏邊鄙機宜事件，深不便穩。詔今後如合有雕印文集，仰於逐處投納，附遞奏聞，候差官看詳，別無妨礙，許令開板，方得雕印。如敢違犯，必行朝典，仍候斷遣訖，收索印板，隨處當官毀棄。"康定元年（1040）詔云："訪聞在京無圖之輩及書肆之家，多將諸色人所進邊機文字鏤板鬻賣，流布於外，委開封府密切根捉，許人陳告，勘鞫奏聞。"又至和二年（1055）歐陽修上《論雕印文字劄子》，元祐四年（1089）蘇轍有《北使還論北邊事劄子》等，其詔文見於《宋大詔令集》卷一百九十一、《宋會要輯稿·刑法二》，劄子見歐、蘇文集。
③ 《宋史·藝文志四》著錄別集類一千八百二十四部，二萬三千六百四卷，去六朝隋唐之別集，尚有一千餘部。
④ 四川大學古籍研究所沈治宏等所編《現存宋人別集版本目錄》著錄七百四十一家（巴蜀書社1990年版），至祝尚書著《宋人別集敍錄》，已謂現存約八百家左右。中華書局1999年版。
⑤ 孫覿《汪公墓誌銘》曰："公之文有《浮溪集》六十卷行於世，《後集》若干卷。"此蓋汪藻《浮溪集》生前已行世，嗣後續有所作，至卒後子孫欲纂輯而未成，故《誌》識爲"若干卷"。
⑥ 陳桱《通鑑續編》卷十一："〔崇寧二年四月〕乙亥，詔蘇洵、蘇軾、蘇轍、黃庭堅、張耒、晁補之、秦觀、馬涓文集，范祖禹《唐鑑》、范鎮《東齋記事》、劉攽《詩話》、僧文瑩《湘山野錄》等（轉下頁注）

豪達宦,代爲董事。①即子孫門徒,掇拾編次,亦必遍干鉅卿名公,求誌請序,留存人文。②遂致鴻筆巨擘,疲於摩韻調聲;緗縹緑帙,竟至集叙連篇。一變六朝隋唐之舊,下啓元蒙明清之俗。於時顯宦大家,或官雕坊刊;文士名流,則家刻私印。就中一人一集,一人多集,一集翻刻,諸家合刊,情形繁賾,莫可殫述,足見宋人念兹在兹,樂而忘返。唯大小二宋,③超凡脫俗,遺命戒子,不刊其集。④復其次者,壯悔少作,多所焚棄。⑤抑有異者,李直講厭其"妖淫刻飾"之什而删之,閔其劬勞之作而存之。⑥更有奇者,賀梅子初悔

(接上頁注)印板悉行焚毁。"陳均《九朝編年備要》卷二十九《禁元祐學術》:"中書省言:福建路印造蘇軾、司馬光文集,詔令毁板。今後舉人傳習元祐學術者,以違制論。明年,又申嚴之。冬詔曰:朕自初服,廢元祐學術,比歲至復尊事蘇軾、黄廷堅。軾、廷堅獲罪宗廟,義不戴天,片文隻字,並令焚毁勿存,違者以大不恭論。靖康初罷之。"按,廷堅即庭堅。

① 尹洙《河南先生集》爲范仲淹所哀輯,並爲作序。蘇舜欽《蘇學士文集》爲歐陽修所編集,並爲之序。

② 文彦博《文潞公文集》爲其少子維申"討求追緝",葉夢得所序。蘇頌《蘇魏公文集》由其子蘇攜編纂而請汪藻作序;汪藻生前編《浮谿集》請孫覿作序,死後又由孫覿志墓;孫覿《鴻慶居士集》等由周益公必大作序。周益公位極人臣,文譽隆盛,著作等身,其所著達八十一種,而文集即有二十餘種,所載當時達官文人墓誌及著作序跋極夥。張耒《柯山文潛先生集》亦由汪藻、周必大作序。凡此之類,不勝枚舉,姑略識數種,以見一斑而已。

③ 衢本《郡齋讀書志》卷十九:"宋祁字子京,開封雍丘人。天聖中與兄郊(按,宋庠初名郊)同舉進士,奏名第一,章獻以爲弟不可先兄,乃擢郊第一,而以祁爲第十。當是時,兄弟俱以辭賦妙天下,號大小宋。"

④ 宋庠《緹巾集記》云:"余幼學爲文,尤嗜篇什,而不能工也。然性習所牽,爲之不已,往往應和出諸公間,輒爲名公訓獎……然每自陋其辭,未嘗綴緝,叢章墜槀,亡逸頗多。一日,忽得新舊詩十餘卷于几案間,乃小兒充國等所次,覽之不覺掩口胡盧而笑,謂之曰:'此燕石也,與瓦礫無異。雖緹巾什襲,庸足寶乎。'命亟去之,兒曹懇祈留于舍中,弗廣布也。因取持橐近侍、出入藩輔至守鄭日所賦,姑爲限斷,兼以志擁旄之歲云。凡五百餘首,勒成十二卷,命曰《緹巾集》。"唐庚《宋景文集序》:"其將歿世,又命其子慎無刊類文集,故其秘而不傳於世。"兄弟二人名擅一時,而其自視者此,迥出儕輩遠矣。

⑤ 陳振孫《直齋書録解題》卷二十一"歌辭類"有韓元吉《焦尾集》,自序云:"予時所作歌詞,間亦爲人傳道,有未免於俗者,取而焚之。然猶不能盡棄焉,目爲《焦尾集》,以其焚之餘也。"晁公武《郡齋讀書志》謂陳師道"爲文之多,少不中意則焚之,存者才十一"。秦觀《淮海居士集自序》:"元豐七年,余將赴京師,索文稿於囊中,得數百篇。辭鄙而悖於理者輒刪去之。其可存者,古律體詩百十有二,雜文四十九,從遊之詩附見者四十有六,合二百一十七篇,次爲十卷,號《淮海閒居集》。"

⑥ 李覯《退居類稿自序》:"李覯泰伯以舉茂材罷歸。其明年慶曆癸未秋,因料所著文。自冠迄兹十五年,得草藁二百三十三首,將恐亡散,姑以類辯爲十二卷寫之。間或應用而爲,未能盡無愧,閔其力之勞,輒不棄去。至於妖淫刻飾尤無用者,雖傳在人口,皆所弗取。"

妄作而投諸煬竈，復悔才盡而衺拾爐餘。① 竟有撝者，張雪林吟入膏肓幾四十年，一聯一句一字一意，強弓牽滿不中不發，其稿則畀陳起一刪再削損之又損。② 致有食之無味，棄之可惜，集而名爲《雞肋》《志愧》③《敝帚》④《小醜》。⑤ 至乃獵奇趨僻，立名詭異，子勉《還還》，⑥昌穀《歎歎》，⑦文人天真之情，譎詭之想，殆有不可以常理度者也。

　　著作存没，固繫於時政禁毁；風什顯晦，亦關乎災禍人事，若水火之滅，蟲鼠之嚙，盜賊之竊，兵亂之掠，則逸散殘損，固所不免。而戚屬後裔之窮蒐遍撫也，片紙崑玉，隻字鴻爪，故真偽雜矣；家塾坊肆之輯刻牟利也，強生分別，牽合古稱，故名實亂矣。是以集部書名，猶當分疏。

　　晉宋文章，秘監編校，唯冠作者，羌無集名。齊梁結集，櫫次卷帙而已。

────────

① 賀鑄《慶湖遺老集自序》：“鑄生於皇祐壬辰，始七齡，蒙先子專授五七言聲律，日以章句自課。迄元祐戊辰（三年，1088），中間蓋半甲子，凡著之稿者，何啻五六千篇。前此率三數年一閱故稿，爲妄作也，即投諸煬竈灰滅後已者屢矣。年髮過壯，志氣日衰落，吟諷雖夙所嗜，亦頗厭調聲儷句之煩。計後日所賦益寡，而未必工於前，念前日之饗爐爲妄棄也，始衺拾其餘而繕寫之。後八年，僅得成集。”

② 影印南宋六十家小集本張至龍《雪林删餘自序》：“予自髫齔癖吟，所積稿四十年，凡删改者數四。比承芸居先生又摘爲小編，特不過十中之一耳。其間一聯之雕，一句之琢，一字之鍊，一意之鎔，政猶強弓牽滿，度不中不發，發必中的。今畊老（至龍子）猶以弱弓浪箭妄發，期中目之多……予遂再浼芸居先生就摘稿中抬出數首，名曰《删餘》，以授畊老。”

③ 晁補之《雞肋集序》云：“食之則無所得，棄之則可惜，其雞肋乎。故衺而藏之，謂之《雞肋集》。”葉夢得《石林奏議序》云：“進對以來，奏稿藏於家者若干篇，不忍盡棄，乃序次爲十卷，目之曰《志愧集》。”

④ 黄庭堅有《敝帚編》，見後注。傅維鱗《明書·經籍志》有包宏齋《敝帚稿》五冊（闕）。《四庫簡明目錄》作《敝帚稿略》八卷，謂從《永樂大典》中録出。包恢字宏父。《千頃堂書目》卷二十九又有張樞《敝帚稿》。

⑤ 《文獻通考·經籍考》卷六十六載眉山任盡言《小醜集》十二卷《續集》三卷，《直齋書録解題》卷十八、《蜀中廣記》卷九十九同。《宋志》作任正言，復云“續集五卷”恐誤。

⑥ 陳振孫《直齋書録解題》卷二十：“《還還集》二卷，直龍圖閣江陵高荷子勉撰。”黄庭堅《次韻高子勉十首》任淵注：“高荷字子勉，江陵人。上山谷長篇警句云：‘蜀天何處盡，巴月幾回彎。’因此得名。後知涿州而死，自號還還先生。事見曾慥《詩選》。”

⑦ 閻秀卿《吴郡二科志·徐禎卿傳》：“因感屈子《離騒》，作《歎歎集》。論者以‘文章江左家家玉，煙月揚州樹樹花’爲集中警句，雖沈、宋無以加。”王葆心《古文辭通義》卷二十：“至於《冷廬雜識》云洪洞范鄗鼎所著雜文名《草草草》，此集名之最奇者。又《楚寶》載宋江陵高荷有《還還集》，買似道有兵書名《奇奇集》，明徐禎卿有《歎歎集》，皆消遣悲愁之作，是三者名亦與人殊，要皆爲惡道耳。”按，高荷以號名集，禎卿慨《離騒》而歎，雖名涉奇怪，而情有可諒，未必以惡道目之。

此觀《隋》《唐》三志,瞭然無蘊。時唯思光《玉海》,初標集名;①子良文筆,略分內外;②元禮創格,一官一集。③ 文通綵筆,結撰前後。④ 元帝稱"小",⑤謝朓名"逸"。⑥ 領異標新,格局斯定。

"玉以比德,海崇上善",⑦清韻標品,揚芳蜚文。陳隋初唐,影響尚微,開天以還,綺思霞展。《童蒙》《雕蟲》,《玉笥》《香奩》,⑧《筆耕》《紫泥》,《乘輅》《梁苑》。⑨ 怡《浣花》而《忘筌》,⑩愛《崑玉》而《冥搜》。⑪ 宋元明清,齋號泛濫,冢卿台司,騷人墨客,無不搴香草,隱白雲,友三君,傲六出。施於文集,飾之詩篇,於是亭臺樓閣,掩映於松竹之間;軒館齋堂,點綴於芝蘭之旁。⑫ 山房草廬,宅心高潔;翰苑玉堂,寄志耿忠。遊情六合,比物天地。應有盡有,難狀難摹。

內外之名,萌自西漢。依經作傳曰內,羽翼經旨曰外。⑬ 劉向校書,簡

---

① 張融字思光。《隋志》引錄《七錄》有張融《玉海集》十卷,《大澤集》十卷,《金波集》六十卷,亡。
② 《南齊書・武十七王傳・蕭子良》:"所著內外文筆數十卷,雖無文采,多是勸戒。"《隋志》著錄"齊竟陵王子良集四十卷",《舊唐志》三十卷。
③ 《梁書・王筠傳》:"筠自撰其文章,以一官爲一集,自《洗馬》《中書》《中庶子》《吏部》《左佐》《臨海》《太府》各十卷、《尚書》三十卷,凡一百卷行於世。"按,"左"字據《隋志》《南史》《通志》補。《隋志》僅錄《洗馬集》十一卷、《中書集》十一卷、《臨海集》十一卷、《左佐集》十一卷、《尚書集》九卷,蓋已逸《中庶子》《吏部》《太府》等三集,《尚書集》殘。其著錄爲十一卷者,計合"錄"一卷。
④ 《梁書・江淹傳》:"凡所著述百餘篇,自撰爲前、後集,并《齊史十志》,並行於世。"
⑤ 《隋志》有《梁元帝集》五十二卷、《梁元帝小集》十卷。兩《唐志》錄《梁元帝集》五十卷,《舊唐志》又錄《梁元帝集》十卷,《新唐志》作"又小集十卷",蓋僅逸二卷。
⑥ 《隋志》有《齊吏部郎謝朓集》十二卷,又有《謝朓逸集》一卷。兩《唐志》十卷,蓋或散佚。
⑦ 《南齊書・張融傳》:"融自名集爲《玉海》,司徒褚淵問'玉海'名。融答:'玉以比德,海崇上善。'文集數十卷行於世。"
⑧ 權德輿有《童蒙集》十卷,王助有《雕蟲集》一卷,皮氏有《玉笥集》一卷,韓偓有《香奩小集》一卷,皆見《宋志》卷七"別集類"。
⑨ 崔致遠有《筆耕集》二十卷,王仁裕有《紫泥集》十二卷,《乘輅集》五卷,令狐楚有《梁苑文類》三卷。見兩《唐志》與《宋志》。
⑩ 韋莊有《浣花集》十卷,楊懷玉有《忘筌集》三卷,皆見《宋志》卷七"別集類"。又《郡齋讀書志》卷五云《諸儒鳴道集》中有安正《忘筌集》十卷。
⑪ 高輦有《崑玉集》一卷,殷文圭有《冥搜集》二十卷,皆見《宋志》卷七"別集類"。
⑫ 以亭臺樓閣、軒館齋堂與芝蘭、松竹乃至一切花草結合成齋堂而名其集者,宋元明清以還無慮成千上萬,唯例舉一二,必貽譏以偏不能概全,故略不舉示。以下皆同。
⑬ 《詩毛傳》依經作傳,伏勝《尚書大傳》則自解經旨,時解經之途有二而內外之名未立。至韓嬰"推詩人之意,而作《內外傳》數萬言",始有其名。今《韓詩外傳》存,略同伏勝《大傳》,皆所謂羽翼經旨者也。

擇真僞,《南華》《晏子》,因分内外。① 其後葛稚川、陶貞白效之,咸以旨趣所重爲内。② 雲英學綜儒典,敬信釋氏,集雖不存,恐亦以内外別釋儒。③ 魯直效《莊》,意後《語》《孟》,晚年繙然,復歸周孔。④ 劉敞《公是》,自創新例:議論文詞,自著爲内;制誥奏疏,議政爲外。⑤ 後世編刊,頗多仿摹。⑥ 舒芬《梓溪》,以專著爲内,雜文爲外。⑦ 清獻《全録》,以自著爲内,附録爲外。⑧

---

① 陸德明《經典釋文·序録》:"莊生宏才命世,辭趣華深,正言若反,故莫能暢其弘致,後人增足,漸失其真。故郭子玄云:'一曲之才,妄竄奇説……凡諸巧雜,十分有三。'《漢書·藝文志》:《莊子》五十二篇,即司馬彪孟氏所注是也。言多詭誕,或似《山海經》,或類占夢書,故注者以意去取。其《内篇》衆家竝同,自餘或有外而無雜,唯子玄所注,特會莊生之旨,故爲世所貴。"司馬彪所注分《内篇》七,《外篇》二十八,《雜篇》十四,余嘉錫謂即劉向所分。又劉向《晏子書録》:"凡中外書三十篇,爲八百三十八章,除復重二十二篇六百三十八章,定著八篇二百一十五章……其書六篇,皆忠諫其君,文章可觀,義理可法,皆合六經之義。又有復重,文辭頗異,不敢遺失,復列以爲一篇。又有頗不合經術,似非晏子言,疑後世辨士所爲者,故亦不敢失,復以爲一篇。凡八篇,其六篇可常置旁御覽。"是以六篇爲内,二篇爲外。
② 葛洪《抱朴子·自叙》:"《内篇》言神僊方藥、鬼怪變化、養生延年、禳邪却禍之事,屬道家;其《外篇》言人間得失、世事臧否,屬儒家。"是《外》儒而《内》道。《隋志》:"梁隱居先生陶弘景集三十卷,陶弘景内集十五卷。"今雖不可得見其原書,恐其與葛氏意同。
③ 梁任昉《齊竟陵文宣王行狀》謂其"貴而好禮,怡寄典墳。雖奉以物役,孜孜無怠。乃撰《四部要畧》《静住子》,並勒成一家,懸諸日月。弘洙泗之風,闡迦維之化"。《南齊書·武十七王傳·竟陵父宣王子良》:"子良字雲英……所著内外文筆數十卷,雖無文采,多是勸戒。"宋釋道燦編詩文爲《柳塘外集》,殆以有《語録》之故,明僧宗泐亦有《全室外集》,皆承子良内釋外儒之意。
④ 史容《山谷外集詩注原目》:"山谷自言欲做莊周,分其詩文爲内外篇,意固有在,非去此取彼。"《黄氏日鈔》卷六十五:"今愚熟考其書,其論著雖先《莊子》而後《語》《孟》,至晚年自列其文,則欲以合於周孔者爲《内集》,不合於周孔者爲《外集》。"
⑤ 劉攽《彭城集》卷十三《公是先生集序》:"内集二十卷,諸議論、辯説、傳記、書序、古賦、四言、文詞、箴贊、碑刻、誌、行狀,皆歸之内集;外集十五卷,諸制誥、章表、奏疏、駁議、齋文、覆謚,皆歸之外集。小集五卷,諸律賦、書啓,皆歸之小集。"
⑥ 陸隴其《三魚堂文集》十二卷《外集》六卷《附録》一卷,乃其從子禮徵哀輯,而請侯銓編次者。體例仿《公是集》,乃清史臣不知其所仿,駁之云:"按隴其學問經術,卓然爲國家理學之儒。集中奏議、公牘,正其明體達用之學,確然見之行事者,乃列之爲外集;至詩歌非隴其所長,轉列之爲内集,則本末倒置,毋乃非隴其之旨歟?是編次者之失也。"見《皇朝文獻通考》卷二百三十二。
⑦ 明舒芬字國裳,進賢人。正德丁丑進士第一,授翰林院修撰。生平著作爲《梓溪文鈔》凡十八卷,分内外集,外集爲雜文,内集則皆所著諸書,如《易問箋》一卷,《周禮定本》四卷,《東觀録》一卷,《太極繹義》一卷,《通書釋義》一卷。
⑧ 《四庫全書總目》卷六十《崔清獻全録》十卷提要謂"與之所著有《菊坡文集》,佚於兵火","僅存其《言行録》三卷,奏劄、詩文五卷。子璡因裒爲一編,又以理宗御劄及諸家詩文爲附録二卷……又蔣曾瑩家別有鈔本,分爲二集,《内集》二卷,前卷爲《言行録》,後卷爲奏劄、詩文;《外集》三卷,上卷爲所賜詔札,中卷爲宋史本傳及《續通鑑綱目》諸書所記與之事,下卷爲題贈詩文。"

至散文家集以駢文爲外，駢文家集以散文爲外，詩家之文，文家之詩，各以所重，軒輊內外。[1] 內外相對，外集已見歧出，宋以後人輯刻唐宋別集，復因正立外，遂歧外見雜。原集散落，重爲蒐輯，《劉夢得外集》是也；[2] 正集無損，更緝散佚，《小畜外集》是也；[3] 先編正集，復理遺逸，歐公《外集》是也。[4] 至退之子厚遺文，初隸"集外"，轉名"外集"。[5] 他若以實錄、[6]程試文、[7]長短句、[8]墓誌行狀、[9]偈頌題跋、[10]詔札贈答爲外集者，[11]各本

---

[1] 王葆心《古文辭通義》卷二十："近人散文家集中存駢文者則以駢文歸入外集，駢文家存散文者亦然。詩家之文，文家之詩皆然。"

[2] 陳振孫《直齋書錄解題》云："集本四十卷，逸其十卷，常山宋次道裒輯其遺文，得詩四百七篇，雜文二十二篇爲外集，然未必皆十卷所逸也。"

[3] 蘇頌《小畜外集序》："公之屬稿晚年手自編綴，集爲三十卷，命名《小畜》……而遺文墜簡，尚多散落，集賢君（禹偁曾孫王汾）購尋裒類，又得詩賦碑誌論議表書凡二十卷，目曰《小畜外集》。因其名，所以成先志也。"

[4] 吳充《行狀》："公之薨，上命學士爲詔，求書於其家，方繕寫進御……其遺逸不錄者尚數百篇，別爲編集，而未及成。"故蘇轍《神道碑》云："別有外集若干卷。"孫覿《鴻慶居士集四十二卷》周必大序引孫介宗云："今定爲四十二卷，其未備者方裒次《外集》"，可見宋時大家所見略同。

[5] 韓愈門人李漢始輯集爲四十卷。至北宋劉燁始輯韓愈佚文，蘇溥將劉輯佚文三十八篇及《順宗實錄》編爲"集外"十卷。故潮本《昌黎先生集》作"集外文卷第幾"，南宋祝充《音注韓文公文集》稱"外集卷幾"，可見北宋監本稱"集外"，南宋監本已稱"外集"。參見劉真倫《韓愈集宋元傳本研究》（中國社會科學出版社2004年版）。晁公武《郡齋讀書志》有《柳宗元集》三十卷《集外文》一卷，陸游《渭南文集》卷二十七《跋柳柳州集》："'此一卷集外文，其中多後人妄取他人之文冒柳州之名者，聊且裒類於此。子京。'右三十一字，宋景文公手書，藏其從孫晟家。然所謂集外文者，今往往分入卷中矣。淳熙乙巳五月十七日務觀校畢。"至陳振孫《解題》、趙希弁《附志》，已有《柳柳州集》四十五卷《外集》二卷，甚至《附錄》二卷，此可覘"集外""外集"名稱之轉換，以及"外集"之增加。

[6] 《順宗實錄》原當在史館，劉燁、蘇溥先編入"集外"，後《別本韓文考異》《東雅堂昌黎集注》等皆歸入《外集》。

[7] 《四庫全書總目》卷一百六十《象山集》二十八卷《外集》四卷附《語錄》四卷提要云："《外集》四卷，皆程試之文。"按，《四庫》本乃明李茂元重刻本，《天祿琳瑯書目》卷六著錄元刊本謂《外集》係五卷，其第五卷乃錄孔煒、丁端祖所撰謚議二篇，然則九淵《外集》仍止四卷也"，此與宋刻吳傑跋稱"《外集》四卷，先生行狀附焉"相符。

[8] 陳振孫《直齋書錄解題》卷十八："《龍川集》四十卷《外集》四卷……平生不能詩，外集皆長短句，極不工而自負，以爲經綸之意具在是，尤不可曉也。"

[9] 《四庫全書總目》卷一百六十一《北溪大全集》五十卷《外集》一卷提要："集爲其子榘所編，末有外集一卷，載奠祭文、誌銘、叙述五篇，亦榘所輯。"陳淳有《北溪字義》，乃朱門弟子中最爲篤實者，行狀見下注。

[10] 居簡有《北磵詩集》九卷《北磵文集》十卷，其《外集》宋淳祐刊本，存日本宮內廳書陵部。"全本凡偈頌三十六葉，贊十五葉，題跋六葉，末附《行述》一篇"。參見祝尚書《宋人別集叙（轉下頁注）

私意，不一而足，漸行漸遠，已非子良初意矣。

轉官換集，雅人妙思，時官兼顧，殆同編年。彰揚辭彩，紀纂勳伐，繼軌步武，代不絕人。在唐則顏魯公，①在宋則楊文公、②楊誠齋，③在元則柳道傳，④在明則宋文憲、⑤楊文襄，⑥在清則方象瑛、⑦馬維翰。⑧其後慧心蘭思，脫胎換骨，或以遊蹤名，如徐釚之《草堂》。⑨或以遊草名，如潘耒之

（接上頁注）錄》卷二十四，中華書局1999年版，第1216頁。

⑪ 以詔札、傳記、贈答爲外集，見前趙清獻《菊坡文集》蔣曾瑩家之別本。

① 《新唐志》"別集類"著錄其《吳興集》十卷，《廬陵集》十卷，《臨川集》十卷。

② 宋祝穆《古今事文類聚別集》卷二："宋楊億爲文，每一官成一集，所著《括蒼》《武夷》《潁陰》《韓成》《退居》《汝陽》《蓬山》《辭雲》《冠鼇》等集。"今《宋志》存其《蓬山集》五十四卷，《武夷新編集》二十卷，《潁陰集》二十卷等。

③ 楊誠齋萬里生前自編詩爲八集，《宋志》錄爲《南海集》八卷，《荆溪集》十卷，《西歸集》八卷，《朝天集》八卷，《江湖集》十四卷，《江西道院集》三卷，《朝天續集》八卷，《江東集》十卷，皆自有序。逝世後人爲編《退休集》十四卷，專收晚年之作。

④ 蘇天爵《柳待制文集叙》云："文集二十卷，別集又二十卷，皆公門生宋濂、戴良所彙次云。"明宋濂《柳待制文集跋》："年四十餘，北遊燕，始集爲書，名之曰《游橐》。及官成均，轉奉常，則又以職司名之曰《西雝槀》，曰《容臺槀》；出提舉江西，則又以地名之曰《鍾陵槀》；自江西退而家居，則又以所居齋名之曰《靜儉齋稿》；間嘗西游吳中，則又以游名之曰《西游稿》；游而歸休，日對烏蜀山，歠咏自娱，則又以山名之曰《蜀山稿》。未幾，召還禁林，述作日益富，尚未名稿而先生没，遂爲人乘間持去，今所存惟七稿。"

⑤ 宋濂文集以《潛溪》前集、後集，《鑾坡》前集、後集，《翰苑》續集、別集，《芝園》前集、續集，《朝京稿》等分編，蓋從其官也。《明志》與《宋學士文集》名稱略異，參見《宋濂全集》。

⑥ 楊文襄公一清《關中奏議》十八卷，以"生平章疏之文分爲六類：卷一、卷二曰馬政類；卷三曰茶馬類，則以副都御史督理陝西馬政時所上；卷四、卷五、卷六曰巡撫類，則巡撫陝西時所上；卷七、卷八、卷九曰總制類，則總制延綏、寧夏、甘肅邊務時所上；卷十曰後總制類，則其病歸復起時所上；卷十一至卷十八，則嘉靖四年以故相復提督三邊軍務以後所上也。以所陳多陝甘邊事，故以關中爲名"（見《四庫全書總目》）。又明毛伯溫《毛襄懋奏議》二十卷，亦以一官爲一集，分爲《臺中》《撫臺》《内臺》《總邊》《宫賓》《平南》《總憲》《樞垣》八集。

⑦ 方象瑛字渭仁，號霞莊，浙江遂安人。康熙六年進士，十八年薦試博學鴻詞，授翰林院編修。所著《健松齋集》二十四卷，文十六卷，詩八卷。詩分《秋琴閣詩》一卷，少作；《展臺詩鈔》二卷，官京師間作；《錦官集》二卷，康熙二十二年典蜀試時作；《四遊詩》一卷，即鄴遊、燕遊、越遊、楚遊；《萍留草》一卷，康熙十三年避閩難後與西陵諸子唱和之作。見柯愈春《清人詩文集總目提要》，北京古籍出版社2002年版，第一册，第232頁。

⑧ 馬維翰字墨麟，號仙侣，浙江海鹽人。康熙六十年進士。由給事中官至四川川東道。所著《墨麟集》十二卷計分：《歸省集》《跨驢集》《司勳集》《柱下集》《黄門集》《劍南廉訪集》等。

⑨ 徐釚字電發，號拙存，又號菊莊等，吳江人。康熙十八年薦試鴻博，授翰林院檢討。其詩舊有《昌亭草》《皖江草》《齊魯遊草》《西陵草》等，晚年歸田後輯爲《南州草堂集》三十卷。

《遂初》。① 或兼編年蹤迹名，如章永祚之《南湖》。② 誠可謂流光溢彩，錦川綉嶽，人籟徹天，芳草遍野矣。

蕭梁集名，方孕未萌，自纂心切，遂成前後。江淹之外，群相仿效。之遴子範，③聲馳齊梁；徐周沈江，④名謖陳隋。彥伯擅絕，⑤次山結撰，⑥已定名於生前；孝威流響，⑦李觀安邊，⑧殆補輯於身後。兩蘇以後，⑨名同實亂。定國之編《淮海》，乃刪剩之餘；⑩李彤之輯《豫章》，實兼綜三集；⑪陳起之刻

---

① 潘耒字次耕，號稼堂，晚號止止居士，江蘇吳江人。曾從顧炎武游，著有《類音》。其詩皆以"遊草"名集，如《少遊草》《夢遊草》《近遊草》《江嶺遊草》《海岱遊草》《臺蕩遊草》《閩遊草》《黃廬遊草》《楚粵遊草》《豫遊草》等。
② 永祚字錫九，號南湖，安徽貴池人。康熙二十年舉人。詩以行蹤與編年合編，所著《南湖集》十六卷，有《閩遊草》《邗江遊草》《金陵遊草》《泊江旅夢錄》《北征存稿》《西征草》《塞垣吟》《秦中遊草》《軍供草》《張掖遊草》《涼州夜游草》《歸省錄》《入覲吟》《應召集》《水部吟》等等。
③ 《梁書·劉之遴傳》："太清二年，侯景亂，之遴避難還鄉，未至，卒於夏口，時年七十二。前後文集五十卷行於世。"又《蕭子範傳》："尋遇疾卒，時年六十四。賊平後，世祖追贈金紫光禄大夫，諡曰文。前後文集三十卷。"
④ 徐勉著作豐贍，《梁書》本傳謂其所著前後二集四十五卷，《南史》作五十卷，《舊唐志》前集二十五卷，《後集》十六卷，《新唐志》前集三十五卷，《後集》十六卷，疑《舊唐志》"二"爲"三"之誤。《隋志》：陳金紫光禄大夫周弘讓集九卷、陳周弘讓後集十二卷；陳侍中沈炯前集七卷、陳沈炯後集十三卷。開府江總集三十卷、江總後集二卷。
⑤ 兩《唐書》本傳謂其："少以文學擅名"，"時司户韋暠善判事，司士李亙工於翰札，而彥伯以文辭雅美，時人謂之河中三絕"，"自晚年屬文，好爲强澁之體，頗爲後進所効焉。有文集二十卷行於時"。而兩《唐志》皆著録《徐彥伯前集》十卷，《後集》十卷，相加與本傳符，故推測其爲生前結撰。
⑥ 李商隱後序："次山有《文編》，有《後集》，有《元子》，三書皆自爲之序。"無疑生前所編。
⑦ 《隋志》：梁太子庶子《劉孝威集》十卷，至兩《唐志》有《劉孝威前集》十卷，《後集》十卷，或唐人拾掇續編。
⑧ 李觀以策干郭子儀，由此起家，"興元元年閏十月，拜四鎮北庭行軍、涇原節度使，檢校兵部尚書。在鎮四年，雖無拓境之績，勵卒儲糧，訓整寧軯"。《新唐志》載：《李觀集》三卷，陸希聲纂。《郡齋讀書志》謂"其後蜀人趙昂，又得其《安邊書》至《晁錯論》一十四首爲《後集》二卷"。
⑨ 蘇軾《東坡集》四十卷《後集》二十卷，《東坡集》又稱《前集》，乃著者手定，《後集》二十卷，經今人考證，以爲即由劉沔編録本增補而成，收罹杭州以後至北歸途中所作詩文，當是。蘇轍《欒城集》五十卷《後集》二十四卷《第三集》十卷，皆自纂輯。其《欒城後集引》云："予少以文字爲樂，涵泳其間，至以忘老。元祐六年(1091)，年五十有三，始以空疏備位政府，自是無述作之暇。顧前後所作至多，不忍棄去，乃裒而集之，得五十卷，題曰'欒城集'。九年，得罪出守臨汝，自汝徙筠，自筠徙雷，自雷徙循，凡七年。元狩三年(1100)，蒙恩北歸，寓居潁川。至崇寧五年(1106)，前後十五年，憂患侵尋，所作寡矣，然亦班班可見，復類而編之，以爲'後集'，凡二十四卷。"兩蘇皆生前結集，猶是齊梁古意。
⑩ 秦觀《淮海集》四十卷《後集》六卷《長短句》三卷。《淮海集自序》："元豐七年，余將赴京師，索文稿於囊中，得數百篇。辭鄙而悖於理者輒刪去之。其可存者，古律體詩百十有二，(轉下頁注)

《江湖》,皆續得之篇。① 其有先輯其文以待後續而無成者,如《李華前集》《中集》,《李翰前集》;② 復有盡棄少作獨挹老成所作以名其書者,如《恕谷後集》,③ 是則前者無"後"而後者無"前"矣。後猶續也,故變而名續。其始也避後稱續,④ 其繼也泛稱續集,其終也再三相續,繩續無休。

梁武博學罕匹,駿才獨騁,詩賦與雜文三分,別集與目錄合一。⑤ 斠諸

(接上頁注)雜文四十九,從遊之詩附見者四十有六,合二百一十七篇,次爲十卷,號《淮海閒居集》。"是以其集爲行卷之用。《通志》《郡齋讀書志》又有二十九卷、三十卷本。乾道九年(1173),王定國守高郵,乃"搜訪遺逸,咀華涉源,一字不苟,校集成編,總七百二十篇,釐爲四十九卷"。按此四十九卷乃總言之。祝尚書曰:"王定國何以在前集四十卷外另編《後集》六卷……殆不欲亂其編次,因以爲前集,再將其所編輯爲後集即無名氏所謂'今又采拾遺文而增廣之'云爾",《宋人別集叙錄》,第 555—569 頁。

⑩ 山谷文集今傳者一曰《內集》,即《豫章黃先生集》,又稱"前集""正集",爲外甥洪炎所編;一曰《外集》,又稱"後集",爲李彤所編;一曰《別集》,諸孫黃㽦所編。據《避暑錄話》卷上引黃元明說:"魯直舊有詩千餘篇,中歲焚三之二,存者無幾,故自名《焦尾集》。其後稍自喜,以爲可傳,故復名《敝帚集》。晚歲復刊定,止三百八篇,而不克成。今傳于世者,尚幾千篇也。"李彤跋《後集》云:"彤曩聞先生自巴陵取道通城,入黃龍山,盤礴雲騰,爲清禪師徧閱《南昌集》,自有去取。仍改定舊句。彤後得此本於交遊間,用以是正,其言'非予詩'者五十餘篇,彤亦嘗見於他人集中,輒已除去。其稱'不用'者,後學安敢棄遺?今《外集》十一卷至十四卷是也。"是《外集》後四卷乃《南昌集》删去非黃庭堅之詩文。又史容《外集詩注引》云:"《焦尾》《敝帚》,即《外集》詩文。"是李編《後集》實兼綜《焦尾》《敝帚》《南昌》三集詩文也。

① 據《永樂大典》所載,宋陳起編有《江湖集》《江湖後集》《中興江湖》等。四庫館臣校覈其異同,"有其人已見前集,而詩爲前集未載者,凡敖陶孫、李龏、黃文雷、周文璞、葉茵、張蘊、俞桂、武衍、胡仲參、姚鏞、戴復古、危稹、徐集孫、朱繼芳、陳必復、釋斯植及起,所作共十七人。惟是當時所分諸集,大抵皆同時之人,隨得隨刊,稍成卷帙,即別立一名以售,其分隸本無義例,故往往一人之詩而散見於數集之內"。

② 三書見《新唐書·藝文志》,《唐書經籍藝文合志》,商務印書館 1956 年版,第 342 頁。

③ 李塨字剛主,號恕谷,直隸蠡縣人。生於順治十六年(1659),卒於雍正十一年(1732)。晚年編集,盡棄康熙四十二年(1703)即四十四歲以前所爲之文,唯存此後所作,故名爲《恕谷後集》。有門人閻鎬編定,雍正四年刻版。

④ 《宋志》東坡有《蘇軾前、後集》七十卷《奏議》十五卷《補遺》三卷《南征集》一卷《詞》一卷《南省説書》一卷《應詔集》十卷《內外制》十三卷《別集》四十六卷《黃州集》二卷《續集》二卷《和陶詩》四卷《北歸集》六卷。此處《續集》不知何指。東坡另有《續集》十二卷,係海虞程氏所編。是否因已有《東坡後集》,不便重復,故改稱"續集",無可質指。然《宋志》載朱熹《前集》四十卷《後集》九十一卷《續集》十卷《別集》二十四卷,丁逢《郴江前集》十卷又《後集》五卷《郴江續集》九卷,則知因有"後集"而另稱"續集"。

⑤ 此指《隋志》將其作品分爲《梁武帝集》二十六卷,《梁武帝詩賦集》二十卷,《梁武帝雜文集》九卷,《梁武帝別集目錄》二卷,殆梁陳閒人之共識。因孝緒《七錄》在文集錄第四下仍將別集與雜文分開。武帝雜文集分編,當爲時人所認同。

《文心》，固齊梁文體之區類也。① 僧孺文集，彈事不入，②亦其比也。李唐詩韻，寄情宣志，常袞之詔，楊炎之制，③乃至權德輿、令狐楚、武儒衡之表奏，④並不與詩文雜廁，蓋政事與藝能有別，韻文與載筆異轍也。北宋之翰林舉首，文章巨擘，咸能蹈矩循軌。如王元之之《承明》，⑤張樂全之《玉堂》，⑥蘇東坡之《內外制》，⑦周益公之《應制》，⑧此外則韓魏公、⑨蔡忠惠、⑩王履道、⑪葉石林，⑫皆秉遵其式。至有掇集之以南臺、⑬西垣、⑭翰苑、⑮掖垣名者，⑯固

---

① 《文心雕龍·雜文》："漢來雜文名號多品，或典誥誓問，或覽略篇章，或曲操弄引，或吟諷謠詠，總括其名，並歸雜文之區。"雜文既如劉說，而詩賦又爲韻文，則《梁武帝集》之所以不稱"文集"者，當收入書啓、碑誄、哀吊、詔策、論說之類，以與文（詩賦）及雜文區別。齊梁頗重文體分類，故武帝纂集，各自爲編。
② 《梁書·王僧孺傳》謂其"集十八州譜七百一十卷，《百家譜集》十五卷，《東南譜集鈔》十卷，《文集》三十卷，兩臺彈事不入集內，爲五卷，及《東宮新記》竝行於世"，是彈事與詩賦有文筆之別。
③ 《新唐志》有《常袞集》十卷，又《詔集》六十卷。《楊炎集》十卷，又《制集》十卷（蘇弁編）。
④ 《新唐志》有權德輿《童蒙集》十卷，又集五十卷，《制集》五十卷。令狐楚《漆匲集》一百三十卷，又《梁苑文類》三卷，《表奏集》十卷。《武儒衡集》二十五卷，又《制集》二十卷。皆以詩賦與詔制、表奏分編，深得文體之要。
⑤ 《通志》著録王禹偁《小畜集》《別集》外，又有《奏議》三卷、《承明集》十卷、《制誥集》十二卷等。
⑥ 王鞏《張方平行狀》："文四十卷，號曰《樂全集》，內外辭制雜著二十卷，號曰《玉堂集》。"
⑦ 《東坡集》四十卷、《後集》二十卷、《奏議》十五卷、《內制》十卷、《外制》三卷、《和陶詩》四卷、《應詔集》十卷。東坡文集，多係生前編定。其奏議、內外應制及應詔文，皆與詩文分編，後世合刊，是當別論。
⑧ 周必大有《政府應制藁》一卷，與他集分編，見《宋志》。
⑨ 韓琦除《安陽集類》五十卷外，又有《二府忠議》五卷、《諫垣存藁》三卷、《陝西奏議》五十卷、《河北奏議》三十卷等，見陳薦《韓公墓誌銘》。
⑩ 蔡襄諡忠惠。有集六十卷，又有《奏議》十卷，見《宋志》。今存《莆陽居士蔡公文集》三十六卷。
⑪ 王安中字履道，號初寮。元符三年（1100）進士，官至尚書左丞。擅長四六，爲當時詞林之矜式。原有《初寮》前集四十卷，《後集》十卷，今存《初寮集》八卷。《郡齋讀書志》謂其"前集，中興以前；後集，中興以後文也。內外制二十六卷，則李文敏公邴序"，是內外制不與其集也。
⑫ 葉夢得有《石林奏議》十五卷。據《通考》卷二百四十七引録葉氏《志愧集序》云："進對以來，奏稿藏於家者若干篇，不忍盡棄，乃序次爲十卷，目之曰《志愧集》。"是生前所編。後第三子葉模增輯成十五卷。葉氏有《石林總集》一百卷，據其姪孫葉筌於開禧二年（1206）跋謂《總集》不載《奏議》，"往往見者爲之興嘆"。《總集》今存，其中《石林建康集》八卷，亦當時一官一集之標志。
⑬ 南臺，御史臺。宋趙抃有《南臺諫垣集》二卷、《清獻盡言集》二卷，見《宋志》。
⑭ 西垣，唐宋中書省別稱。宋敏求有《書闈前後集》，又有《西垣制詞文集》四十八卷。鄧綰《治平文集》三十卷，又有《翰林制集》十卷、《西垣制集》三卷、《奏議》二十卷、《雜記詩賦》五十卷。皆見《宋志》。
⑮ 翰苑，翰林院別稱。宋梁周有《翰苑制草集》二十卷，見《宋志》。又無名氏《翰林牋奏集》三十卷，見《秘書省續四庫書目》，亦屬此類。
⑯ 掖垣，中書、門下二省。宋周必大有《掖垣類藁》七卷，王應麟有《掖垣類藁》二十二卷。

可見一時之風氣矣。① 然文體一道，非盡人皆知。張方平特委敏吏，以爲知體，②是知別集排纂，非可率意。子孫不諳文軌，徒懷孝思，但匯編寄情，或難免差池。後世重輯復刻，唯求其全，多合難分。朱明臺臣，獨別奏議，③內外制文，不復分行。④ 降及有清，奏議入集。⑤ 集而容史，無復古意矣。

　　文體排纂，變化多端，魏晉篇什，類次而已。梁武詩賦獨帙，雜別分編。⑥《韓集》首賦，仿自蕭統，⑦《柳集》殿詩，意出潘緯。⑧ 夢得編集，上承諸子，王道爲先，其例至善，⑨惜乎湮沒，聞者蓋寡。⑩ 致以賦詩居首，書啓蟬聯，誌狀殿後，著爲常例。⑪ 兩宋文體繁雜，六家之集，或因或革。⑫ 及黎編

---

① 馬端臨《文獻通考·經籍考》之別集分爲詩集、歌詞、奏議三門。其將奏議獨立，殆宋時之普遍分類。
② 張方平《樂全集》卷三十四《謝蘇子瞻寄樂全集序》："凡所經述，或率意，或應用，每有藁草，投之篋中，未嘗再閱。若再閱，輒不如意，自鄙惡之，故積兩篋不曾有所改竄。熙寧中，得南京留臺，無事，有一吏頗敏利，亦稍知文章體式，因付兩篋令編次之。便依篇目，各成倫類，亦不曾親閱。有書吏三數人，鈔錄成卷帙。"
③ 明代史臣編集，將奏議另編者頗多，見之於《明史·藝文志》者有五十二家。商輅、于謙等爲其著者。
④ 唯瞿景淳有《內制集》一卷，《文集》十六卷，見《明史藝文志·補編·附編》，商務印書館1959年版，第106頁。
⑤ 奏議、制誥等皆編入文集，不復分行，此清初陳廷敬《午亭文編》等已然。
⑥ 《隋志》有《梁武帝集》二十六卷，《梁武帝詩賦集》二十卷，《梁武帝雜文集》九卷，《梁武帝別集目錄》二卷。兩《唐志》錄《梁武帝集》十卷，蓋已散佚多多矣。
⑦ 昭明《文選》三十卷，以賦甲、賦乙爲次，李善注遂分爲六十卷，而猶存賦甲至賦癸，詩甲至詩庚。其編首賦，次詩，次騷，次七，次詔、冊、令、教、文、表、上書、啓、彈事、牋、奏記、書、檄、對問、設論、辭、序、頌、贊、符命、史論、史述贊、論、連珠、箴、銘、誄、哀、碑文、墓誌、行狀、祭文。雖爲總集序次，而多爲後來別集所仿效。
⑧ 《增廣注釋音辨唐柳先生集》宋乾道三年吳郡陸之淵序云：編著其書者，乃潘緯字仲寶者，雲間人。
⑨ 劉禹錫《唐故衡州刺史呂君集紀》云："古之爲書者，先立言而後體物。賈生之書首《過秦》，而荀卿亦後其賦。和叔年少遇君，而卒以譎似賈生，能明王道似荀卿，故余所先後視二書，斷自《人文化成論》至《諸葛武侯廟記》爲上篇，其它咸有爲而爲之。"別集出於諸子，此蓋以《人文化成論》爲首也。見《劉禹錫集》卷十九及《呂衡州集》卷首。
⑩ 晁公武《郡齋讀書志》卷十七云："《呂溫集》十卷……劉禹錫爲編次其文，序之云……今集先賦詩後雜文，非禹錫本也。"又，劉禹錫曾編輯柳宗元文四十五通，序而行之，今所見潘緯輯本首雅詩歌曲與賦，亦非劉意也。
⑪ 今所見六朝別集如《鮑明遠集》《謝宣城集》《江文通集》《庾子山集》，唐代別集如《王子安集》《駱臨海集》乃至《劉禹錫集》，恒先賦後詩或先詩後賦，而行狀、碑誌等殿後，蓋皆後人依李漢編《韓集》仿《蕭選》序次也。
⑫ 《居士集》以古律詩居首，賦次之；《三蘇全集》例云："老泉、東坡詩列文後，穎濱三集詩列文先。"老泉詩列十四，東坡詩列四十三，穎濱則以詩、賦、詞相次。南豐以詩居首。王文公以古律詩、集句、歌曲、輓詞、四言詩爲首，賦次之，樂章又次之。其他文體，各自錯列，不相一致。

《水心》,以奏劄弁首,抑詩文其後,①或遙承劉意。俟齋端居山中,究心編例,誚責李漢,自創所重。② 牧齋之選《震川》也,冠經屣書;③蓉洲之緝《望溪》也,異境同歸。④ 乾嘉考據肇興,詩文學術分途,亦官亦學,或經或史,各自編纂,百人千面,分合叢雜,奔流不歸矣。

劉琨別集,書佚難徵。⑤梁武別集目錄,或乃正集之目錄,以別於集也。蓋孝緒《七錄》,集有其錄,錄以叙名,兼綜篇目。⑥ 武帝卷帙豐贍,釐爲二卷,蓋與四部"別集"異撰。唐末宋初編集,各以著述所重。以制誥名者,則詩賦雜文爲別,《會昌別集》是也;⑦以歌詩鳴者,則賦序書讚爲別,《李翰林別集》是也。⑧ 逮人自爲集,蒐編坊刻之風行,別集之義遂莫可定於一矣。

―――――――――

① 黎諒編《水心先生文集》二十九卷,以《奏劄》一卷、《狀表》一卷、《奏議》三卷、《詩》三卷、《記》三卷……相次,或以奏劄、狀表、奏議皆關乎政事,切乎民生,詩文莫或能先之也。
② 徐枋《居易堂集?凡例》十一則,專論別集編例,以爲"文集重編次,編次者,前後是也。集之居前者,大約須觀其全集之次,唯其所重,以其文之多而有關係者爲首列,斯爲得體"。
③ 《震川先生文集》編例云:"錢宗伯所編集三十卷,首經解,末書。又別集十卷,首制辭,末論策。今大概因之。獨以爲古人文集書多在前,不當置之末卷,今移置書三卷于贈送序之前,而以祭文爲末卷。又論策據《蘇文忠集》編在策問之前,今移置於別集之首,策問次之。《文選》諸書詩在文前,今以府君所專攻者文也,詩不過餘興及之,篇章亦不多,故從《柳子厚集》之例,以詩居末。"
④ 戴鈞衡以爲"六經四子皆載道之文也,而不可以文言也",其《重刻方望溪先生全集序》云:"我朝有天下數十年,望溪方先生出,其承八家正統,就文核之,亦與熙甫異境同歸。獨其根柢經術,因事著道,油然浸漬乎學者之心而羽翼道教,則不惟熙甫無以及之,即八家深於道如韓、歐者,亦或猶有憾焉。"是其編方集以"讀經"、"讀子史"、"論説"相次,蓋承牧齋所編之《歸集》,以爲唯經能載道也。而將詩賦次於哀辭、祭文、銘贊頌之後,殆亦爲小道云。
⑤ 《隋志》有《晉太尉劉琨集》九卷梁十卷,《劉琨別集》十二卷。
⑥ 《隋志》集部書下引錄阮孝緒《七錄》,多言"錄一卷",而每比《隋志》無錄者多一卷,論者謂係該書之目錄。
⑦ 《會昌一品集》稱"制集",所收皆詔敕制誥之類,以此爲"正集",則衞公之詩賦自當另編。錢大昕《跋李衞公集》云:"右《李衞公文集》二十卷,即《會昌一品集》也。《別集》十卷,其前二卷雜賦也,後二卷《平泉山居艸木記》也。《外集》三卷,《窮愁志》也。衞公撰述,各自爲名,後人編集,併而一之。"此所謂別於集也。唐陸贄《翰苑集》亦制集,故權德輿撰《陸宣公翰苑集序》云:"公之文集有詩文賦集表狀,爲別集十五卷。其關於時政,昭昭然與金石不朽者,惟制誥奏議乎。"宋寶章閣直學士方大琮《鐵庵遺藁》收其奏疏章表,而其子將其尺牘、決訟等將匯爲《別集》,見劉克莊《後村先生大全集》卷九十五《鐵庵遺藁》。總之,此類編法,如錢牧齋所云"著述從其所重也"。
⑧ 宋初咸平間樂史《李白別集序》云:"李翰林歌詩,李陽冰纂爲《草堂集》十卷。史又別收歌詩十卷,與《草堂集》互有得失,因校勘排爲二十卷,號曰《李翰林集》。今於三館中得李白賦序表讚書頌等,亦排爲十卷,號曰《李翰林別集》。"

《武夷別集》,避讒篇什也;①《水心別集》,制科進卷也;②《無為別集》,釋老之詩也;③《伯衡別集》,專著之文也;④《文山別集》,自述他輯也;⑤《震川別集》,寺志紀行也。⑥ 概而言之,皆詩賦文論為重,而有別於正集也。至《杜甫別集》,另有一本也。⑦《豫章別集》,正續所逸也。⑧ 要以先後刊刻為準,而為古人共識。⑨ 或有正編作者手定,編者不敢以"續",謙稱為"別"者,乃式敬偶例。⑩ 明清而下,師心逞意,多歧無歸,難以縷陳。

---

① 陳振孫《直齋書錄解題》卷十七:"《武夷集》二十卷《別集》十二卷,翰林學士文公浦城楊億大年撰……別集者,祥符五年避讒佯狂,歸陽翟時所作也。"
② 陳振孫《直齋書錄解題》卷十八:"《水心集》二十八卷《拾遺》一卷《別集》十六卷,吏部侍郎永嘉葉適正則撰。《外集》者,前九卷為制科進卷;後六卷號'外藁',皆論時事;末卷號'後總',專論買田贍兵。"是皆有別於詩賦、奏議、狀表等。
③ 楊傑《無為集》十五卷,《別集》十卷。趙士彰序云:"其詩賦、碑記、雜文、表啓,共分一十五卷;若釋、道二家詩文,則見諸《別集》云。"陳振孫《直齋書錄解題》卷十七:"傑喜談禪,《別集》皆為釋老,而釋又居十之九。"
④ 蘇平仲《空同子瞽說》一卷,《蘇平仲文集》收入第十六卷,題為"別集"。《四庫全書總目》云:"是書仿諸子文體,多託物寓意之詞。"
⑤ 王陽明《文山別集序(甲戌)》:"《文山別集》者,宋丞相文山先生自述其勤王之所經歷,後人因而採集之以成者也。其間所值險阻艱難,顛沛萬狀,非先生之述,固無從而盡知者。先生忠節蓋宇宙,皆於是而有據。"
⑥ 《震川文集》,乃請錢牧齋手定。牧齋自述其例曰:"次記三卷,舊有紀行諸篇,今取陸放翁、范石湖例入《別集》……歐、蘇集是二公手定,外制、奏議別為一集,今集中纔數篇,故居《別集》之首,而策問附焉……次《馬政志》一卷,先生邢州入賀時留纂修寺志,故有此作。既有關於國故,其文則自謂倣《史記》六書也,取昌黎《順宗實錄》例繫之《別集》。"見《震川文集》附錄。
⑦ 蘇舜欽《題杜子美別集後》:"杜甫本傳云:'有集六十卷',今所存者才二十卷。又未經學者編輯,古律錯亂,前後不倫。蓋不為近世所尚,墜逸過半,吁!可痛閔也。天聖末,昌黎韓綜官華下,於民間傳得號《杜工部別集》者,凡五百篇。予參以舊集,削其同者,餘三百篇。"此有與流傳之集同者約二百篇,顯為別一集本也。《蘇學士文集》卷十三。
⑧ 《豫章黃先生別集》二十卷,淳熙九年(1182)黃䶵跋:"先太史《別集》,皆今《豫章》前、後集未載。蓋李氏(按,指李彤)所編,多循洪氏(按,指洪炎)定次舊本,故《毀璧序》所以不錄,而《承天塔院記》實兆晚年之禍者,亦復遺遺。"䶵"用是類次家所傳集,博求散亡,得八百六十六首……合為十九卷"。
⑨ 朱熹《答呂伯恭書》:"寄及《橫渠文集》,此有一寫本,比此增多數篇,偶為朋友借去,俟取得寄呈,可作別集以補此書之闕也。"
⑩ 周紫芝《書譙郡先生文集後》:"余頃得《柯山集》十卷於大梁羅仲洪家,已而又得《張龍閣集》三十卷於內相汪彦章家,已而又得《張右史集》七十卷於浙西漕臺。先生之製作,於是備矣。今又得《譙郡先生集》一百卷於四川轉運副使南陽井公之子晦之,然後知先生之詩文為最多。當猶有網羅之所未盡者,余將盡取數集,削其重復,一其有無,以歸於所謂一百卷者,以為先生之全書焉。晦之泣為余言:'百卷之言,皆先君無恙時貽書交舊而得之,手自校讎,為之是正,凡(轉下頁注)

建平文集，王《志》所次，阮《錄》失載，《唐志》難據。①元帝宏制，別出小集。②自編謙稱，他輯非全。樊晃蹕事，挹輯杜詩。③元稹分體，遴簡選本。④宋祁守蜀，乃有小集，⑤帙屬輕短，情同官集。⑥羅願卒鄂，清之裒集，高勝可傳，不暇求全。⑦書肆崛起，科舉暢行，選本精要，薄帙易銷，作家馳名，書賈牟利。⑧復乃分選匯刻，變本加厲，⑨易售易得，蔚成風習。其後各冠雅名，點綴緗帙，聊寄情愫，兼志踪迹。有清吟客，獨好此尚，大名小名，總集小集，衍化變幻，更僕難數，至查初白《敬業堂集》五十六卷細分小集五十八名

（接上頁注）一千八百三首，歷數年而後成。君能裒其所未得者，以補其遺，是亦先君子之志，而某也與有榮耀焉。'因謂晦之：'他日有續得者，不可以贅君家之集，當為《別集》十卷，以載其逸遺而已。'"

① 《舊唐志》錄《宋建平王集》十卷，《宋建平王小集》十五卷；《新唐志》錄《建平王宏集》十卷，又《小集》六卷。建平王宏之詩文，王儉《七志》當錄，而阮孝緒《七錄》失收，蓋曾一度流散。《舊唐志》所錄小集多於本集，不知其故。

② 《隋志》：《梁元帝集》五十二卷，《梁元帝小集》十卷。《兩唐志》錄《梁元帝集》五十卷，《舊唐志》又錄《梁元帝集》十卷，《新唐志》作"又小集十卷"，蓋僅逸二卷。

③ 《新唐志》載《杜甫集》六十卷外，有潤州刺史樊晃編輯《小集》六卷。樊晃《小集序》云："文集六十卷，行於江漢之南，常蓄東遊之志，竟不就……今採其遺文凡二百九十篇，各以事類分為六卷，且行於江左。君有子宗文、宗武，近知所在，漂寓江陵，冀求其正集，續當論次云。"蓋樊氏知有六十卷宏著，而所得甚少，因名"小集"，冀求正集而續編之。

④ 《新唐志》載：《元氏長慶集》一百卷，又《小集》十卷，《元白繼和集》一卷，《三州倡和集》一卷（元稹、白居易、崔玄亮），《劉白倡和集》三卷（劉禹錫、白居易）。十卷本《小集》或自選，或他選，必是作品之精華。是當時在文集之外，復有選本及倡和集。

⑤ 晁公武《郡齋讀書志》卷四下："《宋景文集》一百五十卷……集有《出麾小集》《西川狼藉》之類，合而為一。"《蜀中廣記》卷一百謂兩書乃"宋祁出守益州所著"。《通志》卷七十載《出麾小集》五卷。

⑥ 此猶一官一集者也。

⑦ 樓鑰《攻媿集》卷七十二《又題所書羅端良文三篇》："新安羅端良願，公輔器也。止于鄂州，世所共惜。劉子澄清之為倅，亟以其詩文為小集，以不暇求全也。所作無不精妙，而《陶令祠堂記》《社壇記》《爾雅翼後序》尤為高勝。"

⑧ 吳聿《觀林詩話》："《滹水燕譚記》：張芸叟奉使遼東，宿幽州館中。有題子瞻老人行於壁者，聞范陽書肆亦刻子瞻詩數十首，謂之《大蘇小集》。芸叟題其後云：'誰傳佳句到幽都，逢著胡兒問大蘇。莫把文章動蠻貊，恐妨談笑臥江湖。'"小集所收之少，在十餘篇至數十篇之間。宋吳子良《荊溪林下偶談》卷四《唐任翻詩》："唐項斯、周朴、任翻，皆赤城人。能詩，見《赤城志》。按《唐文志》：項斯詩一卷，周朴詩二卷，任翻詩一卷。獨翻詩世罕傳者，今郡齋有翻小集，僅十篇而已。"

⑨ 《宋百家詩存·例言》："宋人各家詩分選彙刻，宋時已有之。如呂居仁《江西詩派》二十五家，陳思《名賢小集》六十四家。"又卷二十八《芸居乙藁》下云："陳起字宗之，錢唐人。寧宗時鄉貢第一，時稱陳解元。事母至孝，開書肆於臨安，齎書以奉母。因取江湖間名人小集數十家，選為《江湖集》，彙刊以售，人盛稱之。"

而臻極致矣。① 唯衆名雜沓,小大難分,文獻著録,繁雜歧出,宜爲實齋譏斥,恨不以付丙丁也。②

逸詩云者,相對官學,三家不收,故得云逸。③ 謝集十卷,或未盡全,復輯遺佚,掇爲逸集。④ 鄭樵所録,尚有《魏武逸集》;⑤理堂所編,亦稱《望溪逸集》。⑥ 逸遺義近,佚逸音同,轉相遞用,名目滋多。⑦

古人立名,各有攸當。《隋志》有云:屬文之士,流風殊別,欲觀體勢、見心靈,故別聚其文,名之爲集。是集也者,集聚其文之謂。迨及後世,謙而自抑,稱"稿"名"草";矜而自雅,曰"吟"云"詠"。復與内外前後正續别遺、亭軒齋館美名雅稱交互織組,遂乃緑漪千態紅霞萬姿、流心蕩漾觸目尖新矣。

雖然,猶有歎焉者,以爲"古之以别集自見者多矣,而多不傳;傳矣,而不能久;傳且久矣,而或不著;其傳而久、久而著者,數十家而已"。⑧ 旨哉斯言! 夫懋堂以自律嚴,責人苟馳聲,電光一瞥,閲盡千古矣。有清别集近二萬家,四萬餘種,或學有純駁,或文有工拙,其能播在人口者,竟不及百一。若王鳳喈、錢曉徵、阮伯元者,人中之龍也;其《西莊始存稿》《潛研堂集》《揅

---

① 《敬業堂集》五十卷《續集》六卷,計分《慎旃集》《迤歸集》《西江集》《瑜淮集》《假館集》《人海集》《春帆集》《獨吟集》《竿木集》《題壁集》《橘社集》《勤酬集》《溢城集》直至《忘歲集》《粤遊集》等五十三集,加上《續集》所含《漫與集》《餘生集》《詣獄集》《生還集》《住劫集》五集,計五十八集。

② 章學誠《文史通義·内篇·繁稱》:"集詩集文,因其散而類爲一人之言,則即人以名集,足以識矣……其文與詩,既以各具標名,足固無庸取其會集之詩文而别名之也。人心好異,而競爲標題,固已侈矣。至於一名不足,而分輯前後,離析篇章,或取歷官資格,或取遊歷程途,富貴則奢張榮顯,卑微則醖釀寒酸,巧立名目,横分字號,遂使一人詩文集名無數,標題之録,靡於文辭,篇卷不可得而齊,著録不可從而約,而問其宗旨,核其文華,黄茅白葦,毫髮無殊,是宜概付丙丁,豈可猥塵甲乙者乎?"

③ 《毛詩·小雅·都人士》首章下孔穎達正義:"《襄十四年·左傳》引此二句,服虔曰:'逸詩也。《都人士》首章有之。'《禮記》注亦言'毛氏有之,三家則亡',今《韓詩》實無此首章。時三家列於學官,《毛詩》不得立,故服以爲逸。"依照服虔之説,所謂逸詩,乃是相對於官學博士所傳授者而言。

④ 《隋志》有《齊吏部郎謝朓集》十二卷,又有《謝朓逸集》一卷。兩《唐志》十卷,蓋或散佚。

⑤ 《通志·藝文略》載:《魏武帝集》三十卷,《武帝逸集》十卷。

⑥ 蘇惇元《跋方望溪先生全集集外文》云:"至韓理堂所編《逸集》,任心齋所藏逸稿,高密單氏所藏遺稿,今雖猝不得見,然審思之,恐此集所遺者亦不多矣。"

⑦ 後世有"遺稿""遺集""遺文""輯遺""逸稿""佚稿""佚集""佚文""輯佚"以及"補遺""輯補"等等不同名目,而其實則相近,皆對已編成集之增補。

⑧ 段玉裁《潛研堂文集序》,《經韻樓集》卷八,上海古籍出版社 2008 年版,第 186 頁。

經室集》者，誠傳而久、久而著者也。二百餘年來，隨樸學而盛傳於學人間，其若勿讀勿知，雖曰不學無知可也。然三人生前皆主文壇，執牛耳，騁令譽，負盛名，日對衆客，揮毫成文；遊逢勝景，吟咏成詩。境遷時過，烟消雲散。及其纂文輯集，已多不復能憶，即有存者，亦或以無關世道人心、學術盛衰而忽之。是以後人所讀，皆神龍之藏首隱尾，闕鱗損爪者也。予友陳教授鴻森者，飽學士也。其遠世避囂，屏跡讀書者數十年，舉凡四部七略，無所不窺，尤嗜於清代樸學家之交友學術。每與師友閒聊及於清代學術，則口若懸木《海》，傾郭《江》，汹涌匌匒，不聞他音矣。嘗謂所識清儒遠過於今人，則其貌其情其意其神，亦可想其仿佛矣。教授於王、錢、阮三家遺文，蒐輯不遺餘力，常端居諷籀，書百種猶難尋片玉；出攬勝跡，縱千里而方獲一枝。分至往復，星辰起落，如斯二十餘年之久，竟有數百十篇之豐。豈唯三家有功之臣，抑亦乾嘉點將之帥也。書將付梓，猥承下問，遂抒平日留意於文人之錦心霞思、文集之流別蛻演及纂輯者冥蒐苦求之辛勞諸端，序而歸之，以求教於鴻森教授，並俟夫治甲丁兩部及乾嘉學術者擇焉。

二〇〇九年十一月至十二月初稿
二〇一〇年四月二稿
二〇一一年二月三稿
二〇一二年七月四稿

馬一浮與竺可楨

　　馬一浮(1883—1967)是二十世紀當之無愧的國學大師，竺可楨(1890—1974)是二十世紀卓越的氣象地理學界一代宗師。馬一浮長竺可楨七歲，比竺早七年去美國，恰又先竺七年而逝。二人係同鄉，都是紹興上虞人。馬一浮於一八九九年應紹興縣試，名列榜首，當時竺可楨大哥竺可材爲同榜第五，唯馬首是瞻。馬一浮一九〇三年起遊學美國、日本，飽覽西方文史哲名著並予翻譯，帶回英、德文原版《資本論》，之後便傾力閱讀文瀾閣《四庫全書》，專注於國學研究，過著淵默而雷聲的隱士生活。竺可楨於一九一〇年以優異成績取得庚款培養的留學資格，赴美國伊利諾伊大學農學院讀書，一九一三年畢業，到哈佛大學地學系攻讀氣象學，一九一八年獲博士學位回國後，先後在武昌高師、南高師、東南大學教授氣象和地理學，一九二八年出任中研院氣象研究所所長，奔走於祖國的南北東西，探索幾千年的風云變幻，過著創新而充實的緊張生活。馬一浮是涵詠儒學、承繼傳統；竺可楨是兼蓄並包、開拓未來：各自邁著堅定的步伐，走向自己的人生輝煌。可就當日寇肆虐，山河蒙塵，學校播遷，人民流離的歲月，這兩顆閃耀著光芒的星辰在江西泰和、廣西互相交匯，留下了一段二十世紀文壇佳話——馬一浮應浙大校長竺可楨之聘，平生第一次也是唯一的一次爲現代大學講授傳統學問。[①]

[①] 關於馬一浮應竺可楨之聘請，到浙大講授一事之細節，外間記述、報導極多，不是泛論失實，便是年代有誤。包括《馬一浮集》中書信的年代也有訛誤。故本文以《竺可楨全集》中的日記爲主綫，參贓《馬一浮集》，冀以鉤稽、復原這一歷史瞬間。

一、竺可楨一請馬一浮

要認識、理解竺可楨聘請馬一浮的動機與史實,首先應完整地表揭竺可楨出任浙大校長前之心態和辦校宗旨。

一九三六年初,浙江大學校長、心理學家、中研院評議員郭任遠因對學校實行軍事化管理,開除學生過多,與教授關係緊張而使之紛紛外流,引起學生罷課,無法繼任。浙大教務長鄭曉滄首先提出要請竺可楨出任校長,而教育部常務次長陳布雷曾推舉燕大校長吳雷川、北大法學院院長周炳琳和竺可楨為候選人,最後選定竺上報。竺先於中研院評議會評議員翁文灝處得此風聲,及蔣介石同意並欲親自與竺面談,翁於二月十一日至竺可楨寓所正式告知。竺以為時局動盪,戰爭隨時可能發起,京杭難以兼顧,不願就任。竺上請院長蔡元培,蔡也認為最好不去。二十四日上午,蔣介石接見竺可楨,欲其允任。竺雖申述應上報蔡院長,而蔣意甚執。竺可楨深覺重任難以推諉,於是詢問翁文灝、陳布雷關於浙大近狀,得知浙大"有學生七百人,共文理、工、農三院,經費每年七十六萬元。其中中央補助月四萬五千元完全可靠,而浙省月萬餘元則常須遲發"。① 辦大學經費固然必不可少,但教員,特別是好的教授,更是大學的中流砥柱。當時浙大教員的狀況是"外國語文系有七個副教授,而國文竟無一個教授,中國歷史、外國歷史均無教授"。② 竺可楨奉行蔡元培先生"教授治校"的科條,謂"校長之最要在能請得良好之教員",而面對當時現實,"良好之教員老者已為各方所羅致,一時不能脫身,而欲養成新者則非短時間所能為力",③所以他從三月初起,一直到五月十八日就職宣誓這兩個多月中,一方面向教育部爭取追加經費,另一方面四處張羅聯繫,實施第一步計畫,即各院院長人選及"覓得一群志同道合之教授"。④ 如敦聘哈佛同年獲得物理學博士學位的上海交通大學物理系教授胡剛復出任浙大文理學院院長,將因不滿郭任遠所為憤

---

① 《竺可楨全集》第 6 卷,上海科技教育出版社 2005 年版,第 28 頁。
② 《竺可楨全集》第 6 卷,第 36 頁。
③ 《竺可楨全集》第 6 卷,第 32 頁。
④ 《竺可楨全集》第 6 卷,第 50 頁。

而去南開任教的著名物理學家張紹忠請回浙大任文理學院副院長、物理系主任。慫恿中央棉產改進所副所長馮澤芳往浙大任農學院院長未果,乃請原中央農業實驗所研究員、昆蟲學家吳福楨往浙大任農學院院長。挽留總務長程天放不成,遂邀正中書局自然科學科學組主任薛良叔出任此職,正中書局不放,最後聘得中央大學物理教授倪志超爲總務長。至於其高足張其昀,自應幫助老師支撐門面,出任史地系主任。竺可楨甄選人員,唯才是用,婉辭請托,不顧利害,①因而能在短時期內,初步組成一個以校長爲中心的領導機構和教授隊伍。馬一浮就是在這一時段內爲人推舉給竺可楨的。

　　推舉馬一浮的是趙華煦,竺可楨五月六日日記這樣記述:"十點至省政府晤秘書長黃華表(二明),談頃刻,即至公安局晤趙華煦,渠介紹馬一浮與邵裴子,此二人杭州視爲瑰寶。馬本名馬福田,與大哥同榜爲案首,湯壽潛選爲東床,未幾至美國。近卅年來潛研哲學,但始終未至大學教書。余托趙覓壽毅成爲介,一探其願否至浙大。邵裴子則余已訪晤一次,請爲國學教師極相宜。"②體味日記所記由趙介紹馬與邵,似乎竺可楨對這位同鄉是略知而不太瞭解。但就憑紹興榜首、湯老東床、卅年潛研哲學三點,這對國文系沒有教授的浙大,實在是太重要了。邵裴子是經濟學家,在蔣夢麟任浙大校長期間,曾任副校長兼文理學院院長,蔣去南京任國民政府教育部長後,代理校長,執掌校務。從一九三〇年七月至一九三一年十一月,正式就任浙江大學校長,後因不肯加入國民黨,被排擠辭職。竺前在四月二十三日聽從圖書館館長、陳布雷之弟陳叔諒的建議,與邵就文理學院欠賬事談話半小時,至此也想一並聘請爲文科教授。可惜一星期後,竺造訪裴寓,敦請出山,邵以不再重作馮婦相辭,之後又請陳叔諒乃至蔣夢麟勸駕,邵始終未允。

　　半個多月後,也就是竺可楨就職宣誓(五月十八日)後的星期日,他約

---

① 《竺可楨全集》第6卷《1936年日記》(下同此)之3月29日記云:"余謂浙大如要余往,余之第一要著,乃在爲浙大覓得在可能範圍內最適當之人。余個人對於馮澤芳與吳福楨本毫無成見。至於毛雝則以在行政界多年,對於科學成績稍弱,或不足以服浙大農學院諸人也。未幾沈宗瀚夫婦來,余亦以此意告之。"(第46頁)又5月5日日記載各方人員均紛至遝來,有自薦,有請托謀職者,使竺應接不暇,他記述道:"若任意位置,抱一有飯大家吃主義,則學校遭犧牲。若此輩均置之不理,則怨恨叢生,以是知行政當局之困難。余惟以是非爲前提,利害在所不顧。"(第68頁)讀此可見竺可楨當時心態。
② 《竺可楨全集》第6卷5月6日日記,第68頁。

請了幾位與馬一浮關係親近的人，拜訪了這位杭州的瑰寶。二十四日下午五點，竺可楨與趙龍文、徐曙岑、壽毅成、鄭曉滄一起至馬一浮寓所，雙方寒暄的共同話題，自然是同鄉和縣考時馬爲榜首，竺可材爲第五名等事，可惜馬老已不復記得竺可楨大哥之名。接著進入主題，竺日記云："馬美髯須，而人頗矮。余等均勸其爲學生授課，甚至學生至渠家聽講亦行。五點半出。"①前後不過半小時，祇能是禮節性的敦請拜訪。但竺可楨作爲校長，是否看到馬美髯長須，與一般教授不同的飄然神態，還是敬重他的高深學問，抑是爲正在籌措的國文系而著急，②竟然脱口説"學生至渠家聽講亦行"，這是否因符合"禮聞來學"的古訓而使馬一浮萌發擔任講座的意願，已無法揣摩。但學生到校外聽課，這在路途往返時間上確實難以安排。

兩個星期後，竺可楨家鄉友人任葆泉來杭説：周恩來姑父、紹興縣商會理事會主席王子餘先生"已函商馬一浮來校擔任演講"。③ 由此推知，二十四日之一請，馬一浮並沒有直接答應爲學生授課，所以輾轉請托前輩縉紳爲之説項。但好事多磨，第二天即六月八日，竺可楨收到兩封信，一封是王子餘函，謂"馬一浮不慣學校生活，不能來校講課"；一封是王以中函，謂錢穆以"北大每五年可以休假一年。渠在北大已久，不願放棄此權，故亦不能來"。④ 即此可知竺可楨不僅在敦請馬一浮，還想將北大錢穆聘來，足見他很想將浙大國文系辦成一個國學的重鎮。馬、錢一時無著，國文系已經籌備設立，所以祇能"添聘祝文白爲講師，朱晚香爲兼任教授"。⑤ 竺可楨一請馬一浮之事表面上暫時偃旗息鼓，但他仍在輾轉托人説項。

---

① 《竺可楨全集》第6卷5月24日日記，第80頁。
② 5月27日日記説："關於設史地、國文二系，雪艇意史地最好能改爲歷史或地理，免得以後再改。余則以爲二者得並存。關於國文系擬改爲暫時籌備，因國文系成立則詩、詞章、中國文學史等科目均需成立也，余頗然其説。"《竺可楨全集》第6卷5月27日日記，第81頁。
③ 《竺可楨全集》第6卷6月7日日記，第89頁。按，王子餘生于1874年，長馬一浮九歲，長竺可楨十六歲，當時已六十三歲。
④ 《竺可楨全集》第6卷6月7日日記，第89頁。
⑤ 《竺可楨全集》第6卷6月7日日記，第89頁。

二、竺可楨二請馬一浮

　　第二條綫由浙江財政廳章子梅托同鄉眼科醫生張聖徵向馬一浮勸駕。七月十六日，任葆泉來告張聖徵已與馬交談，馬提出五個條件：課程不在學校科目系統之内，須登門請業，每星期一次，時間不逾二小時，公開講演無益等。並勸竺與張細談。當天下午，竺可楨與妻子張俠魂到青年路尚農里眼科醫院晤張聖徵，張説馬一浮所堅持者唯須登門請業。竺可楨覺得"此點有困難，因來往時間耗費甚多，學生上下課不能銜接"，所以他"主張由校方指定地點，即在校外亦可。薪水致送月二百元，每星期二小時"。① 第二天下午四點半，竺可楨第二次到馬一浮住處，經張聖徵勸説，馬一浮已應允到校授課。竺可楨也擬在學校附近刀茅巷十七號特設一房作爲講堂。馬又談些自己出國遊學時的經歷，以及學生求學應有之態度。半小時後即離去。按理至此一切已經談妥，不料事情又起蒼黄，三天後，葆泉又來談及馬一浮事。他從張聖徵口中，得知馬一浮懷疑竺可楨之邀請非出於真誠，乃欲假馬之聲望名義而已。故叮囑竺作函致王子餘坦誠表白。竺立即作書致王，而當天下午他偕家眷有天目山——湯口——黄山——歙縣——蕪湖之遊，並轉道南京，處理所務，七月三十一日中午回杭州。下午又去爲人證婚，直到晚上十點才回。八月一日上午九點，竺可楨與章子梅一起到張聖徵處，再談馬一浮事，適聖徵之兄張天漢亦在座。竺記當時談話情景云：

　　　　據張云，一浮提出一方案，謂其所授課不能在普通學程以内，此點余可允許，當爲外國的一種 Seminar。但一浮並欲學校稱其爲國學大師，而其學程爲國學研究會，則在座者均不贊同，余亦以爲不可。大師之名有類佛號，名曰會，則必呈請黨部，有種種之麻煩矣。余允再與面洽。②

---

① 《竺可楨全集》第 6 卷 7 月 16 日日記，第 112 頁。
② 《竺可楨全集》第 6 卷 8 月 1 日日記，第 121 頁。

馬一浮所提出的方案與張氏轉述的異同,後文分析。竺所謂"在座者均不贊同",當指二張和章子梅。至此,竺可楨仍未失去信心,準備再和馬一浮面洽。據八月四日子梅來回覆,説馬一浮對稱"國學研究會"指"會"字不願減去,推知一日與二張一章面商後,仍請章與馬進一步磋商學會名號等問題。竺聽了後,還想等南京公務處理回來後再談。① 第二天竺去南京。不料八月七日在南京接到章子梅一函,知"馬一浮事因國學研究會之會字不肯取消故,事又不成"。章給竺信中可能表示已無能爲力,故感歎馬一浮"學問固優,世故欠通"。竺可楨自己也覺得"對於請馬一浮可稱仁至義盡",②不得不贊同章的感歎而表示遺憾。第兩次請馬就此鳴金收兵。

三、馬一浮思想解析

就《竺可楨日記》歸納馬一浮不肯出山講授的原因,無外四點:一、堅持登門請業,二、另設國學講習會,課程不在學校科目系統内,三、要學校稱其爲大師,四、懷疑竺可楨之誠意。但這些都是竺可楨聞之於王子餘、張聖徵、任葆泉、章子梅等人的記録。竺兩次登門相請,交談總共不過一小時,日記所記對話第一次是縣考佳話,第二次是馬談遊學經歷和學生求學態度,③有些關鍵問題和雙方態度都是中介人在轉述,輾轉傳述中是否存在偏差,下面轉就馬一浮的著作文字來印證王、張、任、章傳遞的信息,理解馬一浮當時的心態,以便更客觀地看待竺、馬二人這段歷史交往。

(一)堅持登門請業

登門請業的思想,可以追溯到一九一二年,蔡元培在教育總長任上,聘請馬一浮北上任秘書長。兩人爲廢經與讀經產生矛盾。馬勸蔡設通儒院,蔡以爲誇誕迂闊、不切實際,馬遂拂然而回。一九一六年,蔡元培長北大,

---

① 《竺可楨全集》第6卷8月4日日記,第122頁。
② 《竺可楨全集》第6卷8月7日日記,第124頁。
③ 馬一浮也説:"與竺君相見兩次,所談未能盡意。"見馬一浮《與王子餘書一》,《馬一浮集》第一册,浙江古籍出版社、浙江教育出版社1996年版,第518頁。

邀請馬任文科學長,他就用《禮記·曲禮上》"禮聞來學,不聞往教"的經語相却。自此之後,一直信守此言以保持其獨立的人格。十三年之後(1929年),陳大齊代理北大校長,聽從馬同鄉鄧氏兄弟的介紹,致書請馬北上講學,馬不作答,電報相催,亦復電辭謝。① 轉請馬叙倫説項,仍不爲所動。第二年(1930),陳辦研究院,又奉函敦請出任導師,謂不必刻期講課,祇需垂答、啓發學生。馬答書云:

> 烏君來,奉惠書,不遺鄙遠,以大學方拓研究院,欲使備員導師。但有牖啓之責,初無講論之勞,是所以待名儒顯學。浮愚,何以當之。方今學子務求多聞,則義理非所尚;急於世用,則心性非所先。平生初究終始,未盡玄微。恥爲一往之談,貴通天下之志。亦知語默道同,物我無間,酬機赴感,教所由興。但恐無裨仁賢厲學之心,不副髦俊研幾之望,是以未敢遂承,匪欲自隱其陋也。②

陳接函後,仍函、電相催,並送上聘書。馬復奉答云:

> 函、電均悉,承促北遊,非欲自遠,徒以衰年,久習疏放,倦於行旅,終覺此意鼓舞不起。教人不由其誠,教之所由廢也。即使勉徇尊意,强爲一行,已既未能鼓舞,何以鼓舞學者……聘書仍合奉繳……③

一九一六年馬一浮風華正茂,一九三〇年也年不滿五十,所謂"衰年"之説,祇是托詞。但他爲什麽屢屢説"未聞往教",説自己教學之意"鼓舞不起"? 這與他對當時社會文化思潮和教育制度不認同有很大關係。

馬一浮五歲從何虚舟讀唐詩,八歲能詩,九歲能誦《楚辭》《文選》,④十

---

① 馬一浮《與鄧伯成、鄧叔成書》云:"陳君百年曩曾枉書,近復致電,以講學見屬。蓋重兩兄之言,遂忘迂陋之過。其書久未答。律以世諦,已爲不情。得電之日,不容不復。電語簡略,意恐未宣。旋得夷初來書,復相慫恿,備道陳君意旨,責以立答。因復去一簡,粗述鄙懷,别紙録奉,亦欲使兩兄知之,非浮之必欲自遠也。蓋隨緣赴感,須辨來機。語若非時,翻成過咎。"《馬一浮集》第二册,第515頁。
② 馬一浮《答陳大齊書一》,《馬一浮集》第二册,第516頁。
③ 馬一浮《答陳大齊書二》,《馬一浮集》第二册,第516頁。
④ 馬一浮《示彌甥慰長、鏡涵》,《馬一浮集》第二册,第178—179頁。

二歲以聰穎使老師辭館，十六歲縣試高中榜首，二十一歲出國遊學，二十三歲回國後，在鎮江焦山海西庵讀書，旋即移居杭州外西湖廣化寺嗜閱《四庫全書》，後居雖屢遷，學未嘗廢。縱觀其讀書治學，全憑天資，與現代中西學校之制無涉。不僅無涉，還頗有異見。早在一九一五年，他就撰《論校長教員之名不可用》一文表述自己看法。馬一浮對儒家經典內核的準確把握，對濂洛關閩義理和陸王心學的透徹理解在二十世紀以來是無與倫比的。上帝將這樣一位遺世獨立的賢哲，置於一片出於蓄意或無知的打倒孔家店、全盤西化的喧囂聲浪中，其內心之失落與痛苦完全可以想見。西式學校的建立，學生紛紛以學分爲重，以畢業就職爲務。學校制度雖有其許多優點，却也不免存在這種缺點，①這在一個世紀以後的今天，暴露得更爲徹底。而在當時注重道德修養，宣導和諧博愛的賢哲馬一浮看來，莘莘學子"務求多聞，則義理非所尚；急於世用，則心性非所先"。這種求知方式與先儒以內修爲人生第一步，循修齊治平這種推己及人式的教育理路完全背道而馳。所以他在覆蔡元培信中説："蓋爲平日所學，頗與時賢異撰。今學官所立，昭在令甲，師儒之守，當務適時，不貴遺世之德、虛玄之辯。若浮者，固不宜取焉。甚愧不能徇教，孤遠竚之勤。"②"師儒之守，當務適時"一語，完全表達了他對這種講授方式的態度。但是，儒家的哲學和精神理念是積極用世的，深得儒學真諦的馬一浮，儘管用種種托詞，一概謝絶，內心深處未嘗不想將普世的真諦傳播、發揚。這種思想在他給馬叙倫的信函中有過真實的透露：

> 久謝人徒，遂成疏逖。邇者陳君百年以講學見招，亦既電辭。未蒙省察，乃勞手書申譬，殊愧無以堪任。夫學有諸己，豈不欲轉喻諸人。然義在應機，亦非一概。故道逢尹喜，始出五千；退老西河，乃傳六藝。感而後應，信然後從。是知教化所由興，不必盡在明堂辟雍也。

---

① 蔡元培在《就任北京大學校長之演説辭》之第一點"抱定宗旨"中，指出在創立不久的新式大學裏，學生多有做官發財思想，所熱衷的已經是畢業後的出路，故入法科者多而入文科者少，因爲法科是做官、干禄的終南捷徑。(《蔡元培全集》第三卷，浙江教育出版社 1997 年版，第 8 頁。)馬一浮也説："今日學生皆爲畢業求出路來，所謂利禄之途然也，不知此外更有何事。"(《馬一浮集》第二册，第 519 頁。)可見一時風氣，爲當時有識之士所共睹。
② 馬一浮《與蔡元培書》，《馬一浮集》第二册，第 453 頁。

今儒術方見絀於時，玄言亦非世所亟。乃欲與之揚鄒魯之風，析夷夏之致。偭規改錯，則教不由誠；稱性而談，則聞者恐卧。以是猶疑，未敢遽應。雖荷敦勉之切，慮難仰稱所期。與其不能解蔽於一時，吾寧俟懸解於千載耳。①

"夫學有諸己，豈不欲轉喻諸人"，人同此心，心同此理，無庸置疑。馬在《與王子餘書》中亦曰"不欲令種子斷絕，此天下學者所同然"。但傳授方式緣機而異，老子逢尹喜而著《道德經》，子夏退居河西而傳授經籍。都是"感而後應，信然後從"的方式。處在儒術見絀，人心思新的世道中，再拿過時、見絀的儒術傳授，豈能保證不出現聞者睡卧之場景？所以"與其不能解蔽於一時，吾寧俟懸解於千載耳"，是這位賢哲内心矛盾的真切表露。理解這一層心理，便不致誤解他是時時處處距人自高了。

蔡元培與陳大齊都是書函、電報敦請，且都要北上，這與竺可楨親自到隆中敦請，且地點就在杭州有所不同。而且竺可楨第一次拜訪就説"學生至渠家聽講亦行"，這句話從學校課程安排上考慮未免欠周，但確實對馬一浮不僅有所感，而且還有所應。同在杭州，既可演繹"禮聞來學"的古訓，又可以延聖賢之血脈，不令讀書種子斷絕。這種思想的轉變，可以從他後來給王子餘信的追述中體味到：

> 惠書具道竺君藕舫見期之意，久而未答。良以今時學校所以爲教，非弟所知。而弟平日所講，不在學校之科，亦非初學所能喻。誠恐扞隔不入，未必有益，不如其已，非以距人自高也。今竺君復再三挽人來説，弟亦不敢輕量天下士，不復堅持初見。因謂若果有學生嚮學真切，在學校科目系統之外，自願研究，到門請業，亦未嘗不可。此實勉徇來教，不欲過拂竺君之意。"②

與此同時，一個"國學講習會"的方案由此萌發並漸次形成。所以，雖然拜訪當天沒有談定，兩星期後王子餘函商同意及隔天又提出"不慣學校生活，

---

① 馬一浮《與馬叙倫書三》，《馬一浮集》第二册，第455—456頁。
② 馬一浮《答王子餘書一》，《馬一浮集》第二册，第517頁。

不能來校講課",都預示著馬願意開講但有他自己的設想。

　　一個月以後,當張聖徵去勸駕出山之時,馬一浮的"國學講習會"方案已經成熟。因爲張轉述章子梅時,明言有五個條件云云。及至竺可楨省悟到學生從學校至其家往來花費時間會使前後課程無法安排時,改變主意,主張"由校方指定地點,即在校外亦可",隔日第二次到隆中敦請,就擬定在校外特設講堂,既使不變"來學"形式,又使學生節約時間,學校便於安排課程。這一點,馬一浮完全能夠理解通融,他給王子餘函中說:"昨竺君復枉過面談,申述一切,欲改來學爲往教。爲體恤學生計,此層尚可通融。"①故"堅持登門請業"這一點應該已經解決。

(二)設立國學講習會

　　在馬一浮看來,國學講習會最重要的一點,就是將其課程獨立於大學教育之外。爲使清楚理解馬一浮的思想,現將他所擬定的條款逐錄於下:

> 大學特設國學講習會之旨趣及辦法
> 　　一、本校爲引導學生對於吾國固有學術之認識,兼欲啓示學生使知注重內心之修養,特設國學講習會。
> 　　一、國學講習會設特別講座,由本校延聘主講大師,自由講論。每星期一次,其時間另定之。但主講大師有故不能到會時,得由本校商請派遣高足弟子出席代講,或許學生造門請業,仍以每星期一次爲限。
> 　　一、國學講習會純粹爲養成國學基本知識,使學生離校後可進而爲深切之研究,發揮本具之知能,闡揚固有文化,故超然立於本校所有各院、各系科目範圍之外。不列學分,不規定畢業期限。但每屆一年終了時,由主講大師考詢其領受之深淺,另定甲乙。其學業優異者,經校長之特許,得予嘉獎。
> 　　一、本校各院、各系學生中,不論年級,於所修科目之外,有志研究國學,曾讀四書及五經中之一經以上者,由校長選拔,令自行填具志願書,得入國學講習會聽講。其未讀四書者不與。

---

① 馬一浮《答王子餘書一》,《馬一浮集》第二冊,第517—518頁。

一、國學講習會分經術研究、義理研究二門。俟學生領解力增進時,得增學術流別(即哲學評判)、文章流別(文學評判)二門,或其他門類。由主講大師察看學生能力自由酌定之。

一、學生既入國學講習會聽講,不得無故中途廢輟。其有領解力薄弱或不守規則者,由主講大師隨時告知校長,令其退席。

一、國內通儒顯學遇有緣會,由主講大師介紹,經校長之同意,得臨時特開講座,延請講論,示學者以多聞廣益之道。①

如果不是他後來爲完善而修訂,條款共有七條,可見章與張的轉述都僅是大意。②

"對於吾國固有學術之認識,兼欲啓示學生使知注重內心之修養",這是講習會的宗旨。這個注重內心修養的宗旨決定它無法打分。他要求聽講學生必須讀過四書和五經中的一經。未曾讀者不得入聽。爲什麼訂立這一條?馬轉述沈曾植的話説:"今時少年未曾讀過四書者,與吾輩言語不能相通。"對此他深有共鳴,給王子餘書中説:"弟每與人言,引經語不能喻,則多方爲之翻譯。日日學大衆語,亦是苦事,故在祖國而有居夷之感。"馬一浮長期以來苦於後學聽衆難以理解,湊泊不上,所謂"講即不辭,實恐解人難得"。曾借用禪師家賓主料簡的話頭説:"若學者不具參方眼,師家不辨來機,互相鈍置,名爲一群瞎漢相趁。"③這樣的講學無非是浪費時間。所以學生如果領解力薄弱或不守規則,可以隨時勒令退席。他深感"處今日而講學,其難實倍於古人。師嚴而後道尊,道尊而後民知敬學,亦難責之於今"。④ 祇有真正樹立師道的尊嚴,儒學的精華、聖賢的血脈才有可能傳授延續。以上幾條,都不是大學學制中隨意可以處置的,這種講授確實是超然於院系課程之外的形式和內容。他爲此還代庖越俎地擬定"國學講習會"草案,自以爲"力求淺顯,粗具厓略",想"留俟討論"。竺可楨執教大學、主持研究所近二十年,深諳高層行政,成立某"會",必須"呈請黨部"批准備

---

① 馬一浮《答王子餘書二》附録,《馬一浮集》第二册,第520—521頁。
② 馬一浮《與王子餘書二》説到他代竺可楨擬定"國學講習會宗旨和辦法"後説:"偶爲張君聖徵言之",可見張的轉述却有不清楚的地方。《馬一浮集》第二册,第519頁。
③ 《泰和宜山會語·釋學問》,《馬一浮集》第一册,第59頁。
④ 馬一浮《答王子餘書一》,《馬一浮集》第二册,第518頁。

案，因而請人轉告請馬通融。馬一浮却實在不諳此道而難以理解，他説：
"昨竺君復托他友致語，以講習會之名恐引起干涉，非學校所宜。大學規程弟所未諳，然未聞政府有講學之禁也。此項名義亦與他種集會性質不同，此而須受干涉，則學校各系講堂上課亦須受干涉邪？既與學校無益而有妨，何爲多此一舉。"①因而堅決不肯去一"會"字。竺可楨爲請馬出山講授，可謂用盡心思，馬一浮其實也很理解他的誠意，故與王子餘説：

> 竺君不以弟爲迂闊，欲使諸生於學校科目之外更從弟學，大似教外別傳，實爲特殊辦法。弟之所言，或恐未足副竺君所望、饜諸生之求。其能相契，亦未始非弟素願。若無悦學用力之人，則語之而不知，雖捨之可也。此當視諸生之資質如何，是否可與共學，非弟所能預必，非如普通教授有一定程式可計日而畢也。②

這種理解，使得他原來與竺可楨在以國學培養學生之目的上存在的分歧也歸於消解，③倒是擔心學生素質不够而不能達到預期效果。但由於他閉門讀書，不諳世事，略顯固執，最後在一個"會"字的予奪上使得竺可楨的第二次敦請功虧一簣。④

---

① 馬一浮《答王子餘書二》《馬一浮集》第二册，第519頁）。馬一浮長期隱居，遠離官僚政務，自然不能理解政務上的規程。但當1941年政府對復性書院管理嚴格時，他應該醒悟到當時竺可楨要去掉"會"字是深諳事務的明智之舉。
② 馬一浮《答王子餘書一》，《馬一浮集》第二册，第518頁。
③ 馬一浮《答王子餘書一》云："竺君所望于弟者，謂但期指導學生，使略知國學門徑。弟謂欲明學術流別，須導之以義理，始有繩墨可循，然後乃可求通天下之志。否則無星之秤，尠有不差忒者。群言淆亂而無所折衷，實今日學子之大患也。若祇汎言國學，譬之萬寶全書、百貨商店，雖多亦奚以爲？且非弟之所能及也。此意竺君如以爲然，能喻之學生，使有相當瞭解，然後乃可與議。否則圜鑿方枘，不能收教學相長之效。"（《馬一浮集》第二册，第518頁。）竺可楨著眼於學生多掌握一門本國古典的必要常識，馬一浮則欲將儒家的精神灌注到學生的靈魂中去。
④ 據《竺可楨日記》所記，竺可楨7月17日第二次訪馬，馬一浮《與王子餘書二》云"昨竺君復枉過面談"，自署"庚午七月十八日"，月日適相吻合，而年份差異。庚午係1930年，故《馬一浮集》第二册於信函前標注"一九三〇年八月"（第517頁）。按，如果以"七月十八日"爲農曆，則折西曆已是9月3日，此時請馬之事已經偃息。可見"一九三〇年八月"七字係編者揣測而補。1936年干支爲丙子，馬一浮草書丙子字形頗近"庚午"，當是轉錄者誤認而作"庚午"，編輯時又據"庚午"而題作一九三〇年。近讀劉夢溪先生《馬一浮的學術精神和學問態度》（載《文藝研究》2003年第6期，第68頁）一文，發現劉先生已先我而對此函之年份有過質疑，並已電話（轉下頁注）

(三)要學校稱其爲大師

八月一日,張聖徵向竺可楨等轉述"一浮並欲學校稱其爲國學大師"。根據七月十七日張傳語説"馬訂有五條件",八月二日馬一浮給王子餘信中附有"國學講習會之旨趣及辦法",又説"偶爲張君聖徵言之",則聖徵轉述時完全可能看到"國學講習會"草案。馬所擬草案上明言"國學講習會設特別講座,由本校延聘主講大師"云云。首先,國學講習會所設特別講座的主講大師,不等同於張所轉述的"國學大師",更不是六十年之後人們普遍認爲的"國學大師"。竺可楨的理解是正確的,他説"大師之名有類佛號",馬一浮用"主講大師"的名詞,正是借用佛教語。"大師"一詞梵語爲 śāstṛ,巴利文爲 satthar,指初果以上,乃至諸佛菩薩,堪爲衆生之師範者可稱大師。其原意是大的師範。後有所引申,據《本事經》上所載三種大師中的第三種是指精修梵行,具足多聞,於諸經典,善知法義,出現世間,開示四諦,令諸衆生出離生死,皆得無量義利安樂,是爲衆生之師範。《瑜伽師地論》卷八十二云:"能善教誡聲聞弟子一切應作不應作事,故名大師;又能化導無量衆生,令苦寂滅,故名大師;又爲摧滅邪穢外道出現世間,故名大師。"①唐代朝廷多尊稱通曉佛教教義的僧人爲大師,所以多有某某大師之稱號。馬一浮認爲在"群言淆亂而無所折衷"的時代,給學生灌輸一種精神上的主義,排除外界各種邪道,正類《師地論》中大師的作爲。其次,他不認同現代學校的教育方式,曾謂校長、教員之名不可用;他的理念是:"學校爲講習之地,施教、肄業爲講習之事,教者與受教者同爲講習之人。所講不止一科,故立多師,多師不可無統,故立主講。"所以"校長宜改稱'主講',教員宜改稱'講師'"。②至於博士,他申稱"博士之業,漢之博士,即今大學教授。非弟所知",③自己也没有獲得博士回國。既然講學的方式、内容不同學校教授所講,名稱自不易剿襲雷同。因而講習會講座之主講自應稱"主講大師"。主講取之於儒門,大師原之於佛教。再從其詩詞中取證,馬一浮離開宜州時留

(接上頁注)徵得馬鏡泉先生認可,可見原書確誤。
① 參見《佛光大辭典》"大師"條,書目文獻出版社,第一册,第835頁。
② 馬一浮《論校長之名不可用》,《馬一浮集》第二册,第1167頁。
③ 馬一浮《與王子餘書二》,《馬一浮集》第二册,第519頁。

贈諸教授詩有云："丈室能容師子坐，褰斜力遣五丁開。"①"丈室"與"師子"皆用佛教典故，出《維摩詰經》，所以草案中"大師"一詞亦係借用佛教語無疑。附贅一句，姑不論馬一浮學問淵博足堪承當"國學大師"之稱號，亦不論馬一浮的確自命不凡，即以他深厚的學養推測，亦不至自命爲當時世俗和現今普遍觀念中的國學大師。名相之爭之辨，在這樣一位哲人面前，似不容以小人之心妄測。這裏祇引述他致龍松生書中一段話，書云："今來書猶不屑爲講師，而必居教授，何其滯於名相也。名之貴賤，俗妄所成，呼牛任牛，呼馬任馬，於己何加損邪。曩嘗告賢今日謀生，事同力作，居卑苟活，不可以爲名高，養賢貴士，豈能期之今人。況我之果賢，亦豈待人之賢我。遯世不見知而不悔，此關若不透過，終無灑落自在分也。"②讀之足以消解半個多世紀以來世人對這位賢哲的誤會。七十年前張聖徵轉述的原話已不可考，體味竺可楨日記原語，他可能是粗讀講習會草案而錯會其意，或者是即興轉述時斬首去尾、粘連不當所致。這種誤解在後世盛傳馬、竺佳話時產生了不良影響。幸好求賢心切、明智多聞的竺可楨有正確的理解，並不以爲意。

（四）懷疑竺可楨的誠意

至於張聖徵所說馬疑竺之邀請非出真誠，無非欲假馬之名義云云，細讀馬一浮所留下的文字，沒有這種痕跡。說實話，杭州瑰寶馬一浮名聞遐邇，竺可楨爲辦好浙大遍請國內名教授，這都是時人皆知心照不宣的事實。但像馬一浮這樣淵博的學問和淳厚的涵養，即使心知其意，也不可能口出其言。那麼是聖徵代人立言還是葆泉轉述走樣，現在已無法對質。這種誤解雖然不是竺可楨二請馬一浮不成的根本原因，也不可能對虛懷若谷，禮賢下士的竺可楨之爲人有所改變，但對於他當時想方設法請馬出山使浙大師生略知國學門徑的熱忱心理上確實帶來一些消極或負面的影響。

八月一日竺可楨在張聖徵醫院會談之後，章子梅當天就奉竺可楨之命徵求馬一浮是否可去"會"字，這就是八月二日馬致王子餘書中所謂"昨竺

---

① 馬一浮《將去宜州留別諸講友》，見《避寇集》，《馬一浮集》第三册，第72頁。
② 《致龍松生書五》，時在一九四二年十一月十五日。《馬一浮集》第二册，第713頁。

君復托他友致語"一語的本事。竺可楨八月七日在南京收到王子餘之函，就是王子餘收到馬一浮二日的信件，讀到"竺君雖有尊師重道之心，弟實無化民成俗之德。今其言既無可采，是猶未能取信，前議自合取消。此事本於學校爲駢枝，於學生爲分外。且選拔生徒，尤感困難。爲竺君計，不如其已也。樂行憂違，或語或默，於弟毫無加損"一段，以爲無可通融，遂轉述致函於竺，發出了"學問固優，世故欠通"的感歎。竺可楨因之不得不認同王説而感歎"信然"。

竺可楨兩次登門邀請馬一浮出任浙大講座，最後在一個"會"字的分歧上致使不能會同在一起，讓歷史留下了深深的遺憾。分析其原因，馬一浮深居簡出，於世事太煞隔膜；竺可楨上任伊始，其工作實在繁忙。張、王、章、任四人的往返傳達，未能深切體味二位大師的本意，略有誤解乃至誤傳之處。設想如果竺可楨親自登門或致函解釋關於學會報批的律令，相信能夠接受改來學爲變通往教的馬一浮，一定也能與竺可楨協商出一種兩可的辦法。

四、丈室能容師子坐

七七盧溝橋事變後，時局劇變，頻繁的警報嚴重干擾著課堂，於是浙大開始疏散，首先疏散到天目山、蕭山湘湖和建德，十二月下旬，復又經吉安而遷往江西泰和，抵達泰和已是一九三八年二月十九日，竺可楨領導浙大在此度過了相對安定的七個月。與此同時，馬一浮於八一三淞滬戰局失利後，攜書避寇南遷，先在桐廬縣輾轉棲息，杭州失陷，不得已而經建德，過衢州，抵開化，依朋友葉左文居。而寇鋒強勢，開化亦朝夕難保，[①]人心恐懼，不遑寧處。

馬一浮於二月十二日自開化致函竺可楨，時正值竺率領學校第二次播遷途中。十七日竺在江西吉安收到馬函，信中説：

[①] 據馬一浮給葉左文函云："知寇虐竟及開化城邑，潭居亦付焚如，而尊兄平日纂錄諸書，亦與之具盡。"（《馬一浮集》第二册，第448頁。）知開化後亦陷於兵燹，葉左文數十年纂輯的《宋史注》亦毁於戰亂。

藕舫仁兄先生左右：在杭承枉教，忽忽逾年。野性疏簡，往還禮廢，幸未見責。每懷雅量，歎仰實深。自寇亂以來，鄉邦塗炭。聞貴校早徙吉安，弦誦不輟。益見應變有餘，示教無倦，彌復可欽。弟於秋間初徙桐廬……平生所蓄，但有古書，輾轉棄置，俱已蕩析。即不爲劫灰，亦膏鼠吻，念之能無惘然？非徒士友同嗟，直是經籍之阨。現所居雖稍遠鋒鏑，然寇之所向，殊不可知。萬一或有壓境之虞，不能不預爲之計。捨入贛外，別無他途。然向於贛中人士，愍有交舊，一旦棲皇覊旅，托足無由。因念貴校所在，師儒駢集，敷茵假館，必與當地款接，相習能安。倘遵道載馳，瞻烏爰止，可否借重鼎言，代謀椓寄，使免失所之歎，得遂相依之情。雖過計私憂，初不敢存期必，然推己及物，實所望於仁賢。幸荷不遺，願賜還答，並以贛中情勢，及道路所經，有無舟車可附，需費若干，不吝詳告……旅中簡單生活，每月約需若干，亦望一併示及，以便量力籌措……幸托鄉里之愛，猶蒙見齒，當不厭其瀆耳……①

先申前年見顧不禮之失，次述罹亂遷徙之況，而主要是爲所蓄古書罹阨所惜。因爲他在江西少師友熟人，欲請竺在江西代爲覓一居室，以蔽眷屬，使免失所之歎。竺由於輜重在途，不便速覆。十九日中午抵泰和，二十日下午即至梅光迪處談馬一浮之事。結果文理學院院長梅光迪和教務長鄭曉滄"均主張收容，遂擬覆一電，聘爲國學講座"，②電文於次日（二十一日）寄出，隔日（二十三日）又覆書相請。根據馬一浮三月六日之函，知馬收到電報後曾覆一電，而信函至三月五日始收到。馬一浮覆函云：

迴日復電，計已早達。惠書昨至，期待良殷，兼見君子教思無窮之旨。在浮本以求遠兵革，非圖附於皋比，何其過見存錄，欲使遂預講筵。念方行乎患難，猶得從諸君子後相與究論，綿鄒魯遺化於垂絕之交，亦若可以申其素懷，不孤廌望。但恐衰朽之言，無裨後學，若其可得而説者，固亦不敢有隱。竊推賢智之用心，在使多士敦厲氣節，仁爲

---

① 馬一浮《與竺可楨書一》，《馬一浮集》第二册，第579頁。
② 《竺可楨全集》第6卷，第472頁。

己任。是必求之經術，講明義理，無囿習俗之陋，而克踐性德之全。乃可濟蹇持危，開物成務……今承高論，迥異恒流，或者天牖斯民，不致終淪異族。故謂欲蕩羶腥，先須信古，教人必由其誠，斯好善優於天下，庶幾匡復不遠，丕變可期。既昭感應之同符，復何語默之異致。然則浮之至與不至，於仁者設教之方，固無所加損也。浮雖浙人，生長於蜀，蜀中尚有丘墓，親故不乏。故入蜀之志，懷之已久，終以年衰，憚於遠涉，因思就近入贛，或可相依。但令不陷寇窟，別無餘望……迪生先生前有電見速，深荷不鄙，均此致候，不申另答，並乞諒其疏簡爲幸。①

馬一浮兩年前深距自守，不肯臨壇講授，而於兵荒馬亂中竟去從容講授一般人無法理解、接受的高深學問，友朋聞之頗有不解，葉左文即以爲非明智之舉。對此，他在與友朋書函中亦有解釋。② 體味這些書函的内容言辭，知他對竺可楨和浙大的看法，自己的處境和心情都有變化。

在强寇壓境，百姓流離中，竺可楨領導的浙大能夠輾轉遷徙，照樣上課，大有孔子厄於陳蔡，講誦弦歌不衰；劉邦舉兵圍魯中，諸儒"講誦習禮樂，弦歌之音不絕"的氣象，這在馬一浮看來，竺校長是"應變有餘，示教無倦，彌復可欽"的。其次，竺不計前事，仍然電、函相繼，"期待良殷"。彼既虛懷誠心，自不能"絕物太甚"③。復次，儒者處世，非固而不化，處危應變，仍可不失本色。再次，在外敵入侵，民族危亡之際講明義理，既可以敦厲士氣，濟蹇持危，可以讓學生豎起脊樑，做一個堂堂正正的中國人，同仇敵愾，抵禦日寇，"庶幾匡復不遠，丕變可期"，所以"既昭感應之同符，復何語默之異致"，不容不講。綜此四點，是馬一浮從權開講的因緣，但仍申明"本以求遠兵革，非圖附於皋比"，且"蜀中尚有丘墓，親故不乏，故入蜀之志，懷之已久"，衹是"終以年衰，憚於遠涉，因思就近入贛，或可相依"，預留他日去留之路。觀照前後，守經從權之儒家本色相當明顯。

而在竺可楨方面，馬二請不出，雖然不免膠固，但其學問爲舉世冠冕仍毫無疑義。"現在開化，頗爲狼狽"，④加之梅光迪和鄭曉滄竭力主張聘爲國

---

① 《馬一浮集》第二册，第579—580頁。
② 參閲《與湯孝佶書》和《與豐子愷書三》等，《馬一浮集》第二册，第557頁，第562頁。
③ 馬一浮《與豐子愷書三》，《馬一浮集》第二册，第562頁。
④ 《竺可楨全集》第6卷，第472頁。

學講座,於是當機立斷致電相請,隔日又修書備述期待之誠。梅、鄭作爲文理學院院長和教務長,在這種顛沛流離,危急困頓之中,照顧已有師生尚且不暇,而能念念於國學與國學瑰寶,竺可楨和浙大領導層這種堅韌的精神和恢宏的氣度,不僅是馬一浮蒞臨浙大講學最根本的因緣,更是浙大在長達八年的遷徙中能夠發展壯大的基本保證。

一段膾炙人口的佳話,一部流傳千古的著作,就在雙方異同交錯的精神理念下產生。

馬一浮三月六日的信函,至十一日到竺可楨手中,四天後又接到馬的電報。十九日,竺請沈健强爲馬一浮尋覓住屋,同日得馬電,謂二十日從衢州出發來泰和,乃命沈準備迎接。可能因爲馬一浮攜外甥丁安期,及門王星賢兩家十五口人,婦孺童僕行動緩慢,加之戰亂之際,水陸交通,轉換不便,直到二十九日始抵泰和。馬於二十九日上午十點到,竺可楨等都去迎接,略叙別後情況,遂去由王煥鑣代爲覓定的排田村蕭宅安頓。晚上,竺可楨在大原書院爲馬接風。三十一日,再到馬宅拜訪。四月三日,以院長梅光迪爲首,同中文系教授郭斌龢、歷史地理學家王庸、歷史學家賀昌群等四人聯合宴請馬一浮,並邀請文史學家錢基博、史地系主任張其昀、圖書館館長陳訓慈、數學系教授章用、外文系教授陳逵諸人作陪。膳後,竺與馬一浮、錢子泉等人談到四點半方散。次日,將國學講座的聘書送至馬家。從定聘、覓屋、迎迓、接風、宴請直至最後送上聘書,浙大自校長、院長、主任、教授以至具體操辦人員,對這位國學大師真可謂禮敬有加。

馬一浮在浙大甚麽時候開講,《竺可楨日記》没有記錄。但從所記其他幾次演講的日期中可以約略推定:五月七日星期六,上午還是一個晴好天氣,學校預定下午二時半在趣園請馬一浮講,午後忽然傾盆大雨,致使馬不能來講。五月十四日下午三點,在新村十號教室聽馬一浮講"西方近代科學出於六藝";五月二十八日下午三點,在大原書院聽馬講《論語》首末二章義。[①] 據此所記,知馬一浮在浙大所開的國學講座是每星期六的下午三點左右,地點不定。對照《泰和宜山會語》之目次順序,可以將其演講的時間內容大致復原如下:

---

① 《竺可楨全集》第 6 卷,第 516、519、526 頁。

四月九日星期六：	引端、論治國學先須辨明四點、橫渠四句教
四月十六日星期六：	楷定國學名義
四月二十三日星期六：	論六藝該攝一切學術
四月三十日星期六：	論六藝統攝於一心
五月七日星期六：	大雨暫停
五月十四日星期六下午三點：	論西來學術亦統攝於六藝（新村十號）
五月二十一星期六：	舉六藝明統類是始條理之事
五月二十八日星期六下午三點：	《論語》首末二章義（大原書院）
六月四日星期六：	君子小人之辨
六月十一日星期六：	理氣
六月十八日星期六：	知能
六月二十六日星期日：	贈浙江大學畢業諸生序、對畢業諸生演詞（新村蕭氏宗祠）

聘書係四月四日發出，九日似爲開講之日。《會語》每次講稿在二三千字左右，四月九日多"引端"和"論治國學先須辨明四點"約一千餘字，似爲開場告白。每次時間多少也無記錄，以講義字數推測，每次在講義之外應有所發揮。據竺可楨日記，四月九日他在南昌，十六日在由宜昌至重慶路上，二十三日尚在重慶，三十日在長沙，均在中研院處理所務。五月七日想去聽講，以大雨違緣，所以他第一次聽到"論西來學術亦統攝於六藝"的內容，已經是馬一浮在浙大的第五次演講。五月二十一日下午四點，竺可楨邀請三十名浙大導師在晨熹閣開茶話會，未能去聆聽。六月四日，在南昌辦事；十一日下午四點開校務會，討論借讀生轉正式生案，十八日有翁子龍、王子軒來訪，下午二點半以後才離開，故日記中均不見記有馬演講之事。由此可見，一位身兼所長、校長，被所務、校務纏身必須數地奔走的竺可楨，祇要稍有隙暇時間，就親自去恭聽馬一浮的國學講座，充分體現出這位科學大師的人品與學問。

六月二十六日，浙大第十一屆學生在蕭氏宗祠舉行畢業典禮，校長竺可楨致詞，教務長鄭曉滄報告畢業生情況，授畢業證書。之後便齊唱宋代理學家張載"爲天地立心,爲生民立命,爲往聖繼絕學,爲萬世開太平"四句歌曲。最後馬一浮演講,即《會語》中的"贈浙江大學畢業諸生序"、"對畢業諸生演詞"兩篇。於畢業典禮中合唱橫渠四句教,這在近代中國學制中是絕無僅有的。

第十一屆學生畢業,學期也結束。九月十七日起,竺可楨忙於浙大再度之遷徙,收拾行李,向桂林進發。九月三十日,因南高師畢業生唐現之請客,馬一浮、鄭曉滄、胡剛復、豐子愷等同宴。次日,馬一浮請竺可楨等昨日相聚諸人和中國農民銀行經理吳敬生等在大華飯店中膳。十月五日,大部隊先後到達宜山,而馬一浮則至二十六日始達。

馬一浮到宜山后何時開講,《日記》祇有在十一月二十三日星期三這天記述道:"三點半至指揮部晤岑兆熊,不值。至文廟聽馬一浮講'六藝要旨'。謂立國致用,當以立身行己著手。孔子所謂'言忠信,行篤敬,雖蠻貊之邦行矣。言不忠信,行不篤敬,雖州里行乎哉'云云。"①按此正是《宜山會語》第一節"説忠信篤敬"中所舉。十一月三十日記也記述曰:"三點半聽馬一浮講'學問',謂學與問乃兩件事,學問並非知識。"②此是《宜山會語》第二節。由此推知宜山講座始於十一月二十三日,一般是每星期三下午三點半。如果以此時間推測馬一浮之講座,對照《竺可楨日記》,可知:十二月七日馬一浮講"《顏子所好何學論》釋義",竺"下午二點至校,四點至東門看菜園";十二月十四日講"説視聽言動",竺在龍州;十二月二十一日講"居敬與知言",竺在昆明;十二月二十八日講"涵養致知與止觀",竺在重慶;一九三九年一月四日講"説止",竺在重慶;一月十一日講"去矜上",竺在貴陽;一月十八日講"去矜下",竺在宜山。

時間安排可以如上所推,但一月十六日梅光迪來與竺可楨約,定於十七日爲馬一浮赴重慶創辦復性書院餞行,則此事於一月中旬無論如何都已知曉,故"去矜下"的講稿已經寫就,十八日是否依然開講,沒有記錄。

一月十七日,浙大教授們爲馬一浮餞行,赴宴者約有二十人左右。二十四日,馬一浮作詩留別浙大諸講友。③ 直至二月七日,重慶方面派人來

---

① 《竺可楨全集》第 6 卷,第 617 頁。
② 《竺可楨全集》第 6 卷,第 620 頁。
③ 馬一浮《將去宜州留別諸講友》(《馬一浮集·避寇集》第三册,第 72 頁),此詩《竺可楨全集》第 7 卷 1 月 24 日日記中亦載。《避寇集》"裹斜力遣五丁開",《日記》作"蠶叢乃遣五丁開";(轉下頁注)

接。次日，馬一浮乘交通部車赴貴陽，竺可楨與郭斌龢、賀昌群、繆鉞等教授前往送行。[①]歷時十個多月的浙大講學在"舉手長勞勞，兩情同依依"的氣氛中落下帷幕。

回顧十個多月的講學過程，馬一浮與竺可楨還有很值得表揭的私人友情。從請馬這方面説，竺可楨可謂禮數周至，及至馬來之後，又多次拜訪、設宴相請。馬一浮於開講後，曾贈竺可楨兩幅書畫軸，第二天竺可楨極忙，開會到晚上七點多，但仍作書申謝。[②]半個月後，馬又送竺對聯一副及宋趙順孫《四書纂疏》一套，竺可楨已出差南昌、長沙、漢口等地而未及致謝，及至二十多天后回泰和，得知兒子竺衡亡，八月三日，即回泰和不滿十日，妻子張俠魂亦去世。隔日，馬一浮送挽聯一副並弔唁函一封。第二天一早，又親自登門弔喪。竺可楨記述道："八點，馬一浮來弔喪，渠先一日已送挽聯來，並作一函，極懇摯可感，今日又來弔。"[③]馬一浮深知在顛沛流離之中，竺可楨不計前嫌，不僅禮聘其來浙大講學，而且待若上賓，當然心存感激，因而在他有喪妻之痛時，及時送去了慰藉。一九三九年一月二十六日，當馬一浮已經準備離宜山赴重慶，留別講友詩作時，竺可楨贈送他一枚象牙圖章和一隻漆盒，以爲紀念。[④]二位大師往來相交，不廢禮儀，互贈之物，亦不落俗套，爲後世留下了風範。

五、《會語》奧義知多少

"會語"一詞出《三國志・魏志・武帝紀》"超等疑之"裴松之注引三國魏王沈《魏書》："公後日復與遂等會語"，原意是會談，宋代理學家之門人多輯錄其師聚徒講學之語，稱爲"講義"，明人則多題稱"會語"。馬一浮應浙

（接上頁注）《避寇集》"綿蕞應培禹稷才"，《日記》作"錦蕞應培禹稷材"，並注"錦蕞"爲"茅屋也"。按"綿蕞"用《史記・劉敬叔孫通列傳》制訂朝儀之典故，引申爲經營草創。《日記》作"錦蕞"並注"茅屋"，非詩義。

① 文學院院長梅光迪因爲出席參政會，無法相送。以上均見《竺可楨全集》第7卷，第27頁。
② 《竺可楨全集》第6卷6月10日、11日日記，第532—533頁。
③ 《竺可楨全集》第6卷8月5日、6日日記，第560頁。
④ 《竺可楨全集》第7卷1月26日日記，第19頁。

大之邀，與學生講論國學，用他自己的話説，是"最難得之緣會"，也是"一時酬問之語"，①故亦名"會語"。今所見即是朋友和從游門人等醵資，取泰和、宜山會語合刻之本。

　　泰和、宜山會語在馬一浮自己看來，乃是"一時酬問之語"，並非著作。②不以著作目之，這是他對著作的要求甚高，與世俗標準不同。所謂"一時酬問"，根據當時學生知識程度，不可能問出高深玄奥的問題。但一九三八年在浙大的教授有錢基博、賀昌群、王焕鑣、郭斌龢、祝廉先等，當時賀昌群就向他請教過攻習玄義以哪些書爲津梁，馬一浮曾作書詳答；③王焕鑣已卓有成就，尚執弟子禮甚恭，自稱"蒙蠲師之棒喝"，④足見馬對他有義理之訓誨。今《泰和會語》中《論語首末二章義》《君子小人之辨》與前面統論國學、六藝不相連貫，最後兩篇論義理名相《理氣》《知能》和《宜山會語》中最後六篇續義理名相，都非初機所能領悟，很可能就是回答諸教授之問而講。以此理解《會語》結構，庶幾有所豁然。

　　《泰和會語》中《引端》和《論治國學先須辨明四點》二節，等於是開場白。《横渠四句教》可以説是馬一浮針對當時的形勢給學生上的一堂政治教育課。《楷定國學名義》是國學講座（也是一九三六年"國學講習會"）的中心議題。國學即是六藝之學，所以緊接的四課便是統關六藝的論述。按理統論六藝之後，可以進一步深論六藝之各别，但忽然插入《〈論語〉首末二章義》和《君子小人之辨》，一望而即知是酬接問答之文字。《宜山會語》前三篇《説忠信篤敬》《釋學問》《顔子所好何學論釋義》是發與學生的對治悉曇，而接連六篇的續義理名相，則又非學生所能理解。當時講論情況，現在難以懸測，但馬一浮的書信中略有透露。他在一九三八年六月六日，亦即"君子小人之辨"宣講之後，給豐子愷的信中説：

---

① 《泰和會語·引端》、《泰和宜山會語·卷端題識》，《馬一浮集》第一册，第 3、1 頁。
② 馬一浮《與詹緝熙書二》有曰："見問三事奉答如下：一、此非著作，不用題撰人名字。二、不必加自序，但可由公等加一小引，説明在桂林醵印緣起及用意。文字但求簡單質樸，切勿鋪張，過相推譽……三、書端題字可請子愷爲之。"《馬一浮集》第二册，第 601 頁。
③ 參見馬一浮 1938 年《答賀昌群書》，《馬一浮集》第二册，第 605-608 頁。
④ 王焕鑣七十六歲時與陳叔諒書曰："弟三十左右受冬飲師（指王伯沆）之鞭策，四十以後又蒙蠲師之棒喝，用力不實，流於空言，徒呼負負。"馬一浮逝世，他有《追悼本師馬蠲叟（一浮）先生文》。《因巢軒詩文録存》，上海古籍出版社 2005 年版，第 230、232 頁。

> 《會語》續有數紙坿去,有暇賜覽,幸加批評。古調獨彈,實少賞音。此學將來恐成廣陵散。現在實無人注意體會,視爲迂遠不切。然天下最近者,莫近於自己身心。今人只知向外馳求,徇物忘己。孟子云:"道在邇而求諸遠,事在易而求諸難。"古今人病痛亦相似,但證候有寒熱輕重耳。將來若使異國人講中國學,謬種流傳,不堪設想。吾今所言雖約,自信契理,不必契機,言初不爲一時說也。①

又十六日,亦即"理氣"一講宣講之後,寫給熊十力的信中説:

> 弟每赴講,學生來聽者不過十餘人,諸教授來聽者數亦相等,察其在坐時,亦頗凝神諦聽,然講過便了,無機會勘辨其領會深淺如何,以云興趣,殊無可言。其間或竟無一個半個,吾講亦自若。今人以散亂心來求知識,並心外營,不知自己心性爲何事。忽有人教伊向内體究,真似風馬牛不相及。②

以此逆推,很可能在四場關於六藝的宣講過程中,馬一浮覺得學生能聽懂者少,適有教員或教授發問,欲酬答而解説之,遂有後面數講。及遷往宜山開講,已知學生能力,索性在拈出"釋學問"、"《顔子所好何學論》釋義"二三篇能啟迪學生心智的内容之後,直接宣講義理之學。馬一浮在宣講時察覺學生在坐時"亦頗凝神諦聽,然講過便了……以云興趣,殊無可言",這種感覺並沒有錯。他演講的内容,可以説學生大多未能領會。竺於日記中曾記述説"渠(指馬一浮)所講學生不易解,幸事先印有《贈浙江大學畢業生序》",③這篇序言僅發揮了《大戴禮記·哀公問五義》中的關於古代"士"的一段話,並不難懂,而學生已"不易解",更遑論其他。他即興的宣講引證,無論學生,即便是老師,有時也會有錯會之時。竺可楨一九三八年十二月八日日記説:"閲《新民族》二卷十九、二十期中張昌圻著《國難的病原》,文中批評儒教,謂其缺點爲兩:一則專重復古,二則以家族爲中心。前者使人

---

① 《馬一浮集》第二册,第566—567頁。
② 《馬一浮集》第二册,第529頁。
③ 《竺可楨全集》第6卷6月26日日記,第540頁。

不謀進步，没出息；後者則使人趨於自私自利之一途，所謂'危邦不入，亂邦不居'，全是明哲保身。〔此〕一段話，〈此〉正與余相合。馬一浮講學問固然淵博，但其復古精神太過，謂'古之學者爲己，今之學者爲人'，以爲人爲非，而爲己〔爲〕是，則謬矣。"①"爲己""爲人"一語出於《論語·憲問》，孔子的意思，孔安國解釋得頗爲明白："爲己，履而行之；爲人，徒能言之。"孔穎達更進一步發揮説："古人之學，則履而行之，是爲己也；今人之學，空能爲人言説之，己不能行，是爲人也。"竺可楨可能爲張昌圻的觀點所激動，有感於國家危亡之時，自己又是傾全身心的精力竭力維持流亡中的大學，因而一時錯會馬一浮的引證。

《泰和宜山會語》閎深奧衍，特别是八篇義理名相，更難透徹領悟，但諸位名教授還是會有深淺不同的吸納和感悟，並且會融化在血液中，散化在著作裏。至於那些學生，雖然一時難以湊泊，但馬一浮也別出機杼地予以教化引導。他在浙大登壇之日就開宗明義地説："竺校長與全校諸君不以某爲迂謬，設此國學講座，使之參預講論。其意義在使諸生於吾國固有之學術得一明瞭之認識，然後可以發揚天賦之知，能不受環境之陷溺，對自己完成人格，對國家社會乃可以擔當大事。"②要擔當大事，必須振作精神，要振作精神，必須有一種能使精神振作的格言，横渠四句教正是這樣一句堂正、警策的格言。所以他不僅於開講日舉出，爲學生申説、講解，更深切地領會音樂對於人心的感染力，請人譜曲教學生演唱。那支歌曲名義上是作曲家蕭而化所譜，其實馬一浮爲樂曲的旋律定下了基調。他在四月九日熱情闡述四句教的義理，十三日便寫信給豐子愷説：

頃來泰和爲浙大諸生講横渠四句教，頗覺此語偉大，與佛氏四弘誓願相等。因讀新製諸歌，意爲此語天然，似可譜之成曲。今寫呈如下：

爲天地立心，爲生民立命，爲往聖繼絶學，爲萬世開太平。
右四語試緩聲吟詠，自成音節。第三句聲音提高拖長，第四句須放平而極和緩，乃是和平中正之音。其意義光明俊偉，真先聖精神之所托，

---

① 《竺可楨全集》第 6 卷，第 624 頁。
② 《泰和會語·引端》，《馬一浮集》第一册，第 3 頁。

未知是否可以譜入今樂,製成歌曲？但不得增損一字。深望賢者與蕭而化君相商搉,製成曲譜見寄。欲令此間學生歌之,以資振作。吾國固有特殊之文化,爲世界任何民族所不及。今後生只習於現代淺薄之理論,無有向上之精神,如何可望復興。①

不僅不讓增删一字,而且音高、音長,音節舒緩、平和等全部有要求。六月六日,再與豐子愷函中説:"前承惠大樹畫並蕭而化君製横渠四句教曲,深荷不以老朽之言爲迂闊。"②讀此可知,那位後來被譽爲"神奇的心靈作家"蕭而化深深領會了此老的旨意,譜出了合乎其意的樂曲。馬一浮的主意是希望學生不斷演唱,"以資振作",這種光明俊偉的言辭和氣勢恢宏的樂曲,在特定歷史時期求學報國的年輕人心中自然會産生一種偉大的力量。

或許因爲四句教歌曲曾震撼過浙大師生,十一月十九日,校務會議决定由馬一浮爲浙大製作校歌。馬醖釀深思後,寫出歌詞。其詞文理艱深,雖不免拗口,但却底藴深厚,内涵豐富,寄意高遠。竺可楨一度考慮到校歌的明快與明瞭,曾有改寫之意,故擱置有年,最後還是聽從豐子愷的建議,不重新製作。一九四一年六月二十四日,函請留美聲樂家、作曲家應尚能譜曲。製成演唱後,典雅純正,旋律明快。後經郭斌龢教授準確而精闢的詮解,竺可楨亦極爲滿意。③ 自此,一首由國學大師飽含熱情譜寫的帶有濃厚傳統古典色彩的校歌,經一位充滿科學意識的氣象地理學宗師的反覆考慮認可,在一所"國破山河在",流轉數千里的現代式大學中唱開了。這一唱就是半個多世紀……

竺可楨寬廣的胸懷和馬一浮淵博的學問熔鑄出浙江大學一座無形但却意味深長的雕塑,這雕塑融化在校歌中,將永遠回蕩在浙大的上空。

二〇〇六年十二月三十一日至
二〇〇七年一月十四日稿

---

① 《馬一浮集》第二册,第 563—564 頁。
② 《與豐子愷書六》,《馬一浮集》第二册,第 565 頁。
③ 竺可楨 1941 年 11 月 10 日日記:"十一點在慶華作紀念周,郭洽周講馬一浮所製校歌。先由學生唱一次,需二分鐘。唱得甚好,洽周解釋亦極精詳。"《竺可楨日記》第一册,人民出版社 1984 年版,第 547 頁。

馬一浮與龍榆生

　　馬一浮先生著作、詩文、書信之整理始於一九八三年，中因遺稿蒐集及經費問題數次停頓，至一九九六年始出版三卷本《馬一浮集》（下簡稱"《馬集》"）。① 其間種種緣由，搜羅未能盡善，遺珠尚多。二〇〇六年十一月，筆者應中研院文哲所林慶彰、蔣秋華教授之邀請，赴臺作"儒家經典的形成"講座，得林、蔣二教授惠贈《近代詞人手札墨蹟》精裝三册。②《墨蹟》由文哲所林玫儀教授編纂，共分三輯：即《忍寒廬劫後所存詞人書札》，係著名詞學家龍榆生舊藏友朋書札；《安縵室所藏詞人書札》，係張壽平（號縵盦）先生所藏乃師手札十五通；附輯爲龍氏遺著《忍寒詞人自述——苜蓿生涯過廿年》、張壽平《忍寒廬藏印小輯》及張壽平與忍寒之子龍厦材合輯之《詞人龍榆生先生年譜初稿》三種。全書彩色影印，紙墨精良，雅致莊重。

　　書札、印章均係張壽平藏品。張壽平號縵盦，江蘇無錫人，生於一九二五年。曾受呂思勉先生啓蒙，遂肄業南京中央大學。一九四三年師從龍榆生，治詞章之學。一九四六年去臺，曾任中學教師十年，一九五六年執教政治大學，歷任講師、副教授、教授，兼任中國文化學院教授、中文系主任。退休後，赴香港從事教學、學術活動。專研文史與文物學及佛學。著有《離騷校釋》《九歌研究》《漢代樂府與樂府歌辭》《中國歷代錢幣題識》《安縵室詩

---

① 《馬一浮集》三卷本，浙江古籍出版社、浙江教育出版社1996年版。筆者整理其中第一册《泰和宜山會語》《復性書院講錄》《爾雅臺答問》《爾雅臺答問續編》《濠上雜著》《蠲戲齋雜著》《法數鈎玄》《試卷評語》《批王準法書機語》及第三册《馬一浮先生語錄類編》《問學私記》二部分，共約七十餘萬字。
② 張壽平輯釋、林玫儀編纂《近代詞人手札墨蹟》，近代文哲學人論著叢刊之八，中研院中國文哲研究所編印2005年版。

詞》等。縵盦所藏忍寒詞人往來手札，最初始於一九四五年龍榆生命處理上海舊居藏書後所贈，其後續有所得。而最大宗者即一九八四年起龍廈材爲保存忍寒遺物而將其所藏乃父書札、印章、詩詞稿等陸續付張，縵盦得之，遂乃考辨、注釋，歷五年而始告成。

《忍寒廬劫後所存詞人書札》中有馬一浮致龍榆生書札三通，附《西江月》詞二首，另有忍寒廬所藏馬一浮所寄舊録詩文四篇。書札及某些詩文舊稿當即縵盦在《前言》中所云"新增一九四九年後諸詞家寄榆師札稿，如謝无量、馬一浮二公札稿"，①殆五六十年代二公往來之歷史見證。今檢核《馬一浮集》，唯所録示《宋遺民詩選序》一首，已收入第二册"序跋書啓"類之第一篇，其他均失收。《馬集》和《馬一浮先生遺稿三編》（下簡稱"《三編》"）收與龍榆生書一通，詩詞數首，合忍寒所藏信函、詩詞及龍先生詞作併觀，可以勾勒龍、馬交往因緣之片斷，故將《馬集》和《龍榆生詞學論文集》所附《忍寒詞選》（下簡稱"《詞選》"）中兩人唱和之作以年代先後示列，並略予箋釋。張壽平先生於詩詞之後亦有按語，間亦擷取，以助理解。

《墨蹟》所録馬一浮札三通前，②縵盦壽平先生有一絶句，中有解湛翁名字取義，頗可致思，先録於下：

---

① 張壽平《〈近代詞人手札墨迹〉前言》，載書前第10頁。
② 縵盦壽平先生於"馬一浮札三通"後介紹湛翁生平，謂其"主講杭州復性書院數十年"，按，復性書院在四川樂山縣烏尤山之烏尤寺，時間在一九三九年至一九四一年，其後專以刊刻群經統類和儒林典要之義理著作爲主，真正主講不過一年有餘。復性書院於一九五零年改名智林圖書館編纂處，自成立至改名亦無數十年。

題馬一浮湛翁詩詞札忍寒廬舊藏
《楞嚴經》："如湛沉巨海，流一浮漚，起滅無從。"
佛子因風憂短褐，師門藏月喜清光。指冊中《西江月》三闋。微身本亦湛滄海，趁月一浮訪蔣莊。翁講學處。

戊寅秋縵盦初稿

戊寅爲一九九八年，時湛翁仙逝已三十餘年，縵盦亦七十餘歲高齡，睹物思人，而猶欲"趁月一浮訪蔣莊"，嚮往之情，溢於言表。所揭《楞嚴經》語，的是湛翁名字取義。由此而反覆沉吟其乘化前《擬告別諸親友》詩之"漚滅全歸海，花開正滿枝"一聯，可深悟哲人早已了然生死於改名之時矣。

龍、馬交往因緣始於何時，未見明確記載。《芳杜詞外》有《鷓鴣天‧戲和龍榆生》一首，詞云："鳥度雲行一鏡中，坐看夏綠換春紅。眼前即是西來意，客路如聞夜半鐘。　花正好，睡初濃，逢人拈過九嶷峰。且須沽酒邀陶令，未要玄言問老龍。末韻謬爲易之，此禪家主賓互換之機也。一笑。"①"夏綠換春紅"若是寫實，當在春夏之交。據夏承燾《天風閣學詞日記》一九五六年四月二十五日記："晨龍榆生來，不遇，遇於湖濱公園，云來看五省文物出土展覽會。"②就湛翁詞作"眼前""客路""邀陶令""問老龍"推之，似忍寒客杭亦曾訪湛翁。若謁見後回滬呈詞一申款誠，湛翁奉和，必已在春夏之交。因未見原唱，不敢臆解。《馬集‧書札》有致龍榆生一函，③略可切實推知兩人交往之點滴細節，茲迻錄如下：

累書曠未一報。老懶廢筆札，想不深責。沈先生稱道之言，非迂陋所及。儒術方見絀於世，而賢者猶留意及此，誠今日所稀有。時人唯徇生逐物，往而不反，安知有盡性窮理之事。使賢儒復生，唯有括囊杜口，盡其在己而已。向時所刻儒書，印本無多，大半散失。今僅往《朱子讀書法》一種，若《精義》《纂疏》之類，須異日發篋，倘有存者，再以奉覽，今姑闕之。欲訪蔣君論音律，暇時可屬毅成先容，無待鄙札。

---

① 《馬一浮集》第三冊，第864頁。
② 《夏承燾集》第七冊，浙江古籍出版社、浙江教育出版社1997年版，第525頁。
③ 見《馬一浮集》第二冊，第775—776頁。

佳篇不可虛辱，雪中率和二絶，聊以爲笑，淺易無足觀。盛寒，唯順時珍護，不具。丁酉臘月十日。

湛翁云"累書曠未一報"，是忍寒此前已數數致函湛翁，今皆不可見。唯張壽平、龍厦材合輯之年譜於丁酉年下云："秋窗風雨夕，賦《臨江仙·寄馬湛翁杭州靈隱寺》。其詞有'薰香施戒忍，彈指去來今'一聯。"①寄詞理當附函，此一書也，加之本函所云寄呈《讀辛》《題豐》（見下）二詩時之函，可副"累函"之義。忍寒湛深詞律，故"欲訪蔣君論音律"，乃情理中事。但欲與湛翁通款誠，或得之於尹默。尹默極稱湛翁，忍寒引贄於書札，故湛翁撝謙曰"非迂陋所及"。觀湛翁"時人唯徇生逐物"一語，知忍寒札中已向湛翁求教性理之學。著"向時所刻儒書，印本無多，大半散失……倘有存者，再以奉覽"云云，是求教之際，並詢求當日復性書院所刻書。忍寒以一代作手，向前輩請益，不免略附篇什呈覽冀和，湛翁深知詞人情思，以爲"佳篇不可虛辱"，故遂"雪中率和二絶"。二絶即《蠲戲齋詩編年集·丁酉》下《和龍榆生讀辛稼軒武夷櫂歌》及《和龍榆生題豐子愷緣緣堂記》二詩。②

《詞選》丁酉年有《浪淘沙》一闋，序云："豐子愷寄示《辭緣緣堂》之作，漫拈小闋博笑，兼懷馬湛丈杭州。"是豐子愷先寄文與龍，龍以詩代書作答並兼呈湛翁，故湛翁答之以七絶一首。龍詞云："長憶石門灣，碧水回環。四時風物一般般。菱芡堆盤村酒美，長駐朱顔。　何用愜清歡，直溯真源。龍蛇飛動静中看。結習已空花不住，閑話緣緣。"③子愷天真，文如其人，故忍寒亦以恬静之畫、白描之詞報之。湛翁答詩云："水鄉風味勝吴船，語近天真畫近禪。買石移花皆韻事，每因陸亙憶南泉。<small>謂弘一律主。</small>"④殆亦詠緣緣之堂及子愷之畫。而末句所以兼及弘一大師者，正以堂係弘一搏紙球讓子愷抓鬮得"緣"而名。據《龍榆生先生年譜》，此年曾作《冬夜對諷朱晦翁辛幼安武夷櫂歌悠然意遠慘然涕下漫拈兩絶句寄呈馬湛翁丈湖莊》。⑤詩未見，題作"冬夜"，蓋已在冬季。湛翁答書乃在丁酉臘月十日，陽曆一九

---

① 見張壽平、龍厦材《詞人龍榆生先生年譜初稿》，《近代詞人手札墨蹟》下册，第1017頁。
② 見《馬一浮集》第三册，第605頁。
③ 《忍寒詞選》乙稿，《龍榆生詞學論文集》附録，上海古籍出版社2009年版，第626頁。
④ 《馬一浮集》第三册，第605頁。
⑤ 張暉《龍榆生先生年譜》，學林出版社2001年版，第192頁。

五八年一月二十九日。讀湛翁《和龍榆生讀辛稼軒武夷棹歌》"今日西湖風雪裏,閉門長愧答書遲",①昧書札"雪中率和"及和詩"西湖風雪裏",似和詩甫成即覆。若忍寒《武夷棹歌》吟成即寄,至湛翁臘月"率和",間隔約一二月,可謂"答書遲"矣。或當時意興闌珊,故稽遲曠日。就現有書函詩詞觀之,龍馬交往很可能始於丙申(1956)四月,至丁酉(1957)秋、冬之季,已迭有詩詞唱和、書札往返。丙申年湛翁已七十四歲;忍寒居士亦五十六歲,時甫任上海音樂學院民樂系教授一年許。

《墨蹟》所收湛翁書札第一通云:

榆生先生左右:得書喜清恙差已。留意義理之學,甚善甚善。旁注:《四書纂疏》俟便交教成奉上。儒家不言養生而養生在其中。主靜主敬之效也。《素問》言"恬淡虛無,真氣從之。精神內守,病安從來",亦是却病無上妙藥。王右丞詩云:"世事浮雲何足道,不如高卧且加餐。"願爲賢者誦之。不遠及。

惠詞和如別紙。三月廿九日　浮白

另二紙各書《西江月》詞一首,一云:②

---

① 《馬一浮集》第三册,第605頁。
② 此闋已收入丁敬涵所編《馬一浮先生遺稿三編》,題爲"答龍榆生"。其中"鴻蒙"作"鴻濛"。臺灣廣文書局2002年版,第30頁。

野曠天連草際，巖幽露濕蘭叢。仙人吹笛破鴻蒙，昨夜星河影動。世上翻雲覆雨，山中弄月吟風。盈虛消息古今同，祇是閻浮一夢。

西江月和

忍寒居士見寄韻　　戊戌春　蠲叟

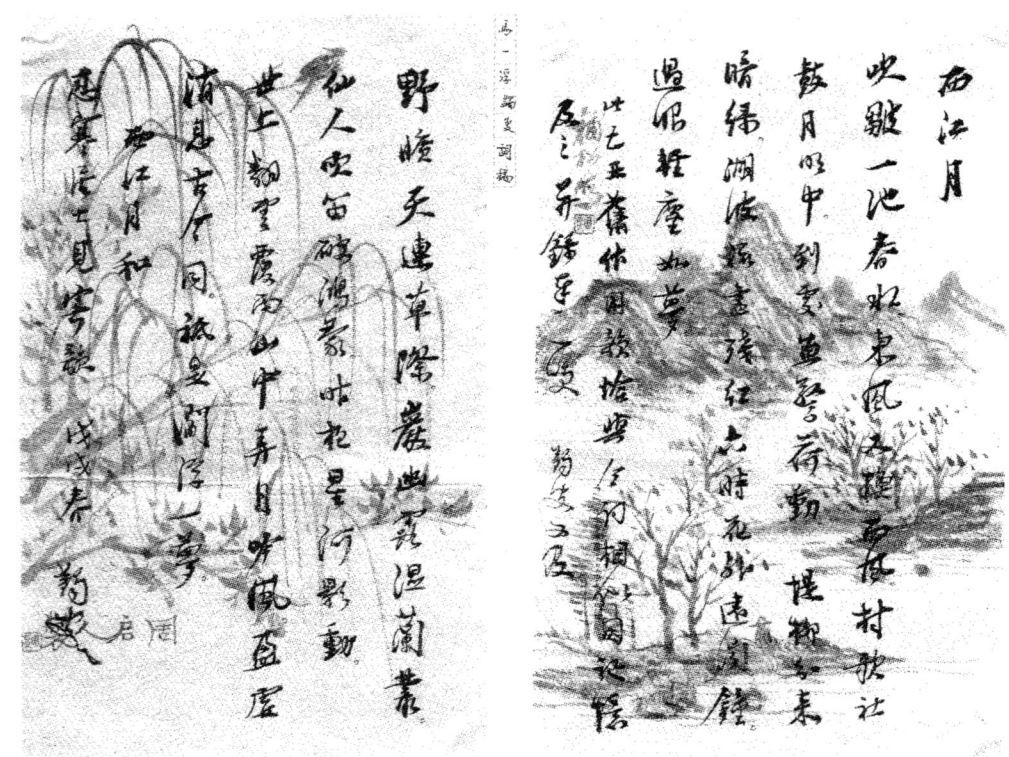

又一云：

西江月

吹皺一池春水，東風又換西風。村歌社鼓月明中，到處魚驚荷動。堤柳分來暗綠，湖波流盡殘紅。六時花外遠聞鐘，過眼輕塵如夢。

此己丑舊作，用韻恰與令詞相似，因記憶及之，並錄奉一笑。

蠲叟又及

忍寒有恙，未知所患，據謝无量三月十二日致忍寒居士函云"榆生先生：兩荷惠箋，具聞近狀。宿疴當不至劇……湛翁久未通訊，聞與沈翁倡和，①不勝嚮往"。② 知忍寒此年春季之病爲時至少半月之久。湛翁援《素問·上古天真論》之語及右丞《酌酒與裴迪》詩句相規勉，或係勞累風邪內侵所致。忍寒《西江月》詞題爲《春中病起偶占》，則作書奉呈詞作時已差愈，此與本函"清恙差已"相合。所謂"留意義理之學"，參照前函所論"盡性窮理之事"，是忍寒前後數札中皆論及義理之學，向湛翁討教。"《四書纂疏》俟便交毅成奉上"一語小字旁注，即前函中一時未撿出奉贈者，此時已發篋得書。《四書纂疏》係宋趙順孫所撰，趙書除傅增湘藏有宋刊一種，靜嘉堂藏有元刊一種外，唯《通志堂經解》和《四庫全書》收入，坊間頗少流傳，一九四八年湛翁刊入《復性書院叢刊·群經統類甲編》，故有是請。《西江月》詞乃和忍寒居士見寄韻，縵盦按語引忍寒原唱如下：

西江月
　　春中病起偶占寄馬湛翁湖上
　翠篠徐舒嫩葉，崇蘭猶泣芳叢。一樓簾外雨濛濛，春意如今全動。
　懊惱拖泥帶水，欽遲霽月光風。詠歸鏗爾與誰同？昨夜還曾入夢。③

入春生病，故上闋著意於雨中之旖旎春景，虛寫心情。拖泥帶水，喻病中情狀，煩惱不已；霽月光風，喻湛翁精神，敬仰有加。"鏗而詠歸"用《論語·先進》"子路、曾晳、冉有、公西華侍坐，子曰：以吾一日長乎爾，毋吾以也"之典。夫子問曾點之志，曾點"鼓瑟希，鏗爾，舍瑟而作，對曰：'異乎三子者之撰。'"子曰："何傷乎？亦各言其志也。"點曰："莫春者，春服既成，冠者五六人，童子六七人，浴乎沂，風乎舞雩，詠而歸。""夫子喟然歎曰：'吾與點也。'""入夢"乃縮合《論語·述而》"子曰：甚矣，吾衰也久矣，吾不復夢見

---

① 蠧庵此句書於書札右下角，似是補寫文字。書札所稱沈翁當指沈尹默，《蠲戲齋詩編年集》1957年下有《雪中和尹默近作二首》《再成二首擬山谷體》、《戲效山谷體再和尹默雪中見答韻四首》，所謂"聞與沈翁倡和"，殆指此。
② 見《忍寒廬劫後所存詞人書札（上）》，《近代詞人手札墨蹟》上册，第243頁。
③ 見《忍寒廬劫後所存詞人書札（上）》，《近代詞人手札墨蹟》，上册，第271頁。

周公"及劉舍人《序志篇》"齒在踰立,則嘗夜夢執丹漆之禮器,隨仲尼而南行;旦而寤,乃怡然而喜。大哉聖人之難見也,乃小子之垂夢歟"二典。涵泳下闋,忍寒殆有北面執禮之意。遥想復性書院開設前後,曾有多少俊彦函請拜執北面之禮,湛翁一一覆書,每每辭謝。① 而覆龍書札與和韻皆未正面接觸此話題。其和韻上闋所詠春景與龍詞相吻。下闋則更別具意味。"世上"句與"山中"句相對,一動一静,一張一弛,折射出兩公在抗戰以還二十年中被無情世事裏挾而升沉起伏之身影:忍寒因出任汪僞政權立法委員而迭遭磨難,嘗盡"翻雲覆雨"滋味;湛翁則先隨浙大流亡,繼而主講復性書院,復不旋踵而罷講,無奈退隱杭州之蔣莊,祇能"弄月吟風"。但所有動静、張弛,猶如盈虚消息,古今相同,最終都不過是人間一夢而已。看似未曾正面回答忍寒所請,而勘破塵世,貴賤、師生、南北,一切皆空,雖曰未答而齊物等觀旨意已和盤托出。

推原忍寒有北面執禮之意而用《西江月》叢、動、風、夢之韻呈詞,亦有情懷可溯。蓋其早年曾著《東坡樂府箋》三卷,至一九五七年間復加修訂。坡詞《西江月·平山堂》云:"三過平山堂下,半生彈指聲中。十年不見老仙翁,壁上龍蛇飛動。　欲弔文章太守,仍歌楊柳春風。休言萬事轉頭空,未轉頭時是夢。"平山堂乃歐陽文忠公守揚所建,東坡倅杭、赴密、守湖三過揚州,有懷前輩座主文豪,遂有此作。忍寒移其一韻,敬呈心儀之湛翁,可謂貼切。

湛翁所録同韻《西江月》一首,謂己丑(1949年)所作,此詞已收録《芳杜詞外》。② 此函所用信箋爲宣紙山水、楊柳寫意,著色。信封爲中式,係湛翁在四川樂山復性書院舊物,落款具名印有"復性書院緘"紅字,亦湛翁手筆,此則用墨筆劃去,復書"杭州西湖馬寄"。

《墨蹟》所收湛翁書札第二通云:

　　榆生先生道席:前辱示與畗庵唱和絶句,昨又荷　惠詩及詞,悉以見賢者之志。唯　齒及衰陋,以晦翁見況,誠何德以堪之?但增愧悚而已。《篆疏》已託便友奉上,諒不日可到。輔嗣雖長於玄,不及伊川

---

① 參見《爾雅臺答問》所載答求學者書,《馬一浮集》第一册。
② 《馬一浮集》第三册,第854頁。

之切近人事。又皇侃《論語義疏》亦富於玄言，取何晏《集解》與朱子《集注》互勘，尤足見玄儒之別。若以皇疏與趙疏並讀，當彌覺有味。至於受用，必切己體會之久而後得之，不徒貴其文義也。因感　下問之勤，聊貢其區區。別紙和呈一詞申謝，不宣。浮頓首。戊戌穀雨日

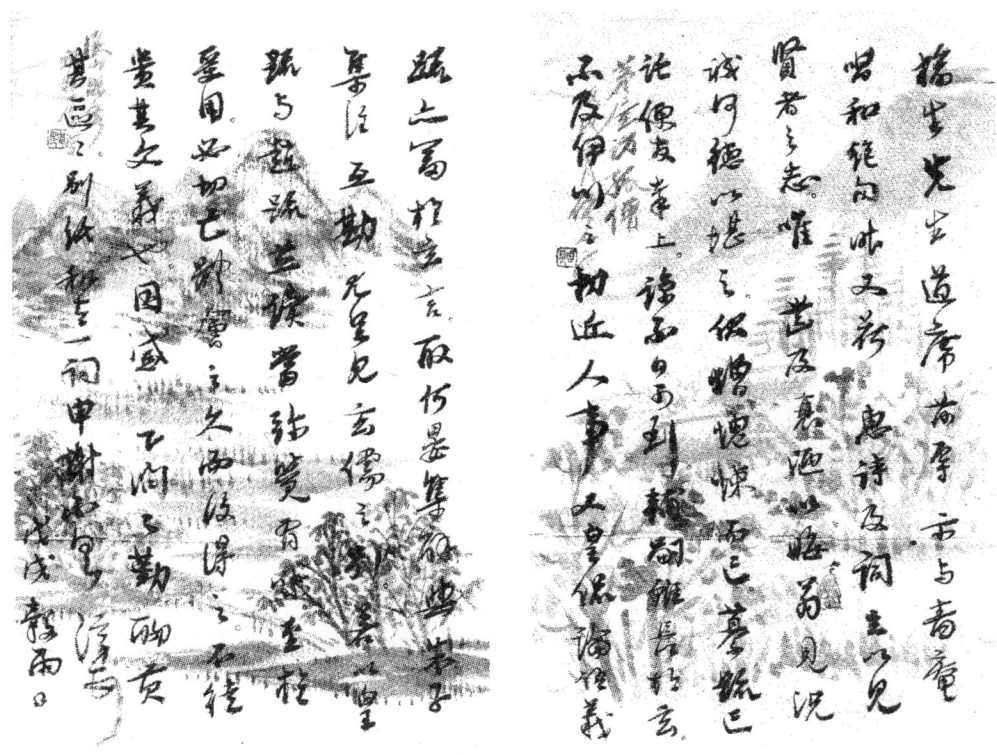

別紙和呈之詞云：[①]

西江月　　此亦理窟而非詞，率不責其荒率。[②]

簾外飛花片片，市天綠樹叢叢。無邊煙靄入空濛，定裏不知群動。

---

① 按，此闋後收入丁敬涵所編《馬一浮先生遺稿三編》，題爲《答榆生見壽韻》，其中"市天"作"西天"，"胡蝶"作"胡𧉻"，或別有所據，第 31 頁。
② 按，《馬一浮先生遺稿三編》

春去年光似電，人生朝菌衝風。彭殤旦暮本玄同，胡蝶莊周一夢。
　　敬訒
忍寒詞人見壽韻戊戌春蟄叟

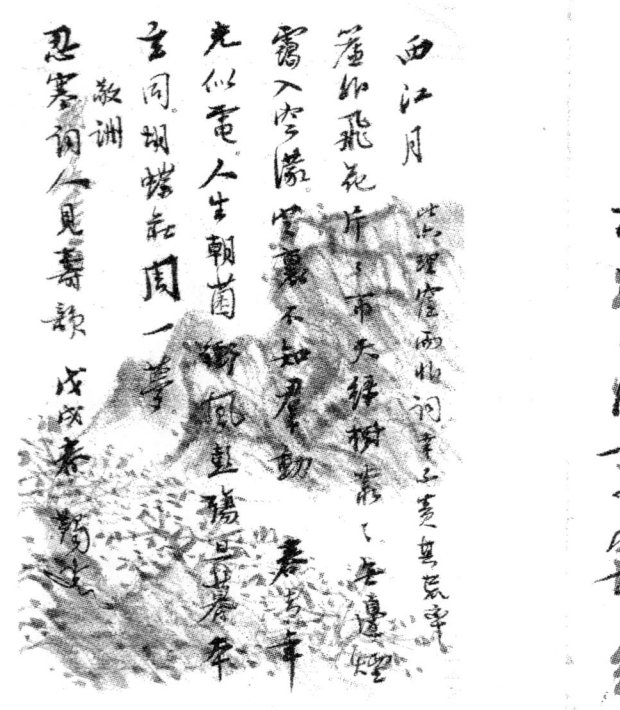
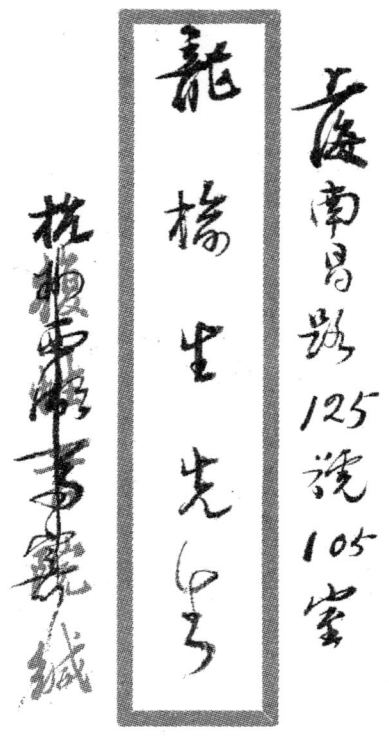

（接上頁注）有《西江月·倣方生日蘇龕招飲六和塔看牡丹用忍寒韻》一詞，有句云："橋流車轉法應同，一似南泉説夢。"自跋云："此亦理窟而非詞。時有火車過鐵橋，兒童見之輒喜。因憶傅大士'橋流水不流'語，與惠施'飛鳥之影不動'極相類。此乃今時談辯證法者所不能喻也。《圓覺》云：'雲駛月運，舟行岸移。'動靜之相，由想而生，本自無定。橋因車駛；似有動相。兒童六識，尚少分別，混車、橋爲一，故覺其可喜耳。南泉答陸亘云：'時人見此一株花，入夢相似。'此語特雋，故亦聯想及之。自笑與兒童六識亦未甚遠耳。下此注脚，不免更增葛藤，老夫當自己檢點。"（第31頁）竭力鋪展此理。

戊戌(1958)穀雨在農曆三月初二日,公曆四月二十日。此函内容繼第一函而言,由此知湛翁第一函所署"三月廿八日"乃係西曆。此年農曆二月廿五日(公曆四月十三日)爲湛翁七十五歲華誕,故忍寒詞人有《西江月·再用前韻報湛丈湖莊兼爲七十五壽》之贈。縵盦先生引録忍寒居士原作詩詞各一首:

　　西江月
　　　　再用前韻報湛丈湖莊兼爲七十五壽
　　復性宏開絶學,傾樽樂傍珍叢。緑楊垂手絮濛濛,坐聽南屏鐘動。半嶺徐傳戲吹,四時不斷花風。故應四海此心同,報導先生無夢。

　　春晚雜詩之一
　　湛翁今紫陽,誨我以持敬。養生在其中,直内以復性。大患惟私欲,無欲何由病? 我思濂溪語,所務在虛靜。謙謙君子德,物來斯順應。盈虛理則同,往哉期自證。①

　　"復性"句謂一九三九年九月湛翁在四川樂山烏尤寺開設復性書院,招生授徒,宣教儒學,一反民元以來廢經之舉,故云"宏開絶學"。"樂傍珍叢"蓋當日俊彦、諸生鶩趨書院之寫照。緑楊垂手,冬去春來,年光暗轉;而"絮濛濛"三字,以蒙太奇之移景手法,寫湛翁已息影杭州蔣莊。蔣莊即蘭陔别墅,係門人蔣國榜(號蘇庵,1893—1970)民國初年從無錫著名金石書畫收藏家廉惠卿處購得"小萬柳堂"改建而易名。建國初期,因蘇庵之請,湛翁定居於此。蔣莊在南屏晚鐘西南面,故有"坐聽南屏鐘動"之句。《莊子·大宗師》曰"古之真人,其寢不夢,其覺無憂",故後世有"至人無夢"之説。末句以"無夢"頌湛翁,贊其爲真人、至人。湛翁七十五誕辰,以四海同頌爲至人慶壽,既見湛翁學問、爲人已至化境,又顯忍寒心儀、嚮往之情。不作應酬常語,尤見格調。

　　所附《春晚雜詩》一首,即感湛翁第一封書札而作,所謂"儒家不言養生而養生在其中。主靜主敬之效也",因此而將湛翁比作朱熹。《易·坤·文

---

① 見《忍寒盧劫後所存詞人書札(上)》,《近代詞人手札墨蹟》,上册,第 275 頁。

言》:"君子敬以直内,義以方外,敬義立而德不孤。"唯此可以養生,可以復性。"大患"二句,雖爲春來病恙所發,而未嘗不隱然有追悔當年出任立法委員之意。一九四〇年三月,汪精衛堅邀忍寒出任僞職,未待允諾而公布報章。月杪因積勞成疾,胃病大發,醫生謂必須休養。而"家口嗷嗷,無以爲活"。① 經再三躊躇,一夜痛哭之後,遂離滬赴寧。出處之際,雖大節有虧,而其處境實有不得已之隱情。《老子》云"吾所以有大患者,爲吾有身",此其當日情懷。十餘年之後,天地翻覆,江山改易,雖縲絏而獲釋,然聲名狼藉,爲人所詬,豈非私欲所招致?撫今追昔,益覺濂溪"虛静"無欲爲養生之要道。而虛静謙退,物來順應,皆貴自證,不假他求。

自湛翁第一封覆函之後,忍寒又接連寄呈與嗇庵唱和絶句及此詩詞。湛翁一生服膺晦翁,今忍寒見況,愧悚不堪而辭謝。此時忍寒索要之趙氏《纂疏》已托便友奉上,因並奉告。由此而切入學問。輔嗣長於玄言,伊川切近人事,此必忍寒書札所求教者。何晏等集解《論語》,稍涉道家思想,皇侃本《集解》作義疏,敷暢玄言。朱熹集注《論語》,力闡孔子學説,至趙順孫本《集注》作《纂疏》,旁引朱子嫡傳黄榦、輔廣、陳淳、陳孔碩、蔡淵、蔡沈、葉味道、胡泳、陳埴、潘柄、黄士毅、真德秀、蔡模等十三家之説爲疏,發揮《章句集注》之旨。故湛翁謂取何、朱互勘,"足見玄儒之别";皇、趙並讀,乃"彌覺有味",的是傳經寶訓,大師心訣。

所和《西江月》一詞,自稱乃揭示義理奥藴,而不欲以雅詞錯會。前兩句寫錦簇團圞之春世界,雖真真切切,明明白白,往來不定,瞬息萬變,若以禪心觀之,猶若無邊煙靄,徐徐融入縹緲、迷茫之境,感覺沉寂,不知群動。春去冬來,電光石火,朝菌已不知晦朔,而猶衝頂大風,其湮滅之須臾可知。由此引出彭祖之壽與中下之殤,以道心冥會,猶如旦暮,混同無别。身爲壽星,而竟齊壽夭,等儒佛,非大智慧不能道亦不敢道。② 更進一層,莊周夢蝶,尚未辨明化蝶爲夢,抑或人生爲夢,旋即隨夢歸寂。湛翁所以屢屢拈出

---

① 見夏承燾《天風閣學詞日記》1940年4月4日,《夏承燾集》第六册,第189頁。
② 每當湛翁生日,親友、學生都會集其寓所,稱觴祝嘏,因舊曆二月二十五日離三月上巳不遠,且其每以榮啓期自況,爲孤獨老人,故戲稱其生日聚會爲禊日。1958年禊日,湛翁作《禊日述懷答諸友存問》詩云:"岩耕澤釣並無能,住世真同掛搭僧。安隱不知身是患,冥行方悟識如燈。"(《馬一浮集》第三册,第609頁)屬思吐辭,完全已超出塵世之外,與《西江月》詞互勘,可參悟湛翁當時境界。

此意，殆有感於二十世紀上半葉之神州，蒼黃翻覆，變化無常；人生沉浮，無法置身於鼎沸火燎棋局之外，湛翁如此，①忍寒亦如此，大千世界，萬物一如。湛翁固稔於坡詞而深於音律者，故其下闋"春去年光似電，人生朝菌衝風。彭殤旦暮本玄同，胡蝶莊周一夢"，以及前同調和作下闋"世上翻雲覆雨，山中弄月吟風。盈虛消息古今同，秖是閻浮一夢"，皆由坡詞"休言萬事轉頭空，未轉頭時是夢"一句翻空入理，而又音節朗然。

戊戌中秋，湛翁作《水調歌頭·中秋喜和東坡韻》詞。坡翁"明月幾時有，把酒問青天"一闋，千古傳唱。湛翁翻空出新，詞云：

明月四時有，清絕是秋天。終古為誰盈缺，倦賞每驚年。此夕嫦娥何在，假使乘風可到，宮闕定荒寒。一曲羽衣舞，留夢與人間。
休望遠，沈醉後，且高眠。俯仰崢嶸寥廓，幾度十分圓？況有飛流彗孛，幻出魚龍百戲，窺豹恐難全。夜久眾星滅，桂影正娟娟。

東坡原唱信傳說，騁想象，編織成一段充滿詩意之夢幻夜景。而和韻則以哲人之智，超世之情，勘破一切，復歸自然，充分體現出湛翁之慧識。湛翁曾將此詞寄忍寒，故忍寒有《水調歌頭·馬湛丈寄示戊戌中秋戲和東坡韻詞因念浦東村景補成一闋》之作。上海每年小雪、大雪之後，天氣陰冷難擋，且時有霧天。忍寒遂作《水調歌頭·晨起陰霧四塞已而開霽披誦陶淵明詩及稼軒詞有懷蠲戲、耆庵二丈率拈此闋》，並分呈二翁。二翁皆原韻奉和，湛翁之詞云：

《冬至前夕和忍寒霧霽覽陶詩辛詞有會之作即次其韻》
披霧見高詠，虛室自生明。望中霄漢無際，落落古今情。幸有帶湖鷗鷺，況對東籬殘菊，心跡喜雙清。"截斷眾流"句，但可語南能。
看新曆，懷舊友，遣頹齡。世間文字易滅，休問子雲亭。屈指星移物

---

① 湛翁晚年生日之思想，多有此意。其1962年八十壽辰時詩云："真氣蒼茫外，餘生夢寐中。已知三世寂，何待百年終。物變今猶古，人情睽本通。溪山懷舊侶，花下暫扶筇。"(《行年八十辱諸友致問，書此答謝，即以告存》詩之一)"寄意無何有，觀身畢竟空。尋言多謬誤，不病亦盲聾。莫問山河轉，心知晝夜同。芳馨如可挹，吾欲御泠風。"(之二，《馬一浮集》第三冊，第678頁。)讀之，可悟其已完全勘破塵世。

换,閱盡朝煙暮靄,萬籟任爭鳴。寒夜佇霜曉,月没正參横。

首句承接忍寒清詞,因"披霧",故曰"高詠"。次句用《莊子》典,情景密合。"古今情"三字引出辛、陶。"帶湖鷗鷺"指辛,以稼軒《水調歌頭·盟鷗》詞前半闋云:"帶湖吾甚愛,千丈翠奩開。先生杖屨無事,一日走千回。凡我同盟鷗鷺,今日既盟之後,來往莫相猜。白鶴在何處,嘗試與偕來。"心盟鷗鷺,情寄帶湖,一清也。"東籬殘菊"指陶,以淵明有"結廬在人境,而無車馬喧。問君何能爾,心遠地自偏。採菊東籬下,悠然見南山。山氣日夕佳,飛鳥相與還。此中有真意,欲辯已忘言"(《飲酒》之五)之詩,結廬人境,採菊東籬,心履南山,亦清也。忍寒披誦陶、辛詩詞,古今情同一揆,故云"雙清"。雲門宗三要義中"截斷衆流句",謂超出言外,非情識所到,但可與南宗慧能相解。以此況陶詩辛詞而以忍寒善解也。忍寒欣喜兩老唱和,因有《馬謝二老並和拙詞再用前韻奉謝》,詞云:

翹首望南北,一道紫霞明。天風海雨剛過,長嘯最移情。坐聽南屏鐘動,又報花飛瓊島,相應恰雙清。閱玩舊詩句,有味是無能。
酌芳醑,張赤幟,保遐齡。且同文字般若,寂寞扣玄亭。不用商量今昔,喜得能均物我,誰更草蟲鳴?凛凛映霜月,緑綺對窗横。

翹首,仰敬二老。南指湛翁,後句"南屏鐘動"應之;北指嗇庵,後句"花飛瓊島"應之。南北二老,合爲雙清。湛翁已老,自謂"遣頹齡",忍寒則祈禱其"保遐齡"。"文字般若"承"截斷衆流句","寂寞扣玄亭"則再申自己求教嚮往之情。玄亭係湯彦森爲湛翁築於西湖錢王祠畔之居,翁有《玄亭記》以記其事。記云:"使吾一日息影於此,非論文談義之士,則弗至也;非遺世超俗之言,則弗言也;非全生養性之道,則弗由也。"[①]湛翁謂文字易滅,故休問;忍寒則以"文字般若",合於玄亭科條,但扣無妨。書院解散,湛翁杜口,五十年代以來,更非復可敷暢儒學。忍寒則出獄之後,又罹右派之禍。即此兩心相知,往來酬唱叩問,相形於澎湃之時代,焉得不寂不寞。湛翁得詞,又有《忍寒三疊前韻見寄並録示嗇庵和作率爾再和》一詞,云:

---

① 《馬一浮集》第二册,第202頁。

高文一何綺，冰雪净聰明，西江一口吸盡，思古發幽情。且喜同風千里，更得坡仙詞筆，揮灑有餘清。欣賞吾猶及，體物問誰能。　　拍厓肩，挹邱袖，邁奇齡。懶看神禹鑄鼎，七二禪雲亭。見説胡雛康老，又待飛槎探月，嚆矢已先鳴。何似五湖裏，眉黛遠山横。①

　　前四句謂忍寒於詩詞一道已全然貫通，無復滯礙。"欣賞"句自謂，"體物"句誇忍寒。懶看二句，用《管子》封泰山者七十二之典。胡雛康老，飛槎探月，相傳梁武帝製《上雲樂》，設西方老胡文康生自上古者，青眼高鼻白髮，導弄孔雀、鳳凰、白鹿，慕梁朝來遊，伏拜祝千歲壽。周捨曾爲製詞，唐李白擬作《上雲樂》，有"康老胡雛，生彼月窟"之句。此兩句擬喻一九五八年前後全國大躍進之形勢。如此荒唐之舉，當然懶看倦説，不如且從洪厓、浮邱之遊。下闋放達，自慰慰人。五十年代之湛翁與忍寒，可謂特殊歷史、特殊人物之特殊心境，故兩人唱和，恒有身世情感寓焉。

　　己亥（1959年）立秋前九日（七月三十日），忍寒賦《蝶戀花·寄馬湛翁杭州》，句有"湯火魂飛詩作祟，南荒九死何曾悔"。蓋忍寒於戊戌五月被劃爲"右派"，旋即門前冷落車馬稀，使其有"自從省愆來，門真可羅雀"（《春晚雜詩》之二）之歎。眉間心上，仔細尋思，總有"畫眉勤攬鏡，深淺入時難"（《臨江仙》詞）之無奈，復又賦《木蘭花》詞云："此時凝望只慚顔，他日相逢終脱帽。"對前景尚抱希望。一年以後，定爲"右派知識分子"，此時思緒漸趨理性。"忘我忘世誠未易，所願愆尤一身擔"（《寄謝蒙庵丈北京》七言詩），一年之省思，已非當時之驚慌失措。忍寒劃爲"右派"之"罪狀"有六，其《沁園春》二首攻擊黨和爲學生陳天順改"反動詩"係其中之二條，故詞云"詩作祟"。其寄湛翁可傾吐衷曲，展示"雖九死其猶未悔"之心曲，足見湛翁之爲人及在忍寒心目中之地位。

　　同年立冬後九日（十一月十七日），忍寒有《己亥立冬後九日夜起有懷馬湛丈湖上》詩，詩未見。《蠲戲齋詩編年》己亥（1959年）有《答忍寒》一律，當即此詩之和韻："哀樂相生不自知，閉門常恨答書遲，心能感物多成障，語恐驚人久廢詩。霧裏看花猶昨夢，日中視影未全移。闍黎若問西來意，唯

---

① 湛翁二詞見《馬一浮集》第三册，第865頁。

榆枋齋學林

有忘言息坐馳。"①湛翁此時固已深知忍寒"湯火魂飛詩作祟"之心情,故"語恐驚人久廢詩"顯是有感而發,而頗蘊有"不敢高聲語,恐驚天上人"之隱衷。"心能感物"、"語恐驚人",千言萬語,盡在不言之中;看花視影,不如坐忘息喙。

《墨蹟》所收湛翁書札第三通云:

> 春間北還,大病,入屏風山養疴兩月,百事俱廢,友朋來書皆不能答。屢辱惠問,並示新詞,至乃闃然未報,至歉至歉。近日酷暑,幻軀益不可支,將上匡廬逭暑,藉彼溪山,消吾痼疾。俟秋深始還。臨行率爾奉白。又往月松生曾來書,欲爲其友索拙字。浮目力益敗,久廢臨池,實苦未能應命,並希代爲致歉。即不另復。諸唯順時葆愛,不盡。浮白。
>
> 舊六月八日

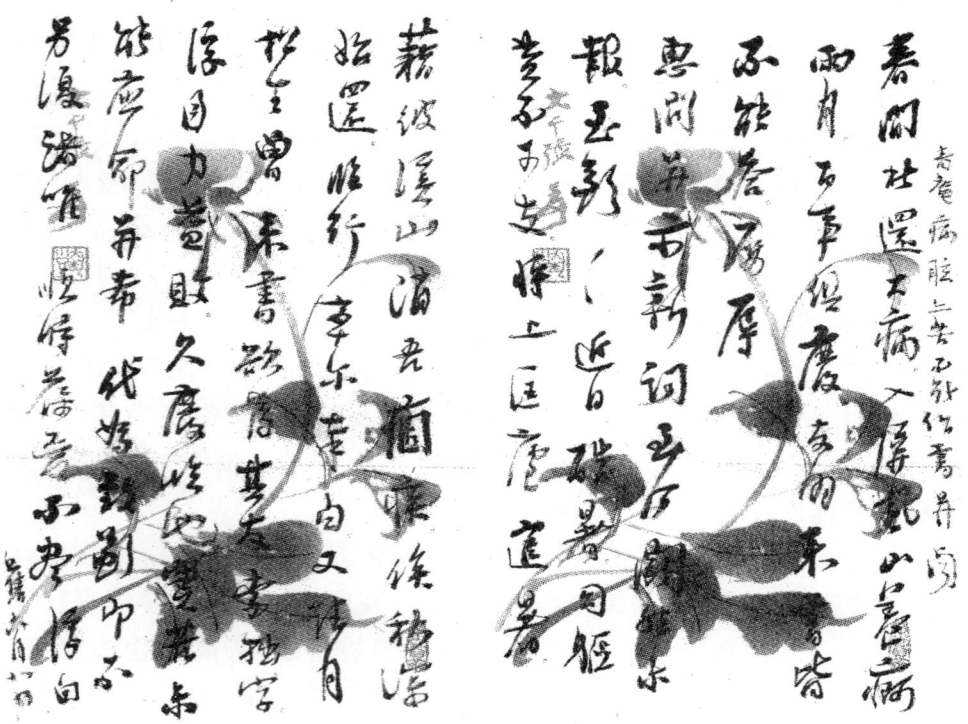

---

① 《馬一浮集》第三冊,第 633 頁。

縵盦謂此函爲湛翁舊曆庚子六月初八日，即公元一九六〇年七月一日致忍寒之書札。忍寒得湛翁此札，即賦一闋奉呈：

《八聲甘州·得馬湛丈湖上來書云將往廬山避暑因摭撦六一東坡詞句綴成一曲寄呈博笑》
愛雙龍飛出迓高軒，何幸過吾邦！聽衝濤旋瀨，鈞天廣樂，水石春撞。暢以光風霽月，幽夢落山窗。倘可諧深趣，漸盡紛厖。　尚想遺規鹿洞，企紫陽高躅，俗慮都降。問千家絃誦，村笛亦成腔。溯溪流、閒尋蕭寺，阻追隨、日影轉經幢。凝情久，西飛歸來，悵對長江。①

湛翁春間大病，據其三月與陳毅書中"浮近年患脈見結代，每苦炎夏，不能不爲避暑計"云云，②中醫所謂結代脈，即西醫之早搏。中醫謂結脈主氣血淤滯或陰盛陽衰，代脈主某些臟器之衰竭。其上屏風山養痾在四月二十三日，至六月十一日回蔣莊，③故有"百事俱廢，友朋來書皆不能答"之語。其間忍寒屢屢致書湛翁，並貺新詞，故有此答書。"將上匡廬逭暑"、"臨行率爾奉白"，湛翁於六月上匡廬，④故於友朋來書一一作答，並謝匆倉不恭。所以於此書中提及松生代友索字一事，松生名沐勤，忍寒之堂兄也。忍寒爲長房進士龍贗言之三子，松生則三房舉人龍審言之次子。堂房排行，松生五，忍寒七。⑤ 松生生於一八九九年前後，⑥大於忍寒三歲許。松生係印光法師弟子，曾爲復性書院通信講友，一九四〇至一九四二年間與湛翁多

---

① 見《忍寒廬劫後所存詞人書札（上）》，《近代詞人手札墨蹟》，上册，第 278 頁。
② 《馬一浮集》第二册，第 781 頁。
③ 《馬一浮先生遺稿三編·療養日記》，第 115—133 頁。
④ 該年有《將入山避暑口占》詩云："六月炎風似寇侵，避人林壑喜多蔭。流金礫石何時了，可有彌天雨露心？"是上山在 6 月間。在廬山有《廬山新謠》十二首，《續廬山新謠》十二首，所到之處，皆有題詠。其《新謠》之十二《訪簡寂觀陸修靜舊隱處不得》後有"山居二月，閉戶時多，出遊時少，雖曰養痾，有同禁足"云云，而《山中供客中西餐皆具臨別戲贈》云"安居三月轉饞輪"，蓋避居匡廬前後二三月，殆在八九月下山。
⑤ 參閲張暉《龍榆生先生年譜》，學林出版社 2001 年版，第 4 頁。
⑥ 《蠲戲齋詩編年集》丁酉年下有《龍松生行年六十，索詩爲壽，以此贈之》一詩（《馬一浮集》第三册，第 604 頁）。行年可指將到之年齡，亦俗説所謂虛歲，故推其生於 1899 年前後。

有書信往返。① 松生舊居滬上，代友索字，故而致書。湛翁病目，久廢臨池，未能應命，故請忍寒代爲致歉。忍寒深於《東坡詞》，故擷取六一、東坡詞句綰合新聲。

愛雙龍飛出迓高軒，雙龍用坡詞《減字木蘭花》"雙龍對起，白甲蒼髯煙雨裏"之句。此詞小序云："錢塘西湖有詩僧清順，所居藏春塢，門前有二古松，各有凌霄花絡其上，順常晝卧其下。時余爲郡，一日屏騎從過之，松風騷然，順指落花求韻，余爲賦此。"蔣莊面臨鳳凰山之院落中有兩棵百年白玉蘭，華蓋蔽日，樹根露於地面之上，如蒼虯盤曲。故忍寒引坡詞以況之。"吾邦"用坡詞《滿庭芳（三十三年）》"江南岸，不因送子，寧肯過吾邦"句，蓋幸兩棵白玉蘭之植於蔣莊也。"衝濤旋瀨"句用柳宗元《袁家渴記》"衝濤旋瀨，退貯溪谷"語，爲其面臨西湖也。"光風霽月"句用坡詞《西江月》"更看微月轉光風，歸去香雲入夢"語，故續以"幽夢落山窗"也。"幽夢"一詞用坡詞《昭君怨·送別》"誰作桓伊三弄，驚破綠窗幽夢"句。上闋描述湛翁在蔣莊之隱居生活，盡其閒適，諧其深趣，而一切紛雜皆歸闃寂。

因湛翁將赴廬山，而白鹿洞書院在廬山五老峰南麓後屏山之陽。湛翁平生最服膺晦翁，故廬山之遊，理當前往一瞻紫陽傳道遺址。而重温白鹿洞遺規，緬懷紫陽學問品行，可使一切俗慮雜念蠲除。因此句可悟馬、龍反復酬唱之《西江月》詞中，多兩翁身世感慨所繫。忍寒以昨非之事，或每存懊惱之想；湛翁勸以達觀，導以養生，遂使其雜慮消釋，心靈净化。故此既是推想，亦是自忖。"弦誦"典出《文王世子》之"春弦夏誦"，後多指《詩》禮教化。此則謂白鹿洞周遭蒙紫陽教化，《詩》禮傳家，必化俗如應響，故村笛亦成腔。湛翁得此詞而上匡廬，確有一訪書院之想。其《廬山新謡》之十云："朱子舊所服膺，入山便思訪白鹿洞遺址，館人尼之，謂暑中徒步非老人所堪，請俟秋涼。廢然而止，因作此詩，申其所懷。"②是知造訪意濃而因高齡酷暑爲館人所尼，雖在山而不得一弔緬懷之，亦一憾也。"凝情"句用《六一詞·長相思》下闋："長江東，長江西，兩岸鴛鴦兩處飛，相逢知幾時？"匡廬在上海和杭州西面之長江邊，意謂湛翁西去匡廬避暑，即使追隨尋訪，亦

---

① 《馬一浮集》第二册著録湛翁致松生書札五通（第 711－713 頁）。其第一通謂其著有《循吏傳論》，又《現代佛教學術叢刊》第 57 册收入其《與張孟劬論學書》二通。
② 《馬一浮集》第三册，第 642 頁。

無法北面執禮,唯有盼其逭暑早日歸來,而當時凝情久佇,固唯有悵對長江。無奈之境,不已之情,隨東去流水,永永追懷。

一九六一年,忍寒有《臨江仙·昧旦讀陽明子論學書因用東坡夜歸臨皋亭韻寫呈馬湛丈湖上熊漆翁上海》一詞,今《芳杜詞外》不見和韻,《三編》有《臨江仙·訓榆生見寄之作》,云"寒重不知春已到",①蓋冬春之交所作,未知其年月。《芳杜詞外》有《鷓鴣天·答忍寒春日見懷》,詞云:"春水門前幾尺深,柳梢樓角對愁霖。新詞語好還相憶,舊醖杯空久罷斟。　夸父杖,子桑琴。側身天地一沈吟。《山經》《海録》無窮事,壁觀忘言直到今。"②此詞《三編》亦收入,末署"辛丑春分後五日",殆爲一九六一年三月二十六日。前有書云:"病卧經時,不親筆硯,累書曠答,實遠人情。今讀新詞,觸發舊習,聊復效顰一上。雙目近瞀,後此恐不能復書矣。"③可見忍寒春日贈詞且頻飛鴻雁,而湛翁已近目盲,難以作答。一九六二年夏,忍寒有《好事近·淞濱長夏有懷馬蠲叟丈西湖》,《芳杜詞外》不見和韻。一九六三年元宵,忍寒有《蝶戀花·癸卯元宵後一夕作寄馬湛翁湖上》,詞云:"未怕風饕與雪虐。夕夕霜晴,却恐春冰薄。怎得醇醪資暖脚,今年人意全非昨。報答光風賞舊約。水檻憑臨,誰共知魚樂?轉盼桃花紅灼灼,閑來自放亭前鶴。"一九六一年九月,忍寒摘帽,當下"淚湧情難抑",激動無比,自後處境亦略有改善。然韶光雖换,餘悸仍在,故上闋自寫正反曲折之心情,下闋則懷想杭州湛翁之明媚境況。湛翁報以《鵲踏枝·戲答忍寒元夕見寄韻》云:"老病生涯餘戲謔。坐對天晴,仰視浮雲薄。胸次不留元字脚,書來令我忘杯酌。　孤山久罷探梅約。吹律回春,想見元宵樂。滿院弦歌燈照灼,階前可有王喬鶴?"④八十病翁,餘生有幾?雖春回氣暖,而梅約久罷,唯坐對天晴,仰視浮雲而已。幸有故人惠貺彩箋雅詞,遂令暫忘杯酌。因想忍寒上海元宵之樂,唯惜階前無王喬之鳥可踏雲而至,以同一樂。同年有《鷓鴣天·寄馬湛翁湖上》,《芳杜詞外》不見和韻,而有《菩薩蠻·新秋答忍寒見懷北山》詞一首,可見湛翁雖衰,其與忍寒仍迭有唱和。一九六四

---

① 《馬一浮先生遺稿三編》,第 32 頁。
② 《馬一浮集》第三册,第 869 頁。
③ 《馬一浮先生遺稿三編》,第 279 頁。
④ 《馬一浮集》第三册不收,見《馬一浮先生遺稿三編》,第 29 頁。按,"坐對天晴",原作"坐對晴天",今據忍寒詞"夕夕霜晴",疑"霜晴"對"天晴",故改。

年,忍寒有《浣溪沙·劉公純錄示馬湛丈近詩一聯因竊取綴爲小調寄呈湛翁湖上兼簡公純》,《鵲踏枝·甲辰七夕寄馬湛丈山居》,《芳杜此外》皆不見和韻。後二年,不見有酬唱詩詞。一九六六年十一月,忍寒因甲狀腺開刀,將愈,聞造反隊抄家,書稿、文物悉數掠去,忽發高燒,不日,肺炎、心肌梗塞併發而逝,享年六十五歲。一九六七年,安居蔣莊之湛翁亦受到衝擊,所有藏書、字畫、古玩、文物均遭洗劫。老人不得不遷至安吉路臨時安頓,時胃病出血不止,於六月二日在浙江醫院仙逝,享年八十五歲。

※　　　　※　　　　※

《忍寒廬劫後所存詞人書札下》有馬一浮所寄舊錄詩文四篇,其中《宋遺民詩選序》一首收入《馬一浮集》第二册"序跋書啓"類,題爲《宋遺民詩序》。《詩選》爲田毅侯所選,序稱"田子毅侯最錄《宋遺民詩》既,以示予曰:子其有以贊吾書",蓋田子書成而求序於馬。"最錄"猶"撮錄",謂采聚也。宋遺民詩夥頤繁多,田子所錄,必爲選本。馬手跡作"宋遺民詩選序",正相吻合。第二册題下標注"一九〇七年",此光緒三十三年丁未,而手稿末署"己酉閏月望日馬浮序"九字,己酉則爲宣統元年(1909)。觀湛翁《與田毅侯書》"伏讀所爲《宋遺民詩序》,有以見刪述之義,其憂患深矣","屬爲弁言,蓋非敢僭,且於古一書不二序,謹避爲書後一篇",①此函標明一九〇九年,與手稿合,故《馬集》似當據正。其文二"予"字,手稿作"浮";"餓死",手稿作"死餓";"求出於",手稿作"求自出於";"可勿稱乎",手稿"稱"作"偁";"使舉一世",手稿作"夫舉一世":亦可資校正。

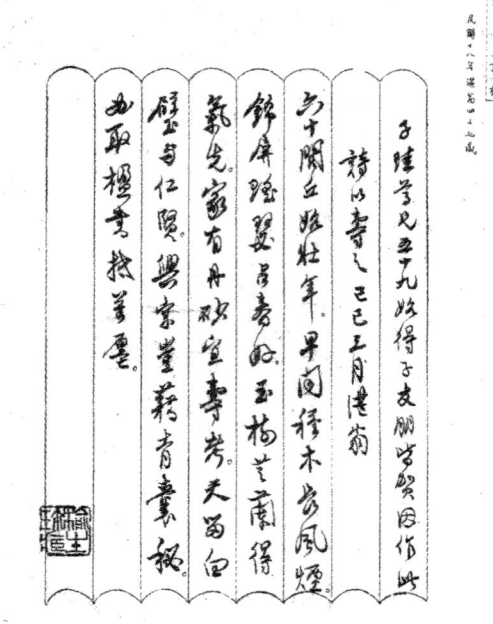

其他三首均未收,逐錄於下。

---

① 《馬一浮集》第二册,第413、414頁。

其一爲：

　　　　子圭尊兄五十九始得子友朋皆賀因作此詩以壽之己巳三月湛翁
　　六十間丘始壯年，早聞種木長風煙。錦屏瑤瑟占春好，玉樹芝蘭
　　得氣先。家有丹砂宜壽考，天留白璧與仁賢。興宗豈藉青囊秘，必取
　　楹書抵萬廛。①

此詩寫於八行箋上，右上角有一貼條，書"民國十八年湛翁四十七歲"十一字；左下角鈐"榆生珍藏"陽文方印一。

子圭姓饒，湛翁早中年時友。湛翁有《塚間》一詩，其序云："友人饒君好相墓，予與同遊多行塚間，遂作此詩"。② 蓋子圭善堪輿，常與湛翁偕遊塚間。

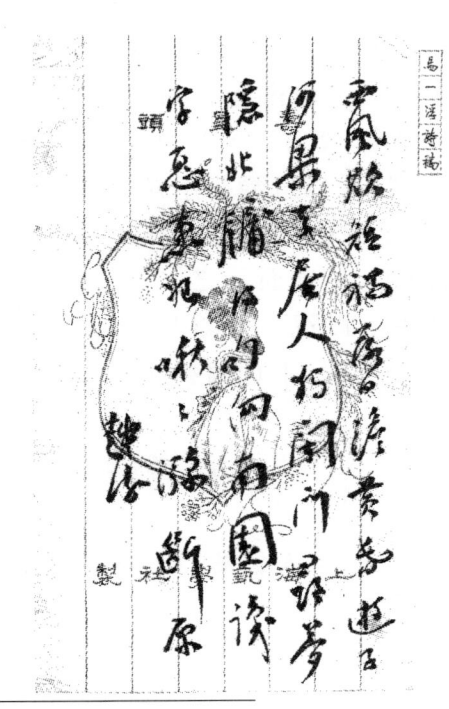

己巳三月即民國十八年（1929）三月，是子圭生於同治九年（1870）或十年（1871），大於湛翁一輪許，故稱"尊兄"。時年五十九，南方頌壽有"做九不做十"之俗語，故湛翁以六十相頌。然善星命堪輿，竟不得高壽。湛翁《郁岡齋黃庭臨本跋》云："此丙子夏日所書（按，跋後有"此實乙亥所書，誤記爲丙子，應改正。"）……初爲我友饒子圭所見，深喜之。子圭固嗜吾書，因舉以爲贈。乃子圭欲吾加題識，遂仍留几案間，未及下筆而子圭旋歿。"③蓋子圭卒於一九三五年，時年六十五歲。④

年近甲子，亦垂垂老矣，忽而得子，喜從天降。雙喜臨門，因以詩頌壽賀

---

① 萬廛，緻盦錄作"萬厘"，"厘"字失韻，誤。
② 原詩云："憂樂關時命，賢愚共一丘。山川隨氣轉，草樹爲人留。物理爭蝸角，生因叩骷髏。情知猶旦暮，何事計恩仇。"《馬一浮集》第三冊，第28頁。
③ 《馬一浮集》第二冊，第150頁。
④ 按，筆者原不知子圭爲何許人，持此文參加馬一浮一百二十五周年紀念會。承丁敬涵先生函示其所作《馬一浮先生交往錄》中"饒子圭"條，因得以從文集中勾稽其事蹟及卒年。在此深表謝忱。

子。《新序·雜事五》載:"齊有閭丘卬,年十八,道遮宣王曰:'家貧親老,願得小仕。'宣王曰:'子年尚稚,未可也。'閭丘卬對曰:'不然,昔有顓頊,行年十二而治天下;秦項橐七歲爲聖人師。由此觀之,卬不肖耳,年不稚矣。'宣王曰:'未有咫角驂駒,而能服重致遠者也。由此觀之,夫士亦華髮墮顛而後可用耳。"①宣王謂閭丘年十八爲尚幼,其意士必華髮墮顛始稱壯而可仕。今子圭行年六十而得子,知其氣體猶壯。既頌壽而又賀子,蓋隱含大椿以八千歲爲春秋之意。所以不用《莊子》典者,避俗也。語曰:"一年之計,莫如種穀;十年之計,莫如種木。"黄庭堅《郭明父作西齋於潁尾請予賦詩二首》之一云:"食貧自以官爲業,聞説西齋意凛然。萬卷藏書宜子弟,十年種木長風煙。"山谷本古語而贈明父,湛翁又套用山谷詩而頌子圭。錦屏,婦女之居處。玉樹芝蘭,用《世説新語·言語》"譬如芝蘭玉樹,欲使其生於階庭"之典。於錦屏閨房之中,琴瑟綢繆之際,而能震一索而得男,豈非占春有術?一聯之中,亦戲亦賀,寓諧於莊,了無俗痕。由占春有術引出"家有丹砂"句,頌壽;由"玉樹芝蘭"引出"天留白璧"句,賀子:皆水到渠成之語。青囊秘用《晉書·郭璞傳》郭公授璞青囊書之典,後以青囊指卜筮之術。子圭善此術,因反用景純青囊之典。楹書用《晏子春秋》之事。《雜下三十》:"晏子病,將死,鑿楹納書焉,謂其妻曰:'楹語也,子壯而示之。'"子圭六十得子,難及其立,故規勸當遺子以書,而不當占卜以祝。全詩四聯,前三聯頌壽、賀子,雙管齊下,尾聯告誡叮嚀,有遺黄金千鎰,不如遺書之意。頌賀而不忘告誡,自是仁者情懷。

其二爲一五言詩:

西風欺短褐,落日澹黄昏。遊子河梁去,居人獨閉門。尋夢隱北牖,得句向南園。識字憂患始,啾啾瀰斷原。

越浮

此幅腕力稍弱,不似湛翁晚年之筆,與二十七歲時所書《宋遺民詩選序》亦不類。縵盦謂:"此稿原附謝無量'丙寅正月所書和馬一浮詩六首'

---

① 劉向纂輯、石光瑛校釋、陳新整理《新序校釋·雜事五》,中華書局2001年版,上册,第774—776頁。

後，故即一九二六年丙寅，馬一浮讀謝和詩六首以後所題詩。時爲民國十五年國民革命軍北伐之前，群雄割據、國未統一之際，謝无量已離廣州歸里，馬一浮隱居杭州西湖，二人皆四十四歲。"所謂"和馬一浮詩六首"，殆指一九二四年馬一浮《簡謝嗇庵五十韻》、一九二五年《答嗇庵見懷》四首及《蘭亭詩》一首贈謝，謝於一九二六年丙寅正月望日一並作答拜酬一浮之六首詩。後湛翁以之贈忍寒，忍寒歿後，長子厦材轉贈縵盦，①故縵盦所述尚屬可信，或湛翁一時率爾之筆。縵盦又謂："此詩'西風'、'落日'二句，喻當時光景。'遊子'句，指謝无量離粵；'居人'句，自謂亦離群而隱居。'尋夢'句，自述其近況；'得句'句，指謝无量之和詩。（'南園'比'謝園'。）結語'識字憂患始，啾啾灑斷原'二句，則因謝和詩七律魚韻四章中'民勞已憾黄虞治，鬼泣徒滋頡誦書'一聯而發。昔人謂倉頡誦其字書，天雨粟而鬼夜哭；如今民國之創制，亦有此憾——未蒙共和之利，先受共和之害，國亂民勞，如聞鬼泣啾啾。"予謂"西風"句，脱胎於鄭鵬《饒陽九日》："西風欺短鬢"。"遊子"、"居人"兩句，用舊題漢李陵《與蘇武詩》之三："攜手上河梁，遊子暮何之？""識字"句套用東坡《石蒼舒醉墨堂》："人生識字憂患始，姓名粗記可以休。""識字憂患始"者，承杜甫《醉時歌》"相如逸才親滌器，子雲識字終投閣。"語，謂揚雄識奇字，而終致投閣；蒼舒善草書，亦不達而卒，故東坡擬之。體味全詩，恐另有意在。

其三爲復金弘恕先生書一通：

復金弘恕先生書
弘恕先生有道：心粲轉到中秋日惠書，具見仁者日用功夫甚密。謬承下問，益佩虛衷。僕杜口已久，實愧不能有所增益。四方士友以書見及者，往往涉月經時，闕於裁答，幸恕其簡。見示尊撰《修觀程式》，此在古人本其體驗，垂示方便法門。入處（原作"差"，塗去改寫）縱有差殊，指歸實無二致。若論起信觀無念法，意在窮究生住異滅四相，當體不可得，所謂心無初相心即常住者，凡夫二乘觀智所不能及也。久久淳熟，自可豁然。仁者既行之得力，自可依此而修，但勿存取證相及擬議物智境界，此最爲學道人所忌，以人法二執未盡，終無相應

---

① 見《近代詞人手札墨蹟》中册，第744頁。

分也。禪宗亦無奇特,祗是奪去矑識,教人自看,故謂無法與人。縱有勝妙見解,悉予鏟除,不留毫髮,不可重增繫縛,轉見模糊。一切言句皆因病發藥,病止藥亡,了無一字。末法劣機,祗欲呈見解,求印證,不知此中無肯路。惟須自肯,不可依人。因來問涉及之,實亦膚説耳。《壇經》云:無者無何事,念者念何物。仁者既以無念爲宗,曹溪此言亦不勞重舉。尊稿坿還,唯坐進此道。不宣。馬湛翁和南。

弘恕居士爲劉洙源弟子,浙江上虞人,號澹園。殆亦湛翁同鄉。曾爲其師刊印《佛法要領》一書,又促成師多傑尊者《中國藏密寶典》之印行。

心粲即袁心粲,湛翁弟子。蓋弘恕新著《修觀程式》,因請心粲轉呈湛翁求教。所謂"中秋",不知何年。考弘恕與其師洙源往來書函,洙源於民國卅六年春三月朔日致弘恕函中有"君《修觀程式》五條"云云,此知弘恕著成《修觀程式》之後,曾上呈乃師批改,亦轉呈湛翁請益。若先呈其師,後轉湛翁,則很可能是一九四七年之中秋。時湛翁因書院罷講,與朋儕及弟子書函中數數言及"杜口",故此函亦云"僕杜口已久"。《修觀程式》一篇內容,據洙源復弘恕函,可知分爲:皈敬求加、誦咒調息、推散四大、諦觀無念、向發願五條。弘恕爲洙源入室弟子,故洙源覆書據實批評,斥爲:一、不辨法門高下。二、不依先聖口傳。三、破壞心法。四、違反起信。相對洙源,湛翁與弘恕關係較疏,故言辭甚爲婉轉,然亦一一科判,不稍姑息含混。其言"一切言句皆因病發藥,病止藥亡,了無一字。末法劣機,祇欲呈見解,求印證,不知此中無肯路。惟須自肯,不可依人","個中無肯路","人自肯乃方親",①皆禪師家醒人語錄,實亦因病發藥,醫其病痛。我儕讀禪宗公案,昧於機語,往往不知所云。今讀湛翁"禪宗亦無奇特,祇是奪去麤識,教人自看,故謂無法與人。縱有勝妙見解悉予鏟除,不留毫髮,不可重增繁縛,轉見模糊"一語,亦可灑然有所省悟。末復拈出弘恕"以無念爲宗",證以禪宗《壇經》二語,猶各各爲人悉檀。既已引之矣,猶曰"不勞重舉",深得語言婉轉之妙。

※　　　　　　※　　　　　　※

　　湛翁一生以六經爲研治鵠的,興滅繼絕,復又洞達世事,歷盡滄桑,故其出處語默,特立獨行,尤其書院罷講杜口之後,息影玄亭,蟄居蔣莊,大隱隱市,誠已無求於世,寡交於人矣。唯忍寒性情中人,以要妙之情思,擷雲霞之錦藻,聲律韻語,亦足自多。然牽於情,出於義,墮蒼黃而繫縲絏,乃翻然悟徹,遂成龍、馬因緣。觀禪因墨緣,端在聲律,就中大師慧識,詞人情懷,經典醇厚之理,塵埃蟬脫之想,蒼狗白雲之世,赤誠炎涼之情,固已織錦繡鞶,雲蒸霞蔚矣。至若湛翁手鈔舊詩舊文饋遺忍寒,以及忍寒收集之賀子圭得子詩,其往來細節因由,尚須博訪知情者以發其覆。

二○○七年五月十二日至九月二日二稿
二○○八年八月八日改寫三稿
二○○八年八月十一日四稿

---

① 見《圓悟佛果禪師語錄》卷十九及琮湛《注華嚴經題法界觀門頌引》等。

二〇〇九年一月十二日五稿
二〇一〇年一月三十一日六稿

跋

有些文化或學術專業人士喜歡將人區分爲圈內圈外,於是學術討論也有出局入局之説。這內外出入之分是否帶有什麽意味我懵然不知,而在我眼裏心中却祇有職業與事業、專業與興趣之別。圈內人若僅將學術作爲職業而無興趣,其流於平庸是事態必然;圈外人若有興趣或將之作爲事業,爲之奮鬥,則其能量便不可估量——曙輝兄無疑是後者的型範。多年前我讀他點校的姜忠奎《緯史論略》整理本,以爲是滬上宿儒。後史語所陳鴻森教授特別向我推薦,並要我助陣,一起奉勸他攻讀碩博學位。我因自己在文憑至上的嚴酷現實中坎坷地跋涉了二十多年,耳聞目睹過職業人士太多的"音容笑貌",以致久久揮之不去,所以初次相見,也真誠相勸。及至交流既多,相知漸深,便完全改變了想法:他如果去讀學位,除了那些功底深厚、實至名歸的真正教授,我還真不知道是誰教誰(當然也包括我)呢。那時他已經整理出版了《十七史商榷》《史微》等上百萬字的古籍,另有數百萬字點校稿如《劉咸炘學術論集》《鄭堂讀書記》等也將陸續出版。後來他覺得與其整理點校讓出版社出,不如自己開設工作室,隨即與幾家出版社聯手幹了起來。截至今日,他策劃和主持編輯的古籍上百種,點校古籍達四十餘種,約一千六百萬字。這個數字與我另一位朋友瑞祥兄爲提高書刊質量而審閱校讀的三億多字,大概都可以載入滬上吉尼斯紀錄。當其開設工作室之初,就囑我將論文結集出版,是我忙於瑣事,蹉跎了兩年。

我不得不提到華東師大出版社董事長朱傑人教授,他在打造品牌出版社同時,也注重學術研究。如果説整理出版朱熹著作是他這位朱氏後裔的分内事,點校《毛詩注疏》是他的專業本行,那尋覓學術著作則可見一位出版家的戰略眼光。承蒙錯愛,在他並未知道曙輝兄要爲我出論集之時,也主動提出要爲我出書。及至本書編纂伊始,我與他談起,他欣然贊助,並與王焰社長溝通。王社長出身學術世家,好文學、擅詩詞,亦頗具出版家之氣魄。她不僅極其重視,將之作爲社裏重點書,並指定由潄碧齋主人、詩人龐堅來任責編。堅我老友,憶《榆枋齋學術論集》梓行時,曾諾以詩作,不意沉吟三千六百日,方詠成七言古風二十四韻,其詩序云:"君此書十年前問世,余謂當有詩賀之,今續集即將付梓,而余詩方成,念之不免慚惶。"今其董理《學林》,熟稔篇什,再有宿諾,當不致使我佇夏而盼春也。編輯進入校樣階段,曙輝兄又忙於考慮紙張和裝幀設計等事,他與遠在青島的具體先生聯繫。或許具先生受了他的影響,誤認爲這是一本什麼重要書籍,竟用他特有的專業眼光,選擇紙張做出樣品來讓我過目挑選,使我一時眞想立刻拜見這位"紙有境界"的主人。坦誠地説,没有以上諸位的援手,祇有散在兩岸三地的文章而不會有這本《學林》。

《學林》校樣於去年十月份打出,適值我要去中研院文哲所任特約訪問學人一月,於是約請朋友先爲我審讀。首先是曾爲我編輯《榆枋齋學術論集》的楊蓉蓉先生和審讀全書的王瑞祥先生,他倆雖已退休或臨近退休,但功夫在身,名聲在外,仍然身不由己地忙得苦不堪言。在滿負荷的工作之餘,儘量抽出時間來審讀校樣。經他們過目,不僅《學林》的内容與文字有很多修正,版式和繁簡、正異字體也得到了很好的規整。清華大學中國禮學研究中心顧濤和張濤二兄,與我學術路嚮相近,聲氣相投,平時亦多垂意我的文章,皆願爲本書攻錯打磨。時值顧濤搬家,張濤畢業,仍然合力閲完一份校樣,並從專業角度提出建議。友生樊波成、徐煒君、張靖偉、王園園、馬濤,以及龔志偉和虞思徵,也都分擔部分校樣的校閲工作,各有功勞。本書版式複雜,文字增删逾萬,校樣勾乙滿紙,更多虧董洪軍和陳沖悉心改正,而勞韌兄又爲此書專門設計了藏書票。没有以上諸位的協助,《學林》被人嗤笑諷嘲的地方會更多。

我自去年文哲所訪問歸來,就想集中精力閲讀校樣,無奈因今年四月北京清華大學禮學會議、湖南長沙的《尚書》學會議,六月臺北中研院第四届漢學會議等接連不斷,逼得我一直沉埋於文章的撰寫與修改之中,五月又應付碩博士論文評審、答辯等事務,竟將校樣擱置七八個月而無暇一閲。直至七月初,決心放置一切,攤開校樣,專心致志校閲,夙興夜寐一個多月,終於完成。此次校閲,將師友校改出來的簡體字、異體字、誤字等如數改正，提出的疑問慎重思考、抉擇，不妥者修正，謬誤者改寫，更切實的是沿著自己十多年的思維軌蹟重新思索一遍。當初撰寫時思慮不周者，儘量彌縫補苴；冗文贅句，稍加刪削整飭；邏輯推演有偏差，則重新推導。原刊雜誌文字，因各刊編輯執持己見要求刪削者，亦依照原文酌補。限於時間，很多新的想法和可以完善的地方都無法如願增補；格於學養，也有撰寫時自以爲昭晰明白的事理因重讀而轉生疑慮。凡此都祇有努力讀書，以俟異日彌補。

馬齒徒增，記憶衰退，以前靠摘抄卡片撰文，現在自恃有電腦而疏於劄記，以致經常出現疏漏。聊舉兩例：我友程克雅教授《王國維魏三體石經古文參斠合證方法探究》刊於我院傳統中國研究中心所編《集刊》第六輯，及撰寫《王國維之魏石經研究》時竟失於檢參，因爲文章旨意不盡一致，祇能加注説明。我對成惕軒之師王葆心《古文辭通義》極爲推崇，一度曾手不釋卷，而撰寫《別集流變論》時因過度緊張地閱讀別集序跋、敘録，察其流變，竟渾然忘却此書。及至文章刊出，方始記起，追恨不已。此次得以重讀其卷二十，補充約二千餘字，然有些細節礙於結構辭氣，已難以更增。總之，收入本書文章，均或多或少地有所增補、修改，有些還關涉到觀點的穩妥、結論的全面等，所以，如本書如與原刊雜誌文章有歧異或衝突，當以本書爲準。

數説本書緣起，係當下身處世間幻聚善緣之一段，即此已堪銘心感荷。追憶平生，溯本因緣，生性强學力行殆厥本因。此種本因曾幸獲諸多前輩學者之煦潤照拂，更引致無數同輩師友、年輕俊彦相與締結善緣。善緣足以迪智清神，益知净心，致使心如明鏡之臺。日日强學、時時拂拭之際，翻然悟徹世間衆相，一因多果，善緣之因，往往惡緣與共，感受與理解人生旅途温煦陽光之外的另一面陰冷遭際，從而輕歎衆生緣業，不可思議。雖儒門不言果報，祇須施惠無念，受恩莫忘，直道待人，虛衷御物，然天道感斯應彼之理，終究同樣不可思議。

二〇一二年九月十日

圖書在版編目（ＣＩＰ）數據

　　榆枋齋學林 / 虞萬里著. -- 上海 : 華東師範大學出版社, 2012.10
　　ISBN 978-7-5675-0012-9

　　Ⅰ. ①榆… Ⅱ. ①虞… Ⅲ. ①社會科學－文集 Ⅳ. ①C53

中國版本圖書館CIP數據核字(2012)第 249472 號

榆枋齋學林

著　　者　虞萬里
策　　劃　朱傑人
特約策劃　黄曙輝
項目編輯　王　焰　龐　堅
審讀編輯　王瑞祥　楊蓉蓉
裝幀設計　具　體

出版發行　華東師範大學出版社
社　　址　上海市中山北路3663號　郵編 200062
網　　址　www.ecnupress.com.cn
電　　話　021-60821666　行政傳真 021-62572105
客服電話　021-62865537　門市（郵購）電話 021-62869887
門市地址　上海市中山北路3663號華東師範大學校內先鋒路口
網　　店　http://hdsdcbs.tmall.com

印　刷　者　青島海藍印刷有限責任公司
開　　本　787×1092　16開
印　　張　71.5
插　　頁　16
字　　數　1200千字
版　　次　2012年11月第1版
印　　次　2012年11月第1次
書　　號　ISBN 978-7-5675-0012-9/K・373
定　　價　328.00元（精裝全二册）

出 版 人　朱傑人

（如發現本版圖書有印訂品質問題，請寄回本社市場部調換或電話 021-62865537 聯繫）

定　價：328.00元（精裝全二册）